Staatsorganisationsrecht

Staats-
organisationsrecht

sowie Grundzüge des Verfassungsprozessrechts und des Rechts der Europäischen Union

von

Prof. Dr. jur. Rolf Schmidt

Hochschule für Angewandte Wissenschaften Hamburg

17. Auflage 2016

Schmidt, Rolf: Staatsorganisationsrecht (sowie Grundzüge des Verfassungsprozessrechts und des Rechts der Europäischen Union)

17. völlig neu bearbeitete und aktualisierte Auflage – Grasberg bei Bremen 2016

ISBN: 978-3-86651-184-2; Preis 22,50 EUR

Autor: Prof. Dr. Rolf Schmidt c/o Verlag Dr. Rolf Schmidt GmbH

Druck: Druckhaus Pinkvoss GmbH, 30519 Hannover

Verlag: Dr. Rolf Schmidt GmbH, Wörpedorfer Ring 40, 28879 Grasberg bei Bremen
                Tel. (04208) 895 299; Fax (04208) 895 308; www.verlag-rolf-schmidt.de
                E-Mail: info@verlag-rolf-schmidt.de

Für Verbraucher erfolgt der deutschlandweite Bezug über den Verlag versandkostenfrei.

Vorwort

Anliegen dieses nunmehr in der 17. Auflage vorgelegten Buches ist es, die Grundstrukturen des Staatsorganisationsrechts sowie die Grundzüge des Verfassungsprozessrechts und des Rechts der Europäischen Union zuverlässig und in einer verständlichen Sprache zu vermitteln, ohne die Komplexität der Materie zu verschleiern oder prüfungsrelevante Detailfragen auszuklammern.

Mit der vorliegenden Neuauflage wurde das Buch wieder auf den aktuellen Stand von Gesetzgebung, Rechtsprechung und Literatur gebracht.

Die konzeptionelle Besonderheit des Buches wurde beibehalten. Sie besteht darin, dass in den jeweiligen Abschnitten der Stoff zunächst abstrakt erläutert und danach anhand von Beispielsfällen konkretisiert wird. Dadurch erhält der Leser nicht nur das notwendige materiell-rechtliche Wissen, sondern auch die Befähigung, das Erlernte im Rahmen einer Prüfungsarbeit gutachtlich umzusetzen. Weiteres Merkmal der Darstellung ist, dass der Stoff mit Bezug auf den Aufbau von Klausuren so aufbereitet wird, dass der Leser einen Einblick in die Erwartungen bei Prüfungsarbeiten erhält.

Zur Konkretisierung und Veranschaulichung beinhaltet das Buch zahlreiche Beispielsfälle. Durch Zusammenfassungen, Prüfungsschemata, hervorgehobene Lerndefinitionen und Klausurhinweise werden das Lernen und die Prüfungsvorbereitung deutlich erleichtert.

Mein Mitarbeiter, Herr Marc Bieber, hat zuverlässig Korrektur gelesen. Dafür danke ich ihm sehr herzlich.

Kritik und Verbesserungsvorschläge sind weiterhin willkommen und werden unter *rs@jura-institut.de* erbeten.

Hamburg, im September 2016   *Prof. Dr. jur. Rolf Schmidt*

Gliederung

Abkürzungsverzeichnis

a.A.	anderer Ansicht
a.a.O.	am angegebenen Ort
AbgG	Abgeordnetengesetz
abl.	ablehnend (-e, -er)
Abl.	Amtsblatt
AEUV	Vertrag über die Arbeitsweise der Europäischen Union
a.F.	alte(r) Fassung
AG	Aktiengesellschaft; Ausführungsgesetz
AktG	Aktiengesetz
allg.	allgemein (-e, -er)
AMG	Arzneimittelgesetz
Anm.	Anmerkung
AO oder AO 1977	Abgabenordnung
AöR	Archiv des öffentlichen Rechts (zitiert nach Bänden und Jahrgang)
Art.	Artikel
ASOG	Allgemeines Sicherheits- und Ordnungsgesetz
AtomG	Atomgesetz
AufenthG	Aufenthaltsgesetz (früher: AuslG)
Aufl.	Auflage
BAG	Bundesarbeitsgericht
BauGB	Baugesetzbuch
BBG	Bundesbeamtengesetz
Bbg.	Brandenburg, brandenburgisch
BeamtStG	Beamtenstatusgesetz
BeamtVG	Beamtenversorgungsgesetz
BEEG	Bundeselterngeld- und Elternzeitgesetz
BFH	Bundesfinanzhof
BFHE	Sammlung der Entscheidungen des Bundesfinanzhofes
BGB	Bürgerliches Gesetzbuch
BGBl	Bundesgesetzblatt Teil I-III
BGH	Bundesgerichtshof
BGHZ	Entscheidungen des Bundesgerichtshofes in Zivilsachen
BGSG	Bundesgrenzschutzgesetz (seit dem 1.7.2005: Bundespolizeigesetz)
BHO	Bundeshaushaltsordnung
BImSchG	Bundesimmissionsschutzgesetz
BJagdG	Bundesjagdgesetz
BKA	Bundeskriminalamt
BKatV	Bußgeldkataog-Verordnung
BMinG	Bundesministergesetz
BND	Bundesnachrichtendienst
BNotO	Bundesnotarordnung
BPräsWahlG	Gesetz über die Wahl des Bundespräsidenten durch die Bundesversammlung
BR	Bundesrat
BR-Dr.	Bundesratsdrucksache (Nummer und Jahrgang)
BRRG	Beamtenrechtsrahmengesetz
BRS	Baurechtssammlung (zitiert nach Bänden und Nummern)
BSG	Bundessozialgericht
BT-Drs.	Drucksache des Deutschen Bundestags (Wahlperiode und Nummer)
BundesPolG	Bundespolizeigesetz (vor dem 1.7.2005: Bundesgrenzschutzgesetz)
BVerfG	BVerfG
BVerfGE	Entscheidungssammlung des BVerfG
BVerfGG	Gesetz über das BVerfG
BVerwG	Bundesverwaltungsgericht
BVerwGE	Entscheidungssammlung des Bundesverwaltungsgerichts
BW	Baden-Württemberg, baden-württembergisch
BWahlG	Bundeswahlgesetz
ders.	derselbe
DÖD	Der Öffentliche Dienst (Zeitschrift)
DÖV	Die Öffentliche Verwaltung (Zeitschrift)
DVBl	Deutsches Verwaltungsblatt (Zeitschrift)
EAG	Vertrag zur Gründung der Europäischen Atomgemeinschaft

XVI

EDV	Elektronische Datenverarbeitung
EGAO	Einführungsgesetz zur Abgabenordnung
EGBGB	Einführungsgesetz zum Bürgerlichen Gesetzbuch
EGMR	Europäischer Gerichtshof für Menschenrechte
EKMR	Europäische Kommission für Menschenrechte
EMRK	Europäische Menschenrechtskonvention
EStG	Einkommensteuergesetz
EU	Europäische Union
EuGH	Gerichtshof der Europäischen Union
EuGRZ	Europäische Grundrechtszeitung
EUV	Vertrag über die Europäische Union
EuWG	Europawahlgesetz
EV	Vertrag zwischen der Bundesrepublik Deutschland und der Deutschen Demokratischen Republik über die Herstellung der Einheit Deutschlands – Einigungsvertrag
EWG	Europäische Wirtschaftsgemeinschaft
EWGV	EWG-Vertrag
f.	folgende(r/s)
FAG	Finanzausgleichsgesetz
FeV	Fahrerlaubnis-Verordnung
ff.	fortfolgende
FGO	Finanzgerichtsordnung
FS	Festschrift
FZV	Fahrzeug-Zulassungsverordnung
G	Gesetz
GastG	Gaststättengesetz
GemO	Gemeindeordnung
GemSOGB	Gemeinsamer Senat der Obersten Gerichtshöfe des Bundes
GentechnikG	Gentechnikgesetz
GewArch	Gewerbearchiv
GewO	Gewerbeordnung
GewStG	Gewerbesteuergesetz
GG	Grundgesetz
GmbH	Gesellschaft mit beschränkter Haftung
GmbHG	Gesetz betreffend die Gesellschaft mit beschränkter Haftung
GO BR	Geschäftsordnung des Bundesrats
GO BReg	Geschäftsordnung der Bundesregierung
GO BT	Geschäftsordnung des Bundestags
GO VermA	Geschäftsordnung des Vermittlungsausschusses
GPSG	Geräte- und Produktsicherheitsgesetz (früher: ProdSG)
GRC	Grundrechtecharta der Europäischen Union
GSOBG	Gemeinsamer Senat der Obersten Gerichtshöfe des Bundes
GVBl	Gesetz- und Verordnungsblatt
GVG	Gerichtsverfassungsgesetz
Halbs.	Halbsatz
HambPolDVG	Hamburgisches Gesetz über die Datenverarbeitung der Polizei
HandwO	Handwerksordnung
HdbStR	Handbuch des Staatsrechts, herausgegeben von Isensee und Kirchhof, 1987 ff.
h.L.	herrschende Lehre
h.M.	herrschende Meinung
HRG	Hochschulrahmengesetz
Hrsg.	Herausgeber
i.d.F.	in der Fassung
IHKG	Gesetz zur vorläufigen Regelung des Rechts der Industrie- und Handelskammern
i.S.e.	im Sinne eine (r) oder (s)
i.V.m.	in Verbindung mit
JA	Juristische Arbeitsblätter (Zeitschrift)
JR	Juristische Rundschau (Zeitschrift)
Jura	Juristische Ausbildung (Zeitschrift)
JuS	Juristische Schulung (Zeitschrift)
JZ	Juristenzeitung (Zeitschrift)

KAG	Kommunalabgabengesetz
KommVerf	Kommunalverfassung
KommVerfG	Kommunalverfassungsgesetz
KrWG	Kreislaufwirtschaftsgesetz
KSVG	Kommunalselbstverwaltungsgesetz
LadenschlussG	Gesetz über den Ladenschluss
LFGB	Lebensmittel-, Bedarfsgegenstände- und Futtermittelgesetzbuch (früher: LMBG)
LKV	Landes- und Kommunalverwaltung (Zeitschrift)
LPartG	Lebenspartnerschaftsgesetz
LStrG	Landesstraßengesetz
LuftSiG	Luftsicherheitsgesetz
LuftVG	Luftverkehrsgesetz
LVwG	Landesverwaltungsgesetz
MDR	Monatsschrift des Deutschen Rechts (Zeitschrift)
MeckVor	Mecklenburg-Vorpommern, mecklenburg-vorpommerisch
MePolG	Musterentwurf eines einheitlichen Polizeigesetzes des Bundes und der Länder
MfS	Ministerium für Staatssicherheit
NJ	Neue Justiz (Zeitschrift)
NJOZ	Neue Juristische Online-Zeitung
NJW	Neue Juristische Wochenschrift (Zeitschrift)
NRW	Nordrhein-Westfalen, nordrhein-westfälisch
NuR	Natur und Recht (Zeitschrift)
NVwZ	Neue Zeitschrift für Verwaltungsrecht
NVwZ-RR	Neue Zeitschrift für Verwaltungsrecht-Rechtsprechungsreport
OVG	Oberverwaltungsgericht
OVGE	Rechtsprechungssammlung der Oberverwaltungsgerichte Münster und Lüneburg
PAG	Polizeiaufgabengesetz
PartG	Parteiengesetz
PassG	Passgesetz
PBefG	Personenbeförderungsgesetz
POG	Polizeiorganisationsgesetz
PolG	Polizeigesetz
ProdSG	Produktsicherheitsgesetz (jetzt: Geräte- und Produktsicherheitsgesetz)
PUAG	Gesetz über die parlamentarischen Untersuchungsausschüsse
RelKErzG	Gesetz über die religiöse Kindererziehung
RGBl	Reichsgesetzblatt
Rn	Randnummer
Rspr.	Rechtsprechung
SeeArbG	Seearbeitsgesetz
SG	Sozialgericht
SGB	Sozialgesetzbuch (die römischen Ziffern bezeichnen das jeweilige Buch)
SGG	Sozialgerichtsgesetz
SOG	Gesetz über die öffentliche Sicherheit und Ordnung
SoldatenG	Soldatengesetz
SRÜ	Seerechtsübereinkommen der Vereinten Nationen
StabMechG	Gesetz zur Übernahme von Gewährleistungen im Rahmen eines europäischen Stabilisierungsmechanismus
StAG	Staatsangehörigkeitsgesetz
StGB	Strafgesetzbuch
StGH	Staatsgerichtshof
StPO	Strafprozessordnung
StVG	Straßenverkehrsgesetz
StVO	Straßenverkehrsordnung
StVZO	Straßenverkehrs-Zulassungsordnung
TA	Technische Anleitung (Luft, Lärm)
TierSchG	Tierschutzgesetz
TKG	Telekommunikationsgesetz
TÜV	Technischer Überwachungsverein

u.Ä.	und Ähnliche(s)
UPR	Umwelt- und Planungsrecht (Zeitschrift)
Var.	Variante/Alternative
VereinsG	Gesetz zur Regelung des öffentlichen Vereinsrechts
VerfGH	Verfassungsgerichtshof
VerfR	Verfassungsrecht
VersG	Versammlungsgesetz
VerwArch	Verwaltungsarchiv (zitiert nach Bänden und Jahrgang)
VG	Verwaltungsgericht
VGH	Verwaltungsgerichtshof
VwGO	Verwaltungsgerichtsordnung
VwVfG	Verwaltungsverfahrensgesetz
WaffG	Waffengesetz
WahlprüfG	Wahlprüfungsgesetz
WaStrG	Bundeswasserstraßengesetz
WHG	Wasserhaushaltsgesetz
WRV	Weimarer Reichsverfassung
WÜD	Wiener Übereinkommen über konsularische Beziehungen
ZG	Zeitschrift für Gesetzgebung
ZPO	Zivilprozessordnung
ZRP	Zeitschrift für Rechtspolitik

Lehrbücher, Grundrisse und Kommentare

Benda, Ernst/Maihofer, Werner/Vogel, Hans-Jochen: Handbuch des Verfassungsrechts der Bundesrepublik Deutschland, 2. Auflage 1994

Berliner Kommentar zum Grundgesetz, 4 Bände (Loseblatt), Stand: 2016

Bonner Kommentar zum Grundgesetz, 17 Bände (Loseblatt), Stand: Juli 2016

Degenhart, Christoph: Staatsrecht I, Staatsorganisationsrecht, 31. Auflage 2015

Dreier, Horst: Grundgesetz, Kommentar, Band I, 3. Auflage 2013, Band II, 3. Auflage 2015, Band III, 2. Auflage 2008

Herdegen, Matthias: Europarecht, 17. Auflage 2015

Hömig, Dieter/Wolff, Heinrich Amadeus: Grundgesetz, Kommentar, 11. Auflage 2016

Ipsen, Jörn: Staatsrecht I, Staatsorganisationsrecht, 28. Auflage 2016

Isensee, Josef/Kirchhof, Paul: Handbuch des Staatsrechts der Bundesrepublik Deutschland, Band I, 3. Auflage 2003; Band II, 3. Auflage 2004; Band III, 3. Auflage 2005; Band IV, 3. Auflage 2006; Band V, 3. Auflage 2007; Band VI, 3. Auflage 2008; Band VII, 3. Auflage 2009; Band VIII, 3. Auflage 2010; Band IX, 3. Auflage 2011; Band X, 3. Auflage 2012; Band XI, 3. Auflage 2013; Band XII, 3. Auflage 2014; Band XIII, 3. Auflage 2015

Jarass, Hans D./Pieroth, Bodo: Grundgesetz für die Bundesrepublik Deutschland, Kommentar, 14. Auflage 2016 (zit: J/P)

Kloepfer, Michael: Verfassungsrecht, Band I – Grundlagen, Staatsorganisationsrecht, Bezüge zum Völker- und Europarecht, 2011

Mangoldt, Hermann von/Klein, Friedrich/Starck, Christian: Kommentar zum Grundgesetz, 3 Bände, jeweils 6. Auflage 2010

Maunz, Theodor/Dürig, Günter: Grundgesetz, Kommentar, 7 Bände (Loseblatt), Stand: Dezember 2015

Maurer, Hartmut: Allgemeines Verwaltungsrecht, 18. Auflage 2011; Staatsrecht I, 6. Auflage 2010

Münch, Ingo von/Kunig, Philip: Grundgesetz, Kommentar, 2 Bände, jeweils 6. Auflage 2012

Sachs, Michael: Grundgesetz, Kommentar, 7. Auflage 2014

Schmidt, Rolf: Allgemeines Verwaltungsrecht, 19. Auflage 2016; Grundrechte, 20. Auflage 2016; Öffentliches Baurecht, 16. Auflage 2015; Polizei- und Ordnungsrecht, 18. Auflage 2016; Verwaltungsprozessrecht, 18. Auflage 2016

Schmidt-Bleibtreu, Bruno/Hofmann, Hans/Henneke, Hans-Günter: Kommentar zum Grundgesetz, 13. Auflage 2014

Stern, Klaus: Das Staatsrecht der Bundesrepublik Deutschland, Band I, 2. Auflage 1984; Band II, 1980; Band III/1, 1988; Band III/2, 1994; Band IV/1, 2006; Band IV/2, 2011; Band V, 1999

Umbach, Dieter C./Clemens, Thomas: Grundgesetz, Mitarbeiterkommentar und Handbuch, 2 Bände, 2002

Wassermann, Rudolf: Kommentar zum Grundgesetz für die Bundesrepublik Deutschland (Reihe Alternativkommentare), Loseblatt, Stand: 2002

Zippelius, Reinhold/Würtenberger, Thomas: Deutsches Staatsrecht, 32. Auflage 2008

Weitere Literatur, insbesondere Aufsatzliteratur, ist in den Fußnoten angegeben.

1. Kapitel
Das Grundgesetz als die Verfassung Deutschlands

Wichtige Entscheidungen: BVerfGE 1, 396 (Vertrag über die Beziehungen zwischen der BRD und den drei Mächten); 1, 144 (Geschäftsordnung des Deutschen Bundestags); 36, 1 (Grundlagenvertrag zwischen der BRD und der DDR); 94, 297 (Einigungsvertrag); 123, 267 (Vertrag von Lissabon)

A. Einordnung des Verfassungsrechts

Das vorliegende Buch befasst sich mit dem Staatsorganisationsrecht. Das Staatsorganisationsrecht stellt neben den Grundrechten den zweiten Bestandteil des Staatsrechts dar. Das Staatsrecht wiederum ist ein Teilbereich des Öffentlichen Rechts. In dem hier verstandenen Sinn[1] befasst es sich (bezüglich der Bundesrepublik Deutschland) mit den obersten Staatsorganen und ihren Funktionen, dem Verhältnis von Bund und Ländern, den Grundrechten der Bürger sowie mit sonstigen grundlegenden Aspekten des staatlichen Lebens wie beispielsweise dem Wahlrecht und dem Staatsangehörigkeitsrecht. Das Staatsrecht ist im Wesentlichen in der geschriebenen Verfassung (in der Bundesrepublik Deutschland das Grundgesetz und die Landesverfassungen) normiert. Man spricht insoweit vom **formellen Verfassungsrecht**.

In den meisten Staaten besteht eine geschriebene Verfassungsurkunde, die i.d.R. Vorrang vor einfachen Gesetzen und sonstigen staatlichen Akten hat und nur unter erschwerten Voraussetzungen geändert werden kann. Die Verfassungsurkunden westlicher Demokratien normieren insbesondere die Bildung und die Befugnisse der Staatsorgane, vor allem die Aufteilung der Staatsgewalt auf Organe der Legislative, der Exekutive und der Judikative, ggf. die Gliederung des Gesamtstaates in kleinere Einheiten, die Stellung des Militärs, Formen der Sozial- und Wirtschaftsordnung (Ehe und Familie, Berufswahl und -ausübung, Eigentum), die Aufstellung bestimmter Staatsziele und die Grundrechte der Einzelnen.
Es gibt aber auch einige Staaten, die über keine geschriebene Verfassungsurkunde verfügen, so z.B. Großbritannien. Dort setzt sich die Grundordnung aus einzelnen, besonders bedeutsamen Rechtsakten und aus anerkannten Grundsätzen zusammen. Dazu zählen die Magna Charta Libertatum, die Habeas-Corpus-Akte und die Bill of Rights.

Von dem formellen Verfassungsrecht ist das weitergehende, dem formellen Verfassungsrecht begrifflich (nicht hierarchisch!) übergeordnete, teilweise **ungeschriebene materielle Verfassungsrecht** zu unterscheiden. Unter materiellem Verfassungsrecht versteht man alle für die staatliche Ordnung grundlegenden Vorschriften, Grundsätze und Leitideen, die nicht notwendigerweise in die Verfassungsurkunde aufgenommen worden sein müssen.[2] Zum materiellen Verfassungsrecht der Bundesrepublik Deutschland gehören mithin nicht nur die o.g. geschriebenen materiellen Vorschriften des Grundgesetzes und der Landesverfassungen, sondern auch die hieraus entwickelten, wenngleich nicht kodifizierten verfassungsrechtlichen Prinzipien wie der aus dem Rechtsstaatsprinzip (Art. 20 II, III GG) abgeleitete Grundsatz der Verhältnismäßigkeit (Rn 271) und der aus dem Bundesstaatsprinzip (Art. 20 I, 28 III, 79 III GG) abgeleitete Grundsatz des bundesfreundlichen Verhaltens (Rn 72) sowie alle Regeln des einfachen Gesetzesrechts, die Aufbau, Organisation und Funktion des Staates und der obersten Staatsorgane beschreiben und grundlegend für das Verhältnis des Staates zur Gesellschaft sind. Dazu zählen:

1

2

---

[1] Als Staatsrecht werden auch die Rechtsbeziehungen der Staaten allgemein bezeichnet. Man spricht insoweit vom „Allgemeinen Staatsrecht". Demgegenüber spricht man vom „Besonderen Staatsrecht", wenn die einen bestimmten Staat betreffenden grundlegenden Rechtssätze gemeint sind. Von diesem „Besonderen Staatsrecht" geht die folgende Bearbeitung aus.
[2] Vgl. BVerfGE 2, 380, 403.

3 ■ die maßgeblichen Vorschriften des **Einigungsvertrags** (EV) vom 31.8.1990 (BGBl II, S. 885), der zwischen der Bundesrepublik Deutschland und der ehemaligen DDR geschlossen wurde und verfassungsrechtlich die Teilung Deutschlands beendete.[3]

4 ■ **einfache Gesetze**, sofern sie die **verfassungsmäßige Grundordnung** gestalten.

Einfache Gesetze, welche die staatliche Grundordnung gestalten, sind beispielsweise das **Gerichtsverfassungsgesetz** (GVG), das den Aufbau, die Funktion und die Zuständigkeiten der Gerichte und sonstigen Behörden aller Gerichtsbarkeiten (also die Verfassungs-, Zivil-, Straf- und Verwaltungsgerichtsbarkeit) einschließlich der in ihrem Rahmen tätig werdenden Rechtspflegeorgane (Richter, Staatsanwälte, Rechtsanwälte, Rechtspfleger) zum Gegenstand hat. Weitere, materielles Verfassungsrecht darstellende Gesetze sind etwa das Staatsangehörigkeitsgesetz (StAG), das Bundeswahlgesetz (BWahlG), das Bundesverfassungsgerichtsgesetz (BVerfGG) und das Parteiengesetz (PartG)[4]. Im Gegensatz zum formellen Verfassungsrecht können derartige Gesetze unter erleichterten Voraussetzungen geändert werden. In der Regel genügt – wie bei sonstigen einfachen Gesetzen – die einfache Mehrheit.[5]

5 ■ **Geschäftsordnungen der Verfassungsorgane**, sofern sie den Verfassungstext wiederholen oder das Verfassungsrecht konkretisieren.

Geschäftsordnungen der Verfassungsorgane sind etwa die des Bundestags, des Bundesrats, der Bundesregierung und des Gemeinsamen Ausschusses. Nach der Rechtsquellenlehre handelt es sich bei diesen Regelungswerken um Satzungen, die von juristischen Personen zur Regelung ihrer eigenen Aufgaben erlassen werden können.[6] Ob die Geschäftsordnungen der Verfassungsorgane materielles Verfassungsrecht darstellen, hängt davon ab, ob sie den Verfassungstext wiederholen oder diesen konkretisieren. Wichtig ist diese Erkenntnis für die Beurteilung der Frage, ob ein Verstoß gegen eine Bestimmung der Geschäftsordnung eines Verfassungsorgans die Verfassungswidrigkeit der Maßnahme (z.B. eines Gesetzes) zur Folge hat.

Beispiel: Gemäß Art. 76 I GG werden Gesetzesvorlagen beim Bundestag durch die Bundesregierung, aus der Mitte des Bundestags oder durch den Bundesrat eingebracht. Fraglich ist, ob die Formulierung „aus der Mitte des Bundestags" auch eine Gesetzesinitiative eines einzelnen Bundestagsabgeordneten zulässt. Diese Frage beantwortet die Verfassung nicht. Auch aus dem natürlichen Sprachgebrauch des Begriffs „der Mitte" folgt nicht die Festlegung auf eine Mindestzahl. Von Verfassungs wegen ist daher grundsätzlich jeder einzelne Bundestagsabgeordnete berechtigt, Gesetzentwürfe einzubringen.[7] Etwas anderes statuiert die Geschäftsordnung des Bundestags (GO BT). Gemäß § 76 I GO BT müssen Vorlagen von Mitgliedern des Bundestags (zu denen auch Gesetzentwürfe gehören, vgl. § 75 I lit. a GO BT) von einer Fraktion oder von 5 % der Mitglieder des Bundestags unterzeichnet werden. Ist das nicht der Fall, stellt sich die Frage nach den Auswirkungen, die ein Verstoß gegen diese Regelung mit sich bringt. Diese Frage beantwortet Art. 82 GG: Danach werden die nach den Vorschriften *dieses* Grundgesetzes zustande gekommenen Gesetze vom Bundespräsidenten ausgefertigt. Zu den Vorschriften *dieses* Grundgesetzes gehören eben nicht die Vorschriften der Geschäftsordnungen. Es lässt sich daher sagen, dass **Verstöße gegen die Geschäftsordnungen grundsätzlich nicht zur Nichtigkeit von Gesetzen führen**.

Allerdings ist unbestritten, dass ein Verstoß gegen die Geschäftsordnung in Ausnahmefällen auch die Verfassungswidrigkeit zur Folge haben kann. Für einen gleichzeitigen Verfassungsverstoß wird aber vorausgesetzt, dass die verletzte Vorschrift der Ge-

---

[3] BVerfGE 94, 297, 310.
[4] Zum Letzteren vgl. BVerfG NJW 2005, 126, 127.
[5] Zum Begriff der einfachen Mehrheit vgl. Art. 42 II S. 1 GG sowie Rn 441.
[6] Zur Rechtsquellenlehre vgl. Rn 178 ff.
[7] BVerfGE 1, 144, 153; *Nolte/Tams*, Jura 2000, 158, 159.

schäftsordnung einen „verfassungsrelevanten" Inhalt besitzt, indem sie etwa eine Bestimmung des Grundgesetzes wiederholt oder einen wesentlichen Verfassungsinhalt konkretisiert.[8]

Da das Grundgesetz die „Mitte des Bundestags" nicht definiert, die in der Geschäftsordnung etwa hätte wiederholt werden können, kommt es folglich darauf an, ob § 76 I GO BT einen wesentlichen Verfassungsinhalt konkretisiert. Dies ist zu bejahen. Durch das Erfordernis der Unterzeichnung einer Gesetzesvorlage eines Parlamentariers von einer Fraktion oder von 5 % der Mitglieder des Bundestags wird der Begriff der „Mitte des Bundestags" konkretisiert.[9] Gesetzesvorlagen, die aus der Mitte des Bundestags stammen, müssen demnach also von einer Fraktion oder von 5 % der Mitglieder des Bundestags unterzeichnet sein; anderenfalls ist an eine (mittelbare) Verfassungsverletzung zu denken.

Hierzu gilt wiederum eine Ausnahme: Wird eine aus der Mitte des Bundestags stammende Gesetzesvorlage nicht von der erforderlichen Zahl von Abgeordneten unterschrieben, ist ein gleichwohl beschlossenes Gesetz nicht nichtig. Denn durch die Beschlussfassung des Bundestags hat sich dieser die Vorlage mehrheitlich zu eigen gemacht, sodass der ursprüngliche Formmangel durch den Beschluss des Gesetzes „geheilt" wird.

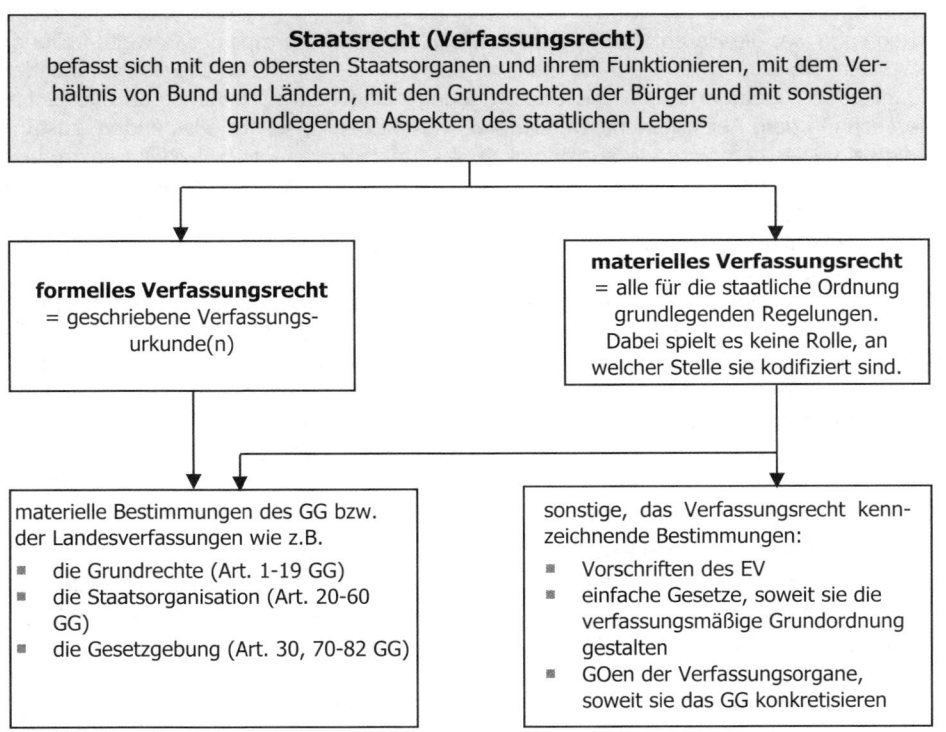

Staatsrecht (Verfassungsrecht)
befasst sich mit den obersten Staatsorganen und ihrem Funktionieren, mit dem Verhältnis von Bund und Ländern, mit den Grundrechten der Bürger und mit sonstigen grundlegenden Aspekten des staatlichen Lebens

formelles Verfassungsrecht
= geschriebene Verfassungsurkunde(n)

materielles Verfassungsrecht
= alle für die staatliche Ordnung grundlegenden Regelungen. Dabei spielt es keine Rolle, an welcher Stelle sie kodifiziert sind.

materielle Bestimmungen des GG bzw. der Landesverfassungen wie z.B.

- die Grundrechte (Art. 1-19 GG)
- die Staatsorganisation (Art. 20-60 GG)
- die Gesetzgebung (Art. 30, 70-82 GG)

sonstige, das Verfassungsrecht kennzeichnende Bestimmungen:

- Vorschriften des EV
- einfache Gesetze, soweit sie die verfassungsmäßige Grundordnung gestalten
- GOen der Verfassungsorgane, soweit sie das GG konkretisieren

6

---

[8] Vgl. *Nolte/Tams*, Jura 2000, 158, 159.
[9] Diese Regelung wird allgemein als verfassungsgemäß betrachtet, da sie von der Geschäftsordnungsautonomie umfasst, und diese durch Art. 40 I S. 2 GG garantiert ist. Vgl. *Pieroth*, in: J/P, GG, Art. 76 Rn 2; *Sannwald*, in: Schmidt-Bleibtreu/Hofmann/Henneke, GG, Art. 76 Rn 31.

B. Die historischen Grundlagen des Grundgesetzes

7 Das heutige Grundgesetz ist durch eine historische Entwicklung gekennzeichnet. Vorläufer waren die Paulskirchenverfassung von 1848, die Reichsverfassung von 1871 und die Weimarer Reichsverfassung von 1919. Die Vorarbeiten zum Grundgesetz vom 23.5.1949 leisteten der Herrenchiemseer Konvent von 1948 und der Parlamentarische Rat 1948/49.

I. Die Frankfurter Nationalversammlung von 1848/49

8 Aufgrund der Märzrevolution 1848 trat am 18.5.1848 in der Paulskirche zu Frankfurt am Main die erste gesamtdeutsche, frei gewählte Volksvertretung zusammen mit der Aufgabe, dem zu errichtenden deutschen Nationalstaat eine Verfassung zu geben. Die Nationalversammlung umfasste 586 Abgeordnete, die zumeist der Schicht des gebildeten Bürgertums angehörten (Juristen, Professoren, Lehrer). Sie verabschiedete im März 1849 die von ihr entworfene Reichsverfassung (RV). Diese Reichsverfassung sah einen Bundesstaat mit einer gewählten Volksvertretung vor. Staatsoberhaupt sollte der preußische König als Erbkaiser sein. Er sollte das Deutsche Reich repräsentieren (§ 75 RV), Chef der Regierung und der Verwaltung im Übrigen (§ 73 RV) und Oberbefehlshaber über die bewaffnete Macht des Reiches (§ 83 RV) sein. Grund für diese Regelung war die Heranziehung des Montesquieu´schen Prinzips der Gewaltenteilung, wonach die Exekutive alle Aufgaben wahrnimmt, die nicht der Legislative und der Judikative zugeordnet sind. Die Gesetzgebung oblag dem Parlament und die Rechtsprechung dem Reichsgericht. Demzufolge musste der Kaiser für alles andere zuständig sein. Diese umfassende Zuständigkeit des Staatsoberhaupts bzw. des Regierungschefs sollte sich im Bismarck´schen Kaiserreich und in der Weimarer Republik als äußerst problematisch erweisen. Erst mit dem Grundgesetz und dem darin enthaltenen konstruktiven Misstrauensvotum (Art. 67 GG) wurde diese Problematik zufrieden stellend gelöst.[10]

Die meisten deutschen Staaten, darunter Preußen und Österreich, äußerten jedoch Vorbehalte gegen die Reichsverfassung und zogen ihre Abgeordneten aus der Frankfurter Nationalversammlung ab. Daher ist sie nie in Kraft getreten. Trotz ihres Scheiterns war die Frankfurter Nationalversammlung jedoch für die späteren Konstitutionen Deutschlands richtungweisend. Ihre konstitutionellen Überlegungen fanden Eingang in die späteren Verfassungen, v.a. in die Weimarer Reichsverfassung und in das Grundgesetz.[11]

II. Die Reichsverfassung von 1871

9 Der Ausgang des Deutsch-Französischen Krieges von 1870/71 und die noch während der Belagerung von Paris am 18.01.1871 im Spiegelsaal von Versailles stattfindende Kaiserproklamation führten zur Reichsgründung. Nach der Verfassung des deutschen Kaiserreichs von 1871-1918 war das Deutsche Reich ein Bundesstaat aus 22 monarchisch geleiteten Einzelstaaten, die durch den Bundesrat repräsentiert wurden. An der Spitze des Reichs stand der Deutsche Kaiser. Dieser ernannte und entließ den Reichskanzler (der wiederum Vorsitzender des Bundesrats war), war Oberbefehlshaber der Streitkräfte und verkündete die Reichsgesetze. Die Volksvertretung war der Reichstag, der sich durch die Wahlberechtigten (Männer über 25 Jahre) in allgemeiner, gleicher und geheimer Wahl konstituierte. Er hatte zusammen mit dem Bundesrat über Gesetze und den Haushalt zu beschließen, die Gesetze bedurften aber stets der Zustimmung des Bundesrats. Der Kanzler war dem Reichstag auskunftspflichtig, jedoch

---

[10] Vgl. *Roellecke*, JZ 2000, 113, 114.
[11] Vgl. dazu ausführlich *Roellecke*, JZ 2000, 113, 114; *Kühne*, NJW 1998, 1513 ff.

konnte er nicht durch ein Misstrauensvotum des Reichstags gestürzt werden. Grundrechte wurden – bis auf Art. 3 (Indigenat) – nicht statuiert.[12]

III. Die Weimarer Reichsverfassung (WRV) von 1919

Die von der Weimarer Nationalversammlung am 31.7.1919 verabschiedete Verfassung der Weimarer Republik bewahrte – im Vergleich zur Verfassung des Deutschen Reiches von 1871 – trotz stärkerer Unitarisierung den bundesstaatlichen Aufbau. Sie galt als eine der modernsten Verfassungen ihrer Zeit. Sie hatte bereits einen umfassenden Grundrechtekatalog (Art. 109 ff.), normierte gleichzeitig aber auch Grundpflichten. Die Grundrechte galten jedoch nicht unmittelbar, sondern als Auftrag des Staates (sog. Programmsätze).[13] Mit besonderem Nachdruck bekannte sich die WRV zu den Grundsätzen des Rechtsstaats und Sozialstaats. Des Weiteren wies sie sich durch das damals als fortschrittlich geltende Verhältniswahlrecht (Art. 22 WRV)[14] und das Wahlrecht auch für Frauen aus. Staatsoberhaupt war der für sieben Jahre direkt vom Volk gewählte Reichspräsident (Art. 43 WRV). Als oberstes Verwaltungsorgan fungierte die vom Reichspräsidenten ernannte Reichsregierung. Diese bestand aus dem Reichskanzler und den Reichsministern (Art. 52 WRV). Das Parlament, der Reichstag, hatte eine zentrale Stellung mit der Möglichkeit, unter bestimmten Voraussetzungen einen Volksentscheid herbeiführen zu können. Die Länder wurden durch den Reichsrat repräsentiert. Allerdings stand dieser dem Bundesrat der Reichsverfassung von 1871 in seinen Kompetenzen weit zurück. So besaß er nur noch ein vom Reichstag grundsätzlich überstimmbares Einspruchsrecht bei der Gesetzgebung. Wurde dadurch die Stellung des Parlaments gestärkt, wurde sie in anderer Hinsicht wieder beschnitten. Charakteristisch für die WRV war nämlich die Verknüpfung des parlamentarischen Regierungssystems mit dem Präsidialsystem: Nach dem Sturz der Monarchie befürchtete man einen „Parlamentsabsolutismus", dem keine eindämmende Macht mehr gegenüberstand. Daher wurde – gleichsam als „Ersatzmonarch" – die Institution des Reichspräsidenten als Gegengewicht geschaffen. Die eigenartige Situation der WRV bestand nun darin, dass die Reichsregierung zwar vom Reichspräsidenten ernannt wurde, gleichzeitig aber vom Vertrauen des Reichstags abhing, der sie jederzeit durch ein Misstrauensvotum stürzen konnte. Dadurch blieb zwar grundsätzlich die Möglichkeit einer parlamentarischen Regierungsbildung und Kontrolle gewahrt, allerdings besaß der Reichspräsident die Möglichkeit, das Parlament aufzulösen (Art. 25 WRV) und unter bestimmten Voraussetzungen an dessen Stelle Gesetze (sog. Notverordnungen) zu erlassen (Art. 48 WRV). Er konnte also eine vom Reichstag nicht gebilligte Regierung einsetzen und dem Reichstag mit der Auflösung drohen, falls dieser der Regierung das Misstrauen aussprechen würde. Auf diese Weise konnte der Reichspräsident von ihm abhängige Regierungen (sog. Präsidialkabinette) einsetzen, ohne ein Misstrauensvotum des Reichstags befürchten zu müssen. Dies geschah gegen Ende der Weimarer Republik zunehmend, wodurch das parlamentarische System der Weimarer Republik weitgehend ausgehöhlt wurde.

Durch die Machtübernahme der Nationalsozialisten 1933 und die Verabschiedung des sog. Ermächtigungsgesetzes vom 24.3.1933, wonach Reichsgesetze außer durch den Reichstag auch durch die Reichsregierung beschlossen werden konnten, begab sich

10

---

[12] Nach Art. 3 bestand für das gesamte Deutsche Reich ein gemeinsames Indigenat. Dies bedeutete, dass die Angehörigen jedes Bundesstaates in jedem anderen Bundesstaat als Inländer behandelt wurden und zu allen öffentlichen Ämtern und bürgerlichen Rechten wie Einheimische zuzulassen waren. Ein Preuße, der in Bayern lebte, besaß also die gleichen Rechte wie ein Bayer. Das Indigenat war gegenüber dem Deutschen Bund also ein wesentlicher Fortschritt.
[13] Unter der WRV galten die Grundrechte nur im Rahmen der Gesetze, während nach dem GG die Gesetze im Rahmen der Grundrechte gelten (vgl. Art. 1 III GG).
[14] Dagegen lassen die RV und das GG die Frage nach dem Wahlsystem offen (vgl. § 94 RV und Art. 38 GG).

das Parlament seiner verfassungsrechtlich berufenen Aufgabe.[15] Die rechtsstaatlichen Ansätze der WRV wurden dadurch weitgehend untergraben.

IV. Der Herrenchiemseer Verfassungskonvent von 1948

11 Nachdem das Deutsche Reich im Mai 1945 kapitulierte, übernahmen die vier Alliierten die Staatsgewalt über das Gebiet des Deutschen Reichs. Eine Annexion fand jedoch nicht statt. Vielmehr sollte ein neues, vom Nationalsozialismus befreites Deutschland geschaffen werden. Im Juni 1948 ermächtigten daher die drei westlichen Militärgouverneure die 11 Ministerpräsidenten der neu geschaffenen Länder in den westlichen Besatzungszonen, eine vorläufige Verfassung auszuarbeiten. Auf Beschluss der Ministerpräsidenten wurde ein „Ausschuss von Sachverständigen für Verfassungsfragen" einberufen, der Vorschläge für eine Verfassung erarbeiten sollte. Dieser Verfassungskonvent tagte vom 10. bis 23.8.1948 auf Herrenchiemsee. Neben der Präsentation eines fast vollständigen Verfassungsentwurfs stellte der Konvent auch einen Grundrechtekatalog zur Diskussion. Das in einem Abschlussbericht zusammengefasste Ergebnis der Beratungen bildete die Grundlage für die spätere Arbeit des Parlamentarischen Rates, der am 1.9.1948 in Bonn zusammentrat.

V. Der Parlamentarische Rat von 1948/49

12 Der Parlamentarische Rat bestand aus 65 Abgeordneten, die von den Länderparlamenten ausgewählt wurden. Hinzu kamen fünf Abgeordnete aus Berlin, die allerdings nur eine beratende Funktion besaßen. Zum Präsidenten wählten die Abgeordneten des Parlamentarischen Rates Konrad Adenauer (CDU), zum Vorsitzenden des Hauptausschusses, der die eigentliche Arbeit am Verfassungstext zu leisten hatte, Carlo Schmid (SPD). Die Arbeit des Parlamentarischen Rates erfolgte in Verbindung und Auseinandersetzung mit den Militärgouverneuren. Am 8.5.1949 verabschiedete der Parlamentarische Rat bei 12 Gegenstimmen das Grundgesetz, das anschließend der Zustimmung der Volksvertretungen in den Ländern und der Genehmigung der drei westlichen Militärgouverneure bedurfte.[16] Nach Annahme durch die Bundesländer, in denen es zunächst gelten sollte,[17] trat das Grundgesetz mit Ablauf des 23.5.1949, also am 24.5.1949, in Kraft (vgl. Art. 145 II GG).[18]

VI. Das Nachkriegsdeutschland bis zur Wiedervereinigung 1989/90

13 1949 ging nicht nur das Grundgesetz, sondern auch die Verfassung der DDR von dem Fortbestand eines einheitlichen deutschen Staates aus. So hat gem. der Präambel des Grundgesetzes das Deutsche Volk bei der Schaffung des Grundgesetzes auch für jene Deutschen gehandelt, denen mitzuwirken versagt war. Art. 1 I der Verfassung der DDR sprach von Deutschland als eine unteilbare demokratische Republik.

In der Bundesrepublik Deutschland entsprach dies der allgemeinen Auffassung, die nicht von einem Untergang des Deutschen Reichs ausging, sondern davon, dass die Bundesrepublik Deutschland als **teilidentischer Staat** des Deutschen Reichs weiter existiere. Die DDR vertrat allerdings seit 1952 unter Einfluss der UdSSR die sog. **Zwei-Staaten-Theorie**. Auf der Genfer Gipfelkonferenz vom 17. bis 23.7.1955 hieß es: Wenn man über die Wiedervereinigung spreche – so der sowjetische Verteidigungsminister Bulganin –, müsse daran gedacht werden, dass es zwei deutsche

---

[15] Vgl. dazu BVerfGE 6, 132, 198 sowie *Gusy*, JZ 1999, 758 ff. und *Roellecke*, JZ 2000, 113, 114.

[16] Vgl. zum Ganzen *Kröger*, NJW 1989, 1318 ff.

[17] Vgl. Art. 144 I GG. Lediglich Bayern verweigerte die Zustimmung, bekräftigte aber ausdrücklich seine Zugehörigkeit zur Bundesrepublik Deutschland.

[18] Zur Entstehungsgeschichte des Grundgesetzes vgl. *Leibholz/v. Mangoldt*, Jahrbuch des Öffentlichen Rechts der Gegenwart, Neue Folge Band 1, Tübingen 1951.

Staaten gebe, deren Meinungen zu berücksichtigen seien. Insbesondere müssten bei einer Wiedervereinigung Deutschlands die sozialistischen Errungenschaften in der DDR erhalten bleiben. Daraufhin gab auch die Bundesrepublik die Theorie von der Teilidentität auf. Man vertrat von nun an die sog. **Identitätstheorie**, wonach allein die Bundesrepublik Deutschland mit dem Deutschen Reich identisch galt und die DDR als „lokales de facto Regime" angesehen wurde (sog. **Alleinvertretungsanspruch** oder **Hallsteindoktrin**).

VII. Die Wiedervereinigung Deutschlands

Nach dem Mauerbau 1961 wurden in der Bundesrepublik Deutschland die Zweifel an der Wiedervereinigung immer stärker. Gleichwohl leitete die Regierung unter Bundeskanzler Brandt im Zuge ihrer Ostpolitik unter Aufgabe der Hallsteindoktrin eine innenpolitisch sehr umstrittene Neuorientierung ein. Zwar schloss die sozialliberale Bundesregierung eine völkerrechtliche Anerkennung der DDR durch die Bundesrepublik zunächst aus, wollte aber zu einem „geregelten Nebeneinander" der beiden Staaten in Deutschland durch Verhandlungen ohne Diskriminierung auf Regierungsebene kommen. Erst ab 1969 erfolgte die völkerrechtliche Anerkennung der DDR durch die Bundesrepublik Deutschland. So wurden zahlreiche völkerrechtliche Verträge, wie z.B. der Grundvertrag zwischen der Bundesrepublik Deutschland und der DDR vom 21.12.1972, geschlossen.[19] In diesem Vertrag versuchten beide Vertragspartner, ihre gegensätzlichen Vorstellungen zum Tragen zu bringen. In ihrer praktischen Politik verfolgte die DDR aber eine Politik der Abschottung. Mit der Aufnahme beider deutscher Staaten in die UNO 1973 wurde die DDR von den meisten Staaten der Erde als Völkerrechtssubjekt anerkannt. Erst durch den Einfluss der politischen und gesellschaftlichen Reformpläne Gorbatschows begann sich die Bürgerrechtsbewegung in der DDR ab September 1989 zu einer Massenbewegung zu entwickeln. Begleitet durch eine starke Fluchtbewegung erzwang sie in ihrer politischen Wirkung die Öffnung der Grenzen der DDR nach Berlin (West) und zur Bundesrepublik Deutschland (9.11.1989) und führte im November/Dezember 1989 den Sturz des kommunistischen Regierungssystems herbei. Nach den Wahlen zur Volkskammer (18.3.1990), bei denen die für die deutsche Einheit eintretenden Kräfte die überwiegende Mehrheit erhielten, schlossen die Bundesrepublik Deutschland und die DDR einen Staatsvertrag über die Wirtschafts-, Währungs- und Sozialunion vom 18.5.1990 und den **Einigungsvertrag** (EV) vom 31.8.1990. Entsprechend diesem Einigungsvertrag traten die Länder der DDR am 3.10.1990 gem. Art. 23 S. 2 GG a.F.[20] dem Geltungsbereich des Grundgesetzes bei. Seitdem gilt das Grundgesetz für das gesamte deutsche Volk.

14

Mit dem Beitritt zur Bundesrepublik Deutschland ist die DDR staats- und völkerrechtlicher Bestandteil der Bundesrepublik Deutschland geworden und damit gleichzeitig als Völkerrechtssubjekt untergegangen. Die Vorschriften des EV beziehen sich seitdem auf die neuen Bundesländer (vgl. Art. 44 EV). Da – wie bereits beschrieben – die nicht verfassungsändernden Vorschriften des EV (auch soweit sie zum materiellen Verfassungsrecht zählen) nur den Rang von einfachem Bundesrecht (vgl. Art. 45 II EV) haben, können sie jederzeit vom Bundesgesetzgeber durch einfache Mehrheit geändert werden.

15

---

[19] Vgl. dazu BVerfG NJW 1973, 1539 ff.
[20] Das Grundgesetz eröffnete für die Wiedervereinigung zwei Wege: Zum einen ermöglichte Art. 23 S. 2 GG a.F. („In anderen Teilen Deutschlands ist es (das GG) nach deren Beitritt in Kraft zu setzen") die Wiedervereinigung und zum anderen bestand die Schaffung einer neuen, gesamtdeutschen Verfassung nach Art. 146 GG a.F. Da die Ausarbeitung einer neuen Verfassung geraume Zeit in Anspruch genommen hätte und man aufgrund der großpolitischen Lage zu einer raschen Wiedervereinigung gelangen wollte, wurde der einfachere und schnellere Weg über Art. 23 S. 2 GG a.F. gewählt. Zu Art. 146 GG siehe sogleich.

16 Im Rahmen des am 12.9.1990 geschlossenen Vertrags über die abschließende Regelung in Bezug auf Deutschland (sog. Souveränitätsvertrag, auch **Zwei-plus-Vier-Vertrag** genannt) mit den vier Siegermächten des Zweiten Weltkriegs erhielt Deutschland, vertreten durch die Bundesrepublik Deutschland und die DDR, seine volle Souveränität zurück.

VIII. Die Verfassungsreform von 1994

17 Die deutsche Wiedervereinigung warf zahlreiche Fragen bezüglich der föderalen Struktur Deutschlands und der (zusätzlichen) Aufnahme von Staatszielbestimmungen auf. Aufgrund des Art. 5 EV wurde 1992 eine **Gemeinsame Verfassungskommission** von Bundestag und Bundesrat eingesetzt, die im Laufe ihres Bestehens insgesamt rund 80 Änderungen und Ergänzungen beriet. Schon während der Beratungen wurde das Grundgesetz durch G. v. 21.12.1992 (BGBl I S. 2086) wie folgt geändert:

- Einführung eines neuen Art. 23 GG (Mitwirkung bei der Entwicklung der Europäischen Union und Möglichkeit der Übertragung von Hoheitsrechten)
- Ergänzung des Art. 24 GG durch den Absatz 1a (Übertragung von Hoheitsrechten auf grenznachbarschaftliche Einrichtungen)
- Schaffung der Grundlage eines Kommunalwahlrechts für EU-Bürger (Art. 28 I S. 3 GG)

18 Im Übrigen verzögerte sich die Verfassungsreform bis Oktober 1994. Mit Gesetz vom 27.10.1994 (BGBl I S. 3146) wurden insbesondere folgende Änderungen bzw. Ergänzungen vorgenommen:

- Einfügung der Verpflichtung des Staates, die tatsächliche Durchsetzung der Gleichberechtigung von Frauen und Männern zu fördern sowie auf die Beseitigung bestehender Nachteile hinzuwirken (Art. 3 II S. 2 GG)
- Einführung des Umweltschutzes als Staatszielbestimmung (Art. 20a GG)
- Stärkung des Föderalismus durch Stärkung der Gesetzgebungskompetenzen der Länder (Neufassung des Art. 72 GG und Änderung der Art. 74 und 75 GG)
- Straffung des Gesetzgebungsverfahrens (Art. 76 und 77 GG)

19 Von den gesetzgebenden Körperschaften nicht aufgegriffen wurden etwa die Beratungen zur Stärkung der unmittelbaren Bürgerbeteiligungen (insbesondere Volksentscheid) und die Bedeutung und Anwendung des **Art. 146 GG**. Allerdings wurde Art. 146 GG durch den Relativsatz „das nach Vollendung der Einheit und Freiheit Deutschlands für das gesamte deutsche Volk gilt" erweitert.

20 Mit Blick auf Art. 146 GG stellt sich die Frage, ob das deutsche Volk sich gem. Art. 146 GG eine **neue Verfassung** geben oder ob es beschließen könnte, die (volle) Souveränität der Bundesrepublik aufzugeben und sich einer (dann zu schaffenden) **europäischen Verfassung** zu unterwerfen mit Deutschland als **Gliedstaat** eines **europäischen Bundesstaats**. Nach Auffassung des BVerfG steht Art. 79 III GG („Ewigkeitsklausel") dem Aufgehen der Bundesrepublik Deutschland in einem europäischen Bundesstaat entgegen.[21] Da Art. 79 III GG aber als Teil einer verfassten Gewalt zur Disposition der jenseits verfasster Staatsgewalt stehenden **verfassungsgebenden Gewalt** (*pouvoir constituant*) stünde, kann Art. 79 III GG nicht als Argument für das Verbot der Aufgabe der verfassten Staatsgewalt herangezogen werden.[22] Ausgangspunkt der Überlegung muss vielmehr sein, dass das Volk als Souverän die *originäre* Macht haben muss, sich jederzeit eine neue Verfassung zu geben (*pouvoir constituant*) oder seine Verfassung aufzugeben und sich einer anderen Verfassung zu unterwerfen. Klar dürfte auch sein, dass die Ermächtigung dazu nicht aus dem Grundgesetz selbst folgen kann, da dieses nur verfasste Gewalt darstellt, keine

---

[21] Vgl. BVerfGE 123, 267, 331 f.; vgl. auch *v. Münch/Mager*, Staatsrecht I, Rn 949 ff. m.w.Nachw.
[22] So auch *Ipsen*, Rn 39.

verfassungsgebende. Fraglich kann daher allein sein, wie das Verfahren hinsichtlich der Schaffung einer neuen Verfassung (bzw. der Aufgabe der bestehenden und der Eingliederung in eine andere, europäische Verfassung) ausgestaltet sein muss. Art. 146 GG kann darauf keine Antwort geben, da diese Vorschrift nur einen Akt des Volkes innerhalb der bestehenden Verfassung (pouvoir constitué) regelt. Nach dem soeben Gesagten wäre eine vom deutschen Volk in freier Entscheidung beschlossene neue Verfassung sogar ohne Art. 146 GG möglich, da die pouvoir constituant jederzeit das *originäre* Recht haben muss, ihre Verfassung zu ändern oder abzuschaffen und sich eine neue Verfassung zu geben. Das verfassungsgebende Volk müsste also jenseits der verfassten Gewalt handeln, d.h. abstimmen. Das soll nach h.M. jedoch nicht ausschließen, zunächst im Wege der Verfassungsänderung die verfahrensmäßigen Voraussetzungen hierfür zu schaffen. Dafür sei insbesondere die Regelung des Art. 79 II GG zu beachten.[23] Teilweise wird auch vertreten, der verfassungsändernde Gesetzgeber müsse eine Bestimmung in das Grundgesetz einfügen, welche die Eingliederung Deutschlands in einen europäischen Bundesstaat vorsieht. Darauf basierend könne dann eine Verfassungsablösung nach Art. 146 GG erfolgen.[24]

Nach der hier vertretenen Auffassung besteht ein beschreitbarer Weg darin, das **Verfahren** einer Volksabstimmung bezüglich der Abschaffung des Grundgesetzes und der Eingliederung Deutschlands in einen europäischen Bundesstaat zunächst mit den für eine Verfassungsänderung erforderlichen Zweidrittelmehrheiten im Bundestag und Bundesrat zu beschließen. Der Beschluss könnte die Einführung einer **Volksabstimmung** zum Gegenstand haben. Die wohl wichtigste Frage in diesem Zusammenhang wäre dann, mit welcher Mehrheit das deutsche Volk die Abschaffung des Grundgesetzes und die Eingliederung Deutschlands in einen europäischen Bundesstaat beschließen müsste. Um die Abstimmung auf eine ausreichende demokratische Legitimation zu stützen, bietet sich das Prinzip einer doppelten Mehrheit an, also ein Abstimmungsverfahren, bei dem für eine Beschlussfassung Stimmenmehrheiten nach zwei unterschiedlichen Kriterien notwendig wären: Zum einen müsste eine bestimmte Mehrheit der Stimmberechtigten abstimmen (Vorschlag: 2/3 aller deutschen Staatsbürger, die auch für eine Bundestagswahl wahlberechtigt wären, müssten an der Abstimmung teilnehmen) und zum anderen müsste eine qualifizierte Mehrheit von mindestens 2/3 der abgegebenen gültigen Stimmen i.S. des Referendums stimmen. **21**

IX. Die Verfassungsreform von 2006 (Föderalismusreform I)

Weitaus größer war die Zahl der Umgestaltungen im Rahmen der am 1.9.2006 in Kraft getretenen Föderalismusreform (vgl. BGBl I S. 2034 ff.), in der insbesondere eine Neuverteilung der Kompetenzen zwischen Bund und Ländern stattfand. **21a**

Wie noch ausführlich bei Rn 788 ff. zu sehen sein wird, ist die Verteilung der Gesetzgebungskompetenzen zwischen Bund und Ländern durch eine Zuständigkeitsvermutung zugunsten der Länder geregelt (Art. 30, 70 I GG). Das bedeutet, dass grundsätzlich die Länder zur Gesetzgebung befugt sind und der Bund nur dann eine Gesetzgebungskompetenz hat, soweit das Grundgesetz ihm eine solche zuweist (Art. 70 I GG). Eine enumerative Aufzählung der Bundeskompetenzen findet sich insbesondere in Art. 73 I, 74 I GG.[25] Dort ist von ausschließlicher und konkurrierender Gesetzgebung die Rede. **21b**

▪ Auf dem Gebiet der **ausschließlichen** Bundesgesetzgebung ist allein der Bund zur Gesetzgebung befugt; die Länder haben in diesem Bereich die Befugnis zur Gesetzgebung nur dann, wenn und soweit sie hierzu in einem Bundesgesetz ausdrücklich ermächtigt werden (Art. 71 GG), wobei eine solche Ermächtigung bisher nicht stattgefunden hat. An diesem Prinzip hat auch die Föderalismusreform nichts geändert. **21c**

---

[23] *Jarass*, in: J/P, GG, Art. 146 Rn 4; *Hofmann*, in: Schmidt-Bleibtreu/Hofmann/Henneke, Art. 146 Rn 3; *Campenhausen*, in: v. Mangoldt/Klein/Starck, GG, Art. 146 Rn 17 ff.; *Isensee*, NJW 1993, 2583, 2584; *Erichsen*, Jura 1992, 52, 55; *Ossenbühl*, DVBl 1992, 468, 471; *Klein*, DVBl 1991, 729, 730.
[24] *Michael*, in: Bonner Kommentar, Art. 146 Rn 754 ff.
[25] Daneben sind einige ungeschriebene Gesetzgebungskompetenzen des Bundes anerkannt (vgl. Rn 842 ff.).

Allerdings wurde der Zuständigkeitskatalog des Art. 73 I GG um insgesamt sechs Titel erweitert (die teilweise aus weggefallenen Gegenständen der konkurrierenden Gesetzgebungskompetenz des Art. 74 I GG a.F. und der gänzlich weggefallenen Rahmengesetzgebungskompetenz des Art. 75 GG a.F. hervorgegangen sind).

21d ▪ Auf dem Gebiet der **konkurrierenden** Bundesgesetzgebung musste nach der bisherigen Rechtslage neben einem Kompetenztitel zugunsten des Bundes (Art. 74, 74a GG a.F.) die Bundesgesetzgebung zur Herstellung gleichwertiger Lebensverhältnisse im Bundesgebiet oder zur Wahrung der Rechts- oder Wirtschaftseinheit erforderlich sein (Art. 72 II GG a.F.). Bei der Auslegung des Begriffs „erforderlich", der erst im Rahmen der Verfassungsreform 1994 in Art. 72 II GG eingefügt wurde und die bis dahin geltende „Bedürfnisklausel" abgelöst hatte[26], hat das BVerfG zuletzt einen strengen Maßstab aufgestellt und die Erforderlichkeit überwiegend verneint.[27] Nach der Neufassung des Art. 72 II GG ist der Nachweis der Erforderlichkeit nicht mehr stets notwendig; vielmehr hat der verfassungsändernde Gesetzgeber in Art. 72 II GG n.F. einige Materien benannt, bei denen er eine Erforderlichkeit bundesgesetzlicher Regelung verlangt. Daraus folgt umgekehrt, dass alle übrigen Titel konkurrierender Gesetzgebung eine Erforderlichkeit nicht (mehr) voraussetzen.

Die folgenschwerste Änderung im Bereich der konkurrierenden Bundesgesetzgebung hat der Kompetenzkatalog des Art. 74 I GG erfahren, wonach einige Titel gestrichen bzw. durch Negativformulierungen herausdefiniert wurden. Das betrifft nicht nur den Strafvollzug, das Ladenschlussrecht und das Heimrecht (die aus Art. 74 I Nr. 1, 3 und 18 GG gestrichen wurden), sondern auch Teilbereiche des besonderen Gefahrenabwehrrechts, namentlich das Versammlungsrecht, das Gaststättenrecht, das Spielhallenrecht sowie das Recht der Schaustellung von Personen, der Messen, der Ausstellungen und der Märkte. Diese Teilbereiche, die zugleich dem öffentlichen Wirtschaftsrechts angehören, unterfallen nunmehr (aufgrund der Grundregel des Art. 70 I GG) der Gesetzgebungskompetenz der Länder; das übrige Gewerberecht bleibt hingegen weiterhin von Art. 74 I Nr. 11 GG (Recht der Wirtschaft) erfasst und in der Gewerbeordnung (GewO) geregelt. Ob sich die Herausnahme der genannten Materien aus einem geschlossenen Regelwerk unter gleichzeitiger Überstellung in die Zuständigkeit der Länder bewähren wird, bleibt abzuwarten. Bereits jetzt kann jedoch schon konstatiert werden, dass die Gefahr einer Rechtszersplitterung besteht, wenn die Länder trotz der Verpflichtung zur Bundestreue (vgl. Art. 28 I S. 1 GG) unterschiedliche Regelungen erlassen.

21e ▪ Die dem Bund bisher zusätzlich zugewiesene **Rahmenkompetenz** (Art. 75 GG a.F.), die einen Unterfall der konkurrierenden Gesetzgebungskompetenz bildete, ist (ebenso wie die konkurrierende Gesetzgebung für Besoldung und Versorgung im öffentlichen Dienst gem. Art. 74a GG a.F.) als Typus der Bundesgesetzgebung dagegen gänzlich weggefallen.

21f Durch die soeben genannte Neuordnung der Gesetzgebungskompetenzen erfolgte also eine Erweiterung des Gesetzgebungsrechts der Länder. Hierauf wird im Einzelnen bei Rn 788 ff. eingegangen.

X. Die Verfassungsreform von 2009 (Föderalismusreform II)

21g Nach dem Inkrafttreten der ersten Stufe der Föderalismusreform im September 2006 sind in einem zweiten Schritt auch die **Finanzbeziehungen zwischen Bund und Ländern** modernisiert worden.[28] Zentrales Element der Reform ist die Verbesserung

---

[26] Vgl. dazu Rn 833 ff.
[27] Vgl. BVerfGE 106, 62, 135 ff. (Altenpflegegesetz); 111, 10, 26 ff. (Ladenschlussgesetz); 111, 226, 246 ff. (Juniorprofessur); 112, 226 ff. (Studiengebührenverbot).
[28] Vgl. das Änderungsgesetz betreffend Art. 91c, 91d, 104b, 109, 109a, 115, 143d GG (BGBl I 2009, S. 2248 ff.).

der verfassungsrechtlichen Regelungen für eine Begrenzung der staatlichen Kredit-aufnahme in Bund und Ländern. Ihr kommt gerade auch vor dem Hintergrund der aktuellen Finanz- und Wirtschaftskrise und der damit auch verbundenen Erhöhung der Kreditaufnahme eine entscheidende Bedeutung für die Gewährleistung einer langfris-tig tragfähigen Haushaltsentwicklung zu.

Das Grundgesetz schreibt nunmehr in Art. 109, 115 GG für Bund und Länder den Grundsatz des nicht kreditfinanzierten Haushalts fest. So ist beim Bund eine struktu-relle Verschuldung nur noch i.H.v. 0,35 % des Bruttoinlandsproduktes zulässig (Art. 115 II S. 1 GG). Zusätzlich sind bei einer von der Normallage abweichenden konjunk-turellen Entwicklung die Auswirkungen auf den Haushalt im Auf- und Abschwung symmetrisch zu berücksichtigen (Art. 115 II S. 2 GG). Wird von der Obergrenze abgewichen, schreibt Art. 115 II S. 3 GG ein Kontrollkonto mit Ausgleichspflicht vor, in dem die Einhaltung der Schuldenregel im Haushaltsvollzug gewährleisten werden soll. Eine Ausnahmeregelung für Naturkatastrophen oder andere außergewöhnliche Notsituationen besteht in der Vorschrift des Art. 115 II S. 6 GG, die die notwendige Handlungsfähigkeit des Staates zur Krisenbewältigung gewährleistet. **21h**

Gemäß Art. 143d I GG fand die Neuregelung für Bund und Länder erstmals für das Haushaltsjahr 2011 Anwendung Im Rahmen einer Übergangsregelung ist festgelegt, dass für den Bund noch bis einschließlich 2015 und für die Länder bis einschließlich 2019 Abweichungen vorgesehen werden können. **21i**

Weiterer Inhalt der Föderalismusreform ist eine grundgesetzliche Verankerung der **Bund-Länder-Zusammenarbeit in der Informationstechnik**. Der hierzu ins GG eingefügte Art. 91c GG sieht vor, dass Bund und Länder in IT-Angelegenheiten zusammenwirken sollen, gemeinsame Interoperabilitäts- und Sicherheitsstandards für die gesamte deutsche Verwaltung beschließen können und dass der Bund ein Bund-Länder-Verbindungsnetz errichtet und betreibt. Die Einzelheiten werden grundsätzlich in einem zwischen Bund und Ländern in der Föderalismusreform-Kommission ausge-handelten Staatsvertrag geregelt; für das IT-Verbindungsnetz hingegen haben Bun-destag und Bundesrat die näheren Einzelheiten durch ein mit der Föderalismusreform verabschiedetes IT-Netz-Gesetz[29] geregelt.[30] Die Ergänzung des Art. 91c GG dürfte die weltweit erste Infrastrukturregelung für die Informationstechnik mit Verfassungs-rang sein. **21j**

Um die Möglichkeit einer erweiterten Kooperation von Bund und Ländern im Wissen-schaftsbereich zu schaffen, hat der verfassungsändernde Gesetzgeber Art. 91b GG geändert.[31] Danach können Bund und Länder aufgrund von Vereinbarungen in Fällen überregionaler Bedeutung bei der Förderung von Wissenschaft, Forschung und Lehre zusammenwirken. Vereinbarungen, die im Schwerpunkt Hochschulen betreffen, be-dürfen aber der Zustimmung aller Länder. Dies gilt nicht für Vereinbarungen über Forschungsbauten einschließlich Großgeräten. **21k**

---

[29] BGBl I 2009, S. 2702 ff.
[30] http://www.bundesfinanzministerium.de/Content/DE/Downloads/Broschueren_Bestellservice/2015-11-05-bund-laender-finanzbeziehungen.pdf?__blob=publicationFile&v=3 - Download am 11.7.2016.
[31] Vgl. BGBl I 2014 S. 2438.

C. Grundgesetz und Völkerrecht/völkerrechtliche Verträge

21l Aufgrund der europarechtlichen und völkerrechtlichen Dimension des Staats- und Verfassungsrechts sind Kenntnisse der Grundzusammenhänge unabdingbar. Sofern es um **allgemeine Regeln des Völkerrechts** geht, sind diese gem. Art. 25 GG Bestandteil des Bundesrechts, gehen den Gesetzen vor und erzeugen unmittelbar Rechte und Pflichten für die Bewohner des Bundesgebiets (Art. 25 S. 2 GG). Hierarchisch stehen die allgemeinen Regeln des Völkerrechts damit jedenfalls über dem einfachen Bundesrecht (und damit auch über dem Landesrecht einschließlich Landesverfassungsrecht). Die Frage kann daher nur sein, ob sie auch über dem Grundgesetz stehen. Nach h.M.[32] stehen sie im Rang unter dem Grundgesetz, wegen Art. 25 S. 2 GG aber über den Landesverfassungen und dem einfachen Bundesrecht. Man spricht von **Zwischenrecht**.[33] Es bleibt mithin zu klären, was unter „allgemeine Regeln des Völkerrechts" zu verstehen ist. Das sind solche Regeln, die zwar nicht als völkerrechtliche Verträge verabschiedet wurden, aber von einer weitaus größeren Zahl der Staaten – nicht notwendigerweise (auch) von der Bundesrepublik Deutschland – anerkannt werden.[34] Darunter fallen das Völkergewohnheitsrecht und die allgemeinen völkerrechtlichen Rechtsgrundsätze wie bspw. die Staatenimmunität und das Gewaltverbot.[35] Auch die **Allgemeine Erklärung der Menschenrechte (AEMR)**, die auch als UN-Menschenrechtskonvention oder UN-Menschenrechtscharta bezeichnet wird, erlangt völkerrechtliche Bindung über Art. 25 GG, da sie aufgrund ihrer überragenden Bedeutung und allgemeinen Anerkennung als Bestandteil des Völkergewohnheitsrechts angesehen wird.[36]

21m **Andere Regeln des Völkerrechts** bedürfen dagegen einer speziellen Geltungsanordnung, um innerstaatliche Geltung zu erlangen.[37] Soweit es sich um völkerrechtliche Verträge handelt, die die politischen Beziehungen des Bundes regeln oder sich auf Gegenstände der Bundesgesetzgebung beziehen, geschieht dies durch die in Art. 59 II S. 1 GG vorgeschriebene Zustimmung der gesetzgebenden Körperschaften (Bundestag und Bundesrat).[38] Die **Europäische Menschenrechtskonvention (EMRK)**, die 1950 vom **Europarat**[39] erarbeitet wurde und den Zweck verfolgt, auf dem Vertragsgebiet die Einhaltung der Menschenrechte zu gewährleisten[40], ist ein solcher **völkerrechtlicher Vertrag**. Kraft gesetzlicher Übernahme („Rechtsanwendungsbefehl") gem. Art. 59 II S. 1 GG[41] kommt ihr innerstaatlich der Rang eines **einfachen**

---

[32] BVerfG NJW 2016, 1295, 1296 f.; zuvor bereits *Herdegen*, in: Maunz/Dürig, GG, Art. 25 Rn 42; *Hillgruber*, in: Schmidt-Bleibtreu/Hofmann/Henneke, GG, Art. 25 Rn 11; *Tomuschat*, in: Bonner Kommentar, Art. 25 Rn 86; wohl auch BVerfGE 112, 1, 25 f.; a.A. *Koenig*, in: v. Mangoldt/Klein/Starck, GG, Art. 25 Rn 55 (Verfassungsrang); *Wollenschläger*, in: Dreier, GG, Art. 25 Rn 25 f. (Überverfassungsrang bei zwingenden allgemeinen Regeln des Völkerrechts).

[33] Das BVerfG betont den Zwischenrang in BVerfG NJW 2016, 1295, 1296 f. unter Verweis auf BVerfGE 6, 309, 363; 37, 271, 279; 111, 307, 318; 112, 1, 24, 26; *Herdegen*, in: Maunz/Dürig, GG, Art. 25 Rn 42; *Hillgruber*, in: Schmidt-Bleibtreu/Hofmann/Henneke, GG, Art. 25 Rn 11; *Rojahn*, in: v. Münch/Kunig, GG, Art. 25 Rn 55.

[34] BVerfGE 15, 25, 34; 95, 96, 129; 46, 342, 367 ff.; 118, 124, 134.

[35] Vgl. etwa BVerfG NJW 2016, 1295, 1297 mit Verweis auf BVerfGE 15, 25, 32 ff.; 23, 288, 317; 31, 145, 177; 94, 315, 328; 95, 96, 129; 96, 68, 86; 117, 141, 149; 118, 124, 134. Vgl. auch *Herdegen*, in: Maunz/Dürig, GG, Art. 25 Rn 23.

[36] Vgl. *R. Schmidt*, Grundrechte, Rn 4.

[37] Das schließt jedoch nicht aus, dass auch Völkergewohnheitsrecht transformiert werden kann (BVerfGE 118, 124, 134).

[38] Durch das Erfordernis der Zustimmung der gesetzgebenden Körperschaften soll gewährleistet werden, dass die Exekutive die Legislative nicht durch völkerrechtliche Verträge in ihren Zuständigkeiten beschneidet (vgl. dazu BVerfG NJW 2016, 1295, 1297; BVerfGE 68, 1, 88; 90, 286, 357; 111, 307, 318; 118, 244, 258).

[39] Bei dem Europarat handelt es sich um eine am 5.5.1949 gegründete supranationale Organisation von heute 47 europäischen Staaten mit Sitz in Straßburg. Gemäß Art. 1 seiner Satzung hat der Europarat die Aufgabe, einen engeren Zusammenschluss unter seinen Mitgliedern zu verwirklichen. Institutionell ist er strikt von der Europäischen Union und damit auch von den Unionsorganen Europäischer Rat und Rat der Europäischen Union (dazu Rn 762 ff.) zu unterscheiden. Zu den bedeutendsten Abkommen des Europarats gehört die EMRK mit ihren zahlreichen Zusatzprotokollen.

[40] Vgl. *R. Schmidt*, Grundrechte, Rn 4b ff.

[41] Vgl. das Gesetz über die Konvention zum Schutze der Menschenrechte und Grundfreiheiten v. 7.8.1952 (BGBl II 1952, 685); die EMRK ist gemäß der Bekanntmachung v. 15.12.1953 (BGBl II 1954, 14) am 3.9.1953 für die Bundes-

Bundesgesetzes zu.[42] Daraus folgt, dass die EMRK mit ihren Grund- und Menschenrechten in ihrem Rang *unterhalb* der Grundrechte des Grundgesetzes auf der Ebene von Bundesgesetzen steht. Denn ein einfaches Bundesgesetz kann einem völkerrechtlichen Vertrag keinen höheren Rang verleihen, als Ersterem selbst zukommt.[43] Allerdings ist es ständige Rspr. des BVerfG, dass aufgrund der Völkerrechtsfreundlichkeit des Grundgesetzes (Art. 1 II GG) sowie der völkervertraglichen Bindung, die die Bundesrepublik mit der Unterzeichnung der EMRK eingegangen ist, Inhalt und Entwicklungsstand der EMRK nicht nur bei der Anwendung von einfachem Recht, sondern auch bei der **Auslegung des Grundgesetzes** zu berücksichtigen sind.[44]

Vom Völkerrecht im dargelegten Sinn abzugrenzen ist das **EU-Recht** (Unionsrecht). **21n** Dieses ist zwar kein Verfassungsrecht, da der EU in Ermangelung einer umfassenden Hoheitsgewalt keine Staatsqualität zukommt (vgl. dazu Rn 39 sowie Rn 327 ff.), es ist aber mehr als nur Völkervertragsrecht, da die EU über übertragene Einzelermächtigungen verfügt und in diesem Rahmen eine Rechtsetzungskompetenz hat (vgl. dazu Rn 338). Das EU-Recht setzt sich aus dem Primärrecht, d.h. aus den Gründungs- und Änderungsverträgen einschließlich der Grundrechtecharta, und dem Sekundärrecht, d.h. den von den Organen erlassenen Rechtsakten zusammen (vgl. dazu ausführlich Rn 341 ff.). Es genießt im Falle einer Kollision mit nationalem Recht **Anwendungsvorrang**.[45] Anwendungsvorrang bedeutet, dass das mit höherrangigem Recht kollidierende niederrangige Recht zwar nicht ungültig ist, allerdings in seiner Anwendung gesperrt wird.[46] Der Anwendungsvorrang greift auch dann, wenn dem Unionsrecht nicht nationales einfaches Recht, sondern Verfassungsrecht entgegensteht. Das betrifft im Kern die Kollision des EU-Rechts mit den Grundrechten des Grundgesetzes, aber auch mit anderen grundlegenden Verfassungsgütern.[47] Das BVerfG betont diesbezüglich, dass der Integrationsgesetzgeber nicht nur Organe, Einrichtungen und sonstige Stellen der EU, soweit sie in Deutschland öffentliche Gewalt ausübten, von einer umfassenden Bindung an die Gewährleistungen des Grundgesetzes freistellen könne, sondern auch deutsche Stellen, die Recht der EU durchführten.[48] Allerdings stellt das BVerfG auch klar, dass der Anwendungsvorrang des EU-Rechts seine Grenzen in den durch Art. 23 I S. 3 i.V.m. Art. 79 III GG für integrationsfest erklärten Grundsätzen der Verfassung findet, namentlich in den in Art. 1 GG und Art. 20 GG niedergelegten Grundsätzen.[49] Sollte durch eine Maßnahme der EU ein durch Art. 79 III GG für unantastbar erklärter Grundsatz aus Art. 1 GG oder Art. 20 GG berührt werden, muss umgekehrt das EU-Recht für unanwendbar erklärt werden.[50] Vgl. dazu ingesamt ausführlich Rn 357b und 365 ff.

---

republik Deutschland in Kraft getreten. Vgl. auch die Neubekanntmachung der Konvention i.d.F. des 11. Zusatzprotokolls, BGBl II 2002, 1054.

[42] Vgl. zu diesem Rangverhältnis BVerfG NJW 2016, 1295, 1297; BVerfG 4.5.2015 - 2 BvR 2169/13; BVerfGE 128, 326, 367; 111, 307, 317; 82, 106, 120; 74, 358, 370; BGH NJW 2016, 91, 95. Vgl. auch *Sachs*, FS Klein 2013, 321, 325; *Masing*, JZ 2015, 477 ff. Ausführlich *R. Schmidt*, Grundrechte, Rn 4b ff.

[43] Insoweit klarstellend BVerfG NJW 2016, 1295, 1297.

[44] Vgl. aus jüngerer Zeit BVerfG NJW 2016, 1295, 1299 f.; BVerfGE 128, 326, 366 ff.; 123, 257, 344 ff.; 113, 273, 296; 112, 1, 26; 111, 307, 317; 92, 26, 48; 83, 119, 128; 74, 358, 370. Vgl. auch BAG NJW 2016, 1034, 1035. Zur EMRK und zur konventionskonformen Auslegung vgl. insgesamt *R. Schmidt*, Grundrechte, Rn 4b ff.

[45] Vgl. nur EuGH NVwZ 2000, 497 ff.; BVerfGE 121, 1, 15 ff.; BVerfG NJW 2016, 2473, 2475 ff.; NJW 2010, 833, 835; NJW 2001, 1267; NJW 2016, 1149, 1150; BVerwG NVwZ 2000, 1039; *Safferling*, NStZ 2014, 545 ff.; vgl. auch *F. Kirchhof*, NVwZ 2014, 1537, 1538.

[46] Im Gegensatz dazu steht Art. 31 GG, der im Falle einer Kollision des Landesrechts mit Bundesrecht einen Geltungsvorrang des Bundesrechts anordnet (vgl. dazu Rn 233 f.). Zu Art. 72 III S. 3 GG, der wiederum von einem Anwendungsvorrang (des später erlassenen Gesetzes gleich welchen Rangs) ausgeht, vgl. Rn 819 f.

[47] EuGH Slg. 1964, 1251 f.; vgl. auch EuGH Slg. 1970, 1125 ff. (Internationale Handelsgesellschaft), aufgegriffen in EuGH NJW 2013, 1215 ff. (Melloni); BVerfGE 89, 155 ff. (Maastricht); bestätigt in BVerfGE 102, 147 ff. (Bananenmarktordnung) und in BVerfGE 126, 286, 302 (Honeywell bzw. Mangold).

[48] BVerfG NJW 2016, 2473, 2475 ff.

[49] BVerfG NJW 2016, 1149, 1150 ff. Vgl. auch BVerfG NJW 2016, 2473, 2475 ff.

[50] BVerfG NJW 2016, 1149, 1151. Vgl. auch BVerfG NJW 2016, 2473, 2475 ff.

2. Kapitel
Grundbegriffe des allgemeinen Staatsrechts

Wichtige Entscheidungen: BVerfGE 1, 322 (Zwangsverleihung deutscher Staatsangehörigkeit); 6, 45 („Grundrechtsverletzung" des Fiskus); 15, 256 (Universitäten und Fakultäten); 19, 1 (Gebührenfreiheit); 21, 362 (Sozialversicherungsträger); 30, 112 (Kirchliche Verfassungsbeschwerde gegen Staatsgerichtshof); 31, 314 (Rundfunkanstalten); 37, 217 (Staatsangehörigkeit eines Kindes); 39, 302 (Grundrechtsfähigkeit der AOK); 45, 63 (Stadtwerke Hameln); 51, 369 (Universitäten II); 59, 231 (Freier Rundfunkmitarbeiter); 61, 82 (Gemeinde Sasbach); 67, 202 (Fachhochschule); 70, 138 (Kirchliches Kündigungsrecht); 75, 192 (Öffentliche Sparkassen); 78, 101 (Rundfunkanstalten); 83, 238 (WDR); 89, 155 (Maastricht); BVerfG DVBl 1990, 1397 (Ausländerwahlrecht); VIZ 1998, 202 (Enteignung während der Besatzungszeit); NJW 1998, 50 (Diplomatische Immunität und Staatennachfolge); BVerwGE 5, 239 (Vertriebene); 9, 231 (Vertriebene Volksdeutsche); 90, 181 (Ehegatte einer Volksdeutschen); BVerwG DVBl 1994, 924 (Deutsche Volkszugehörigkeit); NJW 1990, 1799 (Beweisaufnahme, Verwertungsverbot)

I. Die Drei-Elementen-Lehre

22　Völkerrechtlich ist ein Staat ein Rechtssubjekt, wenn er über ein **Staatsgebiet**, ein **Staatsvolk** und über eine (effektiv ausgeübte) **Staatsgewalt** verfügt (sog. Drei-Elemente-Lehre).[51]

1. Das Staatsgebiet

23　**Staatsgebiet** ist jeder in seinem Kernbestand gesicherte, beherrschbare und zum dauernden Aufenthalt von Menschen geeignete natürliche Teil der Erdoberfläche.[52]

24　Durch die Einschränkung „natürlich" wird verhindert, dass etwa künstlich errichtete Betonfelsen, Bohrinseln etc. als Staatsgebiet bezeichnet werden können.[53] Demgegenüber wäre von einem Staatsgebiet zu sprechen, wenn sich etwa eine Gruppe von Aussteigern auf einem einsamen, keinem Staat gehörenden Atoll mitten in der Südsee niederlassen würde. Das Merkmal „abgegrenzt" führt dazu, dass beispielsweise Palästina (noch) kein Staat ist, da es insoweit an einem abgegrenzten Staatsgebiet fehlt.

25　Das Staatsgebiet definiert sich durch die Außengrenzen. Wo das Staatsgebiet an keine unmittelbaren Nachbargrenzen stößt, sondern bis an das Meer reicht, gehört auch das sog. **Küstenmeer** zum Staatsgebiet. Das Küstenmeer ist in seiner Ausdehnung durch das Seerechtsübereinkommen der Vereinten Nationen (SRÜ - BGBl 1994 II S. 1799) definiert. Gemäß Art. 3 SRÜ hat jeder Staat das Recht, die Breite seines Küstenmeeres bis zu einer Grenze festzulegen, die höchstens 12 Seemeilen (1 Seemeile = 1,852 km) von der jeweilig festgelegten Basislinie (vgl. dazu Art. 5 SRÜ) entfernt sein darf. Die meisten Staaten haben die maximal zulässige Ausdehnung als Staatsgrenze festgelegt (so auch die Bundesrepublik Deutschland, vgl. BGBl 1994 I S. 3428).[54]

Das Staatsgebiet ist auch vertikal zu bestimmen. Das Völkerrecht stellt hierbei auf die technische Beherrschbarkeit ab. So umfasst das Staatsgebiet der Höhe nach auch den Bereich oberhalb des Festlandes, also den **Luftraum**.[55] Allerdings ist unklar, bis zu welcher maximalen Höhe noch von einem Staatsgebiet gesprochen werden kann. Der Weltraum-

---

[51] *Isensee*, in: HdbStR I, § 13 Rn 30 ff. Die ganz herrschende Drei-Elemente-Lehre geht auf *Georg Jellinek*, Allgemeine Staatslehre, 3. Aufl. 1914, S. 394 zurück (näher erläutert von *Danwerth*, JuS 2011, 406, 407 f.). Zu den abweichenden Erklärungen vgl. die Integrationslehre von *Smend*, Staatsrechtliche Abhandlungen, 1955, S. 136, wonach der Staat als geistige Einheit im Sinne einer ständigen Selbstverwirklichung des Einzelnen zu verstehen ist, sowie die Reine Rechtslehre von *Kelsen*, Der soziologische und der juristische Staatsbegriff, 2. Aufl. 1928, S. 15, der den Staat als normative, das gegenseitige Verhalten einer Vielheit von Menschen regelnde Ordnung definiert.

[52] *Isensee*, in: HdbStR I, § 13 Rn 32; *Graf Vitzthum*, in: HdbStR I, § 16 Rn 7. Vgl. auch *Häußler*, JA 2002, 817.

[53] Vgl. VG Köln DVBl 1978, 510 (britische Kanalinsel Sealand, str.). Andere britische Kanalinseln wie Jersey, Guernsey und Isle of Man sind natürliche Inseln und erfüllen somit das Kriterium des Staatsgebiets.

[54] Zu aktuellen Fragen des SRÜ vgl. *Matz-Lück*, Ad Legendum 2013, 237 ff.

[55] Vgl. Art. 2 I, II SRÜ; *Graf Vitzthum*, in: HdbStR I, § 16 Rn 9; *Häußler*, JA 2002, 817; *Schladebach*, JuS 2008, 217, 218; *Matz-Lück*, Ad Legendum 2013, 237, 240.

vertrag vom 27.01.1967 (BGBl 1969 II S. 1968) enthält hierzu keine Regelung. Nach allgemeinen Völkerrechtsgrundsätzen wird die Grenze der Beherrschbarkeit bei 80-100 km oberhalb des jeweiligen Staatsgebiets gezogen. Daran schließt sich der keinem Staat gehörende Weltraum an. Zu beachten ist jedoch, dass aufgrund mehrerer völkerrechtlicher Abkommen das Überfliegen von Staatsgebieten nach entsprechender Fluggenehmigung erlaubt ist, ohne dass es zu einer Verletzung des Luftraums kommt.[56]

Unter der Erdoberfläche rechnet der Raum zum Staatsgebiet, in dem er genutzt (etwa durch Tunnel oder Bergwerke) und kontrolliert werden kann.[57]

2. Das Staatsvolk

a. Begriff des Staatsvolkes

Staatsvolk ist die Gesamtheit der Personen, die einem Staat kraft seines Rechts zugeordnet sind und von Völkerrechts wegen zugeordnet werden dürfen.[58] Dabei ist es erforderlich, dass sich der Zusammenschluss auf alle Teilbereiche des gesellschaftlichen Lebens erstreckt; es muss eine Art „Schicksalsgemeinschaft" bestehen.[59]   **26**

Wenn sich zum **Beispiel** die o.g. Gruppe von Aussteigern nur deshalb auf dem unbewohnten Atoll in der Südsee niederlässt, um sich der Steuerpflicht ihres Heimatstaates zu entziehen, beschränkt sich der gemeinsame Zweck auf die Vermeidung von Steuern. Von einer Art „Schicksalsgemeinschaft" kann nicht gesprochen werden.   **27**

Verkürzt lässt sich sagen, dass das Staatsvolk aus der **Summe der Staatsangehörigen** gebildet wird[60] (zur Besonderheit bezüglich der Bundesrepublik Deutschland siehe Rn 33). Jeder Staat ist berechtigt, sein eigenes **Staatsangehörigkeitsrecht** zu regeln. Dabei unterliegt er – ungeachtet der verfassungsrechtlichen Bestimmungen – bestimmten völkerrechtlichen Vorgaben.[61] Verletzt das nationale Staatsangehörigkeitsrecht Völkerrecht, führt dies aber nicht notwendigerweise zur Nichtigkeit[62], da das Völkerrecht nicht immer höherrangiges Recht darstellt. Ist der Verstoß jedoch schwerwiegend und evident, ist eine Nichtigkeit anzunehmen. Für die Bundesrepublik Deutschland ist Art. 25 GG zu beachten, wonach die allgemeinen Regeln des Völkerrechts Bestandteil des Bundesrechts sind und den (einfachen) Gesetzen vorgehen. Sie genießen also Vorrang vor den Gesetzen. Ein Verstoß einfacher Gesetze gegen allgemeine Regeln des Völkerrechts führt also zur Nichtigkeit.[63]   **28**

Das Grundgesetz regelt die deutsche Staatsangehörigkeit nicht. Maßgeblich ist insofern das einfachgesetzliche Regelwerk des Staatsangehörigkeitsgesetzes (StAG).[64] Danach ist **deutscher Staatsangehöriger**, wer der Gebietshoheit und der Personalhoheit der Bundesrepublik Deutschland unterliegt und Inhaber eines deutschen Passes ist, also die deutsche Staatsangehörigkeit nach dem StAG besitzt.   **28a**

---

[56] Vgl. näher *Häußler*, JA 2002, 817, 821.
[57] *Graf Vitzthum*, in: HdbStR I, § 16 Rn 9.
[58] *Grawert*, in: HdbStR I, § 14 Rn 11.
[59] Vgl. BVerfG DVBl 1990, 1397, 1398.
[60] So *Herzog*, Allgemeine Staatslehre, 1971, S. 45; BVerfG DVBl 1990, 1397, 1398.
[61] BVerfGE 1, 322, 328 f.; 37, 217, 218; BVerwG DVBl 1994, 924, 925.
[62] Nach der herrschenden Nichtigkeitstheorie ist eine staatliche Maßnahme, wozu auch die Gesetze gehören, grundsätzlich nichtig, wenn sie gegen höherrangiges Recht verstößt.
[63] Zum Rangverhältnis nationales Recht/Völkerrecht vgl. oben Rn 21l sowie *R. Schmidt*, Grundrechte, Rn 4b ff.
[64] Das StAG (früher: RuStAG ⇨ Reichs- und Staatsangehörigkeitsgesetz) ist mit Wirkung zum 1.1.2000 teilweise tiefgreifend modifiziert worden. So sind insbesondere das Abstammungsprinzip (§ 4 I StAG) und die Einbürgerung eines Ausländers (§ 8 StAG) zu nennen. Die doppelte Staatsbürgerschaft wurde mit Wirkung zum 13.11.2014 eingeführt (dazu Rn 32).

29 Die deutsche Staatsangehörigkeit wird grundsätzlich durch Geburt erworben (§ 4 I StAG). In der Bundesrepublik Deutschland gilt damit zunächst das **Abstammungsprinzip** (*ius sanguinis* – „Recht des Blutes").

Dieses vornehmlich im kontinental-europäischen Rechtskreis geltende Abstammungsprinzip besagt, dass sich die Staatsangehörigkeit nach derjenigen der Eltern richtet. In der Bundesrepublik Deutschland erwirbt ein Kind durch Geburt die deutsche Staatsangehörigkeit, wenn mindestens ein Elternteil deutscher Staatsbürger ist (§ 4 I S. 1 Halbs. 2 StAG).

30 Des Weiteren erwirbt ein Kind ausländischer Eltern die deutsche Staatsangehörigkeit, wenn die Voraussetzungen des § 4 III StAG vorliegen. Damit folgt das StAG alternativ dem **Territorialprinzip** (*ius soli* – „Recht des Bodens"), gemeinhin auch als Geburtsortsprinzip bekannt.

Das Territorialprinzip macht die Staatsbürgerschaft davon abhängig, dass man auf dem Territorium des Staates, dessen Staatsangehörigkeit erworben werden soll, geboren wird, unabhängig davon, welcher Nationalität die Eltern sind. Dieses Prinzip gilt v.a. in den USA („Birthright citizenship")[65], aber auch in vielen Staaten Lateinamerikas. Generell ist es in vielen (ehemaligen) Einwanderungsländern anzutreffen. Ursprüngliches Ziel war es, durch ein leicht verifizierbares Ereignis das Staatsvolk zu vergrößern, ohne dass es auf die Nationalität der Eltern angekommen wäre. Gebärt also eine nicht über die amerikanische Staatsbürgerschaft verfügende deutsche Staatsangehörige auf dem Territorium der USA ein Kind, erhält das Kind i.d.R. eine doppelte Staatsbürgerschaft, die der USA und die der deutschen Mutter.

31 Seit der am 1.1.2000 in Kraft getretenen Neufassung des Staatsangehörigkeitsgesetzes wird allein aufgrund der Geburt im Inland und des rechtmäßigen Aufenthalts eines Elternteils die deutsche Staatsangehörigkeit erworben. Dadurch kann es passieren, dass das in Deutschland geborene Kind ausländischer Eltern zwei Staatsangehörigkeiten hat, was vom deutschen Gesetzgeber nicht als „Dauerzustand" gewünscht war. Daher sah die bisherige Gesetzeslage vor, dass der Betroffene nach Erreichen der Volljährigkeit erklären musste, ob er die deutsche oder die ausländische Staatsangehörigkeit behalten will.

32 In Ausführung der Koalitionsvereinbarung zwischen CDU/CSU und SPD ist mit Änderungsgesetz v. 13.11.2014 (BGBl I S. 1714) hinsichtlich der bislang nur zeitlich begrenzten doppelten Staatsbürgerschaft ein Optionsmodell geschaffen worden. Während sich nach früherer Gesetzeslage das in Deutschland geborene und aufgewachsene Kind ausländischer Eltern nach Erreichen der Volljährigkeit entscheiden musste, ob es die deutsche oder die ausländische Staatsangehörigkeit behalten will (sog. Optionspflicht, s.o.), hat es gem. § 29 StAG n.F. nunmehr die Möglichkeit, unter den dort genannten Voraussetzungen die doppelte Staatsbürgerschaft zu behalten.[66]

b. Besonderheit in Bezug auf Statusdeutsche

33 In der Bundesrepublik Deutschland besteht die Besonderheit, dass der Begriff des Staatsvolkes nicht nur die deutschen Staatsangehörigen umfasst, sondern auch *Personen deutscher Volkszugehörigkeit*, die im Gebiet des Deutschen Reichs nach

---

[65] Vgl. Abschnitt 1 des 14. Zusatzartikels zur Verfassung der Vereinigten Staaten von Amerika, wonach u.a. alle in den Vereinigten Staaten geborene Menschen Bürger der Vereinigten Staaten sind. Ein Kind einer amerikanischen Frau, das außerhalb der USA geboren wird, ist also nicht kraft Geburt amerikanischer Staatsbürger, da insoweit ja nicht das Ius-soli-Prinzip greift. Das Kind hat aber Anspruch auf die amerikanische Staatsbürgerschaft, vorausgesetzt, die Mutter war vor der Geburt des Kindes in den Vereinigten Staaten ansässig.
[66] Vgl. dazu näher etwa *Mosbacher*, NVwZ 2015, 268 ff.

dem Stande vom 31.12.1937 als *Flüchtlinge oder Vertriebene Aufnahme gefunden haben* (sog. **Statusdeutsche**, vgl. Art. 116 I Var. 2 GG).[67]

Damit eine Person ohne deutsche Staatsangehörigeneigenschaft als Deutscher eingestuft wird, muss sie zunächst Flüchtling oder Vertriebener mit deutscher Volkszugehörigkeit sein. Flüchtling oder Vertriebener ist, wer seinen Wohnsitz außerhalb des Gebietes der heutigen Bundesrepublik Deutschland hatte und diesen Wohnsitz aufgrund des Zweiten Weltkriegs durch Vertreibung (insbesondere durch Ausweisung) verloren hat.[68] Deutscher Volkszugehöriger ist, wer sich in seiner früheren Heimat zum deutschen Volkstum bekannt und dies durch bestimmte Merkmale wie Sprache, Erziehung, Kultur bestätigt hat.[69] Die gleiche Rechtsstellung genießen Ehegatten und Abkömmlinge (Art. 116 I GG). **34**

Des Weiteren muss die betreffende Person (trotz des Wortlauts des Art. 116 I GG) Aufnahme in dem Gebiet der heutigen Bundesrepublik Deutschland gefunden haben.

> **Beispiel:** Eine Person, die in einem der Ostgebiete des Deutschen Reichs nach dem Stand vom 31.12.1937 gewohnt und nach dem Rückzug der deutschen Truppen gegen Ende des Zweiten Weltkrieges ihre Heimat in den Ländern Osteuropas verlassen hat oder von dort vertrieben worden ist, ist ein sog. Statusdeutscher.

> **Folgen:** Da die sog. Statusdeutschen gem. Art. 116 I GG den Deutschen deutscher Staatsangehörigkeit gleichgestellt sind, stehen ihnen auch diejenigen Grundrechte, die an die Deutscheneigenschaft anknüpfen (z.B. Art. 8, 9, 11, 12, 16 II GG), zu. Ebenso haben sie unter den Voraussetzungen des § 12 I BWahlG das Wahlrecht.

3. Die Staatsgewalt

Staatsgewalt ist die originäre Herrschaftsmacht des Staates über sein Gebiet und die auf ihm befindlichen Personen.[70] **35**

Staatsgewalt bedeutet demnach, dass der Staat auch unter Ausübung körperlichen Zwangs seine Anordnungen und Gesetze durchsetzen kann. Er ist unter bestimmten Voraussetzungen zum Eingriff in die persönliche Sphäre seiner Bürger befugt, insbesondere in Freiheit und Eigentum. Originär ist die Staatsgewalt, wenn sie von keinem anderen Staat oder sonstigen Organisationen abgeleitet ist. **36**

Von der Staatsgewalt zu unterscheiden ist die **Souveränität**. Es ist zwischen äußerer und innerer Souveränität zu unterscheiden. Äußere Souveränität bedeutet die Fähigkeit zu ausschließlicher rechtlicher Selbstbestimmung und Selbstbindung im Verkehr mit anderen Staaten und Völkerrechtssubjekten.[71] Innere Souveränität kennzeichnet die Verfügungsgewalt über die inneren Angelegenheiten. In der Regel bedeutet die Ausübung der Staatsgewalt auch die Ausübung der (äußeren und inneren) Souveränität. Am Beispiel der Bundesrepublik Deutschland wird aber deutlich, dass dies nicht stets der Fall sein muss: Nach Inkrafttreten des Grundgesetzes bestand durch die Billigung der Alliierten zunächst die Staatsgewalt. Der Staat Bundesrepublik Deutschland besaß somit zunächst die originäre Herrschaftsmacht über das Staatsgebiet und das Staatsvolk. Gleichwohl bestand keine (volle) Souveränität, da bestimmte Entscheidungen von der Zustimmung der Alliierten abhängig gemacht wurden. So war es der Bundesrepublik Deutschland beispielsweise verwehrt, Atomwaffen zu besitzen. Mit dem Deutschlandvertrag vom 5.5.1955 (BGBl II, 1955, S. 301, 305), der das Besat- **37**

---

[67] Vgl. BVerwGE 90, 181, 183; *Jarass*, in: J/P, GG, Art. 116 Rn 1; *Hofmann*, in: Schmidt-Bleibtreu/Hofmann/Henneke, Art. 116 Rn 1 f.
[68] *Jarass*, in: J/P, GG, Art. 116 Rn 4.
[69] BVerwGE 5, 239, 240 f.; 9, 231, 232.
[70] Vgl. ausführlich *Randelzhofer*, in: HdbStR I, § 15 Rn 1 ff.
[71] *Randelzhofer*, in: HdbStR I, § 15 Rn 27.

zungsregime für beendet erklärte, erhielt die Bundesrepublik Deutschland dann zunächst eine eingeschränkte Souveränität. Die uneingeschränkte (äußere) Souveränität erhielt die Bundesrepublik erst aufgrund des Vertrags über die abschließende Regelung in Bezug auf Deutschland vom 12.9.1990 (sog. **Souveränitätsvertrag**.[72]

38 In der Regel liegen die drei konstitutiven Voraussetzungen für die Bejahung der Eigenschaft als Staat unzweifelhaft vor. So wäre es völlig verfehlt, die Staatsqualität beispielsweise der Bundesrepublik Deutschland oder Frankreichs zu prüfen. Etwas anderes gilt etwa bezüglich Palästina. Zwar gibt es ein Staatsvolk der Palästinenser, das auf einem bestimmten Gebiet siedelt, aber es fehlt an einer Staatsverfassung. Auch bei der Frage nach der Staatsqualität der ehemaligen DDR muss differenziert werden: Die DDR vertrat seit 1952 unter Einfluss der UdSSR die sog. **Zwei-Staaten-Theorie**. Wenn man über die Wiedervereinigung spreche – so der sowjetische Verteidigungsminister Bulganin auf der Genfer Gipfelkonferenz vom 17. bis 23.7.1955 –, müsse daran gedacht werden, dass es zwei deutsche Staaten gebe, deren Meinungen zu berücksichtigen seien. Demgegenüber vertrat die Bundesrepublik Deutschland die sog. **Identitätstheorie**, wonach allein die Bundesrepublik Deutschland als mit dem Deutschen Reich identisch galt und die DDR als „lokales de facto Regime" angesehen wurde (sog. **Alleinvertretungsanspruch** oder **Hallsteindoktrin**). Der früheren DDR wurde also die Anerkennung als Staat durch die Bundesrepublik Deutschland vorenthalten. Erst ab 1969, in der Ära Brandt, erfolgte die völkerrechtliche Anerkennung der DDR durch die Bundesrepublik Deutschland. Mit der Aufnahme beider deutscher Staaten in die UNO 1973 wurde die DDR von den meisten Staaten der Erde als Völkerrechtssubjekt anerkannt.

39 Die **Europäische Union**, die in Art. 1 EUV als „neue Stufe bei der Verwirklichung einer immer engeren Union der Völker Europas" bezeichnet wird, besitzt keine Staatsqualität (vgl. bereits Rn 21n). Das beruht auf mehreren Gründen: Zunächst werden die Aufgaben der Europäischen Union durch den Unionsvertrag normiert, der – wie der AEU-Vertrag (Art. 2 AEUV) – dem Prinzip der begrenzten Einzelermächtigung folgt: Es besteht lediglich eine abgeleitete demokratische Legitimation der Union, eine enumerative Handlungsermächtigung (sog. Ultra-vires-Lehre, vgl. Art. 5 EUV). Das bedeutet, dass die Organe der EU nur solche Kompetenzen wahrnehmen dürfen, die ihnen durch die Primärverträge (Rn 328 ff.) und die (Änderungs-)Verträge von Maastricht, Amsterdam, Nizza und Lissabon übertragen worden sind. Schon deshalb besitzt die Europäische Union keine eigene Staatsqualität. Es fehlt an der (originären) „Staatsgewalt", deren zentrales Merkmal in der Kompetenz besteht, sich selbstständig neue Kompetenzen zu geben („Kompetenz-Kompetenz" – dazu näher Rn 338). Hinzu kommt, dass es am „Staatsvolk" fehlt. Zwar ist eine Unionsbürgerschaft für alle Staatsangehörigen der Mitgliedstaaten begründet worden (vgl. Art. 9 S. 2, S. 3 EUV, Art. 20 AEUV). Auch sind mit der Unionsbürgerschaft bestimmte Rechte verbunden, insbesondere das Aufenthaltsrecht (vgl. Art. 21 AEUV) und das Kommunalwahlrecht (vgl. Art. 22 AEUV). Diese Rechte besitzen nach der Rechtsprechung des BVerfG aber nicht die erforderliche „Dichte", um die Gesamtheit der Unionsbürger als „Europäisches Staatsvolk" qualifizieren zu können.[73] Des Weiteren hat das BVerfG für die Europäische Union den Begriff des *Staatenverbundes* geprägt, der von den Mitgliedstaaten getragen wird und deren nationale Identität achtet.[74]

---

[72] Vgl. BVerfG VIZ 1998, 202 und *Kirchhof*, NJW 2001, 1332.
[73] Vgl. BVerfGE 89, 155, 184; 123, 267, 340 ff. Zum **EU-Recht** vgl. ausführlich Rn 327 ff./761 ff.
[74] BVerfGE 89, 155, 188 f.; *Kirchhof*, NJW 2001, 1332; anders *Hirsch*, NJW 2000, 46, 47, der die Europäische Union zwischen dem klassischen Staatenbund und einem Bundesstaat ansiedelt. Zu den Begriffen *Staatenverbund, Staatenbund* und *Bundesstaat* vgl. Rn 65, 68 und 69.

4. Besonderheiten

Um in die **Vereinten Nationen** (UNO) aufgenommen zu werden, genügt die Einhaltung der oben aufgezeigten Kriterien nicht. Vielmehr ist gem. Art. 4 I UN-Charta weitere Voraussetzung, dass es sich um einen friedliebenden Staat handelt. Des Weiteren muss der Staat die in der UN-Charta festgelegten Verpflichtungen übernehmen und nach dem Urteil der Organisation fähig und willens sein, diese Verpflichtungen zu erfüllen. **40**

Eine Sondersituation ergibt sich gegenüber den Mitgliedern **diplomatischer Vertretungen** im Empfangsstaat. Zwar sind auch diese grundsätzlich der Gebietshoheit des Empfangsstaates unterworfen. Der Empfangsstaat ist aber seinerseits verpflichtet, bestimmte Rechte nicht auszuüben. So unterliegen die Mitglieder diplomatischer Vertretungen i.d.R. nicht der nationalen Gerichtsbarkeit[75] (vgl. für die Bundesrepublik Deutschland Art. 29, 31 WÜD und §§ 18-20 GVG). Man spricht insoweit von „**Immunität**". Bezüglich des Sitzes der Botschaft wird von „**Exterritorialität**" gesprochen. **41**

Die in der Staatenpraxis anerkannten Vorrechte und Befreiungen seitens der Mitglieder diplomatischer Vertretungen werden unmittelbar aus dem Zweck der diplomatischen Vertretung abgeleitet. Denn eine effektive Aufgabenerfüllung des Diplomaten wäre – gerade in Zeiten innerstaatlicher Spannungen oder Krisen – ohne weitgehende Befreiung von der Staatsgewalt des Empfangsstaates nicht möglich.[76] **42**

> **Beispiel:** Gemäß Art. 31 II des Wiener Übereinkommens über konsularische Beziehungen dürfen die nationalen Behörden die Diensträume eines Konsulats nicht ohne Zustimmung des Leiters des Konsulats betreten. Daraus folgt, dass etwa strafprozessuale Durchsuchungen (§§ 102, 103 i.V.m. 105 StPO) oder Beschlagnahmen von Sachen (§ 94 i.V.m. § 98 I StPO) unzulässig sind. Unzulässig dürfte auch die Überwachung der Telekommunikation (§§ 100a ff. StPO) sein. Zur zeitlichen Erstreckung der diplomatischen Vorrechte und Befreiungen vgl. Art. 39 WÜD.

---

[75] Vgl. dazu das Wiener Übereinkommen über diplomatische Beziehungen (WÜD) vom 18.4.1961 (BGBl 1964 II S. 957 ff.), insbesondere deren Art. 29 und 31, und das Wiener Übereinkommen über konsularische Beziehungen vom 24.04.1963 (BGBl 1969 II S. 1585 ff.).
[76] Vgl. dazu BVerfG NJW 1998, 50, 51 ff.

II. Zusammenfassung

43 Nach der Drei-Elementen-Lehre ist Voraussetzung für einen Staat: **Staatsgebiet**, **Staatsvolk** und (effektiv ausgeübte) **Staatsgewalt**.

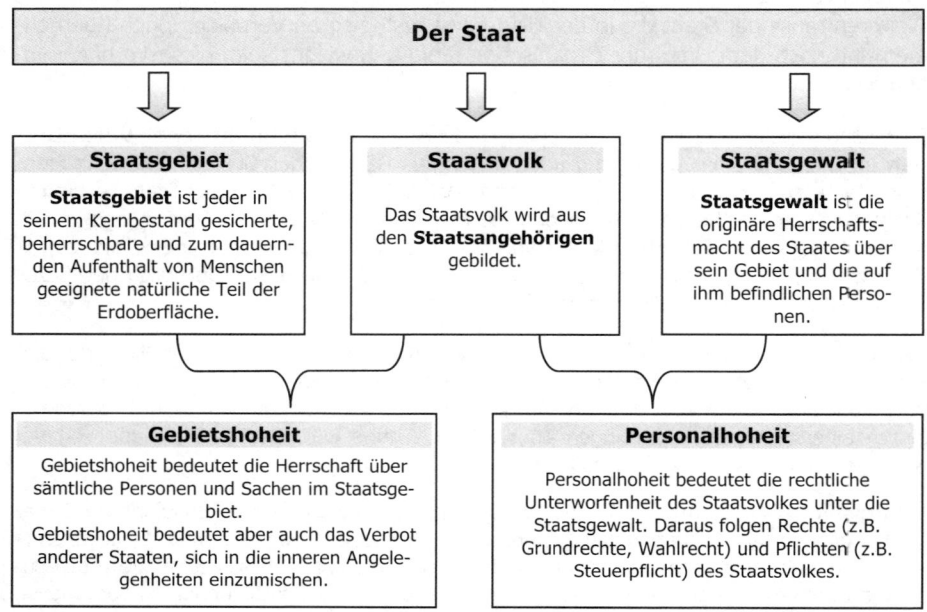

III. Der Staat als juristische Person

44 Die Anerkennung eines Staates als Völkerrechtssubjekt mit Hilfe der Drei-Elemente-Lehre hilft bei der Frage nach den Rechten und Pflichten im innerstaatlichen Bereich, also im Bereich des Verhältnisses zwischen Staat und Bürger, nicht weiter. Hier bedient man sich der Lehre vom „Staat als juristische Person".[77]

45 Unter einer **juristischen Person** versteht man eine Personenvereinigung oder ein Zweckvermögen mit vom Gesetz anerkannter rechtlicher Selbstständigkeit (sog. Rechtsfähigkeit). Dazu gehört auch die Fähigkeit, klagen zu können und verklagt zu werden (sog. Partei- oder Beteiligtenfähigkeit).

> **Beispiele:** Juristische Personen des **Privatrechts** sind etwa die Aktiengesellschaft (§ 1 I S. 1 AktG) oder die Gesellschaft mit beschränkter Haftung (§ 13 I GmbHG).

46 Abgesehen von den nur einer natürlichen Person zustehenden Rechten und möglichen Rechtsgeschäften (z.B. Staatsangehörigkeit, Eheschließung, Testamentserrichtung), kann die juristische Person wie jedes andere Rechtssubjekt im Rechtsverkehr auftreten.

> **Beispiel:** Die A-GmbH kauft (§ 433 BGB) von der B-AG 1.500 Kaffeemaschinen zu einem Preis von je 25,- €. ⇨ Hier werden nicht etwa die hinter den Gesellschaften stehenden natürlichen Personen (die Gesellschafter) rechtlich gebunden, sondern ausschließlich die Gesellschaften selbst. Das ergibt sich aus der Anerkennung der Gesellschaften als juristische Personen (vgl. § 1 I S. 1 AktG, § 13 I GmbHG).

---

[77] *Ipsen*, Rn 9.

Von den juristischen Personen des Privatrechts streng zu unterscheiden sind die den **47** Staat ausmachenden juristischen Personen des öffentlichen Rechts. Es ist gedanklich nachvollziehbar, dass die hinter der Staatsgewalt stehenden natürlichen Personen nicht als solche agieren, sondern – gleichsam in den Staatsapparat eingebunden – den Staat repräsentieren. Aus diesem Grund ist die Lehre vom Staat als juristische Person entwickelt worden. Die hinter der Staatsgewalt stehenden Personen werden lediglich als Sachwalter, als Organe tätig, deren Handeln dem Staat zugerechnet wird.

Juristische Personen des **öffentlichen Rechts** sind Körperschaften, Stiftungen, **48** Anstalten des öffentlichen Rechts sowie Beliehene.

Körperschaften des öffentlichen Rechts sind durch staatlichen Hoheitsakt ins **49** Leben gerufene, (teil-)rechtsfähige, mitgliedschaftlich verfasste, aber vom Wechsel der Mitglieder unabhängige Rechtsträger zur Erfüllung hoheitlicher Aufgaben.[78]

> **Beispiele:** Bund, Länder und Gemeinden; Rechtsanwaltskammern; staatliche Hochschulen (Art. 5 III S. 1 GG, § 58 I HRG); Landesärztekammern; Handwerksinnungen und -kammern (§§ 53, 90 HandwO); Industrie- und Handelskammern (§ 3 I IHKG); Träger der Sozial- und Rentenversicherung (z.B. AOK oder Deutsche Rentenversicherung Bund); Kassenärztliche Vereinigung nach §§ 77 ff. SGB V; Jagdgenossenschaften (§ 9 BJagdG); Landwirtschaftskammern; staatliche Studierendenschaften[79]; Religionsgesellschaften, soweit sie den Status als Körperschaften des öffentlichen Rechts verliehen bekommen haben (vgl. Art. 140 GG i.V.m. Art. 137 V S. 2 WRV)

Eine **öffentliche Anstalt** ist eine Zusammenfassung personeller und sächlicher Mittel **50** in der Hand eines Trägers öffentlicher Verwaltung, die einem besonderen öffentlichen Zweck dauernd zu dienen bestimmt ist.[80]

> **Beispiele:** ZVS; öffentlich-rechtliche Sparkassen; öffentlich-rechtliche Rundfunkanstalten und damit auch der Beitragsservice der 9 Landesrundfunkanstalten, dem ZDF und dem Deutschlandradio; Deutsche Nationalbibliothek; Bundesagentur für Arbeit

Stiftungen des öffentlichen Rechts sind organisatorisch verselbstständigte, **51** rechtsfähige Institutionen mit dem Zweck der Verwaltung eines Bestands an öffentlichem Vermögen.[81]

> **Beispiele:** Stiftung Preußischer Kulturbesitz; Bundesstiftung Umwelt; Stiftung Denkmal für die ermordeten Juden Europas; Fachhochschule Osnabrück

Nicht zu den jur. Personen im dargelegten Sinne, aber zu den rechtsfähigen Organisa- **52** tionseinheiten, die ebenfalls hoheitliche Aufgaben wahrnehmen, gehören die Beliehenen, soweit sie in Ausübung der ihnen übertragenen Kompetenzen tätig werden.

Beliehene sind natürliche oder juristische Personen des Privatrechts, denen der Staat **52a** durch Gesetz oder aufgrund eines Gesetzes die Kompetenz zur selbstständigen Wahrnehmung einzelner hoheitlicher Aufgaben übertragen hat.[82]

> **Beispiele:** Notare hinsichtlich öffentlicher Beurkundungen und Beglaubigungen (§ 1 BNotO); Seeschiffs- und Flugkapitäne (vgl. §§ 79 I, 50 III, 121 II SeeArbG, § 12 LuftSiG); Luftsicherheitsassistenten (§ 5 V LuftSiG); Jagdaufseher (§ 25 II BJagdG); Deut-

---

[78] Vgl. etwa BVerfG NVwZ 2002, 851 ff.
[79] BVerfG-K NVwZ 2001, 190; BerlVerfGH NVwZ 2000, 549.
[80] *Peine*, AllgVerwR, Rn 94 unter Verweis auf *Otto Mayer*, Deutsches Verwaltungsrecht, Bd. 2, 3. Aufl. 1924, S. 318.
[81] Vgl. *Peine*, AllgVerwR, Rn 105.
[82] Vgl. BVerfG NJW 2012, 1563, 1564 ff.; BVerwG DVBl 1970, 735; NVwZ-RR 1991, 330; NVwZ 2011, 368, 369 f.

sche FlugsicherungsGmbH (DFS)[83]; Bezirksschornsteinfegermeister hinsichtlich der technischen Brandsicherheit; Sachverständige (z.B. des TÜV, der DEKRA oder der KÜS) für die Untersuchungen bzw. Abnahmen nach §§ 19, 21 ff., 29 StVZO (vgl. § 6 StVG i.V.m. Anlage VIIIb zur StVZO), aber auch andere beliehene Sachverständige

52b   Vgl. zur Beleihung *R. Schmidt*, AllgVerwR, Rn 110 ff. Zur Frage, ob und inwieweit für jur. Personen des öff. Rechts die Grundrechte gelten, vgl. *R. Schmidt*, Grundrechte, Rn 71 ff.

53   **Zusammenfassung:** Die Drei-Elemente-Lehre hilft nicht weiter, wenn innerstaatliche Rechte und Pflichten in Frage stehen. Hier bedient man sich der Lehre vom Staat als juristische Person. Durch die Konstruktion als juristische Person wird ein rechtsfähiges Zurechnungssubjekt geschaffen, das unabhängig von den dahinter stehenden natürlichen Personen Träger von Rechten und Pflichten ist. Allerdings sind juristische Personen als solche handlungsunfähig. Sie bedürfen ihrer „Organe", um überhaupt handlungsfähig zu sein. Dabei ist der Organbegriff nicht auf die in der Verfassung genannten „obersten Staatsorgane" beschränkt; vielmehr erstreckt sich der Begriff auf alle öffentlichen Stellen, die Aufgaben des Staates wahrnehmen. So ist die Bundesrepublik Deutschland als Verband eine juristische Person in Form einer Gebietskörperschaft, die Träger von Rechten und Pflichten ist und durch ihre Organe handelt.

---

[83] Die DFS ist vom Bundesministerium für Verkehr, Bau und Stadtentwicklung durch Rechtsverordnung mit der Wahrnehmung hoheitlicher Aufgaben zur Flugsicherung beliehen. Diese Aufgaben, die einen Sonderpolizeicharakter haben, sind in § 27c LuftVG aufgezählt.

3. Kapitel

Staatsformmerkmale und Staatszielbestimmungen

A. Überblick über Staatsformen, Regierungsformen und Staatsziele

I. Staatsformen

Unter **Staatsform** ist die rechtliche Grundordnung eines Staates zu verstehen. Nach dem Träger der Staatsgewalt werden die *Monarchie*, die *Aristokratie*, die *Demokratie*, die *Republik* und die *Diktatur* voneinander unterschieden. **54**

Monarchie ist die Staatsform, in der ein einzelner die gesamte Staatsgewalt in Händen hält und auf Lebenszeit ausübt. Er hat in Abhängigkeit vom jeweiligen Staat verschiedene Bezeichnungen: Monarch, König, Kaiser, Zar, Sultan, Schah. Er ist i.d.R. mit Herrschaftsinsignien ausgestattet: Krone, Zepter, Schwert. **55**

In der Neuzeit haben sich drei Formen der Monarchie herausgebildet, die absolute, die konstitutionelle und die parlamentarische Monarchie.

- In der **absoluten Monarchie** liegt alle Gewalt beim Herrscher, sein Wille ist für die Untertanen Gesetz. Der Herrscher legitimiert seine Gewalt aus „göttlicher Gnade" und ist an keine Verfassung gebunden. Er ist nur „Gott und seinem Gewissen" gegenüber verantwortlich. Eine absolute Monarchie in der beschriebenen Form gibt es heute, von einigen wenigen afrikanischen Staaten abgesehen, nicht mehr.

- In der **konstitutionellen Monarchie** ist der Monarch immerhin an eine Verfassung (lat. constitutio) gebunden, die sich mit den Trägern der Staatsgewalt mit sonstigen grundlegenden Aspekten des staatlichen Lebens befasst. Die konstitutionelle Monarchie ist historisch in England ausgebildet, wo sie bis 1688/89 (Glorious Revolution; Bill of Rights) vorherrschte. Sie findet sich wieder in den deutschen Länderverfassungen des 19. Jahrhunderts, in der Reichsverfassung von 1871 und ferner in Österreich bis 1918. In der heutigen Zeit kann man bspw. Jordanien und Saudi-Arabien als konstitutionelle Monarchien bezeichnen.

- In der **parlamentarischen Monarchie** ist der Monarch nur noch repräsentatives Oberhaupt eines demokratischen Staates. Er beruft zwar formell den Regierungschef, hat aber praktisch kein politisches Gewicht. Die parlamentarische Monarchie wurde in England mit der „Glorious Revolution" (1688/89) durchgesetzt. Neben England zählen bspw. Norwegen, Schweden, Dänemark, Belgien und die Niederlande zu den parlamentarischen Monarchien.

In der **Aristokratie** (griechisch = Herrschaft der Besten) wird die Staatsgewalt von einer bestimmten Personengruppe ausgeübt, nach der Idealvorstellung der Staatsphilosophie von der Elite des Staates. Die Aristokratie ist in der Geschichte nur selten verwirklicht worden (am ehesten noch in der altrömischen Republik).[84] **56**

Die **Demokratie**[85] ist dadurch gekennzeichnet, dass die Staatsgewalt beim Volk liegt. Das Volk ist Träger des Staatswillens („Volkssouveränität", vgl. heute etwa Art. 20 II GG). Die antike Demokratie war eine unmittelbare oder direkte Demokratie. Das Volk war am Gesetzgebungsverfahren unmittelbar beteiligt (etwa durch Abstimmungen). **57**

---

[84] Der Aristokratie verwandt bzw. gleichgesetzt ist die Oligarchie, vgl. dazu *Brohm*, NJW 2001, 1 ff.
[85] Der Begriff setzt sich zusammen aus den griechischen Wortbestandteilen *demos* (Volk) und *kratein* bzw. *kratia* (Herrschen). Daher lässt sich der Begriff mit „Herrschaft des Volkes" beschreiben.

In der Neuzeit hat sich dann die mittelbare oder **repräsentative Demokratie** herausgebildet: Die Staatsbürger wählen ihre Repräsentanten (Abgeordnete), die dann in ihrem Auftrag (Mandat) die Gesetze beschließen und ggf. – in Abhängigkeit von den Mehrheitsverhältnissen – die Regierung bilden. Zur Demokratie gehört es, dass die Volksvertretung aus freien Wahlen hervorgeht, an der die Staatsbürger in gleicher Weise teilnehmen können. Die Volksvertretung muss in periodisch wiederkehrenden Abständen durch Wahlen abgelöst und so vom Volk neu legitimiert werden.

Man unterscheidet zwei Grundformen der repräsentativen Demokratie, die parlamentarische Demokratie und die Präsidialdemokratie.

- In der **parlamentarischen Demokratie** ist das Parlament sowohl Gesetzgeber als auch entscheidendes Organ bei der Regierungsbildung. Das bedeutet, dass die Regierung (d.h. der Regierungschef) nicht direkt vom Volk, sondern (mittelbar) vom Parlament gewählt wird. Diese Art von Demokratie findet sich z.B. in der Bundesrepublik Deutschland: Das Volk wählt die Abgeordneten des Deutschen Bundestags (Art. 38 GG). Die Abgeordneten wiederum wählen den Bundeskanzler (Art. 63 GG). Dieser schlägt die Bundesminister vor, die sodann vom Bundespräsidenten ernannt werden (Art. 64 I GG).

- In der **Präsidialdemokratie** wird der Regierungschef, der Präsident, vom Volk gewählt und übt die Regierungsgewalt weitgehend unabhängig vom Parlament aus. Die vom Präsidenten gebildete Regierung ist von den jeweiligen Parlamentsmehrheiten kaum abhängig. Diese Art von Demokratie findet sich vornehmlich in den USA und in Frankreich. Aber auch in einigen südamerikanischen Staaten wie Brasilien, Argentinien und Uruguay findet sich eine Präsidialdemokratie, allerdings mit nahezu diktatorischer Stellung des Präsidenten. Die Weimarer Republik hatte zumindest ab 1930 starke präsidiale Züge. Aufgrund der negativen Erfahrung mit dem Präsidialsystem in den Krisenjahren 1930 bis 1932 haben der Herrenchiemseer Konvent und der Parlamentarische Rat die Machtstellung des Präsidenten stark beschnitten.

Zum Prinzip der Demokratie gehört es auch, dass eine Gewaltentrennung stattfindet: Um eine Machtkonzentration eines Organs zu vermeiden, ist die Staatsgewalt in Gesetzgebung (**Legislative**), vollziehende Gewalt (**Exekutive**) und Rechtsprechung (**Judikative**) aufgeteilt. Hierin liegt ein wesentlicher Unterschied der „klassischen" Demokratie („demokratischer Rechtsstaat") zur „Volksdemokratie" kommunistischer Prägung, die auf eine strenge Gewaltenteilung verzichtet und die Staatsgewalt nur durch die Volksvertretung ausübt.

58 Im Gegensatz zur Monarchie steht die **Republik** (lat. res republica = der Staat; eigentlich: öffentliche Sache). Hier wird die Stellung des Staatsoberhaupts nicht von einem (erblichen) Monarchen wahrgenommen. Im Übrigen ist mit der Bezeichnung „Republik" nichts über den Charakter des Staates gesagt. Insbesondere ist der Begriff der Republik nicht mit dem Begriff der Demokratie gleichzusetzen. Auch eine Diktatur kann eine Republik sein. Vereinfacht lässt sich sagen, dass ein Staat immer dann eine Republik ist, wenn er keine Monarchie ist.

59 Die **Diktatur** ist die unbeschränkte Macht eines Einzelnen oder einer Gruppe über das Gesamtvolk, gleichsam eine Antithese zur Demokratie. In der neueren Geschichte trat die Diktatur häufig unter Bruch der Verfassung auf (etwa durch gewaltsame Revolutionen durch das Militär). Da es der Diktatur eigentümlich ist, dass eine Gewaltenteilung und damit eine gegenseitige Hemmung und Kontrolle der Staatsgewalten fehlt, neigt sie häufig zum Totalitarismus und zur Willkürherrschaft.

II. Regierungsformen und Staatszielbestimmungen

Von der Staatsform sind die Regierungsform (lat. regere = herrschen) und die Staatszielbestimmungen (auch Strukturprinzipien genannt) zu unterscheiden. **60**

Die **Regierungsform** beschreibt die Art und Weise, wie der Staat regiert wird, also das tatsächliche Verhältnis zwischen den Regierenden und den Regierten. **61**

> **Beispiel:** Die Bundesrepublik Deutschland ist eine Republik, da die Funktion des Staatsoberhaupts nicht durch einen Monarchen wahrgenommen wird. Großbritannien ist eine Monarchie, da an der Spitze des Staates die englische Königin steht. Es bestehen also unterschiedliche Staatsformen. Da beide Staaten aber von einer demokratisch legitimierten, d.h. durch Wahlen (mittelbar) konstituierten Regierung beherrscht werden, handelt es sich in beiden Fällen jeweils um ein **parlamentarisches Regierungssystem**.

Unter **Staatszielbestimmungen** versteht man Verfassungsnormen, die dem Staat die Erfüllung bestimmter Aufgaben oder die Verfolgung bestimmter Ziele vorschreiben. **62**

Verbindlichkeit und Bestimmtheit von Staatszielbestimmungen können sehr unterschiedlich sein. Staatszielbestimmungen geringerer Verbindlichkeit werden als Programmsätze verstanden. Programmsätze enthalten Aufträge an den Gesetzgeber, ohne diesen (direkt und unmittelbar) zu binden. Dennoch sind sie richtungweisend und bei der Auslegung und Anwendung des Rechts zu beachten.[86]

> **Beispiel:** Den in der Weimarer Reichsverfassung normierten Grundrechten (Art. 109 ff. WRV) wurde keine absolute Verbindlichkeit beigemessen. Vielmehr galten sie nur im Rahmen der Gesetze.

Eine Staatszielbestimmung wendet sich in erster Linie an den Gesetzgeber, der bei der Erfüllung des Auftrags einen weiten Spielraum hat. Aber auch Gerichte und Behörden müssen bei der Auslegung und Anwendung des Rechts die betreffende Staatszielbestimmung beachten. Im Gegensatz zu den Grundrechten, die dem Einzelnen ausdrücklich ein subjektives Recht einräumen, ist die Einhaltung von Staatszielbestimmungen i.d.R. nicht einklagbar. **62a**

Staatszielbestimmungen bzw. Strukturprinzipien des Grundgesetzes sind zunächst in Art. 20 I und 28 I S. 1 GG normiert. Dort sind der Bundesstaat (nur in Art. 20 I GG), die Republik, die Demokratie und der Sozialstaat (in Art. 20 I und in Art. 28 I S. 1 GG) genannt. In Art. 20 III und 28 I S. 1 GG ist das Rechtsstaatsprinzip genannt. Umweltschutz und Tierschutz sind in Art. 20a GG festgelegt, die Förderung der EU in Art. 23 GG. Ferner gehören die Pflicht zur Förderung des gesamtwirtschaftlichen Gleichgewichts (Art. 109 II GG) und wohl auch die supranationale Öffnung (Art. 24 I GG) zu den Staatszielbestimmungen. **62b**

---

[86] Vgl. dazu *Caspar/Geissen*, NVwZ 2002, 913 ff.; *Beaucamp*, JA 2002, 398 ff. sowie näher die Ausführungen zu den Staatszielen *Umweltschutz* und *Tierschutz* (Art. 20a GG) bei Rn 314 ff.

B. Die Republik

63 Ein Staat ist eine Republik, wenn er keine Monarchie ist. Die Stellung des Staatsoberhaupts wird also nicht von einem (erblichen oder auf Lebenszeit gewählten) Monarchen wahrgenommen, sondern von einem anderen Staatsorgan. Dieses andere Staatsorgan wird i.d.R. periodisch neu besetzt. Die Bundesrepublik Deutschland ist – wie bereits die Bezeichnung zeigt – eine Republik. Verfassungsrechtlich ergibt sich dies aus der Regelung der Art. 20 I und 28 I S. 1 GG. Untermauert wird dieser Befund durch die periodisch wiederkehrende Wahl des Staatsoberhaupts: Der Bundespräsident wird von der Bundesversammlung für 5 Jahre gewählt (Art. 54 I und II GG).

64 Die Staatsform *Republik* ist in der Bundesrepublik Deutschland durch Art. 79 III GG („Ewigkeitsgarantie") abgesichert. Nach dieser Bestimmung dürfen u.a. die in den Art. 1 und 20 GG niedergelegten Grundsätze, und damit auch die republikanische Staatsform, nicht berührt werden. Es wäre somit auch nicht durch eine Verfassungsänderung, die ja gerade ihre Grenzen in Art. 79 III GG findet, möglich, das Staatsoberhaupt auf dynastischer Grundlage oder auf Lebenszeit zu berufen. Ob die Einführung einer Monarchie auf *Landes*ebene möglich ist, mag unterschiedlich gesehen werden. Unterstellt man die für eine Verfassungsänderung nötigen Mehrheiten (vgl. Art. 79 II GG), ist fraglich, ob Art. 79 III GG i.V.m. Art. 20 I GG der Einführung einer Monarchie auf Landesebene entgegensteht. Der Wortlaut des Art. 20 I GG bezieht sich nur auf den (Gesamt-)Verband *Bundesrepublik Deutschland*. Die Homogenitätsklausel des Art. 28 I 1 GG kann abgeändert werden. Somit scheint die Einführung der Monarchie auf Landesebene möglich. Dem kann jedoch entgegengehalten werden, dass sich Art. 20 I GG zwar auf den Gesamtstaat bezieht, die Bezeichnung der Bundesrepublik Deutschland als „Republik" aber nicht aufrechterhalten werden kann, wenn einzelne Bundesländer die Staatsform der Monarchie einführen. Letztlich kann die Frage nicht eindeutig beantwortet werden.

C. Der Bundesstaat

Wichtige Entscheidungen: Vgl. BVerfGE 1, 264 (Kehrbezirk für Schornsteinfeger); 1, 299 (Sozialer Wohnungsbau); 4, 178 (Einstufung in höhere Besoldungsgruppe); 6, 309 (Öffentliches Schulwesen in Niedersachsen); 6, 376 (Verfassungsbeschwerde gegen ein Kommunalwahlgesetz); 8, 122 (Volksbefragung über Atomwaffen); 12, 205 (1. Rundfunkurteil – Deutschland-Fernsehen GmbH); 13, 54 (Neugliederung des Bundesgebietes); 22, 267 (Unterhaltszahlung); 32, 199 (Hessisches Gesetz über die Amtsbezüge der Richter und Staatsanwälte); 36, 342 (Beamtenbesoldung); 81, 310 (Auftragsverwaltung); 87, 181 (Finanzierung von Rundfunkanstalten); 89, 155 (Maastricht); 92, 203 (EWG-Fernsehrichtlinie); 81, 310 (Atomrechtliches Genehmigungsverfahren; „Schneller Brüter" Kalkar II); 84, 25 (Atomrechtliches Genehmigungsverfahren; „Schacht Konrad"); 101, 158 (Länderfinanzausgleich); 103, 332 (NaturschutzG Schleswig Holstein); 106, 62, 135 (Altenpflegegesetz); 111, 10 (Ladenschlussgesetz); 111, 226 (Juniorprofessur); 112, 226 (Studiengebührenverbot)

I. Begriff des Bundesstaates

Bundesstaat ist eine Verbindung mehrerer (Einzel-)Staaten zu einem völkerrechtlich anerkannten Gesamtstaat; dieser entscheidet über alle Fragen, die für die Einheit und den Bestand des Ganzen wesentlich sind, während die Gliedstaaten ihre Staatlichkeit behalten und an der Willensbildung des Ganzen beteiligt sind.[87] **65**

Die Gliedstaaten heißen Staaten, Länder, Bundesländer oder Kantone. **66**

> **Beispiele für Bundesstaaten:** Norddeutscher Bund 1867-71, Deutsches Reich 1871-1933, Bundesrepublik Deutschland, Österreich, Schweiz, Vereinigte Staaten von Amerika (seit 1789), Brasilien, Mexiko, Kanada, Nigeria, Venezuela, Australien, Indien

In der Bundesrepublik Deutschland ergibt sich die Staatsqualität der einzelnen Bundesländer vornehmlich aus S. 2 der Präambel des Grundgesetzes und aus Art. 30 GG i.V.m. den entsprechenden Vorschriften der Landesverfassungen (vgl. nur Art. 1 I der nordrhein-westfälischen Landesverfassung), ergänzend aus dem Wesen des in Art. 20 GG niedergelegten Bundesstaatsprinzips.[88] Abzugrenzen ist der Bundesstaat zunächst vom (dezentralisierten) **Einheitsstaat**. Bei diesem hat nur der Zentralstaat Staatsqualität, nicht die einzelnen Untergliederungen. Es ist nur eine Staatsgewalt vorhanden. Lediglich untergeordnete Vollzugstätigkeiten sind an regionale Verwaltungskörperschaften delegiert. Regionale Verwaltungskörperschaften sind Departements, Bezirke, Regionen. **67**

> **Beispiele für dezentralisierte Einheitsstaaten:** Frankreich seit der Französischen Revolution, Großbritannien, Italien, Spanien, Deutsches Reich 1933-45, ehemalige DDR bis 1990 und die skandinavischen Staaten

Darüber hinaus ist der Bundesstaat vom **Staatenbund** abzugrenzen. Bei diesem handelt es sich um einen losen völkerrechtlichen Zusammenschluss selbstständiger Staaten, die gemeinsame Organe zur Besorgung bestimmter Angelegenheiten haben. Die Gliedstaaten sind Völkerrechtssubjekte; ob es der Gesamtverband auch ist, hängt von der konkreten Ausgestaltung ab, ist i.d.R. aber zu verneinen. **68**

> **Beispiele für einen Staatenbund:** Deutscher Bund 1815-66, dessen gemeinsames Bundesorgan „Bundestag" von den Gesandten der Mitgliedstaaten gebildet wurde; Vereinigte Staaten von Amerika 1777-87; Vereinte Nationen (gegründet 1945 in San Francisco); Benelux; Afrikanische Union (AU)

---

[87] Vgl. BVerfGE 4, 178, 189; 22, 267, 270; *Stern*, Staatsrecht I, § 19 I 1a. Vgl. auch *Voßkuhle/Kaufhold*, JuS 2010, 873 ff.
[88] Vgl. *Stern*, Staatsrecht I, § 19 III 2; *Hofmann*, in: Schmidt-Bleibtreu/Hofmann/Henneke, GG, Art. 20 Rn 4.

69 Bei einer supranational organisierten zwischenstaatlichen Gemeinschaft spricht man neuerdings von einer „Staatengemeinschaft" oder einem **„Staatenverbund"**[89]. Dieser ist dadurch gekennzeichnet, dass zwar eigene Hoheitsbefugnisse der Gemeinschaft bestehen, diese Hoheitsbefugnisse nicht aber originär sind, sondern aus erteilten Einzelermächtigungen abgeleitet werden. Es besteht eine lediglich derivative, d.h. abgeleitete demokratische Legitimation der Gemeinschaft, eine **enumerative Handlungsermächtigung** („Ultra-vires-Lehre"). In Ermangelung umfassender Hoheitsbefugnisse besteht also kein Bundesstaat. Vereinfacht lässt sich sagen, dass der Staatenverbund weniger darstellt als ein Bundesstaat, aber mehr als ein bloßer Staatenbund. Gleichwohl besteht keine eigene Staatsqualität.

> **Beispiel für einen Staatenverbund:** die **Europäische Union**. Die aus deutscher Sicht übertragene enumerative Einzelermächtigung erfolgt über Art. 23 GG.

II. Verhältnis von Bund und Ländern
1. Gesamtstaat und Gliedstaaten

70 Wie bereits gesagt, ist das Eigentümliche eines Bundesstaates, dass sowohl der Verband *Bund* als auch die einzelnen Verbände *Länder* jeweils eine eigene (originäre) Staatsqualität besitzen. Es ist daher selbstverständlich, dass die Rechtsbeziehungen zwischen Bund und Ländern geregelt sein müssen. In der Bundesrepublik Deutschland wird das Verhältnis von Bund und Ländern in erster Linie durch das Grundgesetz bestimmt. Soweit das Grundgesetz keine speziellen Regelungen trifft, ergeben sich die Rechtsverhältnisse aus dem in Art. 20 I niedergelegten Bundesstaatsprinzip. Das Grundgesetz geht dabei davon aus, dass die Länder – trotz ihrer Staatsqualität – keine uneingeschränkte Souveränität besitzen. Dieser Gedanke ist einem Bundesstaat immanent, weil sich zumindest die Grundordnung einheitlich über das gesamte Staatsgebiet des Bundes erstrecken muss.

- Daraus folgt, dass die Landesverfassungen nicht losgelöst von den Prinzipien des Bundesstaates aufgebaut bzw. ausgestaltet werden können. Art. 28 I S. 1 GG stellt dies klar, indem er das sog. Homogenitätsprinzip formuliert. Danach müssen die Länderverfassungen „den Grundsätzen des republikanischen, demokratischen und sozialen Rechtsstaates im Sinne dieses Grundgesetzes entsprechen". Durch die Formulierung „den Grundsätzen ... entsprechen" wird allerdings deutlich, dass keine Gleichförmigkeit (Unitarisierung), sondern nur ein **Mindestmaß an Homogenität** verlangt wird.[90]

- Die **Befugnis nach außen**, d.h. die Befugnis, bi- und multilaterale Beziehungen zu anderen Völkerrechtssubjekten zu führen und völkerrechtliche Verträge zu schließen, steht grundsätzlich nur dem Gesamtstaat zu. Nur wenn die Gesetzgebungskompetenz bei den Ländern liegt, können entsprechende Verträge von den Ländern geschlossen werden, allerdings mit der Einschränkung, dass die Bundesregierung zustimmen muss (vgl. Art. 24 Ia und Art. 32 III GG).

- Art. 29 GG bestimmt, dass durch Bundesgesetz, das der Bestätigung durch Volksentscheid in den betroffenen Ländern bedarf, das Bundesgebiet **neu gegliedert** werden kann. Gliederung des Bundes in Länder bedeutet nicht die Bestandsgarantie eines einzelnen Bundeslandes. Entscheidend ist nur, dass überhaupt Bundesländer bestehen (vgl. Art. 79 III GG i.V.m. Art. 20 I GG). Wie viele Bundesländer bestehen müssen, wird unterschiedlich gesehen. Teilweise werden zwei für erforderlich gehalten[91], teilweise

---

[89] So das BVerfG in seinem Maastricht-Urteil (BVerfGE 89, 155, 186, 188) bezüglich der Europäischen Union. Vgl. dazu bereits Rn 39, aber auch ausführlich Rn 327 ff. und 761 ff.
[90] BVerfGE 36, 342, 360 ff.; *Hofmann*, in: Schmidt-Bleibtreu/Hofmann/Henneke, GG, Art. 20 Rn 7 f.
[91] *Maunz*, in: Maunz/Dürig, GG, Art. 79 Rn 34.

mindestens drei[92], teilweise aber noch mehr[93]. Darüber hinaus muss den bestehenden Ländern ein Mindestmaß an Eigenständigkeit verbleiben. Dazu gehört ein „Kernbestand eigener Aufgaben und eigenständige Aufgabenerfüllung"[94].

- Dem Bundesstaatsprinzip immanent ist zudem, dass der Gesamtstaat (der Bund) als Inhaber der vollen Souveränität die sog. **Kompetenz-Kompetenz** innehat. Er kann also seine Zuständigkeit (freilich unter Beachtung des Art. 79 III GG) jederzeit erweitern (oder verringern). Die Länderinteressen werden dabei hinreichend über die Mitwirkung des Bundesrats an der Gesetzgebung des Bundes gewährleistet.

- Die bundesstaatliche Grundordnung verbietet es grds. auch, dass einzelne Gliedstaaten aus dem Gesamtstaat **ausscheiden** können. Möglich wäre ein Ausscheiden aber wohl dann, wenn zuvor das Grundgesetz geändert würde, wobei die Grenzen einer Verfassungsänderung (Art. 79 III GG) zu beachten wären.[95]

- Des Weiteren folgt aus dem Bundesstaatsprinzip, dass der Bund **Aufsichtsbefugnisse** und **Einwirkungsrechte** gegenüber den Ländern hat (vgl. etwa Art. 84 I, III, 85 III GG). Insbesondere steht ihm das Recht zum **Bundeszwang** zu (Art. 37 GG).

- Im Übrigen ist das Verhältnis von Bund und Ländern in Art. 30 GG geregelt. Diese Vorschrift statuiert die Zuständigkeit der **Länder** zur Ausübung der staatlichen Befugnisse und Erfüllung der staatlichen Aufgaben, insbesondere der **Gesetzgebung** (Art. 70 ff. GG) und der **Verwaltung** (Art. 83 ff. GG), soweit das Grundgesetz keine andere Regelung trifft oder zulässt. Die Formulierung „trifft" bedeutet, dass das Grundgesetz eine entsprechende Regelung zugunsten des Bundes enthält, die Formulierung „zulässt" bedeutet, dass das Grundgesetz eine (Bundes-)Zuständigkeit kraft Natur der Sache, kraft Sachzusammenhangs und eine Annexkompetenz anerkennt.[96]

> **Weiterführender Hinweis:** Bei einem Vergleich zwischen dem Verfassungstext und der Staatspraxis wird deutlich, dass der Verfassungstext bezüglich der Gesetzgebung zwar von der grundsätzlichen Länderzuständigkeit ausgeht, in der Staatspraxis aber das Schwergewicht beim Bund liegt. Demgegenüber liegt bezüglich der Verwaltung sowohl nach dem Grundgesetz als auch nach der Staatspraxis das Schwergewicht bei den Ländern. Das hat den Hintergrund, dass das Grundgesetz die Ausführung der Gesetze durch die Bundesbehörden nur in bestimmten Fällen zulässt: Der Bund soll sich die bereits vorhandenen Landes- bzw. Kommunalbehörden zunutze machen und durch sie die Bundesgesetze ausführen lassen. Dadurch werden eine Mischverwaltung vermieden und die Effektivität gesteigert. Bei der Judikative liegt – zumindest was die Quantität betrifft – das Schwergewicht bei den Ländern. Qualitativ liegt das Schwergewicht aufgrund der Bindungswirkung der höchstrichterlichen Rechtsprechung beim Bund.

- Des Weiteren ist das Verhältnis von Bund und Ländern in der **Kollisionsklausel** des Art. 31 GG geregelt, wonach das gesamte Bundesrecht (im Kollisionsfalle) Geltungsvorrang vor dem Landesrecht einschließlich des Landesverfassungsrechts genießt. Die bundesrechtliche Norm muss also – die Kollisionsregel hinweggedacht – mit einer landes(verfassungs-)rechtlichen Norm dadurch in Konflikt geraten, dass beide Normen auf denselben Sachverhalt anwendbar sind und dabei zu verschiedenen Ergebnissen führen würden.[97] Besteht eine Kollision, setzt sich die bundesrechtliche Norm durch. Das hat

---

[92] *Evers*, in: Bonner Kommentar, Art. 79 Rn 212; *Bryde*, in: v. Münch/Kunig, GG, Art. 79 Rn 30.

[93] *Isensee*, in: HdbStR IV 671; *Sannwald*, in: Schmidt-Bleibtreu/Hofmann/Henneke, GG, Art. 79 Rn 41.

[94] BVerfGE 87, 181, 196 f.; *Pieroth*, in: J/P, GG, Art. 79 Rn 8; *Sannwald*, in: Schmidt-Bleibtreu/Hofmann/Henneke, GG, Art. 79 Rn 42.

[95] Anders verhält es sich auf EU-Ebene, da der Vertrag von Lissabon ein Recht der Mitgliedstaaten zum Austritt aus der EU ausdrücklich anerkennt (vgl. Art. 50 EUV).

[96] Vgl. dazu ausführlich Rn 842 ff.

[97] *Klein/Haratsch*, JuS 2000, 209, 211; *Pieroth*, in: J/P, GG, Art. 31 Rn 4.

den Hintergrund, dass die Kompetenzverteilung im Bundesstaat exklusiv ist: Entweder ist der Bund zuständig oder es sind die Länder. Sollte es demnach eine (landesrechtliche) Kompetenzbestimmung geben, wonach ein Land neben dem Bund zuständig ist, kommt Art. 31 GG zur Anwendung mit der Folge, dass das Bundesrecht das Landesrecht „bricht": Das Landesrecht verliert seine Geltung (sog. Geltungsvorrang des Bundesrechts). Inhaltsgleiches Recht wird nicht gebrochen, da bei inhaltsgleichem Recht keine Kollision vorliegt.[98]

- Eine Spezialregelung zu Art. 31 GG findet sich in Art. 142 GG. Dort ist die Fortgeltung der Grundrechte der Länderverfassungen geregelt. Die Fortgeltung der Grundrechte der Länderverfassungen setzt aber voraus, dass diese mit denen des Grundgesetzes inhaltlich übereinstimmen. Gehen sie inhaltlich über diejenigen des Grundgesetzes hinaus, können sie einer sonst zulässigen bundesrechtlichen Regelung nicht entgegenstehen.[99]

2. Lehre vom drei- bzw. zweigliedrigen Bundesstaat

71   Die föderale Verfassung der Bundesrepublik Deutschland umfasst verschiedene Rechtskreise: den Rechtskreis zwischen den Organen des Gesamtstaats, den Rechtskreis zwischen dem Gesamtstaat und den Gliedstaaten und den Rechtskreis zwischen den Gliedstaaten. Es könnte daher angenommen werden, es handele sich um einen **dreigliedrigen Bundesstaat**, wonach zwischen dem *Gesamtstaat* (Bundesrepublik Deutschland), dem *Zentralstaat* (Bund) und den *einzelnen Gliedstaaten* (Länder) zu unterscheiden sei.[100] Die heute ganz herrschende Auffassung geht dagegen von einem **zweigliedrigen Bundesstaat** aus: Das Grundgesetz habe eine Aufteilung der Kompetenzen nur zwischen den Organen des Bundes und denen der Länder vorgenommen, wobei unter Bund der durch Zusammenschluss der Länder entstandene Gesamtstaat verstanden wird. Es könne nicht unterschieden werden „zwischen einem Zentralstaat und einem Gesamtstaat als zwei verschiedenen Rechtsträgern und Subjekten gegenseitiger verfassungsrechtlicher Rechte und Pflichten".[101]

3. Pflicht zu bundesfreundlichem Verhalten (Bundestreue)

72   Aus dem Bundesstaatsprinzip (vgl. Art. 20 I, 28 III, 79 III GG) sowie aus sonstigen Verfassungsnormen, die das Verhältnis von Bund und Ländern regeln, wird der Grundsatz der Bundestreue abgeleitet: Im Bundesstaat haben Bund und Länder die gemeinsame Pflicht zur Wahrung und Herstellung der grundgesetzmäßigen Ordnung in allen Teilen und Ebenen des Gesamtstaats.[102] Dieser Verfassungsgrundsatz enthält die Pflicht des Gesamtstaates und aller seiner Gliedstaaten zu bundesfreundlichem Verhalten. Das bedeutet, dass alle an dem verfassungsrechtlichen Bündnis Beteiligten gehalten sind, dem Wesen dieses Bündnisses entsprechend zusammenzuwirken und zu seiner Festigung und zur Wahrung seiner und der Belange seiner Gliedstaaten beizutragen.[103]

Die Pflicht zu bundesfreundlichem Verhalten bedeutet also, dass einerseits die Länder gehalten sind, auf die Belange des Bundes Rücksicht zu nehmen, und dass andererseits der Bund die Pflicht hat, die Belange der Länder zu berücksichtigen.

---

[98] *Pieroth*, in: J/P, GG, Art. 31 Rn 5; vgl. dazu auch *Jaeschke*, NVwZ 2000, 1142.
[99] BVerfGE 1, 264, 281. Vgl. dazu auch *Discher*, NVwZ-Beilage II/2001, 45 ff.
[100] So die Lehre vom dreigliedrigen Bundesstaat, vgl. *Kelsen*, Allgemeine Staatslehre, 1925, S. 199 ff.; *Nawiasky*, Allgemeine Staatslehre, 3. Teil, 1956, S. 151 ff. Die Gemeinden sind jedenfalls staatsorganisatorisch Teile der Länder und haben keine eigene Staatsqualität.
[101] BVerfGE 92, 203, 234; 13, 54, 77. Vgl. auch *Stern*, Staatsrecht I, § 19 I 3 b, S. 651; *Hesse*, Grundzüge des VerfR, Rn 238 ff.; *Hofmann*, in: Schmidt-Bleibtreu/Hofmann/Henneke, GG, Art. 20 Rn 6.
[102] BVerfGE 8, 122, 138; 12, 205, 255; 104, 238, 245 ff.
[103] BVerfGE 1, 299, 315; *Pieroth*, in: J/P, GG, Art. 20 Rn 21.

Beispiele:

(1) Möchte die zuständige oberste Bundesbehörde im Rahmen der Bundesauftragsverwaltung einem Bundesland eine bestimmte Weisung erteilen (vgl. Art. 85 III GG), muss der Bund außer bei Eilbedürftigkeit vor Weisungserlass dem Land Gelegenheit zur Stellungnahme geben, dessen Standpunkt erwägen und dem Land zu erkennen geben, dass der Erlass einer Weisung in Betracht gezogen werde[104]; wird eine Weisung erteilt, darf das Land nicht zu schlechthin unverantwortbarem Verwaltungshandeln veranlasst werden.[105]

(2) Überschreitet eine Kommune ihre Verbandskompetenz durch einen Eingriff in Bundeszuständigkeiten, ist das Land, dem die Kommune angehört, verpflichtet, im Rahmen der Kommunalaufsicht gegen die Kommune einzuschreiten.[106]

(3) Trifft den Bund eine Verpflichtung aus einem völkerrechtlichen Vertrag und kann er diese Pflicht nicht allein, sondern nur unter Mitwirkung der Länder erfüllen, kann das Prinzip der Bundestreue die Länder im Verhältnis zum Bund zum Handeln verpflichten.[107] Praktische Bedeutung erlangt diesbezüglich die Umsetzung von Richtlinien der EU (Art. 288 AEUV), vgl. dazu auch Art. 23 VI GG.

Hinweis für die Fallbearbeitung: In der Fallbearbeitung kann die Pflicht zu bundesfreundlichem Verhalten immer dort auftreten, wo die Zusammenarbeit zwischen Bund und Ländern eine gewisse Abstimmung und Koordination erfordert. Da die Pflicht zu bundesfreundlichem Verhalten Verfassungsrang genießt, sind die fraglichen Normen oder das fragliche Verhalten auf die Vereinbarkeit mit dieser Pflicht zu überprüfen. Freilich ist die Pflicht zu bundesfreundlichem Verhalten recht unbestimmt. Eine Prüfung setzt daher ein geschultes Judiz voraus. Wichtig ist, dass Argumente vorgetragen werden, warum das fragliche Verhalten dem Wesen des Bundesstaates widersprechen könnte. In prozessualer Hinsicht wird die Verletzung der Pflicht zu bundesfreundlichem Verhalten i.d.R. mit Hilfe einer Bund-Länder-Streitigkeit (Art. 93 I Nr. 3 GG, §§ 13 Nr. 7, 68 ff. BVerfGG) gerügt.[108] Vgl. dazu Rn 680 ff.

III. Vor- und Nachteile des Bundesstaats

Der Bundesstaat bringt Vor- und Nachteile mit sich. Als vorteilhaft wird zunächst die Pluralität der politischen Leitungsgewalt angesehen, und zwar durch Machtaufgliederung und Gebietsaufgliederung. Durch diese Aufgliederung werden eine Machtkonzentration vermieden und das Demokratieprinzip gestärkt. **73**

Beispiele:

(1) Bei der Bundesgesetzgebung ist der Bundestag das Hauptgesetzgebungsorgan (vgl. Art. 76 ff. GG). Damit die föderative Struktur der Bundesrepublik Deutschland und die Länderinteressen bei der Bundesgesetzgebung hinreichend berücksichtigt werden, wirken die Bundesländer über den Bundesrat bei der Bundesgesetzgebung mit (vgl. Art. 50 und 76 GG). Dadurch wird eine Machtkonzentration des Bundes verhindert.

(2) Durch die Aufteilung des Bundesgebietes in derzeit 16 Bundesländer und die (bundes-)verfassungsrechtliche Anerkennung der Länder als Staaten wird ebenfalls eine Machtkonzentration des Bundes vermieden.

---

[104] Vgl. BVerfG NVwZ 2002, 585, 586 f.; BVerfGE 81, 310, 338; 84, 25, 29; 67, 299, 321; 61, 149, 204; 36, 193, 202 f.; *Winkler*, JA 2002, 643 ff.
[105] BVerfGE 81, 310, 338. Vgl. dazu Rn 942 ff.
[106] BVerfGE 8, 122, 138 bzgl. unzulässiger gemeindlicher Volksbefragungen in Verteidigungsangelegenheiten.
[107] BVerfGE 6, 309, 328, 361; 32, 199, 219.
[108] Vgl. BVerfGE 104, 238, 245 ff.

74 Ein weiterer Vorteil des Bundesstaats besteht in der mit der Gewaltengliederung zwischen Bund und Ländern verbundenen Möglichkeit eines Miteinanders und Gegeneinanders politischer Kräfte, sodass eine gewaltenteilende und gewaltenhemmende Wirkung eintritt (sog. **vertikale Gewaltenteilung**).

75 Freilich steht diesen Vorteilen zunächst der Nachteil der **Schwerfälligkeit** des Staatsapparats gegenüber, da eine Vielzahl von staatlichen Institutionen an Gesetzgebung, Verwaltung und Rechtsprechung beteiligt ist. Darüber hinaus wird durch das Bundesstaatsprinzip die Unterschiedlichkeit regionaler Verhältnisse gefördert, was zu einer Inhomogenität des Gesamtstaats führt. Dieser Tendenz tritt Art. 28 I S. 1 GG entgegen. Entscheidend dürfte aber der Nachteil der **Kosten** sein. So braucht jedes souveräne Bundesland ein eigenes Parlament und eine eigene Regierung mit dem jeweiligen gesamten Verwaltungsunterbau eines jeden Ressorts, der nicht nur die Bundesgesetze, sondern auch die Landesgesetze ausführt. Der Kostennachteil trifft insbesondere auf die Stadtstaaten zu. Zwar wäre hier ein Zusammenschluss mit dem jeweiligen Nachbarstaat möglich (vgl. Art. 29 GG), einer solchen Fusion steht aber der ausgeprägte (und emotional veranlagte) Lokalpatriotismus der Entscheidungsträger entgegen.

Schließlich hat sich im Rahmen der zunehmenden Globalisierung und des internationalen Terrorismus herausgestellt, dass die Zusammenarbeit der Gefahrenabwehrbehörden und Nachrichtendienste mehr von Partikularinteressen geprägt ist als von der gemeinsamen Bekämpfung einer Bedrohung, die alle gleichermaßen betrifft. Auch hier wird der Nachteil des Bundesstaatsprinzips besonders deutlich. Immerhin hat dies der verfassungsändernde Gesetzgeber erkannt und im Zuge der Föderalismusreform 2006 eine bundeseinheitliche Regelung geschaffen. So hat der Bund nunmehr die ausschließliche Gesetzgebungskompetenz über die Abwehr von Gefahren des internationalen Terrorismus durch das BKA (Art. 73 I Nr. 9a GG – vgl. dazu Rn 807c).

D. Die parlamentarische Demokratie

Wichtige Entscheidungen: BVerfGE 8, 104 (Volksbefragungen); 20, 56 (Zuschüsse an politische Parteien); 44, 125 (Öffentlichkeitsarbeit der Bundesregierung); 63, 230 (Öffentlichkeitsarbeit der Bundesregierung vor Bundestagswahlen); 66, 369 (Wahlprüfungsbeschwerde; Wahlfreiheit); 73, 40 (Steuerliche Abzugsfähigkeit von Parteispenden); 83, 37 (Ausländerwahlrecht); 89, 155 (Maastricht); 95, 335 (Verfassungsmäßigkeit von Überhangmandaten); 95, 408 (Verfassungsmäßigkeit der Grundmandatsklausel); 113, 268 (Europäischer Haftbefehl); 121, 268 (Negatives Stimmgewicht); 123, 39 (Wahlcomputer); 123, 267 (Lissabon-Vertrag); 132, 195 (ESM); 135, 317 (ESM-Vertrag); BVerfG NVwZ 2002, 851 (Grenzen der Satzungsgewalt); NJW 2011, 2946 (Griechenlandhilfe); NVwZ 2012, 622 (Wahlkreiseinteilung); NVwZ 2012, 1101 (Negatives Stimmgewicht; Überhangmandate); NVwZ 2016, 922 (Rechte von Oppositionsfraktionen); NJW 2016, 2473 (OMT-Programm der EZB)

I. Begriff der Demokratie

Demokratie[109] („Herrschaft des Volkes") bedeutet die Regierung des Volkes durch das Volk und für das Volk.[110] **76**

Die Elemente der Demokratie sind vielfältig, treten bei ihrer Verwirklichung aber oft in Konkurrenz zueinander. Zunächst einmal ist in einer Demokratie das Volk der Souverän, d.h. der Inhaber der Staatsgewalt („**Volkssouveränität**"). Die Regierung wird nach dem Prinzip der freien, geheimen, allgemeinen und periodisch wiederkehrenden Wahl – direkt oder indirekt – vom Volk für eine bestimmte Zeit gewählt („**Volkswahl**"). Dabei wird die Regierung bei der Ausübung ihrer anvertrauten Macht durch das Volk oder von ihm befugte Organe kontrolliert. Alle Handlungen des Staates müssen mit der Mehrheit des Volkswillens („**Mehrheitsprinzip**") sowie mit der Verfassung und den Gesetzen („**Rechtsstaatsprinzip**") übereinstimmen. Der Staat hat die Grundrechte des Einzelnen zu achten und zu schützen („**Menschen- und Bürgerrechte**"). Des Weiteren ist für eine Demokratie kennzeichnend, dass eine (horizontale) **Gewaltenteilung** (Aufteilung der Staatsgewalt in Legislative, Exekutive und Judikative) besteht. Die Gewaltenteilung führt zu einer gegenseitigen Kontrolle und Hemmung der Staatsgewalt (*checks and balances*). Dadurch wird einer Machtkonzentration und einem Machtmissbrauch vorgebeugt. **77**

Durch das Prinzip der **Gewaltentrennung** besteht ein wesentlicher Unterschied der „klassischen" Demokratie („demokratischer Rechtsstaat") zur „Volksdemokratie" kommunistischer Prägung, die auf eine strenge Gewaltenteilung verzichtet und die Staatsgewalt nur durch die Volksvertretung ausübt.

Schließlich gehören zu einer Demokratie das Vorhandensein einer **wirksamen parlamentarischen Opposition** als Gegenpol der Regierung, die Meinungs- und Organisationsvielfalt und vom Staat unabhängige Organe der öffentlichen Meinung (**Presse und Rundfunk**). Das ist so unstreitig wie selbstverständlich. **78**

Hinsichtlich der parlamentarischen Opposition ist zu sagen, dass diese nur dann wirksam ist, wenn ihr auch die parlamentarischen Rechte zustehen, die sie benötigt, um eine effektive Kontrolle der Regierung überhaupt ausüben zu können. Kann die Opposition also bestimmte Rechte nicht ausüben, weil ihr die für die Ausübung von Oppositionsrechten erforderliche Mehrheit fehlt, ist eine effektive Kontrolle nicht oder nur stark eingeschränkt möglich.

---

[109] Der Begriff setzt sich zusammen aus den griechischen Wortbestandteilen *demos* (Volk) und *kratein* bzw. *kratia* (Herrschen).
[110] So die von Abraham Lincoln in seiner Gettysburg Address v. 19.11.1863 anlässlich der Einweihung des Soldatenfriedhofs auf dem Schlachtfeld von Gettysburg geprägte Kurzformel, die im Original lautet: „Government of the people, by the people, for the people". Vgl. auch *Kirchhof*, NJW 2001, 1332 ff. und später auch *Pieroth*, JuS 2010, 473 ff.

Beispiele: Die abstrakte Normenkontrolle eignet sich hervorragend, eine Rechtmäßigkeitskontrolle bzgl. von der Bundestagsmehrheit beschlossener Gesetze herbeizuführen. Um bei einer abstrakten Normenkontrolle aber antragsberechtigt zu sein, muss der Antragsteller ein Viertel der Mitglieder des Bundestags umfassen (Art. 93 I Nr. 2 GG; einfachgesetzlich wiederholt in § 76 I BVerfGG), was hinsichtlich der Opposition im gegenwärtigen 18. Deutschen Bundestag nicht der Fall ist.[111] Ähnlich verhält es sich mit dem Recht der Einsetzung eines Untersuchungsausschusses. Gemäß Art. 44 I S. 1 GG (einfachgesetzlich wiederholt in § 1 I PUAG) ist auch hier ein Viertel der Mitglieder des Bundestags erforderlich, damit der Bundestag den Untersuchungsausschuss einsetzen muss (dazu Rn 486). Weitere Beispiele von Quoren, die das Grundgesetz für die Ausübung von parlamentarischen Minderheitenrechten vorsieht, sind Art. 23 Ia S. 2 GG, Art. 39 III S. 3 GG und Art. 45a II S. 2 GG.

Derartige Beschneidungen oppositioneller Rechte, die mit der Aufrechterhaltung der Funktionstüchtigkeit des Parlaments begründet werden (nicht jede Splitterpartei soll Anträge stellen und Verfahren einleiten können), sind verfassungsrechtlich problematisch, da eine wirksame Opposition ein konstitutives Merkmal einer Demokratie darstellt und die oppositionellen Rechte auch Oppositionen zustehen müssen, die weniger als ein Viertel der Mitglieder umfassen. Eine teleologische Auslegung der genannten Verfassungsbestimmungen entgegen dem jeweils klaren und damit nicht interpretationsfähigen Wortlaut ist nicht möglich.[112] In der Folge bliebe damit die Annahme von verfassungswidrigem Verfassungsrecht, wenn man davon ausgeht, dass zwischen den Quoren für die Ausübung der parlamentarischen Minderheitenrechte und dem allgemeinen verfassungsrechtlichen Grundsatz effektiver Opposition ein Spannungsverhältnis besteht und Letzterer den Vorrang genießt. Geht man diesen Schritt nicht, bleibt lediglich die Frage nach einer Änderung der genannten grundgesetzlichen Bestimmungen, die wegen Art. 79 II GG gerade wegen der Großen Koalition zwar beste Chancen hätte, aber eher nicht zu erwarten ist, da eine Mehrheit kaum ein Interesse daran haben dürfte, Minderheitenrechte auszuweiten. Eine bloße Erweiterung von Minderheitenrechten in der Geschäftsordnung, wonach sich der Bundestag auf Antrag von 120 Abgeordneten zur Ergreifung bestimmter Maßnahmen verpflichtet (vgl. § 126a GO BT, der für die 18. Legislaturperiode gilt[113]), kann allenfalls als „Schritt in die richtige Richtung" gewertet werden, aber weder eine formalgesetzlich noch eine verfassungsrechtlich gebotene Verankerung von effektiven Minderheitenrechten ersetzen. Demgegenüber wären eine Änderung des § 76 I BVerfGG bzw. eine Erweiterung der Minderheitenrechte im PUAG ein Anfang. Der hierzu von der Fraktion Bündnis 90/DIE GRÜNEN in den Bundestag eingebrachte Gesetzentwurf (BT-Drs. 18/184) wurde (in wenig überraschender Weise) abgelehnt, was zu einem Organstreitverfahren (2 BvE 4/14) führte. Das BVerfG bewertete den Antrag zwar als zulässig[114], wies ihn aber als unbegründet zurück. Zwar betont das BVerfG den im Demokratieprinzip nach Art. 20 I, II GG und Art. 28 I S. 1 GG wurzelnden verfassungsrechtlichen Schutz der Opposition[115] sowie das im Rechtsstaatsprinzip aus Art. 20 III GG und Art. 28 I S. 1 GG verankerte Recht „auf organisierte politische Opposition"[116], die jeweils wirksam ausgestaltet sein müssten[117]. Allerdings stellt sich das BVerfG – in seiner einstimmig ergangenen Entscheidung – auch auf den Standpunkt, dass weder das Grundgesetz

---

[111] Der gegenwärtige 18. Deutsche Bundestag besteht aus insgesamt 630 Abgeordneten. Darunter fallen 254 Sitze auf die CDU (ursprünglich waren es 255, ein Mandat ist aber nachträglich weggefallen), 56 auf die CSU, 193 auf die SPD, 64 auf DIE LINKE und 63 auf Bündnis 90/DIE GRÜNEN. Infolge der Großen Koalition von CDU/CSU und SPD beträgt die Zahl der Sitze der beiden Oppositionsfraktionen lediglich 127. Das ist weniger als ein Viertel von 630.
[112] So auch BVerfG NVwZ 2016, 922, 926. Anders wohl *Cancik*, NVwZ 2014, 18, 21 ff.
[113] Geschäftsordnung v. 23.4.2014 (BGBl I S. 534).
[114] BVerfG 3.5.2016 – 2 BvE 4/14 (insoweit nicht abgedruckt in NVwZ 2016, 922, 923) – siehe dazu Rn 630/636.
[115] BVerfG NVwZ 2016, 922, 923 mit Verweis auf BVerfGE 2, 1, 13; 44, 308, 321; 70, 324, 363.
[116] BVerfG NVwZ 2016, 922, 924 mit Verweis auf BVerfGE 123, 267, 367.
[117] BVerfG NVwZ 2016, 922, 924.

explizit spezifische Oppositions(fraktions)rechte begründe, noch sich aus ihm ein Gebot der Schaffung solcher Rechte ableiten lasse[118]. Im Gegenteil stehe Art. 38 I S. 2 GG einer Einführung spezifischer Oppositions(fraktions)rechte entgegen.[119] Und der Möglichkeit einer Verfassungsänderung in Form einer Absenkung der grundgesetzlich vorgegebenen Quoren eines Drittels (Art. 39 III S. 3 GG) oder Viertels (Art. 23 Ia S. 2, Art. 44 I S. 1, Art. 45a II S. 2 und Art. 93 I Nr. 2 GG) der Mitglieder des Bundestags für die Ausübung parlamentarischer Minderheitenrechte begegnet das BVerfG nicht nur mit dem Argument, dem stehe die bewusste Entscheidung des Verfassungsgebers für die bestehenden Quoren entgegen[120], sondern auch damit, dass eine Absenkung der Quoren sogar verfassungsrechtlich unzulässig sei. Die Quorenregelungen hätten ebenso Verfassungsrang wie der Grundsatz effektiver Opposition. Beide Prinzipien stünden auf derselben hierarchischen Normebene, die kein Kriterium dafür liefern könne, welchem Prinzip Vorrang zukomme. Das Grundgesetz könne nur als Einheit begriffen werden.[121] Aus dem Gesamtinhalt der Verfassung ergäben sich verfassungsrechtliche Grundsätze und Grundentscheidungen, denen die einzelnen Verfassungsbestimmungen untergeordnet seien. Daraus ergebe sich, dass jede Verfassungsbestimmung so ausgelegt werden müsse, dass sie mit jenen elementaren Verfassungsgrundsätzen und Grundentscheidungen des Verfassungsgesetzgebers vereinbar sei.[122] Daraus folge, dass auf der Ebene der Verfassung ranghöhere und rangniedere Normen in dem Sinne, dass sie aneinander gemessen werden könnten, grundsätzlich nicht denkbar seien.[123] Zudem verbiete sich eine Änderung der bestehenden verfassungsrechtlichen Quoren, weil anderenfalls die verfassungsrechtlichen Grundsätze und Grundentscheidungen des Grundgesetzes missachtet würden.

Indem das BVerfG also die innere Einheit der Verfassung betont, geht es davon aus, dass die Quorenregelungen auf derselben hierarchischen Stufe stehen wie der Grundsatz effektiver Opposition. Damit verbietet das BVerfG eine diesbezügliche Verfassungsänderung und erteilt zugleich der Figur vom verfassungswidrigen Verfassungsrecht (abermals) wohl eine Absage. Immerhin räumt das BVerfG ein, dass die Rechtsfigur „umstritten" sei und dass Verfassungsbestimmungen (lediglich) „grundsätzlich" nicht aneinander gemessen werden könnten.[124]

Stellungnahme: Dass eine Entscheidung des Verfassungsgebers bewusst getroffen wurde, kann kein Argument gegen eine Verfassungsänderung sein. Denn daraus könnte man ja den Schluss ziehen, dass Verfassungsänderungen nur insoweit möglich wären, als der Verfassungsgeber die zu ändernden Verfassungsbestimmungen unbewusst getroffen hätte. Vielmehr muss allein danach gefragt werden, ob eine Verfassungsänderung nach den gegenwärtigen politischen und gesellschaftlichen Verhältnissen notwendig erscheint. Im vorliegenden Zusammenhang geht es also darum, ob die im Grundgesetz genannten Quoren (noch) den Anforderungen genügen, die das Rechtsstaatsprinzip und das Demokratieprinzip an den Minderheitenschutz und an eine wirksame parlamentarische Opposition stellen. Mögen die im Grundgesetz genannten Quoren unter Berücksichtigung der früheren politischen Mehrheitsverhältnisse vom Verfassungsgeber bedacht sein und ausgereicht haben, um der Opposition wirksame Instrumente an die Hand zu geben, dürfte dies mit Blick auf die zugenommene (und möglicherweise weiter zunehmende) Diversität im politischen Meinungs-

---

[118] BVerfG NVwZ 2016, 922, 924 f.
[119] BVerfG NVwZ 2016, 922, 925 f.
[120] BVerfG NVwZ 2016, 922, 927 f.
[121] BVerfG NVwZ 2016, 922, 927 mit Verweis auf BVerfGE 1, 14, 32 und *Hesse*, VerfR, Rn 20.
[122] BVerfG NVwZ 2016, 922, 927 mit Verweis auf BVerfGE 1, 14, 32 f.
[123] BVerfG NVwZ 2016, 922, 927 mit Verweis auf BVerfGE 3, 225, 232.
[124] BVerfG NVwZ 2016, 922, 927 (mit dem „grundsätzlich" hält sich das BVerfG wohl eine „Hintertür" für gegenwärtig noch nicht absehbare abweichende Fälle offen).

spektrum und die damit einhergehende Notwendigkeit der Bildung Großer Koalitionen einerseits, aber auch mit Blick auf eine Stärkung von Minderheitenrechten (Oppositions(fraktions)rechten) andererseits zweifelhaft geworden sein. Insofern kann man sich durchaus auf den Standpunkt stellen, der Grundsatz effektiver Opposition, der in der modernen pluralistischen Gesellschaft eine zunehmende Bedeutung erlangt, habe Vorrang vor den Quorenregelungen (jedenfalls in ihren konkreten Höhen), die offenbar (lediglich) der Sicherung der Handlungs- und Entscheidungsfähigkeit des Parlaments dienen. Teilt man diesen Standpunkt, hat die Figur vom verfassungswidrigen Verfassungsrecht durchaus ihre Berechtigung.

Von diesem Standpunkt aus wäre also eine Verfassungsänderung nicht nur möglich, sondern auch geboten. Zu fordern wäre eine Absenkung der verfassungsrechtlichen Quoren, um in einer politisch vielfältig gewordenen Gesellschaft, die sich auch in den Parlamenten widerspiegelt, Minderheitenrechte zu stärken und der (parlamentarischen) Opposition eine wirksame Kontrollfunktion zu ermöglichen. Dem dürfte dann auch nicht Art. 38 I S. 2 GG entgegenstehen.

79 Zwischen den Elementen der Demokratie besteht oft ein Spannungsverhältnis. Einerseits verlangt das Demokratieprinzip die Durchsetzung des Mehrheitswillens, andererseits versucht es durch Grundrechte, Minderheitenschutz, Gewaltenteilung, Rechts- und Sozialstaatlichkeit die Folgen von Mehrheitsentscheidungen abzuschwächen und den Minderheiten eine Chance einzuräumen, selbst einmal zur Mehrheit zu werden. Zahlreiche Verfassungen versuchen diesen Ausgleich zusätzlich durch Errichtung von Teilgewalten (Föderalismus), Differenzierung der Volkssouveränität (Mehrkammersystem) und mit Hilfe einer unabhängigen Verfassungsgerichtsbarkeit zu erreichen. Solange aber – wie auch in der Bundesrepublik Deutschland – die personelle Besetzung der Verfassungsgerichte von den Mehrheitsverhältnissen in den Parlamenten bzw. Kammern abhängt[125], darf eine völlige Unabhängigkeit bezweifelt werden (zur Kritik vgl. auch Rn 616). Generell zum Minderheitenschutz vgl. Rn 79c, 85 ff., 383.

79a So ergibt sich in der **Bundesrepublik Deutschland** das Demokratieprinzip als geltendes Verfassungsrecht aus **Art. 20 I, II GG**, wonach die Bundesrepublik Deutschland ein „demokratischer und sozialer Bundesstaat" ist, „alle Staatsgewalt vom Volke ausgeht" und „vom Volke in Wahlen und Abstimmungen und durch besondere Organe der Gesetzgebung, der vollziehenden Gewalt und der Rechtsprechung ausgeübt" wird. Inhaltlich fordert das Demokratieprinzip, dass jedenfalls belastendes staatliches Handeln der **demokratischen Legitimation** bedarf. Dabei ist zwischen personeller und sachlich-inhaltlicher Legitimation zu unterscheiden:

⇨ In personeller Hinsicht ist eine hoheitliche Entscheidung legitimiert, wenn sich die Bestellung desjenigen, der sie trifft, durch eine **ununterbrochene Legitimationskette** auf das Staatsvolk zurückführen lässt[126]: Unmittelbar demokratisch legitimiert ist das Parlament aufgrund von Wahlen (vgl. Art. 38 GG). Der Kanzler als Exekutivspitze ist mittelbar demokratisch legitimiert, indem er vom Bundestag gewählt wird (Art. 63 GG) und diesem gegenüber verantwortlich ist. Die einzelnen Minister sind demokratisch legitimiert, weil sie vom Bundespräsidenten auf Vorschlag des Kanzlers ernannt und entlassen werden (Art. 64 I GG). Schließlich sind die nachgeordneten Behörden demokratisch legitimiert, weil sie gegenüber der Regierung/dem Minister weisungsgebunden sind.[127] Daraus ergibt sich die personelle demokratische Legitimation der behördlichen

---

[125] Vgl. Art. 94 I S. 2 GG, wonach die Richter des BVerfG je zur Hälfte vom Bundestag und vom Bundesrat gewählt werden (vgl. dazu näher Rn 616).
[126] BVerfG NJW 2012, 1563, 1564 ff.
[127] Vgl. BVerfGE 83, 60, 72; BVerfG NJW 2012, 1563, 1564 ff.

Entscheidungen gegenüber dem Bürger. Überträgt der Staat die Kompetenz zur selbstständigen Wahrnehmung einzelner hoheitlicher Aufgaben jedoch auf Private (sog. **Beleihung**), dürfen die demokratische Legitimation (und der **Funktionsvorbehalt** nach Art. 33 IV GG) bezweifelt werden.[128]

⇨ Die sachlich-inhaltliche Legitimation wird durch Gesetzesbindung (Art. 20 III GG) und Bindung an Aufträge und Weisungen der Regierung vermittelt.[129]

Geschützt wird die Demokratie auch durch das **Bundesstaatsprinzip** (Art. 20 I, 28 I S. 1 GG): Dadurch, dass die Bundesländer jeweils eine eigene Staatsqualität besitzen und die Länderinteressen über den Bundesrat auch bei der Bundesgesetzgebung Eingang finden (vgl. Art. 50, 76 ff. GG), besteht letztlich eine zweifache demokratische Legitimation der Bundesgesetzgebung. Über die Einhaltung dieser Verfassungsprinzipien wacht das BVerfG (Art. 93 GG). Zur Frage des Demokratieprinzips in der **Europäischen Union** vgl. die zusammenhängende Darstellung bei Rn 327 ff.   **79b**

Das Demokratieprinzip beinhaltet auch einen **Minderheitenschutz**, und zwar nicht nur innerparlamentarisch (vgl. Rn 78), sondern auch im Außenverhältnis: Zwar ist die Mehrheit demokratisch legitimiert, sie darf ihre Legitimation aber nicht missbrauchen, indem sie Minderheiten bekämpft, um ihre Machtansprüche zu sichern. Der Schutz derjenigen, die die Mehrheitsverhältnisse nicht tragen, wird über die Grundrechte und grundrechtsgleichen Rechte (Art. 1-19, 20 IV, 33, 38 I S. 1, 101, 103 und 104 GG), die Gewaltenteilung (Art. 20 II S. 2 GG), das Rechtsstaatsprinzip (Art. 20 III GG, 28 I S. 1 GG) und das Sozialstaatsprinzip (Art. 20 I, 28 I S. 1 GG) erreicht. Zudem sollen periodisch wiederkehrende Wahlen gewährleisten, dass die Herrschaft der Mehrheit auf Zeit begrenzt bleibt und die Minderheit die Chance hat, zur Mehrheit zu werden (dazu Rn 83). Zu begrüßen ist daher die Rechtsprechung des BVerfG zur Unzulässigkeit der Nutzung staatlicher Infrastruktur durch Mitglieder der Mehrheit, um politische Gegner (politische Minderheiten) zu bekämpfen (vgl. dazu Rn 85). Andererseits wird das vom BVerfG gebilligte Prinzip der „abgestuften Chancengleichheit" im Rahmen der Wahlwerbung politischer Parteien (vgl. dazu Rn 383) dem Minderheitenschutz nicht gerecht.   **79c**

Unabhängig von den einzelnen Elementen des Demokratieprinzips gibt es verschiedene Grundtypen der Demokratie: die unmittelbare oder direkte Demokratie und die mittelbare oder repräsentative Demokratie. Die antike Demokratie war eine **direkte Demokratie**: Das Volk war am Gesetzgebungsverfahren unmittelbar beteiligt (etwa durch Abstimmungen). Es gab keine Aufspaltung der Staatsgewalt in verschiedene, voneinander unabhängige Staatsorgane. In der Neuzeit hat sich dann die **repräsentative Demokratie** herausgebildet: Die Staatsbürger wählen ihre Repräsentanten (Abgeordnete), die dann in ihrem Auftrag (Mandat) die Gesetze beschließen und – in Abhängigkeit von den Mehrheitsverhältnissen – die Regierung bilden. Zur (repräsentativen) Demokratie gehört es, dass die Volksvertretung aus freien Wahlen hervorgeht, an der die Staatsbürger in gleicher Weise teilnehmen können. Auf der Grundlage von Verfassungsnormen und Rechtsstaatlichkeit kontrolliert die Volksvertretung die Regierung und beschließt nach dem Mehrheitsprinzip neben den Gesetzen auch andere politische Maßnahmen.   **80**

Man unterscheidet zwei Grundformen der repräsentativen Demokratie, die Präsidialdemokratie und die parlamentarische Demokratie. In der **Präsidialdemokratie** besteht eine strenge Gewaltenteilung zwischen Exekutive und Legislative: Die Regie-   **81**

---

[128] Vgl. dazu ausführlich *R. Schmidt*, AllgVerwR, Rn 113.
[129] BVerfGE 93, 37, 67 f.; 107, 59, 87 f.; BVerfG NJW 2012, 1563, 1564 ff.

rungsmitglieder dürfen nicht gleichzeitig Mitglieder der gesetzgebenden Körperschaft(en) sein. Die Ämter des Staatsoberhaupts (Präsident) und des Regierungschefs sind meist in einer Person vereint. Diese wird vom Volk gewählt und übt die Regierungsgewalt unabhängig vom Parlament aus. Die vom Präsidenten gebildete Regierung ist daher von den jeweiligen Parlamentsmehrheiten kaum abhängig. Diese Art von Demokratie findet sich vornehmlich in den USA und in Frankreich. Aber auch in einigen südamerikanischen Staaten wie Brasilien, Argentinien und Uruguay findet sich eine Präsidialdemokratie, allerdings mit nahezu diktatorischer Stellung des Präsidenten. Die Weimarer Republik hatte zumindest ab 1930 starke präsidiale Züge. Aufgrund der negativen Erfahrung mit dem Präsidialsystem in den Krisenjahren 1930 bis 1932 haben der Herrenchiemseer Konvent und der Parlamentarische Rat die Machtstellung des Präsidenten stark beschnitten.

82   In der **parlamentarischen Demokratie** ist das Parlament sowohl Gesetzgeber als auch entscheidendes Organ bei der Regierungsbildung. Das bedeutet, dass die Regierung (d.h. der Regierungschef) nicht direkt vom Volk, sondern vom Parlament gewählt wird. Dadurch besteht typischerweise eine Abhängigkeit des Regierungschefs vom Vertrauen des Parlaments. Diese Art von Demokratie findet sich z.B. in der Bundesrepublik Deutschland. Das Prinzip der repräsentativen Demokratie ergibt sich hier aus Art. 20 II S. 2 GG, wonach die Staatsgewalt vom Volke ausgeht („Volkssouveränität") und durch besondere Organe der Gesetzgebung, der vollziehenden Gewalt und der Rechtsprechung ausgeübt wird.

83   Zum Prinzip einer (parlamentarischen) Demokratie gehört es darüber hinaus, dass die **Volksvertretung** in **periodisch wiederkehrenden Abständen** durch Wahlen abgelöst und so vom Volk neu legitimiert wird. In der Bundesrepublik Deutschland ist dies verfassungsrechtlich durch Art. 39 GG abgesichert, wonach der Bundestag auf vier Jahre gewählt wird. Fraglich ist, ob der verfassungsändernde Gesetzgeber die Bestimmung ändern und so **(1)** die laufende und **(2)** künftige Legislaturperiode verlängern kann.

   Zu (1): Für eine Verfassungsänderung bedarf es einer Mehrheit von zwei Dritteln der Mitglieder des Bundestags[130] und zwei Dritteln der Stimmen des Bundesrats[131]. Unterstellt man diese Mehrheiten, sind zumindest die formellen Voraussetzungen für die Verlängerung der Legislaturperiode gegeben.
   In materieller Hinsicht sind bei einer Verfassungsänderung die Einschränkungen des Art. 79 III GG zu beachten, wonach u.a. die in den Art. 1 und 20 GG niedergelegten Grundsätze nicht berührt werden dürfen. Art. 39 GG ist von Art. 79 III GG nicht erfasst. Insoweit könnte angenommen werden, dass der verfassungsändernde Gesetzgeber die laufende Legislaturperiode durch entsprechende Änderung des Art. 39 GG verlängern kann.
   Möglicherweise steht aber das in Art. 20 GG verankerte und daher nicht abänderbare (vgl. Art. 79 III GG) Demokratieprinzip einer solchen Verfassungsänderung entgegen. Konstitutives Element einer Demokratie ist es, dass sich die Volksvertretung in periodisch wiederkehrenden Abständen neu demokratisch legitimieren muss. Könnte das Parlament (unter Beteiligung des Bundesrats) seine nur auf Zeit verliehene Herrschaftsbefugnis aus eigener Macht verlängern, entfiele für diese Zeit die demokratische Legitimation durch das Volk. Das Demokratieprinzip wäre verletzt.[132] Die Verlängerung einer laufenden Legislaturperiode ist demgemäß nicht zulässig. Das würde auch für den Fall gelten, dass zwingende Sachgründe (etwa die Bekämpfung einer wirtschaftlichen oder politischen Krise) für eine

---

[130] Zum Begriff der Mehrheit der Mitglieder des Bundestags vgl. Art. 121 GG; zur gesetzlichen Mitgliederzahl vgl. § 1 I S. 1 BWahlG, wonach die Mitgliederzahl 598 Abgeordnete beträgt. Hinzu kommen allerdings die Überhangmandate und die Ausgleichsmandate, da diese ebenfalls gesetzlich entstehen (vgl. dazu Rn 136).
[131] Zu den Stimmen des Bundesrats vgl. Art. 51 I-III GG.
[132] Vgl. BVerfGE 1, 14, 33; nunmehr auch *Pieroth*, JuS 2010, 473, 479.

Verlängerung sprächen. Eine Verlängerung der laufenden Legislaturperiode ist nur für den Fall des Art. 115h GG zulässig.[133]

Zu (2): Hinsichtlich künftiger Legislaturperioden wird eine allgemeine Verlängerung der Legislaturperiode für mit Art. 79 III i.V.m. Art. 20 II GG vereinbar angesehen, wobei zutreffend eine Höchstgrenze von **5 Jahren** genannt wird.[134][135] Auf der Ebene der Bundesländer ist bereits jetzt eine Legislaturperiode der Landtage von 5 Jahren die Regel.

Unmittelbarer Ausfluss aus dem Demokratieprinzip ist der **Parlamentsvorbehalt**. Er besagt, dass Entscheidungen, die von substantiellem Gewicht für das Gemeinwesen sind, nicht ohne parlamentarische Entscheidung getroffen werden dürfen (vgl. dazu ausführlich Rn 246 ff.). Geht es um Grundrechteingriffe, spricht man insoweit vom **Vorbehalt des Gesetzes**, der mithin einen Teilaspekt des Parlamentsvorbehalts ausmacht. Mit „Vorbehalt des Gesetzes" ist gemeint, dass Grundrechteingriffe durch die Exekutive nicht ohne gesetzliche Ermächtigung zulässig sind. Art. 20 III GG i.V.m. den einschlägigen Grundrechten stellt dies klar.

83a

Aber auch andere wesentliche Entscheidungen dürfen nicht der Exekutive überlassen werden, sondern müssen vom Parlament getroffen werden. Zu nennen ist insbesondere der **wehrverfassungsrechtliche Parlamentsvorbehalt**.[136] So ist der Einsatz bewaffneter Streitkräfte der Bundeswehr im Ausland von solchem Gewicht für das Gemeinwesen, dass das Parlament (hier: der Bundestag) über jeden einzelnen Einsatz entscheiden muss.[137] Ohne vorherige parlamentarische Zustimmung ist ein Einsatz bewaffneter Streitkräfte grds. nicht zulässig.[138] Das BVerfG hat jedoch auch entschieden, dass bei Gefahr im Verzug (was insbesondere bei militärischen Evakuierungsmaßnahmen in Betracht kommt) die Bundesregierung ausnahmsweise berechtigt sei, den Einsatz bewaffneter Streitkräfte im Ausland vorläufig allein zu beschließen. Sie müsse jedoch den Bundestag unverzüglich informieren; dieser müsse dem Einsatz umgehend zustimmen, damit dieser fortgesetzt werden dürfe. Sollte der Bundestag seine nachträgliche Zustimmung verweigern, habe dies nicht zur Folge, dass der Einsatz von Anfang an rechtswidrig wäre. Die Bundesregierung sei in diesem Fall lediglich verpflichtet, den Einsatz zu beenden und die Streitkräfte zurückzurufen. Eine nachträgliche Befassung des Bundestags sei von vornherein nicht erforderlich, wenn der wegen Gefahr im Verzug von der Bundesregierung angeordnete Streitkräfteeinsatz noch vor der Befassung durch den Bundestag abgeschlossen ist. Die Bundesregierung habe den Bundestag aber unverzüglich und qualifiziert über den abgeschlossenen Streitkräfteeinsatz zu unterrichten.[139]

83b

Der Parlamentsvorbehalt wird typischerweise, aber nicht notwendigerweise durch den Erlass eines Gesetzes beachtet. So können auch schlichte Parlamentsbeschlüsse jedenfalls dann dem Parlamentsvorbehalt gerecht werden, wenn sie verbindlich sind. Daher genügen die Beschlüsse des Bundestags zu Auslandseinsätzen der Bundeswehr dem Parlamentsvorbehalt.

83c

---

[133] So auch *Kretschmer*, in: Schmidt-Bleibtreu/Hofmann/Henneke, GG, Art. 39 Rn 12.

[134] Vgl. *Magiera*, in: Sachs, GG, Art. 39 Rn 5 und (zwar hinsichtlich Mecklenburg-Vorpommern, was sich aber durchaus auf Art. 39 GG übertragen ließe); MeckVor VerfG NVwZ 2008, 1343 (mit Bespr. v. *Sachs*, JuS 2009, 462). Dem sich anschließend *Pieroth*, JuS 2010, 473, 479.

[135] Da der gegenwärtige 18. Deutsche Bundestag von einer Großen Koalition dominiert wird (504:127 Mitglieder, vgl. Rn 78), stünden die Chancen für eine diesbezügliche Verfassungsänderung nicht schlecht.

[136] Vgl. dazu BVerfGE 90, 286, 390; 121, 135, 156; BVerfG NVwZ 2015, 1593, 1594 f.

[137] BVerfGE 90, 286, 381 ff. (Bundeswehreinsatz). Vgl. auch BVerfG NVwZ 2015, 1593, 1594 f.

[138] BVerfG NVwZ 2015, 1593, 1594 f. (Zur Reichweite des Parlamentsvorbehalts für Streitkräfteeinsätze bei Gefahr im Verzug).

[139] BVerfG NVwZ 2015, 1593, 1597 f. Vgl. dazu auch *Fischer/Ladiges*, NVwZ 2016, 32 ff.

83d Vor diesem Hintergrund ist es selbstverständlich, dass der Haftungsanteil der Bundesrepublik Deutschland aus dem permanenten Europäischen Stabilitätsmechanismus (**ESM**) ohne Zustimmung des Bundestags nicht eine bestimmte Größenordnung überschreiten darf. Die Haftungsobergrenze der Bundesrepublik Deutschland (von derzeit festgelegten 190 Mrd. €) darf also nur mit Zustimmung des Bundestags erhöht werden.[140] Vgl. dazu auch Rn 353a. Zur demokratischen Legitimation der **Europäischen Union** vgl. Rn 327 ff.

83e Der Parlamentsvorbehalt kann aber nicht weiter reichen als die Zuständigkeit der Legislative, die wiederum durch das Gewaltenteilungsprinzip begrenzt ist. Das Parlament kann also nicht Entscheidungen, die nach der Verfassung der Exekutive zustehen, unter Berufung auf den Parlamentsvorbehalt an sich ziehen.

II. Neutralitätspflicht der Staatsorgane

84 Art. 20 II GG bestimmt, dass alle Staatsgewalt vom Volke ausgeht („Volkssouveränität"). Sie wird vom Volk in Wahlen und Abstimmungen und durch besondere Organe der Gesetzgebung, der vollziehenden Gewalt und der Rechtsprechung ausgeübt. Daraus folgt für alle Staatsorgane, insbesondere für die Regierung, dass sie sich parteipolitisch weitgehend neutral verhalten müssen. Allerdings sind Staatsorgane nicht daran gehindert, **Öffentlichkeitsarbeit** zu betreiben. Wer eine Staatsaufgabe wahrnimmt, muss auch die Öffentlichkeit über die Aufgabenwahrnehmung informieren dürfen. Die Öffentlichkeitsarbeit ist Ausfluss des Demokratieprinzips und dient der Transparenz des Staatsapparats. Die Bürger sollen einen Einblick in die Tätigkeit der sie regierenden und verwaltenden Institutionen erhalten. In den Bereich der Öffentlichkeitsarbeit fällt es auch, die Politik der Regierung, getroffene und geplante Maßnahmen sowie künftig zu lösende Probleme darzulegen und zu erläutern.[141] Selbst neutrale Hinweise im Hinblick auf eine bevorstehende Wahl sind erlaubt, obwohl damit bereits eine gewisse „Wettbewerbsverzerrung" in Bezug auf die Chancengleichheit der politischen Parteien verbunden sein kann.

85 Die grundsätzlich zulässige Form der Öffentlichkeitsarbeit findet ihre **Grenze** aber dort, wo das (von der Regierungspartei dominierte bzw. getragene) Staatsorgan sich den Regierungsapparat und die ihm zur Verfügung stehende Infrastruktur zunutze machen würde, etwa um Wahlwerbung zu betreiben[142] oder „politische Konkurrenz" zu bekämpfen[143]. Es ist jedem Staatsorgan, insbesondere der Regierung (und Mitgliedern der Regierung), von Verfassungs wegen verwehrt, insbesondere im Hinblick auf Wahlen politische Parteien oder Wahlbewerber unter Einsatz öffentlicher Mittel zu unterstützen oder zu bekämpfen, insbesondere Werbung unter Ausnutzung öffentlicher personeller, technischer, medialer und finanzieller Mittel zu betreiben bzw. politische Gegner zu diskreditieren, um die Entscheidung des Wählers (zugunsten der Mehrheit) zu beeinflussen.[144] Zutreffend führt das BVerfG dazu aus: „Das Recht politischer Parteien, gleichberechtigt am Prozess der Meinungs- und Willensbildung des Volkes teilzunehmen, wird verletzt, wenn Staatsorgane als solche parteiergreifend zugunsten oder zulasten einer politischen Partei oder von Wahlbewerbern in den Wahlkampf einwirken. Das gilt nicht nur im Wahlkampf, sondern darüber hinaus auch für den politischen Meinungskampf und Wettbewerb im Allgemeinen. Soweit der Inhaber eines Regierungsamts am politischen Meinungskampf teilnimmt, muss sicher-

---

[140] Vgl. BVerfGE 132, 195, 232 ff.; 135, 317, 399 ff.
[141] *Kretschmer*, in: Schmidt-Bleibtreu/Hofmann/Henneke, GG, Art. 38 Rn 46.
[142] BVerfG NVwZ 2015, 209, 212.
[143] Vgl. dazu BVerfG K&R 2016, 42 f.; VerfGH Thüringen K&R 2016, 542; VerfGH Thüringen 6.7.2016 – VerfGH 38/15.
[144] BVerfG NVwZ 2015, 209, 210 mit Verweis auf BVerfGE 44, 125, 146 und BVerfG NJW 2014, 2563, 2564.

gestellt sein, dass ein Rückgriff auf die mit dem Regierungsamt verbundenen Mittel und Möglichkeiten unterbleibt. Nimmt das Regierungsmitglied für sein Handeln die Autorität des Amtes oder die damit verbundenen Ressourcen in spezifischer Weise in Anspruch, ist es dem Neutralitätsgebot unterworfen. Eine Beeinträchtigung der (ergänze: durch Art. 21 I GG geschützte) Chancengleichheit im politischen Wettbewerb findet statt, wenn der Inhaber eines Regierungsamtes im politischen Meinungskampf Möglichkeiten nutzt, die ihm aufgrund seines Regierungsamtes zur Verfügung stehen, während sie den politischen Wettbewerbern verschlossen sind".[145]

Dies schließt allerdings nicht aus, dass bspw. der Inhaber eines Ministeramtes außerhalb seiner amtlichen Funktionen am politischen Meinungskampf teilnimmt und in den Wahlkampf eingreift.[146] Es muss aber gewährleistet sein, dass ein Rückgriff auf die mit dem Regierungsamt verbundenen Mittel und Möglichkeiten unterbleibt. Nimmt das Regierungsmitglied für sein Handeln aber die Autorität des Amtes oder die damit verbundenen Ressourcen in spezifischer Weise in Anspruch, ist es dem Neutralitätsgebot unterworfen.[147] Dabei ist jedoch in Rechnung zu stellen, dass beim Handeln des Inhabers eines Ministeramtes eine strikte Trennung der Sphären des „Bundesministers", des „Parteipolitikers" und der politisch handelnden „Privatperson" nicht möglich ist. Daher kann im Einzelfall der Übergang von der zulässigen Wahlwerbung bzw. Öffentlichkeitsarbeit oder Teilnahme am politischen Meinungskampf zur unzulässigen Wahlwerbung/Wahlbeeinflussung bzw. Bekämpfung politischer Gegner fließend sein.[148]

86

Ob im konkreten Fall die Grenze zur unzulässigen Wahlwerbung bzw. Wahlbeeinflussung überschritten worden ist, muss anhand bestimmter Kriterien festgestellt werden. Anhaltspunkte sind etwa Inhalt, Aufmachung und Anlass der Äußerung bzw. der Publikation, die Quantität des verbreiteten Materials, die Hinzuziehung staatlicher Infrastruktur und der Adressatenkreis.

87

Beispiele:
(1) Erklärung einer Bundesministerin im Rahmen eines Wahlkampfs, primäres Ziel müsse es sein, den Einzug der NPD in den Landtag zu verhindern.[149]

(2) Äußerung eines Ministerpräsidenten in einem Radiointerview, er appelliere an alle demokratischen Parteien und ihre Vertreter, dass es wirklich keine Gemeinsamkeiten auf der Basis von NPD-Anträgen geben dürfe, weil die Nazis damit aufgewertet würden.[150]

(3) Veröffentlichung auf der Internetseite einer Bundesministerin mit dem Inhalt: „Die Rote Karte sollte der AfD und nicht der Bundeskanzlerin gezeigt werden. Björn Höcke und andere Sprecher der Partei leisten der Radikalisierung in der Gesellschaft Vorschub. Rechtsextreme, die offen Volksverhetzung betreiben wie der Pegida-Chef Bachmann, erhalten damit unerträgliche Unterstützung".[151]

Wie aufgezeigt, kann bei der Frage nach der Zulässigkeit von Äußerungen auch der zeitliche und räumliche Zusammenhang mit einer bevorstehenden Wahl entscheidend sein. Richtigerweise hat die amtliche Öffentlichkeitsarbeit im Vorfeld einer Wahl auf jegliche Arbeits-, Leistungs- und Erfolgsberichte zu verzichten. Auch eine sachbezogene Öffentlichkeitsaufklärung bzw. Sachinformation, gegen die im Grundsatz nichts

87a

---

[145] BVerfG K&R 2016, 42 f.
[146] BVerfG NVwZ 2015, 209, 211 mit Verweis auf BVerfGE 44, 125, 141.
[147] BVerfG NVwZ 2015, 209, 212 mit Verweis auf BVerfGE 44, 125, 146. Vgl. auch BVerfG K&R 2016, 42 f.
[148] Vgl. BVerfG NVwZ 2015, 209, 212 mit Verweis auf BVerfGE 63, 230, 243. Vgl. auch BVerfG K&R 2016, 42 f.
[149] BVerfG NVwZ 2015, 209 ff.
[150] VerfGH Thüringen K&R 2016, 542; vgl. auch VerfGH Thüringen 6.7.2016 – VerfGH 38/15.
[151] BVerfG K&R 2016, 42 f.

einzuwenden ist, ist im Vorfeld einer Wahl nur dann erlaubt, wenn sie nicht in unmittelbarer Beziehung zu der bevorstehenden Wahl steht oder durch einen akuten Anlass geboten ist.[152]

Hinsichtlich **Beispiel 1** von Rn 87 hat das BVerfG entschieden, dass die Äußerung dem (erlaubten) politischen Meinungskampf zuzuordnen sei. Denn die Ministerin habe bezogen auf diese Äußerung im Rahmen ihres Interviews mit der Thüringischen Landeszeitung nicht in spezifischer Weise auf die mit ihrem Regierungsamt verbundene Autorität zurückgegriffen und sei daher auch nicht an die Beachtung des aus dem Recht politischer Parteien auf Chancengleichheit folgenden Neutralitätsgebots gebunden gewesen. Dass die Ministerin die beanstandete Äußerung unter Inanspruchnahme staatlicher Autorität oder Ressourcen ihres Amtes gemacht habe, sei dem Verhalten ebenfalls nicht zu entnehmen.[153]

Demgegenüber hat hinsichtlich **Beispiel 2** der thüringische Verfassungsgerichtshof entschieden, dass der Ministerpräsident durch den an andere Parteien gerichteten Appell, NPD-Anträge nicht mitzutragen, sowie durch die Bezeichnung der NPD-Anhänger als „Nazis" parteiergreifend zulasten der NPD in den allgemeinen politischen Wettbewerb eingegriffen und damit das Neutralitätsgebot verletzt habe. Denn die NPD könne sich als nicht verbotene Partei auf das aus Art. 21 GG folgende Recht auf Chancengleichheit der politischen Parteien berufen. Aus diesem Recht folge ein an die Adresse des Staats gerichtetes Neutralitätsgebot für den allgemeinen politischen Wettbewerb, das vorliegend verletzt sei.[154]

Hinsichtlich **Beispiel 3** hat das BVerfG zwar nicht in der Sache endgültig entschieden (es ging um einen Antrag der AfD auf Erlass einer einstweiligen Anordnung), aber deutlich gemacht, dass die Äußerung der Ministerin auf der Homepage des von ihr geführten Ministeriums erkennbar ohne Bezug zu den mit dem Ministeramt verbundenen Aufgaben erfolgte. Sie habe mit der Verbreitung der fraglichen Erklärung über die Homepage des von ihr geführten Ministeriums Ressourcen in Anspruch genommen, die den politischen Wettbewerbern verschlossen seien. Daher könne eine Verletzung des Rechts der AfD auf Chancengleichheit im politischen Wettbewerb nicht von vornherein ausgeschlossen werden.[155]

Insgesamt folgt daraus, dass amtliche Äußerungen, die jemand in seiner Funktion als Regierungsmitglied tätigt, das Neutralitätsgebot wahren müssen. Das gilt umso mehr, je stärker die Äußerung im Umfeld von Wahlen getätigt wird, weil dann die staatliche Neutralitätspflicht mit der Chancengleichheit der politischen Parteien einhergeht. Vgl. zur in einer Demokratie an sich selbstverständlichen Chancengleichheit bereits Rn 79c, aber auch Rn 383.

88

> **Zusammenfassung und Hinweis für die Fallbearbeitung:** Die vorstehenden Ausführungen haben gezeigt, dass die Neutralitätspflicht der Staatsorgane insb. im Vorfeld von Wahlen zur Geltung kommt. Betreiben bspw. eine Bundes- oder Landesregierung oder ein Bürgermeister im zeitlichen und räumlichen Zusammenhang mit einer Wahl Öffentlichkeitsarbeit, ist in der Fallbearbeitung zunächst darzulegen, dass es im Vorfeld von Wahlen jedem Organ der Legislative, der Exekutive und der Judikative verwehrt ist, in seiner amtlichen Funktion offen oder verdeckt für eine bestimmte Partei einzutreten. In einem zweiten Schritt ist auszuführen, dass die Staatsorgane allerdings befugt sind, Öffentlichkeitsarbeit zu betreiben, da die Öffentlichkeitsarbeit Ausfluss aus dem Demokratieprinzip ist und der Transparenz des Staatsapparats dient. Schließlich ist anhand der dargestellten Anhaltspunkte für den

---

[152] BVerfGE 44, 125, 151 f.; 63, 230, 241.
[153] BVerfG NVwZ 2015, 209, 214.
[154] VerfGH Thüringen K&R 2016, 542; vgl. auch VerfGH Thüringen 6.7.2016 – VerfGH 38/15.
[155] BVerfG K&R 2016, 42 f.

> konkreten Fall festzustellen, ob der Bereich der grds. erlaubten Öffentlichkeitsarbeit verlassen wurde. Ist dies der Fall, wäre ein Unterlassungsanspruch begründet.

III. Beteiligung von Personen, die nicht über eine demokratische Legitimation verfügen

Parlamentarische Demokratie bedeutet, dass ausschließlich das Parlament durch Wahlen *unmittelbar* demokratisch legitimiert ist, (grund-)rechtseinschränkende Regelungen zu treffen. Dieses muss alle für die Grundrechtsausübung wesentlichen Regelungen selbst treffen (**Wesentlichkeitsrechtsprechung** des BVerfG).[156] Lediglich Rand- und Detailfragen dürfen der (über eine lediglich *mittelbare* demokratische Legitimation verfügenden) Exekutive überlassen werden. Greift also eine staatliche Maßnahme in Grundrechte ein, ist stets eine formell-gesetzliche Grundlage erforderlich, die umso detaillierter die Eingriffsvoraussetzungen regeln muss, je komplexer und bedeutsamer die betroffenen Grundrechtspositionen sind. Rechtsverordnungen und Satzungen genügen dem Demokratieprinzip insoweit nicht, sie sind aber geeignet, Rand- und Detailfragen zu regeln.[157]

89

> **Beispiel:** Die Festlegung von Altershöchstgrenzen für die Einstellung in den öffentlichen Dienst ist derart wesentlich für die betroffenen Bewerber, dass sie nur durch formelles Gesetz (hier: Beamtengesetz) erfolgen kann.[158] Werden Altersgrenzen lediglich in Laufbahnverordnungen (Rechtsverordnungen) festgelegt, ist dies bereits wegen Verstoßes gegen Art. 80 I S. 2 GG bzw. die Wesentlichkeitsrechtsprechung rechtswidrig, wenn es an einer hinreichend bestimmten Ermächtigungsgrundlage fehlt.[159] Vgl. dazu auch die Ausführungen bei Rn 206 f.

Die demokratische Legitimation von Verwaltungsentscheidungen kann insbesondere dann zum Problem werden, wenn Personen oder Institutionen beteiligt sind, die noch nicht einmal über eine mittelbare Legitimation verfügen. Das BVerfG hatte mehrfach Gelegenheit, über die Kompetenzen von Personalvertretungen im öffentlichen Dienst zu entscheiden.[160] Als Leitlinie hat das Gericht herausgearbeitet, dass die Mitbestimmung in internen Dienstangelegenheiten grds. unproblematisch sei, während bei Maßnahmen, die für die Wahrnehmung von Verwaltungsaufgaben nach außen wichtig sind, wie etwa Personal- oder Organisationsfragen, der Personalvertretung lediglich eine beratende Funktion eingeräumt werden dürfe. Ein Problem in diesem Zusammenhang stellt auch die zunehmende Tendenz dar, hoheitliche Aufgaben auf Private zu übertragen (sog. **Beleihung**); vgl. dazu *R. Schmidt*, AllgVerwR, Rn 110 ff.

90

---

[156] Vgl. dazu Rn 246 ff.
[157] Vgl. dazu auch etwa BVerfG NVwZ 2002, 851 ff. (Grenzen der Satzungsgewalt). Zum Parlamentsvorbehalt und zur Wesentlichkeitsrechtsprechung vgl. Rn 241 ff./246 ff.
[158] Selbstverständlich unter Beachtung höherrangigen Rechts. Zur materiell-rechtlichen Frage (Vereinbarkeit mit Art. 33 II GG und Art. 12 I GG) vgl. BVerfG NVwZ 2015, 1279, 1280 sowie *R. Schmidt*, Grundrechte, Rn 367, 775 (Bsp. 6), 798, 805, 806.
[159] Vgl. abermals BVerfG NVwZ 2015, 1279, 1280 sowie *R. Schmidt*, Grundrechte, Rn 367, 775 (Bsp. 6), 798, 805, 806.
[160] Vgl. BVerfGE 9, 268, 281 ff.; 93, 37, 68 ff. Vgl. auch *Beaucamp*, JA 2002, 398, 399 f.

IV. Wahlen und Abstimmungen auf Bundesebene

Wichtige Entscheidungen: BVerfGE 5, 2, 6 (Wählbarkeit zum Deutschen Bundestag); 6, 84 (Sperrklausel); 7, 63 (Verfassungsmäßigkeit des BWG; „Starre Liste"); 8, 104 (Volksbefragungen); 16, 130 (Überhangmandate); 21, 196 (Wahlgeschenke); 21, 200 (Verfassungsmäßigkeit der Briefwahl); 24, 300 (Unterschriftenquorum); 36, 139 (Wahlrecht von Auslandsdeutschen); 40, 296 (Abgeordnetendiäten); 44, 125 (Öffentlichkeitsarbeit der Bundesregierung); 49, 10 (Neugliederung des Bundesgebietes; hier: Oldenburg/Schaumburg-Lippe); 51, 222 (Europawahl); 58, 202 (Wahlrecht von Auslandsdeutschen; Wahlprüfungsbeschwerde); 59, 119 (Verfassungsmäßigkeit der Briefwahl); 68, 1 (Mitwirkung des Bundestags an den auswärtigen Beziehungen); 70, 324 (Recht der Abgeordneten auf Information); 71, 81 (Arbeitnehmerkammerwahl); 78, 350 (Ausschluss der kommunalen Wählervereinigungen von steuerlichen Entlastungen); 79, 161 (Zweitstimmenabzug; Stimmensplitting); 79, 169 (Überhangmandate); 80, 188 (Rechte von Abgeordneten); 81, 310 (Rechte bei Auftragsverwaltung); 82, 322 (Wahlrechtsvertrag zwischen der Bundesrepublik Deutschland und der DDR); 82, 353 (Unterschriftenquorum); 83, 37 (Ausländerwahlrecht); 85, 148 (Umfang der Wahlprüfung); 89, 155 (Maastricht); 89, 243 (Kandidatenaufstellung; Wahlprüfung); 90, 286 (Einsatz bewaffneter Streitkräfte im Ausland); 91, 228 (Selbstverwaltungsgarantie der Kommunen); 91, 262 (Begriff der Partei); 92, 80 (Überhangmandate); 93, 195 (Ausschluss eines Abgeordneten aus dem Untersuchungsausschuss); 94, 351 (Verfassungsrechtlicher Status eines Abgeordneten); 95, 335 (Verfassungsmäßigkeit von Überhangmandaten); 95, 408 (Grundmandatsklausel); 97, 317 (Nachfolge für ausgeschiedenen Wahlkreisabgeordneten; Wahlprüfungsbeschwerde); 103, 111 (Wahlprüfung in Hessen); 121, 266 (negatives Stimmgewicht); 123, 39 (Wahlcomputer); BVerfG NJW 1991, 689 (Wahlrecht von Auslandsdeutschen); NVwZ 1993, 55 (Kommunalwahlrecht); NVwZ 1998, 52 R (Kommunales Wahlrecht für Unionsbürger); DVBl 2001, 188 (Volksinitiative in Schleswig-Holstein); NVwZ 2012, 622 (Wahlkreiseinteilung); NVwZ 2012, 1101 (Negatives Stimmgewicht; Überhangmandate); NVwZ 2012, 1167 (Auslandswahlrecht); NVwZ 2014, 439 (Europawahl); BVerwGE 18, 14 (Hirtenworte)

1. Die Wahlsysteme allgemein

91 Dass in einer Demokratie alle Staatsgewalt vom Volke ausgeht und vom Volke in Wahlen und Abstimmungen und durch besondere Organe der Gesetzgebung, der vollziehenden Gewalt und der Rechtsprechung ausgeübt wird, ist selbstverständlich. Art. 20 II GG stellt dies für die Bundesrepublik Deutschland klar. In einer parlamentarischen Demokratie, in der das Volk das Parlament wählt, sind also die Parlamentswahlen von entscheidender Bedeutung (Rn 82). Es muss eine ununterbrochene Legitimationskette (dazu Rn 79) bestehen, damit „alle Staatsgewalt vom Volke ausgeht". Hinsichtlich der Wahl zum Parlament, das gemäß dem soeben Gesagten das unmittelbar demokratisch legitimierte Staatsorgan darstellt, stehen die Wahlsysteme **Mehrheitswahl** (Persönlichkeitswahl) und **Verhältniswahl** (Proportionalwahl) sowie Mischformen zur Verfügung.

- ▪ Nach dem Grundsatz der **Mehrheitswahl** ist gewählt, wer die Mehrheit der im Wahlkreis abgegebenen Stimmen auf sich vereinigt. Ist dabei die absolute Mehrheit der abgegebenen Stimmen erforderlich, spricht man von absoluter Mehrheitswahl. Genügt die einfache Mehrheit, spricht man von relativer Mehrheitswahl.

- ▪ Bei der **Verhältniswahl** richtet sich die Zahl der auf einer Liste aufgestellten Abgeordneten danach, in welchem Verhältnis die für jede Liste abgegebenen Stimmen zur Zahl der insgesamt abgegebenen Stimmen stehen.

a. Das Mehrheitswahlsystem

92 Bei der Mehrheitswahl ist das gesamte Wahlgebiet in Wahlkreise eingeteilt, aus denen i.d.R. je ein Abgeordneter zu entsenden ist.[161] Als gewählt gilt entweder, wer im betreffenden Wahlkreis die meisten Stimmen erhält (relative Mehrheitswahl) oder wer über 50 % der abgegebenen Stimmen erreicht (absolute Mehrheitswahl). Erreicht bei einer absoluten Mehrheitswahl keiner der Bewerber die absolute Mehrheit, findet i.d.R. ein zweiter Wahlgang statt. Hierbei kann eine Stichwahl zwischen den beiden

---

[161] Das Gebiet der Bundesrepublik Deutschland besteht aufgrund des Änderungsgesetzes vom 15.11.1996 (BGBl I, S. 1712) nur noch aus 299 Wahlkreisen (vgl. § 1 II BWahlG).

stimmstärksten Kandidaten des ersten Wahlgangs angeordnet sein (so z.B. in Frankreich) oder aber es entscheidet nunmehr die einfache Mehrheit zwischen den alten und den möglicherweise neu hinzugekommenen Bewerbern. In der Bundesrepublik Deutschland wird die Hälfte der Abgeordneten des Bundestags nach der relativen Mehrheitswahl gewählt (§ 1 II i.V.m. § 5 BWahlG).

Das Mehrheitswahlrecht ist in seiner Konzeption eindeutig und schafft klare Mehrheitsverhältnisse. Es bewirkt aber auch Ungleichheiten. Zum einen ist es unmöglich, Wahlkreise mit exakt gleicher Zahl von Wahlberechtigten zuzuschneiden (Problem der Wahlkreisgeometrie und somit der Gleichheit der Wahl), zum anderen kann die Mehrheitswahl dazu führen, dass eine Minderheit, die im gesamten Wahlgebiet eine beträchtliche Stimmenzahl erhält, trotzdem nicht zum Zuge kommt, weil sie in keinem Wahlkreis die Mehrheit erringt, während lokal beschränkte Minderheiten in einigen Wahlkreisen erfolgreich sind. Es kann also zu einer Herrschaft der Minderheit kommen.[162] Die Herrschaft der Minderheit über die Mehrheit ist in einem Mehrheitswahlsystem kein Zufall, sondern in Kauf genommen.[163] **93**

Schließlich ist dem Mehrheitswahlsystem immanent, dass bereits geringe Schwankungen des Wählerverhaltens die Stimmenverhältnisse und somit die Mehrheitsverhältnisse im Parlament vollkommen verändern können. Dies gilt insbesondere bei knappen Mehrheitsverhältnissen: Ändern nur wenige Wähler ihr Wahlverhalten, kann dies zu einem Wechsel der Mehrheit im Parlament führen, ohne dass eine Trendwende der Wählerschaft zu verzeichnen wäre. **94**

b. Das Verhältniswahlsystem

Bei der Verhältniswahl stellen sich die Kandidaten grundsätzlich im gesamten Wahlgebiet zur Wahl. Sie sind i.d.R. auf Parteilisten vereint (z.B. Landeslisten, Wahlbezirkslisten, Listen für Wahlkreisverbände etc.). Jede Partei bekommt dann Parlamentssitze im Verhältnis zu den für sie abgegebenen Stimmen zugeteilt. Die Verhältniswahl ist also im Gegensatz zur Mehrheitswahl eine Parteien- (= Listen-) und keine Persönlichkeitswahl. Wie viele Sitze auf eine Partei (Liste) genau entfallen, kann durch verschiedene Auszählverfahren ermittelt werden. In der Bundesrepublik Deutschland war auf Bundesebene das **d´Hondtsche Höchstzahlverfahren** das lange Zeit gebräuchlichste. Bis einschließlich der Bundestagswahl 2005 wurde indes das Verfahren von **Hare/Niemeyer** bevorzugt, das die kleineren Parteien begünstigte. Nach einer Änderung des § 6 BWahlG im März 2008 erfolgte die Auszählung der Wählerstimmen für den 17. Deutschen Bundestag 2009 nach dem Divisorverfahren von **Sainte-Laguë/Schepers**. Eine erneute Änderung des § 6 BWahlG im Mai 2013 führte zu einer nochmaligen Änderung des Auszählungsverfahrens unter grundsätzlicher Beibehaltung des Divisorverfahrens nach Sainte-Laguë und fand erstmalige Anwendung bei der Wahl zum 18. Deutschen Bundestag (vgl. Rn 129-136). **95**

Im Gegensatz zur Mehrheitswahl haben bei der Verhältniswahl auch kleinere Parteien eine Chance, Abgeordnete ins Parlament zu entsenden. Die Verhältniswahl gibt ein Spiegelbild der in der Bevölkerung bestehenden politischen Richtungen wieder und entspricht in vollem Maße dem Grundsatz der gleichen Wahl (insbesondere besteht der gleiche Erfolgswert aller Stimmen). Die in der Bevölkerung bestehenden politischen Richtungen sind aber sehr vielfältig; dies kann die Mehrheitsbildung im Parlament erschweren. Im parlamentarischen Regierungssystem ist es nicht einfach, in diesem Fall stabile Regierungen zu bilden (wie das Beispiel der Weimarer Republik zeigt). Man hat daher vielfach Klauseln eingeführt, die Splitterparteien bei der Sitzverteilung unberücksichtigt lassen (vgl. für die Bundesrepublik Deutschland die Fünfprozentklausel gem. § 6 III S. 1 BWahlG n.F.). **96**

---

[162] Zur Gleichheit der Wahl vgl. Rn 116.
[163] Vgl. *Ipsen*, Rn 68; *E. R. Huber*, Deutsche Verfassungsgeschichte seit 1789, Bd. 3 (3. Aufl. 1988), S. 877.

2. Die Wahlrechtsgrundsätze des Grundgesetzes

97   Im Gegensatz zur Weimarer Reichsverfassung enthält das Grundgesetz keine Vorschriften über das Wahlsystem. Die Art. 38 I S. 1 und 28 I S. 2 GG verlangen nur, dass die Vertretungskörperschaften in Bund, Ländern, Kreisen und Gemeinden nach den Prinzipien der allgemeinen, unmittelbaren, freien, gleichen und geheimen Wahl gewählt werden müssen. Das Wahlsystem selbst und dessen Ausformung obliegen daher der Entscheidung des einfachen Gesetzgebers (vgl. Art. 38 III GG), der über einen weiten Gestaltungsspielraum verfügt.[164] Auf Bundesebene sind diesbezüglich das BWahlG und die BWahlO erlassen worden. Im Folgenden sollen jedoch zunächst die Wahlrechtsgrundsätze des Grundgesetzes erläutert werden.

a. Die Allgemeinheit der Wahl

98   **Allgemein** ist eine Wahl, wenn alle deutschen Staatsbürger[165] ohne Unterschied bezüglich ihrer Rasse, Religion, ihres Geschlechts oder ihrer politischen Anschauung aktiv (= wählen) oder passiv (= sich wählen lassen) teilnehmen dürfen.[166]

99   Der Wahlrechtsgrundsatz der Allgemeinheit der Wahl ist Ausdruck des Art. 3 III GG (Diskriminierungsverbot). Niemand soll vom Wahlrecht ausgeschlossen sein, wenn er bestimmte Mindestanforderungen erfüllt.

100   Eine solche Mindestanforderung ist das **Mindestalter von 18 Jahren bezüglich des aktiven Wahlrechts** auf Bundesebene (vgl. Art. 38 II GG).[167] Das passive Wahlrecht hat, wer das Alter erreicht, mit dem die Volljährigkeit eintritt. Mit welchem Alter die Volljährigkeit eintritt, beantwortet das Grundgesetz nicht. Hierzu ist das einfache Recht heranzuziehen. Danach ist volljährig, wer das 18. Lebensjahr vollendet hat (§ 2 BGB). Auch enthält § 15 I Nr. 2 BWahlG die Bestimmung, dass das passive Wahlrecht mit der Vollendung des 18. Lebensjahres besteht.

101   Eine weitere Mindestanforderung besteht in dem **Nichtvorhandensein einer Betreuung** (§ 13 Nr. 2 BWahlG, §§ 1896 ff. BGB). Auch eine **strafgerichtliche Verurteilung** kann zum Verlust des aktiven und passiven Wahlrechts führen (§ 45 StGB). Vgl. dazu §§ 45a, b StGB. Zu den weiteren Mindestanforderungen vgl. §§ 13, 15 BWahlG.

102   Deutsche, die ihren ständigen **Wohnsitz im Ausland** haben (*„Auslandsdeutsche"*), sind unter den Voraussetzungen des § 12 II BWahlG wahlberechtigt. Danach ist auch derjenige volljährige deutsche Staatsangehörige wahlberechtigt, der am Wahltag im Ausland lebt, sofern er

- nach Vollendung seines 14. Lebensjahres mindestens drei Monate ununterbrochen in der Bundesrepublik Deutschland eine Wohnung innegehabt oder sich sonst gewöhnlich aufgehalten hat und dieser Aufenthalt nicht länger als 25 Jahre zurückliegt oder

---

[164] Vgl. dazu BVerfGE 97, 317, 327 ff; 95, 335, 349 ff.; BVerfG NVwZ 2012, 1101, 1102 ff.

[165] Damit ist nach h.M. die deutsche Staatsangehörigkeit gemeint (vgl. BVerfGE 123, 267, 340), vgl. auch Rn 146. Zum Begriff des Deutschen vgl. Art. 116 GG. Zur Wahlberechtigung vgl. auch §§ 1, 12 BWahlG. Zum Kommunalwahlrecht von Unionsbürgern vgl. Art. 28 I S. 3 GG.

[166] *Hesse*, Grundzüge des VerfR, Rn 146; *Kretschmer*, in: Schmidt-Bleibtreu/Hofmann/Henneke, GG, Art. 38 Rn 12; vgl. auch BVerfGE 58, 202, 205; BVerfG NVwZ 2012, 1167 ff.

[167] Wollte man die Wahlalter herabsetzen (etwa auf 16 Jahre) bedürfte es einer Verfassungsänderung gem. Art. 79 I, II GG. Da hierdurch keine in Art. 1 und 20 GG niedergelegten Grundsätze berührt würden, stünde Art. 79 III GG dem nicht entgegen. Im Übrigen gehört die Regelung des Art. 38 II GG nicht zu den Wahlrechtsgrundsätzen, die nach Art. 28 I S. 2 GG auch für die Wahl der Volksvertretungen in den Ländern, Kreisen und Gemeinden bestimmend ist. Die Länderverfassungen können also bezüglich des aktiven und passiven Wahlrechts (auch unter unverändertem Art. 38 II GG) abweichende Regelungen treffen. So ist in den Ländern das aktive Wahlrecht teilweise auf das 16. Lebensjahr gesenkt worden (vgl. etwa Niedersachsen oder Nordrhein-Westfalen).

- aus anderen Gründen persönlich und unmittelbar mit den politischen Verhältnissen in der Bundesrepublik Deutschland vertraut ist und von ihnen betroffen ist.[168]

b. Die Unmittelbarkeit der Wahl

Von **unmittelbarer** Wahl spricht man, wenn die Stimmabgabe der Wahlberechtigten sich auf die zu entsendenden Vertreter selbst ohne Zwischenschaltung von Wahlmännern (oder Stellvertretern) bezieht.[169]   103

Wählen also die Urwähler nicht direkt die Abgeordneten, sondern Wahlmänner, die ihrerseits die Abgeordneten bestimmen, spricht man von **mittelbarer** Wahl. Eine mittelbare Wahl bestand in Preußen bis 1918, in Finnland bis 1988 und besteht noch jetzt in den USA bei der Präsidentenwahl.

Der Grundsatz der Unmittelbarkeit der Wahl fordert darüber hinaus ein Wahlverfahren, in dem der Wähler vor dem Wahlakt erkennen kann, welche Personen sich um ein Abgeordnetenmandat bewerben und wie sich die eigene Stimmabgabe auf Erfolg oder Misserfolg der Wahlbewerber auswirken kann.[170] Sowohl die in der Bundesrepublik Deutschland bestehende Persönlichkeitswahl als auch die Listenwahl werden dem Grundsatz der unmittelbaren Wahl gerecht. Die nach § 5 BWahlG vorgesehene Persönlichkeitswahl ist unmittelbar, weil der Bewerber unmittelbar durch die Erststimme gewählt wird. Die in § 6 BWahlG vorgeschriebene Listenwahl verstößt nicht gegen den Grundsatz der Unmittelbarkeit, weil die Entscheidung über die Liste im Vorfeld der Wahl getroffen wird (§ 27 BWahlG) und die festgelegte Reihenfolge unabänderlich ist (§ 6 BWahlG). Eine Grenze findet sich aber dort, wo es zu einem „negativen Stimmgewicht" kommt.[171]   104

Auch bei der **Nachfolge für ausgeschiedene Kandidaten** („**Nachrücken in den Bundestag**") muss der Grundsatz der Unmittelbarkeit gewahrt bleiben. Dennoch ist es mit dem Grundsatz der Unmittelbarkeit der Wahl vereinbar, wenn für den Fall, dass ein gewählter Bewerber stirbt oder aus sonstigem Grund aus dem Bundestag ausscheidet, die übrigen Anwärter der Parteiliste nachrücken, und zwar in der in der Liste angegebenen Reihenfolge (§ 48 I S. 1 BWahlG).   105

Problematisch ist es, wenn eine Partei nach dem Ausscheiden eines ihrer Partei angehörigen gewählten Mitglieds des Deutschen Bundestags den Bewerber, der an sich gemäß der Landesliste nachrücken würde, durch **Parteiausschluss** aus der Liste streicht und auf diese Weise erreicht, dass der dahinter aufgestellte „Wunschkandidat" nachrückt. Bedenken gegen die Vereinbarkeit mit dem Grundsatz der Unmittelbarkeit bestehen bei dieser Vorgehensweise deshalb, weil die Entscheidung der Partei *nach* der Wahl getroffen wird und missliebige Parteimitglieder durch gezielten Parteiausschluss vom Parlament ferngehalten werden könnten.   106

> **Beispiel:** Die ersten 10 Listenbewerber der Partei XY sind aufgrund der Stimmenverhältnisse in den Deutschen Bundestag gewählt worden. C ist die Nr. 11 auf der Liste und somit zunächst nicht in den Bundestag gekommen. Da er in der jüngsten Vergangenheit durch der Parteilinie widersprechende Äußerungen aufgefallen ist, leitet der Parteivorstand ein Ausschlussverfahren ein, das mit dem Parteiausschluss endet (§ 10 IV PartG). Ein Rechtsmittel hat C hiergegen nicht eingelegt. Als ein Bundestagsmandat der Partei XY frei wird, rückt nicht C, sondern der hinter ihm stehende D (die Nr. 12

---

[168] § 12 II BWahlG wurde aufgrund BVerfG NVwZ 2012, 1167 ff. im Jahre 2013 neu gefasst.
[169] BVerfGE 97, 317, 326; 47, 277, 279; 7, 63, 68; *Kunig*, Jura 1994, 554, 556.
[170] BVerfGE 95, 335, 350.
[171] Vgl. BVerfGE 121, 268, 272; zum negativen Stimmgewicht vgl. Rn 126 ff.

auf der Liste) nach. C meint, dieser Sachverhalt verstoße gegen den Grundsatz der Unmittelbarkeit der Wahl. Zu Recht?

107 Die Verhältniswahl ist eine Parteienwahl. Dadurch kann bei einer Verhältniswahl nur derjenige in ein Parlament kommen, der einer gewählten Partei angehört. Das Parteiausschlussverfahren ist formalisiert (§ 10 V PartG), gegen den Parteiausschluss können die Zivilgerichte angerufen werden.[172] Wird ein Parteimitglied wirksam aus einer Partei ausgeschlossen, dann hat das seinen sachlichen Grund. Von einem willkürlichen Ausschluss, etwa um bei einem Ausscheiden eines Mitglieds des Deutschen Bundestags nicht den nächsten, sondern den übernächsten Listenbewerber nachrücken zu lassen, kann dann keine Rede sein. Darüber hinaus entspräche es nicht dem Wesen einer Parteienwahl, wenn Personen über die Zweitstimme, d.h. über die Parteiliste, in den Bundestag kämen, wenn ihr Verhalten den Interessen der Partei zuwiderläuft.[173]

> Im obigen **Beispiel** sind keine Anhaltspunkte ersichtlich, die die Rechtmäßigkeit des Parteiausschlusses gegenüber C in Frage stellen könnten. Insbesondere hat C kein Rechtsmittel eingelegt. Mit dem wirksamen Parteiausschluss hat C gem. § 48 I S. 2 BWahlG die Listenanwartschaft verloren. Ein Verstoß gegen den Grundsatz der Unmittelbarkeit der Wahl liegt nicht vor.

> Weiterführender Hinweis: Bei der Nachfolge bleiben nicht nur diejenigen Listenbewerber unberücksichtigt, die seit dem Zeitpunkt der Aufstellung der Landesliste aus dieser Partei ausgeschieden sind, sondern auch diejenigen, die Mitglied einer anderen Partei geworden sind (§ 48 I S. 2 BWahlG). Unberücksichtigt bleiben ebenso Listenbewerber, die als gewählte Bewerber im Wahlkreis ihren Mitgliedschaftserwerb abgelehnt oder als Abgeordnete auf ihre Mitgliedschaft im Deutschen Bundestag verzichtet haben (§ 48 I S. 3 BWahlG). Ein Nachrücken des in der Liste folgenden Bewerbers verstieße also ebenfalls nicht gegen den Grundsatz der Unmittelbarkeit der Wahl.

108 Fraglich ist auch die Verfassungsmäßigkeit des sog. **ruhenden Mandats**, bei dem Mitglieder der Bundes- bzw. Landesregierung ihr Bundestags- bzw. Landtagsmandat ruhen lassen und bei Ausscheiden aus der Regierung unter Verdrängung des inzwischen nachgerückten Listenbewerbers wieder in den Bundes- bzw. Landtag eintreten können. Das Wiedereintreten in das Parlament ist wegen Verletzung der Unmittelbarkeit der Wahl verfassungswidrig. Ein Verstoß gegen die Unmittelbarkeit der Wahl liegt allerdings noch nicht in der Möglichkeit, das Mandat ruhen zu lassen, also noch nicht in der Möglichkeit des Ausscheidens aus dem Parlament und dem Nachrücken des nächsten Listenbewerbers.[174] Ein Verstoß gegen den Grundsatz der Unmittelbarkeit der Wahl liegt dann vor, wenn es im Belieben des Ausgeschiedenen steht, den Nachgerückten durch Wiedereintritt in das Parlament zu verdrängen.[175]

109 Im Zusammenhang mit der Unmittelbarkeit der Wahl (und anderen Wahlrechtsgrundsätzen) wird neuerdings auch diskutiert, ob die Einführung eines **Familienwahlrechts** mit Art. 38 I S. 1 GG vereinbar wäre. Familienwahlrecht bedeutet, dass auch Minderjährige ein aktives Wahlrecht besitzen, das Stimmrecht jedoch treuhänderisch von den Erziehungsberechtigten ausgeübt wird. Bedenken an der Vereinbarkeit mit der Unmittelbarkeit der Wahl bestehen darin, dass das Wahlrecht zu einem Stell-

---

[172] Vgl. dazu BVerfG NJW 2002, 2227; zu den Voraussetzungen eines Parteiausschlusses vgl. Bundesparteigericht der CDU NVwZ 2005, 480 ff. Vgl. auch *Lenski*, NVwZ 2015, 1730 ff.

[173] Da das BVerfG a.a.O. die Parteizugehörigkeit den anderen Kriterien gleichgestellt hat, die jemand erfüllen muss, um (passiv) wahlberechtigt zu sein, würde es wohl auch die Nichtberücksichtigung des Bewerbers in diesem Fall als zulässig ansehen; ebenso *v. Münch*, in: v. Münch/Kunig, GG, Art. 38 Rn 29; *Pieroth*, in: J/P, GG, Art. 38 Rn 8.

[174] *Kretschmer*, in: Schmidt-Bleibtreu/Hofmann/Henneke, GG, Art. 38 Rn 17.

[175] HessStGH ESVGH 27, 193, 200 ff. zum Ruhen des Mandats in Hessen.

vertreterwahlrecht würde, was dem Charakter des Wahlrechts als höchstpersönliches Recht und damit letztlich auch dem Demokratieprinzip widerspräche. Aber auch die Freiheit der Wahl wäre beeinträchtigt, weil die wahlberechtigten Minderjährigen ihre Erziehungsberechtigten nicht hindern könnten, das Wahlrecht in ihrem Namen auszuüben. Die Gleichheit der Wahl wäre verletzt, weil letztlich die Erziehungsberechtigten die Wahlentscheidung treffen würden und deren Stimme daher erhöhtes Gewicht hätte. Schließlich läge eine Kollision mit der Geheimheit der Wahl vor, weil der wahlberechtigte Minderjährige seine Wahlentscheidung ja gerade nicht vor dem Stellvertreter geheim halten könnte.[176]

c. Die Geheimheit der Wahl und die Öffentlichkeit der Wahl

Weitere Wahlrechtsgrundsätze sind die Geheimheit der Wahl und die Öffentlichkeit der Wahl. Der Grundsatz der geheimen Wahl dient der Absicherung der Wahlfreiheit, da bei Offenbarung der Stimme leicht Druck ausgeübt werden könnte. Zudem soll die Wählerstimme möglichst authentisch sein. Der Wahlgrundsatz der Geheimheit bezieht sich daher nicht nur auf den Wahlvorgang, d.h. die Stimmabgabe, sondern erstreckt sich auch auf die individuelle Wahlvorbereitung.[177] Auf niemanden darf also im Vorfeld der Wahl Druck ausgeübt werden, die Stimme zu offenbaren oder eine Tendenz erkennen zu lassen. | **110**

Die *Stimmabgabe* ist **geheim**, wenn sie weder offen noch öffentlich, sondern vielmehr in verschlossenem Umschlag und unter weiterer Sicherung der Geheimhaltung erfolgt.[178] | **111**

Während der Stimmabgabe bedeutet das Recht zur geheimen Wahl gleichzeitig die **Pflicht**, die Stimme geheim abzugeben. Es dürfen weder mehrere gleichzeitig die Wahlzelle benutzen noch dürfen Wahlberechtigte ihre Stimme offen abgeben.[179] Vor oder nach der Wahlhandlung außerhalb des Wahllokals kann der Wähler jedoch nicht gehindert werden, seine Stimmabgabe zu offenbaren. | **112**

Die *Wahlvorbereitung* ist **geheim**, wenn der Wahlberechtigte sein Verhältnis zu einer politischen Partei in der Öffentlichkeit grundsätzlich nicht darzulegen braucht. | **113**

Fraglich ist, ob die in der Bundesrepublik Deutschland praktizierte **Briefwahl** (vgl. § 36 BWahlG) mit dem Grundsatz der geheimen Wahl vereinbar ist, weil eine Kontrolle bzw. Manipulation nicht in gleichem Maße wie bei der Urnenwahl (vgl. § 34 BWahlG) ausgeschlossen werden kann. Das BVerfG hat entschieden, dass die hierfür getroffene Regelung (anonymisierte und verschlossene Briefumschläge) weder die Wahlfreiheit noch das Wahlgeheimnis verletze. Der Briefwähler habe die Möglichkeit, geheim und frei zu wählen; überdies müsse er eidesstattlich versichern, dass er den Stimmzettel persönlich gekennzeichnet habe.[180] Schließlich würde es anderenfalls für einige Wahlberechtigte nicht möglich sein, überhaupt an der Wahl teilzunehmen. Der Grundsatz der Allgemeinheit der Wahl rechtfertige daher die Briefwahl. Fraglich ist auch, ob die Wahl mittels **Vertrauensperson**[181] (i.V.m. der Briefwahl) mit dem Grundsatz der geheimen Wahl vereinbar ist. | **114**

---

[176] Eine gutachtliche Bearbeitung der Problematik findet sich bei *Otto*, JuS 2009, 925 ff.
[177] BVerfGE 4, 375, 386 f.; 12, 33, 35 f.
[178] *Kretschmer*, in: Schmidt-Bleibtreu/Hofmann/Henneke, GG, Art. 38 Rn 31.
[179] *v. Münch*, in: v. Münch/Kunig, GG, Art. 38 Rn 57.
[180] BVerfGE 59, 119, 124 u. 127. Vgl. auch BVerfG NVwZ 2013, 1272.
[181] Vgl. dazu § 33 II BWahlG, der sich aufgrund seiner systematischen Stellung hinter § 33 I BWahlG offenbar nur auf die Urnenwahl bezieht, aber auch auf die Briefwahl anwendbar ist.

Beispiel: Die im Altersheim wohnende und bettlägerige W kann aufgrund ihrer Parkinsonschen Krankheit nicht mehr selbst den Stimmzettel ausfüllen. Aus diesem Grund hat die Leitung des Altersheims einen Wahlhelfer kommen lassen, der für W das Kreuzchen macht. Verstößt diese Vorgehensweise gegen den Grundsatz der Geheimheit der Wahl?

Die Vereinbarkeit einer Stimmabgabe mittels **Vertrauensperson** ist mit dem Grundsatz der geheimen Wahl vereinbar; anderenfalls wäre der Wahlberechtigte überhaupt nicht in der Lage, sein Wahlrecht auszuüben. Der Grundsatz der Allgemeinheit der Wahl genießt hier Vorrang und rechtfertigt den Eingriff in die Geheimheit der Wahl.[182] Zum **Familienwahlrecht** vgl. bereits Rn 109.

114a   Ein weiterer, aus Art. 38 I i.V.m. Art. 20 I und II GG hergeleiteter Wahlgrundsatz ist die **Öffentlichkeit der Wahl**. Nach dem zur Geheimheit der Wahl Gesagten scheint jedoch zweifelhaft, wie die Öffentlichkeit der Wahl mit der Geheimheit der Wahl zu vereinbaren sein soll. Dieses vermeintliche Paradoxon löst sich allerdings auf, wenn man den Grundsatz der Öffentlichkeit der Wahl so versteht, dass alle wesentlichen Schritte der Wahl lediglich einer *öffentlichen Überprüfbarkeit* unterliegen. Während also die Stimmabgabe geheim ist, müssen die allgemeine Wahlvorbereitung und die Feststellung des Wahlergebnisses (also die Zählung der Stimmen) öffentlich sein.[183]

114b   Im Zusammenhang mit der Geheimheit und der Öffentlichkeit der Wahl war zweifelhaft, inwieweit der Einsatz von rechnergesteuerten Wahlgeräten (sog. **Wahlcomputern**), wie sie bei der Bundestagswahl 2005 eingesetzt wurden, verfassungsgemäß war. Das BVerfG hat entschieden, dass der Einsatz elektronischer Wahlgeräte („**E-Voting**") voraussetze, dass die wesentlichen Schritte der Wahlhandlung und der Ergebnisermittlung vom Bürger zuverlässig und ohne besondere Sachkenntnis überprüft werden könnten. Dies ergebe sich aus dem Grundsatz der Öffentlichkeit der Wahl, der es gebiete, dass alle wesentlichen Schritte der Wahl öffentlicher Überprüfbarkeit unterlägen, soweit nicht andere verfassungsrechtliche Belange eine Ausnahme rechtfertigten. Danach sei es verfassungsrechtlich zwar nicht zu beanstanden, dass § 35 BWahlG den Einsatz von Wahlgeräten zulasse. Die Bundeswahlgeräteverordnung sei jedoch verfassungswidrig, weil sie nicht gewährleiste, dass nur solche Wahlgeräte zugelassen und verwendet würden, die den verfassungsrechtlichen Voraussetzungen des Grundsatzes der Öffentlichkeit genügten. Die bei der Bundestagswahl 2005 eingesetzten rechnergesteuerten Wahlgeräte hätten nicht den Anforderungen, die die Verfassung an die Verwendung elektronischer Wahlgeräte stelle, genügt, weil die Auszählung der Stimmen und die Feststellung des Wahlergebnisses nicht ohne IT-Kenntnisse nachvollziehbar gewesen seien. Dies habe jedoch nicht die Auflösung des Bundestags erforderlich gemacht, weil der Bestandsschutz der gewählten Volksvertretung die festgestellten Wahlfehler mangels irgendwelcher Hinweise darauf, dass Wahlgeräte fehlerhaft funktioniert hätten oder manipuliert worden sein könnten, überwiege.[184]

114c   In jüngerer Zeit wird auch diskutiert, ob eine Stimmabgabe via Internet („**Internetwahl**") dem Grundsatz der Geheimheit bzw. der Öffentlichkeit Genüge tun würde. Ganz ähnlich wie beim Einsatz von Wahlcomputern wird man auch hier eine gesetzliche Regelung schaffen und gewährleisten müssen, dass Manipulationen ausgeschlossen sind.

d. Die Freiheit der Wahl

115   Der Grundsatz der **freien** Wahl besagt zunächst, dass die Entscheidung für eine bestimmte Partei oder einen bestimmten Kandidaten frei ohne staatlichen, politischen oder wirtschaftlichen Druck möglich sein muss.[185]

---

[182] Vgl. auch BVerfGE 21, 200, 206; *Kretschmer*, in: Schmidt-Bleibtreu/Hofmann/Henneke, GG, Art. 38 Rn 18.

[183] BVerfGE 123, 39, 71 ff.

[184] BVerfGE 123, 39, 71 ff.

[185] BVerfGE 7, 63, 69; 44, 125, 139; 91, 262, 276; BVerfG NJW 1984, 2001; *Stern*, Staatsrecht I, § 10 II 3d, S. 314; *Kunig*, Jura 1994, 554, 557; *Kretschmer*, in: Schmidt-Bleibtreu/Hofmann/Henneke, GG, Art. 38 Rn 18. Vgl. auch § 32 BWahlG; dazu OVG Lüneburg NVwZ 1994, 589 f.

Dieser Wahlrechtsgrundsatz ist in einer Demokratie eine Selbstverständlichkeit. Gleichwohl gilt er in der Bundesrepublik Deutschland nicht absolut. Unter welchen Voraussetzungen eine staatliche, politische oder wirtschaftliche Druckausübung zulässig ist, beschreiben §§ 108-108b StGB in verfassungsgemäßer Weise. Mit dem Grundsatz der freien Wahl vereinbar sind auch Einflussnahmen von Interessenverbänden und anderen Organisationen (etwa Arbeitgeber- und Arbeitnehmerverbände, Religionsgemeinschaften) jedenfalls dann, wenn diese lediglich ihre Meinung kundtun und Wahlempfehlungen abgeben oder Versprechungen machen, nicht aber, wenn sie Druck ausüben. Daher sind auch Wahlempfehlungen beispielsweise von Kirchen (sog. Hirtenworte bzw. Hirtenbriefe) nicht zu beanstanden.[186]

Fraglich ist, ob auch das „Ob" der Wahl frei sein muss, ob also eine **Wahlpflicht** mit dem Grundsatz der freien Wahl vereinbar wäre. **115a**

- Nach einer Auffassung verstößt eine Wahlpflicht nicht gegen das Gebot der freien Wahl. Dem Wähler müsse zwar die Freiheit bleiben, gegen alle zur Wahl stehenden Kandidaten oder Listen Stellung zu nehmen und daher keinen von ihnen zu wählen. Solange aber die wirklich geheime Wahl gesichert bleibe und der Wähler daher unausgefüllte oder ungültige Stimmzettel abgeben könne, sei in einem bloßen gesetzlichen Zwang, zur Urne zu gehen, kein Verstoß gegen das Gebot freier Wahlen zu sehen.[187]

- Nach der Gegenauffassung betrifft der Grundsatz der freien Wahl nicht nur das „Wie", sondern auch das „Ob" der Wahl. „Freiheit" bedeute vor dem Hintergrund des in Art. 20 I GG niedergelegten Demokratieprinzips von seinem Wortsinn her auch die Entscheidung, an der Wahl nicht teilzunehmen.[188] Auch nach Auffassung des BVerfG ist das Recht auf eine Stimmabgabe „frei von Zwang" unverzichtbare organisatorische Voraussetzung des demokratischen Staates i.S.d. Art. 20 I, II GG.[189]

- Stellungnahme: Der Wortlaut des Art. 38 I S. 1 GG lässt beide Auffassungen zu. Sinn und Zweck des Begriffs „frei" sprechen aber dafür, dass es dem Wahlberechtigten freistehen muss, überhaupt an der Wahl teilzunehmen („negative Wahlfreiheit"). Denn gerade in der Nichtteilnahme an einer Wahl können auch eine Aussage und damit eine Willensbildung liegen. Bestünde eine Wahlpflicht, wäre ein Wähler zudem verpflichtet, einen ungültigen Wahlzettel abzugeben, wenn er sich für keine der Parteien/keinen der Kandidaten entscheiden möchte. Das hilft niemandem. Andererseits kennen z.B. Belgien, Griechenland, Luxemburg und Italien eine Wahlpflicht, ohne dass die Vereinbarkeit mit dem Demokratieprinzip ernsthaft in Frage gestellt würde. Zum **Familienwahlrecht** vgl. bereits Rn 109.

e. Die Gleichheit der Wahl

Die Gleichheit der Wahl ist der dogmatisch schwierigste und zugleich prüfungsrelevanteste Wahlrechtsgrundsatz.

Gleichheit der Wahl besagt, dass jedermann sein Wahlrecht in formal möglichst gleicher Weise ausüben können soll und dass jede Stimme das gleiche Gewicht hat.[190] **116**

Der Grundsatz der gleichen Wahl ist eine spezielle Ausprägung des allgemeinen Gleichheitssatzes des Art. 3 I GG (vgl. BVerfG NJW 1999, 43) und verbietet eine Diffe- **117**

---

[186] Vgl. dazu BVerwGE 18, 14 ff.
[187] *Kretschmer*, in: Schmidt-Bleibtreu/Hofmann/Henneke, GG, Art. 38 Rn 20; *Schneider*, in: Alternativkommentar, Art. 38 Rn 48; *Maunz*, in: Maunz/Dürig, GG, Art. 38 Rn 32; *Merten*, in: Festschrift für Broermann, 1982, S. 308 ff.; *Dreier*, Jura 1997, 249, 254.
[188] *Pieroth*, in: J/P, GG, Art. 38 Rn 9; *v. Münch*, in: v. Münch/Kunig, GG, Art. 38 Rn 33; *Erichsen*, Jura 1983, 635, 641; *Kunig*, Jura 1994, 554, 557; *Magiera*, in: Sachs, GG, Art. 38 Rn 85; *Stern*, Staatsrecht I, S. 248 f.
[189] Vgl. BVerfGE 44, 125, 139: „Wahlen vermögen demokratische Legitimation nur zu verleihen, wenn sie frei sind". Vgl. auch BVerfGE 95, 335, 350.
[190] BVerfGE 51, 222, 234; 78, 350, 357 f.; 79, 161, 166; 82, 322, 337.

renzierung des Stimmengewichts nach Bildung, Religion, Vermögen, Klasse, Rasse oder Geschlecht. Im Übrigen ist bei der Frage nach der Gleichheit der Wahl zwischen Zählwert und Erfolgswert zu unterscheiden.[191] **Zählwert** bedeutet den Wert der einzelnen Stimme bei der Auszählung. Sofern die abgegebene Stimme nicht ungültig ist oder keine Wahlmanipulation stattgefunden hat, bereitet der Zählwert keine Schwierigkeiten: Entweder wurde die Stimme gezählt oder sie wurde es nicht. Insoweit sind Differenzierungen generell unzulässig.[192] Ein Drei-Klassen-Wahlrecht wie bis 1918 in Preußen wäre also mit dem Grundsatz der Gleichheit der Wahl unvereinbar. Problematisch kann aber der **Erfolgswert** sein. Dieser beschreibt den Wert (den Effekt) einer abgegebenen gültigen Stimme im Vergleich zu den anderen abgegebenen gültigen Stimmen. Bei der Frage nach dem Erfolgswert ist wiederum zwischen der Mehrheitswahl und der Verhältniswahl zu unterscheiden.

118 Bei der **Mehrheitswahl** ist – wie bereits gesagt – das gesamte Wahlgebiet in Wahlkreise eingeteilt, aus denen i.d.R. je ein Abgeordneter zu entsenden ist. Als gewählt gilt entweder, wer mehr Stimmen als seine Konkurrenten erhält (relative Mehrheitswahl) oder wer über 50% der abgegebenen Stimmen erreicht (absolute Mehrheitswahl). Die für den unterlegenen Kandidaten abgegebenen Stimmen erlangen keine Bedeutung, ihnen kommt kein Erfolgswert zu. Das Entfallen des Erfolgswertes bei denjenigen Stimmen, die sich für die unterlegenen Kandidaten entschieden haben, ist der Mehrheitswahl also immanent. Gleichwohl würde in der Bundesrepublik Deutschland eine reine Mehrheitswahl nicht gegen den Grundsatz der Gleichheit der Wahl verstoßen, weil das Grundgesetz dem einfachen Gesetzgeber kein bestimmtes Wahlsystem vorschreibt.[193] Der Gesetzgeber könnte also durch Änderung des Wahlrechts eine reine Mehrheitswahl einführen. Zu beachten wäre dann aber, dass alle Wahlkreise annähernd die gleiche Größe haben müssten, denn die Mehrheitswahl erweist sich anfällig für Manipulationen durch die Gestaltung der Wahlkreisgeometrie. Allein durch eine unterschiedliche Größe der Wahlkreise und deren Formgebung (Wahlkreisgeometrie) könnten bei einer Mehrheitswahl die Wahlergebnisse (erheblich) beeinflusst werden, was zu einem Verstoß gegen den Grundsatz der gleichen Wahl führte.[194]

> **Beispiel (fiktiv):** Bei der Wahl zum Deutschen Bundestag im Jahre X bestehen nicht unerhebliche Abweichungen in den Wahlkreisgrößen: Während dem Wahlkreis A 120.000 Wahlberechtigte angehören, sind es im Wahlkreis B 160.000. Dadurch genügen im Wahlkreis A 60.000 Stimmen für einen Sitz im Bundestag und für Wahlkreis B müssen es 80.000 Stimmen sein. Das führt zu erheblichen Verzerrungen des Grundsatzes der Wahlgleichheit, weil der Unterschied im Erfolgswert erheblich ist.

119 Bei der **Verhältniswahl** wie in der Bundesrepublik Deutschland erhält jede Partei Parlamentssitze im Verhältnis zu den für sie abgegebenen Stimmen. Damit scheint die Verhältniswahl den gleichen Erfolgswert aller abgegebenen gültigen Stimmen zu gewährleisten. Da aber diejenigen Stimmen, die für unter der **Fünfprozentklausel** (§ 6 III S. 1 BWahlG n.F.) bleibende Parteien abgegeben werden, im Erfolg unberücksichtigt bleiben, stellt sich die Frage nach der Vereinbarkeit der Fünfprozentklausel mit dem Grundsatz der gleichen Wahl. Wenn man davon ausgeht, dass die Fünfprozentklausel die mit einer Verhältniswahl verbundene Gefahr einer Zersplitterung des Parlaments verhindern soll und somit zur Sicherung der Handlungs- und Entscheidungsfähigkeit des Parlaments und zur Bildung einer stabilen Regierung geboten ist,

---

[191] BVerfGE 38, 81, 100; 51, 222, 236.
[192] BVerfGE 95, 335, 353; 120, 82, 102 f.
[193] Vgl. BVerfGE 6, 84, 90; 95, 335, 349; 97, 317, 323.
[194] BVerfGE 16, 130, 136.

darf der Gesetzgeber deshalb den Erfolgswert der Stimmen unterschiedlich gewichten.[195] Die Fünfprozentklausel wäre demnach verfassungsgemäß.

Hinsichtlich der Wahl zum **Europäischen Parlament** (EP) hat das BVerfG mit Urteil v. 9.11.2011 den mit der Fünfprozentklausel in § 2 VII EuWG a.F. verbundenen Eingriff in die Grundsätze der Wahlrechtsgleichheit und Chancengleichheit der politischen Parteien mit Verweis auf die gegebenen rechtlichen und tatsächlichen Verhältnisse hingegen als nicht gerechtfertigt angesehen und für verfassungswidrig und nichtig erklärt.[196] Anders als bei der Wahl zum Deutschen Bundestag, bei der die Fünfprozentklausel Grundlage für stabile Mehrheiten sei und mit deren Hilfe die Regierungsfähigkeit erhalten werden könne, gebe es auf europäischer Ebene keine Zersplitterung der Abgeordneten, die eine Sperrklausel rechtfertigen könne.[197] Auch sei eine solche nicht mit einiger Wahrscheinlichkeit zu erwarten. Eine Rechtfertigung für eine Beschränkung der Erfolgswertgleichheit bestehe daher auch aus diesem Grunde nicht. Diese Auffassung überzeugt nicht ohne weiteres. Zwar fehlt es im EP nach wie vor an ein Parlament kennzeichnenden Regierungs- und Oppositionsfraktionen sowie an der Möglichkeit des EP, die Regierung bzw. den Regierungschef der EU zu wählen, dennoch ist die Bedeutung des EP seit dem Vertrag von Lissabon (dazu Rn 336 f.) erheblich gestiegen. Daher kann es durchaus erforderlich sein, der Gefahr einer Zersplitterung mit Hilfe einer Sperrklausel entgegenzuwirken. Da sich die Verfassungswidrigkeit der Sperrklausel laut BVerfG nicht aus ihrer konkreten Höhe ergab, wurde diskutiert, ob der Gesetzgeber noch nicht einmal eine niedrigere Sperrklausel vorsehen dürfte. Dennoch hatte sich eine breite Mehrheit im Bundestag (im Hinblick auf die Europawahl 2014) dafür ausgesprochen, die für verfassungswidrig erklärte Fünfprozentklausel durch eine Dreiprozentklausel zu ersetzen.[198] Ein entsprechendes Gesetz zur Änderung des EuWG wurde am 7.10.2013 (BGBl I 2013, S. 3749) beschlossen. § 2 VII EuWG n.F. normierte daraufhin eine Dreiprozentklausel. Aber auch diese Regelung hat das BVerfG am 26.2.2014 (mit letztlich denselben Erwägungen) für verfassungswidrig erklärt.[199] Ob nun auf EU-Ebene ein einheitliches Wahlrecht bzgl. der Wahl der Mitglieder des EP, in dem auch eine Sperrklausel festgesetzt werden könnte (vgl. Art. 223 AEUV), erlassen wird, bleibt abzuwarten.

120

Äußerst interessant dürfte die Frage sein, ob die Rechtsprechung des BVerfG zum Europawahlrecht eine grundsätzliche Neubewertung der Fünfprozentklausel in Bezug auf die Bundestagswahl erforderlich macht. Zwar ist das mit einer Sperrklausel verfolgte Anliegen der Sicherung der Handlungs- und Entscheidungsfähigkeit des Parlaments mit dem Ziel der Bildung einer stabilen Regierung legitim, allerdings kann eine Sperrklausel immer nur eine eng auszulegende Ausnahme von der Chancengleichheit (der Parteien und der Wählerstimmen) sein. Insbesondere ist zu berücksichtigen, dass durch eine Sperrklausel die integrierende Funktion des Parlaments und auch die Demokratie insgesamt geschwächt werden, wenn ein nicht unerheblicher Teil der Wähler nicht im Parlament vertreten wird. Dieses Phänomen dürfte zukünftig noch deutlicher zu Tage treten, da durch moderne Kommunikationsmittel wie das Internet und (soziale) Netzwerke die Tendenz einer pluralistischen Meinungsbildung verstärkt wird. Eine parlamentarische Mehrheit muss sich der Herausforderung, die mit der Zunahme von Minoritäten und Splitterparteien verbunden ist, stellen. Mit Demokratie kann nicht das Recht der Mehrheit gemeint sein, sich vor Minderheiten zu schützen, indem man Sperrklauseln in den Wahlgesetzen (oder gar in der Verfassung) verankert.

121

---

[195] BVerfGE 51, 222, 236 f.; 71, 81, 97; 82, 322, 338; vgl. auch BVerfGE 95, 408, 418; 99, 69, 77; 120, 82, 107; *Erichsen*, Jura 1984, 22, 31; *Dörr/Thönes*, JuS 1981, 108; a.A. *Dreier*, Jura 1997, 249, 254; *Zimmer*, DÖV 1985, 101; *Schmidt-Jortzig*, DVBl 1983, 773, 778. Zu Sperrklauseln bei Kommunalwahlen vgl. BVerfG NVwZ 2008, 407 ff.; *v. Armin*, DVBl 1997, 749, 757; NWVerfGH NVwZ 2000, 666 ff.; *Greve/Schärdel*, JuS 2009, 531 ff.
[196] BVerfGE 129, 300, 322 ff.
[197] BVerfGE 129, 300, 322 ff.
[198] Vgl. BT-Drs. 17/13705. Vgl. dazu *Frenz*, NVwZ 2013, 1059 ff.
[199] BVerfG NVwZ 2014, 439 ff.

122 Fraglich ist auch die Verfassungsmäßigkeit der **Überhangmandate** und der **Grund-mandatsklausel**. Da diese Regelungen aber Kenntnisse des Wahlsystems des Bundeswahlgesetzes voraussetzen, sei auf Rn 123 ff. verwiesen. Zum **Familien-wahlrecht** vgl. bereits Rn 109.

3. Das Wahlsystem des Bundeswahlgesetzes

a. Personalisierte Verhältniswahl

123 Wie bereits beschrieben, ist das Wahlsystem für die Bundestagswahlen nicht im Grundgesetz niedergelegt. Der Gesetzgeber kann unter Beachtung der Vorgaben des Art. 38 I S. 1 GG das Wahlsystem frei wählen (vgl. Art. 38 III GG, wonach das Nähere ein Bundesgesetz regelt). Insbesondere kann er grundsätzlich zwischen einer Mehr-heitswahl, einer Verhältniswahl oder einer Verbindung zwischen beiden wählen.[200] Das diesbezüglich vom Bundesgesetzgeber geschaffene Wahlsystem fußt auf einer **Verhältniswahl** (vgl. § 1 I S. 2 BWahlG). Um der Gefahr einer Zersplitterung zu be-gegnen und um die Funktionsfähigkeit des Parlaments abzusichern, ist es mit einer Sperrklausel versehen (vgl. § 6 III S. 1 BWahlG n.F.). Danach bleiben die Stimmen derjenigen Parteien unberücksichtigt, die weniger als 5% der im Wahlgebiet abgege-benen gültigen Zweitstimmen erhalten (§ 6 III S. 1 Var. 1 BWahlG n.F.). Das Wahl-system der Bundesrepublik Deutschland enthält darüber hinaus die Besonderheit, dass die Wähler mit der Erststimme eine personelle Auswahlentscheidung der über die Verhältniswahl gewählten Parteien des Deutschen Bundestags treffen können (vgl. § 1 II BWahlG). Das BWahlG spricht von einer „mit der Personenwahl verbundenen Verhältniswahl" (§ 1 I S. 2 BWahlG). Im allgemeinen (juristischen) Sprachgebrauch hat sich der Begriff **„personalisierte Verhältniswahl"** etabliert[201], für die folgende Grundsätze gelten:

124 Ausgangspunkt ist die Regelung in § 1 I S. 1 BWahlG, wonach der Bundestag vor-behaltlich der sich aus dem BWahlG ergebenden Abweichungen (insb. Überhangman-date und Ausgleichsmandate, dazu Rn 130 ff.) aus 598 Abgeordneten besteht. Von den Abgeordneten wird die Hälfte nach den Grundsätzen der Mehrheitswahl in 299 Wahlkreisen, in die das Bundesgebiet aufgeteilt ist, gewählt; die übrigen werden nach Landeswahlvorschlägen (Landeslisten) gewählt (§ 1 II BWahlG). Jeder Wähler hat folgerichtig **zwei Stimmen**, eine Erststimme für die Wahl eines Wahlkreisabgeordne-ten, eine Zweitstimme für die Wahl einer Landesliste (§ 4 BWahlG). Mit der **Erst-stimme** wählt er einen Bewerber aus seinem Wahlkreis (§ 5 S. 1 BWahlG). Da das Bundesgebiet in 299 Wahlkreise eingeteilt ist (s.o.), werden auf diese Weise also 299 Bundestagsabgeordnete direkt gewählt. Gewählt ist jeweils der Bewerber, der die meisten Stimmen auf sich vereinigt (relative Mehrheitswahl, Rn 92). Mit der **Zweit-stimme** für die Wahl der Bewerber aus der Landesliste wählt der Wähler hingegen Wahlkreiskandidaten aus der Landesliste der Partei (auf dem Stimmzettel sind hin-sichtlich der Zweitstimme also Name und Partei aufgeführt), was die Wahl letztlich als Parteienwahl charakterisiert. Das Anrechnungs- und Verteilverfahren erfolgt nach einem sehr komplizierten Verfahren gem. § 6 BWahlG auf der Grundlage des Divisor-verfahrens nach Sainte-Laguë, das (in Ermangelung einer Studien- und Prüfungsrele-vanz) an dieser Stelle nicht näher erläutert werden soll.

125 Da nach diesem System der Wähler mit der Erststimme den Direktkandidaten und mit der Zweitstimme die Partei wählt und es ihm dabei überlassen bleibt, mit seiner

---

[200] BVerfGE 97, 317, 323; 95, 335, 349; BVerfG NVwZ 2012, 1101, 1102 ff.; a.A. *Dreier*, Jura 1997, 249, 254, wonach die relative Mehrheitswahl nicht mit dem GG vereinbar ist; offen *Nicolaus*, ZRP 1997, 185, 190.
[201] BVerfGE 16, 130, 140 (Überhangmandate).

Zweitstimme z.B. die A-Partei und mit seiner Erststimme einen der B-Partei angehörigen Kandidaten zu wählen (sog. **Stimmensplitting**), ist es denkbar, dass eine Partei mehr Direktmandate erzielt, als ihr nach dem Verhältnis ihrer Zweitstimmen zustehen. Diese bleiben bei der jeweiligen Partei, wodurch sich die gesetzliche Mitgliederzahl des Bundestags erhöht (vgl. § 6 IV S. 2 BWahlG n.F.).[202] Solche „**Überhangmandate**" sind der Entkoppelung von Erst- und Zweitstimme immanent und mit Blick auf den Grundsatz der Gleichheit der Wahl grds. nicht zu beanstanden, können aber erhebliche Probleme verursachen, wenn ihre Zahl so hoch ist, dass der Erfolgswert der Wahlstimmen über eine Toleranzschwelle hinaus beeinträchtigt ist (Rn 130 ff.).

b. Problem des negativen Stimmgewichts

Bei einer demokratischen Wahl ist es eine Selbstverständlichkeit, dass eine Wähler-stimme der gewählten Partei nicht schaden darf. Eine Partei darf nicht für mehr Stimmen weniger Sitze erhalten und auch nicht für weniger Stimmen mehr Sitze. Dennoch war jenes Phänomen auch im BWahlG vorzufinden. Dies lag an der zweistu-figen Berechnung der Zweitstimmenanteile zunächst auf Bundesebene und dann innerhalb jeder Partei auf Landesebene, wie es §§ 6 und 7 BWahlG vorsahen. Gewann eine Partei in einem Bundesland Stimmen hinzu, verschob sich das Kräfteverhältnis zwischen ihren Landeslisten, was dazu führen konnte, dass sie in einem anderen Bundesland einen Sitz verlor. Dies wirkte sich dann negativ aus, wenn die Partei in jenem Bundesland, in dem sie Stimmen hinzugewonnen hatte, Überhangmandate er-rang: Dann profitierte sie dort nicht vom Stimmzuwachs, verlor aber im anderen Land einen Sitz. Für die Wähler bedeutete dies, dass es in den betroffenen Bundesländern keinen Sinn machte, dieser Partei die Zweitstimme zu geben. Dass dieses Paradoxon nicht nur akademischer Natur ist, belegt das folgende Beispiel: Hätten bei der Bun-destagswahl 1998 in Hamburg 20.000 Wähler mehr der SPD ihre Zweitstimme gege-ben, hätte dies zu einem Mandat weniger bei der SPD geführt.

126

Das BVerfG hat in seinem Urteil v. 3.7.2008 die zum negativen Stimmgewicht führen-den Regelungen des BWahlG wegen Verstoßes gegen die Gleichheit und Unmittelbar-keit der Wahl für verfassungswidrig erklärt und den Gesetzgeber verpflichtet, eine Re-gelung zu schaffen, die ein negatives Stimmgewicht ausschließt.[203] Mit dem Gesetz zur Änderung des BWahlG vom 25.11.2011 (BGBl I S. 2313) hat der Gesetzgeber dann durch Aufhebung des bisherigen § 7 BWahlG und Änderung des § 6 I BWahlG versucht, den Effekt des negativen Stimmgewichts zu beseitigen (BT-Drs. 17/6290, S. 9).

127

Doch tatsächlich blieb das negative Stimmgewicht nicht nur erhalten, sondern wurde sogar noch ausgeweitet, indem es nicht nur bei Parteien mit Überhangmandaten, sondern bei allen Parteien auftreten konnte.[204] Somit war es nicht gerade überra-schend, dass das BVerfG auch diese Neuregelung beanstanden würde. Mit Urteil vom 25.7.2012 hat es entschieden, dass das durch das Wahlrechtsänderungsgesetz vom 25.11.2011 neu gestaltete Verfahren der Zuteilung der Abgeordnetensitze des Deut-schen Bundestags gegen die Grundsätze der Gleichheit und Unmittelbarkeit der Wahl sowie der Chancengleichheit der Parteien verstoße.[205]

128

---

[202] Vgl. dazu (§ 6 V BWahlG a.F.) BVerfGE 95, 335, 356 (Verfassungsmäßigkeit von Überhangmandaten).
[203] BVerfGE 121, 266 ff.
[204] *Holste*, NVwZ 2012, 8, 10.
[205] BVerfG NVwZ 2012, 1101 ff.

129   Das BVerfG hat die diesbezüglichen Vorschriften des BWahlG nicht nur für verfassungswidrig, sondern auch für nichtig erklärt.[206] Daraufhin hat der Bundestag am 21.2.2013 (erneut) eine gesetzliche Neuregelung des Bundeswahlrechts beschlossen. Festgehalten hat der Gesetzgeber an der „personalisierten Verhältniswahl" (§ 1 I S. 2 BWahlG). Auch die sog. 5%-Klausel wurde beibehalten (§ 6 III S. 1 BWahlG). Die bisherigen Regelungen, die ein negatives Stimmgewicht ermöglichten, wurden indes ersatzlos gestrichen. Damit ist dieses Phänomen im gegenwärtigen 18. Deutschen Bundestag beseitigt.

c. Entstehen und Verfassungsmäßigkeit von Überhangmandaten

130   Auch das bereits bei Rn 125 erwähnte Entstehen von **Überhangmandaten** (§ 6 IV S. 2 BWahlG n.F.) ist mit Blick auf den Grundsatz der Gleichheit der Wahl nicht unproblematisch. Denn der Grundsatz der Gleichheit der Wahl bezieht sich sowohl auf den Zählwert als auch auf den Erfolgswert der Wahl. Der Erfolgswert kann bei einem Stimmensplitting aber höher sein, als das bei einem Korrespondieren von Erst- und Zweitstimme der Fall wäre.

131   Das BVerfG hat das Entstehen von Überhangmandaten wegen der Beeinträchtigung des gleichen Erfolgswertes der Stimmen zunächst in engen Grenzen als zulässig angesehen, dabei aber offengelassen, wo die Grenze zur Unzulässigkeit liegt.[207] In einer späteren Entscheidung hat das Gericht Überhangmandate jedenfalls dann als unbedenklich angesehen, wenn sie sich im Rahmen der durch das Sitzverteilungsverfahren ohnehin gegebenen Margen halten.[208] Hinsichtlich der Bundestagswahl von 1994, in deren Folge sich 16 Überhangmandate ergaben, stellte sich erneut die Problematik der Vereinbarkeit von Überhangmandaten mit dem Grundsatz der Gleichheit der Wahl. Das BVerfG hat diese Zahl der Überhangmandate (allerdings nur mit 4 zu 4 Richterstimmen) nicht für verfassungswidrig erklärt.[209] Es sah die Rechtfertigung für Überhangmandate in den Besonderheiten einer personalisierten Verhältniswahl. Die gesetzlich zugelassenen Überhangmandate seien Teil der dem Gesetzgeber nach Art. 38 III GG überlassenen Entscheidung über das Wahlsystem. Die Frage der Wahlgleichheit müsse damit innerhalb des Systems der personalisierten Verhältniswahl beantwortet werden. Die Gleichheit des Erfolgswertes habe im Vergleich zur Gleichheit des Zählwertes nur eine untergeordnete Bedeutung. Gewährleistet sei lediglich, dass jede Stimme die **gleiche rechtliche Erfolgschance** habe. Diese werde auch dann nicht verletzt, wenn Wähler einer Partei, die in einem Land Überhangmandate erreicht hat, im Ergebnis mit ihrer Stimme einen größeren Erfolg erzielten als Wähler anderer Parteien.[210] Allerdings müsse sich die Zahl der Überhangmandate in Grenzen halten. Als Anhaltspunkt für diese Grenze könne das Fünfprozentquorum, das auch für die Sperrklausel für Bundestagsmandate einer Partei Anwendung finde, herangezogen werden.

132   Der 17. Bundestag (2009-2013) verfügte anfangs sogar über 24 Überhangmandate, was die vom BVerfG festgelegte Toleranzgrenze (5% der Bundestagsabgeordneten als Anhaltspunkt, s.o.) zwar noch nicht überschritten hat, dieser aber bedenklich nahe gekommen ist.

---

[206] BVerfG NVwZ 2012, 1101 ff.
[207] BVerfGE 7, 63, 74 f.; 16, 130, 140.
[208] Vgl. BVerfGE 79, 169, 172.
[209] BVerfGE 95, 335 ff. mit abw. Votum S. 367 ff.; vgl. dazu auch *Lenz*, NJW 1997, 1534 ff.; *Hillgruber*, JA 2010, 911 ff.
[210] BVerfGE 95, 335, 357 ff. Im Ergebnis ebenso *Schreiber*, Kommentar zum BWahlG, 9. Aufl. 2013, § 6 Rn 12 u. § 7 Rn 5 Fn 4; *Mager/Uerpmann*, DVBl 1995, 273, 277; *Papier*, JZ 1996, 265, 270 f.; *Badura*, JZ 1997, 681, 683; *Pieroth*, in: J/P, GG, Art. 38 Rn 22. Vgl. auch *Ipsen*, JZ 2002, 469 ff.

So war es angesichts dieser hohen Zahl an Überhangmandaten nicht verwunderlich, dass das BVerfG in seinem Urteil vom 25.7.2012 auch die Regelung des § 6 V BWahlG zu den Überhangmandaten neu bewerten würde. Dabei ist es von seiner im Urteil BVerfGE 95, 335 ff. festgelegten Toleranzgrenze (5% der Bundestagsabgeordneten als Anhaltspunkt) abgewichen. Es verstoße gegen die Grundsätze der Wahlrechtsgleichheit und der Chancengleichheit der Parteien, wenn ausgleichslose Überhangmandate in einem Umfang zugelassen werden, der den Grundcharakter der Bundestagswahl als Verhältniswahl aufheben könne. Dies sei der Fall, wenn die Zahl der Überhangmandate etwa die Hälfte der für die Bildung einer Fraktion erforderlichen Zahl von Abgeordneten überschreite. Da die für die Bildung einer Fraktion erforderliche Zahl bei etwa 30 liegt, liegt damit die maximale Zahl an zulässigen Überhangmandaten bei ca. 15. Damit hat das BVerfG die von ihm in BVerfGE 95, 335 ff. festgelegte Toleranzgrenze (5% der Bundestagsabgeordneten als Anhaltspunkt) praktisch halbiert. **133**

Da bezüglich des 17. Bundestags die Zahl an Überhangmandaten von anfangs 24 deutlich darüber lag, hat das BVerfG die Regelung über die ausgleichslose Zuteilung von Überhangmandaten (§ 6 V BWahlG a.F.) für unvereinbar mit dem Grundgesetz erklärt. Der Gesetzgeber war daher auch diesbezüglich gehalten, bis zur Bundestagswahl 2013 Vorkehrungen zu treffen, die ein Überhandnehmen ausgleichsloser Überhangmandate unterbinden, wollte der Gesetzgeber am Wahlsystem der personalisierten Verhältniswahl (Wahlkreise und Direktmandate) festhalten. **134**

In seiner bereits erwähnten Wahlrechtsnovelle vom 21.2.2013 (oben Rn 129) hat der Bundestag daher auch das Phänomen der Überhangmandate neu geregelt. Er hat sich für eine Kompensation der Überhangmandate (§ 6 IV S. 2 BWahlG n.F.) durch Schaffung von Ausgleichsmandaten für die anderen Parteien entschieden, damit eine den Proporz abbildende Sitzverteilung im Bundestag erreicht wird (vgl. § 6 V BWahlG n.F.).[211] Ausgleichslosen Überhangmandaten wurde damit für die Zukunft eine Absage erteilt. Jedoch liegt es auf der Hand, dass sich durch die Schaffung von Ausgleichsmandaten die Zahl der Bundestagsabgeordneten nicht nur unwesentlich erhöht. Verfassungsrechtlich ist dies jedoch unproblematisch.[212] **135**

Der gegenwärtige 18. Deutsche Bundestag besteht aus insgesamt 630 Abgeordneten.[213] Darunter fallen 254 (ursprünglich: 255) Sitze auf die CDU, 56 auf die CSU, 193 auf die SPD, 64 auf DIE LINKE und 63 auf Bündnis 90/DIE GRÜNEN. Die Zahl von 630 Mandaten setzt sich zusammen aus der regulären Mitgliederzahl von 598 Mandaten (abzgl. des einen weggefallenen Mandats), 4 Überhangmandaten (für die CDU) und 29 Ausgleichsmandaten. Von den Ausgleichsmandaten entfallen 13 auf die CDU, 10 auf die SPD, 4 auf DIE LINKE und 2 auf Bündnis 90/DIE GRÜNEN. Die CSU erhielt kein Ausgleichsmandat.[214] **136**

d. Gleichheit der Wahl und Wahlkreiszuschnitt

In Bezug auf die gleiche rechtliche Erfolgschance fordert das BVerfG zusätzlich zu den Kriterien *gleicher Zählwert* und *gleicher Erfolgswert* das Kriterium des möglichst **gleichen Wahlkreiszuschnittes**.[215] Das leuchtet ein, wenn man bedenkt, dass eine **137**

---

[211] Vgl. dazu im Einzelnen *Holste*, NVwZ 2013, 529, 532; *Ipsen*, iurratio 2013, 60 ff.
[212] So auch *Holste*, NVwZ 2013, 529, 532.
[213] Ursprünglich bestand er aus 631 Abgeordneten. Da mit Ablauf des 4.9.2015 Katherina Reiche (CDU) ausschied und das Mandat nicht wieder besetzt wurde, reduzierte sich die Zahl der Gesamtmandate auf 630.
[214] Vgl. www.bundeswahlleiter.de/de/bundestagswahlen/BTW_BUND_13/ergebnisse/bundesergebnisse/ - Download am 11.7.2016.
[215] BVerfGE 95, 335, 365 f. So auch NdsStGH NVwZ 2000, 670 ff.

zu große Abweichung in der Größe der einzelnen Wahlkreise (d.h. in Bezug auf die Zahl der Wahlberechtigten) dazu führt, dass eine unterschiedliche Zahl von Wählerstimmen erforderlich ist, um den gleichen Erfolg herbeizuführen. Gleichwohl räumt das BVerfG ein, dass ein absolut gleicher Wahlkreiszuschnitt aufgrund der politischen und geographischen Lage nicht möglich sei. Die in § 3 I S. 1 Nr. 2 Ziffer 2 BWahlG a.F. genannte Unterschiedsmarge von 33,33% war nach Auffassung des BVerfG jedenfalls deutlich zu hoch. Der Gesetzgeber hat auf diese Rechtsprechung von 1997 reagiert und den Wahlkreiszuschnitt mehrmals modifiziert. So sieht § 3 I S. 1 Nr. 3 BWahlG nunmehr vor, dass die Bevölkerungszahl eines Wahlkreises von der durchschnittlichen Bevölkerungszahl aller Wahlkreise nicht um mehr als 15% nach oben oder unten abweichen soll. Bei einer Abweichung von mehr als 25% ist eine Neueinteilung der Wahlkreise vorzunehmen. Ob aber diese Anpassung ausreicht, um dem Grundsatz der Gleichheit der Wahl gerecht zu werden, darf bezweifelt werden. Verwandt mit dieser Problematik ist die Regelung des § 3 I S. 1 Nr. 2 BWahlG, wonach die Zahl der Wahlkreise in den einzelnen Ländern deren Bevölkerungsanteil so weit wie möglich entsprechen muss. Die gegenwärtige Einteilung des Bundesgebiets in 299 Wahlkreise unter Berücksichtigung der Bevölkerungsanteile der einzelnen Bundesländer steht daher unter der Notwendigkeit wiederkehrender Evaluation. Sollte sich ergeben, dass sich die Bevölkerungszahlen in den einzelnen Wahlkreisen durch Binnenmigration verändern, muss eine Anpassung (durch Wahlkreisneuzuschnitt bzw. Wahlkreisneueinteilung) vorgenommen werden.[216]

138 Eine weitere Problematik besteht in der Frage, ob bei der Einteilung der Wahlkreise bzw. beim Wahlkreiszuschnitt auch der Anteil der Minderjährigen an der Bevölkerung zu berücksichtigen ist. Dafür spricht, dass selbstverständlich auch Minderjährige Teil der Bevölkerung sind (vgl. auch § 3 I S. 1 Nr. 2 BWahlG: „Bevölkerungsanteil"). Dagegen spricht der Umstand, dass Minderjährige nicht wahlberechtigt sind (vgl. Art. 38 II Halbs. 1 GG) und nicht wahlberechtigte Personen an sich auch keinen Einfluss auf die Wahl und damit auf den Wahlkreiszuschnitt ausüben sollen. So hat auch das BVerfG entschieden, dass der Wahlrechtsgrundsatz der Gleichheit der Wahl die Einteilung der Wahlkreise an sich lediglich nach der Zahl der Wahlberechtigten fordere, wobei dem Gesetzgeber ein gewisser Gestaltungsspielraum zustehe, wenn er davon abweichen möchte. Berücksichtige er daher auch Minderjährige bei der Bestimmung des Bevölkerungsanteils i.S.v. § 3 I S. 1 Nr. 2 BWahlG und damit bei der Wahlkreiseinteilung, sei dies so lange nicht zu beanstanden, wie die Minderjährigen in Bezug auf Länder und Wahlkreise ungefähr gleich verteilt seien, d.h. die Abweichung des Anteils der Minderjährigen (noch) im unerheblichen Bereich liege.[217] Dem ist zuzustimmen. Ein Wahlkreisneuzuschnitt bzw. eine Wahlkreisneueinteilung wird jedenfalls auch immer dann vorzunehmen sein, wenn sich der Anteil nicht wahlberechtigter Einwohner in den einzelnen Wahlkreisen mehr als nur unerheblich ändert. Mit Blick auf die hohe Zahl an zugewanderten Flüchtlingen dürfte sich die Problematik der Berücksichtigung nicht wahlberechtigter Bevölkerungsteile hinsichtlich einer Wahl bei der nächsten Bundestagswahl 2017 erneut stellen. Das sich hier anbahnende Problem lässt sich bspw. dadurch umgehen, dass der Gesetzgeber die Wahlkreiseinteilung bzw. den Wahlkreiszuschnitt entweder ausschließlich am wahlberechtigten Bevölkerungsanteil und nicht mehr an der Gesamtbevölkerung orientiert[218] oder aber eine entsprechende Anpassung der Wahlkreiseinteilung vornimmt.

---

[216] So hat der Bundestag am 3.5.2016 eine Änderung des BWahlG beschlossen und die Wahlkreiseinteilung (leicht) modifiziert (BGBl I S. 1062). An der Zahl der Wahlkreise (299) hat er aber nichts geändert.
[217] BVerfG NVwZ 2012, 622 ff. Vgl. auch die Anlage zu § 2 II BWahlG.
[218] Vgl. auch *Sachs*, JuS 2012, 573, 574.

e. Nachrücken von Abgeordneten in den Bundestag

Das Bestehen von Überhangmandaten hat auch Auswirkungen auf das **Nachrücken** von Abgeordneten in den Bundestag. Scheidet ein über die Erststimme in den Bundestag gekommener Abgeordneter aus, der lediglich über ein Überhangmandat verfügte, war es bislang wohl einhellige Auffassung, dass das Mandat ersatzlos wegfällt. Beim Ausscheiden eines Abgeordneten aus einem Land, in dem seine Partei Überhangmandate gewonnen hatte, war ebenfalls ein Nachrücken nicht möglich.[219] Dieses Ergebnis war konsequent, da das Überhangmandat nicht von den Mehrheitsverhältnissen der Zweitstimmen getragen war („kein Nachrücken in den Überhang").[220] Da nach der Wahlrechtsnovelle 2013 aber **Ausgleichsmandate** gewährt werden (vgl. Rn 136), stellt sich die Frage nach dem Schicksal eines Ausgleichsmandats, das infolge eines Überhangmandats gewährt wurde, wenn das Überhangmandat entfallen sollte. Denkbar wäre es, auch dieses wegfallen zu lassen, was aber mit Blick auf Art. 38 I S. 2 GG (Grundsatz des freien Mandats, das in seinem Bestand als geschützt angesehen wird[221]) schwierig wäre. Das Belassen von Ausgleichsmandaten bei weggefallenem Überhangmandat würde andererseits aber den Proporz verzerren. Am sachgerechtesten erscheint es daher, ein Nachrücken in den Überhang zuzulassen. Davon ist auch der Gesetzgeber ausgegangen, indem er in § 48 I S. 1 BWahlG n.F. ein Nachrücken von Bewerbern von der Landesliste auch bezüglich eines ausgeschiedenen Überhangmandats zulässt.

Auch der umgekehrte Fall, dass ein lediglich über die Parteiliste (also mit Hilfe der *Zweitstimme*) in den Bundestag gekommener Abgeordneter aus dem Bundestag ausscheidet, ist unproblematisch. § 48 I BWahlG sieht für diesen Fall vor, dass der frei gewordene Sitz aus der Landesliste derjenigen Partei besetzt wird, für die der Ausgeschiedene bei der Wahl aufgetreten ist, und zwar in der dort gegebenen Reihenfolge (vgl. bereits Rn 105-108).

Fraglich ist indes, ob ein Nachrücken bei Ausscheiden eines Abgeordneten, der über die *Erststimme* (die aber *nicht* zu einem Überhangmandat geführt hat) in den Bundestag gekommen ist, möglich ist. Es geht mithin um die Frage, ob das Nachrücken von Ersatzleuten bei Ausscheiden von direkt gewählten Abgeordneten einer Partei aus dem Bundestag mit dem Grundsatz der Gleichheit der Wahl vereinbar ist, wenn der ausgeschiedene Abgeordnete nicht lediglich ein Überhangmandat innehatte. In Betracht kommt eine Legitimation des Nachrückens durch die Zweitstimmen, denn in der vorliegenden Konstellation wird der einem Wahlkreisabgeordneten zugefallene Sitz auch von dem Ergebnis der Zweitstimmen getragen. Wenn beim Wegfall des in der Wahl persönlich gewählten Wahlkreisabgeordneten die Anrechnung seines Direktmandats auf die Sitzzahl, die der Landesliste nach dem Zweitstimmenergebnis zusteht, erfolgt, lebt ein Listensitz, den ein Wahlkreisabgeordneter zunächst „verdrängt" hatte, gleichsam wieder auf, sodass dieser Sitz nun in der Reihenfolge der Plätze der Listenbewerber einem Nachfolger zufallen kann. Dadurch verliert der Wähler allerdings den mit der Erststimme erzielten Erfolg einer Beeinflussung der personellen Besetzung des Bundestags, was sich vermeiden ließe, wenn in den Wahlkreisen zugleich mit den Kreiswahlvorschlägen jeweils Ersatzkandidaten mit gewählt würden. Eine Wahl eines „Ersatzkandidaten" kennt das geltende Wahlrecht jedoch nicht. Gleichwohl

139

140

141

---

[219] BVerfGE 97, 317, 328 ff.

[220] Freilich steht dem der Wortlaut des § 48 I BWahlG entgegen, der auf die eben genannte Konstellation nicht eingeht. Damit aber der in Art. 38 I S. 1 GG statuierte Grundsatz von der Gleichheit der Wahl eingehalten werden kann, ist der Wortlaut des § 48 I BWahlG so weit zu modifizieren, dass bei Ausscheiden eines Abgeordneten, der lediglich über ein Überhangmandat verfügt, das Mandat ersatzlos wegfällt. Vgl. dazu BVerfGE 97, 317, 328 ff., das § 48 I BWahlG in diesem Fall für nicht anwendbar erklärt; kritisch *Lenz*, NJW 1998, 2878, 2879; a.A. *Lege*, Jura 1998, 462, 470.

[221] Vgl. dazu Rn 498 ff.

ist das Nachrücken in der hier behandelten Konstellation verfassungsrechtlich unbedenklich, da es im Gestaltungsspielraum des Gesetzgebers liegt, Elementen der Verhältniswahl gegenüber Elementen der Personenwahl den Vorrang einzuräumen (vgl. Art. 38 III GG). Diesen Vorrang hat der Gesetzgeber in § 48 I BWahlG statuiert. Daher hat das BVerfG die demokratische Legitimation von Listenbewerbern, die Nachfolge eines (also über die Erststimme) direkt gewählten Abgeordneten, anzutreten, bejaht, sofern dieser nicht lediglich über ein Überhangmandat verfügte.[222]

f. Problem der Grundmandatsklausel

142 Fraglich ist auch die verfassungsrechtliche Zulässigkeit der sog. **Grundmandatsklausel**. Das geltende Bundeswahlrecht sieht vor, dass Parteien entsprechend dem Anteil ihrer Stimmen bei den Listenplätzen trotz des Nichterreichens der Sperrklausel (5%-Hürde) berücksichtigt werden, wenn sie mindestens **drei Direktmandate** erringen (§ 6 III S. 1 BWahlG n.F.). Das Problem besteht also darin, dass von der an sich geltenden 5%-Hürde, die ja eine Zersplitterung des Bundestags vermeiden soll, wieder abgewichen wird.

143 ▪ Nach h.L.[223] verstößt die Grundmandatsklausel gegen das Demokratieprinzip. Es fehle ein sachlicher Grund dafür, den Einzug von Schwerpunktparteien in den Bundestag eher zuzulassen als denjenigen von (sonstigen) Splitterparteien. Darüber hinaus führe die Grundmandatsklausel zu einer nicht zu tolerierenden systembedingten Ungleichbehandlung. Denn wenn beispielsweise eine Partei, die lediglich über 1,5% der Wählerstimmen verfüge, aber in mindestens drei Wahlkreisen ein Direktmandat errungen habe, komme sie mit mindestens drei Sitzen in den Bundestag. Demgegenüber komme eine Partei, die 4,9% der Wählerstimmen habe auf sich vereinigen können, aber nur über zwei Direktmandate verfüge, nicht in den Bundestag. Die mit der Personenwahl verbundene Verhältniswahl rechtfertige es allenfalls, dass *sämtliche* aufgrund der Erststimmen errungenen Direktmandate erhalten blieben, auch wenn die betreffende Partei weniger als 5% der Stimmen erhalte.

144 ▪ Das BVerfG[224] und ein Teil der Literatur[225] haben trotz der Bedenken die Verfassungsmäßigkeit der Grundmandatsklausel bestätigt. Sie halten sie für eine Abmilderung der Sperrklausel, die ihre Rechtfertigung darin finde, dass in der Erringung von drei Direktmandaten ein besonderes Maß an Zustimmung zu der hinter den Kandidaten stehenden Partei liege. Es bestehe somit ein zwingender Grund für den Eingriff in die Erfolgsgleichheit der Wahl.

g. Zusammenfassung und Bewertung

145 Das in der Bundesrepublik Deutschland bestehende personalisierte Verhältniswahlrecht ist nicht das Schlechteste unter den Wahlsystemen: Durch die Zweitstimme, die dem Verhältniswahlrecht entspricht, bestimmen die Wähler die Mehrheitsverhältnisse der Parteien im Bundestag. Dadurch werden die einer reinen Mehrheitswahl immanenten Ungleichheiten vermieden.

Durch die Erststimme, die dem relativen Mehrheitswahlrecht entspricht, wird eine personelle Auswahlentscheidung getroffen; es wird bestimmt, welche Personen aus dem der gewählten Partei zur Verfügung stehenden Sitzkontingent in den Bundestag

---

[222] BVerfGE 97, 317, 328 ff.
[223] *Pieroth*, in: J/P, GG, Art. 38 Rn 22; *Meyer*, in: HdbStR II, § 38 Rn 30; *Hobe*, JA 1998, 50, 51; *Frowein*, AöR 99 (1974), 72, 92 f.; *Linck*, Jura 1986, 460, 464; *Wahl*, NJW 1990, 2585, 2590; *Roth*, NJW 1994, 3269; 3271; *Hoppe*, DVBl 1995, 265, 268 ff.; *Heintzen*, DVBl 1997, 744, 748.
[224] BVerfGE 95, 335, 337; 95, 408, 420 ff.; 97, 317, 322 ff.; 6, 84, 95 f.
[225] *Schneider*, in: Alternativkommentar, Art. 38 Rn 50; *Badura*, JZ 1997, 681, 684; *Lenz*, NJW 1998, 2878, 2879 und NJW 1997, 1534, 1535; *Degenhart*, Rn 97.

kommen. Dadurch haben es die Wähler in der Hand, bestimmte, regionale politische Persönlichkeiten direkt in den Bundestag zu wählen.

Gleichwohl stößt das personalisierte Verhältniswahlrecht auch auf verfassungsrechtliche Grenzen. Denn dadurch, dass es den Wählern ein Stimmensplitting ermöglicht, kann es vorkommen, dass mehr Abgeordnete einer Partei in den Bundestag kommen, als der betreffenden Partei über die Liste zustehen (sog. Überhangmandate, s.o.). Damit ist insbesondere die Gleichheit der Wahl in Frage gestellt. Das gilt insbesondere dann, wenn in Wahlkämpfen für die Abgabe der Zweitstimme zugunsten einer kleineren Partei und für die Abgabe der Erststimme zugunsten einer größeren Partei geworben wird. Bei diesem sog. „Huckepackverfahren" wird einkalkuliert, dass der Wähler die Bedeutung von Erst- und Zweitstimme verkennt. Zu begrüßen ist es daher, dass der Gesetzgeber – infolge mehrerer BVerfG-Entscheidungen – dieser systemimmanenten Schwäche einen Riegel vorgeschoben hat, indem er nunmehr Ausgleichsmandate zulässt. Der gegenwärtige 18. Deutsche Bundestag verfügt über 29 Ausgleichsmandate, die zusammen mit den 4 Überhangmandaten der CDU und den regulären 598 Sitzen zu zunächst 631 Sitzen geführt hatten, diese Sitzzahl wurde dann aber infolge des Wegfalls eines Mandats auf 630 reduziert (vgl. Rn 136).

h. Wahlrecht und Ausländer

Diskutiert wird auch die Frage, ob für **Bundestagswahlen** die Beteiligung von **Ausländern** möglich wäre. Ausgangspunkt der Diskussion ist Art. 20 II S. 2 GG, wonach alle Staatsgewalt vom „Volke" insbesondere durch Wahlen ausgeübt wird. Versteht man unter „Volk" lediglich das deutsche Staatsvolk (also die deutschen Staatsangehörigen nach dem StAG), kommt eine Beteiligung von Ausländern an Parlamentswahlen nicht in Betracht. Versteht man indes unter „Volk" sämtliche, der deutschen Staatsgewalt unterstehenden Personen, erstreckt sich der Begriff des Volkes auch auf die in der Bundesrepublik lebenden Ausländer.

146

- Nach der h.M.[226] sind wahlberechtigt in diesem Sinn nur Deutsche i.S.d. Art. 116 GG. Wenn das Grundgesetz auch im Übrigen nur an das *deutsche Staatsvolk* anknüpfe, wenn es von „Volk" spreche (vgl. Präambel und Art. 146 GG), könne nichts anderes für Art. 20 II S. 2 GG gelten.

- Die Gegenauffassung[227] versteht den Begriff des „Volkes" aufgrund des zunehmenden Ausländeranteils an der Bevölkerung umfassend und einem Verfassungswandel unterzogen. Deshalb müssten zum „Volk" i.S.d. Art. 20 II S. 2 GG nunmehr auch Ausländer gehören, die ihren ständigen Wohnsitz in der Bundesrepublik Deutschland hätten und somit gleichermaßen der deutschen Staatsgewalt unterworfen seien. Da Art. 20 II S. 2 GG insoweit offen sei, könne ein Ausländerwahlrecht durch einfache Gesetzesänderung, namentlich durch eine Änderung des BWahlG, eingeführt werden.

- Stellungnahme: In der Tat erscheint eine Exklusion von Nichtdeutschen verfassungsrechtlich problematisch, da sich auch diese zu den verfassungsrechtlichen Grundsätzen, insbesondere zur freiheitlichen demokratischen Grundordnung ebenso bekennen können wie deutsche Staatsangehörige. Gleichwohl können sich nur Deutsche auch formal durch ihre Staatsangehörigkeit der Staatsgewalt unterwerfen und sich damit in besonderer Weise zur freiheitlichen demokratischen Grundordnung bekennen. Das entspricht dem allgemeinen Verständnis des Staatsrechts, wonach unter Staatsvolk die Staatsbürger, d.h. die Staatsangehörigen zu verstehen sind. Auch der Grundgesetzgeber geht

---

[226] BVerfGE 83, 37, 51 ff.; 83, 60, 71 ff.; 123, 267, 340; *Badura*, in: Bonner Kommentar, Art. 38 Rn 25; *Böckenförde*, in: HdbStR I, § 22 Rn 27 f. und HdbStR II § 24 Rn 26 ff.; *Brockmeyer*, in: Schmidt-Bleibtreu/Hofmann/Henneke, GG, Art. 38 Rn 5; *Degenhart*, Rn 78.
[227] *Zuleeg*, JZ 1980, 425; ZAR 1988, 13, 14; *Rittstieg*, KritVJ 1987, 315, 317; *Roth*, ZRP 1990, 82, 85; *Meyer*, in: HdbStR III, § 46 Rn 7 f.; *Bryde*, in: v. Münch/Kunig, GG, Art. 79 Rn 42.

von diesem Verständnis aus, indem er mit Art. 28 I S. 3 GG zum Ausdruck bringt, dass er in Bezug auf Wahlen außerhalb der Kommunalebene an der deutschen Staatsangehörigkeit festhält, zumal er mit der verfassungsrechtlichen Verankerung des Kommunalwahlrechts auch für Bürger anderer EU-Staaten ohnehin nur europarechtliche Vorgaben (Art. 22 AEUV) umgesetzt hat. Mithin wird man annehmen müssen, dass nach herrschender Verfassungsinterpretation auch das Grundgesetz den Begriff des „Volkes" einheitlich i.S.d. *deutschen Staatsvolkes* gebraucht. Unter Zugrundelegung dieses Verständnisses ist es verfassungsrechtlich nicht nur zulässig, sondern auch geboten, Ausländer (auch wenn sie anderen Mitgliedstaaten der EU angehören) vom Bundeswahlrecht auszuschließen. Eine Beteiligung von Ausländern am Bundeswahlrecht wäre folglich nur durch eine Verfassungsänderung denkbar, der man aber ein abweichendes Staatsbürgerverständnis zugrunde legen müsste, da die h.M. unter Einschluss des BVerfG das Bundeswahlrecht als Ausdruck der in Art. 20 II GG niedergelegten Volkssouveränität mit der deutschen Staatsangehörigkeit verknüpft und die in Art. 20 GG niedergelegten Grundsätze wegen der Ewigkeitsgarantie des Art. 79 III GG einer Verfassungsänderung entzogen sind. Art. 79 III GG stünde einer Verfassungsänderung also nur dann nicht entgegen, wenn man die in Art. 20 II GG niedergelegte Volkssouveränität nicht mehr mit der deutschen Staatsangehörigkeit verknüpfte. Der veränderten Bevölkerungszusammensetzung dürfte aber eher durch eine Erleichterung der Einbürgerung, wie das bereits durch die Änderung des Staatsangehörigkeitsrechts nach dem StAG im Grundansatz vollzogen worden ist, Rechnung getragen werden. Im Zuge der notwendigen Flüchtlingsintegration wird es daher eine vordringliche öffentliche Aufgabe sein, den Integrationsprozess dadurch voranzutreiben, den Flüchtlingen Sprache, Kultur und die Elemente der freiheitlichen demokratischen Grundordnung zu vermitteln sowie sie in den Arbeitsmarkt aufzunehmen.

147 Unter Zugrundelegung des o.g. Staatsvolksbegriffs ist eine Beteiligung von Ausländern auch bei **Landtagswahlen** ausgeschlossen. Zur Begründung kann man die Homogenitätsklausel (Art. 28 I S. 1 GG) heranziehen oder das Argument, dass der Begriff des Volkes in Art. 28 I S. 2 GG ebenso wie in Art. 20 II S. 2 GG als *deutsches Staatsvolk* auszulegen ist. Darüber hinaus ist der Umstand zu beachten, dass die Landesangehörigen – mittelbar über die Landesparlamente und Landesregierungen – über den Bundesrat auch bei der Bundesgesetzgebung und Bundesverwaltung mitwirken, sodass sich parallel zur Bundesebene auch auf Landesebene eine Beteiligung von Ausländern an den Parlamentswahlen verbietet.[228]

148 Auch auf **Kommunalebene** ist die Frage nach dem Ausländerwahlrecht differenziert zu beantworten.

- Nach einer Auffassung[229] ist die Beteiligung von Ausländern an Kommunalwahlen ohne weiteres möglich. Der Volksbegriff des Art. 20 II S. 2 GG stehe einer Beteiligung von Ausländern an Kommunalwahlen nicht entgegen, da Art. 28 I S. 2 GG eine abweichende Interpretation zulasse. Art. 28 I S. 2 GG verlange nur ein Mindestmaß an Homogenität, nicht eine Uniformität. Die Kommunen seien selbstverwaltende, nichtstaatliche Körperschaften des öffentlichen Rechts. Ihnen sei verfassungsrechtlich garantiert, sämtliche Belange der örtlichen Gemeinschaft eigenverantwortlich zu regeln (Universalitätsprinzip). Daher obliege es den Gemeinden, auch Ausländer an der politischen Willensbildung teilhaben zu lassen.

- Die h.M.[230] vertritt die gegenteilige Auffassung. Der Begriff des Volkes sei in Art. 28 I S. 2 GG genauso zu verstehen wie in Art. 20 II GG, nämlich als *deutsches Staatsvolk*. Der Grundsatz der Volkssouveränität verlange, dass lediglich die Staatsbürger die politische

---

[228] Dies hat nun auch der Staatsgerichtshof der Freien Hansestadt Bremen entschieden (NVwZ-RR 2014, 497 ff.).
[229] OVG Lüneburg DÖV 1985, 1067, 1068; *Rittstieg*, NJW 1989, 1018, 1019; *Bryde*, JZ 1989, 257.
[230] BVerfGE 83, 37 ff.; 83, 60 ff.; BremStGH DVBl 1991, 1074; *v. Mutius*, Jura 1991, 410.

Willensbildung innehaben. Zudem seien die Kommunen, auch wenn sie nichtstaatliche, also autonome Körperschaften darstellten, keine staatsfremden Gebilde. Auch sie übten bei der Ausführung von Bundes- und Landesrecht Staatsgewalt aus. Die Ausübung von Staatsgewalt sei aber eine Angelegenheit des deutschen Staatsvolkes.

Für Bürger der **Europäischen Union** gilt jedenfalls, dass ihnen das aktive und passive Wahlrecht in den Kreisen und Gemeinden zusteht (vgl. Art. 22 AEUV, Art. 28 I S. 3 GG sowie die Regelungen in den Kommunalwahlgesetzen der Länder).   149

Durch diese Regelung wird im Umkehrschluss klargestellt, dass auch auf Kommunalebene ein Wahlrecht für Ausländer, die keinem Mitgliedstaat der EU angehören, nicht in Betracht kommt.[231]

4. Wahlprüfung

Das Grundgesetz enthält keine näheren Bestimmungen hinsichtlich einer Wahlprü-   150
fung. Vielmehr verweist es in Art. 41 I GG auf den Bundestag, lässt gegen die Entscheidung des Bundestags die Beschwerde zum BVerfG zu (Art. 41 II GG) und unterwirft das Nähere einer bundesgesetzlichen Regelung (Art. 41 III GG). Eine solche Regelung stellt das WahlprüfG dar. Allerdings beschränkt dieses sich im Wesentlichen auf prozedurale Vorschriften über die Wahlprüfung, sodass materielle Wahlprüfvorschriften nicht geregelt sind.[232] Das bedeutet, dass der Bundestag nur prüft, ob das geltende Wahlrecht (in formeller Hinsicht) richtig angewendet wurde. Die Frage, ob das Wahlrecht auch verfassungsgemäß ist, wird erst vom BVerfG im nachfolgenden Beschwerdeverfahren entschieden.[233]

▪ Das Wahlprüfverfahren beginnt mit dem Rechtsbehelf **Einspruch**, den jeder Wahlbe-   151
rechtigte, jede Gruppe von Wahlberechtigten und in amtlicher Eigenschaft jeder Landeswahlleiter, der Bundeswahlleiter und der Präsident des Bundestags schriftlich innerhalb von zwei Monaten nach dem Wahltag erheben können (§ 2 WahlprüfG). Der Einspruch muss an den Bundestag adressiert sein (Art. 41 I S. 1 GG, § 1 I WahlprüfG). Die Entscheidung des Bundestags (§ 13 WahlprüfG) wird durch den Wahlprüfungsausschuss vorbereitet (§ 3 I WahlprüfG). Der Bundestag entscheidet mit einfacher Mehrheit (§ 13 I S. 1 WahlprüfG).

▪ Ist der Einspruchsführer mit der Entscheidung des Bundestags nicht einverstanden,   152
kann er binnen einer Frist von zwei Monaten **Beschwerde** beim BVerfG erheben (Art. 41 II GG i.V.m. § 18 WahlprüfG i.V.m. §§ 13 Nr. 3, 48 BVerfGG). Die (übrigen) Zulässigkeitsvoraussetzungen der Beschwerde sind § 48 BVerfGG zu entnehmen.
Bei der Begründetheit der Wahlbeschwerde prüft das BVerfG zunächst, ob die Entscheidung des Bundestags bezüglich des Einspruchs formelle Fehler aufweist. In materieller Hinsicht prüft es insbesondere die Einhaltung der Wahlrechtsgrundsätze des Art. 38 I S. 1 GG und der Vorschriften des BWahlG. Auch die Prüfung der Verfassungsmäßigkeit der eben genannten Gesetze kann – anders als beim Einspruch – Prüfungsgegenstand sein.

Das BVerfG hat festgestellt, dass Wahlfehler nicht nur von amtlichen Wahlorganen, sondern auch von Dritten begangen werden könnten, soweit sie unter Bindung an wahlgesetzliche Anforderungen kraft Gesetzes Aufgaben bei der Organisation einer Wahl erfüllten.[234] Das bedeutet, dass auch Maßnahmen bei der innerparteilichen Kandidatenaufstellung nach §§ 21 und 27 BWahlG durch die Wahlorgane auf Gesetzes-

---

[231] *Kunig*, Jura 1994, 554, 555.
[232] Vgl. *Ipsen*, Rn 122; *Kretschmer*, in: H.-P. Schneider/W. Zeh (Hrsg.), Parlamentsrecht und Parlamentspraxis, 1989, § 13 Rn 51.
[233] Kritisch dazu *Hoppe*, DVBl 1996, 344, 347.
[234] Vgl. BVerfGE 89, 243, 251.

verstöße hin überprüft werden können. Im Wahlbeschwerdeverfahren festgestellte Verstöße führen aber nur dann zur Ungültigkeit der Wahl, wenn sie sich auch auf die Sitzverteilung ausgewirkt haben könnten.[235] Unbeachtlich sind Wahlfehler also lediglich dann, wenn eine Beeinflussung auf die Sitzverteilung völlig fernliegt.

153 ▪ Fraglich ist, ob auch eine **Verfassungsbeschwerde** (Art. 93 I Nr. 4a GG, §§ 13 Nr. 8a, 90 ff. BVerfGG) in Betracht kommt. Geht es um die Überprüfung von Entscheidungen und Maßnahmen, die sich *unmittelbar* auf das Wahlverfahren beziehen, stellt das Wahlprüfverfahren (Art. 41 GG i.V.m. § 18 WahlprüfG i.V.m. §§ 13 Nr. 3, 48 BVerfGG) eine abschließende Regelung dar.[236] Eine Verfassungsbeschwerde wäre hier unstatthaft.

Beispiel: Eine Verfassungsbeschwerde wäre unzulässig, wenn es um die Überprüfung von einer Wahl vorgeschalteten Einzelmaßnahmen ginge (etwa die Nichtzulassung eines Wahlvorschlags oder die Festlegung eines Wahltermins) oder um Maßnahmen im Zusammenhang mit der Wahlhandlung als solche (etwa die Verletzung des Wahlgeheimnisses). Auch die Überprüfung von Entscheidungen der Wahlorgane nach der Wahl (etwa die Ermittlung des Wahlergebnisses oder der Sitzverteilung) ist ausschließlich mit der Wahlbeschwerde herbeizuführen.
Etwas anderes gilt aber, wenn etwa das BWahlG oder die BWahlO direkt bezüglich ihrer Verfassungsmäßigkeit in Frage gestellt werden. Hier handelt es sich *nicht* um Akte staatlicher Gewalt, die sich unmittelbar auf eine Wahl beziehen, sondern um Gesetze, die ohne weiteres Gegenstand einer Verfassungsbeschwerde sein können. Allerdings ist die Frist des § 93 III BVerfGG zu beachten.[237]

154 Handelt es sich um eine Überprüfung von Wahlhandlungen in den **Ländern**, kommt eine Verfassungsbeschwerde vor dem BVerfG nicht (mehr) in Betracht. Damit sind Verstöße gegen Wahlrechtsgrundsätze auf Landesebene vor den Landesgerichten (ggf. auch vor den Landesverfassungsgerichten) geltend zu machen.[238]

5. Abstimmungen

155 Gemäß Art. 20 II S. 2 GG finden nicht nur Wahlen, sondern auch Abstimmungen statt. Abstimmungen können in unterschiedlicher Weise vorgenommen werden. Allgemein werden die Volksbefragung, das Volksbegehren und der Volksentscheid voneinander unterschieden.

▪ Bei der **Volksbefragung** (Referendum) findet eine Erkundung der Meinung des Volkes oder eines Volksteiles über einen Gegenstand von allgemeinem Interesse statt.[239] Dabei wird dem Volk oder dem Volksteil in einem formalisierten Verfahren eine bestimmte formulierte Frage vorgelegt. Das Ergebnis der Volksbefragung ist für die Staatsorgane nicht bindend; die Volksbefragung dient vielmehr der *Vorbereitung* einer staatlichen Maßnahme. Man spricht daher von einer „konsultativen Volksbefragung".

▪ **Volksbegehren** ist die vom Volk ausgehende Initiative zur Erreichung eines Volksentscheids. Für die Annahme eines Volksbegehrens wird die Mitwirkung einer bestimmten Mindestanzahl von Abstimmungsberechtigten gefordert (Quorum).

▪ **Volksentscheid** (Volksabstimmung i.e.S.) ist eine unmittelbare Entscheidung des Volkes über ein Gesetz oder eine sonstige staatliche Maßnahme (fiktive Beispiele: Abstimmung über eine EU-Verfassung oder umgekehrt über den Austritt aus der EU). Der

---

[235] BVerfGE 85, 148, 158 f.
[236] Vgl. *Magiera*, in: Sachs, GG, Art. 38 Rn 105; *Pieroth*, in: J/P, GG, Art. 41 Rn 5; *Robbers*, JuS 1996, 116, 119; *Roth*, DVBl 1998, 214 ff.
[237] Vgl. dazu *Roth*, DVBl 1998, 214 f.
[238] Vgl. BVerfG NJW 1999, 43; *Roth*, DVBl 1998, 214, 216; kritisch *Lenz*, NJW 1999, 34 f.
[239] Im vorliegenden Zusammenhang nicht von Interesse sind die privaten Institutionen durchgeführten unverbindlichen Meinungsumfragen. So war die geplante Unterschriftensammlung der CDU/CSU zum neuen Staatsangehörigkeitsrecht verfassungsrechtlich unproblematisch.

Volksentscheid wird häufig durch ein Volksbegehren eingeleitet und ist anders als die Volksbefragung für die staatlichen Organe i.d.R. bindend, es sei denn, die betreffende Verfassung sieht auch die „konsultative Volksabstimmung" vor.

Alle drei Abstimmungsformen sieht Art. 29 GG vor. Gemäß Art. 29 I S. 1 GG kann das Bundesgebiet neu gegliedert werden, um zu gewährleisten, dass die Länder nach Größe und Leistungsfähigkeit die ihnen obliegenden Aufgaben wirksam erfüllen können. Die Neugliederung ist nur durch Bundesgesetz zulässig, das der Bestätigung durch **Volksentscheid** bedarf (Art. 29 II S. 1 GG). Der Volksentscheid findet in den Ländern statt, die von der Neugliederung betroffen sind (Art. 29 III GG), sog. **Territorialplebiszit**. Aber auch durch ein **Volksbegehren** können unter bestimmten Voraussetzungen Neugliederungsmaßnahmen gefordert werden, die entweder zu einem Bundesgesetz, das wiederum der Bestätigung durch **Volksentscheid** bedarf, führen oder eine **Volksbefragung** zur Folge haben (Art. 29 IV GG).

Art. 29 GG kam bislang nicht oft zur Anwendung. Neugliederungspläne haben – obwohl sich die Länder in Bezug auf ihre Größe und Leistungsfähigkeit deutlich voneinander unterscheiden – keinerlei Aussicht auf Erfolg gehabt. Der Grund hierfür mag sein, dass sich eingesessene politische und wirtschaftliche Machtverhältnisse als resistent gegenüber territorialen Veränderungen erwiesen haben. Auch lokalpatriotische und eher emotional motivierte Stimmen („kein Aufgehen Bremens in einem Nordweststaat") mögen dazu beigetragen haben. Unbeschadet der (geringen) Bedeutung des Art. 29 GG können Neugliederungspläne für den Raum Berlin/Brandenburg durch diese Länder vereinbart werden, ohne dass es des Verfahrens nach Art. 29 GG bedarf (vgl. Art. 5 EV).

Fraglich ist, ob sich Abstimmungen auf den Komplex des Art. 29 GG beschränken oder ob Abstimmungen (auf Bundesebene[240]) darüber hinaus in Betracht kommen. Art. 20 II S. 2 GG spricht von Abstimmung<u>en</u>. Es könnte daher angenommen werden, dass das Grundgesetz Abstimmungen in gleicher Weise zulässt bzw. fordert, wie das bei Wahlen der Fall ist.[241] Es besteht jedoch die überwiegende Auffassung, dass diese Formulierung nur einen Hinweis auf die im Grundgesetz an anderer Stelle ausdrücklich vorgesehenen Volksabstimmungen darstellt (sog. **Verfassungsvorbehalt**). Das sei nur in Art. 29 II GG (Neugliederung des Bundesgebietes) und Art. 146 GG (neue Verfassung) der Fall. Im Übrigen sei eine unmittelbare und für die Staatsorgane bindende Beteiligung des Staatsvolkes (also **Volksentscheid** und **Volksbegehren**) auf Bundesebene unzulässig, da sich das Grundgesetz für eine repräsentative Demokratie mit zentraler Gesetzgebungskompetenz des Bundestags (unter Mitwirkung des Bundesrats) entschieden habe.[242] Für die weitere Zulässigkeit von Volksbegehren und Volksentscheid bedürfe es daher einer **Verfassungsänderung**[243], d.h. der Aufnahme von Plebisziten in das Grundgesetz, etwa durch Änderungen und Erweiterungen der Art. 76 ff. GG.[244]

156

Von dem soeben genannten zu unterscheiden ist die konsultative Volksbefragung, da diese keine Bindung der Staatsorgane mit sich bringt. **Volksbefragungen** können

---

[240] Bezüglich plebiszitärer Elemente auf landesrechtlicher und kommunaler Ebene ist das Grundgesetz prinzipiell offen (vgl. dazu BVerfGE 91, 228, 239; *Dreier*, in: Dreier, GG, Art. 28 Rn 71; *Ritgen*, NVwZ 2000, 129 ff.; *Huber*, AöR 126 (2001), 165 ff. Vgl. auch BVerfG DVBl 2001, 188.

[241] So vertreten etwa von *Huber*, AöR 126 (2001), 165, 176 f.; *Frotscher/Faber*, JuS 1998, 820, 822 f.

[242] *Sachs*, in: Sachs, GG, Art. 20 Rn 31 ff.; *Herzog*, in: Maunz/Dürig, GG, Art. 20 II Rn 44; *Brockmeyer*, in: Schmidt-Bleibtreu/Hofmann/Henneke, GG, Art. 38 Rn 22b; *Brenner*, HdbStR III, § 44 Rn 62 f.

[243] *Herzog*, in: Maunz/Dürig, GG, Art. 20 II Rn 43; *Stern*, StaatsR I, S. 607; auch ThürVerfGH LKV 2002, 83.

[244] Vgl. die in den letzten beiden Fußnoten Genannten.

daher im Rahmen der Gesetzgebungskompetenz durch Parlamentsgesetz durchgeführt werden.[245]

157 Die Frage nach direktdemokratischen Elementen im Grundgesetz hat ihren Ursprung in den Erfahrungen, die man mit den Plebisziten in der **Weimarer Republik** gemacht hat. Art. 73 I WRV räumte dem Reichspräsidenten das Recht ein, jedes vom Reichstag beschlossene Gesetz „zum Volksentscheid" zu bringen. Eines Volksentscheids über ein Gesetz bedurfte es auch, wenn ein bestimmtes Quorum der Stimmberechtigten es beantragte (Art. 73 II WRV). Schließlich konnte durch Volksbegehren auch ein eigener Gesetzentwurf zum Volksentscheid gebracht werden (Art. 73 III WRV). Da damit eine Umgehung des Parlaments immanent ist, hat der Parlamentarische Rat bei der Schaffung des Grundgesetzes eine starke Zurückhaltung in Bezug auf Plebiszite gefordert und den Verfassungstext entsprechend formuliert.

158 Ob die Zurückhaltung des Grundgesetzes gegenüber Plebisziten angesichts der geänderten Rahmenbedingungen noch zeitgemäß ist, könnte bezweifelt werden. Immerhin formuliert Art. 20 II S. 1 GG ausdrücklich, dass alle Staatsgewalt vom Volke ausgeht, und Art. 20 II S. 2 GG nennt Wahlen und Abstimmungen, ohne eine Priorisierung vorzunehmen. Vor diesem Hintergrund könnte man durchaus vertreten, dass das Grundgesetz in Art. 20 II S. 1 und 2 die generelle Möglichkeit der Abstimmung durch das deutsche Volk ausdrücklich anerkenne und nicht nur auf Plebiszite an anderer Stelle des Grundgesetzes verweise. Gleichwohl dürfen nicht die Gefahren unterschätzt werden, die eine Volksabstimmung in sich birgt, gerade, wenn das betreffende Abstimmungsergebnis sehr knapp ausfällt. Die Anfälligkeit eines Volkes gegenüber Populisten und Demagogen lässt sich nicht leugnen. Ihr zu begegnen ist zwar Aufgabe der politischen Bildung in Form von Aufklärung und Information durch Parlament und Regierung, doch dies gelingt nicht immer, weil viele solcher Angebote nicht wahrgenommen werden; zudem entscheidet ein Großteil der Abstimmungsberechtigten oft emotional und kann die (langfristigen) Folgen einer Entscheidung oft nicht absehen. Einer parlamentarischen Entscheidung gehen immerhin Debatten und Diskussionen voraus; es werden zudem alle beteiligten Kreise angehört und Sachverständigengutachten eingeholt. Die parlamentarische Demokratie ist zwar nicht unfehlbar, sie hat sich aber bewährt und ist einer Ausweitung von Plebisziten über die Bereiche des Art. 29 II S. 1 GG (Neugliederung des Bundesgebietes) und Art. 146 GG (neue Verfassung) hinaus überlegen. Allenfalls ließe sich darüber nachdenken, für Parlament und Regierung unverbindliche Volksabstimmungen einzuführen.

V. Wahlen und Abstimmungen auf Länder- und Kommunalebene

159 In den Landesverfassungen[246] sind häufiger Plebiszite über Fragen der Landesgesetzgebung vorgesehen. Gleiches gilt auf Gemeindeebene[247] bezüglich Abstimmungen über lokale Vorhaben. Diese vom Grundgesetz abweichenden Regelungen werden allgemein für mit dem Homogenitätsprinzip des Art. 28 I GG vereinbar gehalten, da die Durchführung von Volksabstimmungen – wie die Art. 20 II S. 2, 29 und 146 GG

---

[245] BVerfGE 8, 104, 115; *Frotscher/Faber*, JuS 1998, 820 ff.; *Pieroth*, in: J/P, GG, Art. 20 Rn 5; a.A. *Stern*, StaatsR II, § 25 II 1b, S. 16 der auch eine Volksbefragung für verfassungswidrig hält. Zur Begründung führt er an, dass selbst eine unverbindliche Volksbefragung einen derart starken faktischen politischen Druck ausübe, dass die Staatsorgane davon kaum abweichen könnten. Dem ist mit Blick auf Art. 20 II S. 1 GG nicht zu folgen.

[246] Vgl. die entsprechenden Vorschriften der Landesverfassungen: BW: Art. 49, 59-64; Bay: Art. 72 I, 74; Berl: Art. 61, 62; Brand: Art. 76 ff.; Brem: Art. 69 ff. (dazu BremStGH NVwZ 1998, 388); Hess: Art. 116; MeckVor: Art. 59 f.; Nds: Art. 48 f.; NRW: Art. 68 (ggf. i.V.m. Art. 35); RhlPfl: Art. 109, 114 f.; Saarl: Art. 99; Sachs: Art. 70 ff.; SachsAnh: Art. 80 ff.; SchlHolst: Art. 48 f.; Thür: Art. 82 f.

[247] Vgl. die entspr. Vorschriften der Gemeindeordnungen bzw. Kommunalverfassungsgesetze: BW: § 21; Bay: Art. 18a; Hess: § 8b; MeckVor: § 20 KommVerf; Nds: §§ 32 f. KommVerfG; NRW: § 26; RhlPfl: § 17a; Saarl: § 21a KSVG; Sachs: §§ 24 f.; SachsAnh: §§ 26 f. KommVerfG; SchlHolst: § 16g; Thür: § 17 KommO.

zeigen – nicht schlechthin mit der repräsentativen Demokratie unvereinbar sind.[248] Zudem sind die Folgen (für das Staatsganze) nicht so gravierend. Es gelten aber folgende Voraussetzungen:

■ Die Volksabstimmung muss sich im Rahmen der **Gesetzgebungszuständigkeit** des jeweiligen Verbandes bewegen.

So ist eine Volksabstimmung auf Landes- oder Kommunalebene bezüglich des Verteidigungswesens unzulässig, da das Verteidigungswesen der ausschließlichen Gesetzgebungszuständigkeit des Bundes (Art. 73 I Nr. 1 GG) unterfällt. Gleiches gilt hinsichtlich der Atomenergie (Art. 73 I Nr. 14 GG).[249]

■ Die Volksabstimmung muss sich thematisch im **Rahmen der durch die jeweilige Landesverfassung bzw. das jeweilige Kommunalgesetz bestimmten Gegenstände** ("Negativkatalog") bewegen.

So ist gemäß den landesgesetzlichen Bestimmungen eine Volksabstimmung insbesondere auf dem Gebiet des Haushaltsrechts unzulässig. Denn das Haushaltsrecht ist klassische Materie des Parlaments und zudem an langfristigen, d.h. mehrjährigen Kriterien ausgerichtet. Eine an kurzfristigen Zielen bzw. an Partikularinteressen ausgerichtete Volksabstimmung liefe diesem höherrangigem Prinzip zuwider.

■ Die Volksabstimmung muss in **materieller Hinsicht** mit höherrangigem Recht (Bundesverfassung, einfaches Bundesrecht, Landesverfassung) vereinbar sein.[250]

So ist eine Volksabstimmung materiell rechtswidrig und unzulässig, wenn sie die Verpflichtung der Landesregierung enthält, ein bestimmtes Gesetz zu erlassen. Da der Erlass eines Gesetzes Aufgabe des Gesetzgebers und nicht der Regierung ist, liegt eine Unvereinbarkeit mit dem Gewaltenteilungsprinzip (Art. 20 II S. 2, III GG) vor.

Auch das BVerfG (hier als Organ des Landes Schleswig-Holstein) hat unter Bezugnahme des Verbots von Volksinitiativen über den Haushalt des Landes Schleswig-Holstein (Art. 41 II SchlHolstVerf) Volksbegehren für unzulässig erklärt, die gewichtige staatliche Einnahmen oder Ausgaben auslösen und damit den Haushalt des Landes wesentlich beeinflussen.[251] Entsprechend hat der Thüringische Verfassungsgerichtshof für das Land Thüringen entschieden.[252] Die Begründungen ähneln sich und stützen sich im Wesentlichen auf das Rechtsstaats- und Demokratieprinzip. So ist insbesondere das Haushaltsrecht eines gewählten, unmittelbar demokratisch legitimierten Parlaments Grundprinzip des Systems eines gewaltenteilenden, demokratischen und repräsentativen Verfassungsstaats und gehört damit zum Schutzbereich der Ewigkeitsgarantie (vgl. auf Bundesebene Art. 79 III GG). Ist es somit schon dem verfassungsändernden Gesetzgeber verwehrt, das Haushaltsrecht des Parlaments zu verkürzen, gilt dies erst recht für Volksbegehren.[253]

■ Hinsichtlich Bürgerbegehren hat das OVG Münster entschieden, dass diese grds. zulässig seien und dass von einer Unzulässigkeit nur dann auszugehen sei, wenn das Ziel, das mit dem Bürgerbegehren verfolgt werde, rechtlich nicht erreichbar sei.[254]

---

[248] Vgl. ThürVerfGH NJ 2001, 644; *Rux*, JA 2002, 378 ff.; *Pestalozza*, Jura 1994, 561, 576; *Karpen*, JA 1993, 110 ff.; *Schnapp*, in: v. Münch/Kunig, GG, Art. 20 Rn 31.

[249] Vgl. dazu BVerfGE 8, 104, 117 f.; StGH BW NVwZ 1987, 574, 575; VerfGH NRW NWVBl 1987, 13, 14; VerfGH Bay BayVBl 1987, 652, 654; *Grawert*, NWVBl 1987, 2 ff.

[250] Vgl. dazu aus jüngerer Zeit etwa *Schoch*, NVwZ 2014, 1473, 1476.

[251] Vgl. BVerfG DVBl 2001, 188 mit ausführlicher kritischer Besprechung von *Rux*, DVBl 2001, 549 ff.

[252] ThürVerfGH NJ 2001, 644 (mit Bespr. v. *Rux*, JA 2002, 378 ff.).

[253] Zu den verfassungsrechtlichen Grenzen der Volksbefragung vgl. *Heußner/Pautsch*, NVwZ 2014, 1058. Zu den thematischen Grenzen von Bürgerbegehren und Bürgerentscheid auf Kommunalebene vgl. *Huber*, AöR 126 (2001), 165 ff.; *Ritgen*, NVwZ 2000, 129; VGH München NVwZ 2000, 219.

[254] OVG Münster DVBl 2008, 120.

E. Rechtsstaat und Gewaltenteilung

Wichtige Entscheidungen: BVerfGE 1, 13 (Bundesversorgungsgesetz); 2, 380 (Haftentschädigung); 13, 225 (Bahnhofsapotheke); 18, 172 (Inkompatibilität von Amt und Mandat); 19, 342 (Haftverschonung); 21, 378 (Arreststrafe); 22, 106 (Steuerausschüsse); 24, 33 (Verfassungsbeschwerde gegen Vertragsgesetze); 24, 267 (Leydenteignung); 25, 269 (Verbot rückwirkender Strafgesetze); 25, 371 (Maßnahmegesetz; „Lex Rheinstahl"); 27, 175 (Kostenerstattung); 27, 312 (Verfassungsmäßigkeit von § 14 III SGG); 30, 1 (Schwangerschaftsabbruch I); 30, 367 (Rückwirkungsverbot); 30, 392 (Umsatzsteuerbefreiung); 33, 1 (Strafvollzug); 33, 125 (Facharzt); 34, 165 (Hessische Förderstufe); 34, 269 (Richterrecht; „Soraya"); 35, 41 (Verfassungsmäßigkeit von § 232 II ZPO); 35, 366 (Kruzifix im Gerichtssaal); 37, 1 (Stabilisierungsfonds für Wein); 37, 363 (Zustimmungsbedürftigkeit eines Gesetzes); 39, 128 (Verfassungsmäßigkeit von § 46 IV S. 1 Soldatengesetz); 42, 191 (Personenbeförderungsgesetz); 45, 142 (VO über die Intervention auf in der BRD geerntete Getreide); 45, 400 (Oberstufenneuordnung); 47, 46 (Sexualkunde); 49, 89 (Kalkar I); 51, 268 (Verfassungsmäßigkeit des vorläufigen Rechtsschutzes nach § 123 VwGO); 53, 30 (Mülheim-Kärlich); 58, 257 (Schulentlassung); 58, 300 (Nassauskiesung); 60, 253 (Verfassungsmäßigkeit von § 85 II ZPO); 67, 65 (Organstreitverfahren); 67, 100 (Flick-Ausschuss); 68, 1 (NATO-Doppelbeschluss); 69, 126 (verspätetes Parteivorbringen); 69, 315 (Brokdorf); 71, 162 (Werbung von Ärzten); 72, 200 (Rückwirkung einkommensteuerrechtlicher Vorschriften); 73, 280 (Gesetzesvorbehalt bei Auswahlverfahren für Notare); 73, 339 (Solange II); 74, 297 (Rundfunkfreiheit); 74, 358 (Privatklageverfahren); 76, 1 (Familiennachzug); 75, 329 (Bindung des Strafrichters an Verwaltungsentscheidungen); 76, 100 (Verfassungsmäßigkeit des § 3 der Verfahrensordnung für Höfesachen); 76, 256 (Beamtenrecht; Versorgung); 77, 1 (Untersuchungsausschüsse); 77, 170 (C-Waffen); 77, 381 (Gorleben); 78, 214 (Unterhaltsleistungen und Einkommensteuer); 78, 249 (Fehlbelegungsabgabe); 82, 106 (Unschuldsvermutung); 83, 130 (Josefine Mutzenbacher); 85, 360 (Einigungsvertrag); 86, 288 (Besondere Schwere der Schuld bei Mord); 87, 363 (Nachtbackverbot); 88, 384 (ZinsanpG-DDR); 92, 1 (Sitzblockaden); 92, 277 (Strafbarkeit früherer Stasi-Mitarbeiter); 95, 1 (Gewaltenteilung - Südumfahrung Stendal); 95, 64 (Wohnungsbindungsänderungsgesetz); 95, 96 (DDR-Kriminalität - Mauerschützen); 95, 173 (Warnungen auf Tabakerzeugnissen); 97, 67 (Sonderabschreibungen für Schiffe); 97, 271 (Eigentumsgarantie; Rentenversicherung); 98, 106 (gemeindliche Verpackungssteuer); 98, 218 (Verfassungsmäßigkeit der Rechtschreibreform); 101, 106 (Akteneinsichtsrecht); 102, 147 (Bananenmarktordnung); 103, 111 (Wahlprüfung in Hessen); 105, 279 (Jugendsekten); 105, 252 (Glykolwein); 107, 395 (Rechtsschutzgarantie); 110, 33 (Zollkriminalamt); 121, 1 (Vorratsdatenspeicherung); 127, 1 (Verlängerung der Spekulationsfrist); 127, 31 (Einkommensteuer); 127, 61 (Besteuerung bei privaten Veräußerungsgeschäften); 128, 326 (Sicherungsverwahrung); BVerfG NJW 1998, 2585 (Anwendbarkeit des Rückwirkungsverbots des Art. 103 II GG auf Richter und Staatsanwälte der DDR); NVwZ 1998, 271 (Aufopferungsanspruch); NJW 1999, 557 (Existenzminimum von Familien); NJW 1999, 561 (Ermittlung des einkommensteuerlichen Existenzminimums); NJW 2000, 1480 (Strafbarkeit von Regierungskriminalität – Fall Egon Krenz); NJW 2011, 669 (Grenzen richterlicher Rechtsfortbildung); NJW 2013, 145 (Rückwirkung im Gewerbesteuerrecht); NVwZ 2015, 209 (Äußerungen von Regierungsmitgliedern); NVwZ 2015, 1434 (Verleihung Körperschaftsstatus an Religionsgemeinschaften nur durch Exekutive); BVerwGE 82, 76 (Warnungen); 87, 37 (Glykolwein); BVerwG NJW 1982, 2458 (Einzelfallgesetz); BVerwG NVwZ 1998, 273 (Änderung einer Verwaltungsvorschrift); BGH NJW 1998, 142 (Staatshaftung); BFHE 135, 311 (Erwerb eines Waldgrundstücks); BFH NJW 2001, 1671 (Rückwirkung beim Steuerentlastungsgesetz)

I. Das Rechtsstaatsprinzip als Fundamentalprinzip

160 Auch die Rechtsstaatlichkeit ist ein weiteres fundamentales Verfassungsprinzip der Bundesrepublik Deutschland. Im Grundgesetz wird dieses Prinzip ausdrücklich lediglich in Art. 28 I S. 1 GG genannt, wo für die Länder das Prinzip des „republikanischen, demokratischen und sozialen Rechtsstaates..." vorgeschrieben wird. Im Rahmen der Entwicklung der Europäischen Union wird die Rechtsstaatlichkeit des Weiteren in Art. 23 I S. 1 GG genannt. Im Übrigen nennt das Grundgesetz das Prinzip der Rechtsstaatlichkeit – anders als die Prinzipien der Demokratie, der Republik, des Sozialstaates und des Bundesstaates – nicht ausdrücklich. Das Prinzip der Rechtsstaatlichkeit wird jedoch aus einer Gesamtschau der Bestimmungen der Art. 20 II S. 2 GG (Gewaltenteilung), Art. 20 III GG (Bindung an die verfassungsmäßige Ordnung bzw. an Gesetz und Recht) und der Art. 1 III GG (Bindung aller Staatsgewalten an die Grundrechte), Art. 19 IV GG (Rechtsweggarantie), Art. 97 GG (richterliche Unabhängigkeit), Art. 28 I S. 1 GG (Anforderungen an die verfassungsmäßige Ordnung in den Ländern) sowie aus der Gesamtkonzeption des Grundgesetzes hergeleitet.[255] Die Zuordnung zu Art. 1

---

[255] BVerfGE 2, 380, 403; 35, 41, 47; 39, 128, 143; *Brockmeyer*, in: Schmidt-Bleibtreu/Hofmann/Henneke, GG, Art. 20 Rn 18; *Stern*, Staatsrecht I, § 20 III. Ganz ähnlich später auch *Voßkuhle/Kaufhold*, JuS 2010, 116, 117.

III und 20 II S. 2, III GG ist nicht nur im Hinblick auf die fundamentale Bedeutung des Rechtsstaatsprinzips wichtig, sondern auch hinsichtlich der Unabänderbarkeit der in Art. 1 und 20 GG niedergelegten Grundsätze (vgl. Art. 79 III GG). Zum Rechtsstaatsprinzip werden dementsprechend gemäß den Ansätzen im Verfassungstext, deutscher Verfassungstradition und systematischer Betrachtung im Allgemeinen folgende Gegenstände gezählt:

- Zunächst ist die (wenn auch nicht strikte) Trennung der Staatsgewalten in gesetzgebende Gewalt (Legislative), vollziehende Gewalt (Exekutive) und rechtsprechende Gewalt (Judikative), sog. (horizontale) **Gewaltenteilung** (Art. 20 II S. 2, III GG), zu nennen.[256] ⇨ Rn 161 ff.

- Des Weiteren folgt aus dem Rechtsstaatsprinzip die Gewährung von **Grundrechten** (Art. 1-17 GG) und **grundrechtsgleichen Rechten** (Rechte aus Art. 20 IV, 33, 38 I S. 1, 101, 103 und 104 GG). In Verbindung mit den Grundrechten und grundrechtsgleichen Rechten folgen aus dem Rechtsstaatsprinzip nämlich subjektive Abwehrrechte und Schutzansprüche des Bürgers (z.B. Recht auf faires gerichtliches Verfahren, Abwehr unverhältnismäßiger Maßnahmen).[257]

- Ein weiterer wichtiger Aspekt des Rechtsstaates ist die sog. **Justizgewährungspflicht** des Staates. Der Staat, der ein Justizmonopol für sich in Anspruch nimmt, das ein grundsätzliches **Selbsthilfeverbot** bzw. ein **Verbot der Selbstjustiz** impliziert, muss gewährleisten, dass der Einzelne zur Wahrung seiner Rechte dann auch die staatlichen Gerichte anrufen kann, um von diesen eine Entscheidung in der Sache treffen zu lassen. Der Staat muss für alle (behaupteten und als möglich erscheinenden) Rechtsverletzungen und Rechtsstreitigkeiten den gerichtlichen Schutz zur Verfügung stellen. Spiegelbildlich steht der Justizgewährungspflicht der **Justizgewährungsanspruch** des Einzelnen gegenüber.[258]

- Spezieller Ausdruck der Justizgewährungspflicht bzw. des Justizgewährungsanspruchs ist die in Art. 19 IV GG niedergelegte Gewährung **effektiven Rechtsschutzes**.[259] Diese wiederrum wird flankiert durch die gem. Art. 97 GG garantierte bzw. abgesicherte **richterliche Unabhängigkeit**[260]; der Anspruch auf den **gesetzlichen Richter** ist in Art. 101 I S. 2 GG geregelt. ⇨ dazu insgesamt *R. Schmidt*, Grundrechte, Rn 1001 ff.

- Darüber hinaus bedeutet Rechtsstaatlichkeit die Bindung der Legislative an die **verfassungsmäßige Ordnung** und die Bindung der Exekutive und Judikative an **Gesetz und Recht** (Art. 20 III und Art. 1 III GG). Die Unterscheidung zwischen der Legislative einerseits und der Exekutive/Judikative andererseits hat zum Hintergrund, dass die Legislative die Gesetze je selbst beschließt. Sie ist aber bei dem Erlass von Gesetzen an die verfassungsmäßige Ordnung gebunden. Die Bindung der Exekutive und Judikative an Gesetz und Recht bezeichnet man als **Vorrang des Gesetzes**, was bedeutet, dass Gerichte und Verwaltung nicht gegen Gesetze verstoßen dürfen.[261] ⇨ Rn 236 ff.

- Die Bindung der Exekutive und Judikative an Gesetz und Recht setzt voraus, dass die Legislative zuvor Recht gesetzt hat. Daher bestimmt auch das Vorhandensein von Rechtsnormen, insb. von **formellen Gesetzen**, das Rechtsstaatsprinzip. Hiervon selbstverständlich unberührt bleibt die Bindung aller Staatsorgane auch an die Verfassung.

- Ein weiteres tragendes Element des Rechtsstaatsprinzips ist der **Vorbehalt des Gesetzes**.[262] Dieser ebenso wie der Grundsatz vom Vorrang des Gesetzes in Art. 20 III

---

[256] Vgl. etwa BVerfGE 30, 1, 24 f.; 34, 52, 59 f.; 95, 1, 55.
[257] Vgl. dazu BVerfGE 92, 277, 325 f.; BVerfG EuGRZ 1994, 73. Vgl. dazu ausführlich *R. Schmidt*, Grundrechte.
[258] Vgl. dazu BVerfGE 107, 395, 403 ff.; BVerwG NVwZ 2014, 1101 ff.
[259] Vgl. etwa BVerfGE 30, 1, 24 f.; 101, 106, 123; BVerfG NJW 2015, 3432.
[260] Vgl. etwa BVerfGE 87, 68, 85.
[261] Vgl. etwa BVerfGE 30, 1, 24 f.; 84, 9, 20 f.
[262] Vgl. etwa BVerfGE 47, 46, 80; 107, 104, 128.

GG und Art. 1 III GG zum Ausdruck kommende Grundsatz verlangt eine gesetzliche Grundlage für exekutivisches Handeln, jedenfalls wenn es um eine Einschränkung grundrechtlicher Schutzgehalte geht. Danach unterliegt jedenfalls die Eingriffsverwaltung (Eingriffe in Eigentum und Freiheit), dem Vorbehalt des Gesetzes. ⇨ Rn 239 ff.

■ Rechtsstaatlichkeit bedeutet weiterhin **Messbarkeit, Berechenbarkeit** und **Rechtssicherheit** bzgl. sämtlicher staatlicher Handlungen. So sind bei der Gesetzgebung **Normklarheit, Widerspruchsfreiheit, Verständlichkeit, Tatbestands-** und **Methodenklarheit**, das Prinzip des **Vertrauensschutzes** (d.h. Schutz des Vertrauens des Bürgers in den Bestand staatlicher Entscheidungen) und das **Verbot echter Rückwirkung** von belastenden Gesetzen zu nennen. Und hinsichtlich aller Statsorgane ist die Bindung an das **Übermaßverbot** (Grundsatz der Verhältnismäßigkeit) zu nennen. ⇨ Rn 281 ff. (Rückwirkung/Vertrauensschutz) und Rn 271 ff. (Verhältnismäßigkeitsprinzip).

■ Auch das **Verbot von Strafe ohne vorheriges formelles Strafgesetz** (vgl. Art. 103 II GG: *nulla poena sine lege*) und der Grundsatz **„keine Strafe ohne Schuld"** (*nulla poena sine culpa*) gehören zur Rechtsstaatlichkeit. Der Schuldgrundsatz bedeutet, dass Tatbestand und Rechtsfolge sachgerecht aufeinander abgestimmt sein müssen: Die Strafe muss im gerechten Verhältnis zur Schwere der Tat und zum Verschulden des Täters stehen.[263] Ebenso wichtig wie der Schuldgrundsatz ist die Unschuldsvermutung. Danach wird bis zum gesetzlichen Nachweis der Schuld die Unschuld des Beschuldigten vermutet.[264]

■ Eine Ausprägung für das **Strafverfahren** findet das Rechtsstaatsprinzip ferner in dem in Art. 103 III GG festgelegten Prinzip, dass niemand wegen derselben Tat **zweimal bestraft** werden darf (*ne bis in idem*). Gemeint ist, dass keine zweimalige Kriminalstrafe verhängt werden darf. Das Verbot der Doppelbestrafung findet daher keine Anwendung, wenn eine Tat unter verschiedenen Aspekten sanktioniert werden muss. Wenn also z.B. ein Arzt wegen Körperverletzung strafgerichtlich verurteilt worden ist und sein strafrechtlich relevantes Verhalten auch gegen standesrechtliche Vorschriften verstoßen bzw. Berufspflichten missachtet hat, kann eine über die Strafe wegen allgemeiner Missbilligung der Verletzung eines Rechtsgutes hinaus gehende Geldbuße wegen der Verletzung von Standesrecht notwendig sein.[265] Auch kann die im Rechtsstaatsprinzip verankerte Idee der Rechtssicherheit und Gerechtigkeit es erforderlich machen, dass eine Tat, die nicht nur eine Dienstpflicht, sondern auch ein Strafgesetz verletzt, nicht nur mit einer Disziplinarstrafe, sondern auch mit einer allgemeinen Strafe geahndet wird. Das im Rechtsstaatsprinzip verankerte Prinzip der Gerechtigkeit verbietet es aber, eine doppelte Freiheitsstrafe verbüßen zu müssen. So ist es rechtsstaatlich ausgeschlossen, einen Soldaten wegen ein und derselben Tat zunächst disziplinarrechtlich eine Freiheitsstrafe nach der Wehrdisziplinarordnung und dann eine vom Strafgericht für tatangemessen gehaltene weitere Freiheitsstrafe voll verbüßen zu lassen. Gelangt das Strafgericht allerdings zu einer höheren Strafe als das Disziplinargericht, ist die Freiheitsstrafe gleichwohl unter Verrechnung der bisherigen disziplinarrechtlich verbüßten Freiheitsstrafe erforderlich.[266]

■ Schließlich gehört zum Rechtsstaatsprinzip, dass zumindest für schuldhaftes rechtswidriges Verhalten des Staates ein Ausgleich gewährt wird (sog. **Staatshaftung**). Eine umfassende unmittelbare Staatsunrechtshaftung fordert das GG allerdings nicht.[267]

Im Folgenden sollen das Prinzip der Gewaltenteilung, der Aufbau der Rechtsordnung, das Prinzip von Vorrang und Vorbehalt des Gesetzes, der Grundsatz der Verhältnis-

---

[263] BVerfGE 73, 206, 253; 86, 288, 313.
[264] BVerfGE 35, 266, 371; 74, 258, 371; 82, 106, 114.
[265] Vgl. dazu BVerfGE 27, 175, 187.
[266] Vgl. dazu BVerfGE 21, 388, 390.
[267] BVerfG NVwZ 1998, 271, 272; BGH NJW 1998, 142.

mäßigkeit der Mittel sowie der Grundsatz von Rechtssicherheit und Vertrauensschutz näher dargestellt werden.

II. Das Prinzip der Gewaltenteilung

1. Die Gewaltenteilung nach dem Grundgesetz

Nach dem Prinzip der Teilung der Gewalten, wie es Art. 20 II S. 2, III GG vorsieht, **161** wird die Staatsgewalt durch besondere Organe der Gesetzgebung, der vollziehenden Gewalt und der Rechtsprechung ausgeübt.[268]

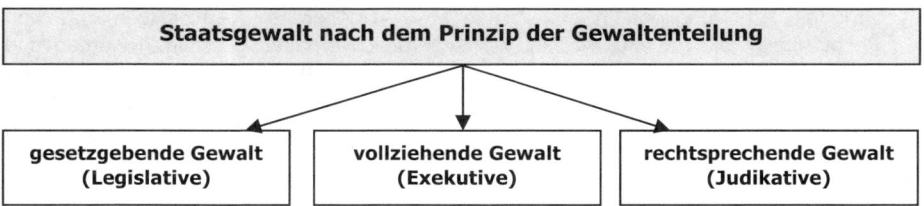

Fundamente der Gewaltenteilung lassen sich bereits bei Aristoteles (384-322 v. **162** Chr.) finden. In der Staatsphilosophie wurde die Gewaltenteilung insbesondere von John Locke (1632-1704) und Charles de Montesquieu (1689-1755) und dem Liberalismus als Maßnahme gegen den Missbrauch staatlicher Gewalt im Absolutismus gefordert.[269] Die ersten Kodifizierungen finden sich in den „Bill of Rights of Virginia" von 1776 und in der französischen „Erklärung der Menschen- und Bürgerrechte" von 1789. In Deutschland lassen sich erste Ausprägungen des Gewaltenteilungsprinzips in der Paulskirchenverfassung von 1848/49 und in der Reichsverfassung von 1871 finden (vgl. bereits Rn 8 ff.), jedoch wurde die Gewaltenteilung in der heutigen Form erst im Grundgesetz von 1949 verankert. Der Zweck der Gewaltenteilung liegt darin, Staatsgewalt zu **begrenzen** und zu **kontrollieren** und somit einem Machtmissbrauch entgegenzutreten. Man spricht von einer **gegenseitigen Hemmung** und **Kontrolle** der Machtausübung der verschiedenen Staatsgewalten (nach John Locke: *checks and balances*). In der Bundesrepublik Deutschland ist dies folgendermaßen ausgestaltet:

- Die Regierungsspitze, der Bundeskanzler, ist vom Vertrauen des Parlaments abhängig. Durch ein konstruktives Misstrauensvotum kann er gestürzt und es kann an seine Stelle ein neuer Bundeskanzler gewählt werden (Art. 67 i.V.m. 63 GG).

- Die Exekutive und die Judikative sind an Gesetz und Recht, d.h. nicht nur an die Verfassung, sondern auch an die vom Parlament erlassenen Gesetze gebunden (Art. 20 III GG).

- Die Judikative kontrolliert Akte der Exekutive und Legislative (Art. 92 ff. GG). So dürfen die Verwaltungsgerichte Akte der Exekutive verwerfen (vgl. Art. 95 GG, §§ 113, 43 VwGO), die Verfassungsgerichte solche der Legislative (vgl. Art. 93 GG, § 13 BVerfGG).

- Schließlich ist zu erwähnen, dass die Regierung trotz Gewaltenteilung Einfluss auf die Arbeit des Parlaments nehmen kann. So hat sie etwa das Recht zur Gesetzesinitiative (vgl. Art. 76 GG). Auch sind ausgabewirksame Gesetze von der Zustimmung der Regierung abhängig (vgl. Art. 113 GG).

In der Bundesrepublik Deutschland ist der jeweilige exakte Funktionsbereich der **163** einzelnen Staatsgewalten zwar nicht positiv bestimmt, es existieren aber etliche Vor-

---

[268] Graphik bereits seit der 2. Aufl. 2001, S. 63.
[269] Vgl. dazu auch *Weber-Fas*, JuS 2005, 882 ff. und *Voßkuhle/Kaufhold*, JuS 2012, 314 ff.

schriften im Grundgesetz, die einige Zuständigkeiten der drei Staatsgewalten näher beschreiben.

164 ■ So beschreiben die Art. 30, 70 ff. GG einige Zuständigkeiten der **gesetzgebenden Gewalt**.

In einem freiheitlich-demokratischen System, das der Gewaltenteilung folgt, fällt der Legislative die Aufgabe der Normsetzung zu.[270] In *formeller Hinsicht* bedeutet Normsetzung die Schaffung einer staatlichen Anordnung, die von den für die Gesetzgebung zuständigen Organen im von der Verfassung hierfür vorgesehenen Verfahren und der hierfür vorgesehenen Form erlassen wird. In *materieller Hinsicht* bedeutet Normsetzung die Schaffung von in erster Linie abstrakt-generellen Rechtssätzen, d.h. von Rechtssätzen, die für eine Vielzahl von Lebenssachverhalten geschaffen wurden und gegenüber jedermann verbindlich sind. Aber auch Gesetze, die den Einzelfall regeln, sind möglich. Vgl. dazu Art. 19 I S. 1 GG, der sie nur für einen bestimmten Bereich grundrechtsbeschränkender Gesetze ausschließt. Es lässt sich also sagen, dass es sich bei den allgemein-verbindlichen Rechtsnormen, die von einem Parlament erlassen werden, um **formell-materielle Gesetze** handelt.

Nicht um Gesetzgebung im Sinne einer parlamentarischen Gesetzgebung handelt es sich bei den Rechtsnormen, die von der Exekutive erlassen werden (Rechtsverordnungen und i.d.R. auch Satzungen). Man spricht insoweit von **nur-materiellen Gesetzen**. Eine andere Frage ist es, ob und inwieweit die Exekutive dazu ermächtigt ist, derartige Gesetze zu erlassen, vgl. dazu sogleich.

165 ■ Aufgaben der **vollziehenden Gewalt**, d.h. der Regierung (der Gubernative) und der Verwaltung i.e.S. (der Administrative) sind in den Art. 62 ff. und 83 ff. GG niedergelegt.

Der Exekutive obliegen v.a. Regierung und Verwaltung. Zu den Aufgaben einer **Regierung** gehören – wie sich aus Art. 62 ff. GG ergibt – jedenfalls die politische Gestaltung und die Leitung des Staatsganzen. Darüber hinaus hat sie ein Initiativrecht bei Gesetzesvorlagen (vgl. Art. 76 GG) und ein Zustimmungsrecht bei bestimmten Staatsausgaben (vgl. Art. 113 I GG). Auch der Erlass von Rechtsverordnungen, also von nur-materiellen Gesetzen, gehört ebenso zu ihrem Aufgabenbereich (vgl. Art. 80 GG) wie die Weisung eines Bundesministers an einen Landesminister im Bereich der Bundesauftragsverwaltung nach Art. 85 III GG (dazu *R. Schmidt*, AllgVerwR, Rn 8). Zu beachten ist jedoch, dass nicht jede Regierungstätigkeit verwaltungsrechtlicher Natur ist, für die im Streitfall die Verwaltungsgerichte zuständig sind. Vielmehr handelt es sich bei der Regierung gerade um ein Verfassungsorgan. Für verfassungsrechtliche Streitigkeiten ist (auf Bundesebene) das BVerfG zuständig. Es ist also in jedem Einzelfall danach zu fragen, ob die Regierung verfassungsrechtlich oder verwaltungsrechtlich tätig ist.

Beispiel: Weil die Bundesregierung der Meinung ist, die Ziele einer bestimmten Jugendsekte seien jugendgefährdend oder bestimmte Weine seien gesundheitsschädlich, warnt sie die Öffentlichkeit. Der Vorstand der Jugendsekte und die Winzer der betroffenen Weine wollen gerichtlich klären lassen, ob die Warnungen rechtmäßig waren.[271]

Handelt es sich bei den Warnungen um Verwaltungstätigkeit, sind die Verwaltungsgerichte zuständig, bei verfassungsrechtlicher Natur entscheidet das BVerfG.

Das BVerfG steht auf dem Standpunkt, dass in den genannten Fällen die Bundesregierung zwar staatsleitend und damit in ihrer Funktion als Verfassungsorgan tätig geworden sei, jedoch habe es sich bei den Warnungen um Verwaltungstätigkeit gehandelt, über die zunächst die Verwaltungsgerichte hätten entscheiden müssen. Diese Rechts-

---

[270] Insoweit klarstellend BVerfG NVwZ 2015, 1434, 1439.
[271] Vgl. dazu BVerfGE 105, 252 ff. und 105, 279 ff. sowie *R. Schmidt*, AllgVerwR, Rn 893 ff.

auffassung ist zutreffend, weil die Bundesregierung sowohl als Verfassungsorgan verfassungsrechtlich tätig sein als auch als Exekutivspitze Aufgaben der Verwaltung wahrnehmen kann. Dass sie die fraglichen Warnungen (in Ermangelung von gesetzlichen Ermächtigungsgrundlagen) auf ihre Befugnis zur Staatsleitung und damit auf ihre verfassungsrechtliche Organstellung gestützt hat und gleichzeitig von einer verwaltungsrechtlichen Tätigkeit ausgegangen ist, ist im Ergebnis unschädlich. Denn das eine schließt das andere nicht aus.

Typische Aufgabe der **Verwaltung i.e.S.** (der Administrative) ist der **Vollzug der Gesetze** (vgl. Art. 83 ff. GG). Man spricht insoweit von **gesetzesakzessorischer Verwaltung**.

Beispiel: Erlass eines Versammlungsverbots auf der Grundlage des Versammlungsgesetzes (vgl. § 15 I VersG[272]).

Doch beschränkt sich die Verwaltungstätigkeit nicht hierauf. So kann die Verwaltung – wie sich aus Art. 30 GG ergibt – auch außerhalb des Gesetzesvollzugs tätig werden. Man spricht dann von **nicht-gesetzesakzessorischer Verwaltung**.

Beispiel: Zur-Verfügung-Stellung von öffentlichen Einrichtungen (Stadthallen[273] etc.)

Bei allen Tätigkeiten wird das Verwaltungshandeln jedoch durch die Prinzipien vom *Vorrang* und (für den Bereich der Eingriffsverwaltung) *Vorbehalt* des Gesetzes (dazu Rn 191) bestimmt.

Fazit: Insgesamt lässt sich sagen, dass sich der Funktionsbereich der Exekutive aufgrund der Vielfältigkeit exekutiver Funktionen nicht positiv bestimmen lässt. Daher ist mit einer Negativdefinition zu arbeiten:

Verwaltung ist die Tätigkeit des Staates oder eines sonstigen Trägers öffentlicher Gewalt außerhalb von formeller Rechtsetzung und Rechtsprechung.[274]

- Die **rechtsprechende Gewalt** erhält ihren Aufgabenbereich durch die Art. 92 ff. GG (i.V.m. dem DRiG). **166**

Die rechtsprechende Gewalt ist organisatorisch und funktional strikt von den beiden anderen Gewalten zu unterscheiden: Gemäß Art. 92 GG ist die rechtsprechende Gewalt den **Richtern** anvertraut. Sie wird durch das BVerfG, die anderen im Grundgesetz genannten Bundesgerichte (vgl. Art. 95 GG) sowie die Gerichte der Länder ausgeübt. Dabei sind die Richter sachlich und persönlich unabhängig und nur den Gesetzen unterworfen (vgl. Art. 97 GG).[275] Dem Bereich der Rechtsprechung sind die in Art. 95 GG aufgeführten Sachgebiete der bürgerlichen Streitigkeiten, der Strafsachen und der Verwaltungsstreitigkeiten zuzurechnen.

Unklar ist die Zuordnung der **Staatsanwaltschaft** zu einer der Staatsgewalten, namentlich, ob sie der Exekutive oder der Judikative angehört. Das Grundgesetz enthält hierzu keine klare Aussage. Für die Zuordnung zur Exekutive spricht, dass die Staatsanwaltschaft kein Recht spricht und auch nicht von der Gerichtsorganisation gem. Art. 92 ff. GG den Gerichten zugeordnet ist. Auch die (einfachgesetzliche) Weisungshierarchie gem. §§ 141 ff. GVG, die eine Weisungsgebundenheit der Staatsanwaltschaft gegenüber dem Justizminister anordnet, der zweifellos der Exekutive angehört, ist typisch für die Exekutive. Allerdings unterscheiden sich Aufgaben und Funktion der Staatsan-

---

[272] Zur Föderalismusreform, wonach mit Wirkung zum 1.9.2006 u.a. die Gesetzgebungskompetenz für das Versammlungsrecht auf die Länder übergegangen ist, vgl. Rn 791 ff. (insb. 832b).
[273] Vgl. dazu OVG Bautzen NVwZ 2002, 615 (Parteitag in Stadthalle) und ausführlich Rn 380 ff.
[274] Vgl. *Kloepfer*, VerfR I, § 22 Rn 1 ff. Vgl. auch BVerfG NVwZ 2015, 1434 ff. (Verleihung des Status als Körperschaft des öffentlichen Rechts darf nicht durch Gesetz (oder gar die Verfassung) erfolgen, sondern muss einer exekutivischen Einzelfallentscheidung vorbehalten bleiben).
[275] Vgl. BVerfGE 27, 312, 322; 60, 253, 296; 67, 65, 68; 103, 111, 136 ff.

waltschaft erheblich von denjenigen der Exekutive. Denn sie ist Organ der Rechtspflege und Anklagebehörde *bei den Gerichten*. Gleichwohl ist es bundesverfassungsgerichtliche Auffassung, dass die Staatsanwaltschaft im System der Gewaltenteilung Bestandteil der zweiten Gewalt, der Exekutive, ist.[276]

167 Von dem Prinzip der Gewaltenteilung im dargestellten Sinne (sog. **horizontale Gewaltenteilung**) ist die **organisatorische Gewaltenteilung** zu unterscheiden, wie das etwa bei der Aufgabenzuteilung zwischen Bundestag und Bundesrat der Fall ist. Auch die **vertikale Gewaltenteilung** betrifft eine andere Gewaltenteilung, nämlich diejenige zwischen Bund und Ländern einerseits und zwischen Bund/Ländern und Gemeinden andererseits.

2. Keine strikte Gewaltentrennung

168 Eine rechtsstaatlich veranlasste Gewaltenteilung muss im Grundsatz funktionell, organisatorisch und personell erfolgen.[277] Anderenfalls wäre eine Gewaltenteilung nicht besonders effektiv. Insbesondere kann eine funktionelle/organisatorische Gewaltenteilung die ihr zugedachte Verhinderung eines Machtmissbrauchs nur erreichen, wenn auch eine personelle Funktionentrennung gegeben ist. Man möge sich nur den Fall vorstellen, dass die Richter am BVerfG zugleich Mitglieder der Bundesregierung und/oder des Bundestags wären. Dass in einem solchen Fall die Kontrolle und die Überwachung der anderen beiden Staatsgewalten praktisch ausgehebelt wären, liegt auf der Hand. Daher muss eine funktionelle/organisatorische Gewaltenteilung grundsätzlich auch mit einer personellen Funktionentrennung einhergehen und die Rechtsordnung muss sog. Inkompatibilitäten vorschreiben. In der Bundesrepublik Deutschland wird die Gewaltenteilung jedoch nicht als strikte Gewalten*trennung* verstanden. Vielmehr besteht (im Verhältnis Legislative zu Exekutive) eine Gewalten*verschränkung*.[278] Das bedeutet, dass eine personelle Trennung nicht absolut bestehen muss (so sind die Mitglieder der Bundesregierung i.d.R. auch Mitglieder des Bundestags, dazu Rn 169). Hinsichtlich der Judikative bleibt es selbstverständlich bei der strikten funktionellen, organisatorischen und personellen Gewaltenteilung. So dürfen die Richter am BVerfG weder dem Bundestag, dem Bundesrat, der Bundesregierung noch entsprechenden Organen eines Landes angehören (Art. 94 I S. 3 GG). Auch das Amt des Bundespräsidenten ist einer strikten Inkompatibilität unterworfen (Art. 55 GG). Vgl. ferner §§ 5 und 8 AbgG hinsichtlich Beamtenstatus und Mitgliedschaft im Bundestag. Unbeschadet der personellen Funktionentrennung und deren Ausnahmen ist aber ein Eingriff in den Funktionsbereich einer anderen Gewalt nicht schlechthin unzulässig. Das Prinzip der Gewaltenteilung ist lediglich dann verletzt, wenn ein Eingriff in den **Kernbereich** einer anderen Gewalt vorliegt (sog. Kernbereichslehre).[279] Unter welchen Umständen ein Eingriff in den Kernbereich einer anderen Gewalt vorliegt, soll im Folgenden näher erläutert werden.

a. Legislative und Exekutive

169 Das Verhältnis der Legislative zur Exekutive wird zunächst von den Grundätzen vom **Vorrang und Vorbehalt des Gesetzes** bestimmt, wonach die Exekutive gehindert ist, von bestehenden Gesetzen abzuweichen bzw. ohne gesetzliche Ermächtigung zu handeln. Das ergibt sich aus Art. 20 III GG (Bindung der Exekutive an Gesetz und

---

[276] BVerfGE 103, 142, 156; BVerfG NJW 2002, 815.
[277] Vgl. *Voßkuhle/Kaufhold*, JuS 2012, 314 f.
[278] Vgl. BVerfGE 9, 268, 279 f.; 95, 1, 15; 96, 375, 394; 109, 190, 252; BVerfG NJW 2011, 669, 670.
[279] BVerfG NVwZ 2015, 1434, 1436 ff. (Verleihung des Status als Körperschaft des öffentlichen Rechts darf nicht durch Gesetz (oder gar die Verfassung) erfolgen, sondern muss einer exekutivischen Einzelfallentscheidung vorbehalten bleiben).

Recht; dazu ausführlich Rn 235 ff.). Dagegen hindert das Grundgesetz einzelne Bundestagsabgeordnete nicht, gleichzeitig der Bundesregierung anzugehören. Der **Bundeskanzler** und die **einzelnen Bundesminister** können also ebenfalls Mitglieder des Bundestags sein und somit auch an der Verabschiedung von Bundesgesetzen mitwirken.[280] Allein in dieser Möglichkeit wird teilweise ein Bruch mit dem Grundsatz der Gewaltenteilung gesehen. Zwar werde dadurch nicht die Befugnis des Bundestags verletzt, den Inhalt der Gesetze zu bestimmen. Die Bundesregierung sei aber nach der Verfassung Inhaberin des Gesetzesinitiativrechts und habe daher die Macht, ein Gesetzgebungsverfahren einzuleiten und ein Gesetz zu vollziehen, obwohl sie nicht der Gesetzgeber sei. Dieser Bruch mit dem Grundsatz der Gewaltenteilung werde noch dadurch verstärkt, dass Regierungsmitglieder i.d.R. stets auch ein Bundestagsmandat innehätten, die Trennung von Parlament und Regierung deshalb gerade bei den Spitzenpolitikern der die Parlamentsmehrheit bestimmenden Parteien aufgehoben sei und diese Mehrheit sich sodann oft weniger als Kontrolleur denn als Garant der von ihr gewählten Regierung verstehe. Schließlich sähe sich eine große Zahl von Abgeordneten weniger in der Verantwortung des Parlaments, sondern mehr auf dem Sprung in ein Regierungsamt.[281] Dieser Auffassung ist zwar zuzugeben, dass die Mitglieder der Regierungsfraktion(en) tatsächlich nur in wenigen Fällen „frei" i.S.d. Art. 38 I S. 2 GG sind, d.h. regelmäßig der Fraktionsdisziplin und der Parteilinie unterworfen sind[282], die wiederum regelmäßig vom Kanzler dominiert werden. Möchte ein Mitglied der Regierungsfraktion also seine „Parteikarriere" bzw. seinen (möglichen) Listenplatz bei der nächsten Bundestagswahl nicht gefährden, kommt es nicht umhin, sich entsprechend zu verhalten. Von einer „Freiheit" i.S.d. Art. 38 I S. 2 GG kann in der Staatspraxis also kaum die Rede sein, wenn die Bundesregierung Gesetzesvorlagen in den Bundestag einbringen und über das Instrument der Fraktionsdisziplin auch noch Einfluss auf das Abstimmungsverhalten der Fraktionsmitglieder ausüben darf. Dennoch darf nicht geleugnet werden, dass das Grundgesetz – anders als einige Landesverfassungen – nun einmal keine strikte Gewaltentrennung vorschreibt, sondern – wie bereits ausgeführt – vielmehr von einer Gewaltenverschränkung ausgeht. Darüber hinaus ist der stimmenmäßige Einfluss der Regierung bei der Verabschiedung eines Gesetzes nicht sonderlich groß (zur Erinnerung: Der Bundestag besteht aus 598 regulären Abgeordneten zzgl. Überhang- und Ausgleichsmandate). Das Problem der Fraktionsdisziplin, die in der Staatspraxis faktisch einem Fraktionszwang nahekommt, muss auf anderer Ebene gelöst werden (vgl. dazu Rn 499/507).

Auch kann die Exekutive Gesetze im materiellen Sinne (**Rechtsverordnungen und Satzungen**) erlassen. Zwar ist der Erlass von Rechtsnormen eigentliche Aufgabe der Legislative, sodass die Befugnis der Exekutive zum Normenerlass eine Durchbrechung des Gewaltenteilungsprinzips bedeutet. Gleichwohl bestehen verfassungsrechtlich keine Bedenken, weil die Exekutive nicht kraft eigenen Rechts, sondern nur aufgrund einer **Ermächtigung** der Legislative und unter Beachtung des dreifachen Delegationsfilters (gem. Art. 80 I S. 2 GG müssen bei Rechtsverordnungen Inhalt, Zweck und Ausmaß der Ermächtigung in der Ermächtigungsnorm bestimmt sein) tätig werden darf.[283] Darüber hinaus ist in der Rechtsverordnung die Rechtsgrundlage, d.h. die Ermächtigungsnorm, anzugeben. Auch ist der parlamentarische Gesetzgeber der **Wesentlichkeitsrechtsprechung** des BVerfG verpflichtet, in grundlegenden grund-

170

---

[280] Auf Landesebene ist dies teilweise anders geregelt. So schreibt Art. 39 I der hamburgischen Verfassung eine strikte Inkompatibilität vor: Mitglieder der Landesregierung dürfen nicht auch Mitglieder des Parlaments sein.
[281] So *Kirchhof*, NJW 2001, 1332 f.
[282] Vgl. dazu Rn 499/507.
[283] Vgl. dazu VG Düsseldorf NVwZ 2002, 1269, 1271; OVG Berlin NVwZ-RR 2002, 720.

rechtsrelevanten Bereichen alle wesentlichen Regelungen selbst zu treffen.[284] Es muss **vorhersehbar** sein, „in welchen Fällen und mit welcher Tendenz von der Ermächtigung Gebrauch gemacht werden und welchen Inhalt die zu erlassende Rechtsverordnung haben kann".[285] Durch diese Vorgaben wird gewährleistet, dass das Parlament seine Aufgabe, zu der es berufen ist, nicht veräußert. Nur noch dann verbleibende Detailfragen können der Exekutive überlassen werden.[286] Vgl. dazu die Ausführungen und das Beispiel bei Rn 206.

171 Eine weitere Abkehr von der strikten Gewaltentrennung besteht in dem Erlass von **Einzelfallgesetzen** durch den parlamentarischen Gesetzgeber. Vgl. dazu Rn 195. Geht es aber um **genuin exekutive Maßnahmen**, darf das Parlament diese nicht an sich ziehen.

> **Beispiel[287]:** Neben den in Art. 140 GG i.V.m. Art. 137 V S. 2 WRV genannten Voraussetzungen müssen für die Verleihung des Status einer Körperschaft des öffentlichen Rechts an eine Religionsgemeinschaft[288] weitere, ungeschriebene Voraussetzungen erfüllt sein, damit gewährleistet wird, dass die Religionsgemeinschaft die Grundwerte von Demokratie und Rechtsstaat beachtet.[289] Sind diese Voraussetzungen erfüllt, hat die antragstellende Religionsgemeinschaft einen Anspruch auf Verleihung des Status einer Körperschaft des öffentlichen Rechts.[290] Die Prüfung der Voraussetzungen kann nur in einem Verwaltungsverfahren erfolgen. Daraus folgt, dass die Entscheidungskompetenz der Exekutive überlassen sein muss. Das Parlament darf lediglich den allgemeinen Rahmen vorgeben (d.h. den verfassungsrechtlichen Rahmen nachzeichnen und die Verfassungs- und Rechtstreue fordern), nicht aber die jeweilige Einzelentscheidung treffen. Eine Landesverfassung, die dem Gesetzgeber eine entsprechende Befugnis übertrüge, verstieße gegen Art. 20 II S. 2 GG und wäre verfassungswidrig.[291]

b. Exekutive und Judikative

172 Da die Judikative Akte der Legislative und Exekutive überprüft und ggf. verwirft, entstehen naturgemäß Kompetenzkonflikte. Dies gilt zunächst im Bereich der **Verwaltungsgerichtsbarkeit**: Die Verwaltungsgerichte überprüfen die Rechtmäßigkeit exekutiver Akte. Stellen sie fest, dass diese rechtswidrig sind, heben sie diese auf bzw. wenden sie nicht an (vgl. §§ 113 I S. 1, 43 und 47 VwGO). Hier bestehen insoweit keine Kompetenzprobleme. Problematisch ist aber der **vorbeugende Rechtsschutz**, da hier das Gericht über eine Sache befindet, bevor die Verwaltung entschieden hat.

> **Beispiel:** K ist Freier Mitarbeiter eines Nachrichtenmagazins und arbeitet gerade an einem Bericht über Steuerhinterziehungen von Funktionären aus den Bereichen Sport und Wirtschaft. Von einem Informanten bei der Staatsanwaltschaft erfährt er, dass die Staatsanwaltschaft[292] eine Durchsuchung der Privaträume des T vorbereitet. Auch T wird informiert. Um die Durchsuchung zu verhindern, erhebt T Klage vor dem Verwal-

---

[284] Vgl. nur BVerfGE 1, 13, 60; 47, 46, 79; 49, 89, 83, 1360, 142; 126; 58, 257, 268; 88, 103, 116; 108, 282, 311; BVerfG NVwZ 2015, 1279, 1280 f.; BVerwG DVBl 2002, 479, 480; NVwZ 2002, 858; BVerwGE 112, 194, 200; vgl. auch Rn 89/190/239 ff.

[285] Vgl. nur BVerfGE 1, 13, 60; 47, 46, 79; 49, 89, 126; 58, 257, 268; 84, 212, 226; 88, 103, 116; BVerfG NVwZ 2015, 1279, 1280 f.; DVBl 2002, 479, 480; NVwZ 2002, 858; BVerwGE 112, 194, 200; VG Düsseldorf NVwZ 2002, 1269, 1271; OVG Berlin NVwZ-RR 2002, 720 (st. Rspr.) und *Böckenförde*, NJW 1999, 1235.

[286] Vgl. auch die zusammenfassende Darstellung bei BVerfG NVwZ 2015, 1279, 1280

[287] Vgl. BVerfG NVwZ 2015, 1434 ff.

[288] Vgl. dazu *R. Schmidt*, Grundrechte, Rn 394.

[289] BVerfG NVwZ 2015, 1434, 1435 f. Zu den Kriterien vgl. BVerfGE 102, 370, 386.

[290] BVerfG NVwZ 2015, 1434, 1435 f.

[291] BVerfG NVwZ 2015, 1434, 1438 bzgl. Art. 61 S. 2 BremVerf. Das Urteil ist mit 5:3 Stimmen ergangen. Vgl. auch die abw. Meinung der 3 Richter_innen.

[292] Trotz ihrer Eingliederung in die Justiz gehört die Staatsanwaltschaft zur Exekutive (vgl. BVerfG NJW 2001, 1121, 1123).

tungsgericht (VG). Das VG solle die Staatsanwaltschaft verpflichten, die geplante Maßnahme zu unterlassen.

Es wird als ein mit dem Gewaltenteilungsprinzip des Art. 20 II GG grundsätzlich unvereinbarer Eingriff in die Eigenverantwortlichkeit der Exekutive betrachtet, wenn das vorbeugend angerufene Gericht vor einer endgültigen Befassung der Exekutive dieser den Erlass einer bestimmten Regelung untersagt.[293] Allerdings ist zu bedenken, dass Art. 19 IV S. 1 GG eine *effektive* gerichtliche Kontrolle der Verwaltung fordert, die das Eintreten irreparabler Folgen des Verwaltungshandelns so weit wie möglich ausschließen soll.[294] Art. 19 IV S. 1 GG kann somit ausnahmsweise dann zur Zulassung vorbeugenden Rechtsschutzes führen, wenn bereits die Ankündigung eines Verwaltungsakts endgültig rechtsbeeinträchtigende Vorwirkungen zeigt oder sein zu erwartender Erlass mit nicht unerheblichen Nachteilen für den Betroffenen verbunden sein wird, die weder durch einen Antrag nach § 80 V VwGO noch durch eine spätere Entscheidung in der Hauptsache beseitigt werden können.[295] Es ist also eine praktische Konkordanz herzustellen zwischen dem grundsätzlichen Verbot des Hineinwirkens in den Aufgabenbereich der anderen Gewalt und dem ebenfalls verfassungsrechtlich verankerten Gebot des effektiven Rechtsschutzes.

173

> Im **Beispiel** von Rn 172 ist ausschlaggebend, ob die Staatsanwaltschaft über genügende Anhaltspunkte verfügt, die eine Durchsuchung der Räume des T rechtfertigen. Das wird nur dann der Fall sein, wenn die Wahrscheinlichkeit dafür besteht, dass T strafbare Handlungen (hier: § 370 AO) begangen hat. Ist das nicht der Fall, wird der Eingriff der Judikative in den Funktionsbereich der Exekutive unter dem Gesichtspunkt des effektiven Rechtsschutzes gerechtfertigt sein.

c. Legislative und Judikative

Gemäß Art. 20 III GG ist nicht nur die Exekutive, sondern auch die Judikative an „Gesetz und Recht" gebunden. Das bedeutet im Grundsatz, dass die Judikative **keine Rechtsfortbildung contra legem** betreiben darf. Der Grundsatz der Gewaltenteilung schließt es aus, dass sich die Gerichte aus der Rolle des Normanwenders in die einer normsetzenden Instanz begeben und der Bindung an Gesetz und Recht entziehen.[296] Allerdings ermöglicht das Nichtbestehen einer strikten Gewaltentrennung in bestimmten Grenzen dennoch das Institut der richterlichen Rechtsfortbildung, wenn dadurch lediglich das abstrakt-generelle Gesetzesrecht fortentwickelt wird, weil es lückenhaft ist bzw. der Ergänzung oder Weiterführung bedarf. So ist auch das BVerfG der Auffassung, dass die Verfassung eine reine Wortinterpretation gesetzlicher Regelungen nicht vorschreibe. Vielmehr dürfe die Rechtsprechung vom Wortlaut einer Norm abweichen, sofern sie sich auf den Willen des Gesetzgebers stütze. Eine Ausnahme gelte lediglich für das Strafrecht (Art. 103 II GG).[297]

174

Damit ist also die richterliche Rechtsfortbildung nicht von vornherein mit Art. 20 III GG unvereinbar. Die Grenze ist aber dort zu ziehen, wo die Rechtsprechung originäres Recht setzt bzw. das legislative Recht korrigiert.

175

> **Beispiel:** Der BGH hatte in seiner Herrenreiter-Entscheidung entgegen dem Wortlaut der §§ 253, 847 I BGB a.F. einen Schmerzensgeldanspruch bei schwerwiegenden Persönlichkeitsverletzungen entwickelt.[298] Das BVerfG hat dies in seiner Soraya-Entschei-

---

[293] *Schmitt Glaeser/Horn*, VerwProzR, Rn 313.
[294] BVerfGE 51, 268, 284. Vgl. auch BVerfG NJW 2014, 3711; NJW 2015, 3432.
[295] Siehe dazu *Dreier*, JA 1987, 415, 421 f.
[296] So in erfreulicher Weise BVerfG NJW 2012, 669, 670 f.
[297] BVerfG NJW 2012, 669, 670 f.
[298] BGHZ 26, 349, 351 ff. (Herrenreiter) – dazu *R. Schmidt*, SchuldR BT II, 11. Aufl. 2016, Rn 1120 ff.

dung bestätigt. Es sah hierin eine zulässige, durch Art. 2 I i.V.m. Art. 1 I GG sogar gebotene „Ergänzung und Weiterführung des geschriebenen Gesetzes"[299]. In Wahrheit handelt es sich aber nicht um eine Ergänzung und Weiterführung des geschriebenen Rechts, sondern um an sich unzulässiges gesetzeskorrigierendes Richterrecht (dazu sogleich sowie Rn 219 ff.). Immerhin ist seit dem 1.8.2002 der Schmerzensgeldanspruch generalisiert in § 253 II BGB gesetzlich verankert, wenngleich das allgemeine Persönlichkeitsrecht vom Gesetzgeber dort nicht aufgenommen wurde. Die Rechtsprechung stützt es unmittelbar auf § 823 I BGB i.V.m. Art. 2 I i.V.m. 1 I GG.

176   Die Grenze richterlicher Rechtsfortbildung besteht also in dem Vorhandensein einer klaren gesetzlichen Regelung (da hier der Wille des Gesetzgebers klar zum Ausdruck kommt). Eine richterliche Rechtsfortbildung entgegen einer klaren gesetzlichen Regelung ist deshalb grds. unzulässig.

> **Beispiel:** Der BGH wendete trotz des eindeutigen Wortlauts des § 1578 BGB den sog. Dreiteilungsgrundsatz an, wenn es darum geht, das Einkommen des Unterhaltsverpflichteten zwischen ihm, der geschiedenen und der neuen Ehefrau aufzuteilen. Dieser Methode hat das BVerfG eine Absage erteilt. § 1578 BGB beziehe sich ausschließlich auf die ehelichen Lebensverhältnisse. Eine starre Dreiteilung, wie sie der BGH vorgenommen habe, überdehne den möglichen Wortsinn der Norm.[300]

Eine andere Frage ist es, inwieweit eine gesetzliche Regelung, die mit höherrangigem Recht kollidiert (Beispiel: eine in Umsetzung einer EU-Richtlinie erlassene gesetzliche Vorschrift ist mit Wortlaut und Regelungszweck der Richtlinie unvereinbar), mittels richterlicher Rechtsfortbildung korrigiert werden kann. Vgl. dazu Rn 224 a.E. Zum **Richterrecht** vgl. insgesamt Rn 219 ff.

177   Was die Kontrolle legislativer Akte durch die **Verfassungsgerichtsbarkeit** betrifft, ist es unter dem Aspekt der Gewaltenteilung jedenfalls unproblematisch, wenn das Verfassungsgericht gesetzliche Regelungen am Maßstab der Verfassung prüft und – sollte keine verfassungskonforme Auslegung möglich sein – für mit der Verfassung unvereinbar und ggf. auch für nichtig erklärt. Die grundgesetzlichen Regelungen hinsichtlich der Verfassungsgerichtsbarkeit (siehe insbesondere Art. 93, 100 I GG) sind hierauf ausgelegt. Unter dem Gesichtspunkt der Gewaltenteilung ist es aber problematisch, wenn die Verfassungsgerichtsbarkeit dem Gesetzgeber bestimmte Vorgaben macht bzw. selbst Übergangsregelungen erlässt.

> **Beispiele:** So hat das BVerfG in seiner Entscheidung zur Familienbesteuerung betragsmäßig bezifferte Vorgaben für den Gesetzgeber entwickelt.[301] Und in seiner Entscheidung zum Asylbewerberleistungsgesetz hat es die bis dahin gesetzlich gewährten Geldleistungsbeträge für evident unzureichend erklärt und daraufhin eine Übergangsregelung geschaffen.[302]

Derartige Vorgaben an den Gesetzgeber müssen in einem System mit Gewaltenteilung die Ausnahme bleiben. Auch das BVerfG anerkennt die richterliche Selbstbeschränkung („judicial self-restraint")[303], indem es das Spannungsverhältnis betont zwischen seiner Aufgabe der Kontrolle des Gesetzgebers und der Rechtsetzungsbefugnis des Gesetzgebers, die einen politischen, nicht näher überprüfbaren Gestal-

---

[299] BVerfGE 34, 269, 282 ff.
[300] BVerfG NJW 2011, 836, 837 ff.
[301] Vgl. BVerfG NJW 1999, 557 ff. und 561 ff.
[302] BVerfGE 132, 134, 174 f.
[303] BVerfGE 36, 1, 14 f.

tungsspielraum in sich birgt.[304] Folgerichtig nimmt es sich im Grundsatz zurück und beschränkt sich auf eine Unvereinbarkeits- bzw. Nichtigkeitserklärung. Allerdings ist die bundesverfassungsgerichtliche Praxis nicht stets von der richterlichen Selbstbeschränkung geprägt. Dort, wo es offenbar selbst gestalten möchte, macht es dem Gesetzgeber konkrete Vorgaben oder erlässt sogar Übergangsregelungen. Bedenken, die wegen des „Übergriffs" in die Rechtsetzungsbefugnis des Gesetzgebers daher aufkommen könnten, begegnet es mit dem Argument, dass die fortdauernde Anwendung verfassungswidriger Normen angesichts der grundrechtlichen Relevanz (im obigen Beispiel zum Asylbewerberleistungsgesetz stellte es auf die existenzsichernde Bedeutung der Grundleistungen ab) nicht hinnehmbar sei. Weiterhin stützt das BVerfG sein Vorgehen auf das Argument, dass ein unabwendbares Bedürfnis nach einer einheitlichen, abstrakt-generellen Regelung bestehe.[305] Schließlich betont das BVerfG, dass die Schaffung einer Übergangsregelung die Entscheidung des Gesetzgebers nicht ersetze.[306] Damit möchte das BVerfG offenbar zum Ausdruck bringen, dass es darin keinen verfassungswidrigen Übergriff in die Gesetzgebungskompetenz des Gesetzgebers sieht. Aufgrund der Vorläufigkeit, die eine Übergangsregelung impliziert, mag das vordergründig nachvollziehbar erscheinen, aber man möge sich den Fall vorstellen, dass der Gesetzgeber trotz Aufforderung untätig bliebe. Dann wäre die bundesverfassungsgerichtliche Regelung wohl nicht lediglich vorläufig. In jedem Fall mutet es befremdlich an, wenn das Organ, das eine Regelung erlässt, selbst feststellt, dass die Regelung verfassungsgemäß sei.

Letztlich wurzeln die Aufforderung an den Gesetzgeber und die Schaffung einer eigenen vorläufigen Regelung in den Grundrechten i.V.m. der Rechtsschutzgarantie aus Art. 19 IV S. 1 GG. Dies rechtfertigt den Übergriff in die Gesetzgebungskompetenz der Legislative, zumal das Grundgesetz ohnehin keine strikte Gewaltenteilung verlangt, sondern eine Gewaltenverschränkung zugrunde legt (siehe Rn 168). Solange sich das BVerfG also auf die Kontrolle legislativer Akte beschränkt, den Erlass eigener Regelungen auf das verfassungsrechtlich zwingend Notwendige beschränkt und zudem nicht in den Kernbereich der Legislative eingreift, sind entsprechende verfassungsgerichtliche Regelungen verfassungsrechtlich nicht zu beanstanden.

Fazit: Besteht also eine verfassungsrechtliche Pflicht des Gesetzgebers, eine bestimmte Regelung zu erlassen, etwa weil Grundrechte dies fordern, ist es nicht nur mit dem Gewaltenteilungsprinzip vereinbar, wenn das BVerfG den Gesetzgeber entsprechend verpflichtet, die erforderliche Regelung zu erlassen, sondern auch, wenn es Übergangsregelungen trifft.

Vor diesem Hintergrund stellt sich bspw. die Frage, ob das BVerfG den Gesetzgeber verpflichten könnte, über die Regelungen der §§ 1598a und 1600d BGB hinaus ein isoliertes Vaterschaftsfeststellungsverfahren zu gewähren.[307]

Zum Hintergrund: Das BGB kennt Vaterschaftsfeststellungsverfahren nur nach Maßgabe der §§ 1598a und 1600d BGB. Ist danach eine Vaterschaftsfeststellung nicht mehr möglich (etwa, weil bereits ein rechtskräftiges Vaterschaftsfeststellungsverfahren durchgeführt

---

[304] Siehe dazu BVerfGE 46, 160, 164 (Arbeitgeberpräsident Schleyer); 49, 89, 126 ff. (Kalkar); 53, 30, 57 (Mülheim Kärlich); 56, 54, 78 (Fluglärm); 77, 170, 214 f. (C-Waffen); 77, 381, 402 f. (Gorleben); 79, 174 ff., 201 ff. (Verkehrslärm); 85, 191, 213 (Nachtarbeitsverbot für Arbeiterinnen); 87, 363, 386 (Nachtbackverbot); 88, 203, 251 (Schwangerschaftsabbruch II); 96, 56, 64 (Auskunftsrecht des nichtehelichen Kindes auf Benennung des Vaters); 115, 118, 152 (Luftsicherheitsgesetz); BVerfG NJW 1998, 3264, 3265 (Waldsterben); NVwZ 2010, 702, 703 (Teilchenbeschleuniger); BVerfG NVwZ 2013, 502 (WaffG). Vgl. auch *Voßkuhle*, NVwZ 2013, 1, 6.
[305] BVerfGE 132, 134, 174 f.
[306] BVerfGE 132, 134, 174 f.
[307] Siehe dazu BVerfG NJW 2016, 1939, 1940 f. (isolierte Klärung der Abstammung).

wurde und eine Wiederaufnahme des Verfahrens nicht möglich ist[308]), stellt sich die Frage, ob das in Art. 2 I i.V.m. 1 I GG wurzelnde Recht auf Kenntnis der eigenen Abstammung[309] die Schaffung eines isolierten Vaterschaftsfeststellungsverfahrens verlangt. Konkret geht es um die Frage, ob das verfassungsrechtlich verbürgte Recht auf Kenntnis der eigenen Abstammung den Gesetzgeber verpflichtet, einen allgemeinen, über die Vorschriften der §§ 1598a und 1600d BGB hinausgehenden gesetzlichen Vaterschaftsfeststellungsanspruch zu gewähren.[310] Die damit aufgeworfene Frage geht weit über den (familienrechtlichen) Einzelfall hinaus und hat eine verfassungsrechtliche Dimension. Denn der als einziges Verfassungsorgan unmittelbar durch Wahlen demokratisch legitimierte parlamentarische Gesetzgeber hat einen weiten Einschätzungs-, Wertungs- und Gestaltungsspielraum auch bei der Frage, wie er konfligierende private Ansprüche in einen gerechten Ausgleich bringt, was – mit Blick auf das Gewaltenteilungsprinzip – verfassungsgerichtlich nur in begrenztem Maße überprüfbar ist (s.o.). Verfassungsprozessual bedeutete es einen Eingriff in das Gewaltenteilungsprinzip, wenn das BVerfG den Gesetzgeber verpflichtete, konkrete private Ansprüche gesetzlich zu regeln. Allerdings kommt eine Verpflichtung des Gesetzgebers zum Handeln in Betracht, wenn eine grundrechtliche Schutzpflicht besteht, der der Gesetzgeber bislang nur völlig unzureichend Rechnung getragen hat, wenn er also bislang keine Maßnahmen oder nur solche Maßnahmen getroffen hat, die gänzlich ungeeignet oder völlig unzulänglich sind, das gebotene Schutzziel zu erreichen, oder erheblich dahinter zurückbleiben. Eine solche Pflicht wäre dann auch vom BVerfG verbindlich einzufordern.[311]

Da nach Auffassung des BVerfG das verfassungsrechtlich verbürgte Recht auf Kenntnis der eigenen Abstammung den Gesetzgeber nicht zwingt, eine isolierte, d.h. allgemeine Abstammungsklärung zu ermöglichen, die sich nicht nur gegen den rechtlichen Vater richten würde, sondern gegen jeden Mann, der als biologischer Vater in Betracht kommt, stellte sich in diesem Fall nicht die Frage nach entsprechenden Maßnahmen des BVerfG.

---

[308] Eine Wiederaufnahme bedeutet eine Durchbrechung der Rechtskraft und kann daher nur unter strengen Voraussetzungen zulässig sein. Für das Zivilprozessrecht regeln §§ 579, 580 ZPO diese Frage. Zulässige Wiederaufnahmegründe sind danach u.a. die Befangenheit eines Richters, Falschaussagen und gefälschte (Beweis-)Urkunden. Nachträglich ermittelte Tatsachen ermöglichen keine Wiederaufnahme.

[309] Siehe dazu *R. Schmidt*, Grundrechte, Rn 269.

[310] Siehe auch die Analyse von *Heiderhoff*, NJW 2016, 1918 ff.

[311] *R. Schmidt*, Grundrechte, Rn 302 mit Verweis auf BVerfGE 56, 54, 81 (Fluglärm); 77, 381, 405 (Gorleben); 79, 174, 202 (Verkehrslärm); 92, 26, 46 (Zweitregister); BVerfG NVwZ 2010, 702, 703 (Teilchenbeschleuniger); BVerfG NVwZ 2013, 502 (WaffG).

III. Der Aufbau der Rechtsordnung

Rechtsstaatlichkeit bedeutet staatliches Handeln im Rahmen der (höherrangigen) **178** Rechtsordnung. In der Bundesrepublik Deutschland gibt das Grundgesetz den generellen Ordnungsrahmen vor. Zentrales unterverfassungsrechtliches Ordnungsinstrument ist das (formelle) **Gesetz** (Rn 181 ff.). Von ihm abgeleitet sind die untergesetzlichen Regelwerke **Rechtsverordnung** und **Satzung** (Rn 206 ff./213 ff.). Hinzu treten (für allgemeinverbindlich erklärte) Tarifverträge (Rn 230) und das (ungeschriebene) **Gewohnheitsrecht** (Rn 218), auf internationaler bzw. supranationaler Ebene das **Völkerrecht**[312] und das **Recht der Europäischen Union** (Rn 327 ff.) Ob Richterrecht und Verwaltungsvorschriften als Rechtsquellen anzusehen sind, ist unklar (siehe Rn 219 ff./225 ff.).

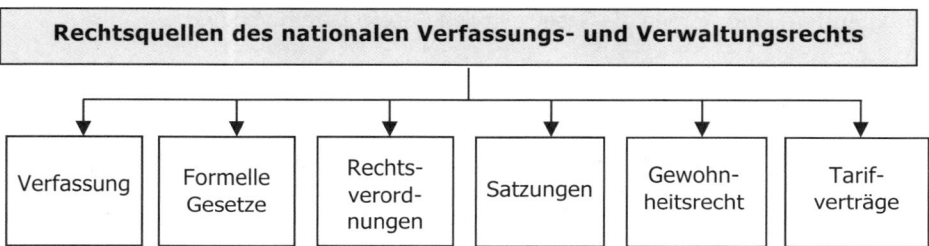

Zwischen diesen Rechtsquellen besteht eine Rangordnung: Verfassung ⇨ einfaches Gesetz **179** ⇨ untergesetzliches Regelwerk. Dabei ist zu beachten, dass in einem Bundesstaat die genannte Rangordnung nur innerhalb der Rechtsordnung des jeweiligen Verbandes gilt. Kollidiert das Bundesrecht mit dem Landesrecht, ist der Geltungsvorrang des Bundesrechts zu beachten (Art. 31 GG). So setzt sich sämtliches Bundesrecht – auch Verordnungsrecht des Bundes – im Kollisionsfall gegenüber dem Landesrecht einschließlich des Landesverfassungsrechts durch. Vgl. dazu Rn 231 f. Zum EU-Recht vgl. Rn 327 ff.

1. Verfassung

Wie ausgeführt, gibt die Verfassung den allgemeinen Ordnungsrahmen vor, an dem **180** sich sämtliches unterverfassungsrechtliches Recht auszurichten hat. Das betrifft nicht nur die Rechtsetzung, sondern auch die Gesetzesauslegung und -anwendung. Art. 1 III, 20 III GG stellen das klar (vgl. dazu näher Rn 235 ff.). Weiteres zentrales Merkmal einer Verfassung ist die erschwerte Änderbarkeit. So bedarf gem. Art. 79 II GG ein das Grundgesetz änderndes Gesetz der Zustimmung von zwei Dritteln der Mitglieder des Bundestags und zwei Dritteln der Stimmen des Bundesrats.

---

[312] Zum Völkerrecht (insb. zur EMRK) vgl. *R. Schmidt*, Grundrechte, Rn 4 ff.

2. Formelles Gesetz (Parlamentsgesetz)

181 Das formelle Gesetz ist nicht nur Ausdruck des Rechtsstaatsprinzips, sondern auch des Demokratieprinzips, weil ausschließlich der unmittelbar demokratisch legitimierte Gesetzgeber, das Parlament, zu dessen Erlass berufen ist.[313] Das macht den Charakter der Gesetze als zentrale Steuerungs- bzw. Ordnungsinstrumente des demokratischen Rechts aus. Rechtmäßig ist das formelle Gesetz, wenn es von einem verfassungsrechtlich vorgesehenen demokratisch legitimierten Gesetzgebungsorgan in einem verfassungsrechtlich vorgesehenen Gesetzgebungsverfahren unter Wahrung auch des materiellen Verfassungsrechts (insb. des Verhältnismäßigkeitsgrundsatzes) erlassen wurde. So werden Bundesgesetze unter Mitwirkung des Bundesrats vom Deutschen Bundestag verabschiedet (vgl. Art. 76 ff. GG). Landesgesetze werden (ggf. unter Mitwirkung weiterer Gesetzgebungsorgane) von den Landtagen beschlossen. Nach Ausfertigung werden die Gesetze in den Gesetzblättern verkündet.

Allen Gesetzen ist gleich, dass sie allgemeinverbindliche Anordnungen treffen, die eine unbestimmte Vielzahl von Fällen regeln. Beschränkt sich das formelle Gesetz auf den Innenbereich des Hoheitsträgers, spricht man von einem **nur-formellen** Gesetz. Enthält das formelle Gesetz dagegen Regelungen im Außenverhältnis, d.h. gegenüber den Bürgern, die eine bestimmte Handlungs- oder Unterlassungspflicht mit sich bringen, spricht man von einem **formell-materiellen** Gesetz. Die nur-formellen und die formell-materiellen Gesetze sind von den **nur-materiellen** Gesetzen zu unterscheiden. Diese sind dadurch gekennzeichnet, dass sie nicht von einem Parlament, sondern von der Exekutive erlassen wurden. Sie unterscheiden sich von dem formell-materiellen Gesetz v.a. also in Bezug auf den Normgeber. Zu den nur-materiellen Gesetzen zählen die Rechtsverordnungen und die Satzungen.

> **Beispiele:** Zustimmungsgesetze zu völkerrechtlichen Verträgen (vgl. Art. 59 II GG) sind ebenso *nur-formelle* Gesetze wie die Feststellung des Haushaltsplans (vgl. Art. 110 II S. 1 GG). *Formell-materielle* Gesetze sind bspw. das Versammlungsgesetz, das Vereinsgesetz oder das Strafgesetzbuch. *Nur-materielle* Gesetze sind bspw. die Straßenverkehrsordnung (= Rechtsverordnung) oder ein Bebauungsplan (= Satzung).

Nur-formelle Gesetze
Eigenschaften
* vom Parlament erlassene Gesetze
* ohne Allgemeinverbindlichkeit
* z.B.: Haushaltsplan

Nur-materielle Gesetze
Eigenschaften
* von der Exekutive erlassene Gesetze
* mit Allgemeinverbindlichkeit
* z.B.: StVO, StVZO, FeV, FZV

formelle Gesetze / materielle Gesetze

Formell-materielle Gesetze
Eigenschaften
* vom Parlament erlassene Gesetze
* mit Allgemeinverbindlichkeit
* z.B.: StVG, StGB, BGB, GewO

---

[313] Insoweit klarstellend BVerfG NVwZ 2015, 1434, 1439.

Hinweis für die Fallbearbeitung: Wegen des Charakters als zentrales Ordnungsinstrument des einzigen demokratisch unmittelbar legitimierten Verfassungsorgans ist das formelle Gesetz nicht selten Gegenstand einer Fallbearbeitung. Insbesondere bei einem neueren oder fiktiven Gesetz liegt die Möglichkeit nahe, dass mindestens *ein* Verstoß gegen die Verfassung vorliegt. Auf jeden Fall ist eine vertiefte Auseinandersetzung mit ihm erforderlich. Im Folgenden soll daher die Prüfung eines formellen Gesetzes am Maßstab der Verfassung dargestellt werden. Zu beachten ist dabei, dass der hier favorisierte Aufbau lediglich einen Vorschlag darstellen kann. So ist es dem Fallbearbeiter überlassen, ob er bspw. die Einhaltung des Bestimmtheitsgrundsatzes vor oder nach dem Grundsatz der Verhältnismäßigkeit prüft. Jedenfalls gilt, dass grds. alle Rechtmäßigkeitsvoraussetzungen geprüft werden müssen, auch wenn die Verfassungsmäßigkeit des Gesetzes bereits wegen eines anderen Verfassungsverstoßes verneint worden ist. Die einzige Ausnahme besteht innerhalb der Prüfung der Verhältnismäßigkeit, weil dort das jeweilige nachfolgende Element konstitutiv auf das vorherige aufbaut.

Prüfung eines formell-materiellen Gesetzes am Maßstab des Grundgesetzes

I. Formelle Rechtmäßigkeit

1. Zuständigkeit des Gesetzgebers
Die Gesetzgebungszuständigkeit ergibt sich aus Art. 30, 70 ff., 105 ff. GG (Rn 791 ff.).

2. Ordnungsgemäßes Gesetzgebungsverfahren
Das Gesetzgebungsverfahren richtet sich bei Bundesgesetzen nach den Art. 76 ff. GG (vgl. Rn 852 ff.).

3. Zitiergebot, Art. 19 I S. 2 GG
Das Zitiergebot soll den Gesetzgeber darauf aufmerksam machen, dass er die Möglichkeit der Grundrechtsbeeinträchtigung geschaffen hat (Warn- und Besinnungsfunktion). Darüber hinaus hat es eine Klarstellungsfunktion, die den Gesetzesanwender wissen lassen soll, in welche Grundrechte das Gesetz einzugreifen ermächtigt. Das Zitiergebot gilt allerdings nur für Gesetze, die aufgrund eines grundrechtlichen Gesetzesvorbehalts ergehen sollen. Bei Grundrechten mit Ausgestaltungsvorbehalten (z.B. Art. 6 I, 14 I GG) und Regelungsvorbehalten (Art. 4 III S. 1 GG) sowie für vorkonstitutionelle Gesetze gilt es nicht (vgl. Rn 186).

II. Materielle Rechtmäßigkeit

1. Besondere (grundrechtsspezifische) Anforderungen
Insbesondere sind die Anforderungen bei sog. *qualifizierten* Gesetzesvorbehalten zu beachten. (Beispiele: Art. 2 II S. 3 i.V.m. 104 II GG ⇒ Richtervorbehalt; Art. 10 II S. 2; 11 II GG ⇒ Schutz der freiheitlichen demokratischen Grundordnung; Art. 14 III GG ⇒ Wohl der Allgemeinheit; Art. 5 II GG ⇒ allgemeine Gesetze; Art. 16a III S. 1 GG ⇒ Bestimmung von sicheren Herkunfts- bzw. Drittstaaten). Beispiele für den *einfachen* Gesetzesvorbehalt sind: Art. 2 I GG ⇒ verfassungsmäßige Ordnung; Art. 8 II GG ⇒ nur für Versammlungen unter freiem Himmel; Art. 12 I S. 2, 14 I GG ⇒ durch Gesetz oder aufgrund eines Gesetzes. Enthält das betroffene Grundrecht einen qualifizierten Gesetzesvorbehalt, so muss das einschränkende Gesetz an bestimmte Situationen anknüpfen, bestimmten Zwecken dienen oder bestimmte Mittel benutzen. Beispiel: So genügt § 45 I BundesPolG nach seinem Wortlaut den qualifizierten Anforderungen des Art. 13 VII Halbs. 2 GG.

2. Allgemeine Rechtmäßigkeitsanforderungen

a. Verbot des Einzelfallgesetzes, Art. 19 I S. 1 GG
Mit der Regelung soll dem Gewaltenteilungsprinzip Rechnung getragen werden: Dem Gesetzgeber soll untersagt werden, mit konkret und individuell bezogenen Rechtsakten in den Funktionsbereich der Verwaltung einzugreifen. Nach Auffassung des BVerfG ist ein Einzelfallgesetz allerdings nicht von vornherein unzulässig. Nicht grundrechtseinschränkende Gesetze (= Gesetze unter Ausgestaltungs- bzw. Regelungsvorbehalt wie

Art. 6 I, 7 IV, 12 I, 14 I bzw. Art. 4 III S. 2, 12a II S. 2, 38 GG) sowie Gesetze, die lediglich grundrechtsimmanente Schranken aufweisen, sind daher *nicht* am Maßstab des Art. 19 I S. 1 GG zu messen. Ebenso stehen Maßnahmegesetze, d.h. Regelungen, die an konkrete, situationsgebundene Sachverhalte anknüpfen, z.B. ein Wahlgesetz für eine bestimmte Bundestagswahl, in keinem Zusammenhang mit dem Einzelfallverbot (Rn 195).

b. Verhältnismäßigkeit
Kernstück der Prüfung ist die **Verhältnismäßigkeit**. Die fragliche gesetzliche Bestimmung muss einen legitimen Zweck verfolgen, *allgemein* geeignet, erforderlich und angemessen sein (Rn 202/271 ff.).

c. Beachtung der **Wesensgehaltsgarantie, Art. 19 II GG** (Rn 204), des **Parlamentsvorbehalts**, und des **Bestimmtheitsgrundsatzes/Grundsatzes der Normenklarheit** (Rn 191 ff.)

a. Formelle Rechtmäßigkeit des Gesetzes

182   Da in einem Rechtsstaat auch lediglich formell rechtswidrige Staatsakte objektiv rechtswidrig sind und daher keine wirksame Grundlage für eine den Bürger belastende Maßnahme sein können[314], ist zunächst auf die formelle Rechtmäßigkeit einzugehen. Formell rechtmäßig ist ein Gesetz, wenn es unter Beachtung von Zuständigkeitsregelungen, Gesetzgebungsverfahrens- und Formvorschriften erlassen wurde.

aa. Gesetzgebungskompetenz (Zuständigkeit des Gesetzgebers)

183   Die Gesetzgebungskompetenz richtet sich nach den Art. 30 und 70 I GG. Danach sind grundsätzlich die Länder zuständig. Der Bund hat umgekehrt nur dann eine Gesetzgebungskompetenz, wenn dies im Grundgesetz durch einen bestimmten Kompetenztitel ausgewiesen wird (sog. enumerative Ermächtigung). Solche Kompetenztitel sind in Art. 73 I GG (ausschließliche Gesetzgebungskompetenz) und in Art. 74 I GG (konkurrierende Gesetzgebungskompetenz) enthalten. Dagegen sind Art. 75 GG (Rahmengesetzgebung) und Art. 74a GG (Besoldungswesen) im Zuge der Föderalismusreform 2006 aufgehoben worden. Vgl. dazu Rn 21a ff. sowie ausführlich Rn 788 ff. Zu beachten ist aber, dass in den Fällen des Art. 74 I Nr. 4, 7, 11, 13, 15, 19a, 20, 22, 25 und 26 GG stets die Erforderlichkeit einer bundesgesetzlichen Regelung zur Herstellung gleichwertiger Lebensverhältnisse im Bundesgebiet oder zur Wahrung der Rechts- oder Wirtschaftseinheit im gesamtstaatlichen Interesse (Art. 72 II GG) vorliegen muss. Zur Gesetzgebungskompetenz des Bundes vgl. ausführlich Rn 791 ff., deren Inhalt in der Fallbearbeitung im Rahmen der Prüfung der formellen Rechtmäßigkeit des Gesetzes herangezogen werden muss.

184   **Hinweis für die Fallbearbeitung:** In der Fallbearbeitung sind nicht nur die bereits genannten neueren oder fiktiven Gesetze auf die Einhaltung von Kompetenzvorschriften zu untersuchen, sondern auch Gesetze, in denen neue Bestimmungen eingefügt worden sind, die dem Gesetz einen teilweise neuen Regelungsgehalt verleihen. Nach entsprechender Lektüre der einschlägigen Vorschriften wird die Prüfung aber im Regelfall keine Schwierigkeiten bereiten.

bb. Verfahrens- und Formvorschriften

185   Das Gesetzgebungsverfahren beim Erlass von Bundesgesetzen ist in den Art. 76 ff. GG geregelt. Auch hier genügt in der Regel die genaue Gesetzeslektüre. Wichtig ist vor allem die richtige Behandlung von Einspruchs- und Zustimmungsgesetzen. Vgl. dazu ausführlich Rn 873, 882 ff., 887 ff. und 901 ff.

---

[314] BVerfGE 6, 32, 36 ff. (Elfes).

cc. Zitiergebot, Art. 19 I S. 2 GG

Ein besonderes Formerfordernis stellt das Zitiergebot dar. Im Grundsatz gilt, dass das **186** förmliche Gesetz, das ein Grundrecht einschränkt oder dazu ermächtigt, ausdrücklich darauf hinweisen muss, dass das betreffende Grundrecht eingeschränkt wird. Das eingeschränkte Grundrecht muss sozusagen „zitiert" werden. Diese grundsätzliche Verpflichtung soll den Gesetzgeber darauf aufmerksam machen, dass er die Möglichkeit der Grundrechtsbeeinträchtigung geschaffen hat (**Warn- und Besinnungsfunktion**). Darüber hinaus hat das Zitiergebot eine **Klarstellungsfunktion**. Der Gesetzesanwender (also die Verwaltung) soll wissen, in welche Grundrechte das Gesetz einzugreifen ermächtigt.[315] Einschränkend ist jedoch zu beachten, dass nach der Rspr. des BVerfG die Zitierpflicht nur für Grundrechte gilt, die nach ihrem Wortlaut „aufgrund ausdrücklicher Ermächtigung vom Gesetzgeber eingeschränkt werden dürfen"[316]. Damit sind die **Grundrechte mit Gesetzesvorbehalt** gemeint. Dazu gehören insbesondere die Grundrechte auf Leben und körperliche Unversehrtheit (Art. 2 II S. 1 GG), auf Freiheit der Person (Art. 2 II S. 2 GG) und auf Versammlungsfreiheit (Art. 8 I GG), das Brief-, Post- und Fernmeldegeheimnis (Art. 10 I GG) sowie die Grundrechte auf Freizügigkeit (Art. 11 I GG) und auf Unverletzlichkeit der Wohnung (Art. 13 I GG). Im Übrigen gilt die Zitierpflicht nicht.

Beispiele: **187**

- Das Zitiergebot gilt nicht bei **vorkonstitutionellen Gesetzen**, also bei Gesetzen, die bereits vor Inkrafttreten des Grundgesetzes in Kraft getreten waren.[317]

- Das Zitiergebot gilt nicht bei der Einschränkung von **Grundrechten ohne Gesetzesvorbehalt** (also bei Grundrechtseinschränkungen, die ihre Rechtfertigung in kollidierendem Verfassungsrecht finden). Daher ist z.B. ein polizeilicher Platzverweis, durch den der Betroffene an der Ausübung seines Grundrechts auf freie Religionsausübung gehindert wird, nicht deshalb rechtswidrig, weil Art. 4 I GG im Polizeigesetz nicht genannt ist.

- Das Zitiergebot gilt nicht für das Grundrecht der **allgemeinen Handlungsfreiheit** (Art. 2 I GG). Denn wegen der Weite des Schutzbereichs wäre eine Zitierung des Grundrechts bloßer Formalismus.

- Das Zitiergebot gilt nicht bei **mittelbaren Grundrechtseingriffen**, da derartige Grundrechtseingriffe für den Gesetzgeber oft nicht voraussehbar sind. So verstößt es z.B. nicht gegen das Zitiergebot, wenn ein Bürgermeister aufgrund der polizeilichen Befugnisgeneralklausel öffentlich vor diethylenglykolhaltigem Wein warnt und dadurch mittelbar die Winzer und Weinhändler in ihrem Grundrecht aus Art. 12 I GG beeinträchtigt.

- Das Zitiergebot gilt nicht für die „**allgemeinen Gesetze**" im Sinne von Art. 5 II GG, da diese sich nicht zielgerichtet gegen die Grundrechte aus Art. 5 I GG richten, sondern nur dem Schutz eines schlechthin, ohne Rücksicht auf eine bestimmte Meinung zu schützenden Rechtsgutes dienen dürfen. Daher verstößt es nicht gegen das Zitiergebot, wenn z.B. ein Polizeibeamter in Anwendung des Polizeigesetzes trotz Nichtnennung des Art. 5 I GG im Polizeigesetz nach einer rechtmäßig aufgelösten Versammlung den Betroffenen auf der Grundlage der polizeilichen Befugnisgeneralklausel verbietet, weiterhin Plakate diffamierenden Inhalts hochzuhalten. Zu beachten ist aber, dass (sonstige) Eingriffe in die Pressefreiheit auf der Grundlage des Polizeigesetzes im Hinblick auf die abschließende sondergesetzliche Regelung des Landespressegesetzes zu unterbleiben haben. So kann die Verteilung politischen Informationsmaterials auf öffentlichen Straßen (z.B. in der Fußgängerzone)

---

[315] BVerfGE 64, 72, 79 (Prüfingenieur); 85, 386, 403 f. (Fangschaltungen).
[316] BVerfGE 83, 130, 154 (Josefine Mutzenbacher); ähnlich BVerfGE 64, 72, 79 (Prüfingenieur).
[317] Die Frage, welche Gesetze als vorkonstitutionell gelten, wird bei Rn 669, 670 beantwortet.

im Hinblick auf die Bedeutung der Meinungs- und Pressefreiheit erlaubnisfreier Gemeingebrauch nach dem Landesstraßengesetz sein. Das gilt selbst dann, wenn *auch* ein gewerblicher Zweck verfolgt wird. Die Vorschriften des Landesstraßengesetzes hinsichtlich des zulassungspflichtigen Sondergebrauchs sind insoweit grundrechtskonform auszulegen. Eine erlaubnispflichtige Sondernutzung liegt daher nur bei *überwiegendem* gewerblichem Zweck vor.

- Das Zitiergebot gilt nicht bei **Grundrechten mit Regelungsvorbehalten**, wie das z.B. beim Grundrecht der Berufsfreiheit gem. Art. 12 I S. 2 der Fall ist. Denn hier wird von „Regelung" gesprochen, während Art. 19 I S. 2 GG eine „Einschränkung" verlangt. Ein vorläufiges Verkaufsverbot von möglicherweise salmonellenverseuchtem Speiseeis ist daher nicht schon deshalb rechtswidrig, weil Art. 12 I S. 1 GG nicht in den Polizeigesetzen zitiert wird. Dasselbe gilt hinsichtlich einer polizeilichen Wohnungsverweisung, wenn der von der Wohnungsverweisung Betroffene seine berufliche Tätigkeit von der Wohnung aus ausübt.

- Das Zitiergebot gilt darüber hinaus nicht bei **Grundrechten mit Ausgestaltungsvorbehalten**, also z.B. nicht für Inhalts- und Schrankenbestimmungen nach Art. 14 I S. 2 GG, da Inhalt und Schranken des Eigentums erst durch den Gesetzgeber bestimmt werden müssen (sog. normgeprägter Schutzbereich). Daher brauchte Art. 14 GG nicht in den Polizeigesetzen zitiert zu werden, auch wenn z.B. mit einer Sicherstellung ein Eingriff in Art. 14 I S. 1 GG verbunden ist.

- Das Zitiergebot gilt auch nicht für **Enteignungen**, da mit der Junktimklausel bereits derselbe Zweck wie mit dem Zitiergebot erfüllt wird (vgl. Art. 14 III S. 2 GG).

- Schließlich gilt das Zitiergebot nicht für **unbenannte Grundrechte** wie z.B. das allgemeine Persönlichkeitsrecht. Daher schadet es nicht, dass Art. 1 I i.V.m. 2 I GG nicht in den Polizeigesetzen zitiert ist, auch wenn sie Befugnisse zur Datenerhebung und -verarbeitung enthalten.

b. Materielle Rechtmäßigkeit des Gesetzes

aa. Besondere grundrechtsspezifische Anforderungen

188   Wie bei *R. Schmidt*, Grundrechte, Rn 154 ff. näher erläutert, stellen einige Grundrechte besondere Anforderungen an das einschränkende Gesetz. So ist eine Enteignung nur „zum Wohl der Allgemeinheit" zulässig (Art. 14 III GG) und auch die Einschränkung der Meinungsfreiheit ist nur durch die „allgemeinen Gesetze" möglich (Art. 5 II GG). Man spricht von **qualifizierten Gesetzesvorbehalten**. Enthalten Grundrechte qualifizierte Gesetzesvorbehalte, muss das einschränkende Gesetz an bestimmte Situationen anknüpfen, bestimmten Zwecken dienen oder bestimmte Mittel benutzen.

> **Hinweis für die Fallbearbeitung:** In der Fallbearbeitung ist bei einem Gesetz, das Grundrechte mit qualifiziertem Gesetzesvorbehalt einschränkt, zunächst zu prüfen, ob das einschränkende Gesetz diesen Vorbehalten gerecht wird. Ist das nicht der Fall, ist das Gesetz schon deshalb materiell rechtswidrig und stellt keine wirksame Grundrechtsschranke dar. Zu den übrigen Rechtmäßigkeitsvoraussetzungen ist dann hilfsgutachtlich Stellung zu nehmen.

189   Des Weiteren ist zu untersuchen, ob dass das Grundrecht oder grundrechtsgleiche Recht einschränkende Gesetz den Formulierungen „durch Gesetz" (vgl. Art. 14 I S. 2, Art. 15 S. 2 GG), „durch Gesetz oder auf Grund eines Gesetzes" (vgl. Art. 8 II, Art. 11 II, Art. 12 I S. 2, Art. 14 III S. 2 GG) oder „auf Grund eines Gesetzes" (vgl. Art. 2 II S. 3 i.V.m. 104 I, 6 III, 10 II S. 1, 13 II 2. Halbs., 16 I S. 2 GG) entspricht.

- Die Formulierung **„durch Gesetz"** spricht für die Einschränkbarkeit des betreffenden Grundrechts ausschließlich durch ein Parlamentsgesetz in Form eines selbstvollziehenden Gesetzes. Selbstvollziehend ist ein Gesetz, wenn es ohne weiteren Ausführungsakt (Rechtsverordnung, Verwaltungsakt) unmittelbar Rechte und Pflichten für den Bürger begründet. Vgl. dazu Rn 718.

- Die Formulierung **„durch Gesetz oder auf Grund eines Gesetzes"** deutet darauf hin, dass das betreffende Grundrecht nicht nur durch ein Parlamentsgesetz eingeschränkt werden kann, sondern auch durch einen ausführenden Exekutivakt, d.h. durch Rechtsverordnung, Satzung oder Verwaltungsakt, der auf dem Parlamentsgesetz basiert.

- Grundrechte, die **„auf Grund eines Gesetzes"** eingeschränkt werden können, lassen vermuten, dass eine Einschränkung ausschließlich durch Exekutivakt erfolgen kann.

Die staatsrechtliche Praxis nimmt diese grundgesetzlichen Formulierungen jedoch nur als Anhaltspunkt. Bei der Frage, wie die o.g. Formulierungen auszulegen sind, besteht jedenfalls insoweit Einigkeit, dass sämtliche Grundrechtseingriffe, auch wenn die Einschränkbarkeit nach dem Wortlaut des Grundrechts nur „durch Gesetz" erfolgen kann, durch **Verwaltungsakt** möglich sind (eine Ausnahme besteht nur bei Art. 14 III S. 2 GG, der wortgetreu zu verstehen ist). Umstritten ist aber, ob es sich bei dem einschränkenden Gesetz um ein Parlamentsgesetz handeln muss oder ob ein nur-materielles Gesetz (also eine Rechtsverordnung oder Satzung) genügt. Diese Frage beantwortet die **Wesentlichkeitsrechtsprechung**: Für die Grundrechtsausübung wesentliche Fragen sind vom Parlament selbst zu regeln, da ausschließlich das Parlament durch Wahlen unmittelbar demokratisch legitimiert ist. Nur Rand- und Detailfragen dürfen der Exekutive überlassen werden (vgl. näher Rn 241 ff.). **190**

bb. Allgemeine Rechtmäßigkeitsanforderungen

a.) Bestimmtheitsgebot/Grundsatz der Normenklarheit

Das Bestimmtheitsgebot ist nicht nur Ausdruck des Demokratieprinzips, sondern auch des Rechtsstaatsprinzips. Es besagt, dass eine Rechtsvorschrift klar zum Ausdruck bringen muss, welche Auswirkungen die gesetzliche Regelung für den Bürger hat.[318] Ist das Gesetz zu unklar und zu unbestimmt, ist es schon deshalb verfassungswidrig. **191**

Beispiel: § 9 I S. 1 Volkszählungsgesetz 1983 gestattete den Gemeinden, bestimmte Angaben aus den Erhebungsunterlagen mit den Melderegistern zu vergleichen, zu deren Berichtigung zu verwenden und auch weiterzugeben. Das BVerfG sah darin einen Verstoß gegen den Bestimmtheitsgrundsatz, da nach der gesetzlichen Regelung für den einzelnen Bürger die Verwendungsmöglichkeit für die weitergegebenen Daten nicht absehbar gewesen sei.[319]

Gegenbeispiele: Demgegenüber entsprechen §§ 16a I, III, IV und V sowie § 16b Ia GentechnikG, die die Erhebung und Verarbeitung von Daten über den Anbau von genetisch veränderten Organismen regeln, dem Gebot der Normenklarheit und -bestimmtheit.[320]

Die Einhaltung des Bestimmtheitsgrundsatzes kann auch dann fraglich sein, wenn das Gesetz **unbestimmte Rechtsbegriffe** oder **Generalklauseln** verwendet. **192**

Beispiele für unbestimmte Rechtsbegriffe: *Unzuverlässigkeit* in § 35 I GewO; *Ungeeignetheit* in § 3 I StVG i.V.m. § 3 I FeV (ggf. i.V.m. § 46 I FeV); *öffentliche Sicherheit* in den polizeilichen Befugnisgeneralklausel; *öffentliches Interesse* in § 80 II S. 1 Nr. 4 VwGO; *Einfügen* in § 34 I S. 1 BauGB; *öffentliche Belange* in § 35 II BauGB etc.

---

[318] Vgl. BVerfGE 49, 168, 181; 59, 104, 114; 62, 169, 182 f.; 80, 103, 107 f.; 114, 1, 53; BVerfG NVwZ 2011, 94, 99 f.
[319] Vgl. BVerfGE 65, 1, 64 (Volkszählung).
[320] BVerfG NVwZ 2011, 94, 101. Vgl. insgesamt dazu auch *Towfigh*, JA 2015, 81 ff.

Beispiele für Generalklauseln: Allgemeine Korrekturvorschriften wie § 138 BGB (Sittenwidrigkeit) oder § 242 BGB (Treu und Glauben) etc. Wenn das Gesetz bspw. formuliert, dass die zuständigen Behörden zur Beseitigung festgestellter Verstöße und zur Verhütung künftiger Verstöße die notwendigen Anordnungen treffen (vgl. § 69 I S. 1 AMG), liegt eine generalklauselartige Ermächtigung vor.

Die Verwendung von unbestimmten Rechtsbegriffen, aber auch von allgemeinen Korrekturvorschriften, ist in einer abstrakt-generellen Rechtsetzungsmethode unerlässlich. Der Gesetzgeber kann nicht alle erdenklichen Lebenssachverhalte antizipiert in den Normen aufnehmen. Dafür bietet das Leben zu viele Besonderheiten und Verschiedenartigkeiten. Daher muss der Wortlaut einer Norm – freilich unter Beachtung des Bestimmtheitsgrundsatzes – ein bestimmtes Maß an Abstraktheit aufweisen. Hinzu kommt, dass es der Verwaltung möglich sein muss, auch atypischen, unvorhersehbaren Situationen zu begegnen. Korrekturvorschriften geben der Rechtsprechung zudem die Möglichkeit, unbillige Ergebnisse, die trotz oder gerade wegen methodisch korrekter Subsumtion erzielt würden, zu korrigieren mit der Folge, dass das Rechtsgeschäft unwirksam ist oder sich der Übervorteilende nicht auf eine bestimmte Rechtsfolge berufen kann.

Beispiel[321]**:** Systematische „Abbruchjäger" auf eBay, die sich an Online-Auktionen nur deshalb beteiligen, um anschließend auf Schadensersatz klagen zu können für den Fall, dass der Anbieter die laufende Auktion zu Unrecht abbricht, verhalten sich nach der Rechtsprechung rechtsmissbräuchlich; ein an sich bestehender Schadensersatzanspruch ist dann ausgeschlossen.

Richtig daran ist, dass es in der Tat Rechtsmissbrauch darstellt, ohne Erwerbsabsicht allein aus Gründen eines Schadensersatzbegehrens zu bieten. Andererseits ist auch ein Anbieter, der einen teuren Artikel zum Startpreis von 1 € einstellt, nicht schutzwürdig, wenn er die laufende Auktion abbricht, um den Folgen seines Fehlers zu entgehen.

193   Oft lässt sich allein aufgrund des Gesetzestextes nicht im Ansatz sagen, ob ein bestimmtes Verhalten unter einen unbestimmten Rechtsbegriff subsumiert werden kann. Damit daher das zulässige Maß an Abstraktheit nicht überschritten und das Bestimmtheitsgebot gewahrt wird, muss sich die Bedeutung der unbestimmten Rechtsbegriffe und der Generalklauseln unter Anwendung der anerkannten Auslegungsmethoden[322] ermitteln lassen können. Das gelingt nicht in jedem Fall.

Beispiel: Um im alltäglichen Berufsverkehr nicht ständig im Stau stehen zu müssen, besorgte sich Autofahrer T im Internet eine Polizeikelle. Mit deren Hilfe gelang es ihm, dass andere Autofahrer zur Seite fuhren und ihm Durchfahrt gewährten. Nachdem die zuständige Fahrerlaubnisbehörde darüber in Kenntnis gesetzt worden war, entzog sie ihm wegen „charakterlicher Mängel" die Fahrerlaubnis.

Erweist sich der Inhaber einer Fahrerlaubnis als ungeeignet zum Führen von Kraftfahrzeugen, hat ihm die Fahrerlaubnisbehörde die Fahrerlaubnis zu entziehen (§ 3 I S. 1 StVG, § 46 I S. 1 FeV). Ob das Verhalten des T einen „charakterlichen Mangel" aufweist und ob überhaupt „charakterliche Mängel" unter den Begriff der „Ungeeignetheit" subsumiert werden können, ist fraglich. Nach § 46 I S. 2 FeV ist der Fahrerlaubnisinhaber insbesondere dann „ungeeignet", wenn Erkrankungen oder Mängel nach den Anlagen 4, 5 oder 6 zur FeV vorliegen oder wenn er erheblich oder wiederholt gegen verkehrsrechtliche Vorschriften oder Strafgesetze verstoßen hat. „Charakterliche" Mängel unter „Erkrankungen oder Mängel nach den Anlagen 4, 5 oder 6 zur FeV" zu subsumieren, dürfte nicht möglich sein. Und ob die Benutzung der Polizeikelle einen „erhebli-

---

[321] Vgl. BGH 24.8.2016 – VIII ZR 182/15.
[322] Vgl. dazu nebst Beispielen *R. Schmidt*, AllgVerwR, Rn 269 ff.

chen" Verstoß gegen eine verkehrsrechtliche Vorschrift (hier: § 36 V S. 2 StVO, der die Benutzung von Winkerkellen der Polizei vorbehält) darstellt, ist zu bezweifeln.

Sicherlich ist es wegen des im Straßenverkehr bestehenden erheblichen Gefahrenpotentials richtig, einem Fahrerlaubnisinhaber die Fahrerlaubnis zu entziehen, wenn er charakterlich nicht in der Lage ist, die Regeln des Straßenverkehrsrechts zu beachten, aber in einem Rechtsstaat muss der Bürger erwarten dürfen, dass der Gesetzgeber die Voraussetzungen der von ihm angeordneten Sanktionen klar beschreibt. Wünschenswert wäre es daher, wenn der Gesetzgeber wegen der mit dem Entzug der Fahrerlaubnis verbundenen Folgen für den Betroffenen neben „Erkrankungen oder Mängeln nach den Anlagen 4, 5 oder 6" auch „charakterliche Mängel" in den Tatbestand des § 46 FeV aufnähme, um dem Bestimmtheitsgebot Rechnung zu tragen.

In der Praxis relevant sind nicht nur die unbestimmten Rechtsbegriffe wie die „Ungeeignetheit" in den (genannten) zahlreichen (Sonder-)Ordnungsgesetzen, sondern auch der Begriff der „öffentlichen Sicherheit und Ordnung" in den Eingriffsermächtigungen der **Polizeigesetze**.[323]

194 Von der genannten Konstellation zu unterscheiden sind der **Parlamentsvorbehalt** und die **Wesentlichkeitsrechtsprechung** des BVerfG (vgl. Rn 246 ff./241 ff.) sowie die Verordnungsermächtigung in Art. 80 I S. 2 GG, wonach Inhalt, Zweck und Ausmaß der Ermächtigung in dem ermächtigenden Gesetz hinreichend bestimmt sein müssen (sog. Bestimmtheitstrias, Rn 206 f.). Soweit die Exekutive zum Erlass von Satzungen ermächtigt ist, gilt Art. 80 I S. 2 GG zwar nicht, allerdings ist dann aber die Wesentlichkeitsrechtsprechung zu beachten (Rn 89, 170, 190, 207, 241 ff.). Des Weiteren ist für den Bereich der Strafgesetze die schärfere Sonderregelung des Art. 103 II GG zu beachten.

> **Hinweis für die Fallbearbeitung:** Wie sich aus den obigen Ausführungen ergeben hat, betrifft der Bestimmtheitsgrundsatz die inhaltliche Gestaltung von Rechtsnormen und ist damit eine Frage des materiellen Rechts. Prüfungsstandort ist mithin die materielle Rechtmäßigkeit.[324]

b.) Verbot von Einzelfallgesetzen, Art. 19 I S. 1 GG

aa.) Maßnahmegesetz - Einzelfallgesetz

195 **Maßnahmegesetze** sind Gesetze, die eine bestimmte Maßnahme, insbesondere die Aufstellung des Haushalts (Haushaltsgesetz) oder die Schaffung einer staatlichen Einrichtung (etwa die Errichtung einer Universität oder einer Magnetschwebebahn – sog. Organisationsgesetze), zum Gegenstand haben. Auch Struktureingriffe in die private Wirtschaft können Maßnahmegesetze darstellen (etwa die Privatisierung staatlicher Unternehmen durch Gesetz oder umgekehrt die Verstaatlichung privater Unternehmen). Insoweit bestehen grds. keine verfassungsrechtlichen Bedenken. Solche bestehen aber, wenn das Maßnahmegesetz so konkret gefasst ist, dass nur ganz bestimmte Adressaten oder nur ein bestimmter Adressat bzw. ein bestimmter Fall von der Regelung betroffen sind. Man spricht dann von einem **Einzelfallgesetz**.

> **Beispiel 1**[325]**:** Wegen der jahrzehntelangen Vernachlässigung gewisser Verkehrswege in den neuen Bundesländern bestand ein hervorgehobenes Interesse am zügigen Ausbau der Hochgeschwindigkeitsstrecke Hannover-Berlin. Durch ein Investitionsmaßnah-

---

[323] Vgl. dazu nebst Beispielen *R. Schmidt*, POR, Rn 637 ff.
[324] Vgl. bereits die 1. Aufl. 2000; wie hier nun auch BVerfGE 113, 348, 375; *Grefrath*, JA 2008, 710, 711; a.A. *Volkmann*, StaatsR II, § 2 Rn 43 (formelle Rechtmäßigkeit).
[325] Nach BVerfGE 95, 1 ff. (Südumfahrung Stendal).

mengesetz wurde über einen bestimmten Eisenbahnabschnitt in der Weise entschieden, dass dieser mit Inkrafttreten des Gesetzes planungsrechtlich genehmigt war. Das bedeutet, dass es zur Zulässigkeit des Bauvorhabens keines planungsrechtlichen Genehmigungsverfahrens durch die Behörden bedurfte. ⇨ Rn 201.

196 Um ein Einzelfallgesetz handelt es sich auch, wenn der Tatbestand der gesetzlichen Regelung zwar abstrakt-generell formuliert ist, das Gesetz aber nur auf einen Einzelfall Anwendung finden kann.[326]

> **Beispiel 2**[327]**:** Nach einem neu erlassenen Rundfunkgesetz ist der lokale Rundfunk privaten Veranstaltern vorbehalten. Das bedeutet, dass alle vor dem Inkrafttreten des Gesetzes bestehenden öffentlich-rechtlichen Rundfunkanbieter ihren lokalen Rundfunk nun einstellen müssen. Es handelt sich mithin um eine abstrakt-generelle Regelung. Wenn es aber vor Inkrafttreten des Gesetzes nur ein einziges öffentlich-rechtliches Rundfunkprogramm gegeben hat, das nun eingestellt werden muss, handelt es sich in Wahrheit um eine Regelung des Einzelfalls (*getarntes Einzelfallgesetz*). ⇨ Rn 199.

197 Etwas anderes gilt aber, wenn das Gesetz bei seinem Inkrafttreten zwar nur einen Fall betrifft, zukünftig aber Fälle vorstellbar sind, auf die das Gesetz weitere Anwendung finden kann.[328] Dann handelt es sich *nicht* um ein Einzelfallgesetz.

> **Beispiel 3:** Um eine großflächige Bankenkrise abzuwenden, beschließt der Bundestag ein Finanzmarktstabilisierungsergänzungsgesetz[329], das dem Bund insbesondere die erleichterte Übernahme von systemrelevanten Unternehmen des Finanzsektors zum Zweck der Stabilisierung des Finanzmarkts ermöglichen soll.

> ⇨ Ganz augenscheinlich ist dieses Gesetz auf die Übernahme der Hypo Real Estate zugeschnitten. Gleichwohl handelt es sich nicht um ein Einzelfallgesetz, da es nach seiner tatbestandlichen Fassung auch auf gleichgelagerte Fälle Anwendung finden kann. Ein Verstoß gegen Art. 19 I S. 1 GG liegt also nicht vor.

bb.) Verfassungsrechtliche Zulässigkeit

198 Handelt es sich bei dem fraglichen Gesetz um ein Einzelfallgesetz, ist es gem. Art. 19 I S. 1 GG verfassungsrechtlich **unzulässig**, soweit es in **Grundrechte** eingreift. Dies gilt nach dem Wortlaut des Art. 19 I S. 1 GG allerdings nur für die Fälle, in denen der Gesetzgeber von einem ausdrücklichen Eingriffsvorbehalt Gebrauch macht.[330] Werden vom Gesetzgeber also lediglich grundrechtsimmanente Schranken aufgezeigt, sind Einzelfallgesetze auch bei Grundrechtseingriffen zulässig.

199 Ausdrückliche Eingriffsvorbehalte im oben dargelegten Sinne enthalten etwa die Art. 2 II S. 3 GG, Art. 6 III GG, Art. 8 II GG, Art. 10 II S. 1 GG, Art. 11 II GG, Art. 13 III GG, Art. 14 III GG, Art. 16 I S. 2 GG. In diesen Fällen sind Einzelfallgesetze unzulässig.
Dagegen sind grundrechtseinschränkende Einzelfallgesetze nicht grundsätzlich unzulässig bei Grundrechten, die zwar einen Eingriffsvorbehalt, nicht aber einen *ausdrücklichen* Eingriffsvorbehalt enthalten. Das sind die Art. 2 I GG (allgemeine Handlungsfreiheit in den Schranken der verfassungsmäßigen Ordnung), Art. 12 I S. 2 GG (berufsregelnde Maßnahmen), Art. 14 I S. 2 GG (Inhalts- und Schrankenbestimmungen des Eigentums durch den Gesetzgeber).

---

[326] *Schmidt-Bleibtreu*, in: Schmidt-Bleibtreu/Hofmann/Henneke, GG, Art. 19 Rn 8.
[327] Nach BVerfGE 74, 297 ff.
[328] BVerfGE 13, 225, 228 f.; 24, 33, 52; BVerfG EuGRZ 1999, 160; BVerwGE 74, 58, 63; *Jarass*, in: J/P, GG, Art. 19 Rn 2. Vgl. auch *Wolfers/Rau*, NJW 2009, 1297 ff.
[329] BGBl I 2009, S. 729.
[330] So auch das Verständnis der h.M., vgl. nur *Jarass*, in: J/P, GG, Art. 19 Rn 1.

In **Beispiel 2** (Rn 196) wird in das Grundrecht der Rundfunkfreiheit (Art. 5 I S. 2 GG) eingegriffen. Daher ist das den Einzelfall regelnde Rundfunkgesetz wegen Art. 19 I S. 1 GG schon aus diesem Grunde unzulässig.

Auch wenn mit dem Erlass von Einzelfallgesetzen keine Grundrechtseingriffe verbunden sind oder wenn sie lediglich grundrechtsimmanente Schranken aufweisen, sind sie gleichwohl nur dann zulässig, wenn „der Sachverhalt so beschaffen ist, dass es nur einen Fall dieser Art gibt und die Regelung dieses singulären Sachverhalts von **sachlichen Gründen** getragen wird"[331].

200

Die grundsätzliche Unzulässigkeit von Einzelfallgesetzen hat zum Hintergrund, dass die Exekutive aufgrund ihrer Infrastruktur und ihres Sachverstands besser imstande ist, über einzelne Sachverhalte vor Ort zu entscheiden, als die Legislative. Des Weiteren hat der Bürger gegenüber Akten der Exekutive den besseren Rechtsschutz. Denn die Rechtsweggarantie des Art. 19 IV S. 1 GG bezieht sich lediglich auf Akte der vollziehenden Gewalt.[332] Schließlich ist auch die bundesstaatliche Kompetenzordnung zu beachten: Der Bundesgesetzgeber darf nur in engen Grenzen in die Verwaltungskompetenzen der Länder eingreifen (dazu Rn 942 ff.). Gleichwohl besteht für den Bereich von **Planungsentscheidungen** die Besonderheit, dass diese weder der Legislative noch der Exekutive eindeutig zugeordnet werden können.[333] Trifft daher der Gesetzgeber eine konkrete Einzelfallentscheidung (in Form eines Maßnahmegesetzes), liegt darin noch nicht notwendigerweise ein Verstoß gegen den Grundsatz der Gewaltenteilung. Das BVerfG hat den Erlass eines Maßnahmegesetzes für mit dem Grundsatz der Gewaltenteilung vereinbar erklärt, wenn sachlich hinreichende Gründe für den Zugriff des Gesetzgebers bestünden (s.o.). Solche sachlich hinreichenden Gründe liegen etwa dann vor, wenn eine besondere Eilbedürftigkeit besteht und der Gesetzgeber schneller agieren kann als die Verwaltung. Der Kernbereich der Exekutive wird dann nicht berührt.

201

In **Beispiel 1** (Rn 195) geht das BVerfG davon aus, dass auch Detailpläne im Bereich anlagenbezogener Fachplanung, die konkrete Regelungen hinsichtlich eines Einzelvorhabens enthalten, einer gesetzlichen Regelung zugänglich seien. Bestätigt werde dies zum einen durch Art. 19 I S. 1 GG, der Einzelfallgesetzgebung nicht prinzipiell, sondern nur partiell ausschließe, und zum anderen durch Art. 14 III S. 2 GG, der die Legislativenteignung für zulässig erkläre. Parlamente seien auch angesichts ihrer Struktur und ihres Verfahrens nicht von vornherein außerstande, über anlagenbezogene Fachplanungen zu entscheiden. Allerdings sei der Grundsatz der Gewaltenteilung in dem Sinne zu beachten, dass ein Parlament eine solche Entscheidung durch Gesetz nur an sich ziehen könne, wenn hierfür im Einzelfall „gute Gründe" bestünden, etwa weil die schnelle Verwirklichung des Vorhabens von besonderer Bedeutung für das Gemeinwohl sei; insoweit bestehe aber ein Einschätzungsspielraum für den Gesetzgeber. Diesem Maßstab halte das Gesetz stand. Entscheidend falle ins Gewicht, dass wegen der jahrzehntelangen Vernachlässigung gewisser Verkehrswege in den neuen Ländern ein hervorgehobenes Interesse am zügigen Ausbau der Hochgeschwindigkeitsstrecke Hannover-Berlin bestanden habe. Nachvollziehbar sei der Gesetzgeber davon ausgegangen, durch die Ersetzung des Planfeststellungsverfahrens durch ein Gesetzgebungsverfahren erheblich an Zeit gewinnen zu können.

---

[331] BVerfGE 85, 360, 374; 25, 371, 399; BVerwG NJW 1982, 2458.
[332] Ganz h.M., vgl. nur *Jarass*, in: J/P, GG, Art. 19 Rn 24 f. Der Ausschluss von Akten der Legislative ist damit zu begründen, dass Rechtsschutz gegen Akte der Legislative durch das BVerfG selbst gewährt wird (Verwerfungsmonopol!). Der Ausschluss von Akten der Judikative hat seinen Grund darin, dass Art. 19 IV GG nur Rechtsschutz *durch* den Richter, nicht aber *gegen* den Richter garantieren soll. Freilich bezieht sich der Ausschluss der Judikative nur auf solche Akte, in denen das Gericht als „klassische Streitschlichtungsinstanz" tätig wurde. Wird ein Gericht also nicht spruchrichterlich tätig (etwa, wenn es eine Telekommunikationsüberwachung gem. § 100b StPO anordnet), gehört es folgerichtig zur öffentlichen Gewalt i.S.v. Art. 19 IV GG; der Rechtsweg steht offen. Nichtsdestotrotz ist Art. 19 IV GG ein allgemeiner Rechtsgrundsatz zu entnehmen, der zur Annahme auch eines Justizgewährungsanspruchs führt (Rn 160).
[333] So BVerfGE 95, 1, 16 (Südumfahrung Stendal).

c.) Verhältnismäßigkeit des Gesetzes

202 In einem Rechtsstaat ist der Grundsatz der Verhältnismäßigkeit von **herausragender Bedeutung**. Er genießt daher Verfassungsrang und gilt für alle staatlichen Maßnahmen. Inhaltlich bringt er zum Ausdruck, dass die Freiheit des Einzelnen nur so weit eingeschränkt werden darf, als es im Interesse des Gemeinwohls unabdingbar ist („nicht mit Kanonen auf Spatzen schießen").[334] Ein Gesetz, das in Grundrechte eingreift, ist nach allgemeiner Auffassung nur dann verhältnismäßig, wenn

- der vom Staat verfolgte **Zweck legitim** ist, also als solcher verfolgt werden darf,
- das Gesetz zur Erreichung des Ziels **geeignet**,
- **erforderlich** und
- **angemessen** ist.

203
> **Hinweis für die Fallbearbeitung:** Aufgrund der **herausragenden Bedeutung des Verhältnismäßigkeitsgrundsatzes** hängt der **Wert einer Fallbearbeitung zu einem wesentlichen Teil** davon ab, dass die Argumentationsstrukturen dieses Grundsatzes erkannt und umgesetzt werden. Dabei ist zu beachten, dass der jeweilige Schritt konstitutiv für den nächsten ist. Ist das Gesetz also z.B. mangels Erforderlichkeit verfassungswidrig, bedarf es zu der Angemessenheit keiner Ausführungen mehr.
>
> Da dem Grundsatz der Verhältnismäßigkeit ein eigener Abschnitt gewidmet ist, sei insoweit auf die Ausführungen bei Rn 271 ff. verwiesen.

d.) Die Wesensgehaltsgarantie, Art. 19 II GG

204 Art. 19 II GG bestimmt, dass kein Grundrecht „in seinem Wesensgehalt" angetastet werden darf. Der Wesensgehalt wird von der h.M. relativ verstanden. Es sei nicht nur auf den Wesensgehalt des jeweiligen Grundrechts abzustellen, sondern es sei vielmehr erforderlich, dass der Wesensgehalt für jeden einzelnen Fall gesondert bestimmt wird.[335]

Beispiel: Der polizeiliche finale Rettungsschuss entzieht demjenigen, den er betrifft, das Leben restlos. Von dem Grundrecht auf Leben bleibt im konkreten Fall nichts übrig. Bei der Beurteilung der Frage, ob damit in den Wesensgehalt des Grundrechts eingegriffen worden ist, kommt es auf die Verhältnismäßigkeit der Maßnahme an: Entsprach sie dem Grundsatz der Verhältnismäßigkeit, ist – da auf den konkreten Einzelfall abgestellt wird – der Wesensgehalt nicht angetastet. Art. 19 II GG ist nicht verletzt. War die Maßnahme dagegen unverhältnismäßig, ist Art. 19 II GG – da im konkreten Fall von dem Grundrecht nichts übrig bleibt – verletzt.

205
> **Hinweis für die Fallbearbeitung:** Durch die Bezugnahme auf die Verhältnismäßigkeit rückt die Theorie vom relativen Wesensgehalt in die Nähe des Grundsatzes der Verhältnismäßigkeit. Bei Befolgen der Theorie vom relativen Wesensgehalt hat dies zur Folge, dass bei Bejahung der Verhältnismäßigkeit des Gesetzes zur Wesensgehaltsgarantie nicht mehr viel gesagt werden muss. Ohnehin kommt es nur selten vor, dass ein in der Fallbearbeitung zu prüfendes Gesetz in den Kernbereich eines Grundrechts eingreift.

---

[334] BVerfGE 19, 342, 348 f. (Haftverschonung).

[335] BVerfGE 47, 330, 358; 61, 82, 113; BVerfG NJW 1996, 1201, 1202; *Maunz*, in: Maunz/Dürig, GG, Art. 19 Abs. 2 Rn 16 ff.; *Hesse*, Grundzüge des VerfR, Rn 332; wohl auch BVerwGE 84, 375, 380 f. Im Gegensatz dazu steht die Theorie vom absoluten Wesensgehalt, die den Wesensgehalt als eine feste, vom einzelnen Fall und von der konkreten Frage unabhängige Größe versteht, d.h. als einen Grundrechtskern, der unabhängig von der jeweiligen Fallgestaltung unantastbar ist (*Stern*, StaatsR III/2, S. 865 ff.; *Jarass*, in: J/P, GG, Art. 19 Rn 7; *Pieroth/Schlink/Kingreen/Poscher*, Grundrechte, Rn 312 ff.; *Herzog*, Festschrift für Zeidler, 1987, 1415, 1425).

3. Rechtsverordnung

Rechtsverordnungen sind (nur-materielle) Rechtsnormen, die von der Exekutive, d.h. **206** von einer Regierung, von Ministern oder von Verwaltungsbehörden erlassen wurden. In formeller Hinsicht unterscheiden sie sich von den Parlamentsgesetzen also v.a. in Bezug auf den Normgeber. Denn sie werden nicht von der Legislative erlassen, sondern von der Exekutive. In materieller Hinsicht ist zunächst zu beachten, dass der Erlass von Rechtsnormen an sich originäre Aufgabe der Legislative ist. Daher bedeutet die Befugnis der Exekutive zum Normenerlass eine Durchbrechung des Gewaltenteilungsprinzips. Dennoch bestehen insofern verfassungsrechtlich keine Bedenken, weil die Exekutive nur aufgrund einer Ermächtigung der Legislative und unter Beachtung des dreifachen Delegationsfilters (gem. Art. 80 I S. 2 GG müssen Inhalt, Zweck und Ausmaß der Ermächtigung in der Ermächtigungsnorm bestimmt sein) tätig werden darf.[336] Es muss **vorhersehbar** sein, „in welchen Fällen und mit welcher Tendenz von der Ermächtigung Gebrauch gemacht werden und welchen Inhalt die zu erlassende Rechtsverordnung haben kann".[337] Darüber hinaus sind in der Rechtsverordnung die Rechtsgrundlage, d.h. die Ermächtigungsnorm sowie der Verordnungsadressat (Bundesregierung, Bundesminister oder Landesregierung), anzugeben (Art. 80 I S. 1 und S. 3 GG). Neben diesen Vorgaben aus Art. 80 I GG ist insbesondere, wenn es um **mehrdimensionale, komplexe Grundrechtskonstellationen** geht, in denen miteinander konkurrierende Freiheitsrechte und andere (widerstreitende) Verfassungsgüter in Einklang gebracht werden müssen, zudem die im Demokratieprinzip wurzelnde **Wesentlichkeitsrechtsprechung** des BVerfG zu beachten, die den parlamentarischen Gesetzgeber verpflichtet, in grundlegenden grundrechtsrelevanten Bereichen alle wesentlichen Regelungen selbst zu treffen. Globale Ermächtigungen an die Exekutive sind demnach also ausgeschlossen (vgl. dazu Rn 89, 170, 190, 241 ff.).

> **Beispiel:** § 6 I Nr. 3 i) StVG (= Parlamentsgesetz) ermächtigt den Bundesminister für Verkehr zum Erlass eines Verbots, das sich auf die Verwendung technischer Einrichtungen am oder im Fahrzeug bezieht, die dazu bestimmt sind, die Verkehrsüberwachung zu beeinträchtigen.
>
> Von dieser Ermächtigung hat der Bundesverkehrsminister durch den Erlass des § 23 Ib StVO (= Rechtsverordnung) Gebrauch gemacht. Nach dieser Vorschrift ist es dem Führer eines Kfz untersagt, ein technisches Gerät zu betreiben oder betriebsbereit mitzuführen[338], das dafür bestimmt ist, Verkehrsüberwachungsmaßnahmen anzuzeigen oder zu stören. Gedacht ist hierbei vor allem an die sog. Radarwarngeräte.
>
> Geht man davon aus, dass in § 6 I StVG die Voraussetzungen der Ermächtigung, d.h. Inhalt, Zweck und Ausmaß, in hinreichender Weise genannt werden, wird jedenfalls der Vorgabe in Art. 80 I S. 2 GG Rechnung getragen. Bedenken könnten aber hinsichtlich der Einhaltung der Wesentlichkeitsrechtsprechung bestehen. Denn der parlamentarische Gesetzgeber muss in grundlegenden grundrechtsrelevanten Bereichen alle wesentlichen Regelungen selbst treffen und darf diese nicht über mehr oder minder globale Ermächtigungen an die Exekutive delegieren. § 6 I Nr. 3 i) StVG könnte vor diesem Hintergrund problematisch sein, da sich die Vorschrift auf ein Verbot von technischen Geräten bezieht, die dazu bestimmt sind, die Verkehrsüberwachung zu beeinträchtigen. Vor allem aber ist mit der Ermächtigung in § 6 I Nr. 3 i) StVG (i.V.m. §§ 26a, 30c StVG) der Verkehrsminister befugt, Regelungen über die Festlegung von Bußgeldern und Eintragungen im Fahreignungsregister (FAER) zu erlassen. So wird gem.

---

[336] Vgl. VG Düsseldorf NVwZ 2002, 1269, 1271; OVG Berlin NVwZ-RR 2002, 720.

[337] Vgl. nur BVerfGE 1, 13, 60; 47, 46, 79; 49, 89, 126; 58, 257, 268; 84, 212, 226; 88, 103, 116; BVerfG NVwZ 2015, 1279, 1280 f.; BVerwG DVBl 2002, 479, 480; BVerwG NVwZ 2002, 858; BVerwGE 112, 194, 200; VG Düsseldorf NVwZ 2002, 1269, 1271; OVG Berlin NVwZ-RR 2002, 720 (st. Rspr.) und *Böckenförde*, NJW 1999, 1235.

[338] Der reine Besitz oder das Beisichführen im nicht betriebsbereiten Zustand sind also nicht erfasst.

Nr. 247 des Bußgeldkatalogs (Anlage zu § 1 I BKatV) ein Regelbußgeld von 75,- € erhoben. Hinzu tritt gem. Nr. 3.2.15 der Anlage 13 zu § 40 FeV die Eintragung von einem Punkt im FAER.

Da aber die Grundrechtsrelevanz insgesamt nicht sonderlich hoch ist (es wird ja durch die genannten Vorschriften des StVG nicht die Ermächtigung zur Untersagung etwa des Autofahrens erteilt, sondern nur zur sanktionsbehafteten Untersagung des Mitführens eines betriebsbereiten technischen Geräts, das dafür bestimmt ist, Verkehrsüberwachungsmaßnahmen anzuzeigen oder zu stören), kann man bzgl. des § 6 I Nr. 3 i) StVG (i.V.m. §§ 26a, 30c StVG) die Wesentlichkeitsrechtsprechung als gewahrt ansehen. Ob dies auch für § 23 Ib StVO zutrifft, ist eine andere Frage. Denn wie aufgezeigt ist die Vorschrift so unbestimmt gefasst, dass die Gerichte sie sehr weit auslegen und auch solche Geräte erfassen können, die lediglich als Nebenfunktion vor Geschwindigkeitsmessanlagen warnen (das betrifft namentlich „Blitzer-Apps" in Smartphones[339]). Derartige Geräte fallen also, obwohl sie nicht dafür *bestimmt* sind, vor Geschwindigkeitsmessanlagen zu warnen, nach der Rechtsprechung unter das Verbot.[340]

207　Fazit: Der dreifache Delegationsfilter, das Zitiergebot und die Wesentlichkeitsrechtsprechung gewährleisten, dass das Parlament seine Aufgabe, zu der es berufen ist, nicht veräußert, sondern alle wesentlichen Entscheidungen selbst trifft.

208　Gleichwohl ist die Rechtsverordnung ein sehr wichtiges Instrument. Denn wie das soeben genannte straßenverkehrsrechtliche Beispiel gezeigt hat, wäre der parlamentarische Gesetzgeber überfordert, müsste er sämtliche Detailfragen selbst regeln. Dazu ist die Exekutive durch ihre Fachministerien und die Ministerialinstanzen besser imstande. Dennoch darf der dadurch entstandene Machtzuwachs der Exekutive nicht übersehen werden, denn allzu oft sind es Detailfragen, denen entscheidende Bedeutung zukommt.[341] Man denke nicht nur an die Bußgeldkatalog-Verordnung und die Anlagen zur Fahrerlaubnisverordnung, bei denen gem. § 6 StVG (i.V.m. §§ 26a, 30c StVG) der Bundesverkehrsminister ermächtigt wird, Bußgelder, Fahrverbote und Punkteeintragungen im Fahreignungsregister festzusetzen, sondern v.a. an sehr viel grundrechtsrelevantere Bereiche wie etwa an die (gem. § 1 II Betäubungsmittelgesetz von der Bundesregierung auszugestaltenden) Listen der strafrechtlich relevanten Betäubungsmittel in den Anlagen I-III zum Betäubungsmittelgesetz.

> **Hinweis für die Fallbearbeitung:** Daraus folgt, dass in der Fallbearbeitung die Vereinbarkeit einer Rechtsverordnung mit Art. 80 I S. 2 GG i.d.R. nicht unterstellt werden darf. Es ist i.d.R. danach zu fragen, ob die Ermächtigungsgrundlage mit den Vorgaben des Art. 80 I GG vereinbar ist bzw. die Anforderungen der Wesentlichkeitsrechtsprechung erfüllt und ob sich die Rechtsverordnung an die Vorgaben der Ermächtigungsgrundlage hält.

209　Wie bei den formellen Gesetzen ist auch bei den Rechtsverordnungen kategorisch zwischen Bundes- und Landesrecht zu unterscheiden. **Bundesrechtsverordnungen** werden von einer Einheit der Exekutive des Bundes erlassen. Als renommiertestes Beispiel dürfte die StVO gelten, die vom Bundesverkehrsminister auf der Grundlage des § 6 I StVG erlassen wurde. Demgegenüber liegen **Landesrechtsverordnungen** vor, wenn der Verordnungsgeber der Exekutive des Landes angehört. Dabei spielt es für die Einstufung als Landesrechtsverordnung keine Rolle, ob die Ermächtigungsgrundlage ein Bundesgesetz oder ein Landesgesetz ist. Denn eine Landesregierung

---

[339] OLG Celle NJW 2015, 3733.
[340] Gegenwärtig wird im Bundesrat diskutiert, einen Gesetzentwurf zur Erweiterung und Konkretisierung der Verbotsnorm zu erarbeiten und in den Bundestag einzubringen. Die weitere Entwicklung bleibt daher abzuwarten.
[341] *Maurer*, AllgVerwR, § 4 Rn 18.

übt auch bei Gebrauchmachen von einer bundesgesetzlichen Ermächtigung nur Landesgewalt aus und kann deshalb nur Landesrecht setzen.[342] Diese Unterscheidung ist v.a. in prozessualer Hinsicht bedeutsam (vgl. dazu *R. Schmidt*, AllgVerwR, Rn 831 ff.).

Ein Unterschied zwischen Bundes- und Landesrechtsverordnungen besteht auch hinsichtlich der Geltung des Art. 80 I GG, der sich unmittelbar nur auf Bundesrechtsverordnungen und solche Landesrechtsverordnungen bezieht, die auf der Grundlage eines Bundesgesetzes erlassen werden sollen. Ermächtigt ein förmliches Landesgesetz zum Erlass von Rechtsverordnungen, ist Art. 80 I GG nicht unmittelbar anwendbar. Die meisten Landesverfassungen enthalten jedoch eine Art. 80 I GG entsprechende Vorschrift.[343] In den übrigen Ländern ergibt sich die Forderung bzgl. der Bestimmtheit von Inhalt, Zweck und Ausmaß aus dem Rechtsstaatsprinzip. Insbesondere die dort verankerten Grundsätze der Gesetzmäßigkeit der Verwaltung und des Vorbehalts und Vorrangs des Gesetzes gelten auch für die Landesgesetzgebung, und zwar entweder unmittelbar kraft des **Art. 20 III GG oder mindestens über Art. 28 I S. 1 GG** (Homogenitätsklausel).[344] Landesgesetze, die Landesbehörden zur Verordnungsgebung ermächtigen, müssen also Inhalt, Zweck und Ausmaß in gleicher Weise bestimmen wie ermächtigende Bundesparlamentsgesetze, auch wenn ein entsprechender Verfassungsgrundsatz in den Landesverfassungen nicht explizit aufgeführt ist.

210

Auf der (rechtmäßigen) Rechtsverordnung aufbauend, wird dann in der Regel eine **Einzelmaßnahme** (Verwaltungsakt) erlassen.

211

> **Beispiel:** Gegen den in verkehrsgefährdender Weise überholenden Autofahrer wird aufgrund der §§ 24 StVG, § 49 I Nr. 5 i.V.m. § 5 StVO ein Bußgeldbescheid erlassen.

Zur Frage, unter welchen Voraussetzungen eine Rechtsverordnung **rechtswidrig** ist und welche **Folgen** mit der Rechtswidrigkeit verbunden sind, vgl. ausführlich *R. Schmidt*, AllgVerwR, Rn 831 ff.

212

---

[342] Vgl. BVerfGE 18, 407, 418.
[343] Vgl. Art. 61 I BaWü; Art. 80 Brand; Art. 53 Hamb; Art. 57 MeckVor; Art. 43 Nds; Art. 70 NRW; Art. 110 RhlPfl; Art. 104 Saar; Art. 75 Sachs; Art. 79 SachsAnh; Art. 38 SchlHolst.
[344] So auch BVerwGE 41, 251, 266; 58, 257, 277; 73, 388, 400; BVerwG NVwZ 2003, 95, 96.

4. Satzung

213 Bestimmte gesellschaftliche Gruppen (im Bereich des öffentlichen Rechts Körperschaften, Stiftungen und Anstalten des öffentlichen Rechts – dazu bereits Rn 44 ff.) können zur Regelung ihrer Angelegenheiten eigenes Recht setzen und damit Grundrechte beschränken, sog. Satzungsrecht. Durch das Institut der Satzung werden die Aufgaben des Autonomieträgers, seine Verwaltung und die Rechtsbeziehungen zu den Mitgliedern normiert.

> **Beispiele:** Bebauungspläne der Gemeinden[345]; bauordnungsrechtliche Gestaltungssatzungen und -verordnungen; Bettelverbotssatzungen; Taubenfütterungsverbotssatzungen[346]; Satzungen von Verbänden, Universitäten, Berufskammern (z.B. Ärztekammer), Anstalten und Stiftungen des öffentlichen Rechts; Geschäftsordnungen eines kommunalen Vertretungsorgans (z.B. des Gemeinderats)[347] oder andere kommunale Satzungen außerhalb des BauGB (z.B. aus dem Kommunalabgabenrecht[348]); Satzungen über Anschluss- und Benutzungszwang; Hunde- und Pferdesteuersatzungen[349]; Abfallwirtschafts- und Gebührensatzungen[350]

214 Das Recht zum Erlass von Satzungen ist Ausfluss des Selbstverwaltungsrechts (Autonomie; daher auch der überkommene Begriff der *autonomen* Satzung). Zu beachten ist aber, dass die Satzungsautonomie gesetzlich verliehen sein muss.[351] Für die **Gemeinden** bspw. ergibt sich die Satzungsautonomie nach umstrittener Auffassung nicht unmittelbar aus Art. 28 II S. 1 GG. Diese Vorschrift garantiert zwar die Satzungsautonomie, verleiht sie aber nicht selbst. Die Verleihung findet richtigerweise durch die Gemeindeordnungen der Länder statt.[352] Auch haben die Länder in den sog. Kammergesetzen den **Landesärztekammern** (= Körperschaften des öffentlichen Rechts) das Recht verliehen, die Berufspflichten der Ärzte in einer Berufsordnung (Satzung) zu regeln. Entsprechendes gilt auf Bundesebene für den Erlass einer Berufsordnung für Rechtsanwälte durch die **Rechtsanwaltskammer**.

215 Die Satzungsautonomie ist jedoch nicht grenzenlos gewährleistet. Zwar gilt Art. 80 I GG nur für Rechtsverordnungen (des Bundes), allerdings haben der **Parlamentsvorbehalt** und die **Wesentlichkeitsrechtsprechung** des BVerfG (vgl. Rn 246 ff./241 ff.) auch Auswirkungen auf die Zulässigkeit der Satzungsgebung. Nach dem **Facharztbeschluss** des BVerfG[353], der insoweit eine Leitentscheidung darstellt, bleibt auch im Rahmen einer an sich zulässigen Autonomiegewährung der Grundsatz bestehen, dass sich der parlamentarische Gesetzgeber seiner Rechtsetzungsbefugnis nicht völlig entäußern und seinen Einfluss auf den Inhalt der von den körperschaftlichen Organen zu erlassenden Normen nicht gänzlich preisgeben darf. Er darf seine vornehmlichste Aufgabe nicht anderen Stellen innerhalb oder außerhalb der Staatsorganisation überlassen, sondern hat sie in den Grundzügen durch ein **förmliches Gesetz** festzulegen.[354] Lediglich die dann noch erforderlichen ergänzenden Regelungen

---

[345] Vgl. dazu *R. Schmidt*, BauR, Rn 14 ff.
[346] Vgl. hierzu OVG Lüneburg NuR 1997, 610; VGH München BayVBl 1998, 311; *Jahn*, JuS 1999, 1004.
[347] Geschäftsordnungen des Gemeinderats entfalten zwar keine Außenwirkung gegenüber dem Bürger, bestimmen aber die Mitwirkungsrechte der Gemeindeordnung. Es wird daher vertreten, dass nicht nur die Mitglieder des Gemeinderats, sondern generell alle Gemeindeangehörige einen Normenkontrollantrag stellen könnten.
[348] Vgl. dazu BVerwG NVwZ 2002, 1123 ff.
[349] Vgl. dazu BVerwG NVwZ 2005, 1325 ff. (Hundesteuer); BVerwG LKRZ 2015, 458 (Pferdesteuer).
[350] Vgl. VGH München NVwZ 2001, 704.
[351] Vgl. dazu BVerfGE 102, 370 ff. (Zeugen Jehovas); *Schnapp/Kaltenborn*, JuS 2000, 937 f.
[352] Wie hier nun auch *Funke/Papp*, JuS 2010, 395, 398.
[353] BVerfGE 33, 125 ff.
[354] BVerfGE 33, 125, 158. Das förmliche Gesetz stellt also die Rechtsgrundlage für den Erlass der Satzung dar. Zum Parlamentsvorbehalt und zur Wesentlichkeitsrechtsprechung vgl. im Übrigen Rn 241 ff./246 ff.

können nach Ermessen des Gesetzgebers dem Satzungsrecht der öffentlich-rechtlichen Körperschaften überlassen werden.[355]

> **Beispiel:** Um die natürlichen Lebensgrundlagen zu schützen und zu erhalten, erlässt die Gemeinde G eine Satzung, wonach Bauherren verpflichtet werden, solarthermische Anlagen zu errichten und zu betreiben. Bauherr B ist der Meinung, diese Bestimmung verletze ihn in seiner Eigentumsfreiheit aus Art. 14 I GG und sei daher rechtswidrig.
>
> Grundsätzlich genügt die allgemeine kommunalrechtliche Satzungsautonomie für den Erlass von kommunalen Satzungen. Doch greift eine Satzung in Grundrechte ein, fordern der Parlamentsvorbehalt und die Wesentlichkeitsrechtsprechung eine parlamentarische Rechtsgrundlage für den Erlass der Satzung, die die Voraussetzungen für den Grundrechtseingriff beschreibt. Vorliegend greift die Satzung in die Eigentumsfreiheit des B ein. Sie bedurfte daher einer parlamentarischen Rechtsgrundlage, die eine hinreichende Regelungsdichte aufweist, um dem Parlamentsvorbehalt, dem Bestimmtheitsgrundsatz und der Wesentlichkeitsrechtsprechung gerecht zu werden.

Fazit: Mit der Verleihung der Satzungskompetenz wird den juristischen Personen des öffentlichen Rechts ein Bereich eigener Rechtsetzungskompetenz übertragen, der sich grundsätzlich durch die demokratische Begründung des satzungsgebenden Organs und zugleich aus sich selbst heraus legitimiert. Die Verleihung von Satzungsautonomie ist dabei nicht auf (mitgliedschaftlich organisierte) **Körperschaften** (z.B. Gemeinden, Hochschulen, Berufskammern), in denen gleichgerichtete Interessen gebündelt werden, beschränkt.[356] Vielmehr kommen auch (hierarchisch organisierte) **Anstalten des öffentlichen Rechts** (z.B. ZVS, öffentlich-rechtliche Rundfunkanstalten[357], öffentliche Sparkassen) in Betracht, sofern der Gedanke der Betroffenen-Partizipation bei der Ausgestaltung der Entscheidungsgremien wenigstens durch *Beteiligung* der relevanten Gruppen seinen Niederschlag findet.[358] In diesem Fall muss aber als Ausgleich für die fehlende demokratische Legitimation der Entscheidungsträger eine Normsetzungsermächtigung in einem Parlamentsgesetz festgelegt sein, das den inhaltlichen Anforderungen des Art. 80 I S. 2 GG (Inhalt, Zweck und Ausmaß) entspricht. Zudem ist eine ausreichende **Einwirkungs- und Überwachungsmöglichkeit** der dem demokratischen Gesetzgeber verantwortlichen staatlichen Exekutive erforderlich.[359]

216

Rechtswidrig ist die Satzung, wenn sie formelle oder materielle Fehler aufweist. Da diese Aspekte aber ausführlich bei *R. Schmidt*, AllgVerwR, Rn 859 ff. behandeln sind, sei insoweit darauf verwiesen.

217

---

[355] BVerfGE 33, 125, 163.
[356] BVerfGE 37, 1, 27 („Stabilisierungsfonds für Wein").
[357] Vgl. dazu VGH Mannheim NVwZ-RR 1999, 580 mit Bespr. v. *Dörr*, JuS 2000, 491 f.
[358] BVerfGE 37, 1, 27 („Stabilisierungsfonds für Wein").
[359] BVerfGE a.a.O.

5. Gewohnheitsrecht und Richterrecht

a. Gewohnheitsrecht

218 Gewohnheitsrecht ist eine Rechtsquelle, die im Unterschied zum gesetzlichen Recht nicht im Wege eines formalisierten Rechtsetzungsverfahrens entsteht, sondern durch längere, von Rechtsüberzeugung getragene Übung der Beteiligten.[360] Normgeber sind also die Betroffenen selbst. Im Staats- und Verwaltungsrecht der Bundesrepublik Deutschland – und somit bei rechtswissenschaftlichen Prüfungen – ist das Gewohnheitsrecht jedoch von untergeordneter Bedeutung, da hier das politische Gestaltungsinteresse vorherrscht und der Gesetzgeber nahezu jeden erdenklichen Lebenssachverhalt verrechtlicht hat.[361] Außerdem wird man es mit Blick auf Art. 20 III GG nur dann anerkennen dürfen, wenn Vertrauensgesichtspunkte die Fortgeltung fordern.[362]

b. Richterrecht

219 Vom Gesetzesrecht ebenfalls zu unterscheiden ist das Richterrecht: Während das Gesetzesrecht von einem verfassungsrechtlich vorgesehenen demokratisch legitimierten Gesetzgebungsorgan in einem verfassungsrechtlich vorgesehenen förmlichen Gesetzgebungsverfahren unter Wahrung auch des materiellen Verfassungsrechts erlassen wird (Rn 181) und allein deswegen normative Bindungswirkung entfaltet, ist das Richterrecht dadurch gekennzeichnet, dass es lediglich durch Rechtsprechung geschaffen wird.

220 Richterrecht besitzt also (von einigen Entscheidungen des BVerfG abgesehen; vgl. § 31 II BVerfGG) grds. keine normative Wirkung. Nähme man das Gegenteil an, geriete man mit dem Gewaltenteilungs- und dem Demokratieprinzip (vgl. Art. 20 II GG) in Konflikt. Auch kommt dem Richterrecht grds. keine gesetzesähnliche, d.h. generell-abstrakte Verbindlichkeit zu, da es sich grds. nur auf den zu entscheidenden Einzelfall bezieht. Aufgrund der fehlenden normativen Wirkung ist es (jedenfalls unter der Geltung des Grundgesetzes) daher auch **nicht als Rechtsquelle** anerkannt.[363] Es ist daher kein „Recht" i.S.v. Art. 20 III GG. Rechtsquelle ist nur das Gesetzesrecht (und das rechtmäßig entstandene Gewohnheitsrecht, auch wenn es erst durch „Richterrecht" begründet sein sollte). Auch höchstrichterliche Entscheidungen sind grds. kein Gesetzesrecht und erzeugen keine damit vergleichbare Rechtsbindung (auch nicht gegenüber unteren Instanzen, vgl. Art. 97 I GG). Der Geltungsanspruch von gerichtlichen Entscheidungen über den Einzelfall hinaus beruht allein auf der Überzeugungskraft ihrer Gründe sowie der Autorität und den Kompetenzen des Gerichts[364] (vgl. aber die bei Rn 223 angeführten prozessrechtlichen Besonderheiten).

Dies hat zur Folge, dass (auch) die Verwaltung rechtlich nicht verpflichtet ist, richterlichen Entscheidungen jenseits ihrer Rechtskraft in Parallelfällen zu folgen. Von daher sind auch sog. Nichtanwendungserlasse des Bundesfinanzministeriums, die darauf gerichtet sind, eine den Steuerzahler begünstigende Entscheidung des BFH nur in dem konkret entschiedenen Sachverhalt zu berücksichtigen und nicht auf vergleichbare Fälle anzuwenden, verfassungsrechtlich nicht zu beanstanden, wenngleich sie planmäßig die Umsetzung höchstrichterlicher Rechtsprechung verhindern und die richterliche Rechtsfortbildung systematisch unterlaufen. Möchte man höchstrichterlichen Entscheidungen (ähnlich den Entscheidungen des BVerfG) eine Allgemeinverbindlichkeit zuschreiben, ist der (verfassungsändernde) Gesetzgeber aufgefordert, eine Änderung herbeizuführen.

---

[360] *Maurer*, AllgVerwR, § 4 Rn 25; *Peine*, AllgVerwR, Rn 160; *Krebs*, JuS 2013, 97.
[361] Vgl. *Krebs*, JuS 2013, 97.
[362] Vgl. insgesamt sehr ausführlich *Krebs*, JuS 2013, 97 ff.
[363] Vgl. aus jüngerer Zeit auch *Lege*, JA 2016, 81, 82.
[364] So ausdrücklich BVerfGE 84, 212, 227; 122, 248, 277; *Henneke*, in: Schmidt-Bleibtreu/Hofmann/Henneke, GG, Vorb. vor Art. 92 Rn. 18.

Eine Ausnahme von der fehlenden normativen Wirkung besteht bei bestimmten **verfassungsgerichtlichen Entscheidungen** (vgl. § 31 II BVerfGG). Diese haben Gesetzeskraft und sind daher auch eine Rechtsquelle. **Verwaltungsgerichtlich** ist § 47 V S. 2 Halb. 2 VwGO zu nennen. Danach ist die Unwirksamkeitserklärung in Bezug auf eine normenkontrollfähige Rechtsverordnung oder Satzung (vgl. § 47 I VwGO) allgemeinverbindlich. **221**

Auch wenn fachgerichtliche Entscheidungen i.d.R. keinen Gesetzescharakter aufweisen, haben die den Urteilen der Bundesgerichte beigegebenen Leitsätze in der Spruchpraxis immerhin eine faktisch fast gleichbedeutende Wirkung erlangt, zumal die Abweichungsmöglichkeiten der Untergerichte durch das Prozessrecht begrenzt werden (vgl. nur § 130 III oder § 144 VI VwGO). **222**

Verfassungsrechtlich ist – wie im Folgenden aufzuzeigen sein wird – das Richterrecht nicht ganz unproblematisch, weil es in gewisser Weise gesetzesvertretend bzw. -korrigierend wirkt und damit eine Kompetenzverlagerung von der Legislative auf die Judikative (zum Verhältnis dieser beiden Staatsgewalten zueinander vgl. Rn 174) bedingt. Das gilt insbesondere für die **richterliche Rechtsfortbildung**, bei der von der Rechtsprechung Entscheidungen getroffen werden, die keine unmittelbare Grundlage mehr im kodifizierten Recht finden, bei denen also das Gericht quasi – extra legem – als Ersatzgesetzgeber auftritt.[365] Häufig versucht die Rechtsprechung (insb. der BGH) sich dabei auf Generalklauseln zu stützen, etwa auf das Prinzip von Treu und Glauben (§ 242 BGB), um gesetzlich nicht vorgegebene, aber für gerecht empfundene Resultate zu erzielen (siehe auch gesetzeskorrigierendes Richterrecht). **223**

Nicht nur terminologisch, sondern v.a. bzgl. der verfassungsrechtlichen Zulässigkeit zu unterscheiden sind vier Arten von Richterrecht: gesetzeskonkretisierendes, lückenfüllendes, gesetzesvertretendes und gesetzeskorrigierendes Richterrecht.[366] **224**

aa. Gesetzeskonkretisierendes und lückenfüllendes Richterrecht

Gesetzeskonkretisierendes und lückenfüllendes Richterrecht präzisiert, ergänzt und vervollständigt auslegungsbedürftige und lückenhafte Gesetze, tritt aber nicht an ihre Stelle. Daher ist diese Art von Richterrecht verfassungsrechtlich nicht nur unproblematisch, sondern systemimmanent und gewünscht: Dadurch, dass die Gesetze abstrakt-generellen Charakter haben und eine Vielzahl von unbestimmten Rechtsbegriffen und teilweise auch Generalklauseln beinhalten (s.o., Rn 192), gehört es gerade zu den Aufgaben der Gerichte, unbestimmte Rechtsbegriffe und Generalklauseln zu konkretisieren (d.h. auszulegen) und auf den zu entscheidenden Fall anzuwenden. Der Gesetzgeber kann nicht alle denkbaren Fälle antizipiert in Normen regeln. **224a**

> **Beispiel:** Liegen Tatsachen vor, welche die Unzuverlässigkeit des Gewerbetreibenden in Bezug auf sein Gewerbe dartun, hat ihm gem. § 35 I GewO die zuständige Behörde die Ausübung des Gewerbes ganz oder teilweise zu untersagen.
>
> In diesem Fall legt der Gesetzgeber abstrakt-generell die Voraussetzungen für eine Gewerbeuntersagung fest. Aufgabe der Behörde ist es, den Begriff der „Unzuverlässigkeit" auszulegen und auf den konkreten Einzelfall anzuwenden.[367]

---

[365] Vgl. dazu BVerfGE 3, 225, 242; 34, 269, 287 f.; 49, 304, 318; 65, 182, 190 f.; 71, 354, 362; 128, 193, 210; 132, 99, 127; BVerfG NJW 2015, 1506, 1507.
[366] *Ossenbühl*, HdbStR V, § 100 Rn 50 ff.; *Henneke*, in: Schmidt-Bleibtreu/Hofmann/Henneke, GG, Vorb. Art. 92 Rn 13 ff.
[367] Zur Gesetzesauslegung (im öffentlichen Recht) vgl. *R. Schmidt*, AllgVerwR, Rn 269 ff.

224b Anerkannt ist auch die Befugnis der Gerichte, planwidrige Gesetzeslücken im Wege der Analogie zu füllen.

> **Beispiel:** § 1004 BGB regelt den Unterlassungs- und Beseitigungsanspruch bei Beeinträchtigungen des Eigentums. Beeinträchtigungen des allgemeinen Persönlichkeitsrechts (etwa durch unerlaubte Veröffentlichung von privaten Fotos) sind nicht erfasst. Andererseits besteht ein Bedürfnis, auch dem in seinem allgemeinen Persönlichkeitsrecht Beeinträchtigten einen Unterlassungs- und Beseitigungsanspruch gegen den Verletzer zuzubilligen. Die Gesetzeslücke ist also planwidrig. Daher ist nach allgemeiner Auffassung § 1004 BGB analog auch auf Unterlassungs- und Beseitigungsansprüche bei Eingriffen in das allgemeine Persönlichkeitsrecht anzuwenden.[368]

224c Eine Ausnahme von der Möglichkeit der analogen Anwendung von Normen gilt für den Bereich des materiellen Strafrechts: Hier ist wegen des Gesetzlichkeitsprinzips und des Bestimmtheitsgrundsatzes (vgl. Art. 103 II GG) eine Lückenschließung bzw. -füllung zulasten des Beschuldigten durch den Rechtsanwender ausgeschlossen.[369] Lücken in diesem Bereich darf allein der parlamentarische Gesetzgeber schließen.[370]

bb. Gesetzesvertretendes Richterrecht

224d Ob gesetzesvertretendes Richterrecht zulässig ist, muss mit Blick auf das Gewaltenteilungsprinzip bezweifelt werden. Denn die Aufgabe der Gesetzgebung unterliegt der Legislative und (in den Grenzen der zulässigen Ermächtigung) der Exekutive. Bleibt also der Gesetzgeber untätig bzw. lässt Lebensbereiche, die einer Regelung bedürfen, ungeregelt, wäre das Gewaltenteilungsprinzip in Frage gestellt, wenn die Rechtsprechung anstelle des Gesetzgebers weitgehend Recht setzen dürfte. Gleichwohl ist anerkannt, dass die Rechtsprechung „durch Entwicklung richterrechtlicher Prinzipien und Institute unter Rückgriff auf allgemeine Rechtsgrundlagen und verfassungsrechtliche Wertentscheidungen" gesetzesvertretend tätig werden darf.[371] Das betrifft insbesondere das kollektive Arbeitsrecht, bei dem der Gesetzgeber bestimmte Bereiche (etwa das Arbeitskampfrecht) „dem freien Spiel der Kräfte"[372] überlassen hat. Aufgabe der Rechtsprechung ist es, über die Rechtmäßigkeit von Arbeitskampfmaßnahmen (Streik, Aussperrung) im Rahmen von Richterrecht zu entscheiden. Aber auch Teile des Staatshaftungsrechts sind richterrechtlich geprägt.[373]

224e Gesetzesvertretendes Richterrecht ist jedenfalls dort ausgeschlossen, wo das Grundgesetz Gesetzesvorbehalte enthält, die auch für die Judikative gelten sowie in Bereichen, in denen eine Gesetzesvorschrift die Materie abschließend regelt und zwingendes Recht darstellt.

> **Beispiel:** Vor Erhebung der Anfechtungsklage sind Rechtmäßigkeit und Zweckmäßigkeit des Verwaltungsakts in einem Vorverfahren nachzuprüfen (§ 68 I S. 1 VwGO). Einer solchen Nachprüfung bedarf es nicht, wenn ein Gesetz dies bestimmt (§ 68 I S. 2 VwGO). Über diesen gesetzlich geregelten Ausnahmefall hinaus hält das BVerwG die Durchführung des Vorverfahrens für entbehrlich, wenn der „Zweck des Widerspruchsverfahrens offensichtlich nicht mehr erreicht werden kann, etwa, wenn die Rechtsaufsichtbehörde zuvor ihr Rechtsposition klar gemacht hat und ein Vorverfahren daher sowieso keinen Erfolg haben wird"[374]. Das ist mit Blick auf das Gewaltenteilungsprinzip

---

[368] Zur Analogie (im Zivilrecht) vgl. *R. Schmidt*, BGB AT, 15. Aufl. 2016, Rn 38 ff.
[369] Vgl. dazu *R. Schmidt*, StrafR AT, 16. Aufl. 2016, Rn 16 ff.
[370] Diese Selbstverständlichkeit klarstellend BVerfGE 126, 170 ff.; BGH NStZ 2014, 392 f.; vgl. auch *Wiedemann*, NJW 2014, 2407 ff.
[371] *Ossenbühl*, HdbStR V, § 100 Rn 55.
[372] Siehe *Junker*, Grundkurs Arbeitsrecht, 15. Aufl. 2016, Rn 591 mit Verweis auf BAGE 73, 320, 329.
[373] Vgl. dazu *R. Schmidt*, AllgVerwR, Rn 1061 ff.
[374] BVerwGE 64, 325, 330; BVerwG NVwZ 2011, 501, 502 ff. Vgl. auch *Schübel-Pfister*, JuS 2011, 420, 421.

sehr bedenklich, weil sich das BVerwG über den Wortlaut des § 68 VwGO, der die Ausnahmegründe abschließend regelt, hinwegsetzt und damit in den Bereich unzulässigen gesetzesvertretenden (oder auch gesetzeskorrigierenden) Richterrechts vordringt.[375]

Auch das materielle Strafrecht kann nicht (jedenfalls nicht zulasten des Betroffenen) durch gesetzesvertretendes Richterrecht geregelt werden (vgl. Art. 103 II GG, s.o.).

cc. Gesetzeskorrigierendes Richterrecht

Gelegentlich kommt es vor, dass ein Gericht eine gesetzliche Regelung, die seit vielen Jahren unverändert besteht und daher neueren industriellen, technischen, gesellschaftlichen oder anderen Entwicklungen nicht mehr gerecht wird, im Rahmen „**richterlicher Rechtsfortbildung**" „korrigiert", indem es (meist unter Berufung auf die objektive Werteordnung der Grundrechte) eine vom Gesetz abweichende Regelung trifft und damit eine vermeintlich als längst überfällig empfundene Gesetzesänderung vorwegnimmt (sog. **gesetzeskorrigierendes** Richterrecht).[376] Zwar mag die Bestrebung des Gerichts, eine einzelfallgerechte Entscheidung zu treffen, die auf der Basis des geltenden Gesetzes so nicht möglich wäre, ehrenwert sein. Dem Judizieren extra legem stehen aber nun einmal die Gesetzesbindung der Gerichte (Art. 20 III GG) und der Grundsatz der Gewaltenteilung (Art. 20 II S. 2 GG) entgegen.[377] Zudem trägt richterliche Rechtsfortbildung nicht gerade zur Rechtssicherheit bei. Rechtssicherheit ist aber ein Fundamentalprinzip unserer Rechtsordnung.

224f

Umso erstaunlicher ist es, dass das BVerfG in seiner Soraya-Entscheidung die Fachgerichte zu einer „freieren Handhabung der Rechtsnormen" berechtigt gesehen hat, wenn das geschriebene Gesetz bei einer am Wortlaut haftenden Auslegung unergiebig ist. Konkret hat es eine richterrechtliche Entwicklung eines Schadensersatzanspruchs analog § 847 BGB a.F. für Persönlichkeitsverletzungen entgegen dem eindeutigen Wortlaut des § 253 BGB a.F. (also contra legem) mit der Begründung gebilligt, dass mit dem „Altern der Kodifikation", also mit dem zunehmenden zeitlichen Abstand zwischen Gesetzeserlass und er zu treffenden Gerichtsentscheidung, die Freiheit des Richters zur schöpferischen Fortbildung des Rechts wachse. Eine Norm stehe ständig im Kontext der sozialen Verhältnisse und der gesellschaftlich-politischen Anschauungen, auf die sie wirken soll; ihr Inhalt könne und müsse sich unter Umständen mit ihnen wandeln. Die tatsächliche oder rechtliche Entwicklung könne eine bis dahin eindeutige und vollständige Regelung lückenhaft, ergänzungsbedürftig und zugleich ergänzungsfähig werden lassen, da Gesetze in einem Umfeld sozialer Verhältnisse und gesellschaftspolitischer Anschauungen stehen, mit deren Wandel sich auch der Norminhalt ändern kann.[378]

Das BVerfG konnte so entscheiden, weil nach seiner Auffassung das Verbot richterlicher Gesetzeskorrektur nicht bei vorkonstitutionellen Gesetzen gilt, also bei Gesetzen, die vor dem Inkrafttreten des Grundgesetzes (24.5.1949, vgl. § 145 II GG) erlassen worden sind. Das BGB sei ein vorkonstitutionelles Gesetz.[379] Das ist nicht ganz zweifelsfrei. Zwar stammt das BGB in seiner ursprünglichen Fassung aus dem Jahre 1900. Nach dem Inkrafttreten des Grundgesetzes ist es durch den Bundesgesetzgeber jedoch an vielen Stellen zum Teil erheblich geändert worden. Auch zum Zeitpunkt der Soraya-Entscheidung BVerfGE 32, 296 (26.1.1972) war das BGB bereits einige Male geändert worden. Daher kann man durchaus annehmen, der Gesetzgeber habe das BGB insgesamt in seinen Willen aufgenommen und bestätigt. Folgt man dem, war das BGB auch im Jahre 1972 bereits als nachkonstitutionell anzusehen.

---

[375] Kritisch auch *Hufen*, JuS 2012, 276, 278; *Schoch*, NVwZ 2011, 506 f.
[376] *Ossenbühl*, HdbStR V, § 100 Rn 54. Vgl. auch *Wiedemann*, NJW 2014, 2407 ff.
[377] *Henneke*, in: Schmidt-Bleibtreu/Hofmann/Henneke, GG, Vorb. vor Art. 92 Rn 17 f. Siehe auch oben Rn 174 ff.
[378] BVerfGE 34, 269, 293 f.
[379] BVerfGE 32, 296, 303 ff. für den mittlerweile aufgehobenen § 1300 BGB.

224g Diese Billigung von korrigierendem Richterrecht durch das BVerfG hat die Rechtsprechung dann auch in Fällen gewandelter Lebensumstände zu einer Rechtsauslegung *contra legem* ermutigt. Virulent wurde dies etwa im Bereich des familienrechtlichen Unterhaltsrechts, wo der BGH zur Aufteilung des Einkommens die sog. Dreiteilungsmethode herangezogen hatte. Der BGH wendete trotz des eindeutigen Wortlauts des § 1578 BGB diese Methode an, wenn es darum ging, das Einkommen des Unterhaltsverpflichteten zwischen ihm, der geschiedenen und der neuen Ehefrau aufzuteilen.

> **Beispiel:** Die Ehe zwischen M und F wird geschieden; F ist unterhaltsberechtigt gem. §§ 1569 ff. BGB. Nach der Scheidung schließt M die Ehe mit D, die – wie F – ebenfalls nicht erwerbstätig ist. Aus dieser Ehe geht ein Kind hervor. Das Einkommen des M beträgt bei Scheidung und später mtl. 3.500,- €.
>
> Unter Zugrundelegung der Dreiteilungsmethode wird zunächst vom Nettoeinkommen des M der zu zahlende Kindesunterhalt abgezogen und das verbleibende Einkommen um den Erwerbstätigenbonus gemindert. Die sich dann ergebende Summe wird – ganz grob gesprochen – zwischen M, F und D gleichmäßig aufgeteilt.
>
> Da das BGB spätestens jedoch durch die am 1.9.2001 in Kraft getretene Mietrechtsreform, die am 1.1.2002 in Kraft getretene Schuldrechtsreform, das am 1.8.2002 in Kraft getretene neue Schadensersatzrecht und die permanente Ausweitung des Verbraucherschutzrechts (§§ 312 ff., 491 ff., 506 ff. BGB) als nachkonstitutionell anzusehen ist, kam auch das BVerfG nicht umhin, der vom BGH angewendeten Dreiteilungsmethode eine Absage zu erteilen. So führt es aus: „§ 1578 BGB bezieht sich ausschließlich auf die ehelichen Lebensverhältnisse. Der BGH hat sich von dem Konzept des Gesetzgebers zur Berechnung des nachehelichen Unterhalts gelöst und dieses durch ein eigenes Modell ersetzt. Mit diesem Systemwechsel hat der BGH die Grenzen richterlicher Rechtsfortbildung überschritten und gegen das Gewaltenteilungsprinzip sowie das Rechtsstaatsprinzip (Art. 20 II S. 2, III GG) verstoßen".[380]
>
> Diese Entscheidung des BVerfG ist begrüßenswert, stellt sie doch eine klare Abkehr von der Soraya-Rechtsprechung dar.
>
> Auch in seiner Entscheidung v. 24.2.2015[381] über die Frage nach einem Auskunftsanspruch des juristischen Vaters gegen die Mutter auf Nennung des Namens des biologischen Vaters, um diesen anschließend (gem. § 1607 III BGB) in Regress zu nehmen, hat das BVerfG der richterlichen Rechtsfortbildung Grenzen aufgezeigt. Hintergrund der Entscheidung war, dass der BGH in Ermangelung einer kodifizierten Rechtsgrundlage einen Auskunftsanspruch aus § 242 BGB („Treu und Glauben") hergeleitet hatte. Dem ist das BVerfG entgegengetreten. § 242 BGB sei nicht geeignet, die Mutter zu verpflichten, den Namen ihres damaligen Sexualpartners zu nennen. Aspekte des Sexuallebens seien in Art. 2 I i.V.m. 1 I GG verankert und wögen so schwer, dass § 242 BGB nicht als Anspruchsgrundlage zur Durchsetzung von Vermögensinteressen des Scheinvaters fungieren könne.
>
> Ob wenigstens ein Anspruch des Kindes gegen die Mutter auf Auskunft über die Identität des biologischen Vaters begründet wäre, kann angesichts der Kernaussage des BVerfG („keine Verpflichtung der Mutter zur Preisgabe der Identität ihres damaligen Sexualpartners") nicht sicher gesagt werden. Auf der Basis der soeben genannten BVerfG-Entscheidung dürfte das Kind keine auf § 242 BGB gestützte Auskunft verlangen können, weil § 242 BGB ja nicht geeignet sein soll, Auskunft aus dem Sexualleben der Mutter zu erhalten. Fraglich ist, ob ein Auskunftsanspruch angenommen werden kann, wenn man eine ältere Entscheidung des BVerfG heranzieht, in der das Gericht es gebilligt hat, dass die Familiengerichte im Zuge richterlicher Rechtsfortbildung einen Auskunftsanspruch des Kindes gegen seine Mutter aus § 1618a BGB herleiten, sofern

---

[380] BVerfG NJW 2011, 836, 837 ff. Vgl. dazu *R. Schmidt*, FamR, 6. Aufl. 2016, Rn 343 ff.
[381] BVerfG NJW 2015, 1506 ff.

eine umfassende Abwägung der widerstreitenden Rechtsgüter stattfindet, namentlich zwischen dem aus Art. 2 I i.V.m. 1 I GG hergeleiteten Recht des Kindes auf Kenntnis der eigenen Abstammung und dem ebenfalls auf Art. 2 I i.V.m. 1 I GG fußenden Geheimhaltungsinteresse der Mutter.[382] Nach der hier vertretenen Auffassung ist ein Auskunftsanspruch auch nicht aus § 1618a BGB begründbar. § 1618a BGB ordnet (lediglich) eine gegenseitige Beistands- und Rücksichtnahmepflicht zwischen Eltern und Kindern an und ist daher ähnlich generalklauselartig formuliert wie § 242 BGB. Soll also § 242 BGB aufgrund seiner Unbestimmtheit nicht geeignet sein, Auskunft aus dem Sexualleben der Mutter verlangen zu können, kann für § 1618a BGB nichts anderes gelten. Denn auch diese Norm ist unbestimmt und ändert zudem nichts an der Schwere des Grundrechtseingriffs auf Seiten der Mutter, wenn diese verpflichtet würde, Auskunft über frühere Geschlechtspartner zu erteilen. Sowohl bei der Heranziehung des § 242 BGB als auch bei der Heranziehung des § 1618a BGB ist die Grenze richterlicher Rechtsfortbildung überschritten.[383]

dd. Korrektur einer gegen höherrangiges Recht verstoßenden Norm?

Schließlich stellt sich die Frage, ob mittels gesetzeskorrigierenden Richterrechts einer formell-gesetzlichen Vorschrift begegnet werden kann, die gegen **höherrangiges** Recht verstößt. 224h

Beispiel: Nach § 323 I BGB muss der Gläubiger dem Schuldner eine angemessene Frist setzen, bevor er vom Vertrag zurücktreten kann. Geht es aber um einen Verbrauchsgüterkauf, also um einen Kauf, bei dem der Käufer Verbraucher i.S.d. § 13 BGB ist und der Verkäufer ein Unternehmer i.S.d. § 14 I BGB, sind die Vorgaben des Art. 3 V der europäischen Verbrauchsgüterkaufrichtlinie (RL 1999/44/EG)[384] zu beachten, wonach bei einem Verbrauchsgüterkauf der Rücktritt des Verbrauchers (bereits dann) zulässig ist, wenn er innerhalb einer angemessenen Frist erfolgt. Von einer „Fristsetzung" ist in der Richtlinie nichts zu lesen. In der englischen Fassung der Richtlinie wird sogar lediglich von „within a reasonable time" (also innerhalb einer angemessenen Zeit) gesprochen.

Das Erfordernis einer Fristsetzung in § 323 I BGB widerspricht dieser Regelung und ist auch nicht „richtlinienkonform auslegbar", da die Wortlautgrenze des § 323 I BGB insoweit eindeutig ist.

Entweder „korrigiert" man diesen Widerspruch durch **„richterliche Rechtsfortbildung"**, indem man bei § 323 I BGB im Rahmen von Verbrauchsgüterkaufverträgen generell auf ein Fristsetzungserfordernis verzichtet, oder man **wendet** mit der hier vertretenen Auffassung § 323 I BGB partiell (in Bezug auf die Fristsetzung) schlicht **nicht an**, da ja diesbezüglich der **Anwendungsvorrang** des Art. 3 V der Richtlinie greift.[385][386]

---

[382] BVerfG NJW 1997, 1769 f.

[383] *R. Schmidt*, FamR, 6. Aufl. 2016, Rn 500i, 500j.

[384] Die Verbrauchsgüterkaufrichtlinie wurde mit Wirkung zum 1.1.2002 in Form des Schuldrechtsmodernisierungsgesetzes in nationales Recht umgesetzt. Die Vorschriften des Verbrauchsgüterkaufs und andere verbraucherschützende Vorschriften sind im Rahmen dieser Schuldrechtsmodernisierung zum 1.1.2002 in das BGB eingefügt worden. Vgl. dazu sowie zur (davon zu unterscheidenden!) Verbraucherrechterichtlinie 2011/83/EU *R. Schmidt*, SchuldR AT, Rn 464b und Rn 969.

[385] Siehe dazu *R. Schmidt*, SchuldR AT, 11. Aufl. 2016, Rn 462 ff.; BGH ZIP 2016, 1538 f.; BGH NJW 2015, 2564 f.

[386] Zum Anwendungsvorrang des EU-Rechts vgl. unten Rn 355 ff.

6. Verwaltungsvorschriften

225 Gesetze haben einen abstrakt-generellen Charakter: Sie sind für eine unbestimmte Zahl von Menschen und für eine unbestimmte Zahl von Sachverhalten erlassen. Um diesen Charakter zu unterstreichen, sind sie in aller Regel mit unbestimmten Rechtsbegriffen[387] sowie in bestimmten Fällen mit einer Ermessensermächtigung[383] versehen. Ein Gesetz muss daher, um im Einzelfall angewendet werden zu können, **ausgelegt**, d.h. **konkretisiert** werden. Da aber die Ausführung der Gesetze von einer Vielzahl von Behörden und Sachwaltern vorgenommen wird, wäre eine einheitliche Rechtsanwendung, und damit eine Rechtssicherheit und Gleichbehandlung, nicht möglich, wenn die auszuführenden Gesetze nicht mit Auslegungsrichtlinien oder Ermessensrichtlinien begleitet wären. Solche Auslegungs- oder Ermessensrichtlinien werden als Verwaltungsvorschriften bezeichnet.

226 **Verwaltungsvorschriften** sind Regelungen, die innerhalb der Organisation der öffentlichen Verwaltung von übergeordneten Behörden oder von Vorgesetzten an nachgeordnete Behörden oder Bedienstete ergehen. Sie dienen dazu, die Tätigkeit der Verwaltung näher zu bestimmen und einheitlich zu gestalten.

227 *Ministerielle* Verwaltungsvorschriften und Einzelanweisungen ergehen zumeist als „Erlasse", „Allgemeine Verwaltungsvorschriften" oder „Richtlinien". Interne Regelungen *anderer* Behörden heißen „Verfügungen", „Anordnungen", „Richtlinien", „Dienstanweisungen."

228 Inhaltlich können die Verwaltungsvorschriften und Einzelanweisungen sämtliche Tätigkeiten und Funktionen der Verwaltung betreffen. Neben der Organisation und dem Verfahren steuern sie insbesondere auch die Gesetzesauslegung. In diesem Fall spricht man von **gesetzesauslegenden** oder **norminterpretierenden** Verwaltungsvorschriften. Sie geben den nachgeordneten Behörden (verbindliche) Hilfestellungen bei der Auslegung von unbestimmten Rechtsbegriffen. Bezieht sich ihr Regelungsgehalt auf die Ausübung des der Verwaltung eingeräumten Ermessens, spricht man von **ermessenslenkenden** Verwaltungsvorschriften („durch Verwaltungsvorschrift antizipiertes Ermessen").[389] Allen bislang angesprochenen Arten von Verwaltungsvorschriften gemein ist aber die beschränkte Bindungswirkung im Innenbereich der Verwaltung („Binnenrecht der Verwaltung"). Richtigerweise sind sie **nicht als Rechtsquelle** anerkannt.

229 Hiervon zu unterscheiden sind die sog. **normkonkretisierenden** Verwaltungsvorschriften, denen – soweit man sie überhaupt anerkennt – teilweise eine beschränkte Außenwirkung beigemessen wird. Zu deren Rechtsnatur und Bindungswirkung sowie zu der damit verbundenen verfassungsrechtlichen Problematik vgl. *R. Schmidt*, AllgVerwR, Rn 864 ff.

---

[387] Zum Begriff und zur gutachtlichen Handhabung von unbestimmten Rechtsbegriffen vgl. *R. Schmidt*, AllgVerwR, Rn 265 ff.
[388] Zum Verwaltungsermessen vgl. *R. Schmidt*, AllgVerwR, Rn 295 ff.
[389] Vgl. *R. Schmidt*, AllgVerwR, Rn 864 ff.

7. Tarifverträge

Als Rechtsquelle anerkannt sind aber Tarifverträge. Sie sind Ausfluss der in Art. 9 III **230**
GG gewährleisteten Koalitionsfreiheit, die einen von staatlicher Rechtsetzung und
Einflussnahme freien Raum garantieren soll, in dem frei gebildete Arbeitgeber- sowie
Arbeitnehmervereinigungen das Arbeitsleben selbstständig (durch Tarifverträge) ordnen.[390] Der Gesetzgeber hat in Ausgestaltung des Art. 9 III GG das **Tarifvertrags-
gesetz** (TVG) erlassen und in § 4 I TVG bestimmt, dass die Rechtsnormen des
Tarifvertrags, die den Inhalt, den Abschluss oder die Beendigung von Arbeitsverhält-
nissen ordnen, unmittelbar und zwingend zwischen den beiderseits Tarifgebundenen
gelten, die unter den Geltungsbereich des Tarifvertrags fallen. § 5 TVG geht sogar
noch weiter und bestimmt, dass Tarifverträge vom Bundesministerium für Arbeit und
Soziales für **allgemeinverbindlich** erklärt werden können und damit praktisch
gesetzesvertretend Geltung über die Tarifparteien hinaus entfalten. Das BVerfG hat
diesen massiven Eingriff in die (negative) Koalitionsfreiheit und die Berufsfreiheit als
verfassungsgemäß angesehen.[391]

8. Rangordnung der nationalen Rechtsquellen

Die Verfassungen von Bund und Ländern gehen allem einfachen Recht ihres Bereiches **231**
vor. Das ist selbstverständlich, da die Verfassungen den Ursprung jeden Rechts
darstellen müssen. Des Weiteren gehen formelle Gesetze den nur-materiellen Geset-
zen (Rechtsverordnungen und Satzungen) vor. Bundesrecht geht gleichgültig welchen
Rangs den (entgegenstehenden!) Landesgesetzen einschließlich den Verfassungen
grundsätzlich vor (vgl. Art. 31 GG – zur Regelung des Art. 72 III GG vgl. Rn 819).
Innerhalb eines Blocks folgt der Geltungsvorrang des ranghöheren Rechts aus dem
Grundsatz vom Vorrang des Gesetzes (Art. 20 III GG) und damit letztlich aus dem
Rechtsstaatsprinzip. Es kann nicht sein, dass eine rangniedrigere Norm bei einer
Kollision mit einer ranghöheren Geltung beansprucht. Die Kollisionsregeln greifen
allerdings nur dann, wenn das übergeordnete Recht gültig ist. So kann bspw. ein
Bundesgesetz, das unter Missachtung der Gesetzgebungskompetenz (Art. 70 ff. GG)
formell rechtswidrig zustande gekommen, also nichtig ist, kein untergeordnetes
Landesrecht suspendieren.

Die Rechtsfolge, dass Staatsakte grundsätzlich nichtig sind, wenn sie rechtswidrig **232**
sind, folgt aus der dem Rechtsstaatsprinzip zugrunde liegenden Nichtigkeitstheorie. Es
wäre mit dem Rechtsstaats- und dem Demokratieprinzip unvereinbar, wenn rechtswidrige Staatsakte (belastende) Rechtswirkungen entfalten würden. Allerdings ist zu
beachten, dass bestimmten rechtswidrigen Staatsakten dennoch eine Verbindlichkeit
zukommen kann, wenn dadurch das Rechtsstaats- und Demokratieprinzip gewahrt
bleibt. So hat der formelle Gesetzgeber bestimmt, dass rechtswidrige Verwaltungsakte
grundsätzlich wirksam sind, vgl. § 43 II VwVfG. Nur ein nichtiger Verwaltungsakt ist
unwirksam, § 43 III VwVfG. Die Nichtigkeit bestimmt sich nach § 44 VwVfG.

Auch für Satzungen gilt der Grundsatz der Nichtigkeit nur eingeschränkt. Nach
§§ 214, 215 BauGB sind bestimmte – in erster Linie formelle – Fehler von Bebauungs-
plänen (§ 10 BauGB) und sonstigen baurechtlichen Satzungen (Veränderungssperren
gem. §§ 14 ff. BauGB) entweder von vornherein unbeachtlich (absolute Unbeachtlich-
keit) oder dann unbeachtlich, wenn sie nicht innerhalb einer bestimmten Frist nach

---

[390] BVerfGE 44, 322, 340 f. (Allgemeinverbindlichkeitserklärung von Tarifverträgen); 50, 290, 367 (Mitbestimmung); 64, 208, 215 (Deputatkohle des Bergarbeiters); BAG ZIP 2001, 529 ff.
[391] Vgl. BVerfGE 44, 322, 340 f. Vgl. auch BVerfG NJW 2015, 3294, 3295. Beispiele bilden etwa der Tarifvertrag über das Sozialkassenverfahren im Baugewerbe und der Tarifvertrag über die Berufsbildung im Baugewerbe.

Erlass der Satzung gegenüber der Gemeinde gerügt werden (relative Unbeachtlich-keit). Die mit einem unbeachtlichen Fehler oder mit nicht innerhalb der Frist gerügtem Fehler behaftete Satzung ist demnach rechtswirksam. Außerhalb dieser Unbeachtlich-keitsregelungen verbleibt es jedoch bei dem Grundsatz der Nichtigkeit.

233 Die Rangordnung der innerstaatlichen Rechtsquellen begründet grundsätzlich keinen Anwendungsvorrang, sondern einen **Geltungsvorrang**. Geltungsvorrang bedeutet, dass das untergeordnete Recht im Falle der Kollision mit dem übergeordneten Recht nicht nur seinen Anwendungsbereich verliert (wie das beim Anwendungsvorrang der Fall ist), sondern bereits keine Geltung beanspruchen kann (*lex superior derogat legi inferiori*).

234 So ist nach der Grundregel des Art. 31 GG das Landesrecht bei einer Kollision mit Bundesrecht rechtsunwirksam. Demgegenüber ist das nationale Recht einschließlich des Verfassungsrechts in einem Kollisionsfall mit dem Recht der **Europäischen Union** nur in seiner Anwendung gesperrt. Das Recht der Europäischen Union genießt **Anwendungsvorrang**. Vgl. dazu ausführlich die Bearbeitung zur Staatszielbestim-mung **Förderung der EU** bei Rn 327 ff. Dem Prinzip des Anwendungsvorrangs hat sich der verfassungsändernde Gesetzgeber im Zuge der **Föderalismusreform** 2006 hinsichtlich der Abweichungskompetenz der Länder bei der konkurrierenden Gesetz-gebung angeschlossen. Vgl. dazu ausführlich Rn 819 ff.

IV. Prinzip der Gesetzmäßigkeit der Verwaltung

Aus Art. 1 III, 20 III, 83 und 86 GG ergibt sich, dass die Verwaltung die Gesetze **235** ausführt und dabei an Gesetz und Recht gebunden ist. Die Verwaltung darf also die Voraussetzungen ihres Eingreifens nicht selbst festlegen. Das darf aufgrund des Demokratieprinzips nur die unmittelbar demokratisch legitimierte Legislative, das Parlament. Das bedeutet, dass ein Eingriff (seitens der Exekutive) in die Rechtssphäre des Betroffenen nur dann gerechtfertigt ist, wenn er im ordnungsgemäßen Vollzug eines rechtmäßigen Gesetzes erfolgt. Erste Voraussetzung für die Rechtmäßigkeit einer belastenden Verwaltungsmaßnahme ist also das Vorliegen einer gesetzlichen Rechtsgrundlage.[392] Man spricht insoweit vom **Vorbehalt des Gesetzes** (Merksatz: *„Nicht ohne das Gesetz"*). Unabhängig von dem Erfordernis einer Rechtsgrundlage gilt, dass die Verwaltung niemals gegen bestehende Gesetze verstoßen darf. Hier spricht man vom **Vorrang des Gesetzes** (Merksatz: *„Nicht gegen das Gesetz"*). Vorrang und Vorbehalt des Gesetzes werden zusammengefasst als **Prinzip der Gesetzmäßigkeit der Verwaltung** bezeichnet (vgl. dazu bereits Rn 160).

1. Vorrang des Gesetzes

Das Prinzip vom **„Vorrang des Gesetzes"** gilt **ausnahmslos** für jede Verwaltungs- **236** tätigkeit und verbietet jeden Verstoß gegen bestehende Gesetze (Art. 20 III GG).

> **Beispiele:**
> **(1)** Wenn keiner der Versagungsgründe des § 4 GastG[393] vorliegt, *ist* dem Antragsteller die Gaststättenerlaubnis von der zuständigen Verwaltungsbehörde zu erteilen. Das folgt aus der grundrechtlich gewährten Gewerbefreiheit (vgl. § 1 GewO i.V.m. Art. 12 I GG).[394] Beachtet die Behörde diese Vorgabe nicht, verstößt sie gegen den Vorrang des Gesetzes.
>
> **(2)** Beschließt die Bundesregierung, die zuvor gesetzlich festgelegte Laufzeitverlängerung für Atomkraftwerke auszusetzen („Atom-Moratorium"), um einen frühzeitigen Ausstieg aus der Atomenergie herbeizuführen, mag dies als Reaktion auf die Reaktorkatastrophe in Fukushima zwar nachvollziehbar sein, jedoch verstößt dies gegen den Grundsatz vom Vorrang des Gesetzes, da die Bundesregierung nicht die Befugnis hat, Gesetze des Parlaments auch nur teilweise außer Kraft zu setzen. Auch die Bundesregierung unterliegt der Gesetzesbindung aus Art. 20 III GG.

Die *Bindung an die Grundrechte* ist allerdings bei **privatrechtlichem Handeln** der **237** Verwaltung differenziert zu betrachten. Da die damit verbundene Problematik ausführlich bei *R. Schmidt*, Grundrechte, Rn 87 ff., dargestellt ist, sei insoweit auf die dortige Darstellung verwiesen.

Fraglich sind die **Rechtsfolgen**, die mit einem Verstoß gegen das Vorrangprinzip verbun- **238** den sind. Erlässt die Verwaltung gegen höherrangige Gesetze verstoßende **Rechtsverordnungen**, sind diese nichtig. Entsprechendes gilt grundsätzlich auch für **Satzungen**. Allerdings sind dort in Betracht kommende Heilungs- bzw. Unbeachtlichkeitsregelungen zu beachten. So sind gem. § 214 BauGB bestimmte Fehler im Bebauungsplan unbeachtlich

---

[392] Die Terminologie ist uneinheitlich. Verbreitet wird der Begriff „Ermächtigungsgrundlage" verwendet, obwohl dieser Begriff bereits durch das formell-gesetzliche Ermächtigungsverfahren, namentlich eine oberste Bundes- oder Landesbehörde zum Erlass von (abstrakt-generellen) Rechtsverordnungen zu ermächtigen (Art. 80 I GG), besetzt ist. Es empfiehlt sich deshalb, den neutralen Begriff „Rechtsgrundlage" zu verwenden. Bei Maßnahmen der an dieser Stelle zu erörternden Eingriffsverwaltung kann auch mit dem Begriff „Eingriffsermächtigung" gearbeitet werden.
[393] Zum GastG nach der Föderalismusreform vgl. Rn 832c.
[394] Man spricht von einem präventiven Verbot mit Erlaubnisvorbehalt: Das grundrechtlich Erlaubte wird präventiv zur Rechtskontrolle eingeschränkt. Ist das Vorhaben unbedenklich (d.h. bewegt sich der Anspruchsteller im Rahmen des grundrechtlich Erlaubten), ist die „Präventionssperre" aufzuheben und die Erlaubnis zu erteilen.

bzw. behebbar.[395] Gegen Gesetze verstoßende **Beschlüsse** sind jedenfalls dann unwirksam, wenn sie verbindlich sind. Gegen Gesetze verstoßende **Verwaltungsakte** sind demgegenüber grundsätzlich wirksam (vgl. §§ 43 II/III, 44 VwVfG). Sie sind aber anfechtbar und aufhebbar (vgl. § 113 I S. 1 VwGO).[396] Für **Verwaltungsverträge** gilt § 59 VwVfG.[397]

2. Vorbehalt des Gesetzes

239　In einer parlamentarischen Demokratie, wie sie das Grundgesetz kennt, ist ausschließlich das Parlament unmittelbar demokratisch legitimiert. Nur das Parlament darf daher die Voraussetzungen von freiheitsverkürzenden Maßnahmen (Eingriffen) festlegen. Maßnahmen der Verwaltung, die mit Rechtseingriffen verbunden sind, dürfen somit nur dann ergehen, wenn sie sich auf eine parlamentarische Rechtsgrundlage stützen lassen.

> **Beispiel:** Möchte die Polizei eine Identitätsüberprüfung vornehmen, benötigt sie dafür eine gesetzliche Rechtsgrundlage, da mit der Maßnahme ein Grundrechtseingriff verbunden ist (hier: Eingriff in das allgemeine Persönlichkeitsrecht aus Art. 2 I i.V.m. 1 I GG). Diese ist dem Polizei- und Ordnungsgesetz (des Landes) zu entnehmen.

Aus einer Gesamtschau aus dem Rechtsstaatsprinzip, dem Demokratieprinzip und den Grundrechten ergibt sich die Definition des Vorbehalts des Gesetzes:

240　Der aus dem Rechtsstaatsprinzip, dem Demokratieprinzip und den Grundrechten abgeleitete **Vorbehalt des Gesetzes** besagt, dass (grundrechtsbelastende) Verwaltungsmaßnahmen nur auf einer formell-gesetzlichen Grundlage ergehen dürfen.[398]

Mit dem Vorbehalt des Gesetzes nicht gleichzusetzen sind die Wesentlichkeitsrechtsprechung und der Parlamentsvorbehalt.

a. Wesentlichkeitsrechtsprechung

241　Die vom BVerfG geprägte **Wesentlichkeitsrechtsprechung** besagt, dass der parlamentarische Gesetzgeber die für die Grundrechtsverwirklichung maßgeblichen Regelungen im Wesentlichen selbst zu treffen hat und diese nicht über mehr oder minder globale Ermächtigungen an die Exekutive delegieren darf.[399]

242　Geht es also um Grundrechtseingriffe, ist stets eine formell-gesetzliche Rechtsgrundlage erforderlich, in der die Reichweite des zulässigen Grundrechtseingriffs geregelt ist. Rechtsstaatsprinzip und Demokratieprinzip verpflichten den Gesetzgeber dazu, die für die Grundrechtsverwirklichung maßgeblichen Regelungen selbst zu treffen.[400] Danach darf lediglich die Befugnis zur Regelung von Einzelheiten der Exekutive überlassen werden.

---

[395] Vgl. ausführlich *R. Schmidt*, BauR, Rn 31 ff.
[396] Vgl. ausführlich *R. Schmidt*, AllgVerwR, Rn 503 ff. und VerwProzR, Rn 267 ff.
[397] Vgl. ausführlich *R. Schmidt*, AllgVerwR, Rn 924 ff.
[398] Insoweit klarstellend BVerfGE 116, 69, 80 (Jugendstrafvollzug).
[399] Vgl. nur BVerfGE 33, 125, 158 (Facharzt); 84, 212, 226 (Aussperrung); BVerfG NVwZ 2015, 1279, 1280 (Altershöchstgrenzen für die Einstellung in den öffentlichen Dienst); BVerfG NVwZ 2016, 675, 676 f. (Akkreditierung von Studiengängen durch Akkreditierungsagenturen).
[400] Vgl. nur BVerfG NVwZ 2016, 675, 676 f. (Akkreditierung von Studiengängen durch Akkreditierungsagenturen).

Besondere Bedeutung erlangt die Wesentlichkeitsrechtsprechung, wenn es um **mehr-dimensionale**, **komplexe Grundrechtskonstellationen** geht, in denen mitein- **243** ander konkurrierende Freiheitsrechte und andere (widerstreitende) Verfassungsgüter in Einklang gebracht werden müssen.[401]

Beispiele:

(1) Da die Begriffe der „wesentlichen Umwelteinwirkungen", der „Immissionen", der „Emissionen" und der „Luftverunreinigungen" für zahlreiche (umwelt-)behördliche Eingriffsbefugnisse relevant sind und diese wiederum weit reichende Konsequenzen für die betroffenen Betriebe mit sich bringen, muss der parlamentarische Gesetz- geber selbst die genannten Begriffe in einem formellen Gesetz definieren. Dies hat er mit § 3 BImSchG getan.

(2) Zwar ist der Staat aufgrund seines Erziehungsauftrags und Bildungsauftrags (Art. 7 I GG) berechtigt, Sexualerziehung in der Schule durchzuführen, da andererseits aber die (individuelle) Sexualerziehung der Kinder in erster Linie Teil des Erzie- hungsrechts der Eltern i.S.d. Art. 6 II GG ist, verpflichtet der Vorbehalt des Geset- zes den Gesetzgeber, die Entscheidung über die Einführung einer Sexualerziehung in den Schulen selbst zu treffen. Er darf die Entscheidung über die Einführung einer Sexualerziehung in Schulen nicht der Schulbehörde überlassen.[402]

(3) Pressesubventionen sind für die Begünstigten zwar vordergründig vorteilhaft, dennoch darf nicht übersehen werden, dass dadurch gewisse Lenkungseffekte er- zielt und Verzerrungen des publizistischen Wettbewerbs verursacht werden. Eine Presse ohne staatliche Einflussnahme ist aber für eine funktionierende Demokratie unabdingbar, zumal der Staat auch eine Neutralitätspflicht innehat. Daher ist die Entscheidung über eine Pressesubventionierung in einem förmlichen Gesetz zu treffen. Lediglich die nähere Ausgestaltung kann der Verwaltung überlassen werden[403] (vgl. auch Rn 265).

(4) Die Festlegung von Altershöchstgrenzen für die Einstellung in den öffentlichen Dienst ist derart wesentlich für die betroffenen Bewerber, dass sie nur durch for- melles Gesetz erfolgen kann. Werden Altersgrenzen lediglich in Laufbahnverord- nungen (Rechtsverordnungen) festgelegt, ist dies bereits wegen Verstoßes gegen Art. 80 I S. 2 GG bzw. die Wesentlichkeitsrechtsprechung rechtswidrig, wenn es an einer hinreichend bestimmten Ermächtigungsgrundlage fehlt.[404]

Soweit in den genannten Beispielen ohnehin Grundrechtseingriffe durch die Exekutive **244** vorliegen, bedarf es bereits aufgrund des Vorbehalts des Gesetzes einer formellen Gesetzesgrundlage. Insoweit stellt sich die Frage, warum das BVerfG noch eine „Wesentlichkeitsrechtsprechung" ins Spiel bringt. Dieser Umstand kann nur damit erklärt werden, dass das BVerfG offenbar davon ausgeht, der Vorbehalt des Gesetzes verlange überhaupt nur eine formell-gesetzliche Grundlage, soweit Grundrechts- eingriffe vorliegen. Ob auch eine Gesetzesgrundlage erforderlich ist, die die Eingriffs- voraussetzungen im Wesentlichen beschreibt, richtet sich dann nach der Bedeutung für das Staat-Bürger-Verhältnis: Je bedeutender das staatliche Verhalten für den Bürger ist, desto detaillierter muss die gesetzliche Regelung sein. Insoweit lässt sich der Befund aufstellen, dass die Wesentlichkeitsrechtsprechung enger ist als der all- gemeine Gesetzesvorbehalt. Es kann also vorkommen, dass gemäß dem Vorbehalt des Gesetzes zwar eine formell-gesetzliche Rechtsgrundlage erforderlich ist, die

---

[401] Vgl. dazu auch die zusammenfassende Darstellung bei BVerfG NVwZ 2015, 1279, 1280.
[402] BVerfGE 47, 46, 69 ff. (Sexualkundeunterricht).
[403] BVerfGE 80, 124, 131 ff. (Postzeitungsdienst; Pressesubventionen).
[404] BVerfG NVwZ 2015, 1279, 1280. Zur materiell-rechtlichen Frage (Vereinbarkeit mit Art. 33 II GG und Art. 12 I GG) vgl. *R. Schmidt*, Grundrechte, Rn 367, 775 (Bsp. 6), 798, 805, 806.

Bedeutung der geregelten Materie für die Verwirklichung der Grundrechte aber nicht so wesentlich ist, dass sämtliche Detailfragen im Gesetz geregelt werden müssten.

Beispiele:

(1) Das BVerfG hat entschieden, dass die gegenüber einem Beamten vorgenommene Zuweisung eines neuen Dienstpostens (Umsetzung) an einem anderen Dienstort zwar in die Berufsfreiheit des Beamten aus Art. 12 I GG eingreife und daher gemäß dem Vorbehalt des Gesetzes (hier: Art. 12 I S. 2 GG) einer formell-gesetzlichen Rechtsgrundlage bedürfe. Da aber die Frage, *unter welchen Voraussetzungen* eine derartige Umsetzung erfolgen darf, nicht wesentlich sei, erfordere die Umsetzung keine gesetzliche Regelung der einzelnen Voraussetzungen einer Umsetzung. Vielmehr genüge die gesetzlich geregelte allgemeine beamtenrechtliche Gehorsamspflicht (vgl. etwa § 62 I S. 2 BBG, § 35 S. 2 BeamtStG).[405]

(2) Auch für die Einführung der von der Kultusministerkonferenz am 30.11./1.12.1995 beschlossenen Neuregelung der deutschen Rechtschreibung an Schulen bedurfte es nach Auffassung des BVerfG keiner besonderen, über die allgemeinen Lernzielbestimmungen des Schulgesetzes hinausgehenden gesetzlichen Grundlage.[406]

245

Fazit: Während also der Vorbehalt des Gesetzes nur verlangt, dass in bestimmten Fällen und unter bestimmten Voraussetzungen überhaupt eine formell-gesetzliche Rechtsgrundlage besteht, fordert die Wesentlichkeitsrechtsprechung, dass aufgrund des Rechtsstaats- und Demokratieprinzips eine gesetzliche Bestimmung, die in Grundrechte eingreift oder zu Grundrechtseingriffen ermächtigt, hinreichend bestimmt ist.[407]

b. Parlamentsvorbehalt

246 Der **Parlamentsvorbehalt** besagt, dass bestimmte Angelegenheiten einer Entscheidung des Parlaments bedürfen.

247 Wenn auch der Parlamentsvorbehalt mit dem Vorbehalt des Gesetzes und der Wesentlichkeitsrechtsprechung viele Berührungspunkte hat, darf er mit diesen Prinzipien dennoch nicht gleichgesetzt werden.[408] Denn er sagt lediglich, dass bestimmte Angelegenheiten einer Entscheidung des Parlaments bedürfen.

248 Mit „Parlament" sind dabei ausschließlich die Gesetzgebungskörperschaften von Bund und Ländern gemeint (also der Bundestag und die Landtage), nicht dagegen sonstige Vertretungskörperschaften wie z.B. Gemeindevertretungen oder Studierendenvertretungen, die landläufig als „Gemeindeparlament" und „Studierendenparlament" bezeichnet werden.

249 Der Parlamentsvorbehalt ist unmittelbarer Ausfluss aus dem Demokratieprinzip. Er verbietet, dass Entscheidungen, die von substantiellem Gewicht für das Gemeinwesen sind, ohne parlamentarische Zustimmung getroffen werden. Das leuchtet ein, wenn man bedenkt, dass allein das Parlament unmittelbar demokratisch legitimiert ist und sich die Exekutive nur mittelbar über das Parlament legitimiert.

250 Keine Rolle spielt es, in welcher Form die Entscheidung des Parlaments ergeht. Sie kann, muss aber nicht in der Form eines Gesetzes ergehen; auch ein schlichter Parlamentsbeschluss wird dem Parlamentsvorbehalt jedenfalls dann gerecht, wenn er

---

[405] BVerwG NVwZ 2012, 1481, 1482; NVwZ-RR 2008, 547, 548 (jeweils Umsetzung eines Beamten).
[406] BVerfGE 98, 218, 252 ff. (Rechtschreibreform).
[407] Vgl. nur BVerfG NVwZ 2016, 675, 676 f. (Akkreditierung von Studiengängen durch Akkreditierungsagenturen).
[408] So aber BVerfGE 108, 282, 311 f. (Kopftuch).

verbindlich ist. Wichtig ist nur, dass überhaupt das Parlament in verbindlicher Form entscheidet.

> **Beispiel**[409]**:** Im Urteil über die Ratifikation des ESM-Vertrags (Vertrag über die Einführung eines europäischen Stabilitätsmechanismus) führt das BVerfG aus, dass Entscheidung über Einnahmen und Ausgaben der öffentlichen Hand grundlegender Teil der demokratischen Selbstgestaltungsfähigkeit im Verfassungsstaat seien. Sie müssten daher in der Hand des Deutschen Bundestags verbleiben (Haushaltsrecht bzw. Budgetrecht des Parlaments). Das gelte auch dann, wenn die Exekutive in einem System intergouvernementalen Regierens (hier: europäischer Stabilisierungsmechanismus) handele. Daher sei es dem Deutschen Bundestag untersagt, finanzwirksame Mechanismen zu begründen, die zu nicht überschaubaren haushaltsbedeutsamen Belastungen ohne erneute konstitutive Zustimmung des Bundestags führen können. Es sei dem Bundestag verwehrt, dauerhafte völkervertragsrechtliche Mechanismen zu etablieren, die auf eine Haftungsübernahme für Willensentscheidungen anderer Staaten hinausliefen, vor allem wenn sie mit schwer kalkulierbaren Folgewirkungen verbunden seien. Jede ausgabenwirksame solidarische Hilfsmaßnahme des Bundes größeren Umfangs im internationalen oder unionalen Bereich müsse vom Bundestag im Einzelnen bewilligt werden. Auch bei der Art und Weise des Umgangs mit den zur Verfügung gestellten Mitteln müsse hinreichender parlamentarischer Einfluss gesichert sein.
>
> Das Zustimmungsgesetz zum ESM bzw. zur Einführung von Art. 136 III in den AEUV beeinträchtige das Demokratieprinzip (bzw. den Parlamentsvorbehalt) nicht. Allerdings dürfe der Haftungsanteil der Bundesrepublik Deutschland aus ESM ohne Zustimmung des Bundestags nicht eine bestimmte Größenordnung überschreiten. Die Haftungsobergrenze der Bundesrepublik Deutschland (von derzeit festgelegten 190 Mrd. €) darf also nur mit Zustimmung des Bundestags erhöht werden.

Der Parlamentsvorbehalt kann aber nicht weiter reichen als die Zuständigkeit der **251** Legislative, die wiederum durch das Gewaltenteilungsprinzip begrenzt sind. Das Parlament kann also nicht Entscheidung, die nach der Verfassung der Exekutive zustehen, unter Berufung auf den Parlamentsvorbehalt an sich ziehen. Ein solcher Kompetenzübergriff könnte mit einem Organstreitverfahren (Art. 93 I Nr. 1 GG) begegnet werden.[410]

c. Zur Reichweite des Gesetzesvorbehalts

Im Gegensatz zum *Vorrang des Gesetzes* gilt der *Vorbehalt des Gesetzes* **nicht** **252** **uneingeschränkt**. Es muss kategorisch zwischen der Ordnungsverwaltung (hier: Eingriffsverwaltung) und den sonstigen Arten der Verwaltungstätigkeit (hier: Leistungsverwaltung) unterschieden werden:

aa. Eingriffsverwaltung

Unstreitig gilt der Vorbehalt des Gesetzes bei (gezielten) Eingriffen in Freiheit und **253** Eigentum der Bürger (sog. **Eingriffsverwaltung**). Folgerichtig ist im besonderen Gefahrenabwehrrecht (Gewerberecht, Gaststättenrecht, Bauordnungsrecht, Wasserhaushaltsrecht etc.) sowie im allgemeinen Gefahrenabwehrrecht (**Polizei- und Ordnungsrecht**) stets eine formell-gesetzliche Grundlage erforderlich, d.h. eine **Rechtsgrundlage**, die die Voraussetzungen für den administrativen Rechtseingriff normiert.

---

[409] BVerfGE 132, 195, 232 ff. (ESM); vgl. auch BVerfGE 135, 317, 399 ff. (ESM).
[410] Zum Parlamentsvorbehalt vgl. auch ausführlich *Jach*, DVP 2011, 140 ff.

Beispiel: G betreibt in der Innenstadt von S eine Kneipe und lässt dort den Handel mit Drogen zu. Nachdem ihn die Behörde bereits mehrmals aufgefordert hat, dies zu unterbinden, entzieht sie ihm wegen Unzuverlässigkeit die Gaststättenerlaubnis.

Der Entzug der Gaststättenerlaubnis ist ein belastender Verwaltungsakt und Instrument der Eingriffsverwaltung. Das behördliche Handeln bedarf somit einer Rechtsgrundlage. Eine solche stellt § 15 II GastG i.V.m. § 4 I S. 1 Nr. 1 GastG dar. Erfüllt G die dort normierten Voraussetzungen, ist der Widerruf der Erlaubnis gerechtfertigt.

254 Die spezialgesetzlichen Rechtsgrundlagen sind in den die jeweils betreffende Rechtsmaterie regelnden Normkomplexen (bereichsspezifisches Normgefüge) enthalten. Insbesondere das Versammlungsgesetz, das Vereinsgesetz, das Waffengesetz, das Gaststättengesetz, die Gewerbeordnung, die Beamtengesetze und die Verwaltungsverfahrensgesetze (vgl. etwa §§ 48, 49 VwVfG) enthalten eine Vielzahl prüfungsrelevanter Rechtsgrundlagen. Aufgrund der Regelungsdichte des öffentlichen Rechts ist aber davon abzuraten, möglichst viele Rechts- oder Anspruchsgrundlagen auswendig zu lernen. Es genügt, eine Rechtsgrundlage an dem jeweiligen Modalverb „muss", „darf", „kann" oder „ist befugt", das der Behörde eine entsprechende Befugnis erteilt, erkennen zu können.

255 Zum Vorbehalt des Gesetzes im sog. **Sonderrechtsverhältnis** vgl. Rn 267 f. sowie *R. Schmidt*, AllgVerwR, Rn 457 ff.; zum Vorbehalt des Gesetzes bei der **Privatisierung** von Verwaltungsaufgaben vgl. *R. Schmidt*, AllgVerwR, Rn 118 ff.

bb. Sonderproblem Gesetzesvorbehalt bei behördlichen Warnungen

256 Unter einer **öffentlichen (d.h. behördlichen) Warnung** versteht man Erklärungen von Behörden oder Regierungsorganen, die an die Bevölkerung gerichtet sind und diese vor bestimmten gewerblichen oder landwirtschaftlichen Produkten, aber auch vor bestimmten Institutionen warnen.

257 Da die rechtliche Zulässigkeit von behördlichen Warnungen einschließlich der Frage nach der Vereinbarkeit mit dem Vorbehalt des Gesetzes bei *R. Schmidt*, AllgVerwR, Rn 893 ff. behandelt ist, wird insoweit darauf verwiesen.

d. Leistungsverwaltung

258 Im Bereich der **Leistungsverwaltung** (dazu *R. Schmidt*, AllgVerwR, Rn 1008 ff.) besteht die Besonderheit, dass die Verwaltung nicht freiheitsverkürzend in die Rechtssphäre des Bürgers eingreift, sondern ihm gegenüber gewährend auftritt, also dessen Rechtssphäre erweitert. Sollte eine Leistungsgewährung nicht schon gesetzlich geregelt sein (vgl. etwa § 31 SGB I i.V.m. den Anspruchsgrundlagen z.B. aus dem SGB II, III oder VI) lässt insbesondere die Rechtsprechung es daher (bezüglich der Subventionsvergabe) genügen, wenn im **Haushaltsplan** (= nur-formelles Gesetz) des Bundes[411] oder des betreffenden Landes Mittel mit entsprechender Zweckbestimmung bereitgestellt sind und die Vergabe durch **Richtlinien** (i.S.v. Verwaltungsvorschriften) geordnet ist. Seien Fördermittel im Haushaltsplan (z.B. § 23 BHO) für einen bestimmten Förderungszweck bereitgestellt, sei trotz des auch in der Leistungsverwaltung zu

---

[411] Vgl. Art. 110 I S. 1, II GG i.V.m. der Bundeshaushaltsordnung (BHO).

beachtenden **Rechtsstaats-**[412] und **Demokratieprinzips** dem Vorbehalt des Gesetzes *grundsätzlich* Genüge getan (sog. **Etatlegitimierung**).[413]

Danach wird die Verwaltung unter folgenden Voraussetzungen zur haushaltsrechtlichen Subventionsvergabe legitimiert:

259

1. Der Haushaltsplan muss entsprechende Mittelansätze enthalten.
2. Der Haushaltsplan umreißt die Zweckbestimmung dieser Mittel.
3. Die Subventionsvergabe gehört zu den verfassungsrechtlichen Aufgaben der betreffenden Verwaltungsbehörde (Aufgabennorm).
4. Die Vergabevoraussetzungen sind durch Richtlinien i.S.v. Verwaltungsvorschriften geordnet (Vergaberichtlinien).

> **Beispiel:** Im **Haushaltsplan** des Landes X sind Mittel zur Bekämpfung der Vogelgrippe und zur Förderung der ökologischen Viehzucht bereitgestellt. Ein entsprechender ministerieller Runderlass (= Verwaltungsvorschrift) beschreibt die näheren Voraussetzungen, unter denen die Gelder vergeben werden.
>
> Hier ist die Förderung der Viehzüchter mit keinerlei Rechtsbeeinträchtigung verbunden, sodass unter Zugrundelegung der st. Rspr. die Bereitstellung von Mitteln im Haushaltsplan i.V.m. dem Runderlass dem Rechtsstaats- und Demokratieprinzip genügt.

Von Teilen der Literatur wird gegen den o.g. Standpunkt hervorgebracht, dass die Subventionsvergabe generell für die Allgemeinheit so **wesentlich** sei, dass sie nur durch ein entsprechendes (formell-materielles) Subventionsgesetz erfolgen dürfe. In diesem Gesetz müssten die Art der Subventionierung und die wichtigsten Vergabevoraussetzungen bestimmt werden. Dabei gelte, dass je bedeutender die Subventionsvergabe für die Allgemeinheit sei, desto detaillierter die Regelung sein müsse.[414] Diese Auffassung läuft praktisch auf einen **Totalvorbehalt** auch in der Leistungsverwaltung hinaus, auch wenn die inhaltliche Bestimmtheit des Gesetzes vom Grad der Bedeutung der Subventionsvergabe für die Allgemeinheit abhängt.

260

Wieder andere favorisieren einen **abgeschwächten Gesetzesvorbehalt**. Sie lassen zwar grundsätzlich die Etatlegitimierung genügen, fordern jedoch eine formell-gesetzliche Rechtsgrundlage für den Fall, dass die Subventionsvergabe nach der Terminologie der Wesentlichkeitsrechtsprechung (vgl. Rn 241 ff.) „**wesentlich**" ist. Sei nach der Wesentlichkeitsrechtsprechung eine gesetzliche Grundlage erforderlich, richte sich der Grad der inhaltlichen Bestimmtheit nach Art und Umfang der Bedeutung für die Allgemeinheit.[415] Insoweit besteht also eine Übereinstimmung zum Totalvorbehalt.

261

Auf den ersten Blick scheint die zuletzt genannte Auffassung vorzugswürdig zu sein. Denn sie fordert nur dann eine formell-gesetzliche Rechtsgrundlage, wenn auch die Wesentlichkeitsrechtsprechung eine solche verlangt. Dies genügt dem Gesetzesvor-

262

---

[412] Das Rechtsstaatsprinzip wird zum einen dadurch gewährleistet, dass die Behörden an – dem Gesetzgeber im Allgemeinen bekannten – Richtlinien über die Subventionsvergabe sowie an ihre Subventionspraxis (sog. Selbstbindung der Verwaltung) gebunden sind und der Bürger einen formellrechtlichen Anspruch auf ermessensfehlerfreie Entscheidung hat. Zum anderen besteht für den Bürger die Möglichkeit der verwaltungsgerichtlichen Überprüfung.

[413] BVerwGE 6, 282, 287; 18, 352, 353; 90, 112, 126; 104, 220, 222 f.; VGH München NVwZ 2000, 830; OVG Weimar GewArch 2002, 326 (st. Rspr.). Vgl. auch *Wolff/Bachof/Stober/Kluth*, AllgVerwR I, § 18 Rn 13 f.; *Hölscheidt*, JA 2001, 409, 412; *Funke/Waidhas*, JA 2014, 439, 443. Unberührt bleiben aber Spezialgesetze mit Subventionscharakter, da diese spezielle Rechtsgrundlagen für die Subventionsgewährung darstellen (Beispiel: Privatschulgesetze der Länder, FilmförderungsG, InvestitionszulagenG). Auch stellen die Gesetze der Gemeinschaftsaufgaben (Art. 91a GG) eine ausreichende Rechtsgrundlage für die Gewährung von Finanzhilfen dar (Beispiel: Gesetz über die Gemeinschaftsaufgabe Verbesserung der regionalen Wirtschaftsstruktur). Zu beachten ist weiterhin, dass gem. § 39 I BHO für Bürgschaftszusagen, die zu Ausgaben in künftigen Haushaltsjahren führen können, eine Ermächtigung durch förmliches Bundesgesetz erforderlich ist.

[414] *Maurer*, AllgVerwR, § 6 Rn 14; *Sommermann*, in: v. Mangoldt/Klein/Starck, GG, Bd. II, Art. 20 Rn 272.

[415] *Huber*, Konkurrenzschutz im Verwaltungsrecht, 1991, S. 498.

behalt. Jedoch übersieht sie, dass letztlich auch die Rechtsprechung dort ein formell-materielles Gesetz fordert, wo Grundrechte betroffen sein können. Damit nivelliert sich der vermeintliche Unterschied.

263 Anknüpfungspunkt der Überlegung ist der Umstand, dass die Zweckbestimmung im Haushaltsplan nur generell bestimmt ist und die Frage, unter welchen Umständen und in welcher Höhe und unter welchen Bedingungen die generell bereitgestellten Mittel verteilt werden, noch der Regelung bedarf. Fehlt eine solche Regelung in Form eines Parlamentsgesetzes, besteht die Gefahr, dass die Überlassung dieser Regelung an die Exekutive in rechtsstaatlicher Hinsicht dem Parlamentsvorbehalt nicht gerecht wird. Daher ist ein formelles Gesetz erforderlich, sofern die staatliche Leistungsvergabe in besonders grundrechtssensiblen Bereichen erfolgt bzw. als zurechenbarer **Eingriff in Grundrechte Dritter** zu bewerten ist[416] (s.u.). So kann ein nicht begünstigter **Konkurrent** des Subventionsempfängers im wirtschaftlichen Wettbewerb benachteiligt werden. Eingriffsqualität haben solche Beeinträchtigungen jedenfalls in Fällen, in denen der Staat zielgerichtet (d.h. final) die Rahmenbedingungen zulasten bestimmter Unternehmen verändert.[417] In diesen Fällen benötigt die Verwaltung eine spezielle formell-gesetzliche Grundlage für die Subventionsvergabe. Greift der Staat indes nicht zielgerichtet, sondern nur mittelbar, d.h. **faktisch**, in die Rechtssphäre des (Dritt-)Betroffenen ein, ist dagegen fraglich, ob es einer Rechtsgrundlage bedarf. Bei schwerer Grundrechtsbeeinträchtigung (etwa durch **grobe Verzerrung des Wettbewerbs**) wird man aber auch für diesen Fall eine Rechtsgrundlage fordern müssen.[418]

> **Beispiel**[419]**:** Im Haushalt des Landes X ist ein Posten „Finanzhilfen für existenzgefährdete Wirtschaftsunternehmen" bereitgestellt. Der zuständige Regierungspräsident weist dem wirtschaftlich stark angeschlagenen Unternehmer A nach Maßgabe der vom Wirtschaftsminister erlassenen Vergaberichtlinien eine Subvention i.H.v. € 1.000.000,- zu. Ein Subventionsgesetz besteht nicht. B, ein Konkurrent des A, hält die Subventionierung für mit dem Grundsatz der Gesetzmäßigkeit der Verwaltung nicht vereinbar. Zu Recht?
>
> Das Vorrangprinzip ist nicht betroffen, da ein Gesetz gerade nicht besteht. Möglicherweise ist aber der Vorbehalt des Gesetzes verletzt. Jedoch besteht eine gezielte Rechtsbeeinträchtigung des B nicht. Dem Regierungspräsidenten ging es nur um die Subventionierung des A. Folgt man der Rechtsprechung, ist eine gesetzliche Rechtsgrundlage grundsätzlich nicht erforderlich. Es genügt vielmehr die etatmäßige Bereitstellung von Mitteln i.V.m. Vergaberichtlinien. Etwas anderes würde aber auch nach der Rechtsprechung gelten, wenn mit der Subventionierung des A eine Verzerrung des Wettbewerbs verbunden und die unternehmerische Existenz des B gefährdet würde. Das ist eine Sachverhaltsfrage.

---

[416] BVerwGE 90, 112, 126 (Eingriff bei einer mittelbaren Grundrechtsbeeinträchtigung durch Förderung eines privaten Vereins, der Sekten kritisch hinterfragt); 75, 109, 117. Vgl. auch *Hölscheidt*, JA 2001, 409, 412; *Funke/Waidhas*, JA 2014, 439, 443.
[417] BVerwGE 71, 183, 194.
[418] Vgl. auch BVerwG NVwZ 2001, 322 ff.; BVerwGE 71, 183, 191; 90, 112, 126.
[419] Vgl. *Maurer*, AllgVerwR, § 6 Rn 3.

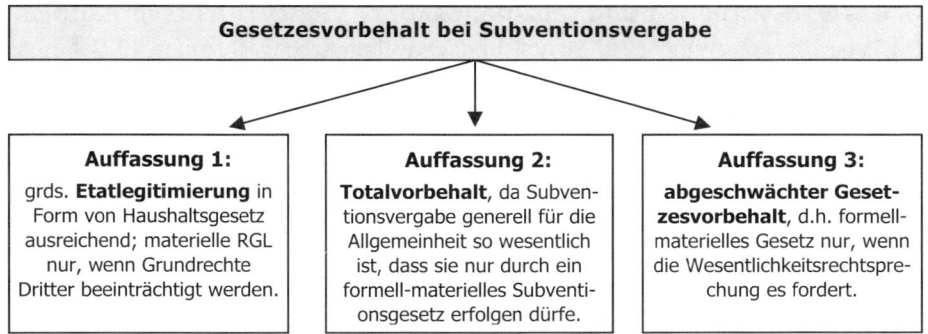

Gesetzesvorbehalt bei Subventionsvergabe

Auffassung 1:	Auffassung 2:	Auffassung 3:
grds. **Etatlegitimierung** in Form von Haushaltsgesetz ausreichend; materielle RGL nur, wenn Grundrechte Dritter beeinträchtigt werden.	**Totalvorbehalt**, da Subventionsvergabe generell für die Allgemeinheit so wesentlich ist, dass sie nur durch ein formell-materielles Subventionsgesetz erfolgen dürfe.	**abgeschwächter Gesetzesvorbehalt**, d.h. formell-materielles Gesetz nur, wenn die Wesentlichkeitsrechtsprechung es fordert.

Ein weiterer problematischer Fall ist die Förderung eines privaten Vereins, der religiöse **Sekten** (die sich auf Art. 4 I, II i.V.m. Art. 19 III GG berufen können) kritisch hinterfragt. Hier muss die Förderung auf ausdrücklicher gesetzlicher Grundlage beruhen. Die Beeinträchtigung der Religions- und Weltanschauungsfreiheit ist dem Staat als Eingriff (in den Grundrechtsbereich) zuzurechnen. Daher stellt die Bereitstellung von Mitteln im Haushaltsplan hier keine ausreichende Rechtsgrundlage dar.[420]   **264**

Einer gesetzlichen Grundlage bedarf auch die selektive **Pressesubvention**. Ausgangspunkt der Überlegung ist, dass Einschränkungen der Pressefreiheit (Art. 5 I S. 2 GG schützt jedenfalls in seiner Abwehrfunktion vor staatlichen *Beschränkungen* der Pressetätigkeit) nur durch *allgemeine* Gesetze (Art. 5 II GG) zulässig sind. Es handelt sich somit um einen **verfassungsrechtlich angeordneten Gesetzesvorbehalt.** Aber auch im Vorfeld der eigentlichen Pressetätigkeit darf es keine staatlichen Lenkungen geben. Der Verfassungsgarantie des Art. 5 I S. 2 GG würde es zuwiderlaufen, wenn die Presse ganz oder teilweise steuerbar wäre. Die selektive Förderung von Presseunternehmen verschlechtert die Wettbewerbsstellung eines übergangenen Presseunternehmens. Daher liegt ein Eingriff in die grundrechtlich geschützte Pressefreiheit des nicht geförderten Unternehmens vor. Soweit der nicht subventionierte Konkurrent einen **grundrechtsrelevanten Eingriff** in die Pressefreiheit erleidet, muss schon deshalb eine gesetzliche Rechtsgrundlage (Art. 5 II GG) vorhanden sein. Darüber hinaus enthält das Grundrecht aus Art. 5 I S. 2 GG neben seiner Funktion als Abwehrrecht die Garantiefunktion der staatlichen Unabhängigkeit (Institutsgarantie). Wenn der Staat durch selektive Förderung lenkend und gestaltend in das Pressewesen eingreift, besteht die Gefahr, dass die geförderten Presseunternehmen ihre Neutralität gegenüber dem Staat ablegen, um ihre Aussichten auf künftige Förderungen nicht zu verschlechtern. Auch aus diesem Grund ist eine über die Etatlegitimierung hinausgehende Rechtsgrundlage zu fordern (vgl. bereits Rn 243).   **265**

Als *gesetzlich* geregelte Ausnahme von dem grundsätzlich nicht geltenden Gesetzesvorbehalt in der Leistungsverwaltung sind – wie bereits erwähnt – ferner in der **Sozialverwaltung** die §§ 2 I, 31 SGB I (Allg. Teil) zu beachten. Danach ist die Begründung von Rechten in den Sozialleistungsbereichen „dieses Gesetzbuches" unter den Vorbehalt ausdrücklich gesetzlicher Regelungen oder Zulassungen gestellt. Würde die (Sozial-)Verwaltung die Regelung des § 31 SGB I missachten, also Sozialleistungen ohne gesetzliche Grundlage gewähren, läge darin auch bereits ein Verstoß gegen das Vorrangprinzip.   **266**

---

[420] BVerwGE 90, 112, 126.

e. Gesetzesvorbehalt und (abzulehnendes) „Sonderrechtsverhältnis"

267 Im Zuge der konstitutionellen Staats- und Verwaltungsrechtslehre des 19. Jahrhunderts wurde insbesondere von *Otto Mayer*[421] die Lehre vom Sonderrechtsverhältnis[422] entwickelt. Nach dieser Lehre bestand eine enge Beziehung zwischen dem Staat und solchen Bürgern, die aufgrund von Soldaten-, Beamten-, Strafgefangenen-, Schul- oder sonstigen Anstaltsverhältnissen in einem Unterordnungsverhältnis zum Staat standen. Entsprechend den Vorstellungen der Begründer dieser Lehre wurde der in einem Sonderrechtsverhältnis stehende Bürger gleichsam in den Verwaltungsbereich einbezogen mit der Folge, dass die Grundrechte und der Gesetzesvorbehalt – die nur das allgemeine Bürger-Staat-Verhältnis bestimmen – nicht zur Geltung kamen. Eine gesetzliche Rechtsgrundlage war dementsprechend auch bei Eingriffen in die Grundrechte der im Sonderrechtsverhältnis stehenden Bürger nicht erforderlich. Vielmehr war es gängige Praxis, z.B. Postkontrollen oder Disziplinarmaßnahmen auf Verwaltungsvorschriften (bzw. Anstaltsordnungen) zu stützen, was jedoch dem modernen Demokratieverständnis (d.h. dem Parlamentsvorbehalt und der Wesentlichkeitsrechtsprechung) nicht entspricht. Dementsprechend hat das BVerfG diesem Standpunkt in seiner berühmten **Strafgefangenenentscheidung**[423] eine Absage erteilt, die es später bezüglich des **Jugendstrafvollzugs** noch einmal bestätigt hat.[424]

268 Das besondere Gewaltverhältnis als rechtfertigende Grundlage für Eingriffe in die Rechtssphäre der Betroffenen ist somit abzulehnen. Greift also ein Träger öffentlicher Gewalt in die (Grund-)Rechtssphäre eines Beamten, Richters, Soldaten, Schülers oder Strafgefangenen ein, bedarf er dazu einer **gesetzlichen Rechtsgrundlage**, die zudem alle wesentlichen Voraussetzungen für die Grundrechtsverkürzung enthält.[425] Lediglich Randfragen dürfen der Exekutive überlassen bleiben.

269 Da sämtliche damit zusammenhängenden Rechtsfragen bei *R. Schmidt*, AllgVerwR, Rn 457 ff. behandelt sind, sei auch insoweit darauf verwiesen.

3. Zusammenfassung zu Vorrang und Vorbehalt des Gesetzes

270 Das Prinzip vom **Vorrang des Gesetzes** besagt, dass die Verwaltung umfassend und ausnahmslos an das Gesetz gebunden ist, Art. 20 III GG („nicht gegen das Gesetz").

Aussage des Prinzips vom **Vorbehalt des Gesetzes** ist, dass die Verwaltung nur dann handeln darf, wenn ihr das durch den Gesetzgeber gestattet worden ist, Art. 20 III GG („nicht ohne Gesetz").

- Das Prinzip vom Vorbehalt des Gesetzes gilt jedenfalls für den Bereich der **Eingriffsverwaltung**.
- Im Bereich der **Leistungsverwaltung** besteht der Grundsatz vom Vorbehalt des Gesetzes indes grundsätzlich nicht.
- Schließlich gilt der Vorbehalt des Gesetzes auch im Bereich der **Sonderrechtsverhältnisse**, sofern es nicht lediglich um Maßnahmen interner Organisationsgewalt geht.

---

[421] Vgl. *Otto Mayer*, Deutsches Verwaltungsrecht, Bd. 1, 3. Aufl. 1924, S. 101 f.
[422] Das Sonderrechtsverhältnis wird auch als Sonderstatusverhältnis bezeichnet.
[423] BVerfGE 33, 1 ff.; vgl. auch BVerfGE 41, 251 ff.
[424] BVerfGE 116, 69 ff. Vgl. auch BVerfG NJW 2013, 3291.
[425] Heute ganz selbstverständlich BVerfG NJW 2013, 3291.

V. Grundsatz der Verhältnismäßigkeit der Mittel (Übermaßverbot)

1. Elemente des Verhältnismäßigkeitsgrundsatzes

In einem Rechtsstaat ist der Grundsatz der Verhältnismäßigkeit von herausragender Bedeutung. Er genießt daher Verfassungsrang und gilt für alle staatlichen Maßnahmen. Inhaltlich bringt er zum Ausdruck, dass die Freiheit des Einzelnen nur so weit eingeschränkt werden darf, als es im Interesse des Gemeinwohls unabdingbar ist[426] („nicht mit Kanonen auf Spatzen schießen"). Eine gesetzliche Bestimmung (generell: eine staatliche Maßnahme), die in Grundrechte eingreift, ist nach allgemeiner Auffassung nur dann verhältnismäßig, wenn

271

- der vom Staat verfolgte **Zweck legitim** ist, also als solcher verfolgt werden darf,
- der Einsatz des Mittels zur Erreichung des Ziels **geeignet**,
- der Einsatz des Mittels zur Erreichung des Ziels **erforderlich**
- und der Einsatz des Mittels zur Erreichung des Ziels **angemessen** ist.

> **Hinweis für die Fallbearbeitung:** Aufgrund der herausragenden Bedeutung des Verhältnismäßigkeitsgrundsatzes hängt der Wert einer Fallbearbeitung zu einem wesentlichen Teil davon ab, dass die Argumentationsstrukturen dieses Grundsatzes erkannt und umgesetzt werden. Dabei ist zu beachten, dass der jeweilige Schritt konstitutiv für den nächsten ist. Ist die zu untersuchende Maßnahme also z.B. mangels Erforderlichkeit rechtswidrig, bedarf es zu der Angemessenheit keiner Ausführungen mehr.

a. Legitimer Zweck des Gesetzes bzw. der staatlichen Maßnahme

Der erste Prüfungsschritt der Verhältnismäßigkeit besteht in der Feststellung des Zwecks des Gesetzes bzw. der staatlichen Maßnahme. Dazu können zumeist die ersten Paragraphen des Gesetzes oder (in einer Hausarbeit) die Gesetzesmaterialien (z.B. die Begründung) herangezogen werden.

272

Legitim ist der Zweck, wenn er auf das Wohl der Allgemeinheit gerichtet ist bzw. wenn für den Zweck ein staatlicher Schutzauftrag besteht.

273

Zu beachten ist jedoch, dass dem Gesetzgeber ein weiter Prognosespielraum eingeräumt wird; immerhin ist er bei Erlass des Gesetzes gezwungen, zukunftsorientiert zu arbeiten. Man spricht darum von der Zwecksetzungskompetenz des Gesetzgebers. Bei der gutachtlichen Bewertung des Zwecks ist daher großzügig zu verfahren. Der Zweck ist erst dann verfehlt, wenn die Erwägungen des Gesetzgebers vernünftigerweise keine Grundlage für gesetzgeberische Maßnahmen abgeben können.[427]

273a

> **Beispiel:** Es existiert ein Gesetz, das ab einer bestimmten Smog-Konzentration die Durchfahrt von Dieselfahrzeugen, die nicht mit einem Dieselruß-Partikelfilter ausgestattet sind, durch Stadtzentren untersagt (Eingriff in Art. 2 I GG). Zweck des Gesetzes ist also die Verringerung der Schadstoffbelastung und damit die Förderung des Gesundheitsschutzes und die Erhaltung der natürlichen Lebensgrundlagen. Solche Zwecke sind – in Anbetracht der Staatszielbestimmung Umweltschutz (Art. 20a GG) und des staatlichen Auftrags, sich schützend und fördernd vor das menschliche Leben zu stellen (Art. 2 II S. 1 GG), – legitim. Normen von Verfassungsrang, die den legitimen Zweck einer Maßnahme unterstreichen oder gar begründen, sind in der Fallbearbeitung stets zu zitieren.

---

[426] Vgl. nur BVerfGE 19, 342, 348 f. (Haftverschonung); 23, 127, 134 (Zeugen Jehovas); 30, 292, 316 (Erdölbevorratung); 35, 382, 401 (Ausländerausweisung); 67, 157, 173 (Überwachung des Brief- und Telefonverkehrs); 70, 278, 286 (Rückübertragungsansprüche nach dem Vermögensgesetz).
[427] BVerfGE 77, 84, 106 (Arbeitnehmerüberlassung im Baugewerbe).

273b **Exkurs:** Bei Eingriffen in **Grundrechte ohne Gesetzesvorbehalt** ist der legitime Zweck auf die Durchsetzung kollidierenden Verfassungsrechts beschränkt. Die Verfassungsgüter, deren Schutz der Eingriff bezweckt, sind in der Fallbearbeitung exakt zu benennen und auch zu subsumieren.

> **Beispiel**[428]: Eine Satire ist vom Kunstbegriff umfasst und daher von Art. 5 III GG geschützt. Dieses Grundrecht kann in Ermangelung eines Schrankenvorbehalts nur durch Grundrechte Dritter oder andere Güter von Verfassungsrang (sog. kollidierendes Verfassungsrecht) eingeschränkt werden. Wenn nun jemand eine politische Satire in Form einer Collage veröffentlicht, auf der eine Bundesfahne im Zusammenhang mit einem öffentlichen Soldatengelöbnis Ziel eines Urinstrahls ist, und deswegen nach § 90a I Nr. 2 StGB verurteilt wird, ist bei der (innerhalb einer Urteils-Verfassungsbeschwerde stattfindenden) Prüfung, ob der Richter bei dem Urteil spezifisches Verfassungsrecht verletzt hat, nach dem legitimen Zweck des Urteils zu fragen. Nur wenn das Urteil auf die Durchsetzung kollidierenden Verfassungsrechts abzielt, dient es einem legitimen Zweck.
> Die Nationalflagge müsste also ein Gut von Verfassungsrang sein. Der normative Gehalt des Art. 22 II GG beschränkt sich zwar darauf, die Farben der Flagge festzulegen, doch setzt diese Norm das Recht des Staates voraus, sich zu seiner Selbstdarstellung solcher Symbole zu bedienen. „Als freiheitlicher Staat ist die Bundesrepublik Deutschland ... auf die Identifikation ihrer Bürger mit den in der Flagge versinnbildlichten Grundwerten angewiesen."[429] *Insoweit* genießt die Bundesflagge Verfassungsrang.
> Kunstfreiheit bedeutet aber auch, dass der rechtlichen Würdigung von mehreren möglichen Interpretationen eines Kunstwerks diejenige zugrunde zu legen ist, in der das Kunstwerk fremde Rechte nicht beeinträchtigt.[430] So wäre es mit der Kunstfreiheit unvereinbar, die tiefere Bedeutung von künstlerischer Satire und Ironie mit der interpretatorischen Elle eines angeblich gesunden Menschenverstands zu messen und Verletzungen des Ehr-, Persönlichkeits- oder auch Staatsschutzes anzunehmen, wo es auch andere, symbolische und metaphorische Interpretationen gibt. Daher muss auch eine Collage, bei der ein Mann auf die anlässlich eines Gelöbnisses von Bundeswehrsoldaten gezeigte Bundesflagge uriniert, nicht notwendigerweise den Staat und die verfassungsmäßige Ordnung angreifen, sondern kann als satirische Aussage über den Militärdienst und militärische Einrichtungen gelten. Das Urteil muss deshalb daran anknüpfen, dass der Satiriker eine antistaatliche und nicht eine vorrangig antimilitärische Tendenz verfolgt.[431] Anderenfalls ist es wegen Verfehlung eines legitimen Zwecks aufzuheben.

b. Geeignetheit des Gesetzes bzw. der staatlichen Maßnahme

274 **Geeignet** ist die staatliche Maßnahme, wenn mit ihrer Hilfe das angestrebte Ziel gefördert werden kann.[432]

Maßgeblich ist allein, ob das Gesetz bzw. die staatliche Maßnahme ein zwecktaugliches Mittel darstellt. Auf Fragen der Effektivität kommt es (noch) nicht an. Was die Frage nach dem (gerichtlichen) Prüfungsumfang betrifft, ist zu beachten, dass – anders als bei Maßnahmen der Exekutive – die Einhaltung der Geeignetheit von formal-gesetzlichen Regelungen nur beschränkt überprüfbar ist. Denn der Gesetzgeber hat nicht nur hinsichtlich des legitimen Zwecks, sondern auch hinsichtlich der Geeignetheit einen weiten Prognosespielraum. Immerhin hat der Gesetzgeber den

---

[428] Nach BVerfGE 81, 278 ff. (Verunglimpfung der Bundesflagge).
[429] BVerfGE 81, 278, 293; *Michael*, JuS 2001, 654, 656.
[430] BVerfGE 67, 213, 230 (Anachronistischer Zug); 81, 298, 307 (Verunglimpfung der Nationalhymne).
[431] BVerfGE 81, 278, 295; *Michael*, JuS 2001, 654, 656.
[432] BVerfGE 81, 156, 192 (Verunglimpfung der Nationalhymne); 96, 10, 21 (Räumliche Aufenthaltsbeschränkung). Vgl. auch *Klatt/Meister*, JuS 2014, 193, 195.

Verfassungsauftrag, künftige Entwicklungen antizipiert in die Normen aufzunehmen. Ebendies erfordert die Anerkennung eines Prognosespielraums, der nicht hinterher für den Fall, dass die Einschätzung des Gesetzgebers nicht vollständig aufgegangen ist, ohne weiteres von den (Verfassungs-)Gerichten verworfen werden darf. Die Zwecktauglichkeit und damit die Geeignetheit sind daher nur bei evidenter Untauglichkeit der gesetzlichen Regelung nicht gegeben.[433] Nur dann ist die fragliche gesetzliche Regelung verfassungswidrig.[434]

> **Beispiel:** Ein Fahrverbot in Innenstädten für Dieselfahrzeuge, die nicht mit einem Dieselruß-Partikelfilter ausgestattet sind, ist zur Begrenzung der Schadstoffbelastung (Eingriff in Art. 2 I GG) unter dem Aspekt der Geeignetheit nur dann verhältnismäßig, wenn es überhaupt in der Lage ist, die Schadstoffbelastung zu verringern. Zur entsprechenden Beurteilung können bewährte empirische Untersuchungen oder bewährte Hypothesen herangezogen werden.

> **Hinweis für die Fallbearbeitung:** Da bereits eine Teileignung genügt („Schritt in die richtige Richtung"), lässt sich diese Hürde der Verhältnismäßigkeitsprüfung relativ leicht überwinden. In der Fallbearbeitung genügen daher eine kurze Subsumtion und die Feststellung, dass die fragliche gesetzliche Bestimmung zwecktauglich, also geeignet war.

c. Erforderlichkeit des Gesetzes bzw. der staatlichen Maßnahme

Erforderlich ist die staatliche Maßnahme, wenn es kein milderes Mittel gibt, welches den gleichen Erfolg mit der gleichen Sicherheit und einem vergleichbaren Aufwand herbeiführen würde.[435]

275

Die Erforderlichkeit stellt auf das Interventionsminimum ab. Unter dem Aspekt der Erforderlichkeit sind daher nur solche gesetzlichen Regelungen (bzw. staatlichen Maßnahmen) verhältnismäßig, die nicht durch andere, gleich wirksame, aber mildere Mittel ersetzt werden können.

275a

> **Hinweis für die Fallbearbeitung:** Bei der Suche nach anderen, milderen Mitteln ist Ideenreichtum gefragt. Es ist nach einem Mittel zu suchen, das weniger intensiv in das Grundrecht eingreift oder schwächere Schutzbereiche (z.B. den des Art. 2 I GG statt eines speziellen Freiheitsgrundrechts) eröffnen würde. Daher ist ggf. schon hier die Intensität des konkreten Eingriffs zu gewichten, was sonst der Angemessenheit vorbehalten ist. Im Rahmen der Fallbearbeitung kann an dieser Stelle somit hervorragend die Fähigkeit zu juristischer Argumentation und Rhetorik demonstriert werden. Es können Argumente vorgetragen werden, die verdeutlichen, welche Nachteile die zu prüfende gesetzliche Regelung für den Betroffenen hat und wie diese Nachteile bspw. gemildert werden könnten, damit der legitime Zweck der Regelung trotzdem erreicht wird. Anschließend können Alternativen aufgezeigt werden, die ebenso geeignet sind, aber weniger intensiv in die Rechtssphäre des Betroffenen eingreifen.
> Ob das mildere Mittel angemessen ist, spielt für die Verfassungsmäßigkeit des zu prüfenden Gesetzes keine Rolle. Ist das mildere Mittel nicht angemessen ist, wird das zu prüfende Mittel erst Recht nicht angemessen sein. Falls doch, ist das „mildere" Mittel in Wahrheit gerade kein solches.

---

[433] Insoweit besteht eine Parallele zum sog. Beurteilungsspielraum, der in bestimmten Fällen auch der Exekutive eingeräumt worden ist (vgl. *R. Schmidt*, AllgVerwR, Rn 283 ff.).
[434] BVerfGE 67, 157, 173 (Überwachung des Brief- und Telefonverkehrs).
[435] BVerfGE 90, 145, 172; 77, 84, 109. Vgl. auch *Klatt/Meister*, JuS 2014, 193, 195.

Beispiel: Ein Fahrverbot in Innenstädten für Dieselfahrzeuge, die nicht mit einem Dieselruß-Partikelfilter ausgestattet sind, ist zur Begrenzung der Schadstoffbelastung (Eingriff in Art. 2 I GG) unter dem Aspekt der Erforderlichkeit nur dann verhältnismäßig, wenn es kein anderes Mittel gibt, das den gleichen Erfolg mit der gleichen Sicherheit und einem vergleichbaren Aufwand herbeiführen würde. Als andere Maßnahme zur Schadstoffverringerung kommt z.B. eine Verbannung sämtlicher Industrieanlagen aus dem Stadtgebiet in Betracht. Ob eine solche Maßnahme aber ein milderes Mittel wäre, scheint fraglich. Grundsätzlich lässt sich sagen, dass eine Alternativmaßnahme immer dann in Betracht zu ziehen ist, wenn bewährte empirische Untersuchungen und Hypothesen einen Zusammenhang zwischen der anderen Maßnahme und dem mit dem Gesetz verfolgten Zweck beweisen.

275b Wird im Ergebnis festgestellt, dass die gesetzliche Regelung erforderlich war, muss zuletzt die Verhältnismäßigkeit i.e.S. (Angemessenheit) geprüft werden.

d. Angemessenheit des Gesetzes bzw. der staatlichen Maßnahme

276 **Angemessen** ist eine staatliche Maßnahme, wenn der mit ihr verfolgte Zweck in seiner Wertigkeit nicht außer Verhältnis zur Intensität des Eingriffs steht (Zumutbarkeit der Maßnahme = Verhältnismäßigkeit i.e.S.).[436]

276a In diesem Prüfungsschritt muss eine **Abwägung** stattfinden zwischen der Intensität des Eingriffs in das grundrechtlich geschützte Rechtsgut und der Wertigkeit des verfolgten Zwecks der gesetzlichen Regelung (bzw. der Maßnahme).

Beispiel: Ein gesetzliches Fahrverbot in Innenstädten für Dieselfahrzeuge, die nicht mit einem Dieselruß-Partikelfilter ausgestattet sind, ist zur Begrenzung der Schadstoffbelastung unter dem Aspekt der Angemessenheit verhältnismäßig, wenn das mit ihm verfolgte Ziel in seiner Wertigkeit gegenüber der Intensität des Eingriffs nicht unverhältnismäßig ist. Vorliegend lässt sich eine Unverhältnismäßigkeit nicht erkennen. Die betroffenen Fahrzeughalter sind frei in ihrer Entscheidung, ihre Fahrzeuge nachzurüsten. Der damit verbundene Eingriff in Art. 14 I S. 1 GG ist durch die Sozialpflichtigkeit gem. Art. 14 II GG gerechtfertigt sowie durch das Recht auf körperliche Unversehrtheit (Art. 2 II S. 1 Var. 2 GG) und die Staatszielbestimmung Umweltschutz (Art. 20a GG). Das Fahrverbot steht nicht außer Verhältnis zu diesen Zielen und ist daher angemessen.

276b Einige Grundrechte enthalten eine präjudizierende Wirkung. So misst z.B. Art. 5 II GG der freien Meinungsäußerung und Presseberichterstattung weniger Gewicht zu als dem Schutz der Jugend und der Ehre und mehr Gewicht zu als z.B. der Selbstdarstellung des Staates durch Propaganda. Im Übrigen findet eine echte Güterabwägung statt. In Anwendung der bei *R. Schmidt*, Grundrechte, Rn 180a dargestellten Formel ist zu prüfen, ob eine Ausübung des Grundrechts nahezu völlig unmöglich gemacht oder ob nur eine bestimmte Modalität beschnitten wird, die durch funktional gleichwertige Grundrechtsbetätigungen ersetzbar ist. Bei Grundrechten ohne Gesetzesvorbehalt ist im konkreten Fall eine Güterabwägung zwischen den widerstreitenden Werten von Verfassungsrang vorzunehmen (praktische Konkordanz).

Beispiele: Im **Lüth-Urteil** führt das BVerfG aus: „Das Recht zur Meinungsäußerung muss zurücktreten, wenn schutzwürdige Interessen eines anderen von höherem Rang durch die Betätigung der Meinungsfreiheit verletzt würden"[437]. Und im **Apotheken-Urteil** führt das BVerfG aus: „Eine Regelung ..., die schon die Aufnahme der Berufstätigkeit von der Erfüllung bestimmter Voraussetzungen abhängig macht und die damit

---

[436] Vgl. nur BVerfGE 133, 277, 322.
[437] BVerfGE 7, 198, 210.

die Freiheit der Berufswahl berührt, ist nur gerechtfertigt, soweit dadurch ein überragendes Gemeinschaftsgut, das der Freiheit des Einzelnen vorgeht, geschützt werden soll"[438]. Schließlich führt das BVerfG im Urteil hinsichtlich der **Verunglimpfung der Nationalflagge** aus, dass trotz des wichtigen Schutzzwecks der Integrationswirkung von Staatssymbolen hinsichtlich der durch sie verkörperten Grundwerte das von § 90a StGB geschützte Rechtsgut nicht abstrakt als der Kunstfreiheit übergeordnet bezeichnet werden könne. Vielmehr sei ein fallbezogener Ausgleich der widerstreitenden Schutzgüter vorzunehmen. Dabei ist zu beachten, dass die „Höhe" der Kunst keinen Eingang in die Abwägung finden kann. Einer Bewertung der „Höhe" der Kunst hat sich der Staat zu enthalten. Kunst ist einer staatlichen Stil- und Niveaukontrolle nicht zugänglich.[439] Vor einiger Zeit hat das BVerfG auch zur Frage nach der Zulässigkeit von **Ladenschlusszeiten** Stellung genommen. Es betont das grundsätzliche Recht der Einzelhändler auf freie Gestaltung der Ladenöffnungszeiten und hebt die Bedeutung der Berufsfreiheit hervor. Gleichzeitig weist es aber auch auf die Grundrechte der Arbeitnehmer hin und stellt fest, dass der Schutz der Arbeitnehmer wichtiger sei. Dabei erklärt es mit zweifelhafter Argumentation, dass der Gesetzgeber mit § 3 S. 1 Nr. 2 LadenschlussG eine verfassungskonforme Regelung getroffen habe.[440]

> **Hinweis für die Fallbearbeitung:** Eine Abwägung ist durchgängig von (subjektiven) Wertungen beeinflusst. Deshalb empfiehlt es sich bei erheblichen Bedenken hinsichtlich der Akzeptanz der vertretenen Meinung, das fragliche Gesetz erneut darauf hin zu prüfen, ob es nicht eher an der Erforderlichkeit scheitert. Das gilt umso mehr, als auch das BVerfG dem Prüfungspunkt der Angemessenheit nur eine geringe Bedeutung beimisst und die Probleme des Falles bereits weitgehend im Rahmen der Erforderlichkeit behandelt. Nur für den Fall, dass die Problematik dort nicht sachadäquat gelöst werden kann, mag die Frage nach der Angemessenheit gestellt werden.

2. Zum Anwendungsbereich des Verhältnismäßigkeitsgrundsatzes

a. Handeln des formellen Gesetzgebers

Ist Gegenstand der Untersuchung eine grundrechtseinschränkende formal-gesetzliche **276c** Regelung, muss sie – um als wirksame Grundrechtsschranke zu bestehen – ohne Berücksichtigung des konkreten Falles bestimmten verfassungsrechtlichen Voraussetzungen entsprechen. Zu diesen Voraussetzungen gehört insbesondere der Grundsatz der Verhältnismäßigkeit. Die Prüfung einer gesetzlichen Regelung war Gegenstand der vorangehenden Darstellung.

- In Anlehnung an den zweckmäßigen Aufbau einer Fallbearbeitung wurde zunächst in einer Übersicht die Prüfung der formellen Rechtmäßigkeitsvoraussetzungen des Gesetzes dargestellt (Rn 182). Denn wenn z.B. der das Gesetz erlassende Verband (Bund, Land) nicht zuständig war, also seine Gesetzgebungskompetenz überschritten hat, ist das Gesetz schon deshalb verfassungswidrig; der Rechtsbehelf (z.B. Verfassungsbeschwerde oder Normenkontrolle) ist begründet. Gleiches gilt bei Nichteinhaltung von Verfahrens- und Formvorschriften. Eine besondere Formvorschrift stellt das Zitiergebot (Art. 19 I 2 GG) dar.

- Materiell verfassungsmäßig ist die grundrechtseinschränkende gesetzliche Regelung, wenn sie zum einen den grundrechtsspezifischen Anforderungen genügt (so bei den Grundrechten mit qualifizierten Gesetzesvorbehalten) und zum anderen den allgemeinen verfassungsrechtlichen Anforderungen entspricht. Zu diesen allgemeinen Anforde-

---

[438] BVerfGE 7, 377, 406.
[439] BVerfGE 81, 278, 291.
[440] Vgl. BVerfGE 111, 10, 26 ff. Zur Föderalismusreform, wonach seit dem 1.9.2006 auch das Ladenschlussrecht der Gesetzgebungskompetenz der Länder unterfällt, vgl. Rn 832c.

rungen gehören der Bestimmtheitsgrundsatz (Art. 20 III GG), das Verbot des Einzelfallgesetzes (Art. 19 I 1 GG), der Grundsatz der Verhältnismäßigkeit (legitimer Zweck, Geeignetheit, Erforderlichkeit und Angemessenheit) sowie die Wesensgehaltsgarantie (Art. 19 II GG).

▪ Zu beachten ist jedoch, dass die Voraussetzungen unabhängig vom Einzelfall geprüft werden. Die fragliche gesetzliche Regelung muss also **abstrakt** geeignet, erforderlich und angemessen sein. Ob die Regelung auch im Einzelfall, d.h. von der Verwaltung, in ermessensfehlerfreier bzw. verhältnismäßiger Weise angewendet wurde, ist eine andere, im Folgenden zu erörternde Frage.

b. Ermessensentscheidungen der Verwaltung

277 Um der Vielgestaltigkeit und Dynamik der Lebenssachverhalte gerecht zu werden, räumt der Gesetzgeber der Verwaltung Handlungsspielräume nicht nur auf der Tatbestandsseite ein (unbestimmte Rechtsbegriffe, planerische Abwägungsentscheidungen), sondern auch auf der Rechtsfolgeseite. Hier handelt es sich um Verwaltungsermessen.

277a **Ermessen** ist ein der Verwaltung auf der Rechtsfolgeseite einer Norm hinsichtlich des „Ob" (Entschließungsermessen) und/oder des „Wie" (Auswahlermessen) eingeräumter Entscheidungsspielraum, der gerichtlich beschränkt (im Rahmen des § 114 VwGO) überprüfbar ist.

277b Bei der Ermessensverwaltung ist die Verwaltung also ermächtigt, die Rechtsfolge nach pflichtgemäßem Ermessen festzusetzen. Es handelt sich um die Umsetzung einer **Kann-Vorschrift** („*kann*"; „*darf*"; „ist *befugt*"): Insoweit besteht **freies, d.h. pflichtgemäßes Ermessen**. Die Verwaltung hat die Wahl zwischen mehreren Handlungsalternativen.

> **Beispiel:** Gemäß § 48 I S. 1 VwVfG *kann* die Behörde einen rechtswidrigen Verwaltungsakt auch nach Eintritt der Bestandskraft ganz oder teilweise zurücknehmen. Die gerichtliche Überprüfung erschöpft sich in der Kontrolle der Einhaltung der in § 40 VwVfG genannten Ermessensgrenzen, § 114 VwGO (siehe sogleich).

278 Bei ihrer Ermessensausübung muss die Behörde die gesetzlichen **Grenzen** des Ermessens einhalten (§ 40 VwVfG). Diese ergeben sich insbesondere aus Fachgesetzen, aber auch aus allgemeinen Gesetzen des Polizei- und Ordnungsrechts. Im Falle der Missachtung dieser Vorgaben ist das gesetzlich erlaubte Ermessen überschritten, d.h., die gesetzte Rechtsfolge ist von der Norm nicht gedeckt.

> **Beispiel:** Eine Verkehrsordnungswidrigkeit i.S.d. § 24a I StVG (0,5 Promille-Grenze) kann gem. § 24a IV StVG mit einer Geldbuße bis zu 3000,- € geahndet werden. Setzt die Behörde ein Bußgeld fest, das über die genannte Höchstgrenze liegt, überschreitet sie das ihr eingeräumte Ermessen.

278a Eine Ermessensüberschreitung liegt auch dann vor, wenn die Behörde den Grundsatz des Vertrauensschutzes oder den **Grundsatz der Verhältnismäßigkeit missachtet** oder **gegen Grundrechte verstößt**.

> **Hinweis für die Fallbearbeitung:** Wenn das Ermessen also dem Übermaßverbot Rechnung tragen soll, bedeutet das, dass bei der Ermessensausübung auch der Grundsatz der Verhältnismäßigkeit beachtet werden muss. In einer Klausur muss daher, um dogmatisch korrekt vorzugehen, die **Verhältnismäßigkeitsprüfung**

hinsichtlich eines angefochtenen Einzelakts im Rahmen der Frage nach der Ermessens*überschreitung* erfolgen.[441]

Sofern im Schrifttum teilweise vertreten wird, den Grundsatz der Verhältnismäßigkeit aufbautechnisch *vor* oder *nach* dem Ermessen zu prüfen, ist dies abzulehnen. Denn überschreitet die Verwaltung das ihr eingeräumte Ermessen, verstößt sie gleichzeitig gegen Grundrechte, gegen allgemeine Grundsätze des Verwaltungsrechts und/oder gegen den Grundsatz der Verhältnismäßigkeit. Für eine separate Prüfung der Verhältnismäßigkeit ist somit kein Raum mehr. Insbesondere ist eine „freischwebende" Verhältnismäßigkeitsprüfung abzulehnen.

Etwas anderes gilt freilich für die gebundene Verwaltungsentscheidung (dazu sogleich). Hier kann die Verhältnismäßigkeitsprüfung nicht im Rahmen der Ermessensüberschreitung erfolgen. Die Verhältnismäßigkeit ist bei der Auslegung der unbestimmten Rechtsbegriffe zu beachten (siehe dazu sogleich).

c. Rechtlich gebundene Entscheidungen der Verwaltung

Aus den Darlegungen zu den Ermessensentscheidungen wird deutlich, dass bei den rechtlich gebundenen Verwaltungsakten der Grundsatz der Verhältnismäßigkeit bzw. die Vereinbarkeit des Verwaltungshandelns mit Grundrechten *nicht* im Rahmen einer Ermessensprüfung geprüft werden können. Ein Ermessen ist dort gerade nicht eingeräumt. Auch eine separate Prüfung der Verhältnismäßigkeit der Einzelmaßnahme ist nach der hier vertretenen Auffassung nicht erforderlich und auch nicht möglich. Vielmehr sind auf der Tatbestandsebene die unbestimmten Rechtsbegriffe so auszulegen, dass den betroffenen Grundrechten eine maximale Geltung verschafft und letztlich eine verhältnismäßige Maßnahme getroffen werden kann. Dabei kann es vorkommen, dass die Norm nur mit **einer bestimmten Auslegung** verfassungsrechtlich unbedenklich ist. Jede andere Auslegung und damit jedes andere Ergebnis würden zur Verfassungswidrigkeit führen (**verfassungskonforme Auslegung**, vgl. *R. Schmidt*, AllgVerwR, Rn 269 ff.).

279

d. Bindung der Rechtsprechung an den Grundsatz der Verhältnismäßigkeit

Wegen Art. 1 III, 20 III GG ist auch die Rechtsprechung nicht nur an die Grundrechte, sondern grundsätzlich auch an den Grundsatz der Verhältnismäßigkeit gebunden. Die Bindung an den Grundsatz der Verhältnismäßigkeit reicht jedoch nur so weit, als die Rechtsprechung ein Entscheidungsermessen hat. Das betrifft etwa die Strafzumessung durch die Strafgerichte: Die Höhe der Strafe muss sich nach der Schwere der Schuld richten und darf „nicht schlechthin unangemessen sein"[442].

280

---

[441] Das ist die vom Verfasser seit der 1. Aufl. 2000 vertretene Auffassung; wie hier auch *Peine*, AllgVerwR, Rn 223; *Hufen*, VerwProzR, § 25 Rn 25 a.E.; *Schenke*, POR, Rn 97; *ders.*, VerwProzR, Rn 738 ff.; *Voßkuhle*, JuS 2007, 429, 430 f. und JuS 2008, 117, 118; *Jötten/Tams*, JuS 2008, 436, 441; *Klatt/Meister*, JuS 2014, 193, 199; *Kment/Vorwalter*, JuS 2015, 193, 199; *Gött/Ruschemeier*, JA 2015, 286, 293.
[442] BVerfGE 75, 1, 16.

VI. Rechtssicherheit: Rückwirkungsverbot/Vertrauensschutz

281   Rechtsstaatlichkeit bedeutet nicht nur Messbarkeit, Berechenbarkeit und Widerspruchsfreiheit in der Rechtsordnung, sondern auch die Beachtung des Übermaßverbots und die Schaffung von Rechtssicherheit für den Bürger. Rechtssicherheit ist gekennzeichnet durch Vertrauensschutz (d.h. Schutz des Vertrauens des Bürgers in den Bestand staatlicher Entscheidungen) und das **Verbot echter Rückwirkung** von belastenden Gesetzen. Derjenige, der aufgrund einer gesetzlichen Regelung bestimmte Dispositionen getroffen hat, soll darauf vertrauen dürfen, dass diese Dispositionen nicht aufgrund einer neuen Regelung rückwirkend wieder in Frage gestellt werden. Allerdings kann es das Rückwirkungsverbot und den Vertrauensschutz nicht um jeden Preis geben. Es ist stets eine **Abwägung** mit anderen wichtigen Verfassungsgütern vorzunehmen.[443] Unter welchen Voraussetzungen eine rückwirkende belastende Regelung zulässig ist, soll im Folgenden dargelegt werden.

1. Rückwirkungsverbot im Strafrecht

282   Dass eine rückwirkende Rechtsänderung das Vertrauen in die Rechtsbeständigkeit berührt, wird insbesondere bei Strafgesetzen evident: Strafgesetze sollen in verlässlicher Weise Grenzen des Erlaubten zeigen und so den Bürgern Verhaltensregeln aufzeigen. Fällt daher ein bestimmtes Verhalten nicht in den Tatbestand einer Strafnorm, muss sich der Bürger auf die Straffreiheit seines Handelns verlassen können. Eine Änderung des materiellen Strafrechts mit belastender Rückwirkung würde dieses Vertrauen zerstören und wäre mit dem Rechtsstaatsprinzip unvereinbar. Die Strafbarkeit einer bestimmten Tat muss also stets im Zeitpunkt ihres Begehens gesetzlich bestimmt sein. Daher statuiert **Art. 103 II GG** die **Unzulässigkeit rückwirkender Strafgesetze**.

> **Beispiel zum Rückwirkungsverbot (fiktiv):** Der Gesetzgeber möchte Geschwindigkeitsverstöße im Straßenverkehr stärker sanktionieren und mit Kriminalstrafe versehen (bislang wurden Verstöße dieser Art lediglich als Ordnungswidrigkeiten geahndet). Einen Tag, nachdem Autofahrer A mit seinem Wagen in einer Tempo-30-Zone mit einer Geschwindigkeit von 66 km/h „geblitzt" wurde, fügt der Gesetzgeber in das StGB eine Strafnorm ein, wonach das Überschreiten der zulässigen Höchstgeschwindigkeit um mehr als 100 % mit Freiheitsstrafe bis zu einem Jahr oder mit Geldstrafe bestraft wird). Die Regelung soll rückwirkend für die letzten drei Monate gelten.
>
> Hier bestand zum Zeitpunkt der Tatbegehung noch keine gesetzlich angeordnete Strafbarkeit, sodass A sich nicht strafbar gemacht haben kann. Die vorliegende Strafnorm ist, jedenfalls soweit sie die Rückwirkung betrifft, verfassungswidrig.

283   Vom Rückwirkungsverbot umfasst sind auch der **Wegfall bzw. die Einschränkung von Rechtfertigungsgründen** und von **persönlichen Strafausschließungs- oder Strafaufhebungsgründen**.

> **Beispiel:** B tötet C (§ 212 StGB). Dabei konnte er sich aber auf den Rechtfertigungsgrund Notwehr (§ 32 StGB) berufen, da er zuvor von C mit einem Messer angegriffen wurde. Verschärfte nun der Gesetzgeber die rechtlichen Anforderungen an die Notwehr und würde das Verhalten des B demnach nicht mehr gerechtfertigt sein, wenn er die Tat noch einmal beginge, wäre die Gesetzesänderung verfassungswidrig, wenn sie sich rückwirkend auch auf die von B begangene Tat bezöge.

---

[443] Vgl. BVerfGE 45, 142, 167; 72, 175, 196; 88, 384, 403; BVerfG NZA 2001, 687, 688; NJW 2010, 3629 ff.; NJW 2010, 3634 ff.; NJW 2010, 3638 ff.; NJW 2013, 145 ff. Vgl. auch *Selmer*, JuS 2011, 189 f. und JuS 2013, 477

Dagegen ist nach zutreffender h.M. eine **Änderung der (höchstrichterlichen) Rechtsprechung** (also eine Änderung in der Rechtsanwendung) bei gleich bleibendem Gesetzeswortlaut grundsätzlich **nicht** vom Rückwirkungsverbot umfasst.[444] Grenzen werden lediglich bei Willkürentscheidungen gezogen.[445] Ändert also die Rechtsprechung willkürfrei ihre Auslegung, kann diese nach h.M. auch auf Taten bezogen werden, die vor der Änderung der Rechtsprechung begangen wurden. Demzufolge ist es dem Richter nicht verwehrt, den Täter zu bestrafen, obwohl die zur Tatzeit praktizierte Rechtsprechung dies nicht getan hätte. Etwaige Unbilligkeiten kompensiert die Rspr. mit der Figur des Verbotsirrtums beim Täter (§ 17 StGB).

> **Beispiel:** § 316 StGB stellt das Führen eines Fahrzeugs insbesondere im Zustand der alkoholbedingten Fahruntüchtigkeit unter Strafe. Dabei enthält die Vorschrift keine Aussage, bei welcher konkreten Blutalkoholkonzentration (BAK) eine Fahruntüchtigkeit anzunehmen ist. Diese Frage ist den Strafgerichten überlassen. Senkt die Rechtsprechung nun die Grenze der absoluten Fahruntüchtigkeit von 1,3 auf 1,1 Promille[446], kann sich derjenige, der gerade infolge der Änderung der Rechtsprechung den Tatbestand des § 316 StGB erfüllt (also etwa ein Fahrzeugführer, der mit einer BAK von 1,25 Promille gestoppt wurde), nach h.M. nicht auf das Rückwirkungsverbot berufen.[447]

Keine Strafgesetze im dargelegten Sinne stellen nach h.M. die **verfahrensrechtlichen Vorschriften**, also die Vorschriften etwa über den **Strafantrag** und die **Verjährung von Straftaten**, dar.[448] Kontrovers diskutiert wurde die Frage vor allem im Streit um die Verlängerung der Verjährungsfrist für Mordtaten der Angehörigen des NS-Regimes im Zuge des 9. und 16. StrafrechtsänderungsG[449]; sie ist auch heute noch umstritten.[450]

Ob **Maßregeln zur Besserung und Sicherung** dem Strafrecht und damit dem Rückwirkungsverbot des Art. 103 II GG unterfallen, ist in Bezug auf die (nachträglich angeordnete) Sicherungsverwahrung höchst problematisch. Während das BVerfG die nachträglich angeordnete Sicherungsverwahrung zunächst mit dem Argument, diese sei keine „Strafe" i.S.d. Art. 103 II GG, als zulässig erachtet hatte[451], sah der EGMR dies anders und stellte einen Verstoß gegen Art. 7 EMRK („Keine Strafe ohne Gesetz") fest[452]. Bezüglich der im Jahre 2004 gesetzlich eingeführten nachträglichen Sicherungsverwahrung stellte der EGMR auch deren Unvereinbarkeit mit Art. 5 EMRK (Recht auf Freiheit und Sicherheit) fest.[453] Im Lichte dieser Rechtsprechung des EGMR erklärte dann auch das BVerfG nunmehr die gesetzlichen Regelungen zur (nachträglichen) Sicherungsverwahrung für verfassungswidrig und verpflichtete den Gesetzgeber, bis spätestens 31.5.2013 verfassungskonforme Regelungen zu schaffen und die Sicherungsverwahrung neu auszugestalten.[454] Bemerkenswert ist dabei, dass das BVerfG ausdrücklich betont, die Urteile des EGMR hätten keine zwingende Bindungs-

284

---

[444] Vgl. BVerfG NJ 2000, 139, 140; BGHSt 41, 101, 111 f.
[445] Vgl. dazu *Brocker*, NJW 2012, 2996 ff.
[446] Vgl. dazu BGH NStZ 1990, 491.
[447] So BVerfGE 18, 224, 240 f.; BVerfG-K NJW 1990, 3140; OLG Düsseldorf MDR 1991, 171; *Gropp*, StrafR AT, § 3 Rn 78 ff.; *Fischer*, § 1 StGB Rn 17 u. § 316 Rn 6a; *Joecks*, § 1 StGB Rn 3. Teilweise wird aber aus Gründen des Vertrauensschutzes (§ 2 StGB) eine täterbelastende Rechtsprechungsänderung abgelehnt (vgl. *Dürig*, in: Maunz/Dürig, GG, Art. 103 II Rn 112 Rn 2; *Schmidt-Aßmann*, in: Maunz/Dürig, GG, Art. 103 II Rn 239; Sch/Sch-*Eser*, § 2 StGB Rn 8 f.; *Pieroth*, in: J/P, GG, Art. 103 Rn 53). Diese abweichende Meinung ist mit dem geltenden Recht kaum vereinbar. Denn der Vertrauensschutz kann nicht dazu führen, dass die Gerichte an eine Rechtssicherheit gebunden werden, die sich aufgrund neuer Erkenntnisse als unhaltbar erwiesen hat.
[448] BGHSt 20, 22, 27; *Fischer*, § 1 StGB Rn 11b; Sch/Sch-*Eser*, § 2 StGB Rn 2.
[449] Vgl. dazu BVerfGE 25, 269, 289; 46, 188, 192.
[450] Vgl. dazu BGH NJW 1999, 1647; Sch/Sch-*Eser*, § 2 StGB Rn 6.
[451] BVerfGE 109, 133, 167 ff.
[452] EGMR NJW 2010, 2495 ff.
[453] EGMR NJW 2011, 3423 ff.
[454] BVerfGE 128, 326, 371.

wirkung.[455] In der Sache hat es die Ansicht des EGMR aber bestätigt und einen Verstoß gegen den im Rechtsstaatsprinzip verankerten Vertrauensschutz und gegen Art. 2 II S. 2 GG angenommen. Die am 1.6.2013 in Kraft getretene Neuregelung des § 66 StGB wurde vom EGMR nicht beanstandet.[456]

287 Von Art. 103 II GG unberücksichtigt bleiben muss aber das Erfordernis **materieller Gerechtigkeit**: Wenn das rechtsstaatliche Rückwirkungsverbot bei seiner unbedingten Anwendung offensichtliche, unerträgliche Verstöße gegen elementare Gebote der Gerechtigkeit und gegen völkerrechtlich geschützte Menschenrechte ungeahndet lassen würde, kann es das Erfordernis materieller Gerechtigkeit notwendig erscheinen lassen, die Tat trotz rechtsstaatlichen Rückwirkungsverbots zu ahnden. Der strikte, von Art. 103 II GG gewährte, Vertrauensschutz muss dann zurücktreten.[457]

Das trifft insbesondere auf die DDR-Kriminalität zu. So hat bereits BGHSt 39, 1 bezüglich der **„Mauerschützen"** die Rechtfertigungsgründe des DDR-Rechts (§ 27 DDR-GrenzG) wegen offensichtlicher Menschenrechtswidrigkeit unter Heranziehung der sog. **Radbruchschen Formel** (benannt nach dem Rechtsphilosophen, Strafrechtslehrer und Politiker Gustav Radbruch 1878-1949) nicht angewendet. Nach dieser Formel hat die Rechtssicherheit dort zu weichen, wo das Gesetz in unerträglichem Maße im Widerspruch zur Gerechtigkeit steht. Das BVerfG hat sich dieser Formel angeschlossen.[458] An einer das strikte Rückwirkungsverbot des Art. 103 II GG rechtsstaatlich rechtfertigenden besonderen Vertrauensgrundlage fehle es, wenn der Träger der Staatsmacht für den Bereich schwersten kriminellen Unrechts die Strafbarkeit durch Rechtfertigungsgründe ausschließe, indem er über die geschriebenen Normen hinaus zu solchem Unrecht auffordere, es begünstige und so die in der Völkerrechtsgemeinschaft allgemein anerkannten Menschenrechte in schwerwiegender Weise missachte. Der strikte Schutz von Vertrauen durch Art. 103 II GG müsse dann zurücktreten.[459]

Auf Art. 103 II GG übertragen bedeutet dies, dass überragende Erfordernisse materieller Gerechtigkeit die Garantiefunktion des Strafrechts begrenzen. Aus diesen Überlegungen heraus wurden auch ein ehemaliger DDR-Richter wegen **Rechtsbeugung**[460] und der damalige letzte Generalsekretär des Zentralkomitees der SED Egon Krenz wegen **Totschlags**[461] verurteilt.[462]

288 Hinsichtlich der Bestimmung der **„Zeit der Tat"** findet sich in § 2 StGB eine Konkretisierung des Art. 103 II GG:

- § 2 I StGB legt i.V.m. § 8 StGB fest, dass eine Tat zu der Zeit begangen ist, zu der der Täter oder der Teilnehmer **gehandelt** hat oder im Falle des Unterlassens hätte handeln müssen. Der Zeitpunkt des Erfolgseintritts ist somit unbedeutend.

- Gemäß § 2 II StGB ist, wenn die Strafandrohung während der Begehung der Tat geändert wird, das Gesetz anzuwenden, das bei der Beendigung der Tat gilt. Wichtig wird dies insbesondere bei Dauerdelikten.

- § 2 III StGB legt fest, dass wenn sich das Strafgesetz zwischen Beendigung der Tat und Gerichtsentscheidung ändert, das mildeste Gesetz anzuwenden ist. Das gilt gem.

---

[455] Das ist zweifelhaft, vgl. *R. Schmidt*, Grundrechte, Rn 7a.
[456] EGMR 7.1.2016 – 23279/14.
[457] BVerfGE 95, 96, 133; *Degenhart*, Rn 391 f. Vgl. dazu ausführlich auch *Alwart*, JZ 2000, 227 ff.
[458] Vgl. BVerfGE 95, 96 ff., BVerfG EuGRZ 1997, 142, NJ 1998, 314 und NJW 2000, 1480 ff.
[459] BVerfGE 95, 96, 133.
[460] Vgl. BVerfG NJW 1998, 2585.
[461] BVerfG NJW 2000, 1480.
[462] Vgl. dazu auch BGHSt 42, 65 ff.; 44, 204 ff.; 45, 270 ff.; *Ambos*, JuS 2000, 465 ff.; *Rummler*, Die Gewalttaten an der deutsch-deutschen Grenze vor Gericht, 2000. Zur Rechtsbeugung in der früheren DDR vgl. BVerfG NJW 1998, 2585 ff.; BGHSt 40, 30 ff.; 40, 169 ff.; 40, 272 ff.; 44, 275 ff.; BGH NStZ 1999, 455, 562; NStZ 2000, 91 ff. und *Burian*, ZStW 112 (2000), 106 ff.; zur Erpressung von Ausreisewilligen BGHSt 44, 68, 72; *Sinn*, NStZ 2000, 195 ff.

§ 2 IV StGB auch dann, wenn dieses mildere Gesetz zum Zeitpunkt der Gerichtsentscheidung wieder außer Kraft getreten ist (sog. **Zwischengesetz**), es sei denn, es handelt sich um ein Gesetz, das von vornherein nur für eine bestimmte Zeit erlassen worden ist (sog. **Zeitgesetz**).

Zusammenfassend bleibt festzuhalten, dass die **rückwirkende materiell-rechtliche Schlechterstellung des Täters** bis auf den Fall, dass die materielle Gerechtigkeit eine Ahndung von Straftaten trotz Nichtvorliegens einer Strafnorm bzw. Vorliegens eines Rechtfertigungsgrundes zum Zeitpunkt der Tatbegehung fordert, **schlechthin unzulässig** ist. Das statuiert Art. 103 II GG.

---

2. Rückwirkungsverbot im Übrigen

Auch im Übrigen muss bei belastenden Gesetzen die Frage nach der Zulässigkeit einer Rückwirkung gestellt werden, da auch hier das Vertrauen des Bürgers in die Beständigkeit der Rechtsordnung stets betroffen sein kann. Nach der herkömmlichen Terminologie des *Ersten Senats* des BVerfG ist zwischen echter (retroaktiver) und unechter (retrospektiver) Rückwirkung zu unterscheiden. 289

a. Unterscheidung zwischen echter und unechter Rückwirkung

Echte Rückwirkung liegt vor, wenn ein Gesetz nachträglich ändernd in abgeschlossene, der Vergangenheit angehörende Tatbestände eingreift.[463] 290

Beispiele (fiktiv):

(1) Veranlagungszeitraum für das Steuerrecht ist das Kalenderjahr (vgl. § 38 AO, § 25 I EStG). Wird also ein Steuergesetz am 1.7.2016 mit Wirkung auch für 2015 geändert, greift die Gesetzesänderung rückwirkend in einen bereits abgeschlossenen Veranlagungszeitraum ein. ⇨ Hier liegt ein Fall der echten Rückwirkung vor.

(2) Die Strafverfolgungsverjährungsfrist für (einfache) Steuerhinterziehung beträgt 5 Jahre (§ 370 I AO i.V.m. § 78 III Nr. 4 StGB). Um früher zurückliegende Steuerstraftaten zu erfassen, beschließt der Gesetzgeber, die Verjährungsfrist rückwirkend auf 10 Jahre zu erhöhen und dabei auch die Fälle zu erfassen, die nach bisherigem Recht bereits verjährt waren. Dadurch können Steuerstraftaten erfasst werden, die z.B. 8 Jahre zurückliegen und nach bisherigem Recht nicht mehr der Strafverfolgung unterlagen. ⇨ Auch hier greift die Gesetzesänderung rückwirkend in einen bereits abgeschlossenen Veranlagungszeitraum ein, sodass ebenfalls eine echte Rückwirkung vorliegt.

Unechte Rückwirkung liegt demgegenüber vor, wenn der Gesetzgeber in Tatbestände eingreift, die in der Vergangenheit begonnen, jedoch noch nicht abgeschlossen wurden.[464] 291

Beispiele:

(1) In Beispiel **(1)** zur echten Rückwirkung (s.o.) wird das Gesetz vom 1.7.2016 nur mit Wirkung zum 1.1.2016 geändert. Daher ist ausschließlich der Veranlagungszeitraum 2016 maßgeblich: Das bedeutet: Auch wenn die Gesetzesänderung erst am 1.7.2016 erfolgt ist, ist der maßgebliche Veranlagungszeitraum 2016 noch

---

[463] BVerfGE 30, 272, 285; 30, 392, 401; 63, 343, 353 f.; 67, 1, 15; 95, 64, 86; 97, 67, 78 f.; 114, 258, 300; 127, 1, 57; 127, 31, 46; 127, 61, 75; BVerfG NVwZ 2012, 876 f.; NJW 2013, 145 ff.; NVwZ 2014, 577, 578 f. Vgl. auch *Selmer*, JuS 2011, 189 f.; *Momen*, BB 2011, 2781 ff.; *Muckel*, JA 2012, 714, 715 f.; *Selmer*, JuS 2013, 477 f.

[464] BVerfGE 95, 64, 86; 127, 1, 17; 127, 31, 47; 127, 61, 76; BVerfG NZA 2001, 687, 688; NVwZ 2012, 876 f.; NJW 2013, 145 ff.; Vgl. auch *Selmer*, JuS 2011, 189 f.; *Momen*, BB 2011, 2781 ff.; *Muckel*, JA 2012, 714, 715 f.; *Selmer*, JuS 2013, 477 f.

nicht abgeschlossen. ⇨ Hier liegt nach der Terminologie des *Ersten Senats* des BVerfG ein Fall der unechten Rückwirkung vor.

(2) In Beispiel **(2)** zur echten Rückwirkung (s.o.) wird die Verlängerung der Strafverfolgungsverjährung nur für solche Steuerhinterziehungen beschlossen, bei denen die Verjährung noch nicht eingetreten ist. ⇨ Hier liegt nach der Terminologie des *Ersten Senats* des BVerfG ein Fall der unechten Rückwirkung vor.

292 Der *Zweite Senat* des BVerfG sprach hingegen nicht von echter bzw. unechter Rückwirkung, sondern ging nur von *einer* Rückwirkung aus. Terminologisch sprach er in diesem Zusammenhang von **Rückbewirkung von Rechtsfolgen**, bei der die Rechtsfolgen einer Norm bereits für einen vor ihrer Verkündung liegenden Zeitraum gelten. Dagegen sprach er von **tatbestandlicher Rückanknüpfung**, wenn eine Norm zwar nur Rechtsfolgen für die Zukunft anordnet, in ihrem Tatbestand aber an Gegebenheiten aus der Zeit vor ihrer Verkündung anknüpft.[465]

293 Die unterschiedlichen Terminologien beider Senate erwiesen sich jedoch als wenig produktiv, die Vorgaben der Verfassung für rückwirkende Gesetze zu konkretisieren. Daher hat der *Zweite Senat* (nicht zuletzt wegen der vehementen Kritik aus Wissenschaft und Praxis) in seiner Entscheidung zur Schiffsbausubvention[466] zaghaft eine Wende eingeläutet. Der *Senat* wendet nun beide Begriffspaare gleichrangig nebeneinander an.

294 Vgl. dazu BVerfGE 97, 67, 78: „Eine Rechtsnorm entfaltet Rückwirkung, wenn der Beginn ihres zeitlichen Anwendungsbereichs auf einen Zeitpunkt festgelegt ist, der vor dem Zeitpunkt liegt, zu dem die Norm gültig geworden ist (vgl. BVerfGE 72, 200, 241). Der zeitliche Anwendungsbereich einer Norm bestimmt, in welchem Zeitpunkt die Rechtsfolgen einer gesetzlichen Regelung eintreten sollen. Demgegenüber betrifft die tatbestandliche Rückanknüpfung (unechte Rückwirkung) nicht den zeitlichen, sondern den sachlichen Anwendungsbereich einer Norm. Die Rechtsfolgen eines Gesetzes treten erst nach Verkündung der Norm ein, deren Tatbestand erfasst aber Sachverhalte, die bereits vor Verkündung ‚ins Werk gesetzt' worden sind". Ähnlich auch BVerfGE 105, 17, 37 (Steuersubventionen), BVerfG NJW 2010, 3629 ff., NJW 2010, 3634 ff. und NJW 2010, 3638 ff. (jeweils Einkommensteuerveranlagung).

295 Da in der Sache kein Unterschied hinsichtlich der jeweiligen verfassungsrechtlichen Prüfungsanforderungen besteht, schadet es nicht, auch weiterhin von echter und unechter Rückwirkung zu sprechen.

b. Zulässigkeit von echter und unechter Rückwirkung

296 Die **echte Rückwirkung** (Rückbewirkung von Rechtsfolgen) von belastenden Gesetzen ist **grundsätzlich unzulässig**. Das folgt aus dem Rechtsstaatsprinzip (insb. dem Vertrauensschutz) i.V.m. den Grundrechten.[467] Die echte Rückwirkung ist aber dann **zulässig**, wenn **„zwingende Gründe des gemeinen Wohls** oder ein nicht – oder nicht mehr – vorhandenes schutzbedürftiges Vertrauen des Einzelnen eine Durchbrechung"[468] gestatten. Das ist etwa[469] der Fall, wenn

- für den Rückwirkungszeitraum mit der dann getroffenen Regelung **zu rechnen war** und aus diesem Grund kein schutzwürdiger Vertrauenstatbestand geschaffen wurde.[470]

---

[465] Vgl. BVerfGE 72, 200, 241 f.

[466] BVerfGE 97, 67 ff.

[467] BVerfGE 30, 272, 285; 30, 392, 401; 63, 343, 353 f.; 67, 1, 15; 95, 64, 86; 97, 67, 78 f.; 114, 258, 300; BVerfG NVwZ 2014, 577, 578 f.; *Selmer*, JuS 2011, 189, 190 und JuS 2014, 763, 764 f.

[468] BVerfGE 97, 67, 79 f.; BVerfG NVwZ 2014, 577, 578 f.; *Jarass*, in: J/P, GG, Art. 20 Rn 72; *Muckel*, JA 1994, 13; *Brüning*, NJW 1998, 1526, 1528.

[469] Freilich nicht abschließend, vgl. BVerfGE 97, 67, 79 f.; 72, 200, 260; BVerfG NVwZ 2012, 876 f.

[470] BVerfGE 37, 363, 397 f.; 45, 142, 173 f.; 88, 384, 404; *Jarass*, in: J/P, GG, Art. 20 Rn 72; *Fischer*, JuS 2001, 861, 862.

Dies kann der Fall sein bei der **Ersetzung** einer **vorläufigen** durch eine **endgültige** Regelung. Auch bei der **Ersetzung** einer aus formellen Gründen **nichtigen** durch eine **wirksame** Regelung gleichen Inhalts ist die echte Rückwirkung zulässig.

- Bei **unklarem** und **verworrenem** geltenden Recht kann der Bürger ebenfalls nicht auf den Bestand des geltenden Rechts vertrauen.[471] Unklar ist das Recht, wenn es möglicherweise verfassungswidrig ist.

- Auch wenn der entstehende Schaden unerheblich ist, darf der Gesetzgeber ausnahmsweise echt rückwirkende Gesetze erlassen (sog. **Bagatellvorbehalt**).[472]

- Ob in **Beispiel (2)** von Rn 290 die Verlängerung der Verjährungsfrist verfassungsgemäß ist, hängt davon ab, ob „zwingende Gründe des Gemeinwohls" die Rückwirkung erfordern oder ob die Betroffenen mit der Verlängerung rechnen mussten.
  Dafür, dass die Betroffenen mit einer Verlängerung der Strafverfolgungsverjährungsfrist rechnen mussten, bestehen keine Anhaltspunkte. Fraglich ist daher allein, ob ein zwingender Grund des Gemeinwohls die Rückwirkung rechtfertigt. Ein solcher könnte im Strafverfolgungsinteresse des Staates liegen. Die Vergangenheit hat gezeigt, dass eine ganze Reihe von Steuerhinterziehungen, die offenbar durch eine besondere Anstrengung der Verfolgungsbehörden aufgedeckt wurden, zum Zeitpunkt ihrer Entdeckung bereits verjährt war. Auch wenn dadurch die Verfolgungsbemühungen effektiv zu keiner Verurteilung führen, ist dies zwar ein Grund des Gemeinwohls, allerdings nicht als zwingend zu betrachten. Denn obwohl die Öffentlichkeit ein gewisses Interesse daran hat, dass Steuerhinterziehung auch strafrechtlich geahndet wird, wird unabhängig davon der finanzielle Schaden, welcher der Allgemeinheit entsteht, aber durch das materielle Steuerrecht gesichert. Die Täter bleiben zur Nachzahlung der Steuern verpflichtet, sodass die Aufdeckung der Taten jedenfalls nicht völlig ohne Konsequenzen ist.
  Somit verstößt die Regelung, soweit davon auch bereits zum Zeitpunkt des Erlasses verjährte Taten erfasst werden, nach der hier vertretenen Auffassung gegen das rechtsstaatliche Rückwirkungsverbot, weil weder zwingende Gründe des Gemeinwohls ersichtlich sind noch die Betroffenen mit einer solchen Regelung rechnen mussten. Insofern ist ein Gesetz, das rückwirkend die Verjährungsfristen verlängert und dabei nach bisherigem Recht verjährte Taten wieder verfolgbar macht, verfassungswidrig.

Demgegenüber war die **unechte Rückwirkung** (tatbestandliche Rückanknüpfung) **297** nach langjähriger Rechtsprechung des BVerfG **grundsätzlich zulässig**. Sie sei nur dann unzulässig, wenn im Einzelfall schutzwürdiges Vertrauen der Betroffenen entgegenstehe.[473] Dann aber hat das BVerfG entschieden, dass die unechte Rückwirkung nicht mehr „grundsätzlich zulässig", sondern *„nicht grundsätzlich unzulässig"* sei.[474]

Ob im Einzelfall die Grenze der Zumutbarkeit gewahrt bleibt, ist also durch **Abwägung** zu **298** bestimmen: Es ist das enttäuschte Vertrauen des Betroffenen mit dem Gewicht und der Dringlichkeit der die Rechtsänderung rechtfertigenden Gründe abzuwägen. Überwiegt das Vertrauen des Betroffenen, ist auch die unechte Rückwirkung unzulässig. Nach der geänderten Rechtsprechung des BVerfG erhält der Vertrauensschutz des Betroffenen aber eine größere Gewichtung. Der betroffene Bürger darf daher nicht mehr nur in Ausnahmefällen und bei besonderen Vertrauenstatbeständen erwarten, dass die Gesetzeslage unverändert bestehen bleibt; dies gilt insbesondere für Steuergesetze, aber auch für die Kürzung der Förderung von Solarenergieanlagen[475].

---

[471] Vgl. etwa BVerfGE 45, 142, 173; BFHE 135, 311, 313; *Jarass*, in: J/P, GG, Art. 20 Rn 72.
[472] Vgl. BVerfGE 95, 64, 86 f.; *Nolte*, NVwZ 2000, 1135, 1136.
[473] BVerfG NVwZ 2000, 929 ff.; BVerfGE 97, 271, 289; 97, 378, 389; BVerfG NZA 2001, 687, 688; *Fischer*, JuS 2001, 861, 863.
[474] BVerfGE 127, 1, 17 f.; 127, 31, 46 f.; 127, 61, 75 f.; BVerfG NJW 2012, 876 f.
[475] Vgl. dazu *Leisner-Egensperger*, NVwZ 2012, 985 ff.

Wenn also in **Beispiel (2)** von Rn 291 zur unechten Rückwirkung die neue **Strafver-folgungsverjährungsfrist** nicht auch solche Fälle erfasst, bei denen nach bisherigem Recht die Strafverfolgungsverjährung bereits eingetreten ist, verstößt sie wohl nicht gegen das Rückwirkungsverbot.[476]

Ein anderes Beispiel bietet die kommunale **Kampfhundebesteuerung.**[477] Diesbezüglich hat das BVerwG entschieden, dass eine Erhöhung der Hundesteuer für sog. Kampfhunde auch gegenüber Kampfhundehaltern, die bereits vor der Steuererhöhung im Besitz eines betroffenen Hundes waren, lediglich einen Fall der sog. unechten Rückwirkung darstelle und damit grundsätzlich zulässig sei.[478] Demgegenüber hat der *Zweite Senat* des BVerfG bezüglich der **Verlängerung der Spekulationsfrist** bei der Veräußerung von Grundstücken durch § 23 I S. 1 Nr. 1 i.V.m. § 52 XXXIX S. 1 EStG i.d.F. des Steuerentlastungsgesetzes 1999/2000/2002 entschieden, dass die Fristverlängerung mit belastenden Folgen einer unechten Rückwirkung verbunden sei, die zum Teil den Grundsätzen des verfassungsrechtlichen Vertrauensschutzes widersprächen.[479]

299 In einer aktuellen Entscheidung bzgl. der rückwirkenden Anwendung einer gewerbesteuerrechtlichen Vorschrift konstatiert der *Erste Senat* des BVerfG, dass die unechte Rückwirkung nur dann zulässig sei, wenn sie zur Förderung des Gesetzeszwecks geeignet und erforderlich sei und wenn bei einer Gesamtabwägung zwischen dem Gewicht des enttäuschten Vertrauens und dem Gewicht der Dringlichkeit und der die Rechtsänderung rechtfertigenden Gründe die Grenze der Zumutbarkeit gewahrt bleibe.[480] Andererseits macht der *Erste Senat* deutlich, dass eine Abwägung nicht erforderlich sei, wenn ein Vertrauen in den Fortbestand der bisherigen Rechtslage nicht bestehe, was etwa der Fall sei, wenn das Gesetz bereits vom Bundestag beschlossen wurde oder wenn der Vermittlungsausschuss einen Änderungsvorschlag gemacht habe.[481] Ob allein die Einbringung eines Gesetzentwurfs in den Bundestag das Vertrauen in die bisherige Rechtslage zerstört, hat der *Erste Senat* offengelassen.[482]

300 Fazit: Trotz dieser recht ungriffigen Formulierung rückt das Gericht die unechte Rückwirkung aber klar in Richtung echter Rückwirkung. Es hat also eine Verschärfung der Zulässigkeit der unechten Rückwirkung und damit eine Erhöhung des Schutzniveaus in Bezug auf eine unechte Rückwirkung herbeigeführt, das demjenigen einer echten Rückwirkung nahekommt. Zulässig ist eine unechte Rückwirkung demnach nur noch unter strenger Beachtung des Grundsatzes der Verhältnismäßigkeit, sofern der Betroffene auf den Fortbestand der bisherigen Regelung vertrauen durfte.

---

[476] Da die Verjährungsregelungen im Übrigen auch den Grundsatz der Verhältnismäßigkeit beachten müssen, wäre eine sehr lange, nicht nach der Schwere der Tat differenzierende Regelung verfassungswidrig. Die Anfang 2009 in Kraft getretene Neuregelung in §§ 370, 376 AO mit der rückwirkenden Verlängerung der Verjährungsfristen für noch nicht verjährte besonders schwere Fälle der Steuerhinterziehung (§ 370 III S. 2 Nr. 1-5 AO, vgl. Art. 97 § 23 EGAO) von 5 auf 10 Jahre wird dem wohl gerecht (auch der BGH geht wohl von der Rechtmäßigkeit dieses Falls einer unechten Rückwirkung aus, BGH NStZ 2013, 415). Verfassungsrechtliche Bedenken in Bezug auf die rückwirkende Verlängerung der Verjährungsfristen bestehen allerdings hinsichtlich Art. 3 I GG, da die Neuregelung nur benannte besonders schwere Fälle der Steuerhinterziehung (also die Regelbeispiele des § 370 III S. 2 Nrn. 1-5 AO) erfasst. Unbenannte besonders schwere Fälle (§ 370 III S. 1 AO) sind dagegen von der Verlängerung der Strafverfolgungsverjährungsfrist nicht erfasst. Ein sachlicher Grund für diese Differenzierung ist nicht erkennbar (kritisch auch *Pelz*, NJW 2009, 470 ff.).

[477] Kommunale Kampfhundesteuersatzungen setzen im Hinblick auf ihre Eingriffsqualität nach dem Grundsatz der Gesetzmäßigkeit der Verwaltung nicht nur eine entsprechende materielle Rechtsgrundlage, sondern auch eine Rechtsetzungskompetenz der Kommune voraus. Eine solche ergibt sich aus Art. 105 II a S. 1 GG i.V.m. dem Selbstverwaltungsrecht der Kommunen (Art. 28 II S. 1 GG) und den Kommunalabgabengesetzen der Länder. Dem steht nach Auffassung des BVerwG nicht entgegen, dass es sich um eine Lenkungssteuer handelt (vgl. näher BVerwG NVwZ 2000, 929 ff. und *Jahn*, JuS 2001, 334, 335).

[478] Vgl. BVerwG NVwZ 2000, 929 ff. mit Bespr. v. *Jahn*, JuS 2001, 334, 335.

[479] BVerfGE 127, 1, 17 ff.

[480] BVerfG NJW 2013, 145, 146 mit Hinweis auf BVerfG NJW 2010, 3629, 3630 (= BVerfGE 127, 1, 17 f.). Vgl. auch *Selmer*, JuS 2013, 477 f.

[481] BVerfG NJW 2013, 145, 146.

[482] Vgl. *Selmer*, JuS 2013, 477, 478.

c. Maßgeblicher Zeitpunkt für den Vertrauensschutz

Wie bereits ausgeführt, kann sich der von einer Gesetzesänderung betroffene Bürger **301** nicht auf das Vertrauen in den Fortbestand der bisherigen gesetzlichen Regelung berufen, wenn das Gesetz bereits vom Bundestag beschlossen wurde oder wenn der Vermittlungsausschuss einen Änderungsvorschlag gemacht hat. Maßgeblicher Zeitpunkt für den Vertrauensschutz ist demnach jedenfalls der Zeitpunkt **des Gesetzesbeschlusses im Bundestag**. Ungeklärt ist aber nach wie vor, ob ein Regierungsentwurf, eine Verweisung des Gesetzentwurfs an die Ausschüsse oder gar die bloße Ankündigung einer Neuregelung vertrauensschutzreduzierend wirken.

d. Notwendigkeit von Übergangsregelungen/Ausnahmetatbeständen

Auch wenn eine (vor allem unechte) Rückwirkung zulässig ist, muss der Gesetzgeber **302** aufgrund des rechtsstaatlichen Grundsatzes der Verhältnismäßigkeit eine angemessene Übergangsregelung treffen bzw. Ausnahmetatbestände schaffen.[483] Ob und in welchem Umfang Übergangsregelungen bzw. Ausnahmetatbestände notwendig sind, muss einer Abwägung des gesetzlichen Zwecks mit der Beeinträchtigung der Betroffenen entnommen werden. Dabei steht dem Gesetzgeber ein erheblicher Spielraum zur Verfügung.[484]

e. Überblick über die Rspr. des BVerfG zur Rückwirkung von Gesetzen

Hinsichtlich der Rspr zur Rückwirkung von gesetzes ergibt sich folgdner Überblick: **303 -305**

---

1. Begriff der Rückwirkung von Gesetzen:
Es ist zwischen echter und unechter Rückwirkung zu unterscheiden.

- **Echte Rückwirkung** (Rückbewirkung von Rechtsfolgen) liegt vor, wenn ein Gesetz nachträglich ändernd in abgeschlossene, der Vergangenheit angehörende Tatbestände eingreift.

- **Unechte Rückwirkung** (tatbestandliche Rückanknüpfung) liegt demgegenüber vor, wenn der Gesetzgeber in Tatbestände eingreift, die in der Vergangenheit begonnen, jedoch noch nicht abgeschlossen wurden.

2. Zulässigkeit der Rückwirkung von Gesetzen
Bezüglich der Zulässigkeit rückwirkender Gesetze gilt Folgendes:
- Rückwirkende *Strafgesetze* sind stets unzulässig, Art. 103 II GG.
- Für sonstige *belastende* rückwirkende Gesetze gilt:
  - ⇨ Die **echte Rückwirkung** ist **grundsätzlich unzulässig**. Das folgt aus dem Rechtsstaatsprinzip i.V.m. den Grundrechten. Die echte Rückwirkung ist aber bei **zwingenden Gründen des Gemeinwohls**, die dem Gebot der Rechtssicherheit übergeordnet sind, zulässig. Demnach ist eine echte Rückwirkung in folgenden, nicht abschließend aufzufassenden Fallgruppen zulässig:
    - ⇨ Sie ist dann zulässig, wenn für den Rückwirkungszeitraum mit der dann getroffenen Regelung **zu rechnen war**, da aus diesem Grund kein schutzwürdiger Vertrauenstatbestand geschaffen wurde. Das ist der Fall bei **Ersetzung** einer **vorläufigen** durch eine **endgültige** Regelung oder bei **Ersetzung** einer aus formellen Gründen **nichtigen** durch eine **wirksame** Regelung gleichen Inhalts.
    - ⇨ Sie ist auch zulässig bei **unklarem** und **verworrenem** geltenden Recht. Unklar ist das Recht, wenn es möglicherweise verfassungswidrig ist.
    - ⇨ Auch wenn der entstehende Schaden unerheblich ist, darf der Gesetzgeber ausnahmsweise echt rückwirkende Gesetze erlassen (sog. **Bagatellvorbehalt**).

---

[483] BVerfGE 58, 300, 351.
[484] BVerfGE 76, 256, 359; *Jarass*, in: J/P, GG, Art. 20 Rn 75.

⇨ Die **unechte Rückwirkung** ist „**nicht grundsätzlich unzulässig**". Eine unechte Rückwirkung sei mit den Grundsätzen grundrechtlichen und rechtsstaatlichen Vertrauensschutzes aber nur dann vereinbar, wenn sie zur Förderung des Gesetzeszwecks geeignet und erforderlich sei und wenn bei einer Gesamtabwägung zwischen dem Gewicht des enttäuschten Vertrauens und dem Gewicht und der Dringlichkeit der die Rechtsänderung rechtfertigenden Gründe die Grenze der Zumutbarkeit gewahrt bleibe. Ob im Einzelfall die Grenze der Zumutbarkeit gewahrt bleibt, ist also durch **Abwägung** zu bestimmen: Es ist das enttäuschte Vertrauen des Betroffenen mit dem Gewicht und der Dringlichkeit der die Rechtsänderung rechtfertigenden Gründe abzuwägen. Überwiegt das Vertrauen des Betroffenen, ist auch die unechte Rückwirkung unzulässig. Ein Bürger kann sich aber nicht auf das Vertrauen in den Fortbestand der bisherigen gesetzlichen Regelung berufen, wenn das Gesetz bereits vom Bundestag beschlossen wurde oder wenn der Vermittlungsausschuss einen Änderungsvorschlag gemacht hat.

In Bezug auf den **Prüfungsstandort** gilt: Liegt ein Fall der (grds. unzulässigen) echten Rückwirkung vor, ist bereits zu Beginn der Prüfung der materiellen Verfassungsmäßigkeit des Gesetzes die Unvereinbarkeit mit dem Rechtsstaatsprinzip festzustellen. Liegt hingegen ein Fall der (nicht grds. unzulässigen) unechten Rückwirkung vor, wird dies v.a. in der Verhältnismäßigkeitsprüfung relevant, wo eine umfassende Abwägung stattfindet (Interesse des Staates an der Rückwirkung versus Interesse des Bürgers, von der Rückwirkung verschont zu bleiben).

F. Das Sozialstaatsprinzip

Wichtige Entscheidungen: BVerfGE 1, 97 (Hinterbliebenenrente); 5, 85 (KPD); 8, 274 (Übergangsgesetz über Preisbildung und Preisüberwachung); 9, 124 (Armenrecht); 18, 257 (Sozialversicherung); 22, 180 (Bundessozialhilfegesetz); 33, 303 (Numerus clausus); 36, 73 (Knappschaftsruhegeld); 39, 32 (AOK); 40, 65 (Krankenversicherung); 40, 121 (Waisenrechte); 42, 143 (Grenzen der verfassungsgerichtlichen Nachprüfung von Entscheidungen der ordentlichen Gerichte in Zivilsachen); 65, 182 (Sozialplan); 68, 193 (Gesetzliche Krankenversicherung); 70, 278 (Lohnsteuerjahresausgleich); 82, 60 (Existenzminimum bei der Besteuerung); 87, 153 (Existenzminimum bei der Besteuerung); 115, 25 (Außenseitermethoden); 125, 175 (Höhe ALG II); BVerwGE 22, 177 (Entschädigung nach dem Altsparergesetz); 82, 364 (BeamtVG)

I. Bedeutung von Staatszielbestimmungen

Staatszielbestimmungen sind Verfassungsnormen, die dem Staat die Erfüllung bestimmter Aufgaben oder die Verfolgung bestimmter Ziele vorschreiben oder charakterisierende Merkmale des Gemeinwesens zum Ausdruck bringen. **306**

Verbindlichkeit und Bestimmtheit der Staatszielbestimmungen können sehr unterschiedlich sein. Sie können unverbindliche Programmsätze darstellen, aber auch den Staatsgewalten bestimmte Handlungspflichten auferlegen. Sofern sie dem Staat bestimmte Handlungspflichten auferlegen, richten sie sich in erster Linie an den Gesetzgeber; dieser ist dann verpflichtet, das jeweilige Staatsziel bei der Gesetzgebung zu berücksichtigen, wobei er allerdings einen weiten Spielraum hat. Häufig wirken Staatszielbestimmungen aber auch auf die Auslegung und Anwendung der Gesetze durch Behörden und Gerichte ein. Im Gegensatz zu den Grundrechten sind sie jedoch i.d.R. nicht unmittelbar einklagbar, sie stellen grds. keine subjektiven Rechte des Einzelnen dar. Deshalb ergeben sich beispielsweise aus Art. 20a GG keine unmittelbar einklagbaren Tier- oder Umweltschutzansprüche für den Bürger.[485] **307**

Staatszielbestimmungen sind neben dem **Sozialstaatsprinzip** in Art. 20 I GG etwa der **Umweltschutz** und der **Tierschutz** in Art. 20a GG, das **Europaziel** in Art. 23 GG und das **gesamtwirtschaftliche Gleichgewicht** in Art. 109 II GG.

II. Grundgesetzliche Ausformung des Sozialstaatsprinzips

Die Bundesrepublik Deutschland ist nach Art. 20 I GG ein demokratischer und sozialer Bundesstaat, nach Art. 28 I S. 2 GG ein sozialer Rechtsstaat. In diesen Vorschriften wird die verfassungsrechtliche (und wegen Art. 79 III i.V.m. Art. 20 GG unveränderbare) Festlegung für den Sozialstaat gesehen.[486] Dieser verpflichtet alle staatliche Gewalt zur Herstellung und Erhaltung sozialer Gerechtigkeit und sozialer Sicherheit.[487] **308**

1. Soziale Gerechtigkeit

Als soziale Gerechtigkeit kann ein Verteilungsprinzip verstanden werden, das jeder Schicht der Bevölkerung eine wirtschaftliche und kulturelle Existenz auf angemessenem Niveau einräumen will. **309**

Dem sozialstaatlichen Ziel der Herstellung und Erhaltung sozialer Gerechtigkeit sind Gesetze zuzuordnen, die den Schutz des Schwächeren im Rechtsverkehr anstreben und damit als Korrektiv der (liberalen) Vertragsfreiheit und Vertragsautonomie wirken. Sie werden mit dem Begriff „Umverteilung" beschrieben.[488]

---

[485] Zum Umweltschutz: BVerwG NVwZ 1998, 1080, 1081; *Westphal*, JuS 2000, 339; *Schink*, DÖV 1997, 221, 222; *Steinberg*, NJW 1996, 1985, 1992. Zum Tierschutz: *Caspar/Geissen*, NVwZ 2002, 913 ff.; *Holste*, JA 2002, 907 ff.; *Sachs*, JuS 2007, 765 ff.; später auch *Voßkuhle*, NVwZ 2013, 1, 5; *Oechsler*, JuS 2016, 215, 216.
[486] Vgl. *Herzog*, in: Maunz/Dürig, GG, Art. 20 VIII Rn 6; *Jarass*, in: J/P, GG, Art. 20 Rn 102.
[487] *Stern*, Staatsrecht I, § 21 I 5 c, S. 890; *Degenhart*, Rn 597.
[488] Vgl. *Degenhart*, Rn 600.

Beispiele: Insbesondere aus dem **Arbeitsrecht** sind die Gesetze über die Betriebsverfassung, den Arbeitsschutz und die Arbeitsvermittlung zu nennen. Generell ist der gesamte Produktionsprozess, soweit er nicht allein durch tarifvertragliche Regelungen bestimmt ist, durch sozialstaatliche Gesetzgebung geprägt.[489] Auch im Bereich des **Mietrechts** sind zahlreiche Vorschriften ergangen, die die Rechtsstellung des Mieters gegenüber dem Vermieter verbessern („soziales Mietrecht"). Schließlich sind das zivilistische **Verbraucherschutzrecht** (§§ 312 ff. BGB; Art. 246 EGBGB) und die **Ausbildungsförderung** zu nennen.

2. Soziale Sicherheit

310 Soziale Sicherheit „verlangt die Schaffung oder Erhaltung von Einrichtungen, die für den Fall des Fehlens eigener Daseinsreserven in Krisen, seien es Arbeitslosigkeit, Krankheit, Obdachlosigkeit, die notwendige Daseinshilfe gewähren"[490].

Dem sozialstaatlichen Ziel der Herstellung und Erhaltung sozialer Sicherheit sind Gesetze zuzuordnen, die ein menschenwürdiges Dasein denjenigen gegenüber garantieren, die sich aus eigener Kraft nicht zu helfen vermögen.[491] Dabei wird der Ansatz verfolgt, den Bedürftigen zu befähigen, von staatlicher Hilfe unabhängig zu werden („aktive Förderung").

Beispiele:

(1) Das **Sozialgesetzbuch XII** (Sozialhilfe) hat zum Ziel, den Bedürftigen die Führung eines Lebens zu ermöglichen, das der Würde des Menschen entspricht. Die Hilfe soll sie so weit wie möglich befähigen, unabhängig von ihr zu leben; hierbei müssen sie nach ihren Kräften mitwirken (vgl. § 1 SGB XII).

(2) Die im **Sozialgesetzbuch III** niedergelegte **Arbeitsförderung** hat zum Ziel, im Fall der Arbeitslosigkeit vorrangig die Wiedereingliederung in das Berufsleben anzustreben (§ 1 SGB III).

III. Verfassungsmäßiger Auftrag an die Staatsgewalten

311 Das Sozialstaatsprinzip stellt in erster Linie eine verfassungsgestaltende Grundentscheidung im Sinne einer **Staatszielbestimmung**[492], eine Auslegungsregel für sonstige Rechtsnormen und in bestimmten Grenzen eine objektiv-rechtliche Verpflichtung des Staates und seiner Organe bzw. Untergliederungen dar.

312 So ist insbesondere der **Gesetzgeber** gefordert, das Sozialstaatsprinzip bei der Gesetzgebung zu berücksichtigen.[493] Er hat Vorsorge zur Existenzsicherung zu treffen und einen bestimmten sozialen Mindeststandard zu gewährleisten; hilfsbedürftige dürfen nicht auf Leistungen Dritter verwiesen werden[494]. Allerdings lässt sich angesichts der Weite und Unbestimmtheit des im Sozialstaatsprinzip liegenden Gestaltungsauftrags in der Regel kein Gebot entnehmen, soziale Leistung in einem bestimmten Umfang zu gewähren.[495] Zwingend ist nur, dass der Gesetzgeber die Mindestvoraussetzungen für ein menschenwürdiges Dasein seiner Bürger schafft.[496]

---

[489] Vgl. nur BAG ZIP 2001, 529 ff. – *Vierter Senat* (Grundrechtsbindung der Tarifvertragsparteien).

[490] *Stern*, Staatsrecht I, § 21 II 3. Vgl. speziell zur staatlichen Grundaufgabe der Sicherung im Krankheitsfall BVerfGE 115, 25, 43.

[491] Vgl. nur BVerfGE 125, 175, 223 f. (Höhe ALG II).

[492] Zum Begriff und zur Bedeutung von Staatszielbestimmungen vgl. Rn 314 ff.

[493] So schon BVerfGE 1, 97, 105; deutlicher BVerfGE 36, 73, 85; ferner BVerfGE 65, 182, 193; 75, 348, 359 f.; 125, 175, 223 ff.; BGHZ 108, 305, 310; *Kittner*, in: AK, Art. 20 Rn 54; *Stern*, Staatsrecht I, § 21 S. 915.

[494] BVerfGE 125, 175, 223 f.

[495] BVerfGE 70, 278, 288.

[496] Vgl. BVerfGE 115, 25, 43. Vgl. auch BVerfGE 125, 175, 223 f.

Beispiele: Mindestvoraussetzungen für ein menschenwürdiges Dasein sind etwa die Regelungen über die Sozialhilfe, den Mutterschutz, der Schwerbehindertenschutz, die Kranken- und Arbeitslosenversicherung sowie der Mieterschutz.

Die **Exekutive** muss bei der Rechtsanwendung (d.h. bei Gesetzesauslegung und Ermessensbetätigung) soziale Gesichtspunkte ausreichend berücksichtigen.[497] Darüber hinaus kann das Sozialstaatsprinzip im Einzelfall als Auffangtatbestand für nicht geregelte Fälle dienen.   **313**

Beispiel: So kann das Sozialstaatsprinzip als Ermächtigung dienen, in Notfällen Leistungen zu gewähren, obwohl die Gesetzeslage keine Leistungsvergabe vorsieht.

In Ausnahmefällen kann das Sozialstaatsprinzip sogar als **Anspruchsgrundlage** des Einzelnen dienen, von der Exekutive eine bestimmte Leistung zu fordern.[498] Zumindest aber kann es ermessensreduzierend wirken[499] (dazu Rn 315).

Beispiel: Ein in einem staatlichen Obdachlosenheim untergebrachter Obdachloser kann von der Verwaltung verlangen, dass ein Stromanschluss hergestellt wird, falls dies ohne unzumutbaren Aufwand möglich ist.[500] Ob darüber hinaus Ansprüche aus dem Sozialstaatsprinzip abgeleitet werden können, wird unter III. erörtert.

Auch für die **Rechtsprechung** stellt das Sozialstaatsprinzip eine Auslegungsregel dar.[501] Gesetzliche Vorschriften sind so auszulegen, dass sie die Rechtsstellung des Schwächeren verbessern.   **314**

IV. Ansprüche des Einzelnen aus dem Sozialstaatsprinzip?

Teilweise werden individualisierte Ansprüche aus dem Sozialstaatsprinzip strikt abgelehnt mit dem Argument, dass das Sozialstaatsprinzip als Staatszielbestimmung lediglich den Staat zur Herstellung und Erhaltung sozialer Gerechtigkeit und sozialer Sicherheit verpflichte und nicht die Funktion habe, konkrete Leistungsansprüche des Bürgers zu gewähren.[502] Die h.M. geht zwar auch grundsätzlich davon aus, dass das Sozialstaatsprinzip als solches zu keiner Anspruchsbegründung führe. Ausnahmsweise könne sich aber in Verbindung mit Art. 1 I GG, Art. 2 II GG und ggf. Art. 3 I GG ein Anspruch ergeben, wenn es um ein menschenwürdiges Dasein[503] (s.o.), um den Erhalt des Existenzminimums[504], Heilbehandlung[505] oder um den Zugang zu Ausbildungseinrichtungen[506] gehe.[507] Die Sicherung des Existenzminimums ist jedoch weit reichend im Bundessozialhilferecht (SGB XII) normiert. Das führt dazu, dass Sozialhilfevorschriften subjektive Rechte vermitteln, sodass es in deren Regelungsbereichen keines Rückgriffs auf das Sozialstaatsprinzip bedarf. Außerhalb des Sozialgesetzbuches gewinnt das Sozialstaatsprinzip bei der Bemessung des steuerfreien Existenzminimums an Bedeutung: So hat das BVerfG den existenznotwendigen Bedarf als die Untergrenze für den Zugriff durch die Einkommensteuer angesehen.[508]   **315**

Von diesen Ausnahmen abgesehen wirkt das Sozialstaatsprinzip (i.V.m. den Grundrechten) bei Fehlen einer gesetzlichen Regelung grundsätzlich *nicht* als unmittelbare

---

[497] BVerfGE 1, 97, 105; *Schnapp,* in: v. Münch/Kunig, GG, Art. 20 Rn 20; *Jarass,* in: J/P, GG, Art. 20 Rn 85.
[498] BVerfGE 115, 25, 48 ff.
[499] BVerwGE 42, 148, 157 ff.
[500] Vgl. OVG Lüneburg FamRZ 1971, 669, 670. Allgemein zum Anspruch des Obdachlosen auf menschenwürdige Unterbringung vgl. OVG Münster NVwZ 1993, 202; VGH Mannheim NVwZ 1993, 1220.
[501] BVerfGE 1, 97, 105; 8, 274, 329; 65, 182, 193; *Kittner,* in: Alternativkommentar, Art. 20 Rn 53.
[502] *Herzog,* in: Maunz/Dürig, GG, Art. 20 VIII Rn 28.
[503] BVerfGE 82, 60, 80.
[504] BVerwGE 82, 364, 368; BSG NJW 1987, 463.
[505] BVerfGE 115, 25, 48 ff.
[506] Vgl. BVerfGE 33, 303 ff.
[507] *Degenhart,* Rn 602. Vgl. auch *Beaucamp,* JA 2002, 398 ff.
[508] Vgl. BVerfGE 87, 153 ff.

Grundlage für Ansprüche auf staatliche Leistungen. Bestehen allerdings gesetzliche Regelungen, kann das Sozialstaatsprinzip mittelbar bei der Auslegung dieser Gesetze anspruchsbegründend herangezogen werden (norminterne Wirkung des Sozialstaatsprinzips). Rechtsdogmatisch ist Anspruchsgrundlage aber das Gesetz; das Sozialstaatsprinzip wirkt nur ermessensreduzierend.

Beispiel: Wenn schon ein Bürger der Pflichtmitgliedschaft in der Gesetzlichen Krankenversicherung (GKV) unterliegt (weil der Staat hierdurch seiner Grundaufgabe der Sicherung im Krankheitfall nachkommen möchte), darf ihm dann, wenn er lebensbedrohlich erkrankt ist und allgemein anerkannte Behandlungsmethoden nicht zur Verfügung stehen, die Übernahme der Kosten zu anderen Behandlungsmethoden, die eine nicht ganz fernliegende Chance der Heilung oder Linderung versprechen, nicht versagt werden.[509] Das Sozialstaatsprinzip wirkt insoweit ermessensreduzierend bei der Anwendung der Vorschriften der §§ 27 ff. SGB VII über die Leistungen im Krankheitfall.

315a Im Übrigen dürften Ansprüche auf Tätigwerden des Gesetzgebers kaum in Betracht kommen, da das Sozialstaatsprinzip zu unbestimmt ist, um dem Gesetzgeber konkrete Handlungspflichten aufzuerlegen (s.o.). Verletzt aber der Gesetzgeber seine verfassungsrechtliche Pflicht zu sozialer Aktivität willkürlich, kann dem Einzelnen hierdurch ein verfolgbarer Anspruch erwachsen. Dies wird allerdings kaum anzunehmen sein.

Beispiel: K begehrt vom Bundesland L die Erstattung von Schulkosten, die sie aufbringen musste, um ihrer blinden Tochter den Besuch eines staatlich anerkannten privaten Aufbaugymnasiums für Blinde zu ermöglichen. Die zuständige Behörde hat zwar einen Anspruch auf Ersatz der Kosten der Heimunterbringung zugesprochen. Einen weitergehenden Anspruch, gestützt auf das **Sozialstaatsprinzip**, hat sie aber abgelehnt. Nach erfolglosem Widerspruch erhebt K Klage vor dem Verwaltungsgericht mit dem Antrag, die Behörde in der gewünschten Weise zu verpflichten. Hat die Klage Aussicht auf Erfolg?

Für das Leistungsbegehren der K müsste eine Anspruchsgrundlage gegeben sein. In Ermangelung einer spezialgesetzlichen Anspruchsgrundlage kommt das in Art. 20 I, 28 I S. 1 GG u.a. normierte Sozialstaatsprinzip in Betracht. Allerdings ist zu beachten, dass dieses Prinzip in erster Linie eine verfassungsgestaltende Grundentscheidung im Sinne einer Staatszielbestimmung, eine Auslegungsregel für sonstige Rechtsnormen und in bestimmten Grenzen eine nur objektiv-rechtliche Verpflichtung des Staates und seiner Organe bzw. Untergliederungen darstellt. Zwar verpflichtet das Sozialstaatsprinzip den Staat, für eine gerechte Sozialordnung zu sorgen[510] und eine Fürsorgeeinrichtung für Hilfsbedürftige zu schaffen[511]. Das Sozialstaatsprinzip begründet aber für sich betrachtet grundsätzlich noch keine unmittelbaren subjektiven Ansprüche. Die nähere Ausgestaltung des Sozialstaatsprinzips obliegt im Wesentlichen dem Gesetzgeber.[512] Nur dann, wenn der Gesetzgeber seine verfassungsrechtliche Pflicht zu sozialer Aktivität willkürlich verletzt, kann dem Einzelnen hierdurch ein verfolgbarer Anspruch erwachsen.

Vorliegend ist eine willkürliche Verletzung der verfassungsrechtlichen Pflicht zu sozialer Aktivität nicht zu erkennen. Eine Verpflichtung des Landes auf Erstattung weitergehender Schulkosten ist daher zu verneinen.

---

[509] BVerfGE 115, 25, 48 ff.
[510] BVerwGE 22, 180, 204.
[511] BVerfGE 40, 121, 133.
[512] BVerfGE 1, 97, 105; 8, 274, 329; 36, 73, 84.

G. Umweltschutz und Tierschutz

Wichtige Entscheidungen: BVerfGE 104, 337 (Schächten); BVerwGE 101, 73 (Verbandsklage); 118, 79 (Treibhausgas-Emissionsberechtigungen); 127, 293 (Legehennenhaltung); 128, 1 (Gentechnik); BVerwG NJW 1995, 2648 (Kunstfreiheit und Umweltschutz); BVerwG NJW 1996, 1163 (Naturschutz; Elfenbein); BVerwG NJW 1998, 1080 (keine Vermittlung von subjektiven Rechten aus Art. 20a GG); BVerwG NVwZ 2007, 461 (Schächten); OVG Lüneburg NVwZ-RR 1998, 301 (Windenergieanlage); OVG Weimar NVwZ 1998, 983 (Konflikt zwischen Windenergieanlage und Landschaftsschutzgebiet)

I. Umweltschutz

1. Schutz der natürlichen Lebensgrundlagen

Zur Bedeutung von Staatszielbestimmungen vgl. bereits Rn 306 ff. Die Staatszielbe-   **316**
stimmung **Umweltschutz** hat, auch und insbesondere in Verantwortung für die künftigen Generationen, den Schutz der **natürlichen Lebensgrundlagen** zum Gegenstand. Natürliche Lebensgrundlagen sind die biologischen Grundlagen des menschlichen, aber auch allen anderen Lebens, insbesondere die Umweltmedien Luft, Wasser, Boden sowie Pflanzen, Tiere und Mikroorganismen in ihren Lebensräumen.[513] Auch das Landschaftsbild ist erfasst.[514] Das Schutzgebot umfasst den Schutz der natürlichen Umwelt und die Erhaltung der Funktionsfähigkeit der Ökosysteme. In Verbindung mit seiner Schutzpflicht aus Art. 2 II S. 1 GG hat der Staat dafür Sorge zu tragen, dass ein für das menschliche Leben und die menschliche Gesundheit unabdingbarer **Umweltmindeststandard** erreicht und eingehalten wird. Jedoch ist zu beachten, dass sich das aus Art. 20a GG abgeleitete Schutzgebot in erster Linie an den Staat wendet; es verpflichtet zunächst den Gesetzgeber, Normierungen zu erlassen, die insgesamt einen aktiven und sachgerechten Umweltschutz unter größtmöglicher Schonung der natürlichen Ressourcen gewährleisten. Es verpflichtet ihn aber auch, Regelungen zur Vorsorge gegenüber entsprechenden Gefährdungen durch *Dritte* zu treffen, also konkret umweltbelastende Aktivitäten zu überwachen und ggf. abzuwehren.[515] Es besteht allgemeiner Konsens darüber, dass das Umweltrecht demnach von drei Grundprinzipien geprägt wird: dem **Vorsorgeprinzip**, dem **Verursacherprinzip** und dem **Kooperationsprinzip**.

- Das Vorsorgeprinzip knüpft an den Gedanken an, dass Umweltgefahren und Umweltschäden so weit wie möglich bereits vermieden werden sollen. Denn werden Umweltgefahren oder -schäden vermieden, bedarf es i.d.R. keiner weiteren umweltschützenden Maßnahmen, wodurch die besondere Bedeutung des Vorsorgeprinzips deutlich wird.

- Gelingt es nicht, Umweltgefahren oder -schäden zu vermeiden, greift das Verursacherprinzip, welches besagt, dass Beseitigung, Verminderung oder Ausgleich von Umweltbeeinträchtigungen primär von demjenigen zu übernehmen sind, dem sie zuzurechnen sind. Es leuchtet ein, dass es nicht primär zulasten der Allgemeinheit gehen kann, Umweltschäden zu beseitigen bzw. die damit verbundenen Kosten zu übernehmen.

- Ein weiteres Instrument, Umweltgefahren oder -schäden zu vermeiden, stellt das *Kooperationsprinzip* dar, das den Schutz der Umwelt als eine gemeinsame Aufgabe von Bürgern, Unternehmen und Staat ansieht. Umweltschutz muss Aufgabe aller gesellschaftlichen Kräfte sein, nicht allein diejenige des Staates. Die Umweltgesetze konkretisieren dieses Prinzip durch die Pflicht zur Bestellung betrieblicher Umweltschutzbeauftragter, denen insb. die Aufgabe der betriebsinternen Selbstüberwachung obliegt (vgl.

---

[513] *Westphal*, JuS 2000, 339, 342; *Reinhardt*, JuS 2000, 1245; *Kloepfer*, DVBl 1996, 73, 76; *Murswiek*, NVwZ 1996, 222, 225.
[514] BVerwG NJW 1995, 2648, 2649.
[515] *Westphal*, JuS 2000, 339, 340; *Reinhardt*, JuS 2000, 1245; *Kloepfer*, DVBl 1996, 76, 77 f.; *Jarass*, in: J/P, GG, Art. 20a Rn 3; *Degenhart*, Rn 616.

etwa den Gewässerschutzbeauftragten gem. §§ 64-66 WHG oder den Immissionsschutzbeauftragten gem. §§ 53-58 BImSchG).

317 Schutz der natürlichen Lebensgrundlagen bedeutet jedoch nicht, dass jegliche umweltbelastenden Maßnahmen gegen Art. 20a GG verstoßen. Denn es ist kaum ein menschliches Verhalten denkbar, das sich nicht belastend auf die Umwelt auswirkt. Vielmehr ist die Staatszielbestimmung *Umweltschutz* in praktische Konkordanz zu anderen Verfassungsgütern zu bringen, etwa zu der Freiheit des Einzelnen oder zu der wirtschaftlichen Leistungsfähigkeit des Standortes Deutschland. Da es sich bei Art. 20a GG aber lediglich um eine Staatszielbestimmung handelt, die Umweltschutz zudem lediglich „im Rahmen der verfassungsmäßigen Ordnung" gewährleistet, kann dem Umweltschutz bei einer Abwägung mit anderen Verfassungsgütern also keine generelle Vorrangigkeit zukommen; immerhin verpflichtet die Staatszielbestimmung den Gesetzgeber, bei der Ausgestaltung der Rechtsordnung die Belange des Umweltrechts in einer Art. 20a GG entsprechenden Bedeutung zu berücksichtigen, wobei das BVerfG dem Gesetzgeber jedoch regelmäßig einen weiten Gestaltungsspielraum einräumt[516] (dazu sogleich Rn 318 ff.).

2. Auftrag an Gesetzgeber, Verwaltung und Gerichte

318 Wie soeben erwähnt, enthält die Staatszielbestimmung *Umweltschutz* einen **Gestaltungsauftrag an den Gesetzgeber**: Dieser hat den Umweltschutz bei sämtlichen gesetzgeberischen Tätigkeiten zu berücksichtigen, muss sich dabei gem. Art. 20a GG „im Rahmen der verfassungsmäßigen Ordnung" bewegen. Durch diese Formulierung wird klargestellt, dass der Umweltschutz nur ein Ziel unter anderen Verfassungszielen ist. Der Gesetzgeber hat daher die Belange des Umweltschutzes stets in Einklang mit anderen Verfassungszielen zu bringen. Dabei steht ihm allerdings ein weiter Spielraum zu.[517]

319 Zu beachten ist, dass die Formulierung „im Rahmen der verfassungsmäßigen Ordnung" wegen des systematischen Zusammenhangs mit Art. 20 GG der des Art. 20 III GG, jedoch nicht der des Art. 2 I GG entspricht. Das bedeutet, dass das Staatsziel Umweltschutz nur durch andere Verfassungsgüter, jedoch nicht durch alle zur gesamten Rechtsordnung gehörenden Schutzgüter eingeschränkt werden kann. Des Weiteren ist zu beachten, dass der Umweltschutz auf **EU-Ebene** eine sehr viel bedeutendere Rolle spielt. So schreibt Art. 11 AEUV unter Bezug auf die nachhaltige Entwicklung eine **umweltverträgliche Gestaltung der Unionspolitiken** vor. Man spricht insoweit von der „unionsrechtlichen Querschnittsklausel" des Art. 11 AEUV: Umweltpolitische Schutzgrundsätze (etwa das Vorsorgeprinzip und das Nachhaltigkeitsprinzip) sind im Bereich der anderen Politiken als Abwägungsposition zu berücksichtigen. Daneben behandelt der Zielkatalog des Art. 3 EUV auch den Umweltschutz, wodurch diesem die Funktion wie ein Staatsziel auf nationaler Ebene zukommt. Auch formuliert Art. 191 AEUV zahlreiche Ziele der Umweltpolitik. Schließlich benennt Art. 194 Ic AEUV die Förderung neuer und erneuerbarer Energien ausdrücklich als Ziel für eine moderne und umweltschonende Energiepolitik der EU. Da auf EU-Ebene ständig Umweltschutzrichtlinien erlassen werden, die diese Ziele **sekundärrechtlich** an die Mitgliedstaaten adressieren, die diese Ziele wiederum in nationales Recht umzusetzen haben (vgl. dazu Rn 345), wird allzu deutlich, dass das Staatsziel Umweltschutz in begrüßenswerter Weise durch das Unionsrecht eine sehr viel stärkere Stellung erhält, als es durch Art. 20a GG möglich wäre. Generell lässt sich sagen, dass der heutige hohe

---

[516] Vgl. dazu etwa BVerfGE 118, 79, 110 (Treibhausgas-Emissionsberechtigungen).
[517] Vgl. BVerwG NVwZ 2007, 461 ff.; *Murswiek*, NVwZ 1996, 222; *Schink*, DÖV 1997, 221, 226; *Steinberg*, NJW 1996, 1985, 1991; *Kloepfer*, DVBl 1996, 73, 75; *Sachs*, JuS 2007, 765 ff.; *Groß*, NVwZ 2011, 129 ff.

umweltschutzrechtliche Standard in Deutschland maßgeblich durch das Unionsrecht mit seinen zahlreichen Verordnungen und Richtlinien geprägt wurde.

Auch die **Verwaltung** und die **Gerichte** wirken bei der Verwirklichung des Umweltschutzes mit. Aufgrund der Bindung an Gesetz und Recht (Art. 20 III GG, wiederholend in Art. 20a GG) sind sie allerdings an die Entscheidung des Gesetzgebers gebunden. Für die Verwaltung bedeutet die Bindung an das Staatsziel *Umweltschutz*, dass sie den Umweltschutz bei der Auslegung von Gesetzen (z.B. wenn der Tatbestand auf das öffentliche Interesse oder auf öffentliche Belange abstellt), bei der Ausübung von Ermessenstatbeständen/Beurteilungsspielräumen und generell im Bereich der gesetzesfreien Verwaltung beachten muss. Für die Gerichte ist Art. 20a GG im Rahmen der Auslegung von Gesetzen bedeutsam, auch im Bereich des Privatrechts.

320

> **Hinweis für die Fallbearbeitung:** Zwar handelt es sich bei Art. 20a GG um unmittelbar anwendbares Recht, doch haben die Gerichte – und somit der Klausurbearbeiter – sich bei der Überprüfung der Legislative und Exekutive darauf zu beschränken, diese beiden Gewalten dort zu korrigieren, wo sie ihre Pflichten aus der Staatszielbestimmung verletzt haben, etwa, wenn die o.g. Berücksichtigung des Art. 20a GG bei der Auslegung eines unbestimmten Rechtsbegriffes unterblieben oder nur unzureichend erfolgt ist, wobei jedoch die Einschätzungsprärogative des fachwissenschaftlich beratenen Gesetzgebers und der fachwissenschaftlich beratenen Verwaltung zu beachten ist. Ausgeschlossen wird damit ein direkter Rückgriff auf Art. 20a GG durch die Rechtsprechung – und somit durch den Klausurbearbeiter in der Rolle des Gerichts – bei der Lösung von Fällen.

II. Tierschutz

In begrüßenswerter Weise wurde mit Wirkung zum 1.8.2002 in Art. 20a GG die Staatszielbestimmung *Tierschutz* aufgenommen. Seitdem ist der Staat verpflichtet, die Tiere, die zutreffend in Art. 13 AEUV als „fühlende Wesen" bezeichnet werden, zu schützen, wenn auch nur im Rahmen der verfassungsmäßigen Ordnung durch die Gesetzgebung und nach Maßgabe von Gesetz und Recht durch die vollziehende Gewalt und Rechtsprechung. Als in Art. 20a GG formuliertes Staatsziel ist der Tierschutz also an alle drei Staatsgewalten adressiert. Dabei ist vor allem der *Gesetzgeber* aufgefordert, eine Konkretisierung des Staatsziels im Wege des einfachen Gesetzesrechts vorzunehmen. Denn Art. 20a GG will Tiere nicht nur vor Schäden durch staatliches Handeln bewahren, sondern er gebietet es auch, dass der Staat zum Schutz der Tiere vor Privaten tätig wird.[518] Soweit hierfür aber ein Eingriff in Grundrechte nötig ist, fordert der Grundsatz vom Vorbehalt des Gesetzes dafür eine formell- und materiellgesetzliche Rechtsgrundlage, da Art. 20a GG selbst keine eigenständige Rechtsgrundlage für Grundrechtseingriffe darstellt (s.o.).

321

Aufgrund der Rechtsnatur als Staatszielbestimmung gibt die Verfassungsnorm des Art. 20a GG zudem lediglich das *Ziel* des Tierschutzes vor. Den Weg dahin und die Mittel, wie dieses Ziel zu erreichen ist, schreibt die Staatszielbestimmung nicht vor. Nach ständiger Rechtsprechung des BVerfG hat v.a. der Gesetzgeber einen weiten **Gestaltungsspielraum**[519], bei dessen Ausgestaltung er die kollidierenden Individualgrundrechte insbesondere aus Art. 12 I GG (Berufsfreiheit) und Art. 14 I GG (Eigentumsfreiheit) von kommerziellen Tierhaltern/Tierzüchtern zu beachten hat. Da Art. 20a GG den Tierschutz lediglich „im Rahmen der verfassungsmäßigen Ordnung" gebietet, führt das in der gerichtlichen Praxis sogar dazu, dass der Tierschutz bei der erforderli-

321a

---

[518] Vgl. dazu etwa BVerfGE 127, 293, 328 (Legehennenhaltung).
[519] Vgl. dazu abermals BVerfGE 127, 293, 328 f. (Legehennenhaltung).

chen Abwägung mit den kollidierenden Individualgrundrechten regelmäßig zurücksteht. Insgesamt ist mit Art. 20a GG dem Tierschutz also nicht die Bedeutung beigemessen worden, die ihm in Anbetracht des Umstands, dass es sich bei Tieren um Mitgeschöpfe („fühlende Wesen", s.o.) handelt, gebührt hätte. Dieses Phänomen wird dadurch noch verstärkt, dass das BVerfG den Gestaltungsspielraum des Gesetzgebers stets betont und deutlich macht, Art. 20a GG lasse sich eine bestimmte Ausgestaltung der Art und Weise, in welcher der Gesetzgeber tierschutzrechtliche Standards zu setzen habe, nicht entnehmen.[520]

321b Nach der hier vertretenen Auffassung kann sich der Gestaltungsspielraum im Einzelfall dennoch so weit verengen, dass sich aus der Staatszielbestimmung eine konkrete Handlungspflicht dergestalt ergibt, dass einfachgesetzliche Tierschutzbestimmungen erlassen werden müssen, die über das Schutzniveau der bisherigen Regelungen hinausgehen. Das betrifft insbesondere die kommerzielle Massentierhaltung (Intensivtierhaltung) und die gewerbliche Zucht von Tieren zur Pelzgewinnung. Denn hat der verfassungsändernde Gesetzgeber mit der Einfügung der Staatszielbestimmung des Art. 20a GG deutlich gemacht, dass er den Tierschutz stärken und verbessern will, dürfen sich Gesetzgebung, Verwaltung und Gerichte nicht darüber hinwegsetzen und kollidierenden Individualgrundrechten tendenziell ein stärkeres Gewicht beimessen.

321c Für *Verwaltung und Rechtsprechung* muss das Staatsziel Tierschutz v.a. als *Auslegungs- und Abwägungsmaßstab* Gewicht erlangen. Auf der Tatbestandsseite ist das Staatsziel bei der Interpretation unbestimmter Rechtsbegriffe wie „Allgemeinwohl", „öffentliche Interessen" oder „zwingende Vorschrift der Religionsgemeinschaft" zu berücksichtigen. Soweit auf der Rechtsfolgeseite ein Ermessensspielraum eröffnet ist, muss das Staatsziel ermessensleitende Funktion ausüben. Die Rechtsprechung schließlich hat durch ihre Kontrollfunktion zu gewährleisten, dass das Staatsziel *Tierschutz* bei der Anwendung und Auslegung der Gesetze zur Geltung kommt.[521]

322 Die Erhebung des Tierschutzes in den Rang eines Verfassungsguts hatte zudem die Hoffnung erweckt, dass der Tierschutz nicht mehr zwingend insbesondere hinter der **vorbehaltlos** gewährten Wissenschafts- und Religionsfreiheit (Art. 5 III S. 1 Var. 2 GG; Art. 4 I GG) zurücktreten muss. Es bestand die Hoffnung, dass Tierversuche und das Schächten nicht mehr so umfänglich möglich sein würden, wie dies noch BVerfGE 104, 337 ff. angenommen hatte. Diese Hoffnungen sind allerdings vom BVerwG enttäuscht worden. Mit seinem Urteil v. 23.11.2006 hat das Gericht dem Tierschutzziel des Art. 20a GG keine besonders große Leitfunktion zu entnehmen vermocht. Die Staatszielbestimmung des Art. 20a GG habe bei einer Abwägung mit kollidierenden Verfassungsbestimmungen (hier: Art. 4 GG) kein durchschlagendes Gewicht, sodass einem muslimischen Metzger zwecks Versorgung sunnitischer Muslime mit Fleisch- und Wurstwaren geschächteter Tiere eine Ausnahmegenehmigung vom grundsätzlichen Schächtverbot (vgl. § 4a TierSchG) erteilt werden müsse.[522] Damit ist die Aufwertung des Tierschutzes zur Staatszielbestimmung in der (neben Tierversuchen[523]) wohl am häufigsten diskutierten Konstellation praktisch ohne Effekt geblieben, was in Anbetracht der zaghaften Formulierung des verfassungsändernden Gesetzgebers aber auch nicht wirklich überrascht hat.

322a Auch das **EU-Recht** hilft (anders als beim Umweltschutz) insoweit nicht weiter, da Art. 13 AEUV den Tierschutz unter den Vorbehalt der *Gepflogenheiten der Mitglied-*

---

[520] BVerfGE 127, 293, 328 f. (Legehennenhaltung).
[521] *Caspar/Geissen*, NVwZ 2002, 913, 915; *Holste*, JA 2002, 907, 910.
[522] BVerwG NVwZ 2007, 461 ff.
[523] BVerwG NVwZ 2014, 450, 451 (dazu *R. Schmidt*, Grundrechte, Rn 538b).

staaten, insbesondere in Bezug auf religiöse Riten, kulturelle Traditionen und das regionale Erbe stellt. Zudem handelt es sich – wie bereits erwähnt – bei Art. 13 AEUV um eine Querschnittsklausel, die Bezug nur auf die in der Vorschrift genannten Politikbereiche nimmt und zudem eine inhaltliche Abschwächung durch den EuGH erfährt, indem dieser das Wohlergehen der Tiere nicht als einen „allgemeinen Grundsatz" des Unionsrechts versteht, sondern lediglich als „Interesse", welches z.B. bei der Prüfung der Verhältnismäßigkeit zu beachten sei.[524] Eine besondere rechtliche Stellung der Tiere ergibt sich somit also auch nicht aus dem **primären Unionsrecht**. Mit Blick auf das **sekundäre Unionsrecht** (Verordnungen, Richtlinien, Beschlüsse, vgl. Art. 288 AEUV – dazu Rn 344 ff.) sind in erster Linie zu nennen: die Richtlinie 98/58/EG des Rates v. 20.7.1998 über den Schutz landwirtschaftlicher Nutztiere (Nutztierhaltungsrichtlinie), die Richtlinie 2008/120/EG des Rates v. 18.12.2008 über Mindestanforderungen für den Schutz von Schweinen (Schweinehaltungsrichtlinie), die Richtlinie 2008/119/EG des Rates v. 18.12.2008 über Mindestanforderungen für den Schutz von Kälbern (Kälberrichtlinie), die Richtlinie 2007/43/EG des Rates v. 28.6.2007 zum Schutz von Masthühnern (Masthühnerrichtlinie) und die Richtlinie 2010/63/EU des Europäischen Parlaments und des Rates v. 22.9.2010 zum Schutz der für wissenschaftliche Zwecke verwendeten Tiere (Tierversuchsrichtlinie). Da alle genannten Richtlinien aber (in Übereinstimmung mit der Wertung des Art. 13 AEUV) lediglich Mindestanforderungen i.S. einer Mindestharmonisierung enthalten, ist das Tierschutzniveau auf Unionsebene damit insgesamt eher schwach und damit nicht geeignet, die nationale Gesetzgebung entscheidend zu beeinflussen.

III. Legitimation von Grundrechtseingriffen

Von seiner schwachen Stellung abgesehen, ist der Tierschutz aus Art. 20a GG aber durchaus in der Lage, zumindest im Ansatz die Legitimation von (gesetzlichen) Eingriffen in Grundrechte zu untermauern. Dies gilt sowohl gegenüber Grundrechten mit Gesetzesvorbehalt als auch gegenüber schrankenlos gewährten Grundrechten. Bei Letzteren können die Staatsziele *Umweltschutz* und *Tierschutz* die verfassungsimmanente Schranke darstellen, s.o.

323

> **Beispiel:** Die gewerbliche Zucht von Tieren zur Pelzgewinnung ist unter Beachtung des § 2a I TierSchG i.V.m. der Tierschutz-Nutztierhaltungsverordnung (TierSchNutztV) des Bundesministeriums für Ernährung und Landwirtschaft trotz entgegenstehender ethischer und tierschutzrechtlicher Belange grundsätzlich erlaubt. Immerhin dürfen z.B. Nerzkäfige nicht übereinander gestapelt werden (vgl. § 40 IV TierSchNutztV) und müssen eine Grundfläche haben von mindestens drei Quadratmetern sowie von einem Quadratmeter für jedes Tier nach dem Absetzen (vgl. § 40 V Nr. 1 TierSchNutztV).
>
> Möchte nun der Gesetzgeber die Pelztierhaltung und -tötung zum Zweck der Pelzgewinnung gänzlich verbieten, wäre dies unter dem Aspekt des Tierschutzes äußerst begrüßenswert, dabei müsste er aber entgegenstehende Rechte der Pelztierfarmbetreiber und anderer Beteiligter der Vertriebskette (Art. 12, 14 GG) beachten. Da (jedenfalls) in Deutschland kein Grund ersichtlich ist, sich mit Hilfe von Pelzkleidung gegen Kälte zu schützen, dürfte ein Verbot der Pelztierhaltung und -tötung zum Zweck der Pelzgewinnung grds. verhältnismäßig sein. Modegesichtspunkte sind nach der hier vertretenen Ansicht von vornherein nicht geeignet, Tierschutzbelange zu überwinden. Jedoch können es die Grundrechte jedenfalls der Pelztierfarmbetreiber erforderlich machen, bestehende Betriebe für eine Übergangszeit von dem Totalverbot auszunehmen. Im Gesetzentwurf des Bundesrates wird eine zehnjährige Übergangsfrist für bestehende Betriebe genannt[525], die in jedem Fall ausreichen sollte. Nach der hier vertretenen Auffas-

---

[524] EuGH Slg. 2001 I-5689 ff.
[525] Siehe BT-Drs. 18/5866 v. 26.8.2015.

sung würde auch eine fünfjährige Übergangsfrist genügen, da die Forderung nach einem Verbot der Pelztierhaltung zum Zwecke der Pelzgewinnung schon lange besteht und ein solches Verbot für die Betreiber daher nicht „überraschend" käme, was den Grundsatz des Vertrauensschutzes stark einschränkte.[526] Zudem ist Art. 20a GG nicht bloßer Programmsatz, sondern eine Verfassungsbestimmung mit materiellem Gehalt. Die Verhütung von Schmerzen, Leiden oder Schäden an bzw. von Tieren sollte schließlich auch aus ethischer Sicht ein wichtiges gesellschaftliches Anliegen sein. Es bleibt die Hoffnung, dass sich das BVerfG, sollte es sich mit einem (gesetzlichen) Verbot beschäftigen müssen, mutig genug zeigt, (auch) argumentativ dem Tierschutz den Stellenwert einzuräumen, der ihm gebührt.

324 Zu beachten ist aber, dass Art. 20a GG **keine Rechtsgrundlage** für Eingriffe in Grundrechte darstellt. Hierfür bedarf es auch im Umwelt- und Tierschutzrecht stets einer Entscheidung des förmlichen Gesetzgebers.[527]

325 **Beispiele:** Möchte der Gesetzgeber die gewerbliche Zucht von Tieren zur Pelzgewinnung verbieten (s.o.), muss er dies durch förmliches Gesetz umsetzen. Dies könnte durch die Aufnahme von Verbotsvorschriften in das Tiererzeugnisse-Handels-Verbotsgesetz und in die TierSchNutztV geschehen.[528]

IV. Beeinträchtigung des Art. 20a GG

326 Die Staatsziele *Umweltschutz* und *Tierschutz* sind dann beeinträchtigt, wenn eine Gefahr für die Schutzgüter vorliegt. Der Begriff der „Gefahr" definiert das Grundgesetz nicht. Es kann aber an die Terminologie des Polizei- und Ordnungsrechts angeknüpft werden. Daher sollte unter einer Gefahr i.S.d. Art. 20a GG eine Sachlage verstanden werden, in der in absehbarer Zeit mit hinreichender Wahrscheinlichkeit eine Verletzung des Schutzgutes „natürliche Lebensgrundlagen" eintritt – dies sowohl im Hinblick auf jetzige als auch auf künftige Generationen.

---

[526] Zur Notwendigkeit von Übergangsfristen zur Wahrung des Verhältnismäßigkeitsgrundsatzes in Bezug auf das Verbot eines bislang erlaubten Verhaltens vgl. etwa BVerfG NVwZ 2016, 1171, 1172 mit Verweis auf VerfGE 75, 246, 279; 98, 265, 309; 126, 112, 155 f.; 131, 47, 57 f.

[527] Vgl. BVerwG DVBl 2006, 781 (zum Umweltschutz). Vgl.

[528] Siehe BT-Drs. 18/5866, S. 8.

H. Förderung der Europäischen Union

Wichtige Entscheidungen: EuGH Slg. 1963, 1 (Van Gend & Loos); Slg. 1963, 199 (Plaumann); Slg. 1964, 1251 (Costa/Enel); Slg. 1969, 419 (Stauder); Slg. 1970, 1125 (Intern. Handelsgesellschaft); Slg. 1979, 1629 (Ratti); Slg. 1983, 2633 (Dt. Milchkontor); Slg. 1991, 5357 (Francovich); Slg. 1996, 1029 (Brasserie du Pecheur); Slg. 1974, 837 (Dassonville); Slg. 1978, 649 (Cassis de Dijon); Slg. 1993, 6097 (Keck); Slg. 1995, 4921 (Bosman); NJW 2005, 3695 ff. (Honeywell bzw. Mangold); NJW 2013, 1415 (Åkerberg Fransson); NJW 2013, 1215 (Melloni); NVwZ 2014, 53 (Inuit); BVerfGE 37, 271 (Solange I); E 73, 339 (Solange II); E 89, 155 (Maastricht); E 102, 147 ff. (Bananenmarktordnung); E 113, 273, 295 (Europäischer Haftbefehl); E 123, 267 (Lissabon); E 125, 260 (Vorratsdatenspeicherung); E 126, 286 (Honeywell bzw. Mangold); E 129, 78, 100 (Anwendungserweiterung); E 129, 124, 177 ff. (EFS); E 132, 195, 239 ff. (ESM); E 133, 277 (Antiterrordatei); 135, 317 (ESM); BVerfG NJW 2016, 1149 (Identitätskontrolle bzw. „Solange III"); NJW 2016, 2473 (OMT-Programm der EZB)

Gemäß Art. 23 I S. 1 GG wirkt die Bundesrepublik Deutschland bei der Entwicklung der Europäischen Union „zur Verwirklichung eines vereinten Europas" mit. Diese **Staatszielbestimmung,** die schon in der Präambel des Grundgesetzes niedergelegt ist („gleichberechtigtes Glied in einem vereinten Europa"), bringt nicht nur die Europafreundlichkeit des Grundgesetzes zum Ausdruck, sondern richtet sich auch auf eine **fortschreitende Integration** der Staaten Europas. Freilich steht diese Verfassungsbestimmung gem. Art. 23 I S. 3 GG unter dem Vorbehalt der für integrationsfest erklärten Schutzgüter des Art. 79 III GG (d.h. der in Art. 1 und 20 GG niedergelegten Grundsätze, insbesondere der Menschenwürde und des Rechtsstaats- und Demokratieprinzips).[529] Daher leuchtet es ein, dass Grundkenntnisse des Rechts der Europäischen Union auch für das Verständnis des (nationalen) Staatsorganisationsrechts unabdingbar sind. Zu diesen Grundkenntnissen gehören das Wissen über die historische Entwicklung der heutigen Europäischen Union, deren Rechtssubjektsqualität, die Organe der Union und das Verhältnis zwischen europäischem Recht und nationalem Recht.

327

I. Die historische Entwicklung der Europäischen Union

Den Grundstein für die Europäische Union legte nach dem Plan des französischen Außenministers Schuman die Gründung der **Europäischen Gemeinschaft für Kohle und Stahl** (EGKS oder Montanunion) am 9.5.1950. In einem entsprechenden Vertrag (EGKSV) vereinbarten die damaligen sechs Mitgliedstaaten (Bundesrepublik Deutschland, Belgien, Frankreich, Italien, Luxemburg, Niederlande) einen „gemeinsamen Markt", der gemeinsame Ziele verfolgen und gemeinsame Organe haben sollte (Art. 1 EGKSV). Insbesondere verpflichteten sich die Mitgliedstaaten im Bereich von Kohle, Stahl, Eisenerz und Schrott zum schrittweisen Abbau der Zölle, der Grenzabfertigungsgebühren und Währungsbeschränkungen. Außerdem vereinbarten sie gegenüber Drittländern einen gemeinsamen Zolltarif. Der EGKSV trat am 23.7.1952 in Kraft.

328

Der Erfolg der EGKS sowie der wirtschaftliche Druck, der von anderen großen Industrienationen ausging, bewogen die Regierungen der Mitgliedstaaten, auch für die übrigen Wirtschaftszweige eine gemeinsame Lösung anzustreben. Daher wurden zur Fortsetzung der europäischen Integration zwei weitere Verträge ausgearbeitet, welche am 25.3.1957 in Rom (daher **„Römische Verträge"**) von den Regierungen der sechs Mitgliedstaaten unterzeichnet wurden. Mit dieser Unterzeichnung war die Gründung der **Europäischen Wirtschaftsgemeinschaft** (EWG, später: EG) und der **Europäischen Atomgemeinschaft** (EAG, später: EA) perfekt.

329

---

[529] Insoweit klarstellend BVerfG NJW 2016, 1149, 1152 (Identitätskontrolle) mit Verweis auf BVerfGE 113, 273, 295 (Europäischer Haftbefehl); 123, 267, 344 (Lissabon); 126, 286, 302 f. (Honeywell); 129, 78, 100 (Anwendungserweiterung); 129, 124, 177 ff. (EFS); 132, 195, 239 ff. (ESM); 134, 366, 384 ff. (OMT). Vgl. dazu unten Rn 353c u. 365.

330   Die drei Gemeinschaften EGKS, EWG und EAG hatten gemeinsame Organe, ohne dass ihre rechtliche Selbstständigkeit hierdurch in Frage gestellt worden wäre. Insofern wurde auch von den „Europäischen Gemeinschaf**ten**" gesprochen.

331   Einen weiteren Schritt im Integrationsprozess stellt die **„Einheitliche Europäische Akte"** vom 28.2.1986 dar, durch die die Schaffung einer **Europäischen Union** (EU) „zum gemeinsamen Ziel der Mitgliedstaaten" erklärt wurde. Die dort vereinbarte Europäische Union wurde durch den **Vertrag über die Europäische Union** (EUV) vom 7.2.1992 („**Maastricht-Vertrag**") gegründet. Mit dem **Amsterdamer Vertrag** vom 2.10.1997 wurden EU-Vertrag und EG-Vertrag wesentlich modifiziert, ergänzt und umnummeriert. So wurde die Europäische Wirtschaftsgemeinschaft (EWG) durch Änderung des EG-Vertrags umbenannt und hieß seitdem „**Europäische Gemeinschaft**" (EG); die Europäische Atomgemeinschaft hieß nunmehr EA (statt EAG). Ferner wurde das Ende des Vertrags über die **Montanunion** besiegelt; er endete gemäß der von vornherein befristeten Laufzeit von 50 Jahren am 23.7.2002 (Art. 97 EGKSV).

332   Grundlage der Europäischen Union waren seitdem also die **Europäischen Gemeinschaften** EG und EA, ergänzt durch die mit dem Unionsvertrag eingeführten Politiken und Formen der Zusammenarbeit (Art. 1 EUV). Die EG und die EA wurden durch den Unionsvertrag also weder aufgelöst noch gingen sie in der Europäischen Union auf. Sie bildeten vielmehr eine Säule der Europäischen Union, zu der als weitere Säulen die Gemeinsame Außen- und Sicherheitspolitik (GASP) und die Polizeiliche und Justizielle Zusammenarbeit in Strafsachen (PJZS) hinzutraten („Drei-Säulen-Modell").

333   Seit dem Vertrag von Amsterdam war die **Europäische Union** also als Dach der drei genannten Säulen zu verstehen, ohne dabei selbst eine umfassende Rechtspersönlichkeit zu besitzen. Eine solche besaßen lediglich die Europäischen Gemeinschaften (vgl. Art. 5 EUV und Art. 281 EGV in der Fassung des Vertrags von Amsterdam). Nur sie konnten Verträge mit Drittstaaten und anderen internationalen Organisationen schließen oder solchen beitreten (dazu Rn 761 ff.). Daher sprach man in diesem Zusammenhang auch von **Supranationalität**. Dieser Begriff ist Ausdruck dafür, dass mit der EG eine überstaatliche Einrichtung geschaffen wurde, die durch die Übertragung von Hoheitsrechten durch die Mitgliedstaaten und den hohen Grad einer verselbstständigten Willensbildung auf EU-Ebene ein Völkerrechtssubjekt eigener Art darstellte. Demgegenüber fand bei der GASP und der PJZS lediglich eine **intergouvernementale** Zusammenarbeit statt, da auf eine diesbezügliche Übertragung von Hoheitsrechten verzichtet wurde.

334   Als weiteres Entwicklungsstadium der Europäischen Union ist der **Vertrag von Nizza** zu nennen. Bei diesem im Dezember 2000 während der Konferenz von Nizza geschlossenen Vertrag haben die Staats- und Regierungschefs der EU-Mitgliedstaaten einen Vertragstext über die institutionellen Reformen ausgehandelt, welche die künftige Erweiterungsfähigkeit der Europäischen Union sichern sollen. Der Vertrag (BGBl II 2002, S. 1702) trat am 1.2.2003 in Kraft. Er stärkte v.a. das Stimmengewicht der bevölkerungsreichen Mitgliedstaaten gegenüber den kleineren Ländern. Weiterhin wurde die Bevölkerungszahl bei der Verteilung der Abgeordnetensitze im Europäischen Parlament auf die einzelnen Mitgliedstaaten stärker berücksichtigt. Daneben sah der Vertrag vor, dass die Zahl der Mitglieder der Europäischen Kommission künftig begrenzt wird. Auch wurde die Zahl der Abgeordneten des Europäischen Parlaments an eine absolute Obergrenze gebunden. Schließlich verständigten sich die Mitgliedstaaten auf eine Erleichterung der sog. „verstärkten Zusammenarbeit" unter integrationswilligen Mitgliedstaaten und legten damit den Grundstein für den Beitritt von zehn Ländern aus Mittel- und Osteuropa sowie aus dem Mittelmeerraum. Diese Staaten[530] konnten dann aufgrund eines Beitrittsvertrags von 2003 am 1.5.2004 der EU und den die Union begründenden Verträgen beitreten. Rumänien und Bulgarien sind zum 1.1.2007 der EU beigetreten, Kroatien zum 1.7.2013. Damit besteht die EU aus nunmehr 28 Mitgliedstaaten.[531]

Von Bedeutung ist weiterhin, dass auf dem EU-Gipfel von Nizza – außerhalb der förmlichen Vertragsänderung – feierlich die **Charta der Grundrechte** der Europäischen Union (GRC) proklamiert wurde. Eine Rechtsverbindlichkeit entfaltete die GRC indes vorerst noch nicht (vgl. aber Rn 341 und *R. Schmidt*, Grundrechte, Rn 9 ff.). **335**

Als bislang letzter Meilenstein auf dem Weg zu einem vereinten Europa ist der auf dem EU-Gipfel vom 13.12.2007 in Lissabon verabschiedete **Vertrag von Lissabon** zu nennen, der nach Schwierigkeiten bei der Ratifikation in einigen Mitgliedstaaten am 1.12.2009 in Kraft treten konnte. **336**

Ursprünglich war eine **Verfassung für Europa** (VVE) vorgesehen, mit der eine Bündelung der rechtlichen Grundlagen der europäischen Integration in einem einheitlichen Text erfolgen sollte. Jedoch wurde die VVE in Referenden in Frankreich und in den Niederlanden abgelehnt. Daraufhin erarbeitete man ein neues Konzept, in dem die in der VVE gewählten, bei vielen EU-Bürgern auf Irritationen gestoßenen staatsrechtlichen Bezeichnungen wie „Vertrag über eine Verfassung", die neuen Bezeichnungen für europäische Rechtsakte „Gesetze" und „Rahmengesetze", der Begriff des „Außenministers" sowie die Bestimmungen über eine europäische Hymne und Flagge aufgegeben wurden. Der Vertrag von Lissabon ist daher lediglich ein Änderungsvertrag zu den bestehenden Verträgen, der zwar auch strukturell-formale und institutionelle Neuerungen beinhaltet, jedoch die genannten Bezeichnungen vermeidet, um nicht den Eindruck zu vermitteln, bei der EU handele es sich um einen „Staat" bzw. um ein „staatsähnliches Gebilde".[532]

Mit dem **Vertrag von Lissabon** besteht (durch eine rechtliche Fusion von EU und EG) nur noch eine **Europäische Union** (anders als bisher nun auch mit **Rechtspersönlichkeit**, vgl. Art. 1 III, 47 EUV, ohne jedoch eine Staatsqualität zu erlangen, s.o. sowie sogleich Rn 340). Der EUV und der EGV wurden wesentlich modifiziert, ergänzt und (erneut) umnummeriert. Die bedeutsamste strukturell-formale Neuerung ist die Umwandlung des EG-Vertrags in den **Vertrag über die Arbeitsweise der Europäischen Union (AEUV)** unter Aufgabe des Konzeptes der Europäischen Gemeinschaften und der wenig durchschaulichen Unterscheidung zwischen Gemeinschaft und Union bzw. der drei Säulen, die das politische System der EU seit dem Vertrag von Maastricht prägten (s.o., Rn 332).

II. Die Europäische Union als Staatenverbund

Auch (und gerade) der Vertrag von Lissabon hat nichts daran geändert, dass die Europäische Union keinen Bundesstaat darstellt, in dem etwa die Bundesrepublik Deutschland als Gliedstaat aufgegangen wäre. Vielmehr wird die Union durch den Unionsvertrag als „neue Stufe bei der Verwirklichung einer immer engeren Union der Völker Europas" bezeichnet (Art. 1 II EUV). Das BVerfG hat bereits in seinem Maastricht-Urteil vom 12.10.1993 hierfür den Begriff des „Staatenverbundes" geprägt, der von den Mitgliedern getragen werde und deren nationale Identität achte.[533] **337**

Die Aufgaben der Europäischen Union werden durch den Unionsvertrag normiert, der – wie der AEU-Vertrag (Art. 2 AEUV) – dem Prinzip der begrenzten Handlungsermäch- **338**

---

[530] Estland, Lettland, Litauen, Malta, Polen, Slowakei, Slowenien, Tschechische Republik, Ungarn und Zypern.
[531] Wie sich der (beschlossene) Austritt Großbritaniens vollzieht, bleibt vorerst abzuwarten.
[532] Zur fehlenden Staatsqualität der EU vgl. Rn 39 und 339.
[533] BVerfGE 89, 155, 188 (Maastricht). Vgl. bereits Rn 69.

tigung (**Einzelermächtigung**) folgt (Art. 5 EUV). Der Union kommt also trotz der „Flexibilitätsklausel" (Art. 352 AEUV)[534] **keine „Kompetenz-Kompetenz"** zu, d.h. nicht die Befugnis, sich selbstständig neue Kompetenzen zu geben (dies ist der Unterschied zum verfassten Bundesstaat wie der Bundesrepublik Deutschland: Das Grundgesetz verleiht dem Bund – wenn auch unter Mitwirkung der Länder über den Bundesrat – die Kompetenz, durch Änderung des Grundgesetzes seine Kompetenzen auszuweiten). Die Europäische Union kann ihre Aufgaben und Zuständigkeiten nicht selbst ausweiten, sondern nur solche in Anspruch nehmen, die ihr durch Vertragsergänzungen oder -änderungen eingeräumt worden sind (**„enumerative Handlungsermächtigung"**). Eine **Generalermächtigung**, d.h. die Übertragung der Befugnis, Verfassungsrecht zu setzen und eigene Kompetenzen zu begründen bzw. vorhandene auszuweiten, wäre trotz der Integrationsermächtigung des Art. 23 I S. 1 und 2 GG unter der Geltung des Grundgesetzes auch **nicht möglich**, denn auf ihre staatliche Souveränität kann die Bundesrepublik Deutschland nicht verzichten. Das schreibt **Art. 79 III GG** fest, der u.a. die Unveränderbarkeit der Art. 1 GG und Art. 20 GG anordnet und dabei auch vor der Integrationsermächtigung in Art. 23 I S. 1 u. 2 GG nicht Halt macht (vgl. Art. 23 I S. 3 GG – Bestandssicherungsklausel, dazu Rn 348). In Art. 20 I, II GG ist das Demokratieprinzip als geltendes Verfassungsrecht festgeschrieben. Der Bundestag als unmittelbar demokratisch legitimiertes Organ wäre seiner Aufgabe, alle wesentlichen Aspekte des Gemeinwesens zu regeln, beraubt, erhielte die EU umfassende Hoheitsrechte.[535] Eine EU-Verfassung wäre damit unter der Geltung des Grundgesetzes nicht möglich, vgl. Rn 350 f.

339 Eine (Bundes-)Staatsqualität der Union ist daher schon allein deswegen zu verneinen. Zudem fehlt es am „Staatsvolk". Zwar ist eine „Unionsbürgerschaft" für alle Staatsangehörigen der Mitgliedstaaten begründet worden (Art. 20 AEUV), mit der einzelne Rechte, insbesondere das **Aufenthaltsrecht** (Art. 20 IIa AEUV), das aktive und passive Wahlrecht bei den **Wahlen zum Europäischen Parlament** (Art. 20 IIb und 22 II AEUV) und bei den **Kommunalwahlen** (Art. 20 IIb und 22 I AEUV) sowie das Recht auf **Freizügigkeit** (Art. 21 I AEUV) in allen Mitgliedstaaten verbunden sind. Diese Rechte genügen aber nicht, um von „staatlicher Souveränität" zu sprechen; der Vertrag von Lissabon stellt dies klar.

340 Da die Europäische Union trotz fehlender Staatsqualität eine umfassende **Rechtspersönlichkeit** besitzt (vgl. Art. 1 III, 47 EUV), kann sie als Rechtssubjekt mit anderen (Völker-)Rechtssubjekten (völkerrechtliche) Verträge schließen. Zu diesen zählen etwa Handelsabkommen wie TTIP, CETA und WPA[536], wobei unklar ist, inwieweit sie von der EU autonom geschlossen werden können (siehe Art. 218 VI a) AEUV, wonach lediglich das Europäische Parlament zu beteiligen wäre) oder sie der Mitwirkung bzw. Zustimmung der EU-Mitgliedstaaten bedürfen. In Bezug auf die geplanten Handelsabkommen TTIP und CETA bestünde eine Mitwirkungspflicht dann, wenn die EU-Mitgliedstaaten (neben der EU) Vertragspartner würden. Für die Bundesrepublik Deutschland wären Art. 23 II, III GG einerseits und Art. 59 II S. 1 GG andererseits entscheidend. Sofern nationale Kompetenzen betroffen sind und die Bundesrepublik

---

[534] Auch „Vertragsabrundungskompetenz" genannt. Damit ist die Befugnis gemeint, für den Fall eines europäischen Gesetzgebungsbedarfs trotz fehlender ausdrücklicher Zuständigkeiten Recht zu setzen. Da aber die Voraussetzungen für die Ausübung der Befugnis (im Vergleich zu Art. 308 EGV a.F.) sehr streng sind (einstimmiger Beschluss des Rats; Zustimmung des EP; keine Harmonisierung der Rechtsvorschriften der Mitgliedstaaten in den Fällen, in denen eine solche Harmonisierung nach den Verträgen ausgeschlossen ist, und keine Verwirklichung von Zielen der Gemeinsamen Außen- und Sicherheitspolitik), ist eine Unterlaufung des Prinzips „keine Kompetenz-Kompetenz" nicht zu befürchten.
[535] Klarstellend BVerfGE 135, 317, 399 ff. (ESM).
[536] TTIP: Transatlantic Trade and Investment Partnership zwischen der EU und den USA. CETA: Comprehensive Economic and Trade Agreement zwischen der EU und Kanada. WPA: Wirtschaftspartnerschaftsabkommen zwischen der EU und den AKP-Staaten (Gruppe der afrikanischen, karibischen und pazifischen Staaten) über Freihandelszonen.

somit Vertragspartner würde („gemischte Veträge"), müssten die gesetzgebenden Körperschaften (Bundestag und Bundesrat) zustimmen. Dies würde in Form eines „Vertragsgesetzes" erfolgen.

Zweite Folge der Annahme einer Rechtspersönlichkeit der EU ist, dass ihren Organen (hier: Parlament, Rat, Kommission[537]) auch eigene Möglichkeiten zur Durchsetzung ihrer Akte zur Verfügung stehen: Bei Verstößen gegen das EU-Recht wird zuerst die Kommission (Art. 17 EUV; 244 ff. AEUV) tätig und den betreffenden Mitgliedstaat zur Rechenschaft ziehen. Sollte dieser weiterhin gegen seine Verpflichtungen aus dem EUV bzw. AEUV verstoßen, wird sie den EuGH (vgl. Art. 13, 19 EUV, Art. 267 ff. AEUV) anrufen, Art. 260 II S. 1 AEUV. Stellt dieser eine Vertragsverletzung durch den Mitgliedstaat fest und setzt der betreffende Mitgliedstaat die sich aus dem Urteil ergebenden Maßnahmen nicht innerhalb der von der Kommission gesetzten Frist um, wird der EuGH nach erneuter Anrufung durch die Kommission die Zahlung eines Pauschalbetrags oder eines Zwangsgelds bestimmen, Art. 260 II S. 3 AEUV. Zu den **Organen** der Europäischen Union vgl. Rn 761 ff.

III. Primäres und sekundäres EU-Recht

1. Das Primärrecht

a. Gründungsverträge und Änderungsverträge; Grundfreiheiten

Zum primären Unionsrecht gehören im Wesentlichen die genannten Gründungs-verträge sowie die Änderungsverträge von Maastricht, Amsterdam, Nizza und Lissa-bon. Diese Verträge sind völkerrechtliche Verträge zwischen den Mitgliedstaaten und bilden die Grundlage der Europäischen Union (dazu Rn 328 ff.). Hinzu kommen et-liche Protokolle, etwa das Protokoll über die Rolle der nationalen Parlamente, das Subsidiaritätsprotokoll und das Protokoll über die reduzierte Bindung Großbritanniens, Polens und Tschechiens an die Grundrechte-Charta (GRC). Der GRC kommt kraft Rechtsverbindlichkeitserklärung (vgl. Art. 6 I EUV und Art. 51 I S. 1 GRC, wonach die GRC die EU sowie alle Mitgliedstaaten bei der Durchführung von EU-Recht bindet) ebenfalls der Status von primärem Unionsrecht zu.[538][539]

341

Die Bestimmungen des primären Unionsrechts begründen, soweit sie an natürliche und juristische Personen adressiert sind, unmittelbar geltende Rechte und Pflichten. Dies gilt insbesondere für die **Grundfreiheiten**, die als grundrechtsähnliche Rechte bezeichnet werden können und die der Verwirklichung der in Art. 3 EUV genannten Ziele der EU durch Errichtung eines gemeinsamen Binnenmarktes dienen (vgl. Art. 3 III S. 1 EUV und Art. 26 f. AEUV). Der Binnenmarkt wiederum umfasst einen Raum ohne Binnengrenzen, in dem der freie Verkehr von Waren, Personen, Dienstleistungen und Kapital gemäß den Bestimmungen der Verträge gewährleistet ist (Art. 26 II AEUV).

341a

---

[537] Auf den Gerichtshof (Art. 251 ff. AEUV), die Europäische Zentralbank (Art. 282 ff. AEUV) und den Rechnungshof (Art. 285 ff. AEUV) soll an dieser Stelle nicht weiter eingegangen werden, obwohl sie auch zu den Organen der EU zählen (vgl. Art. 13 EUV).
[538] Vgl. auch *Ritter*, NJW 2010, 1110, 1114; *Rabe*, NJW 2013, 1407 f. Vgl. auch EuGH NJW 2013, 1415, 1416 (Åker-berg Fransson), der die Bindungswirkung der GRC über den Wortlaut des Art. 51 I S. 1 GRC hinaus auf den gesamten Geltungsbereich des Unionsrechts erstreckt (dazu Rn 357/362).
[539] Zum sekundären Unionsrecht (**Sekundärrecht**) vgl. unten Rn 344 ff.

b. Speziell: Die Grundfreiheiten

341b Die Grundfreiheiten gewähren jedem Unionsbürger das Recht, die in den Primärverträgen und den Durchführungsbestimmungen gewährten Tätigkeiten auszuüben. Zu den Grundfreiheiten[540] gehören:

- Freier Personenverkehr (Art. 21 AEUV) - Grundfreiheit Nr. 1
  - ⇨ Arbeitnehmerfreizügigkeit (Art. 45 ff. AEUV)
  - ⇨ Niederlassungsfreiheit (Art. 49 ff. AEUV)
- Warenverkehrsfreiheit (Art. 28 ff. AEUV) - Grundfreiheit Nr. 2
- Dienstleistungsfreiheit (Art. 56 ff. AEUV) - Grundfreiheit Nr. 3
- Kapitalverkehrsfreiheit (Art. 63 ff. AEUV) - Grundfreiheit Nr. 4

aa. Freier Personenverkehr

341c Diese Grundfreiheit gewährt jedem Unionsbürger das Recht, sich im Hoheitsgebiet der Mitgliedstaaten vorbehaltlich der in den Verträgen und den Durchführungsvorschriften vorgesehenen Beschränkungen und Bedingungen frei zu bewegen und aufzuhalten (Art. 21 I AEUV). Mithin lässt sich auch von „Aufenthaltsfreiheit" sprechen. Konkretisiert wird diese Grundfreiheit zum einen durch die EU-Freizügigkeitsrichtlinie (Richtlinie 2004/38/EG über das Recht der Unionsbürger und ihrer Familienangehörigen, sich im Hoheitsgebiet der Mitgliedstaaten frei zu bewegen und aufzuhalten) und zum anderen durch das „Schengen-Abkommen" und das „Schengener Durchführungsübereinkommen", denen 22 EU-Mitgliedstaaten[541] sowie Norwegen, Island, Schweiz und Liechtenstein als assoziierte Nicht-EU-Staaten beigetreten sind. Mit Blick auf den freien Personenverkehr ist Hauptziel der Schengen-Verträge die Abschaffung der Personenkontrollen an den Binnengrenzen unter gleichzeitiger Stärkung und Harmonisierung der Kontrollen an den Außengrenzen.

bb. Arbeitnehmerfreizügigkeit

341d Die Arbeitnehmerfreizügigkeit (Art. 45 ff. AEUV) gewährleistet die Freizügigkeit der Arbeitnehmer („Arbeitskräfte", siehe Überschrift vor Art. 45 AEUV) innerhalb der Union. Sie ist darauf gerichtet, jede auf der Staatsangehörigkeit beruhende unterschiedliche Behandlung der Arbeitnehmer der Mitgliedstaaten in Bezug auf Beschäftigung, Entlohnung und sonstige Arbeitsbedingungen abzuschaffen (Art. 45 II AEUV). Arbeitnehmer haben gem. Art. 45 III AEUV das Recht,

- sich um tatsächlich angebotene Stellen zu bewerben,
- sich zu diesem Zweck im Hoheitsgebiet der Mitgliedstaaten frei zu bewegen,
- sich in einem Mitgliedstaat aufzuhalten, um dort nach den für die Arbeitnehmer dieses Staates geltenden Rechts- und Verwaltungsvorschriften eine Beschäftigung auszuüben,
- und nach Beendigung einer Beschäftigung im Hoheitsgebiet eines Mitgliedstaats unter Bedingungen zu verbleiben, welche die Kommission durch Verordnungen festlegt.

341e Hauptkriterium ist die Arbeitnehmereigenschaft. Diese ist wiederum durch verschiedene Kriterien charakterisiert:

- Das Hauptmerkmal besteht darin, dass es sich um eine natürliche Person handeln muss (eine juristische Person kann also niemals Arbeitnehmer sein), die eine unselbstständige Tätigkeit ausübt.
- Unselbstständigkeit ist v.a. dadurch gekennzeichnet, dass Arbeitsinhalt, Arbeitsort und Arbeitszeit nicht frei bestimmbar sind (sog. Weisungsgebundenheit). Indizien sind:

---

[540] Zur jüngeren Rspr. des EuGH zu den Grundfreiheiten vgl. *Epiney*, NVwZ 2015, 777 ff.
[541] Von den 28 EU-Staaten sind Großbritannien, Irland, Zypern, Bulgarien, Rumänien und Kroatien (noch) nicht beigetreten, wobei Bulgarien, Rumänien und Kroatien die Schengen-Regelungen zumindest teilweise anwenden.

⇨ Zeitliche und räumliche Einbindung in Betriebsorganisation (Arbeitsplatz steht im Betrieb zur Verfügung; es besteht regelmäßige Erscheinungspflicht; Arbeitsmittel werden gestellt etc.)

⇨ Betrieb führt Sozialversicherungsbeiträge ab

⇨ Vergütung besteht in Gehalts- oder Lohnzahlung statt durch Rechnung, Einzelhonorar etc.

⇨ Geschuldet wird Mitarbeit in Organisation statt nur ein Ergebnis (ein „Werk")

Bedeutung erlangt die Abgrenzung zwischen Arbeitnehmereigenschaft und Selbstständigkeit insbesondere für folgende Aspekte, die nur für Arbeitnehmer gelten: **341f**

- Sozialversicherungspflicht
- Volle Geltung des Arbeitsrechts, insbesondere der Arbeitnehmerschutzvorschriften (Kündigungsschutz; Anspruch auf bezahlten Urlaub; Entgeltfortzahlung im Krankheitsfall; Mutterschutz etc.)

Selbstständige (Gewerbetreibende oder Freiberufler) haben diese Rechte und Pflichten nicht oder nur sehr eingeschränkt. **341g**

> **Beispiele** von Freiberuflern: Ärzte, Architekten, Rechtsanwälte, Steuerberater, Sachverständige etc., sofern sie nicht (arbeits-)vertraglich in eine Betriebsorganisation eingebunden sind. Dann sind sie Arbeitnehmer.

Hinsichtlich der Anwendbarkeit der Arbeitnehmerfreizügigkeit ist eine **Bereichsausnahme** zu beachten. So findet Art. 45 AEUV keine Anwendung auf die Beschäftigung in der **öffentlichen Verwaltung** (Art. 45 IV AEUV). Nach dem EuGH sind allerdings nur Beschäftigte erfasst, die *unmittelbar hoheitliche Gewalt* ausüben.[542] **341h**

> **Beispiele:** Insbesondere Richter, Polizisten, Strafvollzugsbeamte und Soldaten üben unmittelbar hoheitliche Gewalt aus, nicht aber z.B. Lehrer oder Professoren; auch nicht Notare.[543]

Ein **Eingriff** in die Arbeitnehmerfreizügigkeit ist jede auf der Staatsangehörigkeit beruhende unterschiedliche Behandlung der Arbeitnehmer der Mitgliedstaaten in Bezug auf Beschäftigung, Entlohnung und sonstige Arbeitsbedingungen. **341i**

> **Beispiele:** Qualifikationsanforderungen (bestimmte Abschlüsse, Qualifikationen, Prüfungen etc.). Auch das früher bestehende Recht eines Fußballvereins, nach Ablauf des Vertrags mit einem Fußballspieler eine Ablösesumme von dessen neuem Verein (in einem anderen EU-Mitgliedstaat) zu fordern, stellt nach der bekannten **Bosman-Entscheidung** des EuGH einen Eingriff dar, da dieses Recht geeignet sei, den Spieler davon abzuhalten, den Verein zu wechseln, bzw. andere Vereine davon abzuhalten, den Spieler trotz seines Wechselwunsches zu verpflichten.[544]

Dadurch, dass Art. 45 III AEUV die Arbeitnehmerfreizügigkeit unter den Vorbehalt der öffentlichen Ordnung, Sicherheit und Gesundheit stellt, sind Eingriffe zum Schutz dieser Belange grundsätzlich **rechtfertigungsfähig**. Selbstverständlich muss ein Eingriff auch verhältnismäßig ist. **341j**

---

[542] EuGH NJW 2011, 2941 ff.
[543] EuGH NJW 2011, 2941, 2942 ff.
[544] EuGH Slg. 1995, I-4921 ff.

cc. Niederlassungsfreiheit

341k Die Niederlassungsfreiheit gewährleistet natürlichen und juristischen Personen den freien Aufenthalt, das freie Wohnrecht und die freie Wahl des Studien- und Arbeitsplatzes im Hoheitsgebiet eines beliebigen Mitgliedstaats (Art. 49 I S. 1 AEUV). Vor allem ermöglicht sie natürlichen und juristischen Personen, in jedem Mitgliedstaat zu gleichen Bedingungen wie Inländer eine **selbstständige Erwerbstätigkeit** gewerblicher, landwirtschaftlicher oder freiberuflicher Art auszuüben (Art. 49 II, 50 I AEUV).

a.) Das Centros-Urteil

341l Die Niederlassungsfreiheit schützt – wie der EuGH in seinem **Centros-Urteil**[545] festgestellt hat – auch das Recht, die in einem EU-Staat gewählte und eingetragene Gesellschaftsform in einen anderen EU-Staat zu verlegen und dort anerkannt zu bekommen, obwohl die Gesellschaft in dem Mitgliedstaat ihres Sitzes keine Tätigkeit entfaltet.

Ausgangslage: Diesem Urteil lag der Fall zugrunde, dass ein dänisches Ehepaar namens Bryde in London eine Gesellschaft in der Rechtsform einer Limited mit Sitz in London als Briefkastenfirma gründete, die „Centros Ltd.". Der Zweck dieser Gründung bestand darin, die dänischen Vorschriften über das Stammkapital einer dänischen GmbH zu umgehen (Anm: das Mindeststammkapital einer Ltd. beträgt 1 £). Als das Ehepaar Bryde in Dänemark eine Zweigniederlassung der Centros Ltd. registrieren lassen wollte, wurde ihm dies vom dänischen Registergericht mit der Begründung verweigert, es liege der Versuch einer rechtsmissbräuchlichen Umgehung des dänischen Gesellschaftsrechts vor.

341m Der EuGH entschied, dass die Weigerung der Registereintragung gegen die Niederlassungsfreiheit nach Art. 52, 58 EG-Vertrag (heute: Art. 49, 54 AEUV)[546] verstoße. Allein die Umgehung der Mindestkapitalregelungen begründe keinen Rechtsmissbrauch, da das Vorgehen der Eheleute Bryde ja gerade dem Liberalisierungsgedanken der Niederlassungsfreiheit entspreche. Freilich sei es den Mitgliedstaaten der EU nicht verwehrt, Betrügereien durch nationale Schutzvorschriften zu bekämpfen. Vorliegend sei aber keine betrügerische Absicht erkennbar.

b.) Das Überseering-Urteil

341n Fortgeführt und ausgebaut hat der EuGH seine Rechtsprechung in seinem **Überseering-Urteil**.[547]

Ausgangslage: Diesem Urteil lag der Fall zugrunde, dass eine GmbH niederländischen Rechts, die Überseering BV, ihren Verwaltungssitz nach Düsseldorf verlegte. Nachdem sie dort eine Zahlungsklage gegen einen Schuldner wegen einer Forderung aus einem Werkvertrag erhoben hatte, sprach ihr das Zivilgericht die Parteifähigkeit (§ 50 ZPO) ab mit der Begründung, sie sei nach deutschem Zivil(prozess)recht nicht rechts- und parteifähig.

341o Der EuGH bestätigte zunächst seine im Centros-Urteil aufgestellten Grundsätze und entschied, dass die Versagung der Rechts- und Parteifähigkeit gegen die Niederlassungsfreiheit nach Art. 43, 48 EG (heute: Art. 49, 54 AEUV) verstoße. Jedoch formulierte der EuGH auch Gründe, die eine Einschränkung der Niederlassungsfreiheit zulassen. Er sprach von zwingenden Gründen des Gemeinwohls wie den Schutz der

---

[545] EuGH Slg. 1999, I-1459 ff.
[546] Der EWG-Vertrag, der 1957 in Rom geschlossen worden war, wurde 1992 durch den Vertrag von Maastricht in EG-Vertrag umbenannt und 1997 durch den Vertrag von Amsterdam neu nummeriert. Zudem wurden die Vorschriften des EG-Vertrags in der Fassung des Vertrags von Amsterdam auf Wunsch des EuGH nur mit EG zitiert. Mit Inkrafttreten des Vertrags von Lissabon 2009 wurde der EG-Vertrag dann durch den AEUV abgelöst. Daraus folgt die unterschiedliche Artikel- und Vertragsbezeichnung.
[547] EuGH NJW 2002, 3614 ff.

Interessen der Gläubiger, der Minderheitsgesellschafter, der Arbeitnehmer und auch des Fiskus, die unter bestimmten Umständen und unter Beachtung bestimmter Voraussetzungen Beschränkungen der Niederlassungsfreiheit rechtfertigen könnten.[548]

Zwar lagen diese Beschränkungsgründe im Überseering-Fall nicht vor, gleichwohl waren die genannten Beschränkungsgründe als Impulse für spätere Entscheidungen wegweisend. So wurde auch in Deutschland vom BGH hinsichtlich Gesellschaften aus anderen EU-Staaten die Sitztheorie aufgegeben und die Gründungstheorie anerkannt.[549]   341p

c.) Das Inspire-Art-Urteil

Waren Kapitalgesellschaften aus anderen EU-Staaten damit auch in Deutschland rechts- und parteifähig, hielt dies gleichwohl den BGH nicht davon ab, diese Kapitalgesellschaften gesellschaftsrechtlich wie eine GbR (Gesellschaft bürgerlichen Rechts, vgl. §§ 705 ff. BGB) zu behandeln, was zur Folge hatte, dass die Gesellschafter i.d.R. persönlich (wie GbR-Gesellschafter) hafteten. Auch dem ist der EuGH in seinem **Inspire-Art-Urteil**[550] entgegengetreten.   341q

Ausgangslage: Diesem Urteil lag der Fall zugrunde, dass nach niederländischem Recht in anderen EU-Staaten gegründete Gesellschaften wie die in England in der Rechtsform der „private limited company by shares" eingetragene „Inspire Art" zwar mittels Registereintragung anerkannt wurden, jedoch (aus Gründen des Gläubigerschutzes) den Zusatz „ausländische Gesellschaft" tragen mussten und zudem die Geschäftsführer einer gesamtschuldnerischen Haftung unterlagen.

Der EuGH bestätigte zunächst seine bisherige Rechtsprechung, dass es keine missbräuchliche oder betrügerische Umgehung sei, wenn eine Gesellschaft in dem Mitgliedstaat ihres Sitzes keine Tätigkeit entfalte. Es verstoße aber gegen die Niederlassungsfreiheit, wenn die Gesellschaft den Zusatz „ausländische Gesellschaft" tragen müsse und dem Geschäftsführer eine gesamtschuldnerische Haftung auferlegt werde. Die Gläubiger seien schon durch den ausländischen Rechtsformzusatz (Ltd.) ausreichend darüber informiert, dass die Gesellschaft besonderen Rechtsvorschriften und Haftungsbeschränkungen unterliege.   341r

d.) Das Gebhard-Urteil

Im sog. **Gebhard-Urteil**[551] hat der EuGH die staatlichen Beschränkungsmöglichkeiten der Niederlassungsfreiheit weiter ausgebaut und klargestellt, dass diese sich nicht auf Diskriminierungsfreiheit konzentrierten.   341s

Ausgangslage: Diesem Urteil lag der Fall zugrunde, dass der deutsche Rechtsanwalt Gebhard einen Geschäftssitz in Italien einnahm und dort unter der italienischen Bezeichnung „avvocato" eine anwaltschaftliche Tätigkeit ausübte. Die italienische Anwaltskammer ging standesrechtlich gegen ihn vor, da er nicht über die italienische Anwaltszulassung verfügte.

Der EuGH betonte, dass Beschränkungen der Niederlassungsfreiheit zwar nicht von vornherein ausgeschlossen seien, sie aber diskriminierungsfrei erfolgen müssten und zudem nur aus „zwingenden Gründen des Allgemeininteresses" gerechtfertigt seien   341t

---

[548] EuGH NJW 2002, 3614, 3617.
[549] BGHZ 154, 185 ff.
[550] EuGH NJW 2003, 3331 ff.
[551] EuGH Slg. 1995 I-4165 ff.

und zur Verwirklichung des verfolgten Ziels geeignet und erforderlich sein müssten.[552] „Zwingende Gründe des Allgemeininteresses" seien insbesondere eine geordnete Rechtspflege, der Schutz der Mandanten vor nicht mit der nationalen Rechtslage vertrauten Rechtsanwälten sowie die Wahrung des Rufs des Berufsstandes. Hätten betroffene EU-Bürger die erforderlichen Kenntnisse und Fähigkeiten aber bereits in einem anderen EU-Staat erworben, dürfe dies von den hiesigen Behörden nicht unberücksichtigt bleiben. Die berufsständischen Maßnahmen verletzten damit die Niederlassungsfreiheit.

341u Fazit: Die aufgezeigten EuGH-Entscheidungen haben maßgeblich dazu beigetragen, dass die Niederlassungsfreiheit Konturen erhielt und effektiv durchgesetzt wurde. Beschränkungen sind danach unionsrechtlich nur gerechtfertigt, wenn sie

- diskriminierungsfrei sind,
- aus „zwingenden Gründen des Allgemeininteresses" erfolgen
- sowie zur Verwirklichung des verfolgten Ziels geeignet, erforderlich und angemessen sind.

341v Aufgabe von **EU-Richtlinien** ist es, zu gewährleisten, dass Berufsabschlüsse im Gastland anerkannt werden (Art. 53 I AEUV). In reglementierten Berufen (Beispiele: Steuerberater, Rechtsanwalt) bestehen allerdings Einschränkungen bzw. weitere Anforderungen insbesondere in der Form von Zusatzqualifikationen.

341w Ähnlich wie die Arbeitnehmerfreizügigkeit enthält auch die Niederlassungsfreiheit eine **Bereichsausnahme**: So besteht gem. Art. 51 AEUV keine Niederlassungsfreiheit bei Tätigkeiten, die dauernd oder zeitweise mit der Ausübung öffentlicher Gewalt verbunden sind. Zur Abgrenzung zur Dienstleistungsfreiheit siehe Rn 342t.

341x Ein **Eingriff** besteht grundsätzlich in jeder staatlichen Maßnahme, die das geschützte Verhalten beeinträchtigt. Allerdings gelten die Einschränkungen des **Keck-Urteils** des EuGH (dazu unten Rn 342k ff.) auch hier: Danach ist ein Eingriff nur dann gegeben, wenn die Niederlassung als solche beeinträchtigt ist. Bei bloßen Niederlassungsmodalitäten (etwa Residenzpflichten) liegt noch kein Eingriff vor.

341y Hinsichtlich der Frage nach der unionsrechtlichen **Rechtfertigung** von Eingriffen in die Niederlassungsfreiheit gelten die materiellen Kriterien des Art. 45 III AEUV auch hier. Im Übrigen gilt Art. 52 AEUV; insbesondere sind Beschränkungen aus Gründen der öffentlichen Ordnung, Sicherheit oder Gesundheit gerechtfertigt (Art. 52 I AEUV). Ungeschriebene, aber infolge der o.g. EuGH-Urteile (Rn 341l ff.) anerkannte Rechtfertigungsgründe sind des Weiteren zwingende Gründe des Allgemeininteresses. Auf keinen Fall darf der Eingriff diskriminierend wirken, was aber anzunehmen ist, wenn der Eingriff an die Staatsangehörigkeit anknüpft. Schließlich muss die Maßnahme verhältnismäßig sein.

dd. Freier Warenverkehr

342 Die für den Binnenmarkt wohl bedeutendste Grundfreiheit mit den Arten *Zollunion* (Art. 28 AEUV), *Verbot von Ein- und Ausfuhrzöllen sowie Abgaben gleicher Wirkung* (Art. 30 AEUV) und *Verbot mengenmäßiger Ein- und Ausfuhrbeschränkungen sowie Maßnahmen gleicher Wirkung* (Art. 34, 35 AEUV) stellt indes die **Warenverkehrsfreiheit** (Art. 28 ff. AEUV) dar. Art. 34, 35 AEUV schützen also vor mengenmäßiger Beschränkung der Ein- und Ausfuhr von Waren (Handelsbeschränkung) sowie vor

---

[552] EuGH Slg. 1995 I-4165, I-4199. Vgl. auch EuGH Slg. 2004 I-2409 ff. (De Lasteyrie du Saillant); EuGH Slg. 2005 I-3205 ff. (Kommission ./. Griechenland).

allen Maßnahmen gleicher Wirkung. Unter „Waren" sind alle (beweglichen) körperlichen und unkörperlichen Gegenstände zu verstehen, die einen Geldwert haben und Gegenstand eines Handelsgeschäfts sein können[553], also typische Handelsgüter wie bspw. Lebens- und Genussmittel, Konsumgüter, Fahrzeuge, Maschinen etc., aber auch Öl, Benzin, Gas und elektrische Energie[554]. Freilich sind ein grenzüberschreitender und zugleich unionsrechtlicher Bezug erforderlich: Die Ware muss entweder aus einem Mitgliedstaat stammen oder aus einem Drittstaat stammen und sich gem. Art. 29 AEUV in einem Mitgliedstaat im freien Verkehr befinden (vgl. Art. 28 II AEUV).[555]

Zu beachten ist, dass die Warenverkehrsfreiheit nach Art. 34 AEUV nur dann als unmittelbarer Prüfungsmaßstab gegenüber nationalen Ein- und Ausfuhrbeschränkungen sowie Maßnahmen gleicher Wirkung heranzuziehen ist, wenn weder spezielle primärrechtliche Regelungen (wie die in Art. 38 AEUV genannten Agrar- und Fischereipolitiken) greifen noch konkretisierendes unionsrechtliches Sekundärrecht (Verordnungen, Richtlinien[556]) besteht. Existiert also bspw. eine Verordnung über Vermarktungsregelungen[557], haben sich nationale Bestimmungen in erster Linie danach auszurichten.[558] Ein Rückgriff auf die Warenverkehrsfreiheit ist in einem solchen Fall aber dann zulässig, wenn das (spezielle) Sekundärrecht die Angelegenheit nicht erfasst[559] oder es wegen Verstoßes gegen EU-Primärrecht unwirksam ist (siehe dazu den Anwendungsfall bei Rn 342r).

Ein **Eingriff** in die Warenverkehrsfreiheit liegt in jeder von staatlicher Seite ausgehenden **342a**

* **mengenmäßigen Beschränkung der Ein- und Ausfuhr von Waren** (Handelsbeschränkung)
* sowie **jeder staatlichen Maßnahme gleicher Wirkung** (Art. 34, 35 AEUV).

Den Begriff der „mengenmäßigen Beschränkung der Ein- und Ausfuhr von Waren" legt der EuGH denkbar weit aus. Erfasst sei jede Beschränkung des Erwerbs, des Anbietens, des Ausstellens oder Feilbietens, des Besitzes, der Herstellung, der Beförderung, des Verkaufs, der entgeltlichen oder unentgeltlichen Abgabe, der Einfuhr und der Verwendung.[560]

> **Beispiel:** Deutschland erlässt eine Regelung, wonach jeder deutsche Weinimporteur von jeder französischen Rotweinsorte jährlich maximal 500 Liter importieren darf.
>
> Hier liegt ein eindeutiger Fall einer mengenmäßigen Einfuhrbeschränkung und damit einer Handelsbeschränkung vor. Die eigentliche Problematik besteht aber hinsichtlich der Frage, was unter einer staatlichen „Maßnahme gleicher Wirkung" zu verstehen ist. Hierzu sind mehrere Grundsatzentscheidungen des EuGH ergangen, die im Folgenden erläutert werden.

---

[553] Siehe EuGH Slg. 1968, 633, 642 (Kunstschätze); Slg. 1994, I-1477, 1478 ff. (Almelo).
[554] EuGH Slg. 1994, I-1477, 1478 ff. (Almelo).
[555] Vgl. EuGH Slg. 1993, I-6097 ff. (Keck) – dazu unten Rn 342k.
[556] Siehe dazu unten Rn 344 ff.
[557] Siehe die Verordnung 1308/2013 des Europäischen Parlaments und des Rates vom 17.12.2013 über eine gemeinsame Marktorganisation für landwirtschaftliche Erzeugnisse.
[558] Vgl. auch EuGH NJW 2016, 621, 623 (Mindestpreise für alkoholische Getränke).
[559] Davon geht der EuGH (NJW 2016, 621, 623 - Mindestpreise für alkoholische Getränke) ausdrücklich aus. Im zu entscheidenden Fall existiert zwar eine Verordnung (die genannte VO 1308/2013), diese regelt aber die gemeinsame Organisation der Agrarmärkte (GMO) und nicht den Schutz der Gesundheit (vor den Gefahren alkoholischer Getränke).
[560] EuGH Slg. 1996, I-3159, 3160 ff. (Brandsma).

a.) Das Dassonville-Urteil

342b Ausführungen, was eine „Maßnahme gleicher Wirkung" (wie mengenmäßige Beschränkungen i.S.d. Art. 34, 35 AEUV) darstellt, finden sich zunächst im **Dassonville-Urteil** des EuGH.[561]

Ausgangslage: Diesem Urteil lag ein Strafverfahren gegen die belgische Handelsgesellschaft Dassonville zugrunde. Diese führte echten „Scotch Whiskey" nach Belgien ein, den sie unter Verletzung belgischer (Straf-)Vorschriften bei französischen Import- und Vertriebsgesellschaften eingekauft hatte. Nach belgischem Recht war ein „amtlicher Begleitschein" des Herkunftslandes zum berechtigten Führen der Marke erforderlich. Für „Scotch Whiskey" bedurfte es demnach einer Bescheinigung der britischen Behörden, die Firma Dassonville legte aber nur eine Bescheinigung französischer Behörden vor. Die Fa. Dassonville machte geltend, dass die belgische Bestimmung über die Notwendigkeit eines Begleitscheins des Herkunftslandes eine Maßnahme mit gleicher Wirkung wie eine mengenmäßige Beschränkung i.S.v. Art. 30 EWG-Vertrag (heute: Art. 34 AEUV) darstelle und damit ein rechtfertigungsbedürftiger Eingriff in die Warenverkehrsfreiheit vorliege.

342c Der EuGH entschied, dass eine „Maßnahme gleicher Wirkung" (wie mengenmäßige Beschränkungen i.S.d. Art. 34, 35 AEUV) jede Maßnahme sei, die (in objektiver Hinsicht) geeignet erscheine, unmittelbar, mittelbar, tatsächlich oder potentiell den Binnenhandel zu behindern.[562] Mit dieser weiten „Formel" erfasste der EuGH also grundsätzlich alle denkbaren Handelsbeschränkungen. Ganz offenbar wollte der EuGH damit den freien Warenverkehr (und damit den Binnenmarkt) durchsetzen, weil er durch die denkbar weite Auslegung des Eingriffsbegriffs praktisch jede handelsbeschränkende Maßnahme bzw. „Maßnahme gleicher Wirkung" unter (unionsrechtlichen) Rechtfertigungszwang stellte. Wie noch zu sehen sein wird, ist diese weite Auslegung des Eingriffsbegriffs mit gewissen Problemen verbunden (siehe Rn 342k ff. – Keck). Doch zunächst soll auf die Frage nach der unionsrechtlichen Rechtfertigung eingegangen werden, die durch die Cassis-de-Dijon-Entscheidung Konturen erhalten hat.

b.) Das Cassis-de-Dijon-Urteil

342d Hinsichtlich der (unionsrechtlichen) Rechtfertigungsvoraussetzungen (insbesondere der Verhältnismäßigkeit) erfolgte dann ein „zweiter Meilenstein" in der Rechtsprechung des EuGH, das **Cassis-de-Dijon-Urteil**.[563]

Ausgangslage: Diesem Urteil lag der Sachverhalt zugrunde, dass dem Lebensmittelkonzern Rewe (Deutschland) von der Bundesmonopolverwaltung für Branntwein der Verkauf des alkoholhaltigen französischen Getränks „Cassis de Dijon" unter der Bezeichnung „Likör" verboten wurde, weil „Cassis de Dijon" mit einem Alkoholgehalt von 15-20 % unter dem vom Branntweinmonopolgesetz vorgeschriebenen Mindestgehalt für Likör liege. Rewe wendete ein, dass das Verbot, „Cassis de Dijon" unter der Bezeichnung „Likör" zu verkaufen, gegen das Verbot von Einfuhrbeschränkungen (Art. 28 EGV; heute: Art. 34 AEUV) verstoße und damit die Warenverkehrsfreiheit verletze.

342e Der EuGH entschied, dass jedes Produkt, das in einem Mitgliedstaat nach den dortigen Gesetzen rechtmäßig hergestellt und in den Verkehr gebracht worden sei, grundsätzlich auch in allen anderen Mitgliedstaaten frei verkauft werden dürfe[564] (sog. Ursprungslandprinzip bzw. Prinzip der gegenseitigen Anerkennung von Warenbezeichnungen), sofern dem nicht Gründe aus Art. 36 AEUV (Rn 342p) oder (andere) zwin-

---

[561] EuGH Slg. 1974, 837 ff.
[562] EuGH Slg. 1974, 837, 852. Vgl. auch jüngst EuGH NJW 2016, 621, 623 (Mindestpreise für alkoholische Getränke).
[563] EuGH Slg. 1979, 649 ff.
[564] EuGH Slg. 1979, 649, 664 (Cassis de Dijon).

gende Erfordernisse des Gemeinwohls entgegenstünden und die betreffende warenverkehrsbeschränkende Maßnahme im Übrigen verhältnismäßig sei.

Umgekehrt formuliert heißt das, dass in einem Mitgliedstaat vorschriftsmäßig hergestellte und in Verkehr gebrachte Waren nur aus **zwingenden Erfordernissen des Gemeinwohls** in anderen Mitgliedstaaten vom Verkehr ausgeschlossen werden dürfen. Zu diesen „zwingenden Erfordernissen des Gemeinwohls" zählen nach dem Cassis-Urteil des EuGH insbesondere

- Leben und Gesundheit von Menschen,
- steuerliche Kontrolle,
- Schutz der Lauterkeit des Handelsverkehrs,
- Verbraucherschutz.[565]

Hinsichtlich der Elemente der **Verhältnismäßigkeit** können dieselben Erwägungen herangezogen werden, die auch der Prüfung von Maßnahmen am Maßstab des Grundgesetzes zugrunde liegen (vgl. dazu Rn 271 ff.).

c.) Das Bier-Urteil

Das soeben erläuterte Cassis-de-Dijon-Urteil gab nicht nur wesentliche Impulse für die Frage nach der unionsrechtlichen Rechtfertigung von Eingriffen in die Warenverkehrsfreiheit, sondern auch für das ebenfalls die Warenverkehrsfreiheit betreffende **Bier-Urteil**[566] des EuGH.

Den Ausgangspunkt dieses Urteils bildete das deutsche „Vorläufige Biergesetz" (heute: Biersteuergesetz), das i.V.m. der „Verordnung zur Durchführung des Vorläufigen Biergesetzes" gemäß dem Reinheitsgebot von 1516[567] die Zutaten für Bier regelt. Nach diesem „Reinheitsgebot" dürfen für untergäriges Bier lediglich Gerstenmalz, Hopfen, Hefe und Wasser verwendet werden, wohingegen für obergäriges Bier auch andere Malzsorten, Rohr-, Rüben-, Invert-, Stärkezucker und daraus hergestellte Farbstoffe („Läuterzucker") sowie Süßstoffe als Zutaten zugelassen sind.[568]

(Ausländische) Biere, die nicht nach diesen Regeln hergestellt wurden, durften in Deutschland nicht unter der Bezeichnung „Bier" verkauft werden. Dies warf die Frage auf, ob dieses Verbot gegen die Warenverkehrsfreiheit verstieß.

Der EuGH hat entschieden, dass das Verbot, ausländische Biere, die nicht nach den deutschen Regeln hergestellt wurden, in Deutschland unter der Bezeichnung „Bier" zu verkaufen, gegen die Warenverkehrsfreiheit verstoße. Art. 36 S. 1 EWG-Vertrag (heute: Art. 36 S. 1 AEUV) lasse Handelsbeschränkungen oder Maßnahmen gleicher Wirkung zwar zu. Die Beschränkung der Bezeichnung „Bier" auf Produkte, die dem deutschen Reinheitsgebot entsprächen, sei jedoch nicht durch zwingende Erfordernissse des Verbraucherschutzes gerechtfertigt. Vielmehr seien z.B. Kennzeichnungsregelungen ausreichend. Darüber hinaus sei das absolute Verkehrsverbot für Biere mit Zusatzstoffen ungerechtfertigt, weil (auch) dies unverhältnismäßig und auch nicht durch zwingende Gründe des Gemeinwohls gerechtfertigt sei.[569]

Folge des Cassis-de-Dijon-Urteils und des Bier-Urteils ist: Produkte aus anderen EU-Staaten, die dort rechtmäßig zum Verkehr zugelassen sind, dürfen in anderen EU-

342f

342g

342h

342i

---

[565] Vgl. EuGH Slg. 1979, 649, 664. Vgl. auch dazu jüngst EuGH NJW 2016, 621, 623 (Mindestpreise für alkoholische Getränke).
[566] EuGH Slg. 1987, 1227 ff.
[567] Vgl. das von Herzog Wilhelm IV. am 23.4.1516 erlassene Reinheitsgebot für Bier.
[568] Vgl. §§ 17-22 der Verordnung zur Durchführung des Vorläufigen Biergesetzes.
[569] EuGH Slg. 1987, 1227, 1272 ff.

Staaten nicht beschränkt oder gar verboten werden. Da das EU-Recht aber nationale Rechtsvorschriften im Übrigen unberührt lässt, kann das dazu führen, dass inländische Produkte beschränkt oder verboten werden können. Diese **„Inländerdiskriminierung"** ist unionsrechtlich möglich.

342j Hinsichtlich des Verbraucherschutzes gilt aber mittlerweile eine Vollharmonisierung infolge verschiedener EU-Richtlinien, sodass auf die Warenverkehrsfreiheit insoweit nicht mehr zurückgegriffen werden muss (bzw. darf).

d.) Das Keck-Urteil

342k Da nach der Dassonville-Entscheidung (Rn 342b) eine „Maßnahme gleicher Wirkung" wie mengenmäßige Beschränkungen i.S.d. Art. 34, 35 AEUV denkbar weit zu verstehen ist, wodurch der freie Warenverkehr einen sehr hohen Stellenwert erfuhr, hat der EuGH im **Keck-Urteil**[570] eine relativierende (d.h. einschränkende) Auslegung vorgenommen.

Ausgangslage: Diesem Urteil lag der Sachverhalt zugrunde, dass B. Keck und D. Mithouard vorgeworfen wurde, unter Verstoß gegen französische (Straf-)Gesetze Erzeugnisse in unverändertem Zustand zu zu unter ihrem tatsächlichen Einkaufspreis liegenden Preisen weiterverkauft zu haben. Die Angeklagten machten geltend, ein allgemeines Verbot des Weiterverkaufs zum Verlustpreis, wie es die nationalen (Straf-)Vorschriften vorsähen, sei mit Art. 30 EWG-Vertrag (vgl. später Art. 28 EGV und heute Art. 34 AEUV) und den Grundsätzen der Freizügigkeit, des freien Dienstleistungs- und Kapitalverkehrs sowie des freien Wettbewerbs innerhalb der Gemeinschaft unvereinbar.

342l Der EuGH führte aus, dass – anders als produktbezogene Beschränkungen des freien Warenverkehrs (d.h. Vorschriften bzgl. Bezeichnung, Form, Abmessung, Gewicht, Zusammensetzung, Etikettierung, Verpackung usw.) – die Anwendung bestimmter, lediglich Verkaufsmodalitäten beschränkender oder verbietender nationaler Bestimmungen auf Erzeugnisse aus anderen Mitgliedstaaten nicht geeignet sei, den Handel zwischen den Mitgliedstaaten im Sinne des Dassonville-Urteils unmittelbar oder mittelbar, tatsächlich oder potentiell zu behindern, sofern diese Bestimmungen

- für alle betroffenen Wirtschaftsteilnehmer gelten, die ihre Tätigkeit im Inland ausüben,

- und sofern sie den Absatz der inländischen Erzeugnisse und der Erzeugnisse aus anderen Mitgliedstaaten rechtlich wie tatsächlich in der gleichen Weise berührten.[571]

342m Seien diese Voraussetzungen nämlich erfüllt, sei die Anwendung derartiger Regelungen auf den Verkauf von Erzeugnissen aus einem anderen Mitgliedstaat, die den von diesem Staat aufgestellten Bestimmungen entsprechen, nicht geeignet, den Marktzugang für diese Erzeugnisse zu versperren oder stärker zu behindern, als sie dies für inländische Erzeugnisse tue. Diese Regelungen fielen daher nicht in den Anwendungsbereich von Art. 30 EWG-Vertrag (heute: Art. 28 AEUV).[572]

342n Fazit: Der EuGH unterscheidet im Keck-Urteil also zwischen produktbezogenen Marktregulierungen und bloßen Verkaufsmodalitäten.

- **Produktbezogene Marktregulierungen** (Vorschriften bzgl. Bezeichnung, Form, Abmessung, Gewicht, Zusammensetzung, Etikettierung, Verpackung usw.) müssen sich stets am Maßstab der Warenverkehrsfreiheit messen lassen.

---

[570] EuGH Slg. 1993, I-6097 ff.
[571] EuGH Slg. 1993, I-6097, I-6131 (Rn 17).
[572] EuGH Slg. 1993, I-6097, I-6131 (Rn 18).

- Demgegenüber dürfen die Mitgliedstaaten bloße **Verkaufsmodalitäten (vertriebsbezogene Handelsbeschränkungen)** erlassen wie bspw. die Festlegung von Ladenschlusszeiten oder das Verbot, Waren zu Verlustpreisen verkaufen zu lassen, auch wenn diese negative Auswirkungen auf den freien Warenverkehr haben können. Voraussetzung ist allein, dass sie unterschiedslos regeln, d.h. den Warenverkehr bzgl. Waren anderer EU-Staaten im Vergleich zum Warenverkehr bzgl. inländischer Waren nicht beeinträchtigen. Regeln Verkaufsmodalitäten unterschiedslos, unterfallen sie nicht dem (strengen) Prüfungsmaßstab der Warenverkehrsfreiheit. Beeinträchtigen sie aber den freien Warenverkehr zulasten von Waren anderer EU-Staaten, unterfallen sie dem Prüfungsmaßstab der Warenverkehrsfreiheit und bedürfen einer Rechtfertigung am Maßstab des Art. 36 S. 1 AEUV (dazu Rn 342p sowie den Anwendungsfall bei Rn 342r).

Folge ist: Die Warenverkehrsfreiheit nach Art. 28 AEUV mit der Verbotsvorschrift des Art. 34 AEUV finden nach der Kernaussage der Keck-Entscheidung also keine Anwendung auf diskriminierungsfreie Verkaufsmodalitäten, insbesondere auf Rechtsvorschriften eines Mitgliedstaats, die den Weiterverkauf zum Verlustpreis allgemein (also unterschiedslos) verbieten.[573] **342o**

Liegt aber eine produktbezogene Marktregulierung oder eine nicht unterschiedslose Verkaufsmodalität vor und steht demnach der Anwendungsbereich der Warenverkehrsfreiheit fest, muss eine Maßnahme, die als Eingriff zu werten ist (Handelsbeschränkung oder Maßnahme gleicher Wirkung), auch unionsrechtlich **gerechtfertigt** sein. Den Prüfungsmaßstab gibt Art. 36 S. 1 AEUV vor, indem er Handelsbeschränkungen oder Maßnahmen gleicher Wirkung (nur) zulässt, wenn sie aus Gründen **342p**

- der öffentlichen Sittlichkeit, Ordnung und Sicherheit[574],
- zum Schutze der Gesundheit und des Lebens von Menschen, Tieren oder Pflanzen,
- des nationalen Kulturguts von künstlerischem, geschichtlichem oder archäologischem Wert
- oder des gewerblichen und kommerziellen Eigentums

gerechtfertigt sind (Art. 36 S. 1 AEUV). Handelsbeschränkungen (bzw. -verbote) dürfen jedoch weder ein Mittel zur willkürlichen Diskriminierung noch eine verschleierte Beschränkung des Handels zwischen den Mitgliedstaaten darstellen (Art. 36 S. 2 AEUV). Sind diese Anforderungen beachtet, verstoßen handelsbeschränkende Maßnahmen nicht gegen die Warenverkehrsfreiheit.

So hat der EuGH entschieden, dass eine nationale Regelung, wonach der Zusatz eines Nährstoffs zu einem Lebensmittel, das in anderen Mitgliedstaaten rechtmäßig hergestellt und/oder in den Verkehr gebracht worden ist, von einer vorherigen Zulassung abhängig ist, nicht von vornherein gegen die Warenverkehrsfreiheit verstoße.[575] Existierte aber eine deutsche Vorschrift, wonach die Bezeichnung „Sekt" nur für Produkte verwendet werden dürfte, die aus dem deutschen Sprachraum stammen, verstieße dies gegen die Warenverkehrsfreiheit.[576]

Über die geschriebenen Rechtfertigungsgründe aus Art. 36 AEUV hinaus verwies der EuGH bereits im Cassis-Urteil (Rn 342d ff.) auf die Möglichkeit, auch ungeschriebene Rechtfertigungsgründe anzuerkennen. Wie dort bereits ausgeführt ist, sind Maßnahmen gleicher Wirkung nach dem EuGH auch dann zulässig, wenn die staatlichen Re- **342q**

---

[573] EuGH Slg. 1993, I-6097, I-6131 (Rn 17). Vgl. auch *Herdegen*, Europarecht, 17. Aufl. 2015, § 15 Rn 10 f.
[574] Der EuGH verlangt hierzu eine tatsächliche und hinreichend erhebliche Gefahr, die ein Grundinteresse der Gesellschaft berührt (EuGH Slg. 2000, I-1335, I-1361).
[575] EuGH EuZW 2010, 347.
[576] Siehe Verordnung EG Nr. 607/2009, wonach aber die Bezeichnung „Sekt b.A." („Sekt bestimmter Anbaugebiete") exklusiv für einen deutschen (oder österreichischen) Schaumwein zulässig ist.

gelungen unterschiedslos (also diskriminierungsfrei) für in- und ausländische Waren gelten sowie notwendig sind, um zwingenden Erfordernissen des Gemeinwohls gerecht zu werden (Rn 342f). Zudem muss der Grundsatz der Verhältnismäßigkeit beachtet werden, wobei das Vorliegen eines zwingenden Erfordernisses des Gemeinwohls die die Warenverkehrsfreiheit beschränkende Maßnahme i.d.R auch verhältnismäßig erscheinen lassen dürfte. Ein zwingendes Erfordernis des Gemeinwohls dürfte z.B. klar darin bestehen, den grenzüberschreitenden Handel mit illegalen Waffen, Drogen etc. zu unterbinden. Waffen- und Drogenhändler können sich selbstverständlich nicht auf die Warenverkehrsfreiheit berufen, jedoch hat der binnenmarktbedingte weitgehende Wegfall der Grenzkontrollen die Bekämpfung des illegalen Waffen- und Drogenhandels nicht gerade einfacher gemacht.

342r Gesamtfazit: Nach der Keck-Formel sind produktbezogene Marktregulierungen den Mitgliedstaaten grundsätzlich verboten, wenn sie geeignet sind, den zwischenstaatlichen Handel zu behindern, und keiner der genannten Rechtfertigungsgründe vorliegt. Verkaufsmodalitäten sind stets zulässig, sofern sie diskriminierungsfrei erfolgen.

Anwendungsfall[577]: Zur Vermarktung von Strom aus Solar- und Windkraftanlagen gibt der EU-Staat X Zertifikate aus; allerdings erfolgt die Zuteilung der Zertifikate nur an Energieunternehmen mit Sitz in X. Zudem gewährt eine gesetzliche Vorschrift in X eine garantierte Einspeisevergütung für erneuerbare Energien, allerdings wiederum nur gegenüber Stromproduzenten und -lieferanten aus X. Stromproduzenten und -lieferanten aus anderen EU-Staaten fühlen sich dadurch in ihrer Warenverkehrsfreiheit beeinträchtigt.

Ob eine derartige Maßnahme eine mengenmäßige Einfuhrbeschränkung (Handelsbeschränkung), eine produktbezogene Marktregulierung oder lediglich eine Verkaufsmodalität (d.h. vertriebsbezogene Handelsbeschränkung) darstellt, ist unklar. Da aber durch die fragliche Maßnahme Energieproduzenten und -lieferanten anderer EU-Staaten bei der Vermarktung von Strom in X schlechtergestellt werden als Energieunternehmen aus X, liegt in jedem Fall eine Ungleichbehandlung vor, die einer Rechtfertigung am Maßstab des Art. 36 S. 1 AEUV bedarf.

Der Eingriff in die Warenverkehrsfreiheit könnte durch Art. 3 III der Erneuerbare-Energien-Richtlinie (EE-RL 2009/28/EG) gerechtfertigt sein. Danach ist jeder Mitgliedstaat frei, darüber zu entscheiden, in welchem Umfang er Strom (auch) aus anderen Mitgliedstaaten fördert. Demzufolge wäre eine Beschränkung des Fördersystems auf inländische Stromproduzenten und -lieferanten zulässig, so, wie dies bspw. in Deutschland durch das EEG 2014 geregelt ist.

Jedoch müsste Art. 3 III EE-RL 2009/28/EG auch mit höherrangigem Recht (hier: Art. 34 AEUV) vereinbar sein. Anderenfalls böte diese Vorschrift keine Rechtfertigungsgrundlage für die unterschiedliche Behandlung.

Der EuGH hat entschieden, dass Art. 3 III EE-RL 2009/28/EG zwar geeignet sei, Stromeinfuhren aus anderen Mitgliedstaaten, insb. Einfuhren von sog. grünem Strom, zu behindern, was grds. als Beschränkung des freien Warenverkehrs einzustufen sei. Allerdings sei diese Beschränkung durch das im Allgemeininteresse liegende Ziel, die Nutzung erneuerbarer Energiequellen zu fördern, um die Umwelt zu schützen und die Klimaänderung zu bekämpfen, gerechtfertigt.[578]

Stellungnahme: Art. 36 S. 1 AEUV nennt den Schutz der Gesundheit und des Lebens von Menschen, Tieren oder Pflanzen ausdrücklich als Belange, die Eingriffe in die Warenverkehrsfreiheit zu rechtfertigen vermögen. Diese Schutzgüter lassen sich nur durch

---

[577] Vgl. EuGH NVwZ 2014, 1073 ff. (Ålands Vindkraft).
[578] EuGH NVwZ 2014, 1073, 1075 f.

eine nachhaltige Umweltpolitik aufrechterhalten. Die durch Art. 3 III EE-RL 2009/28/EG ermöglichte Beschränkung des freien Warenverkehrs ist daher verhältnismäßig.

Weiterführender Hinweis: Zu beachten ist, dass sich die heimische (d.h. nationale) Öko-stromförderung auch am Maßstab des EU-Beihilfenrechts (Art. 107, 108 AEUV) messen lassen muss. Grundsätzlich verbietet Art. 107 I AEUV staatliche Beihilfen, sofern sie den Handel zwischen Mitgliedstaaten beeinträchtigen. Jedoch lässt Art. 107 III AEUV Ausnahmen zu. In Bezug auf die Förderung erneuerbarer Energien greift Art. 107 III b) AEUV, wonach Beihilfen u.a. zur Förderung wichtiger Vorhaben von gemeinsamem europäischem Interesse als mit dem Binnenmarkt vereinbar angesehen werden können. Gemäß 3.2.1.1. der Leitlinien der Kommission für staatliche Umweltschutz- und Ener-giebeihilfen 2014-2020 (ABl. 2014/C 200/01)[579] gehören der Übergang zu einer emissi-onsarmen Wirtschaft mit effizientem Ressourceneinsatz und die CO_2-Reduzierung ebenso wie ein nachhaltiges und sicheres Energiesystem zu den wichtigen Vorhaben von gemeinsamem europäischem Interesse i.S.d. Art. 107 III b) AEUV. Die Regelungen des EEG 2014 dürften dem entsprechen.

e.) Mindestpreise für alkoholische Getränke

In einer aktuellen Entscheidung zur Warenverkehrsfreiheit, bei der es um die Verein-barkeit einer nationalen Festsetzung von Mindestpreisen für alkoholische Getränke zum Schutz der Gesundheit mit der Warenverkehrsfreiheit geht, rezipiert der EuGH hinsichtlich der „Maßnahme gleicher Wirkung" wiederum die Dassonville-Formel, in-dem er konstatiert, dass nach ständiger Rechtsprechung (des EuGH) jede Maßnahme eines Mitgliedstaats eine „Maßnahme gleicher Wirkung" wie mengenmäßige Beschrän-kungen i.S.d. Art. 34, 35 AEUV darstelle, wenn sie geeignet sei, den Handel innerhalb der Union unmittelbar oder mittelbar, tatsächlich oder potenziell zu behindern.[580] Von der in seiner Keck-Entscheidung vorgenommenen relativierenden (d.h. einschränken-den) Auslegung ist nichts zu lesen, was darauf schließen lässt, dass der EuGH bei der Frage nach der Rechtfertigung von Warenverkehrsbeschränkungen an der Unter-scheidung zwischen produktbezogenen Regelungen und (bloßen) Verkaufsmodalitäten nicht mehr ohne weiteres festhalten möchte, möglicherweise, um flexibel auf die Be-sonderheit des Falles reagieren zu können.[581] Denn hielte er an dieser Unterscheidung fest, müsste er die Festsetzung von Mindestpreisen für alkoholische Getränke als bloße Verkaufsmodalität ansehen, da sie gegenüber allen (also auch aus dem Inland stammenden) alkoholischen Getränken gilt. So aber ist der EuGH frei, den allgemei-nen Grundsatz der Verhältnismäßigkeit heranzuziehen, indem er formuliert, dass eine Maßnahme mit gleicher Wirkung wie eine mengenmäßige Beschränkung nur dann u.a. mit dem Schutz der Gesundheit und des Lebens von Menschen nach Art. 36 S. 1 AEUV gerechtfertigt werden könne, wenn sie geeignet sei, die Erreichung des verfolg-ten Ziels zu gewährleisten, und nicht über das dazu Erforderliche hinausgehe.[582]

Hinsichtlich der nationalen Festsetzung von Mindestpreisen für alkoholische Getränke zum Schutz der Gesundheit ist der EuGH der Auffassung, dass die Warenverkehrsfrei-heit nur dann nicht verletzt sei, wenn das mit der Einführung eines Mindestpreises für alkoholische Getränke verfolgte Ziel (Schutz der Gesundheit) nicht auch durch eine Verbrauchsteuer erreicht werden könne, die den Wettbewerb und den Handelsverkehr weniger einschränke.[583]

342s

---

[579] http://eur-lex.europa.eu/legal-content/DE/ALL/?uri=CELEX%3A52014XC0628(01)
[580] EuGH NJW 2016, 621, 623 (Mindestpreise für alkoholische Getränke).
[581] Eine ähnliche Vorgehensweise findet sich auch in der Rechtsprechung des BVerfG zur Sphärentheorie (in Bezug auf das allgemeine Persönlichkeitsrecht aus Art. 2 I i.V.m. 1 I GG) und zur Drei-Stufen-Theorie (in Bezug auf die Berufs-freiheit aus Art. 12 I GG), vgl. dazu *R. Schmidt*, Grundrechte, Rn 280 und 809.
[582] EuGH NJW 2016, 621, 623 mit Verweis auf EuGH EuZW 2012, 508 (ANETT).
[583] EuGH NJW 2016, 621, 623 f.

Im vorliegenden Fall wird also zu prüfen sein, inwieweit sich der Schutz der Gesundheit nicht auch durch die Einführung einer Verbrauchsteuer (bzw. deren Erhöhung) realisieren lässt. Freilich dürfte sich im Ergebnis dadurch nichts ändern, weil nach beiden Methoden ein höherer Preis für alkoholische Getränke die Folge ist.

Im **Anwendungsfall** von Rn 342r kommt es darauf, ob man die Dassonville-Formel oder die Keck-Formel heranzieht oder schlicht auf den allgemeinen Grundsatz der Verhältnismäßigkeit abstellt, nicht an, weil die heimische (d.h. nationale) Ökostromförderung die Erreichung des verfolgten Ziels (Schutz der Gesundheit und des Lebens von Menschen, Tieren und Pflanzen) zu gewährleisten vermag und nicht über das dazu Erforderliche hinausgeht.

ee. Dienstleistungsfreiheit

342t Die Dienstleistungsfreiheit wird durch Art. 56 ff. AEUV gewährleistet. Sie erlaubt einem selbstständig erwerbstätigen Unionsbürger (bzw. einem Wirtschaftsunternehmen mit Sitz in der EU), vorübergehend Dienstleistungen auch in einem anderen Mitgliedstaat der EU anzubieten, wobei der Geschäftssitz im Heimatland verbleibt. Gemäß Art. 57 I AEUV werden unter Dienstleistungen im Sinne des EU-Rechts Leistungen verstanden, die i.d.R. gegen Entgelt erbracht werden, soweit sie nicht den Vorschriften des freien Kapital- und Zahlungsverkehrs oder der Personenfreizügigkeit unterliegen. Art. 57 II AEUV versteht als Dienstleistungen insbesondere gewerbliche Tätigkeiten, kaufmännische Tätigkeiten, handwerkliche Tätigkeiten und freiberufliche Tätigkeiten. Dabei spielt es keine Rolle, ob der Dienstleistungserbringer zur Erbringung seiner Dienstleistung in das Gastland reist (aktive Dienstleistungsfreiheit) oder ob der Dienstleistungsempfänger in das Land reist, in dem der Dienstleistungserbringer seinen Sitz hat, und dieser dort die Dienstleistung erbringt.

342u Gewährleistet wird – unbeschadet der Vorschriften über die Niederlassungsfreiheit – das Recht des Dienstleistenden, zwecks Erbringung seiner Leistungen seine Tätigkeit vorübergehend in dem Mitgliedstaat auszuüben, in dem die Leistung erbracht wird, und zwar unter denselben Voraussetzungen, welche dieser Mitgliedstaat für seine eigenen Angehörigen vorschreibt (Art. 57 III AEUV – Gebot der Gleichbehandlung).

342v Da sowohl die Dienstleistungsfreiheit als auch die Niederlassungsfreiheit selbstständig erwerbstätigen Unionsbürgern zustehen, ist eine Abgrenzung erforderlich. Während die **Niederlassungsfreiheit** (Art. 49 ff. AEUV) eine längerfristige, d.h. dauerhafte Niederlassung zum Gegenstand hat, ist die **Dienstleistungsfreiheit** auf eine nur vorübergehende Tätigkeit gerichtet. Abgrenzungskriterien sind Dauer der Leistung, aber auch Häufigkeit, regelmäßige Wiederkehr und Kontinuität.[584] Je ausgeprägter diese Kriterien sind, desto eher liegt ein Fall der Niederlassung vor. Auch die Ergreifung infrastruktureller Maßnahmen (Einrichtung eines Büros, einer Praxis oder einer Kanzlei) spricht indiziell (aber nicht zwingend) für eine Niederlassung.[585] Fehlen aber infrastrukturelle Maßnahmen, d.h. der Leistungserbringer wird nicht (durch feste Einbindung in Volkswirtschaft und Gesellschaft) „sesshaft", sondern verrichtet nur seine temporäre Dienstleistung und kehrt nach deren Beendigung in sein Heimatland zurück, ist regelmäßig nicht vom Vorliegen einer Niederlassung, sondern von einer Dienstleistung auszugehen.[586] Daraus folgt gleichzeitig, dass die Dienstleistungsfreiheit gegenüber der Niederlassungsfreiheit subsidiär ist. In Abgrenzung zur **Arbeitnehmerfreizügigkeit** (Art. 45 ff. AEUV) kommt es darauf an, ob der „Dienstleistende" als abhängig Beschäftigter für einen Arbeitgeber im Gastland tätig ist bzw. werden möchte. Nur dann kann sich der „Dienstleistende" auf Arbeitnehmerfreizügigkeit

---

[584] EuGH Slg. 1995, I-4165, I-4195.
[585] EuGH Slg. 1995, I-4165, I-4195.
[586] EuGH Slg. 2003, I-14847, I-14883.

berufen. Wird der „Dienstleistende" indes von seinem Arbeitgeber des Heimatstaates in das Gastland entsandt, liegt keine „Arbeitnehmerfreizügigkeit" des „Dienstleistenden" vor, sondern eine Dienstleistungsfreiheit seines Arbeitgebers. Auch in diesem Fall ist die Dienstleistungsfreiheit somit subsidiär.

Um das nach Art. 57 III AEUV geschützte Recht abzusichern, sind Beschränkungen des freien Dienstleistungsverkehrs innerhalb der Union für Angehörige der Mitgliedstaaten, die in einem anderen Mitgliedstaat als demjenigen des Leistungsempfängers ansässig sind, nach Maßgabe der Vertragsbestimmungen verboten (Art. 56 I AEUV). Darüber hinaus sind Ungleichbehandlungen (i.S.v. Diskriminierungen) aufgrund der Staatsangehörigkeit (vgl. allgemein: Art. 18 AEUV) verboten; insoweit gilt das Gebot der Gleichbehandlung mit den Inländern (Art. 57 III AEUV).

342w

Um die Dienstleistungsfreiheit faktisch nicht auszuhöhlen, müssen die in einem Mitgliedstaat erworbenen Qualifikationen auch in den anderen Mitgliedstaaten anerkannt werden. Soweit also in einzelnen Mitgliedstaaten unterschiedliche Regelungen über die Anerkennung von Diploma, Prüfungszeugnissen und sonstigen Befähigungsnachweisen sowie über die Aufnahme und Ausübung selbstständiger Tätigkeiten bestehen, müssen Rechtsakte erlassen werden, die die wechselseitige Anerkennung ermöglichen (vgl. Art. 62 AEUV i.V.m. Art. 53 AEUV).

342x

Aber nicht jede Ungleichbehandlung ist unzulässig. So finden zunächst die Regelungen zur Dienstleistungsfreiheit keine Anwendung auf Tätigkeiten, die in einem Mitgliedstaat dauernd oder zeitweise mit der Ausübung **öffentlicher Gewalt** verbunden sind (Art. 62 AEUV i.V.m. Art. 51 AEUV). Auch sind Beschränkungen sowie nachteilige Sonderregelungen für Angehörige anderer Mitgliedstaaten zulässig, wenn sie aus Gründen der öffentlichen Ordnung, Sicherheit oder Gesundheit **gerechtfertigt** sind (Art. 62 AEUV i.V.m. Art. 52 AEUV), wobei der EuGH strenge Maßstäbe aufstellt und „zwingende Gründe des Allgemeininteresses" fordert.[587]

342y

Konkretisiert wird die Dienstleistungsfreiheit durch die **Dienstleistungsrichtlinie** 2006/123/EG.[588] Diese erfasst aber nicht nur die Dienstleistungsfreiheit, sondern beinhaltet auch Konkretisierungen der Niederlassungsfreiheit und sanktioniert insgesamt mitgliedstaatliche Maßnahmen, die die Grundfreiheiten beschränken. Zu beachten ist, dass der EuGH den Anwendungsbereich der RL auch auf reine Inlandssachverhalte erstreckt[589], obwohl die Grundfreiheiten an einen grenzüberschreitenden Sachverhalt anknüpfen. Einige Tätigkeiten werden gem. Art. 2 II der Dienstleistungsrichtlinie allerdings von vornherein aus dem Anwendungsbereich ausgenommen, insbesondere nicht-wirtschaftliche Dienstleistungen von allgemeinem Interesse und Tätigkeiten, die (i.S.d. Art. 51 AEUV) mit der Ausübung öffentlicher Gewalt verbunden sind.[590]

342z

In Umsetzung dieser Richtlinie hat der deutsche Gesetzgeber im Jahre 2008 u.a. das Verwaltungsverfahrensgesetz geändert[591] und dort Vorschriften über eine einheitliche Stelle (§§ 71a, 71b VwVfG) sowie über eine Genehmigungsfiktion (§ 42a VwVfG) eingefügt. In der Gewerbeordnung finden sich Regelungen u.a. in §§ 4, 6a-6c, 11b GewO.

---

[587] EuGH Slg. 1987, 1227, 1272 ff.
[588] Vgl. dazu jüngst EuGH EuZW 2016, 224 ff.
[589] EuGH EuZW 2016, 224 ff.
[590] Vgl. *Streinz*, JuS 2016, 759, 760.
[591] Siehe BGBl I, 2008, S. 2418.

ff. Kapitalverkehrsfreiheit

343 Der in Art. 63 ff. AEUV gewährleistete freie Kapital- und Zahlungsverkehr sichert die Übertragung von Geld- und Sachkapital, insbesondere zu Anlage- und Investitionszwecken. Auch grenzüberschreitende Schenkungen sind vom Schutz der Vorschriften erfasst.[592] Geschützt ist aber auch – wie sich aus Art. 63 und 66 AEUV ergibt – der Kapitalverkehr zwischen einem Mitgliedstaat und Drittstaaten. Langfristiges Ziel dieser Grundfreiheit ist die Schaffung eines einheitlichen EU-Finanzraums (vgl. Art. 64 II AEUV).

343a Beschränkungen des Kapital- und Zahlungsverkehrs zwischen den Mitgliedstaaten sowie zwischen den Mitgliedstaaten und dritten Ländern sind grundsätzlich verboten (Art. 63 AEUV). Jedoch eröffnet Art. 65 AEUV den Mitgliedstaaten Raum, Steuerpflichtige mit unterschiedlichem Wohnort oder Kapitalanlageort unterschiedlich zu behandeln (Art. 65 I lit a) AEUV) oder unerlässliche Maßnahmen zu treffen, um Zuwiderhandlungen gegen innerstaatliche Rechts- und Verwaltungsvorschriften, insbesondere auf dem Gebiet des Steuerrechts und der Aufsicht über Finanzinstitute, zu verhindern, sowie Meldeverfahren für den Kapitalverkehr zwecks administrativer oder statistischer Information vorzusehen oder Maßnahmen zu ergreifen, die aus Gründen der öffentlichen Ordnung oder Sicherheit gerechtfertigt sind (Art. 65 I lit b) AEUV).

Jedoch ist zu beachten, dass gem. Art. 65 III AEUV die in Art. 65 I AEUV normierten Ausnahmen von der Kapitalverkehrsfreiheit eng auszulegen sind.[593] Die in Art. 65 I AEUV genannten nationalen Vorschriften dürfen weder ein Mittel zur willkürlichen Diskriminierung noch eine verschleierte Beschränkung des freien Kapital- und Zahlungsverkehrs im Sinne des Art. 63 AEUV darstellen. So hat der EuGH entschieden, dass eine gesetzlich vorgesehene Ungleichbehandlung von beschränkt und unbeschränkt Steuerpflichtigen nicht mit der Kapitalverkehrsfreiheit zu vereinbaren ist. [594]

Hinsichtlich der materiellen Kriterien kann i.Ü. auf die Keck-Formel zurückgegriffen werden. Schranken speziell in Bezug auf den Kapitalverkehr mit Drittstaaten enthält Art. 64 AEUV, ferner auch Art. 75 AEUV (Beschränkungen von Kapitalbewegungen zum Zwecke der Terrorismusbekämpfung) und Art. 215 AEUV (Embargomaßnahmen aufgrund von Aktionen im Rahmen der Gemeinsamen Außen- und Sicherheitspolitik).

Fraglich ist, ob das sog. „**VW-Gesetz**"[595] mit der Kapitalverkehrsfreiheit in Einklang steht. § 4 III VW-Gesetz besagt nämlich, dass Beschlüsse der Hauptversammlung, für die nach dem Aktiengesetz an sich eine Mehrheit von 75% erforderlich wären, bei der VW-AG einer Mehrheit von 80% bedürfen. Da das Land Niedersachsen mehr als 20%, aber weniger als 25% der Aktien besitzt, verfügt es damit über eine Sperrminorität, die ihm nach den allgemeinen aktienrechtlichen Regelungen nicht zukäme. Zweck dieser „Sonderregelung" ist der Schutz vor einer „feindlichen Übernahme" mit anschließender Auflösung der Gesellschaft; ein solcher Beschluss der Hauptversammlung bedarf nach allgemeinen aktienrechtlichen Grundsätzen nämlich einer Mehrheit, die mindestens 75% des bei der Beschlussfassung vertretenen Grundkapitals umfasst (vgl. § 262 I Nr. 2 AktG).[596] Der EuGH sah in der Sonderregelung des VW-Gesetzes keinen Verstoß gegen die Kapitalverkehrsfreiheit.

343b Die 2008 erfolgte Umstellung des bargeldlosen Zahlungsverkehrs auf das SEPA-System (Single Euro Payments Area), bei dem die Überweisung nach dem SEPA Credit

---

[592] EuGH BB 2016, 1632, 1633 ff. (Hünnebeck).
[593] EuGH BB 2016, 1632, 1633 ff. (Hünnebeck).
[594] EuGH BB 2016, 1632, 1633 ff. (Hünnebeck).
[595] Gesetz über die Überführung der Anteilsrechte an der Volkswagenwerk Gesellschaft mit beschränkter Haftung in private Hand – VWGmbHÜG (zuletzt geändert durch Gesetz v. 30.7.2009, BGBl I 2009, S. 2479).
[596] EuGH NJW 2014, 290 ff.

Transfer System erfolgt, ist Ausfluss des durch Art. 63 ff. AEUV gewährleisteten freien Kapital- und Zahlungsverkehrs.

Eine weitere Stufe des Ausbaus des freien Kapitalverkehrs ist die **Kapitalmarkt-union**. Die Kommission verfolgt das Ziel, bis 2019 derzeit noch bestehende Hinder-nisse des Kapitalverkehrs abzubauen, den Zugang zu Finanzmitteln zu verbessern, Finanzierungsmöglichkeiten zu diversifizieren, die Kapitalaufnahme für kleine und mittlere Unternehmen (KMU) zu erleichtern und die Attraktivität der EU für Investitio-nen aus der ganzen Welt zu steigern, um dadurch das wirtschaftliche Wachstum in der EU zu erhöhen und die Schaffung von Arbeitsplätzen voranzutreiben.[597]

343c

c. Bedeutung der Grundfreiheiten

Nach der Rspr. des EuGH stellen die genannten Personenverkehrsfreiheiten und die Warenverkehrsfreiheit **subjektive Rechte** dar. Bei (möglicher) Verletzung besteht daher eine Klagemöglichkeit (vor dem EuGH, siehe dazu Art. 263 IV AEUV), wobei die genannten Grundfreiheiten als unmittelbarer Prüfungsmaßstab nur dann heranzuzie-hen sind, wenn weder spezielle primärrechtliche Regelungen (wie die in Art. 38 AEUV genannten Agrar- und Fischereipolitiken) greifen noch konkretisierendes unionsrecht-liches Sekundärrecht (Verordnungen, Richtlinien) besteht (Rn 342). Sind die Grund-freiheiten aber unmittelbar anwendbar, misst der EuGH der Warenverkehrsfreiheit und den genannten Personenverkehrsfreiheiten auch eine unmittelbare Bindungs-wirkung für privatrechtliche Handlungsformen (horizontale Wirkung) bei.[598] Verstößt eine nationale Regelung bzw. Maßnahme gegen eine Grundfreiheit bzw. einen sie konkretisierenden Sekundärakt (Rn 344 ff.), ist sie in ihrer Anwendung gesperrt („Anwendungsvorrang" des EU-Rechts, siehe dazu Rn 354 ff.).

343d

d. Das Diskriminierungsverbot

Zum primären Unionsrecht zählt auch das in Art. 18 AEUV statuierte **Diskriminie-rungsverbot**, das den EU-Mitgliedstaaten jede Diskriminierung von Unionsbürgern (d.h. von Bürgern eines anderen EU-Staates) aufgrund der Staatsangehörigkeit ver-bietet. Virulent wird das Diskriminierungsverbot nach Art. 18 AEUV bei der Anwen-dung von sog. Deutschengrundrechten (wie Art. 8 I, 9 I, 11 I und 12 I GG), was dazu führt, dass im Geltungsbereich des Grundgesetzes für EU-Bürger anderer EU-Staaten im Ergebnis derselbe Grundrechtsschutz gewährleistet werden muss wie für deutsche Staatsbürger.[599]

343e

e. Nicht: Die Europäische Menschenrechtskonvention

Dagegen gehört die **EMRK** *nicht* zum EU-Primärrecht. Jedoch bestimmt Art. 6 II S. 1 EUV, dass die EU der EMRK beitritt. Ein solcher Beitritt ist aber noch nicht erfolgt. Sollte ein Beitritt erfolgen, würde die EMRK zur unmittelbar geltenden Rechtsquelle des EU-Rechts erhoben (vgl. Art. 216 II AEUV), die normenhierarchisch zwischen EU-Primär- und -Sekundärrecht anzusiedeln wäre.[600]

343f

---

[597] http://ec.europa.eu/finance/capital-markets-union/index_de.htm, Download am 20.7.2016.
[598] EuGH EuZW 2012, 797 ff.; NZA 2012, 863 ff. Vgl. dazu *Schmahl/Jung*, NVwZ 2013, 607 ff. Zur horizontalen Wirkung vgl. *R. Schmidt*, AllgVerwR, Rn 171.
[599] Vgl. dazu *R. Schmidt*, Grundrechte, Rn 48.
[600] Vgl. dazu *R. Schmidt*, Grundrechte, Rn 4b ff.

2. Das Sekundärrecht

344 Die von den Organen der Europäischen Union aufgrund der Gründungs- und Änderungsverträge erlassenen Rechtsvorschriften stellen das **sekundäre Unionsrecht** dar. Das sekundäre Unionsrecht ist also kein unmittelbares Völkervertragsrecht, sondern derivatives Völkervertragsrecht. Zum sekundären Unionsrecht zählen die Verordnungen, Richtlinien und Beschlüsse gem. Art. 288 AEUV (siehe sogleich).[601] Zu beachten ist, dass keinem Organ der EU allgemeine Rechtsetzungskompetenzen zugewiesen sind; es besteht – wie bereits erwähnt – das Prinzip der **begrenzten Handlungsermächtigung**.

a. Verordnungen

345 Verordnungen (Art. 288 II AEUV) werden im ordentlichen Gesetzgebungsverfahren gemeinsam von Parlament und Rat (vgl. Art. 289 I AEUV) erlassen, in bestimmten Fällen aber auch durch das Parlament mit Beteiligung des Rates oder durch den Rat mit Beteiligung des Parlaments (vgl. Art. 289 II AEUV). Die Kommission kann keine Verordnungen erlassen. Bei den Verordnungen handelt es sich um Rechtsakte mit Gesetzescharakter, die dem nationalen Recht der Mitgliedstaaten im Kollisionsfall vorgehen (Anwendungsvorrang, siehe sogleich). Die Verordnungen sind für jedermann verbindlich und darauf gerichtet, unmittelbar Rechte und Pflichten im innerstaatlichen Bereich zu begründen. Sie bedürfen daher keiner Umsetzung (vgl. Art. 288 II S. 2 AEUV). Gleichwohl ist es dem Nationalstaat anheimgestellt, durch nationales Gesetz die Inhalte einer Verordnung zu konkretisieren und zu ergänzen. Dann gilt neben der EU-Verordnung auch das nationale Gesetz, das aber selbstverständlich nicht der EU-Verordnung widersprechen darf. Freilich kann man hierbei nicht von „Umsetzung" der Verordnung durch nationales Gesetz sprechen, weil eine Verordnung ja nicht umgesetzt werden muss. Umgesetzt werden müssen nur EU-Richtlinien, da diese – anders als Verordnungen – im Grundsatz nicht unmittelbar gelten (dazu Rn 345 f.). EU-Verordnungen werden im Amtsblatt der EU Teil L (law) veröffentlicht.

Beispiele:

(1) Die Verordnung des Rates vom 22.6.2000 (1334/2000/EG, sog. Dual-use-Verordnung) regelt die Schaffung eines wirksamen gemeinschaftlichen Ausfuhrkontrollsystems für Güter mit doppeltem Verwendungszweck. Güter mit doppeltem Verwendungszweck (sog. Dual-use-Güter) sind solche Güter, die sowohl für zivile als auch für militärische Zwecke verwendet werden können, einschließlich der Güter, die sowohl für nichtexplosive Zwecke als auch für jedwede Form der Unterstützung bei der Herstellung von Kernwaffen oder sonstigen Kernsprengkörpern verwendet werden können. Als EU-Verordnung entfaltet die Dual-use-Verordnung unmittelbare Anwendung im gesamten EU-Raum und ist von allen nationalen Behörden und Unternehmen beim Export von Dual-use-Gütern unmittelbar zu beachten. Die Nichtbeachtung ist mit Strafe bedroht.

(2) Die Verordnung des Europäischen Parlaments und des Rates vom 16.9.2009 (1007/2009/EG) über den Handel mit Robbenerzeugnissen hat ein weitgehendes Verbot des Inverkehrbringens von Robbenerzeugnissen auf den Binnenmarkt zum Gegenstand.[602]

(3) Die Verordnung des Europäischen Parlaments und des Rates vom 21.5.2013 (524/2013/EU) über die alternative Streitbeilegung (AS) für den elektronischen Geschäftsverkehr (sog. ODR-Verordnung) soll eine „unabhängige, unparteiische,

---

[601] Hinzu treten die delegierten Rechtsakte und Durchführungsrechtsakte gem. Art. 290, 291 AEUV sowie die (rechtlich nicht verbindlichen) Empfehlungen und Stellungnahmen gem. Art. 288 V AEUV, auf die im Folgenden aber nicht weiter eingegangen wird.
[602] Vgl. dazu EuGH NVwZ 2014, 53, 54 ff. (Inuit).

transparente, effektive, schnelle und faire außergerichtliche" Möglichkeit zur Beilegung von Streitigkeiten, die sich aus dem Verkauf von Waren oder der Bereitstellung von Dienstleistungen ergeben, schaffen und damit der Förderung des Wachstums und des Vertrauens in den Binnenmarkt dienen. Die Verordnung enthält in Art. 14 I eine Hinweispflicht in Bezug auf das Bestehen der Online-Streitbeilegung, wonach alle in der EU niedergelassenen Unternehmer, die Online-Kaufverträge oder Online-Dienstleistungsverträge mit Verbrauchern eingehen, sowie Online-Marktplätze (wie z.B. eBay, Amazon Marketplace) verpflichtet sind, auf ihren Internetseiten „leicht zugänglich" einen Link zur Plattform zur Online-Streitbeilegung (OS) einzustellen, die die Europäische Kommission bereitgestellt hat.

b. Richtlinien

346 Richtlinien der EU sind gem. Art. 288 III AEUV grundsätzlich nur an die *Mitgliedstaaten* adressiert (d.h. sie entfalten grundsätzlich keine unmittelbare Geltung gegenüber den Unionsbürgern) und legen verbindliche Ziele der Union fest, die innerhalb einer vorgegebenen Frist umzusetzen sind. Bei der Wahl der Form und der Mittel der Umsetzung haben die entsprechenden staatlichen Stellen der Mitgliedstaaten i.d.R. jedoch einen gewissen Gestaltungsspielraum, solange sie die Richtlinie nur klar und eindeutig umsetzen.[603] In der Regel werden Richtlinien durch förmliches Gesetz umgesetzt. Diese Umsetzungsform ist zwar nicht im EU-Recht vorgeschrieben. Aufgrund des Parlamentsvorbehalts und der Wesentlichkeitsrechtsprechung ist das förmliche Gesetz aber zwingend. Lediglich Einzelheiten dürfen durch Rechtsverordnung auf der Basis des Parlamentsgesetzes geregelt werden. Keinesfalls aber sind Verwaltungsvorschriften ausreichend. Denn nach der Rechtsprechung des EuGH ist nicht nachgewiesen, dass die Umsetzung von EU-Richtlinien durch innerstaatliche Verwaltungsvorschriften mit unbestreitbarer Verbindlichkeit und mit Konkretheit, Bestimmtheit und Klarheit erfolgt. Dies sei aber notwendig, um dem Erfordernis der Rechtssicherheit und der effektiven Durchsetzung des EU-Rechts zu genügen.[604]

346a Die meisten Richtlinien lassen sich wohl im Umweltrecht[605] und im Verbraucherschutzrecht ausmachen.

Beispiele:

(1) Die Richtlinie 2014/52/EU des Europäischen Parlaments und des Rates v. 16.4. 2014 zur Änderung der Richtlinie über die Umweltverträglichkeitsprüfung bei bestimmten öffentlichen und privaten (Bau-)Projekten (der „UVP-Richtlinie" 2011/92/ EU) enthält deutliche Verschärfungen des Umweltschutzes und wird Änderungen v.a. im Umweltverträglichkeitsprüfungsgesetz zur Folge haben, die bis 16.5.2017 umzusetzen sind (Art. 2 der Richtlinie 2014/52/EU).

(2) Die Richtlinie des Europäischen Parlaments und des Rates vom 24.11.2010 über Industrieemissionen („Industrieemissionsrichtlinie" 2010/75/EU) verschärft die Regelungen über die integrierte Vermeidung und Verminderung der Umweltverschmutzung, die von Industrieanlagen ausgeht. Deutschland ist den Vorgaben durch Änderungen v.a. des Bundesimmissionsschutzgesetzes, des Wasserhaushaltsgesetzes und des Kreislaufwirtschaftsgesetzes nachgekommen.

---

[603] EuGH EuZW 2001, 437, 438 f. Zu beachten ist, dass Richtlinien aber auch eine Vollharmonisierung bezwecken können. In diesem Fall lassen sie den Mitgliedstaaten bei der Umsetzung keinerlei Spielraum, d.h. sie dürfen weder in die eine noch andere Richtung von den Vorgaben der Richtlinie abweichen. Die Verbraucherrechterichtlinie 2011/83/EU z.B. hat eine Vollharmonisierung im Fernabsatzrecht zum Gegenstand. Die Mitgliedstaaten können also weder strengere noch mildere Regelungen treffen (dazu *R. Schmidt*, SchuldR AT, 11. Aufl. 2016, Rn 969 ff.).
[604] Siehe etwa EuGH Slg I 1991, 2567, 2596; Slg I 1991, 2607, 2626; EuGH Slg I 1991, 826, 881; EuGH Slg I 1995, 2311, 2318; EuGH NVwZ 1998, 721.
[605] Vgl. dazu bereits den Anwendungsfall bei Rn 342r sowie die sogleich genannten Beispiele.

(3) Die Richtlinie des Rates vom 21.5.1992 („FFH-Richtlinie" 92/43/EWG) regelt die Erhaltung der natürlichen Lebensräume sowie der wildlebenden Tiere und Pflanzen („Flora-Fauna-Habitat"). Deutschland ist den Vorgaben v.a. durch Änderung des Bundesnaturschutzgesetzes nachgekommen.

(4) Die Richtlinie 2011/83/EU des Europäischen Parlaments und des Rates v. 25.10. 2011 („Verbraucherrechterichtlinie") stärkt den Verbraucherschutz und ordnet zudem eine Vollharmonisierung auf EU-Ebene insbesondere im Fernabsatzrecht an. Der deutsche Gesetzgeber ist dem durch Schaffung eines am 13.6.2014 in Kraft getretenen neuen Verbraucherschutzrechts (Änderung v.a. der §§ 312 ff. BGB) nachgekommen.

(5) Die Richtlinie des Europäischen Parlaments und des Rates v. 21.5.2013 über die alternative Beilegung verbraucherrechtlicher Streitigkeiten („ADR-Richtlinie" 2013/ 11/EU) möchte, wie die ODR-Verordnung (s.o.), eine „unabhängige, unparteiische, transparente, effektive, schnelle und faire" außergerichtliche Möglichkeit schaffen zur Beilegung von Streitigkeiten, die sich aus dem Verkauf von Waren oder der Bereitstellung von Dienstleistungen ergeben. Damit soll das Vertrauen von Verbrauchern und Unternehmern vor allem auch in den EU-weiten elektronischen Kauf und Verkauf gestärkt werden (so die Erwägungsgründe der Richtlinie). Das Gesetz über die alternative Streitbeilegung in Verbrauchersachen („Verbraucherstreitbeilegungsgesetz") v. 19.2.2016 dient der Umsetzung der ADR-Richtlinie.

346b Die **Folgen** einer Nichtumsetzung, fehlerhaften oder verspäteten Umsetzung bestehen zunächst darin, dass die betreffende Richtlinie unter bestimmten Voraussetzungen dann **unmittelbar innerstaatliche Geltung** erlangt.[606] Zudem kann die Kommission ein **Vertragsverletzungsverfahren** gem. Art. 258, 259 AEUV (Rn 787e) eröffnen.[607] Schließlich kommt gem. Art. 260 II, III AEUV die Verhängung von **Zwangsgeldern** in Betracht.

c. Beschlüsse

347 Beschlüsse sind gem. Art. 288 IV AEUV an einen Mitgliedstaat oder eine Einzelperson gerichtete, verbindliche Einzelfallregelungen. Sie sind mit den Verwaltungsakten des deutschen Rechts vergleichbar.

IV. Europäische Union und Demokratieprinzip

348 Wie bei Rn 57 und 76 beschrieben, bedeutet Demokratie, dass alle Staatsgewalt vom Volk ausgehen muss. Das Volk muss jederzeit imstande sein, durch Wahlen oder Abstimmungen Einfluss auf die politische Willensbildung zu nehmen. Fraglich ist daher, ob die Übertragung von Hoheitsbefugnissen auf die Europäische Union mit dem Demokratieprinzip (des Grundgesetzes) vereinbar ist. Art. 23 I S. 1 u. 2 GG enthält zwar die Ermächtigung, Hoheitsbefugnisse auf die Europäische Union zu übertragen, fordert aber gleichzeitig, dass die grundlegenden Verfassungsprinzipien des Grundgesetzes gewahrt bleiben. Deshalb verlangt Art. 23 I S. 3 GG (sog. **Bestandssicherungsklausel**) auch ausdrücklich die Beachtung des Art. 79 II und III GG. Art. 79 III GG (Ewigkeitsklausel) wiederum stellt klar, dass die genannten Verfassungsprinzipien aus Art. 1 und 20 GG auch nicht im Wege einer Verfassungsänderung berührt werden können. Werden diese Vorgaben eingehalten, liegt in der Übertragung von *einzelnen*

---

[606] Zur unmittelbaren Wirkung von Richtlinien vgl. *R. Schmidt*, AllgVerwR, Rn 171.
[607] Nach einem Bericht der Vertretung der Europäischen Kommission in Deutschland v. 18.7.2016 lag im Jahr 2015 die Zahl der anhängigen Vertragsverletzungsverfahren bei 1368. Die meisten Vertragsverletzungsverfahren seien in den Politikbereichen Umwelt und Verkehr eingeleitet worden. Deutschland sei in 2015 mit 55 anhängigen Fällen das EU-Land mit den meisten Verstößen gegen Binnenmarktrecht (siehe https://ec.europa.eu/germany/news/berichte-über-die-umsetzung-von-eu-recht-mitgliedstaaten-veröffentlicht_de, Download am 20.7.2016).

Hoheitsbefugnissen auf die Europäische Union kein Verfassungsverstoß, wenn diese in ihrer Organisation den genannten Verfassungsprinzipien entspricht. Würde die Bundesrepublik Deutschland jedoch *umfassend* und *unwiderruflich* Hoheitsbefugnisse auf die Europäische Union übertragen, wäre ein Verstoß gegen das Demokratieprinzip, wie es das Grundgesetz ausgestaltet hat, zu bejahen. So hat auch das BVerfG im sog. Maastricht-Urteil[608], aber auch im Lissabon-Urteil[609] und in den ESM-Urteilen[610] ausdrücklich klargestellt, dass die Bundesrepublik Deutschland zwar zu einer Übertragung von Hoheitsbefugnissen befugt sei, dabei jedoch die demokratische Legitimation gewahrt bleiben müsse. Das Europäische Parlament allein könne die notwendige demokratische Legitimation nicht leisten. Deshalb müssten dem Bundestag auch substantielle Aufgaben verbleiben. Sei dies nicht der Fall, könne der Bürger dies über Art. 38 I S. 1 GG im Wege der Verfassungsbeschwerde geltend machen[611] (zur Erinnerung: Art. 38 I S. 1 GG enthält die Garantie des Wahlrechts, das nicht nur das formale Recht beinhaltet, ein Parlament zu wählen, sondern auch das materielle – und damit verfassungsgerichtlich einklagbare – Recht, dass das gewählte Parlament auch mit hinreichenden Befugnissen in der Sache ausgestattet ist, also tatsächlich auch noch zu entscheiden hat[612]).

Da das im Grundgesetz niedergelegte Demokratieprinzip auch im Rahmen der fortschreitenden Europäischen Integration unantastbar ist (vgl. Art. 23 I S. 3 GG i.V.m. Art. 79 III GG i.V.m. Art. 20 II GG), müssen auch die Organe der EU demokratisch legitimiert sein; sie müssen ihre Legitimation von den Völkern in den Mitgliedstaaten ableiten und es muss eine Rückbindung an die Mitgliedstaaten gewährleistet bleiben. Daher lässt das Demokratieprinzip zwar die **Übertragung von einzelnen Hoheitsrechten auf die Organe der EU** zu (enumerative Handlungsermächtigung, s.o.), **nicht** aber eine **Generalermächtigung**. Bundestag und Bundesrat könnten also selbst mit verfassungsändernder Mehrheit **nicht** einer Europäischen Integration zustimmen, durch die die EU eine „Kompetenz-Kompetenz" erhielte. Denn die souveräne **Staatlichkeit der Bundesrepublik Deutschland muss** wegen Art. 79 III GG i.V.m. Art. 20 II GG gewahrt bleiben.[613] Das BVerfG nimmt diesbezüglich das Recht in Anspruch, Vertragserweiterungen (bzw. die jeweiligen Zustimmungsgesetze), aber auch Vorschriften des EU-Rechts, mit deren Erlass die Union ihre Kompetenzen überschreitet („ausbrechende Rechtsakte"), am Maßstab des GG (insbesondere an Art. 20 GG) zu überprüfen und ggf. für unanwendbar zu erklären.[614]

So ist der **Vertrag von Lissabon** mit dem Argument eines strukturellen und institutionellen Demokratiedefizits vor dem BVerfG angegriffen worden. Das betrifft in erster Linie die Aufgaben und Kompetenzen des Rates, der neben dem Europäischen Parlament als Gesetzgeber der EU fungiert (Art. 14 I, 16 I EUV). Denn zum einen sind die Mitglieder des Rates nicht in der Weise dem Parlament verantwortlich, wie dies für die Bundesregierung im Verhältnis zum Bundestag gilt, und zum anderen kann das Parlament keinen Einfluss auf die Zusammensetzung des Rates ausüben (dieser setzt sich aus Vertretern der EU-Staaten auf Ministerebene zusammen, Art. 16 II EUV). Da der Rat aber (trotz der erweiterten Mitwirkungsrechte des Parlaments) das maßgebliche Rechtsetzungsorgan darstellt (zu seinen Aufgaben gehört die Festlegung der Politik und die Koordinierung nach Maßgabe der Verträge, Art. 16 I S. 2 EUV) und die

349

350

---

[608] BVerfGE 89, 155 ff.
[609] BVerfGE 123, 267, 347. Vgl. dazu etwa *Calliess*, ZG 2010, 1 ff.
[610] BVerfGE 132, 195, 232 ff.; 135, 317, 399 ff. (dazu näher Rn 353 ff.).
[611] BVerfGE 89, 155, 184 ff.
[612] Vgl. BVerfGE 89, 155, 184 ff.; 123, 267, 347; 132, 195, 232 ff.; 135, 317, 399 ff.
[613] Insofern lediglich deklaratorisch BVerfGE 123, 267, 347 ff.; 135, 317, 399 ff.
[614] BVerfGE 123, 267, 353 f. Vgl. auch BVerfGE 126, 286, 302 ff. (Honeywell bzw. Mangold).

EU-Bürger lediglich das EU-Parlament, nicht auch den Rat wählen (vgl. Art. 14, 16 EUV), können sie folgerichtig auch keinen Einfluss auf die Zusammensetzung des Rates ausüben. Die EU-Bürger haben also keine Möglichkeit, durch ihr Stimmverhalten eine politische Richtungsentscheidung zu treffen bzw. eine neue EU-Regierung zu wählen.[615] Eine demokratische Legitimation des Rates ist allenfalls mittelbar über den Weg der Ministerebene (vgl. Art. 16 II EUV) abzuleiten: Der Bundesbürger wählt den Bundestag, der wiederum den Bundeskanzler wählt, der (mittelbar demokratisch legitimiert) über den Bundespräsidenten die Bundesminister bestimmt (vgl. Art. 63, 64 GG). Ob diese Legitimationskette angesichts der weit reichenden Befugnisse des Rates noch ausreicht, um dem im Grundgesetz verankerten Demokratieprinzip (Art. 20 II GG) gerecht zu werden, mag in der Tat bezweifelt werden.

350a Auch ist zu beobachten, dass der EuGH dazu neigt, den Anwendungsbereich von Akten der EU großzügig auszulegen und nationales Recht für unanwendbar zu erklären. Im konkreten Fall („**Mangold**") ging es um die Vereinbarkeit einer Bestimmung des Teilzeit- und Befristungsgesetzes mit der Richtlinie 1999/70 EG. Der EuGH hat den Anwendungsbereich der Richtline sehr weit ausgelegt, sodann einen Verstoß gegen die Richtlinie festgestellt und § 14 III TzBfG für unanwendbar erklärt.[616] Das BVerfG hat dies gebilligt und entschieden, dass der EuGH trotz der sehr weiten Auslegung der Richtlinie keine unzulässige richterliche Rechtsfortbildung betrieben und daher seine Kompetenz nicht überschritten habe.[617] Vgl. auch Rn 363.

351 Schließlich hat auch die Übertragung *einzelner* Hoheitsrechte auf die EU ihre **Grenze**. Denn Art. 20 I, II GG fordert, dass der Bundesrepublik Deutschland substantielle Räume zu eigener politischer Gestaltung bleiben.[618] So dürfen Hoheitsrechte etwa auf dem Gebiet des Einsatzes der Streitkräfte und das parlamentarische Haushaltsrecht, aber auch wesentliche Strukturen der sozialen Sicherung im Sozialstaat und der Bildung ebenso wie die Strafrechtspflege nur sehr zurückhaltend übertragen werden.[619] Aus diesem Grund waren auch der auf einem Rahmenbeschluss des Rates v. 13.6. 2002 beruhende Europäische Haftbefehl bzw. das vom Bundestag verabschiedete Gesetz über den Europäischen Haftbefehl v. 21.7.2004 beanstandet worden. Zum einen ist die Ausweitung der EU-Kompetenz auf das Gebiet der Strafrechtspflege fraglich und zum anderen wahrte das Gesetz nicht den Grundsatz der Verhältnismäßigkeit und die Rechtsweggarantie. Es wurde daher vom BVerfG für verfassungswidrig und nichtig erklärt.[620] Der Gesetzgeber hat daraufhin eine Neufassung beschlossen (Gesetz v. 20.7.2006, BGBl I 2006, S. 1721).

352 Mit der Subsidiaritätsklage können Bundestag und Bundesrat einen Verstoß eines Gesetzgebungsakts der EU gegen das Subsidiaritätsprinzip vor dem EuGH rügen (sog. **Subsidiaritätsklage**, vgl. Art. 23 Ia GG). Das Verfahren richtet sich (wie die Mitwirkung von Bundestag und Bundesrat an Akten der EU) nach dem **Integrationsverantwortungsgesetz** v. 22.9.2009 (BGBl I 2009 S. 3022), das auf der Grundlage des Art. 23 Ia S. 3 GG erlassen wurde.

353 Der Bürger kann die Verletzung der Grenzen der Integrationsermächtigung im Wege der **Verfassungsbeschwerde** vor dem BVerfG geltend machen. Er kann etwa rügen, die Überschreitung der Integrationsermächtigung verletze ihn in seinem grundrechtsgleichen Recht aus Art. 38 I S. 1 GG. Denn das demokratische Wahlrecht wäre

---

[615] Vgl. näher BVerfGE 123, 267, 342 ff.
[616] EuGH NJW 2005, 3695 ff. (Mangold). Vgl. dazu etwa *Hillgruber*, JA 2011, 78, 80.
[617] BVerfGE 126, 286, 304 ff.
[618] BVerfGE 123, 267, 356.
[619] BVerfGE 123, 267, 359 ff.
[620] BVerfGE 113, 273, 298 ff.

ausgehöhlt, wenn der Bundestag nichts Relevantes mehr zu entscheiden hätte, er wesentliche Aspekte der Souveränität der Bundesrepublik preisgeben oder der EU gegenständlich nicht begrenzte Ermächtigungen erteilen würde.[621] In diesem Zusammenhang setzt das BVerfG der Integration klare Grenzen: Bestimmten weit reichenden Integrationsschritten, insbesondere, wenn diese die Möglichkeit erleichterter Vertragsänderungen eröffneten, müssten Bundestag und Bundesrat in einem geeigneten Verfahren vorher zustimmen. Da eben jene Vertragsänderungen im Vertrag von Lissabon vorgesehen sind, ohne dass diese von den nationalen Parlamenten ratifiziert werden müssten, war der Vertrag auch vor dem BVerfG angegriffen worden. Da für die Mitgliedstaaten aber ein Ablehnungsrecht besteht, hat das BVerfG den Vertrag letztlich gebilligt. Ein Beispiel dafür, dass eine Verfassungsbeschwerde wegen Verletzung eines gem. Art. 23 I S. 3 GG i.V.m. Art. 79 III GG für integrationsfest erklärten Schutzguts (hier: der Menschenwürde gem. Art. 1 I GG) als begründet angesehen wurde, findet sich bei Rn 365.

Auf heftige Kritik gestoßen ist auch der am 28.10.2010 vom Europäischen Rat ins Leben gerufene **permanente Europäische Stabilitätsmechanismus (ESM)**, der die **EFSF** (Europäische Finanzstabilisierungsfazilität), die bis Juni 2013 befristet war, ersetzt hat. Anders als die EFSF, die lediglich auf einer Vereinbarung zwischen den Mitgliedstaaten des Euro-Währungsgebiets beruhte, wurde der ESM mit Hilfe einer Ergänzung des Art. 136 AEUV um einen Absatz 3 primärrechtlich verankert, was in Anbetracht der Anwendung des vereinfachten Vertragsänderungsverfahrens (Art. 48 VI EUV) heftig kritisiert wurde.[622]

353a

Auch verfassungsrechtlich ist die Institutionalisierung des ESM bedenklich. Zwar haben der Bundestag und der Bundesrat am 29.6.2012 jeweils mit 2/3-Mehrheit die Vertragsänderung ratifiziert, allerdings war damit in zweifacher Weise ein (weiterer) Demokratieabbau verbunden: Zum einen wurden (unwiederbringlich) Haushaltskompetenzen des Bundestags und (weitere) Souveränitätsrechte der Bundesrepublik auf die EU übertragen (was mit Blick auf Art. 23 i.V.m. Art. 79 III GG bedenklich ist) und zum anderen wurden dadurch auch das Wahlrecht der Bürger aus Art. 38 I S. 1 GG sowie das Recht des Bundestags aus Art. 38 I S. 2 i.V.m. Art. 20 I, II i.V.m. Art. 79 III GG in ihren Werten geschmälert, weil der Bundestag später haushaltsrechtlich nicht mehr frei ist, über den Bundeshaushalt zu entscheiden. Gleichwohl hat das BVerfG den ESM bzw. das deutsche Zustimmungsgesetz (d.h. § 3 III StabMechG) für mit dem Grundgesetz vereinbar erklärt.[623] Zwar stellt das BVerfG klar, dass zu den unverzichtbaren Entscheidungsbefugnissen des Bundestags das Budgetrecht und die damit verbundenen haushaltsrechtlichen Gestaltungsmöglichkeiten gehören, und dass der Bundestag sich nicht seiner haushaltspolitischen Gesamtverantwortung entledigen darf, indem er unwiderruflich (insbesondere künftige) Gestaltungsspielräume beseitigt, allerdings hat das Gericht auch angeführt, dass der Gesetzgeber die verfassungsrechtlichen Grenzen nicht überschreite, wenn er

353b

⇨   die Zahlungsverpflichtungen (höhenmäßig) begrenze,
⇨   sich ein Vetorecht hinsichtlich weiterer Gewährleistungsübernahmen vorbehalte
⇨   und seine parlamentarische Kontrollmöglichkeit absichere[624]

Auch hat der EuGH entschieden, dass der Beschluss 2011/199/EU des Europäischen Rates zur Änderung des Art. 136 AEUV gültig sei. Die Anwendung des vereinfachten

---

[621] BVerfGE 123, 267, 340 ff.; 132, 195, 232 ff.; 135, 317, 399 ff. Vgl. auch BVerfG NJW 2016, 2473, 2475 ff. (OMT-Programm der EZB).
[622] Vgl. dazu die 12. Aufl. Rn 353b.
[623] BVerfGE 132, 195, 232 ff.; 135, 317, 399 ff. Siehe auch die klausurmäßige Lösung von *Staufer*, JA 2013, 124 ff.
[624] BVerfGE 135, 317, 399 ff.

Vertragsänderungsverfahrens sei rechtmäßig, da Art. 136 III AEUV nicht der Währungspolitik zuzuordnen sei; vielmehr sei die Ermächtigung eines Stabilitätsmechanismus als wirtschaftspolitische Maßnahme i.S.v. Art. 119 I AEUV zu verstehen.[625]

353c Eine schwerwiegende und strukturell bedeutsame Überschreitung der der EU eingeräumten Hoheitsrechte auf dem Gebiet des Haushaltsrechts könnte jedoch in dem vom Rat der Europäischen Zentralbank (EZB) am 6.9.2012 beschlossenen Programm gesehen werden, mit dem die EZB unbegrenzt Anleihen von „Krisenstaaten" im EU-Währungsgebiet aufkaufen kann, um die Finanzstabilität des EU-Raums zu stützen (sog. Outright Monetary Transactions – **OMT**). Das hielt das BVerfG zumindest für möglich. Das Gericht hielt es aber ebenfalls für möglich, durch eine einschränkende Auslegung des OMT-Beschlusses im Lichte der Verträge zu einer Konformität mit dem Primärrecht zu gelangen. Daher setzte es das Verfahren aus und legte es dem EuGH zur Entscheidung über die Frage nach der EU-Konformität vor.[626] Der EuGH hat die Vereinbarkeit mit EU-Primärrecht (d.h. mit Art. 127 und 123 AEUV) festgestellt. Das OMT-Programm gehöre in Anbetracht seiner Ziele und der zu ihrer Erreichung vorgesehenen Mittel zum Bereich der Währungspolitik und falle damit unter die Befugnisse des ESZB.[627] Wie das BVerfG daraufhin reagierte, ist bei Rn 366a f. erläutert.

V. Verhältnis EU-Recht/nationales Recht

354 Schließlich muss das **Rangverhältnis** zwischen deutschem Recht und EU-Recht ebenso geklärt werden wie die Frage, welches **Gericht** für die Überwachung von auf Rechtsakten der EU (Verordnungen, Richtlinien, Beschlüsse) ergangenen nationalen Akten zuständig ist.

1. Anwendungsvorrang des EU-Rechts

355 Da weder in den Verträgen noch im Grundgesetz eine explizite Kollisionsregel vorhanden ist[628], stellt sich die Frage, welchem Rechtskreis bei einer Kollision der Vorrang gebührt. Widerspricht eine Vorschrift des nationalen Rechts trotz Bemühung, sie unionsrechtskonform auszulegen, dem EU-Recht (primäres Unionsrecht, aber auch sekundäres Unionsrecht wie Verordnung, Richtlinie), geht die ganz herrschende Meinung von einem **Anwendungsvorrang** des EU-Rechts aus.[629] Anwendungsvorrang bedeutet, dass das mit höherrangigem Recht kollidierende niederrangige Recht zwar **nicht ungültig** ist, allerdings in seiner **Anwendung gesperrt wird**.[630] Das Prinzip des Anwendungsvorrangs ist unmittelbare Folge der Gründungsverträge, der Verträge von Maastricht (EUV), Amsterdam, Nizza und Lissabon („Änderungsverträge") sowie des sich aus diesen Verträgen ergebenden Prinzips der Sicherung und Funktionsfähigkeit der Union (*Effet-utile*-Prinzip), das beeinträchtigt würde, wenn nationale Bestimmungen im Kollisionsfalle dem Europäischen Recht vorgingen.

---

[625] EuGH NVwZ 2013, 49 ff. – dazu etwa *Nettesheim*, NJW 2013, 14 ff.; *Ruffert*, JuS 2013, 278 ff.; *Epiney*, NVwZ 2013, 614 ff.

[626] Vgl. den Vorlagebeschluss des BVerfG NJW 2014, 907 ff. (u.a.); vgl. dazu auch unten Rn 364.

[627] EuGH NVwZ 2015, 1033 ff. – vgl. dazu etwa *Ohler*, NVwZ 2015, 1001 ff.

[628] Lediglich in der Erklärung Nr. 17 zur Schlussakte des Vertrags von Lissabon wird vom „Vorrang vor dem Recht der Mitgliedstaaten gesprochen".

[629] Vgl. nur EuGH NVwZ 2000, 497 ff.; BVerfGE 121, 1, 15 ff.; 126, 286, 302; BVerfG NJW 2010, 833, 835; NJW 2001, 1267; NJW 2016, 1149, 1150; BVerwG NVwZ 2000, 1039; *Safferling*, NStZ 2014, 545 ff.; vgl. auch *F. Kirchhof*, NVwZ 2014, 1537, 1538.

[630] Im Gegensatz dazu steht Art. 31 GG, der im Falle einer Kollision des Landesrechts mit Bundesrecht einen Geltungsvorrang des Bundesrechts anordnet (vgl. dazu Rn 233 f.). Zu Art. 72 III S. 3 GG, der wiederum von einem Anwendungsvorrang (des später erlassenen Gesetzes gleich welchen Rangs) ausgeht, vgl. Rn 819 f.

Zu beachten ist, dass nationale **Verwaltungsakte**, die mit EU-Recht unvereinbar sind, zwar rechtswidrig, aber nicht allein wegen der Unvereinbarkeit mit EU-Recht unanwendbar oder nichtig sind.[631] Sie bedürfen daher i.d.R. eines Aufhebungsverfahrens (nach § 42 I VwGO oder nach § 48 VwVfG). **356a**

Der Anwendungsvorrang greift auch dann, wenn dem Unionsrecht nicht nationales einfaches Recht, sondern **Verfassungsrecht** entgegensteht. Das betrifft im Kern die Kollision des EU-Rechts mit den Grundrechten des Grundgesetzes. Der EuGH geht seit der Costa/Enel-Entscheidung[632] vom **Anwendungsvorrang des EU-Rechts** vor jeglichem nationalen Recht (also auch vor nationalem Verfassungsrecht) aus und beansprucht gleichzeitig für sich eine ausschließliche Prüfungskompetenz. Auch das BVerfG erkennt den diesbezüglichen Anwendungsvorrang des EU-Rechts im Grundsatz an, begründet ihn aber nicht mit den Gründungsverträgen, sondern zum einen mit dem Anwendungsbefehl, der aus den Zustimmungsgesetzen zu den Verträgen folgt (vgl. Art. 59 II S. 1 GG), und zum anderen mit der Integrationsermächtigung des Art. 24 I GG a.F. bzw. des Art. 23 I GG i.d.F. von 1992.[633] **356**

Das ist konsequent. Gibt ein Staat – verfassungsrechtlich legitimiert – durch völkerrechtliche Verträge Hoheitsrechte an eine völkerrechtliche Institution ab und macht diese von den ihr übertragenen Hoheitsbefugnissen Gebrauch, ist der Staat daran gebunden, solange die Institution den ihr gesteckten Rahmen nicht verlässt. **357**

2. Grenzen des Anwendungsvorrangs

Wie angedeutet, hat der Anwendungsvorrang **Grenzen**. Er kann zunächst nur so weit gehen, wie die vom Grundgesetz erteilte Integrationsermächtigung reicht. Steht EU-Recht jenseits der durch Art. 23 I S. 3 i.V.m. Art. 79 III GG i.V.m. Art. 1 und 20 GG für integrationsfest erachteten Verfassungsprinzipien, kann es (wegen Überschreitung der Integrationsschranken bzw. Verletzung der „verfassungsrechtlichen Identität" der Bundesrepublik Deutschland[634]) keinen Anwendungsvorrang entfalten bzw. muss für unanwendbar (und damit für unbeachtlich) erklärt werden[635] (dazu Rn 357b ff.). Das Gleiche gilt, wenn Organe der EU Rechtsakte erlassen, die nicht mehr vom übertragenen Kompetenzbereich gedeckt sind (Fall der Kompetenzüberschreitung, dazu Rn 357e). Davon geht auch Art. 4 II EUV aus. **357a**

a. Überschreitung der Integrationsschranken

Verletzt EU-Recht ein durch Art. 23 I S. 3 i.V.m. Art. 79 III GG i.V.m. Art. 1 und 20 GG für integrationsfest erachtetes Verfassungsprinzip, ist es nicht anwendbar (s.o.). Sollte eine solche Verletzung der „Verfassungsidentität" in einer Übertragung von Hoheitsrechten auf die EU liegen, die nicht mehr mit dem **Demokratieprinzip** aus Art. 20 I, II GG zu vereinbaren wäre, und durch ein deutsches Zustimmungsgesetz ermöglicht worden sein, das der Übertragung von Hoheitsrechten auf die EU zugestimmt hat („Zustimmungsgesetz"), behält sich das BVerfG vor, das Zustimmungsgesetz zu prüfen und mit dem Grundgesetz für unvereinbar zu erklären, falls es einen Verstoß z.B. gegen das Demokratieprinzip erblickt. Denn würde der deutsche Gesetzgeber Hoheitsrechte in einem Maße übertragen, dass der Bundesrepublik Deutsch- **357b**

---

[631] Insofern klarstellend BVerwGE 138, 322 ff.
[632] EuGH Slg. 1964, 1251 ff.; vgl. auch EuGH Slg. 1970, 1125 ff. (Internationale Handelsgesellschaft), aufgegriffen in EuGH NJW 2013, 1215 ff. (Melloni).
[633] BVerfGE 89, 155 ff. (Maastricht); bestätigt in BVerfGE 102, 147 ff. (Bananenmarktordnung), BVerfGE 126, 286, 302 (Honeywell bzw. Mangold) und BVerfGE NJW 2016, 1149, 1150 (Identitätskontrolle).
[634] BVerfG NJW 2016, 1149, 1151. Vgl. auch BVerfG NJW 2016, 2473, 2475 ff. (OMT-Programm der EZB).
[635] Kernaussage BVerfG NJW 2016, 1149, 1150 ff. (Identitätskontrolle). Vgl. auch BVerfG NJW 2016, 2473, 2475 ff. (OMT-Programm der EZB).

land keine substantiellen Hoheitsbefugnisse mehr verblieben, wäre dieses durch Art. 20 I, II GG geschützte und damit unabänderbare und integrationsfeste Verfassungsgut verletzt (vgl. bereits Rn 350 ff.). Hinsichtlich verschiedener Zustimmungsgesetze kam es auch zur Überprüfung (vgl. etwa das sog. Lissabon-Urteil[636], die Mangold-Entscheidung[637] und das Urteil zum ESM[638]). In allen diesen Entscheidungen hat das BVerfG zwar Grenzen bei der Übertragung von Hoheitsrechten auf die EU aufgezeigt, die Nichtigkeitsfeststellung für den Fall der Überschreitung dieser Grenzen „angedroht" (Rn 362) und die Integrationsverantwortung des Bundestags angemahnt, jedoch die europäische Integration, den Anwendungsvorrang des Unionsrechts sowie die Rechtsprechung des EuGH, der dazu tendiert(e), den Anwendungsbereich des Unionsrechts (hier: der GRC) sehr weit auszulegen[639], grds. gebilligt.[640]

357c Des Weiteren betont das BVerfG die Grenzen des Anwendungsvorrangs des EU-Rechts, wenn durch einen Akt der EU die in durch Art. 23 I S. 3 GG i.V.m. Art. 79 III GG für integrationsfest erklärte **Menschenwürde** (Art. 1 I GG) verletzt wird.[641] Das sind namentlich die in Art. 1 und 20 GG niedergelegten Grundsätze.

357d Fazit: Sollte also durch eine Maßnahme der EU ein durch Art. 23 I S. 3 i.V.m. Art. 79 III GG für unantastbar erklärter und damit integrationsfester Grundsatz aus Art. 1 oder 20 GG berührt werden, muss folgerichtig in Umkehrung des Anwendungsvorrangs das betreffende EU-Recht für unanwendbar erklärt werden, was verfahrensrechtlich mittels **Identitätskontrolle** des BVerfG (Prüfung der Wahrung der verfassungsrechtlichen Identität der Bundesrepublik Deutschland) geschieht.[642] Vgl. dazu im Einzelnen Rn 365 ff.

b. Kompetenzüberschreitung eines EU-Organs

357e Da das EU-Recht auf dem Prinzip der **enumerativen Einzelermächtigung** beruht (vgl. Art. 5 EUV – dazu Rn 338), muss es eine Anwendungsschranke ebenfalls finden, wenn Organe der EU ersichtlich die ihnen eingeräumten Handlungsbefugnisse überschreiten (**Kompetenzüberschreitung**, vgl. dazu bereits Rn 353a ff.). Das würde etwa gelten, wenn der EuGH den Anwendungsbereich des EU-Rechts so weit ausdehnte, dass dies von den Unionsverträgen nicht mehr gedeckt wäre.[643]

357f In Fällen der Kompetenzüberschreitung sind nach der Rechtsprechung des BVerfG daraus hervorgegangene Rechtsakte („**Ultra-vires-Akte**") für deutsche Stellen nicht verbindlich. Für solche Rechtsakte könne dann kein Anwendungsvorrang des EU-Rechts gegenüber nationalem (Verfassungs-)Recht bestehen.[644] Hinsichtlich der „Qualität" der ausbrechenden Rechtsakte der Union und der Frage nach der Prüfungskompetenz des BVerfG am Maßstab des Grundgesetzes vgl. im Einzelnen Rn 363 ff.

---

[636] BVerfGE 123, 267 ff. (dazu Rn 350 und 363).
[637] BVerfGE 126, 286 ff. (dazu Rn 350a und 364).
[638] BVerfGE 132, 195, 232 ff. (dazu Rn 353b).
[639] EuGH NJW 2013, 1415 ff. (Åkerberg Fransson); EuGH NJW 2013, 1215 ff. (Melloni) - dazu *R. Schmidt*, Grundrechte, Rn 9b ff.
[640] Vgl. aber BVerfGE 133, 277, 316 ff. (Antiterrordatei), wo das BVerfG überaus deutlich macht, dass es die vom EuGH in seiner Åkerberg-Fransson-Entscheidung (EuGH NJW 2013, 1415, 1416) zugrunde gelegte weite Interpretation hinsichtlich des Anwendungsbereichs der GRC nicht trägt. Eine Abkehr von seiner sehr weiten Interpretation des Anwendungsbereichs der GRC findet sich in jüngeren Entscheidungen des EuGH (EuGH NVwZ 2014, 575; EuZW 2014, 795; NJW 2015, 145; EuZW 2015, 439), was mit Blick auf den Wortlaut des Art. 51 I S. 1, II GRC zu begrüßen ist (vgl. auch *Wollenschläger/Krönke*, NJW 2016, 906 sowie ausführlich *R. Schmidt*, Grundrechte, Rn 9b ff.).
[641] BVerfG NJW 2016, 1149, 1150 ff. (Identitätskontrolle).
[642] BVerfG NJW 2016, 1149, 1151. Vgl. auch BVerfG NJW 2016, 2473, 2475 ff. (OMT-Programm der EZB).
[643] Ob das bei EuGH NJW 2013, 1415 ff. (Åkerberg Fransson), EuGH NJW 2013, 1215 ff. (Melloni) und EuGH EuZW 2014, 597 ff. (Pfleger) angenommen werden kann, ist zweifelhaft. Vgl. dazu bereits Rn 357.
[644] BVerfGE 126, 286, 302 (Honeywell bzw. Mangold).

Kompetenzüberschreitung und „Ultra-vires-Akte" können auch zeitgleich vorliegen. Wenn bspw. der EuGH EU-Recht so weit auslegte, dass ein anderes EU-Organ (etwa die EZB) sich auf Kompetenzen stützen könnte, durch die es die durch Art. 23 I S. 3 GG i.V.m. Art. 79 III GG i.V.m. Art. 20 III GG für unveränderbar und integrationsfest erklärten Grundsätze der Verfassung missachtete[645], fände quasi eine doppelte Kompetenzüberschreitung statt: Der EuGH würde sein von den Primärverträgen erteiltes Mandat (vgl. Art. 19 I S. 2 EUV) überschreiten und das andere Organ (etwa die EZB) würde mit einer bestimmten Maßnahme (hier: die Umsetzung des OMT-Programms) die Grenzen der Integrationsermächtigung missachten. Bei der Frage nach der Vereinbarkeit des OMT-Beschlusses der EZB (dazu Rn 353c) mit Art. 20 GG hat das BVerfG aber eine solche (doppelte) Überschreitung der Integrationsermächtigung bzw. einen (doppelten) „Ultra-vires-Akt" verneint. Vgl. dazu Rn 366a f.

357g

3. Prüfungskompetenz des BVerfG?

a. Grundsatz: Keine Prüfung durch das BVerfG

Bei der Frage, ob das BVerfG für die Prüfung von EU-Recht, von Maßnahmen von Organen der EU oder von auf Rechtsakten der EU ergangenen nationalen Akten zuständig ist, muss zunächst beachtet werden, dass das BVerfG jedenfalls die Kompetenz hat, deutsche Rechtsvorschriften am Maßstab des Grundgesetzes zu prüfen. Das ergibt sich bereits aus Art. 93 GG. Die Kompetenz zur Prüfung von (deutschen, aber auch unionsrechtlichen) Rechtsvorschriften am Maßstab des primären und sekundären Unionsrechts kann daher nur dem EuGH zustehen. Fraglich kann somit nur sein, ob das BVerfG EU-Recht (wegen Nichteinhaltung grundrechtlicher Mindeststandards, Kompetenzüberschreitung oder wegen Überschreitung nicht übertragbarer Bereiche der durch Art. 23 I S. 3 i.V.m. Art. 79 III GG geschützten Verfassungsidentität des Grundgesetzes) am Maßstab des Grundgesetzes prüfen darf. Der EuGH verneint dies mit Blick auf die übertragenen Hoheitsbefugnisse sowie das sich aus den Verträgen ergebende Prinzip der Sicherung und Funktionsfähigkeit der Union (Effet-utile-Prinzip) kategorisch. Das BVerfG sah dies zunächst anders und entschied in seinem „**Solange-I-Beschluss**", dass es sich hinsichtlich der Prüfung von europäischem Recht am Maßstab des Grundgesetzes durchaus für zuständig erachte, solange auf Gemeinschaftsebene kein Grundrechtsschutz bestehe, der dem des Grundgesetzes entspreche.[646] Diese Rechtsauffassung gab das BVerfG später in seiner **Solange-II-Entscheidung** auf und entschied, dass es EU-Recht nicht am Maßstab der Grundrechte des Grundgesetzes prüfe, solange auf EU-Ebene ein Grundrechtsstandard gewahrt bleibe, der dem des Grundgesetzes entspreche.[647] Da dies nach den Feststellungen des BVerfG der Fall war[648], nahm es keine Kontrolle des EU-Rechts am Maßstab des Grundgesetzes vor[649].

358

In späteren Entscheidungen bestätigte das BVerfG diese Linie im Grundsatz. So betonte es in der **Bananenmarkt-Entscheidung**[650], der **Maastricht-Entscheidung**[651], der Entscheidung über **Treibhausgas-Emissionsberechtigungen**[652], im

358a

---

[645] BVerfG NJW 2016, 2473, 2475 ff. (OMT-Programm der EZB).
[646] BVerfGE 37, 271, 280 ff.
[647] BVerfGE 73, 339, 378 und 387.
[648] Es bestünden keine durchgreifenden Anhaltspunkte dafür, dass der erreichte gemeinschaftsrechtliche Grundrechtsstandard nicht hinreichend gesichert sei. Zudem sei dieser Grundrechtsstandard mittlerweile insbesondere durch die Rechtsprechung des Gerichtshofs der Europäischen Gemeinschaften inhaltlich ausgestaltet worden, gefestigt und zureichend gewährleistet (BVerfGE 73, 339, 378).
[649] BVerfGE 73, 339, 387.
[650] BVerfGE 102, 147 ff.
[651] BVerfGE 89, 155 ff.
[652] BVerfGE 118, 79, 95 ff.

Lissabon-Urteil[653] und im Urteil bzgl. der **Vorratsdatenspeicherung**[654], bei denen das BVerfG ausdrücklich auf die Solange-II-Entscheidung Bezug nahm, noch einmal, dass es das EU-Recht nicht am Maßstab der Grundrechte des Grundgesetzes prüfe, solange auf EU-Ebene ein Grundrechtsstandard gewahrt bleibe, der dem des Grundgesetzes entspreche.

358b   In prozessualer Hinsicht spricht es von einem „**Kooperationsverhältnis**" zwischen ihm und dem EuGH. Es erklärt grundsätzlich den EuGH für befugt, auch über die Rechtmäßigkeit von Akten der deutschen öffentlichen Gewalt, die aufgrund von sekundärem Unionsrecht ergehen, am Maßstab des EU-Rechts zu entscheiden. Entsprechende Verfahrensarten (insbesondere Verfassungsbeschwerden) sind unzulässig.[655] Das gilt nach Auffassung des BVerfG auch für die innerstaatliche Umsetzung von EU-Richtlinien, die den Mitgliedstaaten keinen Umsetzungsspielraum belassen, sondern zwingende Vorgaben machen (dazu Rn 359). Auch diese Umsetzungsakte würden vom BVerfG und den deutschen Fachgerichten nicht am Maßstab der Grundrechte des Grundgesetzes gemessen, solange die Rechtsprechung des EuGH einen wirksamen Schutz der Grundrechte gegenüber der Hoheitsgewalt der Union generell gewährleiste.[656] Zur Gewährung effektiven Rechtsschutzes seien die Fachgerichte jedoch verpflichtet, solche Vorgaben des Unionsrechts an den Unionsgrundrechten zu messen und ggf. ein Vorabentscheidungsverfahren nach Art. 267 AEUV durchzuführen.[657]

359   Als Richtlinie, die dem deutschen Gesetzgeber zwingende Vorgaben macht und keinen Gestaltungsspielraum lässt (siehe Rn 358b), sei die Verbraucherrechterichtlinie 2011/83/EU genannt (Rn 346a Bsp. 4). Diese ordnet eine Vollharmonisierung auf EU-Ebene insbesondere im Fernabsatzrecht an. Vollharmonisierung bedeutet, dass nationale Gesetzgeber keine abweichenden Vorschriften erlassen und auch keine zusätzlichen Rechte und Pflichten einführen dürfen.[658]

360   Erklärt daraufhin der EuGH eine Richtlinie für ungültig, wird das deutsche Umsetzungsgesetz nicht automatisch ebenfalls unbeachtlich. Jedoch ist dann wiederum Raum für eine Prüfung an den deutschen Grundrechten und gegebenenfalls für eine Vorlage nach Art. 100 I GG.

361   Macht eine EU-Richtlinie dem nationalen Gesetzgeber *keine* zwingenden Vorgaben, sondern lässt einen Gestaltungsspielraum bei der Umsetzung der Ziele zu, kann im Umkehrschluss aus dem oben Gesagten gefolgert werden, dass die den Gestaltungsspielraum ausfüllenden Vorschriften des Umsetzungsgesetzes einer uneingeschränkten Prüfung durch das BVerfG unterliegen. Davon geht folgerichtig auch das BVerfG aus.[659]

b. Ausnahmen: „Ultra-vires-Akte" und Verletzung integrationsfester Verfassungsprinzipien

362   Wie bereits erläutert, beruht das EU-Recht auf dem Prinzip der **enumerativen Einzelermächtigung** (vgl. Art. 5 EUV – dazu Rn 338). Das BVerfG betont, dass das Kooperationsverhältnis daher seine Grenze finde, wenn Organe der EU ersichtlich die

---

[653] BVerfGE 123, 267, 348 ff.
[654] BVerfGE 125, 260, 304 ff.
[655] BVerfGE 102, 147, 164 (Bananenmarkt).
[656] BVerfGE 118, 79, 95 ff.; bestätigt in BVerfGE 121, 1, 15 (Vorratsdatenspeicherung) und in BVerfGE 125, 260, 306 ff. (Vorratsdatenspeicherung). Vgl. auch die Fallbearbeitung von *Thiemann*, JuS 2012, 735, 738.
[657] BVerfGE 118, 79, 95 ff.; 121, 1, 15 ff. Vgl. auch EuGH EuZW 2010, 939 ff.
[658] Vgl. dazu *R. Schmidt*, Schuldrecht Allgemeiner Teil, 11. Aufl. 2016, Rn 969.
[659] BVerfGE 125, 260, 306 ff. (Vorratsdatenspeicherung).

ihnen eingeräumten Handlungsbefugnisse überschritten (**Kompetenzüberschreitung**)[660]. Dann seien daraus hervorgegangene Rechtsakte („**Ultra-vires-Akte**") für deutsche Stellen nicht verbindlich. Für solche Rechtsakte könne dann kein Anwendungsvorrang des EU-Rechts gegenüber nationalem (Verfassungs-)Recht bestehen, sodass Prüfungsmaßstab der fraglichen nationalen Norm, die aufgrund von sekundärem EU-Recht ergeht, wieder das Grundgesetz sei. In diesem Fall entscheide dann wieder das BVerfG im Rahmen einer „**Ultra-vires-Kontrolle**".[661]

Das BVerfG fordert aber eine „besondere Qualität" der ausbrechenden Rechtsakte der Union, um eine Prüfungskompetenz annehmen zu können: Während es im Lissabon-Urteil seine Kontrollbefugnis noch auf „ersichtliche Grenzüberschreitungen" festgelegt hatte, machte es in seinem „Honeywell-Beschluss" (Mangold-Beschluss, siehe Rn 350a) einschränkend deutlich, dass es sich hinsichtlich der Überprüfung von Rechtsakten der EU am Maßstab des Grundgesetzes nur dann für zuständig erachte, wenn der gerügte Ultra-vires-Verstoß „praktisch kompetenzbegründend wirkt", wobei ein „hinreichend qualifizierter" Verstoß dergestalt zu fordern sei, „dass das kompetenzwidrige Handeln der Unionsgewalt *offensichtlich* ist und der angegriffene Akt im Kompetenzgefüge zwischen Mitgliedstaat und Union im Hinblick auf das Prinzip der begrenzten Einzelermächtigung und die rechtsstaatliche Gesetzesbindung *erheblich ins Gewicht fällt*". Bei der Mangold-Entscheidung des EuGH[662] sei das nicht der Fall. Der EuGH habe keine unzulässige richterliche Rechtsfortbildung betrieben und daher nicht seine Kompetenz überschritten.[663] Damit stellt das BVerfG also sehr hohe Anforderungen, damit von einem „ausbrechenden Rechtsakt" gesprochen werden kann. Ganz offensichtlich versuchte das BVerfG damit also, einen Kompetenzkonflikt mit dem EuGH zu vermeiden.[664]

363

Weniger zurückhaltend zeigt sich das BVerfG im Zusammenhang mit der Einrichtung des Europäischen Stabilitätsmechanismus (**ESM**[665]) und dem Vertrag vom 2.3.2012 über Stabilität, Koordinierung und Steuerung in der Wirtschafts- und Währungsunion (sog. Fiskalpakt). Dabei geht es um das bereits bei Rn 353c beschriebene, vom Rat der Europäischen Zentralbank (EZB) am 6.9.2012 beschlossene Programm, mit dem die EZB unbegrenzt Anleihen von „Krisenstaaten" im EU-Währungsgebiet aufkaufen kann, um die Finanzstabilität des EU-Raums zu stützen (sog. Outright Monetary Transactions – **OMT**). Das BVerfG bezweifelte, ob der OMT-Beschluss der EZB mit dem EU-Primärrecht vereinbar sei. Es sprächen gewichtige Gründe dafür, dass der OMT-Beschluss über das Mandat der EZB für die Währungspolitik hinausgehe und damit in die Zuständigkeit der Mitgliedstaaten übergreife sowie gegen das in Art. 123 AEUV kodifizierte Verbot monetärer Haushaltsfinanzierung verstoße. Das BVerfG neigte deshalb zur Annahme eines schwerwiegenden und strukturell bedeutsamen Ultra-vires-Akts, hielt es eigenen Worten zufolge aber auch für möglich, durch eine einschränkende Auslegung des OMT-Beschlusses im Lichte der Verträge zu einer Konformität mit dem Primärrecht zu gelangen.[666] Verfahrensgegenstände, die sich auf den OMT-Beschluss der EZB bezogen, setzte das BVerfG daher aus und legte sie dem

364

---

[660] Dazu würde auch eine (vom EuGH vorgenommene) Ausweitung des Anwendungsbereichs des EU-Rechts zählen, die von den Unionsverträgen nicht gedeckt ist. Ob das bei EuGH NJW 2013, 1415 ff. (Åkerberg Fransson), EuGH NJW 2013, 1215 ff. (Melloni) und EuGH EuZW 2014, 597 ff. (Pfleger) angenommen werden kann, ist zweifelhaft. Vgl. dazu bereits Rn 357.

[661] BVerfGE 126, 286, 302 (Honeywell bzw. Mangold).

[662] EuGH NJW 2005, 3695 ff. (dazu Rn 350a).

[663] BVerfGE 126, 286, 304 ff.

[664] Das Sondervotum BVerfGE 126, 286, 318 ff. sieht in den Einschränkungen der Ultra-vires-Kontrolle ein Abweichen vom Lissabon-Urteil und die Gefahr, dass (auch) dieser Kontrollvorbehalt „nur noch auf dem Papier" steht. Vgl. auch *Michels*, JA 2012, 515 ff.; *Safferling*, NStZ 2014, 545 ff.

[665] Vgl. dazu Rn 353b.

[666] Vgl. den Vorlagebeschluss des BVerfG NJW 2014, 907 ff.

EuGH zur Vorabentscheidung (Art. 267 AEUV) vor. Der EuGH hat die Vereinbarkeit mit EU-Primärrecht festgestellt. Das OMT-Programm gehöre in Anbetracht seiner Ziele und der zu ihrer Erreichung vorgesehenen Mittel zum Bereich der Währungspolitik und falle damit unter die Befugnisse des ESZB[667] (dazu unten Rn 366a).

Damit wurden die Bedenken des BVerfG also nicht bestätigt. Das Neue an dem Beschluss des BVerfG v. 14.1.2014 bestand aber darin, dass (qualifizierte, d.h. offensichtliche und strukturell bedeutsame) Ultra-vires-Akte von Organen oder Einrichtungen der EU nicht nur im Rahmen einer Verfassungsbeschwerde vor dem BVerfG gerügt werden können („Verletzung der Rechte aus Art. 38 I GG"), sondern auch im Rahmen eines Organstreitverfahrens („Verletzung der Integrationsverantwortung von Bundestag und Bundesrat aus Art. 23 GG").[668] Verfahrensgegenstand ist das Unterlassen von Maßnahmen zur Herstellung der Kompetenzordnung, die den Grundsätzen der durch Art. 79 III GG abgesicherten Verfassungsprinzipien aus Art. 1, 20, 38 I, 23 GG entspricht. Freilich stehen dem BVerfG weder ein Prüfungs- noch ein Entscheidungsmaßstab zur Verfügung, anhand derer es prüfen und entscheiden könnte, welche Maßnahmen denn zu ergreifen (gewesen) wären.[669] Immerhin gewährt es den Bundesorganen einen weiten Einschätzungsspielraum bei den zu treffenden Maßnahmen.

Zur OMT-Entscheidung des BVerfG v. 21.6.2016, die aufgrund der Vorabentscheidung des EuGH ergangen ist, vgl. Rn 366a f.

365 Das BVerfG entscheidet nicht nur im Fall einer Kompetenzüberschreitung eines Organs der EU, sondern auch dann, wenn durch eine Maßnahme der EU in Art. 79 III GG genannte unabänderbare und damit integrationsfeste **Verfassungsprinzipien** aus Art. 1 GG und Art. 20 GG, die zudem durch Art. 4 II EUV geschützt sind, missachtet würden.[670] Sollte durch eine Maßnahme der EU also ein durch Art. 79 III GG für unantastbar erklärter Grundsatz aus Art. 1 GG oder Art. 20 GG berührt werden, findet der Anwendungsvorrang der EU seine Grenzen. In der Annahme einer „Ausnahme" von seinem Solange-II-Vorbehalt (siehe Rn 358 ff.) erklärt sich das BVerfG dann für zuständig und erklärt den betreffenden EU-Rechtsakt im Rahmen einer „**Identitäts-kontrolle**" (Kontrolle der Verfassungsidentität der Bundesrepublik Deutschland)[671] für unanwendbar[672]. Insoweit lässt sich auch von einer „**Solange-III-Entscheidung**" sprechen.

> **Beispiel**[673]**:** Droht bei Auslieferung eines Nichtdeutschen in einen anderen EU-Staat eine Freiheitsstrafe, die in Deutschland (wegen ihrer Dauer) schuldunangemessen und damit auch menschenwürdeverletzend wirkte (hier: 30 Jahre Haft wegen illegalen Handels mit Betäubungsmitteln), oder gewährleistet der andere EU-Staat keine Beweisaufnahme bzw. -würdigung, die mit deutschen Verfassungsprinzipien im Einklang steht, ist das betreffende EU-Recht, das eine solche Auslieferung anordnet bzw. zulässt, wegen Verstoßes u.a. gegen Art. 1 I GG nicht anwendbar. Ob dies der Fall ist, wird vom BVerfG im Rahmen einer Identitätskontrolle geprüft.

366 Dass ein rechtsstaatlichen Grundsätzen verpflichtetes Rechtssystem die Menschenwürde zu beachten hat, ist selbstverständlich. Das EU-Recht wirft dahingehend keine Zweifel auf. Kritik zu üben ist aber am Standpunkt des BVerfG. Denn es müsste ja

---

[667] EuGH NJW 2015, 2013 ff.
[668] Vgl. näher *Heun*, JZ 2014, 331, 332.
[669] *Hillgruber*, JuS 2014, 635, 638.
[670] Vgl. BVerfGE 126, 286, 302 mit Bezugnahme auf BVerfGE 75, 223, 235 ff.; 113, 273, 296; 123, 267, 353 f. Vgl. auch BVerfG NJW 2016, 1149, 1150 f. (Identitätskontrolle).
[671] Vgl. BVerfGE 126, 286, 321. Fortgeführt bspw. in BVerfG NJW 2014, 907, 908 ff. und äußerst deutlich gemacht in BVerfG NJW 2016, 1149, 1150 f. (Identitätskontrolle).
[672] BVerfG NJW 2016, 1149, 1151 (Identitätskontrolle).
[673] Nach BVerfG NJW 2016, 1149 (Identitätskontrolle).

zunächst jeden bei ihm geltend gemachten „Identitätsverstoß" zumindest im Rahmen der Zulässigkeit (Beschwerdebefugnis; Antragsbefugnis) prüfen, um dann zu entscheiden, ob durch die beanstandete Maßnahme der EU ein durch Art. 79 III GG für unantastbar erklärter Grundsatz aus Art. 1 GG oder Art. 20 GG berührt wird bzw. dies nicht ausgeschlossen werden kann. Zudem ist fraglich, warum – jedenfalls in Bezug auf die Menschenwürde – eine Überprüfung der Maßnahme der EU am Maßstab der GRC der EU (hier: Art. 1 GRC) durch den EuGH nicht möglich sein soll. Es darf durchaus davon ausgegangen werden, dass (auch) der EuGH eine Verletzung der Menschenwürde feststellen würde (vgl. dazu Rn 787c). Möglicherweise ist die Haltung des BVerfG der Befürchtung geschuldet, der EuGH nehme eine – von den Unionsverträgen nicht gedeckte – Ausweitung des Anwendungsbereichs des EU-Rechts vor und vernachlässige gleichzeitig den Grundrechtsschutz. Tatsächlich legt(e) der EuGH den Anwendungsbereich des EU-Rechts, namentlich der GRC, (zwischenzeitlich) weit aus.[674] Ob aber ein strukturelles Grundrechtsdefizit auf EU-Ebene existiert, das es rechtfertigen würde, die Solange-II-Rechtsprechung aufzugeben, darf bezweifelt werden, zumal bereits der EuGH selbst seine von ihm v.a. in der Melloni-Entscheidung vorgenommene sehr weite Interpretation des Anwendungsbereichs der GRC mittlerweile relativiert hat[675], was mit Blick auf den Wortlaut des Art. 51 I S. 1, II GRC zu begrüßen ist. Die dogmatische Überzeugungskraft des BVerfG-Beschlusses sollte daher nicht allzu hoch angesetzt werden. Immerhin hätte ihm der Weg über einen Vorlagebeschluss (Vorabentscheidung gem. Art. 256 III, 267 AEUV) offengestanden. Schließlich ist auch ein einstweiliger Rechtsschutz dem EuGH nicht fremd (siehe Art. 278 S. 2, 279 AEUV). Daher war die Frage interessant, ob der BVerfG-Beschluss v. 15.12.2015 besondere Bedeutung für die zu dieser Zeit noch ausstehende Entscheidung des BVerfG über das **OMT-Programm** der EZB (siehe Rn 353c/364) haben würde.[676]

Jedoch hat das BVerfG in seinem OMT-Urteil im Ergebnis trotz Kritik an der EuGH-Entscheidung (Rn 364) einen Verstoß gegen die durch Art. 23 I S. 3 GG i.V.m. Art. 79 III GG i.V.m. Art. 20 GG für integrationsfest erklärten Schutzgüter *Demokratie* und *Volkssouveränität* verneint. Zwar machte das BVerfG deutlich, dass die Unabhängigkeit der EZB, die ihr durch die Unionsverträge eingeräumt werde (vgl. nur Art. 130 AEUV), und ihre weit reichenden Befugnisse in der Währungspolitik zu einer spürbaren Senkung des demokratischen Legitimationsniveaus ihres Handelns führe, was besonders deswegen brisant sei, weil damit das Demokratieprinzip und der Grundsatz der Volkssouveränität der Mitgliedstaaten betroffen seien. Das BVerfG hielt dies aber für mit der Verfassungsidentität der Bundesrepublik Deutschland noch vereinbar, wenn dies durch eine restriktive Auslegung der Ermächtigungsgrundlagen durch den EuGH und durch eine besonders strikte gerichtliche Kontrolle des Mandats der EZB aufgefangen würde. Der EuGH sei dieser Aufgabe zwar nur bedingt nachgekommen, dadurch, dass in der durch ihn vorgenommenen Auslegung das OMT-Programm aber insgesamt kein verfassungsrechtlich relevantes Risiko für das Budgetrecht des Bundestags darstelle, sei insofern auch keine Gefährdung der haushaltspolitischen Gesamtverantwortung durch eine etwaige Durchführung des OMT-Programms festzustellen.[677]

366a

---

[674] Siehe EuGH NJW 2013, 1415 ff. (Åkerberg Fransson) und EuGH NJW 2013, 1215 ff. (Melloni) – vgl. Rn 357a.

[675] EuGH NVwZ 2014, 575; EuGH EuZW 2014, 795; EuGH NJW 2015, 145; EuGH EuZW 2015, 439 – vgl. dazu ebenfalls Rn 357a.

[676] Siehe den Beitrag des Verfassers v. 6.5.2016 unter www.verlag-rolf-schmidt.de/aktuelles/beitraege-2016.html

[677] BVerfG NJW 2016, 2473, 2475 ff. (OMT-Programm der EZB). Im Übrigen ist zu beachten, dass gegenwärtig ein weiteres Ankaufprogramm der EZB läuft: Die EZB erhöht im Rahmen des „QE"-Programms („Quantitative Easing" bzw. „quantitative Lockerung") die Geldmenge, um Anleihen des öffentlichen Sektors, Wertpapiere und Schuldverschreibungen kaufen zu können. Verfassungsbeschwerden sind bereits eingereicht (2 BvR 2006/15 u.a.).

366b Dem ist beizupflichten, und zwar nicht nur wegen des anderenfalls kaum einschätzbaren Schadens für die Europäische Union, sondern weil die Entscheidung des EuGH auch in der Sache richtig ist. Methodisch korrekt und inhaltlich gut vertretbar hat der EuGH eine Vereinbarkeit des OMT-Programms mit Europäischem Primärrecht angenommen. Das wiederum bedeutet, dass der EuGH sein durch Art. 19 I S. 2 EUV eingeräumtes Mandat nicht verlassen hat. Ein „Ultra-vires-Akt", der wegen Verstoßes gegen das unabänderbare und integrationsfeste Demokratieprinzip aus Art. 20 GG zur „Verwerfung" in Form einer Unanwendbarkeitserklärung durch das BVerfG hätte führen können, lag damit nicht vor. Man kann sagen: Das BVerfG hat zwar (wieder einmal) gebellt, aber (erneut) nicht gebissen. Immerhin hat das BVerfG das Institut der „Identitätskontrolle" etabliert, wenngleich sich das vorliegende Urteil in die Urteile über den Vertrag von Maastricht, den Vertrag von Lissabon und die Urteile über den ESM einreiht, in denen das BVerfG stets die Grenzen der Integrationsermächtigung aufzeigte, diese aber in keiner der genannten Entscheidungen als überschritten erklärte.[678]

Zusammenfassung: Das **gesamte Unionsrecht** genießt im Kollisionsfall **Anwendungsvorrang** vor dem einfachen nationalen Recht und grds. auch **vor dem nationalen Verfassungsrecht** einschließlich der dort enthaltenen Grundrechte. Das folgt aus europäischer Sicht aus den Gründungs- und Änderungsverträgen, aus nationaler Sicht zum einen aus dem Anwendungsbefehl, der aus den Zustimmungsgesetzen zu den Verträgen folgt (vgl. Art. 59 II GG), und zum anderen aus der Integrationsermächtigung des Art. 24 I GG bzw. des Art. 23 I GG i.d.F. von 1992.

367

Der Anwendungsvorrang greift aber nicht, wenn eine Handlung eines Organs oder einer Einrichtung der EU

⇨ auf einer **Kompetenzüberschreitung** beruht (was im Rahmen einer „Ultra-vires-Kontrolle" geprüft wird)

⇨ oder sie den nicht übertragbaren Bereich der durch Art. 23 I S. 3 i.V.m. Art. 79 III GG geschützten **Verfassungsidentität** des Grundgesetzes betrifft (was im Rahmen einer „Identitätskontrolle" geprüft wird).

Zur Bejahung eines Ultra-vires-Akts bzw. einer Missachtung der Verfassungsidentität ist aber nach der Honeywell-Entscheidung des BVerfG (BVerfGE 126, 286) ein **hinreichend qualifizierter Verstoß** erforderlich. Dieser setzt voraus, dass das kompetenzwidrige Handeln der Unionsgewalt **offensichtlich** ist und der angegriffene Akt im Kompetenzgefüge zu einer **strukturell bedeutsamen** Verschiebung zulasten der Mitgliedstaaten führt.

Lediglich in einem solchen Fall wird das BVerfG tätig und prüft im Rahmen der „**Ultra-vires-Kontrolle**", ob der fragliche EU-Akt noch von der Kompetenzübertragung gedeckt ist[679], oder im Rahmen der „**Identitätskontrolle**", ob der fragliche Rechtsakt eines Organs oder einer Einrichtung der EU ein gem. Art. 23 I S. 3 i.V.m. Art. 79 III GG unveränderliches Verfassungsprinzip aus Art. 1 und 20 GG verletzt hat[680].

Zu beachten ist schließlich, dass es sich bei der „Ultra-vires-Kontrolle" und der „Identitätskontrolle" nicht etwa um eigenständige Verfahrensarten handelt, sondern um eine Einbettung der Prüfung des fraglichen EU-Aktes am Maßstab der unveränderlichen und damit auch integrationsfesten Grundsätze des Grundgesetzes in die von Art. 93 GG und anderen Verfassungsbestimmungen vorgesehenen Verfahrensarten. Es findet also eine Art „Inzidentkontrolle" statt.

---

[678] Siehe den Beitrag des Verfassers v. 21.6.2016 unter www.verlag-rolf-schmidt.de/aktuelles/beitraege-2015.html
[679] BVerfGE 126, 286, 304 („Ultra-vires-Kontrolle").
[680] BVerfG NJW 2016, 1149, 1150 f. („Identitätskontrolle").

Im Übrigen sei angemerkt, dass Identitäts- und Ultra-vires-Kontrolle zum festen Bestandteil des Prüfungsrepertoires staats- und verfassungsrechtlicher Klausuren gehören dürften.

Hinweis für die Fallbearbeitung: In der Fallbearbeitung kann sich zunächst die Konstellation ergeben, dass sich ein Bundesbürger durch einen Akt *eines Organs der EU* in seinen Grundrechten (oder grundrechtsgleichen Rechten) verletzt fühlt. Hier muss man zunächst klarstellen, dass Prüfungsmaßstab grds. allein die Grundrechte und grundrechtsgleichen Rechte der GRC sind, denn die Organe der EU sind beim Erlass von Rechtsakten nicht an die Grundrechte bzw. grundrechtsgleichen Rechte des Grundgesetzes gebunden. Zudem steht das Prüfungs- und Auslegungsmonopol für Unionsrecht dem EuGH zu.

In einem solchen Fall ist dann die Vereinbarkeit des fraglichen Rechtsakts mit den Grundrechten/grundrechtsgleichen Rechten der GRC zu prüfen. Hier kann man sich (jedenfalls bei einer Grundrechtsprüfung) des bekannten Schemas (Schutzbereich, Eingriff in den Schutzbereich, Rechtfertigung des Eingriffs) bedienen. In prozessualer Hinsicht ist im ersten Rechtszug die Nichtigkeitsklage vor dem Gericht der Europäischen Union statthaft, vgl. Art. 256, 263 AEUV.

Des Weiteren kann man auf die Konstellation treffen, in der sich der Bürger durch einen Rechtsakt *deutscher Behörden* in Anwendung von Unionsrecht in seinen Grundrechten des Grundgesetzes verletzt fühlt. Unterliegt der Rechtsakt der Fachgerichtsbarkeit, kann der Betroffene Verfassungsbeschwerde vor dem BVerfG erheben mit der Behauptung, durch die Entscheidung des Fachgerichts in einem seiner Grundrechte bzw. grundrechtsgleichen Rechte des Grundgesetzes verletzt zu sein (vgl. Art. 93 I Nr. 4a GG). Das BVerfG würde sich in diesem Fall allerdings nur dann für zuständig erklären (freilich mit dem Grundgesetz als Prüfungsmaßstab), wenn es

⇨ eine offensichtliche und strukturell bedeutsame Kompetenzüberschreitung durch ein Organ oder eine Einrichtung der EU („Ultra-vires-Kontrolle")

⇨ oder eine Handlung eines Organs oder einer Einrichtung der EU feststellt, die den nicht übertragbaren Bereich der durch Art. 23 I S. 3 i.V.m. Art 79 III GG geschützten Verfassungsidentität des Grundgesetzes betrifft („Identitätsprüfung").

In einem solchen Fall würde das BVerfG den fraglichen EU-Akt ausnahmsweise prüfen und für nicht anwendbar erklären. Jedoch sind die Hürden bereits für die Zulässigkeit eines solchen Verfahrens (Prüfungspunkt: Beschwerdebefugnis) zumindest bei der Identitätskontrolle sehr hoch:

⇨ So würde das BVerfG bei einer (angenommenen) „einfachen" Grundrechtsverletzung die Prüfung abbrechen und den Beschwerdeführer auf die „Solange-II-Rechtsprechung" verweisen, wonach das BVerfG einen Akt der EU am Maßstab des Grundgesetzes nicht prüft, solange ausreichender Grundrechtsschutz durch die EU und den EuGH gewährleistet ist (siehe dazu Rn 358).

⇨ Gelangte das BVerfG aber zu der Annahme, dass ein gem. Art. 23 I S. 3 i.V.m. Art. 79 III GG unveränderliches Verfassungsprinzip aus Art. 1 und 20 GG verletzt sein könnte, nähme es die Verfassungsbeschwerde zur Prüfung an und nähme auch eine Prüfung der Begründetheit vor („Solange-III-Entscheidung").

Auch kann man auf die Konstellation treffen, in der sich der Kläger durch einen Rechtsakt *deutscher Behörden* in Anwendung von Unionsrecht in seinen Grundrechten des Grundgesetzes (etwa durch die Einfuhrbeschränkung von Dollarbananen oder durch die Versagung der Zulassung zur Praktischen Ärztin) verletzt sieht und hiergegen vor dem zuständigen deutschen Verwaltungsgericht klagt. Da das deut-

368

sche Verwaltungsgericht zwar deutsches untergesetzliches Regelwerk (bestimmte Rechtsverordnungen und Satzungen), nicht aber Unionsrecht für nicht anwendbar erklären kann (hierzu ist nur der EuGH befugt), kann bzw. muss es das Verfahren aussetzen und die fragliche Europarechtsnorm dem EuGH vorlegen, sog. **Vorabentscheidung** (vgl. Art. 256 III, 267 AEUV).[681] Stellt dieses die Unanwendbarkeit der fraglichen Europarechtsnorm fest, ist der Sache damit abgeholfen. Verneint das Gericht hingegen ein Überschreiten der Kompetenzen der EU-Organe bzw. ein Unterschreiten des gebotenen Grundrechtsschutzes und ist das vorlegende Fachgericht weiterhin von der Unvereinbarkeit der Europarechtsnorm mit dem Grundgesetz überzeugt, kann nach der Rechtsprechung des BVerfG eine Vorlage gem. Art. 100 I GG (analog)[682] zulässig sein. Sofern das BVerfG die Vorlage für zulässig erachtet, würde es dann über die Vereinbarkeit der in Frage stehenden EU-Norm mit dem Grundgesetz entscheiden, wenn es prüfte, ob die Organe der EU den unverzichtbaren Grundrechtsstandard unter- bzw. ihre ihnen zugewiesenen Kompetenzen überschritten haben. Es müsste dann über die Unanwendbarkeit der fraglichen EU-Norm – ohne erneute Vorlage zum EuGH – im Geltungsbereich des Grundgesetzes entscheiden. Allerdings ist zu beachten, dass das BVerfG eine Vorlage (gem. Art. 100 I oder 93 I Nr. 4a GG) von sekundärem Europarecht nur dann für zulässig erachtet, wenn ihre Begründung im Einzelnen darlegt, dass eine erheblich ins Gewicht fallende Kompetenzüberschreitung oder eine evidente und generelle Missachtung der Grundrechte des Grundgesetzes durch die Union vorliege. Der Begründung des Vorlagebeschlusses hinsichtlich der Bananenmarktordnung war dies nach Auffassung des BVerfG nicht zu entnehmen.[683]

Unterlässt das Fachgericht (i.d.R. das VG) die gebotene Vorlage zum Gericht der Europäischen Union, kann der Kläger **Verfassungsbeschwerde** vor dem BVerfG gegen den Beschluss des betreffenden Gerichts erheben mit der Rüge, ihm sei der **gesetzliche Richter entzogen** worden (vgl. Art. 101 I S. 2 GG). Der EuGH ist gesetzlicher Richter i.S. dieser Vorschrift.[684] Das BVerfG müsste dann seinerseits die fragliche Europarechtsnorm gem. Art. 267 AEUV dem EuGH vorlegen. Gelangte dieser zu dem Ergebnis, dass die fragliche Europarechtsnorm gültig sei, müsste das BVerfG selbst in der Sache über die Anwendbarkeit der EU-Norm entscheiden, wenn es der Auffassung wäre, dass der fragliche EU-Akt einschließlich der Rspr. des EuGH unter den erforderlichen Grundrechtsstandard abgesunken sei. Eine Verfassungsbeschwerde gegen Rechtsakte der EU ist nach Auffassung des BVerfG allerdings nur dann zulässig, wenn das Niveau des allgemeinen, nicht nach Einzelgrundrechten differenzierten Grundrechtsstandards unterschritten wird.[685] Versagt ist bundesverfassungsgerichtlicher Schutz demnach nicht nur bei „Ausrutschern" innerhalb eines Grundrechtsbereichs, sondern auch dann, wenn (nur) einzelne Grundrechte des GG strukturell in Gefahr geraten.

Ist Klausurgegenstand die Frage nach der Anwendbarkeit bzw. Gültigkeit eines **unmittelbar anwendbaren** Akts der EU (i.d.R. eine Verordnung oder ein Beschluss), kommt für den Unionsbürger die **Direktklage** vor dem EuGH in Betracht (Art. 263 IV AEUV).[686] Allerdings knüpft der EuGH strenge Voraussetzungen an die Klagebefugnis, wenn ein Rechtsakt i.S.v. Art. 289 AEUV (Gesetzgebungsakt) in Frage steht. Erforderlich ist eine qualifizierte individuelle Betroffenheit. Handelt es sich bei dem Klagegegenstand um eine Verordnung i.S.d. Art. 288 II AEUV, ist zudem die sog. Plaumann-Formel des EuGH zu beachten: Danach sind natürliche und juris-

---

[681] Vgl. dazu etwa den Vorlagebeschluss des BVerfG NJW 2014, 907 ff. (dazu oben Rn 364).

[682] Zum Streit, ob Art. 100 I GG direkt oder analog in Betracht kommt, vgl. *Lecheler*, JuS 2001, 120, 122.

[683] Zur Frage, unter welchen Voraussetzungen eine konkrete Normenkontrolle i.S.d. Art. 100 I GG möglich ist, wenn das vorzulegende Gesetz in Umsetzung von EU-Recht erlassen wurde, vgl. Rn 671a.

[684] BVerfG NJW 2010, 1268 ff. (dazu *Muckel*, JA 2010, 674); NJW 2001, 1267, 1268; *Kube*, JuS 2001, 858, 860.

[685] BVerfG NJW 2001, 1267, 1268; *Kube*, JuS 2001, 858, 859 f.

[686] Vgl. dazu etwa die Fallbearbeitung von *Ludwig*, JuS 2011, 917 ff. Zum Individualrechtsschutz in der EU vgl. auch *Mächtle*, JuS 2015, 28 ff.

tische Personen durch eine Verordnung nur dann individuell betroffen (und klagebefugt), wenn diese sie „wegen bestimmter persönlicher Eigenschaften oder besonderer, sie aus dem Kreis aller übrigen Personen heraushebender Umstände berührt und sie daher in ähnlicher Weise individualisiert wie einen Adressaten".[687]

Gelangt der EuGH zu der Entscheidung, dass die fragliche EU-Norm gültig ist, und verletzt die Entscheidung das gebotene Mindestmaß an Grundrechtsschutz, kommt gegen die Entscheidung eine **(Urteils-)Verfassungsbeschwerde** vor dem BVerfG in Betracht, das dann über die Frage der Anwendbarkeit der fraglichen EU-Norm entscheiden müsste.[688]

Ist ein Akt eines Organs oder einer Einrichtung der EU mit EU-Primärrecht unvereinbar, entfaltet er selbstverständlich keinen Vorrang vor kollidierendem Verfassungsrecht der EU-Mitgliedstaaten. So hat der EuGH die EU-Richtlinie über die Vorratsdatenspeicherung wegen Verstoßes gegen Art. 7 (Achtung des Privat- und Familienlebens) und 8 (Schutz personenbezogener Daten) der EU-Grundrechtecharta für ungültig erklärt.[689]

369

Hinweis für die Fallbearbeitung: Ist in einer Klausur nach den Erfolgsaussichten einer Nichtigkeitsklage vor dem EuGH (näher Rn 783) gefragt, kann man sich des allgemein üblichen Aufbaus eines Rechtsbehelfs bedienen: Zunächst sind die Zulässigkeitsvoraussetzungen und dann die Begründetheit des Rechtsbehelfs zu prüfen. Vgl. dazu die Aufbauschemata bei Rn 787d ff.

---

[687] Vgl. nur EuGH Slg. 1963, 199; Slg. 2008, 6351; EuGH NVwZ 2014, 53, 54 ff. (Inuit).
[688] *Hamer*, JA 2003, 666 ff. Zur Frage nach der Zulässigkeit eines **Organstreits** vgl. Rn 630 f.
[689] EuGH NJW 2014, 2169 betreffend RL 2006/24/EG.

4. Kapitel
Die politischen Parteien

Wichtige Entscheidungen: BVerfGE 2, 1 (Verbot der SRP); 5, 85 (Verbot der KPD); 6, 367 (Gemeindewahlen); 7, 99 (Wahlwerbung; Sendezeiten für politische Parteien); 8, 51 (Parteienfinanzierung I; Steuerliche Abzugsfähigkeit von Parteispenden); 11, 351 („Rathausparteien"); 12, 296 (Verfassungswidrigkeit der KPD); 20, 56 (Staatliche Parteienfinanzierung); 24, 260 (Begriff der Partei); 24, 300 (Parteiengesetz); 28, 36 (politische Äußerungen von Soldaten); 34, 160 (Sendezeiten); 39, 334 (Referendardienst und politische Treuepflichten); 40, 287 (Bezeichnung einer Partei als „verfassungsfeindlich"); 41, 399 (Wahlkampfkostenerstattung); 47, 198 (Wahlwerbesendungen); 47, 253 („Wahlvorschriften" von Kreisfreien Städten in NRW); 52, 63 (Steuerliche Abzugsfähigkeit von Parteispenden); 60, 53 (Parteifähigkeit von Parteien im Organstreit); 61, 1 (Herabsetzende Äußerungen über eine politische Partei); 69, 92 (Ausschluss der Absetzbarkeit von Spenden und Beiträgen an kommunale Wählergruppen gem. § 10b II EStG 1979); 69, 257 (Werbespots); 73, 1 (Globalzuschüsse an parteinahe Stiftungen); 73, 40 (Steuerliche Abzugsfähigkeit von Parteispenden; Wahlkampfkostenerstattung); 74, 44 (Parteifähigkeit von politischen Parteien); 79, 379 (Parteifähigkeit von politischen Parteien im Organstreit); BVerfGE 80, 244 (Verfassungsmäßigkeit des VereinsG); 82, 54, 57 (Teilnahme an Fernsehdiskussionen – einstweilige Anordnung); 82, 322 (Bundestagswahl; Sperrklausel); 85, 264 (Parteienfinanzierung); 89, 266 (Parteieigenschaft gem. § 18 IV Nr. 2 BWahlG); 91, 262 (Begriff der Partei); 91, 276 (Parteibegriff als Verbotsvoraussetzung); BVerfG NVwZ 2002, 845 (Parteienfinanzierung); NJW 2005, 126 (Fehlende Rechenschaftsberichte); NVwZ 2013, 1271 (Anerkennung einer Vereinigung als Partei); NVwZ 2015, 209 (Äußerung ggü NPD); BVerwGE 31, 368 (Überlassung von öffentlichen Einrichtungen (hier: Stadthalle) an politische Parteien); BVerwG NVwZ 1995, 1134 („streitbare Demokratie"); NVwZ 1997, 66 (Verbot der „Deutschen Alternative"); NJW 2000, 824 (Beobachtung einer politischen Partei durch Amt für Verfassungsschutz); NJW 2000, 3728 (Staatliche Parteienfinanzierung); OVG Münster NVwZ 2000, 336 (Staatliche Parteienfinanzierung); VG Berlin NJW 2001, 1367 (Parteienfinanzierung); OVG Berlin NJW 2002, 2896 (Parteienfinanzierung); VGH Mannheim NJW 2012, 1095 (Überlassung von Schulräumen an politische Partei); BGHZ 101, 193 (Aufnahmezwang von Mitgliedern in politischen Parteien)

A. Die Funktion der Parteien in der parlamentarischen Demokratie

370 In einer Parteiendemokratie ohne ausgeprägte plebiszitäre Elemente ist die Mitarbeit in einer Partei die wohl wichtigste und entscheidende Möglichkeit der Menschen, an der politischen Willensbildung mitzuwirken.[690] Durch die Parteien können die Staatsbürger über die bloße Stimmabgabe bei den Wahlen hinaus im politischen Bereich tätig werden. In der Bundesrepublik Deutschland ist – wie sich einfachgesetzlich aus § 6 BWahlG ergibt – politisch aktives Handeln faktisch nur durch das Medium der Parteien möglich.[691] Danach ist die Bundestagswahl vom Prinzip her eine Parteienwahl.

I. Begriff der politischen Partei

371 Das Grundgesetz nennt in Art. 21 zwar die politischen Parteien (von lat.: pars = der Teil), definiert sie aber nicht. Der Begriff der politischen Partei ist aber in § 2 I PartG legaldefiniert:

„Parteien sind Vereinigungen von Bürgern, die dauernd oder für längere Zeit für den Bereich des Bundes oder eines Landes auf die politische Willensbildung Einfluss nehmen und an der Vertretung des Volkes im Deutschen Bundestag oder einem Landtag mitwirken wollen, wenn sie nach dem Gesamtbild der tatsächlichen Verhältnisse, insbesondere nach Umfang und Festigkeit ihrer Organisation, nach Zahl ihrer Mitglieder und nach ihrem Hervortreten in der Öffentlichkeit eine ausreichende Gewähr für die Ernsthaftigkeit dieser Zielsetzung bieten."

372 Zwar kann eine einfachgesetzliche Formulierung keinen verfassungsrechtlichen Begriff definieren, weil es anderenfalls der einfache Gesetzgeber in der Hand hätte, über die Auslegung eines verfassungsrechtlichen Begriffs zu entscheiden und ggf. eine Einengung vorzunehmen, die zu einem Parteienbegriff führt, der seinen Wünschen und

---

[690] Vgl. dazu auch BVerfGE 44, 125, 145; BVerfG NVwZ 2015, 209, 210.
[691] Vgl. etwa *Ipsen*, in: Sachs, GG, Art. 21 Rn 5 f.

seiner politischen Ausrichtung entspricht. Jedoch hat das BVerfG entschieden, dass der Begriff der Partei in § 2 I PartG eine verfassungsgemäße Konkretisierung des Art. 21 GG darstelle.[692] Entscheidend kommt es auf die **Dauerhaftigkeit** und die **Zielsetzung** an, in einem **Parlament** (des Bundes oder eines Landes) **vertreten zu sein** und dort an der politischen Willensbildung des Volkes mitzuwirken. Schließlich muss die Gewähr für die **Ernsthaftigkeit** dieser Zielsetzung bestehen (insbesondere nach Umfang und Festigkeit der Organisation, Zahl der Mitglieder, Hervortreten in der Öffentlichkeit).

- Das Merkmal **„dauernd oder für längere Zeit"** fehlt noch nicht, wenn eine Partei bis zu 6 Jahre lang (vgl. § 2 II S. 1 PartG) nicht an Wahlen teilgenommen hat.[693] Eine kürzere Frist wäre aber unzulässig.

- Die Zielsetzung, in einem **Parlament** (des Bundes oder eines Landes) **vertreten zu sein**, bedeutet das Bestreben nach dauerhafter oder längerfristiger Einflussnahme auf die politische Willensbildung[694] in einem Parlament auf Bundes- bzw. Landesebene. Daher fallen sog. **Rathausparteien** nicht unter den Begriff der politischen Partei i.S.d. Art. 21 GG, § 2 I PartG.[695] Rathausparteien sind Parteien, die sich lediglich auf Kommunalebene engagieren und es sich nicht zum Ziel gesetzt haben, in einem Parlament vertreten zu sein. Insbesondere ist der Gemeinderat kein Parlament, obwohl er durch Wahl demokratisch legitimiert ist, da er lediglich ein gewähltes Selbstverwaltungsorgan darstellt.

- Durch die ausreichende **Gewähr für die Ernsthaftigkeit** der o.g. Zielsetzung soll ausgeschlossen werden, dass sich „Zufallsbildungen von kurzer Lebensdauer um Wähler bewerben"[696]. Die Ernsthaftigkeit muss sich durch objektive Kriterien über die Fähigkeit zur Erfüllung der Aufgaben einer Partei belegen lassen.[697] Während der Gründungsphase sind jedoch abgeschwächte Anforderungen an die Fähigkeit zur Erfüllung der Aufgaben zu stellen. Jedenfalls nicht als Parteien anzusehen sind Vereinigungen, die nach ihrem Organisationsgrad und ihren Aktivitäten offensichtlich nicht imstande sind, auf die politische Willensbildung des Volkes Einfluss zu nehmen, und bei denen infolgedessen die Verfolgung dieser Zielsetzung erkennbar unrealistisch und aussichtslos ist und damit nicht (mehr) als ernsthaft eingestuft werden kann.[698] Der Umstand, dass der neu gegründeten Partei (vorerst) nur 42 Mitglieder angehören, steht der Ernsthaftigkeit nicht entgegen.[699]

- Zur **Mitwirkung an der politischen Willensbildung des Volkes** vgl. Rn 378.

Auch Parteien, die die **freiheitliche demokratische Grundordnung bekämpfen**, sind (zunächst) Parteien i.S.d. Art. 21 GG.[700] Allerdings können sie **verboten** werden (Rn 414 ff.).

373

---

[692] BVerfGE 24, 260, 263 f.; 79, 379, 384; 91, 262, 267; BVerfG NVwZ 2013, 1271; BVerwG NVwZ 1997, 66.

[693] BVerfGE 24, 260, 265; 89, 266, 271; BVerwG NVwZ 1997, 66.

[694] Politische Willensbildung findet primär durch Wahlen und Abstimmungen statt, aber auch im gesamten Prozess öffentlicher Auseinandersetzung (vgl. BVerfGE 8, 51, 68; 85, 264, 284; 91, 262, 268 f.).

[695] So ausdrücklich BVerfGE 6, 367, 372 f.; 47, 253, 272; 69, 92, 104; 78, 350, 357 ff.; *Sannwald*, in: Schmidt-Bleibtreu/Hofmann/Henneke, GG, Art. 21 Rn 19; a.A. *Pieroth*, in: J/P, GG, Art. 21 Rn 7; *Hesse*, Grundzüge des VerfR, Rn 168; *Kunig*, in: HdbStR II, S. 127 f.; *v. Münch*, in: v. Münch/Kunig, GG, Art. 21 Rn 14 mit der Begründung, dass auch auf Kommunalebene politische Willensbildung stattfinde und auch in Gemeinden gem. Art. 28 I S. 2 GG Wahlen i.S.d. Art. 20 II GG durchgeführt würden.

[696] BVerfGE 91, 262, 270. Vgl. auch BVerfG NVwZ 2013, 1271 f.

[697] BVerfGE 91, 262, 270; BVerwG NVwZ 1997, 66.

[698] BVerwG NVwZ 1997, 66 zum Verbot der „Deutschen Alternative".

[699] BVerfG NVwZ 2013, 1271 f.

[700] BVerfGE 47, 198, 223. Vgl. auch BVerfG NVwZ 2015, 209, 210.

II. Gründungsfreiheit und innere Ordnung der politischen Parteien

374   Kennzeichnend für eine Partei ist der **freiwillige Zusammenschluss** von natürlichen Personen. Eines staatlichen Mitwirkungsakts, wie das etwa bei der Zulassung zur Beteiligung an Wahlen der Fall ist, bedarf es nicht.[701] Ein solcher staatlicher Mitwirkungsakt stünde auch mit einem demokratischen Gemeinwesen in Widerspruch und verstieße gegen Art. 21 I S. 2 GG. Die Gründung einer politischen Partei erfolgt durch Rechtsgeschäft. Traditionell werden Parteien als Vereine gegründet. Sie können unter ihrem Namen klagen und verklagt werden, § 3 PartG.

375   Die innere Ordnung der Parteien muss den **demokratischen Grundsätzen** verpflichtet sein, Art. 21 I S. 3 GG. Das PartG, das gem. Art. 21 III GG eine nähere Regelung darstellt, enthält in den §§ 6 ff. eine Vielzahl von Vorschriften, die dieses verfassungsrechtliche Postulat konkretisieren. Der Begriff „demokratische Grundsätze" verweist grundsätzlich auf das Demokratieprinzip. Das bedeutet, dass die Willensbildung demokratisch, d.h. „von unten nach oben", erfolgen muss und nicht „von oben nach unten" erfolgen darf.[702]

376   Das Gebot einer demokratischen inneren Ordnung ist eine Selbstverständlichkeit. Es wäre mit dem Demokratieprinzip der Bundesrepublik Deutschland schlechterdings unvereinbar, wenn die politischen Parteien, die über die Fraktionen im Bundestag bei der Gesetzgebung mitwirken, nicht selbst den Grundsätzen einer Demokratie entsprächen müssten.

377   Rechtsfolge eines Verstoßes gegen das Gebot einer demokratischen inneren Ordnung ist (soweit der Verstoß auf einer entsprechenden Satzungsbestimmung basiert), dass die Satzungsbestimmung und die auf ihrer Grundlage gefassten Beschlüsse gem. § 134 BGB nichtig sind.[703] In Fällen, in denen die Abkehr von demokratischen Organisationsgrundsätzen in der inneren Ordnung einen solchen Grad erreicht, dass sie nur als Ausdruck einer grundsätzlich demokratiefeindlichen Haltung erklärbar ist, liegen die Voraussetzungen für ein Verbot (Rn 414 ff.) vor.[704] Die Verletzung der in § 21 BWahlG normierten Voraussetzungen für die Aufstellung von Bundestagskandidaten kann gem. § 26 I Nr. 2 BWahlG durch die Zurückweisung des Wahlvorschlags sanktioniert werden. Zu Wahlfehlern vgl. Rn 150 f.

III. Mitwirkung bei der „politischen Willensbildung des Volkes"

378   Art. 21 I GG statuiert das Recht (und die Pflicht[705]) der Parteien, bei der politischen Willensbildung des Volkes mitzuwirken. Diese Mitwirkung bei der politischen Willensbildung des Volkes besteht in der Aufgabe, an in der Bevölkerung bestehenden politischen Meinungen anzuknüpfen, (Partei-)Programme entsprechend den Zielen der Partei aufzustellen und auf deren Grundlage Kandidaten zu den Wahlen zu präsentieren. Durch die Verfassungsbestimmung des Art. 21 I GG werden die Parteien zudem in den Rang **verfassungsrechtlicher Institutionen** erhoben.[706] Gleichwohl zählen sie nicht zu den (obersten) Verfassungsorganen; vielmehr bleiben sie „frei gebildete, im gesellschaftlich-politischen Bereich wurzelnde Gruppen"[707]. Damit stehen die

---

[701] BVerwG NJW 2000, 824, 825.
[702] BVerfGE 2, 1, 40; *Sannwald*, in: Schmidt-Bleibtreu/Hofmann/Henneke, GG, Art. 21 Rn 70.
[703] *Pieroth*, in: J/P, GG, Art. 21 Rn 26; a.A. *Morlok*, in: Dreier, GG, Art. 21 Rn 121, der § 134 BGB für nicht einschlägig hält.
[704] BVerfGE 2, 1, 14.
[705] BVerfGE 61, 1, 11.
[706] BVerfGE 2, 1, 73; 20, 56, 101; 69, 92, 110. Vgl. auch BVerfG NVwZ 2015, 209, 210.
[707] BVerfGE 20, 56, 101 f.; BVerwG NJW 2000, 824, 825; BVerfG VR 2014, 71 f.

politischen Parteien **zwischen Staat und Gesellschaft**. Gleichwohl sind sie aber parteifähig in einem Organstreitverfahren (vgl. dazu Rn 628).

Die Mitwirkung an der politischen Willensbildung des Volkes erstreckt sich auf alle **379** denkbaren Bereiche des öffentlichen Lebens und vollzieht sich naturgemäß am stärksten bei den **Wahlen**. Wie bereits bei Rn 91 ff. beschrieben, sind Bundestags- und Landtagswahlen (unbeschadet der Kandidatur einzelner parteiloser Bewerber) vornehmlich Parteienwahlen. Das Listenprivileg (vgl. § 27 I BWahlG) bekräftigt (auf Bundesebene) diese hervorgehobene Stellung der Parteien.

Die hervorgehobene Stellung der Parteien im Staat wirkt sich auch bei der Vergabe von **380** (öffentlichen) Ämtern aus: Oft ist die Zugehörigkeit zu einer bestimmten Partei ausschlag-gebendes Kriterium für die personelle Auswahl bei der Ämtervergabe. Diese „Ämterpatro-nage" ist mit dem Demokratieprinzip nicht vereinbar und sogar durch die Regelung des Art. 33 II GG für den Bereich des Beamtenrechts unzulässig. Eine Ausnahme besteht jedoch für die sog. politischen Beamten (Staatssekretäre, Ministerialdirektoren usw., vgl. § 36 BBG, § 30 I BeamtStG i.V.m. den Landesbeamtengesetzen), da dort die besondere politische Loyalität zum Dienstherrn im Vordergrund steht.

B. Die Chancengleichheit der politischen Parteien

I. Materieller und formeller Gleichheitssatz

Nach der Rechtsprechung des BVerfG müssen alle Parteien **formal gleich behan-** **381** **delt** werden.[708] Dies folgt aus der Überlegung, dass die Entscheidung des Wählers nur dann in voller Freiheit gefällt werden kann, wenn die Parteien gleichberechtigt und mit gleichen Chancen am Prozess der Meinungs- und Willensbildung des Volkes sowie am politischen Wettbewerb teilnehmen können.[709] Staatsorgane, die parteier-greifend zugunsten oder zulasten einer politischen Partei auf den Wahlkampf einwir-ken, verstoßen gegen das Gebot der Neutralität des Staates im Wahlkampf und verletzen die Chancengleichheit der betroffenen Partei.[710] Das gilt nicht nur für den Wahlvorgang selbst, sondern auch für die Wahlvorbereitung.[711]

Die formale Gleichbehandlung wird auf Art. 21 I GG gestützt und steht dogmatisch im Gegensatz zur materiellen Gleichbehandlung. Der materielle Gleichheitssatz, der auch dem Art. 3 I GG zugrunde liegt, besagt, dass eine Ungleichbehandlung zulässig ist, wenn sie auf sachlichen Gründen basiert, also nicht willkürlich erfolgt. Der formale Gleichheitssatz verbietet dagegen von vornherein jegliche Ungleichbehandlung.

Gelegentlich wird vom BVerfG auch der materielle Gleichheitssatz des Art. 3 I GG **382** zugrunde gelegt.[712] Das hat zum einen den Grund, dass somit sachliche Differenzie-rungen zugelassen werden können. Zum anderen ist Art. 21 GG kein Grundrecht bzw. grundrechtsgleiches Recht i.S.d. Art. 93 I Nr. 4a GG, sodass eine Verfassungsbe-schwerde nur zulässig ist, wenn auf Art. 3 I GG abgestellt wird.

II. Das Parteiengesetz

Die Träger öffentlicher Gewalt sind nicht von Verfassungs wegen verpflichtet, Parteien **383** öffentliche Einrichtungen zur Verfügung zu stellen, damit diese ihre Aufgaben (z.B. Abhalten von Parteitagen) erfüllen können. Werden aber derartige Leistungen (an

---

[708] BVerfGE 82, 322, 337; BVerfG NVwZ 2015, 209, 210.
[709] BVerfG NVwZ 2015, 209, 210.
[710] BVerfG NVwZ 2015, 209, 211 mit Verweis auf BVerfGE 44, 125, 146 und BVerfG NJW 2014, 2563, 2564.
[711] BVerfG NVwZ 2015, 209, 211 mit Verweis auf BVerfGE 44, 125, 146. Zur Neutralitätspflicht der Staatsorgane vgl. Rn 84 ff.
[712] BVerfGE 7, 99, 107; 47, 198, 225; 85, 264, 312; anders BVerfGE 91, 262, 269; 91, 276, 286.

andere Parteien) erbracht, kann sich ein Anspruch auf Gleichbehandlung ergeben. In Konkretisierung der Art. 21 und 38 GG sollen gem. § 5 I S. 1 PartG i.V.m. Art. 3 I GG alle Parteien gleich behandelt werden, wenn ein Träger öffentlicher Gewalt den Parteien Einrichtungen zur Verfügung stellt oder andere öffentliche Leistungen gewährt. Jedoch kann nach h.M. der Umfang der Gewährung nach der Bedeutung der Parteien bis zu dem für die Erreichung ihres Zwecks erforderlichen Mindestmaß abgestuft werden, § 5 I S. 2 PartG (**Prinzip der abgestuften Chancengleichheit**). Die Bedeutung einer Partei bemisst sich insbesondere nach den vorangegangenen Wahlergebnissen, § 5 I S. 3 PartG. Sofern eine Partei im Bundestag in Fraktionsstärke vertreten ist, muss der Umfang der Gewährung mindestens halb so groß sein wie für jede andere Partei, § 5 I S. 4 PartG.

Die Regelung des § 5 I PartG ist nach Auffassung des BVerfG sowohl mit Art. 3 I GG als auch mit Art. 21 GG vereinbar, da ein sachlicher Grund für die unterschiedliche Behandlung bestehe. Dieser bestehe in der unterschiedlichen Bedeutung der einzelnen Parteien für die Willensbildung des Volkes. Es würde gerade gegen Art. 3 I GG und Art. 21 GG verstoßen, wenn kleine, für die Willensbildung des Volkes weniger bedeutende Parteien den gleichen umfänglichen Anspruch auf Leistung (etwa bei der Vergabe von Sendezeiten zur Wahlwerbung) hätten wie die großen Volksparteien.[713] Dem kann nicht unwidersprochen bleiben, weil dadurch bestehende Machtverhältnisse gesichert und den kleinen Parteien damit Chancen genommen werden. Einer dem Demokratieprinzip wirklich gerecht werdenden Chancengleichheit entspräche es, allen (zur Wahl zugelassenen) Parteien dieselben Bedingungen zu verschaffen. Zum in einer Demokratie an sich selbstverständlichen Minderheitenschutz vgl. bereits Rn 79c; zur Wahlwerbung Rn 84 ff.

384 Der Hauptanwendungsbereich des § 5 PartG liegt in der Vergabe von **Stadthallen** (oder Schulräumen[714]) zur Abhaltung von Parteitagen oder in der Vergabe von **Sendezeiten** im Rahmen der Wahlwerbung. Die Formulierung „sollen" in § 5 I S. 1 PartG bedeutet im Grundsatz, dass die gewünschte Verwaltungsentscheidung in der vorgesehenen Weise getroffen werden muss. In Ausnahmefällen (atypische Situationen) darf aber von der vorgesehenen Rechtsfolge abgerückt werden. Die Behörde ist dann, weil sie von einem rechtlich gebundenen Ermessen Gebrauch macht, nach § 39 I S. 3 VwVfG verpflichtet, die Abweichung besonders zu begründen.

385 Zur verwaltungsrechtlichen Prüfung eines Anspruchs auf **Benutzung einer öffentlichen Einrichtung** (Stadthalle etc.) vgl. *R. Schmidt*, AllgVerwR, Rn 1031 ff.

386 § 5 PartG findet jedoch nicht nur Anwendung bei der Vergabe von Stadthallen (oder Schulräumen) zwecks Abhaltung von Parteitagen, sondern auch bei der Vergabe von **Sendezeiten** im öffentlich-rechtlichen Rundfunk im Rahmen der Wahlwerbung. § 5 I PartG fordert nicht nur die Gleichbehandlung der Parteien (vgl. § 5 I S. 1 PartG), sondern stellt zugleich klar, dass eine Abstufung der Chancengleichheit bis zu dem Maße zulässig ist, bis zu dem der Zweck einer Wahlwerbung noch erreicht werden kann (vgl. § 5 I S. 2 PartG: **Prinzip der abgestuften Chancengleichheit**). Das BVerwG hat aber betont, dass trotz aller Abstufung eine wirksame Wahlwerbung in angemessenem Umfang der Partei möglich sein muss.[715]

---

[713] Vgl. BVerfGE 24, 300, 354; a.A. *Ipsen*, Rn 167 und *Ipsen*, in: Sachs, GG, Art. 21 Rn 41.
[714] Vgl. dazu VGH Mannheim NJW 2012, 1095 f. (Überlassung von Schulräumen an NPD).
[715] BVerwGE 47, 280, 291.

III. Rechtsschutz in Bezug auf die Chancengleichheit

Wird von einer politischen Partei die Verletzung der Chancengleichheit seitens des Gesetzgebers oder der Bundesregierung geltend gemacht, ist ein Antrag im **Organstreitverfahren** statthaft.[716] Das Organstreitverfahren greift aber nicht bei der Vergabe von öffentlichen Einrichtungen kommunaler Gebietskörperschaften oder bei der Vergabe von Sendezeiten im Rundfunk, denn zum einen sind die Träger dieser Institutionen in einem Organstreitverfahren nicht parteifähig (vgl. Art. 93 I Nr. 1 GG, §§ 13 Nr. 5, §§ 63 ff. BVerfGG)[717] und zum anderen handelt es sich hier nicht um spezifisches Verfassungsrecht, das den Streit entscheidet. Gegen Verletzungen der Chancengleichheit durch andere als in § 63 BVerfGG genannte Organe und gegen Beeinträchtigungen, die außerhalb des Verfassungsrechts stehen, steht deshalb der **Verwaltungsrechtsweg** offen.[718] Gleichwohl ist den politischen Parteien der Gang zum BVerfG nicht gänzlich verwehrt, da sie gegen das letztinstanzliche Gerichtsurteil **Verfassungsbeschwerde** (Art. 93 I Nr. 4a, §§ 13 Nr. 8a, 90 ff. BVerfGG) erheben können.[719] Auch ist eine **konkrete Normenkontrolle** statthaft, wenn ein Gericht ein Gesetz, auf dessen Gültigkeit es bei der Entscheidung ankommt, für verfassungswidrig hält (vgl. Art. 100 I GG).

387

Sollte einer Vereinigung die Anerkennung als Partei für die Wahl zum Bundestag (vgl. § 18 IV BWahlG) versagt werden, steht ihr das Verfahren nach Art. 93 I Nr. 4c GG i.V.m. §§ 13 Nr. 3a, 96a ff. BVerfGG zur Verfügung.

388

C. Die Parteienfinanzierung

I. Unmittelbare Parteienfinanzierung

Art. 21 GG statuiert die Pflicht der politischen Parteien, an der Willensbildung des Volkes mitzuwirken[720] (Rn 378). Es könnte daher angenommen werden, dass der Staat auch von Verfassungs wegen dafür Sorge tragen muss, dass die Parteien zumindest mit einem Grundbestand an Mitteln versorgt werden, damit diese ihre Aufgabe überhaupt im Ansatz erfüllen können.[721] Das geltende Verfassungsrecht geht jedoch nicht so weit und gewährt keinen verfassungsrechtlich verbürgten Anspruch der Parteien auf Parteienfinanzierung. Einen solchen gewährt aber das einfache Recht. Gemäß § 18 I S. 1 PartG gewährt der Staat den Parteien Mittel als Teilfinanzierung der allgemein ihnen nach dem Grundgesetz obliegenden Tätigkeit. Der Staat kommt dieser Verpflichtung nach und regelt nicht nur die finanzielle Ausstattung der Parteien über die Erstattung von Wahlkampfkosten (unmittelbare Parteienfinanzierung), sondern auch die steuerliche Abzugsfähigkeit von Parteispenden (mittelbare Parteienfinanzierung). Darüber hinaus gewährt er sonstige öffentliche Leistungen.

389

Die Unterstützung der Parteien durch den Staat darf aber nicht dazu führen, dass die Parteien in ein Abhängigkeitsverhältnis zum Staat geraten, denn anderenfalls wäre die Mitwirkung an der politischen Willensbildung des Volkes nicht gewährleistet. Im Grundsatz muss daher gelten, dass die Parteien nicht nur politisch, sondern auch wirtschaftlich und

390

---

[716] BVerfGE 60, 53, 61 f.; 66, 107, 115; 73, 1, 27; VerfG MeckVor NJ 2001, 138. Zur Parteifähigkeit von politischen Parteien vgl. Rn 628.

[717] Eine politische Partei wäre dagegen parteifähig im dargelegten Sinn. Zwar sind sie in § 63 BVerfGG nicht genannt, Art. 93 I Nr. 1 GG spricht aber von anderen Beteiligten, die u.a. durch das GG mit eigenen Rechten ausgestattet sind. Politische Parteien sind gem. Art. 21 GG mit eigenen Rechten (und Pflichten) ausgestattet, nämlich an der Willensbildung des Volkes mitzuwirken. Somit sind sie parteifähig.

[718] *Ipsen*, Rn 169.

[719] Beispiele: BVerfGE 7, 99, 103; 47, 198, 223; 82, 54, 57.

[720] So ausdrücklich BVerfGE 61, 1, 11 f.

[721] Ebenso *Sannwald*, in: Schmidt-Bleibtreu/Hofmann/Henneke, GG, Art. 21 Rn 92, nach dessen Auffassung die Frage aber letztlich dahinstehen kann, weil eine tatsächliche Unterstützung seitens des Staats besteht; a.A. BVerfGE 73, 40, 85 f.

organisatorisch auf die Zustimmung und Unterstützung der Bürger angewiesen sind. Die Grenze der staatlichen Parteienfinanzierung liegt demgemäß dort, wo die Parteien der Notwendigkeit enthoben werden, sich um die finanzielle Unterstützung durch ihre Mitglieder und ihnen nahestehender Bürger zu bemühen.[722]

391 Das BVerfG ist daher ursprünglich davon ausgegangen, dass eine pauschale unmittelbare staatliche Finanzierung der Parteien grundsätzlich unzulässig sei. Zulässig sei lediglich die Erstattung der Kosten eines angemessenen Wahlkampfes, weil die Abhaltung von Wahlen eine öffentliche Aufgabe sei, bei deren Durchführung den Parteien eine besondere Rolle zukomme.[723] Das PartG in seiner früheren Fassung sah demgemäß vor, dass der Gesamtbetrag der Wahlkampfkosten mit zuletzt 5,- DM je Wahlberechtigten (und nicht etwa je abgegebene Stimme) pauschaliert gezahlt wird (§ 18 I PartG a.F.), sodass er unabhängig von der konkreten Wahlbeteiligung war. Dies entsprach trotz der Pauschalierung der Rechtsprechung des BVerfG, da es sich lediglich um eine Wahlkampfkostenerstattung handelte.

392 Das BVerfG hat später unter Aufgabe seiner bisherigen Rechtsprechung zur Wahlkampfkostenerstattung es für zulässig erachtet, dass den Parteien unmittelbare Zuwendungen für die Finanzierung der ihnen nach dem Grundgesetz obliegenden Aufgaben gewährt werden dürfen.[724] Inzwischen ist das PartG mehrfach grundlegend geändert worden. Der Staat gewährt den Parteien nunmehr „Mittel als Teilfinanzierung der allgemein ihnen nach dem Grundgesetz obliegenden Tätigkeit", für deren Verteilung der Erfolg, den eine Partei bei den Wählern bei Europa-, Bundestags- und Landtagswahlen erzielt, sowie die Summe der Mitgliedsbeiträge und Spenden den Maßstab bilden (§ 18 I PartG). Dabei erhalten die Parteien gem. § 18 III S. 1 PartG jährlich im Rahmen der staatlichen Parteienfinanzierung für jede für ihre jeweilige Liste bei den Europa-, Bundestags- und Landtagswahlen abgegebene gültige Stimme (bzw. für jede in einem Wahlkreis abgegebene gültige Stimme, wenn in einem Land eine Liste für diese Partei nicht zugelassen war) 0,83 € und für jeden ihr zugewandten Spenden- oder Beitragseuro 0,45 € (§ 18 III S. 1 PartG). Abweichend hiervon erhalten die Parteien für die von ihnen jeweils erzielten bis zu 4 Mio. gültigen Stimmen 1,00 € je Stimme (sog. **Sockelbetrag**, vgl. § 18 III S. 2 PartG).

393 Die Gewährung staatlicher Mittel für Wählerstimmen setzt voraus, dass die betreffende Partei nach dem endgültigen Wahlergebnis der jeweils letzten Europa- oder Bundestagswahl mindestens 0,5 % oder bei einer Landtagswahl 1,0 % der für die Listen abgegebenen gültigen Stimmen erreicht hat (§ 18 IV S. 1 PartG). Nach § 18 V S. 1 PartG darf die Höhe der staatlichen Teilfinanzierung bei einer Partei die Summe ihrer jährlich selbst erwirtschafteten Einnahmen nicht überschreiten (sog. **relative Obergrenze**). Die Summe der Finanzierung aller Parteien darf gem. § 18 V S. 2 PartG die in § 18 II PartG normierte **absolute Obergrenze** nicht überschreiten.

394 Die Festsetzung und die Auszahlung der staatlichen Mittel sind von den Parteien schriftlich bis zum 30.9. des jeweils laufenden Jahres (Anspruchsjahr) beim Bundestagspräsidenten zu beantragen (§ 19 I S. 1 PartG). Allerdings erfolgt die Festsetzung zugunsten einer Partei, für die schon im Vorjahr staatliche Mittel festgesetzt worden sind, gem. § 19 I S. 5 PartG auch ohne Antrag. Erforderlich ist aber stets die rechtzeitige Vorlage des sog. Rechenschaftsberichts (vgl. § 19a PartG und sogleich Rn 396).

---

[722] Vgl. BVerfGE 8, 51, 63; 85, 264, 285 sowie *Bäcker*, NVwZ 2000, 284; *Sannwald*, in: Schmidt-Bleibtreu/Hofmann/Henneke, GG, Art. 21 Rn 92.
[723] Vgl. zur früheren Rechtsprechung BVerfGE 20, 56, 96 ff.
[724] BVerfGE 85, 264, 287.

II. Die Rechenschaftspflicht

Art. 21 I S. 4 GG bestimmt, dass die Parteien über die Herkunft und Verwendung **395** ihrer Mittel sowie über ihr Vermögen öffentlich Rechenschaft ablegen müssen. Die öffentliche Rechenschaftspflicht bezweckt, „den Prozess der politischen Willensbildung für den Wähler durchschaubar zu machen und ihm zu offenbaren, welche Gruppen, Verbände oder Privatpersonen im Sinne ihrer Interessen durch Geldzuwendungen auf die Parteien politisch einzuwirken suchen"[725]. Einzelheiten der Rechenschaftspflicht sind gem. Art. 21 III GG in den §§ 18 ff. und 23 ff. PartG geregelt. Die Bestimmungen des PartG über die Offenlegung der Finanzen stellen somit konkretisiertes Verfassungsrecht dar (vgl. dazu bereits Rn 4).[726]

§ 23 I PartG statuiert die grundsätzliche Pflicht der Parteien zur Offenlegung ihrer **396** finanziellen Verhältnisse hinsichtlich der Herkunft wie der Verwendung ihrer Mittel in einem Rechenschaftsbericht.[727] Der Rechenschaftsbericht muss von einem Wirtschaftsprüfer oder einer Wirtschaftsprüfungsgesellschaft geprüft werden (§ 23 II S. 1 PartG) und bis zum 30.9 des folgenden Jahres beim Bundestagspräsidenten eingereicht werden (§ 19a III S. 1 PartG). Bei Vorliegen von besonderen Gründen kann diese Frist um bis zu 3 Monate verlängert werden (§ 19a III S. 2 PartG). Reicht eine Partei ihren Rechenschaftsbericht nicht fristgerecht ein, verliert sie endgültig den auf Zuwendungen bezogenen Anspruch auf staatliche Mittel (Verfall des Zuwendungsanteils, vgl. § 19a III S. 3 PartG). Hat eine Partei ihren Rechenschaftsbericht bis zum 31.12. des dem Anspruchsjahr folgenden Jahres nicht eingereicht, verliert sie endgültig den Anspruch auf staatliche Mittel für das Anspruchsjahr (Verfall des Wählerstimmenanteils, vgl. § 19a III S. 4 PartG). Dabei ist zu beachten, dass die Fristen unabhängig von der inhaltlichen Richtigkeit gewahrt sind, wenn der Rechenschaftsbericht der in § 24 PartG vorgegebenen Gliederung entspricht und den Prüfungsvermerk des Wirtschaftsprüfers bzw. der Wirtschaftsprüfungsgesellschaft trägt (§ 19a III S. 5 PartG).

Die inhaltlichen Anforderungen an diesen Rechenschaftsbericht werden in § 24 PartG und **397** weiter in den §§ 26 f. PartG präzisiert. Danach muss der Rechenschaftsbericht eine **Einnahmen- und Ausgabenrechnung** sowie eine vom Gesetz als Vermögensbilanz bezeichnete **Vermögensrechnung** mit **Erläuterungsteil** enthalten (§ 24 I S. 1 PartG). Mit der Pflicht zur Erläuterung der Vermögensrechnung soll insbesondere die Transparenz bei der Darstellung der wirtschaftlichen Unternehmungen der Partei gestärkt werden (§ 24 IV Nrn. 5 u. 6, V Nr. 2 d-e PartG). In der Vermögensbilanz zu erläutern sind zunächst alle Differenzen zwischen dem Saldo der Einnahmen- und Ausgabenrechnung (Nr. 1). Aufzulisten sind ferner alle Beteiligungen an Unternehmen (einschließlich deren Beteiligungen) jeweils mit Name und Sitz sowie unter Angabe des Anteils und der Höhe des Nominalkapitals (Nr. 2). Bei Beteiligungen an Medienunternehmen muss der Rechenschaftsbericht deren Hauptprodukte benennen (Nr. 3). Weil die Angabe des Nominalwerts bei Unternehmensbeteiligungen keine Rückschlüsse auf den wirtschaftlichen Wert der Beteiligung zulässt, sieht Nr. 4 eine Bewertung von Unternehmensbeteiligungen sowie des Haus- und Grundvermögens im Abstand von 5 Jahren vor. Da diese Verpflichtung erstmals für den Rechenschaftsbericht 2003 galt (vgl. § 39 II S. 2 PartG), war folgerichtig auch die erste Bewertung 2003 vorzunehmen. Materiell bestimmt sich die Bewertung nach den Vorschriften des Bewertungsgesetzes und ist von der Partei (nicht vom Wirtschaftsprüfer) vorzunehmen.[728]

---

[725] BVerfG NJW 2005, 126, 127; BVerfGE 20, 56, 106; 52, 63, 86 f.; 85, 264, 319. Vgl. auch VG Berlin NJW 2001, 1367 ff. und *Wieland*, NJW 2005, 110 ff.
[726] BVerfG NJW 2005, 126, 127 f.; a.A. das Minderheitsvotum S. 133.
[727] Lediglich geringfügige Einnahmen sind gem. § 27 III PartG von der Angabe befreit. Zum Rechenschaftsbericht vgl. auch VG Berlin NJW 2001, 1367 mit abl. Bespr. v. *Masing*, NJW 2001, 2353.
[728] Vgl. *Lenz*, NVwZ 2002, 769, 773.

398 Für die Rechnungslegung gelten grundsätzlich die Vorschriften des Handelsrechts. Rechnungsunterlagen sowie Bücher und Bilanzen sind 10 Jahre aufzubewahren (§ 24 II PartG).

399 Gemäß § 23a I S. 1 PartG hat der Bundestagspräsident den vorgelegten Rechenschaftsbericht auf formale und inhaltliche Richtigkeit zu prüfen, sofern (und nur dann!) konkrete Anhaltspunkte für unrichtige Angaben in einem Rechenschaftsbericht vorliegen (§ 23a II PartG). Als Quelle solcher Anhaltspunkte werden in der Begründung des gemeinsamen Gesetzentwurfs (BT-Drs. 14/8778, S. 23)[729] Zeugenaussagen in Untersuchungsausschüssen oder Ermittlungen von Staatsanwaltschaften bzw. Steuerbehörden genannt. Presseberichte werden dort nicht genannt. Sofern sie aber einen glaubwürdigen Tatsachenkern besitzen, wird man auch in einem solchen Fall eine Prüfungspflicht annehmen müssen. Stellt der Bundestagspräsident nach entsprechender Prüfung eine Unrichtigkeit fest, beziffert er diese in einem Bescheid (§ 23a IV PartG), der die Grundlage für Sanktionen nach §§ 31a-c PartG bildet.

400 Bedeutung erlangt die ordnungsgemäße Erstellung des Rechenschaftsberichts für die staatliche Parteienfinanzierung: Staatliche Mittel dürfen nur festgesetzt werden, wenn ein fristgerechter und inhaltlich korrekter Rechenschaftsbericht eingereicht wird (vgl. § 19a III PartG).

III. Die steuerliche Begünstigung von Mitgliedsbeiträgen und Spenden

401 Zulässig ist auch die mittelbare staatliche Begünstigung durch Gewährung von Steuervorteilen für Parteispenden: Nach § 34g S. 1 Nr. 1, S. 2 EStG mindern Mitgliedsbeiträge und Parteispenden die Steuerschuld um 50 % des Betrags bis zu einer Höhe von 825,- € jährlich. Bei Zusammenveranlagung von Ehegatten (ergänze: und eingetragenen Lebenspartnern) liegt die Grenze bei 1.650,- €. Dabei spielen die Höhe des Einkommens und der persönliche Steuersatz keine Rolle. Die die Höchstgrenzen des § 34g EStG übersteigenden Mitgliedsbeiträge und Spenden sind aber gem. § 10b II EStG als Sonderausgaben bis zur Höhe von insgesamt 1.650 € und im Fall der Zusammenveranlagung von Ehegatten (ergänze: und eingetragenen Lebenspartnern) bis zur Höhe von insgesamt 3.300 € des den § 34g EStG übersteigenden Betrags im Kalenderjahr abzugsfähig.

IV. Parteispenden

402 Einen zentralen Stellenwert bei der privaten Parteienfinanzierung nehmen die **Parteispenden** ein. Deren Annahme ist grundsätzlich erlaubt (vgl. § 25 I S. 1 PartG). Der Begriff der Parteispende ist in § 27 I S. 3 u. 4 PartG legaldefiniert. Danach sind Spenden über Mitglieds- und Mandatsträgerbeiträge (vgl. zu diesen § 27 I S. 1 u. 2 PartG) hinausgehende Zahlungen, insbesondere Aufnahmegebühren, Sonderumlagen und Sammlungen sowie geldwerte Zuwendungen aller Art, sofern sie nicht üblicherweise unentgeltlich von Mitgliedern außerhalb eines Geschäftsbetriebs zur Verfügung gestellt werden. Erbschaften und Vermächtnisse fallen nicht unter den Spendenbegriff, sondern bilden eine Unterform sonstiger Einnahmen nach § 27 II S. 3 PartG.

403 Von der Partei **erlangt** ist eine Spende, wenn sie in den Verfügungsbereich eines für die Finanzangelegenheiten zuständigen Vorstandsmitglieds oder eines hauptamtlichen Mitarbeiters der Partei gelangt ist (§ 25 I S. 4 Halbs. 1 PartG). Ist auf diese Weise eine Spende erlangt worden, welche die Partei nicht annehmen darf oder (auch das ist denkbar) nicht annehmen möchte, kann die Partei sie (etwa um unerwünschte Sanktionen zu vermeiden) über die Nichterlangungsfunktion des § 25 I S. 4 Halbs. 2 PartG rückgängig machen. Dazu muss sie die Spende unverzüglich (also ohne schuld-

---

[729] Vgl. dazu *Lenz*, NVwZ 2002, 769, 770.

haftes Verzögern – vgl. § 121 I BGB) nach ihrem Eingang an den Spender zurückleiten. Nach dem Zweck der Vorschrift wird man den Parteien aber zumindest eine angemessene Zeit zur Beratung über die Zurückweisung einräumen müssen.

Eine Einschränkung des grundsätzlichen Rechts, Parteispenden entgegenzunehmen, besteht zunächst hinsichtlich **Barspenden**. Diese dürfen nach § 25 I S. 2 PartG nur bis zu einem Betrag von **1.000,- €** entgegengenommen werden. Parteisatzungen, die eine großzügigere Obergrenze nennen, sind gemäß der Normenhierarchie insoweit ungültig. Die Nichteinhaltung der Obergrenze wird allerdings durch das PartG nicht sanktioniert.[730] Damit trägt der Gesetzgeber dem Umstand Rechnung, dass nicht die Annahme von Barspenden, sondern das Unterlassen der Weiterleitung an die für Finanzangelegenheiten zuständigen Vorstandsmitglieder problematisch ist. Folgerichtig statuiert § 25 I S. 3 PartG die Pflicht, dass Parteimitglieder empfangene Barspenden unverzüglich an ein für Finanzangelegenheiten von der Partei satzungsgemäß bestimmtes Vorstandsmitglied weiterzuleiten haben. Unterbleibt die Weiterleitung, greift die Strafvorschrift des § 31d I S. 1 Nr. 3 PartG. Übrige Spenden (Banküberweisungen etc.) sind höhenmäßig nicht begrenzt.

404

Ein generelles Spendenannahmeverbot (also auch für Barspenden) statuiert die differenzierte Vorschrift des § 25 II PartG. Da diese Vorschrift einen Ausnahmetatbestand zur Grundregel des § 25 I S. 1 PartG darstellt, ist sie im Zweifel eng auszulegen und nicht analogiefähig. Beispielhaft seien folgende Ausnahmetatbestände genannt:

405

- Nach § 25 II Nr. 1 PartG wird das bislang nur für Parlamentsfraktionen und -gruppen geltende Spendenverbot auf die kommunale Ebene ausgedehnt. Damit soll die bislang offenbar weit verbreitete Praxis, dass kommunale Fraktionen als „Spendenwaschanlagen" dienten, unterbunden werden (anders als Parlamentsfraktionen konnten kommunale Fraktionen Spenden und Steuermittel entgegennehmen und legal an die Partei weiterleiten).

- § 25 II Nr. 4 PartG verbietet die Annahme von sog. Durchleistungsspenden von Berufsverbänden. Das sind Spenden, die den Berufsverbänden schon mit der Maßgabe zugeleitet wurden, sie an eine (bestimmte) politische Partei weiterzuleiten. Die ursprüngliche Absicht, die Annahme von Spenden, die von Wirtschaftsunternehmen, Berufsverbänden oder Gewerkschaften geleistet werden, generell zu verbieten, ist – da diesen Verbänden kaum das Recht genommen werden kann, auf die politische Willensbildung Einfluss auszuüben – aus verfassungsrechtlichen Gründen aufgegeben worden.

- Spenden der öffentlichen Hand dürfen gem. § 25 II Nr. 1 und 5 PartG generell nicht entgegengenommen werden. Unter „öffentlicher Hand" sind dabei nicht nur die in § 25 II Nr. 1 PartG genannten Körperschaften des Öffentlichen Rechts gemeint, sondern auch gemischtwirtschaftliche Unternehmen, also solche Unternehmen, an denen ein Träger öffentlicher Gewalt beteiligt ist, sofern die direkte Beteiligung 25 % übersteigt.

- § 25 II Nr. 7 PartG statuiert das Annahmeverbot von sog. Erwartungsspenden. Das sind Spenden, die der Spender in Erwartung *bestimmter* und *konkreter* wirtschaftlicher oder politischer Vorteile gewährt und diese Erwartung für die annehmende Partei erkennbar ist. Erlaubt ist damit die Annahme von Spenden, mit denen der Spender lediglich allgemeine, unbestimmte wirtschaftliche oder politische Vorteile erwartet oder erhofft.

Empfangene Spenden und Mandatsträgerbeiträge sind grundsätzlich zu **veröffentlichen**: **Großspenden** (solche über 10.000,- € pro Kalenderjahr) sind unter Angabe

406

---

[730] § 31c I S. 1 PartG ist nicht einschlägig, weil kein Fall eines Verstoßes gegen ein Annahmeverbot nach § 25 II PartG vorliegt. § 31b PartG greift nicht ein, weil die verbuchte Barspende über 1.000,- € keine Unrichtigkeit im Rechenschaftsbericht darstellt (vgl. *Lenz*, NVwZ 2002, 769, 771). Zu den Abgeordnetenspenden vgl. *Ipsen*, NVwZ 2003, 14 ff.

des **Namens** und der **Anschrift** des Spenders sowie der **Gesamthöhe der Spende** im Rechenschaftsbericht zu verzeichnen (§ 25 PartG).[731] Der Zweck dieser Bestimmung besteht in der Gewährleistung des Öffentlichkeits- und Transparenzgebcts des Art. 21 I S. 4 GG auf der Einnahmeseite. Darüber hinaus soll gewährleistet sein, dass der Bürger Kenntnis über mögliche Abhängigkeiten einer Partei von ihren Financiers erlangt. Dem gleichen Zweck dient auch das generelle **Verbot *anonymer* Spenden** (sog. Anonymitätsverbot) oder **Spenden nicht genannter Dritter** (§ 25 PartG).[732]

406a Nicht selten kam es vor, dass Großspenden über das Jahr verteilt, also gestückelt geleistet wurden, um die Vorschrift des § 25 PartG zu umgehen. Dies stellte aber einen untauglichen Versuch dar, weil gem. § 25 PartG auf den Gesamtwert der Spenden in einem Kalenderjahr abzustellen ist. Auch werden die Spenden verschiedener Gebietsverbände zusammengerechnet. Die Verteilung der Spende auf mehrere Strohmänner ist illegal. Falls die begünstigte Partei dies erkennt, darf sie die Spende nicht annehmen, § 25 PartG.

407 Schließlich sind die **Folgen einer Verletzung spendenrechtlicher Vorschriften** aufzuzeigen. Greift die Nichterlangungsfunktion des § 25 I S. 4 Halbs. 2 PartG nicht, kommen die Sanktionen in Betracht: Nach § 31c PartG **verliert eine Partei den Anspruch auf staatliche Mittel** in dreifacher Höhe der rechtswidrigen oder nicht namhaft gemachten Spende und in doppelter Höhe bei nicht veröffentlichten Spenden. Darüber hinaus besteht gem. § 31a PartG eine **Ablieferungspflicht der rechtswidrig erlangten Spenden** an das Präsidium des Deutschen Bundestags. **Straftatbestände** (nebst Strafausschließungsgrund) enthält § 31d I PartG. Daneben sind Untreue (§ 266 StGB) und Betrug (§ 263 StGB) möglich.[733]

D. Das Verbot verfassungswidriger Parteien (Art. 21 II GG)

I. Art. 21 II GG als Ausdruck einer streitbaren und wehrhaften Demokratie

408 Nach Art. 21 II S. 1 GG sind Parteien, die nach ihren Zielen oder nach dem Verhalten ihrer Anhänger darauf ausgehen, die **freiheitliche demokratische Grundordnung** zu **beeinträchtigen** oder zu **beseitigen** oder den **Bestand der Bundesrepublik Deutschland** zu **gefährden**, verfassungswidrig. Art. 21 II GG ist damit wie Art. 18 GG Ausdruck einer „streitbaren" oder „wehrhaften" Demokratie, die den Gegnern des demokratischen Staates kämpferisch entgegentritt.[734] Gemäß Art. 21 II S. 2 GG entscheidet über die Frage der Verfassungswidrigkeit jedoch ausschließlich das BVerfG. Vor einer solchen Entscheidung ist ein administratives Einschreiten gegen den Bestand einer politischen Partei schlechthin ausgeschlossen, mag sie sich gegenüber der freiheitlichen demokratischen Grundordnung noch so feindlich verhalten (sog. **Parteienprivileg**).[735]

409 Die Absage an den Nationalsozialismus hat das Grundgesetz in vielen Normen (etwa Art. 139 GG) besonders ausgedrückt, aber auch in dem Aufbau allgemeiner rechtsstaatlicher Sicherungen dokumentiert. In der Dokumentation rechtsstaatlicher Sicherungen sieht das

---

[731] Durch die Offenlegungspflicht werden zwar Persönlichkeitsrechte (etwa Art. 2 I GG) der Spender berührt, aber nicht verletzt, da die Offenlegung durch Art. 21 I S. 4 GG gefordert und zugleich gerechtfertigt ist. Vgl. dazu *Preuß*, in: Alternativkommentar, Art. 21 Rn 74; *v. Münch*, in: v. Münch/Kunig, GG, Art. 21 Rn 65.

[732] Vgl. *Morlok*, NJW 2000, 761, 763.

[733] Vgl. ausführlich *Lenz*, NVwZ 2002, 769, 776 ff.

[734] BVerfG NJW 2001, 2076, 2077 (1. Mai-Demo 1); *Ipsen*, Rn 185; vgl. auch *Volp*, NJW 2016, 459, 460. Grundlegend BVerfGE 2, 1, 13 (SRP-Verbot).

[735] Vgl. BVerwG NJW 2000, 176; BVerwG NJW 2000, 824, 825; BVerfGE 12, 296, 304; 40, 287, 291; OVG Berlin NVwZ 2000, 1201, 1202; VG Schleswig NJW 2001, 387, 388; *Wiefelspütz*, ZRP 2001, 60, 62; *Brockmeyer*, in: Schmidt-Bleibtreu/Hofmann/Henneke, GG, Art. 21 Rn 23; *Hermanns*, JA 2001, 79, 84; *Jahn*, JuS 2001, 172, 176 f.; *Battis/Grigoleit*, NJW 2001, 2051 ff.. Vgl. auch *Volp*, NJW 2016, 459, 460 f.

Grundgesetz eine wichtige Garantie gegen ein Wiederentstehen eines Unrechtsstaats. Rechtsstaatliche Garantien dürfen deshalb nicht dadurch unterlaufen werden, dass bestimmten Parteien oder Personen grundsätzlich der Schutz eines Grundrechts (etwa Art. 8 I GG) verwehrt wird. Die Verwirkung von Grundrechten ist daher nur unter den formellen und materiellen Voraussetzungen des Art. 18 GG möglich.[736]

Das Parteienprivileg hindert die Behörden jedoch nicht daran, **Beobachtungen** anzustellen.[737] Das folgt allein schon daraus, dass es sonst nicht möglich wäre, hinreichende Anhaltspunkte für eine mögliche Verfassungsfeindlichkeit zu erlangen, was aber mit Blick auf den Verbotsantrag beim BVerfG Voraussetzung ist. Erleidet eine bestimmte Partei durch die Beobachtung faktische Nachteile, verstößt dies demgemäß grds. nicht gegen Art. 21 GG.[738] Des Weiteren hindert das Parteienprivileg die Einstellungsbehörde nicht daran, die Parteimitgliedschaft eines Bewerbers für den **öffentlichen Dienst** zu berücksichtigen (der Bewerber muss die Gewähr dafür bieten, jederzeit für die freiheitliche demokratische Grundordnung i.S.d. Grundgesetzes einzutreten, vgl. § 60 I S. 2 BBG, § 33 I S. 2 BeamtStG).[739]

410

In der Vergangenheit sind zwar Mitglieder der DKP, der NPD, der DVU und der „Republikaner" als „Verfassungsfeinde" eingestuft worden. Auch wurde vor einiger Zeit ein Verfahren nach Art. 21 II S. 2 GG, §§ 13 Nr. 2, 43 BVerfGG gegen die NPD eingeleitet, jedoch vom BVerfG eingestellt.[740] Gleichwohl sind Mitglieder dieser Parteien unter Billigung der Rechtsprechung Konsequenzen wegen Verstoßes gegen die beamtenrechtliche Treuepflicht ausgesetzt bzw. wegen Fehlens der Ernennungsvoraussetzungen nicht zu Beamten ernannt worden.[741] Dabei wurden je nach der Intensität des Engagements folgende Abstufungen vorgenommen: Die bloße Parteimitgliedschaft war in aller Regel noch nicht geeignet, eine Einschätzung der Verfassungstreue zu ermöglichen.[742] Etwas anderes galt im Hinblick auf eine Funktionsträgerschaft oder eine Kandidatur bei Wahlen. Dort war und ist eine genauere Einzelfallprüfung geboten.[743] Umstritten ist auch, nach welchem Verfahren die Überprüfung von Bewerbern stattfinden soll. In einigen Bundesländern erfolgte und erfolgt die Überprüfung in Form einer Regelanfrage bei den Ämtern für Verfassungsschutz, in anderen Bundesländern nur aus besonderem Anlass. In den neuen Bundesländern steht nach wie vor die Anfrage bei der Stasi-Unterlagen-Behörde wegen früherer MfS-Tätigkeit im Vordergrund.[744] Zu beachten ist schließlich, dass es sich bei der Gewährbieteklausel um einen **unbestimmten Rechtsbegriff** handelt. Unbestimmte Rechtsbegriffe sind grundsätzlich gerichtlich voll überprüfbar. Eine Ausnahme ist nur dort zu machen, wo der Entscheidungsbehörde eine besondere Prüfungskompetenz zukommt, etwa bei Entscheidungen mit prognostischem Charakter oder wenn die Behörde eine besondere Sachnähe zur Materie besitzt. Hier spricht man von einem **Beurteilungsspielraum**. In einem solchen Fall beschränkt sich die gerichtliche Überprüfbarkeit auf die Einhaltung anerkannter Bewertungsmaßstäbe, ob also die Bandbreite möglicher Entscheidungen nicht verlassen

411

---

[736] Zum Grundrecht auf Versammlungsfreiheit vgl. BVerfG NJW 2000, 3051, 3052 f. mit Bespr. von *Sachs*, JuS 2001, 75 f.; BVerfG NJW 2000, 3053, 3054 f.; BVerfG NJW 2001, 2076, 2077; VG Hamburg, NJW 2001, 2115; *Hermanns*, JA 2001, 79, 84; *Jahn*, JuS 2001, 172, 176 f.; *Battis/Grigoleit*, NJW 2001, 2051 ff. sowie ausführlich *R. Schmidt*, Grundrechte, Rn 603 ff.

[737] Zur Beobachtung einer politischen Partei durch den Verfassungsschutz vgl. BVerwG NJW 2000, 824 ff.

[738] BVerfGE 39, 334, 360; 40, 287, 291; BVerwG NJW 2000, 824, 825.

[739] BVerfGE 39, 334, 359 f.; *Brockmeyer*, in: Schmidt-Bleibtreu/Hofmann/Henneke, GG, Art. 21 Rn 28a.

[740] Vgl. BVerfGE 107, 339 ff. Ob der im Herbst 2013 eingereichte Verbotsantrag Erfolg haben wird, bleibt abzuwarten. Das BVerfG entschied jedenfalls, das Verfahren zu eröffnen, und beschloss, die Verhandlung über den Verbotsantrag ab dem 1.3.2016 durchzuführen (siehe Beschl. v. 2.12.2015 – 2 BvB 1/13). Die erste mündliche Verhandlung fand denn auch am 1.3.2016 statt.

[741] Vgl. dazu VGH Kassel NVwZ 1999, 904, 905 f.; siehe auch BVerwG NJW 2000, 236 L.

[742] Anders aber VGH Kassel a.a.O., der von einer fehlenden Verfassungstreue ausgeht, wenn der Beamte bewusst in einer Partei verbleibt, die höchstrichterlich als allgemein oder jedenfalls überwiegend verfassungsfeindlich bezeichnet worden ist. Vgl. auch BVerwG NJW 2002, 980.

[743] Vgl. auch dazu VGH Kassel a.a.O.

[744] Vgl. dazu BVerwG LKV 2001, 75 L; OVG Weimar ZBR 2000, 98; VG Potsdam ZBR 2000, 282; VG Schwerin DöD 2000, 166; *Battis*, NJW 2001, 1101, 1103; 2000, 1079, 1081 f.; *Patermann*, NVwZ-Beilage II/2001, 25, 27.

wurde.[745] Nach der Rechtsprechung kommt der Entscheidung über die Ernennung eines Beamten ein solcher Beurteilungsspielraum zu, denn es müsse das künftige Verhalten des Bewerbers eingeschätzt werden.[746] Die Literatur steht dem teilweise kritisch gegenüber. Das in einem unbestimmten Rechtsbegriff auszumachende Prognoseelement allein reiche nicht aus, um dessen gerichtliche Überprüfbarkeit einzuschränken. Anders als im Hinblick auf die Eignung für die spezifischen Anforderungen eines Amtes sei die Gewähr der Verfassungstreue daher nach allgemeinen Grundsätzen zu beurteilen. Ein sachlicher Kompetenzvorsprung der Behörde gegenüber dem Gericht bestehe nicht. Vielmehr sei der Begriff der Verfassungstreue mit dem Begriff der „Unzuverlässigkeit" i.S.d. § 35 I GewO zu vergleichen.[747] Dort besteht unstreitig die volle Überprüfbarkeit durch das Gericht.

412 Das Parteienprivileg hindert die Behörden auch nicht daran, gegenüber einem Angehörigen einer verfassungsfeindlichen Partei bspw. die zuvor erteilte Waffenerlaubnis zu widerrufen bzw. ein Waffenbesitzverbot auszusprechen. Denn die waffenrechtliche „Unzuverlässigkeit", die gem. § 5 II Nr. 3a) i.V.m. §§ 45 II und 41 I Nr. 2 WaffG zum Widerruf einer Waffenerlaubnis und zum Waffenverbot führt, ist bei Personen anzunehmen, die einzeln oder als Mitglied einer Vereinigung Bestrebungen verfolgen oder unterstützen, die gegen die verfassungsmäßige Ordnung gerichtet sind. Insbesondere bei Funktionsträgern der NPD kann dies angenommen werden. Denn die Aktivitäten der NPD richten sich gegen die verfassungsmäßige Ordnung (s.o.). Auf die Frage, ob die NPD ein verfassungswidriges, kämpferisch-aggressives Bestreben verfolgt, welches Voraussetzung für ein Parteiverbot ist (Rn 424), kommt es nicht an. Vielmehr genügt für die Annahme einer waffenrechtlichen Unzuverlässigkeit ein verfassungsfeindliches Bestreben einer Partei.[748]

413 Schließlich hindert das Parteienprivileg die Behörden nicht daran, die betreffende Partei in Publikationen als „extremistisch" oder „radikal" zu bezeichnen.[749]

Das Parteiprogramm einer nicht gem. Art. 21 II GG vom BVerfG für verfassungswidrig erklärten Partei oder eine daraus abgeleitete „Mitverantwortlichkeit" für Proteste und Gegendemonstrationen können grundsätzlich nicht zum Anlass genommen werden, einen Parteitag zu verbieten. Anderenfalls könnte die betroffene Partei schon durch die Ankündigung entsprechender Proteste an der Abhaltung eines Parteitags (§ 9 I PartG) gehindert werden und würde insoweit im praktischen Ergebnis wie eine nach Art. 21 II GG für verfassungswidrig erklärte Partei behandelt.[750]

II. Das Parteiverbotsverfahren vor dem BVerfG

414 Die Legitimität eines Parteiverbots ist nicht ohne weiteres zu bejahen. Denn es könnte die Gefahr bestehen, dass die Majorität über das Instrument des Parteiverbots eine ihr unerwünschte politische Partei ausschaltet. Eine der Grundideen der Demokratie wäre gefährdet. Daran ändert auch der Umstand nichts, dass ein Parteiverbot vom BVerfG ausgesprochen wird, denn auch die Richter des BVerfG werden von ebenjener Majorität gewählt (§§ 5-7 BVerfGG). Die h.M. begründet die Legitimität eines Parteiverbots damit, dass dadurch lediglich verhindert werden solle, dass die vom Grundgesetz normierten demokratischen Freiheiten von seinen Gegnern ausgenutzt würden (vgl. etwa *Klein*, in: Maunz-Dürig, Art. 21 Rn 489). Das greift zu weit. Immerhin be-

---

[745] Zur Rechtsnatur des Beurteilungsspielraums und der auf Beurteilungsfehler beschränkten gerichtlichen Überprüfbarkeit vgl. *R. Schmidt*, AllgVerwR, Rn 283 ff.
[746] BVerfGE 39, 334, 354; BVerwG DVBl 1994, 111, 112; vgl. auch BVerwG NJW 2002, 3344 ff.; VG Lüneburg NJW 2001, 767 ff. mit Bespr. von *Böckenförde*, NJW 2001, 723 ff.
[747] *Kunig*, Das Recht des öffentlichen Dienstes, in: Schoch, BesVerwR, 6. Abschnitt Rn 84.
[748] VG Bremen 8.8.2014 – 2 K 1002/13.
[749] Vgl. dazu BVerfGE 40, 287.
[750] BVerwG NVwZ 1999, 991, 992 f.

deutet ein Parteiverbot einen gewaltigen Eingriff in die Demokratie, die auch und gerade durch Pluralität der Meinungsbildung gekennzeichnet ist. Legitim kann ein Vorgehen gegen eine verfassungsfeindliche Partei daher lediglich zum Schutz der freiheitlichen demokratischen Grundordnung und des Bestands der Bundesrepublik Deutschland unter Beachtung größtmöglicher Transparenz des Verbotsverfahrens sein. Das Parteiverbotsverfahren selbst richtet sich gem. Art. 21 III GG nach den §§ 43 ff. BVerfGG. Danach ist ein Antrag auf Feststellung der Verfassungswidrigkeit (Verbotsantrag) erfolgreich, wenn er zulässig und begründet ist.

1. Zulässigkeit

a. Antragsberechtigung

Antragsberechtigt sind gem. § 43 I BVerfGG nur der Bundestag, der Bundesrat und die Bundesregierung, ferner gem. § 43 II BVerfGG die Landesregierungen, soweit die Organisation der Partei sich auf das Gebiet des betreffenden Landes beschränkt. **415**

§ 43 I BVerfGG spricht von der Befugnis, nicht von der Verpflichtung des Antragsberechtigten, einen Verbotsantrag zu stellen (*„kann ... gestellt werden"*). Es handelt sich somit um ein Ermessen. Freilich besteht dann ein Widerspruch, wenn z.B. die Bundesregierung eine Partei als „verfassungsfeindlich" erklärt, es dann aber unterlässt, einen entsprechenden Verbotsantrag zu stellen. Daher wird teilweise eine Rechtspflicht zur Antragstellung angenommen, wenn hinreichende Anhaltspunkte für die Verfassungswidrigkeit bestehen.[751] **415a**

b. Antragsgegenstand

Antragsgegenstand ist die (konstitutive) Feststellung der Verfassungswidrigkeit, nicht auch der Verfassungsmäßigkeit einer politischen Partei. Der Sache nach geht es also um ein Verbot. **416**

c. Antragsgegner

Antragsgegner kann nur eine politische Partei sein. Diese ist gem. § 3 PartG prozessführungsbefugt und passiv legitimiert. Ihre Vertretung richtet sich nach § 44 BVerfGG. Danach bestimmt sich die Vertretung nach den gesetzlichen Vorschriften, hilfsweise nach ihrer Satzung. Gesetzliche Vorschrift in diesem Sinne ist § 11 PartG. Demgemäß vertritt der Vorstand die Partei. **417**

d. Durchführung eines Vorverfahrens gem. § 45 BVerfGG

Bevor das BVerfG über die Zulässigkeit des Antrags entscheidet, muss es gem. § 45 BVerfGG ein Vorverfahren durchführen. Es hat dem Parteivorstand binnen einer zu bestimmenden Frist Gelegenheit zu geben, sich zu den Vorwürfen zu äußern. Erst danach beschließt es, ob der Antrag als unzulässig bzw. als nicht hinreichend begründet zurückzuweisen oder ob die (mündliche) Verhandlung durchzuführen ist. Der Zweck dieses Vorverfahrens besteht in dem Schutz der inkriminierten Partei. Es soll verhindern, dass gegen eine Partei ohne hinreichende Gründe ein Verbotsverfahren eingeleitet wird.[752] **418**

e. Formerfordernisse

Zu den Formerfordernissen vgl. § 23 I BVerfGG. Danach ist der Antrag schriftlich einzureichen und zu begründen. Die erforderlichen Beweismittel sind anzugeben. **419**

---

[751] So *Ipsen*, Rn 189; *ders.*, in: Sachs, GG, Art. 21 Rn 178; *Streinz*, in: v. Mangoldt/Klein/Starck, GG, Art. 21 Rn 245. Von einem Ermessen ausgehend BVerfGE 5, 85, 113; 39, 334, 360.
[752] Vgl. dazu näher BVerfGE 104, 63, 65; 104, 370, 372; BVerfG NJW 2003, 1577.

2. Begründetheit

420 Der Antrag auf Feststellung der Verfassungswidrigkeit ist begründet, wenn die Voraussetzungen des Art. 21 II S. 1 GG vorliegen.

a. Freiheitliche demokratische Grundordnung (FDGO)

421 Die freiheitliche demokratische Grundordnung (FDGO) ist die Ordnung, die unter Ausschluss jeglicher Gewalt- und Willkürherrschaft eine rechtsstaatliche Herrschaftsordnung auf der Grundlage der Selbstbestimmung des Volkes nach dem Willen der jeweiligen Mehrheit und der Freiheit und Gleichheit darstellt. Zu den grundlegenden Prinzipien dieser Ordnung sind nach dem BVerfG mindestens zu rechnen[753]:

- die Achtung vor den im Grundgesetz konkretisierten Menschenrechten, vor allem vor dem Recht auf Leben und der freien Entfaltung der Persönlichkeit,
- die Volkssouveränität,
- die Gewaltenteilung,
- das Recht, die Volksvertretung in allgemeiner, unmittelbarer, freier, gleicher und geheimer Wahl zu wählen,
- die Verantwortlichkeit und Ablösbarkeit der Regierung,
- die Gesetzmäßigkeit der Verwaltung,
- die Unabhängigkeit der Gerichte,
- das Mehrparteienprinzip und die Chancengleichheit für alle politischen Parteien mit dem Recht auf verfassungsmäßige Bildung und Ausübung einer Opposition.

422 Vom BVerfG nicht genannt ist das Bundesstaatsprinzip. Eine Nennung ist auch nicht erforderlich, da das Bundesstaatsprinzip von der Tatbestandsalternative „Bestand der *Bundes*republik Deutschland" erfasst wird, sodass auch Parteien mit zentralstaatlicher Programmatik verfassungswidrig wären.[754]

b. Beeinträchtigung oder Beseitigung der FDGO

423 Beeinträchtigung oder Beseitigung der freiheitlichen demokratischen Ordnung bedeutet die Abschaffung von unter a. genannten Strukturprinzipien des Grundgesetzes.

c. Darauf ausgehen, die FDGO zu beeinträchtigen oder zu beseitigen

424 „Darauf ausgehen" bedeutet, dass sie eine aktiv-kämpferische, aggressive Haltung gegenüber der bestehenden Ordnung zum Ausdruck bringen muss.[755] Zum Verbot der betreffenden Partei genügt es daher nicht, dass diese die obersten Prinzipien einer freiheitlichen demokratischen Grundordnung lediglich nicht anerkennt.

d. Gefährdung des Bestands der Bundesrepublik Deutschland

425 Zweite Alternative für die Annahme der Verfassungswidrigkeit ist die Gefährdung des Bestands der Bundesrepublik Deutschland. Diese Alternative bezieht sich im Unterschied zur freiheitlichen demokratischen Grundordnung auf das Verhältnis zu anderen Staaten, d.h. territoriale Unversehrtheit und politische Unabhängigkeit. Auch hier muss die Partei eine aktiv-kämpferische, aggressive Haltung gegenüber der bestehenden Ordnung zum Ausdruck bringen.

---

[753] So die Aufzählung in BVerfGE 2, 1, 12 f.; Vgl. auch die einfachgesetzlichen Konkretisierungen in § 4 II BVerfSchG und § 92 II StGB. Vgl. auch BVerfGE 107, 339, 356 ff.; BVerwG NJW 2000, 824; *Ipsen*, Rn 186.
[754] *Ipsen*, Rn 187.
[755] BVerfGE 5, 85, 141.

III. Rechtsfolgen des Parteiverbots

Erweist sich der Verbotsantrag als zulässig und begründet, stellt das BVerfG die **426** Verfassungswidrigkeit der politischen Partei fest (§ 46 I BVerfGG). Die Entscheidung ist **konstitutiv** und wirkt für die Zukunft. Das bedeutet, dass ein administratives Einschreiten gegen den Bestand einer politischen Partei ausgeschlossen ist, bevor nicht das BVerfG ihre Verfassungswidrigkeit festgestellt hat (Parteienprivileg, s.o.).

Mit der Feststellung durch das BVerfG müssen die **Auflösung der Partei** und das **427** **Verbot, eine Ersatzorganisation zu gründen**, verbunden werden (§ 46 III S. 1 BVerfGG). Das BVerfG kann in diesem Fall außerdem die **Einziehung des Partei-vermögens** zugunsten des Bundes oder des Landes zu gemeinnützigen Zwecken aussprechen (§ 46 III S. 2 BVerfGG).

Die Vollstreckung der Verbotsentscheidung richtet sich nach §§ 32, 33 PartG: Wird eine **427a** Partei vom BVerfG für verfassungswidrig erklärt, treffen die von den Landesregierungen bestimmten Behörden im Rahmen der Gesetze alle Maßnahmen, die zur Vollstreckung des Urteils und etwaiger zusätzlicher Vollstreckungsregelungen des BVerfG erforderlich sind (§ 32 I S. 1 PartG). Erstreckt sich die Parteiorganisation über mehrere Bundesländer, trifft der Bundesinnenminister die für eine einheitliche Vollstreckung erforderlichen Anordnun-gen (§ 32 II PartG). Etwaige Rechtsbehelfe, die die verbotene Partei gegen behördliche (Vollstreckungs-)Maßnahmen einlegt, entfalten gem. § 32 IV S. 1 PartG keine aufschieben-de Wirkung. Damit will der Gesetzgeber verhindern, dass allein die Einlegung eines Rechtsbehelfs das Verfahren so lange zum Erliegen bringt, bis eine die behördliche Maß-nahme bestätigende Gerichtsentscheidung getroffen wird. Die verbotene Partei müsste also vor dem Verwaltungsgericht die Anordnung der aufschiebenden Wirkung beantragen (§ 80 V S. 1 VwGO), was aber kaum Aussicht auf Erfolg haben dürfte.

Sollte die verbotene Partei im Deutschen Bundestag mit Abgeordneten vertreten **428** gewesen sein, verlieren diese mit der Entscheidung des BVerfG ihre **Mandate** und die Listennachfolger ihre **Anwartschaft** (§ 46 IV S. 1 BWahlG).[756] Handelte es sich bei den verlorenen Mandaten um Direktmandate, findet in dem betreffenden Wahlkreis eine Wiederholungswahl statt (§ 46 IV S. 2 i.V.m. § 44 II-IV BWahlG). Sollten die Abgeordneten schließlich über eine Landesliste in den Deutschen Bundestag gelangt sein, bleiben die Sitze unbesetzt (§ 46 IV S. 3 BWahlG). Entsprechende Regelungen enthalten das EuWG hinsichtlich der Sitze im Europäischen Parlament (§ 22 EuWG) sowie die Landeswahlgesetze hinsichtlich der Sitze in den Landesparlamenten.

Fraglich ist, ob diese Regelung nicht gegen Art. 38 I S. 2 GG (Grundsatz des **freien** **428a** **Mandats**) verstößt. Immerhin wurde bei Rn 139 das Bundestagsmandat in seinem Bestand als geschützt angesehen. Nach Auffassung des BVerfG ist § 46 BWahlG ver-fassungsgemäß. Exponenten einer verbotenen Partei dürften keinerlei Anteil mehr an der politischen Willensbildung haben (BVerfGE 2, 1, 72 f.). Der Mandatsverlust ergebe sich aus dem Institut des Parteiverbots, sodass für den Gesetzgeber kein Gestaltungs-spielraum verbleibe (a.a.O. S. 74). Diese Auffassung ist nicht ganz unproblematisch, denn immerhin handelt es sich um direkt gewählte Bundestagsabgeordnete.

Fraglich ist, ob ein Antrag auf **Wiederzulassung der verbotenen Partei** zulässig wäre. **428b** Auf § 31 II BVerfGG bzgl. der ursprünglichen Verbotsentscheidung abzustellen, greift nach der hier vertretenen Auffassung zu kurz. Denn die Vorschriften des BVerfGG stünden zur Disposition des einfachen Gesetzgebers. Und dass ein Antrag auf Wiederzulassung der verbotenen Partei aus verfassungsrechtlichen Gründen nicht möglich wäre, ist bislang nicht überzeugend argumentiert worden.

---

[756] *Ipsen*, Rn 194.

5. Kapitel
Die obersten Verfassungsorgane (Staatsorgane)

429 Das Grundgesetz widmet sich in den Abschnitten III bis VI den Verfassungsorganen (Staatsorganen der Bundesrepublik Deutschland). Diese sind der **Bundestag** (Art. 38 ff. GG), der **Bundesrat** (Art. 50 ff. GG), der **Gemeinsame Ausschuss** (Art. 53a GG), die **Bundesregierung** (Art. 62 ff. GG) und der **Bundespräsident** (Art. 54 ff. GG). Die **Bundesversammlung** wird nicht in einem eigenen Abschnitt behandelt und das **Bundesverfassungsgericht** steht systematisch außerhalb der genannten Abschnitte. Daher ist fraglich, ob die beiden Einrichtungen oberste Verfassungsorgane des Bundes sind. Die Bundesversammlung ist ein bloßes Wahlorgan, das sich wieder auflöst, wenn der Gewählte das Amt des Bundespräsidenten annimmt. Trotz dieses Status als nichtständiges Organ und des Umstands, dass sie nicht in einem eigenen Abschnitt im GG genannt, sondern im Abschnitt über den Bundespräsidenten in Art. 54 GG geregelt ist, ist sie nach allgemeiner Auffassung ein oberstes Verfassungsorgan des Bundes[757] (vgl. Rn 589 ff.). Das Bundesverfassungsgericht wird im Abschnitt IX über die Rechtsprechung behandelt. Dennoch hat der (einfache) Gesetzgeber durch die Formulierung in § 1 BVerfGG („... allen *übrigen* Verfassungsorganen gegenüber ...") zum Ausdruck gebracht, dass er das Bundesverfassungsgericht als oberstes Verfassungsorgan ansieht. Diesen Befund teilt die h.M.: Aufgrund seiner Stellung und der Aufgabe, als Hüter der Verfassung die Normen des Grundgesetzes verbindlich auszulegen und anzuwenden und hierbei insbesondere dafür zu sorgen, dass die Staatsgewalt die gezogenen Grenzen nicht überschreitet und die der Verfassung zugrunde liegenden obersten Richtwerte verwirklicht werden, sei anzunehmen, dass das Bundesverfassungsgericht zu den obersten Verfassungsorganen zählt.[758] Auch das Bundesverfassungsgericht bezeichnet sich selbst als oberstes Verfassungsorgan.[759] Im Folgenden wird daher auch das Bundesverfassungsgericht systematisch als oberstes Verfassungsorgan behandelt (vgl. insb. Rn 614 ff.).

A. Der Bundestag

Wichtige Entscheidungen: BVerfGE 1, 115 (Befugnisse des Bundestagspräsidenten); 1, 144 (Geschäftsordnung des Deutschen Bundestags; Finanzvorlagen); 1, 208 (7,5%-Sperrklausel); 1, 351 (Petersberger Abkommen); 4, 144 (Entschädigung für einen Landtagsabgeordneten); 10, 4 (Rechtsstellung von Bundestagsabgeordneten); 29, 221 (Rentenversicherung); 34, 165 (Obligatorische Förderstufe in Hessen); 40, 296 (Diäten); 41, 251 (Ausschluss von einer Einrichtung des zweiten Bildungswegs); 44, 308 (Beschlussfähigkeit des Bundestags); 45, 400 (Hessisches Gesetz über die Neuordnung der gymnasialen Oberstufe); 47, 46 (Sexualkundeunterricht); 49, 70 (Recht auf Einsetzung eines parlamentarischen Untersuchungsausschusses); 49, 89 (Schneller Brüter; „Kalkar I"); 51, 222 (5%-Sperrklausel); 57, 1 (Verfassungsfeindliche Zielsetzung der NPD); 60, 319 (Antragsbefugnis bei öffentlich-rechtlichen Streitigkeiten innerhalb eines Landes, Art. 93 I Nr. 4 GG); 60, 374 (parlamentarische Rügen; Rechtsnatur); 62, 1 (Auflösung des 9. Deutschen Bundestags); 67, 100 (Flick-Untersuchungsausschuss); 70, 324 (Besetzung von Ausschüssen durch Fraktionen); 76, 363 (Beweiserhebung von Untersuchungsausschüssen; Lappas); 77, 1 (Untersuchungsausschuss „Neue Heimat"; Beschlagnahme von Unterlagen); 80, 188 (Fraktionslose Abgeordnete in Ausschüssen; Wüppesahl); 83, 1 (Streitwertfestsetzung nach BRAGO); 84, 304 (Ausschussmitgliedschaft von Abgeordneten, die einer „Gruppe" i.S.v. § 10 IV GO BT angehören; hier: PDS); 90, 286 (Beteiligung der Bundesrepublik an zwischenstaatlichen Einrichtungen); 94, 351 (Abgeordnetenstatus; Gysi I); 96, 264 (Zusammenschluss von Abgeordneten, deren Partei die Sperrklausel aufgrund der Grundmandatsklausel überwunden hat); 97, 408 (Gysi II); 102, 224 (Funktionszulagen); 104, 310 (Immunität von Abgeordneten); 105, 197 (Minderheitenrechte im Untersuchungsausschuss); 110, 199 (Aktenvorlage); 112, 118 (Besetzung des Vermittlungsausschusses); 113, 113 (Visa-Untersuchungsausschuss); 114, 121 (Auflösung des 15. Deutschen Bundestags); 118, 277 (Offenlegungs-

---

[757] Vgl. BVerfG NVwZ 2014, 1149; zuvor schon *Herzog*, in: Maunz/Dürig, GG, Art. 54 Rn 29; *Nierhaus*, in: Sachs, GG, Art. 54 Rn 2 f., 21; *Schlaich/Korioth*, Das BVerfG, 10. Aufl. 2015, 4. Teil Rn 87.
[758] Vgl. nur *Henneke*, in: Schmidt-Bleibtreu/Hofmann/Henneke, GG, Art. 93 Rn 13.
[759] BVerfGE 7, 11, 14; 7, 377, 413; 65, 152, 154.

pflichten); 124, 78 (BND-Untersuchungsausschuss); 124, 161 (Fragerechte); 131, 152 (Unterrichtungspflicht); 135, 317 (ESM); BVerfG NJW 1998, 3041 (Gysi III, IV); NVwZ 2010, 634 (Vermittlungsausschuss); NVwZ 2012, 1101 (Wahlrechtsreform); NVwZ 2014, 1652 (Informationsanspruch des Bundestags); NVwZ 2015, 1751 (Vermittlungsausschuss); NVwZ 2016, 922 (Rechte von Oppositionsfraktionen); NJW 2016, 2473 (OMT-Programm der EZB)

I. Beginn und Ende der Wahlperiode des Bundestags

Unter den Verfassungsorganen der Bundesrepublik Deutschland als parlamentarische Demokratie (Rn 80) ist der Bundestag das einzige *unmittelbar* demokratisch legitimierte Verfassungsorgan. Die übrigen Verfassungsorgane erhalten ihre demokratische Legitimation entweder ausschließlich durch den Bundestag oder zumindest unter seiner Beteiligung (vgl. dazu Rn 181, 190, 235, 239, 434). Gemäß Art. 38 I S. 1 GG werden die Abgeordneten des Deutschen Bundestags in allgemeiner, unmittelbarer, freier, gleicher und geheimer Wahl gewählt. Diese Wahlrechtsgrundsätze, das Wahlsystem der Bundesrepublik Deutschland sowie Stärke und Zusammensetzung des Bundestags wurden bereits ausführlich bei Rn 97 ff. beschrieben. **430**

Die Legislaturperiode des Bundestags beginnt mit seinem ersten Zusammentritt, der konstituierenden Sitzung, und endet mit dem Zusammentritt des nächsten Bundestags (Art. 39 I und II GG). Die Legislaturperiode dauert grundsätzlich vier Jahre (Art. 39 I S. 1 GG). Ein Selbstauflösungsrecht des Bundestags sieht das Grundgesetz nicht vor. **431**

Die Formulierung „grundsätzlich" lässt das Vorhandensein von Ausnahmebestimmungen dafür vermuten, dass die Legislaturperiode von dem grundsätzlichen 4-Jahres-Zeitraum abweichen kann. Eine solche Ausnahmebestimmung findet sich zunächst in **Art. 63 IV S. 3 GG**, wonach der Bundespräsident den Bundestag auflösen kann, wenn nach einer Bundestagswahl im Rahmen der anschließenden Kanzlerwahl der **Kanzlerkandidat** nicht beim **zweiten Wahlgang** die **absolute Mehrheit** erreicht hat. In diesem Fall kann der Bundespräsident entweder den mit nur relativer Mehrheit gewählten Kanzlerkandidaten zum Bundeskanzler ernennen oder den Bundestag auflösen (welche Entscheidung er trifft, steht wegen der Formulierung „kann" in seinem Ermessen). Löst er ihn auf, finden innerhalb von sechzig Tagen Neuwahlen statt (Art. 39 I S. 4 GG). **432**

Die zweite Möglichkeit, den Bundestag vor Ablauf der regulären Legislaturperiode aufzulösen, normiert **Art. 68 I GG**. Nach dieser Bestimmung kann der Bundespräsident auf Vorschlag des Bundeskanzlers den Bundestag auflösen, wenn der Bundeskanzler zuvor die **Vertrauensfrage** an den Bundestag gestellt und dieser dem Bundeskanzler nicht mit der absoluten Mehrheit das Vertrauen ausgesprochen hat. Dieser Weg zur Erreichung von Neuwahlen wurde 1972, 1982 und 2005 gegangen. Die jeweiligen Bundeskanzler (Brandt im Jahre 1972, Kohl im Jahre 1982 und Schröder im Jahre 2005) stellten dem Bundestag die Vertrauensfrage und verpflichteten die Abgeordneten ihrer Partei zur Stimmenthaltung. Dadurch wurde die jeweilige erforderliche Mehrheit nicht erreicht und der Bundespräsident konnte in allen Fällen den Bundestag auflösen. Diese Vorgehensweisen waren verfassungsrechtlich nicht ganz unproblematisch, wurden vom BVerfG[760] aber im Ergebnis gebilligt. Vgl. dazu ausführlich Rn 558 ff. Zur Frage der Änderung der Legislaturperiode vgl. Rn 83.

II. Der Bundestag als Ausdruck der repräsentativen Demokratie

Wie bereits bei Rn 80 beschrieben, besteht in der Bundesrepublik Deutschland das Prinzip der **repräsentativen parlamentarischen Demokratie**: *Parlamentarisch* ist die Demokratie, weil das Parlament die Volksvertretung bildet und alleiniges unmittelbar demokratisch legitimiertes Verfassungsorgan ist. *Repräsentativ* ist die Demokratie, **433**

---

[760] BVerfGE 62, 1, 52 ff.; 114, 121, 147 ff.

weil die Bundesbürger ihre Repräsentanten (Abgeordnete) wählen, die dann in ihrem Auftrag (Mandat) die Gesetze beschließen und ggf. – in Abhängigkeit von den Mehrheitsverhältnissen – die Regierung bilden.

434 Wenn oben davon gesprochen wurde, dass das Parlament das einzige unmittelbar demokratisch legitimierte Verfassungsorgan ist, bedeutet das nicht, dass andere Verfassungsorgane nicht demokratisch legitimiert wären. Auch die Exekutive ist demokratisch legitimiert. Sie ist dadurch, dass der Regierungschef (d.h. der Bundeskanzler) vom Parlament gewählt wird (vgl. Art. 63 I GG), *mittelbar* demokratisch legitimiert: Das Volk wählt den Bundestag. Dieser wiederum wählt für die Dauer der Legislaturperiode den Bundeskanzler. Dieser schlägt die Bundesminister vor, die dann vom Bundespräsidenten grundsätzlich zu ernennen sind (Art. 64 I GG). Die Bundesminister leiten selbstständig ihr Ressort und besitzen ein Weisungsrecht gegenüber ihren nachgeordneten Behörden. Über das Weisungsrecht und die Verantwortung des Regierungschefs gegenüber dem Parlament besteht also eine ununterbrochene **Legitimationskette** der Exekutive bis hin zu dem den Einzelfall entscheidenden Amtswalter.

435 Alleinige unmittelbare demokratische Legitimation des Parlaments bedeutet zugleich einen Entscheidungsvorbehalt für alle wesentlichen Regelungen (sog. **Parlamentsvorbehalt**, siehe Rn 83a ff., 246 ff.).

436 Das Parlament repräsentiert alle relevanten politischen, weltanschaulichen und gesellschaftlichen Gruppen. Im Gegensatz zur Exekutive werden nur in *ihrem* Plenum die Öffentlichkeit der Entscheidungsfindung (**Veröffentlichungsfunktion des Parlaments**) und - daraus resultierend - eine größere Möglichkeit, widerstreitende Interessen zum Ausgleich zu bringen (**Integrationsfunktion des Parlaments**), gewährleistet.[761]

III. Zuständigkeiten und Aufgaben des Bundestags

1. Umfassender Zuständigkeitsbereich des Bundestags

437 Das Grundgesetz definiert die Zuständigkeiten und Aufgaben des Bundestags nur vereinzelt, vgl. dazu etwa Art. 23 Ia, 23 II, 40 ff., 76 ff. GG. Im Übrigen trifft es keine ausdrücklichen Aussagen. Aufgrund seiner hervorgehobenen Stellung als einziges unmittelbar demokratisch legitimiertes Verfassungsorgan wird man aber von einem **umfassenden Zuständigkeitsbereich** ausgehen müssen, der lediglich durch die grundgesetzlich normierten Zuständigkeiten anderer Verfassungsorgane eingeschränkt wird. Wichtigste Funktionen/Aufgaben des Bundestags sind:[762]

438
- **Wahl anderer Staatsorgane** (vgl. z.B. Art. 63 GG: Wahl des Bundeskanzlers, Art. 94 I S. 2 GG: partielle Wahl der Mitglieder des BVerfG),
- **Gesetzgebung** (vgl. Art. 76 ff. GG) als besondere Art der Beschlussfassung,
- **Budgetrecht** (vgl. Art. 110 GG),
- Enqueterecht (Einsetzung von **Untersuchungsausschüssen**, Art. 44 GG und das Untersuchungsausschussgesetz v. 19.06.2001, BGBl I, S. 1142),
- Recht zum Erlass einer **Geschäftsordnung** (vgl. die GO BT, aber auch die GO VermA),
- **Interpellationsrecht** gegenüber der Bundesregierung (Informationsanspruch des Bundestags bzw. jedes Abgeordneten gegenüber der Bundesregierung zur Erfüllung der ihm verfassungsmäßig zukommenden Rechte und Befugnisse[763]; Kleine Anfragen

---

[761] Vgl. bereits die 1. Aufl. 2000; später auch *Morlok/Hientzsch*, JuS 2011, 1, 2.
[762] Vgl. BVerfG NJW 2000, 3771 (Zulagen für parlamentarische Funktionsträger).
[763] Vgl. BVerfG NVwZ 2014, 1652, 1653 ff. (Informationsanspruch betreffend Rüstungsexporte).

gem. § 104 GO BT, Große Anfragen gem. §§ 100 ff. GO BT, Fragestunden gem. § 105 GO BT)[764],

- **Kontrolle der Exekutive**, insbesondere das **Zitierrecht** (Art. 43 I GG),
- Mitwirkung in **Angelegenheiten der Europäischen Union** (Art. 23 II GG)[765],
- Vorherige Zustimmung zum **Einsatz bewaffneter Streitkräfte** im Ausland (wehrverfassungsrechtlicher Parlamentsvorbehalt)[766],
- Repräsentationsfunktion sowie Veröffentlichungs- und Integrationsfunktion.

> **439**
>
> **Hinweis für die Fallbearbeitung:** Bei der Frage, ob der Bundestag für eine bestimmte Maßnahme zuständig war, sind zunächst Spezialvorschriften heranzuziehen. So bestimmen sich die Wahl des Bundeskanzlers nach Art. 63, 67 und 68 GG, die Beratung und die Gesetzgebung nach Art. 76 ff. GG, das Zitierrecht nach Art. 43 I GG, das Enqueterecht nach Art. 44 GG i.V.m. dem Untersuchungsausschussgesetz, das Recht zur Anklage des Bundespräsidenten nach Art. 61 GG, die Feststellung des Verteidigungsfalls nach Art. 115a GG und das Interpellationsrecht (Recht auf Anfrage) nach §§ 100 ff. GO BT.
>
> Bewegt sich der Bundestag außerhalb von speziellen Zuständigkeitsvorschriften, ist von der genannten umfassenden Zuständigkeit auszugehen, die lediglich dort ihre Grenze findet, wo Zuständigkeiten anderer Verfassungsorgane begründet werden. Solche Zuständigkeiten anderer Verfassungsorgane können sich aus dem **Prinzip des Bundesstaates, d.h. dem Prinzip der vertikalen Gewaltenteilung** (Verbandskompetenz) und dem **Prinzip der horizontalen Gewaltenteilung** (Organkompetenz), ergeben.
>
> - So muss die Sachfrage zunächst in den **Kompetenzbereich des Bundes** fallen. Fällt die Sachfrage in den Kompetenzbereich der Länder, ist der Bundestag schon deshalb unzuständig. Ob eine Sachfrage in den Kompetenzbereich des Bundes fällt, ist anhand derjenigen Verfassungsnormen zu bestimmen, die den Föderalismus der Bundesrepublik Deutschland zum Gegenstand haben. Das sind in erster Linie die Art. 30, 70 ff. und 83 ff. GG. Um eine Bundeskompetenz annehmen zu können, reicht es aus, dass ein Sachzusammenhang mit einer Bundeszuständigkeit besteht.
>
> - Ist die Verbandskompetenz geklärt, ist nach der Organkompetenz zu fragen. Der Bundestag ist demnach nur dann zuständig, wenn die Sachfrage nicht einem **anderen (Bundes-)Organ** zugewiesen ist. Insbesondere wird die Kompetenz des Bundestags durch die Befugnisse der Exekutive (d.h. die Regierung und die ihr untergeordnete Verwaltung) eingeschränkt. Auch darf der Bundestag grundsätzlich nicht in schwebende Gerichtsverfahren eingreifen (vgl. Rn 172 ff.).

Beispiel: Im südosteuropäischen Land L herrscht ein (Bürger-)Krieg, der zur Folge hat, **440** dass das Land in autonome Gebiete zerfällt. Die ehemalige Provinz X erklärt ihre Unabhängigkeit und nimmt mit einigen (Dritt-)Staaten diplomatische Beziehungen auf. Die Regierung der Bundesrepublik Deutschland verweigert jedoch die formelle Anerkennung. Der Bundestag wünscht dagegen mehrheitlich die Aufnahme diplomatischer Beziehungen und fasst zwei Beschlüsse:

1. Die Bundesregierung möge ihre Position überdenken.
2. Die Bundesregierung ist verpflichtet, diplomatische Beziehungen zu X aufzunehmen.

Lösungsgesichtspunkte: Zunächst ist die Verbandskompetenz zu klären. Eine spezielle Zuständigkeitsnorm für den Verband Bund stellt Art. 32 I GG i.V.m. Art. 73 I Nr. 1 GG dar. Danach ist *der Bund* für auswärtige Angelegenheiten zuständig. Fraglich ist die

---

[764] Vgl. dazu BVerfGE 57, 1, 5; 67, 100, 129; 70, 324, 355; 131, 152, 196.
[765] Vgl. dazu BVerfGE 131, 152, 196 sowie BVerfGE 132, 195, 232 ff. (ESM), wo das Gericht das Mitwirkungsrecht des Bundestags und zudem die **Berücksichtigungspflicht** der Bundesregierung betont (dazu Rn 250, 353a und 353b).
[766] Vgl. dazu BVerfG NVwZ 2015, 1593, 1594 f. m.w.Nachw. aus der st. Rspr. des BVerfG.

Organkompetenz. Art. 32 I GG trifft keine Aussage darüber, welches Organ des Verbandes Bund die auswärtigen Beziehungen pflegt. Daher ist an die umfassende Zuständigkeit des Bundestags zu denken. Diese ist aber durch die Zuständigkeit anderer Bundesorgane begrenzt. Fraglich ist, ob eine solche existiert. Gemäß Art. 65 S. 1 GG bestimmt der Bundeskanzler die Richtlinien der Politik (wozu auch die auswärtigen Beziehungen gehören), innerhalb derer die einzelnen Bundesminister ihre Geschäftsbereiche unter eigener Verantwortung leiten. Es könnte daher angenommen werden, dass ausschließlich die Bundesregierung die auswärtigen Beziehungen pflegen darf. Gleichwohl kann man nicht von einer ausschließlichen Zuständigkeit der Bundesregierung bezüglich der Außenpolitik ausgehen.

Vorliegend fasst der Bundestag in Nr. 1 den Beschluss, die Bundesregierung möge ihre Position überdenken. Mit dieser Formulierung drückt der Bundestag lediglich seinen Wunsch zur Vornahme der betreffenden Handlung aus. Eine gewisse Verbindlichkeit ist hier nicht zu entnehmen. Beschlüsse ohne rechtliche Verbindlichkeit werden als **schlichte Parlamentsbeschlüsse** (zur Rechtmäßigkeitsprüfung schlichter Parlamentsbeschlüsse vgl. Rn 451 ff.) bezeichnet. Sie sind gerade wegen ihrer Unverbindlichkeit verfassungsrechtlich nicht zu beanstanden.[767] Vorliegend kann daher der Bundestag, selbst wenn man ein außenpolitisches Monopol der Bundesregierung annehmen würde, nicht in den Kompetenzbereich der Bundesregierung eingreifen.

Etwas anderes könnte bezüglich Beschluss Nr. 2 gelten, weil dort von einer „Verpflichtung" gesprochen wird. Verbindliche Beschlüsse des Bundestags werden als **echte Parlamentsbeschlüsse** bezeichnet. Echte Parlamentsbeschlüsse, die nicht in Gesetzesform gefasst sind, sind nach h.M.[768] grds. unzulässig (siehe Rn 452). Sie sind aber dann zulässig, wenn sie auf einer besonderen Rechtsgrundlage basieren. Eine derartige Rechtsgrundlage stellen z.B. Art. 43 I GG und die Vorschriften über Große und Kleine Anfragen in §§ 100 ff. GO BT dar. Vorliegend stellt Beschluss Nr. 2 keinen Gesetzesbeschluss dar. Es ist daher eine besondere Rechtsgrundlage erforderlich. Eine solche ist jedoch nicht ersichtlich. Daher war der Bundestag diesbezüglich unzuständig. Beschluss Nr. 2 ist somit verfassungswidrig.

2. Begriff der Mehrheit

441 **Beschlüsse** des Bundestags ergehen grundsätzlich mit der Mehrheit der abgegebenen Stimmen, vgl. Art. 42 GG. Man spricht von **einfacher** (d.h. relativer) **Mehrheit** oder **Abstimmungsmehrheit**.

> **Beispiele: (1)** Einfache Gesetzesbeschlüsse, **(2)** Schlichte Parlamentsbeschlüsse, d.h. Parlamentsbeschlüsse ohne rechtliche Bindungswirkung insbesondere gegenüber anderen Staatsorganen

442 Mit dem Begriff „Mehrheit der abgegebenen Stimmen" ist noch nichts darüber gesagt, wie mit **Stimmenthaltungen** und **ungültigen Stimmen** zu verfahren ist. Es ist denkbar, sie zu den abgegebenen Stimmen zu zählen oder sie nicht mitzuzählen. Zählt man sie zu den abgegebenen Stimmen, wirken sie im Ergebnis wie Nein-Stimmen.

> **Beispiel:** Der Bundestag beschließt ein Reformgesetz, wonach insbesondere die Vorschriften des 1. Buches des BGB (Allgemeiner Teil) umfassend geändert werden sollen, mit 286 Ja-Stimmen, 281 Nein-Stimmen und 10 Stimmenthaltungen.

---

[767] *Klein*, in: HdbStR II, 348; *Pieroth*, in: J/P, GG, Art. 76 Rn 1. Ein schlichter Parlamentsbeschluss wäre auch beispielsweise der Beschluss, ein bestimmter Bundesminister sei untragbar und solle zurücktreten. Zwar kann das Parlament einem Minister gegenüber weder das Vertrauen aussprechen noch den Bundeskanzler verpflichten, einen Minister zu entlassen. Gleichwohl ist ein derartiger Beschluss gerade wegen seiner Unverbindlichkeit gegenüber anderen Verfassungsorganen verfassungsrechtlich unbedenklich.
[768] *Stern*, StaatsR II, § 26 II 2 c S. 48; *Hufen*, NJW 1991, 1321, 1323; *Hölscheid*, DÖV 1993, 593, 599.

Zählt man die Stimmenthaltungen zu den abgegebenen Stimmen, ergibt sich eine Gesamtzahl von 577 abgegebenen Stimmen. In diesem Fall überwiegen die abgegebenen Ja-Stimmen (hier: 286) nicht die abgegebenen übrigen Stimmen (hier: 291), sodass die erforderliche Mehrheit nicht erreicht wurde.

Zählt man die Stimmenthaltungen dagegen nicht zu den abgegebenen Stimmen, ergibt sich eine Gesamtzahl von 567 abgegebenen Stimmen. In diesem Fall wurde die erforderliche Mehrheit erreicht und die Beschlussfassung war bei 286 Ja-Stimmen gegen 281 Nein-Stimmen ordnungsgemäß.

443 Für das Mitzählen von Stimmenthaltungen und ungültigen Stimmen spricht die Regelung des Art. 42 II S. 1 GG i.V.m. § 45 III S. 4 GO BT, wonach bei der Feststellung der Beschlussfähigkeit Stimmenthaltungen und ungültige Stimmen mitzählen. Gleichwohl werden nach der h.M. Stimmenthaltungen und ungültige Stimmen außerhalb der Regelung des § 45 III S. 4 GO BT nicht zu den abgegebenen Stimmen gezählt.[769]

Folgt man der h.M., lag im **Beispiel** von Rn 442 die erforderliche Mehrheit vor. Dies entspricht auch der Staatspraxis.

> **Zusammenfassend** lässt sich sagen, dass der Begriff der einfachen Mehrheit so zu verstehen ist, dass die Zahl der abgegebenen Ja-Stimmen die Zahl der abgegebenen Nein-Stimmen überwiegen muss. Stimmenthaltungen und ungültige Stimmen werden nach h.M. nicht mitgezählt.

444 Von der einfachen Mehrheit zu unterscheiden ist die **absolute Mehrheit** (auch Mitgliedermehrheit oder **Kanzlermehrheit** genannt). Das ist die Mehrheit der gesetzlichen Mitgliederzahl, vgl. Art. 121 GG. Gesetzliche Mitgliederzahl des Bundestags ist die Zahl der Mitglieder, die nach Maßgabe des BWahlG im konkreten Zeitpunkt sitz- und stimmberechtigt sind. Das bedeutet, dass zu den bestehenden 598 Sitzen des Bundestags (vgl. § 1 BWahlG) auch die Überhangmandate und die Ausgleichsmandate) hinzuzuzählen sind, da auch diese „gesetzlich" entstanden sind. Der gegenwärtige 18. Deutsche Bundestag verfügt über 29 Ausgleichsmandate, die zusammen mit den 4 Überhangmandaten der CDU und den regulären 598 Sitzen zu zunächst 631 Sitzen geführt hatten, wobei diese Sitzzahl dann aber infolge des Wegfalls eines Mandats auf 630 reduziert wurde (vgl. bereits Rn 136). Für die Mitgliedermehrheit sind demnach (nach wie vor) 316 gültige Ja-Stimmen erforderlich.

445 Bei der Ausgangszahl bleibt es indes, wenn der Betroffene nur vorübergehend (Krankheit, Urlaub, Sitzungsausschluss etc.) sein Mandat nicht ausüben kann.

Beispiele: Die absolute Mehrheit ist etwa erforderlich

(1) bei der Kanzlerwahl (vgl. Art. 63 GG),

(2) beim konstruktiven Misstrauensvotum (Art. 67 GG),

(3) bei der Vertrauensfrage des Bundeskanzlers (Art. 68 GG) und

(4) bei der Überstimmung des Bundesrats bei Einspruchsgesetzen (Art. 77 IV S. 1 GG).

(5) Erwachsen dem Bund auf Gebieten, für die ihm die Gesetzgebung zusteht, neue Aufgaben, können bei dringendem Bedarf bundeseigene Mittel- und Unterbehörden mit Zustimmung des Bundesrats und der Mehrheit der Mitglieder des Bundestags errichtet werden (Art. 87 III S. 2 GG).

---

[769] *Pieroth*, in: J/P, GG, Art. 42 Rn 4; *Magiera*, in: Sachs, GG, Art. 42 Rn 10.

446 Bestimmte Beschlüsse verlangen eine **qualifizierte Mehrheit** von 2/3 der Mitglieder des Bundestags (und ggf. 2/3 der Stimmen des Bundesrats).

> **Beispiele:**
>
> **(1)** Ein Gesetz, das eine Verfassungsänderung bewirkt, bedarf der Zustimmung von zwei Dritteln der Mitglieder des Bundestags und zwei Dritteln der Stimmen des Bundesrats (Art. 79 II GG).
>
> **(2)** Eine qualifizierte Mehrheit ist auch bei der Präsidentenanklage erforderlich. So bedarf allein schon die Stellung des Antrags auf Erhebung der Klage eines Viertels der Mitglieder des Bundestags oder eines Viertels der Stimmen des Bundesrats (Art. 61 I S. 2 GG). Der Beschluss auf Erhebung der Anklage bedarf sogar der Mehrheit von zwei Dritteln der Mitglieder des Bundestags oder zwei Dritteln der Stimmen des Bundesrats (Art. 61 I S. 3 GG).

447 Darüber hinaus verlangen bestimmte Vorschriften des Grundgesetzes eine qualifizierte Mehrheit der Abstimmenden.

> **Beispiele:**
>
> **(1)** Auf Antrag eines Zehntels seiner Mitglieder oder auf Antrag der Bundesregierung kann bei einer Bundestagssitzung die Öffentlichkeit mit Zweidrittelmehrheit ausgeschlossen werden (Art. 42 I S. 2 GG).
>
> **(2)** Die Feststellung des Spannungsfalles und die besondere Zustimmung in den Fällen des Art. 12a V S. 1 und VI S. 2 GG bedürfen einer Mehrheit von zwei Dritteln der abgegebenen Stimmen.
>
> **(3)** Die Feststellung des Verteidigungsfalles trifft der Bundestag mit Zustimmung des Bundesrats. Die Feststellung bedarf einer Mehrheit von zwei Dritteln der abgegebenen Stimmen, mindestens der Mehrheit der Mitglieder des Bundestags (Art. 115a I S. 2 GG).

448 Auch kennt das Grundgesetz qualifizierte Mehrheiten, die in einer Kombination von abgegebenen Stimmen und gesetzlicher Mitgliederzahl liegen.

> **Beispiele:**
>
> **(1)** Hat bei einem Einspruchsgesetz der Bundesrat den Einspruch mit einer Mehrheit von mindestens zwei Dritteln seiner Stimmen beschlossen, bedarf die Zurückweisung durch den Bundestag einer Mehrheit von zwei Dritteln, mindestens der Mehrheit der Mitglieder des Bundestags (Art. 77 IV S. 2 GG). Der gegenwärtige 18. Deutsche Bundestag besteht aus 630 Mitgliedern (vgl. Rn 136). Für die Mitgliedermehrheit sind demnach 316 gültige Ja-Stimmen erforderlich.
>
> **(2)** Die bereits erwähnte Feststellung des Verteidigungsfalles bedarf einer Mehrheit von zwei Dritteln der abgegebenen Stimmen, mindestens der Mehrheit der Mitglieder des Bundestags (Art. 115a I S. 2 GG).

449 Schließlich sind Beschlüsse zu nennen, die zwar auch eine qualifizierte Mehrheit erfordern, aber eine andere als eine 2/3-Mehrheit.

> **Beispiele:**
>
> **(1)** Wie bereits gesagt, bedarf es bei der Präsidentenanklage allein schon für die Stellung des Antrags auf Erhebung der Klage eines Viertels der Mitglieder des Bundestags oder eines Viertels der Stimmen des Bundesrats (Art. 61 I S. 2 GG).
>
> **(2)** Der Bundestag hat das Recht und auf Antrag eines Viertels seiner Mitglieder die Pflicht, einen Untersuchungsausschuss einzusetzen (Art. 44 I S. 1 GG).

Dagegen ist die sog. **Anwesenheitsmehrheit** im Grundgesetz nicht genannt. 450
Anwesenheitsmehrheit bedeutet die Mehrheit der Anwesenden. Sie ist nur in §§ 80 II,
81 I, 84 lit b, 126 GO BT vorgesehen und als eine Ausnahme von der grundgesetzlichen Regelung, die nicht Wahlen betrifft, verfassungswidrig.[770]

> **Beispiel:** Auf Antrag einer Fraktion oder fünf vom Hundert der Mitglieder des Bundes-
> tags kann der Bundestag mit einer Zweidrittelmehrheit der anwesenden Mitglieder be-
> schließen, ohne Ausschussüberweisung in die zweite (Gesetzes-)Beratung einzutreten
> (§ 80 II S. 1 GO BT).

3. Parlamentsbeschlüsse

Wie bereits ausgeführt, beschränkt sich die parlamentarische Arbeit nicht auf die im 451
Grundgesetz ausdrücklich vorgesehenen Gebiete. Vielmehr ist von einer umfassenden
Zuständigkeit des Bundestags auszugehen, die lediglich durch die Kompetenzen
anderer Verfassungsorgane eingeschränkt wird. Insbesondere ist das **Recht zur
Beschlussfassung** enthalten. Dabei ist zwischen echten und schlichten Parlaments-
beschlüssen zu unterscheiden.

a. Echte Parlamentsbeschlüsse

Dadurch, dass die Zuständigkeit des Bundestags durch die grundgesetzlich normierten 452
Zuständigkeiten anderer Verfassungsorgane begrenzt wird, führt ein Beschluss des
Bundestags, der einen Eingriff in den Zuständigkeitsbereich eines anderen Verfas-
sungsorgans zum Gegenstand hat, zur Rechtswidrigkeit des Eingriffs.

> **Beispiel:** Der Bundestag fasst den Beschluss, der Bundeskanzler habe die Entlassung
> eines bestimmten Bundesministers einzuleiten.
>
> Da die Ernennung und Entlassung der Bundesminister vom Bundespräsidenten auf Vor-
> schlag des Bundeskanzlers erfolgt (vgl. Art. 64 I GG), kann der Bundestag den Bundes-
> kanzler rechtlich nicht verpflichten, die Entlassung eines bestimmten Bundesministers
> einzuleiten. Der Bundestag würde also mit dem o.g. Beschluss in den Kompetenzbe-
> reich des Bundeskanzlers eingreifen. Begehrt der Bundestag die Entlassung eines be-
> stimmten Bundesministers, kann er dies nur durch ein konstruktives Misstrauen gegen-
> über dem Bundeskanzler (vgl. Art. 67 GG) erreichen: Spricht der Bundestag dem Bun-
> deskanzler das Misstrauen aus, indem er einen neuen Bundeskanzler wählt, verlieren
> auch alle bisherigen Bundesminister ihre Ämter.

Ein verbindlicher Beschluss des Bundestags, zu dem auch ein Gesetzesbeschluss 453
gehört, wird als **echter Parlamentsbeschluss** bezeichnet. Echte Parlamentsbeschlüsse, die nicht in Gesetzesform gefasst sind, sind nach h.M.[771] **grundsätzlich
unzulässig**. Sie sind nur dann zulässig, wenn sie auf einer besonderen Rechtsgrundlage basieren. Eine derartige Rechtsgrundlage stellen z.B. Art. 43 I GG und die
Vorschriften über Große und Kleine Anfragen in §§ 100 ff. GO BT dar.

> Im vorliegenden **Beispiel** ist eine Rechtsgrundlage nicht ersichtlich. Im Gegenteil ist
> das Recht der Ministerernennung und Entlassung ausschließlich dem Bundeskanzler
> bzw. dem Bundespräsidenten (vgl. Art. 64 I GG) eingeräumt. Der Beschluss des Bun-
> destags war daher rechtswidrig.

---

[770] *Pieroth*, in: J/P, GG, Art. 42 Rn 4; *Schneider*, in: Alternativkommentar, Art. 42 Rn 12.
[771] *Stern*, StaatsR II, § 26 II 2 c S. 48; *Hufen*, NJW 1991, 1321, 1323; *Hölscheid*, DÖV 1993, 593, 599.

b. Schlichte Parlamentsbeschlüsse

454 Im Gegensatz zu den echten Parlamentsbeschlüssen stehen die Beschlüsse ohne rechtliche Verbindlichkeit. Beschlüsse ohne rechtliche Verbindlichkeit werden als **schlichte Parlamentsbeschlüsse** bezeichnet. Gerade wegen ihrer Unverbindlichkeit gegenüber anderen Verfassungsorganen sind sie verfassungsrechtlich nicht zu beanstanden. Der Bundestag muss sich nur im Rahmen der Bundeskompetenz bewegen.

Thematisch sind schlichte Parlamentsbeschlüsse (vorbehaltlich der bei Rn 455 aufgeführten Erforderlichkeit der Verbandskompetenz des Bundes) nicht begrenzt. Der Bundestag soll als unmittelbar gewählte Volksvertretung zu allen Aspekten des öffentlichen Lebens seine Meinung äußern dürfen. Dazu gehören nicht nur politische Absichtserklärungen, sondern aufgrund der Kontrollfunktion gegenüber der Regierung auch die Missbilligung einer bestimmten exekutivischen Maßnahme.

> **Beispiel:** Bundesfinanzminister F ist wegen verschiedener Falschaussagen im Vorfeld der letzten Bundestagswahl bezüglich des Haushaltsdefizits und des zu erwartenden Steueraufkommens mehrfach öffentlich in Misskredit geraten. Der Bundestag fasst daraufhin den Beschluss, der Bundeskanzler möge die Entlassung des F einleiten. Das Belassen des F in seinem Amt als Minister schade dem Ansehen der Bundesrepublik Deutschland und sei daher nicht weiter zu verantworten.
>
> Zwar kann das Parlament aufgrund der Regelung des Art. 64 I GG einem Minister gegenüber weder das Vertrauen aussprechen noch den Bundeskanzler verpflichten, einen Minister zu entlassen (s.o.). Gleichwohl ist der fragliche Beschluss des Bundestags verfassungsrechtlich unbedenklich, da er lediglich eine Meinungsäußerung des Bundestags darstellt und keine Verbindlichkeit mit sich bringt. Gerade wegen seiner Unverbindlichkeit gegenüber dem Bundeskanzler ist der Beschluss verfassungsrechtlich nicht zu beanstanden.

455

Prüfung eines schlichten Parlamentsbeschlusses

Prüfungsmaßstab von Parlamentsbeschlüssen ist das Grundgesetz

I. Formelle Rechtmäßigkeit

1. Der Beschluss muss sich innerhalb der Verbandskompetenz des Bundes bewegen (vgl. Art. 30, 70 I GG). Im Übrigen ist er thematisch nicht begrenzt.
2. Der Bundestag muss beschlussfähig sein (vgl. § 45 GO BT).

II. Materielle Rechtmäßigkeit

Zwar ist an einen Eingriff in die Kompetenzen anderer Verfassungsorgane oder an einen Eingriff in Grundrechte von Bürgern zu denken. Sofern der Parlamentsbeschluss aber keine rechtliche Verbindlichkeit mit sich bringt, kann von einem Eingriff nicht gesprochen werden. Insofern ist der Parlamentsbeschluss verfassungsrechtlich unbedenklich.

IV. Organkontinuität und Grundsatz der Diskontinuität

456 Wie Art. 38 ff. GG zu entnehmen ist, stellt die Institution *Bundestag* im Verfassungsgefüge der Bundesrepublik Deutschland ein dauerhaftes Verfassungsorgan dar. Diese Institution als solche besteht ständig und ist unabhängig von den Wahlen. Man spricht daher von einer Organidentität oder *Organkontinuität*.[772]

---

[772] Vgl. dazu BVerfGE 4, 144, 152.

Organkontinuität bedeutet die Kontinuität des Organs unabhängig von der personellen Besetzung. Rechtshandlungen mit Außenwirkung, beispielsweise Verträge mit Angestellten und Prozesshandlungen in gerichtlichen Verfahren, behalten ihre Verbindlichkeit über die Wahlperiode hinaus.

Etwas anderes gilt zunächst im Hinblick auf die personelle Zusammensetzung, denn gem. Art. 39 I S. 1 GG wird der Bundestag (d.h. seine Mitglieder) grundsätzlich auf vier Jahre gewählt. Seine Wahlperiode endet mit dem Zusammentritt eines neuen Bundestags (Art. 39 I S. 2 GG). Das bedeutet, dass die Abgeordneten des Bundestags grundsätzlich für die Dauer von vier Jahren gewählt werden und sich anschließend neu legitimieren müssen. In einer parlamentarischen Demokratie ist dies selbstverständlich. Man spricht insoweit von einer *personellen Diskontinuität.*

457

Personelle Diskontinuität bedeutet, dass mit dem Ende der Wahlperiode alle Mitglieder des Parlaments ihre Mandate als Abgeordnete verlieren.

Aus der personellen Diskontinuität folgt, dass Anträge, über die der Bundestag zu entscheiden hat, als erledigt gelten, wenn dieser bis zum Ablauf der Legislaturperiode darüber noch nicht entschieden hat. Das hat den Grund, dass der Bundestag politische Grundsatzentscheidungen zu treffen hat, die von den (politischen) Mehrheitsverhältnissen und somit von der personellen Zusammensetzung abhängig sind. Der neue Bundestag soll nur über Anträge entscheiden, die während seiner Legislaturperiode gestellt werden. Man spricht von *sachlicher Diskontinuität* (vgl. auch § 125 GO BT).

458

Sachliche Diskontinuität bedeutet, dass mit dem Ende der Wahlperiode grundsätzlich alle Beschlussvorlagen als erledigt gelten.

Von der sachlichen Diskontinuität sind insbesondere **Gesetzesvorlagen** betroffen, die in den Bundestag eingebracht worden sind (vgl. Art. 76 I GG). Diesbezüglich ist folgendermaßen zu unterscheiden: Hat der Bundestag über bei ihm eingebrachte Gesetzesvorlagen nicht bis zum Ablauf der Legislaturperiode entschieden, verlieren diese Gesetzesvorlagen ihre rechtliche Bedeutung. Der neue Bundestag soll nicht mit Gesetzesvorlagen bzw. Anträgen belastet werden, die noch vom alten Bundestag stammen, der möglicherweise eine ganz andere politische Zielrichtung verfolgte. Von der sachlichen Diskontinuität betroffene Gesetzesvorlagen müssen dann ggf. erneut in den dann folgenden Bundestag eingebracht werden.[773]

459

> **Beispiel:** Die Bundesregierung plant eine Änderung im Eherecht. Gleichgeschlechtlichen Partnern soll in gleicher Weise das Institut der Ehe ermöglicht werden wie verschiedengeschlechtlichen Partnern. Dazu sollen die §§ 1297 ff. BGB geändert werden. Die Vorlage zur Änderung der §§ 1297 ff. BGB leitet die Bundesregierung gem. Art. 76 I Var. 1, II S. 1 GG dem Bundesrat zu. Anschließend bringt sie die Gesetzesvorlage mit entsprechender Stellungnahme des Bundesrats beim Bundestag ein. Noch bevor dieser darüber beschließt, endet die Legislaturperiode (regulär oder durch vorgezogene Neuwahlen aufgrund verneinter Vertrauensfrage).
>
> In diesem Fall greift der Grundsatz der Diskontinuität. Die Gesetzesvorlage zur Änderung der §§ 1297 ff. BGB muss beim folgenden Bundestag erneut eingebracht werden.
>
> Weiterführender Hinweis: Da der Grundsatz der sachlichen Diskontinuität nur für den Bundestag, nicht auch für den Bundesrat gilt, würde vorliegend etwas anderes gelten, wenn der Bundestag noch vor Ablauf seiner Legislaturperiode das Gesetz verabschiedet und in den Bundesrat eingebracht hätte. Hier käme das Gesetz auch dann zustande,

---

[773] Vgl. dazu *Maunz*, in: Maunz/Dürig, GG, Art. 39 Rn 16-18.

wenn der Bundesrat nach Beendigung der Legislaturperiode des Bundestags zustimmte. Denn in diesem Fall wäre die Arbeit des Bundestags abgeschlossen. Würde der Bundesrat aber die Zustimmung verweigern (oder bei einem Einspruchsgesetz Einspruch einlegen bzw. den Vermittlungsausschuss anrufen), wäre eine erneute Beschäftigung durch den Bundestag erforderlich. Dann griffe der Grundsatz der Diskontinuität und das Gesetzesvorhaben hätte sich erledigt.

460 Wegen der Nichtgeltung des Grundsatzes der Diskontinuität für den Bundesrat stellt sich die Frage, ob der Grundsatz der Diskontinuität auch außerhalb des parlamentarischen Gesetzgebungsverfahrens, insbesondere auf das in Art. 76 II und III GG geregelte Verfahren vor der Zuleitung an den Bundestag, anzuwenden ist. Die h.M. verneint dies. Insbesondere könnten Gesetzesvorlagen der Bundesregierung, die vor dem Ende einer Wahlperiode des Bundestags zwar noch das Verfahren nach Art. 76 II GG (Zuleitung zum Bundesrat) durchlaufen haben, beim Bundestag jedoch nicht mehr eingebracht wurden, *ohne nochmalige Beteiligung des Bundesrats* dem neu gewählten Bundestag zugeleitet werden. Auch Bundes*rats*vorlagen, die am Ende einer Wahlperiode nicht mehr den Bundestag, wohl aber noch die Bundesregierung erreicht haben (vgl. Art. 77 III GG), könnten von dieser dem neu gewählten Bundestag zugeleitet werden, ohne dass das Verfahren nach Art. 76 III bzw. II GG wiederholt zu werden braucht. Der Grundsatz der sachlichen Diskontinuität führe nicht zu einer Erledigung der Initiative des Bundesrats.[774]

> **Beispiel:** Der Bundesrat möchte eine Änderung der VwGO dergestalt herbeiführen, dass im Falle einer entsprechenden gesetzlichen Regelung dieselbe Behörde, die einen Verwaltungsakt erlassen hat, auch über den Widerspruch entscheidet (sog. Zuständigkeitslockerungsgesetz). Den Entwurf des Zuständigkeitslockerungsgesetzes leitet er gem. Art. 76 III GG der Bundesregierung zu. Diese befindet darüber und bringt den Gesetzentwurf beim Bundestag ein. Noch bevor der Bundestag darüber beschließt, endet die Legislaturperiode.
>
> Hier kann die Bundesregierung den Entwurf des Zuständigkeitslockerungsgesetzes beim neu gewählten Bundestag einbringen, ohne dass es der erneuten Zuleitung an den Bundesrat bedarf.

> **Zusammenfassend** lässt sich feststellen, dass der Grundsatz der sachlichen Diskontinuität nicht für andere Verfassungsorgane wie Bundesrat und Bundesregierung gilt, weshalb das Vorverfahren gem. Art. 76 II, III GG bei Wiedereinbringung beim neuen Bundestag nicht wiederholt zu werden braucht. Nur solche Handlungen dieser anderen Verfassungsorgane gelten ebenfalls als erledigt, die eine erneute Beschlussfassung im Bundestag oder im Vermittlungsausschuss erfordern.

461 Schließlich ist die *institutionelle Diskontinuität* zu nennen.

Institutionelle Diskontinuität bedeutet, dass alle Unterorgane des Bundestags, die nicht ständige Einrichtungen sind, mit dem Ende der Wahlperiode als aufgelöst gelten.

Die *ständigen* Einrichtungen bleiben dagegen wie der Bundestag institutionell erhalten, unterliegen aber der personellen und sachlichen Diskontinuität.

---

[774] *Sannwald*, in: Schmidt-Bleibtreu/Hofmann/Henneke, GG, Art. 76 Rn 23; *Maunz*, in: Maunz/Dürig, GG, Art. 39 Rn 19; *Hömig*, in: Hömig/Wolff, GG, Art. 76 Rn 14; *Pieroth*, in: J/P, GG, Art. 39 Rn 4; *Brockmeyer*, in: Schmidt-Bleibtreu/Hofmann/Henneke, GG, Art. 39 Rn 9.

V. Die Geschäftsordnung des Bundestags

Gemäß Art. 40 I S. 2 GG gibt sich der Bundestag eine Geschäftsordnung (GO BT). Die GO BT ist nach ganz h.M.[775] eine **autonome Satzung**, die aufgrund ihrer Rechtsnatur[776] der Verfassung und den förmlichen Bundesgesetzen im Rang nachsteht.[777] Sie entfaltet ihre Wirkung nur innerhalb des Bundestags (bspw. zwischen den Abgeordneten oder den Organen, d.h. dem Präsidium und Unterorganen, etwa den Ausschüssen), stellt also im Verhältnis zu anderen Staatsorganen und den Bürgern **Innenrecht** des Bundestags dar.[778] Das Rechtsverhältnis zwischen Bundestag und anderen Verfassungsorganen (beispielsweise Bundesregierung oder Bundesrat) ergibt sich ausschließlich aus der Verfassung und den förmlichen Bundesgesetzen.[779] So kann die GO BT bspw. keine Verpflichtungen für die Bundesregierung begründen.

462

> **Beispiel:** In die GO BT wird durch Beschluss des Bundestags eine Bestimmung aufgenommen, die der Bundesregierung vorschreibt, den Bundestag stets über die Absichten der Regierung vorab zu unterrichten.
>
> Da sich das Rechtsverhältnis zwischen Bundestag und Bundesregierung ausschließlich aus der Verfassung und den förmlichen Bundesgesetzen ergibt, ist eine derartige Bestimmung der GO BT unzulässig.

> **Hinweis für die Fallbearbeitung:** Aufgrund der Nachrangigkeit der GO BT gegenüber der Verfassung und den förmlichen Gesetzen folgt, dass bei der Prüfung der GO BT diese auf ihre Vereinbarkeit mit der Verfassung und den förmlichen Gesetzen zu prüfen ist. Allerdings steht dem Bundestag bei der inhaltlichen Ausgestaltung der Geschäftsordnung ein weiter Gestaltungsspielraum zu[780], der nur dann überschritten ist, wenn Verfassungsprinzipien wie z.B. Rechtsstaats-, Repräsentations- und Demokratieprinzip verletzt werden. Über die Rechtmäßigkeit der GO BT entscheidet das BVerfG; insbesondere kommt wegen des Rechtscharakters als Bundesrecht keine verwaltungsgerichtliche Normenkontrolle gem. § 47 VwGO in Betracht. Zudem dürfte bereits eine verwaltungsrechtliche Streitigkeit zu verneinen sein. Statthaft ist regelmäßig das Organstreitverfahren nach § 64 BVerfGG, da eine Maßnahme i.S.d. § 64 I BVerfGG auch eine Vorschrift der Geschäftsordnung sein kann. Voraussetzung ist nur, dass sie beim Antragsteller eine aktuelle rechtliche Betroffenheit auszulösen vermag.

Die GO BT regelt die **Organisation**, das **Verfahren** und die **Disziplin** des Bundestags, soweit Verfassung und Gesetz hierüber keine Vorschriften enthalten. Dazu gehört auch die Frage der **Beschlussfähigkeit**.[781]

463

> **Hinweis für die Fallbearbeitung:** Eine beliebte Klausurkonstellation besteht darin, dass der Bundestag in beschlussunfähigem Zustand einen Beschluss gefasst hat, die Beschlussunfähigkeit aber nicht durch Abstimmung positiv festgestellt wurde. Bei der zu behandelnden Frage, ob der zu prüfende Beschluss formell ordnungsgemäß zustande gekommen ist, muss zunächst die Beschluss(un-)fähigkeit

---

[775] BVerfGE 1, 144, 148; 44, 308, 315; *Pieroth*, in: J/P, GG, Art. 40 Rn 7; *Brockmeyer*, in: Schmidt-Bleibtreu/ Homann/ Henneke, GG, Art. 40 Rn 6; *Maunz*, in: Maunz/Dürig, GG, Art. 40 Rn 21; *Stern*, StaatsR II, § 26 III 6 c. Nach a.A. (*Schneider*, in: Alternativkommentar, Art. 40 Rn 10) ist die GO BT ein Rechtssatz sui generis, der einer Satzung am nächsten steht. Bedeutung kann diese unterschiedliche Auffassung im Hinblick auf die statthafte gerichtliche Klagebzw. Verfahrensart haben.
[776] Zur Rechtsquellenlehre vgl. Rn 178 ff.
[777] BVerfGE 1, 144, 148; *Morlok*, in: Dreier, GG, Art. 40 Rn 17; a.A. *Achterberg/Schulte*, in: v. Mangoldt/Klein/Starck, GG Art. 40 Rn 40 ff.
[778] BVerfGE 1, 144, 149; *Brockmeyer*, in: Schmidt-Bleibtreu/Hofmann/Henneke, GG, Art. 40 Rn 6; *Pieroth*, in: J/P, GG, Art. 40 Rn 7; a.A. *Morlok*, in: Dreier, GG, Art. 40 Rn 13 f., nach dem sich der Geltungsbereich funktional bestimmt.
[779] *Queng*, JuS 1998, 610, 613.
[780] BVerfGE 80, 188, 220.
[781] BVerfGE 44, 308, 314 ff.

des Bundestags geprüft werden. Gemäß § 45 I GO BT ist der Bundestag (nur dann) beschlussfähig, wenn mehr als die Hälfte seiner Mitglieder im Sitzungssaal anwesend ist. Ist also nicht mehr als die Hälfte der Mitglieder des Bundestags anwesend, ist der Bundestag nicht beschlussfähig. Allerdings ist der fragliche Beschluss aber (noch) nicht formell rechtswidrig, denn die Beschlussunfähigkeit liegt nicht automatisch vor. Diese muss vielmehr positiv festgestellt werden (§ 45 II und III GO BT). Bis zu der positiven Feststellung der Beschlussunfähigkeit sind Beschlüsse trotz materiellen Vorliegens der Beschlussunfähigkeit zumindest formell rechtmäßig. Zur Feststellung der Beschlussunfähigkeit sind die Stimmen einer Fraktion oder von anwesenden 5 % der Mitglieder des Bundestags erforderlich (§ 45 II S. 1 GO BT). Wird selbst diese Mindestzahl nicht erreicht, wird man davon ausgehen müssen, dass der Bundestag keinesfalls beschlussfähig ist, auch wenn seine Beschlussunfähigkeit nicht positiv festgestellt wurde. Vgl. zu dieser Problematik auch Rn 868 f.

464 Innerhalb ihres Regelungsbereichs bindet die GO BT den Bundestag, solange und soweit sie nicht auf dem von ihr selbst bezeichneten Weg abgeändert worden ist. Der Bundestag kann aber im einzelnen Fall von den Vorschriften der Geschäftsordnung mit Zweidrittelmehrheit der anwesenden Mitglieder des Bundestags abweichen, wenn die Bestimmungen des Grundgesetzes dem nicht entgegenstehen (§ 126 GO BT). Vgl. dazu Rn 866.

465 Die Geschäftsordnung gilt nur für die Dauer der Legislaturperiode des Bundestags, der die Geschäftsordnung beschlossen hat. Es ist allerdings möglich – und auch die Staatspraxis –, dass der nächste Bundestag durch Beschluss die Geschäftsordnung des alten Bundestags übernimmt.[782]

466 Schließlich sind die **Rechtsfolgen von Verstößen gegen die Geschäftsordnung** aufzuzeigen. Verstößt der Bundestag bei der Gesetzgebung gegen die Geschäftsordnung, ist das betreffende Gesetz grundsätzlich nicht unwirksam. Etwas anderes gilt nur, wenn das Gesetz gleichzeitig auch die Verfassung verletzt bzw. die verletzte Norm der Geschäftsordnung konkretisiertes Verfassungsrecht darstellt.[783]

Hinweis für die Fallbearbeitung: In einer Staatsorganisationsrechtsklausur, die das Gesetzgebungsverfahren nach Art. 76 ff. GG zum Gegenstand hat, kommt es nicht selten vor, dass gegen Vorschriften der GO BT (insbesondere über die Zahl der Beratungen, §§ 78 ff. GO BT) verstoßen worden ist. Bei der Frage, ob das zu untersuchende Gesetz deswegen verfassungswidrig ist, muss das Problem erörtert werden, ob Verstöße gegen die GO BT überhaupt zur formellen Verfassungswidrigkeit von Gesetzen führen können. Da die Zahl der erforderlichen Beratungen nicht im Grundgesetz vorgeschrieben ist, das Zustandekommen von Bundesgesetzen sich aber nach den Art. 70 ff. GG richtet, kann ein Verstoß gegen §§ 78 ff. GO BT auch nicht zur formellen Verfassungswidrigkeit des Gesetzes führen. Vgl. dazu Rn 868 f.

VI. Untergliederungen des Bundestags

1. Präsident, Präsidium und Ältestenrat

a. Der Bundestagspräsident

467 Gemäß Art. 40 I S. 1 GG wählt der Bundestag seinen Präsidenten, dessen Stellvertreter und die Schriftführer. Die Wahl findet zu Beginn der Wahlperiode für deren Dauer

---

[782] BVerfGE 1, 144, 148; *Achterberg/Schulte*, in: v. Mangoldt/Klein/Starck, GG, Art. 40 Rn 55; *Morlok*, in: Dreier, GG, Art. 40 Rn 9; *Brockmeyer*, in: Schmidt-Bleibtreu/Hofmann/Henneke, GG, Art. 40 Rn 6.

[783] BVerfGE 29, 221, 234; *Kretschmer*, in: Schmidt-Bleibtreu/Hofmann/Henneke, GG, Art. 40 Rn 35; a.A. für schwerwiegende Verstöße *Schneider*, in: Alternativkommentar, Art. 40 Rn 10.

statt. Eine Abwahl des Bundestagspräsidenten sehen weder das GG noch die GO BT vor. Eine Art. 67 GG entsprechende Regelung fehlt. Dennoch wird es für mit dem GG vereinbar gehalten, einen amtierenden Bundestagspräsidenten durch Wahl eines neuen Präsidenten abzuwählen, weil auch die Neuwahl eine Wahl gem. Art. 40 I S. 1 GG ist.[784] Dem steht allerdings die Regelung des § 2 I GO BT entgegen, wonach der Bundestagspräsident „für die Dauer der Wahlperiode" gewählt wird. Eine Neuwahl des Bundestagspräsidenten würde demnach nur dann nicht gegen die GO BT verstoßen, wenn entweder diese zuvor (durch Bundestagsmehrheit) geändert oder von ihr in zulässiger Weise abgewichen (vgl. § 126 GO BT: Zweidrittelmehrheit der anwesenden Mitglieder des Bundestags) würde.

Der Bundestagspräsident wird traditionell aus der **stärksten Fraktion** gewählt, sein Stellvertreter aus der zweitstärksten. Von Verfassungs wegen wird dies allerdings nicht gefordert. Es handelt sich lediglich um eine Konventionalregel.[785]   **468**

Der Bundestagspräsident **vertritt den Bundestag in allen Rechtsangelegenheiten**, in denen dieser aufgrund seiner Größe nicht selbst auftreten kann (vgl. § 7 I S. 1 GO BT).   **469**

> **Beispiel:** Bei Streitigkeiten vor dem BVerfG kann der Bundestag als Verfahrensbeteiligter nicht in seiner Gesamtheit auftreten. Hier nimmt der Bundestagspräsident die Anliegen des Bundestags als Gesamtheit wahr, nicht die Anliegen einer Minderheit.[786]

Die wohl bekannteste Aufgabe des Bundestagspräsidenten besteht in der **Einberufung** und **Leitung der Debatten** (vgl. § 7 I S. 2; §§ 21 ff. GO BT). Bis zu seiner Wahl leitet der älteste Abgeordnete als Alterspräsident die Sitzungen. Zur Leitung der Debatten zählt auch die Bestimmung der Reihenfolge der Redner (§ 28 GO BT). Der Bundestagspräsident kann einen Abgeordneten zur Ordnung rufen (§ 36 GO BT), ihm das Wort entziehen (§ 37 GO BT) und ihn für die Dauer von bis zu 30 Sitzungstagen ausschließen (§ 38 GO BT).   **470**

> **Hinweis für die Fallbearbeitung:** Möchte ein von einer Sitzung ausgeschlossener Abgeordneter gegen den Sitzungsausschluss vorgehen, steht ihm der Rechtsbehelf *Einspruch* zur Verfügung (vgl. § 39 GO BT). Dieser muss schriftlich begründet sein. Über den Einspruch entscheidet der Bundestag ohne Aussprache. Der Einspruch hat keine aufschiebende Wirkung. Der Einspruch ist begründet, wenn der Ausschluss von der Sitzung nicht mit höherrangigem Recht (insbesondere Art. 38 GG) vereinbar ist. Verfassungsrechtlich bedenklich ist § 38 I GO BT insoweit, als ein Ausschluss von der Sitzung über einen Sitzungstag hinaus möglich ist.[787] Denn der einzelne Abgeordnete hat von Verfassungs wegen ein Recht auf Ausübung seiner parlamentarischen Rechte, vgl. dazu Rn 500 f.

Darüber hinaus übt der Bundestagspräsident das **Hausrecht** und die **Polizeigewalt** in allen der Verwaltung des Bundestags unterstehenden Gebäude, Gebäudeteilen und auf Grundstücken aus (Art. 40 II GG). Hausrecht meint die privatrechtliche Befugnis jedes Eigentümers. Einzelheiten sind in der Hausordnung des Bundestags geregelt (vgl. § 7 II S. 2 und § 41 GO BT). Polizeigewalt meint alle polizeilichen Aufgaben und Befugnisse (insbesondere Maßnahmen, die nach der polizeilichen Befugnisgeneralklausel zulässig sind) für den o.g. räumlichen Bereich. Das schließt die Zuständigkeit   **471**

---

[784] *Ipsen*, Rn 256; *Pieroth*, in: J/P, GG, Art. 40 Rn 1.
[785] *Kretschmer*, in: Schmidt-Bleibtreu/Hofmann/Henneke, GG, Art. 40 Rn 38.
[786] BVerfGE 1, 115, 116; *Brockmeyer*, in: Schmidt-Bleibtreu/Hofmann/Henneke, GG, Art. 40 Rn 8.
[787] Vgl. dazu sowie zur Zulässigkeit und Begründetheit des Einspruchs *Brandt/Gosewinkel*, ZRP 1986, 33.

der allgemeinen Polizeibehörden aus; diese dürfen (bzw. müssen) aber bei Ersuchen des Bundestagspräsidenten Amtshilfe (Art. 35 I GG) leisten, wobei sie den Weisungen des Bundestagspräsidenten unterstellt bleiben. Hausrecht und Polizeigewalt richten sich auch gegen Bundestagsabgeordnete.

472 Des Weiteren ist der Bundestagspräsident die **oberste Dienstbehörde** der Bundestagsbeamten. Er ernennt und stellt die Bundestagsbeamten nach den gesetzlichen und allgemeinen Verwaltungsvorschriften ein und versetzt sie in den Ruhestand, vgl. dazu § 129 I BBG und § 7 IV, V GO BT.

> **Hinweis für die Fallbearbeitung:** Ist eine beamtenrechtliche Streitigkeit Klausurgegenstand, ist der Verwaltungsrechtsweg gem. § 126 I BBG bzw. § 54 I BeamtStG eröffnet. Bevor jedoch Klage erhoben wird, sind Rechtmäßigkeit und Zweckmäßigkeit der Maßnahme stets in einem Vorverfahren nachzuprüfen, § 68 I S. 2 Nr. 1 VwGO i.V.m. § 126 II BBG bzw. § 54 II S. 1 u. 2 BeamtStG (vgl. aber auch § 54 II S. 3 BeamtStG, der ein Vorverfahren für nicht erforderlich erachtet, wenn ein Landesgesetz dies bestimmt). Die Klage ist begründet, wenn die geltend gemachte Rechtsverletzung tatsächlich besteht.

b. Das Präsidium

473 Das **Präsidium** des Bundestags besteht aus dem Bundestagspräsidenten und seinen Stellvertretern (§ 5 GO BT), die ebenfalls für die Dauer der Wahlperiode vom Bundestag gewählt werden. Dem Präsidium kommen nur begrenzte Befugnisse zu (vgl. § 7 IV S. 4 GO BT). Daher ist die Bedeutung des Präsidiums als Kollegialorgan im Vergleich zu der des Präsidenten sehr gering.

c. Der Ältestenrat

474 Der Ältestenrat ist eine im Grundgesetz nicht genannte Institution des Bundestags. Er ist an sich kein Beschlussorgan, sondern hat nur **beratende Funktion**; er unterstützt den Bundestagspräsidenten bei dessen Geschäftsführung. Im Übrigen beschließt er über Angelegenheiten, die weder dem Bundestagspräsidenten noch dem Präsidium vorbehalten sind (§ 6 III GO BT). Damit kommt dem Ältestenrat eine **Auffangfunktion** zu.

474a Der Ältestenrat besteht aus dem Präsidenten, seinen Stellvertretern und 23 weiteren von den Fraktionen gem. § 12 GO BT zu benennenden Mitgliedern (§ 6 I GO BT), die wie die Mitglieder der Ausschüsse von der Fraktion nach ihrer Stärke benannt werden. Traditionell gehören dem Ältestenrat die Geschäftsführer der Bundestagsfraktionen an.

2. Die Fraktionen

475 Das Grundgesetz erwähnt die Fraktionen nur beiläufig in Art. 53a S. 2 GG. Insbesondere beschreibt es weder deren Aufgaben noch deren Funktionen. Eine vage Beschreibung des Begriffs „Fraktion" liefert das einfache Recht in § 45 I AbgG. Danach sind Fraktionen Zusammenschlüsse von Mitgliedern des Bundestags. Das Nähere regelt gem. § 45 II AbgG die GO BT. Nach § 10 I S. 1 GO BT sind Fraktionen Vereinigungen von mindestens fünf vom Hundert der Mitglieder des Bundestags, die derselben Partei oder solchen Parteien angehören, die aufgrund gleichgerichteter politischer Ziele in keinem Land miteinander im Wettbewerb stehen. Eine Abweichung von diesem Grundsatz bedarf eines Bundestagsbeschlusses, § 10 I S. 2 GO BT.

476 Die Fraktionen wirken an der Erfüllung der Aufgaben des Deutschen Bundestags mit (§ 47 I AbgG). Sie sind rechtsfähige Vereinigungen von Abgeordneten im Deutschen

Bundestag; sie können klagen und verklagt werden (§ 46 I, II AbgG). Gemäß § 46 III AbgG sind sie aber nicht Teil der öffentlichen Verwaltung; sie üben daher keine öffentliche Gewalt aus. Daraus folgt, dass die Fraktionen *juristische Personen des Privatrechts* sind.

Den Fraktionen kommt somit ein **Doppelstatus** zu: Einerseits sind sie integraler Bestand- **477** teil des Verfassungsorgans *Parlament*; andererseits sind sie juristische Personen des Privatrechts. Bedeutung hat diese Erkenntnis für die von einer Fraktion getätigten Rechtsgeschäfte wie beispielsweise den Ausschluss von Personen aus der Fraktion (siehe Rn 508) oder den Abschluss von zivilrechtlichen Arbeitsverträgen mit Fraktionsangestellten (vgl. § 49 AbgG). Hier ist die betreffende Fraktion Arbeitgeber, nicht die der Fraktion angehörigen Abgeordneten oder gar das Parlament.

Für die Parlamentsarbeit sind die Fraktionen äußerst wichtig.[788] Sie erfüllen zahlreiche **478** Aufgaben, die in der GO BT (vgl. § 45 II AbgG) näher beschrieben werden. So vollzieht sich zunächst die Wahl des Bundestagspräsidenten und seiner Stellvertreter nach einem Proporz unter den Fraktionen (§ 12 GO BT). Auch der Ältestenrat wird von den Fraktionen nach ihrer Stärke benannt (§ 6 I S. 1 i.V.m. § 12 GO BT). Des Weiteren werden die Mitglieder der Bundestagsausschüsse von den Fraktionen bestimmt (§ 57 II S. 1 GO BT). Schließlich wirken die Fraktionen bei zahlreichen parlamentarischen Befugnissen mit wie beispielsweise bei der Einbringung von Gesetzesvorlagen in den Bundestag (§ 76 I i.V.m. § 75 I lit. a GO BT), der Einberufung des Vermittlungsausschusses (§ 89 GO BT), der Stellung von Änderungsanträgen zu Gesetzentwürfen in dritter Lesung (§ 85 I GO BT) oder bei der Initiierung der Großen und Kleinen Anfrage (§ 76 I i.V.m. § 75 I lit. f GO BT und § 75 III GO BT).

Fraglich ist, ob der Bundestag die Bestimmung des § 10 I S. 1 GO BT dahingehend **479** ändern darf, dass Fraktionen nicht mehr Vereinigungen von mindestens *fünf* vom Hundert der Mitglieder des Bundestags, sondern nur Vereinigungen von beispielsweise mindestens *sechs* vom Hundert darstellen. Grundsätzlich steht es dem Bundestag frei, seine Geschäftsordnung jederzeit zu ändern, denn die GO BT stellt autonomes Satzungsrecht dar und betrifft nur die Mitglieder des Bundestags. Dementsprechend muss es dem Bundestag auch grundsätzlich freistehen, durch eine entsprechende Mehrheit die Mindeststärke der Fraktionen zu bestimmen.[789] Besteht allerdings eine höherrangige Regelung, die die Mindeststärke der Fraktionen vorschreibt, ist der Bundestag daran gebunden. Eine solche Regelung könnte § 6 III S. 1 BWahlG darstellen. Nach dieser Vorschrift werden bei der Verteilung der Sitze auf die Landeslisten nur Parteien berücksichtigt, die mindestens fünf vom Hundert der im Wahlgebiet abgegebenen gültigen Stimmen Zweitstimmen erhalten (sog. Fünf-Prozent-Klausel). Wenn also eine Partei, die mehr als fünf Prozent der abgegebenen Stimmen auf sich vereinigt, in den Bundestag einziehen kann, soll sie auch das Recht haben, eine Fraktion zu bilden. Eine Regelung, die dieses Recht erschwert, ist allenfalls dann zulässig, wenn sie auf sachgerechten Erwägungen beruht. Dies wird jedoch kaum anzunehmen sein. Die Sperrklausel des § 6 III S. 1 BWahlG bildet deshalb gleichzeitig die obere Grenze für die in der GO BT zu regelnde Mindeststärke von Fraktionen. Eine entsprechende Änderung des § 10 I S. 1 GO BT wäre mithin unzulässig.[790]

> **Hinweis für die Fallbearbeitung:** Fraktionen sind parteifähig in einem **Organstreitverfahren.**[791] Sie sind durch das Grundgesetz und die GO BT mit eigenen

---

[788] Vgl. dazu näher BVerfGE 44, 308, 318; 70, 324, 350; 80, 188, 219.

[789] *Kretschmer*, in: Schmidt-Bleibtreu/Hofmann/Henneke, GG, Art. 40 Rn 55.

[790] *Ipsen*, Rn 273. Offengelassen von BVerfGE 84, 304, 325.

[791] Vgl. nur BVerfGE 103, 81 ff.; BVerfG 3.5.2016 – 2 BvE 4/14. Vgl. dazu Rn 622.

Rechten ausgestattete Teile dieses Verfassungsorgans (vgl. Art. 93 I Nr. 1 GG). Dabei können sie nicht nur ihre eigenen Rechte geltend machen, sondern auch Rechte des gesamten Parlaments, die gegenüber einem möglichen Antragsgegner bestehen (Fall der gesetzlichen **Prozessstandschaft**).[792] Dasselbe gilt für Gruppen i.S.v. § 10 IV GO BT.[793] Ändert also der Bundestag mit entsprechender Mehrheit die Bestimmung des § 10 I S. 1 GO BT dahingehend, dass nur noch Vereinigungen von mindestens sechs vom Hundert der Mitglieder des Bundestags, die derselben Partei oder solchen Parteien angehören, die aufgrund gleichgerichteter politischer Ziele in keinem Land miteinander im Wettbewerb stehen, Fraktionen darstellen, ist die von der Änderung betroffene Fraktion bzw. Gruppe parteifähig in einem Organstreitverfahren.

3. Die Ausschüsse

480 Aufgrund der Größe des Plenums (598 reguläre Abgeordnete plus Überhang- und Ausgleichsmandate) ist es nachvollziehbar, dass nicht alle Stadien der gesetzgeberischen Tätigkeit den Bundestag in seiner Gesamtheit durchlaufen können. Insbesondere kann nicht über alle Detailfragen im Plenum debattiert werden. Anderenfalls käme der Bundestag bei einer Vielzahl von eingebrachten Gesetzesvorschlägen praktisch nicht aus dem Debattieren heraus. Schließlich darf nicht vergessen werden, dass die Abgeordneten nicht in allen Fachangelegenheiten den nötigen Sachverstand aufweisen. Vorarbeiten der Bundestagsentscheidungen werden daher in den sog. Bundestagsausschüssen geleistet. Dort werden die Gesetze „abstimmungsreif" gemacht.[794]

481 Die Mitgliederzahl in den Ausschüssen kann innerhalb der Grenzen des Willkürverbots frei bestimmt werden (vgl. § 57 I S. 1 GO BT; für Untersuchungsausschüsse vgl. aber sogleich). Grundsätzlich muss aber jeder Ausschuss ein **verkleinertes Abbild des Plenums** sein (Grundsatz der Spiegelbildlichkeit).[795] Demgemäß bestimmt § 12 GO BT, dass die Zusammensetzung der Ausschüsse im Verhältnis der Stärke der einzelnen Fraktionen vorzunehmen ist. Allerdings besteht kein Verfassungsgebot, in jedem Ausschuss jede Fraktion mit mindestens einem Sitz zu berücksichtigen.[796] Es kann somit vorkommen, dass bei kleineren Ausschüssen eine Minderheitenfraktion unberücksichtigt bleibt, was mit Blick auf das Demokratieprinzip nicht unproblematisch ist (vgl. Rn 78). Eine Besonderheit gilt hinsichtlich derjenigen Abgeordneten, die zwar keiner Fraktion angehören, sich aber zu einer Gruppe (§ 10 IV GO BT) zusammengeschlossen haben. Besteht eine Gruppe i.S.v. § 10 IV GO BT, ist sie wie eine Fraktion im Verhältnis ihrer Stärke zur Gesamtstärke des Bundestags bei der Sitzvergabe in den Ausschüssen zu berücksichtigen. Ausschussmitglieder, die lediglich einer Gruppe angehören, genießen den gleichen Status (insbesondere das Stimmrecht) wie Mitglieder, die einer Fraktion angehören.[797] Etwas anderes gilt im Hinblick auf Ausschussmitglieder, die weder einer Fraktion noch einer Gruppe angehören. Diese haben trotz ihrer Mitgliedschaft in einem Ausschuss dort kein Stimmrecht (vgl. § 57 II S. 2 GO BT).[798]

482 Die Übertragung von Aufgaben auf die Ausschüsse darf aber nicht dazu führen, dass das Parlament die Aufgaben, zu der es berufen ist, völlig aus der Hand gibt. Solange aber der Bundestag die wesentlichen Entscheidungen selbst trifft, steht der Übertra-

---

[792] BVerfGE 103, 81, 86 f. Vgl. dazu Rn 622.
[793] BVerfGE 84, 304, 318.
[794] BVerfGE 1, 144, 152.
[795] BVerfGE 80, 188, 222; 84, 304, 323. Das gilt auch für die Entsendung von Bundestagsmitgliedern in den Vermittlungsausschuss (BVerfGE 106, 253 ff.), vgl. Rn 530 und 883.
[796] BVerfGE 70, 324, 364 mit abw. Meinung BVerfGE 70, 366, 370.
[797] Vgl. BVerfGE 84, 304, 323 f.
[798] Zur Verfassungsmäßigkeit dieser Bestimmung vgl. BVerfGE 80, 188, 224.

gung von Aufgaben an die Ausschüsse (sog. **vertikale Delegation**[799]) nichts im Wege. Eine ausdrückliche Ermächtigung, Aufgaben des Bundestags wahrzunehmen, enthält jedenfalls Art. 45 S. 2 GG. Nach dieser Vorschrift bestellt der Bundestag einen **Ausschuss für die Angelegenheiten der Europäischen Union**, der die Rechte des Bundestags gem. Art. 23 GG gegenüber der Bundesregierung wahrnehmen darf. Nach Art. 45 S. 3 GG kann der Bundestag den Ausschuss auch ermächtigen, die Rechte wahrzunehmen, die dem Bundestag in den vertraglichen Grundlagen der Europäischen Union eingeräumt sind.

Die Formulierung „Der Bundestag *bestellt* ..." bedeutet, dass der Bundestag von Verfassungs wegen verpflichtet ist, den Ausschuss für die Angelegenheiten der Europäischen Union zu bestellen. Gleiches gilt für den **Ausschuss für auswärtige Angelegenheiten** (Art. 45a I Halbs. 1 GG), den **Verteidigungsausschuss** (Art. 45a I Halbs. 2 GG) und den **Petitionsausschuss** (Art. 45c GG). Diese Vorschriften stellen also eine ausdrückliche verfassungsrechtliche Ermächtigung (und zugleich eine Verpflichtung) für die vertikale Delegation dar. Eine einfachgesetzliche Ermächtigung stellt § 3 WahlprüfG bezüglich des Wahlprüfungsausschusses dar.   **483**

4. Insbesondere: Der Untersuchungsausschuss nach Art. 44 GG

a. Aufgaben eines Untersuchungsausschusses

Eine besondere Stellung hat der **Untersuchungsausschuss** nach Art. 44 GG. Aufgabe dieses Ausschusses ist es, Sachverhalte, deren Aufklärung im öffentlichen Interesse liegt, zu untersuchen und dem Bundestag darüber Bericht zu erstatten.[800]   **484**

> **Beispiel:** Der Untersuchungsauftrag des Bundestagsausschusses zur Parteispendenaffäre der CDU ging dahin, aufzuklären, „inwieweit Spenden, Provisionen, andere finanzielle Zuwendungen oder Vorteile direkt oder indirekt" an die von der CDU/CSU und FDP getragene Bundesregierung geflossen sind.[801]

Art. 44 GG enthält in Bezug auf die Einberufung, den Gegenstand der Untersuchung, das Verfahren und die Beweiserhebung keine näheren Regelungen. Solche enthält aber das am 26.7.2001 in Kraft getretene Gesetz zur Regelung des Rechts der Untersuchungsausschüsse des Deutschen Bundestags (**Untersuchungsausschussgesetz**, im Folgenden: PUAG). Dieses Gesetz enthält Vorschriften über alle wesentlichen Verfahrensfragen, insbesondere zur Einberufung der Sitzungen und über den Zugang der Öffentlichkeit. Auch sind Einzelheiten der Beweiserhebung festgelegt. Da der (verfassungsändernde) Gesetzgeber es aber unterlassen hat, die Vorschrift des Art. 44 II S. 1 GG zu ändern, bleiben auch die Vorschriften der StPO über die Beweiserhebung nach wie vor sinngemäß anwendbar. Das führt – wie im Folgenden noch zu sehen sein wird – im Einzelfall zu einer Gemengelage zwischen den Vorschriften des PUAG und denjenigen der StPO. Eine befriedigende Lösung muss noch erarbeitet werden. Nach dem derzeitigen Stand der Rechtslage gilt für die Einsetzung von Untersuchungsausschüssen Folgendes: **485**

- Gemäß Art. 44 I GG, § 1 I PUAG hat der Bundestag (1) das Recht und (2) auf Antrag eines Viertels seiner Mitglieder die Pflicht, einen Untersuchungsausschuss einzusetzen.   **486**

---

[799] Demgegenüber spricht man von einer *horizontalen* Delegation, wenn Aufgaben auf ein *anderes* Verfassungsorgan (z.B. Bundesregierung oder Bundesverfassungsgericht), nicht auf eine bloße Untergliederung *desselben* Verfassungsorgans, übertragen werden. Der horizontalen Delegation steht der Grundsatz der Gewaltenteilung entgegen. Sie ist daher unzulässig.
[800] Vgl. dazu BVerfG NJW 2002, 1936 ff.; OLG Frankfurt a.M. NJW 2001, 2340 ff.; *Hermanns/Hülsmann*, JA 2002, 845 ff.; *Hebeler/Schulz*, JuS 2010, 969 ff.
[801] Vgl. BT-Drs. 14/2139 v. 23.11.1999 – Antrag von SPD und Bündnis 90/DIE GRÜNEN sowie BVerfG NJW 2002, 1936 ff.; OLG Frankfurt a.M. NJW 2001, 2340 ff.; *Hermanns/Hülsmann*, JA 2002, 845 ff.; *Schröder*, NJW 2000, 1455 ff.

Es sind daher zwei Fälle zu unterscheiden, die Mehrheitsenquete und die Minderheitsenquete.

⇨ Die **Mehrheitsenquete** beruht auf einem Mehrheitsbeschluss des Bundestags gem. Art. 42 II S. 1 GG, und der Bundestag ist frei, ob er den Untersuchungsausschuss einsetzt oder nicht. Dann hat der Bundestag bei der Einsetzung des Untersuchungsausschusses auch den Untersuchungsgegenstand zu bestimmen.[802]

⇨ Im Fall der **Minderheitsenquete** wird der Antrag auf Einsetzung eines Untersuchungsausschusses von mindestens einem Viertel der Mitglieder des Bundestags („qualifizierte Minderheit") gestellt. Hier ist dann der Bundestag zur Einsetzung des Ausschusses verpflichtet (Art. 44 I GG, §§ 1 I, 2 I PUAG). Die Minderheit bestimmt auch grundsätzlich den Untersuchungsgegenstand (§ 2 II PUAG). Für die Mehrheit bedeutet das, dass sie an den Untersuchungsgegenstand gebunden ist, denn anderenfalls hätte sie es in der Hand, durch beliebige Erweiterung des Untersuchungsgegenstands das Verfahren zu blockieren oder wesentlich zu erschweren (**Minderheitenschutz**).[803] Änderungen des Einsetzungsantrags sind aber mit Zustimmung der antragstellenden Minderheit zulässig (§ 2 II PUAG). Eine Einschränkung der Minderheitsenquete enthält § 2 III PUAG. Danach kann der Bundestag den Untersuchungsauftrag (vorübergehend bis zur Entscheidung des BVerfG) einschränken, wenn er den Einsetzungsauftrag ganz oder teilweise für unzulässig hält.

Davon unabhängig kann der Zweck einer Minderheitsenquete „auf Arbeitsebene" unterlaufen werden, denn dadurch, dass die Zusammensetzung der Ausschüsse im Verhältnis der Stärke der einzelnen Fraktionen vorzunehmen ist, wird auch eine Minderheitsenquete von der parlamentarischen Mehrheit geprägt. Es kann sogar vorkommen, dass der Vorsitz einer Minderheitsenquete von einem Abgeordneten der Mehrheitsfraktion(en) ausgeübt wird, der sich zuvor im Bundestag gegen die Einsetzung des Untersuchungsausschusses eingesetzt hat (so im Edathy-Untersuchungsausschuss 2014). Auf diese Weise sichert sich die Parlamentsmehrheit auch in einer Minderheitsenquete ihre Dominanz.

Immerhin sind auch in einer Mehrheitsenquete jedenfalls die Rechte der qualifizierten Minderheit zu beachten[804] und durch das PUAG positiv-rechtlich gewährleistet. So bestimmt § 17 II PUAG hinsichtlich des **Beweiserhebungsverfahrens**, dass bei der Beweisaufnahme, die grds. auf Beweisbeschlüssen des Untersuchungsausschusses beruht, die Rechte der qualifizierten Minderheit zu beachten sind. Sofern ein Viertel der Mitglieder des Untersuchungsausschusses Beweise beantragt, statuiert § 17 II PUAG die Pflicht zur Beweiserhebung, sofern diese nicht unzulässig ist oder auch mit den dafür vorgesehenen Zwangsmitteln nicht erreicht werden kann. § 17 III PUAG trifft eine Regelung für die Reihenfolge der Zeugenvernehmung: Kann hinsichtlich der Reihenfolge kein Einvernehmen erzielt werden, soll auf die Regelung der GO BT, die eine abwechselnde Reihenfolge der Redner vorschreibt, zurückgegriffen werden. Wird die Erhebung bestimmter Beweise durch den Untersuchungsausschuss abgelehnt, hat die qualifizierte Minderheit durch § 17 IV PUAG das Recht, eine Entscheidung des Ermittlungsrichters beim BGH herbeizuführen. Einen (wenn auch nur innerparlamentarischen) Minderheitenschutz gewährt auch § 126a GO BT, der für die Situation der Großen Koalition in der 18. Legislaturperiode eingeführt wurde (vgl. dazu bereits Rn 78).

487 ▪ Bezüglich des **Untersuchungsgegenstands** ist der Untersuchungsausschuss grundsätzlich auf den **Zuständigkeitsbereich des ihn einsetzenden Parlaments** begrenzt. Der Bundestag kann einem Untersuchungsausschuss daher keine Rechte über-

---

[802] Vgl. *Pabel*, NJW 2000, 788; *Krahl*, JuS 2003, 61 ff.

[803] Da die Oppositionsstärke im gegenwärtigen 18. Deutschen Bundestag weniger als ein Viertel beträgt (vgl. Rn 78 f.), können nach der gegenwärtigen Rechtslage die Fraktionen Bündnis 90/DIE GRÜNEN und DIE LINKE keine Minderheitsenquete veranlassen, was verfassungsrechtlich bedenklich ist, da dadurch ein wichtiges Instrument oppositioneller Kontrollbefugnisse mitunter nicht zur Verfügung steht.

[804] Vgl. BVerfG NJW 2002, 1936 ff. (zur alten Rechtslage); *Hermanns/Hülsmann*, JA 2002, 845 ff.

tragen, die er selbst nicht besitzt. Daraus folgt, dass Angelegenheiten, die in die ausschließliche Kompetenz anderer Verfassungsorgane, beispielsweise die Bundesregierung, fallen, niemals Gegenstand einer Untersuchung eines Ausschusses sein können.[805]

Das bedeutet jedoch nicht, dass etwa ein angebliches Fehlverhalten eines Ministers (bzw. eines Ministeriums) nicht Gegenstand einer Untersuchung sein können. Gerade das Recht (und die Pflicht) des Parlaments zur Kontrolle der Exekutive erfordert hier die Einsetzung eines Untersuchungsausschusses, wenn ein genügender Anlass dazu besteht. Lediglich, wenn der Kernbereich des anderen Verfassungsorgans berührt ist, bestehen bei der Einsetzung von Untersuchungsausschüssen Grenzen. So darf ein Untersuchungsausschuss beispielsweise nicht in **laufende Verwaltungsverfahren** eingreifen. Bezüglich der Exekutive geht das BVerfG[806] von einem für das Parlament nicht ausforschbaren „Initiativ-, Beratungs- und Handlungsbereich der Regierung" aus, zu dem insbesondere die regierungsinterne Willensbildung gezählt wird. Ähnliches gilt für einen Eingriff des Untersuchungsausschusses in den Kernbereich der Judikative: Aufgrund der richterlichen Unabhängigkeit (Art. 97 I GG) darf der Untersuchungsausschuss nicht in schwebende Gerichtsverfahren eingreifen. Auch dürfen bestimmte Gerichtsverfahren nicht „nachgespielt" werden, um die Richtigkeit des Urteils zu überprüfen.[807]

Nicht Gegenstand eines Untersuchungsausschusses können auch Handlungen von Verfassungsorganen bzw. Organteilen sein, die keinen staatlichen Bezug haben, wie beispielsweise die „Jugendsünden" des Bundesaußenministers *Fischer* in der damaligen Sponti-Szene. Denn Fischer war damals noch lange kein Amtsträger, sondern ausschließlich Privatperson.[808]

Gleichwohl können Vorgänge im privaten Bereich Gegenstand eines Untersuchungsausschusses sein, wenn an ihrer Untersuchung ein besonderes öffentliches Interesse besteht[809], etwa wenn private Unternehmen besondere Vergünstigungen genießen, besonderen gesetzlichen Pflichten unterliegen oder auch in erheblichem Umfang an den Staat liefern (so wie das z.B. bei der Rüstungsindustrie der Fall ist).[810] Dabei sind jedoch deren Grundrechte zu beachten.

Verlässt der Untersuchungsgegenstand den zulässigen Bereich, ist die betreffende Maßnahme des Ausschusses unzulässig; bestimmte Fragen dürfen nicht gestellt werden. Ist von vornherein erkennbar, dass der Untersuchungsgegenstand unzulässig ist, muss man bereits von der Unzulässigkeit der Einsetzung des Ausschusses ausgehen. Dementsprechend hat der Bundestag den Einsetzungsbeschluss abzulehnen, wenn er den Antrag auf Einsetzung für unzulässig hält. Hält er ihn für teilweise unzulässig, hat er nach § 2 III PUAG vorzugehen. Die Antragsteller können dagegen das BVerfG anrufen (§ 2 III S. 2 PUAG). Es handelt sich hierbei um einen Fall des Organstreitverfahrens i.S.v. Art. 93 I Nr. 1 GG (Rn 496), für den Beteiligtenfähigkeit und Verfahrensgegenstand besonders geregelt sind.[811]

Eine weitere inhaltliche Begrenzung besteht in der ausschließlichen Kompetenz anderer Bundestagsausschüsse. So hat der **Verteidigungsausschuss** (Art. 45a GG) eine abschließende Befugnis zur Untersuchung auf dem Gebiet der Verteidigung. Zu beachten ist allerdings, dass sich der ausschließliche Zuständigkeitsbereich des Verteidigungsausschusses nur auf die Verteidigung im eigentlichen Sinne bezieht. Daher fällt etwa die Untersuchung einer angeblichen Bestechung des Verteidigungsministers bezüglich der Beschaffung von Rüstungsgegenständen wegen seiner allgemeinpolitischen Bedeu-

---

[805] Vgl. BVerfGE 67, 100, 139; 77, 1, 51.

[806] BVerfGE 67, 100, 139.

[807] *Achterberg/Schulte*, in: v. Mangoldt/Klein/Starck, GG, Art. 44 Abs. 1 Rn 14 ff.

[808] Vgl. dazu *Kerbein*, ZRP 2001, 302, 303.

[809] Vgl. BVerfGE 67, 100, 143; 77, 1, 44; *Degenhart*, Rn 685.

[810] *Degenhart*, Rn 685.

[811] Vgl. *Degenhart*, Rn 685.

tung sehr wohl in den Zuständigkeitsbereich des Untersuchungsausschusses nach Art. 44 GG. Liegt der Untersuchungsgegenstand aber im Zuständigkeitsbereich des Verteidigungsausschusses, hat dieser die Rechte eines Untersuchungsausschusses (§ 34 PUAG).

488 ▪ Der Untersuchungsausschuss ist an den ihm erteilten **Untersuchungsauftrag** gebunden. Eine nachträgliche Änderung des Untersuchungsauftrags bedarf des Beschlusses des Bundestags. § 2 II PUAG gilt entsprechend (§ 3 PUAG).[812] §§ 4 und 5 PUAG enthalten Regelungen über die Zusammensetzung und die Mitglieder des Untersuchungsausschusses.

489 ▪ Der Untersuchungsausschuss ist **beschlussfähig**, wenn die Mehrheit seiner Mitglieder anwesend ist (§ 9 I S. 1 PUAG). Ist nicht die erforderliche Zahl von Mitgliedern anwesend, führt dies noch nicht automatisch zur Beschlussunfähigkeit. Denn in Anlehnung an die Regelung des § 45 II GO BT bestimmt § 9 I S. 2 PUAG, dass der Ausschuss so lange als beschlussfähig gilt, wie nicht auf Antrag die Beschlussunfähigkeit festgestellt wird. Im Gegensatz zu § 45 II GO BT bestimmt § 9 I S. 2 PUAG aber nicht den Kreis der Antragsberechtigten. Daher sollte man bereits den Antrag eines einzelnen Mitglieds genügen lassen.

490 ▪ Zur Unterstützung einer Untersuchung sieht § 10 PUAG die Einsetzung eines **Ermittlungsbeauftragten** vor. Diesem stehen die wichtigsten Beweiserhebungsrechte des Untersuchungsausschusses zu. Allerdings ist unter bestimmten Voraussetzungen ein Beweisbeschluss des Ausschusses erforderlich.

491 ▪ Die **Beratungen und Beschlussfassungen** des Ausschusses sind **nicht öffentlich.** Über Art und Umfang von Mitteilungen an die Öffentlichkeit aus nicht öffentlichen Sitzungen entscheidet der Ausschuss (§ 12 PUAG). Die **Beweiserhebung** erfolgt demgegenüber in **öffentlicher** Sitzung. Ton- und Filmaufnahmen sowie Bildübertragungen sind allerdings auch hier grundsätzlich unzulässig; Ausnahmen bedürfen einer Mehrheit von zwei Dritteln der anwesenden Ausschussmitglieder sowie der Zustimmung der zu vernehmenden oder anzuhörenden Personen (13 PUAG).

492 ▪ Der Untersuchungsauftrag (= Untersuchungsgegenstand) muss auf die **Feststellung von Tatsachen durch Beweiserhebung** und deren **mögliche Bewertung** gerichtet sein, die auch Empfehlungen für die Bundesorgane enthalten kann.[813] Die Beweiserhebung ist in §§ 17 ff. PUAG geregelt. Im Übrigen finden – da Art. 44 II S. 1 GG im Zuge der Verabschiedung des PUAG insoweit nicht geändert worden ist – die jeweils geltenden **Vorschriften über den Strafprozess** sinngemäß Anwendung. Dem Untersuchungsausschuss stehen daher nicht nur die im PUAG genannten, sondern auch die meisten Beweismittel der StPO zur Verfügung, wie *Augenscheinnahme, Aktenvorlage, Sachverständigengutachten* und *Zeugenvernehmung*. Beweise sind zu erheben, wenn dies von einem Viertel der Mitglieder des Ausschusses beantragt wurde, es sei denn, die Beweiserhebung ist unzulässig oder das Beweismittel ist auch nach Anwendung der in dem PUAG vorgesehenen Zwangsmittel (§ 27 PUAG) unerreichbar (§ 17 II PUAG). Hinsichtlich des Beweismittels *Vernehmung von Zeugen* strebt § 17 III PUAG eine einvernehmliche Lösung bei der Reihenfolge der Vernehmung an. Lediglich wenn keine Einigung erzielt werden kann, verweist § 17 III S. 3 PUAG auf die Regelung der GO BT zur (abwechselnden) Reihenfolge der Redner (§ 28 GO BT). Der erste Zeuge „gehört" demnach der Opposition. Von dem Begriff der „Beweiserhebung" ist nicht nur die Pflicht des Zeugen erfasst, auf Ladung des Untersuchungsausschusses zu **erscheinen** (§ 50 StPO findet gem. § 20 I PUAG keine Anwendung), sondern auch vor dem Untersuchungsausschuss **auszusagen**[814] (zu den Folgen des Ausbleibens von Zeugen und

---

[812] Während § 2 II PUAG sich also mit Änderungen des Untersuchungsauftrags bei der *Einsetzung* des Ausschusses befasst, geht es in § 3 S. 2 PUAG um *nachträgliche* Änderungen oder Ergänzungen des Untersuchungsauftrags.
[813] Vgl. OLG Frankfurt a.M. NJW 2001, 2340 ff.
[814] Vgl. dazu ausführlich *Pabel*, NJW 2000, 788 ff.; *Kölbel/Morlok*, ZRP 2000, 217 ff.

zum Zeugnis- und Auskunftsverweigerungsrecht siehe sogleich). Des Weiteren sind von dem Begriff der Beweiserhebung die **Beschlagnahme** i.S.d. § 94 StPO und die **Durchsuchung** i.S.d. §§ 102 ff. StPO erfasst. Denn eine effektive parlamentarische Kontrolle wäre nicht gewährleistet, wenn der von der Untersuchung Betroffene sich erfolgreich weigern könnte, bestimmte Informationen bzw. Beweismittel herauszugeben. Allerdings ist auch hier der **Richtervorbehalt** zu beachten: Beschlagnahme, Durchsuchung und Verhaftung müssen daher beim zuständigen Strafgericht beantragt werden.[815] Zwangsmaßnahmen müssen aber das **Recht auf informationelle Selbstbestimmung** beachten. Das von einem Untersuchungsausschuss angerufene Gericht hat daher zu gewährleisten, dass beschlagnahmte Unterlagen, die ersichtlich grundrechtlich bedeutsame Daten enthalten, erst dann im Untersuchungsausschuss erörtert werden, wenn ihre Beweiserheblichkeit im Einzelnen und die Frage der Zulässigkeit der Beweiserhebung im Blick auf ausreichende Geheimschutzmaßnahmen geprüft werden.[816]

Da mit der Anordnung von Zwangsmaßnahmen auch regelmäßig Grundrechte des Betroffenen berührt werden, sind sie nur dann rechtmäßig, wenn das öffentliche Interesse an der Aufdeckung das private Interesse an der Geheimhaltung überwiegt.

Hinweis für die Fallbearbeitung: In der Fallbearbeitung hat also eine umfassende Grundrechtsprüfung zu erfolgen: Zunächst ist der Eingriff in den Schutzbereich zu prüfen. Das ist durch die richterliche Anordnung der Maßnahme stets anzunehmen. Verfassungsrechtlich gerechtfertigt ist der Eingriff, wenn der Grundsatz der Verhältnismäßigkeit gewahrt wurde. So darf insbesondere das mit der Maßnahme verfolgte Ziel in seiner Wertigkeit nicht außer Verhältnis zur Intensität des Eingriffs stehen.

Hinsichtlich der **Überwachung der Telekommunikation** ist zu beachten, dass nach Art. 44 II S. 2 GG das Brief-, Post- und Fernmeldegeheimnis (Art. 10 GG) unberührt bleibt. Das Grundrecht aus Art. 10 I GG ist nur auf der Grundlage des Art. 10 II GG einschränkbar. Dazu gehören neben dem G 10 insbesondere die §§ 100a und b StPO. Unrechtmäßig erworbene Informationen führen zu einem Beweisverwertungsverbot.

■ Aufgrund der sog. CDU-Spendenaffäre sah sich der Gesetzgeber gehalten, im neuen PUAG auch die **Vernehmung von Zeugen** dezidiert zu regeln. Wird jemand vom Untersuchungsausschuss als Zeuge geladen, muss er erscheinen. § 50 StPO findet gem. § 20 I PUAG keine Anwendung (s.o.). Das Verfahren über die Zeugenvernehmung ist in den §§ 24 und 25 PUAG geregelt. § 21 PUAG regelt die Folgen des Ausbleibens von Zeugen. So kann der Untersuchungsausschuss dem Zeugen die durch das Fernbleiben verursachten **Kosten auferlegen**, gegen ihn ein **Ordnungsgeld** bis zu 10.000,- € verhängen und sogar seine **zwangsweise Vorführung** anordnen. Im Übrigen sind § 135 S. 2 StPO anzuwenden und die Einschränkung in § 21 II PUAG zu beachten.

493

Der geladene Zeuge ist – wie sich aus den §§ 22 ff. PUAG ergibt – auch grundsätzlich **verpflichtet** (analog zum Strafprozess) **auszusagen**. Die Aussagepflicht vor dem Untersuchungsausschuss kann gem. § 27 PUAG durch Zwangsmaßnahmen durchgesetzt werden, wobei zunächst die durch die Weigerung verursachten **Kosten** auferlegt und ein **Ordnungsgeld** bis zu 10.000.- € festgelegt werden können (§ 27 I PUAG). Des Weiteren besteht die subsidiäre Möglichkeit der **Ordnungshaft** (§ 27 II PUAG).

Die Aussageverpflichtung bzw. die zwangsweise Durchsetzung der Aussageverpflichtung sind jedoch dann ausgeschlossen, wenn sich der Betroffene auf ein **Aussageverweigerungsrecht** berufen kann. § 22 PUAG nennt die näheren Voraussetzungen. Danach gelten die §§ 53 und 53a StPO entsprechend.

Auch wenn sich der Zeuge im Strafprozess auf das Aussageverweigerungsrecht des §§ 55, 52 I StPO berufen kann, kann er dies auch gegenüber dem Untersuchungsaus-

---

[815] BVerfGE 76, 363, 383; 77, 1, 51; *Pieroth*, in: J/P, GG, Art. 44 Rn 7; *Pabel*, NJW 2000, 788, 789.
[816] BVerfGE 77, 1 (Leitsatz).

schuss (§ 22 II PUAG). Der Zeuge muss demnach nicht aussagen, wenn er sich (oder einen in § 52 I StPO bezeichneten Angehörigen) der Gefahr der Strafverfolgung oder der Ahndung wegen einer Ordnungswidrigkeit aussetzen würde. Daraus lässt sich aber noch kein Recht zur generellen Aussageverweigerung ableiten. Der Zeuge hat lediglich das Recht, die Auskunft auf einzelne Fragen zu verweigern (§§ 55 I, 52 I StPO, § 22 II PUAG). Eine Totalverweigerung ist nur dann möglich, wenn die gesamte in Betracht kommende Aussage in so engem Zusammenhang mit einem strafbaren Zusammenhang steht, dass er ohne die Gefahr der strafrechtlichen Verfolgung nicht aussagen kann.[817] Des Weiteren ist an das Zeugnisverweigerungsrecht des Abgeordneten (Art. 47 GG, § 53 I Nr. 4 StPO) zu denken, das gem. § 22 I PUAG auch gegenüber dem Untersuchungsausschuss gilt. In Betracht kommen schließlich die Zeugnisverweigerungsrechte der Wirtschaftsprüfer, Buchprüfer und Steuerberater (§ 53 I Nr. 3 StPO). Hier ist aber an die Entbindung von der Schweigepflicht gem. § 53 II StPO zu denken. Doch besteht hierzu keine rechtliche Verpflichtung des Betroffenen. Zur Vernehmung von Amtsträgern vgl. § 23 PUAG.

494

Prüfung einer Maßnahme eines BT-Untersuchungsausschusses

I. Rechtsgrundlage
Rechtsgrundlage für Maßnahmen von Untersuchungsausschüssen ist Art. 44 II S. 1 GG i.V.m. den Vorschriften des PUAG.

II. Formelle Rechtmäßigkeit der konkreten Maßnahme
1. **Erforderliche Anzahl von Abgeordneten** begehrt die Einsetzung des Untersuchungsausschusses: Es ist zwischen der **Mehrheitsenquete** und der **Minderheitsenquete** zu unterscheiden, vgl. Art. 44 GG, § 2 I PUAG. Im Falle der Minderheitsenquete bestimmt auch grundsätzlich die beantragende qualifizierte Minderheit den Untersuchungsgegenstand. Für die Mehrheit bedeutet das, dass sie an den Untersuchungsgegenstand gebunden ist, denn anderenfalls hätte sie es in der Hand, durch beliebige Erweiterung des Untersuchungsgegenstands das Verfahren zu blockieren oder wesentlich zu erschweren (Minderheitenschutz). Änderungen des Einsetzungsantrags sind aber mit Zustimmung der antragstellenden Minderheit zulässig (§ 2 II PUAG). Eine Einschränkung der Minderheitsenquete enthält § 2 III PUAG. Danach kann der Bundestag den Untersuchungsauftrag (bis zur Entscheidung des BVerfG) einschränken, wenn er den Einsetzungsauftrag ganz oder teilweise für unzulässig hält.

2. **Untersuchungsgegenstand** bewegt sich innerhalb des **Zuständigkeitsbereichs des Bundestags**: Beachtung des **Bundesstaatsprinzips**: Der Untersuchungsausschuss darf nicht in den Zuständigkeitsbereich der Länder eingreifen. Beachtung des **Gewaltenteilungsprinzips**: Der Untersuchungsausschuss darf nicht in den Kernbereich der Zuständigkeiten von Organen der Exekutive und Judikative eingreifen.

3. Untersuchungsausschuss war **beschlussfähig**, § 9 PUAG.

III. Materielle Rechtmäßigkeit der konkreten Maßnahme
Untersuchung ist auf **Tatsachenfeststellung durch Beweiserhebung** gerichtet. Die Beweiserhebung ist in §§ 17 ff. PUAG geregelt. Im Übrigen finden – da Art. 44 II S. 1 GG insoweit nicht geändert worden ist – die jeweils geltenden **Vorschriften über den Strafprozess** sinngemäß Anwendung. Somit müssen deren Voraussetzungen vorliegen, was zu einer inzidenten Prüfung der Voraussetzungen dieser Vorschriften führt. Von dem Begriff der „Beweiserhebung" ist insbesondere die Vernehmung von Zeugen umfasst, vgl. §§ 20 ff. PUAG. Zu den Aussageverweigerungsrechten vgl. § 22 PUAG. Zum zulässigen Inhalt der Zeugenbefragung vgl. § 25 PUAG. Im Übrigen ist wie bei allen staatlichen Maßnahmen der Grundsatz der **Verhältnismäßigkeit** zu beachten.

---

[817] Vgl. zur alten Rechtslage *Pabel*, NJW 2000, 788, 790.

b. Rechtsschutzgesichtspunkte

Wegen der Bedeutung von Maßnahmen des Untersuchungsausschusses erklärt § 36 I **495**
PUAG grds. den BGH für zuständig. Lediglich für Organstreitigkeiten ist das BVerfG
zuständig. Daher muss zwischen Organstreitigkeiten und sonstigen Streitigkeiten
unterschieden werden. In Betracht kommen insbesondere folgende Rechtsschutzfragen:

1. Die oppositionelle Minderheit im Bundestag, die die Einsetzung des Untersuchungsausschusses beantragt hat, möchte ihre Rechte gerichtlich durchsetzen.

2. Ein Dritter, in dessen Grundrechte der Untersuchungsausschuss eingreift, möchte gerichtlich die Rechtswidrigkeit der fraglichen Maßnahme feststellen lassen bzw. diese abwehren.

Zu 1: Da es um die Durchsetzung von organschaftlichen Rechten geht, ist nicht der **496**
BGH, sondern gem. Art. 93 I Nr. 1 GG, §§ 13 Nr. 5, 63 ff. BVerfGG, 18 III, 36 PUAG
das BVerfG zuständig. Die Antragsberechtigung ergibt sich aus §§ 63 BVerfGG, § 18
III PUAG. So ist eine Fraktion antragsberechtigt, weil sie ein durch die GO BT mit
eigenen Rechten ausgestatteter Teil eines Verfassungsorgans (hier: des Bundestags)
ist.[818] Antragsgegner ist derjenige, gegen den sich die geltend gemachte Rechtsverletzung richtet. Das können beispielsweise der Bundestag oder ein Teil des Bundestags sein, aber auch die Bundesregierung. Antragsbefugt ist der Antragsteller, wenn
er geltend macht, durch die Handlung bzw. das Untätigbleiben des Antragsgegners in
seinen (Organ-)Rechten verletzt zu sein, und diese geltend gemachte Rechtsverletzung möglich erscheint.

Beispiele:

(1) Weigert sich bei einer Minderheitsenquete die Mehrheit, einen Untersuchungsausschuss einzusetzen (wonach sie gem. Art. 44 I GG, §§ 1 I, 2 I PUAG jedoch verpflichtet ist), liegt ein Verstoß gegen die Einsetzungspflicht vor.

(2) Setzt bei einer Minderheitsenquete die Mehrheit zwar einen Untersuchungsausschuss ein, weigert sich aber im Ausschuss, die Beweiserhebung (§§ 17 ff. PUAG)
einzuleiten, hat die Minderheit ein Recht gegenüber der Mehrheit, dass der Untersuchungsausschuss durch entsprechenden Beschluss (§ 9 PUAG) in die Beweiserhebung eintritt.[819]

(3) Denkbar ist auch der umgekehrte Fall, dass also bei einer Mehrheitsenquete der
Untersuchungsausschuss gem. § 9 PUAG etwa die Vernehmung eines Zeugen beschließt und dabei gegen Verfassungsrecht verstößt. Hier kann die Minderheit ein
Organstreitverfahren einleiten.

Im Zusammenhang mit Untersuchungsausschüssen ist aber zu beachten, dass das
Enqueterecht dem gesamten Parlament zusteht. Wird also die Arbeit des Untersuchungsausschusses behindert, wird das Kontrollrecht des Parlaments als Gesamtheit
beeinträchtigt. Gleichwohl sind Fraktionen befugt, im Organstreit Rechte des Parlaments geltend zu machen (vgl. § 64 I BVerfGG: Fall der gesetzlichen Prozessstandschaft).[820] Zu Form und Frist des Antrags vgl. § 64 BVerfGG. Begründet ist der Antrag, wenn die gerügte Maßnahme bzw. das gerügte Unterlassen des Antragsgegners

---

[818] Vgl. BVerfGE 67, 100, 124; 68, 1, 63; 70, 324, 350. Zur Antragsberechtigung einzelner Abgeordneter, die schon wegen Art. 38 I S. 2 GG mit eigenen Rechten ausgestattet sind, vgl. BVerfGE 10, 3, 10 f.; 60, 374, 379; 62, 1, 31; 94, 351, 362. Zur Antragsberechtigung von Parteien vgl. BVerfGE 44, 125, 136 f.; 60, 53, 61 f.; 73, 1, 27 ff.; 73, 40, 65 ff.; 74, 44, 48 f. Im Zusammenhang mit der Arbeit von Untersuchungsausschüssen sind auch Gruppen i.S.v. § 10 IV GO BT parteifähig, vgl. BVerfGE 67, 100, 126.
[819] Vgl. BVerfG NJW 2002, 1936 ff. (zur alten Rechtslage); *Hermanns/Hülsmann*, JA 2002, 845 ff.
[820] BVerfGE 103, 81, 86 f. Dagegen ist der einzelne Abgeordnete nicht parteifähig, wenn es um die Rechtsverteidigung des gesamten Parlaments geht.

(beispielsweise der unterlassene Eintritt in die Beweiserhebung) gegen ein organschaftliches Recht des Antragstellers bzw. gegen eine Bestimmung des Grundgesetzes verstößt, § 67 BVerfGG. In der Fallbearbeitung ist also nun die Vereinbarkeit des gerügten Verhaltens mit der Verfassung zu prüfen.

497   **Zu 2:** Möchte sich ein Dritter, in dessen Grundrechte der Untersuchungsausschuss eingreift, gerichtlich die Rechtswidrigkeit der fraglichen Maßnahme feststellen lassen bzw. diese abwehren, steht ihm gem. § 36 PUAG der **Rechtsweg zum BGH** offen. Der Verwaltungsrechtsweg ist wegen dieser Sondervorschrift gesperrt (vgl. § 40 I S. 1 VwGO: „(...) soweit die Streitigkeiten nicht durch Bundesgesetz einem anderen Gericht ausdrücklich zugewiesen sind").

> In der **Fallbearbeitung** sollte dennoch kurz erwähnt werden, dass der Untersuchungsausschuss selbst zwar dem Verfassungsrecht zuzuordnen ist, jedoch gegenüber den Bürgern mit verwaltungsbehördlichen Kompetenzen (gleich der Staatsanwaltschaft) arbeitet, sodass der Untersuchungsausschuss in dieser Funktion nicht verfassungsrechtlich, sondern rein verwaltungsrechtlich tätig wird. Daher kommt ein Verfahren vor dem BVerfG nicht in Betracht. Es bleibt somit bei der Grundregel des § 36 I PUAG, die im Übrigen eine abdrängende Sonderzuweisung i.S.d. § 40 I S. 1 VwGO darstellt, sodass bereits erstinstanzlich der BGH zuständig ist. Hier ist dann folgendermaßen zu unterscheiden:
>
> ▪ Richtet sich das Klägerbegehren auf die Anordnung einer **Zwangsmaßnahme** (z.B. Haft oder Vorführung), gelten die Zuständigkeits- und Verfahrensregelungen des § 36 I PUAG, wonach der BGH zuständig ist.
>
> ▪ Geht es dagegen um den Einsetzungsbeschluss, ist zwar ebenfalls der BGH zuständig. Dieser hat aber das Verfahren auszusetzen und die Entscheidung des BVerfG einzuholen, sofern er den Einsetzungsbeschluss für verfassungswidrig hält und es für das Verfahren auf die Gültigkeit des Einsetzungsbeschlusses ankommt, § 36 II PUAG (vgl. die Parallele zu Art. 100 I GG).
>
> Von diesen Bestimmungen unberührt bleibt das Recht des betroffenen Bürgers, gegen die Entscheidung des BGH **Verfassungsbeschwerde** beim BVerfG zu erheben, mit der Rüge, dieser habe bei der Urteilsfindung spezifisches Verfassungsrecht verletzt.

VII. Die Rechtsstellung der Bundestagsabgeordneten

1. Das freie Mandat

498   Gemäß Art. 38 I S. 2 GG sind die Abgeordneten Vertreter des ganzen Volkes, an Aufträge und Weisungen nicht gebunden und nur ihrem Gewissen unterworfen. Man spricht vom **freien Mandat**. Die Freiheit des Mandats gewährt eine sachliche und persönliche Unabhängigkeit von jeglicher staatlicher Beeinträchtigung und führt dazu, dass sowohl staatliche als auch private Maßnahmen (etwa von Interessengruppen), die den Bestand und die Dauer des Status als Abgeordneter beeinträchtigen, eine inhaltliche Bindung der Mandatsausübung herbeiführen oder sanktionieren, grundsätzlich unzulässig sind.[821]

499   Die Formulierung „grundsätzlich" lässt auf das Vorhandensein von Ausnahmetatbeständen schließen. So ist es z.B. zulässig, dass die Parteien über ihre Fraktionen Einfluss auf den einzelnen parteiangehörigen Abgeordneten nehmen. Denn das Grundgesetz geht von einer **„Parteiendemokratie"** aus, indem es in Art. 21 GG formuliert, dass die Parteien bei der

---

[821] Vgl. BVerfGE 118, 277, 324; Vgl. auch BVerfG NVwZ 2013, 1468, 1469; *Möllers*, Jura 2008, 937 ff.; *Pieroth*, in: J/P, GG, Art. 38 Rn 27.

politischen Willensbildung des Volkes mitwirken und zur innerparteilichen Demokratie verpflichtet sind. Daraus folgt eine „Bindekraft der Fraktionen im Verhältnis zum Abgeordneten"[822]. Im allgemeinen (politischen) Sprachgebrauch wird diesbezüglich von **Fraktionsdisziplin** gesprochen. Dahinter steht das Bestreben der Fraktion, ein einheitliches Auftreten in der parlamentarischen Arbeit zu erreichen, was ein bestimmtes – formal unverbindliches – Einwirken auf die der Fraktion angehörenden Abgeordneten umfasst. Die Fraktionsdisziplin wird gerade wegen ihrer rechtlichen Unverbindlichkeit allgemein als mit Art. 38 I S. 2 GG vereinbar angesehen.[823] Wird aber Druck auf die Gewissensentscheidung des Abgeordneten ausgeübt, lässt sich nicht mehr von (zulässiger) Fraktionsdisziplin sprechen; dann liegt **Fraktionszwang** (dazu Rn 507) vor, der einen unzulässigen Eingriff in Art. 38 I S. 2 GG darstellt. Freilich wird ein Abgeordneter kaum Rechtsmittel einlegen, möchte er nicht ein Fraktions- oder Parteiausschlussverfahren riskieren oder zumindest sich nicht seiner Karrierechancen in der Partei begeben.

Auch die Verpflichtung von Abgeordneten, bei Eintritt bestimmter Umstände während der Amtsperiode ihr Mandat niederzulegen (sog. **Mandatsverlust**), und sonstige Maßnahmen, die sich negativ auf die Mandatsausübung auswirken (sog. **Mandatsbeeinträchtigung**), sind grds., aber nicht notwendigerweise verfassungswidrig. Denn trotz des an sich eindeutigen Wortlauts des Art. 38 I S. 2 GG, der zudem keinen Gesetzesvorbehalt enthält, sind Mandatsverlust und Mandatsbeeinträchtigung nicht verfassungswidrig, wenn sich ein übergeordneter Grund für den Verlust bzw. die Beeinträchtigung finden lässt (sog. verfassungsimmanente Schranken).[824] Das gilt auch für Maßnahmen, die an ein Verhalten des Abgeordneten *vor der Wahl* anknüpfen, sofern sie nur den Abgeordnetenstatus beeinträchtigen.

> **Hinweis für die Fallbearbeitung:** Bei Art. 38 I S. 2 GG handelt es sich nach h.M. *nicht* um ein sog. grundrechtsgleiches Recht, soweit es um den staatsorganisationsrechtlichen Status des Abgeordneten geht, d.h. um das statusrechtliche Verhältnis zwischen ihm und (anderen) Verfassungsorganen. In diesem Fall ist der Organstreit gem. Art. 93 I Nr. 1 GG, §§ 63 ff. BVerfGG vorrangig und es kann die verfassungsrechtliche Prüfung nicht in Anlehnung an das zu den Grundrechten Gesagte erfolgen. Vielmehr gilt der für Organstreitverfahren heranzuziehende Prüfungsaufbau, wonach der Antrag gem. § 64 I BVerfGG begründet ist, wenn organschaftliche Rechte des Abgeordneten verletzt sind. Das ist – wie gesagt – für den Fall des Mandatsverlustes bzw. der Mandatsbeeinträchtigung bspw. nicht der Fall, wenn sich ein übergeordneter Grund für den Verlust bzw. die Beeinträchtigung finden lässt (sog. verfassungsimmanente Schranken des freien Mandats). Dagegen kommt eine Verfassungsbeschwerde in Betracht, soweit Art. 38 I S. 2 GG ein Individualrecht entnommen werden kann. Vgl. hierzu die folgenden Ausführungen bei Rn 500 ff. und den nächsten Hinweis für die Fallbearbeitung bei Rn 504d.

Beispiele:
(1) Mandatsverlust aufgrund eines Parteiverbots

500

A ist Mitglied der X-Partei und hat über die Liste ein Bundestagsmandat errungen. Nun wird die X-Partei vom BVerfG für verfassungswidrig erklärt und verboten (vgl. Art. 21 III i.V.m. §§ 43 ff. BVerfGG). Gemäß § 46 I S. 1 Nr. 5 BWahlG verliert A daraufhin sein Bundestagsmandat. Im Rahmen eines Organstreits macht er die Verfassungswidrigkeit des § 46 I S. 1 Nr. 5 BWahlG geltend und rügt einen Verstoß gegen Art. 38 I S. 2 GG.

Ein Eingriff in Art. 38 I S. 2 GG liegt durch den Mandatsverlust vor. Fraglich ist, ob ein höherrangiges Verfassungsgut vorliegt, das den Mandatsverlust rechtfertigt. Das BVerfG sieht das freie Mandat und den damit verbundenen Bestandsschutz

---

[822] BVerfGE 118, 277, 328 f.
[823] BVerfGE 118, 277, 328 f.; *Pieroth*, in: J/P, GG, Art. 38 Rn 27; *Hesse*, Grundzüge des VerfR, Rn 600 ff.
[824] BVerfG NVwZ 2013, 1468, 1469 (Ramelow) – siehe dazu unten Rn 504c.

durch die Vorschrift des Art. 21 GG begrenzt.[825] Stehe nach einem Verfahren gem. Art. 21 II GG fest, dass die betreffende Partei wegen des mit den demokratischen Grundprinzipien in Widerspruch stehenden Inhalts ihrer politischen Vorstellungswelt die Voraussetzungen für die Mitwirkung an der politischen Willensbildung des Volkes nicht erfüllt habe, würde das Ziel der Entfernung der Partei aus dem demokratischen Willensbildungsprozess nicht erreicht werden, wenn es den wesentlichen Exponenten der Partei, den Abgeordneten, weiterhin möglich bleibe, die Ideen ihrer Partei an der Stätte, wo die echten politischen Entscheidungen fallen, zu vertreten und bei Abstimmungen zur Geltung zu bringen.[826] Der recht verstandene Art. 21 II GG führe also notwendig zu dem Schluss, dass die Mandate der Abgeordneten einer verfassungswidrigen Partei mit der Verkündung des Urteils erlöschten. Diesem Befund stehe auch nicht der Art. 38 I S. 2 GG entgegen, wonach der Bestand des Mandats unabhängig von dem Wegfall der ursprünglichen parteipolitischen Legitimation geschützt sei. Richtig verstanden bestätige er vielmehr diese Auslegung insofern, als der Abgeordnete einer verfassungswidrigen Partei nicht „Vertreter des *ganzen* Volkes" sein könne.[827] Folgt man dieser Auffassung, ist die Regelung des § 46 I S. 1 Nr. 5 BWahlG verfassungsgemäß.

501

(2) Mandatsverlust aufgrund Parteiaustritts bzw. Parteiwechsels

In § 46 I S. 1 BWahlG wird (fiktiv!) eine Nr. 6 eingefügt, wonach ein Abgeordneter seine Mitgliedschaft im Deutschen Bundestag verliert, wenn er in eine andere Partei übertritt. Der Abgeordnete B, der über die Liste der Partei Y in den Bundestag gewählt worden, und nun der Z-Partei beigetreten ist, verliert daraufhin sein Bundestagsmandat. Er rügt im Rahmen eines Organstreits die Verletzung seiner Rechte aus Art. 38 I S. 2 GG.

§ 46 I S. 1 Nr. 6 BWahlG sieht (wie Nr. 5) offenbar den Abgeordneten (zumindest auch) durch seine Partei legitimiert. Nur so lässt sich erklären, dass der Parteiwechsel den Verlust des Bundestagsmandats zur Folge haben soll. Fraglich ist, ob sich diese Einschätzung des Gesetzgebers mit Art. 38 I S. 2 GG vereinbaren lässt. Der Wortlaut des Art. 38 I S. 2 GG ist insoweit eindeutig: Der Abgeordnete ist Vertreter des ganzen Volkes, nicht einer bestimmten Partei. Der gesetzlich angeordnete Verlust des Mandats aufgrund eines Parteiwechsels würde somit zu einem Eingriff in Art. 38 I S. 2 GG führen (das Gleiche würde selbstverständlich auch bei einem bloßen Parteiaustritt gelten). Angesichts des Art. 21 I GG wird ganz herrschend aber eine einschränkende Interpretation des Art. 38 I S. 2 GG vorgenommen. So hat das BVerfG im o.g. SRP-Urteil konstatiert, dass die Abgeordneten einer für verfassungswidrig erklärten Partei ihr Mandat verlieren. Die verfassungsfeindlichen Ideen der Partei und ihrer Exponate müssten aus dem Prozess der politischen Willensbildung gänzlich ausscheiden. Mit dieser These wird aber zugleich auch klar, dass das BVerfG den Mandatsverlust nicht an den Wegfall der parteipolitischen Legitimation (z.B. durch Ausschluss oder Austritt aus einer politischen Partei) knüpft, sondern an die verfassungsfeindliche Zielsetzung der Abgeordneten. Zur Beantwortung der Frage nach den Konsequenzen des Verlustes einer ursprünglich gegebenen parteipolitischen Legitimation lässt sich das SRP-Urteil des BVerfG also nicht heranziehen. Gleichwohl geht ein Teil der Lit. von der Vorstellung eines durch die Partei legitimierten, strikt „parteigebundenen" Mandats aus. Für sie führt der Austritt aus der Partei konsequenterweise zum Mandatsverlust, wobei überwiegend immerhin wenigstens noch ein einfaches Gesetz gefordert wird.[828] Folgt man dieser Auffassung, wäre die Verfassungsmäßigkeit der hier zu diskutierenden Ergänzung des § 46 I S. 1 BWahlG wohl zu bejahen. Diese Auffassung überzeugt aber weder in ihrer Begründung noch in ihrem Ergebnis. Ihr ist zwar zuzugeben, dass das

---

[825] BVerfGE 2, 1, 74 (SRP).
[826] BVerfG a.a.O. S. 73 f.
[827] BVerfG a.a.O. S. 74 f.
[828] Vgl. *Preuß*, in: AK, Art. 21 Rn 56 ff.; *Schneider*, in: AK, Art. 38 Rn 38 f.

Grundgesetz kein bestimmtes Wahlsystem vorschreibt, sondern nur die in Art. 38 I S. 1 GG statuierten Wahlrechtsgrundsätze gewahrt wissen will. Es ist also verfassungsrechtlich nicht zu beanstanden, wenn sich der einfache Gesetzgeber mit der Regelung des § 6 BWahlG im Prinzip für eine Parteienwahl entscheidet und die demokratische Legitimation der Abgeordneten an deren Identifikation mit einer politischen Partei knüpft. Allerdings trifft es nicht zu, dass der Parteiaustritt notwendigerweise als Absage an das Parteiprogramm zu werten ist. Denn gerade jene Bundestagsabgeordneten etwa, welche nach dem Sturz des Bundeskanzlers Helmut Schmidt im Jahre 1982 aus der FDP austraten, konnten sich für diese Entscheidung möglicherweise eher auf das Parteiprogramm berufen als diejenigen FDP-Abgeordneten, welche den „Kanzlersturz" mit vollzogen. Außerdem kann die Parteizugehörigkeit allenfalls das *Entstehen* eines Bundestagsmandats legitimieren, nicht jedoch dessen *Bestand*. Hat der Betreffende bereits ein Abgeordnetenmandat errungen, ist dieses durch Wortlaut und Zielsetzung des Art. 38 I S. 2 GG in seinem Bestand geschützt.[829] Art. 38 I S. 2 GG verbietet es demnach, an den Austritt aus der Partei den Verlust des Abgeordnetenmandats zu knüpfen. Die (fiktive) Ergänzung des § 46 I S. 1 BWahlG um eine Nr. 6 ist somit verfassungswidrig.

(3) Mandatsverlust aufgrund eines wirksamen Parteiausschlusses

502

In § 46 I S. 1 BWahlG wird (fiktiv!) eine Nr. 7 eingefügt, wonach ein Abgeordneter seine Mitgliedschaft im Deutschen Bundestag verliert, wenn er aus seiner Partei ausgeschlossen wird. Der Abgeordnete C, der über die Liste der Partei M in den Bundestag gewählt worden ist, wird nun wegen weggefallener Grundidentifikation mit den Zielen der Partei aus dieser wirksam ausgeschlossen. Gemäß der o.g. Bestimmung verliert er daraufhin sein Bundestagsmandat. Er rügt im Rahmen eines Organstreits einen Verstoß gegen Art. 38 I S. 2 GG.

Ein Parteiausschluss setzt nach § 10 IV PartG voraus, dass der Betroffene gegen die Satzung oder erheblich gegen Grundsätze oder Ordnung der Partei verstößt und ihr damit schweren Schaden zufügt.[830] Dies hinsichtlich des C unterstellt, war der Parteiausschluss wirksam (vgl. zum Parteiausschluss näher Rn 506). Fraglich ist indes, ob ein wirksamer Parteiausschluss zum Mandatsverlust führen kann. Auch diese Frage muss von der Verfassung beantwortet werden. Wie gesagt, schützt Art. 38 I S. 2 GG in besonderer Weise den Bestand eines Abgeordnetenmandats, auch wenn der ursprüngliche Legitimationsgrund – die Zugehörigkeit zu einer bestimmten politischen Partei – später weggefallen ist. Würde man diesen besonderen Schutz nicht anerkennen, hätte es die Partei in der Hand, dem Betroffenen das Mandat durch Parteiausschluss zu entziehen. Dadurch würde die Vorschrift des Art. 38 I S. 2 GG, wonach der Abgeordnete insbesondere von Weisungen seiner Partei frei sein soll, umgangen. Das kann ersichtlich weder dem Wortlaut noch dem Sinn und Zweck des Art. 38 I S. 2 GG entsprechen. Insbesondere ist keine Verfassungsnorm ersichtlich, die – wie die Norm des Art. 21 GG – das freie Mandat beschränken könnte. Die (fiktive) Ergänzung des § 46 I S. 1 BWahlG um eine Nr. 7 ist somit verfassungswidrig.

(4) Mandatsbeeinträchtigung aufgrund Überprüfung von Abgeordneten

503

Das Abgeordnetengesetz (AbgG) sieht in § 44c vor, dass Mitglieder des Bundestags beim Bundestagspräsidenten die Überprüfung von Abgeordneten auf frühere hauptamtliche oder inoffizielle Tätigkeit beim Ministerium für Staatssicherheit beantragen können. Eine Zustimmung der betroffenen Abgeordneten ist grds. nicht erforderlich. Die Anordnung der Überprüfung findet durch Beschluss des Bundestagspräsidenten statt. Ordnet dieser nun die Überprüfung eines Bundestagsabgeordneten an, ist fraglich, ob hierin nicht ein Verstoß gegen Art. 38 I S. 2 GG vorliegt. Zu-

---

[829] Ganz h.M., vgl. nur *Maunz*, in: Maunz/Dürig, GG, Art. 38 Rn 12; *Pieroth*, in: J/P, GG, Art. 38 Rn 23 u. 26; *Badura*, in: Bonner Kommentar, Art. 38 Rn 80; *Klein*, HdbStR II, § 41 Rn 18; *Achterberg/Schulte*, in: v. Mangoldt/Klein/Starck, GG, Art. 38 Rn 51 ff. Vgl. auch die *Enquetekommission für Verfassungsreform*, BT-Drs. 7/5924, S. 25.
[830] Vgl. dazu auch *Lenski*, NVwZ 2015, 1730 ff.

mindest kann sich der Bundestagspräsident auf eine Rechtsgrundlage berufen - § 44c AbgG. Diese Vorschrift müsste aber ihrerseits mit Art. 38 I S. 2 GG vereinbar sein. Ein Eingriff in Art. 38 I S. 2 GG liegt vor. Denn wie bereits gesagt, ist Art. 38 I S. 2 GG nicht nur im Falle des Mandatsverlustes beeinträchtigt, sondern bereits dann, wenn die Ausübung des Mandats beeinträchtigt wird. Eine solche Beeinträchtigung ist auch dann anzunehmen, wenn die Maßnahme an ein Verhalten des Abgeordneten *vor* der Wahl anknüpft. Das ist bei einer Überprüfung auf frühere Stasi-Tätigkeit der Fall. Hier kann auch das Urteil herbeigeführt werden, der betroffene Abgeordnete sei aufgrund dieser Tätigkeit politisch unwürdig, dem Parlament anzugehören (Stigmatisierung). Ein solcher Eingriff in das freie Mandat ist auch grds. unzulässig, weil Art. 38 I S. 2 GG seinem Wortlaut nach keine Einschränkungsmöglichkeit des freien Mandats enthält. Aber auch an sich vorbehaltlos gewährte verfassungsrechtliche Rechte finden ihre Grenzen bei einer Kollision mit anderen Gütern von Verfassungsrang, sofern sich diese im Einzelfall als höherrangig erweisen. Als ein solches höherrangiges Verfassungsgut kommen vorliegend die politische Vertrauenswürdigkeit und Integrität des Parlaments in Betracht, die aus seiner Qualität als Volksvertretung herrührt und sich letztlich ebenfalls aus Art. 38 I S. 2 GG und dem Demokratieprinzip ableiten lässt. Die politische Vertrauenswürdigkeit und Integrität des Parlaments können insbesondere dadurch gefährdet sein, dass in ihm Abgeordnete sitzen, die sich durch ihre frühere Mitarbeit beim MfS einer schwerwiegenden Verletzung der Freiheitsrechte anderer schuldig gemacht haben. Der Staatssicherheitsdienst war ein zentraler Bestandteil des totalitären Machtapparats der ehemaligen DDR, der als Instrument der politischen Kontrolle und Unterdrückung der gesamten Bevölkerung fungierte. Der Bundestag verfolgt daher ein legitimes Untersuchungsinteresse und letztlich ein Allgemeininteresse, wenn er die Öffentlichkeit über Stasi-Verstrickungen von demokratisch gewählten Abgeordneten informiert. Damit konkretisiert § 44c AbgG ein höherrangiges Verfassungsgut. In Ausübung dieser Vorschrift liegt somit kein Verstoß gegen Art. 38 I S. 2 GG vor.

504

(5) Mandatsbeeinträchtigung aufgrund Einsetzung eines Untersuchungsausschusses

Im Prinzip dasselbe wie in Beispiel (4) gilt für die Einsetzung eines parlamentarischen Untersuchungsausschusses, der das Fehlverhalten eines bestimmten Abgeordneten zum Gegenstand hat. Genannt sei bspw. der Untersuchungsausschuss zur sog. „CDU-Spendenaffäre", der u.a. die Verstrickung des damaligen Bundeskanzlers *Helmut Kohl* aufklären sollte.

Da eine Beeinträchtigung des freien Mandats bereits dann anzunehmen ist, wenn die Maßnahme an ein Verhalten des Abgeordneten *vor* der Wahl anknüpft, würde ein Untersuchungsausschuss auch dann in Art. 38 I S. 2 GG eingreifen, wenn er bspw. die „Jugendsünden" eines bestimmten Bundesministers zum Gegenstand hätte. Ein solcher Untersuchungsausschuss würde aber mit Art. 38 I S. 2 GG unvereinbar sein, weil Gegenstand eines Untersuchungsausschusses nur Handlungen von Verfassungsorganen bzw. Organteilen sein können, die staatlichen Bezug haben. War also der bestimmte Bundesminister damals noch kein Amtsträger, sondern ausschließlich Privatperson, wäre die Einsetzung des Untersuchungsausschusses rechtswidrig.[831]

(6) Mandatsbeeinträchtigung aufgrund Erteilung einer parlamentarischen Ordnungsmaßnahme

504a

Wie bereits bei Rn 499 gesagt, sind trotz des an sich eindeutigen Wortlauts des Art. 38 I S. 2 GG Mandatsverlust und Mandatsbeeinträchtigung nicht verfassungswidrig, wenn sich ein übergeordneter Grund für den Verlust bzw. die Beeinträchtigung finden lässt (sog. verfassungsimmanente Schranken). Wird also gegenüber einem Ab-

---

[831] Vgl. dazu *Kerbein*, ZRP 2001, 302, 303.

geordneten eine parlamentarische Ordnungsmaßnahme ergriffen, etwa, indem der Abgeordnete wegen gröblicher Störung aus einer Sitzung ausgeschlossen wird (vgl. § 38 I GO BT), ist diese Mandatsbeeinträchtigung nicht von vornherein verfassungswidrig. Abzustellen ist vielmehr, ob der Ausschluss verhältnismäßig ist. Das ist nicht der Fall, wenn eine mildere Maßnahme, etwa eine Wortentziehung, den erwünschten Erfolg (Wiederherstellung eines ordnungsgemäßen Sitzungsverlaufs) herbeigeführt hätte.[832]

(7) Mandatsbeeinträchtigung aufgrund der Pflicht, Nebeneinkünfte offenzulegen

504b

Der Abgeordnete ist Repräsentant des ganzen Volkes (Art. 38 I S. 2 GG). Er wird angemessen aus Steuergeldern bezahlt, die ihm seine finanzielle Unabhängigkeit sichern (vgl. Art. 48 III S. 1 GG).[833] Somit ist er nicht auf eine zusätzliche Tätigkeit angewiesen. Im Gegenteil – eine Übernahme zusätzlicher Tätigkeiten (etwa die Übernahme anwaltlicher Mandate oder Positionen in der Wirtschaft) kann im Interessenkonflikt mit seiner auf Unabhängigkeit ausgerichteten Stellung als Volksvertreter stehen. Daher hat das BVerfG entschieden, dass Repräsentationsaufgaben im Mittelpunkt der Tätigkeiten stehen müssten[834] und dass es mit dem Abgeordnetenstatus vereinbar sei, wenn der Gesetzgeber durch eine nähere Regelung nach Maßgabe des Art. 38 III GG die Abgeordneten verpflichte, ihre Nebentätigkeiten und die daraus erwachsenden Einkünfte offenzulegen, soweit sie auf für die Ausübung des Mandats bedeutsame Interessenverknüpfungen hinweisen könnten. Denn dadurch erlange der Wähler die entsprechenden Informationen, um sich ein Urteil auch über die unabhängige Wahrnehmung des Mandats durch seinen Abgeordneten bilden zu können. Zudem werde durch das Offenlegen von Interessenverbindungen der glaubwürdige Konfliktausgleich und damit die Repräsentations- und Funktionsfähigkeit des Parlaments gesichert. Diese überwögen zusammen mit der notwendigen Möglichkeit demokratischer Willensbildung die privaten Interessen des Abgeordneten, seine Tätigkeiten neben dem Mandat informationell abzuschirmen. Transparenzregeln seien daher grundsätzlich auch im Hinblick auf die Doppelnatur des Abgeordneten als Mandatsträger und Privatperson gerechtfertigt.[835] Sie seien auch im Einzelnen angemessen, wenn sie Mindestbeträge festlegten und sogar Aufwandsentschädigungen einbezögen, denn auch diese könnten auf Interessenverflechtungen deuten.[836]

Der Gesetzgeber hat die Pflicht zur Anzeige von erhaltenen Einkünften und anderen geldwerten Vorteilen in § 44b AbgG geregelt (und die nähere Ausgestaltung insoweit dem Bundestag in Form des Aufstellens von Verhaltensregeln überlassen, dazu Rn 520). Diese Regelungen sind verfassungsgemäß, da sie die Funktionsfähigkeit des Parlaments und die Gleichbehandlung aller Abgeordneten sichern.

(8) Mandatsbeeinträchtigung aufgrund Beobachtung durch den Verfassungsschutz

504c

Wird ein Abgeordneter (des Bundestags oder eines Landtags) durch Behörden des Verfassungsschutzes beobachtet, liegt darin ein Eingriff in das freie Mandat aus Art. 38 I S. 2 GG. Denn das freie Mandat gewährleistet die freie Willensbildung des Abgeordneten und damit auch eine von staatlicher Beeinflussung freie Kommunikationsbeziehung zwischen ihm und den Wählern.[837] Ein Eingriff in das freie Mandat ist aber nicht von vornherein verfassungswidrig. Zwar enthält Art. 38 I S. 2 GG keinen Gesetzesvorbehalt, er kann aber zugunsten anderer Rechtsgüter von Verfassungs-

---

[832] Vgl. (für Mecklenburg-Vorpommern) LVerfG Meck-Vor NVwZ-RR 2009, 362.
[833] Zur Abgeordnetentschädigung vgl. unten Rn 518e sowie *Schwarz*, NVwZ 2016, 97 ff.
[834] BVerfGE 118, 227, 334 ff.; a.A. Sondervotum a.a.O. S. 346 ff.
[835] BVerfGE 118, 227, 334 ff.; a.A. Sondervotum a.a.O. S. 377 ff.
[836] BVerfGE 118, 227, 368. Vgl. auch *Frenz*, JA 2010, 126.
[837] BVerfG NVwZ 2013, 1468, 1469 (Fall Ramelow).

rang begrenzt werden.[838] Anerkannte Rechtsgüter in diesem Sinne sind insbesondere die Repräsentationsfunktion und die Funktionsfähigkeit des Parlaments.[839] Auch der Schutz der freiheitlichen demokratischen Grundordnung kann ein Grund für die zulässige Beschränkung verfassungsrechtlich geschützter Güter und damit auch des freien Mandats sein, weil sich das Grundgesetz für eine streitbare Demokratie entschieden hat.[840] Dabei bedarf es aber einer Rechtsgrundlage und es gelten strenge Verhältnismäßigkeitsanforderungen. Bei einer Beobachtung durch das Bundesamt für Verfassungsschutz greifen als Rechtsgrundlage die auf Art. 73 Nr. 10b i.V.m. Art. 70 I, 87 I S. 2 GG gestützten §§ 8 I S. 1 und 3 I Nr. 1 BVerfSchG. Bei der Frage nach der verfassungsrechtlichen Rechtfertigung gelten wegen der Hochrangigkeit und der Bedeutung des freien Mandats für die Ausübung parlamentarischer Rechte zwar strenge Maßstäbe, jedoch ist zu berücksichtigen, dass Verfassungsfeinde nicht unter Berufung auf Freiheiten, die das Grundgesetz gewährt, die Verfassungsordnung oder den Bestand des Staates gefährden, beeinträchtigen oder zerstören dürfen (vgl. Art. 9 II, 18, 21 GG).[841] Geht also von einem Abgeordneten kein relevanter Beitrag für eine Gefährdung der freiheitlicher demokratischen Grundordnung aus, verletzt eine Beobachtung durch den Verfassungsschutz das freie Mandat.[842]

504d

> **Hinweis für die Fallbearbeitung:** Da es sich bei Art. 38 I S. 2 GG nach richtiger Auffassung jedenfalls dann nicht um ein sog. grundrechtsgleiches Recht handelt[843], wenn es um den staatsorganisationsrechtlichen Status als Abgeordneter geht, kommt eine **Verfassungsbeschwerde** (Art. 93 I Nr. 4a GG, §§ 13 Nr. 8a, 90 ff. BVerfGG) in diesem Fall grds. **nicht** in Betracht. Denn die Verfassungsbeschwerde ist kein Mittel zur Austragung von Meinungsverschiedenheiten zwischen Staatsorganen.[844] Vielmehr kann der Abgeordnete gegen Maßnahmen, die sein freies Mandat in statusrechtlicher Hinsicht beeinträchtigen, i.d.R. das **Organstreitverfahren** (Art. 93 I Nr. 1 GG, §§ 13 Nr. 5, 63 ff. BVerfGG) einleiten. In diesem Verfahren kann er die Verletzung oder Gefährdung eines Rechts, das mit seinem Status verfassungsrechtlich verbunden ist, geltend machen.[845] Dem entspricht es zum einen, dass der Abgeordnete in seiner Funktion als Mitglied eines Verfassungsorgans betroffen ist, und zum anderen, dass es um organschaftliche Rechte geht.
>
> Eine **Verfassungsbeschwerde** wegen Verletzung des freien Mandats aus Art. 38 I S. 2 GG ist aber dann zulässig, wenn Individualrechte des Abgeordneten betroffen sind und/oder der Gegner nicht parteifähig in einem Organstreitverfahren ist.[846] Das BVerfG begründet dies damit, dass Art. 38 GG (und damit auch Art. 38 I S. 2 GG) von § 90 I BVerfGG *insoweit* mitumfasst sei, als diese Norm in ähnlicher Weise wie die übrigen Vorschriften des Grundgesetzes, in die sie eingereiht ist, Individualrechte garantiere.[847] Das sei etwa der Fall, wenn das Bundesamt für Verfassungsschutz

---

[838] BVerfG NVwZ 2013, 1468, 1469.

[839] BVerfG NVwZ 2013, 1468, 1469 unter Berufung auf BVerfGE 80, 188, 219; 84, 304, 321; 96, 264, 279; 99, 19, 32; 112, 118, 140; 118, 277, 324; 130, 318, 348.

[840] BVerfG NVwZ 2013, 1468, 1469 unter Berufung auf BVerfGE 5, 85, 137 ff.; 13, 46, 49 f.; 28, 36, 48 f.; 30, 1, 19 ff.

[841] BVerfG NVwZ 2013, 1468, 1469.

[842] BVerfG NVwZ 2013, 1468, 1469.

[843] BVerfGE 6, 445, 448; *Pieroth*, in: J/P, GG, Art. 38 Rn 1, 25, 36.

[844] BVerfG NVwZ 2013, 1468, 1469 mit Verweis auf BVerfGE 15, 298, 302; 43, 142, 148; 64, 301, 312.

[845] Vgl. etwa BVerfGE 32, 157, 162; 43, 142, 148; 64, 301, 312; 90, 286, 342; 99, 19, 29; 118, 227, 334 ff.

[846] BVerfG NVwZ 2013, 1468, 1469; BVerfGE 108, 251, 266; *Pieroth*, in: J/P, GG, Art. 38 Rn 36. Vgl. auch BVerfG Nord-ÖR 2011, 438 f., wo das Gericht klarstellt, dass ein Abgeordneter (hier: Landtagsabgeordneter) wegen seiner Statusrechte nur ein Organstreitverfahren anstrengen könne, und zwar auch dann, wenn er als Verfassungsverstoß zugleich eine Grundrechtsverletzung (hier: Art. 12 I GG) behauptet. Damit macht das BVerfG deutlich, dass seine Entscheidung E 108, 251 nicht auf Landtagsabgeordnete übertragbar ist, obwohl substantielle Unterschiede freilich nicht bestehen.

[847] BVerfG NVwZ 2013, 1468, 1469. In diesem Urteil, bei dem es um die Vereinbarkeit der Beobachtung eines Landtagsabgeordneten durch das Bundesamt für Verfassungsschutz mit dem freien Mandat geht, macht das BVerfG auch deutlich, dass die Verfassungsbeschwerde auch bei Landtagsabgeordneten zulässig sei, sofern es nur um Individualrechte gehe und landesverfassungsgerichtlicher Rechtsschutz gegen Stellen des Bundes ausscheide.

den Abgeordneten beobachte[848] oder ein Gericht (unter Missachtung des Art. 47 GG) eine Durchsuchungs- und Beschlagnahmeanordnung zum Nachteil des Abgeordneten treffe[849]. Denn weder das Bundesamt für Verfassungsschutz noch die Gerichte sind beteiligungsfähig in einem Organstreit. In diesem Fall kann der Abgeordnete **Verfassungsbeschwerde** erheben.

Statthaft ist die Verfassungsbeschwerde auch bzgl. der Folgerechte (z.B. Altersversorgung) nach dem Ausscheiden aus dem Bundestag[850], da in diesem Fall Individualrechte des Abgeordneten betroffen sind. Zu beachten ist aber, dass das BVerfG mit der Aufnahme des Wortes „insoweit" zu verstehen gibt, dass die Möglichkeit der Verfassungsbeschwerde nicht uneingeschränkt gilt. Gewährt Art. 38 I S. 2 GG also nicht in ähnlicher Weise wie die übrigen Vorschriften des Grundgesetzes, in die er eingereiht ist, Individualrechte, bleibt es bei dem Vorrang des Organstreitverfahrens.

Zur nicht gegebenen Parteifähigkeit einzelner Abgeordneter, wenn diese eine Rechtsverletzung des Parlaments, dem sie angehören, geltend machen wollen (sog. **Prozessstandschaft**), vgl. Rn 627, 635 f.

Das freie Mandat hat auch Auswirkungen auf das **Zivilrecht**. So führt der Grundsatz des freien Mandats bei Rechtshandlungen, deren Rechtsfolge gerade die Bindung ist (wie beispielsweise Verträge oder verpflichtende Erklärungen) zu deren Unwirksamkeit. Gegen das Verfassungsprinzip des freien Mandats verstößt es auch, wenn die Partei (bzw. die Fraktion), der der betroffene Abgeordnete angehört, (durch Beschluss) bestimmte Weisungen erteilt. Hier können keine rechtlichen Bindungen entstehen. **505**

Im Gegensatz zum freien Mandat steht das **imperative Mandat**. Ein zulässiges imperatives Mandat besteht bspw. bei der Stimmabgabe im Bundesrat: Gemäß Art. 51 III S. 2 GG können die Stimmen eines Landes nur einheitlich abgegeben werden. Daraus sowie aus dem Umkehrschluss aus Art. 77 II S. 3 und 53a I S. 3 GG folgt die Zulässigkeit von Weisungen der Landesregierungen an ihre Mitglieder im Bundesrat.[851] **506**

Dem imperativen Mandat verwandt ist der bereits angesprochene **Fraktionszwang**. Fraktionszwang bedeutet die Verpflichtung eines Abgeordneten zur Abstimmung im Sinne eines vorher durch Beschluss herbeigeführten Ergebnisses. Das widerspricht – anders als die Fraktionsdisziplin – klar der Regelung des Art. 38 I S. 2 GG.[852] Widerspricht die dem Abgeordneten erteilte Weisung dessen Gewissen, darf der betreffende Abgeordnete seinem Gewissen folgen und anders abstimmen, als die Fraktion es von ihm verlangt. Der Partei verbleibt dann nur die Möglichkeit des **Parteiausschlusses**. Ein Parteiausschluss setzt aber nach § 10 IV PartG voraus, dass der Betroffene gegen die Satzung oder erheblich gegen Grundsätze oder Ordnung der Partei verstößt und ihr damit schweren Schaden zufügt (s.o.).[853] Ob das Gebrauchmachen vom freien Mandat (wie auch die Ausübung von Grundrechten) einen schwerwiegenden Verstoß gegen die Parteidisziplin bedeuten und damit einen Ausschluss rechtfertigen kann, lässt sich mit Blick auf die verfassungsrechtliche Wertentscheidung des Art. 38 I GG und der Grundrechte nicht generell beantworten. Jedenfalls sind diese Verfassungsbestimmungen bei der Auslegung des § 10 IV PartG zu berücksichtigen. Im Zweifel rechtfertigen das Gebrauchmachen vom freien Mandat bzw. die Ausübung von Grundrechten daher nicht den Parteiausschluss. Gleiches gilt für den (gesetzlich nicht geregelten) Ausschluss aus der Fraktion. **507**

---

[848] Vgl. dazu BVerfG NVwZ 2013, 1468 ff. und die Fallbearbeitung von *Holterhus*, JuS 2014, 233 ff.
[849] BVerfGE 108, 251, 266.
[850] BVerfGE 32, 157, 162. Vgl. auch BVerfGE 40, 296, 309; 63, 230, 241 f.; 64, 301, 313.
[851] BVerfGE 8, 104, 120 f.; *Pieroth*, in: J/P, GG, Art. 51 Rn 6.
[852] BVerfGE 2, 1, 75; 10, 4, 15; *Stern*, StaatsR I, § 24 3d, S. 1075; *Hesse*, Grundzüge des VerfR, Rn 601.
[853] Vgl. dazu auch Bundesparteigericht der CDU NVwZ 2005, 480 ff. Vgl. auch *Lenski*, NVwZ 2015, 1730 ff.

Hinweis für die Fallbearbeitung: Über den **Parteiausschluss** entscheidet das nach dem Statut der Partei bzw. nach der Schiedsgerichtsordnung zuständige Schiedsgericht (§ 10 V S. 1 PartG). Für die Berufung ist das Schiedsgericht höherer Stufe zuständig (§ 10 V S. 2 PartG).[854] Fraglich ist, welcher Rechtsweg gegen die Entscheidung des Berufungsgerichts für Schiedssachen eröffnet ist. Es könnte angenommen werden, dass der Rechtsstreit öffentlich-rechtlicher Natur ist, was den Rechtsweg zu den Verwaltungsgerichten eröffnen würde (vgl. § 40 I S. 1 VwGO). Zwar sind die Aufgaben der Partei zum Teil im öffentlichen Recht geregelt (vgl. nur das PartG). Gleichwohl handelt es sich bei den politischen Parteien um juristische Personen des Privatrechts (s.o.). Bei den Rechtsbeziehungen zwischen den Parteien und deren Mitgliedern handelt es sich somit um solche des bürgerlichen Rechts (d.h. des Vereinsrechts). Daher ist gem. § 13 GVG der Zivilrechtsweg eröffnet.[855] Gemäß §§ 23, 71 GVG entscheidet das Landgericht. Statthafte Klageart ist die Feststellungsklage nach § 256 ZPO.[856] Fraglich ist, ob dieser Befund auch für den **Fraktionsausschluss** gilt. Die Fraktion ist – anders als die Partei – Teil des Verfassungsorgans *Bundestag*. Wird ein Abgeordneter aus der Fraktion ausgeschlossen, könnte daher eine verfassungsrechtliche Streitigkeit angenommen werden. Dann wäre ein Organstreitverfahren (Art. 93 I Nr. 1 GG, §§ 13 Nr. 5, 63 ff. BVerfGG) statthaft.[857] Wegen des Umstands, dass eine Fraktion letztlich nur ein Teil der Partei darstellt, kann mit dem Argument des Zusammenhangs mit der Parteizugehörigkeit aber auch hier der Zivilrechtsweg angenommen werden. Gestützt wird diese Annahme durch das Argument, dass die Fraktion im Verhältnis zu ihren Mitgliedern keine einem Verfassungsorgan vergleichbare Stellung hat.[858] In der Fallbearbeitung sind beide Positionen gleichermaßen vertretbar. Wichtig ist nur, dass das Problem erkannt und hinreichend argumentiert wird.[859]

509 Im Hinblick auf die Unvereinbarkeit des imperativen Mandats mit Art. 38 I S. 2 GG bestehen auch erhebliche Bedenken bezüglich des sog. **Rotationsprinzips**, das DIE GRÜNEN seinerzeit im Bundestag angewendet haben. Das Rotationsprinzip besagt, dass die Abgeordneten einer Partei nicht für die gesamte Dauer der Wahlperiode das Mandat ausüben, sondern nach beispielsweise der Hälfte der Wahlperiode auf ihr Mandat verzichten und durch andere Parteimitglieder ersetzt werden. Dadurch soll eine größere Nähe zur Parteibasis und dadurch eine größere Identifizierung mit den Ideen der Partei erreicht werden. Das Rotationsprinzip verstößt klar gegen Art. 39 I GG, wonach der Bundestag auf vier Jahre gewählt wird und seine Wahlperiode erst mit dem Zusammentritt eines neuen Bundestags endet.[860]

Die Frage, ob ein wirksamer **Parteiausschluss** zum **Mandatsverlust** führen kann, wurde bereits ausführlich behandelt (Rn 502).

2. Indemnität und Immunität

a. Indemnität

510 Indemnität bedeutet gem. Art. 46 I S. 1 GG, dass der einzelne Abgeordnete (des Bundestags) zu keiner Zeit wegen seiner Abstimmung oder wegen einer Äußerung, die er im Bundestag oder in einem seiner Ausschüsse getan hat, gerichtlich oder dienstlich

---

[854] Vgl. auch Bundesparteigericht der CDU NVwZ 2005, 480 ff.
[855] So auch BVerfG NJW 2002, 2227.
[856] So auch *Kotzur*, JuS 2001, 54, 59.
[857] So *Kotzur*, JuS 2001, 54, 59; *Weber/Eschmann*, JuS 1990, 659, 660; *Kürschner*, JuS 1996, 306, 307.
[858] So OLG Schleswig NVwZ-RR 1996, 103, 104 für eine Landtagsfraktion. Vgl. auch BGHZ 75, 158, 159.
[859] Vgl. insgesamt zur Problematik um Partei- und Fraktionsausschlüsse *Hölscheidt*, Das Recht der Parlamentsfraktionen, 2001; *Kotzur*, JuS 2001, 54 ff.; *Lenz*, NVwZ 2005, 364 ff.
[860] *Kretschmer*, in: Schmidt-Bleibtreu/Hofmann/Henneke, GG, Art. 38 Rn 86.

verfolgt oder sonst außerhalb des Bundestags zur Verantwortung gezogen werden darf.[861]

Der Begriff des Abgeordneten ist dahingehend zu verstehen, dass auch Regierungsmitglieder, die gleichzeitig Bundestagsmitglieder sind, sich grundsätzlich auf Indemnität berufen können. *Keinen* Indemnitätsschutz genießen aber Regierungsmitglieder, die nicht in ihrer Eigenschaft als Abgeordnete auftreten, z.B. bei der Beantwortung einer parlamentarischen Anfrage.[862] Des Weiteren ist zu beachten, dass die Indemnität nur innerhalb des Bundestags oder seiner Ausschüsse besteht. Tätigt der Abgeordnete Äußerungen in der Öffentlichkeit (etwa durch die Presse), ist er grundsätzlich nicht geschützt. Allerdings steht die Rechtsprechung auf dem Standpunkt, dass in der Öffentlichkeit getätigte Äußerungen „nicht öffentlich" seien, wenn sie lediglich Mitteilungen von einer im Parlament zuvor getätigten Äußerung darstellten.[863]

511

Die Indemnität dient der **Funktionsfähigkeit des Parlaments**. Sie sichert den Abgeordneten gegen jegliche hoheitliche Maßnahme, die ihn in der Wahrnehmung seiner verfassungsmäßigen Aufgabe beeinträchtigen könnte, insbesondere gegen Akte der richterlichen Gewalt. Sie gilt für jedes gerichtliche Verfahren einschließlich zivilgerichtlicher Klagen.[864] Die Indemnität ist der Disposition des Parlaments entzogen, kann daher **nicht aufgehoben** werden und ist auch für den Abgeordneten selbst unverzichtbar.[865] Die Grenze der Indemnität besteht allerdings bei der **verleumderischen Beleidigung** (Art. 46 I S. 2 GG i.V.m. § 187 StGB). Es muss in Beziehung auf einen anderen wider besseres Wissen eine unwahre Behauptung über Tatsachen aufgestellt oder verbreitet werden, die geeignet ist, den anderen verdächtig zu machen, in der öffentlichen Meinung herabzuwürdigen oder dessen Kredit zu gefährden.

512

Dementsprechend sind Tätlichkeiten und reine Privatgespräche vom Indemnitätsschutz nicht erfasst.[866] Andererseits können sich rechtsradikale Landtagsabgeordnete mit der Äußerung, dass es sich bei dem Bombardement der Alliierten auf Dresden am 13.2.1945 um einen „Bombenholocaust auf Dresden" gehandelt habe und „mit der Judenvernichtung gleichzusetzen" sei[867], (nach der derzeitigen Rechtslage) auf Indemnität berufen. Hier ist der verfassungsändernde Gesetzgeber berufen, die Indemnitätsklausel zu ändern.

512a

b. Immunität

Des Weiteren nennt Art. 46 GG die Immunität. Parlamentarische Immunität bedeutet, dass der Abgeordnete wegen einer mit Strafe bedrohten Handlung nur mit Genehmigung des Parlaments zur Verantwortung gezogen werden darf, es sei denn, dass er bei Begehung der Tat oder im Laufe des folgenden Tags festgenommen wird (Art. 46 II GG). Über die Verweisung in Art. 60 IV GG auf Art. 46 II-IV GG gelten die Immunität und deren Aufhebung entsprechend auch für den Bundespräsidenten.

513

- Mit der Formulierung in Art. 46 II GG wird zunächst deutlich, dass die fragliche Handlung des Abgeordneten – im Gegensatz zur Indemnität – nicht im Zusammenhang mit seiner parlamentarischen Tätigkeit zu stehen braucht (Art. 46 II und III GG). Sie

---

[861] Auf Landtagsabgeordnete ist Art. 46 GG nicht anwendbar. Maßgeblich ist insofern die Landesverfassung. I.d.R. besteht aber eine Art. 46 GG entsprechende Regelung.
[862] *Pieroth*, in: J/P, GG, Art. 46 Rn 1; *Kretschmer*, in: Schmidt-Bleibtreu/Hofmann/Henneke, GG, Art. 46 Rn 9.
[863] Vgl. BGHZ 75, 384, 387; *Ipsen*, Rn 299.
[864] Vgl. dazu *Klein*, HdbStR III, § 51 Rn 4.
[865] *Hesse*, Grundzüge des VerfR, Rn 605; *Pieroth*, in: J/P, GG, Art. 46 Rn 3; *Achterberg/Schulte*, in: v. Mangoldt/Klein/Starck, GG, Art. 46 Rn 7; *Magiera*, in: Bonner Kommentar, Art. 46 Rn 54.
[866] Vgl. BVerwGE 83, 1, 16 zu Tätlichkeiten und *Achterberg/Schulte*, in: v. Mangoldt/Klein/Starck, GG, Art. 46 Rn 10 zu reinen Privatgesprächen.
[867] So die Äußerung eines NPD-Fraktionsmitglieds im sächsischen Landtag am 21.1.2005.

schützt den Abgeordneten schlechthin vor einer **Strafverfolgung**, also **in seinem gesamten Lebensbereich**, nicht nur hinsichtlich seiner Tätigkeit im Bundestag.[868]

- Mit der Indemnität gemeinsam hat die Immunität, dass auch sie den Zweck verfolgt, die **Funktionstüchtigkeit des Parlaments** zu schützen.[869] Sie ist Vorrecht des Parlaments, nicht des einzelnen Abgeordneten. Dieser kann daher – im Gegensatz zum Parlament – auch nicht auf das Recht der Immunität verzichten.

- Schließlich stellt die Immunität ein reines **Strafverfolgungshindernis** dar, gewährt also – anders als die Indemnität – keine Straffreiheit. Das bedeutet, dass der Abgeordnete sich durchaus strafbar machen kann, die Staatsanwaltschaft lediglich an der Strafverfolgung gehindert ist, solange das Parlament die Strafverfolgung nicht genehmigt hat. Genehmigung bedeutet ausdrückliche vorherige Zustimmung des Plenums.[870]

514 Der Bundestag gibt gewöhnlich zu Beginn der Legislaturperiode die **generelle Genehmigung** bzw. delegiert diese an den **Immunitätsausschuss**, sodass für Plenarentscheidungen (also für Entscheidungen des Bundestags selbst) wenig Raum bleibt[871] (vgl. § 107 II GO BT i.V.m. der Anlage 6).

- Das bedeutet, dass **Ermittlungsverfahren** gegen Bundestagsabgeordnete ohne weitere Genehmigung durchgeführt werden können.

- Von der generellen Genehmigung ausgenommen sind aber die Erhebung der **öffentlichen Klage** (vgl. §§ 151 ff. StPO) und der Erlass eines **Strafbefehls** bzw. einer **Strafverfügung** (§§ 407 ff. StPO).

- Bei **Verkehrsdelikten** und **Bagatellstraftaten** wird das Erfordernis der ausdrücklichen Genehmigung i.d.R. an den Immunitätsausschuss delegiert.

515 Fraglich ist, ob der von der Immunitätsentscheidung betroffene Abgeordnete gegen die Aufhebung der Immunität gerichtlich vorgehen kann.

516 **Beispiel**[872]**:** Gegen den Bundestagsabgeordneten A wurde unter Billigung des zuständigen Generalstaatsanwalts des Landes NRW ein Ermittlungsverfahren wegen des Verdachts der Steuerhinterziehung eingeleitet. Der Bundestag machte von seinem Recht aus Art. 46 IV GG, die Aussetzung des Verfahrens zu verlangen, keinen Gebrauch. Daraufhin ordnete der zuständige Staatsanwalt des Landes NRW zuvor vom Ermittlungsrichter und vom Bundestag genehmigte Durchsuchungen der Wohn- und Geschäftsräume des Abgeordneten A an, die noch am selben Tage stattfanden. Dies geschah drei Tage vor den Landtagswahlen in NRW, bei denen A als Justizminister im Schattenkabinett des CDU-Spitzenkandidaten stand. Später stellte sich heraus, dass der Verdacht unbegründet war. Das Ermittlungsverfahren wurde – nachdem das Landgericht die Rechtswidrigkeit der Durchsuchungsbeschlüsse festgestellt hatte – sofort eingestellt und der Generalstaatsanwalt in den einstweiligen Ruhestand versetzt.

Wäre ein Organstreit des Bundestagsabgeordneten A, der gegen die Immunitätsentscheidung des Bundestags gerichtet ist, zulässig und begründet?

Teilweise wird ein Recht des Abgeordneten auf fehlerfreie Ermessensausübung angenommen, was zur Zulässigkeit eines Organstreitverfahrens vor dem BVerfG (Art. 93 I Nr. 1 GG, §§ 13 Nr. 5, 63 ff. BVerfGG) führt.[873] Die Gegenauffassung betont die Immunität als Privileg des Parlaments, nicht als Privileg des einzelnen Abgeordneten.[874] Folgt

---

[868] BVerfGE 104, 310, 325 ff.; *Pieroth*, in: J/P, GG, Art. 46 Rn 6; *Rux*, JA 2002, 552, 553; *Wiefelspütz*, NVwZ 2003, 38, 39.

[869] *Kretschmer*, in: Schmidt-Bleibtreu/Hofmann/Henneke, GG, Art. 46 Rn 13.

[870] *Pieroth*, in: J/P, GG, Art. 46 Rn 8.

[871] *Ipsen*, Rn 305.

[872] Nach BVerfGE 104, 310 ff. mit Bespr. v. *Rux*, JA 2002, 552 ff. Vgl. auch *Wiefelspütz*, NVwZ 2003, 38 ff.

[873] *Maunz*, in: Maunz/Dürig, GG, Art. 46 Rn 71; *Magiera*, in: Bonner Kommentar, Art. 46 Rn 103.

[874] *Kretschmer*, in: Schmidt-Bleibtreu/Hofmann/Henneke, GG, Art. 46 Rn 13; *Achterberg/Schulte*, in: v. Mangoldt/Klein/Starck, GG, Art. 46 Abs. 2 Rn 51.

man dieser Gegenauffassung, kann eine Immunitätsentscheidung des Parlaments bzw. des Immunitätsausschusses keine Rechte des Abgeordneten verletzen. In diesem Fall wäre eine Injustiziabilität anzunehmen. Das BVerfG hat für den vorliegenden Fall entschieden, dass das Institut der Immunität zwar in erster Linie dem Schutz der Arbeitsfähigkeit des Parlaments diene, der einzelne Abgeordnete aber einen Anspruch darauf habe, dass der Bundestag zumindest willkürfrei darüber entscheidet, ob und welche Strafverfolgungsmaßnahmen er genehmigt. Kann also nicht ausgeschlossen werden, dass der Bundestag willkürlich die Immunität des A aufgehoben hat, sind die Antragsbefugnis und damit die Zulässigkeit des Organstreits gegeben.

Begründet ist der Antrag, wenn der Bundestag im Rahmen einer erforderlichen Abwägung zwischen dem Bedürfnis, seine eigene Arbeitsfähigkeit zu erhalten, und den Interessen der übrigen Staatsorgane (hier: der Strafverfolgungsbehörde) die Statusrechte des A aus Art. 38 I S. 2 GG willkürlich verletzt hat. Nach Auffassung des BVerfG war dies nicht der Fall, sodass der Antrag des A unbegründet ist.[875]

3. Rede-, Frage- und Informationsrecht der Abgeordneten

Da die Abgeordneten des Bundestags gem. Art. 38 I S. 2 GG Vertreter des ganzen Volkes sind, müssen sie auch das Recht haben, die Interessen des Volkes zur Sprache zu bringen. Daher statuiert Art. 38 I S. 2 GG ein selbstständiges Rederecht des einzelnen Abgeordneten im Plenum des Bundestags.[876] Da aber sämtliche Abgeordnete des Parlaments dieses Rederecht haben, ist es zweckmäßig und in der Sache auch erforderlich, dass die Redezeit des einzelnen Abgeordneten zeitlich begrenzt wird. Anderenfalls würde eine Bundestagsdebatte praktisch nie zu einem Ende kommen. Die Bemessung der Redezeit obliegt grundsätzlich dem Parlament. Bei längeren Debatten ist die Redezeit so aufzuteilen, dass wechselweise Redner verschiedener Auffassungen zu Wort kommen. Dabei wird die festgelegte Gesamtdauer der Debatte im Verhältnis zu der Fraktionsstärke aufgeteilt. Das bedeutet, dass kleinere Fraktionen im Verhältnis zu größeren Fraktionen auch nur ein kleineres Zeitkontingent zur Verfügung gestellt bekommen. Gleiches gilt für Gruppen i.S.v. § 10 IV GO BT im Verhältnis zu den Fraktionen und für fraktionslose Abgeordnete im Verhältnis zu den Gruppen.[877] Die Untergrenze der jeweiligen Redezeiten der einzelnen Abgeordneten besteht dort, wo diese so kurz bemessen ist, dass eine dem Debattenthema angemessene Äußerung nicht mehr möglich wäre.[878] Die in § 35 GO BT statuierte Beschränkung des Rederechts ist verfassungskonform.

517

> **Hinweis für die Fallbearbeitung:** Da der einzelne Abgeordnete über einen verfassungsrechtlichen Status, zu dem auch das Rederecht gehört, verfügt, ist er auch grundsätzlich berechtigt, die Verletzung seines Status gerichtlich zu rügen. Regelmäßig ist das **Organstreitverfahren** vor dem BVerfG (Art. 93 I Nr. 1 GG, §§ 13 Nr. 5, 63 ff. BVerfGG) statthaft.[879] Da die parlamentarische Arbeit aber in erster Linie auf Fraktionen zugeschnitten ist und daher die Fraktionen Redezeitbegrenzungen unter sich aushandeln müssen, kann der einzelne Abgeordnete die Begrenzung seiner Redezeit nicht unmittelbar rügen.[880] Das führt regelmäßig zur Unbegründetheit des Organstreits. Etwas anderes gilt nur dann, wenn einem einzelnen Abgeordneten (etwa einem fraktionslosen Abgeordneten) überhaupt nie das Wort erteilt wird. Dann kann er erfolgreich die Verletzung des Rederechts geltend machen.

---

[875] BVerfGE 104, 310, 331 ff. Vgl. auch *Rux*, JA 2002, 552, 553 f.
[876] Vgl. BVerfGE 96, 264, 284. Vgl. auch BVerfGE 124, 161, 184 ff.; *Harks*, JuS 2014, 979 ff.
[877] Vgl. BVerfGE 96, 264, 278 ff.
[878] BVerfGE 96, 264, 285.
[879] Vgl. nur BVerfGE 124, 161, 184 ff.
[880] BVerfGE 96, 264, 286 f.

518   Zu den verfassungsrechtlich geschützten Rechten des Abgeordneten gehört es auch, sich die für die Beratungen erforderlichen Informationen zu beschaffen (sog. **Informations-recht** oder **Interpellationsrecht** des Abgeordneten).[881] Das gilt insbesondere gegenüber der Bundesregierung und den betreffenden Diensten. Antworten der Regierung auf zulässigerweise gestellte Fragen von Abgeordneten müssen dem berechtigten Informationsinteresse genügen und vollständig sein. Vollständig ist die Beantwortung, wenn alle Tatsachen oder Umstände mitgeteilt werden, die zum Verständnis der Antwort erforderlich sind und Missdeutungen vermeiden. Die Antwort muss des Weiteren aus sich heraus verständlich und nach ihrem objektiven Erklärungsgehalt nachvollziehbar sein.[882] Das Informationsrecht reicht aber nicht so weit, dass bestimmte geheimhaltungsbedürftige Informationen (wie etwa Daten des **Bundesnachrichtendienstes**) offengelegt werden müssen. Auch Antworten betreffend **Rüstungsexporte** müssen nicht uneingeschränkt beantwortet werden, da Beratungen und Beschlussfassungen im Bundessicherheitsrat in den **exekutivischen Kernbereich** der Bundesregierung fallen.[883] Vielmehr genügt es, dass die betreffenden Informationen nur an bestimmte Gremien des Bundestags weitergeleitet werden, bzw. dem Bundestag Generalia mitgeteilt werden[884], und dem Plenum lediglich eine globale Beratung vorzubehalten[885]. Im Übrigen richten sich die Schranken des Informationsrechts nach den Grundsätzen, die auch für den Untersuchungsausschuss gelten.[886]

4. Zeugnisverweigerungsrecht und Beschlagnahmeverbot

518a   Nach Art. 47 S. 1 GG zählt zu den Statusrechten des Abgeordneten schließlich auch ein Zeugnisverweigerungsrecht, wenn es um die (Zeugen-)Aussage in einem (Straf-)Verfahren gegen Dritte geht. Soweit das Zeugnisverweigerungsrecht reicht, ist gem. Art. 47 S. 2 GG auch die Beschlagnahme von Schriftstücken (und elektronischen Datenträgern), die dem Abgeordneten in seiner Eigenschaft anvertraut worden sind und die er herausgeben soll, unzulässig. Das Beschlagnahmeverbot impliziert ein Verbot der Durchsuchung der Schriftstücke bzw. Datenträger.

518b   Wird dieses Verbot missachtet, wird der Abgeordnete in seinem freien Mandat verletzt. Denn Zeugnisverweigerungsrecht und Beschlagnahmeverbot flankieren gerade das freie Mandat und schützen zugleich die ungestörte parlamentarische Arbeit.[887]

518c   Der von einer gerichtlichen Durchsuchungs- und Beschlagnahmeanordung betroffene Abgeordnete kann gegen die Maßnahme **Verfassungsbeschwerde** erheben. Zwar wäre an sich an das Organstreitverfahren zu denken, allerdings sind die Fachgerichte keine Verfassungsorgane und damit nicht parteifähig i.S.d. Art. 93 I Nr. 1 GG. Die Verfassungsbeschwerde ist dann auf Art. 38 I S. 2 i.V.m. Art. 47 GG zu stützen, obwohl es sich bei Art. 38 I S. 2 GG grds. nicht um ein grundrechtsgleiches Recht handelt[888].

518d   Für Durchsuchungen und Beschlagnahmen in den Räumen des Bundestags, zu denen auch die Büros der Abgeordneten und die Räume der Fraktionen gehören, ist die vorherige Zustimmung des Bundestagspräsidenten erforderlich (Art. 40 II S. 2 GG). Erteilt dieser zu Unrecht die Erlaubnis, ist ein Organstreitverfahren zulässig, da der Bundestagspräsident parteifähig ist (Rn 625).

---

[881] BVerfGE 70, 324 (Leitsatz). Vgl. auch BVerfGE 124, 161, 184 ff.; BVerfG NVwZ 2014, 1652, 1653 ff. (Informationsanspruch betreffend Rüstungsexporte).
[882] SachsAnhVerfGH NVwZ 2000, 671 ff. Vgl. auch BVerfGE 110, 199, 214 ff.; *Kotzur*, Jura 2007, 52 ff.
[883] BVerfG NVwZ 2014, 1652, 1653 ff. (Informationsanspruch des Bundestags und der Bundestagsmitglieder).
[884] BVerfG NVwZ 2014, 1652, 1663 ff.
[885] BVerfGE 70, 324, 358; a.A. BVerfGE abw.M. 70, 366, 372. Vgl. auch BVerfGE 124, 161, 184 ff. und BVerfG NVwZ 2014, 1652, 1663 ff.
[886] *Kotzur*, Jura 2007, 52, 53.
[887] BVerfGE 108, 251, 269; *Degenhart*, Rn 665.
[888] Vgl. dazu Rn 504d.

5. Anspruch auf angemessene Entschädigung

Gemäß Art. 48 III S. 1 GG haben die Abgeordneten Anspruch auf eine angemessene, ihre Unabhängigkeit sichernde Entschädigung. Sie haben gem. Art. 48 III S. 2 GG zudem das Recht der freien Benutzung aller staatlichen Verkehrsmittel. Das Nähere regelt gem. Art. 48 III S. 3 GG ein Bundesgesetz. Der Bundesgesetzgeber ist diesem Postulat nachgekommen, indem er die Abgeordnetenentschädigung („Diäten") in §§ 11 ff. AbgG geregelt hat. Danach orientiert sich gem. § 11 I S. 1 AbgG die monatliche Entschädigung der Bundestagsabgeordneten an der Besoldungsgruppe R 6 und beträgt gem. § 11 I S. 2 AbgG seit dem 1.1.2015 monatlich 9.082 €. Eine Regelung zur automatischen Anpassung enthält § 11 IV, V AbgG. Zur genannten Entschädigung hinzu kommt die Amtsausstattung, die in Form von Geld- und Sachleistungen für Büros, Mitarbeiter und Reisekosten gewährt wird, § 12 I AbgG. Gemäß § 12 II AbgG erhält jeder Abgeordnete darüber hinaus eine monatliche Kostenpauschale.[889]

518e

6. Fraktionslose Abgeordnete

Wie bereits ausgeführt, ist die parlamentarische Arbeit in erster Linie auf das Vorhandensein von Fraktionen zugeschnitten. Für die Parlamentsarbeit sind die Fraktionen unerlässlich.[890] Sie erfüllen zahlreiche Aufgaben, die in der GO BT (vgl. § 45 II AbgG) näher beschrieben werden. So vollzieht sich zunächst die Wahl des Bundestagspräsidenten und seiner Stellvertreter nach einem Proporz unter den Fraktionen. Auch der Ältestenrat wird von den Fraktionen nach ihrer Stärke benannt (vgl. § 6 I S. 1 GO BT). Des Weiteren werden die Mitglieder der Bundestagsausschüsse von den Fraktionen bestimmt (vgl. § 57 II S. 1 GO BT). Schließlich wirken die Fraktionen bei zahlreichen parlamentarischen Befugnissen mit wie beispielsweise bei der Einbringung von Gesetzesvorlagen in den Bundestag (vgl. § 76 I i.V.m. § 75 I lit. a) GO BT), der Einberufung des Vermittlungsausschusses (vgl. § 89 GO BT), der Stellung von Änderungsanträgen zu Gesetzentwürfen in dritter Lesung (vgl. § 85 I GO BT) oder bei der Initiierung der Großen und Kleinen Anfrage (vgl. § 76 I i.V.m. § 75 I lit. f) und § 75 III GO BT). All diese Bestimmungen sagen nichts darüber aus, ob auch ein Abgeordneter, der keiner Fraktion angehört, entsprechende Mitwirkungsrechte hat. Die Antwort liefert wiederum Art. 38 I S. 2 GG. Da der einzelne Abgeordnete nach dieser Verfassungsbestimmung Repräsentant des ganzen Volkes ist, muss er auch das Recht haben, an der parlamentarischen Arbeit, die zum Großteil in den Ausschüssen stattfindet, teilzunehmen. Daraus folgt ein **grundsätzliches Recht des fraktionslosen Abgeordneten an der Mitarbeit in einem Ausschuss**. § 57 I S. 2 GO BT stellt dies klar. Das Recht an der Mitarbeit in einem Ausschuss umfasst aber nur das Rede- und Antragsrecht, nicht jedoch das Stimmrecht.[891] Da die Ausschüsse ein verkleinertes Abbild des Plenums darstellen, würde ein Stimmrecht eines fraktionslosen Abgeordneten diesem ein überproportionales Gewicht beimessen.

Schließlich führt das Recht zur Mitwirkung in einem Ausschuss nicht dazu, dass der Abgeordnete einen Ausschuss frei wählen kann.

519

7. Pflichten des Abgeordneten

Der Abgeordnete hat auch Pflichten. Dazu gehören die Mitwirkungs- und Anwesenheitspflicht[892], die Verschwiegenheitspflicht[893] und die Offenlegungspflicht (etwa bzgl. seiner Einkünfte i.S.v. § 1 II, III der Anlage 1 zur GO BT bei Übersteigen der dort

520

---

[889] Zur Abgeordnetenentschädigung vgl. auch *Schwarz*, NVwZ 2016, 97 ff.
[890] Vgl. dazu näher BVerfGE 44, 308, 318.
[891] BVerfGE 80, 188, 224; *Brockmeyer*, in: Schmidt-Bleibtreu/Hofmann/Henneke, GG, Art. 38 Rn 24b.
[892] Vgl. BVerfGE 44, 308, 317; 56, 396, 405.
[893] Vgl. BVerfGE 67, 100, 135; 70, 324, 359.

genannten Mindestbeträge oder bzgl. Spenden aller Art, die die in § 4 der Anlage 1 zur GO BT festgelegten Mindestbeträge übersteigen). Ob es einen Pflichtverstoß eines Abgeordneten darstellt, wenn er Einflussnahmen diverser Interessenverbände („Lobbyismus") nachgibt, ist nicht zweifelsfrei zu beantworten. Klar ist jedenfalls, dass Abgeordnete keine Amtsträger i.S.v. § 11 I Nr. 2 StGB sind. Daher kommen strafrechtliche Sanktionen unter dem Aspekt der Bestechungsdelikte (§§ 331 ff. StGB) nicht in Betracht. Zu beachten sind aber die Verhaltensregeln in §§ 44a und 44b AbgG. Gemäß § 44a II S. 1 AbgG darf ein Abgeordneter für die Ausübung des Mandats keine anderen als die gesetzlich vorgesehenen Zuwendungen oder andere Vermögensvorteile annehmen. Unzulässig ist insbesondere die Annahme von Geld oder von geldwerten Zuwendungen, die nur deshalb gewährt werden, weil dafür die Vertretung und Durchsetzung der Interessen des Leistenden im Bundestag erwartet wird (§ 44a II S. 2 AbgG). Außerhalb von Spenden ist ferner die Annahme von Geld oder von geldwerten Zuwendungen unzulässig, wenn diese Leistung ohne angemessene Gegenleistung des Mitglieds des Bundestags gewährt wird (§ 44a II S. 3 und 4 AbgG). Nach § 44a II AbgG unzulässige Zuwendungen oder Vermögensvorteile oder ihr Gegenwert sind dem Haushalt des Bundes zuzuführen (§ 44a III S. 1 AbgG). Damit will der Gesetzgeber dem Eindruck von „Käuflichkeit", jedenfalls aber von Interessenkonflikten in Bezug auf die Arbeit der Abgeordneten entgegentreten. Daher sind auch Tätigkeiten vor Übernahme des Mandats sowie Tätigkeiten und nicht nach § 44a II AbgG verbotene Einkünfte neben dem Mandat, die auf für die Ausübung des Mandats bedeutsame Interessenverknüpfungen hinweisen können, nach Maßgabe des § 44b AbgG anzuzeigen und zu veröffentlichen (§ 44a IV S. 1 AbgG). Werden anzeigepflichtige Tätigkeiten oder Einkünfte nicht angezeigt, kann das Präsidium ein Ordnungsgeld bis zur Höhe der Hälfte der jährlichen Abgeordnetenentschädigung festsetzen (§ 44a IV S. 2 AbgG).

8. Rechtsschutz in Bezug auf Abgeordnetenrechte

521   Soweit der **einzelne Abgeordnete** die Verletzung eines Rechts, das mit seinem Status verfassungsrechtlich verbunden ist, behauptet, ist das **Organstreitverfahren** vor dem BVerfG (Art. 93 I Nr. 1 GG, §§ 13 Nr. 5, 63 ff. BVerfGG) statthaft[894], sofern auch ein parteifähiger Gegner vorhanden ist (Rn 504d, 621 ff.). Rügt der Abgeordnete zugleich eine Verletzung eines seiner grundrechtsgleichen Rechte (etwa aus Art. 38 I S. 1 GG – Wahlrechtsgrundsätze) oder gar eines Grundrechts, kommt zwar eine **Verfassungsbeschwerde** (Art. 93 I Nr. 4a GG; §§ 13 Nr. 8a, 90 ff. BVerfGG) in Betracht[895], sie tritt aber hinter den Organstreit subsidiär zurück.[896] Bei einer Rüge der Verletzung des Art. 38 I S. 2 GG (freies Mandat) ist zu differenzieren (vgl. dazu Rn 504d). Lediglich nach Ausscheiden aus dem Bundestag ist wegen der Folgerechte (z.B. Altersversorgung) eindeutig die Verfassungsbeschwerde statthaft.[897]

522   Auch **Fraktionen** sind parteifähig in einem **Organstreitverfahren**.[898] Dasselbe gilt für **Gruppen** i.S.v. § 10 IV GO BT.[899]

---

[894] BVerfGE 61, 1, 32; 80, 188, 208 f.; 94, 351, 362; 104, 310, 311 ff.; BVerfG NVwZ 2014, 1652, 1653. Das schließt die Geltendmachung der Verletzung von Rechten des Parlaments aus, vgl. BVerfGE 90, 286, 342.
[895] BVerfG NJW 2014, 3085, 3085.
[896] BVerfGE 60, 364, 380; 62, 1, 31 f.; 70, 324, 350; 80, 188, 208 f.; 94, 351, 365; 108, 251, 267.
[897] BVerfGE 32, 157, 162. Zu potentiellen Abgeordneten E 40, 296, 309; 63, 230, 241 f.; 64, 301, 313. In Parallele zu den politischen Parteien muss dem Abgeordneten die Verfassungsbeschwerde aber dann zustehen, wenn der Antragsgegner nicht parteifähig in einem Organstreitverfahren ist (*Pieroth*, in: J/P, GG, Art. 38 Rn 36).
[898] BVerfGE 1, 351, 359; 2, 143, 165; 45, 1, 28; 60, 319, 325 f.; 67, 100, 125; 90, 286, 336; 104, 151, 193; 118, 244, 254 f.; 124, 78, 106; 131, 152, 190.
[899] BVerfGE 84, 304, 318.

B. Der Bundesrat

Wichtige Entscheidungen: BVerfGE 1, 76 (Steuerverwaltung); 1, 299 (Wohnungsbauförderung); 8, 104 (Volksbefragung); 8, 274 (Preisgesetz); 26, 338 (Zustimmungserfordernis bei Verwaltungsvorschriften); 28, 66 (Postverwaltungsgesetz); 37, 363 (Rentenversicherungsänderungsgesetz); 48, 127 (Wehrpflichtgesetz); 55, 274 (Ausbildungsplatzförderungsgesetz); 75, 108 (Künstlersozialversicherungsgesetz); 92, 203 (EG-Fernsehrichtlinie); 105, 313 (Lebenspartnerschaftsgesetz); 106, 310 (Zuwanderungsgesetz); 126, 77 (LuftSiG).

I. Die Stellung des Bundesrats im Staatsgefüge der Bundesrepublik

Gemäß Art. 50 GG wirken die Länder durch den Bundesrat u.a. bei der Gesetzgebung des Bundes mit. Es könnte daher angenommen werden, dass es sich bei dem Bundesrat um eine zweite, gleichwertige Kammer eines „Zweikammersystems" mit einem einheitlichen Gesetzgebungsorgan (Bundestag und Bundesrat) handelt, wie es etliche andere Bundesstaaten kennen, darunter die USA (Senat und Repräsentantenhaus).[900] Das Grundgesetz ist jedoch einen anderen Weg gegangen. Gemäß Art. 77 I S. 1 GG werden die Bundesgesetze ausschließlich vom Bundestag beschlossen; der Bundesrat wirkt lediglich bei der Gesetzgebung mit. Diese Mitwirkung konkretisiert sich zunächst in dem Recht zur Gesetzesvorlage (vgl. Art. 76 I und III GG). Des Weiteren steht dem Bundesrat bei Einspruchsgesetzen das Einspruchsrecht zu (vgl. Art. 77 III, 78 GG). Bei Zustimmungsgesetzen kommt das betreffende Gesetz sogar nur dann zustande, wenn der Bundesrat dem Gesetz ausdrücklich zustimmt (vgl. Art. 77 II, 78 GG). Damit verleiht das Grundgesetz dem in der Bundesrepublik bestehenden Föderalismus besonderen Ausdruck, ohne jedoch ein „Zweikammersystem" festzuschreiben. **523**

Der Bundesrat ist trotz seiner Zusammensetzung aus Mitgliedern der Landesregierungen ein (oberstes) **Bundesorgan** (vgl. Art. 50 ff. GG). Er wird ausschließlich im Bereich des Bundes tätig (Mitwirkung bei der Gesetzgebung und der Verwaltung des Bundes und in Angelegenheiten der Europäischen Union), nicht im Bereich der Länder. Lediglich die Mitgliedschaft gehört zum Kompetenzbereich der Landesregierungen. Das bedeutet, dass das jeweilige Landesparlament nicht durch Gesetz auch nur die generelle Linie der Stimmabgabe der Landesregierung im Bundesrat rechtlich bindend festlegen kann.[901] Ausschließlich die Landesregierungen sind befugt, Einfluss auf die Stimmabgabe der von ihnen entsendeten Vertreter auszuüben (**imperatives Mandat**, vgl. dazu Rn 529). **524**

Der Bundesrat ist parteifähig im **Organstreit** (Art. 93 I Nr. 1 GG, §§ 13 Nr. 5, 63 ff. BVerfGG), bei der **abstrakten Normenkontrolle nach Maßgabe des Art. 72 II GG** (Art. 93 I Nr. 2a, §§ 13 Nr. 6a, 76 ff. BVerfGG), im **Parteiverbotsverfahren** (Art. 21 II GG, §§ 13 Nr. 2, 43 ff. BVerfGG), bei der **Präsidentenanklage** (Art. 61 I GG, §§ 13 Nr. 4, 49 ff. BVerfGG) und in dem im Zuge der Föderalismusreform 2006 eingeführten Verfahren nach Art. 93 II GG, wonach das BVerfG über die Frage entscheidet, ob im Fall des Art. 72 IV GG die Erforderlichkeit für eine bundesgesetzliche Regelung nach Art. 72 II GG nicht mehr besteht oder ob Bundesrecht in den Fällen des Art. 125a II S. 1 GG nicht mehr erlassen werden könnte (vgl. dazu Rn 747 ff.). **525**

Anders als der Senat in den USA ist der Bundesrat nicht unmittelbar demokratisch legitimiert. Vielmehr ist er **mittelbar demokratisch legitimiert**. Er erhält seine Legitimation über die Regierungen der Länder, die wiederum vom Vertrauen der (unmittelbar demokratisch legitimierten) Landesparlamente getragen werden. **526**

---

[900] Vgl. BVerfGE 37, 363, 380; kritisch *Stern*, StaatsR I, 743.
[901] *Hofmann*, in: Schmidt-Bleibtreu/Hofmann/Henneke, GG, Art. 51 Rn 10.

II. Zusammensetzung des Bundesrats

527 Der Bundesrat besteht gem. Art. 51 I GG aus **Mitgliedern der Regierungen der Länder**, die sie bestellen und abberufen. Das bedeutet, dass Voraussetzung für die Mitgliedschaft im Bundesrat die Mitgliedschaft in einer Landesregierung ist. Mitglieder des Bundesrats können also Ministerpräsidenten, Landesminister aber auch Staatssekretäre sein, wenn sie nur der Regierung angehören. In den Stadtstaaten bilden die Bürgermeister und die Senatoren die Regierung. Die stärkenmäßige Zusammensetzung des Bundesrats richtet sich nach Art. 51 II GG. Danach kann jedes Land so viele Mitglieder entsenden, wie es Stimmen hat. Jedes Land hat mindestens drei Stimmen. Länder mit mehr als zwei Millionen Einwohnern haben vier, Länder mit mehr als sechs Millionen Einwohnern fünf, Länder mit mehr als sieben Millionen Einwohnern sechs Stimmen (Art. 51 II GG).

528 Nach der derzeitigen Bevölkerungsstruktur haben die Länder Bremen, Hamburg, Saarland und Mecklenburg-Vorpommern drei Stimmen, die Länder Berlin, Brandenburg, Rheinland-Pfalz, Sachsen, Sachsen-Anhalt, Schleswig-Holstein und Thüringen vier Stimmen, Hessen fünf Stimmen und die Länder Bayern, Baden-Württemberg, Nordrhein-Westfalen und Niedersachsen sechs Stimmen.[902] Insgesamt ergeben sich somit **69 Stimmen**. Alle Entscheidungen des Bundesrats müssen gem. Art. 52 III S. 1 GG mindestens mit der **Mehrheit seiner Stimmen** (also mindestens 35) gefasst werden (vgl. aber Art. 61 I S. 3, 77 IV S. 2 u. 79 II GG). Allerdings ist es nicht notwendig, dass sämtliche Mitglieder einer Landesregierung bei Abstimmungen im Bundesrat anwesend sind. Es genügt, wenn *ein* Mitglied anwesend ist. Dieses eine anwesende Mitglied gibt dann die Stimmen seines Landes geschlossen und **einheitlich** ab.

529 Die Mitglieder des Bundesrats werden nicht gewählt. Sie werden von den Landesregierungen bestellt und abberufen (Art. 51 I S. 1 GG). Das gilt auch hinsichtlich der Stellvertreter, die ebenfalls Mitglieder der jeweiligen Landesregierung sein müssen (Art. 51 I S. 2 GG). Das bedeutet, dass der Bundesrat keine Wahlperioden kennt. Aus der Verfassungsnorm des Art. 50 GG mit dem Inhalt, dass die Länder durch den Bundesrat an der Gesetzgebung des Bundes mitwirken, wird allgemein ein **Weisungsrecht** der Landesregierung gegenüber ihren Mitgliedern im Bundesrat angenommen (**imperatives Mandat**, s.o.).[903]

530 Zu beachten ist aber, dass das imperative Mandat nicht in dem Verfahren nach Art. 77 II GG (**Vermittlungsausschuss**) gilt, da anderenfalls ein Verhandeln nicht möglich wäre, vgl. Art. 77 II S. 3 GG und § 2 GO BR.[904]

531 Fraglich ist, welche Konsequenzen mit der **Nichteinhaltung von Weisungen** verbunden sind und welche Konsequenzen eine **uneinheitliche Stimmabgabe** mit sich bringt. Da diese Fragen primär das Gesetzgebungsverfahren betreffen und daher auch in diesem Zusammenhang dargestellt werden sollen, sei insoweit auf die Ausführungen bei Rn 894 verwiesen.

532 Schließlich ist der Grundsatz der **Inkompatibilität mit einem Bundestagsmandat** zu beachten. Ein Mitglied des Bundesrats kann nicht gleichzeitig Mitglied des Bundestags sein. Bundestag und Bundesrat sollen sich gerade in der gesetzgebenden Gewalt gegenseitig ergänzen und kontrollieren. Diese gegenseitige Ergänzung und Kontrolle wären nicht gewährleistet, wenn teilweise eine Personenidentität bestünde. Dieser Befund ergibt sich auch aus der Regelung des Art. 77 II GG, wonach der Vermitt-

---

[902] Vgl. www.bundesrat.de/DE/bundesrat/verteilung/verteilung-node.html, Stand: 11.7.2016.
[903] *Pieroth*, in: J/P, GG, Art. 51 Rn 6.; *Brockmeyer*, in: Schmidt-Bleibtreu/Hofmann/Henneke, GG, Art. 51 Rn 4 f.; *Hesse*, Grundzüge des VerfR, Rn 613.
[904] Zum Vermittlungsausschuss vgl. Rn 883.

lungsausschuss einen Vermittlungsvorschlag bezüglich des in den Bundesrat einge-brachten Gesetzesbeschlusses ausarbeiten soll. Bestünde hier eine Personenidentität zwischen den Mitgliedern des Bundestags und des Bundesrats, wäre die Ausarbeitung eines Kompromisses praktisch unmöglich. Aufgrund des Weisungsrechts der Landes-regierung gegenüber den von ihnen entsandten Bundesratsmitgliedern ist die Inkom-patibilität der Mitgliedschaft in einer Landesregierung und eines Bundestagsmandats ebenfalls angezeigt.

III. Rechte und Aufgaben des Bundesrats

1. Mitwirkung bei der Gesetzgebung des Bundes

Wie bereits dargelegt, wirkt der Bundesrat bei der **Gesetzgebung des Bundes** mit. Diese in Art. 50 GG statuierte Befugnis ergibt sich bezüglich der einfachen Gesetze aus Art. 76 ff. GG, bezüglich der Verfassungsänderungen aus Art. 79 II GG, bezüglich des Gesetzgebungsnotstands aus Art. 81 GG und bezüglich der Haushaltsgesetze aus Art. 110 III GG.   **533**

Nach Art. 76 I GG besitzt der Bundesrat ein Initiativrecht bei der Gesetzgebung des Bundes. Er kann über die Bundesregierung beim Bundestag Gesetzesvorlagen einbringen (Art. 76 I u. III GG). Aber auch im Gesetzgebungsverfahren i.e.S. stehen dem Bundesrat nach Art. 77 GG bestimmte Mitwirkungsrechte zu. So statuiert Art. 77 GG zunächst das **Einspruchsrecht** des Bundesrats gegen Gesetze, die vom Bundestag beschlossen worden sind. Einspruchsrecht bedeutet, dass der Bundesrat gegen sog. Einspruchsgesetze mit der Mehrheit seiner Stimmen Einspruch einlegen kann. Das Gesetz kommt dann nur zustande, wenn der Bundestag seinerseits mit der Mehrheit seiner Mitglieder den Einspruch erfolg-reich zurückweisen kann. Legt der Bundesrat den Einspruch mit 2/3-Mehrheit ein, bedarf es für deren Zurückweisung durch den Bundestag ebenfalls einer 2/3-Mehrheit, mindestens aber der Mehrheit der Mitglieder des Bundestags (Art. 77 IV GG).   **534**

Von dem Einspruchsrecht zu unterscheiden ist das **Zustimmungsrecht**. Das Zustim-mungsrecht besagt, dass bei sog. Zustimmungsgesetzen für deren Zustandekommen die ausdrückliche Zustimmung des Bundesrats erforderlich ist. Die Zustimmungsbedürftigkeit von Bundesgesetzen ist nach der Systematik des Grundgesetzes die Ausnahme[905], wobei die die Zustimmungsbedürftigkeit auslösenden Vorschriften nicht etwa in einem Abschnitt des Grundgesetzes konzentriert wären, sondern im Grundgesetz verstreut sind. Fallgrup-pen bilden Verfassungsänderungen sowie Verwaltungs- und Finanzgesetze, also Angele-genheiten, in denen die Länderinteressen nachhaltig berührt werden.[906] Das Grundgesetz nennt u.a. Art. 23 I S. 2, 29 VII, 73 II, 79 II, 84 I S. 3 und S. 6, 84 V S. 1, 85 I S. 1, 87 III S. 2, 87b I S. 3 u. 4 u. II S. 1 u. 2, 87c, 87d II, 91a II, 104a IV, 104a VI S. 4, 104b II S. 1, 105 III, 106, 107 I S. 2 und S. 4, 108, 109 III, IV, V S. 4, 115a ff., 120a I S. 1, 134 IV und Art. 135 V.[907] Bei allen übrigen Gesetzen handelt es sich um Einspruchsgesetze.   **534a**

> **Hinweis für die Fallbearbeitung:** In der Fallbearbeitung ist die Einordnung des fraglichen Gesetzes oft von entscheidender Bedeutung, da ein Einspruchsgesetz be-reits dann zustande kommt, wenn der Bundesrat entweder keinen Einspruch ein-legt oder den Einspruch nicht fristgerecht einlegt oder er vom Bundestag über-stimmt wird. Ein Zustimmungsgesetz kommt demgegenüber in jeden Fall nur dann zustande, wenn der Bundesrat ausdrücklich zustimmt. Bleibt der Bundesrat also un-tätig bzw. lässt die in Art. 77 GG genannte Drei-Wochen-Frist verstreichen, ohne Einspruch einzulegen, kommt das fragliche Gesetz nur dann zustande, wenn es sich bei diesem um ein Einspruchsgesetz handelt. In der Fallbearbeitung muss daher

---

[905] Vgl. BVerfGE 48, 127, 179; 126, 310, 332.
[906] BVerfGE 37, 363, 381.
[907] Insbesondere Art. 84 I, 91a und 104a GG wurden umfassend in Zuge der Föderalismusreform geändert, vgl. dazu ausführlich Rn 791 ff.

> geprüft werden, ob es sich bei dem fraglichen Gesetz um ein Einspruchs- oder um ein Zustimmungsgesetz handelt. Wie bereits gesagt, sind Zustimmungsgesetze nur die enumerativ im Grundgesetz ausdrücklich so bezeichneten Gesetze ("Bundesgesetz mit Zustimmung des Bundesrats"). Das betrifft grob gesprochen drei Fallgruppen: **Verfassung**, **Finanzen** und **Verwaltung**. Alle übrigen Gesetze sind Einspruchsgesetze.

535 Besonders problematisch ist die **Zustimmungsbedürftigkeit von Änderungsgesetzen zu Zustimmungsgesetzen**. Da dieses Problem aber ausführlich im Rahmen der Darstellung des Gesetzgebungsverfahrens behandelt wird, sei insoweit auf Rn 898 ff. verwiesen.

2. Mitwirkung bei der Verwaltung des Bundes

536 Des Weiteren wirkt der Bundesrat gem. Art. 50 GG bei der **Verwaltung des Bundes** mit. Mit "Verwaltung" ist die vollziehende Gewalt gemeint. Die Mitwirkung bei der Verwaltung des Bundes ist vielfältig. Im Wesentlichen bestehen Informationsrechte, Zustimmungs- bzw. Mitentscheidungsrechte und Aufhebungsansprüche.

537 So hat der Bundesrat gegenüber der Bundesregierung ein **Zustimmungsrecht** u.a. nach den Art. 37 I, 80 II, 84 II u. III S. 2, 85 II S. 1, 87 III S. 2, 108 VII, 119 S. 1, 130 I S. 2 und 132 IV GG. An der Wahl des Bundespräsidenten hat der Bundesrat dagegen kein Mitwirkungsrecht. Es hat aber das Recht zur **Präsidentenanklage** nach Art. 61 GG.

3. Mitwirkung in Angelegenheiten der Europäischen Union

538 Schließlich begründet Art. 50 GG (i.V.m. Art. 52 III a GG) das Mitwirkungsrecht des Bundesrats in **Angelegenheiten der Europäischen Union**. Diese Regelung in Art. 50 GG wurde 1992 zusammen mit dem neuen Art. 23 GG in das Grundgesetz eingefügt und wiederholt lediglich Art. 23 II S. 1 GG. Damit trägt das Grundgesetz dem Umstand Rechnung, dass sowohl Befugnisse des Bundes als auch Befugnisse der Länder betroffen sein können, wenn Hoheitsbefugnisse der Bundesrepublik Deutschland auf die Europäische Union übergehen. Sind Befugnisse der Länder betroffen, macht es der Föderalismus der Bundesrepublik Deutschland erforderlich, dass diese auch durch den Bundesrat mitwirken.

539 Bei dem Recht zur Mitwirkung in Angelegenheiten der Europäischen Union geht es nicht um die Mitwirkung an der Übertragung von Hoheitsrechten auf die Europäische Union. Die Übertragung von Hoheitsrechten auf die Europäische Union ist nur durch Gesetz möglich. Die Mitwirkung daran richtet sich nach Art. 23 I S. 2 und 3 GG. Mit dem Recht zur Mitwirkung in Angelegenheiten der Europäischen Union i.S.d. Art. 50 GG ist vielmehr die Mitwirkung der deutschen Exekutive bei der Teilnahme an Entscheidungen über Vorhaben, insbesondere Rechtsetzungsakte, der Europäischen Union gemeint.[908] Dazu sieht Art. 52 III a GG die Möglichkeit vor, eine **Europakammer** zu bilden, deren Beschlüsse als Beschlüsse des Bundesrats gelten. Dabei ermöglicht es Art. 52 III a GG i.d.F. v. 1.9.2006 der Europakammer, künftig auch im schriftlichen Umfrageverfahren Beschlüsse zu fassen. Um dies zu erreichen, wurde der bisherige Verweis auf Art. 51 III S. 2 GG, demzufolge die Stimmen nur durch anwesende Mitglieder oder deren Vertreter abzugeben sind, gestrichen. Die in dem bislang in Bezug genommenen Art. 51 III S. 2 GG außerdem enthaltene Vorgabe, dass Stimmen nur einheitlich abgegeben werden können, wurde in Art. 52 IIIa GG übernommen und bleibt damit in der Sache unverändert. Zur Bestimmung des Stimmgewichts wird nach wie vor auf Art. 51 II GG verwiesen; die Bezugnahme wurde also

---

[908] *Hofmann*, in: Schmidt-Bleibtreu/Hofmann/Henneke, GG, Art. 50 Rn 27; *Hebeler*, JA 2003, 522 ff.

nur redaktionell angepasst. Weitere Mitwirkungsrechte des Bundesrats statuiert Art. 23 III-VI GG, auf deren (wörtliche) Wiedergabe hier verzichtet wird.

4. Recht, an der personellen Besetzung des BVerfG mitzuwirken

Nicht von Art. 50 GG, sondern von Art. 94 I GG gewährleistet ist das Recht (und die Pflicht) des Bundesrats, an der **personellen Besetzung des BVerfG** mitzuwirken. Nach Art. 94 I GG werden die Mitglieder des BVerfG je zur Hälfte vom Bundestag und vom Bundesrat gewählt.   **540**

Vom Bundestag wird die Hälfte der Richter durch einen nach dem Verhältniswahlsystem bestellten Zwölferwahlausschuss (Wahlausschuss nach § 6 BVerfGG) gewählt. Die andere Hälfte der Richter wird vom Bundesrat in unmittelbarer Wahl gewählt. Für die Wahl ist eine Zweidrittelmehrheit erforderlich (§§ 5 u. 7 BVerfGG). Vgl. dazu näher Rn 616.   **541**

C. Der Gemeinsame Ausschuss

Entgegen seiner Bezeichnung ist der Gemeinsame Ausschuss kein Ausschuss von Bundestag und Bundesrat, sondern ein **oberstes Verfassungsorgan**.[909] Er übernimmt im Verteidigungsfall die Befugnisse von Bundestag und Bundesrat. Man spricht von einem **Notparlament**. Es tritt erst dann in Funktion, wenn im Verteidigungsfall der Bundestag handlungsunfähig sein sollte.[910]   **542**

Der Gemeinsame Ausschuss besteht zu zwei Dritteln aus Abgeordneten des Bundestags, die unmittelbar demokratisch legitimiert sind, und zu einem Drittel aus Mitgliedern des Bundesrats, die über die Landesregierungen mittelbar demokratisch legitimiert sind. Jedes Bundesland ist im Gemeinsamen Ausschuss durch ein Mitglied vertreten (Art. 53a I S. 3 GG). Das ergibt eine Mitgliederzahl von insoweit 16. Der Bundestag entsendet daher 32 Mitglieder in den Gemeinsamen Ausschuss (Art. 53a II S. 1 GG). Daraus ergibt sich eine Gesamtmitgliederzahl von 48. Die vom Bundestag entsandten Mitglieder werden entsprechend dem Stärkeverhältnis der Fraktionen gewählt; sie dürfen nicht der Bundesregierung angehören (Art. 53a I S. 2 GG).   **543**

Sämtliche Mitglieder des Gemeinsamen Ausschusses sind an Weisungen nicht gebunden. Zwar bezieht sich der Wortlaut des Art. 53a I S. 3 GG nur auf die Mitglieder, die vom Bundesrat entsendet wurden. Die Weisungsungebundenheit muss sich aber auch auf die vom Bundestag entsandten Mitglieder beziehen, weil anderenfalls die Ausübung der Aufgaben des Gemeinsamen Ausschusses nicht möglich wäre.[911]   **544**

---

[909] BVerfGE 84, 304, 334 (Gemeinsamer Ausschuss); *Brockmeyer*, in: Schmidt-Bleibtreu/Hofmann/Henneke, GG, Art. 53a Rn 2; *Jarass*, in: J/P, GG, Art. 53a Rn 1.
[910] *Hofmann*, in: Schmidt-Bleibtreu/Hofmann/Henneke, GG, Art. 53a Rn 4.
[911] Vgl. dazu *Benda*, Die Notstandsverfassung, 10. Aufl. 1968, S. 62 ff.

D. Die Bundesregierung und der Bundeskanzler

Wichtige Entscheidungen: BVerfGE 27, 44 (Parlamentarisches Regierungssystem); 44, 125 (Öffentlichkeitsarbeit der Bundesregierung); 62, 1 (Auflösung des 9. Deutschen Bundestags); 91, 148 (Bundesregierung als Kollegialorgan; Umlaufverfahren); 100, 249 (Verwaltungsvorschriften für den Vollzug von Bundesgesetzen); 105, 252 (Glykolwein); 105, 279 (Sektenwarnung); 114, 121 (Auflösung des 15. Deutschen Bundestags)

I. Die Bundesregierung als oberstes Verfassungsorgan

545   Die Bundesregierung (Kabinett) ist nicht nur das oberste Organ der vollziehenden Gewalt, sondern auch ein (oberstes) Verfassungsorgan[912]; sie besteht aus dem Bundeskanzler und den Bundesministern (Art. 62 GG). Der Bundeskanzler wird auf Vorschlag des Bundespräsidenten vom Bundestag gewählt (Art. 63 I GG). Er ist vom Bundespräsidenten zu ernennen (Art. 63 II S. 2 GG). Anzahl und Geschäftsbereiche der Bundesminister werden vom Bundeskanzler im Rahmen seiner Organisationsgewalt festgelegt (Art. 64 I GG – siehe sogleich). Aufgaben und Kompetenzen, die im Grundgesetz an verschiedenen Stellen geregelt sind (vgl. nur Art. 32 III, 76 I, 80, 84 II-V, 110, 111 GG), sind bei weitem nicht erschöpfend aufgezählt. Der Bundesregierung kommen sämtliche Aufgaben und Kompetenzen zu, die mit der **Staatsleitung** verbunden sind.[913] Das schließt die Befugnis zur **Informations- und Öffentlichkeitsarbeit** (dazu Rn 84 ff.) ein.[914] Begrenzt werden die Zuständigkeiten der Bundesregierung lediglich durch die Kompetenzen anderer Verfassungsorgane sowie durch (sonstige) verfassungsrechtliche Schranken (Art. 1 III GG und Art. 20 III GG). Auch hat die Bundesregierung die Pflicht, das Recht der politischen Parteien auf **Chancengleichheit** aus Art. 21 I S. 1 GG und das daraus folgende **Neutralitätsgebot** zu beachten[915] (vgl. dazu Rn 84 ff. und 380).

546   Aus Art. 64 I GG folgt, dass es dem Bundeskanzler grundsätzlich frei steht, über die drei Pflichtministerien Finanzen (Art. 112 GG), Verteidigung (Art. 65 a GG) und Justiz (Art. 96 II GG) hinaus sein Kabinett zu bilden. Ihm obliegen insbesondere die **Festlegung der Zahl der Ministerien und die Bestimmung der Geschäftsbereiche der einzelnen Ministerien**. Selbst die **Einrichtung neuer Ministerien** kann notwendig sein, um auf neuartige Ereignisse – beispielsweise auf den Gebieten der Biotechnologie oder der Informationstechnologie – schnell und effektiv reagieren zu können. Darüber hinaus können auch partei- und koalitionspolitische Gründe eine Schaffung neuer Ministerien erforderlich machen.[916] Dieses weit reichende materielle **Kabinettsbildungsrecht** hat jedoch auch Grenzen. Diese finden sich in der Kollision mit höherrangigen Interessen. So sollen nach umstrittener Auffassung zunächst der Parlamentsvorbehalt bezüglich Entscheidungen von wesentlicher Bedeutung sowie das Gewaltenteilungsprinzip dem Kabinettsbildungsrecht entgegentreten. Von daher hat der Verfassungsgerichtshof des Landes Nordrhein-Westfalen die Zusammenlegung von Innen- und Justizministerium durch den Ministerpräsidenten eingeschränkt. Die Zusammenlegung beider Ressorts sei für die Verwirklichung des Rechtsstaatsprinzips und des Grundsatzes der Gewaltenteilung so wesentlich, dass die Organisationsgewalt des Ministerpräsidenten nicht genüge. Für einen derartigen Akt sei vielmehr eine Entscheidung des Parlaments erforderlich.[917] Darüber hinaus sei es zweifelhaft, ob der für die Polizei zuständige Minister im Hinblick auf die Wahrung der Unabhängigkeit

---

[912] BVerfG NVwZ 2015, 209, 211 mit Verweis auf BVerfGE 9, 268, 282; vgl. auch *Schenke*, in: Bonner Kommentar, Art. 62 Rn 3; *Oldiges*, in: Sachs, GG, Art. 62 Rn 17.

[913] BVerfG NVwZ 2015, 209, 212 mit Verweis auf BVerfGE 1, 77, 85; 26, 338, 395 f.; 105, 252, 270; 105, 279, 301.

[914] BVerfG NVwZ 2015, 209, 212 mit Verweis auf BVerfGE 105, 252, 270.

[915] BVerfG NVwZ 2015, 209, 212. Zur Chancengleichheit der politischen Parteien vgl. Rn 380 ff.

[916] Vgl. hierzu *Busse*, Der Staat 2006, 245, 248 f.; *ders.*, DÖV 1999, 313.

[917] NWVerfGH NJW 1999, 1243, 1244 f.

der Justiz und der Gewaltentrennung gleichzeitig weisungsberechtigter Dienstvorgesetzter der Staatsanwaltschaft sein könne.[918]

> **Hinweis für die Fallbearbeitung:** Diese Entscheidung bezieht sich lediglich auf die Vereinbarkeit der Organisationsmaßnahme mit der nordrhein-westfälischen Verfassung. Auf Bundesebene kann sich diese Situation nicht stellen, da – wie bereits gesagt – für den Bund die Existenz eines (eigenständigen) Justizministeriums durch Art. 96 II GG gewährleistet ist. Das Gleiche gilt für das Finanzministerium gem. Art. 108, 112, 114 GG, für das Verteidigungsministerium gem. Art. 65a GG sowie für den Stellvertreter des Bundeskanzlers gem. Art. 69 I GG. Hier kommt ein Zusammenlegen nur durch eine Verfassungsänderung in Betracht.
> Sollte sich in der Fallbearbeitung gleichwohl eine Situation stellen, in welcher der Bundeskanzler ein neues Ministerium errichten möchte, muss die Frage aufgeworfen werden, ob der Parlamentsvorbehalt (d.h. der Vorbehalt des Gesetzes) dem entgegensteht. Nach der hier vertretenen Auffassung ist der Vorbehalt des Gesetzes bei Organisationsentscheidungen innerhalb der Bundesregierung nicht anwendbar. Denn zum einen kennt die gewaltenteilende Kompetenzordnung des Grundgesetzes keinen Gewaltmonoismus in Form eines Totalvorbehalts zugunsten des Parlaments[919], und zum anderen bedarf die Zuerkennung eines parlamentarischen Zugriffsrechts auf Organisationsentscheidungen innerhalb der Regierung einer eindeutigen Kompetenznorm, um den Eingriff in den Funktionsbereich dieser anderen Gewalt zu rechtfertigen.[920] Eine solche ist aber nicht ersichtlich.

Des Weiteren findet das Kabinettsbildungsrecht seine Grenzen in der Erhaltung der Funktionsfähigkeit der Bundesregierung. So kann eine wirksame Kabinettsarbeit insbesondere durch eine große Zahl kleinerer Ministerien mit engen Geschäftsbereichen wegen der damit verbundenen Gefahr von Koordinationsproblemen und der Schwerfälligkeit der Willensbildung behindert werden.[921] Wegen der aus Art. 64 I GG folgenden Organisationsgewalt des Bundeskanzlers ist diesem aber ein weiterer Entscheidungsspielraum zuzubilligen. Ein ausführliches Beispiel findet sich bei Rn 566 ff.

547

> **Hinweis für die Fallbearbeitung:** Es ist nicht unüblich, dass die Fallgestaltung dahin geht, dass der Bundeskanzler ein neuartiges Ministerium mit engem Geschäftsbereich gründen möchte und daher dem **Bundespräsidenten** eine bestimmte Person zur Ernennung als Minister vorschlägt (Art. 64 I GG). Wenn sich dieser nun weigert, die Ministerernennung durchzuführen, ist ein **Organstreitverfahren** vor dem BVerfG einschlägig. Dieses ist begründet, wenn der Bundespräsident zur Ministerernennung verpflichtet ist, ihm also kein Weigerungsrecht zusteht. Vgl. dazu ausführlich Rn 604 ff.
> Die Fallgestaltung kann aber auch dahin gehen, dass eine **Bundestagsfraktion** (i.d.R. die Opposition) die Verfassungskonformität der Organisationsverfügung des Bundeskanzlers rügt. Auch hier ist ein **Organstreitverfahren** einschlägig.

---

[918] NWVerfGH a.a.O. S. 1245. Vgl. dazu ausführlich *Brinktrine*, Jura 2000, 123 ff. *Isensee* (JZ 1999, 1113, 1116) hält die Entscheidung des NWVerfGH für „juristisch nicht nachvollziehbar".
[919] Vgl. BVerfGE 98, 218, 252 (Rechtschreibreform).
[920] *Isensee*, JZ 1999, 1113, 1116; *Wieland*, DVBl 1999, 719 ff.; *Sendler*, NJW 1999, 1232 ff.; *Böckenförde*, NJW 1999, 1235 ff.
[921] So auch etwa *Schenke*, in: Bonner Kommentar, Art. 62 Rn 15.

II. Wahl des Bundeskanzlers und Amtsdauer der Bundesregierung

1. Wahl des Bundeskanzlers

548 Der Bundeskanzler wird gem. Art. 63 I GG auf Vorschlag des Bundespräsidenten vom Bundestag ohne Aussprache gewählt. Der Vorgeschlagene braucht nicht Mitglied des Bundestags zu sein. In der Regel wird der Kanzlerkandidat aber von der stärksten Fraktion im Bundestag dem Bundespräsidenten aufgrund einer **Koalitionsvereinbarung**[922] mit der Koalitionsfraktion bzw. den Koalitionsfraktionen gestellt und dem Bundespräsidenten benannt, damit dieser ihn als Wahlkandidat dem Bundestag zur Wahl vorschlägt (Art. 63 I GG). Der Bundespräsident ist jedoch an diese Benennung nicht gebunden, sondern kann einen Kandidaten seiner Wahl vorschlagen. Für seinen Vorschlag bedarf er nicht (wie sonst) der Gegenzeichnung der Bundesregierung.[923]

549 Die Verfassung statuiert eine Pflicht des Bundespräsidenten zum Vorschlag. Weigert sich der Bundespräsident, einen Kanzler vorzuschlagen, liegt darin eine Verfassungsverletzung.[924] Der Bundestag kann dann auch ohne Vorschlag des Bundespräsidenten den Kanzler wählen, wobei Art. 63 III GG entsprechend gilt.[925] Der Bundestag kann auch nach Art. 61 GG Anklage vor dem BVerfG erheben und nach Art. 61 II S. 2 GG im Wege einer einstweiligen Anordnung erreichen, dass der Bundesratspräsident als Vertreter des Bundespräsidenten einen Vorschlag machen kann. Steht der Kanzlerkandidat fest, folgt unmittelbar die Wahl. Die Wahl erfolgt ohne Aussprache bezüglich der Person des Kanzlerkandidaten. Findet gleichwohl eine Aussprache statt, führt dies nicht zur Ungültigkeit der Wahl. Die Wahl selbst findet gem. § 4 der Geschäftsordnung des Bundestags (GO BT) mit verdeckten Stimmzetteln (§ 49 GO BT) statt. Sie vollzieht sich in folgenden Schritten:

550 ▪ Erhält der Vorgeschlagene die Mehrheit der Stimmen der Mitglieder des Bundestags (sog. absolute Mehrheit), **muss** der Bundespräsident ihn ernennen (Art. 63 II GG). Die Ernennung muss unverzüglich, spätestens nach sieben Tagen, erfolgen (Art. 63 IV S. 2 GG). Der Bundespräsident darf die Ernennung aber aus Rechtsgründen verweigern, insbesondere wenn das Wahlverfahren verfassungswidrig oder der Gewählte nicht wählbar waren.[926]

551 ▪ Erhält der Vorgeschlagene in dem soeben beschriebenen ersten Wahlgang nicht die absolute Mehrheit, kann der Bundestag binnen vierzehn Tagen nach dem Wahlgang mit absoluter Mehrheit (in beliebig vielen Wahlgängen) einen Bundeskanzler wählen, ohne dass ein Vorschlag des Bundespräsidenten vorliegen müsste (Art. 63 III GG). Wahlvorschläge können aus der Mitte des Bundestags gemacht werden. Diese Wahlvorschläge bedürfen nach § 4 S. 2 GO BT der Unterzeichnung durch ein Viertel der Mitglieder des Bundestags oder einer Fraktion, die mindestens ein Viertel der Mitglieder des Bundestags umfasst. Das Ausspracheverbot des ersten Wahlgangs gilt hier nicht, da es sich nach dem klaren Wortlaut des Art. 63 I GG nur auf den Wahlgang über den Vorschlag des Bundespräsidenten bezieht.[927]

---

[922] Ob es sich bei den Koalitionsvereinbarungen um verwaltungsrechtliche Verträge, verfassungsrechtliche Verträge oder um rechtlich unverbindliche politische Absprachen handelt, ist zwar nicht ganz unumstritten (für verfassungsrechtliche Verträge etwa *Meyn*, in: v. Münch/Kunig, GG, Art. 65 Rn 6; für rechtlich unverbindliche politische Absprachen etwa *Schenke*, in: Bonner Kommentar, Art. 63 Rn 77). Da sich der Inhalt der Koalitionsvereinbarung (etwa Verwirklichung von Gesetzgebungsvorhaben, Wahl einer bestimmten Person zum Bundeskanzler oder Bestimmung der Kabinettsmitglieder) aber der Dispositionsbefugnis der Fraktionen bzw. der Parteien entzieht, wäre ein verfassungsrechtlicher Vertrag unwirksam. Dagegen wäre die Qualifikation als rechtlich unverbindliche politische Absprache gerade wegen ihrer rechtlichen Unverbindlichkeit verfassungsrechtlich unbedenklich.

[923] *Uhle*, in: Schmidt-Bleibtreu/Hofmann/Henneke, GG, Art. 63 Rn 15; *Schenke*, in: Bonner Kommentar, Art. 63 Rn 67.

[924] *Herzog*, in: Maunz/Dürig, GG, Art. 63 Rn 16; *Schenke*, in: Bonner Kommentar, Art. 63 Rn 69.

[925] *Uhle*, in: Schmidt-Bleibtreu/Hofmann/Henneke, GG, Art. 63 Rn 10.

[926] *Pieroth*, in: J/P, GG, Art. 63 Rn 2.

[927] *Schenke*, in: Bonner Kommentar, Art. 63 Rn 84; a.A. *Herzog*, in: Maunz/Dürig, GG, Art. 63 Rn 28.

- Kommt eine Wahl innerhalb dieser Frist nicht zustande, findet unverzüglich ein neuer **552** Wahlgang statt, in dem gewählt ist, wer die meisten Stimmen erhält (Art. 63 IV S. 1 GG – sog. relative Mehrheit). Erreicht der Gewählte sogar die absolute Mehrheit, **muss** ihn der Bundespräsident binnen sieben Tagen ernennen (Art. 63 IV S. 2 GG). Erreicht der Gewählte dagegen nur die relative Mehrheit, hat der Bundespräsident ein **Wahlrecht**: Er kann binnen sieben Tagen entweder den Gewählten **ernennen** oder den Bundestag **auflösen** (Art. 63 IV S. 3 GG). Übt der Bundespräsident sein Wahlrecht nicht binnen sieben Tagen aus, kann er den Bundestag nicht mehr auflösen, sondern muss den Gewählten zum Bundeskanzler ernennen.

- Im Falle der Ernennung des lediglich mit relativer Mehrheit gewählten Bundeskanzlers **553** kommt es zu einer Minderheitsregierung, die so lange Bestand hat, bis der Bundestag mit absoluter Mehrheit erneut einen Kanzler wählt (Art. 67 GG).

2. Ernennung der Bundesminister (Kabinettsbildungsrecht)

Gemäß Art. 64 I GG werden die Bundesminister auf Vorschlag des Bundeskanzlers **554** vom Bundespräsidenten ernannt und entlassen. Die rechtlichen Voraussetzungen sind im Bundesministergesetz geregelt. Aus der Kollegialstruktur der Bundesregierung folgt die Pflicht des Kanzlers, auf die Ernennung der Bundesminister hinzuwirken.[928] Fraglich ist, ob der Bundespräsident die **Ernennung eines Ministers aus rechtlichen oder politischen Gründen verweigern kann**. Da diese Frage im Abschnitt über den Bundespräsidenten behandelt wird, sei insoweit auf Rn 604 ff. verwiesen.

3. Amtsdauer der Bundesregierung, Misstrauensvotum, Vertrauensfrage

a. Amtsdauer der Bundesregierung

Die Amtsdauer der Bundesregierung endet nicht nur mit dem Zusammentritt des **555** neuen Bundestags (Art. 39 I S. 2 GG), sondern auch dann, wenn die Voraussetzungen der Art. 67 oder 68 GG vorliegen (klarstellend in § 9 BMinG). Diese Vorschriften bringen die Stellung des Bundeskanzlers im Verhältnis zum Bundestag und im Verhältnis zu den Bundesministern zum Ausdruck. Bislang wurde festgestellt, dass lediglich der Bundeskanzler vom Parlament gewählt wird. Die Bundesminister werden dagegen vom Bundespräsidenten auf Vorschlag des Bundeskanzlers ernannt. Mit dem Amt des Bundeskanzlers endet zwingend auch das der Bundesminister (Art. 69 II GG). Daraus folgt: Wird der Bundeskanzler durch das sog. **konstruktive Misstrauensvotum** „gestürzt", verlieren auch die Bundesminister ihre jeweiligen Ämter.

Ein **Misstrauensvotum gegen einen einzelnen Minister** ist also **nicht möglich**. Miss- **556** billigt die Mehrheit der Mitglieder des Bundestags das Verhalten eines Ministers, kann sie ihn nur mittelbar seines Amtes erheben, indem sie gem. Art. 67 GG dem Kanzler das Misstrauen ausspricht (siehe sogleich). Mit dem Kanzler verlieren auch alle Minister ihre Ämter. Im Übrigen verliert ein Bundesminister sein Amt durch Entlassung. Die Entlassung erfolgt (wie die Ernennung) auf Vorschlag des Bundeskanzlers und wird vom Bundespräsidenten ausgesprochen. Zum diesbezüglichen Prüfungsrecht des Bundespräsidenten vgl. Rn 604.

b. Konstruktives Misstrauensvotum

Da ein Selbstauflösungsrecht des Bundestags, das zwingend auch den „Sturz" des **557** Bundeskanzlers zur Folge hätte, nicht besteht, scheint auf den ersten Blick eine Neuwahl des Bundeskanzlers vor Ablauf der Legislaturperiode nicht möglich. Dennoch sieht das Grundgesetz eine solche Möglichkeit vor, nämlich durch ein Misstrauensvotum. Allerdings lässt es die Verfassung nicht zu, dass der Bundestag dem Bundes-

---

[928] Vgl. u.a. *Schenke*, in: Bonner Kommentar, Art. 62 Rn 14 m.w.Nachw.

kanzler einfach das Misstrauen ausspricht. Vielmehr kann der Bundestag dem Bundeskanzler gem. Art. 67 GG das Misstrauen nur dadurch aussprechen, dass er mit der Mehrheit seiner Mitglieder einen Nachfolger wählt und den Bundespräsidenten ersucht, den bisherigen Bundeskanzler zu entlassen (sog. **„konstruktives Misstrauensvotum"**). Diese Regelung konkretisiert nicht nur das parlamentarische Regierungssystem und die parlamentarische Verantwortlichkeit des Bundeskanzlers, sondern sie gewährleistet auch eine Regierungsstabilität und verhindert das Entstehen von Minderheitsregierungen. Sie verhindert Situationen, in der das Parlament zwar den Regierungschef stürzen, nicht aber einen neuen Regierungschef präsentieren kann, wie das in der Weimarer Republik (vgl. Art. 54 WRV) möglich und auch üblich war.

c. Vertrauensfrage

558   Aus den Ausführungen zum konstruktiven Misstrauensvotum folgt, dass es Konstellationen geben kann, in denen dem Kanzler zwar das Misstrauen ausgesprochen, dabei aber nicht die erforderliche Mehrheit zur Wahl eines neuen Kanzlers erreicht wird. Auch ist es möglich, dass der Bundeskanzler aus anderen Gründen nicht mehr das Vertrauen des Parlaments besitzt. Den Präzedenzfall bildet die politisch instabile Lage bei nur knappen Mehrheitsverhältnissen im Bundestag.

559   Für beide Fälle dieser Art sieht Art. 68 GG die **Vertrauensfrage** vor: Der Bundeskanzler kann beim Bundestag beantragen, ihm das Vertrauen auszusprechen. Stellt der Bundeskanzler einen solchen Antrag und findet dieser Antrag nicht die Zustimmung der Mehrheit der Mitglieder des Bundestags, **kann** der Bundespräsident auf Vorschlag des Bundeskanzlers binnen 21 Tagen **den Bundestag auflösen**. Der Bundespräsident hat hier also wie bei Art. 63 IV GG ein Wahlrecht. Er kann den Bundestag auflösen, muss es aber nicht.[929] Löst er ihn auf, haben binnen 60 Tagen Neuwahlen stattzufinden (Art. 39 I S. 4 GG). Löst er ihn *nicht* auf, besteht die (Minderheits-)Regierung fort. In diesem Fall hat der Bundespräsident die in seinem Ermessen liegende Kompetenz, auf Antrag der Bundesregierung mit Zustimmung des Bundesrats für eine Gesetzesvorlage den **Gesetzgebungsnotstand** zu erklären (Art. 81 I S. 2 GG). Die Rechtsfolge des Gesetzgebungsnotstands beschreibt Art. 81 II GG. Lehnt der Bundestag die Gesetzesvorlage nach Erklärung des Gesetzgebungsnotstands erneut ab oder nimmt er sie in einer für die Bundesregierung als unannehmbar bezeichneten Fassung an, gilt das Gesetz als zustande gekommen, soweit der Bundesrat ihm zustimmt. Das Gleiche gilt, wenn die Gesetzesvorlage vom Bundestag nicht innerhalb von vier Wochen nach der erneuten Einbringung verabschiedet wird.

560   **Zum Gesetzgebungsnotstand:** Die Vorschrift des Art. 81 GG soll einer Funktionsstörung des Bundestags entgegentreten. Sie ermöglicht der Bundesregierung, unter bestimmten Voraussetzungen im Zusammenwirken mit dem Bundespräsidenten und dem Bundesrat Gesetze auch ohne Beschluss des Bundestags zu verabschieden. Derartige Gesetze sind voll gültig.[930] An die Erklärung des Gesetzgebungsnotstands sind fünf Voraussetzungen geknüpft[931]:

(1) Die Vertrauensfrage ist verneint worden (Art. 68 I S. 1 GG).

(2) Der Bundeskanzler ist weiter im Amt, d.h. er ist weder zurückgetreten noch ist gem. Art. 67 oder 68 I S. 2 GG ein neuer Bundeskanzler gewählt worden.

(3) Der Bundestag ist vom Bundespräsidenten nicht aufgelöst worden.

---

[929] BVerfGE 62, 1, 35; vgl. auch BVerfGE 114, 121, 149 ff. (jeweils Bundestagsauflösung).

[930] *Pieroth*, in: J/P, GG, Art. 81 Rn 1; *Sannwald*, in: Schmidt-Bleibtreu/Hofmann/Henneke, GG, Art. 81 Rn 1-4.

[931] Vgl. *Pieroth*, in: J/P, GG, Art. 81 Rn 2.

(4) Der Bundestag hat eine Gesetzesvorlage, die die Bundesregierung als dringlich bezeichnet hat, abgelehnt. Dem steht es gleich, wenn die Gesetzesvorlage in einer Fassung angenommen wird, die die Bundesregierung als unannehmbar bezeichnet hat oder wenn sich der Bundestag nicht alsbald mit der Vorlage befasst (vgl. § 99 I GO BT) oder wenn mehrfach wegen Beschlussunfähigkeit ergebnislos abgestimmt worden ist (vgl. § 99 II GO BT).

(5) Die Bundesregierung (vgl. Art. 62 GG) hat mit Zustimmung des Bundesrats beim Bundespräsidenten einen Antrag auf Erklärung des Gesetzgebungsnotstands gestellt.

Liegen diese Voraussetzungen vor, *kann* (Ermessen!) der Bundespräsident für die betreffende Gesetzesvorlage den Gesetzgebungsnotstand erklären. Die Erklärung bedarf der Gegenzeichnung durch den Bundeskanzler.[932]

Der Bundeskanzler kann die Vertrauensfrage auch **mit einer Gesetzesvorlage** **561** **verbinden** (vgl. Art. 81 I S. 2 GG). Dies kommt insbesondere dann in Betracht, wenn eine Minderheitsregierung eine Gesetzesvorlage beim Bundestag einbringt, für die wahrscheinlich keine Mehrheit gefunden wird. Verbindet der Bundeskanzler die Gesetzesvorlage mit der Vertrauensfrage und lehnt der Bundestag die Gesetzesvorlage ab, ergeben sich dieselben Rechtsfolgen wie bei Rn 559 beschrieben: Der Bundespräsident kann auf Vorschlag des Bundeskanzlers binnen 21 Tagen den Bundestag auflösen. Löst er ihn auf, haben binnen 60 Tagen Neuwahlen stattzufinden (Art. 39 I S. 4 GG). Löst er ihn *nicht* auf, besteht die (Minderheits-)Regierung fort. Der Bundespräsident kann dann (auf Antrag der Bundesregierung mit Zustimmung des Bundesrats) wiederum den Gesetzgebungsnotstand erklären. Dazu müssen folgende Voraussetzungen vorliegen[933]:

(1) Der Bundeskanzler hat die Vertrauensfrage mit einer Gesetzesvorlage verbunden.

(2) Der Bundeskanzler ist weiterhin im Amt.

(3) Der Bundestag ist vom Bundespräsidenten nicht aufgelöst worden.

(4) Der Bundestag hat die Gesetzesvorlage abgelehnt. Mit der Entscheidung des Bundestags über diese Gesetzesvorlage kann auch eine Entscheidung über die Vertrauensfrage einhergehen. Spricht der Bundestag dem Bundeskanzler das Misstrauen aus, verneint er also die Vertrauensfrage, ergeben sich die Rechtsfolgen aus Art. 68 GG: Der Bundespräsident kann den Bundestag auflösen.

(5) Die Bundesregierung hat mit Zustimmung des Bundesrats beim Bundespräsidenten einen Antrag auf Erklärung des Gesetzgebungsnotstands gestellt. Der Bundespräsident kann den Gesetzgebungsnotstand erklären. Die Erklärung bedarf der Gegenzeichnung durch den Bundeskanzler (s.o.).

Eine Vertrauensfrage ist **unzulässig**, wenn die erforderliche politische Instabilität nur **562** vorgetäuscht, die Vertrauensfrage also nur deshalb gestellt wird, um eine Auflösung des Bundestags und damit vorzeitige Neuwahlen zu erreichen (sog. **unechte Vertrauensfrage**). Denn aus dem Regelungscharakter der Art. 63 IV S. 3 und Art. 68 GG ergibt sich, dass das Parlament **kein Selbstauflösungsrecht** hat.[934] Besteht also eine Absprache unter den Fraktionsmitgliedern, die die Regierung stellen, und dem Bundeskanzler, dass dieser die Vertrauensfrage stellen solle und dann von der Mehrheit der Mitglieder des Bundestags das Misstrauen ausgesprochen bekommen werde, liegt eine Umgehung der Art. 67 und 68 GG vor. Daher wird als (ungeschriebene) Voraussetzung für die Vertrauensfrage des Bundeskanzlers gefordert, dass in *tatsäch-*

---

[932] *Klein*, in: Bonner Kommentar, Art. 81 Rn 44; *Herzog*, in: Maunz/Dürig, GG, Art. 81 Rn 48; a.A.: *Pieroth*, in: J/P, GG, Art. 81 Rn 2: Gegenzeichnung durch den Bundeskanzler *oder* durch den zuständigen Bundesminister.
[933] Auflistung nach *Pieroth*, in: J/P, GG, Art. 81 Rn 3.
[934] BVerfGE 62, 1, 41; 114, 121, 147 ff. (jeweils Bundestagsauflösung).

licher Hinsicht kein Vertrauen der Bundestagsmitglieder in Person und Programm des Bundeskanzlers besteht, ein Weiterregieren des Bundeskanzlers also politisch nicht mehr gewährleistet ist[935] (sog. **materielle Auflösungslage**). Eine Überprüfung dieser Voraussetzung hat das BVerfG aber nur sehr zurückhaltend vorgenommen. Bei der Beurteilung des tatsächlichen Vertrauensverlustes in Arbeit und Person des Bundeskanzlers habe dieser einen **weiten Einschätzungsspielraum**.[936] Daher könne das BVerfG lediglich überprüfen, ob der Bundeskanzler die Grenzen seines Einschätzungsspielraums eingehalten habe. Eine Überschreitung des Einschätzungsspielraums sei nur dann anzunehmen, wenn es an Anhaltspunkten dafür fehle, dass der Bundeskanzler für sein Regierungshandeln und seine politische Konzeption die parlamentarische Mehrheitsunterstützung verloren habe oder zu verlieren drohe. Nur dann könne er sich nicht erfolgreich auf seine Einschätzungsprärogative berufen. Die Annahme der Überschreitung des Einschätzungsspielraums müsse auf Tatsachen gestützt sein. Das sei der Fall, wenn eine andere Einschätzung der politischen Lage aufgrund von Tatsachen eindeutig vorzuziehen sei. Tatsachen, die auch andere Einschätzungen als die des Kanzlers zu stützen vermögen, seien nur dann geeignet, die Einschätzung des Bundeskanzlers zu widerlegen, wenn sie keinen anderen Schluss zuließen als den, dass die Einschätzung des Verlusts politischer Handlungsfähigkeit im Parlament falsch gewesen sei. Bei der am 1.7.2005 von Bundeskanzler Schröder gestellten Vertrauensfrage sei dies nicht zu erkennen gewesen. Daher sei auch die Anordnung des Bundespräsidenten vom 21.7.2005 über die Auflösung des 15. Deutschen Bundestags und über die Festsetzung der Wahl auf den 18.9.2005 nicht zu beanstanden.

563 **Beispielsfall zur Vertrauensfrage**[937]**:** Nachdem der Bundestag am 30.6.2005 noch eine Reihe von Gesetzen verabschiedet hatte, stellte am 1.7.2005 der amtierende Bundeskanzler Schröder vor dem Bundestag die Vertrauensfrage mit der Begründung, er könne sich des Vertrauens einiger Koalitionsmitglieder nicht mehr sicher sein; außerdem wünsche sich das Volk Neuwahlen. Er wolle den Weg dazu frei machen und so in der aktuell kritischen Situation den Auftrag des Wählers für sein Regierungsprogramm erhalten. Den Abgeordneten der Regierungskoalition wurde von der Parteispitze „empfohlen", sich bei der anstehenden Vertrauensfrage der Stimme zu enthalten.

In der anschließenden Abstimmung enthielt sich ein Großteil der den Regierungsfraktionen angehörenden Abgeordneten, die übrigen Abgeordneten dieser Fraktionen sprachen dem Kanzler ihr Vertrauen aus, die Abgeordneten der Opposition verweigerten es erwartungsgemäß. Da ihm nur 150 von über 600 Abgeordneten das Vertrauen ausgesprochen hatten, erhielt Bundeskanzler Schröder nicht die erforderliche Mehrheit. Er ersuchte daraufhin den Bundespräsidenten, den Bundestag aufzulösen.

Dieser ordnete am 21.7.2005 die Auflösung des Bundestags und Neuwahlen für den 18.9.2005 an. Er verwies auf die plausible Einschätzung der politischen Lage durch den Bundeskanzler; dabei sei auch zu berücksichtigen, dass alle Parteien und die Mehrheit der Bürgerinnen und Bürger im Lande Neuwahlen wünschten und die Lage sehr ernst sei.

Gegen seine Anordnung wendeten sich einige Tage später 2 Abgeordnete des Bundestags. Sie beantragten beim BVerfG die Feststellung, dass die Anordnungen des Bundespräsidenten, den Bundestag aufzulösen und Neuwahlen anzuordnen, gegen Art. 68 I S. 1 GG verstießen und ihren durch Art. 38 I S. 2 GG garantierten Status als Abgeordnete des Deutschen Bundestags unmittelbar gefährdeten oder verletzten.

---

[935] BVerfGE 62, 1, 36 ff.; 114, 121, 147 ff. (jeweils Bundestagsauflösung); *Pieroth*, in: J/P, GG, Art. 68 Rn 3; *Hermes*, in: Dreier, GG, Art. 68 Rn 10 ff.; *Oldiges*, in: Sachs, GG, Art. 68 Rn 14 ff.; *Schenke*, in: Bonner Kommentar, Art. 68 Rn 62.

[936] Vgl. BVerfGE 62, 1, 50 ff. (Bundestagsauflösung); enger die *abw.M.* BVerfGE 62, 1, 70 u. 108.

[937] Nach BVerfGE 114, 121, 147 ff. (Bundestagsauflösung).

Statthaft ist ein **Organstreitverfahren** (Art. 93 I Nr. 1 GG, §§ 13 Nr. 5, 63 ff. BVerfGG), da über den Umfang der Rechte und Pflichten eines obersten Bundesorgans bzw. Teile desselben gestritten wird. Die beiden Antragsteller als Teil des Verfassungsorgans *Bundestag* sind auch antragsbefugt gem. § 64 BVerfGG, da durch die frühzeitige Bundestagsauflösung eine Verletzung ihres Abgeordnetenstatus aus Art. 38 I S. 2 und 39 I S. 1 GG nicht ausgeschlossen werden kann. Denn Art. 39 I S. 1 GG (Wahlperiode) gewährleistet eine verfassungsrechtliche Position des Bundestags, damit auch des einzelnen Abgeordneten, der durch Art. 38 I S. 2 GG geschützt wird. Für den Bundespräsidenten als Antragsgegner folgt die Beteiligtenfähigkeit unmittelbar aus Art. 93 I Nr. 1 GG, § 63 BVerfGG.

Der Antrag ist begründet, wenn die Auflösung des Bundestags rechtswidrig war und die Antragsteller in ihrem verfassungsrechtlich garantierten Status als Abgeordnete verletzte.

Stellt der Bundeskanzler den Antrag, das Parlament möge ihm das Vertrauen aussprechen, und findet dieser Antrag nicht die Zustimmung der Mehrheit der Mitglieder des Bundestags, kann der Bundespräsident auf Vorschlag des Bundeskanzlers binnen 21 Tagen den Bundestag auflösen. Der Bundespräsident hat hier also wie bei Art. 64 IV GG ein Wahlrecht. Er *kann* den Bundestag auflösen, muss es aber nicht. Bei der Entscheidung, den Bundestag aufzulösen, muss er allerdings pflichtgemäß entscheiden; Art. 68 I S. 1 GG räumt dem Bundespräsidenten ein Ermessen ein. Ob der dieses Ermessen rechtsfehlerfrei ausgeübt hat, kann jedoch nur dann festgestellt werden, wenn die tatbestandlichen Voraussetzungen des Art. 68 GG vorliegen. Nach dieser Bestimmung kann der Bundeskanzler beim Bundestag beantragen, ihm das Vertrauen auszusprechen. Das BVerfG fordert diesbezüglich das Vorhandensein einer *„materiellen Auflösungslage"*, damit die Vertrauensfrage nicht das nicht vorhandene Selbstauflösungsrecht des Bundestags unterlaufen kann.[938] Es müsse eine *politisch instabile Lage* vorliegen. Die Vertrauensfrage könne nur dann gestellt werden, wenn „die politischen Kräfteverhältnisse im Bundestag seine Handlungsfähigkeit so beeinträchtigen oder lähmen, dass er eine vom stetigen Vertrauen der Mehrheit getragene Politik nicht sinnvoll zu verfolgen vermag". Dass Parteien und Wähler Neuwahlen wünschten, sei kein legitimer Grund, eine politisch instabile Lage zu begründen. Denn das Grundgesetz kenne keine Referendumsdemokratie. Jedoch komme bei der Beurteilung der Sachlage dem Bundeskanzler ein weiter Einschätzungsspielraum zu (sog. Einschätzungsprärogative), der nur dann überschritten sei, wenn es dem Bundeskanzler allein darum gehe, das fehlende Selbstauflösungsrecht des Bundestags zu umgehen und zu einem ihm opportun erscheinenden Zeitpunkt Neuwahlen zu ermöglichen, etwa weil er sich für ihn günstigere Mehrheitsverhältnisse verspreche. Der Bundespräsident habe – sofern kein Missbrauch festgestellt werden könne – dann die Entscheidung des Bundeskanzlers zu respektieren und sie nur bei evidenter Fehlsamkeit zu korrigieren.

Fraglich ist, ob am 1.7.2005 eine solche evidente Fehlsamkeit des Bundeskanzlers vorlag. Denn aufgrund des Umstands, dass nur einen Tag zuvor der Bundestag noch eine Reihe von Gesetzen verabschieden konnte, scheint die für die Vertrauensfrage erforderliche Handlungsunfähigkeit des Bundeskanzlers nicht vorgelegen zu haben. Es drängt sich daher der Verdacht auf, der Bundeskanzler habe, obwohl im Besitz einer ausreichenden parlamentarischen Mehrheit, die Vertrauensfrage nur zu dem Zweck gestellt, das fehlende Selbstauflösungsrecht des Bundestags zu umgehen und vorzeitige Neuwahlen herbeizuführen, um im Ergebnis gestärkt in einer neuen Legislaturperiode regieren zu können.

Bereits im Jahre 1982, als Bundeskanzler Kohl die Vertrauensfrage stellte, stellte das BVerfG fest, dass eine materielle Auflösungslage bestanden habe. In der Einschätzung des Bundeskanzlers, dass eine vom stetigen Vertrauen der Mehrheit des Bundestags getragene und unterstützte Politik nicht mehr sinnvoll möglich sein werde, könne ein missbräuchliches Verhalten des Bundeskanzlers nicht festgestellt werden. Die Vertrauensfrage könne gestellt werden, wenn die politischen Kräfteverhältnisse im Bundestag seine Handlungsfähigkeit so

---

[938] BVerfG a.a.O., S. 42 f.

beeinträchtigten oder lähmten, dass er eine vom stetigen Vertrauen der Mehrheit getragene Politik nicht sinnvoll zu verfolgen vermöge. Der Bundespräsident habe daher – trotz des ihm grundsätzlich zustehenden Ermessens – die Pflicht, die Einschätzung des Bundeskanzlers zu respektieren. Er habe daher den 9. Deutschen Bundestag auflösen müssen. Der Antrag der vier Abgeordneten der FDP sei somit unbegründet.

Im Fall der Vertrauensfrage vom 1.7.2005 bestätigte das BVerfG das Erfordernis einer materiellen Auflösungslage, dass also in *tatsächlicher Hinsicht kein Vertrauen der Bundestagsmitglieder in Person und Programm des Bundeskanzlers bestehen*, ein *Weiterregieren des Bundeskanzlers also politisch nicht mehr gewährleistet sein dürfe*.[939] Jedoch habe der Bundeskanzler bei der Beurteilung des tatsächlichen Vertrauensverlustes einen weiten Einschätzungsspielraum.[940] Daher könne das BVerfG lediglich überprüfen, ob der Bundeskanzler die Grenzen seines Einschätzungsspielraums überschritten habe. Dies sei nur dann anzunehmen, wenn es an Anhaltspunkten dafür fehle, dass er für sein Regierungshandeln und seine politische Konzeption die parlamentarische Mehrheitsunterstützung verloren habe oder zu verlieren drohe. Nur dann könne er sich nicht erfolgreich auf seine Einschätzungsprärogative berufen. Die Annahme der Überschreitung des Einschätzungsspielraums müsse auf Tatsachen gestützt sein. Das sei der Fall, wenn eine andere Einschätzung der politischen Lage aufgrund von Tatsachen eindeutig vorzuziehen sei. Tatsachen, die auch andere Einschätzungen als die des Kanzlers zu stützen vermögen, seien nur dann geeignet, die Einschätzung des Bundeskanzlers zu widerlegen, wenn sie keinen anderen Schluss zuließen als den, dass die Einschätzung des Verlusts politischer Handlungsfähigkeit im Parlament falsch gewesen sei. Bei der am 1.7.2005 von Bundeskanzler Schröder gestellten Vertrauensfrage sei dies nicht zu erkennen gewesen. Daher sei auch die Anordnung des Bundespräsidenten vom 21.7.2005 über die Auflösung des 15. Deutschen Bundestags und über die Festsetzung der Wahl auf den 18.9.2005 nicht zu beanstanden.

Waren demnach die Voraussetzungen des Art. 68 GG gegeben, war die Vertrauensfrage nicht rechtsfehlerhaft. Eine Verletzung der beiden Antragsteller in ihren verfassungsrechtlichen Rechten als Bundestagsabgeordnete lag somit nicht vor. Die beiden Anträge sind daher unbegründet.

Zur Frage, ob die Anordnung des Bundespräsidenten, nach einer gescheiterten Vertrauensfrage den Bundestag aufzulösen, der **Gegenzeichnung durch den Bundeskanzler** bedarf (vgl. Art. 58 GG), vgl. Rn 588.

564

> **Zusammenfassung:** Insgesamt lassen sich vier Möglichkeiten der **Beendigung der Amtsdauer der Bundesregierung oder eines Teils** von ihr aufzeigen[941]:
>
> - Das Amt des Bundeskanzlers oder eines Bundesministers endet spätestens mit dem **Zusammentritt eines neuen Bundestags**, Art. 69 II Halbs. 1, 39 I S. 2 GG. In diesem Fall ist der bisherige Bundeskanzler verpflichtet, auf Ersuchen des Bundespräsidenten die Amtsgeschäfte bis zur Ernennung seines Nachfolgers weiterzuführen.
>
> - Das Amt des Bundeskanzlers endet, indem ihm der Bundestag mit der Wahl eines neuen Bundeskanzlers das Misstrauen ausspricht, Art. 67 I GG (**konstruktives Misstrauensvotum**). Mit dem Bundeskanzler verlieren auch alle Bundesminister ihre Ämter, Art. 69 II Halbs. 2 GG.
>
> - Das Amt des Bundeskanzlers oder eines Bundesministers endet auch durch **Rücktritt**. Zwar ist diese Möglichkeit im Grundgesetz nicht ausdrücklich genannt, sie ist aber als Möglichkeit der Beendigung der Amtszeit anerkannt, vgl. Art. 69 III GG.

---

[939] BVerfGE 62, 1, 36 ff.; 114, 121, 147 ff. (jeweils Bundestagsauflösung); *Pieroth*, in: J/P, GG, Art. 68 Rn 3: *Hermes*, in: Dreier, GG, Art. 68 Rn 10 ff.; *Oldiges*, in: Sachs, GG, Art. 68 Rn 14 ff.; *Schenke*, in: Bonner Kommentar, Art. 68 Rn 62. Vgl. auch *Sachs*, JuS 2006, 75 ff.

[940] Vgl. BVerfGE 62, 1, 50 ff. (Bundestagsauflösung); enger die *abw.M.* BVerfGE 62, 1, 70 u. 108.

[941] Nach *Degenhart*, Rn 752.

⇨ Zunächst kann der Bundeskanzler seinen Rücktritt erklären. In diesem Fall verlieren alle Bundesminister ihre Ämter, Art. 69 II Halbs. 2 GG.

⇨ Auch das Amt eines Bundesministers endet durch dessen Rücktritt. Dieser kann jederzeit seine Entlassung verlangen (klargestellt in § 9 II BMinG). Der Bundeskanzler hat dann dem Bundespräsidenten die Entlassung vorzuschlagen, Art. 64 I GG.

⇨ Schließlich kann die gesamte Bundesregierung (geschlossen) zurücktreten.

▪ Die Amtsdauer eines Bundesministers kann auch durch Entlassung enden, Art. 64 I GG.

Fraglich ist, ob **das Parlament den Bundeskanzler ersuchen darf**, dem Bundestag die Vertrauensfrage (Antrag gem. Art. 68 GG) zu stellen. Dagegen spricht die klare Regelung des Art. 67 GG, wonach der Bundestag dem Bundeskanzler das Misstrauen nur durch die Wahl eines neuen Bundeskanzlers aussprechen kann. Eine Bundestagsmehrheit, die diese Stellung des Bundeskanzlers missachtet, verletzt demnach die Regelung des Art. 67 GG. Folgt man dieser Auffassung, kann der Bundeskanzler ein solches Verhalten mit dem Organstreitverfahren vor dem BVerfG (Art. 93 I Nr. 1 GG, §§ 13 Nr. 5, 63 ff. BVerfGG) rügen und die Verfassungswidrigkeit eines solchen Antrags feststellen lassen.[942] Die h.M. sieht in einem solchen Vertrauensfrageersuchen gegen den Bundeskanzler jedoch keinen Verstoß gegen die Verfassung, da das Vertrauensfrageersuchen nicht die gleichen Rechtsfolgen mit sich bringe wie der Antrag des Bundeskanzlers gem. Art. 68 I GG. Vielmehr sei das Vertrauensfrageersuchen als schlichter Parlamentsbeschluss ohne jegliche rechtliche Bindungswirkung zu werten und somit zulässig.[943] Zur Vertrauensfrage siehe sogleich.

564a

III. Kanzlerprinzip, Ressortprinzip, Kollegialprinzip

Das Grundgesetz hat dem Bundeskanzler eine besonders starke Stellung eingeräumt. Dieser bestimmt die Richtlinien der inneren und äußeren Politik und trägt dafür die Verantwortung, Art. 65 S. 1 u. 4 GG (sog. **Richtlinienkompetenz**, auch **Kanzlerprinzip** genannt). Innerhalb dieser Richtlinien leitet jeder Bundesminister seinen Geschäftsbereich selbstständig und unter eigener Verantwortung, Art. 65 S. 2 GG (sog. **Ressortprinzip**). Über Meinungsverschiedenheiten zwischen den Bundesministern entscheidet die Bundesregierung als Kollegial, Art. 65 S. 3 GG (sog. **Kabinettsprinzip** oder **Kollegialprinzip**).

565

1. Das Kanzlerprinzip (die Richtlinienkompetenz)

Ein in Prüfungsarbeiten häufig geprüftes Thema ist das Spannungsverhältnis zwischen dem Kanzlerprinzip (d.h. der Richtlinienkompetenz des Bundeskanzlers) und dem Ressortprinzip. Konkret geht es um die Frage, wieweit der Kanzler bestimmte Einzelfragen zur „Chefsache" erklären und den einzelnen Ressortministern konkrete Weisungen erteilen darf.

566

Beispiel: Weil das derzeitige Bildungssystem in der Bundesrepublik Deutschland nicht in der Lage ist, eine zur Sicherung des Wirtschaftsstandorts Deutschland erforderliche Zahl von Fachkräften auf dem Gebiet der Informationstechnologie (IT) zur Verfügung zu stellen, beschließt das Kabinett ein Programm zur Anwerbung ausländischer IT-Kräfte auf der Basis befristeter Aufenthalts- und Arbeitsgenehmigungen (sog. „Green-Card-Modell"). Die Durchführung dieses Programms wird dem Wirtschaftsminister unterstellt. Als dieser nun nach Auffassung des Bundeskanzlers das Programm unprofessionell abwickelt und auch Vorschlägen seitens des Kanzlers nicht zugänglich ist, beruft sich dieser auf seine Richtlinienkompetenz und verfügt die Einrichtung einer „Green-

---

[942] So *Brockmeyer*, in: Schmidt-Bleibtreu/Hofmann/Henneke, GG, Art. 67 Rn 10.
[943] *Pieroth*, in: J/P, GG, Art. 67 Rn 3; *Hermes*, in: Dreier, GG, Art. 67 Rn 19 f.; *Schneider*, in: Alternativkommentar, Art. 67 Rn 8 ff.; differenzierend *Schenke*, in: Bonner Kommentar, Art. 68 Rn 47 ff.; *Herzog*, in: Maunz/Dürig, GG, Art. 67 Rn 39 ff.

Card-Abteilung" im Wirtschaftsministerium. Der Wirtschaftsminister sieht hierin einen unzulässigen Eingriff in seine Kompetenzen.

567 Ausgangspunkt ist die bereits mehrfach genannte Vorschrift des Art. 65 S. 1 GG, wonach der Bundeskanzler die Richtlinien der Politik bestimmt. Was unter „Richtlinien" zu verstehen ist, lässt sich nicht mit verbindlicher Sicherheit sagen. Jedenfalls geht es um die **grundlegenden politischen Leitentscheidungen im Bereich der Leitung des Staatsganzen**, die typischerweise als **Rahmenentscheidungen** gegenüber den Ministern ergehen.[944] Freilich kann dies zu Spannungen im Verhältnis zu einzelnen oder mehreren Ministern führen. Verliert der Bundeskanzler die politische Mehrheit im Kabinett, bleibt zur Stärkung seiner Position oft nur die „Drohung" mit der **Vertrauensfrage** nach Art. 68 GG oder mit dem **Rücktritt**. Denn mit der Beendigung des Amtes verlieren auch alle Minister ihre Ämter, Art. 69 II Var. 2 GG.[945]

Daneben ist fraglich, ob von dem Begriff der Richtlinie auch **Einzelentscheidungen (d.h. Weisungen bzw. Organisationsverfügungen)** umfasst sind. *Gegen* eine solche Annahme spricht der Wortlaut des Art. 65 S. 1 GG, der mit der Richtlinienkompetenz die drei fundamentalen Organisationsgrundsätze Kanzler-, Ressort- und Kollegialprinzip kombiniert. Die grammatikalische Auslegung der Begriffe „Richtlinien" und „Grundsätze" legt die Deutung nahe, damit seien nur die *allgemeinen* Richtlinien und Grundsätze i.S.v. programmatischen Direktiven politischen Handelns gemeint, nicht jedoch Einzelanweisungen. Insbesondere dem Begriff „Richtlinie" haftet das Attribut der Konkretisierungsbedürftigkeit an.[946]

Demzufolge wäre die im **Beispiel** von Rn 566 genannte Weisung des Bundeskanzlers wegen Überschreitens der Richtlinienkompetenz rechtswidrig.

568 Einer solchen Auslegung widerspricht aber die funktionale Bedeutung der Richtlinienkompetenz als Instrument der Staatsleitung. Nach der Konzeption des Grundgesetzes ist ausschließlich dem Kanzler die Führung der Regierung übertragen. Nur er trägt die volle Verantwortung gegenüber dem Parlament und kann von diesem durch die Wahl eines neuen Kanzlers seines Amtes enthoben werden (konstruktives Misstrauensvotum, vgl. Art. 67 GG und oben). Wenn der Kanzler aber von Verfassungs wegen die Verantwortung für die gesamte Regierung übernehmen muss, dann muss die Verfassung ihm auch das Recht einräumen, die Regierungspolitik in einem Maße zu beeinflussen, welche es ihm erlaubt, dafür die Gesamtverantwortung zu tragen.[947] Dies verlangt u.U. ein situationsbedingtes Handeln in Form einer Entscheidung in konkreten Einzelfragen. Der Eingriff in das Ressort des Fachministers verlangt aber zu seiner Rechtfertigung, dass die Einzelfallverfügung eine Frage **von besonderer Bedeutung für die Staatsleitung** betrifft.[948] Bei der Frage, ob eine Einzelentscheidung eine besondere Bedeutung für die Staatsleitung hat, kommt dem Bundeskanzler ein weiter **Einschätzungs- bzw. Beurteilungsspielraum** zu.

Legt man diese Deutungsweise dem **Beispiel** von Rn 566 zugrunde, wird man kaum davon ausgehen können, dass die Inanspruchnahme der Richtlinienkompetenz in unzulässiger Weise in das Ressort des Wirtschaftsministers eingreife. Insbesondere bei der Frage, ob die Errichtung einer „Green-Card-Abteilung" von besonderer Bedeutung für

---

[944] *Schenke*, in: Bonner Kommentar, Art. 62 Rn 92 sowie Art. 65 Rn 20 ff.; *Pieroth*, in: J/P, GG, Art. 65 Rn 3; *Brockmeyer*, in: Schmidt-Bleibtreu/Hofmann/Henneke, GG, Art. 65 Rn 4a.
[945] Vgl. *Schenke*, in: Bonner Kommentar, Art. 62 Rn 99.
[946] Vgl. *Oldiges*, in: Sachs, GG, Art. 65 Rn 14; *Kisker/Höfling*, 3. Aufl. 2001, S. 71; *Schneider*, in: AK, Art. 65 Rn 3.
[947] *Kisker/Höfling*, 3. Aufl. 2001, S. 71; *Oldiges*, in: Sachs, GG, Art. 65 Rn 14.
[948] *Schenke*, in: Bonner Kommentar, Art. 65 Rn 29; *Pieroth*, in: J/P, GG, Art. 65 Rn 3; *Schneider*, in: AK, Art. 65 Rn 3; *Herzog*, in: Maunz/Dürig, GG, Art. 65 Rn 6 ff.; *Meyn*, in: v. Münch/Kunig, GG, Art. 65 Rn 7; *Oldiges*, in: Sachs, GG, Art. 65 Rn 15.

die Staatsleitung sei, könnte dem Bundeskanzler eine Überschreitung der ihm zustehenden Einschätzungsprärogative kaum unterstellt werden.

569 Die durch Art. 65 S. 1 GG gewährleistete Richtlinienkompetenz des Kanzlers findet ihre **Grenzen** aber nicht nur in der Wortbedeutung des Begriffs „Richtlinie", sondern auch in der Vorschrift des Art. 65 S. 2 GG, wonach jeder Minister innerhalb der Richtlinien seinen Geschäftsbereich selbstständig und unter eigener Verantwortung leitet (**Ressortprinzip**, s.o. und Rn 571). Zwar weist Art. 65 S. 2 GG den Ministern eigene Entscheidungsgewalt nur innerhalb der Richtlinien des Bundeskanzlers zu. Würde man aber auch Einzelentscheidungen stets als Richtlinien bezeichnen, bliebe von dem Ressortprinzip nichts übrig. Bei den Ministern würde es sich dann nur noch um reine „Vollzugsorgane" der Politik des Kanzlers handeln. Die Vorschrift des Art. 65 S. 2 GG würde praktisch leerlaufen.[949]

Von daher stellt sich folgender Befund: Grundsätzlich beschränkt sich die Richtlinienkompetenz nicht auf die Vermittlung der Grundsätze der Politik. Sie umfasst also auch Einzelfallentscheidungen, sofern sie nur von besonderer Bedeutung für die Staatsleitung sind. Der Kanzler muss aber den einzelnen Ressortministern bei der Umsetzung seiner Richtlinien einen ausfüllungsbedürftigen Gestaltungsspielraum belassen. Man kann insoweit von einem unantastbaren **Kernbereich** sprechen.

Für das **Beispiel** von Rn 566 ergibt sich somit folgendes Ergebnis: Durch die Verfügung, eine „Green-Card-Abteilung" im Wirtschaftsministerium einzurichten, hat der Bundeskanzler derart in den Funktionsbereich des Wirtschaftsministers eingegriffen, dass von einer Wahrnehmung der Richtlinienkompetenz nicht mehr gesprochen werden kann. Dem Wirtschaftsminister verbleibt nicht mehr der ihm verfassungsrechtlich zugesicherte Verantwortungsbereich. Die Verfügung des Kanzlers ist rechtswidrig.

Hinweis für die Fallbearbeitung: Ob der Bundeskanzler durch eine Einzelanweisung in unzulässiger Weise in den Kompetenzbereich eines Bundesministers eingreift (oder ob umgekehrt ein Bundesminister durch eine ressortübergreifende Maßnahme die Richtlinienkompetenz des Bundeskanzlers verletzt), kann durch ein **Organstreitverfahren** vor dem BVerfG (Art. 93 I Nr. 1 GG, §§ 13 Nr. 5, 63 ff. BVerfGG) geklärt werden. Der Bundeskanzler ist parteifähig, da er durch das Grundgesetz mit eigenen Rechten ausgestattet ist. Gleiches gilt für die Bundesminister. Im Rahmen der Begründetheit muss der Klausurbearbeiter zunächst feststellen, dass unter „Richtlinien der Politik" jedenfalls grundlegende politische Leitentscheidungen, die als Rahmenentscheidungen ergehen, zu verstehen sind. Sodann muss er die Frage aufwerfen, ob auch eine Einzelentscheidung eine „Richtlinie der Politik" darstellen kann. Das ist grds. der Fall, wenn sie von besonderer Bedeutung für die Staatsleitung ist. Das garantiert Art. 65 S. 1 GG. Dem Bundesminister muss aber ein Rest an Gestaltungsspielraum verbleiben. Das garantiert Art. 65 S. 2 GG. Auch darf der Bundeskanzler seine Richtlinienkompetenz nicht dazu verwenden, Routineangelegenheiten des Fachministers an sich zu ziehen.

570 Auch gegenüber dem Parlament ist die Richtlinienkompetenz begrenzt. Die Richtlinienkompetenz kann lediglich innerhalb des Zuständigkeitsbereichs der Bundesregierung bestehen. Bestünde sie auch gegenüber dem Parlament, würde dies einen unzulässigen Eingriff in den Kernbereich der Legislative bedeuten, und mit dem Grundsatz der Gewaltenteilung unvereinbar sein. Umgekehrt kann das Parlament dem Bundeskanzler nicht verbindlich vorschreiben, wie er den Staat zu regieren hat. Anderenfalls bestünde auch hier ein Eingriff in den Kernbereich der Exekutive. Das Parlament kann aber unverbindliche Aufforderungen und Stellungnahmen abgeben

---

[949] *Oldiges*, in: Sachs, GG, Art. 65 Rn 24; *Achterberg*, HdbStR II, § 52 Rn 20.

(sog. schlichte Parlamentsbeschlüsse). Diese sind gerade wegen ihrer Unverbindlichkeit verfassungsrechtlich unbedenklich.

2. Das Ressortprinzip

571 Innerhalb der durch den Bundeskanzler erlassenen Richtlinien leitet jeder Bundesminister seinen Geschäftsbereich selbstständig und unter eigener Verantwortung, Art. 65 S. 2 GG (sog. **Ressortprinzip**). Im Rahmen dieser Ressortzuständigkeit haben die Bundesminister eine eigene Organisationsgewalt. Sie sind grundsätzlich keinen Weisungen des Bundeskanzlers oder der Bundesregierung unterworfen.

572 Die Grenzen der Ressortzuständigkeit ergeben sich aus der **Richtlinienkompetenz** des Bundeskanzlers (s.o.) und werden relevant, wenn ressortübergreifende Themen behandelt werden müssen. Werden also ressortübergreifende Themen wie etwa Themen mit allgemeiner wirtschaftlicher Bedeutung behandelt und entscheidet die Bundesregierung anders als der Fachminister, genießt die Entscheidung der Bundesregierung Vorrang. Der Fachminister ist an die Entscheidung gebunden.

573 Einigen Bundesministern werden durch das Grundgesetz **Sonderrechte** zugewiesen. Das sind der Finanzminister (vgl. Art. 112 GG, § 28 II S. 2 BHO, § 26 I GO BReg), der Verteidigungsminister (Art. 65a GG) und der Innen- und Justizminister (vgl. § 26 II GO BReg). Aber auch hier gilt, dass die Richtlinienkompetenz des Bundeskanzlers die Grenze bildet.

3. Das Kollegialprinzip; Aufgaben der Bundesregierung

574 Bei Meinungsverschiedenheiten zwischen Bundesministern entscheidet gem. Art. 65 S. 3 u. S. 4 GG die Bundesregierung (sog. **Kollegialprinzip**). Das Kollegialprinzip ist einerseits beschränkt durch das Kanzlerprinzip, andererseits aber auch durch das Ressortprinzip. Die Streitentscheidungskompetenz der Bundesregierung findet daher nur in ressortübergreifenden Angelegenheiten Anwendung, die nicht von der Richtlinienkompetenz des Bundeskanzlers umfasst sind.[950]

575 Derartige ressortübergreifende Angelegenheiten sind etwa die in § 15 I GO BReg genannten Angelegenheiten von allgemeiner innen- oder außenpolitischer, wirtschaftlicher, finanzieller, sozialer und kultureller Bedeutung. Zwar kann eine Geschäftsordnung nicht mit verbindlicher Wirkung den Kompetenzbereich der Bundesregierung als Kollegium festlegen und erst recht nicht die Richtlinienkompetenz des Bundeskanzlers beschreiben. Da die genannten Angelegenheiten aber in tatsächlicher Hinsicht ressortübergreifend sind, ist die Vorschrift des § 15 I GO BReg verfassungsrechtlich nicht zu beanstanden.[951]

576 Dem Bundeskabinett als Kollegium kommt eine Reihe von im Grundgesetz genannten Kompetenzen zu. Dazu gehören:[952]

- Einbringung von **Gesetzentwürfen** beim Bundestag (Art. 76 I GG)
- Anrufung des **Vermittlungsausschusses** (Art. 77 II S. 4 GG)
- Erlass von **Verwaltungsvorschriften** und Wahrnehmung von **Aufsichtsbefugnissen** (Art. 84, 85 GG)
- Erlass von **Rechtsverordnungen** (Art. 80 GG)
- **Haushaltsrechtliche Beschlüsse** (Art. 110, 113, 114 GG)
- Entscheidung über den **Bundeszwang** (Art. 37 GG)
- **Öffentlichkeitsarbeit** (dazu oben Rn 84 ff. sowie *R. Schmidt*, AllgVerwR, Rn 893 ff.)
- Anrufung des **BVerfG** (Art. 93 I Nr. 2-4 GG)

---

[950] *Pieroth*, in: J/P, GG, Art. 65 Rn 6.
[951] Ebenso *Schenke*, Jura 1982, 337, 348; *Küster*, in: Hömig/Wolff, GG, Art. 65 Rn 5.
[952] Auflistung nach *Ipsen*, Rn 469.

Die genannten Kompetenzen werden durch entsprechenden Beschluss der Bundesregierung ausgeübt. Die Bundesregierung ist **beschlussfähig**, wenn einschließlich des Vorsitzenden die Hälfte der Bundesminister anwesend ist (§ 24 I GO BReg). Die Bundesregierung fasst ihre Beschlüsse mit Stimmenmehrheit. Bei Stimmengleichheit entscheidet der Vorsitzende (§ 24 II GO BReg).

> **Beispiel:** Der Bundestag beschließt die Verringerung der Eigenheimzulage um 25%. Die Bundesminister sind überwiegend der Auffassung, die Bundesregierung solle dem Gesetz zustimmen (vgl. Art. 113 I GG). Eine entsprechende Abstimmung im Kabinett fällt zugunsten des Gesetzes aus. Der Bundeskanzler ist jedoch der Auffassung, die gegenwärtig praktizierte Sparpolitik lasse eine Verringerung nur um 25% nicht zu, sie solle um 50% verringert und für kinderlose Bauherren sogar gestrichen werden. Er erklärt es zur Richtlinie seiner Politik, dass die Bundesregierung ihre Zustimmung zur Gesetzesänderung nach Art. 113 I GG verweigert. Zu Recht?
>
> Der Bundeskanzler kann von den Bundesministern verlangen, dass diese dem Gesetz nicht zustimmen, wenn die Auffassung des Bundeskanzlers von der Richtlinienkompetenz umfasst ist. Die Richtlinienkompetenz findet ihre Grenze aber dort, wo Zuständigkeiten der Bundesregierung als Kollegium begründet werden. Dies ist bei dem Zustimmungserfordernis nach Art. 113 I GG der Fall. Nach Art. 113 I GG entscheidet die Bundesregierung als Kollegium. Diesbezügliche Entscheidungen ergehen auf Mehrheitsbeschluss. Lediglich bei Stimmengleichheit entscheidet der Bundeskanzler. Vorliegend entscheidet die Mehrheit der Bundesminister für die Senkung der Eigenheimzulage um 25%. Der Bundeskanzler hat also keine Möglichkeit, die Zustimmung zu dem Gesetz zu verhindern. Insbesondere kommt eine Weisung nicht in Betracht, da kein Fall der Richtlinienkompetenz angenommen werden kann. Dem Bundeskanzler bleibt es aber unbenommen, dissentierende Minister auszuwechseln, um zu gewährleisten, dass das Kabinett jederzeit in seinem Sinne abstimmt.

Beschlüsse der Bundesregierung als Kollegium ergehen in der Regel in gemeinschaftlicher Sitzung (§ 20 I GO BReg). Ist die mündliche Beratung einer Angelegenheit nicht erforderlich, soll der Staatssekretär des Bundeskanzleramtes die Zustimmung der Mitglieder der Bundesregierung auf schriftlichem Wege einholen (sog. **Umlaufverfahren**, § 20 II GO BReg). Verfassungswidrig ist allerdings ein solches Verfahren, in dem die Zustimmung eines Ministers als erteilt gilt, wenn dieser nicht innerhalb einer bestimmten Frist Widerspruch einlegt. In diesem Fall findet keine Zurechenbarkeit statt; es liegt kein Beschluss des Kollegiums *Bundesregierung* vor. Ausreichend ist nur eine tatsächliche Stimmabgabe (BVerfGE 91, 148 ff. - Umlaufverfahren).

Kabinettsbeschlüsse werden bekanntermaßen nicht veröffentlicht. Das birgt stets die Gefahr in sich, dass weder das Parlament noch die Öffentlichkeit stets und umfassend über die Arbeit der Regierung und von ihr einberufenen Gremien informiert werden. Aus Gründen der Rechtsstaatlichkeit und demokratischen Transparenz wird daher schon seit langem eine formelle Publikationspflicht der bei der Exekutive ressortierenden Beratungsgremien gefordert.

4. Rangverhältnis

Kommt es zu Kollisionen zwischen den drei o.g. Prinzipien, entscheidet die Rangordnung: Richtlinien der Politik des Bundeskanzlers haben Vorrang vor Kabinettsentscheidungen und Ressortentscheidungen. Das gilt auch bezüglich der Sonderrechte einiger Minister. Entscheidungen von Ministern, die mit Sonderrechten ausgestattet sind, haben Vorrang vor Kabinettsentscheidungen und Entscheidungen anderer Minister. Kabinettsentscheidungen haben Vorrang vor Fachministerentscheidungen.[953]

---

[953] *Degenhart*, Rn 760.

E. Der Bundespräsident

Wichtige Entscheidungen: BVerfGE 61, 149 (Staatshaftungsgesetz); 62, 1 (Auflösung des 9. Deutschen Bundestags); 114, 121 (Auflösung des 15. Deutschen Bundestags); 128, 278 (Inkompatibilität); BVerwG NJOZ 2009, 3684 (Vertretung des Bundespräsidenten); BVerfG NVwZ 2014, 1149 (Bundesversammlung); BVerfG NJW 2014, 2563 (Bezeichnung der NPD-Mitglieder als „Spinner")

I. Stellung des Bundespräsidenten im Staatsgefüge

1. Repräsentations-, Integrations- und Reservefunktion

581 Weiteres oberstes Verfassungsorgan ist der Bundespräsident. Aufgrund der Erfahrungen, die man mit der starken Stellung des Reichspräsidenten in der Weimarer Republik gemacht hatte, wurde der Bundespräsident nur mit geringen verfassungsrechtlichen Kompetenzen ausgestattet. Er übt in erster Linie eine **Repräsentationsfunktion** aus: Als Staatsoberhaupt der Bundesrepublik Deutschland repräsentiert er die Bundesrepublik Deutschland; er vertritt sie nach innen und außen (Art. 59 I GG). Darüber hinaus übt er eine **Integrationsfunktion** aus: Insbesondere durch die „staatsnotarielle" Aufgabe, Bundesgesetze auszufertigen (Art. 82 GG), bereitet er ein Bild der Geschlossenheit, auch wenn das betreffende Gesetz zuvor Gegenstand breiter Auseinandersetzung war. Er „integriert" sozusagen die unterschiedlichen politischen Standpunkte. Zur Integrationsfunktion gehört auch das Bemühen um Streitbeilegung durch Aussprache. Schließlich übt der Bundespräsident eine **Reservefunktion** aus: Bei geminderter Handlungsfähigkeit anderer Verfassungsorgane übt er eine selbstständige politische Entscheidungsbefugnis aus mit dem Ziel, eine stabile Regierung zu wahren bzw. wiederherzustellen. Das ist insbesondere die Befugnis zur Bundestagsauflösung nach Art. 68 I S. 1, 63 IV S. 3 GG (vgl. dazu Rn 588). Auch die Erklärung des Gesetzgebungsnotstands nach Art. 81 GG gehört hierher.[954] Einfluss auf die politische Willensbildung der Staatsleitung darf er hingegen nicht ausüben. Der Bundespräsident ist daher zur parteipolitischen Neutralität verpflichtet.[955]

2. Aufgaben und Befugnisse des Bundespräsidenten

582 Die Aufgaben und Befugnisse des Bundespräsidenten ergeben sich zunächst unmittelbar aus dem Grundgesetz:

- Vorschlag des Kanzlerkandidaten und Ernennung der gewählten Person zum Bundeskanzler, Art. 63 GG
- Ernennung und Entlassung der Bundesminister, Art. 64 I GG
- Ernennung und Entlassung der Bundesbeamten und Bundesrichter, soweit diese Aufgabe nicht durch Gesetz anderen Behörden zugeordnet ist, Art. 60 I u. III GG
- Entlassung des Bundeskanzlers bei erfolgreichem konstruktiven Misstrauensvotum, Art. 67 GG
- Auflösung des Bundestags bei Ablehnung der Vertrauensfrage, Art. 68 I GG
- Erklärung des Gesetzgebungsnotstands, Art. 81 GG
- Völkerrechtliche Vertretung des Bundes, Art. 59 GG
- Ausfertigung der Bundesgesetze, Art. 82 GG
- Ausübung des Begnadigungsrechts für den Bund, Art. 60 II GG

---

[954] Zu den Funktionen vgl. auch BVerfG NJW 2014, 2563, 2564 f. (Bezeichnung der NPD-Mitglieder als „Spinner").
[955] Vgl. BVerfG a.a.O., das sich später bei der Subsumtion dann aber großzügiger zeigt, indem es dem Bundespräsidenten einen (verfassungsgerichtlich nicht weiter überprüfbaren) Einschätzungsspielraum einräumt bei der Frage, wie er seine Amtsführung gestaltet und seine Integrationsfunktion wahrnimmt. Die Grenze sei lediglich bei evidenter Vernachlässigung seiner Integrationsfunktion und willkürlicher Parteiergreifung überschritten.

Darüber hinaus nimmt der Bundespräsident in seiner Funktion als Staatsoberhaupt **583** bestimmte Repräsentationsaufgaben wahr wie z.B. die Eröffnung von Veranstaltungen oder Einrichtungen oder er hält Ansprachen aus besonderem Anlass. Auch die Übernahme einer „Schirmherrschaft" über bestimmte unterstützungswürdige Veranstaltungen, Einrichtungen oder Stiftungen wird nicht selten vom Bundespräsidenten übernommen. Regelmäßig verleiht er auch Auszeichnungen und legt Staatssymbole fest, soweit dadurch nicht verfassungsrechtliche Kompetenzen anderer Staatsorgane beeinträchtigt werden. Fraglich ist daher, ob die Festlegung der **Nationalhymne** zu den Aufgaben und Befugnissen des Bundespräsidenten gehört.

Die Festlegung von Staatssymbolen war traditionell schon immer die Aufgabe der Staatsoberhäupter. Daher könnte auch bezüglich der Nationalhymne angenommen werden, dass deren Festlegung durch den Bundespräsidenten erfolgt. Die Kompetenzen des Bundespräsidenten werden aber durch die Zuständigkeiten anderer Staatsorgane begrenzt. So wäre insbesondere der Bundestag zuständig, wenn die Festlegung der Nationalhymne dem Parlamentsvorbehalt unterläge. Ein Parlamentsvorbehalt ist insbesondere dann anzunehmen, wenn Grundrechte des Einzelnen betroffen werden. So bestünde ein Eingriff in das Grundrecht der allgemeinen Handlungsfreiheit (Art. 2 I GG), wenn der Einzelne (als Privatperson) verpflichtet wäre, die Nationalhymne zu spielen bzw. zu singen. Das ist jedoch nicht der Fall. Es besteht keine derartige (gesetzliche) Verpflichtung. Die Nationalhymne ist Ausdruck des nationalen Selbstverständnisses. Sie wird bei feierlichen politischen und sportlichen Anlässen gespielt bzw. gesungen und gehört zum Protokoll. Sofern Bedienstete des öffentlichen Dienstes verpflichtet sind, die Nationalhymne zu spielen bzw. zu singen, handeln sie als Teile eines Staatsorgans, nicht als Privatpersonen. Die Festlegung der Nationalhymne unterliegt also nicht dem Parlamentsvorbehalt.

Gestützt wird dieser Befund durch den Umstand, dass Anordnungen und Verfügungen des Bundespräsidenten der Gegenzeichnung (hier: des Bundeskanzlers) bedürfen. Dadurch übernimmt der Bundeskanzler die politische Verantwortung. Da der Bundeskanzler wiederum durch seine Wahl durch den Bundestag (mittelbar) demokratisch legitimiert ist, steht der Festlegung der Nationalhymne durch den Bundespräsidenten auch nicht der Parlamentsvorbehalt entgegen.

Gleichwohl versteht es sich in einer parlamentarischen Demokratie von selbst, dass das Parlament jederzeit Entscheidungen über die Festlegung von Staatssymbolen an sich ziehen kann. Solange aber der Bundestag keine Regelung in Bezug auf die Festlegung eines bestimmten Staatssymbols trifft, bleibt diese Aufgabe beim Bundespräsidenten.[956]

Etwas anderes könnte aber bezüglich einer *Änderung* der Nationalhymne gelten, denn **584** dadurch, dass die 3. Strophe des Deutschlandliedes seit Generationen als Nationalhymne gespielt bzw. gesungen wird, hat sich das Deutsche Volk über diese Strophe des Deutschlandliedes mit der Bundesrepublik Deutschland identifiziert. Aber auch hier gilt, dass die Maßnahme nicht so grundrechtsrelevant ist, dass es einer Entscheidung durch den Bundestag bedürfte.[957]

3. Gegenzeichnungspflicht

Den Ausschluss des Bundespräsidenten von der Staatsleitung verdeutlicht Art. 58 GG. **585** Danach bedürfen Anordnungen und Verfügungen des Bundespräsidenten der Gegenzeichnung durch den Bundeskanzler oder durch den zuständigen Bundesminister.

---

[956] Vgl. nur *Herzog*, in: Maunz/Dürig, GG, Art. 22 Rn 32; *Pieroth*, in: J/P, GG, Art. 54 Rn 2; *Klein*, HdbStR I, 733, 740; *Münker*, JuS 2001, 727, 728.
[957] A.A. *Naumann*, JuS 2000, 786, 789: Parlamentsvorbehalt bzgl. der Änderung der Nationalhymne.

Die Gegenzeichnung will eine eigenständige Politik des Bundespräsidenten verhindern. Zugleich will sie den Bundespräsidenten von politischer Verantwortung freistellen, die durch die Gegenzeichnung auf den Bundeskanzler oder den zuständigen Minister übergeht.[958] Fehlt die Gegenzeichnung, ist der Akt nichtig (vgl. Art. 58 GG: „zu ihrer Gültigkeit").

586 Fraglich ist, was unter „Anordnungen und Verfügungen" zu verstehen ist. Einigkeit besteht noch darüber, dass jedenfalls alle **rechtlich verbindlichen Akte** des Bundespräsidenten, auch im Bereich der völkerrechtlichen Vertretungsbefugnis, der Gegenzeichnung bedürfen.[959] Nach einer weitergehenden Ansicht sind aber auch alle anderen **amtlichen und politisch bedeutsamen Handlungen und Erklärungen** des Bundespräsidenten (bis auf rein private Äußerungen) sowie der Rücktritt des Bundespräsidenten gegenzeichnungspflichtig.[960]

587 Stellungnahme: Folgt man der weitergehenden Ansicht, wären auch Reden, Interviews, Stellungnahmen und Empfänge gegenzeichnungspflichtig. Wenn man bedenkt, dass der Bundespräsident dort kraft seiner Stellung als Staatsoberhaupt politisch bedeutsame Äußerungen tätigen kann, greift der Normzweck des Art. 58 GG ein, sodass man auch hier von einer Gegenzeichnungspflicht ausgehen müsste. Andererseits ist der Bundespräsident ein eigenständiges oberstes Verfassungsorgan und nicht das Sprachrohr der Regierung, der gerade in Zeiten, in denen die Bundesregierung nicht handeln kann oder will und daher auch keine politische Verantwortung zu übernehmen vermag, die politische Handlungsfreiheit haben muss, Anstöße zu bestimmter Politik zu geben. Es scheint daher angebracht, die Gegenzeichnungspflicht auf alle rechtlich verbindlichen Akte zu beschränken und den Bereich der sonstigen amtlichen und politisch bedeutsamen Handlungen und Erklärungen (einschließlich der Rücktrittserklärung, vgl. Rn 613k) von der Gegenzeichnungspflicht auszuklammern.

> **Hinweis für die Fallbearbeitung:** In der Fallbearbeitung sieht sich der Bearbeiter i.d.R. mit der Situation konfrontiert, dass der Bundespräsident eine politisch relevante Rede halten, ein Interview geben möchte oder seinen Rücktritt erklärt. Bei der Frage, ob der fragliche Akt der vorherigen Gegenzeichnung durch den Bundeskanzler (oder den zuständigen Bundesminister) bedarf, ist zunächst festzustellen, dass zumindest alle rechtlich verbindlichen Akte der Gegenzeichnung bedürfen. Da sich jedenfalls die Rede bzw. das Interview regelmäßig außerhalb dieses Bereichs bewegen werden, somit allenfalls eine sonstige amtliche und politisch bedeutsame Handlung oder Erklärungen darstellen, muss nun der Frage nachgegangen werden, ob es auch hier der Gegenzeichnung bedarf. Dazu sind die o.g. Argumente heranzuziehen. Es sind beide Auffassungen gleichermaßen vertretbar. Auch wenn man sich der weitergehenden Ansicht nicht anschließt, kann die Verfassungsorgantreue des Bundespräsidenten gleichermaßen dazu führen, dass bestimmte politisch relevante Themen nicht konträr zur Auffassung der Bundesregierung kommentiert werden dürfen. Beim Rücktritt handelt es sich nicht um einen Amtsakt, sondern um eine individuelle Willenserklärung, die keine Gegenzeichnungspflicht auslöst, da sie außerhalb des Normzwecks des Art. 58 S. 1 GG liegt.

588 Der Gegenzeichnung bedarf es jedenfalls nicht in den in Art. 58 S. 2 GG genannten Ausnahmefällen, d.h. bei der Ernennung und Entlassung des Bundeskanzlers, der

---

[958] *Stern*, StaatsR II, § 30 II 7b, S. 212 f.
[959] *Pieroth*, in: J/P, GG, Art. 58 Rn 2; *Schenke*, in: Bonner Kommentar, Art. 58 Rn 42 ff.; *Domgörgen*, in: Hömig/Wolff, GG, Art. 58 Rn 2; *Ipsen*, Rn 521 f.
[960] *Stern*, StaatsR II, § 30 II 7b, S. 213 f.; *Maunz*, in: Maunz/Dürig, GG, Art. 68 Rn 2; *Hemmrich*, in: v. Münch/Kunig, GG, Art. 58 Rn 4; *Degenhart*, Rn 776; a.A. *Ipsen*, Rn 524; *Pieroth*, in: J/P, GG, Art. 58 Rn 2; *Jekewitz*, in: Alternativkommentar, Art. 58 Rn 5 f.; *Schenke*, in: Bonner Kommentar, Art. 58 Rn 42 ff.; *Herzog*, in: Maunz/Dürig, GG, Art. 58 Rn 48 ff.: lediglich rechtlich verbindliche Akte und nach außen wirkende schriftförmige Entscheidungen.

Auflösung des Bundestags gem. Art. 63 GG und dem Ersuchen gem. Art. 69 III GG. Darüber hinaus ist anerkannt, dass der Bundespräsident gegenzeichnungsfrei dem Parlament einen Bundeskanzler vorschlagen (Art. 63 I GG) oder aber selbstständig ein Organstreitverfahren gem. Art. 93 I Nr. 1 GG (vgl. dazu ausführlich Rn 618 ff.) gegen die Bundesregierung einleiten kann. Es wäre absurd, die Erhebung eines solchen Verfahrens von der Zustimmung des Antragsgegners abhängig zu machen. Fraglich ist hingegen, ob eine nach Art. 68 I S. 1 GG mögliche Bundestagsauflösung durch den Bundespräsidenten der Gegenzeichnung durch den Bundeskanzler bedarf. Das BVerfG[961] bejaht diese Frage, jedoch ohne jede Begründung. Ob dieser Standpunkt überzeugt, ist angesichts der Zwecksetzung des Art. 68 GG zweifelhaft.

Beispiel (fiktiv): Nach einer gescheiterten Vertrauensfrage des Bundeskanzlers (vgl. dazu ausführlich Rn 559 ff., insb. das Beispiel bei Rn 563) ordnet der Bundespräsident die Auflösung des Bundestags an. Da der Bundeskanzler mittlerweile eingesehen hat, dass die Vertrauensfrage unklug war, verweigert er die Gegenzeichnung der Auflösungsverfügung. Hat er damit die Bundestagsauflösung gestoppt?

Gemäß Art. 58 S. 1 GG bedürfen Anordnungen und Verfügungen des Bundespräsidenten zu ihrer Gültigkeit der Gegenzeichnung durch den Bundeskanzler oder den zuständigen Bundesminister. Die Bundestagsauflösung ist eine Anordnung bzw. Verfügung i.S.d. Art. 58 S. 1 GG. Die in Art. 58 S. 2 GG genannten Ausnahmefälle beziehen sich nicht auf die Bundestagsauflösung nach Art. 68 I S. 3 GG. Die Gültigkeit der Bundestagsauflösung nach der gescheiterten Vertrauensfrage könnte somit in der Tat von der Gegenzeichnung durch den Bundeskanzler abhängig sein. Wenn man jedoch berücksichtigt, dass Art. 68 GG Ausdruck der Reservefunktion des Bundespräsidenten ist, der aufgrund der gescheiterten Vertrauensfrage und der damit herbeigeführten (Staats-)Krise einen Ausweg aufzeichnen soll, überzeugt die vom BVerfG geforderte Gegenzeichnungspflicht nicht. Art. 68 GG überträgt für den Fall der gescheiterten Vertrauensfrage allein dem Bundespräsidenten die Verantwortung für die Bundestagsauflösung. Eine Gegenzeichnungspflicht (besser: -berechtigung) würde dem Bundeskanzler die Möglichkeit einräumen, eine Bundestagsauflösung zu verhindern, obwohl er diese bei der vorangegangenen Vertrauensfrage gerade herbeiführen wollte oder zumindest mit ihr rechnen musste. Dies wäre rechtsmissbräuchlich und würde im Übrigen der genannten Verantwortungsverteilung zwischen Bundeskanzler und Bundespräsident zuwiderlaufen.[962]

Nach der hier vertretenen Auffassung bedarf die Verfügung des Bundespräsidenten bzgl. der Bundestagsauflösung daher nicht der Gegenzeichnung durch den Bundeskanzler.

II. Wahl des Bundespräsidenten

Nach Art. 54 I S. 1 GG wird der Bundespräsident in geheimer Wahl ohne Aussprache von der **Bundesversammlung** gewählt. Das Verbot der Aussprache ist Ausdruck der besonderen Würde des Amtes des (künftigen) Bundespräsidenten und soll womöglich gefährdende Personaldiskussionen verhindern.[963]   **589**

Die Bundesversammlung ist ein oberstes Verfassungsorgan und parteifähig im Organstreitverfahren (Rn 429/621); sie besteht gem. Art. 54 III GG aus den Mitgliedern des Bundestags und einer gleichen Anzahl von Mitgliedern, die von den Volksvertretungen der Länder (also den Landesparlamenten) nach den Grundsätzen der Verhältniswahl gewählt werden. Die Mitglieder der Bundesversammlung sind an Aufträge und Wei-   **589a**

---

[961] BVerfGE 62, 1, 34 f. (Bundestagsauflösung).
[962] Vgl. *Thiele*, JA 2005, 871, 872.
[963] *Pieroth*, in: J/P, GG, Art. 55 Rn 4. Vgl. auch BVerfG NVwZ 2014, 1149, 1150 f.

sungen nicht gebunden (§ 7 S. 3 BPräsWahlG). Die Aufgabe der Bundesversammlung besteht in der Wahl des Bundespräsidenten (Art. 54 I S. 1 GG); darüber hinausgehende Aufgaben kommen ihr nicht zu[964]. Ihr steht auch nicht die Befugnis zu, den oder die Kandidaten zu laden und aufzufordern, sich vorzustellen. Nähme man Gegenteiliges an, verstieße dies gegen Art. 54 I S. 1 GG („ohne Aussprache", s.o.).[965] Da sich die Befugnis damit also auf den reinen Wahlakt beschränkt, tritt die Bundesversammlung auch nur zwecks Wahl des Bundespräsidenten zusammen (Art. 54 II S. 1 GG), i.d.R. also alle 5 Jahre. Bei vorzeitiger Beendigung der Amtszeit des Bundespräsidenten (etwa durch Rücktritt, Tod oder erfolgreiche Anklage vor dem BVerfG) tritt die Bundesversammlung spätestens dreißig Tage nach diesem Zeitpunkt zur Wahl eines neuen Bundespräsidenten zusammen (Art. 54 IV S. 1 GG). Das war z.B. Anfang 2012 der Fall, nachdem der bis dato amtierende Bundespräsident Christian Wulff am 17.2.2012 mit sofortiger Wirkung zurückgetreten war. Hier musste die Bundesversammlung also spätestens bis zum 18.3.2012 zusammentreten. Aufgelöst wird die Bundesversammlung mit Annahme der Wahl durch den Gewählten (§ 9 V BPräsWahlG).

589b Da der am 27.9.2009 gewählte 17. Bundestag im Juni 2010 aus 622 Mitgliedern bestand (598 gesetzliche Mitglieder zzgl. 24 Überhangmandate), umfasste die 14. Bundesversammlung v. 30.6.2010 insgesamt 1244 Mitglieder [(598 + 24 Überhangmandate) x 2)]. Die 15. Bundesversammlung v. 18.3.2012 (Wahl von Joachim Gauck zum Bundespräsidenten) bestand aus 1240 Mitgliedern [(598 + 22 Überhangmandate) x 2)].

Die von den Landesparlamenten zu wählenden Mitglieder der Bundesversammlung müssen nicht Mitglieder der Landesparlamente sein. Sie müssen lediglich das passive Wahlrecht zum Bundestag besitzen (§ 3 BPräsWahlG). Allerdings dürfen sie nicht Mitglieder des Bundestags sein, da ihre Stimme bei der Bundespräsidentenwahl sonst doppeltes Gewicht hätte. Nach § 4 I S. 1 BPräsWahlG wählt der jeweilige Landtag die auf das Land entfallenden Mitglieder nach Vorschlagslisten. Wer diese Listen einreichen darf, ist gesetzlich nicht geregelt. Da aber mit den Vorschlagslisten eine personelle Auswahl bzgl. der zu wählenden Mitglieder getroffen wird, ist klar, dass diesen Vorschlagslisten eine entscheidende Bedeutung zukommt. Daher darf die Frage, wer Vorschlagslisten einreichen darf, nicht dem Zufall oder der Willkür überlassen bleiben. Gerade wegen dieser Bedeutung dürfte das Vorschlagsrecht daher dem Landtag bzw. dessen Fraktionen zustehen, nicht aber Außenstehenden.[966]

In der Praxis werden bei der Frage, wen die Landesparlamente in die Bundesversammlung entsenden, oft verdiente Parteigänger aus der Wirtschaft, der Sportwelt oder dem Showgeschäft „belohnt". Diese werden bereits vor der Einreichung der Vorschlagslisten nominiert, was nach Auffassung des BVerfG verfassungsrechtlich nicht zu beanstanden ist.[967] Ein imperatives Mandat gibt es auch für sie nicht.

590 Die Bundesversammlung wird vom Bundestagspräsidenten einberufen (Art. 54 IV S. 2 GG). Art. 54 VI GG sieht maximal drei Wahlgänge vor. Gewählt ist, wer die Stimmen der Mehrheit der Mitglieder der Bundesversammlung erhält. Wird diese (absolute) Mehrheit in zwei Wahlgängen von keinem Bewerber erreicht, findet ein dritter Wahlgang statt, bei dem derjenige gewählt ist, der die meisten Stimmen auf sich vereinigt (sog. relative Mehrheit). Näheres regelt gem. Art. 54 VII GG das BPräsWahlG.

---

[964] Vgl. BVerfG NVwZ 2014, 1149, 1150 f.
[965] Vgl. BVerfG NVwZ 2014, 1149, 1151.
[966] VG Weimar 20.4.2009 – 3 E 499/09; VG Stuttgart 24.4.2009 – 8 K 1318/08.
[967] BVerfG NVwZ 2009, 908 f.

Zum Bundespräsidenten gewählt werden kann jeder Deutsche, der das aktive und **590a** passive Wahlrecht zum Bundestag (Art. 38 GG i.V.m. §§ 12 f. BWahlG) besitzt und das 40. Lebensjahr vollendet hat, Art. 54 I S. 2 GG. Die Amtsdauer des Bundespräsidenten beträgt 5 Jahre, Art. 54 II S. 1 GG. Damit soll vermieden werden, dass die Wahl des Bundestags mit der Wahl des Bundespräsidenten zusammenfällt. Eine anschließende Wiederwahl ist gem. Art. 54 II S. 2 GG nur einmal zulässig. Das könnte bedeuten, dass eine bestimmte Person insgesamt nur zweimal gewählt werden kann.[968] Nach h.M. steht die Vorschrift des Art. 54 II S. 2 GG jedoch einer erneuten Wiederwahl nicht entgegen, wenn zwischenzeitlich ein anderer Bundespräsident amtiert hat. Das folgt aus der Formulierung „anschließend". Anderenfalls hätte das Grundgesetz von „späterer" Wiederwahl sprechen müssen.

> **Beispiel:** Der ehemalige Bundespräsident Richard von Weizsäcker amtierte von 1985 bis 1995, also zweimal hintereinander. Er konnte demnach gem. Art. 54 II S. 2 GG im Jahre 1995 nicht mehr kandidieren. 1995 wurde Roman Herzog zum Bundespräsidenten gewählt. Nach der h.M. hätte Richard von Weizsäcker im Jahre 2000 nochmals kandidieren dürfen.

Näheres zur Wahl des Bundespräsidenten ist §§ 8-11 BPräsWahlG zu entnehmen.

III. „Prüfungskompetenz" des Bundespräsidenten bei der Ausfertigung von Gesetzen

Gemäß Art. 82 I GG werden die nach den Vorschriften des Grundgesetzes zustande **591** gekommenen Gesetze vom Bundespräsidenten nach Gegenzeichnung ausgefertigt. Fraglich ist, ob dem Bundespräsidenten ein **„Prüfungsrecht"** bzw. eine **„Prüfungskompetenz"**[969] hinsichtlich der **formellen** und **materiellen Verfassungsmäßigkeit** der **vorgelegten Gesetzesbeschlüsse** zustehen.

> **Hinweis für die Fallbearbeitung:** Die Frage nach dem Prüfungsrecht des Bundespräsidenten sowohl hinsichtlich der **Ausfertigung von Gesetzen** gem. Art. 82 I S. 1 GG als auch hinsichtlich der **Ernennung von Bundesministern** nach Art. 64 I GG muss sicher beherrscht werden. In beiden Konstellationen geben die Sachverhalte häufig Anlass zu einer weiteren Differenzierung. Bei der vorliegend zu behandelnden Frage nach dem Prüfungsrecht hinsichtlich der Ausfertigung von Bundesgesetzen ist terminologisch häufig zwischen dem Bestehen eines formellen und eines materiellen Prüfungsrechts des Bundespräsidenten zu unterscheiden, bei der bei Rn 604 behandelten Frage nach der Ministerernennung zwischen einem rechtlichen und einem politischen Prüfungsrecht.

1. Formelles Prüfungsrecht

Soweit ersichtlich, ist es wohl unstreitig, dass dem Bundespräsidenten zumindest ein **592** formelles Prüfungsrecht hinsichtlich der vorgelegten Gesetzesbeschlüsse zusteht.[970] Das ergibt sich zwanglos aus dem Wortlaut des Art. 82 I GG, wonach nur solche Gesetze vom Bundespräsidenten ausgefertigt werden, die *nach den Vorschriften*

---

[968] So *Jekewitz*, in: Alternativkommentar, Art. 54 Rn 8.

[969] Die Bezeichnungen „Prüfungsrecht" bzw. „Prüfungskompetenz" sind zwar üblich, an sich juristisch aber nicht korrekt, weil nur die Frage gemeint sein kann, ob der Bundespräsident das Recht hat, seine Zustimmung zu dem fraglichen Staatsakt (d.h. Ausfertigung des Gesetzes bzw. Ernennung eines Ministers) zu verweigern. Es geht in der Sache also um ein Zustimmungsverweigerungsrecht bzw. um ein Ausfertigungsverweigerungsrecht, was freilich eine Prüfung voraussetzt. Da sich der Terminus „Prüfungsrecht des Bundespräsidenten" aber im allgemeinen juristischen Sprachgebrauch durchgesetzt hat, soll er auch der folgenden Darstellung zugrunde gelegt werden.

[970] *Maunz*, in: Maunz/Dürig, GG, Art. 82 Rn 2; *Bryde*, in: v. Münch/Kunig, GG, Art. 82 Rn 3; *Degenhart*, Rn 784; *Ipsen*, Rn 498; *Stern*, StaatsR II, § 30 III 4, S. 233 f.; *Pieroth*, in: J/P, GG, Art. 82 Rn 3; *Sauer*, JuS 2007, 641, 642 f.; *Stumpf*, JuS 2010, 35, 39; *Keber*, JA 2012, 917, 919.

dieses Grundgesetzes zustande gekommen sind. Gesetze, die unter Missachtung von Zuständigkeits-, Verfahrens- oder Formvorschriften beschlossen wurden, sind eben nicht nach den Vorschriften des Grundgesetzes zustande gekommen.

> **Beispiel (fiktiv):** Bevor Art. 74 I Nr. 25 (Zuständigkeit des Bundes für die Staatshaftung) 1994 in das Grundgesetz eingefügt wurde, beschloss der Bundestag (im Jahre 1981) ein Staatshaftungsgesetz. Der Bundespräsident sah hierin einen Verstoß gegen die Zuständigkeitsnormen des Grundgesetzes und weigerte sich, das Gesetz auszufertigen. Dem Bund stehe nicht die Regelungskompetenz zur Staatshaftung zu. Geht man davon aus, dass der Bundespräsident in der Sache Recht hatte, lag ein Verstoß gegen die Art. 30, 70, 74 GG vor. Das Staatshaftungsgesetz war demnach nicht nach den Vorschriften des Grundgesetzes zustande gekommen. Der Bundespräsident durfte deshalb die Ausfertigung verweigern.[971]

> **Hinweis für die Fallbearbeitung:** Da sich das formelle Prüfungsrecht im Vergleich zum materiellen Prüfungsrecht nach der ganz h.M. zwanglos aus Art. 82 GG ergibt, sieht sich der Klausurbearbeiter eher mit der Frage konfrontiert, ob dem Bundespräsidenten (auch) ein materielles Prüfungsrecht zusteht. Jedenfalls sind Erörterungen zum formellen Prüfungsrecht entbehrlich, wenn der Bundespräsident sich ausschließlich wegen angeblichen Verstoßes gegen materielles Verfassungsrecht weigert, das Gesetz auszufertigen. Umgekehrt sind Ausführungen zum materiellen Prüfungsrecht entbehrlich (und daher auch verfehlt), wenn es ausschließlich um das formelle Prüfungsrecht geht.[972]

593 Im Streit um die Stimmabgabe des Landes Brandenburg in der Abstimmung im Bundesrat zum **Zuwanderungsgesetz** (dazu ausführlich Rn 894) fertigte der damalige Bundespräsident *Rau* das Gesetz aus mit der Begründung, er sehe keinen evidenten Verfassungsverstoß.[973] Doch da es hier (lediglich) um die formelle Verfassungsmäßigkeit des Gesetzes ging, hätte er das für das materielle Prüfungsrecht entwickelte Argument mit dem „nicht evidenten Verfassungsverstoß" nicht bemühen müssen.

2. Materielles Prüfungsrecht

594 Anders stellt sich die Rechtslage dar, wenn es um die Prüfung der materiellen Rechtmäßigkeit des fraglichen Gesetzes geht. Der Bundespräsident darf die Ausfertigung von Gesetzen aus *materiellen* Gründen nur dann verweigern, wenn ihm ein materielles Prüfungsrecht zusteht. Ob dies der Fall ist, wird in der Literatur weit und kontrovers diskutiert.

a. Wortlaut des Art. 82 I S. 1 GG

595 Der Wortlaut des Art. 82 I S. 1 GG, wonach der Bundespräsident die *nach den Vorschriften dieses Grundgesetzes* zustande gekommenen Gesetze ausfertigt, könnte auch ein materielles Prüfungsrecht zulassen. Denn auch ein in materieller Hinsicht mit dem Grundgesetz kollidierendes Gesetz ist nicht nach den Vorschriften des Grundgesetzes zustande gekommen. Dagegen ist aber aus systematischer Hinsicht einzuwenden, dass Art. 82 GG im Zusammenhang mit Art. 78 GG steht. Diese Vorschrift verlangt nur ein verfahrensmäßiges Zustandekommen. Aus dem Wortlaut des Art. 82 GG lässt sich somit keine eindeutige Aussage entnehmen.

---

[971] Zur Verfassungswidrigkeit des Staatshaftungsgesetzes vom 26.6.1981 (BGBl I S. 553) wegen damals fehlender Bundeskompetenz vgl. BVerfGE 61, 149 ff. Nunmehr ist die Bundeskompetenz nach Art. 74 I Nr. 25 GG gegeben.
[972] Vgl. nunmehr auch die Übungsklausuren von *Sauer*, JuS 2007, 641 ff. und *Stumpf*, JuS 2010, 35 ff.
[973] Vgl. dazu auch *Rau*, DVBl 2004, 1 ff.

b. Amtseid des Bundespräsidenten

Gemäß Art. 56 GG leistet der Bundespräsident bei seinem Amtsantritt den Eid, das **596** Grundgesetz zu wahren und Schaden vom deutschen Volke abzuwenden. Inwieweit er das Grundgesetz zu wahren und Schaden vom deutschen Volke abzuwenden hat, kann jedoch nicht aus Art. 56 GG, sondern nur aus der betreffenden Verfassungsnorm entnommen werden. Ob ihm Art. 82 I S. 1 GG eine derartige Befugnis einräumt, ist gerade die Frage, die es zu beantworten gilt. Zöge man Art. 82 I S. 1 GG heran, unterfiele man einem Zirkelschluss (einer petitio principii).[974]

c. Möglichkeit der Präsidentenanklage

Möglicherweise gibt aber Art. 61 GG dem Bundespräsident ein materielles Prüfungs- **597** recht bzw. eine Prüfungspflicht. Art. 61 GG sieht die Möglichkeit der Präsidenten- anklage vor, wenn dieser vorsätzlich das Grundgesetz oder ein anderes Bundesgesetz verletzt. Würde man also ein aus Art. 82 GG abgeleitetes materielles Prüfungsrecht annehmen und würde sich der Bundespräsident weigern, das fragliche Gesetz auszu- fertigen, verstieße er gegen das Grundgesetz (nämlich gegen Art. 82 GG) und setzte sich der Gefahr einer Präsidentenanklage aus. Damit scheint ihm Art. 61 GG ein materielles Prüfungsrecht zu geben. Aber auch diese Annahme basiert auf einem Zirkelschluss, da sie bereits davon ausgeht, dass Art. 61 GG ein materielles Prüfungs- recht des Bundespräsidenten statuiert. Ob ein solches besteht, soll aber gerade herausgefunden werden. Art. 61 GG begründet daher kein materielles Prüfungsrecht des Bundespräsidenten, sondern regelt nur Verstöße gegen die Verfassung und andere Bundesgesetze. Dieser argumentative Ansatzpunkt beruht also ebenfalls auf einer petitio principii.[975]

d. Heranziehung der Verfassung als Ganzes

Gegen ein umfassendes materielles Prüfungsrecht des Bundespräsidenten wird **598** eingewandt, dass der Bundespräsident sonst ein Recht zur Normenkontrolle und -verwerfung hätte. Diese Befugnis stehe aber – wie die enumerative Aufzählung in Art. 93 I GG zeige – nur dem BVerfG zu.[976] Dagegen lässt sich jedoch einwenden, dass der Bundespräsident nicht geltende Gesetze verwirft, sondern lediglich in seinen Augen verfassungswidrige Gesetze nicht ausfertigt, also ihr Inkrafttreten verhindert. Somit wäre das materielle Prüfungsrecht Bestandteil des Normsetzungsverfahrens, nicht des Normenkontrollverfahrens.

Teilweise wird argumentiert, dass ein Gesetz, das inhaltlich der Verfassung wider- **599** spricht, eigentlich ein verfassungsänderndes Gesetz sei, das also formell nur dann verfassungsmäßig zustande komme, wenn es vom Bundestag und vom Bundesrat jeweils mit Zweidrittelmehrheit beschlossen (Art. 79 II GG) und der Verfassungstext ausdrücklich geändert (Art. 79 I S. 1 GG) werde. Sei dieses nicht der Fall, sei der Bundespräsident schon aus formellen Gründen berechtigt, die Ausfertigung zu ver- weigern.[977] Diese Auffassung verkennt aber, dass ein verfassungsänderndes Gesetz nur durch ausdrückliche Verfassungsänderung zustande kommt (Art. 79 I S. 1 GG). Wird der Verfassungstext durch das fragliche Gesetz nicht geändert, kann auch nicht von einem verfassungsändernden Gesetz gesprochen werden, das der materiell- rechtlichen Prüfung durch den Bundespräsidenten unterliegt.[978]

---

[974] So auch *Bryde*, in: v. Münch/Kunig, GG, Art. 82 Rn 3.
[975] Wie hier nun auch *Christensen/Pötters*, JA 2010, 566, 567.
[976] *Erichsen*, Jura 1985, 424, 425 f.; *Ramsauer*, in: Alternativkommentar, Art. 82 Rn 16 ff.
[977] *Herzog*, in: Maunz, in: Maunz/Dürig, GG, Art. 82 Rn 2; *Ipsen*, Rn 497 ff.; *Stern*, StaatsR II, § 30 III 4.
[978] Im Gegensatz zum Grundgesetz konnte die Weimarer Reichsverfassung nach Art. 76 WRV ohne ausdrückliche Textänderung der Verfassung geändert werden, wenn nur die erforderlichen Mehrheiten vorlagen (sog. Verfassungs-

600 Möglicherweise ergibt sich ein materielles Prüfungsrecht des Bundespräsidenten aus der Bindung aller Staatsorgane an das Grundgesetz (vgl. Art. 1 III und 20 III GG). Für den Bundespräsidenten bedeutet die Bindung an das Grundgesetz, dass er nur solche Gesetze ausfertigen darf, die mit der Verfassung in Einklang stehen. Ob das auszufertigende Gesetz mit der Verfassung in Einklang steht, ist aber nur durch eine entsprechende Prüfung herauszufinden. Folgt man dieser Überlegung, steht dem Bundespräsidenten ein umfassendes formelles und materielles Prüfungsrecht zu.[979]

601 Einschränkend muss jedoch auf die auf Repräsentation ausgerichtete (unselbständige) Stellung des Bundespräsidenten im Verfassungsgefüge hingewiesen werden. Ein umfassendes materielles Prüfungsrecht würde seiner Stellung im Vergleich zu anderen obersten Staatsorganen nicht entsprechen. Für die Verfassungsmäßigkeit von Bundesgesetzen sind in erster Linie die Verfassungsorgane Bundestag und Bundesrat (selbstverständlich auch das BVerfG) verantwortlich. Daher scheint es angebracht, das grundsätzlich zu bejahende materielle Prüfungsrecht des Bundespräsidenten auf **offensichtliche Verstöße gegen die Verfassung** zu beschränken (sog. **Evidenzkontrolle**).[980]

601a Geht es um die Ausfertigung eines Zustimmungsgesetzes des Bundestags zu einem **unionsrechtlichen Vertrag** bzw. zu einer Änderung eines unionsrechtlichen Vertrags, stellt sich die Frage, ob der Bundespräsident in Anbetracht der Formulierung in Art. 82 I S. 1 GG („dieses Grundgesetzes") überhaupt ein Prüfungsrecht hat. Geht es um die Frage nach der Vereinbarkeit mit dem Grundgesetz, wird man diese Frage nach den o.g. Kriterien bejahen können. Dagegen besteht kein Prüfungsrecht, wenn es um die Vereinbarkeit des Gesetzes mit Unionsrecht geht, da dieser Prüfungsmaßstab dem Bundespräsidenten ebenso wenig zur Verfügung steht wie dem BVerfG.[981]

602
> **Zur prozessualen Lage:** Weigert sich der Bundespräsident, ein Gesetz auszufertigen, können die Gesetzgebungsorgane (Bundestag und Bundesrat) ein **Organstreitverfahren** (Art. 93 I Nr. 1 GG, §§ 13 Nr. 5, 63 ff. BVerfGG) herbeiführen.[982] Streitgegenstand ist dann die Verpflichtung des Bundespräsidenten zur Ausfertigung des fraglichen Gesetzes. Begründet ist der Organstreit, wenn die Verfassung dem Bundespräsidenten im konkreten Fall die Verpflichtung auferlegt, das in Rede stehende Gesetz auszufertigen, der Bundespräsident mit der Weigerung der Ausfertigung also gegen das Grundgesetz verstößt. Das BVerfG stellt dann in seiner Entscheidung fest, dass die Unterlassung des Bundespräsidenten gegen das Grundgesetz verstoßen hat, § 67 BVerfGG. Weigert sich der Bundespräsident dann immer noch, das Gesetz auszufertigen, kommt die **Präsidentenanklage** (Art. 61 GG, §§ 13 Nr. 4, 49 ff. BVerfGG) in Betracht. In diesem Zusammenhang kann das BVerfG auch durch eine **einstweilige Anordnung** (vgl. § 53 BVerfGG) bestimmen, dass der Bundespräsident an der Ausübung seines Amtes verhindert ist. In diesem Fall gelangt die Vertretungsregel des Art. 57 GG zur Anwendung mit der Folge, dass das Gesetz vom Bundesratspräsidenten ausgefertigt wird.

---

durchbrechung). Dieses vereinfachte Verfahren führte naturgemäß zu einer großen Unübersichtlichkeit des geltenden Verfassungsrechts und zu einer großen Labilität der Verfassung. Angesichts der Erfahrung, die man mit der Möglichkeit der Verfassungsdurchbrechung gemacht hat, ist Art. 79 I S. 1 in das Grundgesetz eingefügt worden, wonach keine Grundgesetzänderung ohne gleichzeitige Verfassungstextänderung mehr möglich ist.

[979] So *Herzog*, in: Maunz/Dürig, GG, Art. 82 Rn 75; *Stern*, StaatsR II, § 30 III 4; *Nierhaus*, in: Sachs, GG, Art. 54 Rn 9 ff.; *Ipsen*, Rn 497 ff.

[980] So auch *Pieroth*, in: J/P, GG, Art. 82 Rn 3; *Maurer*, in: Bonner Kommentar, Art. 82 Rn 50; *Bauer*, in: Dreier, GG, Art. 82 Rn 13; *Bryde*, in: v. Münch/Kunig, GG, Art. 82 Rn 6; *Schlaich*, HdbStR II, § 49 Rn 31 f.; *Hofmann*, NJW 1994, 691, 696; *Kunig*, Jura 1994, 217, 221; *Rau*, DVBl 2004, 1 ff.; *Stumpf*, JuS 2010, 35, 40 f.

[981] Vgl. dazu *Neumann*, DVBl 2007, 1335 und *Degenhart*, Rn 790.

[982] Vgl. auch die Übungsklausur von *Sauer*, JuS 2007, 641, 642 f.

3. Prüfungsrecht durch Vertreter bei Verhinderung?

Ist der Bundespräsident an der Ausübung seiner Befugnisse verhindert, sieht Art. 57 GG vor, dass diese durch den Bundesratspräsidenten wahrgenommen werden. Eine den Vertretungsfall auslösende Verhinderung des Bundespräsidenten liegt immer dann vor, wenn er zum maßgeblichen Zeitpunkt tatsächlich oder rechtlich gehindert ist, seine Amtsbefugnisse auszuüben.[983] Das kann etwa infolge einer Krankheit oder dann der Fall sein, wenn er sich auf einem Staatsbesuch im (fernen) Ausland befindet. In Fällen dieser Art stellt sich insbesondere die Frage, ob in dieser Zeit sein Vertreter die Gesetze ausfertigen darf. **602a**

Ist der Bundespräsident aufgrund von **Krankheit** nicht in der Lage, seine Amtsgeschäfte wahrzunehmen, sind die Ausfertigung eines Gesetzes durch den Bundesratspräsidenten sowie dessen Weigerung, ein Gesetz auszufertigen, anhand derselben Kriterien zu beurteilen, die gelten würden, wenn der Bundespräsident selbst die Ausfertigung vornähme bzw. verweigerte. Dass es in diesem Fall zu einem Interessenkonflikt kommen kann, ist hinzunehmen. Denn Art. 57 GG verleiht dem Bundesratspräsidenten im Außenverhältnis alle Rechte und Pflichten des Bundespräsidenten; insbesondere gelten für den Bundesratspräsidenten nicht die Inkompatibilitäten, die für den Bundespräsidenten (vgl. Art. 55 GG) bestehen. **602b**

Fraglich ist dagegen, ob eine Verhinderung auch vorliegt, wenn sich der Bundespräsident (lediglich) auf einem **Staatsbesuch im Ausland** befindet. Denn in diesem Fall übt er ja weiterhin amtliche Funktionen aus. Man könnte allenfalls sagen, er sei nicht in der Lage, Bundesgesetze auszufertigen, weil die Gesetze in seinem Amtssitz in Deutschland zur Ausfertigung bereitlägen. Aber auch hier lässt sich nicht zwingend von einem Verhinderungsfall sprechen. Denn zum einen könnte der Bundespräsident die Weisung erteilen, er selbst werde die Prüfung und ggf. die Ausfertigung nach Rückkehr vornehmen, und zum anderem könnte er die Unterlagen auf seiner Reise mitnehmen und über die Frage der Ausfertigung im Ausland entscheiden. **602c**

Nimmt man aber einen Verhinderungsfall an, wird die eingangs gestellte Frage, ob die Ausfertigung eines Gesetzes durch den Bundesratspräsident wirksam ist, besonders dann virulent, wenn der Bundespräsident vor Eintritt des Verhinderungsfalls dem Bundesratspräsident die Weisung erteilt hat, die Ausfertigung nicht vorzunehmen. **602d**

> **Beispiel:** Der Bundestag beschließt ein Gentechnologiegesetz, das auch vom Bundesrat getragen wird. Das Gesetz wird sodann zur Ausfertigung (Art. 82 GG) an das Bundespräsidialamt geleitet. Der Bundespräsident hat nach einer ersten Sichtung des Gesetzes erhebliche Bedenken an der Verfassungsmäßigkeit und stellt die weitere Prüfung zurück, bis er von dem bevorstehenden Staatsbesuch in China zurückgekehrt ist. Doch während sich der Bundespräsident in China befindet, fertigt der Bundesratspräsident das Gesetz aus.
>
> Mit dem Argument, der Bundespäsident könnte die Unterlagen auf seiner Reise mitnehmen und über die Frage der Ausfertigung im Ausland entscheiden, könnte man auch im Beispielsfall sagen, dass ein Verhinderungsfall nicht vorgelegen habe, sodass die Ausfertigung des Gesetzes durch den Bundesratspräsidenten schon deshalb rechtswidrig gewesen sei. Auf die Frage, ob weisungswidrige Ausfertigungen von Gesetzen dennoch wirksam sind, käme es dann nicht an.

Geht man aber von einem Verhinderungsfall aus und stellt auf die formale Stellung des Bundesratspräsidenten als Vertreter des Bundespräsidenten ab, lässt sich – un- **602e**

---

[983] BVerwG NJOZ 2009, 3684 f. mit Bespr. v. *Sachs*, JuS 2010, 275.

abhängig von der Frage, ob im Falle eines Auslandsaufenthalts die Ausfertigung eines Gesetzes nicht warten kann, bis der Bundespräsident zurückgekehrt ist – gut vertreten, absprachewidrige bzw. rechtsmissbräuchliche Präsidialakte aus Gründen der Rechtssicherheit und des Vertrauensschutzes weder für verfassungswidrig noch für nichtig zu erklären.[984] Denn wie gesagt verleiht Art. 57 GG im Verhinderungsfall dem Bundesratspräsidenten im Außenverhältnis alle Rechte und Pflichten des Bundespräsidenten. Eine Weisung im Innenverhältnbis ist insoweit unbeachtlich.

602f Einer Wirksamkeit der Ausfertigung könnte aber der Umstand entgegenstehen, dass der Bundesratspräsident zuvor bereits an der Gesetzgebung mitgewirkt hat. Es könnte mithin die Gefahr eines **Interessenkonflikts** oder sogar eines **Rechtsmissbrauchs** bestehen, wenn der Bundesratspräsident in seiner Funktion als Vertreter des Bundespräsidenten die Ausfertigung eines Gesetzes verweigert, das zuvor vom Bundestag entgegen den Stimmen des Bundesrats beschlossen worden ist. Dem lässt sich allerdings entgegenhalten, dass der Bundespräsident bei der Ausfertigung von Gesetzen keine politische, sondern nur eine (beschränkte) rechtliche Prüfungskompetenz hat; ein Interessenkonflikt ist insoweit nicht zu befürchten. Außerdem ergeben sich weder für den Bundespräsidenten selbst noch für seine Vertretung im Amt Ausschluss- oder Befangenheitsgründe daraus, dass er oder sein Vertreter zu irgendeinem Zeitpunkt an einem Gesetzgebungsverfahren mitgewirkt oder sich für ein bestimmtes Gesetz politisch eingesetzt hatten. Hierzu kann auf die für die Mitglieder des Bundesverfassungsgerichts in § 18 III S. 1 BVerfGG normierten Grundsätze zurückgegriffen werden, denn auch diesen steht keine politische, sondern nur eine verfassungsrechtliche Prüfungskompetenz zu. Danach führt die Mitwirkung im Gesetzgebungsverfahren nicht zur Annahme einer Befangenheit.[985]

Demzufolge war im obigen **Beispiel** die Ausfertigung des Gesetzes durch den Bundesratspräsident wirksam, obwohl der Bundespräsident vor Eintritt des Verhinderungsfalls dem Bundesratspräsident die Weisung erteilt hat, die Ausfertigung nicht vorzunehmen.

602g Hat der Bundesratspräsident aus Sicht des Bundespräsidenten seine Kompetenzen überschritten, weil er z.B. ohne Vorliegen eines Verhinderungsfalls tätig geworden ist, kann die Klärung dieser Streitigkeit in einem **Organstreitverfahren** Art. 93 I Nr. 1 GG erfolgen.[986] Gegenstand eines solchen Verfahrens ist dann die Frage, ob ein Fall der Verhinderung oder vorzeitigen Erledigung des Amtes des Bundespräsidenten vorlegen hat. Fertigt der Bundesratspräsident (oder sogar dessen Vertreter) das Gesetz aus wird tritt dieses nach Verkündung im Bundesgesetzblatt in Kraft, kann ein **Bürger**, der von dem Gesetz negativ betroffen ist, den Verwaltungsrechtsweg beschreiten. Nach Erschöpfung des Rechtswegs kommt eine **Verfassungsbeschwerde** in Betracht.

IV. Recht des Bundespräsidenten zur Bundestagsauflösung

603 Zwar verleiht das Grundgesetz dem Bundespräsidenten in erster Linie Repräsentationsaufgaben. In bestimmten Fällen fallen ihm aber auch Aufgaben der Staatsleitung zu. Hierzu gehören die beiden Fälle der **Bundestagsauflösung** (Art. 63 IV und 68 I GG) und die Erklärung des **Gesetzgebungsnotstands** (Art. 81 GG).[987]

---

[984] Davon geht VG Saarlouis NVwZ-RR 2006, 517, 518 aus.
[985] BVerwG NJOZ 2009, 3684 f.
[986] VG Saarlouis NVwZ-RR 2006, 517, 518; *Hemmrich*, in: v. Münch/Kunig, GG, Art. 57 Rn 3; *Guckelberger*, NVwZ 2007, 406, 410.
[987] Zur Bundestagsauflösung vgl. Rn 555 und zum Gesetzgebungsnotstand Rn 559.

V. Recht des Bundespräsidenten, die Ernennung eines Ministers zu verweigern

Ein in „Standardlehrbüchern" kaum angesprochenes, in Übungs- und Examensklausuren jedoch häufig anzutreffendes Problem besteht in der Frage, ob sich der Bundespräsident weigern darf, eine vom Bundeskanzler zum Bundesminister vorgeschlagene Person zu ernennen. Ähnlich der Frage nach dem Prüfungsrecht bei der Ausfertigung von Gesetzen ist hier (allerdings mit anderer Terminologie) zwischen einem rechtlichen und einem politischen Prüfungsrecht zu unterscheiden:

604

1. Rechtliches Prüfungsrecht

Die aus Rechtsgründen veranlasste Weigerung des Bundespräsidenten, die zum Minister vorgeschlagene Person zu ernennen, kommt insb. in zwei Fällen in Betracht:

605

- Der Bundespräsident ist der Auffassung, die vorgeschlagene Person erfülle **nicht die rechtlichen Voraussetzungen** für die Ministerernennung. Hierzu zählen neben den allgemeinen Qualifikationen, die an Bundestagsabgeordnete gem. § 15 BWahlG[988] zu stellen sind, die Wählbarkeit des Vorgeschlagenen und Inkompatibilitäten.[989]

- Der Bundespräsident ist der Auffassung, dass der **Geschäftsbereich**, für dessen Leitung der vorgeschlagene Minister zuständig sein soll, **überflüssig** oder gar **verfehlt** sei und der **Bundeskanzler somit die Grenzen seiner Organisationsgewalt überschritten** habe.

Für die Annahme, der Bundespräsident dürfe die Ernennung eines Ministers aus **Rechtsgründen** verweigern, könnte der Wortlaut des Art. 64 I GG sprechen. Dort wird von „Vorschlag" gesprochen, was auf eine Unverbindlichkeit und damit auf eine Ablehnungsmöglichkeit deuten könnte. Andererseits spricht die Vorschrift des Art. 64 I GG auch von *„werden* ernannt". Dies deutet auf einen reinen, wertungsfreien Verfahrensablauf ohne Ermessensspielraum hin. Damit enthält die Vorschrift ein vermeintliches sprachliches Paradoxon mit der Folge, dass das Wortlautargument zu keinem eindeutigen Ergebnis führt. Es muss somit nach systematischen Argumenten gesucht werden. Das Umfeld des Art. 64 I GG, namentlich die Art. 63 II S. 2, IV S. 2 und 67 I S. 2 GG, enthält eindeutig Befehlsnormen. Hätte der Verfassungsgeber auch bei der Ministerernennung eine gebundene Entscheidung haben wollen, hätte er diese von ihm selbst gewählten Befehlsformen in eindeutiger Weise auch in Art. 64 I GG formulieren müssen. Systematische Überlegungen sprechen daher *für* ein rechtliches Prüfungsrecht des Bundespräsidenten.

606

Diesem (vorläufigen) Befund könnte wiederum die Richtlinienkompetenz des Bundeskanzlers (Art. 65 S. 1 GG) entgegenstehen. Wenn der Bundeskanzler von Verfassungs wegen die grundsätzlichen und richtungweisenden Entscheidungen über die Führung der Regierungsgeschäfte trifft, muss er auch das Recht haben, über die Ministerernennung zu entscheiden, ohne dabei auf das Einverständnis seitens des Bundespräsidenten angewiesen zu sein. Hinzu kommt, dass ausschließlich der Bundeskanzler, nicht auch der Bundespräsident, dem Parlament gegenüber verantwortlich ist, und von diesem gem. Art. 67 GG (also über die Wahl eines anderen Kanzlers → konstruktives Misstrauensvotum) seines Amtes enthoben werden kann. Da aber auch der Bundeskanzler gem. Art. 1 III und 20 III GG an Gesetz und Recht gebunden ist,

606a

---

[988] § 15 BWahlG gilt zwar nur für Bundestagsabgeordnete, die dort aufgestellten Anforderungen müssen aber erst recht für Minister gelten.
[989] Vgl. nur *Pieroth*, in: J/P, GG, Art. 64 Rn 1; *Schneider*, in: Alternativkommentar, Art. 64 Rn 4; *Schenke*, in: Bonner Kommentar, Art. 64 Rn 9 ff.; *Hesse*, Grundzüge des VerfR, Rn 667; *Herzog*, in: Maunz/Dürig, GG, Art. 64 Rn 14; *Meyn*, in: v. Münch/Kunig, GG, Art. 64 Rn 3 ff.

rechtfertigt seine Richtlinienkompetenz keine rechtswidrigen Maßnahmen. Die Richtlinienkompetenz kann daher im Ergebnis kein taugliches Argument gegen ein rechtliches Prüfungsrecht des Bundespräsidenten sein.

606b Auch die aus systematischer Sicht einschlägig erscheinenden Vorschriften über den Amtseid (Art. 56 GG) und die Präsidentenanklage (Art. 61 GG) haben wegen Fehlens einer Kompetenz begründenden Funktion keinen Aussagegehalt hinsichtlich eines rechtlichen Prüfungsrechts des Bundespräsidenten bei der Ministerernennung.

606c In Anlehnung an den oben entwickelten (vorläufigen) Befund sowie an das zum Prüfungsrecht des Bundespräsidenten bei der Ausfertigung von Gesetzen Gesagte wird man aber auch hier letztlich von einem rechtlichen Prüfungsrecht ausgehen müssen. Hinzu kommt, dass es in einem Rechtsstaat dem Staatsoberhaupt kaum zuzumuten ist, rechtswidrige Ministerernennungen mit zu tragen.

607 Daraus folgt, dass der Bundespräsident sich weigern darf, eine vom Bundeskanzler zum Bundesminister vorgeschlagene Person zu ernennen. Für die beiden genannten Fallgruppen ergibt sich somit Folgendes:

607a ▪ Ist der Bundespräsident der Auffassung, dass die vorgeschlagene **Person nicht die rechtlichen Voraussetzungen** für die Ministerernennung erfüllt (fehlende allgemeine Qualifikationen, die an Bundestagsabgeordnete gem. § 15 BWahlG zu stellen sind, keine Wählbarkeit des Vorgeschlagenen oder Inkompatibilitäten), hat er das Recht, die Ernennung zu verweigern. Das Fehlen der rechtlichen Voraussetzungen für die Ministerernennung ist i.d.R. unproblematisch festzustellen.

608 ▪ Auch wenn der Bundespräsident der Auffassung ist, der **Geschäftsbereich**, für dessen Leitung der vorgeschlagene Minister zuständig sein soll, sei **überflüssig** oder gar **verfehlt** und der **Bundeskanzler habe somit die Grenzen seines Kabinettbildungsrechts** oder – allgemein ausgedrückt – **seine Organisationsgewalt überschritten**, kann er u.U. die Ernennung aus Rechtsgründen verweigern. Da die Überschreitung des Kabinettsbildungsrechts aufgrund des dem Bundeskanzler zustehenden weiteren Ermessensspielraums jedoch nicht ohne weiteres festgestellt werden kann, ist in der Fallbearbeitung ggf. eine umfassende Prüfung vorzunehmen. Dabei ist zunächst auszuführen, dass der Organisationsverfügung zumindest nicht der Parlamentsvorbehalt (d.h. der Vorbehalt des Gesetzes) entgegensteht, da dieser bereits nicht anwendbar ist.[990] Sodann ist darauf einzugehen, dass die aus Art. 64 I und 65 GG folgende Organisationsgewalt des Bundeskanzlers die grundsätzliche Kompetenz zur Schaffung neuer ministerieller Geschäftsbereiche über die drei Pflichtministerien Finanzen, Verteidigung und Justiz hinaus beinhaltet. Auch die Einrichtung neuer Geschäftsbereiche kann notwendig sein, um auf unvorhergesehene Ereignisse oder neuartige Phänomene (etwa auf dem Gebiet der Bio- oder Gentechnologie) schnell und effektiv reagieren zu können. Darüber hinaus können auch partei- oder koalitionsspezifische Gründe eine Schaffung neuer Ministerien erforderlich machen. Das Kabinettsbildungsrecht findet aber seine Grenzen in der Erhaltung der Funktionsfähigkeit der Bundesregierung. Insbesondere kann eine wirksame Kabinettsarbeit durch eine große Zahl kleinerer Ministerien mit engen Geschäftsbereichen wegen der damit verbundenen Gefahr von Koordinationsproblemen und der Schwerfälligkeit der Willensbildung behindert werden. We-

---

[990] Nach der hier vertretenen Auffassung ist der Vorbehalt des Gesetzes bei Organisationsentscheidungen innerhalb der Bundesregierung deshalb nicht anwendbar, weil die gewaltenteilende Kompetenzordnung des Grundgesetzes keinen Gewaltmonoismus in Form eines Totalvorbehalts zugunsten des Parlaments kennt. Darüber hinaus bedarf die Zuerkennung eines parlamentarischen Zugriffsrechts auf Organisationsentscheidungen innerhalb der Regierung einer eindeutigen Kompetenznorm, um den Eingriff in den Funktionsbereich dieser anderen Gewalt zu rechtfertigen. Eine solche ist nicht ersichtlich (wie hier *Isensee*, JZ 1999, 1113, 1116; *Wieland*, DVBl 1999, 719 ff.; *Sendler*, NJW 1999, 1232 ff.; *Böckenförde*, NJW 1999, 1235 ff.). Anders hat der NWVerfGH NJW 1999, 1243, 1244 für die Zusammenlegung des Innen- und Justizministeriums im Land Nordrhein-Westfalen entschieden.

gen des bereits genannten, aus Art. 64 I GG folgenden weiteren Entscheidungsspielraums des Bundeskanzlers ist eine Überschreitung der Grenzen des Kabinettsbildungsrechts aber nur ausnahmsweise anzunehmen. Jedenfalls besteht eine herabgesetzte richterliche Kontrolldichte, wenn es um die Überprüfung der Entscheidung des Bundespräsidenten geht.

2. Politisches Prüfungsrecht

Fraglich ist auch, ob der Bundespräsident die Ernennung eines Ministers aus Gründen des „Staatswohls" ablehnen kann, etwa weil er schwerwiegende Bedenken an der **Verfassungstreue des Vorgeschlagenen** hat (sog. **politisches Ablehnungsrecht**). Ein derartiges Weigerungsrecht wird teilweise angenommen mit dem Argument, der Bundespräsident sei auf das Staatswohl verpflichtet, worauf er auch den Amtseid (vgl. Art. 56 GG) geleistet habe. Es sei mit dieser Verpflichtung unvereinbar, ihn zur Ernennung eines „für Wohl und Ansehen des Staates schlechterdings untragbaren" Ministers zu verpflichten.[991] Einer solchen Annahme steht zumindest der Wortlaut des Art. 64 I GG nicht entgegen, da dieser – wie bereits festgestellt – nicht eindeutig ist. Zu einem eindeutigen Ergebnis gelangt man aber nach folgender Überlegung: Die Richtlinien der Politik – zu der auch die Entscheidung über die Anzahl der Ministerien und die Auswahl der Minister gehört – bestimmt ausschließlich der Kanzler (vgl. Art. 65 S. 1 GG). Der Bundespräsident trägt – im Gegensatz zum Bundeskanzler – keine politische Verantwortung für das Verhalten der Bundesminister. Hätte der Bundespräsident die Möglichkeit, aufgrund seiner politischen Überzeugung die Ernennung von Ministern zu verweigern, würde er an der Gestaltung der Politik teilhaben, was ihm die Verfassung aber gerade verwehrt. Nach richtiger Auffassung ist daher ein politisches Prüfungs- und Entscheidungsrecht des Bundespräsidenten bei der Ministerernennung abzulehnen.[992]

609

> **Hinweis für die Fallbearbeitung:** Es ist nicht unüblich, dass die Fallgestaltung dahin geht, dass der Bundeskanzler ein neuartiges Ministerium mit engem Geschäftsbereich gründen möchte und daher dem Bundespräsidenten eine bestimmte Person zur Ernennung als Minister vorschlägt (Art. 64 I GG). Wenn sich dieser nun weigert, die Ministerernennung durchzuführen, ist ein **Organstreitverfahren** vor dem BVerfG einschlägig. Dieses ist begründet, wenn der Bundespräsident zur Ministerernennung verpflichtet ist, ihm also kein Weigerungsrecht zusteht. Vgl. dazu die oben aufgeführten Argumente.

VI. Recht des Bundespräsidenten, Bundesbeamte zu ernennen und zu entlassen

Gemäß Art. 60 I GG ernennt und entlässt der Bundespräsident die Bundesrichter, die Bundesbeamten (vgl. § 12 I BBG), die Offiziere und Unteroffiziere, soweit gesetzlich nichts anderes bestimmt ist.[993]

610

Der Wortlaut des Art. 60 I GG lässt darauf schließen, dass dem Bundespräsidenten keinerlei Handlungsspielraum zukommt, dass er also die o.g. Funktionsträger ernennen und entlassen *muss*. Einigkeit besteht aber dahingehend, dass der Bundespräsident die Ernennung und Entlassung aus **Rechtsgründen** verweigern kann.[994] Erfüllt

611

---

[991] *Küster*, in: Hömig/Wolff, GG, Art. 64 Rn 1; *Stern*, StaatsR II, § 30 IV 4; *Knöpfle*, DVBl 1966, 713, 718.
[992] So auch *Schenke*, in: Bonner Kommentar, Art. 64 Rn 9 ff.; *Pieroth*, in: J/P, GG, Art. 64 Rn 1; *Schlaich*, HdbStR II, § 49 Rn 28; *Kunig*, Jura 1994, 217, 221; *Windirsch*, JuS 1995, 527, 530. Ebenso *Huba/Burmeister*, JuS 1989, 832 ff. bzgl. der Ernennung von Bundesrichtern.
[993] Siehe dazu die AO des Bundespräsidenten, BGBl I (1975), S. 1915 und BGBl I (1996), S. 1772.
[994] Ganz h.M., vgl. nur *Pieroth*, in: J/P, GG, Art. 60 Rn 1.

also beispielsweise die zu ernennende Person nicht die Ernennungsvoraussetzungen (vgl. etwa §§ 7 ff. BBG), darf (und muss) der Bundespräsident die Ernennung verweigern. Eine andere Entscheidung wäre mit der Bindung an Gesetz und Recht (Art. 20 III GG) nicht zu vereinbaren. Ein darüber hinaus gehendes Entscheidungsermessen hat er nicht. Er muss die von der Bundesregierung vorgesehenen Personen ernennen oder entlassen. Gleiches gilt hinsichtlich der Versetzung in den einstweiligen Ruhestand von politischen Beamten.

> **Beispiel:** S ist Staatssekretärin im Bundeskanzleramt. Aufgrund zahlreicher Kontakte zur Industrie wird ihr die Stelle als Leiterin der Rechtsabteilung in einem großen Konzern angeboten. Sie beantragt daher die Entlassung aus dem Beamtenverhältnis (vgl. § 33 BBG). Bundeskanzler K möchte mit Hinweis auf die fachliche Qualifikation die S nur ungern entlassen, entspricht letztlich aber ihrem Wunsch. Doch statt sie zu entlassen, versetzt er sie in den einstweiligen Ruhestand, damit sie noch weiterhin Dienstbezüge erhält. Bundespräsident A, der die Versetzung in den einstweiligen Ruhestand verfügen soll, sieht darin einen Verstoß gegen geltendes Recht, da die Voraussetzungen für die Versetzung in den einstweiligen Ruhestand nicht vorlägen. Er verweigert daher die Vornahme der Entlassung. Zu Recht?
>
> Wie bereits gesagt, ernennt und entlässt der Bundespräsident gem. Art. 60 I GG die Beamten. Danach kommt ihm also kein Entscheidungsspielraum zu. Da aber auch er an Gesetz und Recht (Art. 20 III GG) gebunden ist und einem Staatsoberhaupt nicht zugemutet werden kann, rechtswidrige Staatsakte mit zu tragen, kann (und muss) er die Ernennung bzw. Entlassung verweigern, wenn anderenfalls ein Gesetzesverstoß begangen würde. Vorliegend könnte A sich also weigern, die S in den einstweiligen Ruhestand zu versetzen, wenn die Versetzung in den einstweiligen Ruhestand rechtswidrig wäre. Die Voraussetzungen für die Versetzung in den einstweiligen Ruhestand sind gesetzlich nicht normiert. Insbesondere gestattet § 54 I BBG die Versetzung in den einstweiligen Ruhestand scheinbar ohne Voraussetzungen. Gleichwohl müssen aufgrund der Erheblichkeit der Entscheidung sowohl für den betreffenden Beamten als auch für den öffentlichen Haushalt nachvollziehbare Gründe bestehen. Ziel der Versetzung von politischen Beamten in den einstweiligen Ruhestand muss es sein, eine fortdauernde Übereinstimmung mit den grundsätzlichen politischen Ansichten und Zielen der Regierung herzustellen. Nur an dieser Zielrichtung, nicht aber den privaten Gewinnchancen des betroffenen Beamten, muss sich die Entscheidung über die Versetzung eines politischen Beamten in den einstweiligen Ruhestand orientieren. Orientiert sie sich nicht an dieser Zielrichtung, ist die Entscheidung ermessensfehlerhaft und rechtswidrig.[995] Der Bundespräsident darf (und muss) in diesem Fall die Verfügung verweigern. Vorliegend entspricht die S den grundsätzlichen politischen Ansichten und Zielen der Regierung. Daher ist ihre Versetzung in den einstweiligen Ruhestand ermessensfehlerhaft und rechtswidrig. A war daher nicht verpflichtet, die S in den einstweiligen Ruhestand zu versetzen.

612 Dem Bundespräsidenten steht ein Initiativrecht bezüglich der Ernennung oder Entlassung einer bestimmten Person nicht zu. Das folgt aus der allgemein abgeschwächten Stellung des Bundespräsidenten im Staatsgefüge und der politischen Verantwortung der Regierung gegenüber dem Parlament. Hat die Regierung ihre Politik vor dem Parlament zu verantworten, hat sie auch das Recht der unbeeinflussten Personenauswahl. Die Staatspraxis trägt dem auch Rechnung. In § 29 II GO BReg sind Anordnungen und Verfügungen dem Bundespräsidenten grundsätzlich „erst nach der Gegenzeichnung durch den zuständigen Bundesminister zur Vollziehung vorzulegen".

---

[995] *Masing/Wißmann*, JuS 1999, 1204.

Beispiel: Bundespräsident B hält den Staatssekretär im Auswärtigen Amt T für untragbar und versetzt ihn in den einstweiligen Ruhestand (vgl. § 54 I BBG). Die Bundesregierung ist der Auffassung, es stehe allein in ihrer Kompetenz, Personalentscheidungen zu treffen, und wendet sich zur Klärung dieser Streitfrage an das BVerfG.

Statthaft ist ein **Organstreitverfahren** (Art. 93 I Nr. 1 GG, §§ 13 Nr. 5, 63 ff. BVerfGG), da bezüglich der Rechtmäßigkeit einer rechtlich erheblichen Maßnahme eines obersten Bundesorgans im Hinblick auf Rechte und Pflichten dieses obersten Bundesorgans Streit besteht. Die Bundesregierung ist auch gem. § 64 I BVerfGG antragsbefugt, da nicht ausgeschlossen werden kann, dass der Bundespräsident in den Kompetenzbereich (hier: Personalhoheit) der Bundesregierung eingegriffen hat.

Der Organstreit ist begründet, wenn der Bundespräsident durch die Versetzung des T in den einstweiligen Ruhestand in die Personalhoheit der Bundesregierung eingegriffen hat. Nach dem oben Gesagten hat der Bundespräsident grundsätzlich nur ein formelles Ernennungs- und Entlassungsrecht. Ein materielles Ernennungs- und Entlassungsrecht besteht lediglich aus Rechtsgründen (etwa wegen des Fehlens von Ernennungs- oder Entlassungsvoraussetzungen). Im Übrigen hat der Bundespräsident kein Recht der Einflussnahme auf die Personalauswahl. Von daher war es vorliegend dem B verwehrt, den T in den einstweiligen Ruhestand zu versetzen. Der Organstreit ist begründet.

Etwas anderes gilt hinsichtlich der **Personalauswahl im Präsidialamt**. Aus der   **613** Organisationsgewalt und damit verbunden der Personalhoheit des Bundespräsidenten in dessen Kompetenzbereich folgt das Recht des Bundespräsidenten, die Auswahl der für das Präsidialamt tätig werdenden Beamten selbst vorzunehmen. Dem steht auch nicht der Grundsatz entgegen, dass Anordnungen und Verfügungen des Bundespräsidenten stets der Gegenzeichnung gem. Art. 58 I GG bedürfen.

Beispiel: Bundespräsident C möchte den wegen seines großen Sachverstands bekannten Verwaltungsbeamten V zum Leiter des Präsidialamtes ernennen. Er unterzeichnet daher eine von seinem Stab vorgefertigte Ernennungsurkunde und legt sie der Bundesregierung zur Gegenzeichnung (vgl. Art. 58 I GG) vor. Diese verweigert die Gegenzeichnung mit dem Argument, die Personalhoheit der Bundesregierung umfasse auch Personalentscheidungen bezüglich der Beamten des Präsidialamtes.

Auch in diesem Fall ist das **Organstreitverfahren** statthaft, sofern der Bundespräsident einen entsprechenden Antrag stellt. Begründet ist das Organstreitverfahren, wenn sich die Bundesregierung zu Unrecht weigert, die Ernennungsverfügung des Bundespräsidenten gegenzuzeichnen. Wie bereits gesagt, folgt aus der Organisationsgewalt des Bundespräsidenten über sein Präsidialamt auch die Befugnis der Auswahl der Beamten, die für ihn tätig werden sollen. Zwar bedürfen gem. Art. 58 I GG auch in diesem Fall Anordnungen und Verfügungen des Bundespräsidenten stets der Gegenzeichnung durch die Bundesregierung. Gerade wegen der Organisationsgewalt des Bundespräsidenten im Präsidialamt besteht aber eine Gegenzeichnungspflicht seitens der Bundesregierung. Ein entsprechendes Organstreitverfahren wäre somit begründet.

VII. Äußerungsbefugnis in Bezug auf politische Parteien?

Die vom amtierenden Bundespräsidenten Gauck im August 2013 getätigte Bezeich-   **613a** nung der NPD-Mitglieder als „Spinner" hat die Frage aufgeworfen, ob einem Bundespräsidenten angesichts seiner vornehmlichen **Repräsentations- und Integrationsfunktion** sowie seiner „**staatsnotariellen**" Aufgabe die Befugnis zusteht, sich – gerade im Vorfeld einer Bundestagswahl – abfällig über eine politische Partei zu äußern. Das BVerfG hat die fragliche Äußerung im Ergebnis als Akt der Meinungsäußerungsfreiheit gebilligt, indem es auf den Gesamtzusammenhang abgestellt hat, in dem die Äußerung getätigt wurde.[996] Nach der hier vertretenen Auffassung ist das

---

[996] BVerfG NJW 2014, 2563, 2564. Vgl. dazu bereits oben die beiden Fußnoten zu Rn 581.

nicht ganz unproblematisch, da gerade von einem Bundespräsidenten in Anbetracht seiner genannten verfassungsrechtlichen Stellung und seines Aufgabenbereichs äußerste Zurückhaltung im politischen Meinungskampf erwartet werden darf.[997] Auch die Anfang November 2014 von Gauck öffentlich in Frage gestellte demokratische Einstellung der Mitglieder der Partei DIE LINKE ist nicht parteipolitisch neutral und (daher) mit der Repräsentations- und Integrationsfunktion schwerlich zu vereinbaren.

VIII. Völkerrechtliche Vertretung des Bundes

1. Einführung

613b
Die völkerrechtliche Vertretung des Bundes obliegt gemäß Art. 59 I GG dem Bundespräsidenten. Allerdings ist dabei gemäß Art. 59 II GG ein bestimmtes Verfahren einzuhalten. Da dieses Thema im Pflichtfach wenig examensrelevant ist, werden die Probleme im Folgenden nur in Grundzügen behandelt.

613c
Soll ein Abkommen (oder auch: Staatsvertrag) geschlossen werden, stellt sich der Ablauf des Verfahrens wie folgt dar: Zunächst entwerfen die Verhandlungsführer (i.d.R. Bundeskanzler oder Bundesminister) gemeinsam mit den Vertretern des anderen Staates einen Vertragstext, welcher sodann paraphiert, d.h. vorläufig unterschrieben wird. Sodann müssen gem. Art. 59 II GG regelmäßig Bundestag und Bundesrat beteiligt werden. Dies geschieht durch Erlass des sog. Vertrags- bzw. Zustimmungsgesetzes, welches den Bundespräsidenten ermächtigt, den Vertrag zu ratifizieren (endgültig abzuschließen) und die Bundesrepublik damit völkerrechtlich zu binden.[998] Wurde das Abkommen vom Bundespräsidenten sowie dem Vertragspartner ratifiziert, werden die Vertragsurkunden entweder ausgetauscht (bei bilateralen Abkommen) oder an einem Ort hinterlegt (bei multilateralen Abkommen). Damit dieses Abkommen sodann innerstaatliches Recht wird, muss es durch ein sog. Transformationsgesetz transformiert werden (dazu Rn 613i).

2. Hinweise für die Fallbearbeitung

613d
Sind der Abschluss und die Transformation von Abkommen einmal Thema einer Klausur, liegt der Fall regelmäßig so, dass der Bund einen Vertrag geschlossen hat oder schließen will, dessen Sachmaterie in die ausschließliche Gesetzgebungskompetenz der Länder fällt. Dieses Problem kann sich in verschiedensten Konstellationen stellen. Als Beispiele seien genannt:

- Weigert sich der Bundespräsident, das Vertragsgesetz des Bundes auszufertigen (formelles Prüfungsrecht), können Bundestag oder Bundesregierung die Weigerung zum Gegenstand eines Organstreits machen.

- Plant der Bundespräsident, das Vertragsgesetz auszufertigen, können die Länderregierungen über den Bundesrat einen Organstreit mit dem Ziel führen, dass das BVerfG die geplante Ausfertigung für verfassungswidrig erklärt.

- Ist das Vertragsgesetz bereits ausgefertigt, kann eine Landesregierung versuchen, das Vertragsgesetz durch Anstrengung einer abstrakten Normenkontrolle zu Fall zu bringen (um so zu verhindern, dass der Bundespräsident das Abkommen ratifiziert).

Gleichgültig, welche Konstellation vorliegt, ist in jedem Fall im Rahmen der **formellen Verfassungsmäßigkeit des Vertragsgesetzes** zu prüfen, ob der Bund für den

---

[997] Kritisch (wohl) auch *Hillgruber*, JA 2014, 796, 798.
[998] Durch das Erfordernis der Zustimmung der gesetzgebenden Körperschaften soll gewährleistet werden, dass die Exekutive die Legislative nicht durch völkerrechtliche Verträge in ihren Zuständigkeiten beschneidet (vgl. dazu BVerfGE 68, 1, 88; 90, 286, 357).

Abschluss zuständig war und das Verfahren eingehalten hat. Je nach Fallkonstellation kann auch die Frage nach der Transformation des Abkommens zu prüfen sein.

3. Vertragsschluss

a. Abschlusskompetenz

Die **Verbandskompetenz** des Bundes für Sachmaterien der Bundesgesetzgebung ergibt sich aus Art. 32 I GG. Ob der Bund auch Abkommen über Sachmaterien schließen kann, die der ausschließlichen Gesetzgebungskompetenz der Länder unterfallen, ist wegen Art. 32 III GG umstritten: **613e**

- Die Vertreter der sog **föderalistischen Theorie** legen Art. 32 III GG dahingehend aus, dass in diesen Fällen nur die Länder (mit Zustimmung der Bundesregierung) die Abschlusskompetenz haben.[999] Vertreter dieser Ansicht sehen in Art. 32 III GG also eine den Art. 32 I GG verdrängende Sonderregel (untechnisch: **„nur die Länder"**).

- Die Vertreter der sog **zentralistischen Theorie** legen Art. 32 III GG dahingehend aus, dass er den Art. 32 I GG nur ergänzt und die Länder lediglich eine zusätzliche (konkurrierende) Abschlusskompetenz haben.[1000] Hiernach kann also der Bund bzgl. aller Sachmaterien Verträge schließen. Daneben können die Länder auch Abkommen schließen, jedoch nur bzgl. der Materien, die ihrer Gesetzgebungskompetenz unterfallen (untechnisch: „**auch die Länder**"). Hierfür spricht vor allem der Umstand, dass die BRD kein Staatenbund, sondern ein nach außen als Einheit auftretender Bundesstaat ist. Zudem können die Länder nicht selbstständig am diplomatischen Dienst neben dem Bund teilnehmen.[1001] Weiterhin hätte der Gesetzgeber den Wortlaut des Art. 32 III GG eindeutiger fassen müssen, wenn er eine ausschließliche Abschlusskompetenz der Länder gewollt hätte. Im Ergebnis ist daher davon auszugehen, dass der Bund grds. für den Abschluss von Abkommen zuständig ist (a.A. vertretbar).

Die **Organkompetenz** ergibt sich aus Art. 59 I S. 2 GG nur bzgl. der Ratifikation (Unterzeichnung). Die Führung der Verhandlungen und die vorläufige Unterzeichnung sind auch durch Vertreter der Bundesregierung möglich. **613f**

b. Beteiligung der Gesetzgebungsorgane

Nach Art. 59 II S. 1 GG bedürfen Verträge, welche die politischen Beziehungen des Bundes regeln oder sich auf Gegenstände der Bundesgesetzgebung beziehen, der Mitwirkung von Bundestag und Bundesrat. Allerdings ist dies nach h.M. nicht nur bei Sachmaterien der *Bundes*gesetzgebung, sondern bei jeder Sachmaterie (also auch bei solchen der Landesgesetzgebung) erforderlich, wenn eine entsprechende Maßnahme innerstaatlich nur durch förmliches Gesetz ergehen könnte (insbesondere wegen des Gesetzesvorbehalts). **613g**

Die Mitwirkung des Bundesrats erschöpft sich nach h.M. in einer Einspruchsmöglichkeit, da ein Zustimmungserfordernis im GG nicht geregelt ist, die Annahme eines ungeschriebenen Zustimmungserfordernisses der Rechtsklarheit abträglich wäre und die Länder durch ihre Transformationskompetenz ausreichend beteiligt sind (s.u.). **613h**

4. Transformation in deutsches Recht

Gemäß Art. 25 GG werden nach h.M.[1002] nur das Völker*gewohnheits*recht und die allgemeinen völkerrechtlichen Rechtsgrundsätze „automatisch" Bundesrecht. Hinsichtlich **613i**

---

[999] *Nettesheim*, in: Maunz/Dürig, GG, Art. 32 Rn 29, 41.
[1000] *Schmidt-Bleibtreu*, in: Schmidt-Bleibtreu/Hofmann/Henneke, GG, Art. 32 Rn. 17.
[1001] *Friehe*, JA 1983, 117, 121.
[1002] Vgl. dazu aus jüngerer Zeit BVerfGE 109, 13, 27; 118, 124, 134.

des Völker*vertrags*rechts, wozu Staatsverträge bzw. Abkommen zählen, ist eine Transformation erforderlich.

a. Transformationskompetenz

613j Fraglich ist, ob der Bund (neben dem Vertragsschluss, vgl. Art. 32 I GG) auch für die Transformation zuständig ist. Dies lässt sich jedenfalls nicht aus Art. 59 II S. 1 GG ableiten, da dieser keine Zuständigkeitsregelung trifft. Auch ergibt sich dies nicht aus Art. 73 I Nr. 1 GG, da es zu einer Aushöhlung der Ländergesetzgebungskompetenz führen würde, wenn der Bund eine Sachmaterie der Ländergesetzgebungskompetenz zum Bestandteil eines Abkommens machen, dieses transformieren und die Länder somit vor vollendete Tatsachen stellen könnte. Daher kann sich die Bundeszuständigkeit auch nicht aus dem Sachzusammenhang zur Abschlusskompetenz ergeben, da dies ebenfalls zur Aushöhlung der Ländergesetzgebungskompetenz führen würde. Somit sind für die Transformation allein die Art. 70 ff. GG maßgeblich.

Danach hat der Bund nur dann die Transformationskompetenz, wenn ihm die Materie nach den Art. 73, 71 oder 74, 72 II GG zusteht. Hat das Abkommen aber eine Materie der Landesgesetzgebung zum Inhalt (vgl. Art. 32 III GG), sind regelmäßig allein die Länder zur Transformation befugt.

Dies führt zwar zu dem seltsam anmutenden Ergebnis, dass Abschluss- und Transformationskompetenz auseinanderfallen und – da das GG keine (ausdrückliche) Verpflichtung der Länder zur Transformation von Abkommen regelt – der Bund seine völkerrechtliche Verpflichtung „nach außen" nicht einhalten könnte. Gleichwohl kann sich eine solche Pflicht der Länder aus dem Grds. der Bundestreue ergeben, wenn die Länder zuvor beteiligt wurden. Wann und wie die Länder zu beteiligen sind, ist im sog. „Lindauer Abkommen" zwischen Bund und Ländern geregelt. Dieses stellt nach h.M. zwar keine verbindliche Regelung, sondern lediglich eine Bestätigung der Rechtslage dar, jedoch wurden die Verfahrensregelungen bisher stets eingehalten.

b. Transformationsverfahren

613k Die Transformation erfolgt durch ein förmliches Gesetz des Bundes oder der Länder. Ist der Bund auch für die Transformation zuständig, ist das Transformationsgesetz regelmäßig bereits im Vertragsgesetz enthalten.

> **Hinweis für die Fallbearbeitung:** Schließt der Bund bspw. auf dem Gebiet des Postwesens ein Abkommen, hat er nach Art. 32 I GG die Abschluss- und nach Art. 73 I Nr. 7, 71 GG die Transformationskompetenz. Schließt er hingegen ein Abkommen auf dem Gebiet des Gefahrenabwehrrechts, steht ihm nach Art. 32 I GG zwar die Abschlusskompetenz, den Ländern jedoch nach Art. 70 I GG die Transformationskompetenz zu. Daneben können die Länder gem. Art. 32 III GG ebenfalls Abkommen schießen, soweit sie gesetzgebungsbefugt sind (z.B. Gefahrenabwehrrecht). Ihre Transformationskompetenz ergibt sich dann wieder aus Art. 70 I GG.

IX. Rücktritt des Bundespräsidenten

613l Obwohl eine ausdrückliche Regelung im Grundgesetz fehlt, ist allgemein anerkannt, dass der Bundespräsident **zurücktreten** und damit seine Amtszeit beenden kann.[1003] Das entspricht der gewohnheitsrechtlich allgemein anerkannten Möglichkeit, generell von öffentlichen Ämtern zurückzutreten. Der Rücktritt ist kein Amtsakt, sondern eine individuelle Willenserklärung des Bundespräsidenten. Deshalb bedarf die Rücktrittserklärung auch keiner Gegenzeichnung nach Art. 58 S. 1 GG (str., vgl. Rn 586 f.).

[1003] *Fink*, in: v. Mangoldt/Klein/Stark, GG, Art. 54 Rn 27; *v. Münch/Mager*, Staatsrecht I, Rn 292.

Die Rücktrittserklärung ist eine empfangsbedürftige Willenserklärung. Unklar ist allerdings, wer **Adressat** der Rücktrittserklärung ist. Da der Bundespräsident als Staatsoberhaupt keinem anderen Staatsorgan untersteht, ist es zunächst denkbar, das Volk, das er repräsentiert, als Adressat der Rücktrittserklärung anzusehen.[1004] Danach müsste der Bundespräsident seinen Rücktritt gegenüber dem Volk, also der Öffentlichkeit, erklären. Teilweise werden aber auch Bundestag und Bundesrat oder Bundestag und Bundesregierung als Adressaten der Erklärung angesehen (vgl. *Jülich*, DÖV 1969, 92, 96). Gegen diese Auffassungen spricht, dass die genannten Verfassungsorgane entweder nicht oder nur zum Teil an der Wahl des Bundespräsidenten beteiligt sind. Warum sie dann aber Adressat der Rücktrittserklärung sein sollen, erschließt sich nicht unbedingt. Näher liegt es, den Bundestagspräsidenten in seiner Funktion als **Präsident der Bundesversammlung** (Art. 54 IV S. 2 GG, § 8 BPräs-WahlG) als Adressaten der Rücktrittserklärung des Bundespräsidenten anzusehen.[1005] Dem Bundespräsidenten, der zurücktreten möchte, ist daher zu empfehlen, seinen Rücktritt vorsorglich sowohl öffentlich als auch gegenüber dem Präsidenten des Bundestags, dem Präsidenten des Bundesrats, dem Bundeskanzler und dem Präsidenten des Bundesverfassungsgerichts, also öffentlich und gegenüber allen anderen Verfassungsorganen, abzugeben.

[1004] So wohl *Hebeler*, DVBl 2011, 317, 318, indem er schreibt, dass eine einfache, adressatenlose Erklärung genüge.
[1005] Vgl. auch *Waldhoff/Grefrath*, in: Berliner Kommentar, Art. 54 Rn 88; *Herzog*, in: Maunz/Dürig, Art. 54 Rn 59; *Fritz*, in: Bonner Kommentar, Art. 54 Rn 163. Dem sich anschließend *Helm/Platzer*, JA 2013, 284, 287.

F. Das Bundesverfassungsgericht

Wichtige Entscheidungen: BVerfGE 7, 1 (Zuständigkeit des BVerfG bei Fragen, die die Vereinbarkeit von Berliner Gesetzen mit dem GG betreffen); 7, 198 (Lüth); 7, 377 (Apothekenurteil); 65, 152 (Besetzung des 1. Senats des BVerfG); 68, 1 (judicial self-restraint); 72, 296 (Selbstablehnung eines Richters des BVerfG); 73, 330 (Ablehnung eines Bundesverfassungsrichters wegen Befangenheit). Siehe auch die Aufzählungen bei den einzelnen Verfahrensarten.

I. Bundesverfassungsgericht als Hüter der Verfassung

614 Das BVerfG wird im Grundgesetz systematisch außerhalb der Abschnitte über die obersten Verfassungsorgane behandelt, nämlich im Abschnitt IX, der die Rechtsprechung zum Gegenstand hat. Es darf daher bezweifelt werden, ob das BVerfG zu den obersten Verfassungsorganen zählt. Gleichwohl hat der (einfache) Gesetzgeber durch die Formulierung in § 1 BVerfGG („... allen *übrigen* Verfassungsorganen gegenüber ...") zum Ausdruck gebracht, dass er das BVerfG als oberstes Verfassungsorgan ansieht. Zwar kann der einfache Gesetzgeber nicht bestimmen, welche Institutionen den Rang eines Verfassungsorgans erhalten, gleichwohl entspricht es der h.M., das BVerfG als Verfassungsorgan zu bezeichnen. Denn aufgrund seiner Stellung und der Aufgabe, als „Hüter der Verfassung"[1006] die Normen des Grundgesetzes verbindlich auszulegen und anzuwenden und hierbei insbesondere dafür zu sorgen, dass die Staatsgewalt die gezogenen Grenzen nicht überschreitet und die der Verfassung zugrunde liegenden obersten Richtwerte verwirklicht werden, ist anzunehmen, dass das BVerfG zu den obersten Verfassungsorganen zählt.[1007] Auch das BVerfG bezeichnet sich selbst als oberstes Verfassungsorgan.[1008]

615 Die Entscheidungen des BVerfG sind unanfechtbar und binden alle übrigen Staatsorgane (vgl. § 31 I BVerfGG). In den Fällen des Art. 94 II S. 1 GG i.V.m. § 31 II BVerfGG und im Fall des Art. 93 II S. 2 GG hat die Entscheidung sogar Gesetzeskraft.

616 Das BVerfG besteht aus zwei Senaten zu je acht Richtern, von denen je drei aus den obersten Gerichtshöfen des Bundes gewählt werden (§ 2 BVerfGG). Hinsichtlich der Wahl der Bundesverfassungsrichter bestimmt das Grundgesetz selbst, dass die Richter je zur Hälfte vom Bundestag und vom Bundesrat gewählt werden (Art. 94 I S. 2 GG). Bemerkenswert ist, dass die vom Bundestag zu wählenden Richter nicht – wie man dies aufgrund des Wortlauts des Art. 94 I S. 2 GG vermuten würde – vom Plenum, sondern lediglich indirekt durch einen nach dem Verhältniswahlsystem bestellten Zwölferwahlausschuss (Wahlausschuss nach § 6 BVerfGG), der noch nicht einmal öffentlich tagt, gewählt werden, was in Anbetracht der immensen Bedeutung der Entscheidungen des BVerfG für das Staatsganze[1009] die Frage nach der demokratischen Legitimation dieses Wahlverfahrens und letztlich der Bundesverfassungsrichter aufwirft.[1010] Zwar ist für die Wahl eines Verfas-

---

[1006] So ausdrücklich BVerfGE 1, 184, 195 ff.; 1, 396, 408 f.; 2, 124, 131; 6, 300, 304; 40, 88, 93.
[1007] Vgl. auch *Stern*, StaatsR II, § 44 II 2.
[1008] BVerfGE 7, 1, 14; 7, 377, 413; 65, 152, 154.
[1009] Man denke nur an die sog. Maastricht-Entscheidung (BVerfGE 89, 155 ff. – dazu Rn 348), an das Lissabon-Urteil (BVerfGE 123, 267 ff. – dazu Rn 350 ff.) oder an die ESM-Entscheidung (BVerfGE 132, 195, 232 ff. – dazu Rn 250, 353a, 353b), aber auch an Entscheidungen, in denen Parlamentsgesetze für verfassungswidrig und teilweise nichtig erklärt wurden, etwa die Urteile zum Schwangerschaftsabbruch (BVerfGE 39, 1 ff. und BVerfGE 88, 203 ff. – dazu *R. Schmidt*, Grundrechte, Rn 50) oder das Urteil zum Luftsicherheitsgesetz (BVerfGE 115, 118 ff. – dazu *R. Schmidt*, Grundrechte, Rn 306). Generell sind zahlreiche Entscheidungen über die Auslegung der Grundrechte von weit reichender Bedeutung, etwa wenn es um das Recht auf informationelle Selbstbestimmung geht. Beispiele sind die Entscheidungen über die Videoüberwachung öffentlicher Orte oder von Versammlungen, die Abfrage von Kontostammdaten, die DNA-Identitätsfeststellung („genetischer Fingerabdruck"), die Rasterfahndung, die Speicherung und den Abruf von Verkehrsdaten, die Errichtung einer Antiterrordatei, die Ermittlung des Standorts eines Mobiltelefons, die automatische Erfassung von Kfz-Kennzeichen sowie die Onlinedurchsuchung von Computern zur Terrorismusbekämpfung – dazu *R. Schmidt*, Grundrechte, Rn 270 ff.
[1010] Zweifel an der Verfassungsmäßigkeit äußert auch *Wieland*, in: Dreier, GG Art. 94 Rn 14; vgl. auch *Voßkuhle*, in: v. Mangoldt/Klein/Starck, GG, Art. 94 Rn 15.

sungsrichters Zweidrittelmehrheit erforderlich (vgl. § 6 I BVerfGG für die vom Bundestag zu wählenden Verfassungsrichter), was eine komplette Majorisierung der Minderheiten auszuschließen scheint.[1011] Allerdings ist dieses hohe Quorum lediglich in § 6 I BVerfGG, also in einem einfachen Bundesgesetz, festgeschrieben und könnte daher vom Bundestag sogar mit einfacher Abstimmungsmehrheit (vgl. Art. 42 II S. 1 GG) in Form einer Änderung des BVerfGG beseitigt werden. Durch einfaches Bundesgesetz wäre es damit möglich, die Wahl der (vom Bundestag zu wählenden) Bundesverfassungsrichter von einfachen Mehrheiten im Wahlausschuss, der noch nicht einmal öffentlich tagen muss (s.o.), abhängig zu machen. Daher sind zu Recht Zweifel an der demokratischen Legitimation der Bundesverfassungsrichter angebracht. Da aber das Grundgesetz für diesen Fall keine qualifizierte Mehrheit fordert, hat der Verfassungsgeber darin offenbar kein Problem gesehen. Zum Verfahren insgesamt vgl. §§ 5 ff. BVerfGG.

Die vom Bundesrat zu wählenden Richter werden hingegen vom Bundesrat in unmittelbarer Wahl gewählt. Auch für diese Wahl ist Zweidrittelmehrheit erforderlich (§ 7 BVerfGG).

Um eine Interessenkollision von vornherein zu vermeiden, dürfen die Richter des BVerfG weder dem Bundestag, dem Bundesrat, der Bundesregierung noch den entsprechenden Organen der Länder angehören (Art. 94 I S. 3 GG). Zudem müssen die Richter nach § 3 I BVerfGG das 40. Lebensjahr vollendet haben, zum Bundestag wählbar sein und sich schriftlich bereit erklärt haben, Mitglied des BVerfG zu werden. Die Altersgrenze soll gewährleisten, dass nur Richter mit der nötigen Erfahrung und beruflichen Reife zu Verfassungsrichtern berufen werden. Die Amtszeit der Richter dauert nach § 4 I BVerfGG zwölf Jahre, längstens bis zur Altersgrenze, die gem. § 4 III BVerfGG auf das Ende des Monats festgelegt ist, in dem der Richter das 68. Lebensjahr vollendet. Eine anschließende oder spätere Wiederwahl ist gem. § 4 II BVerfGG ausgeschlossen.

Die Zuständigkeitsabgrenzung zwischen beiden Senaten ist in § 14 BVerfGG geregelt. Bedeutsam ist die Ermächtigung gem. § 14 IV S. 1 BVerfGG, wonach das Plenum des BVerfG unter den in der Vorschrift genannten Voraussetzungen die Zuständigkeit der Senate abweichend von § 14 I und II BVerfGG regeln kann.[1012]

Für den Fall, dass ein Senat von der Rspr. des anderen Senats abweichen will, sieht § 16 I BVerfGG (wegen der großen Tragweite der Entscheidungen des BVerfG für die Rechtspraxis) eine Entscheidung des Plenums vor. Dieses besteht aus allen Richtern des BVerfG.

Jeder Senat ist beschlussfähig, wenn mindestens sechs Richter anwesend sind (§ 15 II S. 1 BVerfGG). In den Verfahren über die Verwirkung von Grundrechten, über die Verfassungswidrigkeit von Parteien, über Anklagen des Bundestags oder des Bundesrats gegen den Bundespräsidenten und über Richteranklagen bedarf es zu einer dem Antragsgegner nachteiligen Entscheidung einer Mehrheit von zwei Dritteln der Mitglieder des Senats (§ 15 IV S. 1 BVerfGG). In allen anderen Verfahren entscheidet die Mehrheit der an der Entscheidung mitwirkenden Mitglieder des Senats, soweit nichts anderes gesetzlich geregelt ist (§ 15 IV S. 2 BVerfGG). Bei Stimmengleichheit kann ein Verstoß gegen das Grundgesetz oder sonstiges Bundesrecht nicht festgestellt werden (§ 15 IV S. 3 BVerfGG).

Speziell für Verfassungsbeschwerden ermächtigt Art. 94 II S. 2 GG den Bundesgesetzgeber, ein besonderes Annahmeverfahren vorzusehen. Von dieser Ermächtigung hat der Gesetzgeber durch §§ 90 II und 93a ff. BVerfGG Gebrauch gemacht.

II. Verfassungsrechtliche Verfahrensarten

In einer Fallbearbeitung sieht sich der Bearbeiter oft mit der Frage nach den Erfolgsaussichten eines Verfahrens vor dem BVerfG konfrontiert. Die Verfahrensarten sind im Grundgesetz **enumerativ** aufgeführt. Daneben kann das BVerfG in den ihm durch den Gesetzgeber zugewiesenen Fällen tätig werden. Das bedeutet, dass außerhalb

617

[1011] *Ipsen*, Rn 202.
[1012] Vgl. dazu den Beschluss des Plenums des BVerfG v. 24.11.2015 (BGBl I 2016, S. 118).

des gesetzlich bestimmten Zuständigkeitskatalogs keine weiteren Zuständigkeiten begründet werden können, auch wenn ein noch so dringendes Rechtsschutzbedürfnis besteht. Die wesentlichen Zuständigkeiten sind in Art. 93 GG genannt, andere im Grundgesetz verstreut aufgeführt (vgl. etwa Art. 18 und 21 II sowie 100 I GG). Einen Gesamtüberblick bietet § 13 BVerfGG. Im Folgenden sollen die für die juristische Ausbildung wichtigsten Verfahrensarten dargestellt werden:

- **Organstreitverfahren**, 93 I Nr. 1 GG, §§ 13 Nr. 5, 63 ff. BVerfGG (Rn 618 ff.)
- **abstrakte Normenkontrolle**, Art. 93 I Nr. 2 GG, §§ 13 Nr. 6, 76 ff. BVerfGG (Rn 642 ff.)
- **konkrete Normenkontrolle**, Art. 100 I GG, §§ 13 Nr. 11, 80 ff. BVerfGG (Rn 661 ff.)
- **Bund-Länder-Streit**, Art. 93 I Nr. 3 GG, §§ 13 Nr. 7, 68 ff. BVerfGG (Rn 680 ff.)
- **Verfassungsbeschwerde**, Art. 93 I Nr. 4a GG, §§ 13 Nr. 8a, 90 ff. BVerfGG (Rn 690 i.V.m. *R. Schmidt*, Grundrechte, Rn 1019 ff.)
- **Kompetenzkontrolle**, Art. 93 II GG (Rn 747).
- Weitere Verfahren vor dem BVerfG sind
  - ⇨ das **Parteiverbotsverfahren** (Art. 21 II S. 2 GG, §§ 13 Nr. 2, 43 ff. BVerfGG) und
  - ⇨ das **Wahlprüfverfahren** (Art. 41 II GG, §§ 13 Nr. 3, 48 BVerfGG). Da diese beiden Verfahrensarten bereits aufgrund des Sachzusammenhangs bei Rn 414 ff. und Rn 150 ff. behandelt wurden, wird insoweit auf diese Ausführungen verwiesen.
  - ⇨ Auf die **Kommunalverfassungsbeschwerde** (Art. 93 I Nr. 4b GG, §§ 13 Nr. 8a, 91 BVerfGG) und
  - ⇨ die „**Nichtanerkennungsbeschwerde**" (Beschwerde von Vereinigungen gegen ihre Nichtanerkennung als Partei für die Wahl zum Bundestag, Art. 93 I Nr. 4c GG, §§ 13 Nr. 3a, 96a ff. BVerfGG – dazu oben Rn 373 sowie BT-Drs. 17/9392) wird aufgrund der wohl eher geringen Studien- und Prüfungsrelevanz nicht weiter eingegangen.
- Verfahrensartübergreifend besteht die Möglichkeit einer **einstweilige Anordnung**, Art. 93 III GG, § 32 BVerfGG (Rn 748 ff.)

Für alle Verfahrensarten gilt, dass grundsätzlich Zulässigkeit und Begründetheit des jeweiligen Antrags zu prüfen sind. Dabei gilt, dass ein Antrag bereits dann erfolglos ist, wenn er unzulässig ist. Dennoch ist in aller Regel gutachtlich die Begründetheit zu prüfen, was umso mehr gilt, wenn der Bearbeitervermerk dies fordert. Etwas anderes gilt lediglich dann, wenn im Rahmen der Prüfung der Zulässigkeit die Antragsbefugnis verneint wurde. Denn ist der geltend gemachte Rechtsverstoß schon nicht möglich, kann die bei der Begründetheit zu erörternde Frage, ob der Rechtsverstoß tatsächlich vorliegt, keinen Sinn machen.

1. Organstreitverfahren, Art. 93 I Nr. 1 GG, §§ 13 Nr. 5, 63 ff. BVerfGG

Bei der Prüfung eines Organstreitverfahrens empfiehlt sich folgender Aufbau[1013]:

618

Organstreitverfahren nach Art. 93 I Nr. 1 GG, §§ 13 Nr. 5, 63 ff. BVerfGG

I. Zulässigkeit

1. Zuständigkeit des BVerfG (Art. 93 I Nr. 1 GG)

Gemäß Art. 93 I Nr. 1 GG entscheidet das BVerfG über die Auslegung des Grundgesetzes aus Anlass von Streitigkeiten über den Umfang der Rechte und Pflichten eines obersten Bundesorgans oder anderer Beteiligter, die durch das Grundgesetz oder in der Geschäftsordnung eines obersten Bundesorgans mit eigenen Rechten ausgestattet sind.

2. Parteifähigkeit der Beteiligten (Art. 93 I Nr. 1 GG, § 63 BVerfGG)

Antragsteller und Antragsgegner (Parteien) eines Organstreitverfahrens können sein:

⇨ Gemäß § 63 BVerfGG der **Bundespräsident**, der **Bundestag**, der **Bundesrat**, die **Bundesregierung** sowie die im Grundgesetz oder in den Geschäftsordnungen des Bundestags und des Bundesrats mit eigenen Rechten ausgestatteten Teile dieser Organe. Solche Organteile sind etwa der **Bundeskanzler**, die **Bundesminister**, die **Fraktionen**, die **Gruppen** und die **Bundestagsausschüsse**.

⇨ Gemäß Art. 93 I Nr. 1 GG „andere Beteiligte", die durch das Grundgesetz oder die Geschäftsordnung eines obersten Bundesorgans mit eigenen Rechten ausgestattet sind. Dazu gehören etwa die **Bundesversammlung** und der **Gemeinsame Ausschuss**. Auch der einzelne **Abgeordnete** ist parteifähig, da er durch das Grundgesetz mit eigenen Rechten ausgestattet ist. Die Ausstattung mit eigenen Rechten ergibt sich aus dem durch Art. 38 I S. 2 GG garantierten verfassungsrechtlichen Status als Abgeordneter. Schließlich sind **politische Parteien** parteifähig. Wie die einzelnen **Abgeordneten** sind sie zwar auch nicht in § 63 BVerfGG genannt. Da sie aber gem. Art. 21 GG das Recht (und die Pflicht) haben, an der politischen Willensbildung des Volkes mitzuwirken, sind sie durch das Grundgesetz mit eigenen Rechten ausgestattet und somit unmittelbar aus Art. 93 I Nr. 1 GG parteifähig, sofern es um die Verletzung ihres verfassungsrechtlichen Status geht.

3. Streitgegenstand (§ 64 I BVerfGG)

Streitgegenstand eines Organstreitverfahrens kann gem. § 64 I BVerfGG nur eine Maßnahme oder Unterlassung des Antragsgegners sein. Die beanstandete Maßnahme oder Unterlassung des Antragsgegners muss sich aus einem verfassungsrechtlichen Rechtsverhältnis zum Antragsteller ergeben. Die beanstandete Maßnahme oder Unterlassung muss rechtserheblich sein.

4. Antragsbefugnis (§ 64 I BVerfGG)

Der Antragsteller ist antragsbefugt, wenn das Verhalten des Antragsgegners geeignet ist, ihn in seinen durch das Grundgesetz übertragenen Rechten und Pflichten zu verletzen oder unmittelbar zu gefährden (§ 64 I BVerfGG). Dabei genügt es, wenn der Sachvortrag des Antragstellers die Verletzung oder die Gefährdung von durch das Grundgesetz übertragenen Rechten und Pflichten als möglich erscheinen lässt (sog. **Möglichkeitstheorie**). Für Organteile ist die **Prozessstandschaft** zulässig (vgl. § 64 I BVerfGG: „oder das Organ, dem er angehört"). Das bedeutet, dass Organteile die verfassungsrechtlichen Rechte des Organs selbst (im eigenen Namen) geltend machen können, auch wenn das Organ mehrheitlich seine Rechte als nicht verletzt ansieht. Die Prozessstandschaft dient dem Minderheitenschutz.

5. Form und Frist (§§ 23 I und 64 II-IV BVerfGG)

Hier sind die Vorschriften der §§ 23 I und 64 II-IV BVerfGG zu beachten.

6. Rechtsschutzbedürfnis

Nur ausnahmsweise zu prüfen.

II. Begründetheit

Der Antrag ist begründet, wenn die rechtserhebliche Maßnahme oder Unterlassung die verfassungsmäßigen Rechte und Pflichten des Antragstellers verletzt oder unmittelbar gefährdet (vgl. § 64 I BVerfGG). Dabei ist zu beachten, dass es immer nur um organschaftliche Rechte gehen kann, nicht um subjektivrechtliche Positionen wie Grundrechte.

[1013] Alle im Folgenden dargestellten Aufbauschemata stellen nur Vorschläge dar; sie erheben nicht den Anspruch, die allein richtigen zu sein.

Wichtige Entscheidungen: BVerfGE 1, 351 (Petersberger Abkommen); 2, 143 (EG-Vertrag); 10, 4 (Rederecht von Abgeordneten); 13, 123 (Deutsche Friedens-Union); 24, 300 (Wahlkampfkostenerstattung); 27, 240 (Parteifähigkeit von Gebietskörperschaften); 44, 125 (Öffentlichkeitsarbeit der Bundesregierung); 45, 1 (Über- und außerplanmäßige Ausgaben); 57, 1 (Verfassungsfeindliche Zielsetzung der NPD); 60, 319 (Antragsbefugnis bei öffentlich-rechtlichen Streitigkeiten innerhalb eines Landes, Art. 93 I Nr. 4 GG); 62, 1 (Auflösung des 9. Deutschen Bundestags); 67, 100 (Flick-Untersuchungsausschuss; Aktenherausgabe); 68, 1 (Raketenstationierung; judicial self-restraint); 70, 324 (Antragsbefugnis von Abgeordneten und Fraktionen); 71, 299 (Antragsfrist beim Organstreit); 74, 44 (Parteifähigkeit von politischen Parteien); 80, 188 (Fraktionslose Abgeordnete in Ausschüssen; Wüppesahl); 82, 322 (BWahlG; Sperrklausel); 84, 304 (Ausschussmitgliedschaft von Abgeordneten, die einer „Gruppe" i.S.v. § 10 IV GO BT angehören); 85, 264 (Parteienfinanzierung); 86, 65 (Sächsisches Abgeordnetengesetz); 90, 286 (Beteiligung der Bundesrepublik an zwischenstaatlichen Einrichtungen); 94, 351 (Überprüfung eines Abgeordneten auf seine frühere Tätigkeit oder Verantwortung für das MfS/AfNS); 96, 264 (Zur Rechtsstellung eines Zusammenschlusses von Abgeordneten, deren Partei die Sperrklausel unter Anwendung der Grundmandatsklausel überwunden hat); 103, 31 (Verpflichtung der Bundesregierung zur Einleitung eines Bund-Länder-Streits – Pofalla I); 104, 310 (Pofalla II); 111, 286 (WahlG NRW); 112, 118 (Sitzverteilung im Vermittlungsausschuss); 114, 121 (Bundestagsauflösung); 117, 359 (Antragsbefugnis einzelner Abgeordneter; Prozessstandschaft); 118, 244 (ISAF-Mandat); 123, 267 (Vertrag von Lissabon); 124, 161 (Fragerechte von Abgeordneten); BVerfG DVBl 2007, 956 (Offenlegung der Nebeneinkünfte); NVwZ 2010, 634 (Vermittlungsausschuss); NVwZ 2014, 1149 (Bundesversammlung); NVwZ 2015, 209 (Äußerung ggü NPD); NVwZ 2014, 152 (Informationsanspruch des Bundestags bzw. von Bundestagsmitgliedern ggü der Bundesregierung); NVwZ 2015, 216 (Rechte von Mitgliedern der Bundesversammlung); NVwZ 2015, 1751 (Vermittlungsausschuss); NVwZ 2016, 922 (Rechte von Oppositionsfraktionen).

619 In der Regel begehrt der Antragsteller vom BVerfG die Feststellung, dass er durch eine Maßnahme des Antragsgegners in seinen verfassungsmäßigen Rechten verletzt ist. Der das Gutachten einleitende **Obersatz** ergibt sich daher aus der allgemeinen Struktur eines Rechtsbehelfs:

Der Antrag auf Durchführung eines Organstreitverfahrens nach Art. 93 I Nr. 1 GG, §§ 13 Nr. 5, 63 ff. BVerfGG hat Erfolg, wenn er zulässig und begründet ist.

Hinweis für die Fallbearbeitung: In der Regel wendet sich der Antragsteller nur gegen *eine* Maßnahme. Sollte sich ausnahmsweise die Konstellation stellen, dass er *mehrere* Maßnahmen des Antragsgegners angreift, handelt es sich materiell-rechtlich um mehrere Anträge, die jeweils getrennt auf ihre Zulässigkeit und Begründetheit hin geprüft werden müssten. Dennoch sollte es zu keiner Beanstandung führen, wenn aus Effizienzgründen die Zulässigkeitsprüfung zusammengefasst wird. Gleichzeitig werden dadurch ermüdende Wiederholungen vermieden. Im Rahmen der Begründetheit sind die Maßnahmen aber auf jeden Fall getrennt zu prüfen.

a. Zulässigkeit

aa. Zuständigkeit des BVerfG (Art. 93 I Nr. 1 GG) [1014]

620 Gemäß Art. 93 I Nr. 1 GG, §§ 13 Nr. 5, 63 ff. BVerfGG entscheidet das BVerfG über die Auslegung des Grundgesetzes aus Anlass von Streitigkeiten über den Umfang der Rechte und Pflichten eines obersten Bundesorgans oder anderer Beteiligter, die durch das Grundgesetz oder die Geschäftsordnung eines obersten Bundesorgans mit eigenen Rechten ausgestattet sind. Das Organstreitverfahren ist damit ein sog. kontradiktorisches[1015] Verfahren zwischen obersten Bundesorganen (bzw. Teilen derselben) über die ihnen durch das Grundgesetz zugewiesenen Rechte und Pflichten (d.h. Kompetenzen).[1016]

[1014] Die Zuständigkeit des BVerfG als Zulässigkeitsvoraussetzung anzusehen, ist zwar nicht zwingend, aber möglich (so vertreten seit der 1. Aufl. 2000; später auch *Frenzel*, JuS 2009, 412, *Keber*, JA 2012, 917, 918 und *Holterhus*, JuS 2016, 711, 713). Auch das BVerfG prüft die Zuständigkeit als Zulässigkeitsvoraussetzung, vgl. etwa BVerfG 3.5.2015 – 2 BvE 4/14 Rn 57 (insoweit nicht abgedruckt in NVwZ 2016, 922, 923) mit Verweis auf BVerfGE 84, 290, 297; 84, 304, 317 f.; 90, 286, 337 f.; BVerfG NVwZ 2015, 1751, 1752 ff.

[1015] Lat.: widersprechend. In prozessualer Hinsicht spricht man von einem kontradiktorischen Verfahren, wenn sich Parteien mit ihren jeweiligen Interessen gegenüberstehen.

[1016] Vgl. etwa jüngst BVerfG NVwZ 2016, 922 ff. (Rechte von Oppositionsfraktionen).

bb. Parteifähigkeit der Beteiligten (Art. 93 I Nr. 1 GG, § 63 BVerfGG)

Beim Organstreitverfahren handelt es sich wie gesagt um ein kontradiktorisches Verfahren; Antragsteller und Antragsgegner (Parteien bzw. Beteiligte) können der **Bundespräsident**, der **Bundestag**, der **Bundesrat**, die **Bundesregierung**[1017], die **Bundesversammlung**[1018], der **Gemeinsame Ausschuss** sowie die im Grundgesetz oder in den Geschäftsordnungen des Bundestags (GO BT) und des Bundesrats (GO BR) mit eigenen Rechten ausgestatteten Teile dieser obersten Bundesorgane (Art. 93 I Nr. 1 GG, § 63 BVerfGG) sein.

621

Demnach ist fraglich, ob auch Fraktionen, Bundestagsausschüsse, einzelne Abgeordnete, Parteien, Parteimitglieder und Mitglieder des Bundesversammlung mit eigenen Rechten ausgestattete Teile der genannten Verfassungsorgane sind und damit Beteiligte in einem Organstreitverfahren sein können.

▪ **Fraktionen** sind parteifähig, weil sie sowohl vom Grundgesetz (vgl. Art. 53a I S. 2 GG) als auch vom Abgeordnetengesetz (§§ 45 ff. AbgG) und von der Geschäftsordnung des Bundestags (§§ 10 ff. GO BT) anerkannte und mit eigenen Rechten ausgestattete Organteile bzw. Unterorgane des Verfassungsorgans Deutscher Bundestag sind.[1019]

622

Gerade für Oppositionsfraktionen als organisierte parlamentarische Minderheit und als „Gegenspieler der Regierungsmehrheit"[1020] wird damit der Organstreit zu einem sehr wichtigen Instrument, Minderheitenrechte gegenüber den die Regierung tragenden Regierungsfraktionen durchzusetzen. Darauf wird bei Rn 630/636 näher eingegangen.

▪ Auch **Gruppen** i.S.v. § 10 IV GO BT sind parteifähig für die Einsetzung von Untersuchungsausschüssen, wenn die Mehrheit sich weigert.[1021]

623

▪ **Bundestagsausschüsse** sind parteifähig, da sie u.a. in Art. 44 I GG, §§ 1 ff. PUAG und §§ 62 I, 68 GO BT mit eigenen Rechten ausgestattet sind.[1022]

624

▪ Gleiches gilt für die im **Untersuchungsausschuss vertretenen Fraktionen**[1023], den **Bundestagspräsidenten** (vgl. Art. 40 GG) und den **Bundesratspräsidenten** (vgl. Art. 52 GG).

625

▪ **Bundesminister** sind schon deshalb parteifähig (etwa im Verfahren gegen den Bundestag), weil sie Teile des Organs Bundesregierung sind und gem. Art. 65 GG mit eigenen Rechten (Ressortprinzip) ausgestattet sind.[1024] Unzulässig ist jedoch ein „Insich-Prozess" zwischen Mitgliedern der Bundesregierung, da Art. 65 S. 3 GG insoweit die Beilegung von Streitigkeiten durch die Bundesregierung als Kollegial vorsieht. Entsprechendes gilt für den **Bundeskanzler** (Art. 65 S. 1 GG: Kanzlerprinzip).

626

▪ Auch der einzelne **Bundestagsabgeordnete** ist parteifähig, jedenfalls soweit es um seine Statusrechte geht. Zwar ist der einzelne Abgeordnete nicht in § 63 BVerfGG genannt (dort: Organteil), allerdings ist er gem. Art. 93 I Nr. 1 GG ein „anderer Beteilig-

627

[1017] Im Ergebnis unstreitig ist auch der Bundeskanzler parteifähig. Umstritten ist lediglich, ob es sich bei ihm um ein oberstes Bundesorgan gem. Art. 93 I Nr. 1 GG (so die h.M.), um einen „anderen Beteiligten" i.S.v. Art. 93 I Nr. 1 Var. 2 GG oder um einen Teil der Bundesregierung gem. § 63 Var. 4 BVerfGG handelt.

[1018] Die Bundesversammlung ist zwar nicht in Art. 93 I Nr. 1 GG genannt, ihre Beteiligten- bzw. Parteifähigkeit ergibt sich aber aus ihrer Stellung als Verfassungsorgan und ihrer Befugnis zur Wahl des Bundespräsidenten (Art. 54 GG); die Parteifähigkeit der Bundesversammlung entfällt auch nicht nach ihrer Beendigung (BVerfG NVwZ 2014, 1149 f.). Zu Stellung und Aufgaben der Bundesversammlung vgl. auch Rn 429 und 589 ff.

[1019] BVerfGE 1, 351, 359; 2, 143, 165; 45, 1, 28; 60, 319, 325 f.; 67, 100, 125; 90, 286, 336; 104, 151, 193; 118, 244, 254 f.; 124, 78, 106; 131, 152, 190; BVerfG NVwZ 2014, 501; NVwZ 2016, 922, 923. Zu den einzelnen Fraktionsrechten vgl. Rn 478.

[1020] BVerfG 3.5.2016 – 2 BvE 4/14 Rn 58 (insoweit nicht abgedruckt in NVwZ 2016, 922, 923) mit Verweis auf BVerfGE 90, 286, 344; 117, 359, 367 f.

[1021] BVerfGE 84, 304, 318.

[1022] Zum Untersuchungsausschussgesetz (PUAG) vgl. Rn 484 ff.

[1023] BVerfGE 67, 100, 124.

[1024] Vgl. BVerfGE 90, 286, 338; BVerfG NVwZ 2015, 209, 210.

ter", der durch das Grundgesetz mit eigenen Rechten ausgestattet ist. Die Ausstattung mit eigenen Rechten ergibt sich aus dem durch Art. 38 I S. 2 GG garantierten verfassungsrechtlichen Status als Abgeordneter.[1025] Rügt also der einzelne Bundestagsabgeordnete eine Rechtsverletzung, die seinen Status als Abgeordneter betrifft, ist i.d.R. das Organstreitverfahren einschlägig[1026] (vgl. dazu das Bsp. bei Rn 634).[1027]

Ist eine Verletzung eigener Statusrechte nicht gegeben, wird der einzelne Abgeordnete versuchen, die (Status-)Rechte des Parlaments, dem er angehört, als verletzt zu rügen (sog. Prozessstandschaft – die in der Fallbearbeitung i.d.R. bei der Antragsbefugnis zu erörtern ist). Allerdings ist er (trotz der missverständlichen Formulierung in § 64 I BVerfGG) allenfalls ein Organmitglied, nicht aber ein Organteil bzw. Unterorgan. Daraus folgert das BVerfG, dass er auch nicht die Verletzung von Statusrechten des Parlaments geltend machen könne; er sei nicht befugt, im Organstreit Rechte des Bundestags als Prozessstandschafter geltend zu machen. Denn das Organstreitverfahren diene nur dem Schutz der Rechte der Staatsorgane im Verhältnis zueinander, nicht einer allgemeinen Verfassungsaufsicht, die gegeben wäre, wenn ein einzelner Abgeordneter Rechte des Organs, dem er angehört, rügen könnte.[1028]

Beispiel[1029]**:** Am 1.7.2016 fasste die Bundesregierung den Beschluss, sich an einer internationalen Operation zur Bekämpfung des sog. Islamischen Staats („IS") zu beteiligen und in diesem Zusammenhang Aufklärungsflugzeuge an die Grenze zu Syrien zu entsenden. Der Bundestag stimmte dem unter Wahrung der Vorgaben aus dem Parlamentsbeteiligungsgesetz durch Beschluss vom 30.8.2016 zu.

Der Bundestagsabgeordnete A ist der Auffassung, dass der Bundestag dem Antrag der Bundesregierung nicht durch einfachen Parlamentsbeschluss, sondern allenfalls in Form eines Parlamentsgesetzes hätte zustimmen dürfen. Der einfache Beschluss sei daher verfassungswidrig. Er beantragt ein Organstreitverfahren zur Feststellung der Verfassungswidrigkeit des genannten Bundestagsbeschlusses.

In seiner seinerzeitigen Entscheidung hinsichtlich des Einsatzes von Tornado-Aufklärungsflugzeugen hatte das BVerfG entschieden, dass ein einzelner Abgeordneter (gemäß der oben angeführten Argumentation) nicht antragsbefugt i.S.d. § 64 I BVerfGG sei. Eine Verletzung eigener Statusrechte liege nicht vor. Auch sei er nicht im Wege der Prozessstandschaft rügebefugt. Denn der Minderheitenschutz, der dem Institut der Prozessstandschaft zukomme (vgl. dazu Rn 630/635 f.), greife vorliegend nicht. Denn letztlich ziele die Rüge, der Bundestag habe dem Antrag der Bundesregierung zu Unrecht zugestimmt und in der Form eines einfachen Parlamentsbeschlusses anstatt in der Form eines Gesetzes entschieden, auf eine allgemeine Verfassungskontrolle. Die Rüge sei in der Sache darauf gerichtet, die Vereinbarkeit des angegriffenen Beschlusses mit Art. 24 II und Art. 59 II GG durch das BVerfG überprüfen zu lassen. Diese Normen begründeten jedoch weder Statusrechte des A noch solche des Parlaments. A ist daher nicht antragsbefugt i.S. eines Organstreitverfahrens.

628　　■　**Politische Parteien** sind durchaus parteifähig. Wie die einzelnen Abgeordneten sind sie zwar ebenfalls nicht in § 63 BVerfGG genannt. Da sie aber gem. Art. 21 GG das Recht (und die Pflicht) haben, an der politischen Willensbildung des Volkes mitzuwirken, sind sie durch das Grundgesetz mit eigenen Rechten ausgestattet und somit un-

---

[1025] BVerfGE 62, 1, 32; 80, 188, 208 f.; 94, 351, 362; 104, 310, 325; 123, 267, 340 ff.; 124, 161, 184 ff.; BVerfG NVwZ 2014, 1652, 1653. Das schließt die Geltendmachung der Verletzung von Rechten des Parlaments aus, vgl. BVerfGE 90, 286, 342; 117, 359, 361 ff. Vgl. dazu auch LVerfG Meck-Vor NVwZ-RR 2009, 362.
[1026] BVerfG NVwZ 2014, 1652, 1653.
[1027] Steht bei geltend gemachter Verletzung des Art. 38 I S. 2 GG kein beteiligungsfähiger Antragsgegner zur Verfügung, oder steht die Verletzung von Individualrechten im Raum, ist die Verfassungsbeschwerde statthaft (vgl. Rn 504c und 504d).
[1028] Vgl. BVerfGE 117, 359, 361 ff.
[1029] In Anlehnung an BVerfGE 117, 359 ff. (Tornado-Aufklärungsflugzeuge).

mittelbar aus Art. 93 I Nr. 1 GG parteifähig, sofern es um die Verletzung ihres verfassungsrechtlichen Status geht.[1030]

- Parteifähig i.S.v. Art. 93 I Nr. 1 GG, § 63 BVerfGG ist ferner der **Vermittlungsausschuss**.[1031] Auch **Mitglieder der Bundesversammlung** sind parteifähig, da sie „andere Beteiligte" des bereits als parteifähig festgestellten Verfassungsorgans Bundesversammlung sind.[1032] Ob auch der **Bundesrechnungshof**, der **Wehrbeauftragte** des Deutschen Bundestags und die **Bundesbank** parteifähig sind, wurde vom BVerfG – soweit ersichtlich – bislang nicht entschieden. **629**

- **Abzulehnen** ist jedenfalls die Parteifähigkeit für Länder[1033], Landesorgane[1034], Staatsbürger[1035] bzw. für das Staatsvolk als solches[1036] und für Körperschaften des öffentlichen Rechts[1037]. Auch das **BVerfG** ist selbstverständlich nicht parteifähig; es kann nicht Gericht in eigener Sache sein. **629a**

cc. Streitgegenstand

Als Gegenstand eines Organstreitverfahrens kommt nur eine **Maßnahmen oder Unterlassung** (siehe § 64 I BVerfGG) des Antragsgegners in Betracht, der eine **Rechtserheblichkeit** zukommt[1038] oder sich zumindest zu einem die Rechtsstellung des Antragstellers beeinträchtigenden, rechtserheblichen Verhalten verdichten kann[1039]. Die geforderte Rechtserheblichkeit der Maßnahme oder Unterlassung besteht, wenn zwischen den Parteien eine **konkrete Meinungsverschiedenheit** über **verfassungsrechtliche Rechte und Pflichten** (im Verhältnis zwischen Antragsteller und Antragsgegner) besteht, die geeignet ist, (jedenfalls) die Rechtsstellung des Antragstellers zu beeinträchtigen.[1040] **630**

Ob der **Nichterlass eines Gesetzes** ein rügefähiges Unterlassen darstellt, ist angesichts des weiten Beurteilungsspielraums des Gesetzgebers in Bezug auf die Notwendigkeit einer bestimmten gesetzlichen Regelung fraglich. Konkret stellt sich die Frage, ob eine Oppositionsfraktion mit Hilfe verfassungsgerichtlicher Entscheidung den Erlass eines von ihr gewünschten Gesetzes oder eine Beschäftigung des Parlaments mit einer von ihr eingebrachten Gesetzesvorlage durchsetzen kann.

> **Beispiel**[1041]: Der gegenwärtige 18. Deutsche Bundestag besteht aus insgesamt 630 Abgeordneten. Infolge der Großen Koalition von CDU/CSU und SPD beträgt die Zahl

---

[1030] BVerfGE 4, 27, 30 f.; 82, 322, 335; 85, 264, 284; 111, 286, 288; BVerfG NVwZ 2015, 209, 210 ff.; a.A. *Ipsen*, in: Sachs, GG, Art. 21 Rn 48 und Staatsorganisationsrecht, Rn 886, mit dem Argument, dass lediglich die Fraktionen, nicht die Parteien Teile eines Verfassungsorgans seien und dass das BVerfG selbst an anderer Stelle (E 20, 56, 101) hervorgehoben habe, die Parteien stünden *zwischen* Staat und Gesellschaft. Unabhängig von diesem Streit gilt: Rügen Parteien Grundrechtsverletzungen, können sie diese nicht im Wege des Organstreitverfahrens geltend machen, sondern nur mit der Verfassungsbeschwerde (unter vorheriger Ausschöpfung des Rechtswegs) abwehren (vgl. dazu BVerfG NJW 1998, 3042). Gar der Verwaltungsrechtsweg ist eröffnet, wenn es um die Wahrung der Chancengleichheit bei Wahlwerbespots im öffentlich-rechtlichen Rundfunk oder um die Zulassung zur Nutzung von Stadthallen o.Ä. geht. Denn in diesen Fällen sind weder die Antragsgegner parteifähig im Organstreitverfahren noch handelt es sich um verfassungsrechtliche Streitigkeiten. Vgl. hierzu *R. Schmidt*, VerwProzR, Rn 97 ff.
[1031] Vgl. dazu BVerfG NVwZ 2015, 1751, 1752 ff.
[1032] Vgl. BVerfG NVwZ 2014, 1149 f.; einschränkend aber BVerfG NVwZ 2015, 216, 217.
[1033] BVerfG NVwZ 2004, 850, 851.
[1034] BVerfGE 86, 65, 70.
[1035] BVerfGE 60, 175, 200 f.
[1036] BVerfGE 13, 54, 85.
[1037] BVerfGE 27, 240, 244.
[1038] Vgl. nur BVerfGE 96, 264, 277; 97, 408, 414; 103, 81, 86 ff.; 104, 310, 325; 118, 277, 317; BVerfG NVwZ 2015, 209, 210 ff.; NVwZ 2015, 1751, 1752 ff.; BVerfG 3.5.2016 – 2 BvE 4/14 Rn 57 (insoweit nicht abgedruckt in NVwZ 2016, 922, 923).
[1039] BVerfG NVwZ 2015, 218, 219 mit Verweis auf BVerfGE 57, 1, 4 f.; 60, 374, 381; 97, 408, 414; 120, 82, 96.
[1040] BVerfG 3.5.2016 – 2 BvE 4/14 Rn 67 (insoweit nicht abgedruckt in NVwZ 2016, 922, 923) mit Verweis auf BVerfGE 84, 290, 297; 84, 304, 317 f.; 90, 286, 337 f.; BVerfG NVwZ 2015, 1751, 1752. Vgl. auch BVerfG NVwZ 2015, 218, 219 mit Verweis auf BVerfGE 118, 277, 317. Vgl. auch BVerfGE 104, 310, 325.
[1041] In Anlehnung an BVerfG NVwZ 2016, 922 ff. (Rechte von Oppositionsfraktionen).

der Sitze der beiden Oppositionsfraktionen DIE LINKE und Bündnis 90/DIE GRÜNEN lediglich 127. Das ist weniger als ein Viertel von 630. Die Oppositionsfraktionen haben daher nicht das verfassungsrechtliche Recht, z.B. die Einsetzung eines Parlamentarischen Untersuchungsausschusses zu verlangen (siehe Art. 44 I S. 1 GG: ein Viertel der Mitglieder des Bundestags). Auch sonstige Minderheitenrechte, deren Ausübung an ein Quorum i.H.v. einem Viertel der Mitglieder des Bundestags geknüpft ist (vgl. Art. 23 Ia S. 2 GG, Art. 45a II GG, Art. 93 I Nr. 2 GG), können sie nicht beanspruchen.

Eine der beiden Oppositionsfraktionen (im Folgenden: O) brachte daher einen Gesetzentwurf in den Bundestag ein, der eine Änderung des Grundgesetzes zum Gegenstand hatte. Konkret sollten die Oppositionsrechte gestärkt werden, was durch eine Herabsetzung der genannten Quoren erfolgen sollte. Der Bundestag lehnte nach eingehender Beratung mehrheitlich eine weitere Beschäftigung mit dem Gesetzentwurf ab. O ist der Auffassung, dadurch in ihren parlamentarischen Rechten verletzt zu sein, und stellt einen Antrag auf Durchführung eines Organstreitverfahrens gem. Art. 93 I Nr. 1 GG, §§ 13 Nr. 5, 63 ff. BVerfGG.

Statthaft ist ein Organstreitverfahren. Die O-Fraktion sieht durch die Ablehnung der Zuerkennung der begehrten Oppositionsrechte durch den Bundestag verfassungsrechtlich verbürgte Rechte des Bundestags sowie eigene Rechte verletzt. Streitgegenstand sind somit verfassungsrechtliche Organbeziehungen.[1042]

Die O-Fraktion müsste auch **parteifähig** (d.h. prozessführungsbefugt) sein. Bedenken könnten sich ergeben, da O lediglich ein Teil des Verfassungsorgans Bundestag ist, das zudem auch noch Antragsgegner ist. Nach st. Rspr. des BVerfG sind Fraktionen als Teil des Organs Bundestag gem. § 63 BVerfGG aber auch in einem solchen Fall parteifähig, da sie sowohl von der GO BT als auch von der Verfassung anerkannter Teil des Verfassungsorgans Deutscher Bundestag sind (s.o.). Gerade die Oppositionsfraktionen und damit die organisierte parlamentarische Minderheit als Gegenspieler der Regierungsmehrheit müssten in der Lage sein, Rechte auch gegenüber dem Organ, dem sie angehören, im Organstreit geltend zu machen.[1043] Die O-Fraktion ist daher parteifähig. Der Bundestag (Antragsgegner) ist als oberstes Bundesorgan von vornherein gem. Art. 93 I Nr. 1 GG, § 63 BVerfGG parteifähig.

Streitgegenstand ist der Beschluss des Bundestags, sich nicht mit dem eingebrachten Gesetzentwurf zu beschäftigen. Mithin geht es um ein Unterlassen, das jedenfalls dann als Antragsgegenstand anerkannt ist, wenn es einer (aktiven) Maßnahme gleichsteht (sog. **qualifiziertes Unterlassen**).[1044] Im vorliegenden Fall hatte der Bundestag zunächst über den Inhalt des Gesetzentwurfs diskutiert, bevor er die weitere Befassung mit ihm ablehnte. Dies ist als rügefähiges Unterlassen i.S.v. § 64 I BVerfGG anzusehen.

Hinweis: Nach der hier vertretenen Auffassung wäre das Organstreitverfahren auch bei bloßer Untätigkeit des Bundestags statthaft gewesen, weil anderenfalls der Antragsgegner durch schlichtes Ignorieren des Anliegens über die Statthaftigkeit des Organstreitverfahrens entscheiden könnte. Zur **Antragsbefugnis** siehe Rn 636.

631 **Weitere Beispiele von konkreten, einen Streitgegenstand darstellenden verfassungsrechtlichen Rechten und Pflichten:**

(1) Verweigerung der Anerkennung des Fraktionsstatus

(2) Beschluss des Bundestags, (k)einen Untersuchungsausschuss einzusetzen

(3) Erlass eines Gesetzes oder Unterlassen, ein bestimmtes Gesetz zu erlassen[1045]

[1042] BVerfG 3.5.2016 – 2 BvE 4/14 Rn 67 (insoweit nicht abgedruckt in NVwZ 2016, 922, 923) mit Verweis auf BVerfGE 84, 290, 297; 84, 304, 317 f.; 90, 286, 337 f.; BVerfG NVwZ 2015, 1751, 1752.

[1043] Vgl. etwa BVerfG 3.5.2016 – 2 BvE 4/14 Rn 67 (insoweit nicht abgedruckt in NVwZ 2016, 922, 923) mit Verweis auf BVerfGE 90, 286, 344; 117, 359, 367 f.

[1044] Vgl. BVerfG 3.5.2016 – 2 BvE 4/14 Rn 60 (insoweit nicht abgedruckt in NVwZ 2016, 922, 923) mit Verweis auf BVerfGE, 120, 82, 98 f.

[1045] Maßnahme i.S.d. § 64 I BVerfGG kann – wie bereits bei Rn 630 ausgeführt – auch ein (unterlassenes) Gesetz sein, vgl. nur BVerfGE 80, 188, 209; BVerfG NVwZ 2016, 922 ff. (Rechte von Oppositionsfraktionen).

(4) Besetzung von Ausschüssen mit Abgeordneten durch den Bundestag (vgl. dazu das Untersuchungsausschussgesetz, dargestellt bei Rn 484 ff.) sowie die Besetzung von Arbeitsgruppen in Ausschüssen (hier: im Vermittlungsausschuss)[1046]

(5) Auflösung des Bundestags nach Art. 68 GG durch den Bundespräsidenten

(6) Weigerung der Ausfertigung eines Gesetzes durch den Bundespräsidenten

(7) Unterlassen des Gesetzgebers, Maßnahmen gegen ausbrechende Akte von Organen oder Einrichtungen der EU zu treffen (dazu Rn 364 f.).

(8) Entscheidung des Bundesratspräsidenten als Leiter der Bundesversammlung, einem Antrag von Mitgliedern der Bundesversammlung, die Tagesordnung um einen Punkt zu erweitern, nicht stattzugeben.[1047]

(9) Erklärung einer Bundesministerin im Rahmen eines Wahlkampfs, primäres Ziel müsse es sein, den Einzug der NPD in den Landtag zu verhindern.[1048]

Diese Beispiele weisen insb. deswegen die erforderliche Rechtserheblichkeit auf, weil sie den jeweiligen Antragsteller in seinen verfassungsrechtlichen Rechten betreffen.

Gegenbeispiele: 632

(1) Vorschriften der Geschäftsordnung (beispielsweise des Bundestags) regeln keine verfassungsrechtlichen Rechtsverhältnisse. Ihre Verletzung kann daher nicht im Organstreitverfahren geltend gemacht werden.[1049] Etwas anderes gilt nur, wenn die betreffende Vorschrift der GO konkretisiertes Verfassungsrecht darstellt. Beruft sich demnach beispielsweise eine Fraktion auf Bestimmungen der GO, muss dargelegt werden, ob nicht durch den Verstoß gegen die GO verfassungsrechtliche Mitwirkungsrechte der Fraktion als Institution des Verfassungslebens betroffen sind. Dies gilt etwa für das Recht der Fraktion auf gleichberechtigte Beteiligung in den Ausschüssen des Parlaments.

(2) Auch scheiden schlichte Parlamentsbeschlüsse (= Parlamentsbeschlüsse ohne bindenden Charakter) und vorbereitende Akte als Streitgegenstand aus, da hier gerade wegen der Unverbindlichkeit keine Rechte und Pflichten in Frage stehen.[1050]

(3) Gesetzentwürfe und noch nicht in Kraft getretene Gesetze sind keine tauglichen Prüfungsgegenstände.

(4) Auch können Rechte und Pflichten, die sich aus Landesgesetzen (etwa aus einem Landeswahlgesetz) ergeben, nicht vor dem BVerfG eingeklagt werden.[1051]

(5) Des Weiteren soll eine Äußerung der Bundesregierung über die verfassungsfeindliche Zielsetzung einer Partei nicht rechtserheblich sein.[1052] Zwar ist im Ergebnis richtig, dass die Bundesregierung Interessen der wehrhaften Demokratie wahrnehmen können muss und dass die betreffende Partei die Äußerung insoweit dulden muss, allerdings überzeugt es nicht, wenn das BVerfG die Rechtserheblichkeit einer kritischen Äußerung verneint. Vielmehr hätte es methodisch korrekt im Rahmen der Begründetheitsprüfung eine Abwägung vornehmen und eine Duldungspflicht aussprechen müssen. Freilich hätte dies die Zulässigkeit des Antrags vorausgesetzt, was das BVerfG wohl vermeiden wollte.

(6) Schließlich ist ein Verfahrensgegenstand, der auf eine rechtsgestaltende Entscheidung des BVerfG abzielt, unzulässig. Das ist etwa der Fall, wenn der Antragsteller begehrt, das BVerfG möge nicht nur die Wahl des Bundespräsidenten für ungültig erklären, sondern auch eine Neuwahl anordnen.[1053]

[1046] Vgl. BVerfG NVwZ 2015, 1751, 1752 ff. (Zusammensetzung von Arbeitsgruppen des Vermittlungsausschusses).
[1047] Vgl. BVerfG NVwZ 2014, 1149 f.
[1048] BVerfG NVwZ 2015, 209 ff.
[1049] Vgl. NWVerfGH NVwZ-RR 2000, 265, 266.
[1050] Vgl. BVerfG NVwZ 2015, 218, 219 mit Verweis auf BVerfGE 68, 1, 74 f.; 97, 408, 414; 120, 82, 96.
[1051] BVerfGE 111, 286, 288.
[1052] BVerfGE 13, 123, 125; 40, 287, 293 f.; 57, 1, 6 f.
[1053] BVerfG NVwZ 2015, 216, 217.

> **Hinweis für die Fallbearbeitung:** Da die erforderliche Rechtserheblichkeit nur dann bejaht werden kann, wenn der Antragsteller durch die Maßnahme bzw. Unterlassung in seinen verfassungsrechtlich gewährleisteten Rechten betroffen ist, kann sie auch erst im Rahmen der Antragsbefugnis erörtert werden. Wird sie bereits im Rahmen des Streitgegenstands erörtert, sollte bei der Antragsbefugnis dennoch kurz auf Folgendes hingewiesen werden: „Es kann nicht ausgeschlossen werden, dass die ... (rechtserhebliche Maßnahme) den Antragsteller in seinen verfassungsrechtlich gewährleisteten Rechten beeinträchtigt". Zum Sonderfall der Prozessstandschaft, bei der der Antragsteller keine eigenen Rechte, sondern solche des Organs, dem er angehört, geltend macht, vgl. Rn 635/636.

dd. Antragsbefugnis (= Prozessführungsbefugnis des Antragstellers)

633 Weitere Zulässigkeitsvoraussetzung ist die Antragsbefugnis. Der Antragsteller ist antragsbefugt, wenn das Handeln oder Unterlassen des Antragsgegners geeignet ist, den Antragsteller in seinen durch das Grundgesetz übertragenen Rechten und Pflichten zu verletzen oder unmittelbar zu gefährden (§ 64 I BVerfGG). Mit „geeignet" ist gemeint, dass der Sachvortrag des Antragstellers die Verletzung oder die Gefährdung von durch das Grundgesetz übertragenen organschaftlichen Rechten und Pflichten als möglich erscheinen lassen muss[1054] (sog. Möglichkeitstheorie), was wiederum angenommen werden kann, wenn die geltend gemachte Verletzung organschaftlicher Rechte nicht von vornherein ausgeschlossen werden kann.[1055]

> **Hinweis für die Fallbearbeitung:** Aus dieser Formulierung wird zunächst deutlich, dass man es in der Fallbearbeitung vermeiden sollte, von einer möglichen „Verletzung *subjektiver* Rechte" zu sprechen. Denn eine solche Formulierung könnte leicht missverstanden werden, weil allein organschaftliche, nicht persönliche Rechte im Raum stehen. Des Weiteren wird aus der o.g. Formulierung deutlich, dass gemäß Sachvortrag des Antragstellers die Verletzung oder die Gefährdung von durch das Grundgesetz übertragenen Rechten und Pflichten lediglich nicht von vornherein ausgeschlossen sein darf. Ob eine solche Verfassungsrechtsverletzung oder -gefährdung tatsächlich vorliegt, ist keine Frage der Zulässigkeit, sondern der Begründetheit. In der Fallbearbeitung genügt es also, dass man im Rahmen der Antragsbefugnis darlegt, dass die behauptete Rechtsverletzung nicht von vornherein ausgeschlossen werden könne und somit die Antragsbefugnis vorliege.[1056]

634 Die Antragsbefugnis setzt jedoch voraus, dass sich Antragsteller und Antragsgegner in einem **verfassungsrechtlichen Rechtsverhältnis** befinden und über **bestimmte Folgerungen aus diesem Rechtsverhältnis streiten**. Der Antragsteller ist also – wie bereits aufgezeigt – nur dann antragsbefugt, wenn er eine Rechtsverletzung geltend macht, die sich aus seiner **organschaftlichen Stellung** ergibt.[1057] Das werden in erster Linie Kompetenzübergriffe des Antragsgegners oder die (geltend gemachte) Nichteinräumung von verfassungsrechtlich garantierten Rechten des Antragstellers sein. Zielt der Antrag also auf die Feststellung, dass (vom Antragsgegner) objektives (Verfassungs-)Recht verletzt wurde, fehlt die Antragsbefugnis[1058] ebenso wie in dem

---

[1054] Vgl. auch BVerfGE 117, 359, 366.

[1055] Vgl. BVerfG 3.5.2016 – 2 BvE 4/14 Rn 63 ff. (insoweit nicht abgedruckt in NVwZ 2016, 922, 923) für den Fall der Nichtannahme von Gesetzentwürfen, die der Antragsteller (hier: eine Oppositionsfraktion) in den Bundestag eingebracht hatte (siehe das Beispiel bei Rn 630/636).

[1056] Abzulehnen ist das Aufzeigen einer Parallele zu § 42 II VwGO (so aber *Sauer*, JuS 2007, 641, 642), weil auch dies vom Korrektor so verstanden werden könnte, als stelle man auf die mögliche Verletzung subjektiver (d.h. persönlicher) Rechte ab. Beim Organstreit geht es aber – wie aufgezeigt – ausschließlich um organschaftliche Rechte und Pflichten von Staatsorganen bzw. Teilen von ihnen.

[1057] Vgl. nur BVerfGE 126, 55 ff.; BVerfG NVwZ 2014, 1149 f.; NVwZ 2015, 209, 210 ff.; BVerfG 3.5.2016 – 2 BvE 4/14 Rn 63 ff. (insoweit nicht abgedruckt in NVwZ 2016, 922, 923).

[1058] Vgl. BVerfG NVwZ 2014, 1149 f.

Fall, dass die Rechte, die der Antragsteller als verletzt rügt, diesem gar nicht zustehen[1059]. Auch kann sich der Antragsteller nicht auf eine Verletzung von Grundrechten oder unterverfassungsrechtlichen Rechten berufen.[1060]

> **Beispiel:** Abgeordneter A hat über einen längeren Zeitraum illegale Parteispenden entgegengenommen. Um den Sachverhalt umfassend aufzuklären, setzt der Bundestag einen Untersuchungsausschuss ein. A ist der Auffassung, die Einsetzung des Untersuchungsausschusses greife in unzulässiger Weise in sein Grundrecht auf informationelle Selbstbestimmung (Art. 1 I GG i.V.m. Art. 2 I GG) ein. Darüber hinaus sei er an der Ausübung seines **freien Mandats** (Art. 38 I S. 2 GG) gehindert.
>
> Sofern sich A auf das Grundrecht auf informationelle Selbstbestimmung beruft, ist der Organstreit unzulässig, da dieser die Geltendmachung einer Verletzung von organschaftlichen Rechten voraussetzt. Grundrechte begründen keine organschaftlichen Rechte. Etwas anderes gilt im Hinblick auf Art. 38 I S. 2 GG. Dort ist der verfassungsrechtliche Status als Abgeordneter verankert. Sofern eine Verletzung dieses verfassungsrechtlichen Abgeordnetenstatus nicht ausgeschlossen werden kann, ist A antragsbefugt.[1061]

Für Organteile ist insbesondere für den Fall, dass sie sich nicht auf eigene verfassungsrechtliche Rechte stützen können, **Prozessstandschaft** zulässig (vgl. § 64 I BVerfGG: „oder das Organ, dem er angehört"). Das bedeutet, dass Organteile die *verfassungsrechtlichen Rechte des Organs* selbst (im eigenen Namen) geltend machen können, auch wenn das Organ mehrheitlich seine Rechte als nicht verletzt ansieht[1062] (siehe bereits Rn 630).   **635**

> **Beispiele:**
> **(1)** Bundespräsident B löst gem. Art. 68 GG den Bundestag auf. Die Minderheitsfraktion M behauptet, die verfassungsrechtliche Rechtsstellung des Bundestags sei durch diese Maßnahme verletzt worden. ⇨ Hier greift das Institut der zulässigen Prozessstandschaft (§ 64 I BVerfGG), da die M-Fraktion Teil des Verfassungsorgans *Bundestag* ist.
> **(2)** Der Bundesratspräsident als Leiter der Bundesversammlung weist einen Antrag von Mitgliedern der Bundesversammlung, die Tagesordnung zu erweitern, zurück. ⇨ Auch hier greift das Institut der zulässigen Prozessstandschaft (§ 64 I BVerfGG), da die Antragsteller Teil des Verfassungsorgans *Bundesversammlung* sind.[1063]
> **(3)** Der Bundestag lehnt einen von einer Oppositionsfraktion in den Bundestag eingebrachten Gesetzentwurf ab, der die Stärkung von Minderheitenrechten (d.h. Oppositionsrechten) zum Gegenstand hat.[1064]

Wie bereits ausgeführt, dient das Institut der Prozessstandschaft dem **Minderheitenschutz**. Unter Hinweis auf eine Debatte im Parlamentarischen Rat führt das BVerfG dazu aus, dass die Prozessstandschaft vor dem Hintergrund der weitgehenden Übereinstimmung von Regierung und der sie tragenden Parlamentsmehrheit im parlamen-   **636**

[1059] BVerfG NVwZ 2015, 216, 217: Die Rechte von Mitgliedern der Bundesversammlung beschränken sich auf die Wahl des Bundespräsidenten; ein Rederecht bzw. eine Personaldiskussion stehen ihnen nicht zu.
[1060] An dieser Stelle wird erneut klar, dass man im Rahmen des Organstreits – um nicht missverstanden zu werden – nicht von subjektiven Rechten sprechen sollte.
[1061] Zur Begründetheit vgl. Rn 638. Zur Frage nach der Antragsbefugnis des Bundeskanzlers vgl. das Bsp. bei Rn 636.
[1062] BVerfGE 1, 351, 359; 45, 1, 29 f.; 68, 1, 69 f.; 90, 286, 336; 113, 113, 121; 117, 359, 361 ff.; BVerfG 3.5.2016 – 2 BvE 4/14 Rn 66 ff. (insoweit nicht abgedruckt in NVwZ 2016, 922, 923).
[1063] Vgl. BVerfG NVwZ 2014, 1149 f., das in dieser Frage zwar die Antragsbefugnis bejahte, jedoch den Antrag als unbegründet verwarf, da die vom Antragsteller als verletzt geltend gemachten organschaftlichen Rechte nicht bestünden. Die Befugnisse der Bundesversammlung erschöpften sich in der Wahl des Bundespräsidenten. Daher bestünde auch kein Recht der Mitglieder der Bundesversammlung darauf, dass sich die Kandidaten der Bundesversammlung vorstellten (zu den Aufgaben der Bundesversammlung vgl. auch Rn 589 ff.).
[1064] Vgl. BVerfG NVwZ 2016, 922, 923 ff. Vgl. dazu Rn 78/622/630/636.

tarischen Regierungssystem v.a. dazu diene, Oppositionsfraktionen und damit der organisierten parlamentarischen Minderheit als dem Gegenspieler der Regierungs-mehrheit den Rechtsweg zum BVerfG zu eröffnen, um somit die tatsächliche Geltend-machung der dem Parlament im Verfassungsgefüge zukommenden Rechte zu ermög-lichen.[1065] Damit wird aber zugleich der Ausnahmecharakter der Prozessstandschaft deutlich. Denn ein Grundsatz im deutschen (Verfassungs-)Prozessrecht besteht darin, dass Verfahrensbeteiligte nur *eigene* Rechte geltend machen sollen. Folgerichtig hat das BVerfG die Ausnahmebestimmung in § 64 I BVerfGG, die eine Prozessstandschaft zulässt, stets eng ausgelegt und im Wesentlichen nur auf ständig vorhandene Gliede-rungen des Bundestags angewendet. So hat das Gericht insbesondere die Befugnis der Fraktionen des Bundestags, Rechte des Gesamtparlaments in Prozessstandschaft geltend zu machen, anerkannt[1066] (siehe obige Beispiele 1 und 3). Namentlich Opposi-tionsfraktionen als organisierte parlamentarische Minderheit(en) und Gegenspieler der Regierungsfraktion(en)[1067] werden von dieser Möglichkeit Gebrauch machen, um die Wahrung ihrer aus Art. 20 II GG folgenden (Status-)Rechte gegenüber dem Bundes-tag verfassungsgerichtlich durchzusetzen. Fraktionen sind also auch dann parteifähig, wenn es sich bei dem Antragsgegner um den Bundestag selbst handelt, also ein Streit um verfassungsrechtliche Rechte und Pflichten im „Innenverhältnis" vorliegt.[1068]

An sich müsste man in einem solchen Fall von „Intraorganstreit" sprechen. Das BVerfG be-nutzt aber die Figur der Prozessstandschaft, die für die Befugnis steht, im eigenen Namen einen Prozess über ein fremdes Recht zu führen. Das ist auf die Überlegung des BVerfG zurückzuführen, die Parlamentsminderheit mache Rechte des Bundestags gegen die die Bundesregierung politisch stützende Parlamentsmehrheit geltend. Ob ein solcher Gedanke „übers Eck" angesichts der Möglichkeit, auch i.S.d. § 64 I BVerfGG („oder das Organ, dem er angehört") einen Intraorganstreit anzuerkennen, erforderlich ist, sei dahingestellt.

Unbeschadet der gewählten Figur bzw. der Terminologie ist es aber richtig, im Sinne des dem Demokratieprinzip verpflichteten Minderheitenschutzes (vgl. Art. 20 II GG) den Frak-tionen als Teil des Organs Bundestag gem. § 63 BVerfGG auch zu gestatten, ein Organ-streitverfahren gegen den Bundestag selbst zu führen. Dies ist im Rahmen der Antragsbe-fugnis zu prüfen.

> Im **Beispiel** von Rn 630 müsste die O-Fraktion demnach antragsbefugt sein. Bedenken könnten sich insoweit ergeben, als die O-Fraktion gegen das Organ selbst, dem sie an-gehört, vorgeht. Das BVerfG führt dazu aus, dass es bei der in § 64 I BVerfGG vorge-sehenen Prozessstandschaft in erster Linie um die Wahrung von Minderheitenrechten gehe. Sinn und Zweck der Prozessstandschaft lägen darin, der Parlamentsminderheit die Befugnis zur Geltendmachung der Rechte des Bundestags nicht nur dann zu ertei-len, wenn dieser seine Rechte, vor allem im Verhältnis zu der von ihm getragenen Bun-desregierung, nicht wahrnehmen wolle[1069], sondern auch dann, wenn die Parlaments-minderheit Rechte des Bundestags gegen die die Bundesregierung politisch stützende

---

[1065] BVerfG 3.5.2016 – 2 BvE 4/14 Rn 66 (insoweit nicht abgedruckt in NVwZ 2016, 922, 923) mit Verweis auf BVerfGE 90, 286, 344; 117, 359, 361 ff.

[1066] BVerfGE 1, 351, 359; 2, 143, 165; 45, 1, 28 ff.; 68, 1, 69 f.; 90, 286, 336; 113, 113, 121; BVerfG 3.5.2016 – 2 BvE 4/14 Rn 66 ff. (insoweit nicht abgedruckt in NVwZ 2016, 922, 923).

[1067] Vgl. BVerfG 3.5.2016 – 2 BvE 4/14 Rn 58 (insoweit nicht abgedruckt in NVwZ 2016, 922, 923) mit Verweis auf BVerfGE 90, 286, 344; 117, 359, 367 f.

[1068] Vgl. etwa BVerfG 3.5.2016 – 2 BvE 4/14 Rn 67 (insoweit nicht abgedruckt in NVwZ 2016, 922, 923) mit Verweis auf BVerfGE 123, 267, 338 f.; 132, 195, 247; 134, 366, 397.

[1069] BVerfG 3.5.2016 – 2 BvE 4/14 Rn 67 (insoweit nicht abgedruckt in NVwZ 2016, 922, 923) mit Verweis auf BVerfGE 1, 351, 359; 45, 1, 29 f.; 121, 135, 151.

Parlamentsmehrheit geltend mache[1070]. Das gelte auch dann, wenn es sich beim Antragsgegner um den Bundestag selbst handele.[1071]

Da die O-Fraktion Rechte des Bundestags gegen die die Bundesregierung politisch stützende Parlamentsmehrheit geltend macht und nicht ausgeschlossen werden kann, dass sie durch die Ablehnung der weiteren Befassung mit dem von ihr eingebrachten Gesetzentwurf in ihren organschaftlichen Rechten aus dem in Art. 20 I, II GG niedergelegten Demokratieprinzip (hier: Recht auf Ausübung wirksamer Oppositionsrechte) verletzt wurde, ist die O-Fraktion auch antragsbefugt. Zur Frage, inwieweit ein Anspruch auf Stärkung von Oppositionsrechten (tatsächlich) besteht, vgl. Rn 78.

Im Sinne des Minderheitenschutzes ist den Fraktionen als Teil des Organs Bundestag gem. § 63 BVerfGG aber auch gestattet, in **Prozessstandschaft** gem. § 64 I BVerfGG Rechte des Organs, dem sie angehören, im **Außenverhältnis** durchzusetzen.[1072]

Beispiel[1073]**:** Der Bundespräsident möchte die Nationalhymne ändern. Statt des Deutschlandliedes soll John Lennons Song „Give peace a chance" als Nationalhymne dienen. Gemäß einer entsprechenden Anordnung, die vom Bundeskanzler gegengezeichnet wurde (vgl. Art. 58 S. 1 GG), ordnet der Bundespräsident an, dass die neue Nationalhymne ab dem 1.9.2016 gelten solle. Die X-Fraktion im Deutschen Bundestag sieht darin einen Verfassungsverstoß. Der Bundespräsident könne nicht durch Anordnung die Nationalhymne ändern. Hierzu sei der Bundestag berufen, denn er sei in seiner Gesamtheit der Vertreter des deutschen Volkes.

Statthaft ist ein Organstreitverfahren.[1074] Streitgegenstand ist die Neufestsetzung der Nationalhymne, mithin eine Maßnahme i.S.d. § 64 I BVerfGG. Fraglich ist die Parteifähigkeit (bzw. Prozessführungsbefugnis) der X-Fraktion. Wenn eine Rechtsverletzung vorliegt, dann gegenüber dem Bundestag als Verfassungsorgan. Die X-Fraktion ist lediglich Teil dieses Organs. Gleichwohl ist den Fraktionen als Teil des Organs Bundestag gem. § 63 BVerfGG aber auch gestattet, in Prozessstandschaft gem. § 64 I BVerfGG Rechte des Organs, dem sie angehören, wahrzunehmen. Die X-Fraktion ist deshalb beteiligtenfähig und auch antragsbefugt (prozessführungsbefugt). Antragsgegner ist der Bundespräsident.[1075]

Umgekehrt hat das BVerfG aber auch entschieden, dass einzelne Abgeordnete nicht befugt seien, im Organstreit Rechte des Bundestags als Prozessstandschafter geltend zu machen, da sie keine Organteile, sondern (lediglich) Organmitglieder seien (vgl. bereits Rn 627/634).[1076] Daher erklärt sich auch der Umstand, warum nicht Abgeordnete, sondern die Fraktionen, denen sie angehören, einen Organstreit initiieren.

> **Hinweis für die Fallbearbeitung:** Bevor man in der Fallbearbeitung das Institut der Prozessstandschaft bemüht, sollte zunächst geprüft werden, ob das Organteil, das die Verletzung von Rechten des Organs, dem es angehört, geltend macht, sich nicht auf die Verletzung *eigener* organschaftlicher Rechte berufen kann. Nur wenn das nicht der Fall ist, kommt ein Organstreit unter dem Aspekt der Prozessstandschaft in Betracht. Dabei ist in der Fallbearbeitung auf die diesbezügliche Entstehungsgeschichte und den Sinn und Zweck der Prozessstandschaft abzustellen.

[1070] BVerfG 3.5.2016 – 2 BvE 4/14 Rn 67 (insoweit nicht abgedruckt in NVwZ 2016, 922, 923) mit Verweis auf BVerfGE 123, 267, 338 f.

[1071] Vgl. etwa BVerfG 3.5.2016 – 2 BvE 4/14 Rn 67 (insoweit nicht abgedruckt in NVwZ 2016, 922, 923) mit Verweis auf BVerfGE 123, 267, 338 f.; 132, 195, 247; 134, 366, 397.

[1072] BVerfGE 2, 143, 165; 45, 1, 28; 67, 100, 125; 68, 1, 65; 103, 81, 86 f.; 104, 310, 325; 117, 359, 361 ff.; 124, 161, 184 ff.; 131, 152, 190; BVerfG 3.5.2016 – 2 BvE 4/14 Rn 66 (insoweit nicht abgedruckt in NVwZ 2016, 922, 923).

[1073] In Anlehnung an *Naumann*, JuS 2000, 786 ff.

[1074] Daneben kommt noch eine abstrakte Normenkontrolle in Betracht.

[1075] Zur umstrittenen Kompetenz des Bundespräsidenten zur Festlegung der Nationalhymne vgl. Rn 583.

[1076] BVerfGE 70, 324, 354; 90, 286, 343; 117, 359, 361 ff.; a.A. BVerfGE 70, 366, 375 (Sondervotum).

ee. Form und Frist

637 Der Antrag ist gem. § 23 I BVerfGG **schriftlich** einzureichen. Möglich ist aber auch die Einreichung per **Telefax**.[1077] Der Antrag ist zu **begründen**. Zwar statuiert § 64 II BVerfGG die Pflicht, die Bestimmung des Grundgesetzes zu benennen, gegen die die Maßnahme oder Unterlassung des Antragsgegners verstoßen haben soll, es genügt jedoch, wenn sie sich aus dem Inhalt der Begründungsschrift entnehmen lässt. Was die Frist betrifft, so muss gem. § 64 III BVerfGG der Antrag innerhalb von 6 Monaten, nachdem die Maßnahme oder Unterlassung bekannt geworden ist, gestellt werden.

> **Hinweis für die Fallbearbeitung:** Sofern dem Sachverhalt nicht zu entnehmen ist, dass Formvorschriften missachtet wurden oder die Frist verstrichen ist, kann unterstellt werden, dass beides gewahrt ist.

ff. Rechtsschutzbedürfnis

637a Schließlich muss ein Rechtsschutzbedürfnis bestehen. Wurde allerdings die Antragsbefugnis bejaht, wird i.d.R. auch das Rechtsschutzbedürfnis gegeben sein. Ein Fehlen des Rechtsschutzbedürfnisses kommt etwa in Betracht, wenn[1078]

- es **einfachere Möglichkeiten** gibt, das Recht zu verteidigen, etwa wenn der Antragsteller die Rechtsverletzung durch eigenes Verhalten hätte vermeiden können (Gedanke der Verwirkung),

- oder die **Beschwer entfallen** ist, die Sache sich also erledigt hat (obwohl es durchaus angebracht sein kann, abgeschlossene Tatbestände einer verfassungsrechtlichen Prüfung zu unterziehen, insbesondere dann, wenn eine rechtsbeeinträchtigende Wirkung für die Zukunft besteht).

In diesen Fällen muss das Rechtsschutzbedürfnis geprüft und ggf. verneint werden.

b. Begründetheit

638 Der Antrag ist begründet, wenn die gerügte Maßnahme oder Unterlassung des Antragsgegners die verfassungsmäßigen Rechte und Pflichten des Antragstellers verletzt oder unmittelbar gefährdet (§ 64 I BVerfGG).

639
> **Hinweis für die Fallbearbeitung:** Während bei der Antragsbefugnis lediglich die Möglichkeit der Verletzung von organschaftlichen Rechten und Pflichten geprüft wurde, ist nun die tatsächliche Rechtsverletzung Gegenstand der Untersuchung. Dabei ist zu beachten, dass es immer nur um organschaftliche Rechte gehen kann, nicht um subjektivrechtliche Positionen wie Grundrechte oder gar unterverfassungsrechtliche Rechte. Eine Verletzung eines organschaftlichen Rechts liegt immer dann vor, wenn der Eingriff in dieses Recht verfassungsrechtlich nicht zu rechtfertigen ist. Der Aufbau der Begründetheitsprüfung eines Organstreitverfahrens gleicht somit im Wesentlichen demjenigen einer Individualverfassungsbeschwerde. Geprüft wird also zunächst die

---

[1077] BVerfG-K NJW 2007, 2839; NJW 2001, 1203; NJW 2001, 3473; NJW 2002, 955; NJW 2006, 829. Über die Frage, ob auch eine Einreichung per **E-Mail** dem Schriftformerfordernis genügt, besteht Unklarheit, weil – anders als in der VwGO hinsichtlich eines Verwaltungsprozesses – keine Regelung im BVerfGG besteht. Das BVerfG hat zwar entschieden, dass ein per E-Mail übermittelter Antrag nicht formgerecht sei (BVerfG HFR 2010, 1235), man wird aber die Legitimität dieser Entscheidung in Frage stellen müssen, weil anderenfalls das BVerfG es selbst in der Hand hätte, über die (gesetzlich nicht geregelte) Formgemäßheit eines per E-Mail übermittelten fristwahrenden Schriftsatzes zu entscheiden. Maßgeblich kann allein § 23 I S. 1 BVerfGG sein, der ausschließlich von „schriftlich" und nicht auch von „elektronisch" oder von „Textform" spricht. Da Schriftform aber etwas anderes bedeutet als Textform (zu der auch die E-Mail gehört), muss man davon ausgehen, dass eine Einreichung der Antragsschrift per E-Mail nicht zulässig ist. Angesichts der Rechtslage bei den Fachgerichten dürfte es aber nur eine Frage der Zeit sein, bis die (gesetzliche) Möglichkeit der Einreichung von Schriftsätzen via E-Mail auch beim BVerfG möglich ist (vgl. dazu aus jüngerer Zeit *Stumpf*, JA 2012, 923, 927).
[1078] Vgl. BVerfGE 1, 372, 379; 20, 134, 141; 68, 1, 77 f.; 81, 310, 329; *Degenhart*, Rn 820.

Anwendbarkeit der Norm, gegen die der Antragsgegner verstoßen haben könnte. Sodann ist der Eingriff in das organschaftliche Recht zu benennen. Schließlich ist zu prüfen, ob ein anderes Rechtsgut von Verfassungsrang den Eingriff (bzw. Übergriff) rechtfertigen kann.

Es ergeht ein **Feststellungsurteil**. Das bedeutet, dass das BVerfG lediglich die **640** Verfassungswidrigkeit bzw. Verfassungsgemäßheit der angegriffenen Maßnahme oder Unterlassung feststellt sowie die Feststellung trifft, ob die angegriffene Maßnahme oder Unterlassung den Antragsteller in seinen organschaftlichen Rechten verletzt hat (vgl. § 67 BVerfGG). Eine Aufhebung der Maßnahme kommt nicht in Betracht.[1079] Bei Begründetheit des Antrags ist der Antragsgegner jedoch verpflichtet, dem Urteil Folge zu leisten, da dieses alle Staatsorgane bindet (§ 31 I BVerfGG).

c. Verhältnis zur abstrakten Normenkontrolle/Übungsfälle

Zum Verhältnis des Organstreits zur abstrakten Normenkontrolle vgl. Rn 659. Vgl. **641** auch den Beispielsfall bei Rn 563 (Vertrauensfrage; Auflösung des 15. Deutschen Bundestags).

[1079] Klarstellend BVerfG NVwZ 2014, 1149 f.

2. Die abstrakte Normenkontrolle, Art. 93 I Nr. 2 GG, §§ 13 Nr. 6, 76 ff. BVerfGG

642 Anders als beim Organstreit entscheidet das BVerfG bei der abstrakten Normenkontrolle im objektiven Verfahren (d.h. ohne Rücksicht auf organschaftliche Rechte), ob Bundes- oder Landesrecht mit dem Grundgesetz oder Landesrecht mit sonstigem Bundesrecht vereinbar ist (Art. 93 I Nr. 2 GG). „Abstrakt" ist die Normenkontrolle, weil sie – anders als die konkrete Normenkontrolle gem. Art. 100 I GG – nicht aus Anlass eines konkreten Prozessstreits, sondern unabhängig von einem solchen, also „abstrakt" durchgeführt wird. Auch einen Antragsgegner gibt es nicht. Das Verfahren ist also nicht kontradiktorisch.

Abstrakte Normenkontrolle, Art. 93 I Nr. 2 GG, §§ 13 Nr. 6, 76 ff. BVerfGG

I. Zulässigkeit

1. Zuständigkeit des BVerfG

Gemäß Art. 93 I Nr. 2 GG prüft das BVerfG die Vereinbarkeit von Bundes- oder Landesrecht mit dem Grundgesetz oder Landesrecht mit sonstigem Bundesrecht.

2. Antragsberechtigung

Antragsberechtigt sind gem. Art. 93 I Nr. 2 GG, § 76 I BVerfGG nur die Bundesregierung, eine Landesregierung oder ein Viertel der Mitglieder des Bundestags. Eine Erweiterung des Kreises der Antragsberechtigten durch einfaches Gesetz oder durch Analogie ist (wegen der klaren Formulierung in Art. 93 I Nr. 2 GG) unzulässig. Die abstrakte Normenkontrolle kennt als objektives Normenkontrollverfahren keinen Antragsgegner.

3. Antragsgegenstand (= Prüfungsgegenstand)

Antragsgegenstand ist alles Bundes- und Landesrecht, gleichgültig welchen Ranges, ob geschrieben oder ungeschrieben, ob bloß formeller oder bloß materieller Natur, ob vor- oder nachkonstitutioneller Art. Sekundäres Unionsrecht ist nicht tauglicher Prüfungsgegenstand.

Eine vorbeugende Normenkontrolle ist grundsätzlich unzulässig. Eine Ausnahme gilt aber bei Zustimmungsgesetzen zu völkerrechtlichen Verträgen, wenn nur noch die Ausfertigung durch den Bundespräsidenten und die Verkündung fehlen. Das hat den Hintergrund, dass noch vor dem völkerrechtlichen Inkrafttreten entschieden und ein Auseinanderfallen von völkerrechtlichen und verfassungsrechtlichen Pflichten vermieden werden kann.

4. Antragsbefugnis bzw. Klarstellungsinteresse

Der Antragsteller ist gem. Art. 93 I Nr. 2 GG antragsbefugt, wenn *Meinungsverschiedenheiten oder Zweifel* über die Vereinbarkeit von Bundesrecht oder Landesrecht mit dem Grundgesetz oder über die Vereinbarkeit von Landesrecht mit sonstigem Bundesrecht bestehen. Gemäß § 76 I BVerfGG muss er dagegen die Norm für nichtig bzw. für gültig halten. Die Unklarheit hinsichtlich dieser unterschiedlichen Formulierung kann jedoch dahinstehen, wenn sich der Sachverhalt (wie regelmäßig) bereits unter § 76 BVerfGG subsumieren lässt. Das BVerfG fordert darüber hinaus ein besonderes objektives Interesse an der Klarstellung der Gültigkeit bzw. Ungültigkeit der Norm (sog. Klarstellungsinteresse). Dieses Klarstellungsinteresse wird aber nur ausnahmsweise verneint. Insbesondere entfällt das Klarstellungsinteresse nicht, wenn auch andere Verfahren vor dem BVerfG zulässig sind wie z.B. das Organstreitverfahren oder der Bund-Länder-Streit.

5. Form und Frist

Der Antrag bedarf gem. § 23 I BVerfGG der Schriftform. Außerdem ist er zu begründen. Eine Frist ist nicht zu beachten.

II. Begründetheit

Der Antrag auf Durchführung der abstrakten Normenkontrolle ist begründet, wenn Bundesrecht mit dem Grundgesetz oder Landesrecht mit dem Grundgesetz oder dem sonstigen Bundesrecht unvereinbar ist (Art. 93 I Nr. 2 GG, § 78 BVerfGG).

Wichtige Entscheidungen: BVerfGE 1, 396 (Vertrag über die Beziehungen zwischen der BRD und den drei Mächten); 2, 124 (Handwerksordnung); 10, 20 (Stiftung „Preußischer Kulturbesitz"); 21, 52 (Notstandsgesetze); 24, 174 (Vereinbarkeit von § 6 I Nr. 4 KapitalverkehrssteuerG); 36, 1 (Grundlagenvertrag zwischen der BRD und der DDR); 39, 1 (§ 218a StGB); 48, 127 (Kriegsdienstverweigerung); 52, 63 (Parteispenden); 52, 187 (Weiterverarbeitung von Zitrussaftkonzentraten); 55, 274 (Ausbildungsplatzförderungsgesetz); 61, 149 (Staatshaftungsgesetz); 68, 346 (Beitritt im Verfahren der abstrakten Normenkontrolle); 69, 1 (Kriegsdienstverweigerungs-Neuordnungsgesetz); 83, 37 (Ausländerwahlrecht); 86, 148 (Finanzausgleich); 88, 203 (Schwangerschaftsabbruch II); 95, 335 (Verfassungsmäßigkeit der Überhangmandate); 96, 133 (Hamburger BeihilfeVO); 101, 1 (Käfighaltung von Legehennen); 103, 111 (Wahlprüfung Hessen); 106, 310 (Zuwanderungsgesetz); 111, 226 (Hochschulreform); BVerfG DVBl 1999, 976 (Zum Klarstellungsinteresse einer abstrakten Normenkontrolle bezüglich des Erlasses einer allgemeinen Verwaltungsvorschrift im Rahmen der Bundesauftragsverwaltung nach Art. 85 II GG)

Der das Gutachten einleitende **Obersatz** ergibt sich aus der allgemeinen Struktur eines Rechtsbehelfs: 643

> Der Antrag auf Durchführung einer abstrakten Normenkontrolle nach Art. 93 I Nr. 2 GG, §§ 13 Nr. 6, 76 ff. BVerfGG hat Erfolg, wenn er zulässig und begründet ist.

a. Zulässigkeit

aa. Zuständigkeit des BVerfG

Gemäß Art. 93 I Nr. 2 GG prüft das BVerfG die Vereinbarkeit von Bundes- oder Landesrecht mit dem Grundgesetz oder Landesrecht mit sonstigem Bundesrecht. 644

bb. Antragsberechtigung

Antragsberechtigt sind gem. Art. 93 I Nr. 2 GG, § 76 I BVerfGG die **Bundesregierung**, eine **Landesregierung** oder ein **Viertel der Mitglieder des Bundestags**. Diese Aufzählung ist abschließend; eine Erweiterung des Kreises der Antragsberechtigten durch einfaches Gesetz oder durch Analogie ist wegen der klaren Formulierung in Art. 93 I Nr. 2 GG unzulässig.[1080] Anders als der Organstreit oder der Bund-Länder-Streit ist die abstrakte Normenkontrolle kein kontradiktorisches Verfahren, sondern ein objektives Rechtsbeanstandungsverfahren; es kennt keinen Antragsgegner.[1081] 645

Unter **Bundesregierung** ist das Kollegium von Bundeskanzler und Bundesministern gem. Art. 62 GG gemeint. Der Bundeskanzler oder ein Bundesminister ist also jeweils nicht antragsbefugt. Den Begriff der **Landesregierung** bestimmt die jeweilige Landesverfassung. Bei den antragsberechtigten **Mitgliedern des Bundestags** muss es sich um eine Gruppe handeln, die als Einheit auftritt und identische Ziele verfolgt.[1082] Ziel ist es, einen Minderheitenschutz zu garantieren. Freilich lässt sich dieses Ziel nur erreichen, wenn die Opposition auch antragsbefugt ist, was hinsichtlich der Opposition im gegenwärtigen 18. Deutschen Bundestag nicht der Fall ist, da sie nicht ein Viertel der Mitglieder des Bundestags umfasst. Das ist verfassungsrechtlich problematisch, da eine wirksame Opposition ein konstitutives Merkmal einer Demokratie darstellt (vgl. Rn 78 f.). Ist eine Opposition aber antragsbefugt, wird sie regelmäßig von ihrer Antragsberechtigung Gebrauch machen. Dabei muss der Antrag von den einzelnen Abgeordneten gestellt werden. 646

[1080] Insoweit klarstellend BVerfGE 21, 52, 53 f.; 68, 346, 349. Vgl. auch *Greve/Schärdel*, JuS 2009, 531, 532. Daher kann z.B. der Bundesrat niemals eine abstrakte Normenkontrolle beantragen, was für ihn jedoch keinen Nachteil darstellt, da ja jede Landesregierung antragsbefugt ist. Ein verfassungsrechtliches Problem stellt sich aber bzgl. des „Viertels der Mitglieder des Bundestags", wenn infolge einer Großen Koalition die Opposition weniger als ein Viertel der Mitglieder des Bundestags umfasst (dazu bereits Rn 78 f. sowie sogleich Rn 646).

[1081] Vgl. zuletzt BVerfGE 105, 313, 342 ff. (Verfassungsmäßigkeit des LPartG).

[1082] BVerfGE 68, 346, 350.

cc. Antragsgegenstand (= Prüfungsgegenstand)

647 Antragsgegenstand ist jedwedes Bundes- und Landesrecht, gleichgültig welchen Rangs, ob geschrieben oder ungeschrieben, ob bloß formeller oder bloß materieller Natur, ob vor- oder nachkonstitutioneller Art.[1083]

> **Beispiele:** Vorschriften des Grundgesetzes, Parlamentsgesetze des Bundes (auch nur-formelle Gesetze wie z.B. das Bundeshaushaltsgesetz nach Art. 110 II GG), von Bundesorganen erlassene Rechtsverordnungen, von bundesunmittelbaren Körperschaften oder Anstalten des öffentlichen Rechts erlassene Satzungen, Anordnungen und Verfügungen des Bundespräsidenten, Parlamentsgesetze der Länder, von Landesorganen erlassene Rechtsverordnungen, von landesunmittelbaren Körperschaften oder Anstalten des öffentlichen Rechts erlassene Satzungen, Satzungen der kommunalen Gebietskörperschaften wie z.B. Bebauungspläne. Auch allgemeinverbindliche Tarifverträge (siehe § 5 TVG) können angegriffen werden.[1084] **Sekundäres Unionsrecht** (Verordnungen, Richtlinien und Beschlüsse gemäß Art. 288 AEUV) kann **nicht** Gegenstand einer abstrakten Normenkontrolle vor dem BVerfG sein, da es von Organen erlassen wird, die nicht der Geltung des Grundgesetzes unterliegen.[1085] Davon zu unterscheiden ist allerdings das nationale Recht, das in Ausführung des Sekundärrechts von Organen der Bundesrepublik Deutschland erlassen wurde. **Nationale Ausführungsakte des Sekundärrechts** können mit einer Normenkontrolle angegriffen werden.

648 Voraussetzung ist nicht, dass die Norm bereits in Kraft getreten ist. Es genügt, dass das Gesetzgebungsverfahren abgeschlossen, also die Norm ausgefertigt und verkündet worden ist.[1086] Eine **vorbeugende Normenkontrolle** ist grundsätzlich unzulässig.[1087] Eine Ausnahme gilt aber bei Zustimmungsgesetzen zu völkerrechtlichen Verträgen („Transformationsgesetz"), wenn nur noch die Ausfertigung durch den Bundespräsidenten und die Verkündung fehlen.[1088] Das hat den Hintergrund, dass nur so noch vor dem völkerrechtlichen Inkrafttreten entschieden und ein Auseinanderfallen von völkerrechtlichen und verfassungsrechtlichen Pflichten vermieden werden kann.[1089]

Liegt demnach ein tauglicher Prüfungsgegenstand vor, prüft ihn das BVerfG unter sämtlichen rechtlichen Gesichtspunkten.[1090]

dd. Antragsbefugnis bzw. Klarstellungsinteresse

649 Der Antragsteller ist gem. Art. 93 I Nr. 2 GG antragsbefugt, wenn *Meinungsverschiedenheiten oder Zweifel* über die Vereinbarkeit von Bundesrecht oder Landesrecht mit dem Grundgesetz oder über die Vereinbarkeit von Landesrecht mit sonstigem Bundesrecht bestehen.

650 Abweichend von Art. 93 I Nr. 2 GG muss der Antragsteller gem. § 76 I Nr. 1 BVerfGG die betreffende Norm *für nichtig halten*. Gemäß § 76 I Nr. 2 BVerfGG muss er die Norm *für gültig halten*, nachdem ein Gericht, eine Verwaltungsbehörde oder ein Organ des Bundes oder eines Landes das Recht als unvereinbar mit dem Grundgesetz oder sonstigem Bundesrecht nicht angewendet hat. Damit stellt § 76 I BVerfGG eine strengere Voraussetzung an die Antragsbefugnis, als dies von Art. 93 I Nr. 2 GG vorgesehen ist, nämlich das für

---

[1083] BVerfGE 2, 124, 131; 3, 225, 233; 24, 174, 179 f.; 101, 1, 30; 105, 313, 342 ff.; *Pieroth*, in: J/P, GG, Art. 93 Rn 18; *Naumann*, JuS 2000, 786, 787.
[1084] Vgl. BVerfGE 44, 322, 338 f.; 55, 7, 20 f.
[1085] *Degenhart*, Rn 830; *Pieroth*, in: J/P, GG, Art. 93 Rn 22. Zum EU-Recht vgl. Rn 327 ff. und 761 ff.
[1086] BVerfGE 1, 396, 410. Vgl. auch *Reimer*, JuS 2004, 44; *Seifarth*, JuS 2010, 790, 792.
[1087] BVerfGE 1, 396, 400 f.
[1088] Vgl. bereits sämtliche Vorauflagen dieses Buches und nunmehr auch *Brunner*, JA 2014, 838, 839.
[1089] BVerfGE 1, 396, 413; 36, 1, 15; *Pieroth*, in: J/P, GG, Art. 93 Rn 18.
[1090] BVerfGE 86, 148 ff.

nichtig bzw. gültig *halten*. Ein Teil der Literatur hält die Norm daher für verfassungswidrig.[1091] Andere wollen die Norm verfassungskonform dahingehend auslegen, dass auch gem. § 76 I Nr. 1 BVerfGG Zweifel genügen.[1092] Das BVerfG hat in E 1, 184, 196 die Frage offengelassen und die Antragsbefugnis über Art. 93 I Nr. 2 GG hergeleitet. In E 12, 205, 221 hat es § 76 I Nr. 1 BVerfGG i.S.d. Art. 93 I Nr. 2 GG weit ausgelegt. In einer neueren Entscheidung (NJW 1998, 589) konstatiert das BVerfG die Verfassungsmäßigkeit des § 76 I Nr. 1 BVerfGG. Diese vom Gesetzgeber auf der Grundlage des Art. 94 II S. 1 GG getroffene Regelung sei mit Verfassungsrecht vereinbar; sie konkretisiere Art. 93 I Nr. 2 GG.[1093]

> **Hinweis für die Fallbearbeitung:** Da die Abweichung in den tatbestandlichen Formulierungen in Rechtsprechung und Literatur ausdiskutiert ist, sollte man sich in der Fallbearbeitung lediglich auf eine knappe Wiedergabe der o.g. Meinungen beschränken. Am sinnvollsten scheint es, die Vorschrift des § 76 I Nr. 1 BVerfGG weit (d.h. i.S.v. Art. 93 I Nr. 2 GG) auszulegen und bereits **Zweifel an der Rechtmäßigkeit der Norm genügen zu lassen**. Lässt sich der Sachverhalt jedoch bereits unter den Wortlaut des § 76 I BVerfGG subsumieren, ist eine Streitentscheidung nicht nur entbehrlich, sondern sogar verfehlt. In der Fallbearbeitung sollte dann die Abweichung des § 76 I BVerfGG von Art. 93 I Nr. 2 GG zwar genannt, dann aber dargelegt werden, dass das Problem dahingestellt bleiben kann, da der Antragsteller die Norm jedenfalls für nichtig (im Fall des § 76 I Nr. 1 BVerfGG) bzw. für gültig (im Fall des § 76 I Nr. 2 BVerfGG) *hält*.

Das BVerfG fordert darüber hinaus ein besonderes objektives Interesse an der Klarstellung der Gültigkeit bzw. Ungültigkeit der Norm (sog. **Klarstellungsinteresse**).[1094] Dieses Klarstellungsinteresse wird aber nur ausnahmsweise verneint.[1095]   **651**

Das Klarstellungsinteresse fehlt nicht etwa, wenn Prüfungsgegenstand eine landesrechtliche Norm ist und die Möglichkeit eines landesverfassungsgerichtlichen Normenkontrollverfahrens besteht. Denn das Landesverfassungsgericht überprüft (lediglich) die Vereinbarkeit des Landesgesetzes mit der Landesverfassung oder sonstigem Landesrecht, nicht jedoch mit Bundesrecht. Das Klarstellungsinteresse entfällt aber, wenn das Landesverfassungsgericht die Unvereinbarkeit der betreffenden Landesnorm mit der Landesverfassung festgestellt und die Norm für nichtig erklärt hat. Da eine nichtige Norm keinerlei Rechtswirkungen entfaltet, kann sie auch nicht tauglicher Prüfungsgegenstand einer (erneuten) abstrakten Normenkontrolle sein.   **652**

> **Hinweis für die Fallbearbeitung:** Das Klarstellungsinteresse wird durch die Möglichkeit anderer Rechtsschutzformen nicht berührt. Daher ist die abstrakte Normenkontrolle beispielsweise auch neben einem Organstreitverfahren oder einer Bund-Länder-Streitigkeit statthaft, sofern die übrigen Voraussetzungen vorliegen.

ee. Form und Frist

Der Antrag bedarf gem. § 23 I BVerfGG der Schriftform.[1096] Außerdem ist er zu begründen und die Beweismittel sind anzugeben. Eine Frist ist nicht zu beachten.[1097]   **653**

[1091] *Stern*, StaatsR II, § 44 IV 5, S. 986.
[1092] *Benda/Klein*, Verfassungsprozessrecht, S. 665 f.
[1093] Vgl. zum Ganzen *Winkler*, NVwZ 1999, 1291 ff.
[1094] BVerfGE 6, 104, 110; 96, 133, 137; 100, 249, 257; 101, 1, 30; 103, 111, 124; 108, 169, 178; BVerfG NJW 1998, 589. Vgl. auch *Hobe*, JA 2000, 108, 109; *Rossi*, JA 2003, 672, 673; und zum Klarstellungsinteresse im Verfahren nach Art. 93 I Nr. 2a GG *Winkler*, NVwZ 1999, 1291.
[1095] BVerfG NJW 1998, 589; BVerfGE 103, 111, 124; 100, 249, 257 ff.
[1096] Zum Schriftformerfordernis vgl. Rn 637.
[1097] Das ergibt sich aus dem Umstand, dass im Gesetz keine Frist angegeben ist (insoweit lediglich klarstellend BVerfGE 7, 305, 310; 38, 258, 268). Es kommt aber der Gedanke der Verwirkung (§ 242 BGB) in Betracht.

b. Begründetheit

654 Der Antrag auf Durchführung der abstrakten Normenkontrolle ist begründet, wenn Bundesrecht mit dem Grundgesetz oder Landesrecht mit dem Grundgesetz oder dem sonstigen Bundesrecht unvereinbar ist (Art. 93 I Nr. 2 GG, § 78 BVerfGG).

aa. Prüfungsmaßstab

655 Förmliches Bundesrecht (= Bundesparlamentsgesetze) kann nur am Maßstab des Grundgesetzes geprüft werden, förmliches Landesrecht (= Landesparlamentsgesetze) am Maßstab des Grundgesetzes und an förmlichen Bundesgesetzen (vgl. Art. 93 I Nr. 2 GG und Art. 31 GG). Untergesetzliches Landesrecht (Rechtsverordnungen und Satzungen des Landes) kann im Rahmen der abstrakten Normenkontrolle auf seine Vereinbarkeit mit dem Grundgesetz und sonstigem Bundesrecht geprüft werden. Zur Prüfung eines Gesetzes am Maßstab des Grundgesetzes vgl. das Schema bei Rn 181.

Fraglich ist, ob untergesetzliches Bundesrecht (Rechtsverordnungen und Satzungen des Bundes) nicht nur am Maßstab des Grundgesetzes, sondern auch am Maßstab (sonstiger) förmlicher Bundesgesetze gemessen werden kann. Das betrifft insbesondere die Frage nach der Vereinbarkeit von Bundesrechtsverordnungen mit deren Ermächtigungsgrundlage. Nach Art. 93 I Nr. 2 GG kann Prüfungsmaßstab nur das Grundgesetz sein, denn dort wird nur von der Vereinbarkeit des Bundesrechts mit dem Grundgesetz gesprochen. Etwas anderes gilt, wenn man die Vorschrift des § 76 I Nr. 1 BVerfGG zugrunde legt. Diese Vorschrift lässt auch die Prüfung von untergesetzlichem Bundesrecht am Maßstab des sonstigen Bundesrechts zu. Daher stellt sich auch hier die Frage nach einer verfassungskonformen Auslegung des § 76 I Nr. 1 BVerfGG am Maßstab des Art. 93 I Nr. 2 GG. Das BVerfG beschreitet jedoch einen anderen Weg und prüft im Rahmen einer abstrakten Normenkontrolle vorab die fragliche Bundesrechtsverordnung am Maßstab ihrer Ermächtigungsgrundlage. Denn sei sie nicht mit ihrer Ermächtigungsgrundlage vereinbar, sei sie unwirksam und die Frage, ob sie überhaupt tauglicher Prüfungsgegenstand einer abstrakten Normenkontrolle sein kann, könne dahinstehen.[1098] Dem lässt sich jedoch Folgendes entgegenhalten: Bewegt sich eine Rechtsverordnung außerhalb ihrer Ermächtigung, etwa weil sie die Ermächtigungsgrundlage nicht zitiert (vgl. Art. 80 I S. 3 GG) oder weil sie sich inhaltlich außerhalb des Ermächtigungsrahmens bewegt, verstößt sie nicht nur gegen die Ermächtigungsgrundlage, sondern regelmäßig auch gegen das Grundgesetz. Ist das der Fall, liegt ein tauglicher Prüfungsgegenstand vor. Im Normenkontrollverfahren kann daher auch ohne „Vorabprüfung", wie sie das BVerfG vornimmt, eine Rechtsverordnung auf die Vereinbarkeit mit ihrer Ermächtigungsgrundlage und dem Grundgesetz geprüft werden.[1099] Zur Prüfung einer Rechtsverordnung auf die Vereinbarkeit mit ihrer Ermächtigungsgrundlage vgl. das Schema bei Rn 940.

bb. Entscheidung des Gerichts

656 Gelangt das BVerfG zu der Überzeugung, dass Bundesrecht mit dem Grundgesetz oder Landesrecht mit dem Grundgesetz oder dem sonstigen Bundesrecht unvereinbar sind, sieht § 78 S. 1 BVerfGG die Nichtigkeitserklärung vor. In den überwiegenden Fällen beschränkt sich das BVerfG aber auf eine Unvereinbarkeitserklärung.

657 Sollte eine Nichtigkeitserklärung erfolgen, wirkt diese allgemein („contra omnes") und auch für die Vergangenheit (d.h. bis zum Zeitpunkt des Erlasses des Gesetzes). Aufgrund des für nichtig erklärten Gesetzes ergangene, nicht mehr anfechtbare Hoheitsakte bleiben von der

---

[1098] BVerfGE 101, 1, 30 ff. Vgl. auch BVerfG NVwZ 2011, 289 ff. (mit Bespr. *Hillgruber*, JA 2011, 318).
[1099] Vgl. auch *Stern*, in: Bonner Kommentar, Art. 83 Rn 264; *Ipsen*, Rn 922.

Nichtigkeitserklärung aber grundsätzlich unberührt (§ 79 II S. 1 BVerfGG), jedoch ist die Vollstreckung unzulässig (§ 79 II S. 2 BVerfGG). Bei Strafurteilen ist die Wiederaufnahme des Verfahrens möglich (§ 79 I BVerfGG). Mit Rücksicht auf die **Gestaltungsfreiheit des formellen Gesetzgebers** ist das BVerfG gerade in neueren Entscheidungen jedoch dazu übergegangen, von der Nichtigkeitserklärung abzusehen, wenn verschiedene Möglichkeiten zur Beseitigung der Verfassungswidrigkeit bestehen. In solchen Fällen beschränkt sich das BVerfG auf eine Unvereinbarkeitserklärung, d.h. auf die Feststellung der **Unvereinbarkeit** der Norm mit höherrangigem Recht. Damit verbunden stellt es dem Gesetzgeber eine Frist zur Herstellung verfassungsgemäßer Zustände (sog. Appellentscheidung).[1100] Bis zum Ablauf dieser Frist hat das mit dem Grundgesetz unvereinbare Gesetz ganz oder teilweise Gültigkeit. Damit soll ein „Rechtsvakuum" vermieden werden. Hintergründig dürfte aber eine Vermeidung von Schäden für den Staatshaushalt maßgeblich sein. Man stelle sich vor, das BVerfG würde die gesetzlichen Bestimmungen über Grund- oder Gewerbesteuerpflicht für nichtig erklären. Dann müssten alle bislang vereinnahmten Gelder wieder ausgezahlt werden, sofern die jeweiligen Steuerbescheide noch nicht bestandskräftig sind.

Die Entscheidung des BVerfG im Normenkontrollverfahren hat Gesetzeskraft (§ 31 II BVerfGG) und bindet demgemäß alle Staatsorgane. Die Bindungswirkung der Entscheidung gegenüber allen Staatsorganen bedeutet jedoch nicht, dass auch die Rechtswissenschaft gebunden ist. So ist es möglich, dass das BVerfG eine Norm für verfassungswidrig erklärt hat, in der Literatur dennoch die Verfassungsmäßigkeit vertreten wird und umgekehrt. Ein solcher Standpunkt ist unbedenklich, da rechtswissenschaftliche Erkenntnisse zum einen keine Bindungswirkung gegenüber Staatsorganen oder Bürgern mit sich bringen. Zum anderen wäre eine Bindungswirkung gegenüber der Wissenschaft kaum mit Art. 5 I GG vereinbar. **658**

c. Verhältnis zum Organstreitverfahren

Kommt die Statthaftigkeit mehrerer Verfahren vor dem BVerfG in Betracht, wirft dies die Frage nach dem Rangverhältnis auf. Im Grundsatz gilt, dass alle Verfahrensarten gleichrangig nebeneinander stehen. Welches Verfahren im konkreten Fall zu bevorzugen ist, richtet sich nach dem Antragsziel und danach, welche Tenorierung dem Begehren des Antragstellers entspricht. Geht es dem Antragsteller um die schlichte Feststellung der Rechtswidrigkeit einer Norm, wird diesem Begehren am ehesten die abstrakte Normenkontrolle gerecht. Diese ist gerade nicht kontradiktorisch ausgestaltet, sondern orientiert sich nur an der Verfassungswidrigkeit der Maßnahme. Geht es dem Antragsteller hingegen um die Wahrung seiner ihm verfassungsrechtlich zugewiesenen Kompetenzen, wird in aller Regel das Organstreitverfahren zu bevorzugen sein. Die dann vom BVerfG festgestellte Kompetenzverletzung durch den Antragsgegner hat zur Folge, dass dieser gem. § 31 I BVerfGG an die Entscheidung gebunden ist. Er ist dann gem. Art. 20 III GG zur Rückgängigmachung der Maßnahme bzw. zur Unterlassung weiterer solcher Maßnahmen verpflichtet. **659**

d. Besonderheit wegen Art. 93 I Nr. 2a GG

Hinsichtlich der prozessualen Überprüfung der Voraussetzungen des Art. 72 II GG sieht das Grundgesetz das Verfahren nach Art. 93 I Nr. 2a GG, §§ 13 Nr. 6a, 76 ff. BVerfGG vor. Zu Art. 72 II GG vgl. ausführlich Rn 808 ff. **660**

[1100] Vgl. etwa BVerfGE 121, 317 ff. (Rauchverbot in Einraumgaststätten); 133, 277, 316 ff. (Antiterrordateigesetz).

5. Verfassungsbeschwerde,
Art. 93 I Nr. 4a GG, §§ 13 Nr. 8a, 90 ff. BVerfGG

Die im Zusammenhang mit einer Grundrechtsverletzung wichtigste prozessuale Verfahrensart ist die Individualverfassungsbeschwerde. Erstaunlich ist, dass diese Verfahrensart dennoch nicht von vornherein im Grundgesetz verankert war. Erst 1969 wurde sie als Gegengewicht zur Notstandsgesetzgebungskompetenz (Art. 115a-115i GG) in das Grundgesetz aufgenommen. Sie ist seitdem nicht nur in §§ 13 Nr. 8a, 90 ff. BVerfGG, sondern auch in Art. 93 I Nr. 4a GG geregelt.[1157]

690

Gerade wegen ihrer Bedeutung in Bezug auf Grundrechtsverletzungen gelangt sie systematisch auch nur bei der Frage nach einer Verletzung von Grundrechten oder grundrechtsgleichen Rechten zur Anwendung. Da sie aus diesem Grund ausführlich bei *R. Schmidt*, Grundrechte, Rn 1019 ff. behandelt ist, sei darauf verwiesen. Vorliegend soll lediglich das Prüfungsschema dargestellt werden:

**691
-746**

Verfassungsbeschwerde, Art. 93 I Nr. 4a, §§ 13 Nr. 8a, 90 ff. BVerfGG

I. Zulässigkeit

1. Zuständigkeit des BVerfG

Für die Individualverfassungsbeschwerde ergibt sich die Zuständigkeit des BVerfG aus Art. 93 I Nr. 4a GG, §§ 13 Nr. 8a, 90 ff. BVerfGG.

2. Beschwerdeführer

a. Beschwerde- bzw. Beteiligtenfähigkeit

Gemäß Art. 93 I Nr. 4a GG, § 90 I BVerfGG kann „jedermann" mit der Behauptung, durch die öffentliche Gewalt in einem seiner Grundrechte oder in einem seiner in Art. 20 IV, 33, 38 I S. 1, 101, 103 und 104 GG genannten Rechte (grundrechtsgleiche Rechte) verletzt zu sein, Verfassungsbeschwerde vor dem BVerfG erheben. Mit „jedermann" sind grundsätzlich alle Personen oder Personenmehrheiten gemeint.

b. Prozessfähigkeit

Das BVerfGG regelt die Prozessfähigkeit nicht. Daher nimmt das BVerfG eine Teilanalogie zu sonstigem Verfahrensrecht vor. In anderen Gerichtsverfahren bedeutet Prozessfähigkeit die Fähigkeit, Prozesshandlungen selbst oder durch einen Prozessbevollmächtigten vorzunehmen (vgl. § 173 VwGO i.V.m. § 51 ZPO).

3. Beschwerdegegenstand

Möglicher Beschwerdegegenstand einer Verfassungsbeschwerde kann jeder Akt der öffentlichen Gewalt sein, sei es ein Akt der Exekutive, der Judikative oder ein Akt der Legislative.

4. Beschwerdebefugnis

a. Möglichkeit einer Grundrechtsverletzung

Nach Art. 93 I Nr. 4a GG, § 90 I BVerfGG ist die Verfassungsbeschwerde nur zulässig, wenn der Beschwerdeführer behauptet, durch den angegriffenen Akt der öffentlichen Gewalt in einem seiner Grundrechte oder grundrechtsgleichen Rechte verletzt zu sein. Für die Bejahung der Beschwerdebefugnis genügt die *Möglichkeit* der Grundrechtsverletzung. „Möglichkeit der Grundrechtsverletzung" bedeutet, dass die geltend gemachte Grundrechtsverletzung lediglich nicht ausgeschlossen sein darf. Eine offensichtlich nicht gegebene Grundrechtsverletzung kann daher i.d.R. nur dann angenommen werden, wenn ein Verhalten der öffentlichen Gewalt *keinerlei Regelungsgehalt* und wenn es *keinerlei Außenwirkung* (sog. Grundrechtsrelevanz) hat.

b. Betroffenheit des Beschwerdeführers

Das BVerfG verlangt in ständiger Rechtsprechung, dass der Beschwerdeführer **„selbst, unmittelbar und gegenwärtig"** beschwert bzw. betroffen ist.

[1157] Zur Landesverfassungsbeschwerde vgl. *Klein/Haratsch*, JuS 2000, 209 ff.; *Geis/Thirmeyer*, JuS 2012, 316, 322 f.

aa. Eigene Beschwer

Eine eigene Beschwer liegt vor, wenn der Beschwerdeführer geltend macht, in *seinen* Rechten verletzt zu sein, und diese geltend gemachte eigene Rechtsverletzung nicht offensichtlich ausgeschlossen ist (i.d.R. nur bei VB gegen Gesetze relevant).

bb. Unmittelbare Beschwer

Unmittelbar betroffen ist ein Beschwerdeführer dann nicht, wenn es noch eines staatlichen Vollzugsakts bedarf, um eine gesetzliche Regelung greifen zu lassen (i.d.R. nur bei VB gegen Gesetze relevant).

cc. Gegenwärtige Beschwer

Gegenwärtig ist die Beschwer, wenn der Beschwerdeführer *schon* oder *noch* betroffen ist (i.d.R. nur bei VB gegen Gesetze relevant).

dd. Spezifische Grundrechtsverletzung

Bei der Urteils-Verfassungsbeschwerde ist die spezifische Grundrechtsverletzung zu prüfen. Der Beschwerdeführer muss behaupten, gerade durch den Richterspruch in einem seiner Grundrechte oder grundrechtsgleichen Rechte verletzt zu sein. Eine spezifische Grundrechtsverletzung wird angenommen, wenn

⇨ durch das gerichtliche Verfahren selbst Grundrechte oder grundrechtsgleiche Rechte (z.B. Art. 103 I GG) verletzt wurden.

⇨ das Gericht seine Entscheidung auf eine grundrechtswidrige Norm gestützt hat.

⇨ das Gericht bei der Auslegung und Anwendung einfachen Rechts grundrechtliche Wertungen nicht beachtet (mittelbare Drittwirkung von Grundrechten).

5. Form und Frist

Gemäß § 23 I S. 1 BVerfGG ist die Verfassungsbeschwerde **schriftlich** einzureichen. Möglich ist aber auch die Einreichung via **Telefax**. Darüber hinaus ist der Antrag gem. §§ 92, 93 I S. 1 und § 23 I S. 2 BVerfGG innerhalb der Antragsfrist zu **begründen**.

Gemäß § 93 I S. 1 BVerfGG beträgt die **Frist** zur Einlegung der Verfassungsbeschwerde gegen ein **Gerichtsurteil einen Monat**. Die Frist beginnt mit der letzten im Rechtsweg zulässigerweise herbeigeführten Entscheidung. Für die Berechnung der Frist gelten die auch sonst üblichen Regeln, also die §§ 187, 188 BGB.

Dagegen ist die Verfassungsbeschwerde gegen ein **Gesetz** oder einen sonstigen Hoheitsakt, gegen den der Rechtsweg nicht offensteht, gem. § 93 III BVerfGG **binnen eines Jahres** zu erheben. Die Frist beginnt mit Inkrafttreten des Gesetzes.

6. Rechtsschutzbedürfnis

a. Rechtswegerschöpfung

Gemäß § 90 II S. 1 BVerfGG kann die Verfassungsbeschwerde erst nach Erschöpfung des Rechtswegs erhoben werden, sofern ein Rechtsweg überhaupt eingeräumt ist. Das ist bei Parlamentsgesetzen nicht der Fall. **Rechtsweg** ist der Weg, der den Einzelnen mit dem Begehren, die behauptete Rechtsverletzung zu überprüfen und auszuräumen, vor die deutschen staatlichen Gerichte führt. Er beginnt u.U. bei der Verwaltung mit der Erhebung des Widerspruchs und führt zu den verschiedenen Instanzen der staatlichen Gerichtsbarkeit. **Erschöpfung** des Rechtswegs bedeutet, dass der Beschwerdeführer alle zulässigen und ihm zumutbaren prozessualen Möglichkeiten zur Beseitigung der behaupteten Grundrechtsverletzung in Anspruch genommen haben muss.

b. Subsidiarität

Bei einer Urteils-VB bleibt dem Beschwerdeführer nach Erschöpfung des Rechtswegs keine andere Möglichkeit, den Rechtssatz anderweitig anzugreifen. Daher ist der Grundsatz der Subsidiarität bei einer Urteils-VB neben dem Grundsatz der Rechtswegerschöpfung bedeutungslos. Etwas anderes gilt im Hinblick auf die Rechtssatz-VB, da dort gegen ein Gesetz der Rechtsweg nicht offensteht (s.o.). Der Grundsatz der Subsidiarität besagt hier, dass eine Rechtssatz-VB trotz unmittelbarer Grundrechtsbetroffenheit durch ein Gesetz dann grds. unzulässig ist, wenn der Beschwerdeführer noch die Möglichkeit einer fachgerichtlichen Inzidentkontrolle hat.

c. Ausnahmen von Rechtswegerschöpfung und Subsidiarität

§ 90 II S. 2 BVerfGG nennt zwei Ausnahmen, bei deren Vorliegen die Rechtswegerschöpfung entbehrlich ist: die allgemeine Bedeutung der Verfassungsbeschwerde und den schweren und unabwendbaren Nachteil für den Beschwerdeführer.

aa. Allgemeine Bedeutung der Verfassungsbeschwerde

Die Verfassungsbeschwerde ist von allgemeiner Bedeutung, wenn sie grundsätzliche verfassungsrechtliche Fragen aufwirft und die zu erwartende Entscheidung über den Einzelfall hinaus Klarheit über die Rechtslage in einer Vielzahl gleich gelagerter Fälle schafft.

bb. Schwerer und unabwendbarer Nachteil für den Beschwerdeführer

Wann ein schwerer und unabwendbarer Nachteil angenommen werden kann, lässt sich nicht allgemeinverbindlich sagen, sondern ist stets eine Frage des Einzelfalls. Voraussetzung ist jedenfalls, dass gerade das Abwarten einer späteren Entscheidung diesen Nachteil begründet, etwa weil sie zu spät kommt und den Beschwerdeführer damit praktisch schutzlos stellt.

cc. Unzumutbarkeit der Rechtswegerschöpfung bzw. der sonstigen Abhilfe

Neben den o.g. geschriebenen Ausnahmen lässt das BVerfG Ausnahmen von Rechtswegerschöpfung und Subsidiarität zu, wenn dem Beschwerdeführer die Erschöpfung des Rechtswegs bzw. das Bemühen um sonstige Abhilfe unzumutbar sind. Es stellt aber strenge Anforderungen an die Unzumutbarkeit.

II. Begründetheit

Die Verfassungsbeschwerde ist gem. § 95 I BVerfGG begründet, wenn der Beschwerdeführer durch den angegriffenen Akt der öffentlichen Gewalt in einem Grundrecht oder grundrechtsgleichen Recht verletzt ist. Der Aufbau der Begründetheitsprüfung folgt i.d.R. der im Grundrechtsbuch dargestellten Grundrechtsprüfung: Zunächst wird der **Schutzbereich** des möglicherweise verletzten Grundrechts festgestellt, sodann der **Eingriff** in den Schutzbereich geprüft und schließlich der Frage nach der **verfassungsrechtlichen Rechtfertigung** des Eingriffs nachgegangen.

6. Weitere Verfahren vor dem BVerfG, insb. Kompetenzkontrolle

747 Weitere Verfahren vor dem BVerfG sind u.a. das **Parteiverbotsverfahren** (Art. 21 II S. 2 GG, §§ 13 Nr. 2, 43 ff. BVerfGG), das **Wahlprüfverfahren** (Art. 41 II GG, §§ 13 Nr. 3, 48 BVerfGG) sowie die Entscheidung, ob im Fall des Art. 72 IV GG die Erforderlichkeit für eine bundesgesetzliche Regelung nach Art. 72 II GG nicht mehr besteht oder ob Bundesrecht in den Fällen des Art. 125a II S. 1 GG nicht mehr erlassen werden könnte, sog. **Kompetenzkontrolle** (Art. 93 II GG, §§ 13 Nr. 6b, 96 BVerfGG). Da die beiden zuerst genannten Verfahren bereits bei Rn 414 ff. und 150 ff. behandelt wurden und insoweit auf diese Ausführungen verwiesen werden kann, muss an dieser Stelle ausschließlich auf die zuletzt genannte Verfahrensart eingegangen werden. Diese wurde im Zuge der Föderalismusreform 2006 eingeführt und hat folgenden Hintergrund:

747a Im Bereich der konkurrierenden Gesetzgebungskompetenz setzte die (formelle) Rechtmäßigkeit eines Bundesgesetzes bisher nicht nur voraus, dass sich der Bund auf einen in Art. 74 I GG genannten Kompetenztitel stützen konnte, sondern auch stets, dass die Erforderlichkeit für eine bundesgesetzliche Regelung nach Art. 72 II GG bestand. Ebendiese Erforderlichkeit, die erst im Rahmen der Verfassungsreform 1994 in Art. 72 II GG eingefügt wurde und die bis dahin geltende „Bedürfnisklausel" abgelöst hatte[1158], hat das BVerfG zuletzt äußerst restriktiv ausgelegt und überwiegend verneint.[1159]

747b Nach der im Zuge der Föderalismusreform 2006 ausgearbeiteten Neufassung des Art. 72 II GG ist der Nachweis der Erforderlichkeit nicht mehr stets notwendig. Vielmehr hat der verfassungsändernde Gesetzgeber in Art. 72 II GG n.F. einige Materien benannt, bei denen er eine Erforderlichkeit bundesgesetzlicher Regelung verlangt. Daraus folgt umgekehrt, dass alle übrigen Titel konkurrierender Gesetzgebung eine Erforderlichkeit bundesgesetzlicher Regelung nicht (mehr) voraussetzen, dass in diesen Fällen eine Bundeskompetenz also allein dann gegeben ist, wenn ein Kompetenztitel nach Art. 74 I GG vorliegt.

747c Liegt aber ein Fall des Art. 72 II GG vor, kann – soweit die Erforderlichkeit für eine bundesgesetzliche Regelung nicht mehr besteht – durch Bundesgesetz bestimmt werden, dass die Regelung durch Landesrecht ersetzt werden kann (Art. 72 IV GG). Diese sog. Rückübertragungsbefugnis trägt dem Umstand Rechnung, dass aufgrund gewandelter Verhältnisse die Voraussetzungen des Art. 72 II GG entfallen können und verhindert werden soll, dass eine einmal gegebene Bundeskompetenz auf Dauer erhalten bleibt. Sofern es sich um ein Bundesgesetz handelt, das aufgrund des Art. 72 II GG in der bis zum 15.11.1994 geltenden Fassung erlassen worden ist[116C], aber wegen Änderung des Art. 72 II GG nicht mehr als Bundesgesetz erlassen werden könnte, gilt es als Bundesrecht fort (Art. 125a II S. 1 GG). Durch Bundesgesetz kann aber bestimmt werden, dass es durch Landesrecht ersetzt werden kann (Art. 125a II S. 2 GG). Gleiches gilt, die Erforderlichkeit nach Art. 72 II GG später weggefallen ist (Art. 72 IV GG).

[1158] Vgl. dazu Rn 833 ff.
[1159] Vgl. BVerfGE 106, 62, 135 ff.; 111, 10, 26 ff.; 111, 226, 246 ff.; 112, 226 ff.
[1160] Zum Unterschied zwischen der bis zu diesem Zeitpunkt geltenden Bedürfnisklausel und der seit dem 15.11.1994 geltenden Erforderlichkeitsklausel vgl. Rn 833 ff.

Da erste Erfahrungen mit dem Ladenschlussgesetz, bei dem die Erforderlichkeit **747d** bundesgesetzlicher Regelung durchaus bezweifelt werden durfte und vom BVerfG auch verneint worden ist[1161], gezeigt haben, dass der Bund zwar zu Gesetzesänderungen, nicht aber zur Rückübertragung der Gesetzgebungsbefugnis auf die Länder gem. Art. 125a II S. 2 GG bereit ist, war es ein Hauptanliegen der Föderalismusreform 2006, die Bundesländer bei der Frage nach der Rückübertragung der Gesetzgebungskompetenz nicht vollständig von der politischen Willensbildung im Bund abhängig zu machen und der Regelung des Art. 125a II S. 2 GG Ausdruck zu verleihen.[1162] Daher hat der verfassungsändernde Gesetzgeber im Zuge der Föderalismusnovelle ein weiteres, vor dem BVerfG auszutragendes Kompetenzkontrollverfahren eingeführt, das auf die Feststellung abzielt, dass die Erforderlichkeit für eine bundesgesetzliche Regelung nicht mehr bestehe. Die Feststellung des BVerfG, dass die Erforderlichkeit für eine bundesgesetzliche Regelung nicht mehr bestehe, hat sogar Gesetzeskraft und ersetzt das nach Art. 72 IV GG oder nach Art. 125a II S. 2 GG erforderliche „Freigabegesetz" (Art. 93 II S. 2 GG). Antragsbefugt sind gem. Art. 93 II S. 1 GG der Bundesrat sowie die Landesregierungen und die Landesparlamente. Der Antrag ist allerdings erst dann zulässig, wenn eine Gesetzesvorlage nach Art. 72 IV GG oder nach Art. 125a II S. 2 GG im Bundestag abgelehnt und/oder nicht beraten bzw. eine entsprechende Gesetzesvorlage im Bundesrat abgelehnt worden ist (Art. 93 II S. 3 GG). Auf der Grundlage des Art. 93 II GG i.V.m. §§ 13 Nr. 6b, 96 BVerfGG ergibt sich folgendes Aufbauschema:

Kompetenzkontrolle, Art. 93 II GG, §§ 13 Nr. 6b, 96 BVerfGG

I. Zulässigkeit
1. Zuständigkeit des BVerfG
Gemäß Art. 93 II GG, § 13 Nr. 6b BVerfGG entscheidet das BVerfG, ob im Fall des Art. 72 IV GG die Erforderlichkeit für eine bundesgesetzliche Regelung nach Art. 72 II GG nicht mehr besteht oder ob Bundesrecht in den Fällen des Art. 125a II S. 1 GG nicht mehr erlassen werden könnte.

2. Antragsberechtigung
Antragsberechtigt sind gem. Art. 93 II S. 1 GG, § 13 Nr. 6b BVerfGG der Bundesrat sowie die Landesregierungen und die Landesparlamente. Eine Erweiterung des Kreises der Antragsberechtigten durch einfaches Gesetz oder durch Analogie ist unzulässig. Die Kompetenzkontrolle kennt als objektives Kontrollverfahren keinen Antragsgegner.

3. Antragsgegenstand (= Prüfungsgegenstand)
Antragsgegenstand ist zum einen die Frage nach der Erforderlichkeit bundesgesetzlicher Regelung in Bezug auf ein bestehendes Bundesgesetz, also die Frage, ob ein bestimmtes Bundesgesetz noch erforderlich i.S.v. Art. 72 II GG ist.
Weiterer Gegenstand des Verfahrens nach Art. 93 II GG kann die Feststellung sein, ob Bundesrecht in den Fällen des Art. 125a II S. 1 GG nicht mehr erlassen werden könnte.

4. Antragsbefugnis
Der Antragsteller ist gem. Art. 93 II S. 2 GG erst dann antragsbefugt, wenn er geltend macht, dass die Erforderlichkeit nach Art. 72 II GG weggefallen ist bzw. dass das Bundesrecht nach Art. 125a II S. 2 GG nicht neu erlassen werden könnte.

5. Besonderes Rechtsschutzbedürfnis
Gemäß Art. 93 II S. 3 GG ist der Antrag erst dann zulässig, wenn eine Gesetzesvorlage nach Art. 72 IV GG oder nach Art. 125a II S. 2 GG im Bundestag abgelehnt und/oder nicht beraten bzw. eine entsprechende Gesetzesvorlage im Bundesrat abgelehnt worden ist.

[1161] BVerfGE 111, 10, 26 ff., wobei das Gericht das Gesetz aufgrund Art. 125a II S. 1 und 2 GG nicht für verfassungswidrig erklärt hat. Denn das Gesetz bestand schon vor 1994 und wurde später lediglich geändert.
[1162] Vgl. dazu *Ipsen*, NJW 2006, 2801, 2803.

6. Form und Frist

Gemäß § 23 I BVerfGG ist Schriftform erforderlich. Außerdem ist der Antrag zu begründen. Der Inhalt der Begründung ergibt aus § 96 I BVerfGG. Eine Frist ist nicht zu beachten.

II. Begründetheit

Der Antrag auf Durchführung einer Kompetenzkontrolle ist begründet, wenn die Erforderlichkeit für eine bundesgesetzliche Regelung nicht mehr besteht (also weggefallen ist), oder Bundesrecht in den Fällen des Art. 125a II S. 1 GG nicht mehr erlassen werden könnte (Art. 93 II S. 1 GG). Die Entscheidung des BVerfG hierüber hat Gesetzeskraft und ersetzt das nach Art. 72 IV GG oder nach Art. 125a II S. 2 GG erforderliche Gesetz (Art. 93 II S. 2 GG).

7. Einstweilige Anordnungen des BVerfG

a. Einführung

Wie alle Prozessordnungen kennt auch das BVerfGG einen vorläufigen bzw. einstweiligen Rechtsschutz. Nach § 32 I BVerfGG kann das BVerfG im Streitfall einen Zustand durch einstweilige Anordnung (e.A.) vorläufig regeln, wenn dies zur Abwehr schwerer Nachteile, zur Verhinderung drohender Gewalt oder aus einem anderen wichtigen Grund zum gemeinen Wohl dringend geboten ist. **748**

Die e.A. verfolgt demnach das Ziel, eine Rechtsfrage vorläufig zu regeln, insbesondere weil ein Abwarten bis zur Entscheidung in der Hauptsache für den Antragsteller unzumutbar ist bzw. zu nicht oder nur schwer wiedergutzumachenden Zuständen führt.[1163] Insbesondere kann auch ein Gesetz vorläufig außer Kraft zu setzen bzw. dessen Inkrafttreten bis zur Hauptsacheentscheidung ganz oder teilweise zu suspendieren sein.[1164] **749**

Im Mittelpunkt des einstweiligen Rechtsschutzes nach § 32 BVerfGG steht die sog. **Folgenabwägung**[1165]: Das BVerfG wägt die Nachteile, die einträten, wenn die e.A. nicht erginge, die beanstandete Maßnahme aber später für verfassungswidrig erklärt würde, gegen diejenigen ab, die entstünden, wenn die e.A. erginge, die beanstandete Maßnahme sich aber im Hauptsacheverfahren als verfassungsgemäß erwiese. Dabei betont das Gericht i.d.R., dass die Gründe, die für die Verfassungswidrigkeit des angegriffenen Hoheitsakts vorgetragen werden, **grundsätzlich außer Betracht** zu bleiben hätten. Entscheidend sei allein die Folgenabwägung.[1166] **750**

Gleichzeitig betont das BVerfG aber, dass der Antrag auf Eilrechtsschutz **keinen** Erfolg haben könne, wenn der **Hauptsacherechtsbehelf unzulässig oder offensichtlich unbegründet** wäre.[1167] Auch ist es der Meinung, dass die **Erfolgsaussichten** des Hauptsacherechtsbehelfs maßgeblich werden könnten, wenn verwaltungsgerichtliche Beschlüsse betroffen seien, die im Verfahren des einstweiligen Rechtsschutzes ergangen seien und die **Entscheidung in der Hauptsache vorwegnähmen**.[1168] Das sei insbesondere der Fall, wenn die behauptete Rechtsverletzung bei Verweigerung einstweiligen Rechtsschutzes **nicht mehr rückgängig** gemacht werden könnte, die Entscheidung in der Hauptsache also **zu spät käme**.[1169] **751**

> **Beispiel**[1170]**:** Die NPD meldete ordnungsgemäß eine Versammlung an. Doch die Versammlungsbehörde erließ ein Versammlungsverbot und begründete ihre Entscheidung mit der Gefährdung der öffentlichen Ordnung i.S.v. § 15 I VersG. Gleichzeitig ordnete die Behörde die sofortige Vollziehung der Verbotsverfügung an (vgl. § 80 II S. 1 Nr. 4 VwGO). Daraufhin erhob die NPD nicht nur Widerspruch, sondern beantragte auch vor dem zuständigen Verwaltungsgericht (VG) die Wiederherstellung der aufschiebenden Wirkung ihres Widerspruchs (vgl. § 80 V S. 1 Var. 2 VwGO), damit sie die Versammlung durchführen konnte.[1171] Das VG gab dem Antrag statt, worauf die Versammlungsbehörde Beschwerde gegen den Beschluss des VG beim Oberverwaltungsgericht (OVG) einlegte. Das OVG wiederum bestätigte die Rechtsauffassung der Versammlungsbehörde, änderte den Beschluss des VG ab und lehnte den ursprünglichen Antrag

---

[1163] Vgl. nur BVerfG-K NJW 2005, 3204; 2005, 2982; 2005, 1179; BVerfGE 108, 34, 41 ff.; 121, 1, 15 ff.

[1164] Dazu BVerfG NJW 2001, 2457 ff.; BVerfGE 121, 1, 15 ff.; 126, 158 ff.

[1165] St. Rspr., vgl. nur BVerfG NVwZ 2016, 1171; NVwZ 2016, 244, 245; NJW 2015, 3294, 3295; 2015, 465, 466; BVerfGE 121, 1, 15 ff.; 111, 147, 152 f.; 108, 34, 41 ff.; 104, 51, 55; 91, 252, 257 f.; 88, 185, 186.

[1166] So BVerfGE 111, 147, 152 f. Vgl. auch BVerfG NJW 2015, 465, 466; NJW 2015, 3294, 3295.

[1167] BVerfGE 88, 169, 171 f.; 91, 328, 332; 110, 77, 87 f.; 111, 147, 153; 121, 1, 15 ff.; 126, 158 ff.; BVerfG NJW 2009, 1481 f. Vgl. auch BVerfG NVwZ 2016, 244, 245.

[1168] BVerfGE 34, 160, 163; 63, 254; 67, 149, 152; 111, 147, 153.

[1169] Vgl. BVerfGE 46, 160, 164; 111, 147, 153.

[1170] Nach BVerfGE 111, 147 ff. (Versammlungsverbot).

[1171] Zum vorläufigen Rechtsschutz nach § 80 V VwGO vgl. *R. Schmidt*, VerwProzR, Rn 877 ff.

der NPD auf Wiederherstellung der aufschiebenden Wirkung ab. Folge dieses Beschlusses war, dass die NPD die geplante Versammlung nicht durchführen konnte. Um dennoch zu ihrem Ziel zu gelangen, beantragte die NPD schließlich den Erlass einer e.A. vor dem BVerfG.

Dieses entschied, dass (auch!) in Bezug auf ein Versammlungsverbot, das mit einem Rechtsbehelf des einstweiligen verwaltungsgerichtlichen Rechtsschutzes angegriffen worden war, i.d.R. die im verfassungsgerichtlichen Eilrechtsschutzverfahren **erkennbaren Erfolgsaussichten** des verwaltungsgerichtlichen Hauptsacherechtsbehelfs **zu berücksichtigen** seien. Das gelte jedenfalls dann, wenn aus Anlass eines Versammlungsverbots über einen Antrag auf einstweiligen Rechtsschutz zur Wiederherstellung der aufschiebenden Wirkung eines Widerspruchs zu entscheiden sei und ein Abwarten bis zum Abschluss des Verfassungsbeschwerdeverfahrens oder des verwaltungsgerichtlichen Hauptsacheverfahrens den Versammlungszweck mit hoher Wahrscheinlichkeit vereitele. Ergebe die Prüfung im verfassungsgerichtlichen Eilrechtsschutzverfahren, dass eine Verfassungsbeschwerde offensichtlich begründet wäre, läge in der Nichtgewährung von Rechtsschutz der schwere Nachteil für das gemeine Wohl i.S.d. § 32 I BVerfGG.[1172]

751a Auch in der Entscheidung über die Anträge auf Erlass einer e.A. zur Verhinderung der Ratifikation des **ESM-Vertrags** hat sich das BVerfG nicht auf eine Folgenabwägung beschränkt, sondern die angegriffenen Zustimmungsgesetze zu den völkerrechtlichen Verträgen summarisch geprüft.[1173] Damit wollte das Gericht offenbar verhindern, dass die völkerrechtliche Verpflichtung den anderen Vertragsstaaten gegenüber und die innerstaatliche Geltung auseinanderfallen. Denn sollte sich erst im späteren Hauptsacheverfahren herausstellen, dass die Zustimmungsgesetze zum ESM-Vertrag gegen das Grundgesetz (insbesondere gegen das wegen Art. 79 III GG unabänderbare Demokratieprinzip) verstoßen, könnte dies nach erfolgter Ratifikation völkerrechtlich nicht mehr rückgängig gemacht werden. Hätte sich das BVerfG also auf eine Folgenabwägung (Nachteilsabwägung) beschränkt, hätte es nur eine Entscheidung treffen können: Stattgabe der Anträge. Daher musste das Gericht eine (zumindest) summarische Prüfung der Rechtslage vornehmen und damit freilich die Hauptsache vorwegnehmen.

752 Mit anderen Worten heißt das, dass der vom BVerfG selbst aufgestellte Grundsatz, dass es bei der Frage nach dem Erlass einer e.A. grundsätzlich nur auf eine Folgenabwägung ankomme, durch die genannten zahlreichen Ausnahmen ausgehöhlt wird und daher praktisch nicht besteht. Auf die Konsequenz für die Fallbearbeitung wird im Rahmen der Begründetheit (Rn 760 ff.) eingegangen.

> **Hinweis für die Fallbearbeitung:** Einstweilige Anordnungen können im Rahmen aller verfassungsgerichtlichen Verfahrensarten ergehen. Gerade wegen der langen Verfahrensdauer der einzelnen Hauptsacheverfahren kommen ihr eine nicht untergeordnete Rolle zu. So kann man in einer Fallbearbeitung durchaus auf die Frage treffen, ob der Antragsteller auch einstweiligen Rechtsschutz beantragen kann und wie das BVerfG darüber entscheiden wird. Prüfungstechnisch geht der einstweiligen Anordnung ein entsprechender Antrag voraus. Dieser ist erfolgreich, wenn er **zulässig** und **begründet** ist.

[1172] BVerfGE 111, 147, 153.
[1173] BVerfGE 132, 195, 232 ff.

b. Zulässigkeit eines Antrags auf Erlass einer e.A.

Über die Voraussetzungen der Zulässigkeit eines Antrags auf Erlass einer e.A. besteht **753** Unklarheit. In den betreffenden Beschlüssen des BVerfG liest man stets die stereotype Formel, dass eine e.A. nur dann ergehen könne, wenn der Hauptsacherechtsbehelf „nicht unzulässig und auch nicht offensichtlich unbegründet" sei.[1174] Das BVerfG unterscheidet also nicht sauber zwischen Zulässigkeit und Begründetheit. Im Rahmen des juristischen Studiums ist eine solche Vorgehensweise jedoch nicht möglich bzw. führt regelmäßig zur Beanstandung durch den Korrektor. So wird auch in den gängigen Lehrbüchern zwischen Zulässigkeit und Begründetheit des Antrags auf Erlass einer e.A. unterschieden. Teilweise werden im Rahmen der Zulässigkeit allerdings nur die *Zuständigkeit des BVerfG in der Hauptsache* und die *Antragsberechtigung des Antragstellers* als Zulässigkeitsvoraussetzungen genannt.[1175] Diese Auffassung überzeugt nicht. Denn sie führt zu dem Ergebnis, dass für den Fall, dass der Hauptsacherechtsbehelf wegen Verfristung evident unzulässig wäre, gleichwohl der Antrag auf Erlass einer e.A. zulässig sein müsste, sofern nur die beiden o.g. Voraussetzungen vorliegen. Richtigerweise ist die Prüfung eines Antrags auf Erlass einer e.A. nach den im Folgenden näher ausgeführten Zulässigkeits- und Begründetheitsvoraussetzungen durchzuführen.

aa. Statthaftigkeit des Antrags

§ 32 BVerfGG spricht zwar von einem „Streitfall", verlangt aber kein kontradiktori- **754** sches Verfahren und kennt daher keine Beschränkung auf bestimmte Verfahrensarten. Daher ist ein Antrag auf Erlass einer e.A. vor allen möglichen Verfahrensarten statthaft.[1176] Das entsprechende Hauptsacheverfahren braucht jedoch (noch) nicht anhängig zu sein.[1177]

Fraglich ist, ob das BVerfG eine e.A. auch **ohne entsprechenden Antrag** erlassen darf **755** (sog. Entscheidung *ex officio*). Dies scheint der Wortlaut des § 32 BVerfGG, der nichts von einem Antragserfordernis sagt, zu ermöglichen. So hat auch das BVerfG in mehreren Fällen eine e.A. auch ohne entsprechenden Antrag erlassen.[1178] Dem ist allerdings entgegenzuhalten, dass es der Eigenart eines Gerichts widerspricht, ohne vorherige Anrufung in der Sache zu entscheiden. Immerhin stellt es eine anerkannte Prozessmaxime dar, dass auch ein Verfassungsgericht grds. nur dann tätig wird, wenn es angerufen wird. Durch die Möglichkeit des Erlasses einer e.A. ohne entsprechenden Antrag würde die Stellung des BVerfG im Staatsgefüge in einer Weise gestärkt, wie es das Grundgesetz nicht vorsieht.[1179] Das gilt zumindest für den Fall, dass das Hauptsacheverfahren noch nicht anhängig ist. Ist das Hauptsacheverfahren indes anhängig, spricht nichts dagegen, wenn das BVerfG von Amts wegen eine e.A. erlässt.

> **Hinweis für die Fallbearbeitung:** In der Regel wurde laut Sachverhalt ein Antrag auf Erlass einer e.A. bereits gestellt, sodass auf die oben dargestellte Problematik nicht eingegangen werden muss. Sollte dennoch die Frage zu beantworten sein, ob das BVerfG auch ohne vorherigen Antrag eine e.A. erlassen darf, sollte folgendermaßen formuliert und entschieden werden:
>
> ■ Ist noch kein entsprechendes Hauptsacheverfahren anhängig, widerspräche es der Stellung eines Gerichts, wenn das BVerfG auch ohne Antrag eine e.A. erlas-

---

[1174] Vgl. aus jüngerer Zeit BVerfG NJW 2009, 1481 f.; NJW 2005, 1105, 1106; BVerfGE 111, 147, 153. Vgl. dazu auch schon oben Rn 748 ff.
[1175] So von *Degenhart*, Rn 862.
[1176] Vgl. *Klein*, in: Benda/Klein, VerfProzR, 3. Aufl. 2012, Rn 1325.
[1177] BVerfG-K NJW 2005, 2982; BVerfG-K NVwZ 2002, 1230, 1231; BVerfGE 71, 350, 352.
[1178] Vgl. BVerfGE 1, 74, 75; 1, 281, 283; 42, 103, 119.
[1179] Vgl. *Robbers*, JuS 1994, 1031, 1032.

> sen dürfte. Darüber hinaus würde das BVerfG eine Position im Staatsgefüge erlangen, wie sie im Grundgesetz nicht vorgesehen ist.
>
> ▪ Ist demgegenüber bereits ein entsprechendes Hauptsacheverfahren anhängig, greifen die o.g. Bedenken nicht. Hier sollte man die Auffassung vertreten, dass das BVerfG auch ohne Antrag eine e.A. erlassen darf.

bb. Antragsberechtigung und Antragsbefugnis

756 § 32 BVerfG sagt zwar nichts über die Antragsberechtigung, nach allgemeinen Regeln ist antragsberechtigt aber jeder, der im Hauptsacheverfahren beteiligt sein kann. Um im Verfahren nach § 32 I BVerfGG antragsbefugt zu sein, muss der Antragsteller behaupten, ihm drohten schwere Nachteile oder Gewalt, wenn eine e.A. nicht erginge, oder der Erlass einer e.A. sei aus einem anderen wichtigen Grund dringend geboten. Nach dem Vorbringen des Antragstellers müssen Gefährdung und Dringlichkeit zumindest möglich sein, was wiederum der Fall ist, wenn das Vorliegen einer der o.g. Gründe nicht von vornherein ausgeschlossen ist.

cc. Keine Unzulässigkeit des Hauptsacheverfahrens

757 Zwar findet im Rahmen der Zulässigkeitsprüfung des Antrags auf Erlass einer einstweiligen Anordnung grundsätzlich keine Zulässigkeitsprüfung bezüglich des Hauptsacheverfahrens statt, ist das Hauptsacheverfahren aber (offensichtlich) unzulässig, wird man auch von der Unzulässigkeit des Antrags auf Erlass einer e.A. ausgehen müssen.[1180] Anderenfalls würden die Zulässigkeitsvoraussetzungen des Hauptsacheverfahrens umgangen.

Umstände, die zur Unzulässigkeit des Hauptsacheverfahrens führen, sind etwa das **Fristversäumnis** oder die Missachtung von **Formvorschriften**. Im Übrigen sind im Rahmen dieses Prüfungspunktes mitunter die Zulässigkeitsvoraussetzungen in Bezug auf das Hauptsacheverfahren zu prüfen.[1181]

dd. Grundsätzlich keine Vorwegnahme der Hauptsache

758 Der Antrag auf Erlass einer e.A. ist grundsätzlich unzulässig, wenn er auf die Vorwegnahme der Hauptsache gerichtet ist. Das folgt aus der grundsätzlichen Subsidiarität der e.A. zum Hauptsacheverfahren. Ausnahmsweise ist der Antrag aber trotz Vorwegnahme der Hauptsache zulässig, wenn dies aus Rechtsschutzgesichtspunkten unerlässlich ist. Das BVerfG nennt hierzu im Wesentlichen zwei Voraussetzungen, die kumulativ vorliegen müssen[1182]:

▪ Die Entscheidung müsste in der Hauptsache **zu spät** kommen und der Antragsteller dürfte in anderer Weise keinen ausreichenden Rechtsschutz mehr erlangen.

▪ Das Abwarten der Hauptsache müsste für den Antragsteller einen schweren, **nicht wiedergutzumachenden Schaden** bedeuten.

Beispiel[1183]: Um die Freilassung einiger inhaftierter Terroristen zu erzwingen, ist der Arbeitgeberpräsident Hanns Martin Schleyer von terroristischen Gewalttätern entführt worden. Hier würde die Anordnung der Freilassung der Häftlinge im Wege einer e.A. eine Vorwegnahme der Hauptsache bedeuten. Die Entscheidung der Hauptsache würde aber möglicherweise zu spät kommen und es würde möglicherweise ein irreparabler

---

[1180] Wie hier BVerfG-K NJW 2005, 2982; BVerfG NJW 2002, 2458.
[1181] Vgl. dazu etwa die Vorgehensweise von *Märten*, JA 2011, 762, 763.
[1182] Vgl. BVerfGE 46, 160, 163 f.; 67, 149, 151; 82, 353, 363; 111, 147, 153; 113, 113, 122; 132, 195, 232 ff.
[1183] Vgl. BVerfGE 46, 160 ff., dargestellt auch in allen anderen gängigen Lehrbüchern zum Staatsorganisationsrecht.

Schaden (etwa der Tod des Entführten) entstehen. Daher war der Antrag auf Erlass einer e.A. nicht schon wegen Vorwegnahme der Hauptsache unzulässig.

ee. Form und Frist

Wie alle Anträge bezüglich der Einleitung von Hauptsacheverfahren muss auch der Antrag auf Erlass einer e.A. schriftlich[1184] beim BVerfG eingereicht und begründet werden (§ 23 I BVerfGG). Die Antragsfrist muss sich dabei an der des Hauptsacheverfahrens richten. Ist das Hauptsacheverfahren verfristet, muss auch der Antrag auf Erlass einer einstweiligen Anordnung unzulässig sein.[1185] Da die Verfristung des Hauptsacheverfahrens aber zu dessen evidenter Unzulässigkeit führt, wird die Fristvoraussetzung in der Fallbearbeitung bereits im Prüfungspunkt „keine Unzulässigkeit des Hauptsacheverfahrens" erschöpfend behandelt worden sein.

759

ff. Rechtsschutzbedürfnis

Keine Voraussetzung für den Antrag auf Erlass einer e.A. ist es, dass das Hauptsacheverfahren eingeleitet wurde. Auch vor Einleitung des Hauptsacheverfahrens kann der Erlass einer e.A. beantragt werden.[1186] Der Antrag auf Erlass einer e.A. ist z.B. aber unzulässig, wenn der Antragsteller rechtzeitig und zumutbar fachgerichtlichen (einstweiligen) Rechtsschutz in Anspruch nehmen kann. Das wiederum ist nicht der Fall, wenn es um den Vollzug eines Parlamentsgesetzes geht.

759a

> **Beispiel**[1187]**:** Erlässt ein Bundesland ein Landesversammlungsgesetz, in dem anlasslos Beobachtungs- und Dokumentationsmaßnahmen gestattet werden, verletzt diese Ermächtigung möglicherweise das Grundrecht auf Versammlungsfreiheit. Fachgerichtlicher einstweiliger Rechtsschutz ist nicht möglich, weil die Verwaltungsgerichte keine formellen Gesetze außer Vollzug setzen können. Das kann nur das BVerfG. Daher besteht ein Rechtsschutzbedürfnis i.S.d. § 32 BVerfGG.

c. Begründetheit eines Antrags auf Erlass einer e.A.

Der Antrag auf Erlass der e.A. ist begründet, wenn die Voraussetzungen des § 32 BVerfGG vorliegen. Ist das mögliche Hauptsacheverfahren jedoch von **vornherein unzulässig oder offensichtlich unbegründet**, scheidet ein Eilrechtsschutz beim BVerfG schon deshalb aus, weil in diesem Fall der Erlass einer e.A. nicht „dringend geboten" sein kann. Auf eine Nachteilsabwägung, wie sie in § 32 I BVerfGG genannt wird, kommt es also nicht an.[1188] Ebenso kommt es auf eine Folgenabwägung nicht an, wenn das Hauptsacheverfahren zulässig und offensichtlich begründet ist. In diesem Fall ist der Antrag auf Erlass einer e.A. begründet. Ist das Hauptsacheverfahren hingegen „offen", steht die in § 32 I BVerfGG genannte **Nachteilsabwägung** im Mittelpunkt, in deren Folge dann auch entschieden wird, ob der Erlass einer e.A. **dringend geboten** ist: Das BVerfG wägt die Nachteile, die einträten, wenn die e.A. nicht erginge, die beanstandete Maßnahme aber später für verfassungswidrig erklärt würde, gegen diejenigen ab, die entstünden, wenn die e.A. erginge, die beanstandete Maßnahme sich aber im Hauptsacheverfahren als verfassungsgemäß erwiese.[1189] Dabei betont das BVerfG, dass bei der Prüfung des Erlasses einer e.A. insbesondere dann ein **strenger Maßstab** anzulegen sei, wenn es um die **vorläufige Außervoll-**

760

[1184] Zum Schriftformerfordernis vgl. Rn 723.
[1185] Vgl. etwa BVerfGE 122, 63, 74.
[1186] *Hillgruber/Goos*, VerfProzR, 4. Aufl. 2015, Rn 822.
[1187] Vgl. BVerfG NJW 2009, 1481 f. (Bayerisches Versammlungsgesetz).
[1188] Vgl. etwa BVerfGE 82, 54, 57; 111, 147, 153; 121, 1, 15 ff.; 126, 158 ff.; 132, 195, 232 ff.; BVerfG NJW 2005, 1105, 1106; NJW 2002, 2458 f.; NVwZ 2002, 1230, 1232.
[1189] St. Rspr. vgl. nur BVerfGE 64, 67, 69; 89, 38, 43 f.; 103, 41, 42; 104, 51, 55; 108, 34, 41 ff.; 111, 147, 152 f.; 118, 111, 122; 129, 284, 298; 132, 195, 232; BVerfG NJW 2015, 3294, 3295.

zugsetzung eines formellen Gesetzes gehe, weil mit dem Erlass einer e.A. ein erheblicher Eingriff in die originäre Zuständigkeit des Gesetzgebers verbunden sei.[1190] Dem ist uneingeschränkt zuzustimmen. Aber auch im Übrigen setzt das BVerfG strenge Maßstäbe an, da der Erlass einer e.A. weit reichende Folgen habe könne[1191], insbesondere, wenn später nicht mehr rückgängig zu machende Grundrechtseingriffe drohten.[1192] Richtig daran ist, dass der Erlass einer e.A. in der Tat weittragende Folgen haben kann. Allerdings kann auch der Nichterlass einer e.A. ebenso weittragende Folgen nach sich ziehen. Davon unbeschadet ersetzt das BVerfG die Folgenabwägung (Nachteilsabwägung) aber durch eine summarische Prüfung, wenn die Entscheidung über den Antrag auf Erlass einer e.A. unweigerlich zu einer Vorwegnahme der Hauptsache führt.

760a

> **Hinweis für die Fallbearbeitung:** Während bei Eilrechtsschutzverfahren anderer Gerichtszweige *i.d.R.* eine summarische Prüfung der Erfolgsaussichten in der Hauptsache erfolgt (siehe etwa § 123 VwGO) und der Erlass einer e.A. vom Ergebnis dieser summarischen Prüfung abhängt, soll bei der e.A. nach § 32 BVerfGG gerade *keine* summarische Prüfung des materiellen Rechts entsprechend der Hauptsache stattfinden, sondern zunächst nur eine Prüfung des **offensichtlichen Ausgangs** des Hauptsacheverfahrens. Für den Fall, dass der Ausgang des Hauptsacheverfahrens nicht offensichtlich ist, findet in einem zweiten Schritt eine **Nachteilsabwägung** statt, in deren Folge dann auch über die Frage entschieden werden muss, ob der Erlass einer e.A. zur Abwehr schwerer Nachteile, zur Verhinderung drohender Gewalt oder aus einem anderen wichtigen Grund zum gemeinen Wohl **dringend geboten** ist. In der Fallbearbeitung ist also zunächst zu prüfen, ob das Hauptsacheverfahren von vornherein unzulässig oder offensichtlich unbegründet ist bzw. wäre:
>
> - Ist bzw. wäre das Hauptsacheverfahren von **vornherein unzulässig**, kann keine einstweilige Anordnung ergehen[1193] (in diesem Fall wäre der Antrag auf Erlass einer e.A. i.d.R. auch schon unzulässig und nicht nur unbegründet).
>
> - Das Gleiche gilt, wenn das Hauptsacheverfahren **offensichtlich unbegründet** ist bzw. wäre.
>
> - Ist bzw. wäre das Hauptsacheverfahren umgekehrt **offensichtlich begründet**, wird in aller Regel auch eine e.A. zugunsten des Antragstellers ergehen.
>
> - Bei **offenem Ausgang** des Hauptsacheverfahrens findet eine echte **Nachteilsabwägung** statt, in deren Folge dann auch entschieden wird, ob der Erlass einer e.A. **dringend geboten** ist: Die jeweils eintretenden Folgen sind gegeneinander abzuwägen (s.o.). Geht es um die vorläufige Außervollzugsetzung eines formellen Gesetzes, gelten mit Blick auf das Gewaltenteilungsprinzip besonders strenge Maßstäbe.[1194]
>
> Ist eine **Vorwegnahme der Hauptsacheentscheidung** unumgänglich, tritt an die Stelle der soeben dargestellten Nachteilsabwägung eine **summarische Prüfung** der Rechtslage, die im Rahmen der Fallbearbeitung unter dem Prüfungspunkt „offensichtlich (un)begründet" vorgenommen werden muss, sodass an dieser Stelle nach oben verwiesen werden kann.[1195]

[1190] BVerfG NJW 2015, 3294, 3295 (mit Verweis u.a. auf BVerfGE 112, 284, 292; 122, 342, 361; 131, 47, 61).
[1191] BVerfG NJW 2015, 465, 466 (mit Verweis auf BVerfGE 3, 41, 44; 126, 158, 167).
[1192] BVerfG NJW 2015, 465, 466 (mit Verweis auf BVerfGE 94, 166, 216 f.).
[1193] BVerfG NJW 2002, 2458 f.; NJW 2005, 1105, 1106.
[1194] So beim „Tarifeinheitsgesetz" – BVerfG NJW 2015, 3294, 3295.
[1195] Vgl. auch *Hillgruber*, JA 2013, 76, 78.

6. Kapitel
Die Organe der Europäischen Union

A. Die Organe im Überblick

Die für das Staatsorganisationsrecht relevanten Grundlagen der Europäischen Union (EU) wurden bereits bei Rn 327 ff. beschrieben. Nunmehr sollen die Organe der EU vorgestellt werden. **761**

Die **Organe** der EU sind in Art. 13 I EUV genannt und in Art. 14 ff. EUV sowie in Art. 223 ff. AEUV näher beschrieben.[1196] Diese sind **762**

- das **Europäische Parlament** (Rn 765 ff.),
- der **Europäische Rat** (Rn 770a ff.),
- der **Rat** der Europäischen Union (im Folgenden „Rat" - Rn 771 ff.),
- die **Europäische Kommission** (im Folgenden „Kommission" - Rn 779 ff.),
- der **Gerichtshof** der Europäischen Union (Rn 783 ff.),
- die **Europäische Zentralbank** (EZB)
- und der **Rechnungshof**.[1197]

Jedes Organ handelt nach Maßgabe der ihm in den Verträgen zugewiesenen Befugnisse nach den Verfahren, Bedingungen und Zielen, die in den Verträgen festgelegt sind. Die Organe arbeiten loyal zusammen, Art. 13 II EUV. **763**

Der Sitz der Organe ist seinerzeit gem. Art. 289 EGV (nunmehr Art. 341 AEUV) im Einvernehmen zwischen den Regierungen der Mitgliedstaaten bestimmt worden. Danach haben der Rat und die Kommission ihren Sitz in Brüssel. In den Monaten April, Juni und Oktober hält der Rat seine Tagungen in Luxemburg ab. Das Europäische Parlament hat seinen Sitz in Straßburg und hält dort die zwölf monatlich stattfindenden Plenartagungen ab. Sondersitzungen des Plenums sowie Sitzungen der Ausschüsse finden in Brüssel statt. Das Generalsekretariat des Parlaments wurde in Luxemburg eingerichtet. Der Gerichtshof und der Rechnungshof haben ihren Sitz in Luxemburg. In Brüssel sind der Wirtschafts- und Sozialausschuss sowie der Ausschuss der Regionen[1198] angesiedelt. Die Europäische Zentralbank hat ihren Sitz in Frankfurt am Main. **764**

B. Das Europäische Parlament

Das Europäische Parlament (EP) setzt sich gem. Art. 14 II S. 1 EUV aus „Vertretern der Unionsbürgerinnen und Unionsbürgern" zusammen. Die Abgeordneten werden gem. Art. 14 III EUV in allgemeiner, unmittelbarer, freier und geheimer Wahl für fünf Jahre gewählt. Die Zahl der Mitglieder des Parlaments darf 750 nicht überschreiten, zuzüglich des Präsidenten (Art. 14 II S. 2 EUV). Die Bürgerinnen und Bürger sind im Europäischen Parlament degressiv proportional, mindestens jedoch mit sechs Mitglie- **765**

[1196] Gemäß Art. 13 III EUV sind die Bestimmungen über die Europäische Zentralbank und den Rechnungshof sowie die detaillierten Bestimmungen über die übrigen Organe im AEUV (Art. 223 ff.) enthalten.

[1197] Mit Inkrafttreten des Vertrags von Lissabon ist ferner der „De-facto-Außenminister der Union" institutionalisiert worden, der als Hoher Vertreter der Union für Außen- und Sicherheitspolitik firmiert (Art. 18 EUV), ohne jedoch ein „Organ der EU" zu sein. Vgl. dazu Rn 337.

[1198] Gemäß Art. 13 IV EUV werden das Europäische Parlament, der Rat und die Kommission von einem Wirtschafts- und Sozialausschuss sowie einem Ausschuss der Regionen unterstützt, die beratende Aufgaben wahrnehmen. Organe der EU sind sie nicht.

dern je Mitgliedstaat[1199] vertreten (Art. 14 II S. 3 EUV). Kein Mitgliedstaat erhält mehr als 96 Sitze (Art. 14 II S. 4 EUV).

766 Das Wahlverfahren wird durch die Wahlgesetze der Mitgliedstaaten der Union geregelt, in Deutschland durch das **Europawahlgesetz** (EuWG). Die **Wahlrechtsgrundsätze** sind in § 1 S. 2 EuWG festgelegt und entsprechen denen des Art. 38 I S. 1 GG für Bundestagswahlen: die auf **Deutschland** entfallenden Abgeordneten des Europäischen Parlaments werden in **allgemeiner, unmittelbarer, freier, gleicher und geheimer Wahl** gewählt.

767 Das Wahlsystem des EuWG folgt den Grundsätzen der **Verhältniswahl** und ist in § 2 EuWG näher beschrieben.

768 **Wahlberechtigt** sind zunächst alle, die auch bei einer Bundestagswahl wahlberechtigt wären (§ 6 I und II EuWG), darüber hinaus alle Staatsangehörigen der übrigen Mitgliedstaaten der EU (Unionsbürger), die in der Bundesrepublik Deutschland eine Wohnung innehaben oder sich dort gewöhnlich aufhalten (§ 6 III EuWG). Das Wahlrecht darf allerdings nur einmal und nur persönlich ausgeübt werden (§ 6 IV EuWG).

769 **Wählbar** sind außer Deutschen auch Unionsbürger, die in der Bundesrepublik Deutschland eine Wohnung innehaben oder sich dort gewöhnlich aufhalten und die übrigen Voraussetzungen für die Wahl in das Europäische Parlament erfüllen (§ 6b II EuWG). Allerdings kann sich niemand gleichzeitig in der Bundesrepublik Deutschland und in einem anderen Mitgliedstaat der Europäischen Union zur Wahl bewerben (§ 6c EuWG).

770 Die **Aufgaben** des EP sind nicht mit denen eines herkömmlichen Parlaments vergleichbar. Nach Art. 14 I EUV übt es nämlich **keine alleinige Gesetzgebungsfunktion** aus, sondern wird **gemeinsam mit dem Rat** (Art. 16 EUV) als Gesetzgeber tätig (vgl. Rn 772) und übt gemeinsam mit ihm die Haushaltsbefugnisse aus. Zudem ist zu beachten, dass der Europäische Rat (Art. 15 EUV) einstimmig auf Initiative des Europäischen Parlaments und mit dessen Zustimmung einen Beschluss über die Zusammensetzung des Europäischen Parlaments erlässt, in dem die in Art. 14 II Unterabsatz 1 EUV genannten Grundsätze gewahrt sind (Art. 14 II Unterabsatz 2 EUV).

Das EP wählt aus seiner Mitte seinen Präsidenten oder seine Präsidentin (Art. 14 IV EUV). Außerdem übt das EP die *parlamentarische Kontrolle* über die Kommission und den Rat aus. Hierfür kann es **Untersuchungsausschüsse** einrichten und ggf. Klage beim EuGH erheben (Art. 263 II AEUV). Dies gilt auch in den Bereichen wie der Gemeinsamen Außen- und Sicherheitspolitik, wo Kommission und Rat exekutivische Funktionen innehaben und die legislativen Mitbestimmungsrechte des Parlaments eingeschränkt sind. Um eine effektive Wahrnehmung der Kontrollfunktion zu gewährleisten, müssen die übrigen EU-Institutionen, etwa die Kommission, der Rat oder die EZB, dem Parlament regelmäßig Bericht über ihre Tätigkeit ablegen (Art. 230 AEUV). Außerdem können die Europaabgeordneten schriftliche und mündliche Anfragen an die Kommission und den Rat richten (Art. 227 AEUV).

Eine wichtige Rolle spielt das Parlament auch bei der **Berufung der Kommission**: Der Kommissionspräsident wird zwar vom Europäischen Rat vorgeschlagen (Art. 17 VII EUV); dieser muss dabei jedoch das Ergebnis der Europawahl berücksichtigen.

[1199] Die Zahl der Mitgliedstaaten beträgt gegenwärtig 28: Deutschland, Frankreich, Italien, Vereinigtes Königreich, Spanien, Polen, Niederlande, Griechenland, Portugal, Belgien, Tschechische Republik, Ungarn, Schweden, Österreich, Dänemark, Slowakei, Finnland, Irland, Litauen, Lettland, Slowenien, Estland, Zypern, Luxemburg, Malta, Bulgarien, Rumänien und Kroatien. Bewerberländer sind Türkei und Mazedonien.

Das Parlament kann den vorgeschlagenen Kandidaten dann bestätigen oder ablehnen (Art. 17 VII EUV). Auch die Kompetenz und Integrität der **einzelnen Kommissare** wird nach ihrer Nominierung durch den Europäischen Rat in den jeweiligen Fachausschüssen des Parlaments geprüft; anschließend muss das Plenum des Parlaments der Benennung der Kommission zustimmen. Allerdings kann es dabei nur die Kommission als Ganzes annehmen oder ablehnen, nicht einzelne Mitglieder. In der gleichen Weise müssen auch die **Direktoren der EZB** vor ihrer Ernennung vom EP bestätigt werden.

Die Kommission ist als Kollegium dem EP verantwortlich. Das EP kann nach Art. 234 AEUV einen Misstrauensantrag gegen die Kommission annehmen. Wird ein solcher Antrag angenommen, müssen die Mitglieder der Kommission geschlossen ihr Amt niederlegen, und auch der Hohe Vertreter der Union für Außen- und Sicherheitspolitik muss sein im Rahmen der Kommission ausgeübtes Amt niederlegen (Art. 17 VIII EUV).

C. Der Europäische Rat

Mit dem Vertrag von Lissabon ist der Europäische Rat Organ der EU geworden (Art. 13, 15 EUV). Diese „Aufwertung" trägt der hervorgehobenen Stellung, die dem Europäischen Rat in der Europapolitik gerade auch gegenüber dem Rat der Europäischen Union (Rn 771 ff.) inzwischen zugewachsen ist, Rechnung. **770a**

Der Europäische Rat setzt sich zusammen aus den **Staats- und Regierungschefs der Mitgliedstaaten** sowie dem **Präsidenten des Europäischen Rates** und dem **Präsidenten der Kommission**. Der Hohe Vertreter der Union für Außen- und Sicherheitspolitik (Art. 18 EUV - „EU-Außenminister") nimmt an seinen Arbeiten teil (Art. 15 II EUV). **770b**

Der Europäische Rat ist in seiner organisatorischen Funktion (anders als Parlament, Rat und Kommission) nicht an der Rechtsetzung der EU beteiligt. Er gibt aber der Union die für ihre Entwicklung erforderlichen Impulse und legt die allgemeinen politischen Zielvorstellungen und Prioritäten hierfür fest (Art. 15 I EUV). Der Europäische Rat repräsentiert die Mitgliedstaaten der EU und bildet neben dem Rat der Europäischen Union (auch Ministerrat genannt, dazu Rn 771 ff.) die zweite wichtige intergouvernementale Institution der Europäischen Union. Damit grenzt er sich von den supranationalen Organen wie dem Europäischen Parlament, der Europäischen Kommission und dem EuGH ab. Soweit in den Verträgen nichts anderes festgelegt ist, entscheidet der Europäische Rat im Konsens (Art. 15 IV EUV), also einstimmig. Zur weiteren Arbeitsweise vgl. Art. 235 f. AEUV. **770c**

Der Europäische Rat tritt zweimal pro Halbjahr zusammen („**EU-Gipfel**"); er wird von seinem Präsidenten, der mit qualifizierter Mehrheit für eine Amtszeit von zweieinhalb Jahren gewählt wird und einmal wiedergewählt werden kann (Art. 15 V EUV) einberufen. Wenn es die Lage erfordert, beruft der Präsident eine außerordentliche Tagung des Europäischen Rates ein (Art. 15 III EUV). **770d**

D. Der Rat der Europäischen Union

Weiteres Organ der Union ist der **Rat** (nichtamtlich auch „**EU-Ministerrat**" genannt und strikt vom Europäischen Rat zu trennen), Art. 13, 16 EUV, Art. 237 ff. AEUV. Er besteht aus je einem Vertreter jedes Mitgliedstaats auf Ministerebene, der befugt ist, für die Regierung des von ihm vertretenen Mitgliedstaats verbindlich zu handeln und das Stimmrecht auszuüben (Art. 16 II EUV). Der **Vorsitz** im Rat in allen seinen **771**

Zusammensetzungen mit Ausnahme des Rates „Auswärtige Angelegenheiten" wird von den Vertretern der Mitgliedstaaten im Rat unter Bedingungen, die gemäß Art. 236 AEUV festgelegt werden, nach einem System der gleichberechtigten Rotation wahrgenommen (Art. 16 IX EUV).

772 Der Rat wird gemeinsam mit dem Europäischen Parlament als **Gesetzgeber** tätig und übt gemeinsam mit ihm die Haushaltsbefugnisse aus. Zu seinen Aufgaben gehören die Festlegung der Politik und die Koordinierung nach Maßgabe der Verträge (Art. 16 I EUV).

So besteht gem. Art. 289 I AEUV das ordentliche Gesetzgebungsverfahren in der **gemeinsamen Annahme** (Verabschiedung) einer Verordnung, einer Richtlinie oder eines Beschlusses durch das **Europäische Parlament und den Rat** auf Vorschlag der Kommission (Art. 17 II EUV). Dieses Verfahren ist in Art. 294 AEUV festgelegt (vgl. auch Rn 343 ff.).

773 Je nachdem, in welchen Politikbereich die Vorlagen fallen, über die der Rat entscheidet, sieht Art. 238 AEUV verschiedene Abstimmungsverfahren vor. In reinen Verfahrensfragen beschließt der Rat mit **einfacher Mehrheit** (Art. 240 III AEUV). Bei Fragen der Gemeinsamen Außen- und Sicherheitspolitik und anderen wichtigen Angelegenheiten, z.B. bei der Steuerpolitik oder beim Beihilferecht, beschließt der Rat **einstimmig** (vgl. z.B. Art. 19 I, 21 III, 22 I, 25 II, 65 IV, 86 I, 108 II, 252 I, 257 IV, 262, 292, 294 IX, 301 II, 305 II, 308 III, 311 III, 312 II, 329 II a.E., 333 II, 342, 352 I AEUV).

774 Soweit die Verträge aber weder die einfache Mehrheit noch Einstimmigkeit verlangen, ist zur Beschlussfassung eine **qualifizierte Mehrheit** erforderlich (Art. 16 III EUV), d.h. eine qualifizierte Mehrheit von Stimmen und die Vertretung einer qualifizierten Mehrheit der EU-Bevölkerung (so etwa für das ordentliche Gesetzgebungsverfahren, das in den meisten EU-Politikfeldern gilt). Als „qualifiziert" gilt eine Mehrheit von

- mindestens 55 % der Mitglieder des Rates, gebildet aus mindestens 15 Mitgliedern,
- sofern die von diesen vertretenen Mitgliedstaaten zusammen mindestens 65 % der Bevölkerung der Union ausmachen (Art. 16 IV EUV).

775 Dieses Verfahren der doppelten Mehrheit wird allerdings erst ab dem 1.4.2017 angewendet; seit dem 1.11.2014 wird es angewendet, sofern kein Mitgliedstaat widerspricht. Sollte dies der Fall sein (d.h. Vorliegen eines Vetos), gilt das Verfahren der qualifizierten Mehrheit gemäß den Bestimmungen des Vertrags von Nizza.[1200] Danach richtet sich die Stimmengewichtung nach der Bevölkerungszahl der jeweiligen Mitgliedstaaten. Der danach anwendbare Stimmenschlüssel sieht bei 28 Mitgliedstaaten eine Gesamtstimmenzahl von **352** vor.

- Die bevölkerungsreichsten Mitgliedstaaten Deutschland, Frankreich, Italien und Vereinigtes Königreich verfügen jeweils über 29 Stimmen;
- Spanien und Polen verfügen jeweils über 27;
- Rumänien verfügt über 14;
- die Niederlande verfügen über 13;
- Griechenland, Portugal, Belgien, Tschechische Republik und Ungarn verfügen jeweils über 12;
- Schweden, Österreich und Bulgarien verfügen jeweils über 10;
- Dänemark, Slowakei, Finnland, Irland, Litauen und Kroatien verfügen jeweils über 7;
- Lettland, Slowenien, Estland, Zypern und Luxemburg verfügen jeweils über 4;

[1200] Die Übergangsbestimmungen für die Definition der qualifizierten Mehrheit, die bis zum 31.10.2014 galten, sowie die Übergangsbestimmungen, die zwischen dem 1.11.2014 und dem 31.3.2017 gelten, sind im Protokoll über die Übergangsbestimmungen festgelegt (vgl. Art. 16 V EUV).

- Malta verfügt über 3 Stimmen.

Hinsichtlich der Stimmengewichtung gilt, dass bei der Beschlussfassung grundsätzlich die Mehrheit der Mitglieder (Art. 205 I EGV a.F.) genügt. In den meisten Fällen ist jedoch eine qualifizierte Mehrheit erforderlich. Dabei ist die „einfache" qualifizierte Mehrheit gem. Art. 205 II S. 2 EGV a.F. von der Zweidrittelmehrheit gem. Art. 205 II S. 3 EGV a.F. zu unterscheiden:

- Mehrheit der Mitglieder (Art. 205 I EGV a.F.) bedeutet absolute Mehrheit, also die Zustimmung von mindestens 15 Ratsmitgliedern.
- „Einfache" qualifizierte Mehrheit (Art. 205 II S. 2 EGV a.F.) erfordert neben der Stimmenzahl von 260 die Zustimmung von mindestens 15 Ratsmitgliedern. Sie ist erforderlich, wenn das Gesetz die „Zustimmung der Mehrheit der Mitglieder" fordert, und kommt immer dann in Betracht, wenn Beschlüsse auf Vorschlag der Kommission zu fassen sind.
- In allen anderen Fällen bedarf es neben der Mindeststimmenzahl von 260 zusätzlich der Zustimmung von mindestens zwei Dritteln der Ratsmitglieder, also von 19.

776 Bei näherer Betrachtung des oben aufgeführten Stimmenschlüssels fällt auf, dass er die kleineren und mittleren Staaten (vor allem Polen und Spanien) in einer Weise begünstigt, die mit dem Demokratieprinzip nur schwer zu vereinbaren ist. Dieses Problem verschärft(e) sich mit jeder weiteren Kompetenzverlagerung auf die europäische Ebene. Der Widerspruch zur Rechtsprechung des BVerfG zum Vertrag von Maastricht (dazu Rn 354 ff.) dürfte überaus deutlich sein, ist jedoch von nur temporärer Natur, da an die Stelle der soeben beschriebenen Stimmengewichtung das Prinzip der bereits erläuterten **„doppelten Mehrheit"** tritt.

777 Eine **Sperrminorität** muss mindestens vier Mitglieder umfassen. Bei einer geringeren Zahl ablehnender Mitglieder kommt ein Mehrheitsbeschluss zustande. Die übrigen Modalitäten für die Abstimmung mit qualifizierter Mehrheit sind in Art. 238 II AEUV festgelegt, vgl. Art. 16 IV EUV.

778 Bis zum Vertrag von Lissabon waren die Ratssitzungen grundsätzlich nichtöffentlich. Dies hat zu erheblicher Kritik geführt, weil es für die Öffentlichkeit nicht nachvollziehbar war, wie eine bestimmte Regierung in einer Frage abgestimmt hatte. Seit Inkrafttreten des Vertrags von Lissabon und der Neuregelung der Verträge sind die Sitzungen nunmehr gem. Art. 16 VIII S. 1 EUV grundsätzlich **öffentlich**, wenn der Rat über Entwürfe zu Gesetzgebungsakten berät und abstimmt. Sitzungen, bei denen keine Gesetzgebungsentscheidungen getroffen werden – also etwa vorbereitende Sitzungen oder auch die Treffen des Rates für Auswärtige Angelegenheiten –, finden jedoch weiterhin unter Ausschluss der Öffentlichkeit statt. Zu diesem Zweck wird jede Ratstagung in zwei Teile unterteilt, von denen der eine den Beratungen über die Gesetzgebungsakte der Union und der andere den nicht die Gesetzgebung betreffenden Tätigkeiten gewidmet ist (Art. 16 VIII S. 2 EUV).

E. Die Kommission

779 Zusammensetzung und Aufgaben der Kommission sind in Art. 17 EUV, Art. 244 ff. AEUV beschrieben: Die Kommission, die zwischen dem Zeitpunkt des Inkrafttretens des Vertrags von Lissabon (also dem 1.12.2009) und dem 31.10.2014 ernannt wurde, bestand einschließlich ihres Präsidenten und des Hohen Vertreters der Union für Außen- und Sicherheitspolitik, der einer der Vizepräsidenten der Kommission ist, aus je einem Staatsangehörigen jedes Mitgliedstaats (Art. 17 IV EUV). Seit dem 1.11.2014 besteht die Kommission, einschließlich ihres Präsidenten und des Hohen Vertreters der Union für Außen- und Sicherheitspolitik, aus einer **Anzahl von Mitgliedern, die zwei Dritteln der Zahl der Mitgliedstaaten entspricht**, sofern der Europäische Rat nicht einstimmig eine Änderung dieser Anzahl beschließt (Art. 17 V Unterabsatz 1 EUV). Die Mitgliedstaaten haben jedoch bereits vereinbart, auf Basis der Ausnahmemöglichkeit des Art. 17 V EUV weiterhin die Regel „**ein Kommissionsmitglied aus jedem Mitgliedstaat**" beizubehalten.

780 Die Mitglieder der Kommission werden unter den Staatsangehörigen der Mitgliedstaaten in einem System der strikt gleichberechtigten **Rotation** zwischen den Mitgliedstaaten so ausgewählt, dass das demografische und geografische Spektrum der Gesamtheit der Mitgliedstaaten zum Ausdruck kommt. Dieses System wird vom Europäischen Rat nach Art. 244 AEUV einstimmig festgelegt (Art. 17 V Unterabsatz 2 EUV). Die Amtszeit der Kommission beträgt **5 Jahre** (Art. 17 III EUV).

781 Der Präsident der Kommission wird vom Europäischen Parlament mit der Mehrheit seiner Mitglieder gewählt. Hierzu schlägt der Europäische Rat dem Europäischen Parlament nach entsprechenden Konsultationen mit qualifizierter Mehrheit einen Kandidaten für das Amt des Präsidenten der Kommission vor; dabei berücksichtigt er das Ergebnis der Wahlen zum Europäischen Parlament. Erhält dieser Kandidat nicht die Mehrheit, so schlägt der Europäische Rat dem Europäischen Parlament innerhalb eines Monats mit qualifizierter Mehrheit einen neuen Kandidaten vor, für dessen Wahl das Europäische Parlament dasselbe Verfahren anwendet (Art. 17 VII EUV).

782 Die Mitglieder der Kommission nehmen ihre Aufgaben in **völliger Unabhängigkeit** wahr; sie sind allein dem Wohl der Union verpflichtet (Art. 17 III EUV, Art. 245 AEUV). Die Mitglieder der Kommission dürfen daher während ihrer Amtszeit keine andere entgeltliche oder unentgeltliche Berufstätigkeit ausüben. Bei der Aufnahme ihrer Tätigkeit übernehmen sie die feierliche Verpflichtung, während der Ausübung und nach Ablauf ihrer Amtstätigkeit die sich aus ihrem Amt ergebenden Pflichten zu erfüllen, insbesondere die Pflicht, bei der Annahme gewisser Tätigkeiten oder Vorteile nach Ablauf dieser Tätigkeit ehrenhaft und zurückhaltend zu sein. Werden diese Pflichten verletzt, kann der EuGH auf Antrag des Rates, der mit einfacher Mehrheit beschließt, oder der Kommission das Mitglied je nach Lage des Falles gem. Art. 247 AEUV seines Amtes entheben oder ihm seine Ruhegehaltsansprüche oder andere an ihrer Stelle gewährte Vergünstigungen aberkennen (Art. 245 II AEUV).

782a Im Übrigen ist die Kommission **kollegial** organisiert und als Kollegium dem Europäischen Parlament verantwortlich. Das Europäische Parlament kann nach Art. 234 AEUV einen Misstrauensantrag gegen die Kommission annehmen. Wird ein solcher Antrag angenommen, müssen die Mitglieder der Kommission geschlossen ihr Amt niederlegen, und der Hohe Vertreter der Union für Außen- und Sicherheitspolitik muss sein im Rahmen der Kommission ausgeübtes Amt niederlegen (Art. 17 VIII EUV).

782b Die **Beschlüsse** der Kommission werden mit der **Mehrheit der Mitglieder** gefasst (qualifizierte Mehrheit, vgl. Art. 250 I AEUV). Nähere Bestimmungen trifft die von der Kommission zu erlassende Geschäftsordnung (Art. 249 I, 250 II AEUV). Die Kommissionsmitglieder sind zuständig für bestimmte Ressorts, die in Generaldirektionen, Direktionen und Referaten organisiert sind (Art. 17 VI, 18 IV EUV, Art. 248 AEUV). Auch in dieser Gliederung finden sich Anklänge an die Organisation einer nationalen Regierung. Der **Präsident** der Kommission hat zwar keine dem Bundeskanzler vergleichbaren Kompetenzen, übt aber dennoch herausragende Funktionen aus. So legt er die Leitlinien fest, nach denen die Kommission ihre Aufgaben erfüllt (Art. 17 VI

EUV, Art. 248 AEUV). Auch entscheidet er über die Zuständigkeiten der einzelnen Kommissionsmitglieder. Diese Zuständigkeitsverteilung kann er im Laufe der Amtszeit auch ändern. Auch üben die Mitglieder der Kommission die ihnen vom Präsidenten übertragenen Aufgaben unter dessen Leitung aus. Des Weiteren hat er die Befugnis, von einem Mitglied den Rücktritt zu verlangen (Art. 17 VI EUV).

Die Kommission nimmt vor allem die Aufgaben einer „Exekutive" der EU wahr und ist sozusagen deren **„Regierung"**. Da die Kommission aber nicht vom EU-Parlament gewählt wird, sondern sich ihre demokratische Legitimität nur indirekt über die Regierungen der Mitgliedstaaten und den Rat der Europäischen Union ergibt, wird hierin ein **Demokratiedefizit** gesehen. Dabei wird jedoch häufig übersehen, dass die Kommission nicht „völlig frei" vom Europäischen Parlament ist. Denn der Kommissionspräsident wird vom Parlament gewählt (Art. 17 VII EUV). Auch können Mitglieder des Parlaments jederzeit einen Misstrauensantrag stellen. Wird der Misstrauensantrag mit der Mehrheit von zwei Dritteln der abgegebenen Stimmen und mit der Mehrheit der Mitglieder des Europäischen Parlaments angenommen, müssen die Mitglieder der Kommission geschlossen ihr Amt niederlegen (Art. 234 II AEUV). Insoweit besteht also eine Abhängigkeit der Kommission vom Europäischen Parlament. **782c**

Die Aufgaben der Kommission beschränken sich nicht auf „Regierungstätigkeit", sondern erstrecken sich insbesondere auf die Mitgestaltung bei der **Rechtsetzung**. Für diese kommt ihr sogar ein **(alleiniges) Initiativrecht** zu; soweit in den Verträgen nichts anderes festgelegt ist, kann nur sie den formalen Vorschlag zu einem EU-Rechtsakt machen und diesen dem Rat und dem Europäischen Parlament unterbreiten (Art. 17 II EUV). **782d**

Hierin wird die starke Stellung der Kommission deutlich. Rat und Parlament können die Vorschläge der Kommission zwar abändern und erweitern, ihnen steht aber kein Initiativrecht zu.

Neben der beschriebenen „Regierungs-" und Rechtsetzungsbefugnis kommt der Kommission die **Kontrolle** der Einhaltung des (primären und sekundären) EU-Rechts zu (Art. 17 I EUV). Insofern sagt man, sie fungiere als **„Hüterin des EU-Rechts"**. Sie überwacht, dass die Mitgliedstaaten die aus dem EU-Recht resultierenden Verpflichtungen einhalten. Besonders deutlich wird die Überwachungs- und Sanktionsbefugnis am Beispiel des EU-Beihilfenrechts. So überprüft sie im Rahmen der Beihilfenkontrolle, ob Subventionen der Mitgliedstaaten gegen das EU-Beihilfenrecht verstoßen (Art. 108 AEUV); i.d.R. besteht sogar eine Genehmigungspflicht für die Mitgliedstaaten. Die Kommission entscheidet, ob eine Beihilfe mit dem EU-Binnenmarkt unvereinbar ist (Art. 108 II AEUV). Zur Ahndung von Rechtsverstößen der Mitgliedstaaten kann die Kommission schließlich den EuGH anrufen (Art. 263 II AEUV i.V.m. Art. 108 II AEUV). **782e**

Des Weiteren führt die Kommission den **Haushaltsplan** aus und verwaltet die Programme. Sie übt nach Maßgabe der Verträge Koordinierungs-, Exekutiv- und Verwaltungsfunktionen aus. Außer in der Gemeinsamen Außen- und Sicherheitspolitik und den übrigen in den Verträgen vorgesehenen Fällen nimmt sie die Vertretung der Union nach außen wahr. Sie leitet die jährliche und die mehrjährige Programmplanung der Union mit dem Ziel ein, interinstitutionelle Vereinbarungen zu erreichen (Art. 17 I EUV). Vor allem in den Bereichen Außenhandel und Entwicklungszusammenarbeit agiert die Kommission auch als Vertreterin der EU auf internationaler Ebene. So repräsentiert sie die EU-Mitgliedstaaten beispielsweise in der Welthandelsorganisation (WHO) und handelt die dort geschlossenen Übereinkommen aus. **782f**

F. Der Gerichtshof der Europäischen Union

783 Auch der Gerichtshof der Europäischen Union ist ein Organ der EU (vgl. Art. 19 AEUV). Nach dem Vertrag von Lissabon besteht die Gerichtsbarkeit der EU aus dem **„Gerichtshof der Europäischen Union"**, der in drei Gerichte unterteilt ist:

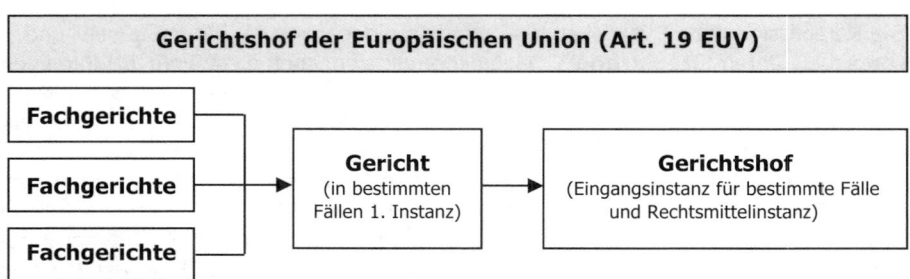

784 ■ Oberstes Organ ist der **„Gerichtshof"** („EuGH"), der sich terminologisch vom übergeordneten Titel des „Gerichtshofs der Europäischen Union", welcher die Gesamtstruktur der Gerichtsbarkeit der Europäischen Union bezeichnet, abhebt.

Der **Gerichtshof** besteht aus einem Richter je Mitgliedstaat (also aus 28 Richtern[1201]). Er wird von 8 Generalanwälten unterstützt. Auf Antrag des Gerichtshofs kann der Rat einstimmig die Zahl der Generalanwälte erhöhen (Art. 19 II EUV, Art. 252 I AEUV). Der Generalanwalt hat öffentlich in völliger Unparteilichkeit und Unabhängigkeit begründete Schlussanträge zu den Rechtssachen zu stellen, in denen nach der Satzung des Gerichtshofs der Europäischen Union seine Mitwirkung erforderlich ist (Art. 252 II AEUV).

Zu Richtern und Generalanwälten des Gerichtshofs sind Persönlichkeiten auszuwählen, die jede Gewähr für Unabhängigkeit bieten und in ihrem Staat die für die höchsten richterlichen Ämter erforderlichen Voraussetzungen erfüllen oder Juristen von anerkannt hervorragender Befähigung sind; sie werden von den Regierungen der Mitgliedstaaten im gegenseitigen Einvernehmen nach Anhörung des in Art. 255 AEUV vorgesehenen Ausschusses auf sechs Jahre ernannt (Art. 19 II EUV, Art. 253 I AEUV).

Nach Maßgabe der Satzung des Gerichtshofs der Europäischen Union findet alle drei Jahre eine teilweise Neubesetzung der Stellen der Richter und Generalanwälte statt (Art. 253 II AEUV). Die Richter wählen aus ihrer Mitte den Präsidenten des Gerichtshofs für die Dauer von drei Jahren. Wiederwahl ist zulässig. Die Wiederernennung ausscheidender Richter und Generalanwälte ist zulässig (Art. 253 III-IV AEUV).

Zuständig ist der Gerichtshof für Klagen, die gem. der Satzung (Art. 251 I, 256 I AEUV) dem Gerichtshof vorbehalten sind. Darüber hinaus ist der Gerichtshof Rechtsmittelinstanz: Er ist zuständig für auf Rechtsfragen beschränkte Rechtsmittel, die gegen Entscheidungen des Gerichts (Rn 785) eingelegt werden (Art. 256 II AEUV). Die Formulierung „auf Rechtsfragen beschränkt" bedeutet, dass die Rechtsmittel nicht auf neue Tatsachen, sondern nur auf Rechtsfehler des angefochtenen Urteils, also auf Verletzung formellen oder materiellen Rechts gestützt werden können. Die Rechtsmittelinstanz ist also keine Tatsacheninstanz. Anders als bei einer Tatsacheninstanz werden daher grundsätzlich keine (neuen) Beweise erhoben.

[1201] Wie sich der (vorgesehene) Austritt Großbritaniens vollzieht, bleibt vorerst abzuwarten.

- Aus dem Gericht erster Instanz wurde mit dem Vertrag von Lissabon nunmehr das **785** „**Gericht**" („EuG").

Das Gericht besteht aus mindestens einem Richter je Mitgliedstaat. Es können also 28 Richter sein, aber auch eine größere Zahl ist möglich. Die genaue Zahl der Richter des Gerichts wird in der Satzung des Gerichtshofs der Europäischen Union festgelegt. In der Satzung kann vorgesehen werden, dass das Gericht (wie der Gerichtshof) von Generalanwälten unterstützt wird (Art. 254 I AEUV).

Richter kann gem. Art. 19 II EUV, Art. 254 II AEUV werden, wer die Gewähr für Unabhängigkeit bietet und über die Befähigung zur Ausübung hoher richterlicher Tätigkeiten verfügt. Die Richter werden von den Regierungen der Mitgliedstaaten im gegenseitigen Einvernehmen nach Anhörung des in Art. 255 AEUV vorgesehenen Ausschusses für sechs Jahre ernannt. Alle drei Jahre wird das Gericht teilweise neu besetzt. Die Wiederernennung ausscheidender Mitglieder ist zulässig (vgl. Art. 19 II EUV, Art. 254 II AEUV).

Zuständig ist das Gericht für Entscheidungen im ersten Rechtszug über die in den Art. 263, 265, 268, 270 und 272 AEUV genannten Klagen, mit Ausnahme derjenigen Klagen, die einem nach Art. 257 AEUV gebildeten Fachgericht übertragen werden, und der Klagen, die gem. der Satzung dem Gerichtshof vorbehalten sind. Das Gericht ist also grundsätzlich zuständig, wenn nicht die Zuständigkeit des übergeordneten Gerichtshofs oder den (beigeordneten) Fachgerichten begründet wird. Darüber hinaus kann in der Satzung kann vorgesehen werden, dass das Gericht für andere Kategorien von Klagen zuständig ist (Art. 256 I AEUV). Ansonsten ist das Gericht in besonderen in der Satzung festgelegten Sachgebieten für Vorabentscheidungen nach Art. 267 AEUV zuständig (Art. 256 III AEUV). Schließlich ist das Gericht für Entscheidungen über auf Rechtsfragen beschränkte Rechtsmittel gegen die Entscheidungen der Fachgerichte zuständig (Art. 256 II, 257 III Halbs. 1 AEUV). Wenn die Verordnung über die Bildung des Fachgerichts dies vorsieht, ist das Gericht auch zuständig für Sachfragen betreffende Rechtsmittel gegen die Entscheidungen der Fachgerichte (Art. 257 III Halbs. 2 AEUV).

- Aus den dem Gericht beigeordneten Kammern, die zur Bewältigung der zunehm- **786** enden Fülle von Klagen entwickelt wurden, sind mit dem Vertrag von Lissabon die „**Fachgerichte**" geworden. Diese sind aber institutionell dem Gericht beigeordnet.

Zu beachten ist, dass Fachgerichte nicht zwingend bestehen, sondern nur dann, wenn das Europäische Parlament und der Rat sie mittels Verordnung gebildet haben. In dieser Verordnung über die Bildung von Fachgerichten beschließen das Europäische Parlament und der Rat die Regeln über die Zusammensetzung dieser Gerichte und legen die ihnen übertragenen Zuständigkeitsbereiche fest (Art. 257 I S. 2, II AEUV).

Zu Mitgliedern der Fachgerichte sind Personen auszuwählen, die die Gewähr für Unabhängigkeit bieten und über die Befähigung zur Ausübung richterlicher Tätigkeiten verfügen. Sie werden einstimmig vom Rat ernannt (Art. 257 IV AEUV).

Die Fachgerichte erlassen ihre Verfahrensordnung im Einvernehmen mit dem Gerichtshof. Diese Verfahrensordnung bedarf der Genehmigung des Rates (Art. 257 V AEUV).

Zuständig sind die Fachgerichte für Entscheidungen im ersten Rechtszug über bestimmte Kategorien von Klagen, die auf besonderen Sachgebieten erhoben werden (Art. 257 I AEUV).

Aufgabe des Gerichtshofs der Europäischen Union ist gem. Art. 19 I S. 2 EUV die **787** Gewährleistung der Wahrung des Rechts bei der Auslegung und Anwendung der Verträge (also des EUV und des AEUV).

Nach bisheriger Rechtslage, also nach Art. 220 EGV in der Fassung des Vertrags von Amsterdam, sicherte der Gerichtshof „die Wahrung des Rechts bei der Auslegung und Anwendung dieses Vertrags", also lediglich des EG-Vertrags, nicht auch des EU-Vertrags. Die im Rahmen des Vertrags von Lissabon erfolgte Ausweitung der Jurisdiktion auch auf die Auslegung und Anwendung des EU-Vertrags (mit den dort genannten Politiken) ist kritisiert worden. Denn der Gerichtshof der Europäischen Union, der sich als „Motor der Integration" versteht und in Kompetenzfragen praktisch immer zugunsten der EU entschieden hat, beansprucht die Kompetenz-Kompetenz für die Entscheidung über die Frage, welche Kompetenzen der Union zustehen. Nachdem die Europäische Union mit dem Vertrag von Lissabon nicht nur flächendeckende Rechtsetzungskompetenzen, sondern auch noch eine Kompetenz-Kompetenz zur Füllung aller verbliebenen Lücken erhalten hat („Flexibilitätsklausel", vgl. Art. 352 EUV und oben Rn 338), wird darauf hingewiesen, dass sich die bisherige Position des BVerfG, es habe die Befugnis, bei „ausbrechenden", also die Grenzen der Ermächtigung überschreitenden europäischen Rechtsakten die Unwirksamkeit dieser Akte für Deutschland festzustellen, nicht mehr aufrechterhalten lasse.[1202]

Das BVerfG hat in seinem Urteil zum Vertrag von Lissabon jedoch entschieden, dass die Ausweitung der Jurisdiktion des Gerichtshofs der Europäischen Union auf die Auslegung und Anwendung auch des EU-Vertrags nichts an der Position des BVerfG geändert habe. Denn das Gericht prüfe, ob Rechtsakte der europäischen Organe und Einrichtungen sich unter Wahrung des unionsrechtlichen Subsidiaritätsprinzips (Art. 5 I S. 2, III des EU-Vertrags in der Fassung des Vertrags von Lissabon) in den Grenzen der ihnen im Wege der begrenzten Einzelermächtigung eingeräumten Hoheitsrechte halten. Darüber hinaus prüfe das BVerfG, ob der unantastbare Kerngehalt der Verfassungsidentität des Grundgesetzes nach Art. 23 I S. 3 i.V.m. Art. 79 III GG gewahrt ist. Die Ausübung dieser Prüfungskompetenz folge dem Grundsatz der Europarechtsfreundlichkeit des Grundgesetzes und widerspreche deshalb auch nicht dem Grundsatz der loyalen Zusammenarbeit (Art. 4 III EUV-Lissabon); anders könnten die von Art. 4 II S. 1 EUV-Lissabon anerkannten grundlegenden politischen und verfassungsmäßigen Strukturen souveräner Mitgliedstaaten bei fortschreitender Integration nicht gewahrt werden.[1203]

787a Unbeschadet von der Kontroverse über die Kompetenz der EU, dem Gerichtshof der Europäischen Union die Sicherstellung der Wahrung des Rechts auch bei der Auslegung und Anwendung des EUV zu übertragen, entscheidet dieser gem. Art. 19 III EUV nach Maßgabe der Verträge (insbesondere der Art. 263 ff. AEUV)

- über Klagen eines Mitgliedstaats, eines Organs oder natürlicher oder juristischer Personen (Vertragsverletzungsverfahren, Nichtigkeits-, Untätigkeits- und Schadensersatzklagen sowie Streitigkeiten in Beamtensachen und Klagen aufgrund von Schiedsklauseln),
- im Wege der Vorabentscheidung auf Antrag der einzelstaatlichen Gerichte über die Auslegung des Unionsrechts oder über die Gültigkeit der Handlungen der Organe,
- in allen anderen in den Verträgen vorgesehenen Fällen.[1204]

787b Keine Kompetenz hat der Gerichtshof der Europäischen Union im Rahmen der Außen- und Sicherheitspolitik (Art. 275 I AEUV; eine Ausnahme besteht bei Sanktionen, die gegen juristische und natürliche Personen gerichtet sind, Art. 275 II AEUV); im Rahmen des „Gemeinsamen Raums der Sicherheit, der Freiheit und des Rechts" hat

---

[1202] So *Murswiek*, Rechtsgutachten über die Zulässigkeit und Begründetheit verfassungsgerichtlicher Rechtsbehelfe gegen das Zustimmungsgesetz zum Vertrag von Lissabon und die deutsche Begleitgesetzgebung, 2. „lediglich Tippfehler korrigierte" Aufl. 2008, S. 131, www.jura.uni-freiburg.de/institute/ioeffr3/forschung/papers/murswiek/vertr-lissabon-gutachten-2. Zuletzt abgerufen am 2.8.2016.
[1203] BVerfGE 123, 267, 340 ff.
[1204] Zu den wichtigsten Verfahren vgl. die Aufbauschemata bei Rn 787d ff.

er indes volle Befugnisse, wenn auch mit Ausnahme der Bewertung von Gültigkeit und Verhältnismäßigkeit nationalstaatlicher Handlungen (Art. 276 AEUV).

Eine weitere im Zuge des Vertrags von Lissabon in Kraft getretene Neuerung erfolgte bezüglich der Rechtsstellung der **Grundrechtecharta**, die wegen der Geltungsanordnung in Art. 6 I EUV den Verträgen rechtlich gleichgestellt ist. EU-Bürger können sich daher vor dem Gerichtshof der Europäischen Union auf dieses Dokument berufen. Bei der Prüfung von Klagen/Verfahren empfehlen sich folgende Aufbauschemata[1205]:

787c

787d

Nichtigkeitsklage nach Art. 256, 263 AEUV

I. Zulässigkeit der Nichtigkeitsklage

1. Zuständigkeit des Gerichts

Die Zuständigkeit des Gerichts für die Nichtigkeitsklage im ersten Rechtszug ergibt sich aus Art. 256 I, 263 AEUV.

2. Parteifähigkeit des Klägers

Die Parteifähigkeit des Klägers ergibt sich aus Art. 263 II-IV AEUV (jeder Mitgliedstaat, das Europäische Parlament, der Rat, die Kommission, der Rechnungshof, die Europäische Zentralbank, der Ausschusses der Regionen sowie jede natürliche oder juristische Person). Die Parteifähigkeit des Beklagten ergibt sich aus Art. 263 I AEUV (die Gesetzgebungsorgane, der Rat, die Kommission, die Europäische Zentralbank, das Europäischen Parlament und der Europäische Rat).

3. Klagegegenstand und Klagegrund

Gegenstand einer Nichtigkeitsklage ist gem. Art. 263 I AEUV ein Rechtsakt der EU (Verordnung, Richtlinie oder Beschluss nach Art. 288 AEUV). Der Klagegrund ergibt sich aus Art. 263 I, II AEUV.

4. Klagebefugnis

Klagen das Europäische Parlament, der Rat, die Kommission oder ein Mitgliedstaat (Art. 263 II AEUV), müssen diese keine Verletzung eigener Rechte oder Befugnisse geltend machen. Der Rechnungshof, die EZB und der Ausschuss der Regionen können nur zur Wahrung ihrer Rechte klagen (Art. 263 III AEUV).

Klagen eine natürliche oder juristische Person (Art. 263 IV AEUV) gegen einen Rechtsakt i.S.v. Art. 289 AEUV (Gesetzgebungsakt), ist nach der Rspr. des EuGH die Klagebefugnis nicht schlicht von der Geltendmachung eines subjektiven Rechts abhängig. Erforderlich sei vielmehr eine qualifizierte individuelle Betroffenheit. Handelt es sich bei dem Klagegegenstand um eine Verordnung i.S.d. Art. 288 II AEUV, ist zudem die sog. Plaumann-Formel des EuGH zu beachten: Danach sind natürliche und juristische Personen durch eine Verordnung nur dann individuell betroffen, wenn diese sie „wegen bestimmter persönlicher Eigenschaften oder besonderer, sie aus dem Kreis aller übrigen Personen heraushebender Umstände berührt und sie daher in ähnlicher Weise individualisiert wie einen Adressaten".[1206]

Diesem Erfordernis qualifizierter Rechtsbetroffenheit stehe auch nicht die EU-Grundrechtecharta entgegen, da diese nicht verlange, dass ein Betroffener ohne jede Voraussetzung unmittelbar vor den Unionsgerichten eine Klage auf Nichtigerklärung von Gesetzgebungsakten der Union anstrengen könne.[1207] Weniger strenge Anforderungen an die Klagebefugnis gelten nach dem EuGH lediglich für sonstige Rechtsakte. Dazu zählen insbesondere Akte nach Art. 290, 291 AEUV („Durchführungsrechtsakte"). Für diese Kategorie dürfte genügen, wenn der Sachvortrag des Klägers die Verletzung oder die Gefährdung von durch das EU-Recht übertragenen Rechten als möglich erscheinen lässt (sog. Möglichkeitstheorie).

5. Frist

Gemäß Art. 263 VI AEUV ist die Klage binnen 2 Monaten zu erheben. Die Frist läuft je nach Lage des Falles von der Bekanntgabe der betreffenden Handlung, ihrer Mitteilung an den Kläger oder in Ermangelung dessen von dem Zeitpunkt an, zu dem der Kläger von dieser

---

[1205] Alle im Folgenden genannten Aufbauschemata stellen nur Vorschläge dar; sie erheben nicht den Anspruch, die einzigen richtigen zu sein. Zum Individualrechtsschutz in der EU vgl. auch *Mächtle*, JuS 2015, 28 ff.
[1206] Vgl. nur EuGH Slg. 1963, 199; Slg. 2008, 6351; EuGH NVwZ 2014, 53, 54 ff. (Inuit).
[1207] EuGH NVwZ 2014, 53, 54 ff. (Inuit).

Handlung Kenntnis erlangt hat.

II. Begründetheit

Die Klage ist begründet, wenn der angegriffene Akt der EU mit höherrangigem Recht unvereinbar ist. Bei Klagen juristischer und natürlicher Personen muss der Rechtsakt auch das als verletzt gerügte subjektive Recht verletzen.

1. Formelle Rechtmäßigkeit

Die Verbandskompetenz (die **Zuständigkeit** der Union) ergibt sich gem. den völkerrechtlichen Verträgen (dem Primärrecht) aus der begrenzten Einzelermächtigung: Die Union ist nur dann für den Erlass eines Rechtsakts zuständig, wenn sie dazu enumerativ ermächtigt ist (vgl. Art. 5 I EUV). Darüber hinaus muss die Organkompetenz gewahrt sein: Der Akt ist nur dann rechtmäßig, wenn das erlassende Organ (Parlament oder Rat) nach den Bestimmungen der Art. 223 ff. AEUV zuständig war. Darüber hinaus müssen organinterne und organexterne **Form- und Verfahrensvorschriften** eingehalten worden sein (vgl. etwa Art. 238 AEUV und Art. 293, 294 AEUV).

2. Materielle Rechtmäßigkeit

Der angegriffene Akt ist rechtswidrig, wenn er im Widerspruch zum vorrangigen primären EU-Recht steht, insbesondere zu den

- im EUV und AEUV geregelten Grundfreiheiten,
- Grundrechten der GRC
- und rechtsstaatlichen Mindestgrundsätzen, die auch in den Mitgliedstaaten verbindlich gelten.

Gelangt das Gericht zu dem Ergebnis, dass der angegriffene Akt rechtswidrig ist, erklärt es diesen für nichtig (Art. 264 AEUV). Bei Teilnichtigkeit kommt eine Teilnichtigkeitserklärung in Betracht.

787e

Vertragsverletzungsverfahren nach Art. 258, 259 AEUV

I. Zulässigkeit des Verfahrens

1. Zuständigkeit des Gerichtshofs der EU

Der Gerichtshof der EU ist zuständig für die Entscheidung über Vertragsverletzungen, die von der Kommission oder einem Mitgliedstaat geltend gemacht werden (Art. 258 II, 259 I AEUV).

2. Parteifähigkeit der Beteiligten

Die Kommission ist parteifähig gem. Art. 258 II AEUV. Die Parteifähigkeit des betreffenden Mitgliedstaates ergibt sich aus Art. 258 I, II, 259 I, II AEUV.

3. Streitgegenstand

Streitgegenstand eines Vertragsverletzungsverfahrens ist gem. Art. 258 I, 259 I AEUV ein Verstoß gegen EU-Recht.

4. Erfolglose Durchführung eines Vorverfahrens

Bevor ein Vertragsverletzungsverfahrens vor dem Gerichtshof der EU initiiert werden kann, bedarf es der erfolglosen Durchführung eines Vorverfahrens: Gemäß Art. 258, 259 AEUV sind ein erstes Mahnschreiben/eine erste Rüge, eine begründete Stellungnahme mit Fristsetzung und ein fruchtloser Fristablauf erforderlich.

5. Frist

Eine Frist ist nicht einzuhalten. Gibt die Kommission aber binnen drei Monaten nach dem Zeitpunkt, in dem ein entsprechender Antrag gestellt wurde, keine Stellungnahme ab, kann ungeachtet des Fehlens der Stellungnahme vor dem Gerichtshof geklagt werden (Art. 259 IV AEUV).

II. Begründetheit

Das Vertragsverletzungsverfahren ist begründet, wenn das angegriffene Verhalten gegen eine Verpflichtung aus den Verträgen (d.h. aus dem EUV oder dem AEUV) verstoßen hat (Art. 258 I, 259 I AEUV).

Stellt der Gerichtshof der EU einen Verstoß gegen eine Verpflichtung aus den Verträgen fest, ergibt sich die Rechtsfolge aus Art. 260 AEUV. Danach hat der Staat die Maßnahmen zu ergreifen, die sich aus dem Urteil des Gerichtshofs der EU ergeben. Tut er dies nicht, kann die Kommission, nachdem sie dem Staat nochmals Gelegenheit zur Stellungnahme gegeben hat, erneut den Gerichtshof der EU anrufen, der dann ggf. die Zahlung eines Pauschalbetrags oder Zwangsgelds verhängt.

787f

Vorabentscheidungsverfahren nach Art. 267 AEUV

Von besonderer Bedeutung ist das Vorabentscheidungsverfahren nach Art. 267 AEUV.

I. Zulässigkeit des Verfahrens
1. Zuständigkeit des Gerichts
Die Zuständigkeit des Gerichtshofs der EU für die Vorabentscheidung ergibt sich aus Art. 267 I AEUV.

2. Vorlageberechtigung
Vorlageberechtigt sind die Gerichte der Mitgliedstaaten (Art. 267 II AEUV).

3. Vorlagegegenstand
Vorlagegegenstand ist zunächst die Auslegung der Verträge, d.h. des EUV und des AEUV (Art. 267 I lit. a AEUV). Des Weiteren können Gültigkeit und Auslegung von sekundärem EU-Recht (Verordnungen, Richtlinien, Beschlüsse gem. Art. 288 AEUV) sowie die Gültigkeit der (sonstigen) Handlungen der Organe, Einrichtungen oder sonstigen Stellen der EU zum Gegenstand der Vorabentscheidung gemacht werden (Art. 267 I lit. b AEUV).

4. Vorlageverfahren
Kommt es im Rahmen eines Gerichtsverfahrens vor einem Gericht eines Mitgliedstaates der EU zu einer entsprechenden Auslegungsfrage und hält das Gericht eine Entscheidung darüber zum Erlass seines Urteils für erforderlich (sog. **Entscheidungserheblichkeit**), *kann* dieses Gericht die Frage dem Gerichtshof der EU zur Entscheidung vorlegen (Art. 267 II AEUV). Stellt sich eine derartige Frage in einem Verfahren vor einem letztinstanzlich entscheidenden Gericht, *ist* dieses Gericht verpflichtet, den Gerichtshof der EU anzurufen (Art. 267 III AEUV).[1208] Letztinstanzliche Gerichte im Sinne der Anrufungspflicht sind nicht nur die obersten Gerichte der jeweiligen Gerichtsbarkeit, sondern alle Gerichte, deren Entscheidungen im konkreten Fall nicht mehr mit Rechtsmitteln angefochten werden können (also z.B. grundsätzlich auch ein Amtsgericht, wenn der Berufungsstreitwert von mehr als 600 Euro nicht erreicht wird, vgl. § 511 II Nr. 1 ZPO).

II. Beantwortung der Vorlagefrage
Die Beantwortung der Vorlagefrage hat zur Folge, dass das Gericht des Ausgangsverfahrens seine Entscheidung an der Antwort des Gerichtshofs der EU ausrichten muss. Auswirkungen hat die Antwort also an sich nur für das konkrete Verfahren. Faktisch besteht allerdings nicht nur eine Inter-partes-Wirkung (d.h. zwischen den Prozessparteien), sondern sogar eine Inter-omnes-Wirkung (d.h. eine Allgemeingültigkeit), da sich auch andere Gerichte bei der Entscheidung vergleichbarer Fälle an der Antwort des Gerichtshofs orientieren werden.

[1208] Vgl. dazu EuGH NJW 1983, 1257; BVerfG NJW 2014, 2489, 2490.

7. Kapitel
Die Gesetzgebung nach dem Grundgesetz

788 Nach der Grundregel des Art. 30 GG sind die Ausübung der staatlichen Befugnisse und die Erfüllung der staatlichen Aufgaben Sache der Länder, soweit das Grundgesetz keine andere Regelung trifft oder zulässt. Für die Gesetzgebung konkretisiert Art. 70 I GG diese Grundregel. Danach haben die Länder das Recht der Gesetzgebung, soweit das Grundgesetz nicht dem Bund Gesetzgebungsbefugnisse verleiht. Inwieweit das Grundgesetz dem Bund Gesetzgebungsbefugnisse verleiht, bemisst sich gem. Art. 70 II GG nach den Vorschriften des Grundgesetzes über die ausschließliche und die konkurrierende Gesetzgebung. Das sind insbesondere die Art. 71-74 GG, im Rahmen der ausschließlichen Gesetzgebungskompetenz aber auch zahlreiche andere Normen des Grundgesetzes, die ausdrücklich auf ein „Bundesgesetz" oder auf ein „Gesetz mit Zustimmung des Bundesrats" verweisen (vgl. Rn 805 ff.).

789 Art. 70 I GG statuiert somit ein Regel – Ausnahme – Verhältnis: Der Bund besitzt nur die ihm zugewiesenen Gesetzgebungskompetenzen. Der unbenannte Rest (die Residualkompetenz) liegt bei den Ländern. Aufgrund des Umfangs der dem Bund zugewiesenen Gesetzgebungskompetenzen (vgl. nur die in Art. 73 I und 74 I GG aufgelisteten Zuständigkeiten) war in der Praxis das Regel – Ausnahme – Verhältnis aber lange Zeit umgekehrt. Erst seit der am 1.9.2006 in Kraft getretenen Föderalismusreform, deren Zweck in der Verringerung der (zustimmungspflichtigen) Bundesgesetze und in der Wiederherstellung des föderalen Gleichgewichts bestand, liegt die Sachlage anders. Darauf wird im Folgenden ausführlich eingegangen.

Neben den geschriebenen existieren einige ungeschriebene Gesetzgebungskompetenzen des Bundes. So wird aus der Formulierung in Art. 30 GG („oder zulässt") gefolgert, dass der Bund nach entsprechender Auslegung des Grundgesetzes eine „Annexkompetenz", eine Gesetzgebungskompetenz „kraft Sachzusammenhangs" oder „aus der Natur der Sache" habe. Vgl. dazu im Einzelnen Rn 842 ff.

Kann eine Gesetzgebungskompetenz des Bundes nicht begründet werden, bleibt es bei der Grundregel der Art. 30, 70 I GG. Den Ländern verbleiben insbesondere das Landesverfassungsrecht, die Landesverwaltung (vor allem der Verwaltungsaufbau, vgl. aber Art. 84 I GG), die Kulturhoheit (d.h. das Schul- und Ausbildungswesen, Kunst, Rundfunk und Fernsehen), das Kommunalrecht und das allgemeine Polizei- und Ordnungsrecht.

Besitzt der Bund aber eine Gesetzgebungskompetenz, ergibt sich daraus eine grundsätzliche Sperrwirkung für die Landesgesetzgebung. Die Länder dürfen grundsätzlich nicht tätig werden (vgl. Art. 72 I GG – vgl. Rn 808 ff.). Dieser Grundsatz ist jedoch im Zuge der Föderalismusreform durch die Neuregelung in Art. 72 III GG relativiert worden (vgl. Rn 819 ff.).

790 Die Zuweisung einer Kompetenz begründet grundsätzlich keine Pflicht zum Tätigwerden.[1209] Ob der jeweilige Gesetzgeber tätig wird, steht grundsätzlich in seinem Ermessen. Der Gesetzgeber hat einen weiten Gestaltungsspielraum bei der Frage, ob - und bejahendenfalls - wie er eine Materie regelt. Eine Gesetzgebungspflicht kann sich ausnahmsweise aber dann ergeben, wenn eine Vorschrift des Grundgesetzes dies (nach entsprechender Auslegung) fordert. Eine solche Verpflichtung kann sich insbesondere aus Gesetzgebungsaufträgen (bei Grundgesetznormen, die bestimmen, dass das Nähere ein Bundesgesetz *regelt* bzw. *bestimmt*), Grundrechten (insbesondere Art. 2 II S. 1 GG) und bei der Umsetzung von EU-Recht (insbesondere bei der Umsetzung von Richtlinien) ergeben.

[1209] *Pieroth*, in: J/P, GG, Art. 70 Rn 13; *Sannwald*, in: Schmidt-Bleibtreu/Hofmann/Henneke, GG, Art. 70 Rn 10/24.

A. Die Verteilung der Gesetzgebungskompetenzen

Wichtige Entscheidungen: BVerfGE 1, 167 (Verdrängte Angehörige des öffentlichen Dienstes); 1, 264 (Schornsteinfeger); 2, 213 (Straffreiheitsgesetz); 3, 407 (Bundesbaugesetz); 4, 115 (Beamtenbesoldung); 7, 342 (Landesurlaubsgesetze); 8, 104 (Volksbefragung über Atomwaffen); 12, 205 (1. Rundfunkurteil); 13, 230 (Ladenschlussgesetz); 15, 1 (Wasserwirtschaft); 18, 305 (Niedersächsisches Landesjagdgesetz); 24, 367 (Hamburgisches Deichordnungsgesetz); 26, 246 (Ingenieurgesetz); 26, 281 (Gebührenpflicht der Deutschen Bundesbahn); 26, 338 (Eisenbahnkreuzungsgesetz); 28, 119 (Spielbankengesetz); 34, 9 (Hessisches Besoldungsgesetz); 38, 281 (Arbeitnehmerkammern); 41, 205 (Badische Gebäudeversicherungsanstalt); 42, 20 (Hamburgisches Wegegesetz); 45, 297 (Hamburgisches Enteignungsgesetz); 48, 367 (Hessisches Pressegesetz); 51, 43 (Bayrisches Personalvertretungsgesetz); 56, 298 (Lärmschutzbereiche für die Umgebung militärischer Flugplätze); 57, 43 (Hauptverwaltungsbeamte im Ruhestand); 58, 137 (Pflichtexemplar); 58, 177 (Wählbarkeit eines Leitenden Angestellten eines Landkreises in den Rat einer kreisangehörigen Gemeinde); 61, 149 (Staatshaftungsgesetz); 67, 299 (Parken auf öff. Verkehrsraum); 68, 319 (Ärztliche Gebührenvorschriften); 73, 118 (Niedersächsisches Landesrundfunkgesetz); 75, 108 (Künstlersozialversicherung); 77, 288 (Annexregelung zur Bauleitplanung); 78, 249 (Konkurrierende Gesetzgebung des Bundes); 80, 137 (Reiten im Wald); E 96, 345 (Landesverfassungsbeschwerde); 98, 106 (Unzulässigkeit kommunaler Verpackungssteuern); 98, 145 (Kompetenz des Landesgesetzgebers für das Landeswahlrecht); 98, 218 (Verfassungsmäßigkeit der Rechtschreibreform); 98, 265 (Bayerisches Schwangerenhilfeergänzungsgesetz); 106, 62 (Altenpflegegesetz); 110, 141 (Hunderecht des Bundes); 111, 10 (Ladenschluss); 111, 226 (Juniorprofessur); 112, 226 (Studiengebührenverbot); 113, 348 (Telekommunikationsüberwachung); 115, 118 (Luftsicherheitsgesetz); BVerfG NJW 1996, 2497 („Annexkompetenz kraft Sachzusammenhangs"); NVwZ 1998, 271 (Aufopferungsanspruch); NJW 1988, 1899 (Hessisches Bildungsurlaubsgesetz); NVwZ 2014, 646 (Filmfördergesetz); NJW 2015, 44 (HessSchulG); NJW 2015, 303 (Erbschaftsteuer); NVwZ 2015, 582 (Samstagsarbeit); NJW 2015, 2399 (Betreuungsgeldgesetz); BVerwGE 97, 12 (Rennwett- und Lotteriegesetz); BVerwG NJW 1999, 841 (Schwangerschaftsabbruch III)

I. Grundsätze der Verteilung der Gesetzgebungskompetenzen

Wie bereits bei Rn 21a ff. dargelegt, enthält das Grundgesetz eine Zuständigkeitsvermutung zugunsten der Länder (vgl. Art. 30, 70 I GG). Um daher eine Bundeszuständigkeit annehmen zu können, bedarf es einer Kompetenznorm im Grundgesetz, die diese Zuständigkeit begründet. Hinsichtlich der Gesetzgebung sind dies in erster Linie die Art. 71 ff. GG. Ob ein bestimmtes Bundesgesetz von einer Kompetenznorm umfasst ist, muss durch Interpretation festgestellt werden. Um aber den Grundsatz der Länderzuständigkeit zu wahren, ist im Zweifel eine restriktive Interpretation des in Betracht kommenden Kompetenztitels angezeigt.[1210] Abzustellen ist dabei nicht auf den Titel des Gesetzes oder gar auf das erklärte Ziel des Gesetzgebers, sondern allein auf den **materiellen Regelungsgehalt** des Gesetzes.[1211]

791

> **Beispiel:** Der Bund hat gem. Art. 72 II i.V.m. 74 I Nr. 4 GG die konkurrierende Gesetzgebungskompetenz für das Aufenthalts- und Niederlassungsrecht der Ausländer. Durch den Erlass des Aufenthaltsgesetzes (früher: Ausländergesetz) hat er von dieser Gesetzgebungskompetenz Gebrauch gemacht. Fügte der Gesetzgeber nunmehr einen Abschnitt mit dem Titel „Gewährleistung von Sicherheit und Ordnung bei Versammlungen von Ausländern" in das Aufenthaltsgesetz ein, wonach es den Polizeibehörden gestattet wäre, aus Gründen der Gefahrenabwehr bestimmte auffällige Personen für die Dauer der Versammlung in Gewahrsam zu nehmen[1212], könnte diese Bestimmung aufgrund ihrer Benennung von dem Recht zur Regelung des Ausländerwesens umfasst sein und somit eine Bundeszuständigkeit nach Art. 72 II i.V.m. 74 I Nr. 4 GG begründen. Abzustellen ist aber nicht auf die Benennung der Bestimmung, sondern auf deren materiellen Regelungsgehalt. Dies ist vorliegend Gefahrenabwehr. Das Recht der Gefahrenabwehr im vorliegenden Zusammenhang ist aber von keiner Kompetenzbestim-

---

[1210] BVerfGE 61, 149, 174.

[1211] BVerfGE 68, 319, 327 f. Vgl. aber auch BVerfGE 110, 141, 156 ff., wo das Gericht diesen Grundsatz offenbar überwirft (vgl. dazu die Ausführungen zu Art. 74 I Nr. 20 GG).

[1212] Ingewahrsamnahme (Eingriffsobjekt: Art. 2 II S. 2, 104 II GG) ist eine kurzfristige polizei- und ordnungsbehördlich angeordnete Freiheitsentziehung, vgl. § 13 MePolG; Bund: § 39 BundesPolG; BW: § 28 PolG; Bay: Art. 17 PAG; Berl: § 30 ASOG; Brand: § 17 PolG; Brem: § 15 PolG; Hamb: § 13 SOG; Hess: § 32 SOG; MeckVor: § 55 SOG; Nds: § 18 SOG; NRW: § 35 PolG; RhlPfl: § 14 POG; Saarl: § 13 PolG; Sachs: § 22 PolG; SachsAnh: § 37 SOG; SchlHolst: § 204 LVwG; Thür: § 19 PAG.

mung zugunsten des Bundes erfasst. Selbst wenn man auf das Versammlungswesen abstellte, fehlte dem Bund die Gesetzgebungskompetenz.[1213] Daher greift die Länderzuständigkeit. Die o.g. Bestimmung wäre somit wegen Unzuständigkeit des Bundes (formell) verfassungswidrig. Zur Gesetzgebungskompetenz in Bezug auf die Gefahrenabwehr vgl. auch Rn 800 und 807c.

792 Die Zuständigkeitsregelungen der Art. 70 ff. GG gelten allerdings prinzipiell **nicht** für die **Finanzverfassung**. Insoweit stellen die Sonderbestimmungen der Art. 104 a ff. GG eine abschließende Regelung dar. Da sich diese Vorschriften aber nur auf die drei klassischen Abgabenarten Steuern, Gebühren und Beiträge beziehen, richtet sich die Gesetzgebungskompetenz für die sog. **Sonderabgaben** nach den Art. 70 ff. GG.[1214] Vgl. dazu Rn 952 ff.

II. Die Gesetzgebungskompetenz der Länder

793 Soweit das Grundgesetz keine Bundeszuständigkeit statuiert, bleibt es bei der Länderzuständigkeit (Art. 30, 70 I GG, s.o.). Das bedeutet, dass jedes Land alleine und für sich das Recht in Anspruch nehmen kann, für seinen Bereich Gesetze zu erlassen. Aus dem Prinzip der Bundestreue kann sich jedoch ergeben, dass eine gewisse Koordination und Homogenität erforderlich sind (vgl. Art. 28 I GG). So sind für die Bereiche des Bauordnungsrechts und des allgemeinen Gefahrenabwehrrechts Musterentwürfe entwickelt worden, die für eine weit reichende Übereinstimmung der Landesgesetze gesorgt haben, ohne dass jedoch eine verbindliche Wirkung bestünde.

794 Das Homogenitätsgebot des Art. 28 I GG verlangt aber keine Konformität oder Unitarisierung. Dies stünde schon mit dem Bundesstaatsprinzip in Widerspruch. Beschließen die Länder daher eine einheitliche Gesetzgebung bzw. betreiben konzertierte Aktionen, dann erfolgt dies aufgrund eines freiwilligen Beschlusses.

795 Einige Länderzuständigkeiten lassen sich ohne weiteres dem Grundgesetz entnehmen. Dazu zählen insbesondere die Regelungen über

- das öffentlich-rechtliche Versicherungswesen (Umkehrschluss aus Art. 74 I Nr. 11 GG) mit Ausnahme der Sozialversicherung nach Art. 74 I Nr. 12 GG[1215],

- die örtlichen Verbrauchs- und Aufwandssteuern, solange und soweit sie nicht bundesgesetzlich geregelten Steuern gleichartig sind (Art. 105 IIa S. 1 GG), sowie die Befugnis zur Bestimmung des Steuersatzes bei der Grunderwerbsteuer (Art. 105 IIa S. 2 GG)

- und die Religionsgemeinschaften (Art. 140 GG i.V.m. Art. 137 VIII, 138 I WRV)

- Darüber hinaus haben die Länder seit der Föderalismusreform 2006 die Kompetenz zur Regelung folgender Gebiete: Strafvollzug (einschließlich des Untersuchungshaftvollzugs), Versammlungsrecht, Wohnungs-, Siedlungs- und Heimrecht, Ladenschlussrecht, Gaststättenrecht, Spielhallenrecht, Schaustellung von Personen, Messen, Ausstellungen und Märkte, landwirtschaftlicher (nicht städtebaulicher) Grundstücksverkehr, Sport, Freizeit und verhaltensbezogener Lärm sowie die Flurbereinigung. Das folgt aus den Streichungen von Kompetenztiteln bzw. aus Negativformulierungen in Art. 74 I Nr. 1, 3, 7, 11, 17 und 18 GG.[1216] Jedoch ist zu beachten, dass vor der Föderalismusreform

---

[1213] Wie noch ausgeführt wird, wurde im Zuge der Föderalismusreform 2006 aber auch das Versammlungsrecht aus Art. 74 I Nr. 3 GG gestrichen und damit in die Gesetzgebungskompetenz der Länder überführt (vgl. dazu im Einzelnen Rn 832b).

[1214] *Sannwald*, in: Schmidt-Bleibtreu/Hofmann/Henneke, GG, Art. 70 Rn 35; *Pieroth*, in: J/P, GG, Art. 105 Rn 10.

[1215] Vgl. dazu BVerfGE 41, 205, 218 f.

[1216] Wegen der Studien- und Prüfungsrelevanz werden vor allem das Recht des Strafvollzugs bei Rn 832a, das Versammlungsrecht bei Rn 832b, das Ladenschlussrecht, das Gaststättenrecht, das Spielhallenrecht, das Recht der Schaustellung von Personen sowie das Recht der Messen, Ausstellungen und Märkte jeweils bei Rn 832c näher erläutert.

2006 erlassene Bundesgesetze (wie bspw. das VersG und das GastG) gem. Art. 125a I S. 1 GG nach der Föderalismusreform ihre Geltung behalten, solange die Länder keine eigenen Gesetze auf den betroffenen Gebieten erlassen. Fraglich ist aber, ob der Bund die Gesetze, die er vor der Föderalismusreform erlassen hat, nach der Föderalismusreform aufheben bzw. ändern darf oder ob ihm hierfür die Gesetzgebungskompetenz fehlt. Sachgerecht scheint es, dem Bund sowohl eine Aufhebungskompetenz als auch eine „Anpassungskompetenz" einzuräumen, d.h. das Recht, bestehende und nach Art. 125a I S. 1 GG fortgeltende Regelungen aufzuheben oder an sich ändernde gesellschaftliche Prozesse anzupassen. Ein Eingriff in die Gesetzgebungskompetenz der Länder besteht hierbei nicht, denn es steht den Ländern ja frei, jederzeit die bundesgesetzlichen Regelungen durch eigene zu ersetzen, Art. 125a I S. 2 GG. Vgl. dazu auch Rn 849a.

- Dagegen ist die Rahmengesetzgebungskompetenz des Bundes gem. Art. 75 GG (a.F.) im Zuge der Föderalismusreform komplett aufgehoben worden.[1217] Damit hat sich nicht nur der Streit erledigt, wieweit der Bund Einzelfragen regeln darf, damit noch von einem „Rahmen"gesetz gesprochen werden kann, sondern auch die Frage, ab wann die Länder den ihnen vorgegebenen Rahmen verlassen haben.[1218]

796 Die Kompetenzen des im Zuge der Föderalismusreform 2006 aufgehobenen Art. 75 GG sind jedoch nicht allesamt ersatzlos gestrichen (und damit nicht der originären Gesetzgebungskompetenz der Länder überführt) worden, sondern finden sich teilweise in den Katalogen der ausschließlichen und konkurrierenden Gesetzgebungskompetenz des Bundes wieder (vgl. dazu Rn 834). Für die Länder folgt daraus eine Gesetzgebungskompetenz auf den Gebieten der Beamtenbesoldung und -versorgung[1219], der allgemeinen Rechtsverhältnisse der Presse[1220], und des Hochschulwesens (mit Ausnahme der Hochschulzulassung und der Hochschulabschlüsse)[1221]. Dagegen hat der Bund nunmehr die konkurrierende Gesetzgebungskompetenz für das Jagdwesen (Art. 74 I Nr. 28 GG n.F.), den Naturschutz und die Landschaftspflege (vgl. Art. 74 I Nr. 29 GG n.F.), die Bodenverteilung, Raumordnung und den Wasserhaushalt (Art. 74 I Nr. 30-32 GG n.F.) sowie die ausschließliche Gesetzgebungskompetenz für das Melde- und Ausweiswesen (Art. 73 I Nr. 3 GG n.F.) und den Schutz deutschen Kulturguts gegen Abwanderung ins Ausland (Art. 73 I Nr. 5a GG n.F.).

797 Andere Zuständigkeiten der Länder hat die Rechtsprechung durch Verfassungsinterpretation im Wesentlichen auf den Gebieten des internen **Organisations- und Verfahrensrechts**, des **Kommunalrechts** und des (allgemeinen) **Gefahrenabwehrrechts**[1222] anerkannt. Dazu zählen das Gemeinderecht[1223], das Landesparlamentsrecht[1224], das Denkmalschutzrecht[1225], die Festsetzung von Feiertagen[1226], das Rund-

---

[1217] Die in Art. 75 I GG a.F. genannten, von den Ländern im Einzelnen auszugestaltenden Bereiche waren der öffentliche Dienst in den Ländern, Gemeinden und anderen Körperschaften (Art. 75 I Nr. 1 GG a.F.), das Hochschulwesen (Art. 75 I Nr. 1a GG a.F.), das Pressewesen (Art. 75 I Nr. 2 GG a.F.), das Jagdwesen, der Naturschutz und die Landschaftspflege (Art. 75 I Nr. 3 GG a.F.), die Bodenverteilung, der Wasserhaushalt (Art. 75 I Nr. 4 GG a.F.), das Melde- und Ausweiswesen (Art. 75 I Nr. 5 GG a.F.) und der Schutz deutschen Kulturguts (Art. 75 I Nr. 6 GG a.F.). In diesen Fällen war zu beachten, dass der Bund stets die Kompetenz hatte, Rahmengesetze zu erlassen. Die Gesetzgebungskompetenz der Länder beschränkte sich auf die Ausfüllung des jeweiligen Rahmens.

[1218] Vgl. zum Streitstand die Vorauflagen bis einschließlich der 6. Aufl. 2006, Rn 833 ff.

[1219] Vgl. Art. 75 I S. 1 Nr. 1 GG a.F., aber auch Art. 74 I Nr. 27 GG n.F., wonach der Bund die konkurrierende Gesetzgebungskompetenz für die Statusrechte und -pflichten der Beamten der Länder und Gemeinden sowie der Richter der Länder mit Ausnahme der Besoldung und Versorgung hat (ein diese Kompetenz ausfüllendes „Beamtenstatusgesetz" des Bundes ist am 2009 in Kraft getreten). Die Gesetzgebungskompetenz in Bezug auf die Regelung der Rechtsverhältnisse der Bundesbeamten und -richter ist von vornherein Sache des Bundes; Art. 73 I Nr. 8 GG stellt dies klar.

[1220] Vgl. Art. 75 I S. 1 Nr. 2 GG a.F.

[1221] Vgl. Art. 75 I S. 1 Nr. 1a GG a.F. sowie Art. 74 I Nr. 33 GG n.F. – dazu Rn 832k. Nicht zur Materie der Hochschulzulassung gehört die Erhebung von Studiengebühren; ihre Regelung unterfällt der Gesetzgebungskompetenz der Länder (vgl. BVerwGE 134, 1, 3; BVerwG NVwZ 2011, 1272, 1273; *Beaucamp*, JA 2012, 765, 767).

[1222] Obwohl sich dies an sich schon aus Art. 30, 70 I GG ergibt; vgl. dazu *R. Schmidt*, POR, Rn 1 ff.

[1223] BVerfGE 1, 167, 176; 56, 298, 310; 57, 43, 59; 58, 177, 191 f.

[1224] BVerfGE 98, 145, 157.

[1225] BVerfGE 78, 205, 211; BVerwGE 102, 260, 265.

funkrecht[1227], die *Ausübung* des Ärzteberufs[1228], das Schulrecht einschließlich des Privatschulrechts[1229], die Regelung der Rechtsverhältnisse an Landesstraßen (Straßen- und Wegerecht)[1230], das Bauordnungsrecht als besonderes Gefahrenabwehrrecht, das Wasserrecht (nicht das Wasserhaushaltsrecht, vgl. Art. 74 I Nr. 32 GG) als besonderes Gefahrenabwehrrecht, die Wahlen in den Ländern[1231] und das Pflichtexemplarrecht[1232]. Auch sind nach h.M. die Länder für den Erlass sog. Nichtraucherschutzgesetze („Rauchverbot in Gaststätten") zuständig. Eine konkurrierende Bundesgesetzgebungszuständigkeit (etwa aus Art. 74 I Nr. 12 GG – gemeingefährliche Krankheiten, Gifte, Nr. 20 – Genussmittel und Nr. 24 – Luftreinhaltung) wurde hier abgelehnt, sodass eine Länderzuständigkeit besteht.

III. Die Gesetzgebungskompetenz des Bundes

798 Das Grundgesetz unterscheidet seit der Föderalismusreform 2006 nur noch drei Arten der geschriebenen Gesetzgebungskompetenz des Bundes, die **ausschließliche** Gesetzgebungskompetenz (vgl. Art. 71, 73 GG und andere, im Grundgesetz verstreute Bestimmungen), die **konkurrierende** Gesetzgebungskompetenz (vgl. 72, 74 GG) und die Kompetenz zur Regelung von Gemeinschaftsaufgaben bzw. zur **Grundsatzgesetzgebung** (Art. 109 IV, Art. 91a und Art. 140 GG i.V.m. Art. 138 I S. 2 WRV). Die bislang in Art. 75 und 98 III S. 2 GG genannte **Rahmengesetzgebung** ist **entfallen** (vgl. dazu bereits Rn 795 und 796, aber auch Rn 836). Ebenso ist die Befugnis nach Art. 74a GG entfallen (teilweise nunmehr in Art. 74 I Nr. 27 GG n.F. geregelt). Zur **Steuergesetzgebungskompetenz** (Art. 105 GG) vgl. Rn 962 ff.

799 Nichts hat die Föderalismusreform an der grundsätzlichen Anerkennung der ungeschriebenen Gesetzgebungskompetenzen („Kompetenzergänzungen"), namentlich der Kompetenz **kraft Sachzusammenhangs**, aus der **Natur der Sache** und der **Annexkompetenz** geändert. Mit Blick auf den Zweck der Reform, eine klare Aufteilung der Kompetenzen zwischen Bund und Ländern herbeizuführen und die Zuständigkeit der Länder auszuweiten, wird man jedoch diskutieren müssen, eine restriktivere Handhabung solcher ungeschriebener Bundeskompetenzen anzustreben, um nicht die Reform über die Hintertür wieder zu relativieren (vgl. dazu näher Rn 842 ff.).

800 Besonderer Erwähnung bedarf nach wie vor das **Polizei- und Ordnungsrecht**. Gelegentlich wird in der Literatur von einer „Polizeihoheit der Länder" gesprochen. An anderer Stelle liest man, dass polizeiliche Gefahrenabwehr allein Sache der Länder sei. Solche Behauptungen sind zu pauschal. Richtig ist vielmehr, dass auch in diesem Zusammenhang die für alle Materien geltenden grundgesetzlichen Bestimmungen über die Zuständigkeiten heranzuziehen sind. Danach hat der Bund immer, aber auch nur dann, eine Gesetzgebungskompetenz, wenn sie ihm zugewiesen ist. Das ist in vielen Spezialbereichen des Gefahrenabwehrrechts der Fall. So hat der Bund

▪ gestützt auf die **ausschließliche** Gesetzgebungskompetenz das SoldatenG und das BNDG (Art. 73 I Nr. 1 GG), das PassG (Art. 73 I Nr. 3 GG), das BundesPolG (früher: BGSG) (Art. 73 I Nr. 5 GG), das LuftVG (Art. 73 I Nr. 6 GG), das BundeseisenbahnG

[1226] BayVerfGHE 35, 10, 18 f.; DÖV 1996, 558.
[1227] BVerfGE 12, 205, 209; 92, 203, 238. Vgl. auch BVerfG NVwZ 2008, 658, 659 f.
[1228] Demgegenüber gehört das *Zulassungs*recht zur konkurrierenden Gesetzgebungskompetenz des Bundes (Art. 74 I Nr. 19 GG).
[1229] BVerfGE 98, 218, 248; BVerwGE 104, 1, 6.
[1230] BVerfGE 67, 299, 314 f. Das Straßen- und Wegerecht darf nicht mit dem Straßenverkehrsrecht verwechselt werden, für das der Bund die Gesetzgebungskompetenz besitzt (Art. 74 I Nr. 22 GG).
[1231] BVerfGE 98, 145, 157.
[1232] BVerfGE 58, 137, 146.

(Art. 73 I Nr. 6a GG), das LuftSiG (Art. 73 I Nr. 9a GG – dazu Rn 807c), das BKA-Gesetz (Art. 73 I Nr. 10a und c GG) und das BVerfSchG (Art. 73 I Nr. 10b und c GG),

- und gestützt auf die **konkurrierende** Gesetzgebungskompetenz das VersG und das VereinsG (jeweils Art. 74 I Nr. 3 GG a.F.), das AufenthG (Art. 74 I Nr. 4 GG), die GewO und das GastG (jeweils Art. 74 I Nr. 11 GG a.F.), das BBodSchG (Art. 74 I Nr. 18 GG), das GPSG und das LFGB (jeweils Art. 74 I Nr. 20 GG), das WaStrG (Art. 74 I Nr. 21 GG), das StVG, die StVO und die StVZO (jeweils Art. 74 I Nr. 22 GG) sowie das BImSchG und KrWG (jeweils Art. 74 I Nr. 24 GG) erlassen. Jedoch sind einige dieser Materien im Zuge der Föderalismusreform 2006 in die originäre Gesetzgebungskompetenz der Länder überführt worden. Das betrifft namentlich das Versammlungsrecht, das Gaststättenrecht und Teile des allgemeinen Gewerberechts (vgl. dazu Rn 832c).

- Dagegen ist im Zuge der Föderalismusreform 2006 das früher auf die Rahmengesetzgebungskompetenz gestützte WHG (Art. 75 I S. 1 Nr. 4 GG a.F.) in die konkurrierende Gesetzgebungskompetenz des Bundes (Art. 74 I Nr. 32 GG n.F.) überführt worden[1233] und das Melde- und Ausweiswesen (Art. 75 I S. 1 Nr. 5 GG a.F.) ist nunmehr Bestandteil der ausschließlichen Gesetzgebungskompetenz des Bundes (Art. 73 I Nr. 3 GG n.F.). Das WaffG und das SprengstoffG, die früher jeweils als Bestandteil der konkurrierenden Gesetzgebungskompetenz Art. 74 I Nr. 4a GG a.F. unterfielen, sind nunmehr ebenfalls der ausschließlichen Gesetzgebungskompetenz gem. Art. 73 I Nr. 12 GG n.F. unterstellt.

801 Kann also eine Gesetzgebungskompetenz des Bundes nicht begründet werden, bleibt es bei der Grundregel der Art. 30, 70 I GG. Den **Ländern** verbleiben somit insbesondere das Bauordnungsrecht und das **allgemeine Polizei- und Ordnungsrecht**. Es ist daher falsch, undifferenziert von einer „Polizeihoheit der Länder" zu sprechen.

802

Hinweis für die Fallbearbeitung: Bevor im Folgenden ausführlich Stellung zu den einzelnen Kompetenzkatalogen des Art. 73 I Nr. 1-14 GG und des Art. 74 I Nr. 1-33 GG genommen wird, sei darauf hingewiesen, dass auch im Rahmen einer Fallbearbeitung **stets von der Grundregel des Art. 70 I GG auszugehen ist**.

- Danach sind grds. die Länder zur Gesetzgebung befugt; der Bund hat nur dann eine Gesetzgebungskompetenz, wenn diese ihm positiv verliehen ist oder wenn eine anerkannte ungeschriebene Gesetzgebungskompetenz des Bundes vorliegt. Kompetenztitel sind v.a. in Art. 73 und 74 GG enthalten, darüber hinaus auch in weiteren Kompetenznormen des GG (z.B. Art. 21 III, 38 III, 84 I S. 3 u. S. 6; V S. 1 u. S. 2, 85 I S. 1, 87 I, III S. 2 GG - dazu näher Rn 805). Zu den ungeschriebenen Gesetzgebungskompetenzen vgl. Rn 842 ff.

- Sodann muss versucht werden, das fragliche Gesetz, um das es geht, unter den in Betracht kommenden Kompetenztitel zu subsumieren. Dabei ist im Wege der Auslegung der Kompetenznorm (insb. Wortlaut und Bedeutung) danach zu fragen, ob das fragliche Gesetz darunter subsumiert werden kann. Entscheidend ist dabei der materielle Regelungsgehalt des Gesetzes, nicht dessen (formale) Bezeichnung. Vgl. dazu bereits die Ausführungen bei Rn 791.

- Kann demnach keine Gesetzgebungskompetenz des Bundes begründet werden, bleibt es bei der Länderzuständigkeit gem. Art. 70 I GG.

- Ist aber ein Kompetenztitel einschlägig, sind in einem weiteren Prüfungsschritt sodann die allgemeinen Voraussetzungen zu prüfen, unter denen für den einschlägigen Kompetenztitel auch konkret Gebrauch gemacht werden darf. Diese Voraussetzungen sind in Art. 71 und 72 GG festgelegt.

[1233] Der Bund hat hiervon durch den Erlass eines neuen WHG Gebrauch gemacht, das in seinen zentralen Teilen am 1.3.2010 in Kraft getreten ist.

> ▪ Liegen die Voraussetzungen des Art. 71 GG oder des Art. 72 GG nicht vor, kann trotz Vorliegens eines Kompetenztitels eine Gesetzgebungskompetenz des Bundes nicht begründet werden; es bleibt bei der Grundregel des Art. 70 I GG und damit bei der Gesetzgebungszuständigkeit der Länder.

1. Ausschließliche Zuständigkeit des Bundes

a. Sperrwirkung gegenüber der Landesgesetzgebung

803 Gemäß **Art. 71 GG** haben die Länder in Bereichen der ausschließlichen Gesetzgebungskompetenz des Bundes die Befugnis zur Gesetzgebung nur dann, wenn und soweit sie hierzu in einem Bundesgesetz ausdrücklich ermächtigt werden. Das führt zu einer **Sperrwirkung** gegenüber dem Erlass von Landesgesetzen: Ohne entsprechende Ermächtigung (die, so weit ersichtlich, bislang noch in keinem Fall erteilt wurde) dürfen die Länder nicht tätig werden in einem Gebiet, für das der Bund die ausschließliche Gesetzgebungskompetenz hat. Das gilt selbst dann, wenn der Bund untätig bleibt. Ein Verstoß hiergegen führt zur **Nichtigkeit** des Landesgesetzes. Einer **Zustimmung des Bundesrats** zu einem Bundesgesetz, das sich auf einen Kompetenztitel aus Art. 73 I GG stützt, bedarf es nur im Fall des Art. 73 I Nr. 9a GG (vgl. Art. 73 II GG – dazu Rn 807c).

804 Zum **Sonderfall** des **Art. 84 I GG**, der die dort genannten Bundesgesetze zwar der ausschließlichen Gesetzgebungskompetenz des Bundes zuordnet, gleichwohl aber die Länder ermächtigt, abweichende Gesetze zu erlassen, vgl. Rn 878 ff.

b. Gegenstände der ausschließlichen Gesetzgebungskompetenz

aa. Enumerationsprinzip

805 Die Gegenstände der ausschließlichen Gesetzgebungskompetenz des Bundes sind zum einen in **Art. 73 I GG** enumerativ aufgelistet, ergeben sich zum anderen aber auch aus zahlreichen Normen des Grundgesetzes, die ausdrücklich auf ein „Bundesgesetz" oder auf ein „Gesetz mit Zustimmung des Bundesrats" verweisen. Beispielhaft seien nur Art. 4 III S, 2, 21 III, 23 I S. 2, 24 I, 84 I, 85 I S. 1 GG genannt.

806 Besteht eine ausschließliche Gesetzgebungskompetenz des Bundes, darf dieser, ohne dass weitere Voraussetzungen vorliegen müssten, tätig werden. Der Nachweis der Erforderlichkeit einer bundesgesetzlichen Regelung zur Herstellung gleichwertiger Lebensverhältnisse im Bundesgebiet oder zur Wahrung der Rechts- oder Wirtschaftseinheit im gesamtstaatlichen Interesse besteht – anders als bei den Bedarfskompetenzen der konkurrierenden Gesetzgebung gem. Art. 72 II GG – hier nicht.

bb. Katalog des Art. 73 I GG

807 Im Zuge der Föderalismusreform wurde der Kompetenzkatalog des Art. 73 I GG um sechs Materien erweitert. Fünf dieser Materien sind entweder aus der konkurrierenden Gesetzgebungskompetenz des Bundes oder aus der (abgeschafften) Rahmengesetzgebungskompetenz übergeleitet worden. Die sechste Materie ist neu. Das betrifft folgende Gegenstände:

807a ▪ Art. 73 I Nr. 3 GG: **Melde- und Ausweiswesen**

Die bisherige Rahmengesetzgebungskompetenz für das Melde- und Ausweiswesen (vgl. Art. 75 I S. 1 Nr. 5 GG a.F.) steht in Zusammenhang mit anderen Gegenständen der Nr. 3 (Freizügigkeit und Passwesen) und wurde deshalb im Wege der Ergänzung dieser Nummer in die ausschließliche Bundeskompetenz überführt.

■ Art. 73 I Nr. 5a GG: **Schutz deutschen Kulturguts** 807b

Im Zuge der Föderalismusreform wurde auch die bisherige Rahmengesetzgebungs-kompetenz des Bundes für den Schutz deutschen Kulturgutes gegen Abwanderung ins Ausland (vgl. Art. 75 I S. 1 Nr. 6 GG a.F.) in die ausschließliche Bundeskompetenz überführt.

■ Art. 73 I Nr. 9a GG: **Abwehr von Gefahren des internationalen Terrorismus** 807c

Mit der Föderalismusreform 2006 in den Kanon des Art. 73 I GG aufgenommen wurde die ausschließliche Gesetzgebungskompetenz des Bundes für die **Abwehr von Gefahren des internationalen Terrorismus** durch das Bundeskriminalpolizeiamt (BKA) in Fällen, in denen eine länderübergreifende Gefahr vorliegt, die Zuständigkeit einer Landespolizeibehörde nicht erkennbar ist oder die oberste Landespolizeibehörde um eine Übernahme ersucht (Art. 73 I Nr. 9a GG n.F.).

Die Aufnahme dieser Materie in den Zuständigkeitskatalog des Art. 73 I GG ermöglicht dem Bund, den neuen Bedrohungen des internationalen Terrorismus zu begegnen. Vor der Grundgesetzänderung war die Gefahrenabwehr auf diesem Gebiet mangels einer Bundesgesetzgebungskompetenz den Ländern zugewiesen. Zwar wurde nicht in Abrede gestellt, dass die Länder zur Gefahrenabwehr in der Lage sind, jedoch waren gerade bei grenzüberschreitenden Aktivitäten der Terroristen die Koordination und der Datenaustausch zwischen den Ländern mangelhaft. Eine effektive Gefahrenabwehr war nicht zu erreichen. Daher entschloss man sich, im Zuge der Föderalismusreform 2006 eine entsprechende Bundesgesetzgebungskompetenz zu begründen. Ein entsprechendes Bundesgesetz, das die Kompetenz des Bundes aus Art. 73 I Nr. 9a GG n.F. ausfüllt, ist in der Neufassung des BKA-Gesetzes zu sehen.[1234] Bei dieser Neufassung handelt es sich wegen Art. 73 II GG n.F. um ein zustimmungspflichtiges Gesetz, also um ein Gesetz, das nur mit **Zustimmung des Bundesrats zustande kommt**. Die Zustimmungsbedürftigkeit ist im Rahmen der ausschließlichen Gesetzgebungskompetenz des Bundes zwar ungewöhnlich, trägt allerdings dem Umstand Rechnung, dass eine Materie der Gefahrenabwehr, die an sich den Ländern unterstellt ist, nunmehr bundesgesetzlich geregelt wird. Dann sollen wenigstens die Länder bei dem Erlass von Bundesgesetzen mitwirken.[1235]

Der Begriff des **internationalen Terrorismus** ist durch das internationalen und nationalen Normen zugrunde liegende Verständnis vorgeprägt, aber zugleich für künftige Entwicklungen offen. Der Begriff des Terrorismus wird insbesondere auch in den Regelungen des EU-Vertrags (vgl. Art. 29 II und Art. 31 I lit. e EU sowie EU-Rahmenbeschluss v. 13.6.2002 – ABl. EU Nr. L 164 S. 3) näher ausgefüllt. Die im EU-Rahmenbeschluss enthaltene Definition greift das nationale Recht durch die terrorismusqualifizierenden Merkmale des **§ 129a II StGB** auf. Die **Beschränkung** auf den internationalen Terrorismus bedeutet, dass auf Deutschland begrenzte terroristische Phänomene keine ausschließliche Bundesgesetzgebungskompetenz begründen.[1236] Eine länderübergreifende Gefahr liegt regelmäßig vor, wenn sie nicht nur ein Land betrifft.

Eine **Zuständigkeit einer Landespolizeibehörde** ist **dann nicht erkennbar**, wenn die Betroffenheit eines bestimmten Landes durch sachliche Anhaltspunkte im Hinblick auf mögliche Straftaten noch nicht bestimmbar ist.

Da sich die neue Gesetzgebungskompetenz jedoch nur auf die von Nr. 9a vorausgesetzte mögliche Aufgabenwahrnehmung durch das BKA (vgl. den Wortlaut der Bestimmung: „durch das Bundeskriminalpolizeiamt") ergibt, lässt die Bestimmung somit die Gesetzgebungskompetenz der Länder zur allgemeinen Gefahrenabwehr unberührt; auch berührt die Inanspruchnahme der neuen Bundeskompetenz die Zuständigkeiten

---

[1234] Das BVerfG hält das BKA-Gesetz insoweit für unproblematisch (vgl. BVerfG NJW 2016, 1781, 1783).
[1235] Zu den seitdem erfolgten Änderungen der „Sicherheitsgesetze". *Gnüchtel*, NVwZ 2016, 13 ff.
[1236] So bereits die Vorauflagen; später auch BVerfG NJW 2016, 1781, 1783.

von Landesbehörden auf dem Gebiet der Gefahrenabwehr nicht. Daraus folgt: die **Sperrwirkung des Art. 73 I Nr. 9a GG gegenüber der landesrechtlichen Gefahrenabwehr** ist auf die **Abwehr von Gefahren des internationalen Terrorismus** und zugleich den **sachlichen Zuständigkeitsbereich des BKA begrenzt**. Die Einzelheiten des Zusammenwirkens zwischen dem BKA und den Landespolizeibehörden sind gemäß der Gesetzbegündung (BT-Drs. 16/813) einfach-gesetzlich zu regeln.

> **Hinweis für die Fallbearbeitung:** Zu beachten ist, dass die drei Voraussetzungen *länderübergreifende Gefahr, Zuständigkeit einer Landespolizeibehörde nicht erkennbar, Ersuchen einer obersten Landespolizeibehörde um eine Übernahme* alternativ formuliert sind („oder"). Lediglich die Gefahr des internationalen Terrorismus ist stets erforderlich. Die in Art. 73 I Nr. 9a GG begründete Kompetenz des Bundes greift also dann (aber auch nur dann), wenn die Gefahr des internationalen Terrorismus gegeben ist und *eine* der drei genannten Voraussetzungen vorliegt. Ist bereits die Gefahr des internationalen Terrorismus nicht gegeben (was bei einer auf das Bundesgebiet begrenzten terroristischen Gefahr anzunehmen ist), kommt es auf das Vorliegen einer der drei genannten, alternativ erforderlichen, Voraussetzungen nicht an. In diesem Fall besteht von vornherein keine Bundeszuständigkeit; vielmehr bleibt es bei der Länderzuständigkeit.
>
> Liegen aber die Voraussetzungen für eine Bundesgesetzgebungskompetenz gem. Art. 73 I Nr. 9a GG n.F. vor, dürfen die Länder keine eigenen diesbezüglichen Regelungen erlassen. Freilich unberührt bleibt davon die Kompetenz zur Regelung der allgemeinen Gefahrenabwehr.
>
> Schließlich darf in der Fallbearbeitung nicht das (für eine Materie der ausschließlichen Gesetzgebungskompetenz an sich ungewöhnliche) Zustimmungserfordernis des Art. 73 II GG n.F. übersehen werden.

Da im Zuge der Föderalismusreform 2006 im Übrigen keine Änderung des Art. 87a II GG herbeigeführt wurde, dürfte damit zum Ausdruck gebracht worden sein, dass der verfassungsändernde Gesetzgeber keine Möglichkeit eröffnen wollte, zur Terrorabwehr die Bundeswehr im Inneren einzusetzen.[1237] Der Streit um die (Verwaltungs-)Kompetenz der Bundeswehr, von Terroristen entführte, als fliegende Bombe missbrauchte, Verkehrsflugzeuge abzuschießen, dürfte sich damit endgültig erledigt haben.[1238]

807d ▪ Art. 73 I Nrn. 12-14 GG: Weitere Materien

In Gestalt der neuen Nrn. 12-14 wurden die bisherigen konkurrierenden Gesetzgebungskompetenzen für

⇨ das Waffen- und Sprengstoffrecht (bisher Art. 74 I Nr. 4a GG a.F.; nunmehr Art. 73 I Nr. 12 GG n.F.),

⇨ die Versorgung der Kriegsbeschädigten und Kriegshinterbliebenen und die Fürsorge für die ehemaligen Kriegsgefangenen (bisher Art. 74 I Nr. 10 GG a.F.; nunmehr Art. 73 I Nr. 13 GG n.F.)

⇨ sowie für die Erzeugung und Nutzung der friedlichen Kernenergie (bisher Art. 74 I Nr. 11a GG a.F., nunmehr Art. 73 I Nr. 14 GG n.F.)

in die ausschließliche Bundeskompetenz verlagert.

c. Zustimmungserfordernis gem. Art. 73 II GG

807e Art. 73 II GG unterwirft Gesetze aufgrund der neuen Bundeskompetenz nach Art. 73 I Nr. 9a GG der Zustimmung des Bundesrats (siehe Rn 807c); im Übrigen besteht ein Zustimmungserfordernis nicht. Zum Sonderfall des Art. 84 I S. 6 GG vgl. Rn 878 ff.

[1237] Vgl. auch *Thiele*, JA 2006, 714, 715 sowie *Wiefelspütz*, AöR 132 (2007), S. 44 ff.
[1238] Zu § 14 III LuftSiG, der diese Möglichkeit vorsah, jedoch vom BVerfG am 15.2.2006 (BVerfGE 115, 118 ff.) einstimmig für verfassungswidrig erklärt wurde, vgl. *R. Schmidt*, Grundrechte, Rn 306.

d. Zuständigkeit für Verfassungsänderungen

Die Zuständigkeit des Bundes für Verfassungsänderungen lässt sich zwar nicht Art. 73 GG entnehmen, ergibt sich aber aus einer Gesamtschau aus dem Bundesstaatsprinzip (vgl. Art. 20 I GG) und Art. 23 Ia, II S. 1, 24 I, 28 III, 79 II GG. Denn kann der Bund die dort genannten Kompetenzen wahrnehmen, muss er auch für eine Verfassungs-änderung zuständig sein. **807f**

2. Konkurrierende Gesetzgebung

a. Kern-, Bedarfs- und Abweichungskompetenzen

Die systematisch tief greifendste Änderung, die die Föderalismusreform 2006 bewirkt hat, bezieht sich auf das Gebiet der konkurrierenden Gesetzgebung. Während **Art. 72 I GG** unverändert geblieben ist, unterscheidet **Art. 72 II GG** nunmehr Gebiete, bei denen die Erforderlichkeit einer bundesgesetzlichen Regelung nachgewiesen werden muss, von Gebieten, bei denen dieses Erfordernis nicht (mehr) besteht.[1239] In **Art. 72 III GG** wurde zudem eine Abweichungsklausel eingeführt, d.h. den Ländern die Möglichkeit eingeräumt, auch dann eigene Regelungen zu erlassen, wenn der Bund von seinem Gesetzgebungsrecht Gebrauch gemacht hat. Eine solche Befugnis war dem Gesetzgebungsrecht bisher fremd. **808**

Aufgrund der soeben genannten Neufassung des Art. 72 II und III GG lässt sich die konkurrierende Gesetzgebungskompetenz nunmehr in drei Kompetenzbereiche unterteilen, in Kernkompetenzen, Bedarfskompetenzen und Abweichungskompetenzen, bei denen das Verhältnis von Bundes- und Landesgesetzgebung jeweils unterschiedlich geregelt ist.[1240] **809**

aa. Kernkompetenzen

Kernkompetenzen der konkurrierenden Gesetzgebung sind zunächst dadurch gekennzeichnet, dass sie sich auf einen Kompetenztitel aus Art. 74 I GG stützen. **810**

Des Weiteren bedarf es bei den Kernkompetenzen einer besonderen Prüfung, ob gem. Art. 72 II GG eine bundesgesetzliche Regelung zur Herstellung gleichwertiger Lebensverhältnisse im Bundesgebiet oder zur Wahrung der Rechts- oder Wirtschaftseinheit im gesamtstaatlichen Interesse erforderlich ist, *nicht* (mehr), da der verfassungsändernde Gesetzgeber vielmehr davon ausgegangen ist, dass bei den Kompetenztiteln des Art. 74 I GG, die nicht in Art. 72 II GG aufgeführt sind, ebendiese Erforderlichkeit einer bundesgesetzlichen Regelung stets zu bejahen ist.[1241] Man kann von einer **unwiderleglichen Vermutung** des Bestehens der Erforderlichkeit bundesgesetzlicher Regelung bzw. von **Vorranggesetzgebung** sprechen.[1242] Das ergibt sich aus dem Umkehrschluss aus Art. 72 II GG und betrifft folgerichtig alle Gebiete des Art. 74 I GG mit Ausnahme der Nrn. 4, 7, 11, 13, 15, 19a, 20, 22, 25 und 26. **811**

Aus diesen Ausführungen wird deutlich, dass der Unterschied zwischen der Kernkompetenz der konkurrierenden Gesetzgebungszuständigkeit und der ausschließlichen Bundesgesetzgebungskompetenz darin besteht, dass Letztere den Ländern prinzipiell verschlossen ist,

---

[1239] Nach der bis zur Föderalismusreform geltenden Fassung des Art. 72 II GG musste vom Bund die Erforderlichkeit einer bundesgesetzlichen Regelung *stets* nachgewiesen werden. Zur Erforderlichkeitsklausel vgl. ausführlich Rn 833 ff.
[1240] Vgl. *Ipsen*, NJW 2006, 2801, 2803, der – soweit ersichtlich – die Terminologie *Kernkompetenzen, Bedarfskompetenzen* und *Abweichungskompetenzen* entwickelt hat; später auch *Selmer*, JuS 2006, 1052, 1057.
[1241] Nach der bisherigen Rechtslage war es so, dass Art. 72 II GG a.F. stets, d.h. für sämtliche Bundesgesetze auf dem Gebiet der konkurrierenden Gesetzgebungskompetenz, die Erforderlichkeit einer bundesgesetzlichen Regelung verlangte.
[1242] Daher wäre es auch im Rahmen der Fallbearbeitung ein methodischer Fehler, bei einem auf die Kernkompetenz gestützten Bundesgesetz die Erforderlichkeit gem. Art. 72 II GG zu prüfen.

wohingegen die Länder auf den Gebieten der konkurrierenden Kernkompetenz gesetzgeberisch tätig werden können, wenn und soweit keine Sperrwirkung durch den Erlass eines entsprechenden Bundesgesetzes eingetreten ist.

812 Schließlich liegt ein Fall der Kernkompetenz des Bundes nur dann vor, wenn keine Kompetenz der Länder besteht, von bestehenden Bundesgesetzen abzuweichen (vgl. Art. 72 III GG). Das betrifft die Materien des Art. 72 III S. 1 Nrn. 1-6 GG (das sind im Wesentlichen die in Art. 74 I Nrn. 28-33 GG Genannten).

813 Besteht somit keine Abweichungskompetenz der Länder gem. Art. 72 III GG, greift die Grundregel des Art. 72 I GG, wonach die Bundesländer gesetzgeberisch nur dann tätig werden dürfen, wenn und soweit der Bund von seinem Gesetzgebungsrecht keinen Gebrauch gemacht hat. Das bedeutet umgekehrt, dass der Weg für eine Landesgesetzgebung versperrt ist, wenn der Bund von seiner Gesetzgebungskompetenz (abschließend) Gebrauch gemacht hat. Man spricht von einer sachlichen und zeitlichen Sperrwirkung für die Landesgesetzgebung. Unter welchen genauen Voraussetzungen dies der Fall ist, wird bei Rn 827 ff. ausgeführt.

814 **Zusammenfassung:** Eine Kernkompetenz der konkurrierenden Gesetzgebung des Bundes besteht, wenn eine Kompetenz nach Art. 74 I GG mit Ausnahme der Nrn. 4, 7, 11, 13, 15, 19a, 20, 22, 25 und 26 vorliegt. Macht der Bund von seiner Kernkompetenz Gebrauch, entfaltet ein entsprechendes Bundesgesetz eine zeitliche und sachliche Sperrwirkung. Der Nachweis der Erforderlichkeit einer bundesgesetzlichen Regelung (Art. 72 II GG) muss nicht erbracht werden.

bb. Bedarfskompetenzen

815 Auch Bundesgesetze, die auf Bedarfskompetenzen gestützt werden, entfalten die genannte zeitliche und sachliche Sperrwirkung, weil Art. 72 I GG insoweit keine Unterscheidung vornimmt. Bedarfskompetenzen unterscheiden sich von den Kernkompetenzen jedoch dadurch, dass bei ihnen zusätzlich eine Prüfung stattfindet, ob die Herstellung gleichwertiger Lebensverhältnisse im Bundesgebiet oder die Wahrung der Rechts- oder Wirtschaftseinheit im gesamtstaatlichen Interesse eine bundesgesetzliche Regelung erforderlich machen (Art. 72 II GG). Das betrifft die bereits erwähnten Gebiete des Art. 74 I GG Nrn. 4, 7, 11, 13, 15, 19a, 20, 22, 25 und 26. Unter welchen Voraussetzungen die Erforderlichkeit einer bundesgesetzlichen Regelung gegeben ist, wird bei Rn 833 ff. ausgeführt.

816 Soweit die Erforderlichkeit für eine bundesgesetzliche Regelung nicht mehr besteht, kann durch Bundesgesetz bestimmt werden, dass die bundesgesetzliche Regelung durch Landesrecht ersetzt werden kann (Art. 72 IV GG). Diese sog. **Rückübertragungsbefugnis** trägt dem Umstand Rechnung, dass aufgrund gewandelter Verhältnisse die Voraussetzungen des Art. 72 II GG entfallen können und verhindert werden soll, dass eine einmal gegebene Bundeskompetenz auf Dauer erhalten bleibt.[1243]

Sofern es sich um ein Bundesgesetz handelt, das aufgrund des Art. 72 II GG in der bis zum 15.11.1994 geltenden Fassung erlassen worden ist, aber wegen Änderung des Art. 72 II GG nicht mehr als Bundesgesetz erlassen werden könnte, gilt es als Bundesrecht fort (Art. 125a II S. 1 GG). Durch Bundesgesetz kann jedoch bestimmt werden, dass es durch Landesrecht ersetzt werden kann (Art. 125a II S. 2 GG).

[1243] *Ipsen*, NJW 2006, 2801, 2803; *Oeter*, in: v. Mangoldt/Klein/Starck, GG, Art. 72 Rn 117 f.

Ist der Bund trotz Wegfalls der Erforderlichkeit bundesgesetzlicher Regelung nicht **817** bereit, ein entsprechendes Gesetz zu erlassen, das es gem. Art. 125a II S. 2 GG (bzw. Art. 72 IV GG) den Ländern ermöglicht, eigene Gesetze zu erlassen und so das Bundesgesetz zu ersetzen, hat der verfassungsändernde Gesetzgeber im Zuge der Föderalismusnovelle ein spezielles Kompetenzkontrollverfahren eingeführt, das auf die Feststellung abzielt, dass die Erforderlichkeit für eine bundesgesetzliche Regelung nicht mehr besteht. Der Antrag ist allerdings erst dann zulässig, wenn eine Gesetzesvorlage nach Art. 72 IV GG im Bundestag abgelehnt und/oder nicht beraten bzw. eine entsprechende Gesetzesvorlage im Bundesrat abgelehnt worden ist (Art. 93 II S. 3 GG). Die Feststellung des BVerfG, dass die Erforderlichkeit für eine bundesgesetzliche Regelung nicht mehr bestehe, ersetzt das nach Art. 72 IV GG erforderliche Gesetz (Art. 93 II S. 2 GG).[1244] Vgl. zu diesem Verfahren Rn 747 ff. Zum Übergangsrecht gem. Art. 125a GG vgl. des Weiteren Rn 846 ff.

Zusammenfassung: Eine Bedarfskompetenz der konkurrierenden Gesetzgebung des **818** Bundes besteht, wenn einer der Kompetenztitel aus Art. 74 I Nrn. 4, 7, 11, 13, 15, 19a, 20, 22, 25 oder 26 GG vorliegt. Macht der Bund von seiner Bedarfskompetenz Gebrauch, entfaltet ein entsprechendes Bundesgesetz eine zeitliche und sachliche Sperrwirkung. Jedoch muss der Bund den Nachweis der Erforderlichkeit einer bundesgesetzlichen Regelung erbringen (Art. 72 II GG).

cc. Abweichungskompetenzen

Die im Rahmen der Föderalismusreform 2006 auf dem Gebiet der konkurrierenden **819** Gesetzgebungskompetenz eingeführte Kategorie der Abweichungskompetenz (Art. 72 III GG) besagt: Hat der Bund auf den in Art. 72 III S. 1 Nrn. 1-6 GG genannten Gebieten von seiner konkurrierenden Gesetzgebungskompetenz Gebrauch gemacht, können die Länder hiervon abweichende Regelungen treffen.

Die in Art. 72 III S. 1 Nrn. 1-6 GG aufgeführten Gegenstände entsprechen im Groben den Kompetenztiteln der früheren Rahmengesetzgebung des Bundes gem. Art. 75 I GG a.F.[1245], die in die konkurrierende Gesetzgebungszuständigkeit überführt worden sind (vgl. Art. 74 I Nrn. 28-33 GG).

Hauptaussage des neuen Art. 72 III GG ist, dass von einem Bundesgesetz, das auf **820** der Grundlage eines in Art. 72 III S. 1 Nrn. 1-6 GG aufgeführten Kompetenztitels erlassen worden ist, keine Sperrwirkung ausgeht. Die Bundesländer sind vielmehr ermächtigt, auf den in Art. 72 III S. 1 Nrn. 1-6 GG bezeichneten Gebieten von bestehenden bundesrechtlichen Regelungen „abzuweichen", wobei der Begriff der „Abweichung" nicht voraussetzt, dass sich die landesrechtlichen Regelungen inhaltlich von denen des Bundes unterscheiden. Um „abweichende Regelungen" handelt es sich auch dann, wenn überhaupt ein Landesgesetz auf dem betreffenden Rechtsgebiet erlassen wird. Denn der verfassungsändernde Gesetzgeber wollte mit Art. 72 III GG die Möglichkeit schaffen, dass der Bund „Mustergesetze" erlässt, den Ländern sozusagen eine einheitliche Regelung „vorschlägt", die Länder jedoch frei sein sollen, sich der Bundesregelung (durch Nichtstun) anzuschließen, oder (durch Erlass eigener Gesetze) abweichende oder inhaltsgleiche Regelungen zu treffen.[1246] Freilich wird der Fall, dass ein Landesparlament inhaltsgleiche Regelungen erlässt, wohl eher theoretischer Natur bleiben, weil in einem Fall, in dem sich ein Land zur Geltung der Bundesregelung entschließt, streng genommen überhaupt kein Handlungsbedarf besteht; das

---

[1244] Vgl. auch hierzu *Ipsen*, NJW 2006, 2801, 2803 und nunmehr auch *Selmer*, JuS 2006, 1052, 1057.
[1245] Zur früheren Rahmengesetzgebung vgl. Rn 834.
[1246] Vgl. die Gesetzesbegründung BT-Drs. 16/813, S. 11 ff.

Bundesgesetz gilt ja gerade auf den Gebieten der Länder, die von dem Erlass eigener Regelungen absehen.

820a Weicht ein Landesgesetz von einem Bundesgesetz ab, gilt diese Abweichung selbstverständlich nur für das betreffende Land. Auch ist es möglich, dass ein Landesgesetzgeber ein Bundesgesetz übernimmt und dabei lediglich einen Paragraphen, der eine Begünstigung formuliert, streicht. Denn die Landesgesetzgeber dürfen im Rahmen ihrer Abweichungskompetenz aus Art. 72 III GG auch für den Bürger schlechtere Regelungen erlassen. Einen „Bestandsschutz" gibt es hier nicht. Die alte Bundesregelung verliert auf dem Gebiet des abweichenden Bundeslands insoweit ihre Anwendung (dazu Rn 822), der Bürger kann sich also nicht aussuchen, ob er lieber nach der alten Bundesregelung oder der neuen Landesregelung behandelt werden möchte. Allerdings gilt die alte Bundesregelung fort, soweit die neue Landesregelung den konkreten Sachverhalt nicht regelt, wobei durch Auslegung zu ermitteln ist, ob das Landesgesetz wirklich lückenhaft ist. Ist die Lücke im abweichenden Landesgesetz planvoll, d.h. beabsichtigt, wird man davon ausgehen müssen, dass die alte Bundesregelung anwendbar bleiben soll. Ist die Lücke unbeabsichtigt, ist durch Auslegung zu ermitteln, ob die Lücke i.S. des abweichenden Gesetzes zu schließen ist oder ob auch hier (im Bereich der Lücke) die alte Bundesregelung Anwendung findet. Im Zweifel entscheidet das zuständige Verwaltungsgericht.

820b Die Abweichungskompetenz reicht aber nur so weit, wie sie Art. 72 III GG vorsieht. So können die Länder auf dem Gebiet des Jagdwesen (Art. 72 III S. 1 Nr. 1 GG) nicht vom Recht der Jagdscheine abweichen. Es leuchtet ein, dass dieses Gebiet nicht unterschiedlichen Landesregelungen zugänglich sein darf. Dasselbe gilt für den Naturschutz und die Landschaftspflege (Art. 72 III S. 1 Nr. 2 GG), bei denen die Länder nicht von den allgemeinen Grundsätzen des Naturschutzes sowie dem gesamten Recht des Meeresnaturschutzes und des Artenschutzes abweichen dürfen.[1247] In Bezug auf den Wasserhaushalt (Art. 72 III S. 1 Nr. 5 GG) dürfen die Länder nicht von den stoff- und anlagenbezogenen Regelungen der Bundesgesetze abweichen (sog. abweichungsfeste Kerne[1248]).

821 Fraglich ist, ob von einer Befugnis zur „Abweichung" auch gesprochen werden kann, wenn ein Land sich darauf beschränkt, ein bestehendes Bundesgesetz schlicht außer Kraft zu setzen. Zwar dürfte eine derartige Befugnis vom verfassungsändernden Gesetzgeber kaum gewollt sein, sie steht aber im Einklang mit dem Wortlaut des Art. 72 III S. 1 GG, der von „abweichenden Regelungen" spricht. Setzt ein Land also ein bestehendes Bundesgesetz außer Kraft, trifft es eine „abweichende Regelung".

> **Beispiel:** Der Bund erlässt auf der Grundlage des Art. 74 I Nr. 28 GG ein neues Bundesjagdgesetz (BJagdG). Das Land L ist mit verschiedenen Regelungen des Gesetzes über Schonzeiten und Hege nicht einverstanden und beschließt per Gesetz, dass das BJagdG auf dem Gebiet von L nicht gelte.
>
> Auf dem Gebiet des Jagdwesens dürfen die Länder bis auf das Recht der Jagdscheine gem. Art. 72 III S. 1 Nr. 1 GG eigene Regelungen treffen, die von einem zuvor vom Bund erlassenen Gesetz abweichen. Indem das Land L das BJagdG außer Kraft gesetzt hat, hat es eine „abweichende Regelung" getroffen. Dass nunmehr auf dem Gebiet von

---

[1247] Aufgrund der Formulierung in Art. 72 III S. 1 Nr. 2 GG beziehen sich die „allgemeinen Grundsätze" nur auf den Naturschutz. Das Recht des Meeresnaturschutzes und das Recht des Artenschutzes unterfallen generell nicht der Abweichungskompetenz, sind also in ihrer Gesamtheit „abweichungsfest" (zur Bestimmung der „allgemeinen Grundsätze" vgl. etwa *Krause*, JA 2011, 768, 769).
[1248] Vgl. zum Begriff BT-Drs. 13/813, S. 11.

L keine Jagdregeln bestehen, muss in Kauf genommen werden. Immerhin hätte es der Landtag ja in der Hand, entsprechende Regelungen zu treffen.

Soweit die Abweichungstitel des Art. 72 III S. 1 Nrn. 1-6 GG reichen, besteht also eine **parallele Vollkompetenz von Bund und Ländern**.[1249] Dies kann zu einer Kollision der gesetzlichen Regelungen von Bund und Ländern führen. Damit jedoch nicht Art. 31 GG greift mit der Folge, dass das entgegenstehende Landesrecht ungültig wird, hat der verfassungsändernde Gesetzgeber mit Art. 72 III S. 3 GG gleichzeitig eine spezielle (und damit Art. 31 GG verdrängende) **Kollisionsregel** geschaffen. Danach geht im Verhältnis von Bundes- und Landesrecht das jeweils spätere Gesetz vor (sog. **Lex-posterior-Regel**). Anders als Art. 31 GG bedeutet die Kollisionsregel des Art. 72 III S. 3 GG auch keinen Geltungs-, sondern einen **Anwendungsvorrang**.[1250] Macht also ein Bundesland von seiner Abweichungskompetenz auf den Gebieten des Art. 72 III S. 1 Nr. 1-6 GG Gebrauch, werden die entsprechenden bundesgesetzlichen Regelungen in ihrer Geltung nicht beeinträchtigt; sie finden lediglich keine Anwendung auf dem Gebiet des insoweit abweichenden Bundeslandes.[1251] Umgekehrt ist der Bund, da ihm weiterhin eine Vollkompetenz auf den betreffenden Gebieten zusteht, an der Gesetzgebung nicht gehindert, sodass die Posterioritätsregelung folgerichtig auch zu seinen Gunsten Anwendung finden kann.[1252] Freilich können dann wiederum die Länder von dem Bundesgesetz abweichen usw.

822

> **Beispiel 1 (fiktiv):** Erlässt der Bund ein Gesetz über den Erwerb von Bachelor- und Master-Studienabschlüssen an deutschen Hochschulen, hat er von seinem Gesetzgebungsrecht gem. Art. 74 I Nr. 33 GG Gebrauch gemacht. Die Erforderlichkeit bundesgesetzlicher Regelung ist nicht nachzuweisen (vgl. den Umkehrschluss aus Art. 72 II GG, wo Art. 74 I Nr. 33 GG nicht genannt ist). Jedoch ist es den Ländern unbenommen, auf ihren jeweiligen Gebieten abweichende Regelungen zu treffen (Art. 72 III GG), wobei mit „Abweichung" nicht gemeint ist, dass das Landesgesetz inhaltlich eine andere Regelung enthalten muss. Macht das Bundesland X von seinem Abweichungsrecht Gebrauch und erlässt ein Gesetz über den Erwerb von Bachelor- und Master-Studienabschlüssen an den Hochschulen von X, gilt auf dem Gebiet von X das Landesgesetz unabhängig davon, ob es vom zeitlich früher erlassenen Bundesgesetz „abweicht". Wird das Landesgesetz jedoch dann wieder aufgehoben, lebt aufgrund der Posterioritätsregel das ursprüngliche Bundesgesetz wieder auf.

> **Beispiel 2 (fiktiv):** Macht der Bund von seinem Gesetzgebungsrecht gem. Art. 74 I Nr. 33 GG keinen Gebrauch, stellt sich die Frage nach der Abweichungskompetenz der Länder nicht, da Art. 72 III S. 3 GG von einem zuvor erlassenen Bundesgesetz ausgeht, von dem die Länder abweichende Regelungen treffen können. Erlässt daher das Bundesland X ein Gesetz über den Erwerb von Bachelor- und Master-Studienabschlüssen an den Hochschulen von X, hat es von seinem Gesetzgebungsrecht Gebrauch gemacht, da noch keine Bundesregelung bestand (vgl. Art. 72 I GG). Jedoch ist es dem Bund unbenommen, nunmehr eigene (inhaltsgleiche oder abweichende) Regelungen zu treffen (Art. 74 I Nr. 33 GG) – etwa um europarechtliche Vorgaben umzusetzen. Macht der Bund von seinem Gesetzgebungsrecht Gebrauch, gilt dieses Bundesgesetz auch auf dem Gebiet des Landes X und sperrt das Landesgesetz in seiner Anwendung (das gilt selbst dann, wenn die Bundesregelung inhaltsgleich ist, weil sich die „Abweichung" zum einen nur auf Landesgesetze bezieht und zum anderen selbst inhaltsgleiche Rege-

---

[1249] *Ipsen*, NJW 2006, 2801, 2803. Vgl. auch *Kotulla*, NVwZ 2007, 489, 491.

[1250] So ausdrücklich die Gesetzesbegründung BT-Drs. 16/813, S. 11. Damit übernimmt der verfassungsändernde Gesetzgeber das aus dem europäischen Recht bekannte Prinzip des Anwendungsvorrangs, wonach das untergeordnete Recht bei einer Kollision mit höherrangigem Recht nicht seine Gültigkeit verliert, sondern lediglich in seiner Anwendung gesperrt wird (vgl. dazu Rn 354 ff.). Zu Art. 31 GG vgl. Rn 233 f.

[1251] Wobei anzumerken ist, dass Art. 31 GG ohnehin nur dem Bundesrecht entgegenstehendes Landesrecht, nicht dem Landesrecht entgegenstehendes Bundesrecht suspendieren könnte.

[1252] *Ipsen*, NJW 2006, 2801, 2804. Vgl. später auch *Selmer*, JuS 2006, 1052, 1057.

lungen erfasst). Freilich kann dann das Land X anschließend wiederum gem. Art. 72 III S. 3 i.V.m. Art. 72 III S. 1 Nr. 6 GG vom Bundesgesetz abweichen (freilich unter Berücksichtigung der europarechtlichen Vorgaben, soweit vorhanden).

823 Die in das Grundgesetz eingefügte Karenzzeit von sechs Monaten (Art. 72 III S. 2 GG) für das In-Kraft-Treten von Bundesgesetzen soll der Gesetzesbegründung zufolge den Bundesländern ermöglichen, auf die Bundesgesetzgebung zu reagieren und zu prüfen, ob sie es bei der Anwendung des Bundesgesetzes auf ihren jeweiligen Gebieten belassen oder erneut von ihrer Abweichungsmöglichkeit Gebrauch machen wollen, was wiederum die Anwendung der Posterioritätsregel zu ihren Gunsten bedeuten würde (vgl. die Gesetzesbegründung BT-Drs. 16/813 S. 11).

824 **Zusammenfassung:** Eine Abweichungskompetenz der Länder besteht auf den in Art. 72 III S. 1 Nrn. 1-6 GG genannten Gebieten. Macht ein Land von seiner Abweichungskompetenz Gebrauch, wird ein zuvor erlassenes Bundesgesetz auf dem Territorium des betreffenden Landes in seiner Anwendung gesperrt.

Von der Gefahr eines „Gesetzgebungswettbewerbs" zwischen Bund und Ländern durch ständige Anwendung der Posterioritätsregel, der eine erhebliche Rechtsunsicherheit zur Folge hätte, kann gleichwohl nicht ausgegangen werden, weil die Gesetzgebungsverfahren i.d.R. doch sehr zeitaufwändig sind und die Stelle, die eine abweichende Regelung erlassen möchte, schon deutlich bessere Alternativen aufzeigen muss[1253], um die abweichende Regelung vor ihrem Parlament zu begründen.

b. Rückführungsklausel, Art. 72 IV GG

825 Wie bereits bei Rn 816 ausgeführt, kann gem. Art. 72 IV GG (= Art. 72 III GG a.F.) durch Bundesgesetz bestimmt werden, dass eine bundesgesetzliche Regelung, für die eine Erforderlichkeit i.S.d. Art. 72 II GG nicht mehr besteht, durch Landesrecht ersetzt werden kann. Von dieser Möglichkeit hat der Bund bisher keinen Gebrauch gemacht, und durch die Verfassungsreform 2006 dürfte Art. 72 IV GG noch mehr an Bedeutung verloren haben, weil durch die Verkleinerung des Anwendungsbereichs des Art. 72 II GG gleichzeitig auch der Anwendungsbereich des Art. 72 IV GG verringert wurde. Daher dürfte auch das im Zuge der Verfassungsreform 2006 geschaffene Kompetenzkontrollverfahren gem. Art. 93 II GG (vgl. dazu Rn 747) in der Praxis keine allzu große Bedeutung erlangen (anders verhält es sich möglicherweise im juristischen Studium). Zum Übergangsrecht gem. Art. 125a GG vgl. Rn 846 ff.

[1253] Vgl. *Thiele*, JA 2006, 714, 717.

Übersicht über die Kompetenzen nach Art. 72 i.V.m. 74 GG

826

Kernkompetenzen	Bedarfskompetenzen	Abweichungskompetenzen
▪ Bundeskompetenz nach Art. 74 I GG außer Nr. 4, 7, 11, 13, 15, 19a, 20, 22, 25 und 26	▪ Bundeskompetenz aus Art. 74 I Nr. 4, 7, 11, 13, 15, 19a, 20, 22, 25 oder 26 GG	▪ Länderkompetenz aus Art. 72 III S. 1 Nrn. 1-6 GG
▪ Nachweis der Erforderlichkeit einer bundesgesetzlichen Regelung muss nicht erbracht werden (Umkehrschluss aus Art. 72 II GG)	▪ Erforderlichkeit einer bundesgesetzlichen Regelung muss nachgewiesen werden (Art. 72 II GG)	▪ zuvor erlassenes Bundesgesetz bedarf keines Nachweises der Erforderlichkeit einer bundesgesetzlichen Regelung (Umkehrschluss aus Art. 72 II GG)
▪ sachliche und zeitliche Sperrwirkung für die Landesgesetzgebung (vgl. Art. 72 I GG)	▪ sachliche und zeitliche Sperrwirkung für die Landesgesetzgebung (vgl. Art. 72 I GG)	▪ zuvor erlassenes Bundesgesetz entfaltet keine sachliche und zeitliche Sperrwirkung für die Landesgesetzgebung (vgl. Art. 72 III GG). Das jeweils später erlassene Gesetz genießt Anwendungsvorrang (vgl. Art. 72 III S. 3 GG – sog. Lex-posterior-Regel).

Unklar ist die rechtliche Behandlung des Falls, dass sich ein Bundesgesetz auf **mehrere der soeben genannten Kompetenztitel** stützen lässt.

826a

> **Beispiel:** Ein Bundesgesetz lässt sich sowohl auf eine der Kernkompetenzen des Bundes als auch auf eine der Bedarfskompetenzen des Bundes stützen, etwa weil es Materien regelt, die jeweils einem Kern- und einem Bedarfskompetenztitel unterfallen.

Die Frage, die sich hierbei stellt, ist, ob das Gesetz als Ganzes der Erforderlichkeitsklausel des Art. 72 II GG unterfällt oder nur derjenige Teil des Gesetzes, der sich auf einen Bedarfskompetenztitel stützt. Nach der hier vertretenen Auffassung genügt es, wenn der Erforderlichkeitsnachweis hinsichtlich desjenigen Teils des Gesetzes erbracht wird, der sich auf die Bedarfskompetenz stützt. Kann dieser Nachweis nicht erbracht werden, ist die betreffende Regelung des Gesetzes formell verfassungswidrig; im Übrigen ist das Gesetz verfassungsmäßig (d.h. jedenfalls nicht wegen eines Verstoßes gegen die Gesetzgebungskompetenz verfassungswidrig). Von einer Verfassungswidrigkeit des *gesamten* Gesetzes sollte nur dann ausgegangen werden, wenn der verbleibende (verfassungsmäßige) Teil ohne den wegen Verstoßes gegen die Gesetzgebungskompetenz verfassungswidrigen Teil sinnentstellt ist, sozusagen lediglich einen Gesetzestorso darstellt.[1254]

c. Eingeschränkte Sperrwirkung für die Landesgesetzgebung

827

Im Bereich der konkurrierenden Gesetzgebung sind Bund und Länder grundsätzlich gleichermaßen zur Gesetzgebung befugt. Allerdings dürfen die Länder nur dann tätig werden, solange und soweit der Bund von seiner Gesetzgebungszuständigkeit keinen Gebrauch gemacht hat (**Art. 72 I GG**). Ähnlich wie bei Art. 73 GG führt auch diese Regelung zu einer grundsätzlichen **Sperrwirkung** gegenüber dem Erlass von Lan-

---

[1254] Insofern besteht dieselbe Wertung wie beim „Aufspalten" von Gesetzen in einen zustimmungs- und einen nicht zustimmungspflichtigen Teil – vgl. dazu Rn 899 ff.

desgesetzen: Hat der Bund von seiner Gesetzgebungskompetenz durch Erlass eines entsprechenden Gesetzes (abschließend) Gebrauch gemacht, dürfen die Länder nicht tätig werden. Im Zuge der Föderalismusreform 2006 wurde diese Sperrwirkung allerdings relativiert. Sie gilt **nicht** für die Fälle des **Art. 72 III GG** n.F., weil dort der verfassungsändernde Gesetzgeber Abweichungsbefugnisse der Länder begründet hat (s.o.). In den dort genannten Fällen (Art. 72 III S. 1 Nrn. 1-6 GG) dürfen die Länder auch dann gesetzgeberisch tätig werden, wenn der Bund zuvor ein entsprechendes Gesetz erlassen hat (Art. 72 III S. 1 GG). Demzufolge kann auch keine Sperrwirkung gegenüber der Landesgesetzgebung eintreten (vgl. dazu Rn 819 f.).

828 Liegt aber eine Abweichungskompetenz nicht vor, besteht die Sperrwirkung nach wie vor. Demzufolge bleibt bei den **Kern- und Bedarfskompetenzen** der konkurrierenden Gesetzgebung die Frage, wann von einem Gebrauchmachen von der Gesetzgebungskompetenz des Bundes und somit von einer Sperrwirkung gegenüber der Landesgesetzgebung gesprochen werden kann, aktuell. Auf den Gebieten der Kern- und Bedarfskompetenz ist also nach wie vor zwischen der zeitlichen und inhaltlichen Sperrwirkung zu unterscheiden.

aa. Zeitliche Sperrwirkung

829 Die zeitliche Sperrwirkung folgt aus der gesetzlichen Formulierung in Art. 72 I GG: *„Solange* ... der Bund ... nicht von seiner Gesetzgebungskompetenz *Gebrauch gemacht hat"*. In zeitlicher Hinsicht Gebrauch gemacht hat der Bund von seiner Gesetzgebungskompetenz, wenn er das Gesetzgebungsverfahren abgeschlossen hat, wobei bei formellen Gesetzen auf den letzten erforderlichen Staatsakt abzustellen ist. Das ist die Verkündung durch den Bundespräsidenten (Art. 82 GG).[1255] Das bedeutet umgekehrt, dass die zeitliche Sperrwirkung entfällt, wenn das betreffende Bundesgesetz aufgehoben wird.

bb. Inhaltliche Sperrwirkung

830 Aus inhaltlicher Sicht liegt ein Gebrauchmachen vor, wenn ein Bundesgesetz eine bestimmte Frage ausdrücklich – auch negativ, insbesondere durch absichtsvollen Regelungsverzicht – und abschließend (d.h. **erschöpfend**) geregelt hat. Ob das der Fall ist, muss durch „Gesamtwürdigung des betreffenden Normenbereichs" festgestellt werden.[1256]

Beispiele:

(1) Gemäß § 182 I des Hessischen Schulgesetzes (HessSchulG) wird mit Freiheitsstrafe bis zu sechs Monaten oder mit Geldstrafe bis zu 180 Tagessätzen bestraft, wer einen anderen der Schulpflicht dauernd oder hartnäckig wiederholt entzieht. Da aber bereits der Bundesgesetzgeber von seiner konkurrierenden Gesetzgebungszuständigkeit aus Art. 74 I Nr. 1 GG für das Strafrecht Gebrauch gemacht und (in der 7. Wahlperiode) die Strafnorm des § 171 StGB (Strafbarkeit wegen gröblicher Verletzung der Fürsorge- oder Erziehungspflicht gegenüber einer Person unter 16 Jahren) erlassen hat, stellt sich die Frage, ob er das Strafrecht diesbezüglich abschließend geregelt hat. Nach Auffassung des BVerfG ist das nicht der Fall. Der Wortlaut des § 171 StGB sei zu indifferent, um darin ein absichtsvolles Unterlassen des Bundesgesetzgebers zu sehen und zusätzliche und konkrete Regelungen seitens des Landes-

---

[1255] *Pestalozza*, in: v. Mangoldt/Klein/Starck, GG, Art. 72 Rn 339; *Degenhart*, in: Sachs, GG, Art. 72 Rn 27; *Pieroth*, in: J/P, GG, Art. 72 Rn 7; *Kunig*, in: v. Münch/Kunig, GG, Art. 72 Rn 9; a.A. *Sannwald*, in: Schmidt-Bleibtreu/Hofmann/Henneke, GG, Art. 72 Rn 17: Gesetzesbeschluss; *Stern*, StaatsR II, 595 ff.: Inkrafttreten.
[1256] BVerfGE 113, 348, 375 ff.; 98, 265, 300; 67, 299, 324; BVerwG NVwZ 2000, 1179, 1180 f.; BVerfG NJW 2015, 44, 45 ff.; *Pieroth*, in: J/P, GG, Art. 72 Rn 2; *Ipsen*, Rn 561 ff.; *Sannwald*, in: Schmidt-Bleibtreu/Hofmann/Henneke, GG, Art. 72 Rn 23 ff.

gesetzgebers auszuschließen. Nichts anderes folge aus dem Schutzzweck des § 171 StGB. Nach einhelliger Meinung bezwecke er den Schutz der gesunden körperlichen und psychischen Entwicklung von Jugendlichen unter 16 Jahren. Demgegenüber sei § 182 I HessSchulG eingeführt worden, um besonders schwere Schulpflichtverstöße angemessen und wirkungsvoll ahnden zu können. Er bezwecke allein die Durchsetzung der – landesrechtlich geregelten – allgemeinen Schulpflicht und des in Art. 7 I GG normierten staatlichen Erziehungsauftrags. Damit dienten die jeweiligen Strafvorschriften dem Schutz weitgehend unterschiedlicher Rechtsgüter, sodass § 171 StGB keine Sperrwirkung für den Landesgesetzgeber entfalte. Gegen den abschließenden Regelungscharakter des § 171 StGB spreche ferner, dass es dem Bundesgesetzgeber mit Schaffung des § 171 StGB vornehmlich darauf angekommen sei, Kinder in ihrer körperlichen und psychischen Integrität zu schützen. Den Materialien könne nicht entnommen werden, dass er die allgemeine Schulpflicht strafrechtlich zu flankieren beabsichtigte, zumal es zweifelhaft sei, ob die von ihm vorausgesetzte und in § 171 StGB angelegte Erheblichkeitsschwelle in Fällen der Schulpflichtverletzung überhaupt erreicht werde.[1257]

(2) Die **polizeigesetzliche** Regelung des § 33a I Nr. 2 und 3 des Niedersächsischen Gesetzes über die öffentliche Sicherheit und Ordnung (NdsSOG) erlaubte der Polizei, zur **Vorsorge oder zur Verhütung einer Straftat** (von erheblicher Bedeutung) den **Telekommunikationsverkehr abzuhören**. Die Regelung wurde jedoch vom BVerfG am 27.7.2005 für verfassungswidrig und nichtig erklärt.[1258] Ein Richter hatte Verfassungsbeschwerde erhoben, weil er sich durch die angegriffenen Regelungen in seinem Fernmeldegeheimnis verletzt sah. Der *Erste Senat* des BVerfG hat in seinem Urteil festgestellt, dass der niedersächsische Gesetzgeber teilweise seine Gesetzgebungskompetenz überschritten habe. Denn der Bundesgesetzgeber habe – gestützt auf Art. 74 I Nr. 1 GG – die Verfolgung von Straftaten durch Maßnahmen der Telekommunikationsüberwachung in der Strafprozessordnung abschließend geregelt, sodass die Länder insoweit von der Gesetzgebung ausgeschlossen seien. Auch ein *frühzeitiger* Einsatz der Telekommunikationsüberwachung sei schon nach bundesgesetzlicher Regelung möglich, da solche Maßnah-men unter bestimmten Voraussetzungen schon im Vorbereitungsstadium zulässig seien. Darüber hinaus sei die gesetzliche Ermächtigung insgesamt nicht hinreichend bestimmt und genüge nicht den Anforderungen des Verhältnismäßigkeitsgrundsatzes. Denn die angegriffene Regelung setze keinen konkreten, in der Entwicklung begriffenen Vorgang, dessen Planung oder eine Vorbereitungshandlung voraus. Vielmehr lasse sie die auf Tatsachen gegründete Annahme genügen, dass jemand Straftaten von erheblicher Bedeutung begehen werde. Einschränkende Tatbestandsmerkmale, die die schwierige Abgrenzung eines harmlosen von dem in eine Straftatenbegehung mündenden Verhaltens ermöglichen, sehe das Gesetz nicht vor. Außerdem fehlten in dem Gesetz Vorkehrungen zum Schutz des Kernbereichs privater Lebensgestaltung. Zwar würden nicht die in dem Urteil des Senats zum Großen Lauschangriff[1259] aufgestellten Anforderungen gelten, wegen des Risikos aber, dass die Abhörmaßnahme auch den Kernbereich privater Lebensgestaltung erfasst, sei sie allenfalls bei einem besonders hohen Rang des gefährdeten Rechtsguts und einer hohen Intensität der Gefährdung hinzunehmen. Notwendig seien auch Sicherungen im Gesetz gewesen, dass solche höchstpersönlichen Kommunikationsinhalte nicht verwertet und dass sie unverzüglich gelöscht würden, wenn es ausnahmsweise doch zu ihrer Erhebung gekommen sei.[1260]

Fazit: Mit seiner Entscheidung hob das BVerfG nicht nur den Verstoß gegen den Bestimmtheitsgrundsatz und den Grundsatz der Verhältnismäßigkeit hervor, son-

---

[1257] BVerfG NJW 2015, 44, 46.
[1258] BVerfGE 113, 348 ff.
[1259] BVerfGE 109, 279, 303 ff.
[1260] BVerfGE 113, 348, 375 ff.

dern stellte auch fest, dass der Bundesgesetzgeber abschließend von seiner Gesetzgebungsbefugnis aus Art. 74 I Nr. 1 GG Gebrauch gemacht habe, die Verfolgung von Straftaten durch Maßnahmen der Telekommunikationsüberwachung zu regeln. Die Länder seien nicht befugt, die Polizei zur Telekommunikationsüberwachung zum Zweck der Vorsorge für die Verfolgung von Straftaten zu ermächtigen.

(3) Hinsichtlich der **offenen Videoüberwachung** von öffentlichen Plätzen oder Straßenabschnitten, an denen vermehrt Straftaten begangen werden (Beispiele: Bahnhofsplätze, Hamburger Reeperbahn), hat zwar auch das BVerwG entschieden, dass Maßnahmen der Strafverfolgungsvorsorge, also der Vorsorge für die Verfolgung künftiger Straftaten, dem gerichtlichen Verfahren i.S.d. Art. 74 I Nr. 1 GG zuzuordnen seien. Allerdings habe der Bundesgesetzgeber keine allgemeine abschließende Regelung hinsichtlich der Strafverfolgungsvorsorge getroffen, sodass die Landesgesetzgeber nicht generell gehindert seien, Befugnisse zum Zwecke der Gefahrenvorsorge zu treffen, selbst wenn der Bundesgesetzgeber parallel dazu Regelungen zur Strafverfolgungsvorsorge (vgl. etwa § 81b Var. 2 StPO) getroffen habe. Daher sei § 8 III HambPolDVG, der die offene Videoüberwachung bspw. der Reeperbahn zulasse, kompetenzmäßig zustande gekommen.[1261]

> **Hinweis für die Fallbearbeitung:** Die Frage, ob der Bund eine Materie abschließend geregelt bzw. nicht geregelt hat, ist durch methodisch einwandfreie Auslegung anhand der anerkannten Auslegungsmethoden zu beantworten. Insofern überzeugt die Vorgehensweise des BVerfG in Beispiel (1).

831 **Zusammenfassend** lässt sich sagen, dass – sofern eine konkurrierende Gesetzgebungskompetenz des Bundes auf den Gebieten der Kern- und Bedarfskompetenz besteht und der Bund auf dem betreffenden Gebiet keine (abschließende) Regelung statuieren wollte – die Länder gleichwohl nicht tätig werden dürfen. Denn dann hat der Bund von seiner Gesetzgebungskompetenz Gebrauch gemacht, indem er gerade keine (abschließende) Regelung treffen wollte (sog. absichtsvoller Regelungsverzicht). Erlässt ein Land gleichwohl ein Gesetz, ist dieses nichtig. Etwas anderes gilt aber dann, wenn der Bund ohne eine entsprechende Intention von seiner Gesetzgebungskompetenz keinen Gebrauch gemacht hat. In diesem Fall besteht keine Sperrwirkung gegenüber der Gesetzgebungskompetenz der Länder. Von vornherein keine Sperrwirkung besteht auf den Gebieten der Abweichungskompetenz der Länder, da Art. 72 III GG gerade die Möglichkeit schaffen wollte, dass die Länder von Bundesgesetzen abweichende Regelungen treffen dürfen.

d. Der Zuständigkeitskatalog des Art. 74 I GG

832 Allein das Vorliegen der Voraussetzungen des Art. 72 GG genügt nicht, um eine konkurrierende Bundesgesetzgebungskompetenz zu begründen. Die konkurrierende Gesetzgebungszuständigkeit des Bundes erfordert vielmehr auch einen **Kompetenztitel**, der im Katalog des Art. 74 I GG aufgelistet ist. Zu Art. 72 II GG vgl. Rn 833 ff.

> **Hinweis für die Fallbearbeitung:** Gerade bei umfangreichen Gesetzeswerken, die unterschiedliche Gegenstände regeln, ist es gängige – und verfassungsrechtlich nicht zu beanstandende – Staatspraxis, dass sie sich auf mehrere Kompetenztitel stützen (sog. **Kompetenzkombination**).[1262] Im Übrigen ist zu beachten, dass es bei der Abgrenzung der Gesetzgebungskompetenz von Bund und Ländern stets auf den **objektiven Regelungsgegenstand** des Gesetzes ankommt[1263], nicht auf die Bezeichnung oder den Willen des Gesetzgebers.

[1261] BVerwG NVwZ 2012, 757, 760 f.
[1262] Vgl. *Jarass*, NVwZ 2000, 1089, 1090; *Stern*, StaatsR II, S. 607 f.
[1263] BVerfGE 68, 319, 327 f.; BVerfG NVwZ 2014, 646, 647 ff. – dazu Rn 832c.

Für das juristische Studium sind vor allem von Bedeutung[1264]:

- Art. 74 I Nr. 1 GG: **Bürgerliches Recht**, **Strafrecht** und **Prozessrecht** (ohne   **832a**
  den Strafvollzug und das Recht des Untersuchungshaftvollzugs)

  Das Bürgerliche Recht umfasst die Ordnung der Individualverhältnisse, wie sie im BGB und in den herkömmlich zum Bürgerlichen Recht gerechneten Nebengesetzen normiert ist.[1265] Von Klausurbedeutung sind vor allem das Erb- und Familienrecht, die Amtshaftung (§ 839 BGB)[1266], die religiöse Kindererziehung, das Sachenrecht und das Schadensersatzrecht. Zum Straf- und Strafprozessrecht vgl. bereits Rn 795 und Rn 830. Zu beachten ist, dass im Zuge der Föderalismusreform am 1.9.2006 der Strafvollzug und das Recht des Untersuchungshaftvollzugs in die Gesetzgebungskompetenz der Länder überführt worden sind. Demgegenüber ist das Notariat (einschließlich des Beurkundungswesens und des Gebührenrechts der Notare) entgegen dem Gesetzentwurf vom 7.3.2006 (BT-Drs. 16/813) vollständig in Art. 74 I Nr. 1 GG erhalten geblieben. Nicht von Nr. 1 erfasst ist nach wie vor das Straßen- und Wegerecht. Hier besteht eine Länderzuständigkeit.

- Art. 74 I Nr. 3 GG: **Vereinsrecht**   **832b**

  Für das Vereinsrecht ist das Vereinsgesetz (VereinsG) von großer Bedeutung. Nicht selten sind vereinsrechtliche Fragen (insbesondere Vereinsverbote) Gegenstand der Untersuchung. Demgegenüber ist das **Versammlungsrecht** im Zuge der Föderalismusreform 2006 aus Art. 74 I Nr. 3 GG **gestrichen** und in die Gesetzgebungskompetenz der Länder überführt worden. Nunmehr sind die Länder befugt, eigene Regelungen zu erlassen. Theoretisch bestehen drei Möglichkeiten: Die Länder können eigene Versammlungsgesetze erlassen, sie können versammlungsspezifische Regelungen in die bestehenden Polizei- und Ordnungsbehördengesetze einfügen oder sie können schlicht untätig bleiben. Bleibt ein Land untätig, gilt auf dessen Gebiet das bisherige VersG des Bundes fort (vgl. Art. 125a I GG).[1267] Es kann aber jederzeit durch ein eigenes Regelwerk ersetzt werden. Unberührt von der genannten Kompetenzübertragung bleibt das auf einer Kompetenz kraft Natur der Sache beruhende Gesetz über befriedete Bezirke für Verfassungsorgane des Bundes.

- Art. 74 I Nr. 11 GG: **Recht der Wirtschaft**   **832c**

  Der Begriff des Rechts der Wirtschaft wird vom BVerfG in ständiger Rechtsprechung weit ausgelegt.[1268] Danach gehören zu dem Recht der Wirtschaft alle Normen, die das wirtschaftliche Leben und die wirtschaftliche Betätigung regeln[1269], insbesondere solche, die sich in irgendeiner Form auf die Erzeugung, Herstellung und Verbreitung von Gütern des wirtschaftlichen Bedarfs beziehen[1270].

  Beispiele: Neben den in der Klammer der Nr. 11 aufgezählten Bereichen (Bergbau, Industrie, Energiewirtschaft, Handwerk, Gewerbe (mit Einschränkungen, siehe sogleich), Handel, Bank- und Börsenwesen, privatrechtliches Versicherungswesen[1271]) gehören zum Recht der Wirtschaft: ärztliche Gebührenordnung, Apothekenerrichtung und -betrieb, Investitionshilfe, Konzessionsabgaben, Stromeinspeisung, Teledienste, Ver-

---

[1264] Von aktueller Bedeutung ist zwar auch Art. 74 I Nr. 7 GG (öffentliche Fürsorge) in Bezug auf das Betreuungsgeldgesetz. Da das BVerfG aber keine Zweifel am Vorliegen des Kompetenztitels hatte, sondern das Gesetz für mit Art. 72 II GG unvereinbar erklärt hat (vgl. BVerfG NJW 2015, 2399 ff.), soll darauf bei Rn 833a eingegangen werden.
[1265] BVerfGE 42, 20, 31.
[1266] Vgl. dazu BVerfGE 61, 149, 176. Nicht auf Art. 74 I Nr. 1 GG gestützt werden kann das Staatshaftungsrecht im umfassenden Sinn, vgl. aber Art. 74 I Nr. 25 GG (dazu *R. Schmidt*, AllgVerwR, Rn 1062 ff.).
[1267] Zum Versammlungsrecht vgl. ausführlich *R. Schmidt*, Grundrechte, Rn 603 ff.
[1268] BVerfGE 5, 25, 28 f.; 116, 202, 215; BVerfG NVwZ 2014, 646, 647 ff.
[1269] BVerfGE 68, 319, 330; BVerwGE 97, 12, 14 ff.
[1270] BVerfGE 8, 143, 148.; 116, 202, 215; BVerfG NVwZ 2014, 646, 647 ff.
[1271] Im Umkehrschluss bedeutet das, dass das öffentlich-rechtliche Versicherungswesen nicht von Nr. 11 erfasst ist, vgl. dazu BVerfGE 41, 205, 220 ff.

braucherschutz, Wirtschaftsprüfung, Konjunkturzuschlag.[1272] Auch Abgaben können unter Nr. 11 fallen, sofern sie keine Steuern darstellen und die Voraussetzungen für nichtsteuerliche Abgaben vorliegen.[1273]

Werden mit Normen, die das wirtschaftliche Leben und die wirtschaftliche Betätigung regeln, zugleich andere Materien berührt, für die der Bund keine Gesetzgebungskompetenz hat (etwa der Kulturbereich), ist dies unschädlich, solange der maßgebliche objektive Regelungsgegenstand und -gehalt schwerpunktmäßig im Wirtschaftsrecht liegt.[1274]

Beispiel: Die weit reichende Gesetzgebungskompetenz des Bundes entfällt nicht schon dann, wenn der Gesetzgeber mit wirtschaftsbezogenen Regelungen zugleich kulturelle Zwecke (etwa die Filmförderung) verfolgt. Voraussetzung ist aber, dass der gesetzliche Regelungsgegenstand seinen Schwerpunkt im Wirtschaftsrecht hat[1275], was nach objektiven Kriterien zu ermitteln ist.

Eine Grenze besteht aber dort, wo rein ordnungsrechtliche Aspekte im Vordergrund stehen. Daher gehört eine Materie nicht schon deshalb zu dem Recht der Wirtschaft, weil in irgendeiner Weise Gewinn angestrebt wird oder es sich überhaupt um die Erzielung von Einnahmen handelt.[1276]

Im Zuge der Föderalismusreform 2006 hat der verfassungsändernde Gesetzgeber Art. 74 I Nr. 11 GG um eine Negativformulierung ergänzt und damit das früher unter diesen Kompetenztitel gefasste **Ladenschlussrecht**, **Gaststättenrecht**, Spielhallenrecht sowie das Recht der Schaustellung von Personen, der Messen, der Ausstellungen und der Märkte in die Gesetzgebungskompetenz der Länder überführt. Damit sind diese Materien des sog. besonderen Gefahrenabwehrrechts nicht mehr bundesgesetzlich regelbar. Allerdings ist auch hier zu beachten, dass bisherige Bundesgesetze in Ländern, die keine eigenen Regelungen erlassen (haben), fortgelten (vgl. Art. 125a I GG).[1277] Das betrifft in erster Linie das GastG und die sogleich zu behandelnden Teile der GewO. Dagegen haben die meisten Länder mittlerweile eigene Ladenschlussgesetze erlassen.

Einen Sonderfall bildet die GewO, weil die Rechte der Spielhallen, der Schaustellung von Personen, der Messen, Ausstellungen und der Märkte bislang in diesem Bundesgesetz geregelt waren (vgl. §§ 33a ff., 64 ff. GewO), nunmehr jedoch, wie gesehen, ausdrücklich aus Art. 74 I Nr. 11 GG herausgenommen wurden. Da das Gewerberecht im Übrigen jedoch weiterhin der Bundesgesetzgebungskompetenz unterstellt bleibt, kann die Neuregelung für den Fall, dass die Länder von ihrem neuen Gesetzgebungsrecht Gebrauch machen, zu einer erheblichen Rechtszersplitterung führen. Das gilt insbesondere dann, wenn sich die Länder nicht koordinieren und inhaltlich abweichende Regelungen auf ihren Gebieten erlassen. Damit besteht (trotz der Homogenitätsklausel des Art. 28 I S. 1 GG, die zudem nur für die Landesverfassungen gilt – dazu Rn 70) die Gefahr, dass höchst unterschiedliche Regelungen in den einzelnen Bundesländern erlassen werden.

Von der vorstehenden Problematik einmal abgesehen, tritt Art. 74 I Nr. 11 GG gegenüber speziellen Regelungen und Regelungen, deren Schwerpunkt in einem anderen Bereich liegt, ohnehin zurück. So ist der Übergang des Rechts der Wirtschaft zum allgemeinen Gefahrenabwehrrecht, für das ja gerade keine Bundeszuständigkeit besteht, fließend. Ist die Aufrechterhaltung der öffentlichen Sicherheit und Ordnung alleiniger

---

[1272] Vgl. die Nachweise bei *Pieroth*, in: J/P, GG, Art. 74 Rn 26.

[1273] *Pieroth*, in: J/P, GG, Art. 74 Rn 23; *Sannwald*, in: Schmidt-Bleibtreu/Hofmann/Henneke, GG, Art. 74 Rn 85.

[1274] BVerfG NVwZ 2014, 646, 647 ff. mit Verweis auf BVerfGE 4, 60, 69 f.; 58, 137, 145; 68, 319, 327 f.; 70, 251, 264; 97, 228, 251 f.; 106, 62, 149; 116, 202, 216; 121, 317, 348; 121, 30, 47.

[1275] BVerfG NVwZ 2014, 646, 647 ff.

[1276] BVerfGE 28, 119, 147.

[1277] Zur Frage, ob der Bund ehemals erlassene, gem. Art. 125a I S. 1 GG fortbestehende Bundesgesetze „anpassen" oder aufheben könnte, vgl. Rn 795 und Rn 849a.

oder überwiegender Gesetzeszweck oder hat nur Auswirkungen auf die wirtschaftliche Tätigkeit, besteht für das betreffende Gesetz keine Gesetzgebungszuständigkeit nach Art. 74 I Nr. 11 GG.

Beispiel: Der Bund erlässt ein Spielbankengesetz[1278], um das Spielbankenrecht (insbesondere die Zulassungsbedingungen für Spielbanken) bundesweit einheitlich zu gestalten. Das Land X sieht darin einen Verstoß gegen die Gesetzgebungskompetenz.

Der Bund wäre zuständig, wenn der Erlass des Spielbankengesetzes von Art. 74 I Nr. 11 GG umfasst wäre. Art. 74 I Nr. 11 GG umfasst auch das Gewerberecht (außer dem Ladenschlussrecht, Gaststättenrecht, Spielhallenrecht sowie dem Recht der Schaustellung von Personen, der Messen, der Ausstellungen und der Märkte). Zählte das Spielbankenrecht somit zum Gewerberecht, wäre eine Bundeszuständigkeit gegeben. Steht aber die Gefahrenabwehr im Vordergrund, besteht dafür keine Gesetzgebungskompetenz des Bundes, da für das Recht der öffentlichen Sicherheit und Ordnung die Länder gem. Art. 70 I GG die originäre Gesetzgebungskompetenz haben. Vorliegend geht es dem Bund zwar um die Vereinheitlichung der Zulassungsbedingungen. Die Frage der Zulassung einer Spielbank kann aber nur gefahrenabwehrrechtlich motiviert sein, sodass im Ergebnis das gesamte Spielbankenrecht der Länderzuständigkeit untersteht (davon geht auch § 33h GewO offenbar aus).[1279]

■ **Art. 74 I Nr. 12 GG: Arbeitsrecht und Sozialversicherung**   832d

Arbeitsrecht ist das Sonderrecht der unselbstständigen Arbeitnehmer, und zwar das individuelle und das kollektive, private und öffentliche Arbeitsrecht[1280] (für das Dienstrecht der Beamten und Soldaten sind aber die Art. 73 I Nr. 8, 74 I Nr. 27 GG sowie die originäre Länderzuständigkeit für Landesbedienstete zu beachten, sodass für Art. 74 I Nr. 12 GG die Rechtsverhältnisse der Angestellten und Arbeiter des öffentlichen Dienstes im Bereich der Länder verbleiben; für Bundesbedienstete gilt von vornherein Art. 73 I Nr. 8 GG). Zum Arbeitsrecht gehören[1281]: Arbeitsvertragsrecht einschließlich der Kündigungsschutzbestimmungen, Arbeitnehmerkammern, Arbeitnehmerweiterbildung und Bildungsurlaub, Arbeitskampfrecht und Tarifvertragsrecht, grds. Beschäftigungsverbot an Sonn- und Feiertagen im Handelsgewerbe, betriebliche Altersversorgung, Kündigungsschutz, Lohnfortzahlung im Krankheitsfall, Mutterschaftsgeld, Urlaubsgesetzgebung einschließlich des Erziehungsurlaubs, Betriebsverfassungsrecht, Arbeitsschutzrecht und die Arbeitsvermittlung einschließlich der Arbeitnehmerüberlassung.

■ **Art. 74 I Nr. 18 GG: städtebaulicher Grundstücksverkehr; Bodenrecht**   832e

Mit der im Zuge der Föderalismusreform 2006 geänderten Fassung der Nr. 18 wird die bisherige konkurrierende Gesetzgebungskompetenz für das Grundstücksverkehrsrecht, also für das Recht, den Erwerb, die Veräußerung, die Belastung und die Verpachtung von Grundstücken zu regeln, auf das **städtebauliche Grundstücksverkehrsrecht** beschränkt; damit fällt die Befugnis zur Regelung des landwirtschaftlichen Grundstücksverkehrs in die Gesetzgebungskompetenz der Länder. Insbesondere haben die Länder nunmehr die Kompetenz für das landwirtschaftliche Pachtwesen und das Siedlungs- und Heimstättenwesen.

Die bisherige konkurrierende Gesetzgebungskompetenz für das **Wohnungswesen** wurde **erheblich eingeschränkt**. Es bleibt nur die Kompetenz zur Regelung des Wohngeldrechts (Miete), des Altschuldenhilferechts, des Wohnungsbauprämienrechts, des Bergarbeiterwohnungsbaurechts und des Bergmannssiedlungsrechts erhalten. Die übrigen Bereiche des Wohnungswesens, d.h. das Recht der sozialen Wohnraumförde-

---

[1278] Anders als die Spielhallen sind die Spielbanken nicht von der Föderalismusreform betroffen (zur Unterscheidung zwischen Spielhallen und Spielbanken vgl. auch § 33h und § 33i GewO).
[1279] So ausdrücklich BVerfGE 102, 197, 199 mit Bespr. v. *Muckel*, JA 2001, 460 ff.
[1280] BVerfGE 7, 342, 351; 38, 281, 299; *Pieroth*, in: J/P, GG, Art, 74 Rn 29.
[1281] Vgl. zu den Nachweisen *Pieroth*, in: J/P, GG, Art. 74 Rn 29 f.; *Sannwald*, in: Schmidt-Bleibtreu/Hofmann/Henneke, GG, Art. 74 Rn 108.

rung, der Abbau von Fehlsubventionierung im Wohnungswesen, das Wohnungs-
bindungsrecht, das Zweckentfremdungsrecht im Wohnungswesen sowie das Woh-
nungsgenossenschaftsvermögensrecht sind nunmehr der Gesetzgebungskompetenz
der Länder unterstellt.

Beispiel: § 556 I BGB (Vereinbarungen über Betriebskosten) in der bisherigen
Fassung verwies hinsichtlich der Möglichkeit, die Betriebskosten auf den Mieter abzu-
wälzen, auf das Wohnraumförderungsgesetz des Bundes. Durch die Änderung des Art.
74 I Nr. 18 GG ist dieser Verweis nun nicht mehr zulässig, da der Bund die Kompetenz
zur Regelung der Wohnraumförderung verloren hat. Daher hat der Bundesgesetzgeber
die Vorschrift des § 556 I BGB geändert (vgl. Art. 9 des Föderalismus-Begleitgesetzes
v. 5.9.2006 – BGBl I, S. 2098) und den Begriff der Betriebskosten in § 556 I BGB n.F.
definiert.

Bodenrecht sind die öffentlich-rechtlichen Normen, die Beziehungen des Menschen
zum Grund und Boden regeln[1282], d.h. das Recht der Bodenbeschaffenheit und der
Bodenbenutzbarkeit. Dazu gehören insbesondere das Bauplanungsrecht[1283] und das
Bodenschutzrecht einschließlich der Altlastenregelung[1284]. Daher durfte der Bund z.B.
das **BauGB** (und die BauNVO) sowie das **BBodenSchG** erlassen. Nicht zum Bodenrecht gehört das als besonderes Gefahrenabwehrrecht einzustufende Bauordnungsrecht, welches folgerichtig der Gesetzgebungskompetenz der Länder untersteht.[1285]

832f ▪ Art. 74 I Nr. 19 GG: **Gesundheitswesen**

Das von Nr. 19 gemeinte Gesundheitswesen betrifft Maßnahmen gegen Krankheiten,
die gemeingefährlich, d.h. schwer und verbreitet oder übertragbar sind (wie etwa
Wundstarrkrampf). Auch das Berufs*zulassungs*recht zu ärztlichen und anderen Heilbe-
rufen (auch zum **Altenpfleger**[1286]) ist erfasst. Auf Nr. 19 stützen lassen sich Vorschriften, die sich auf die Erteilung, Zurücknahme und den Verlust der Approbation und auf
die Befugnis zur Ausübung des ärztlichen Berufs beziehen[1287] (auch Regelungen, die
die Berufsausbildung betreffen, sind erfasst).

Von der Gesetzgebungskompetenz des Bundes jedoch *nicht* erfasst ist das Recht der
Berufs*ausübung* in Bezug auf ärztliche und andere Heilberufe.[1288] Dazu gehört die ärztliche Berufsgerichtsbarkeit, die ärztliche Weiterbildung, der Berufsbezeichnungsschutz,
das Facharztwesen, Gebührenfragen, die Vertragsarztzulassung (früher: Kassenarzt),
Werbeverbote und die Zulassung von Einrichtungen zu ambulanten Schwangerschafts-
abbrüchen.[1289] Auch hochschulrechtliche Fragen fallen nicht unter Nr. 19, obwohl sie im
weiteren Sinne auch das Berufszulassungsrecht betreffen. Hier ist das Hochschulrecht
maßgeblich, wofür der Bund eine konkurrierende Gesetzgebungskompetenz zur Regelung der Hochschulzulassung und der Hochschulabschlüsse hat (vgl. Art. 74 I Nr. 33
GG), wobei die Länder allerdings hiervon abweichende Regelungen treffen können (vgl.
Art. 72 III S. 1 Nr. 6 GG).

Hinsichtlich des **Apothekenwesens, der Arzneien und Medizinprodukte** hat der
verfassungsändernde Gesetzgeber im Zuge der Föderalismusreform 2006 den bisherigen Kompetenztitel, der lediglich die Kompetenz für den Verkehr mit Arzneien, Heil-
und Betäubungsmitteln und Giften erfasste, erweitert. Nach der Neuregelung wird das
Recht dieser Gegenstände insgesamt erfasst. Bisher konnte nach Nr. 19 nicht die
Herstellung solcher Arzneimittel geregelt werden, die von Ärzten, Zahnärzten und Heil-

---

[1282] BVerfGE 3, 407, 424; 34, 139, 144.
[1283] BVerfGE 3, 407, 424; 65, 283, 288; 77, 288, 299.
[1284] BVerwG NVwZ 2000, 1181.
[1285] Vgl. BVerfGE 3, 407, 433; 40, 261, 266.
[1286] BVerfGE 106, 62, 104 ff. (Altenpflegegesetz); vgl. auch Rn 833 ff.
[1287] BVerfGE 33, 125, 154 (Facharzt); *Sannwald*, in: Schmidt-Bleibtreu/Hofmann/Henneke, GG, Art. 74 Rn 188.
[1288] Dies ergibt sich aus dem Umkehrschluss der Formulierung in Nr. 19: „die *Zulassung* zu ...".
[1289] Zu den Nachweisen vgl. *Pieroth*, in: J/P, GG, Art. 74 Rn 44; *Sannwald*, in: Schmidt-Bleibtreu/Hofmann/Henneke, GG, Art. 74 Rn 190.

praktikern zur unmittelbaren Anwendung bei eigenen Patienten hergestellt werden.[1290] Eine Gesetzgebungsbefugnis des Bundes auch für solche Arzneimittel ist sachgerecht, um im Interesse der Patienten ein bundesweit einheitliches Sicherheits- und Schutzniveau zu gewährleisten. So stellt denn nun die ausdrückliche Erwähnung des Rechts des Apothekenwesens klar, dass eine umfassende, nicht auf die Zulassung oder heilende Aspekte beschränkte Regelung dieses Rechtsgebiets möglich ist. Daher dürfte das Apothekenkammerrecht, das vor der Grundgesetzänderung 2006 der Berufs*ausübung* zugerechnet wurde und somit der Länderzuständigkeit unterfiel, nunmehr Bestandteil der konkurrierenden Gesetzgebungskompetenz des Bundes aus Art. 74 I Nr. 19 GG sein. Da Nr. 19 nicht im Katalog des Art. 72 II GG aufgeführt ist, braucht der Bund noch nicht einmal das Erfordernis einer bundesgesetzlichen Regelung nachzuweisen.

- Art. 74 I Nr. 20 GG: **Lebensmittel, Genussmittel, Bedarfsgegenstände,** 832g **Futtermittel, Saat- und Pflanzgut, Tierschutz**

Die Kompetenz nach Art. 74 I Nr. 20 GG erfasste bisher nur den Schutz beim „Verkehr" mit Lebens- und Genussmitteln, womit etwa Hausschlachtungen nicht erfasst waren. Die Neufassung der Vorschrift erstreckt sich auf das gesamte Recht der Lebens- und Genussmittel. Zudem erfasst sie das Recht „der ihrer Gewinnung dienenden Tiere" und damit etwa die Regelung der amtlichen Untersuchung von Tieren auch in zeitlichem Abstand vor der Schlachtung, also vor der eigentlichen Lebensmittelgewinnung.

Der auch schon bisher in Nr. 20 genannte **Tierschutz** beinhaltet Regelungen über die Haltung, Pflege, Unterbringung und Beförderung von Tieren, über Versuche an lebenden Tieren und die Tierschlachtung[1291], einschließlich organisatorischer Regelungen zur Überwachung und Förderung des Tierschutzes[1292].

Nicht von Nr. 20 umfasst ist die Regelung der Tierpflegeberufe und der Tierhege wilder Tiere. Diese Gegenstände sind von Art. 74 I Nr. 11 GG bzw. Art. 74 I Nr. 28 GG („Jagdwesen") erfasst, wobei hinsichtlich Art. 74 I Nr. 28 GG eine Abweichungskompetenz der Länder besteht (Art. 72 III GG).

Fraglich ist, ob der in Nr. 20 GG genannte Tierschutz eine Gesetzgebungskompetenz des Bundes enthält, Regelungen zum **Schutz vor sog. Kampfhunden** zu erlassen. Wenn man bedenkt, dass der Zweck des Tierschutzes darin besteht, Tiere vor unnötigen Schmerzen, Leiden oder Schäden zu bewahren (vgl. auch § 1 TierSchG), es bei den Regelungen zum Schutz vor Kampfhunden aber darum geht, andere Tiere und vor allem Menschen vor Angriffen und Schäden zu schützen, kann es sich bei den Regelungen bezüglich der Haltung und des Umgangs gefährlicher Hunde nur um gefahrenabwehrrechtliche Regelungen handeln. Gefahrenabwehrrecht ist in Ermangelung eines Kompetenztitels Sache der Länder. Entsprechende Kampfhundegesetze bzw. -verordnungen stützen sich daher auf die originäre Gesetzgebungskompetenz der Länder bzw. auf die in den Landespolizeigesetzen vorgesehene Ermächtigung zum Erlass von Rechtsverordnungen. Etwas anderes gilt aber hinsichtlich *Zuchtverbote, Einfuhrverbote* und *strafrechtlicher Sanktionen*. Zucht- und Einfuhrverbote könnten sich scheinbar durchaus auf Art. 74 I Nr. 20 GG stützen lassen, die Androhung von Strafe auf Art. 74 I Nr. 1 GG. Der Bund hat von diesem vermeintlichen Recht durch den Erlass des Hundeverbringungs- und -einfuhrbeschränkungsgesetzes[1293] Gebrauch gemacht, ist jedoch vor dem BVerfG damit gescheitert. [1294]

[1290] Vgl. BVerfGE 102, 26, 32 ff.
[1291] *Sannwald*, in: Schmidt-Bleibtreu/Hofmann/Henneke, GG, Art. 74 Rn 209; *Pieroth*, in: J/P, GG, Art. 74 Rn 48; *Kunig*, in v. Münch/Kunig, GG, Art. 74 Rn 103.
[1292] *Pieroth*, in: J/P, GG, Art. 74 Rn 48; *Maunz*, in Maunz/Dürig, GG, Art. 74 Rn 231.
[1293] BGBl I 2001, S. 530.
[1294] BVerfGE 110, 141, 156 ff.

832h ■ **Art. 74 I Nr. 22 GG: Straßenverkehrsrecht**

Das Straßenverkehrsrecht regelt die **Sicherheit und Leichtigkeit des Straßenverkehrs**. Es stellt **besonderes Gefahrenabwehrrecht** dar. Die wichtigsten Bestimmungen über den Straßenverkehr enthalten das Straßenverkehrsgesetz (StVG) und die auf seiner Grundlage erlassenen Rechtsverordnungen Straßenverkehrs-Ordnung (StVO), Straßenverkehrs-Zulassungsordnung (StVZO) und die Fahrerlaubnisverordnung (FeV), ferner das Personenbeförderungsgesetz (PBefG) und das Güterkraftverkehrsgesetz (GüKG). Auch die Erhebung und Verteilung von **Gebühren** für die Benutzung öffentlicher Straßen mit Fahrzeugen („Maut") ist erfasst. Im Zuge der Föderalismusreform 2006 wurde Nr. 22 dahingehend präzisiert, dass nicht nur öffentlich-rechtliche Gebühren, sondern auch privatrechtliche Entgelte für die Benutzung öffentlicher Straßen mit Fahrzeugen erhoben und verteilt werden können. Denn die Anlastung von Wegekosten als Alternative zur Steuerfinanzierung von Straßenverkehrsinfrastruktur kann nicht nur durch Gebühren, sondern auch durch Entgelte erreicht werden. Ebenso wie die öffentlich-rechtliche Gebühr stellt auch das privatrechtliche Entgelt für die Nutzung einer öffentlichen Straße eine Geldleistung dar, die als Gegenleistung für die Inanspruchnahme der öffentlichen Straße erbracht werden kann.

Nicht zum Straßenverkehrsrecht gehört das **Straßen- und Wegerecht**. Dieses regelt die Rechtsverhältnisse an den Straßen und Wegen und befasst sich mit der Entstehung, Ein- und Umstufung sowie Einziehung öffentlicher Straßen, der Bestimmung des Trägers und des Umfangs der Straßenbaulast sowie mit der Nutzung im Rahmen des Gemeingebrauchs oder der Sondernutzung (vgl. nur §§ 15 und 18 BremLStrG). Bezüglich der Gesetzgebungskompetenz ist folgendermaßen zu unterscheiden: Der Bund hat gem. Art. 74 I Nr. 22 GG die Gesetzgebungskompetenz für den Bau und die Unterhaltung von Landstraßen für den Fernverkehr. Damit sind Bundesautobahnen und sonstige Bundes(fern-)straßen gemeint. Im Übrigen ist das Straßen- und Wegerecht in Ermangelung einer Bundeszuständigkeit Sache der Länder. Vgl. dazu die Landesstraßengesetze.

Beispiele: Zum landesrechtlichen Straßenrecht gehören im Einzelnen[1295]: Enteignung für den Bau von Landes- und Gemeindestraßen, Bau und Unterhaltung von Landes- und Gemeindestraßen, Errichtung und Betreibung von Fußgängerzonen, Leinenzwang für Hunde zu allgemeinen Ordnungszwecken, Straßenwerbung, Verkehrssicherungspflicht bezüglich Landes- und Gemeindestraßen.

832i ■ **Art. 74 I Nr. 24 GG: die Abfallwirtschaft**

Der in Nr. 24 bisher verwendete Begriff „Abfallbeseitigung" als Teilbereich des Umweltschutzes wurde im Zuge der Föderalismusreform 2006 durch den Begriff „Abfallwirtschaft" ersetzt. Damit hat der verfassungsändernde Gesetzgeber die insoweit einschlägige Rechtsprechung des BVerfG[1296] und des BVerwG[1297] aufgegriffen und klargestellt, dass sich in diesem Sachbereich die konkurrierende Gesetzgebungskompetenz des Bundes auf alle Phasen der Abfallentsorgung bezieht sowie auf alle damit im Zusammenhang stehenden Tätigkeiten und Maßnahmen, insbesondere auf die Vermeidung (z.B. durch Erhebung von Abfallabgaben), Einsammlung, Lagerung, Beförderung

---

[1295] Vgl. zu den Nachweisen *Pieroth*, in: J/P, GG, Art. 74 Rn 53; *Sannwald*, in: Schmidt-Bleibtreu/Hofmann/Henneke, GG, Art. 74 Rn 221 ff.

[1296] BVerfGE 98, 106, 120 (Unzulässigkeit kommunaler Verpackungssteuern): Das Land Hessen führte eine Verpackungssteuer ein und stützte sich dabei auf die Gesetzgebungskompetenz der Länder nach Art. 105 IIa GG. Insbesondere war die Verpackungssteuer nicht gleichartig zu bundesgesetzlich geregelten Steuern. Als die Stadt Kassel daraufhin aufgrund einer entsprechenden Satzungsbestimmung eine Verpackungssteuer erhob, legten einige Betriebe nach Erschöpfung des Rechtswegs Verfassungsbeschwerden ein. Diese waren begründet. Nach Auffassung des BVerfG verstieß der Landesgesetzgeber gegen Art. 74 I Nr. 24 GG, da die Verpackungssteuer zu sehr auf das Abfallrecht der abfallwirtschaftlichen Konzeption des Bundesgesetzgebers eingewirkt und ihr widersprochen habe. Mit der Erhebung der Verpackungssteuer habe der Landesgesetzgeber die an sich zulässige Steuerkompetenz nach Art. 105 IIa GG überschritten. Die darauf basierende kommunale Satzung sei daher ebenfalls nichtig.

[1297] BVerwG DVBl 1991, 400.

und Behandlung (insbesondere durch Verwertung wie z.B. die Altautoentsorgung) von Abfällen.

Wichtigstes kompetenzausfüllendes Gesetz ist das **Kreislaufwirtschaftsgesetz**, in dem der einfache Gesetzgeber auch den Abfallbegriff definiert hat. Danach sind Abfälle alle Stoffe oder Gegenstände, derer sich der Besitzer entledigt, entledigen will oder entledigen muss (§ 3 I KrWG). Im Vordergrund stehen aber nicht die Abfallerzeugung oder -beseitigung, sondern die Verwertung und die Rückführung in den Wirtschaftskreislauf.

Dagegen umfasst die konkurrierende Gesetzgebungskompetenz des Bundes für die **Lärmbekämpfung** seit dem 1.9.2006 nicht mehr den Lärm von Sportanlagen und anderen Einrichtungen, die der Freizeitgestaltung dienen oder eine soziale Zweckbestimmung haben (sog. verhaltensbezogener oder „sozialer" Lärm). Regelungen zur Bekämpfung des Lärms von sozialen Einrichtungen, Sport- und Freizeitanlagen wie Kindergärten, Jugendheimen, Spielplätzen, Sportstätten und -stadien, Theatern und Aufführungsorten sowie Veranstaltungs- und Festplätzen, Hotels und Gaststätten unterstehen als Anlagen mit überwiegend lokaler Bedeutung numehr der ausschließlichen Gesetzgebungskompetenz der Länder.[1298]

- Art. 74 I Nr. 25 GG: die **Staatshaftung**   832j

Das Staatshaftungsrecht umfasst die verschiedenen Schadensersatz-, Ausgleichs- und Wiederherstellungsansprüche des Bürgers wegen **Beeinträchtigung seiner** Rechte durch **staatliches Verhalten**. Es stellt jedoch aus historischen und sachlichen Gründen kein in sich geschlossenes System dar, sondern setzt sich aus zum Teil sehr unterschiedlichen gesetzesrechtlichen, richterrechtlichen und gewohnheitsrechtlichen Regeln und Grundsätzen zusammen und bildet insgesamt eine mehrschichtige, lückenhafte und unübersichtliche Materie.[1299] Die verfassungsrechtliche Begründung einer Staatshaftung ergibt sich aus dem Rechtsstaatsprinzip, das sich in dem Prinzip der Gesetzmäßigkeit der Verwaltung konkretisiert und in den Art. 1 I und 20 III GG positivrechtlich zum Ausdruck kommt. Eine umfassende unmittelbare Staatsunrechtshaftung wird von Verfassungs wegen allerdings nicht gefordert.[1300] So ist jedenfalls Schadensersatz nur im Rahmen der herkömmlichen, durch Art. 34 GG garantierten Amtshaftung zu gewähren. Durch das am 1.1.1982 in Kraft getretene Staatshaftungsgesetz hatte der Bundesgesetzgeber versucht, das Staatshaftungsrecht einheitlich zu regeln. Er stützte seine Gesetzgebungskompetenz dabei auf Art. 74 I Nr. 1 GG (Bürgerliches Recht). Das BVerfG ist dem nicht gefolgt. Lediglich die Amtshaftung lasse sich auf Nr. 1 stützen. Im Übrigen sei das Staatshaftungsrecht dem öffentlichen Recht zuzuordnen, für das dem Bund im konkreten Fall keine Gesetzgebungskompetenz zustehe.[1301]
Heute besitzt der Bund die Gesetzgebungskompetenz gem. Art. 74 I Nr. 25 GG. Er hat von dieser aber bislang keinen Gebrauch gemacht. Zu beachten ist jedoch, dass ein Staatshaftungsgesetz der Zustimmung des Bundesrats bedürfte (Art. 74 II GG).

- Art. 74 I Nrn. 27-33 GG: **frühere Rahmengesetzgebungskompetenz**   832k

Mit der im Zuge der Föderalismusreform 2006 erfolgten Anfügung der Nrn. 27-33 in den Katalog des Art. 74 I GG werden im Wesentlichen Materien geregelt, die zuvor der Rahmengesetzgebungskompetenz (Art. 75 I GG a.F.) unterfielen. Wie sich aus dem Umkehrschluss aus Art. 72 II GG (Erforderlichklausel) ergibt, gilt für die Wahrnehmung dieser Kompetenzen durch den Bund die Erforderlichkeitsklausel nicht. Den Ländern steht aber für den größten Teil der Regelungskompetenzen nach den Nrn. 28-33 ein Abweichungsrecht gem. Art. 72 III GG zu.

[1298] Vgl. zur Gesetzgebungskompetenz in Bezug auf den Umweltschutz *Schulze-Fielitz*, NVwZ 2007, 249 ff. und *Kotulla*, NVwZ 2007, 489 ff.
[1299] *Maurer*, AllgVerwR, Vor § 25 Rn 1; *Brugger*, JuS 1999, 625, 626.
[1300] BVerfG NVwZ 1998, 271, 272 (Aufopferungsanspruch); BGH NJW 1998, 142.
[1301] Vgl. BVerfGE 61, 149, 176 (Staatshaftungsgesetz).

Gemäß der Gesetzesbegründung zur Föderalismusreform war Hauptanliegen der diesbezüglichen Änderung die Stärkung der Personalhoheit der Länder durch weitgehende Übertragung der Kompetenzen im öffentlichen Dienstrecht. Eingeschränkt werde diese allein durch die Zuweisung der Befugnis zur Regelung der grundlegenden Statusangelegenheiten an den Bundesgesetzgeber. Die geschaffene Bundeskompetenz zur Regelung der Statusrechte und -pflichten der Landesbeamten und -richter in Art. 74 I Nr. 27 GG sei an die Stelle der früheren Kompetenzen nach Art. 75 I S. 1 Nr. 1 GG, Art. 74a GG und Art. 98 III S. 2 GG getreten. Die konkurrierende Gesetzgebungskompetenz in diesem Bereich erfasse nunmehr nur noch die **beamtenrechtlichen Statusrechte und -pflichten**. Diese seien in der Koalitionsvereinbarung vom 18.11. 2005, Anlage 2 Rn 33, wie folgt formuliert (angepasst im Hinblick auf die Dienstverhältnisse der Landesrichter):

⇨ Wesen, Voraussetzungen, Rechtsform der Begründung, Arten, Dauer sowie Nichtigkeits- und Rücknahmegründe des Dienstverhältnisses,
⇨ Abordnungen und Versetzungen der Beamten zwischen den Ländern und zwischen Bund und Ländern oder entsprechende Veränderungen des Richterdienstverhältnisses,
⇨ Voraussetzungen und Formen der Beendigung des Dienstverhältnisses (vor allem Tod, Entlassung, Verlust der Beamten- und Richterrechte, Entfernung aus dem Dienst nach dem Disziplinarrecht),
⇨ statusprägende Pflichten und Folgen der Nichterfüllung,
⇨ wesentliche Rechte,
⇨ Bestimmung der Dienstherrenfähigkeit,
⇨ Spannungs- und Verteidigungsfall
⇨ und Verwendungen im Ausland.

Diese von **Art. 74 I Nr. 27 GG** erfassten bundeseinheitlichen Statusregelungen dienen gemäß der Gesetzesbegründung insbesondere der Sicherung der länderübergreifenden Mobilität der Bediensteten. Weiter heißt es in der BT-Ducksache: „Nicht erfasst sind Regelungsbereiche, die bereits bisher in der Kompetenz der Länder liegen und auch nicht lediglich statusberührende dienstrechtliche Gebiete oder aus dem Beamten- oder Richterdienstverhältnis abgeleitete Rechte. Ausdrücklich ausgenommen von der konkurrierenden Gesetzgebungskompetenz werden Besoldung, Versorgung und die Laufbahnen der Beamten und die entsprechenden Regelungen für die Richter. Zum Laufbahnrecht der Beamten gehört auch die Regelung des Zugangs zur Laufbahn. Art. 108 II GG bleibt unberührt."[1302]

Ein wichtiges Gesetz, das auf der Grundlage der früheren Rahmengesetzgebung des Bundes erlassen wurde, ist das Beamtenrechtsrahmengesetz (**BRRG**). Im Zuge der Föderalismusreform ist es zum 1.4.2009 durch das für Landesbeamte geltende Beamtenstatusgesetz (**BeamtStG**), welches sich auf **Art. 74 I Nr. 27 GG** n.F. stützt, weitgehend ersetzt worden. Im Übrigen ist das **Zustimmungserfordernis** gem. **Art. 74 II GG** zu beachten.

Im **Hochschulrecht** wurde der Großteil der Regelungsbefugnisse aus der bisherigen Rahmenkompetenz (Art. 75 I Nr. 1a GG a.F.) auf die Länder übertragen; die konkurrierende Gesetzgebung erfasst nunmehr ausschließlich die „**Hochschulzulassung und die Hochschulabschlüsse**" (Art. 74 I Nr. 33 GG). Die Kompetenz für die Hochschulzulassung gibt dem Bund die Möglichkeit, insbesondere bei bundesweit zulassungsbeschränkten Studiengängen Vorgaben für die Ermittlung und vollständige Ausschöpfung der vorhandenen Ausbildungskapazitäten der Hochschulen sowie für die Vergabe der Studienplätze und Auswahlverfahren einheitlich zu regeln. Damit kann der Bund gewährleisten, dass entsprechend den verfassungsrechtlichen Anforderungen die Einheitlichkeit eines transparenten und fairen Vergabeverfahrens gewährleistet wird. Weiterhin gibt die Kompetenz für die Hochschulabschlüsse dem Bund die Möglichkeit,

---

[1302] So die Begründung BT-Drs. 16/813 S. 15. Vgl. auch Rn 846.

im Interesse der Gleichwertigkeit einander entsprechender Studienleistungen und -abschlüsse die Abschlussniveaus und die Regelstudienzeiten zu regeln. Der Bund kann damit einen Beitrag zur Verwirklichung des einheitlichen europäischen Hochschulraums und zur internationalen Akzeptanz deutscher Hochschulabschlüsse leisten.[1303]

Eine Regelung von **Studiengebühren** ist von der Bundeskompetenz **nicht** erfasst. **Nicht** erfasst werden von dieser Kompetenz auch Regelungen bezüglich des **Hochschulzugangs**, die aufgrund ihres engen Bezugs zum Schulwesen zur Zuständigkeit der Länder gehören.[1304]

e. Das Erfordernis einer bundesgesetzlichen Regelung

Auch wenn ein entsprechender Kompetenztitel aus Art. 74 I GG besteht, heißt das noch nicht, dass der Bund stets tätig werden darf. Vielmehr muss er für die Bereiche der **Bedarfskompetenz**, also auf den Gebieten des Art. 74 I Nrn. 4, 7, 11, 13, 15, 19a, 20, 22, 25 und 26 GG (dazu Rn 815), gem. Art. 72 II GG den Nachweis erbringen, dass die bundesgesetzliche Regelung *zur Herstellung gleichwertiger Lebensverhältnisse* oder *zur Wahrung der Rechts- oder Wirtschaftseinheit* im gesamtstaatlichen Interesse erforderlich ist.

833

aa. Herstellung gleichwertiger Lebensverhältnisse

Unter „Lebensverhältnissen" sind das „Sozialleben" und das „Sozialgefüge" (wozu auch die wirtschaftlichen Lebensbedingungen zählen) der Bevölkerung zu verstehen, wobei auf die Lebensverhältnisse eines abgrenzbaren Teils der Bevölkerung abzustellen ist.[1305] Geht es z.B. um die Frage, ob die gesetzliche Gewährung von Betreuungsgeld, die sich ggf. auf Art. 74 I Nr. 7 GG („öffentliche Fürsorge") stützen könnte, erforderlich i.S.d. Art. 72 II GG ist, muss auf den Bevölkerungsteil „Familien mit Kindern" abgestellt werden.[1306] Die „Gleichwertigkeit" von deren „Sozialleben" bzw. das „Sozialgefüge" müsste im gesamten Bundesgebiet durch das Gesetz hergestellt werden. Fraglich ist, was unter „gleichwertigen" Lebensverhältnissen zu verstehen ist. Schon aus dem Wortlaut des Art. 72 II GG ergibt sich, dass jedenfalls *einheitliche* Lebensverhältnisse nicht gewollt sind.[1307] Eine solche Annahme widerspräche auch dem Bundesstaatsprinzip. Die Gleichwertigkeit der Lebensverhältnisse ist aber dann bedroht und der Bund zum Eingreifen ermächtigt, wenn sich die Lebensverhältnisse in den Bundesländern in erheblicher, das bundesstaatliche Sozialgefüge beeinträchtigender Weise auseinanderentwickelt haben oder sich eine derartige Entwicklung konkret abzeichnet.[1308] §§ 4a-4d Bundeselterngeld- und Elternzeitgesetz (BEEG) i.d.F. des Gesetzes zur Einführung eines Betreuungsgeldes („Betreuungsgeldgesetz") genügen nach Auffassung des BVerfG diesen Voraussetzungen nicht, weil der Ausbau der Kindertagesbetreuung von Bund und Ländern seit Jahren gefördert und damit diese Form der frühkindlichen Betreuung bereits durch finanzielle Leistung unterstützt werde, sodass die Gewährung von Betreuungsgeld zur Herstellung gleichwertiger Lebensverhältnisse nicht erforderlich sei.[1309] Diese Entscheidung hat (noch einmal) verdeutlicht, dass der Bund die Herstellung gleichwertiger Lebensverhältnisse nur dann in Erwägung ziehen sollte, wenn die Länder nicht in der Lage sind, „gleichwertige" Lebensverhältnisse zu gewährleisten.

833a

[1303] Zum ehemaligen Hochschulgesetz vgl. auch Rn 846.
[1304] Vgl. dazu die Begründung BT-Drs. 16/813 S. 15.
[1305] *Ewer*, NJW 2012, 2251, 2253.
[1306] *Ewer* a.a.O.
[1307] BVerfGE 106, 62, 135 ff. (Altenpflege); *Pestalozza*, in: v. Mangoldt/Klein/Starck, GG, Art. 72 Rn 352.
[1308] BVerfG NJW 2015, 2399, 2400 f. mit Verweis auf BVerfGE 106, 62, 144; 111, 226, 253; 112, 226, 244.
[1309] BVerfG NJW 2015, 2399, 2400 f. – Urteil ist einstimmig ergangen.

bb. Wahrung der Rechts- und Wirtschaftseinheit

833b Rechtseinheit bedeutet Geltung gleichen Rechts (für die gleiche Regelungsmaterie) aus einer Quelle[1310], Wirtschaftseinheit den Bestand der Bundesrepublik Deutschland als einheitliches Wirtschaftsgebiet. Für die Wahrung der Rechts- und Wirtschaftseinheit muss ein gesamtstaatliches Interesse bestehen. Das gesamtstaatliche Interesse wird für die Wahrung der Rechts- und Wirtschaftseinheit in weitem Umfang begründbar sein, sodass der Bund die Voraussetzungen des Art. 72 II GG i.d.R. hierüber erfüllt.

cc. Erforderlichkeit der Regelung

833c Die betreffende bundesgesetzliche Regelung muss zur Herstellung gleichwertiger Lebensverhältnisse oder zur Wahrung der Rechts- oder Wirtschaftseinheit im gesamtstaatlichen Interesse **erforderlich** sein.

833d **„Zur Herstellung gleichwertiger Lebensverhältnisse"** ist eine bundesgesetzliche Regelung erforderlich, wenn durch unterschiedliches Recht in den Ländern eine Gefahrenlage entstünde, etwa wenn sich die Lebensverhältnisse in verschiedenen Ländern in einer **unerträglichen Weise auseinanderentwickelten.**[1311]

833e Zur **Wahrung der Rechtseinheit** ist eine bundeseinheitliche Regelung erforderlich, „wenn und soweit die mit ihr erzielbare Einheitlichkeit der rechtlichen Rahmenbedingungen Voraussetzung für die Vermeidung einer Rechtszersplitterung mit problematischen Folgen ist, die im Interesse sowohl des Bundes als auch der Länder nicht hingenommen werden kann"[1312]. Zur **Wahrung der Wirtschaftseinheit** ist eine bundeseinheitliche Regelung erforderlich, „wenn und soweit sie Voraussetzung für die Funktionsfähigkeit des Wirtschaftsraums der Bundesrepublik ist, wenn also unterschiedliche Landesregelungen oder das Untätigbleiben der Länder erhebliche Nachteile für die Gesamtwirtschaft mit sich brächten"[1313].

833f Wie sich aus Art. 93 I Nr. 2a GG ergibt, eröffnet die Erforderlichkeitsklausel zwar keinen Beurteilungsspielraum, der lediglich auf Beurteilungsfehler (Verlassen der Bandbreite möglicher Entscheidungen) hin überprüft werden könnte[1314], sie gewährt nach Auffassung des BVerfG dem Gesetzgeber allerdings eine **Einschätzungsprärogative**[1315]. Dem ist zuzustimmen. Dem Gesetzgeber kommt ein (politischer) Entscheidungsspielraum zu, der (auch und gerade mit Blick auf die Wahrung des Gewaltenteilungsprinzips) bundesverfassungsgerichtlich nur eingeschränkt darauf hin überprüfbar ist, ob der Gesetzgeber seine Einschätzung in vertretbarer Weise auf nachvollziehbare Umstände gestützt hat. Beim BEEG hat der Gesetzgeber nach Auffassung des BVerfG seine Einschätzungsprärogative überschritten.[1316]

[1310] *Conradt*, JuS 2000, L 52, 53.

[1311] BVerfGE 112, 226, 244 (Studiengebührenverbot); 111, 226, 246 ff. (Juniorprofessur). Vgl. aber auch BVerfGE 106, 62, 144 (Altenpflegegesetz), wonach eine „Erforderlichkeit" vorliegt, wenn sich die Lebensverhältnisse in den Ländern der Bundesrepublik in erheblicher, das bundesstaatliche Sozialgefüge beeinträchtigender Weise auseinanderentwickelt hätten oder sich eine derartige Entwicklung konkret abzeichne.

[1312] BVerfG NJW 2015, 2399, 2400 f. (Betreuungsgeld) mit Verweis auf BVerfGE 125, 141, 155 (Gewerbesteuer). Zuvor schon BVerfG NJW 2015, 303, 305 (Erbschaftsteuer) mit Verweis auf BVerfGE 125, 141, 155; 106, 62, 145 (Altenpflegegesetz); 111, 226, 234. Vgl. auch *Beaucamp*, JA 2014, 682, 684.

[1313] BVerfG NJW 2015, 2399, 2400 f. mit Verweis auf BVerfGE 106, 62, 146 f. und 112, 226, 248 f.; BVerfG NJW 2015, 303, 305 mit Verweis auf BVerfGE 106, 62, 146 und BVerfGE 112, 226, 248 f. (Studiengebührenverbot). Vgl. auch hierzu *Beaucamp*, JA 2014, 682, 684.

[1314] Klarstellend BVerfG NJW 2015, 2399, 2400 f.; BVerfGE 106, 62, 135 ff. (Altenpflegegesetz). Zum Beurteilungsspielraum vgl. ausführlich *R. Schmidt*, AllgVerwR, Rn 283 ff.

[1315] BVerfG NJW 2015, 2399, 2400 f.; NJW 2015, 303, 305 (Erbschaftsteuer); vgl. zuvor bereits BVerfG NVwZ 2014, 646, 650 ff. (Filmabgabe); BVerfGE 106, 62, 135 (Altenpflegegesetz); 110, 141, 174 f. (Hunderecht des Bundes); 111, 226, 255 (Juniorprofessur); 111, 10, 26 ff. (Ladenschluss); 112, 226, 242 ff. (Studiengebührenverbot); 125, 141, 154 (Gewerbesteuer); 128, 1, 34 (Gentechnikgesetz).

[1316] BVerfG NJW 2015, 2399, 2400 f.

Unbeschadet der vom BVerfG eingeräumten Einschätzungsprärogative des Gesetzgebers wird man aber sagen müssen, dass eine einengende Auslegung des Erforderlichkeitskriteriums geboten ist. Dafür spricht der Umstand, dass Art. 72 II GG mit der enumerativen Nennung einiger Materien den Ausnahmecharakter einer Bundesgesetzgebung auf den Gebieten des Art. 74 I Nrn. 4, 7, 11, 13, 15, 19a, 20, 22, 25 und 26 GG unterstreicht.

834

Hinweis für die Fallbearbeitung: Bei der Frage, ob der Bundesgesetzgeber für den Erlass eines Bundesgesetzes nach den Grundsätzen der konkurrierenden Gesetzgebungskompetenz zuständig ist, muss in der Fallbearbeitung nicht nur nach einem entsprechenden Kompetenztitel nach Art. 74 I GG gesucht werden, sondern es ist auch die Regelung des Art. 72 II GG zu beachten. Danach ist auf den Gebieten des Art. 74 I Nrn. 4, 7, 11, 13, 15, 19a, 20, 22, 25 und 26 GG die Erforderlichkeit bundesgesetzlicher Regelung zu prüfen.[1317] Bei der Frage, ob das Gesetz zur Herstellung gleichwertiger Lebensverhältnisse oder zur Wahrung der Rechts- oder Wirtschaftseinheit „erforderlich" ist, sollte man darauf hinweisen, dass nach der bis 1994 geltenden „Bedürfnisklausel" ein Beurteilungsspielraum bestand, der nicht weiter gerichtlich überprüfbar gewesen war, nach der Verfassungsänderung 1994 jedoch das Erforderlichkeitskriterium stärker überprüfbar sein müsse, weil die Verfassungsänderung sonst ohne jede Auswirkung geblieben wäre. Sodann sollte man auf die Urteile des BVerfG zur Altenpflege, zum Hunderecht, zum Ladenschluss, zur Juniorprofessur und zur Erbschaftsteuer hinweisen, in denen das Gericht bei der Frage nach dem Vorliegen der Voraussetzungen des Art. 72 II GG dem Gesetzgeber zwar keinen (gerichtlich nicht weiter überprüfbaren) Beurteilungsspielraum, aber eine Einschätzungsprärogative zugesprochen hat, was zur Folge habe, dass das Vorliegen der Voraussetzungen des Art. 72 II GG bundesverfassungsgerichtlich nur eingeschränkt daraufhin überprüfbar sei, ob der Gesetzgeber seine Einschätzung in vertretbarer Weise auf nachvollziehbare Umstände gestützt habe.

Sodann sollte man die o.g. Definitionen heranziehen und untersuchen, ob das zu prüfende Gesetz unter diese Definitionen subsumiert werden kann, es also „erforderlich" ist.

Wenn es um die Änderung einer bereits bestehenden (d.h. vor der Reform 1994 erlassenen) Regelung geht, ohne dass die Änderung eine grundlegende Neukonzeption bedeutet, ist die **Übergangsregelung** nach Art. 125 a II GG zu beachten.

Hinsichtlich der **prozessualen** Überprüfung der Voraussetzungen des Art. 72 II GG sieht das Grundgesetz das Verfahren nach Art. 93 I Nr. 2a GG; §§ 13 Nr. 6a, 76 ff. BVerfGG vor. Bezüglich des nachträglichen Wegfalls der Voraussetzungen der Erforderlichkeit i.S.v. Art. 72 IV GG i.V.m. Art. 72 II GG vgl. das im Zuge der Föderalismusreform 2006 eingeführte Kompetenzkontrollverfahren gem. Art. 93 II GG, §§ 13 Nr. 6b, 96 BVerfGG.

835

---

3. Abschaffung der Rahmengesetzgebungskompetenz

Nach Art. 75 GG a.F. konnte der Bund für bestimmte Bereiche Rahmenvorschriften erlassen, die dann von den Landesgesetzgebern auszufüllen waren (siehe bereits Rn 800). Dabei war zum einen unklar, wie detailliert die bundesgesetzlichen Regelungen sein durften, damit noch von „Rahmen"gesetzgebung gesprochen werden konnte, und zum anderen, ob das Rahmengesetz in Ausnahmefällen in Einzelheiten gehende oder unmittelbar geltende Regelungen enthalten durfte. Daher, aber auch wegen der Schwerfälligkeit eines auf Bund und Länder verteilten Gesetzgebungsverfahrens,

836

[1317] Es wäre also verfehlt, bei den anderen Gebieten des Art. 74 I GG nach der Erforderlichkeit einer bundesgesetzlichen Regelung zu fragen; denn bei diesen Gebieten ergibt sich die Bundesgesetzgebungskompetenz allein aus dem Umstand, dass ein Kompetenztitel nach Art. 74 I GG vorliegt.

hat sich die Rahmengesetzgebung nicht bewährt und wurde als Kompetenztypus im Zuge der Föderalismusreform 2006 abgeschafft. Folglich sind die in diesem Bereich aufgetretenen Rechtsfragen ebenfalls obsolet. Die Gebiete, für die eine Rahmenzuständigkeit bestand, wurden überwiegend in ausschließliche oder konkurrierende Bundeszuständigkeit überführt.

837
So ist das früher auf die Rahmengesetzgebungskompetenz gestützte **WHG** (Art. 75 I S. 1 Nr. 4 GG a.F.) ebenso in die konkurrierende Gesetzgebungskompetenz des Bundes (Art. 74 I Nr. 32 GG n.F.) überführt worden wie das **Jagdwesen** (Art. 75 I S. 1 Nr. 3 GG a.F.; Art. 74 I Nr. 28 GG n.F.). Das **Melde- und Ausweiswesen** (Art. 75 I S. 1 Nr. 5 GG a.F.) ist nunmehr Bestandteil der ausschließlichen Gesetzgebungskompetenz des Bundes (Art. 73 I Nr. 3 GG n.F.). Diesem ist schließlich auch der **Schutz deutschen Kulturgutes gegen Abwanderung ins Ausland** zugeordnet (Art. 75 I S. 1 Nr. 6 GG a.F.; Art. 73 I Nr. 5a GG n.F.). Das früher in Art. 75 I S. 1 Nr. 1 GG enthaltene Recht zur Regelung der Rechtsverhältnisse der im **öffentlichen Dienst** der Länder, Gemeinden und anderen Körperschaften des öffentlichen Rechts stehenden Personen[1318] ist auf die verbleibenden Gesetzgebungskompetenzen verteilt worden. So hat der Bund nunmehr die konkurrierende Gesetzgebungskompetenz, die Statusrechte und -pflichten der Beamten der Länder, Gemeinden und anderen Körperschaften des öffentlichen Rechts sowie der Richter in den Ländern mit Ausnahme der Laufbahnen, Besoldung und Versorgung zu regeln (Art. 74 I Nr. 27 GG n.F.). Das Recht zur Regelung der Laufbahnen, Besoldung und Versorgung der Landesbeamten und -richtern ist der originären Gesetzgebungskompetenz der Länder überführt. Zum **Hochschulrahmengesetz**, das sich auf Art. 75 I S. 1 Nr. 1a GG a.F. stützte, vgl. Rn 846.

4. Grundsatzgesetzgebung/Gemeinschaftsaufgaben

838
Unter einer Grundsatzgesetzgebung versteht man vom Bund erlassene Gesetze, die sich i.d.R. auf allgemeine, richtlinienartige Regelungen („Grundsätze") beschränken und nur ausnahmsweise Vollregelungen enthalten. Die Grundsatzgesetzgebung ist sozusagen auf Vervollständigung der Grundsätze durch weitere (Bundes- oder Landes-)Gesetze angelegt. In der Bundesrepublik Deutschland besteht eine Grundsatzgesetzgebungskompetenz des Bundes für Gemeinschaftsaufgaben (Art. 91a GG) und für bestimmte haushaltsrechtliche und finanzwirtschaftliche Fragen (Art. 109 III GG: Haushaltsgrundsätzegesetz).

Beispiel: Von Bedeutung ist das auf Art. 109 III GG gestützte und mit Zustimmung des Bundesrats ergangene **Haushaltsgrundsätzegesetz**. Dieses enthält in den §§ 2-7a allgemeine Vorschriften zum Haushaltsplan, in den §§ 8-31 Bestimmungen über seine Aufstellung und Ausführung, in den §§ 32-47 Bestimmungen über Zahlungen, Buchführung und Rechnungslegung sowie in den §§ 50 ff. Bestimmungen über die Finanzplanung. Ergänzend gelten die Bundeshaushaltsordnung und die Haushaltsordnungen der Länder. Zweck des Haushaltsgrundsätzegesetzes ist die Sicherung der Konjunkturgerechtigkeit, also des wirtschaftlichen Gleichgewichts.[1319]

839
Zu beachten ist, dass die bisherige, in Art. 91a I Nr. 1 GG a.F. genannte Gemeinschaftsaufgabe „Ausbau und Neubau von Hochschulen einschließlich Hochschulkliniken" im Hinblick auf die notwendige Entflechtung von Zuständigkeiten entfallen ist. Damit soll nach Auffassung des verfassungsändernden Gesetzgebers ein Beitrag zum Abbau von Fehlentwicklungen im Bereich der Mischfinanzierungstatbestände und zur Stärkung der Länder geleistet werden. Die teilweise an dieser Regelung geübte

---

[1318] Die Gesetzgebungskompetenz in Bezug auf die Regelung der Rechtsverhältnisse der Bundesbeamten und -richter ist naturgemäß eine Angelegenheit des Bundes; Art. 73 I Nr. 8 GG stellt dies klar.
[1319] *Jarass*, in: J/P, GG, Art. 109 Rn 4.

Kritik, dass die Länder nunmehr auf sich alleine gestellt wären und insbesondere die finanzschwachen Länder vor große Probleme stellen könne[1320], ist unbegründet, da die durch die Abschaffung dieser Gemeinschaftsaufgabe frei werdenden Finanzierungsanteile des Bundes nach Maßgabe des Art. 143c GG ohnehin den Ländern zustehen. Diese haben gegenüber dem Bund einen Anspruch (jedenfalls bis zum 31.12.2019) auf Zahlung von jährlichen Finanzhilfen aus dem Bundeshaushalt (vgl. Art. 143c IV GG i.V.m. mit Art. 13 des Föderalismus-Begleitgesetzes, das mit Zustimmung des Bundesrats ergangen ist, vgl. BGBl I 2006, S. 2098).

Die Neufassung des **Art. 91a II GG** erweitert für die gem. Art. 91a I GG fortbestehenden Gemeinschaftsaufgaben „Verbesserung der regionalen Wirtschaftsstruktur" sowie „Verbesserung der Agrarstruktur und des Küstenschutzes" den Regelungsspielraum für die Ausführungsgesetzgebung, indem die Vorschrift bestimmt, dass das Zustimmungsgesetz „Einzelheiten der Koordination" vorschreibt. Die Bundeskompetenz nach Art. 91a II GG ist also nunmehr der *ausschließlichen Gesetzgebungskompetenz des Bundes* zugeordnet. Recht, das auf der Grundlage des Art. 91a II GG i.V.m. Art. 91a I Nr. 1 GG in der bis zum 1.9.2006 geltenden Fassung erlassen wurde, verlor am 31.12.2006 seine Gültigkeit (Art. 125c I GG).   **840**

Eine erneute Änderung i.S.e. Erweiterung hat auch **Art. 91b I GG** erfahren.[1321] Nunmehr können Bund und Länder aufgrund von Vereinbarungen in Fällen überregionaler Bedeutung bei der Förderung von Wissenschaft, Forschung und Lehre zusammenwirken. Vereinbarungen, die im Schwerpunkt Hochschulen betreffen, bedürfen aber der Zustimmung aller Länder. Dies gilt nicht für Vereinbarungen über Forschungsbauten einschließlich Großgeräten.   **841**

5. Ungeschriebene Gesetzgebungskompetenzen des Bundes

Wie bereits hinlänglich ausgeführt, legt das Grundgesetz die Gesetzgebungszuständigkeit des Bundes enumerativ fest. Eine darüber hinausgehende Gesetzgebungskompetenz des Bundes kann daher – wenn überhaupt – nur in Ausnahmefällen in Betracht kommen. Als solche Ausnahmetatbestände sind die Zuständigkeit „kraft Sachzusammenhangs", die „Annexkompetenz" und die „Zuständigkeit aus der Natur der Sache" anerkannt.   **842**

> **Hinweis für die Fallbearbeitung:** Bevor eine ungeschriebene Gesetzgebungskompetenz des Bundes in Betracht gezogen wird, sollte zuvor stets sorgfältig geprüft werden, ob nicht doch eine geschriebene Bundeszuständigkeit oder eine Länderkompetenz besteht. Insbesondere darf nicht schon deshalb eine ungeschriebene Bundeszuständigkeit angenommen werden, weil die in den Art. 73 I und 74 I GG aufgeführten Zuständigkeitskataloge nicht einschlägig sind. Denn das Grundgesetz enthält an vielen Stellen ausdrückliche Kompetenzzuweisungen.[1322]

a. Zuständigkeit kraft Sachzusammenhangs

Nach der Rechtsprechung des BVerfG besteht eine Gesetzgebungskompetenz „kraft Sachzusammenhangs", „wenn eine dem Bund ausdrücklich zugewiesene Materie verständlicherweise nicht geregelt werden kann, ohne dass zugleich eine nicht ausdrücklich zugewiesene andere Materie mitgeregelt wird, wenn also ein Übergreifen in nicht zugewiesene Materien unerlässliche Voraussetzung für die Regelung einer der   **843**

[1320] So *Thiele*, JA 2006, 714, 717.
[1321] Vgl. BGBl I 2014, 2438.
[1322] Zu den Gegenständen der dem Bund ausdrücklich zugewiesenen Materien vgl. Rn 805.

Bundesgesetzgebung ausdrücklich zugewiesenen Materie ist"[1323]. Das bedeutet Folgendes: Der Bund besitzt für die zu regelnde Materie zwar keine ihm zugewiesene Gesetzgebungskompetenz, die zu regelnde Materie steht aber in einem notwendigen und untrennbaren Sachzusammenhang mit einer ihm ausdrücklich zugewiesenen Materie. In der Sache geht es somit um eine Ausdehnung der (ausschließlichen oder konkurrierenden) Gesetzgebungskompetenz des Bundes.

Beispiele:

(1) § 218a I Nr. 1 StGB bestimmt, dass der Schwangerschaftsabbruch straflos ist, wenn die Schwangere eine Beratung gem. § 219 StGB nachgewiesen hat. Hier hat das BVerfG entschieden, dass die Beratungslösung im Sachzusammenhang mit der Strafverfolgung (Art. 74 I Nr. 1 GG) steht.[1324]

(2) Die Altersversorgung der Bezirksschornsteinfeger steht im Sachzusammenhang mit dem Recht des Handwerks (Art. 74 I Nr. 11 GG).[1325]

(3) Die Regelung der Sendezeiten für politische Parteien im Rundfunk steht im Sachzusammenhang mit dem Parteiwesen (Art. 21 III GG).[1326]

(4) Verneint hat das BVerfG eine Gesetzgebungskompetenz „kraft Sachzusammenhangs" im Bereich des Bauordnungsrechts. Die „bloße Erwägung, es sei zweckmäßig, mit einer dem Bund ausdrücklich zugewiesenen Materie gleichzeitig auch eine verwandte Materie zu regeln" genüge nicht zur Begründung einer Gesetzgebungskompetenz „kraft Sachzusammenhangs".[1327]

(5) Art. 73 I Nr. 7 GG berechtigt unmittelbar nur zur Regelung der technischen Seite der Telekommunikation, nicht aber zur Verkehrsdatenspeicherung.[1328] Daher fällt mangels ausdrücklicher Kompetenzzuweisung das Recht des Datenschutzes grds. in die Zuständigkeit der Länder (Art. 30, 70 I GG). Jedoch ist die gesetzliche Pflicht zur Verkehrsdatenspeicherung gem. §§ 113a ff. TKG von der Bundeskompetenz zur Regelung des Telekommunikationsrechts als Bestandteil der hiermit zu verbindenden datenschutzrechtlichen Bestimmungen kraft Sachzusammenhangs mit erfasst. Denn der Bund kann die ihm zur Gesetzgebung zugewiesene Materie der Telekommunikation verständigerweise nicht regeln, ohne dass die datenschutzrechtlichen Bestimmungen mitgeregelt werden.[1329]

843a Ein spezielles Problem besteht hinsichtlich der Regelung des § 81b StPO (= Bundesgesetz). Da diese Problematik jedoch umfassend bei *R. Schmidt*, POR, Rn 93a ff. dargestellt wird, sei darauf verwiesen.

> **Hinweis für die Fallbearbeitung:** Trotz der Vielzahl der Beispiele darf nicht verkannt werden, dass es dem Grunde nach um eine Ausdehnung der Bundeszuständigkeit in die Zuständigkeit der Länder geht, also um einen Übergriff in eine materiell andersartige Materie, für die an sich kein Kompetenztitel besteht. In der Fallbearbeitung sollte daher die Anerkennung einer Bundeszuständigkeit kraft Sachzusammenhangs im Zweifel abgelehnt werden, auch wenn dies die Verfassungswidrigkeit des zu untersuchenden Gesetzes zur Folge hat.

[1323] BVerfGE 3, 407, 423 (Bundesbaugesetz); 98, 265, 299 (Bayerisches Schwangerenhilfeergänzungsgesetz); BVerfG NJW 2010, 833, 834 f. (Vorratsdatenspeicherung).
[1324] BVerfGE 98, 265, 302.
[1325] BVerfGE 1, 264, 272.
[1326] BVerfGE 12, 205, 237.
[1327] BVerfGE 3, 407, 421; BVerfGE 15, 1, 20; 26, 246, 256; 26, 281, 300.
[1328] Zur Frage nach der Verfassungsmäßigkeit der Verkehrsdatenspeicherung vgl. *Hartmann/Schmidt*, StrafProzR, 6. Aufl. 2016, Rn 303a.
[1329] BVerfG NJW 2010, 833, 834 ff. (mit Bespr. v. *Sachs*, JuS 2010, 747 ff.). Zur materiell-rechtlichen Seite siehe *R. Schmidt*, Grundrechte, Rn 734, 738 und 747.

b. Annexkompetenz

Bei der Annexkompetenz geht es (nach nicht unumstrittener Auffassung) nicht – wie bei der Gesetzgebungskompetenz „kraft Sachzusammenhangs" – um eine Ausdehnung des Bundesrechts in den Bereich der Länderzuständigkeit (Ausdehnung in einen materiell anderen Bereich), sondern lediglich um eine Ausdehnung einer ausdrücklich zugewiesenen Kompetenz in das Stadium der **Vorbereitung** und **Durchführung** von Vorschriften[1330] (= Ausdehnung in die Tiefe *desselben* Bereichs). In der Sache geht es also um die Zuständigkeit zur Schaffung von ergänzenden Regelungen („Annexregelungen") auf Gebieten, die zur (ausschließlichen oder konkurrierenden) Gesetzgebungskompetenz des Bundes gehören.

844

Beispiele:

(1) Annexregelungen sind etwa Regelungen der Vollstreckung oder der Gebühren für einen Bereich, für den der Bund die Gesetzgebungskompetenz hat. So hat das BVerfG die Festsetzung der bei dem gerichtlichen Beurkundungswesen anfallenden Gebühren als Annexkompetenz betrachtet.[1331]

(2) Die Gesetzgebungskompetenz des Bundes zur Regelung der Sachmaterie „Bundesnachrichtendienst" (Art. 73 I Nr. 1 GG) schließt als Annex die Befugnis ein, Voraussetzungen und Grenzen zu regeln, unter denen der Öffentlichkeit einschließlich der Presse Informationen zu erteilen sind. Die Länder können demzufolge Informationsansprüche von Bürgern und Pressevertretern gegenüber Bundesbehörden nicht (etwa in ihren Landespressegesetzen) regeln.[1332]

(3) Des Weiteren wurde die Errichtung der Bahnpolizei als Annexkompetenz zu Art. 73 I Nr. 6a GG angesehen (heute werden die bahnpolizeilichen Aufgaben von der Bundespolizei wahrgenommen).

(4) Als von der Annexkompetenz zu der Zuständigkeit nach Art. 74 I Nr. 22 GG (hier: Straßenverkehr) erfasst wurden auch Regelungen über den Straßenverkehr behindernde Werbeanlagen.[1333]

(5) Das Recht zur Errichtung und Betreibung von Bundeswehrhochschulen wurde – obwohl das Hochschulrecht als solches den Ländern zusteht – als Annex zu Art. 73 I Nr. 1 GG (Verteidigung) qualifiziert.

> **Hinweis für die Fallbearbeitung:** Teilweise wird die Annexkompetenz nicht als eigenständiger Fall der Ausweitung der Gesetzgebungskompetenz gesehen, sondern lediglich als Unterfall der Gesetzgebungskompetenz „kraft Sachzusammenhangs".[1334] Auch das BVerfG geht offenbar von einer weitgehenden Identität der beiden Figuren aus, indem es sie nicht nur einheitlich definiert, sondern sie auch an die gleichen Voraussetzungen bindet.[1335] Dem dürfte die Überlegung zugrunde liegen, dass die Differenzierung der beiden Figuren in der Tat zu keinem nennenswerten Erkenntnisgewinn führt, gleichzeitig aber nicht unerhebliche Abgrenzungsschwierigkeiten in sich birgt. In der Fallbearbeitung kann es daher durchaus angebracht sein, beide Figuren einheitlich zu benennen und zu prüfen.

[1330] *Sannwald*, in: Schmidt-Bleibtreu/Hofmann/Henneke, GG, Vorb. v. Art. 70 Rn 6; *Stern*, StaatsR I, § 19 III 3a-ß.
[1331] BVerfGE 11, 192, 199.
[1332] BVerwGE 146, 56 ff. (mit Bespr. v. *Sachs*, JuS 2014, 91). Bleibt der zuständige Gesetzgeber (hier: der Bund) untätig, kann sich ein Informationsanspruch aus Art. 5 I GG (Informations- bzw. Pressefreiheit) ergeben (BVerwG a.a.O.; BVerwG K&R 2015, 529; siehe dazu *R. Schmidt*, Grundrechte, Rn 466 f.
[1333] BVerfG NJW 1976, 556.
[1334] *Pieroth*, in: J/P, GG, Art. 70 Rn 7; *Rengeling*, in: HdbStR IV, S. 746.
[1335] BVerfGE 98, 265, 299. Vgl. auch BVerfG NJW 1996, 2497: „Annexkompetenz kraft Sachzusammenhangs".

c. Bundeszuständigkeit kraft Natur der Sache

845 Eine Bundeszuständigkeit kraft Natur der Sache kommt in Betracht, wenn eine Materie bereits von den begrifflichen Voraussetzungen (BVerfGE 11, 89, 96 f.; „begriffsnotwendig") her nur durch Bundesgesetz geregelt werden kann.[1336] Da bereits der Zuständigkeitskatalog des Art. 73 I GG (etwa Nr. 2: die Staatsangehörigkeit im Bund oder Nr. 8: die Rechtsverhältnisse der im Dienste der bundesunmittelbaren Körperschaften des öffentlichen Rechts stehenden Personen) derartige Materien regelt, somit bereits eine geschriebene Bundeszuständigkeit kraft Natur der Sache statuiert, muss sich die ungeschriebene Bundeszuständigkeit kraft Natur der Sache ebenfalls auf einen Bereich beziehen, der mit dem des Art. 73 I GG vergleichbar ist. Eine Gesetzgebungskompetenz des Bundes aus der Natur der Sache ist der Art nach also stets eine ausschließliche.[1337]

845a Damit wird der Unterschied zur ungeschriebenen Bundeszuständigkeit kraft Sachzusammenhangs und der Annexkompetenz deutlich. Diese können auch im Zusammenhang mit Sachgebieten stehen, für die der Bund keine ausschließliche, sondern eine konkurrierende Gesetzgebungskompetenz hat.

Beispiele:

(1) Bei dem Gesetz über den Sitz der Verfassungsorgane des Bundes („Berlin-Bonn-Gesetz" vom 26.4.1994 = BGBl I, 918) wurde die Bundeszuständigkeit kraft Natur der Sache bejaht. Sie ergebe sich unmittelbar aus dem Wesen und der verfassungsmäßigen Organisation des Bundes.[1338] Daran ändert auch die Übertragung der Gesetzgebungskompetenz bzgl. des Versammlungsrechts auf die Länder nichts.

(2) Gleiches gilt für die Regelung der Einzelheiten der Bundesflagge (Natur der Sache zu Art. 22 II GG), der Bundessymbole und der Nationalhymne.[1339] Dagegen ist die Hauptstadtfrage nunmehr grundgesetzlich entschieden, vgl. Art. 22 I GG.

(3) Auch für die mit der Wiedervereinigung verbundenen unaufschiebbaren Aufgaben wie die Regelung der Beschäftigungsverhältnisse der Arbeitnehmer im öffentlichen Dienst besteht eine Bundeszuständigkeit kraft Natur der Sache.[1340]

(4) Ferner werden Regelungen über Nationalfeiertage[1341], Bannmeilen[1342] und die Raumplanung für den Gesamtstaat[1343] ebenso erfasst wie das Stasi-Unterlagen-Gesetz[1344].

(5) Das BVerwG hat eine Gesetzgebungskompetenz des Bundes kraft Natur der Sache hinsichtlich der Regelung von presserechtlichen Auskunftsansprüchen gegen Bundesbehörden angenommen.[1345]

(6) **Abgelehnt** wurde eine Bundeszuständigkeit kraft Natur der Sache für Rundfunkveranstaltungen[1346], für die Festlegung von Standorten für Atomkraftwerke[1347] und für die Wasserwirtschaft[1348].

[1336] Vgl. *Gusy*, NJW 2000, 977, 981.

[1337] BVerfGE 146, 56 ff.; BVerwG K&R 2015, 529; *Pieroth*, in: J/P, GG, Art. 70 Rn 8; *Maunz*, in: Maunz/Dürig, GG, Art. 71 Rn 6; *Kunig*, in: v. Münch/Kunig, GG, Art. 70 Rn 27; *Pestalozza*, in: v. Mangoldt/Klein/Starck, Bonner Grundgesetz, Art. 70 Rn 90.

[1338] Vgl. *Kunig*, Jura 1996, 254, 257; *Hufen*, NJW 1991, 1321 ff.; *Ipsen/Epping*, Jura 1994, 605, 608; *Scholz*, NVwZ 1995, 35 ff.

[1339] Sofern der Bundesgesetzgeber hierzu keine Regelung getroffen hat, steht die Zuständigkeit kraft Natur der Sache dem Bundespräsidenten zu (*Pieroth*, in: J/P, GG, Art. 54 Rn 2). Vgl. dazu Rn 583/622.

[1340] BVerfGE 84, 133, 148.

[1341] Vgl. etwa die Einführung des Nationalfeiertags „Tag der Deutschen Einheit" am 3. Oktober.

[1342] Durch das Gesetz zur Neuregelung des Schutzes von Verfassungsorganen des Bundes vom 11.8.1999 (BGBl I, S. 1818) hat der Deutsche Bundestag das BannmG vom 6.8.1955 aufgehoben und durch das Gesetz über befriedete Bezirke für Verfassungsorgane des Bundes (BefBezG - Sartorius Nr. 434) ersetzt.

[1343] BVerfGE 3, 407, 425; 15, 1, 16.

[1344] Vgl. dazu BR-Drs. 729/91.

[1345] BVerwGE 146, 56 ff.; BVerwG K&R 2015, 529.

> **Hinweis für die Fallbearbeitung:** Auch bei der Annahme einer Bundeszuständigkeit kraft Natur der Sache ist im Zweifel Zurückhaltung geboten. Lediglich, wenn ureigene Bundesangelegenheiten betroffen sind und eine zwingende Notwendigkeit für eine bundeseinheitliche Regelung besteht, sollte eine Bundeszuständigkeit kraft Natur der Sache bejaht werden.

6. Übergangsregelungen

Die im Zuge der Föderalismusreform umfassend erfolgte Neuverteilung der Gesetzgebungskompetenzen zwischen Bund und Ländern hat eine Übergangsregelung erforderlich gemacht. Der verfassungsändernde Gesetzgeber hat dementsprechend die Übergangsvorschriften des Art. 125a und b GG an die neue Rechtslage angepasst. So wurden in **Art. 125a I GG** die ins Grundgesetz eingefügten Art. 84 I S. 7, Art. 85 I S. 2, des Weiteren die Vorschrift des Art. 105 IIa S. 2 GG sowie die aufgehobenen Art. 74a, 75 und 98 III S. 2 GG aufgenommen. Regelungsgehalt des Art. 125a I GG ist, dass bereits erlassenes Bundesrecht, das jedoch aufgrund der Grundgesetzänderung 2006 nicht mehr als Bundesrecht erlassen werden könnte, zunächst fortgilt, es jedoch jederzeit durch Landesrecht ersetzt werden kann, ohne dass es einer Ermächtigung durch den Bundesgesetzgeber bedarf. Der Bundesgesetzgeber bleibt also nur zur *Änderung* einzelner Vorschriften i.S.d. Ladenschluss-Entscheidung des BVerfG[1349] sowie dazu befugt, das von ihm erlassene Recht wieder *aufzuheben*, um ein dauerhaftes Nebeneinander von Landes- und partiellem Bundesrecht zu vermeiden. Dabei hat er den Ländern durch entsprechende Inkrafttretensvorschriften einen angemessen langen Zeitraum für die eigene Gesetzgebung einzuräumen.[1350]

846

> **Beispiele:** Zu dem Bundesrecht, das wegen Streichung des Art. 75 GG (frühere Rahmengesetzgebung) nicht mehr als Bundesrecht erlassen werden könnte und nach Art. 125a I GG zwar als Bundesrecht fortgilt, aber durch Landesrecht ersetzt werden kann, gehören die **„allgemeinen Grundsätze des Hochschulwesens"** nach dem bisherigen Art. 75 I S. 1 Nr. 1a GG bis auf die nunmehr in Art. 74 I Nr. 33 GG enthaltenen Bereiche „Hochschulzulassung und -abschlüsse", für letztere Bestandteile des Hochschulrechts enthält Art. 125b I GG eine eigene Übergangsregelung.
>
> Dieselbe Folge gilt für das **Versammlungsgesetz**. Dieses dürfte aufgrund der Streichung des Kompetenztitels *Versammlungsrecht* aus Art. 74 I Nr. 3 GG nicht mehr erlassen werden; es gilt jedoch in denjenigen Ländern so lange fort, wie diese keine eigenen Vorschriften erlassen. Zu den Möglichkeiten der Länder vgl. Rn 832b.
>
> Art. 125a I GG findet auch Anwendung auf wesentliche Teile des **Hochschulrahmengesetzes** (HRG). Mit Gesetz vom 12.4.2007 (BGBl I 506) hat der Bundesgesetzgeber viele Vorschriften (insbesondere die des Dienstrechts) aufgehoben. Die Regelung des beamten-, besoldungs- und versorgungsrechtlichen Besitzstands insb. für emeritierungsberechtigte Professorinnen und Professoren sowie deren Hinterbliebene wurde im Zuge der genannten partiellen Aufhebung des HRG ohne inhaltliche Änderungen in das Beamtenversorgungsgesetz (BeamtVG) verlagert. Auf diese Weise wurde der bisherige Besitzstand auch weiterhin bundesrechtlich gewährleistet.

In **Art. 125a III GG** ist der umgekehrte Fall geregelt: Recht, das als Landesrecht erlassen worden ist, jedoch wegen Änderung des Art. 73 GG nicht mehr als Landes-

846a

[1346] BVerfGE 12, 205, 242. Das gilt auch dann, wenn das Rundfunkprogramm über einen Satelliten ausgestrahlt wird und länderübergreifend empfangen werden kann. Vgl. auch BVerfGE 73, 118, 196.

[1347] Zwar könnte hier aufgrund der länderübergreifenden Auswirkungen an eine Bundeszuständigkeit gedacht werden. Vom Gegenstand her ist aber eine Regelung durch Landesgesetz genauso möglich. Infolge des Ausstiegs aus der friedlichen Nutzung der Kernenergie hat sich diese Frage aber erledigt.

[1348] BVerfGE 15, 1, 24.

[1349] BVerfGE 111, 10 ff. (dazu oben Rn 833j). Zur Änderungskompetenz vgl. auch Rn 795.

[1350] Vgl. die Begründung BT-Drs. 16/813 S. 11 ff.

recht erlassen werden könnte, gilt als Landesrecht fort. Es kann durch Bundesrecht ersetzt werden.

> **Beispiel:** Ein Gesetz des Bundeslandes L, welches die Eingriffsgrundlagen der Sicherheitsbehörden zur Abwehr von Gefahren des internationalen Terrorismus normierte, könnte aufgrund der neuen Regelung in Art. 73 I Nr. 9a GG nicht mehr erlassen werden. Dieser Umstand führt jedoch nicht zur Ungültigkeit des Gesetzes, sondern dieses gilt gem. Art. 125a III GG als Landesrecht fort. Gültigkeit verliert das Gesetz erst dann, wenn der Bund von seinem neuen Gesetzgebungsrecht Gebrauch macht und ein entsprechendes Bundesgesetz erlässt.

846b Schließlich enthält **Art. 125a II GG** die Regelung, dass Bundesrecht, das wegen der Änderung des Art. 72 II GG nicht mehr erlassen werden könnte, fortgilt. Jedoch kann durch Bundesgesetz bestimmt werden, dass es durch Landesgesetz ersetzt werden kann. Anders als im Fall des Art. 125a I GG bedarf es im Fall des Art. 125a II GG also einer bundesgesetzlichen Ermächtigung, damit das Bundesgesetz, dass nicht mehr erlassen werden könnte, durch Landesgesetz ersetzt werden kann. Dies birgt die Gefahr einer Blockadehaltung des Bundes in sich. Damit der Bund ein an sich angezeigtes Landesgesetz nicht blockieren kann, sieht Art. 93 II GG vor, dass der Bundesrat, eine Landesregierung oder ein Landesparlament das BVerfG anrufen können, damit dieses entscheidet, dass im Fall des Art. 72 IV GG die Erforderlichkeit einer bundesgesetzlichen Regelung i.S.v. Art. 72 II GG nicht mehr bestehe bzw. ob im Fall des Art. 125a II S. 1 GG Bundesrecht nicht mehr erlassen werden könne.[1351]

Ob es zu einem solchen Verfahren vor dem BVerfG einmal kommen wird, bleibt abzuwarten. Immerhin hat das Gericht bereits entschieden, dass sich bei fehlender Erforderlichkeit das in Art. 125a II S. 2 GG dem Bund eingeräumte Ermessen in den Fällen, in denen der Bund eine Neukonzeption aus sachlichen oder politischen Gründen für erforderlich halte, dahingehend verenge, dass er die Länder zur Neuregelung zu ermächtigen habe.[1352]

847 Die Übergangsvorschrift des **Art. 125b I GG** bezieht sich auf die im Zuge der Föderalismusreform aufgehobene Rahmengesetzgebung des Art. 75 GG a.F., deren Materien im Wesentlichen in die ausschließliche und konkurrierende Gesetzgebungskompetenz des Bundes überführt wurden (siehe dazu Rn 835). Soweit der Bund sachlich weiterhin zuständig ist (nach Art. 73 I Nr. 5a GG bzw. nach Art. 74 I Nrn. 27-33 GG), gelten die nach Art. 75 GG a.F. erlassenen Bundesgesetze als Bundesrecht fort (Art. 125b GG). Gelten demnach die früher auf Art. 75 I GG gestützten Bundesgesetze als Bundesrecht fort, bedeutet das gleichzeitig, dass für die Länder die Pflicht, innerhalb einer angemessenen Frist den bundesrechtlich gezogenen Rahmen dann auch tatsächlich auszufüllen, also die hierfür erforderlichen Landesgesetze zu erlassen, fortbesteht (Art. 125b I S. 2 GG).

848 **Art. 125b II GG** bezieht sich auf bundesgesetzliche Regelungen, die aufgrund des Art. 84 I GG in der vor dem 1.9.2006 geltenden Fassung erlassen wurden. Für sie bestimmt die Übergangsvorschrift, dass die Länder unter bestimmten Voraussetzungen abweichende Regelungen treffen können.

849 Recht, das auf der Grundlage des Art. 91a II GG i.V.m. Art. 91a I Nr. 1 GG in der bis zum 1.9.2006 geltenden Fassung erlassen wurde, verlor gem. Art. 125c I GG am 31.12.2006 seine Gültigkeit.

[1351] Zu diesem sog. Kompetenzkontrollverfahren vgl. Rn 747 ff.
[1352] BVerfGE 111, 10, 31.

7. Aufhebung von Gesetzen, die nicht mehr erlassen werden dürften

Hat der Bundesgesetzgeber vor dem 1.9.2006 Gesetze erlassen, die er infolge der Föderalismusreform nunmehr nicht mehr erlassen darf (Beispiele: HRG, BRRG, aber auch LadSchG, GastG und VersG), stellt sich die Frage, ob er solche Gesetze wenigstens **aufheben** darf. Dass ein grundsätzliches Bedürfnis zur Aufhebung solcher Gesetze besteht, leuchtet ein, denn anderenfalls bestünden diese Gesetze auf Ewigkeit ggf. als „entkernte Ruinen des kooperativen Föderalismus"[1353] fort. Fraglich ist nur, ob sich die Aufhebung auf eine rechtliche Grundlage stützen ließe. Art. 70 ff., 125a und b GG sehen keine Möglichkeit des Bundes vor, Gesetze, die im Zuge der Föderalismusreform in die Gesetzgebungskompetenz der Länder überführt worden sind, aufzuheben. Im Gegenteil sieht Art. 125a I S. 2 GG vor, dass Bundesgesetze (d.h. auch einzelne gesetzliche Bestimmungen), die nach dem 1.9.2006 nicht mehr erlassen werden dürfen, so lange fortgelten, bis die Länder abweichende Regelungen erlassen. Damit scheint das GG anzuordnen, dass eine (partielle) Aufhebungskompetenz eher bei den Ländern zu liegen und eine solche des Bundes auszuscheiden scheint. Demnach müssten die Bundesgesetze bzw. Teile davon, die nicht von den Ländern durch abweichende Gesetzgebung aufgehoben worden sind, auf ewige Zeit fortbestehen und entweder wenigstens noch die Funktion auf wenige Länder beschränkten partiellen Bundesrechts erfüllen oder als völlig leere Hülse weiter bestehen. Insbesondere dürfte der Bund sie nicht ändern. Dies ist ein inakzeptabler Zustand. Daher muss dem Bund zumindest die Möglichkeit eingeräumt sein, Gesetze, die nach dem 1.9.2006 nicht mehr als Bundesgesetze erlassen werden dürfen, aufzuheben. Rechtsdogmatisch lässt sich dies auf zwei Wegen erreichen:

■ Gemäß dem Actus-contrarius-Gedanken könnte man sich auf den Standpunkt stellen, dass der Bund, der seinerzeit kompetenzrechtlich ein Bundesgesetz erlassen durfte, das Recht behalten muss, das Gesetz auch wieder aufzuheben.

■ Es ist aber auch denkbar, die weggefallene Kompetenznorm (z.B. Art. 75 GG) zeitlich als Kompetenznorm über den Zeitpunkt des Wegfalls (1.9.2006) hinaus insoweit weiter gelten zu lassen, als es um die Aufhebung eines auf der wegfallenden Kompetenzgrundlage erlassenen Gesetzes geht. Die wegfallende Gebungskompetenz (z.B. Art. 75 GG) wirkt dann über den Zeitpunkt ihres Wegfalls insoweit als ungeschriebene Kompetenz hinaus, als der Bund zwar nicht zur Änderung oder zum materiellen Neuerlass entsprechender Vorschriften befugt ist, wohl aber zu deren Beseitigung. Diese Lösung wird als ungeschriebene Aufhebungskompetenz kraft zeitlichen Annexes bezeichnet.[1354] Man kann auch sagen, es handele sich um eine zeitliche Nachwirkung einer ehemals bestehenden Gesetzgebungskompetenz. Gegen eines solche Annahme spricht auch nicht ein etwaiges Schutzbedürfnis der Länder an dem Erhalt der Bundesgesetze. Denn sie sind gerade aufgrund der Föderalismusreform frei, jederzeit eigene Regelungen (und damit auch inhaltsgleiches Recht) zu erlassen.

Davon zu unterscheiden ist die Aufhebungskompetenz für Materien, die nach der Föderalismusreform beim Bund verblieben sind, jedoch nunmehr auf anderen Kompetenztiteln fußen. So ist die Gesetzgebungskompetenz des Bundes zur Aufhebung von Regelungen in den Bereichen des hochschulspezifischen Arbeitsrechts (§§ 57a ff. HRG a.F.) sowie in den Bereichen der Hochschulzulassung und der Hochschulabschlüsse auf Art. 70 I, 72 I, 74 I Nr. 12 bzw. Art. 33 GG zu stützen; Statusrechte und -pflichten der Beamten sind von Art. 74 I Nr. 27 GG erfasst. Für eine Aufhebungskompetenz des Bundes kraft zeitlichen Annexes ist in diesen Fällen kein Raum. Zur Kompetenz zur **Anpassung** von ehemals erlassenen Bundesgesetzen vgl. Rn 795.

849a

[1353] So die Formulierung von *Linder*, NVwZ 2007, 180, 181.
[1354] *Linder*, NVwZ 2007, 180, 182.

8. Prüfungsschema zu den Gesetzgebungskompetenzen

850 Ein Gesetz ist nur dann verfassungsgemäß, wenn es formell und materiell mit der Verfassung vereinbar ist. Vgl. dazu das Prüfungsschema bei Rn 181. In formeller Hinsicht sind neben der Einhaltung des vorgeschriebenen Gesetzgebungsverfahrens (Rn 852 ff.) vor allem die Zuständigkeitsregelungen zu beachten. Bezüglich der Zuständigkeit empfiehlt sich folgendes Schema:

851

- Auszugehen ist von dem **Grundsatz der Länderzuständigkeit** (Art. 30, 70 I GG).

- Die Länder sind aber grundsätzlich unzuständig, wenn das GG dem Bund eine Gesetzgebungskompetenz verleiht. Es ist zwischen **ausschließlicher** Gesetzgebung, **konkurrierender** Gesetzgebung und **Grundsatzgesetzgebung** zu unterscheiden. Darüber hinaus sind die ungeschriebenen Gesetzgebungskompetenzen „**kraft Sachzusammenhangs**", „**kraft Natur der Sache**" und die „**Annexkompetenz**" anerkannt.

    - **Ausschließliche Gesetzgebung**
    Die ausschließliche Gesetzgebung ist im Grundgesetz enumerativ aufgezählt, zum einen in Art. 73 I GG (vgl. auch Art. 105 I GG) und zum anderen in zahlreichen anderen Vorschriften, die auf ein Bundesgesetz verweisen (z.B. Art. 4 III S. 2 GG oder Art. 84 I GG). Liegt eine ausschließende Gesetzgebungskompetenz vor, kann der Bund, ohne dass weitere Voraussetzungen vorliegen müssten, tätig werden. Lediglich das Zustimmungserfordernis gem. Art. 73 II GG im Fall des Art. 73 I Nr. 9a GG ist zu beachten. Die Länder sind zur Gesetzgebung nur dann befugt, wenn der Bund sie dazu ermächtigt hat (Art. 71 GG – vgl. aber den Sonderfall des Art. 84 I GG).

    - **Konkurrierende Gesetzgebung**
    Im Bereich der konkurrierenden Gesetzgebung ist der Bund zuständig, wenn ein Kompetenztitel aus Art. 74 I GG greift. In den Fällen des Art. 74 I Nr. 4, 7, 11, 13, 15, 19a, 20, 22, 25 und 26 GG muss zudem der Erforderlichkeitsnachweis gem. Art. 72 II GG erbracht werden. Hat der Bund von seinem Gesetzgebungsrecht gem. Art. 72 I GG i.V.m. Art. 74 I GG Gebrauch gemacht, besteht eine grundsätzliche Sperrwirkung für die Landesgesetzgebung. Die Länder sind in diesem Fall nur dann zuständig, wenn der Bund die betreffende Materie nicht abschließend geregelt hat und auch nicht abschließend regeln wollte. Davon unabhängig können die Länder tätig werden, wenn ein Fall des Art. 72 III GG (Abweichungsklausel) vorliegt.

    - **Bundeskompetenz kraft Sachzusammenhangs**
    Die Bundeskompetenz kraft Sachzusammenhangs kommt sowohl bei der ausschließlichen als auch bei der konkurrierenden Gesetzgebungskompetenz des Bundes in Betracht. Sie liegt vor, wenn eine dem Bund ausdrücklich zugewiesene Materie nur dann geregelt werden kann, wenn eine andere Materie, für die keine geschriebene Gesetzgebungskompetenz besteht, mitgeregelt wird („Ausdehnung in die Breite").

    - **Annexkompetenz des Bundes**
    Auch die Annexkompetenz kommt sowohl für den Bereich der ausschließlichen als auch der konkurrierenden Gesetzgebung in Betracht. Hier geht es um eine Ausdehnung einer ausdrücklich zugeteilten Kompetenz in das Stadium der **Vorbereitung** und **Durchführung** von Vorschriften („Ausdehnung in die Tiefe" desselben Bereichs). In der Sache geht es also um die Zuständigkeit zur Schaffung von ergänzenden Regelungen („Annexregelungen") auf Gebieten, die zur Gesetzgebungskompetenz des Bundes gehören.

    - **Bundeskompetenz kraft der Natur der Sache**
    Diese Figur kommt lediglich für den Bereich der ausschließlichen Gesetzgebung in Betracht. Sie liegt vor, wenn eine Regelung zwingend nur bundeseinheitlich erfolgen kann.

- Ist nach diesen Prüfungsschritten der Bund nicht zuständig, greift die Länderzuständigkeit. Ein gleichwohl erlassenes Bundesgesetz ist nichtig. Dasselbe gilt, wenn zwar ein Bundeskompetenztitel besteht, aber die weiteren Voraussetzungen für die Ausübung der Kompetenz (etwa die Voraussetzungen des Art. 72 GG) nicht vorliegen.

B. Das Gesetzgebungsverfahren nach den Art. 76 ff. GG

Wichtige Entscheidungen: BVerfGE 1, 144 (Geschäftsordnung des Deutschen Bundestags); 2, 143 (EG-Vertrag); 7, 244 (Reblausbekämpfung); 10, 20 (Stiftung „Preußischer Kulturbesitz"); 10, 221 (Entgelt für die Benutzung von Kleingartengelände); 29, 221 (Jahresarbeitsverdienstgrenze); 30, 1 (Verfassungsmäßigkeit des Gesetzes zur Beschränkung des Brief-, Post- und Fernmeldegeheimnisses; Abhörurteil); 32, 98 (Gesundbeter); 37, 363 (Änderungsgesetz zu Zustimmungsgesetz; Rentenversicherungsänderungsgesetz); 44, 308 (Beschlussfähigkeit des Bundestags); 37, 363 (Änderungsgesetz zu Zustimmungsgesetz; Rentenversicherungs-änderungsgesetz); 48, 1 (Milch- und Fettgesetz; Umsatzsteuergesetz); 48, 127 (Änderungsgesetze zu Zustimmungsgesetz); 50, 166 (Ausweisung eines straffälligen Ausländers); 54, 341 (Asylgewährung); 55, 274 (Zustimmungsgesetz; Ausbildungsplatzförderungsgesetz); 75, 108 (Künstlersozialabgabe); 80, 1 (Verordnungsermächtigung in der Bundesärzteordnung); 84, 90 (DDR-Enteignung); 87, 181 (Finanzierung von Rundfunkanstalten); 91, 148 (Umlaufverfahren); E 94, 12 (Verfassungsmäßigkeit des Restitutionsausschusses); 101, 1 (Käfighaltung von Legehennen); 106, 253 (Zusammensetzung des Vermittlungsausschusses); 112, 118 (Sitzverteilung im Vermittlungsausschuss); BVerfG NVwZ 1998, 169 (Rechtsschutz gegen Bundesrechtsverordnungen); BVerfG NJW 2002, 2543 (Verfassungsmäßigkeit des LPartG); BVerfG NVwZ 2010, 634 (Vermittlungsausschuss); im Übrigen vgl. die vor Rn 791 genannten Entscheidungen.

Das Gesetzgebungsverfahren durchläuft mehrere Stadien. Nach der Systematik der Art. 76 ff. GG kann man von der *Einleitung des Gesetzgebungsverfahrens* (Einbringen von Gesetzesinitiativen in den Bundestag gem. Art. 76 I GG und Vorverfahren gem. Art. 76 II, III GG), dem *Hauptverfahren* (Beschlussfassung, Art. 77-79 GG) und dem *Abschlussverfahren* (Ausfertigung und Verkündung, Art. 82 GG) sprechen. **852**

> **Hinweis für die Fallbearbeitung:** Das Gesetzgebungsverfahren nach den Art. 76 ff. GG eignet sich hervorragend für Klausuren im ersten juristischen Staatsexamen. Regelmäßig sind Verstöße gegen die Geschäftsordnungen zu würdigen. Fundierte Kenntnisse und ein geschultes Judiz sind daher unabdingbar. Im Folgenden sollen alle gängigen Probleme aufgezeigt und in einer gutachtlichen Darstellungsweise verdeutlicht werden. Dazu zählen: **853**
>
> ⇨ die Gesetzesinitiative durch einen einzelnen Abgeordneten (Rn 857).
> ⇨ Einbringen der Gesetzesvorlage durch die Bundesregierung direkt in den Bundestag, ohne sie gem. Art. 76 II S. 1 GG zuvor dem Bundesrat zuzuleiten (Rn 860).
> ⇨ Einbringen der Gesetzesvorlage durch die Regierungsfraktion, um das Verfahren nach Art. 76 II S. 1 GG zu umgehen (Rn 861).
> ⇨ Behandlung einer Gesetzesvorlage ohne Durchführung von drei Lesungen (Rn 865).
> ⇨ Gesetzesbeschluss bei nur wenigen anwesenden Abgeordneten (Rn 868).
> ⇨ Nichtbefolgen von Weisungen der Landesregierung (Rn 893).
> ⇨ Uneinheitliche Stimmabgabe im Bundesrat (Rn 894 ff.).
> ⇨ Umdeutung einer verweigerten Zustimmung in einen Einspruch (Rn 891).
> ⇨ Zustimmungsbedürftigkeit von Änderungsgesetzen zu Zustimmungsgesetzen (Rn 898).
> ⇨ Materielles Prüfungsrecht des Bundespräsidenten (Rn 591 ff.).

I. Die Einleitung des Gesetzgebungsverfahrens

1. Das Initiativrecht (Art. 76 I GG)

a. Bundesregierung, Bundesrat, Mitte des Bundestags

854 Gesetzesvorlagen beim Bundestag werden gem. Art. 76 I GG ausschließlich durch die *Bundesregierung*, aus der *Mitte des Bundestags* oder durch den *Bundesrat* eingebracht. Eine Gesetzesinitiative des Volkes (vgl. Volksbegehren, Volksbefragung und Volksentscheid) kennt das Grundgesetz – anders als die Weimarer Reichsverfassung – nicht.

855 In der Staatspraxis stammen die meisten Gesetzesvorlagen von der Bundesregierung. Das ist weder überraschend noch kann es als Zeichen etwa dafür angesehen werden, dass die Abgeordneten selbst zu wenig Gesetzesinitiative entwickeln oder sich von der Regierung alles vorschreiben ließen. Vielmehr ist die Dominanz der Bundesregierung bei den Gesetzesinitiativen typisch für das parlamentarische Regierungssystem, welches das Grundgesetz vorschreibt. Denn danach wird der Bundeskanzler vom Bundestag gewählt, d.h. nach der Bundestagswahl bildet sich hier eine Mehrheit entsprechend dem Wahlergebnis, die die Regierung stellt. Weil die Regierung durch die Mehrheit des Bundestags gebildet wird, bleibt sie mit dieser politisch identisch und deshalb ist es naheliegend, dass die Gesetzentwürfe, die diese Parlamentsmehrheit beschließen will, inhaltlich, technisch und redaktionell durch die Regierung und ihre Beamten erarbeitet und vorbereitet werden. Dies wird insbesondere klar, wenn man bedenkt, dass die zuständigen Fachminister durch ihre Sachverständigen und Ministerialbeamten den besseren Apparat haben, um Gesetze vorzubereiten. Darüber hinaus ist ein Referentenentwurf in einem Ministerium schon durch den Filter der Interessenverbände gelaufen, deren Einwirken durch die §§ 22 ff. GGO (= überwiegend auf Art. 65 S. 4 GG gestützte Gemeinsame Geschäftsordnung der Bundesministerien)[1355] ausdrücklich erlaubt ist.[1356] Die Arbeit des Bundestages bezieht sich dann vor allem darauf, zu prüfen, welchen dieser Gesetzesvorschläge letztlich zugestimmt werden soll und welchen nicht und an welchen der Bundestag Änderungen anbringen soll.

Allerdings kommt es nicht selten vor, dass die Bundesregierung die Gesetzesvorlage über die sie tragende(n) Fraktion(en) einbringen lässt. Das hat den Hintergrund, dass gem. Art. 76 II S. 1 GG Gesetzesvorlagen der Bundesregierung, bevor sie beim Bundestag eingebracht werden, zunächst dem Bundesrat zur Stellungnahme überreicht werden müssen. Dieser hat dann sechs bzw. neun Wochen Zeit, Stellung zu nehmen. Das ist stets mit Zeitverlust verbunden. Für Gesetzesvorlagen, die aus der Mitte des Bundestags stammen, gilt dieser „Umweg" nicht. Um daher die Regelung des Art. 76 II S. 1 GG zu umgehen, kommen insbesondere eilige Gesetzesvorlagen formal von den Regierungsfraktionen, also aus der Mitte des Bundestags. Verfassungsrechtlich ist diese Vorgehensweise zwar bedenklich, sie ist aber gängige Staatspraxis, vgl. dazu Rn 861.

856 Vorlagen der Bundesregierung müssen von der Bundesregierung als Kollegialorgan beschlossen werden (vgl. § 15 GO BReg). Auch Gesetzesvorlagen des Bundesrats setzen einen vorherigen Beschluss voraus (vgl. Art. 52 III S. 1 GG). Fraglich ist, was unter der **„Mitte des Bundestags"** zu verstehen ist. Diese Frage wird insbesondere dann relevant, wenn die Gesetzesvorlage nur von einem einzelnen Bundestagsabgeordneten eingebracht wird.

b. Gesetzesinitiative durch einen einzelnen Abgeordneten

857 Die Frage, ob eine Gesetzesinitiative von einem einzelnen Bundestagsabgeordneten ausgehen kann, beantwortet die Verfassung nicht. Dort ist in Art. 76 I GG nur von der „Mitte des Bundestags" die Rede. Auch aus dem natürlichen Sprachgebrauch des

---

[1355] Vgl. dazu ausführlich *Schenke*, in: Bonner Kommentar, Art. 65 Rn 141.
[1356] Vgl. bereits die 1. Aufl. 2000; so nun auch *Frenzel*, JuS 2010, 119.

Begriffs „Mitte" folgt nicht die Festlegung auf eine Mindestzahl. Von Verfassungs wegen ist daher grundsätzlich jeder einzelne Bundestagsabgeordnete berechtigt, Gesetzentwürfe einzubringen.[1357] Etwas anderes statuiert die GO BT. Gemäß § 76 GO BT müssen Vorlagen von Mitgliedern des Bundestags (zu denen auch Gesetzentwürfe gehören, vgl. § 75 I lit. a GO BT) von einer Fraktion oder von fünf vom Hundert der Mitglieder des Bundestags unterzeichnet werden. Ist das nicht der Fall, stellt sich die Frage nach den Auswirkungen, die ein Verstoß gegen diese Regelung mit sich bringt. Diese Frage beantwortet Art. 82 GG: Danach werden die nach den Vorschriften *dieses* Grundgesetzes zustande gekommenen Gesetze vom Bundespräsidenten ausgefertigt. Zu den Vorschriften *dieses* Grundgesetzes gehören eben nicht die Vorschriften der Geschäftsordnung. Es lässt sich daher sagen, dass **Verstöße gegen die Geschäftsordnung grundsätzlich nicht zur Verfassungswidrigkeit von Gesetzen führen**. Allerdings ist unbestritten, dass ein Verstoß gegen die Geschäftsordnung in *Ausnahmefällen* auch die Verfassungswidrigkeit zur Folge haben kann. Für einen gleichzeitigen Verfassungsverstoß wird aber vorausgesetzt, dass die verletzte Vorschrift der Geschäftsordnung einen „verfassungsrelevanten" Inhalt besitzt, indem sie etwa eine Bestimmung des Grundgesetzes wiederholt oder einen wesentlichen Verfassungsinhalt konkretisiert.[1358]

Da das Grundgesetz die „Mitte des Bundestags" nicht definiert, die in der Geschäftsordnung etwa hätte wiederholt werden können, kommt es folglich darauf an, ob § 76 I GO BT einen wesentlichen Verfassungsinhalt konkretisiert. Dies ist nach der hier vertretenen Auffassung zu bejahen. Durch das Erfordernis der Unterzeichnung einer Gesetzesvorlage eines Parlamentariers durch eine Fraktion oder durch 5 % der Mitglieder des Bundestags wird der Begriff der „Mitte des Bundestags" konkretisiert.[1359] Gesetzesvorlagen, die aus der Mitte des Bundestags stammen, müssen demnach also von einer Fraktion oder von 5 % der Mitglieder des Bundestags unterzeichnet sein; anderenfalls ist an eine (mittelbare) Verfassungsverletzung zu denken.

Hierzu gilt wiederum eine Ausnahme: Wird eine aus der Mitte des Bundestags stammende Gesetzesvorlage nicht von der erforderlichen Zahl von Abgeordneten unterschrieben, ist ein gleichwohl beschlossenes Gesetz nicht nichtig. Denn durch die Beschlussfassung des Bundestags hat sich dieser die Vorlage mehrheitlich zu eigen gemacht, sodass der ursprüngliche Formmangel durch den Beschluss des Gesetzes „geheilt" wird.

Hinweis für die Fallbearbeitung: Die obige Darstellung hat das Verhältnis von Regel-Ausnahme-Gegenausnahme gezeigt. Sie hat gezeigt, dass Verstöße gegen die Geschäftsordnung grundsätzlich nicht zur Verfassungswidrigkeit von Gesetzen führen, da eine Satzung im Rang unterhalb der Verfassung steht. Das belegt bereits der Wortlaut des Art. 82 GG: „Die nach den Vorschriften *dieses* Grundgesetzes zustande gekommenen Gesetze". Zu *diesem* Grundgesetz gehören eben nicht die Vorschriften der Geschäftsordnung. Besteht also eine Gesetzesinitiative durch einen einzelnen Parlamentarier, ist die Frage aufzuwerfen, ob diese Gesetzesinitiative „aus der Mitte" des Bundestags eingebracht wurde. Sodann ist darzulegen, dass das Grundgesetz hierzu offen ist, § 76 I GO BT aber vorschreibt, dass Vorlagen von Mitgliedern des Bundestags (zu denen auch Gesetzentwürfe gehören, vgl. § 75 I lit. a) von einer Fraktion oder von 5% der Mitglieder des Bundestags unterzeichnet werden müssen. Schließlich ist darzulegen, dass die Vorschrift des § 76 GO BT eine ver-

858

[1357] BVerfGE 1, 144, 153; *Nolte/Tams*, Jura 2000, 158, 159; *Conradt*, JuS 2000, L 52, 55. Vgl. nun auch *Elicker*, JA 2005, 513.

[1358] Vgl. *Nolte/Tams*, Jura 2000, 158, 159; *Conradt*, JuS 2000, L 52, 54.

[1359] Diese Regelung wird allgemein als verfassungsgemäß betrachtet, da sie von der Geschäftsordnungsautonomie umfasst und diese durch Art. 40 I S. 2 GG garantiert ist, vgl. *Pieroth*, in: J/P, GG, Art. 76 Rn 2; *Sannwald*, in: Schmidt-Bleibtreu/Hofmann/Henneke, GG, Art. 76 Rn 31; *Ipsen*, Rn 226.

> fassungsmäßige Konkretisierung des Art. 76 I GG darstellt und dass somit eine Ge-
> setzesvorlage eines einzelnen Abgeordneten von einer Fraktion oder von 5 % der
> Mitglieder des Bundestags unterschrieben werden muss. Ist das nicht der Fall, ist
> zwar an eine Verfassungswidrigkeit des Gesetzes zu denken, aber dadurch, dass
> der Bundestag die Gesetzesinitiative weiterverfolgt und diese sich somit zu eigen
> macht, ist der Verstoß gegen § 76 GO BT geheilt.

2. Das Vorverfahren (Art. 76 II, III GG)

a. Vorlagen der Bundesregierung (Art. 76 II GG)

859   Gemäß Art. 76 II S. 1 GG sind Vorlagen der Bundesregierung, bevor sie beim Bundestag eingebracht werden, zunächst dem Bundesrat zuzuleiten, damit dieser eine
Stellungnahme abgeben kann. Gibt der Bundesrat eine Stellungnahme ab, ist dies für
das weitere Gesetzgebungsverfahren nicht bindend (arg. e Art. 77 II, III GG). Der
Sinn der Regelung besteht darin, dass der Bundestag bei seinen Beratungen bereits
die Auffassung des Bundesrats kennt und ggf. das Gesetz so beschließt, dass anschließend im Bundesrat keine größeren Konflikte entstehen. In der **Fallbearbeitung**
können vor allem zwei Problemkreise relevant werden:

860   **aa.** Zunächst ist es möglich, dass die **Bundesregierung die Gesetzesvorlage,
ohne sie zuvor dem Bundesrat zuzuleiten, direkt beim Bundestag einbringt**,
damit dieser über die Vorlage beschließt. Beschließt der Bundestag dann das Gesetz,
stellt sich die Frage nach der Verfassungsmäßigkeit dieses Gesetzes.

Beispiel: Die Bundesregierung berät die Einbringung eines neuen Biotechnologiegesetzes. Da sie aufgrund der politischen Mehrheitsverhältnisse keine Einwände des
Bundesrats befürchtet, hält sie das Verfahren nach Art. 76 II S. 1 GG für überflüssig
und bringt ihre Gesetzesvorlage direkt beim Bundestag ein. Dieser beschließt das Gesetz wie von der Bundesregierung vorgesehen.
Wegen der Missachtung der Vorschrift des Art. 76 II S. 1 GG und der damit verbundenen Missachtung des Mitwirkungsrechts des Bundesrats im Gesetzesinitiativverfahren
könnte das Biotechnologiegesetz verfassungswidrig sein. Unter welchen Voraussetzungen ein Verstoß gegen Art. 76 II S. 1 GG beachtlich ist und somit zur Verfassungswidrigkeit des Gesetzes führt, wird unterschiedlich gesehen.

⇨ Nach *überwiegender Auffassung* ist ein Verstoß gegen Art. 76 II S. 1 GG beachtlich
und das Gesetz verfassungswidrig, wenn die Vorschrift des Art. 76 II S. 1 GG eine
materiell-rechtliche Vorschrift darstellt. Handele es sich bei Art. 76 II S. 1 GG
lediglich um eine Ordnungsvorschrift, führe ein Verstoß hiergegen nicht notwendigerweise zur Nichtigkeit.[1360]
Für das Vorliegen einer bloßen Ordnungsvorschrift spricht, dass Stellungnahmen
des Bundesrats im Gesetzesinitiativverfahren nicht bindend sind.[1361] Bindende Stellungnahmen kann der Bundesrat immer noch im eigentlichen Gesetzgebungsverfahren nach Art. 77-79 GG abgeben. Dort ist ohnehin die Mitwirkung des Bundesrats zumindest bei Zustimmungsgesetzen konstitutiv. Andererseits spricht der Wortlaut des Art. 76 II S. 1 GG von einer Verpflichtung: „Gesetzesvorlagen der Bundesregierung *sind* zunächst dem Bundesrat zuzuleiten". Der Sinn dieser Regelung besteht darin, dass der Bundestag frühzeitig über die Auffassung des Bundesrats informiert ist und daher das Gesetz bereits so gestalten kann, dass es den Bundesrat
ohne große Einwände „passieren" wird.

Vorliegend lassen die politischen Mehrheitsverhältnisse im Bundesrat keine Einwände desselben im späteren Gesetzgebungsverfahren befürchten. Gleichwohl ist der

---

[1360] Vgl. BVerfGE 44, 308, 313.
[1361] Vgl. dazu *Pieroth*, in: J/P, GG, Art. 76 Rn 6; *Sannwald*, in: Schmidt-Bleibtreu/Hofmann/Henneke, GG, Art. 76 Rn 41.

Wortlaut des Art. 76 II S. 1 GG eindeutig, wonach Gesetzesvorlagen der Bundesregierung zunächst dem Bundesrat zuzuleiten *sind*. Unterbleibt diese Zuleitung, ist ein gleichwohl vom Bundestag beschlossenes Gesetz nicht nach den Vorschriften *dieses* Grundgesetzes zustande gekommen (vgl. Art. 82 GG). Ist ein Gesetz nicht nach den Vorschriften *dieses* Grundgesetzes zustande gekommen, führt das zur Verfassungswidrigkeit des Gesetzes.[1362]

⇨ Teilweise wird nicht darauf abgestellt, ob Art. 76 II S. 1 GG eine materiell-rechtliche Vorschrift darstellt, sondern generell darauf, ob Verstöße gegen Verfahrensbestimmungen mit Rücksicht auf das Gebot der Rechtssicherheit **evident** waren.[1363] Nur bei evidenten Verstößen gegen grundgesetzliche Verfahrensbestimmungen sei eine Verfassungswidrigkeit des Gesetzes anzunehmen. Vorliegend war das Umgehen des Bundesrats evident, sodass auch dieser Ansatz zur Verfassungswidrigkeit des Biotechnologiegesetzes führt. Eine Entscheidung, welcher Auffassung zu folgen ist, bedarf es somit nicht.

Ergebnis: Da es sich bei der Verfahrensvorschrift des Art. 76 II S. 1 GG zum einen nicht um eine bloße Ordnungsvorschrift, sondern um eine materiell-rechtliche Verfassungsbestimmung handelt und zum anderen der Fehler evident war, führt die Nichtbeachtung der Vorschrift des Art. 76 II S. 1 GG zur Verfassungswidrigkeit des Biotechnologiegesetzes.

> **Hinweis für die Fallbearbeitung:** Es ist kaum eine Fallgestaltung denkbar, bei der die beiden dargestellten Ansätze zu unterschiedlichen Ergebnissen kommen. Daher sollte in der Fallbearbeitung das Problem wie oben dargestellt behandelt werden.

bb. In der zweiten Fallgestaltung **bringt die Bundesregierung nicht selbst Gesetzesvorlagen ein, sondern lässt diese über die sie tragende(n) Bundestagsfraktion(en) beim Bundestag einbringen**, um das Verfahren nach Art. 76 II S. 1 GG zu umgehen. Ob auch diese (bereits in der Einführung genannte) Fallgestaltung verfassungswidrig ist, soll folgendes Beispiel zeigen:

861

Beispiel: Da die Bundesregierung immer noch an der Verabschiedung des Biotechnologiegesetzes festhält, nun aber einsieht, dass sie die Gesetzesvorlage zunächst dem Bundesrat zuleiten muss, kommt sie auf folgende Idee: Da die vorherige Zuleitung der Gesetzesvorlage an den Bundesrat nicht erforderlich ist, wenn die Gesetzesvorlage aus der Mitte des Bundestags kommt, lässt sie die Vorlage zum Biotechnologiegesetz über die sie tragende Koalition beim Bundestag einbringen.

1. Verstoß gegen Art. 76 II S. 1 GG?

Auch hier liegt letztlich eine Umgehung der Regelung des Art. 76 II S. 1 GG vor. Da aber Gesetzesvorlagen ohne weiteres aus der Mitte des Bundestags beim Bundestag eingebracht werden können, ohne dass sie zunächst dem Bundesrat zuzuleiten wären, ist die Vorgehensweise der Bundesregierung verfassungsrechtlich nicht zu beanstanden, wenn die Gesetzesvorlage zum Biotechnologiegesetz als aus der Mitte des Bundestags stammend eingestuft werden kann. Dies ist vorliegend der Fall: Formaljuristisch stammt die Gesetzesvorlage von der Regierungskoalition, also aus der Mitte des Bundestags. Dass die eigentliche Initiative von der Bundesregierung ausging, ist unschädlich.[1364] Die Regierungskoalition hat sich die Gesetzesvorlage zu eigen gemacht. Diese Vorgehensweise entspricht der Staatspraxis.

[1362] Für Rechtswidrigkeit auch *Pieroth*, in: J/P, GG, Art. 76 Rn 5.
[1363] Vgl. BVerfGE 91, 148, 175.
[1364] So auch *Ipsen*, Rn 226 und *Stern*, StaatsR II, § 37 III 4b. Vgl. auch *Otto/Sauer*, JuS 2011, 235, 238.

2. Verstoß gegen den Grundsatz der Organtreue?

Möglicherweise ergibt sich aber die Unzulässigkeit der Vorgehensweise aus dem Grundsatz der Organtreue. Dieser Grundsatz besagt, dass Staatsorgane untereinander zu rücksichtsvollem Umgang und einem Mindestmaß an Kooperation verpflichtet sind.[1365] Gerade für den Fall, dass die Bundesregierung durch gezielte Umgehung der Vorschrift des Art. 76 II S. 1 GG das Mitwirkungsrecht des Bundesrats verkürzt, könnte sie gegen den Grundsatz der Organtreue verstoßen haben. Allerdings ist fraglich, ob der Grundsatz der Organtreue von solch hohem Verfassungsrang ist, dass seine Missachtung zur formellen Verfassungswidrigkeit des Gesetzes führen kann. Die Frage kann aber dahinstehen, weil die Bundesregierung formal-juristisch korrekt gehandelt hat. Die sie stützende Regierungskoalition hat sich den Gesetzentwurf zu eigen gemacht und beim Bundestag eingebracht. Daher kann im Ergebnis nichts anderes gelten als hinsichtlich des Ergebnisses der unter 1. behandelten Frage nach einem Verstoß gegen Art. 76 II S. 1 GG.

3. Ergebnis

Insgesamt hat sich die Bundesregierung mit der Umgehung der Verfahrensvorschrift des Art. 76 II S. 1 GG nicht rechtsmissbräuchlich verhalten. Eine Verfassungswidrigkeit des Gesetzes kann somit nicht festgestellt werden.[1366]

b. Vorlagen des Bundesrats (Art. 76 III GG)

862

Gesetzesvorlagen des Bundesrats sind gem. Art. 76 III S. 1 GG dem Bundestag durch die Bundesregierung innerhalb von sechs Wochen zuzuleiten. Die Bundesregierung soll hierbei ihre Auffassung darlegen (Art. 76 III S. 2 GG). Das Modalverb „soll" bedeutet, dass die Bundesregierung zwar im Regelfall, nicht aber in begründeten Ausnahmefällen hierzu verpflichtet ist.

II. Das Hauptverfahren

863

Ist die Gesetzesinitiative nach den o.g. Grundsätzen beim Bundestag eingebracht worden, muss der Bundestag sich mit ihr befassen. Er muss darüber beraten und Beschluss fassen.[1367]

1. Der Gesetzesbeschluss des Bundestags
a. Die Gesetzesberatungen nach §§ 78 ff. GO BT

864

Im Bundestag wird über die Gesetzesvorlage grundsätzlich in **drei Lesungen** beraten, §§ 78 ff. GO BT („Beratungen"). In der **ersten Lesung** findet eine allgemeine Aussprache i.d.R. nicht statt. Vielmehr werden die Gesetzesvorlagen durch Beschluss an die zuständigen Ausschüsse überwiesen (§ 80 GO BT). Die **zweite Lesung** findet nach Abschluss der Ausschussberatungen und aufgrund der Empfehlung der beteiligten Ausschüsse statt. Die zweite Lesung dient der Detailberatung der Ausschussberichte. In ihr findet also die eigentliche demokratische Willensbildung des Plenums statt. Es können auch noch Änderungen des Gesetzentwurfs beantragt werden (§ 82 GO BT). Sofern keine Änderungen des Gesetzentwurfs beschlossen wurden, folgt die **dritte Lesung** (§ 84 S. 1 lit. a GO BT), im Übrigen am zweiten Tag nach Verteilung der Drucksachen mit den beschlossenen Änderungen (§ 84 S. 1 lit. b GO BT). Die dritte Lesung dient der Vorbereitung der Schlussabstimmung nach § 86 GO BT. Diese

---

[1365] *Stern*, StaatsR I, § 4 III 8 c.

[1366] Ein ähnliches Problem stellt sich, wenn z.B. ein Bundesminister eine Rechtsanwaltskanzlei beauftragt, einen Gesetzentwurf zu erarbeiten, der von der Kanzlei erarbeitete Entwurf unverändert in den Bundestag eingebracht wird, der Bundestag diesen Entwurf unverändert übernimmt und als Gesetz verabschiedet. Auch hier hat sich der Bundestag den Gesetzentwurf zu eigen gemacht. Ein Verstoß gegen Art. 76 II S. 1 GG oder das Demokratieprinzip liegt dann nicht vor (vgl. auch *Otto/Sauer*, JuS 2011, 235, 238; kritisch, aber wenig überzeugend *Kloepfer*, NJW 2011, 131 ff.).

[1367] BVerfGE 1, 144, 153; 2, 143, 173.

Schlussabstimmung bedeutet – sofern der Bundestag der Gesetzesvorlage zustimmt – den Gesetzesbeschluss nach Art. 77 I S. 1 GG. Für diesen Gesetzesbeschluss genügt im Regelfall die **Mehrheit der abgegeben Stimmen** (Art. 42 II GG). Eine qualifizierte Mehrheit ist nur bei Verfassungsänderungen (2/3-Mehrheit) und sonst im Grundgesetz vorgesehenen Fällen erforderlich, vgl. dazu Rn 441 ff.

In der **Fallbearbeitung** stellen sich regelmäßig zwei Probleme: Das erste besteht darin, dass der Bundestag ein Gesetz beschlossen hat, ohne es zuvor in drei Lesungen beraten zu haben (Rn 865). Das andere Problem besteht darin, dass bei dem Gesetzesbeschluss nur so wenige Abgeordnete im Bundestag anwesend waren, dass die Beschlussfähigkeit angezweifelt wird (Rn 868).

b. Gesetzesbeschluss ohne Durchführung von drei Beratungen

Eine Beratung von Gesetzentwürfen in drei Lesungen fordert die Verfassung nicht ausdrücklich. Vielmehr überlässt sie die Ordnung des Gesetzgebungsverfahrens insoweit der autonomen Satzungsgewalt des Bundestags (vgl. Art. 40 I S. 2 GG). Beschließt der Bundestag daher ein Gesetz, ohne drei Lesungen eingehalten zu haben, ist fraglich, ob überhaupt ein Verfassungsverstoß angenommen werden kann. Allerdings ist – wie bereits bei Rn 857 gesagt – unbestritten, dass bestimmte Verstöße gegen die Geschäftsordnung in Ausnahmefällen auch die Verfassungswidrigkeit des Gesetzes zur Folge haben können. Um einen Verfassungsverstoß annehmen zu können, wird aber vorausgesetzt, dass die verletzte Vorschrift der Geschäftsordnung einen „verfassungsrelevanten" Inhalt besitzt, indem sie etwa eine Bestimmung des Grundgesetzes wiederholt oder einen wesentlichen Verfassungsinhalt konkretisiert.[1368] Da das Grundgesetz die Zahl der Lesungen nicht vorschreibt, die in der Geschäftsordnung etwa hätten wiederholt werden können, kommt es folglich darauf an, ob die §§ 78 ff. GO BT einen wesentlichen Verfassungsinhalt konkretisieren. Dies ist nach der hier vertretenen Auffassung zu verneinen. Zwar wird durch die Zahl der vorgeschriebenen Lesungen die Parlamentsarbeit wesentlich bestimmt, das Erfordernis von drei Lesungen gehört jedoch nicht zu den unabdingbaren Grundsätzen demokratischer rechtsstaatlicher Ordnung.[1369] **Daher führt ein Verstoß gegen die §§ 78 ff. GO BT nicht zur Verfassungswidrigkeit des Gesetzes.**

865

Eine andere Frage ist es, ob ein Verstoß gegen die §§ 78 ff. GO BT ein Verstoß gegen die GO BT selbst bedeutet. Aber auch ein Verstoß gegen die GO BT selbst liegt nicht vor, wenn die Abweichung von der betreffenden Bestimmung der Geschäftsordnung durch 2/3 der anwesenden Mitglieder beschlossen wird und das Grundgesetz dem nicht entgegensteht (§ 126 GO BT).

866

> **Beispiel:** Der Bundestag behandelt eine Gesetzesnovelle zum Gentechnikgesetz. Da breiter Konsens über die künftige Gesetzesfassung besteht, beschließt der Bundestag mit 300 von 450 anwesenden Abgeordneten, das Gesetz in nur einer Lesung zu verabschieden. Nachdem das Gesetz auf diese Weise verabschiedet wurde, macht der oppositionelle Abgeordnete A geltend, das Gesetz sei nicht rechtmäßig beschlossen worden. Zu Recht?
>
> Nach den oben gemachten Ausführungen liegt ein Verfassungsverstoß nicht vor, da die Zahl von drei Lesungen von Verfassungs wegen nicht gefordert wird. Die Verabschiedung des Gesetzes nach nur einer Lesung widerspricht aber § 78 I S. 1 GO BT. Gleichwohl liegt auch ein Verstoß gegen die Geschäftsordnung nicht vor, wenn die Abweichung von der betreffenden Bestimmung der Geschäftsordnung durch 2/3 der anwesenden Mitglieder beschlossen wurde und das Grundgesetz dem nicht entgegensteht

---

[1368] Vgl. Rn 857 m. Nachw.
[1369] BVerfGE 1, 144, 153; 29, 221, 234; *Conradt*, JuS 2000, L 52, 53, 55.

(§ 126 GO BT). Da vorliegend 300 von 450 anwesenden Abgeordneten für die Verfahrensverkürzung stimmten, kann auch ein Verstoß gegen die Geschäftsordnung nicht festgestellt werden.

Hinweis für die Fallbearbeitung: In einer Staatsorganisationsrechtsklausur, die die Gesetzgebung nach Art. 76 ff. GG zum Gegenstand hat, kommt es nicht selten vor, dass gegen Vorschriften der GO BT (insbesondere gegen die Zahl der Beratungen, § 78 ff. GO BT) verstoßen worden ist. Bei der Frage, ob das zu untersuchende Gesetz deswegen verfassungswidrig ist, muss das Problem erörtert werden, ob Verstöße gegen die GO BT zur formellen Verfassungswidrigkeit von Gesetzen führen. Da die Zahl der erforderlichen Beratungen nicht im Grundgesetz vorgeschrieben ist, das Zustandekommen von Bundesgesetzen sich aber nach den Art. 70 ff. GG richtet, kann ein Verstoß gegen die §§ 78 ff. GO BT auch nicht zur formellen Verfassungswidrigkeit des Gesetzes führen. Selbstverständlich kann ein Verstoß gegen die GO BT vorliegen, der aber keinen Einfluss auf die Verfassungsmäßigkeit des Gesetzes hat.

Für die **Fallbearbeitung** empfiehlt sich folgende Vorgehensweise: Hat der Bundestag ein Gesetz beschlossen, ohne zuvor drei Lesungen durchgeführt zu haben, muss die Frage aufgeworfen werden, ob das Gesetz überhaupt wirksam zustande gekommen ist. Das Grundgesetz selbst enthält keine Vorschriften darüber, ob und wie oft Gesetzesvorlagen zu beraten sind, bevor darüber Beschluss gefasst wird. Vielmehr verlangt das Grundgesetz gem. Art. 82 GG lediglich, dass das Gesetz den Vorschriften *dieses* Grundgesetzes entspricht. Zu diesen Vorschriften des Grundgesetzes gehören eben nicht die Vorschriften der GO BT. **Verstöße gegen die §§ 78 ff. GO BT führen also nicht zur Verfassungswidrigkeit von Gesetzen**. Ein Verfassungsverstoß kann demnach nicht festgestellt werden. Sodann ist (bei entsprechender Fallfrage) auf die Frage einzugehen, ob wenigstens ein Verstoß gegen die Geschäftsordnung selbst vorliegt. Hier sind die Vorschriften der §§ 78 ff. GO BT zu benennen, wonach drei Lesungen vorgeschrieben sind. Der Bundestag kann aber von dieser Regelung abweichen, wenn dies durch 2/3 der anwesenden Mitglieder beschlossen wird und das Grundgesetz dem nicht entgegensteht (§ 126 GO BT). Sodann ist darzulegen, ob die erforderliche Zahl von Abgeordneten anwesend war und die Abweichung von den §§ 78 ff. GO BT beschlossen hat. Ist dies der Fall, verstößt das Gesetz auch nicht gegen die Geschäftsordnung. Aber auch wenn die Abweichung von den §§ 78 ff. GO BT nicht durch 2/3-Mehrheit festgestellt werden konnte, ist das Gesetz nicht unwirksam, denn wie bereits erwähnt, ist die Zahl der erforderlichen Gesetzesberatungen nicht im Grundgesetz vorgeschrieben.[1370]

867

---

c. Gesetzesbeschluss bei nur wenigen anwesenden Abgeordneten

868 Wie bereits mehrfach ausgeführt, genügt für den Gesetzesbeschluss nach Art. 77 I S. 1 GG im Regelfall die **Mehrheit der abgegebenen Stimmen** (Art. 42 II GG).[1371] Selbstverständlich setzt ein Gesetzesbeschluss die Beschlussfähigkeit des Bundestags voraus. Ein Problem stellt sich also dann, wenn so wenige Parlamentsabgeordnete anwesend sind, dass die Beschlussfähigkeit des Bundestags bezweifelt werden muss.

Beispiel: Der Bundestag beschließt ein Gesetz, wonach bestimmte biotechnologische Verfahren künftig der behördlichen Genehmigung bedürfen. Bei der Beschlussfassung waren nur 60 Abgeordnete anwesend. Biotechnologiekonzern B, der sich auf das Klonen von Menschen spezialisiert hat, ist der Auffassung, das Gesetz sei wegen Beschlussunfähigkeit des Bundestags nicht wirksam zustande gekommen und geht weiterhin von der Genehmigungsfreiheit seiner Tätigkeit aus. Zu Recht?

[1370] Vgl. aber das sogleich dargestellte Problem, bei dem so wenige Abgeordnete anwesend sind, dass die Beschlussfähigkeit des Bundestags bezweifelt werden muss.
[1371] Zu beachten ist, dass nach h.M. Stimmenthaltungen nicht zu den abgegebenen Stimmen zählen.

Ebenso wenig wie das Grundgesetz die Zahl der Gesetzesberatungen vorschreibt, **869** enthält es Regelungen über die Beschlussfähigkeit. Dass der Bundestag bei der Beschlussfassung aber beschlussfähig sein muss, liegt in der Natur der Sache. Das Grundgesetz überlässt diese Frage der Geschäftsordnungsautonomie des Bundestags (vgl. Art. 40 I S. 2 GG). Dieser hat die Beschlussfähigkeit in § 45 GO BT geregelt. Danach ist der Bundestag beschlussfähig, wenn mehr als die Hälfte seiner Mitglieder anwesend ist (§ 45 I GO BT). Da die Anwesenheit der Hälfte der Mitglieder des Bundestags aber nicht der Staatspraxis entspricht, sieht die GO BT vor, dass der Bundestag so lange beschlussfähig ist, bis die Beschlussfähigkeit bezweifelt und die Beschluss<u>un</u>fähigkeit festgestellt wurde (§ 45 II GO BT). Das Bezweifeln der Beschlussfähigkeit muss von einer Fraktion oder von anwesenden 5% der Mitglieder des Bundestags ausgehen. Mit dieser Regelung wird die Beschlussfähigkeit also fingiert, obwohl sie tatsächlich nicht besteht.[1372]

> Im **Beispiel** von Rn 868 ist die Beschlussfähigkeit nicht bezweifelt worden. Daher war der Bundestag gem. § 45 I, II GO BT grundsätzlich als beschlussfähig anzusehen.

Schwierigkeiten bestehen aber dort, wo noch nicht einmal so viele Abgeordnete **870** anwesend sind, dass die Beschlussfähigkeit bezweifelt und die Beschlussunfähigkeit festgestellt werden kann. Hier wird man trotz fehlender Feststellung der Beschlussunfähigkeit davon ausgehen müssen, dass der Bundestag nicht beschlussfähig ist. Denn sind nur so wenige Abgeordnete anwesend, dass noch nicht einmal die Beschluss*un*fähigkeit festgestellt werden kann, wäre es mit dem Prinzip der repräsentativen Demokratie (Art. 20 II, 38 I GG) kaum vereinbar, wenn der Bundestag in diesem Zustand Gesetze beschließen könnte.[1373]

> Geht man im **Beispiel** von Rn 868 von einer gesetzlichen Mitgliederzahl von 630 (vgl. Rn 136) aus, hätten mindestens 32 Abgeordnete anwesend sein müssen. Das war der Fall. Vorliegend waren 60 Mitglieder anwesend. Da auch niemand die Beschlussfähigkeit angezweifelt hat, war der Bundestag beschlussfähig. Das Gesetz ist daher nicht wegen Beschlussunfähigkeit verfassungswidrig.

> **Hinweis für die Fallbearbeitung:** Dass der Bundestag im beschlussunfähigen **871** Zustand einen Gesetzesbeschluss gefasst hat, die Beschlussunfähigkeit aber nicht durch Abstimmung positiv festgestellt wurde, ist ein sehr beliebtes Klausurthema. Bei der zu behandelnden Frage, ob der zu prüfende Beschluss formell ordnungsgemäß zustande gekommen ist, muss zunächst die Beschlussfähigkeit des Bundestags geprüft werden. Gemäß § 45 I GO BT ist der Bundestag beschlussfähig, wenn mehr als die Hälfte seiner Mitglieder im Sitzungssaal anwesend ist. Ist also nicht mehr als die Hälfte der Mitglieder des Bundestags anwesend, ist der Bundestag an sich nicht beschlussfähig. Damit ist der fragliche Beschluss aber (noch) nicht formell rechtswidrig, denn die Beschlussunfähigkeit liegt nicht automatisch vor. Diese muss vielmehr positiv festgestellt werden (§ 45 II und III GO BT). Bis zu der positiven Feststellung der Beschlussunfähigkeit sind Beschlüsse trotz materiellen Vorliegens der Beschlussunfähigkeit zumindest formell rechtmäßig.
> Zur Feststellung der Beschlussunfähigkeit sind aber eine Fraktion oder 5% der gesetzlichen Mitgliederzahl des Bundestags erforderlich (§ 45 II S. 1 GO BT). Sind weniger als 5% der gesetzlichen Mitglieder anwesend, wird man davon ausgehen müssen, dass der Bundestag keinesfalls beschlussfähig ist, auch wenn seine Beschlussunfähigkeit nicht positiv festgestellt wurde. Würde man hier eine Beschluss-

---

[1372] Das BVerfG hat diese Regelung in E 44, 308, 320 (Beschlussfähigkeit des Bundestags) für verfassungsgemäß gehalten. Vgl. dazu auch *Nolte/Tams*, Jura 2000, 158, 161; *Huber*, JuS 2012, 140, 144.
[1373] A.A. vertretbar, etwa mit dem Argument, dass die wesentliche parlamentarische Arbeit in den Ausschüssen stattfindet und zur Abstimmung nur noch Vertreter der Parteien entsendet werden (vgl. dazu BVerfGE 44, 308, 315).

> fähigkeit annehmen, wäre dies mit dem Prinzip der repräsentativen Demokratie (Art. 20 II GG) kaum vereinbar.

2. Die Mitwirkung des Bundesrats im Gesetzgebungsverfahren

872 Die Mitwirkung des Bundesrats bei der Gesetzgebung des Bundes ist ein entscheidendes Kriterium für das Funktionieren des Bundesstaates. Der Grad der Mitwirkung bemisst sich nach der Art des Gesetzes, d.h. danach, ob es sich um ein Einspruchsgesetz oder um ein Zustimmungsgesetz handelt.

a. Einspruchs- und Zustimmungsgesetze

873 Ein **Einspruchsgesetz** ist ein Gesetz, das auch ohne eine Handlung des Bundesrats zustande kommt. Demgegenüber ist bei einem **Zustimmungsgesetz** der Zustimmungsakt konstitutiv. Grundsätzlich sind Gesetze Einspruchsgesetze. Ein Zustimmungsgesetz liegt nur dann vor, wenn das Grundgesetz von einer „Zustimmung des Bundesrats" spricht (Enumerationsprinzip). Das sind Fälle, in denen die Länderinteressen nachhaltig berührt werden[1374] und betrifft die Bereiche **Verfassung**, **Finanzen** und **Verwaltung**.

874 Das Grundgesetz nennt u.a. Art. 16a II, 23 I S. 2, 23 VII, 29 VII, 72 III S. 2, 73 II, 74 II, 79 II, 84 I S. 6 u. V S. 1, 85 I S. 1, 87 III S. 2, 87b I S. 3 u. 4 u. II S. 1 u. 2, 87c, 87d II, 91a II, 104a IV u. VI S. 4, 104b II S. 1, 105 III, 106 III S. 3, IV S. 2, V S. 2, Va S. 2, VI S. 5, 106a, 107 I S. 2 und S. 4, 108, 109 III, IV, V S. 4, 115a ff., 120a I S. 1, 134 IV und Art. 135 V.[1375] Fehlt eine entsprechende Formulierung, handelt es sich um Einspruchsgesetze.

875 Allein dieser Katalog lässt vermuten, dass der Anteil der Zustimmungsgesetze an der Bundesgesetzgebung weitaus höher ist als derjenige der Einspruchsgesetze. Immerhin ist der Regelungsbereich des Art. 84 I GG, dem „Haupteinfallstor" für eine Zustimmungsbedürftigkeit von Bundesgesetzen, durch die Verfassungsänderung 2006 verengt worden (vgl. dazu Rn 878 ff.).

876 Davon unabhängig ist ein Gesetz insgesamt zustimmungspflichtig, wenn es auch nur eine einzige zustimmungspflichtige Vorschrift enthält (sog. **Einheitstheorie**).[1376] Das wird insbesondere beim erstmaligen Erlass eines umfangreichen Gesetzeswerkes relevant. Hier kann oft nicht zwischen zustimmungspflichtigen Teilen und solchen, die nicht der Zustimmungspflicht unterfallen, unterschieden werden. Abzustellen ist daher auf das Gesetz als Einheit. Durch die Zustimmung übernimmt der Bundesrat die Mitverantwortung für das gesamte Gesetz. Dementsprechend führt die fehlende Zustimmung des Bundesrats zur Nichtigkeit des gesamten Gesetzes, auch wenn nur Teile desselben von der Zustimmungspflicht betroffen waren. Etwas anderes gilt hinsichtlich **späterer Änderungen von Zustimmungsgesetzen**. Zustimmungspflichtig sind Änderungsgesetze zu Zustimmungsgesetzen nach der h.M. nur dann, wenn das Änderungsgesetz selbst zustimmungsbedürftige Teile enthält, wenn es Vorschriften ändert, die die Zustimmungsbedürftigkeit des zu ändernden Zustimmungsgesetzes ausgelöst haben, oder wenn es dazu führt, dass die zustimmungsbedürftigen Vorschriften eine wesentlich andere Bedeutung und Tragweite erhalten.[1377] Vgl. dazu im Einzelnen Rn 898.

[1374] BVerfGE 37, 363, 381. Vgl. auch *Beck*, NJW 2001, 1894, 1896.

[1375] Insbesondere Art. 84 I, 91a und 104a GG wurden umfassend im Zuge der Föderalismusreform geändert, vgl. dazu ausführlich Rn 791 ff.

[1376] BVerfGE 55, 274, 326; *Schmidt*, JuS 1999, 861 ff.; *Sannwald*, in: Schmidt-Bleibtreu/Hofmann/Henneke, GG, Art. 78 Rn 11; *Beck*, NJW 2001, 1894, 1896; *Scholz/Uhle*, NJW 2001, 393, 394 f. Das führt zur Versuchung, dass der Bundestag Gesetze in einen nicht zustimmungspflichtigen und einen zustimmungspflichtigen Teil „**aufspaltet**", um ein Scheitern im Bundesrat zu umgehen (vgl. zu diesem Verfahren Rn 899).

[1377] BVerfGE 37, 363, 382 f.; 48, 127, 180; *Pieroth*, in: J/P, GG, Art. 77 Rn 5.

Fraglich ist schließlich, ob die **Aufhebung eines Zustimmungsgesetzes** zustimmungspflichtig ist. Dagegen spricht, dass die Zustimmung des Bundesrats beim Erlass des ursprünglichen Gesetzes nur als Ausgleich dafür diente, dass der Bund in die Organisationshoheit der Länder eingegriffen hat. Hebt der Bund daher dieses (die Länder belastende) Gesetz wieder auf, entfällt die Belastung, was darauf schließen lassen könnte, dass eine Zustimmung des Bundesrats nicht erforderlich ist.[1378] Für eine Zustimmungspflicht auch bei Gesetzen, die ein zustimmungspflichtiges Gesetz aufheben, spricht allerdings, dass der Bundesrat ursprünglich eine Mitverantwortung für das Bundesgesetz übernommen hat. Daher ist es nur konsequent, wenn der Bundesrat auch bei der Aufhebung des Bundesgesetzes konstitutiv mitwirkt.

876a

> **Hinweis für die Fallbearbeitung:** In der Fallbearbeitung ist die Einordnung des fraglichen Gesetzes als Einspruchs- oder Zustimmungsgesetz oft von entscheidender Bedeutung, da ein Einspruchsgesetz bereits dann zustande kommt, wenn der Bundesrat entweder keinen Einspruch einlegt, den Einspruch nicht fristgerecht einlegt oder er vom Bundestag überstimmt wird. Ein Zustimmungsgesetz kommt demgegenüber auf jeden Fall nur dann zustande, wenn der Bundesrat ausdrücklich zustimmt. Bleibt der Bundesrat also untätig bzw. lässt die in Art. 77 GG genannte Drei-Wochen-Frist verstreichen, ohne Einspruch einzulegen (bzw. das Vermittlungsverfahren einzuleiten), kommt das fragliche Gesetz nur dann zustande, wenn es sich bei diesem um ein Einspruchsgesetz handelt. In der Fallbearbeitung muss daher geprüft werden, ob es sich bei dem fraglichen Gesetz um ein Einspruchs- oder Zustimmungsgesetz handelt. Wie bereits gesagt, sind Zustimmungsgesetze nur die im Grundgesetz ausdrücklich so bezeichneten Gesetze („Bundesgesetz mit Zustimmung des Bundesrats"). Das betrifft drei Fallgruppen: **Verfassung**, **Finanzen** und **Verwaltung**. Alle übrigen Gesetze sind Einspruchsgesetze.

877

Die bedeutsamste Vorschrift, die eine Zustimmungspflichtigkeit anordnete, war der (im Zuge der Föderalismusreform 2006 stark „entschärfte") **Art. 84 I GG**. Danach waren Gesetze zustimmungspflichtig, soweit sie **die Einrichtung der Behörden und das Verwaltungsverfahren** der Länder regelten.

878

Die Vorschrift des Art. 84 I GG a.F. verlieh dem Bund ohne weiteres das Recht, die Einrichtung der Behörden und das Verwaltungsverfahren der Länder (und ausnahmsweise auch der Kommunen) zu regeln. Da aber die Einrichtung der Behörden und das Verwaltungsverfahren der Länder aufgrund des Bundesstaatsprinzips und der Staatsqualität der Länder eigentlich Sache der Länder ist (vgl. insbesondere Art. 30, 83 GG), führte das Recht des Bundes, die Einrichtung der Behörden und das Verwaltungsverfahren der Länder zu regeln, zu einem Übergriff des Bundes in die Organisationshoheit der Länder. Dieser Übergriff sollte wenigstens durch das Zustimmungserfordernis bei der Gesetzgebung ausgeglichen werden. Aufgabe des Zustimmungserfordernisses des Art. 84 I GG a.F. war es also, „die Grundentscheidung der Verfassung, wonach die Länder die umfassende Verwaltungszuständigkeit haben, soweit das Grundgesetz nichts anderes bestimmt oder zulässt (Art. 30 GG), zugunsten des föderativen Staatsaufbaus mit abzusichern und zu verhindern, dass insoweit Verschiebungen im bundesstaatlichen Gefüge im Wege der einfachen Gesetzgebung über Bedenken des Bundesstaates hinweg herbeigeführt werden können."[1379]

879

Freilich änderte das Zustimmungsbedürfnis nichts an dem Umstand, dass die Zahl der zustimmungsbedürftigen Bundesgesetze zu hoch war. Daher entschloss sich der verfassungsändernde Gesetzgeber, im Zuge der Föderalismusreform 2006 die die Zustimmungspflicht auslösende Vorschrift des Art. 84 I GG grundlegend zu ändern.

880

[1378] Davon geht *Pieroth*, in: J/P, GG, Art. 77 Rn 5 aus, allerdings ohne Begründung.
[1379] BVerfGE 75, 108, 150 unter Verweis auf BVerfGE 55, 274, 318 ff.

880a Zunächst bleibt es auch nach der Verfassungsänderung dabei, dass die Länder die Einrichtung der Behörden und das Verwaltungsverfahren regeln, sofern sie die Bundesgesetze als eigene Angelegenheit ausführen (Art. 84 I S. 1 GG i.V.m. Art. 83 GG). Jedoch wird in Art. 84 I S. 2 GG nunmehr bestimmt, dass der Bund – ohne dass eine Zustimmung des Bundesrats erforderlich wäre – die Behördeneinrichtung und das Verwaltungsverfahren der Länder regeln darf. Als Ausgleich für die weggefallene Zustimmungsbedürftigkeit können die Länder aber davon abweichende Regelungen treffen (vgl. ebenfalls Art. 84 I S. 2 GG). Da es um eine Abweichung von gesetzlichen Regelungen des Bundes geht, können die Länder auch nur *durch Gesetz* von ihrer Abweichungsbefugnis Gebrauch machen (**„Abweichungsgesetzgebung"**).[1380] Übergangsfragen werden im neuen Art. 125b II GG geregelt.

880b Weichen die Länder von der bundesgesetzlichen Regelung ab (Art. 84 I S. 2 GG), gilt gem. Art. 84 I S. 4 GG die für die Abweichungsgesetzgebung eingeführte Posterioritätsregel des Art. 72 III S. 3 GG entsprechend, der zufolge das zeitlich nachfolgende Gesetz das vorangehende in seiner Anwendung sperrt (vgl. dazu Rn 819 f.). Der Bund ist seinerseits aber nicht gehindert, von seiner Kompetenz nach Art. 84 I S. 1 GG erneut Gebrauch zu machen, was zur Folge hat, dass die Posterioritätsregel erneut greift, diesmal zu seinen Gunsten. Derartige Gesetze treten in dem betreffenden Bundesland aber frühestens sechs Monate nach ihrer Verkündung in Kraft, sodass dem Land die Möglichkeit verbleibt, von der bundesgesetzlichen Regelung erneut abzuweichen (Art. 84 I S. 3 GG). Die Karenzzeit für das In-Kraft-Treten kann jedoch mit Zustimmung des Bundesrats ausgeschlossen werden (Art. 84 I S. 3 Halbs. 2 GG). Nicht ausgeschlossen wird damit freilich die Abweichungskompetenz als solche, sodass die Bundesländer auch nach In-Kraft-Treten bundesgesetzlicher Regelungen ohne Karenzfrist befugt sind, erneut abweichende Regelungen über Verwaltungsverfahren und Behördeneinrichtung zu erlassen.

880c Ob diese einem „Pingpong-Spiel" gleichende Regelungstechnik des Art. 84 I GG in der Staatspraxis jemals Bedeutung erlangen wird, darf bezweifelt werden. Denn die Länder müssen schon überzeugende Alternativen vorbringen, um nicht zu riskieren, erneut vom Bund „ausgestochen" zu werden.

880d Keinesfalls auszuschließen ist aber die Wahrscheinlichkeit, dass die Regelungstechnik des Art. 84 I GG in Prüfungen des juristischen Studiums bzw. Examens thematisiert wird. Daher soll die Regelungstechnik anhand eines Beispiels veranschaulicht werden.

> **Beispiel:** Der Bund erlässt ein Gentechnikgesetz und bestimmt darin die Einrichtung der Behörden und das Verwaltungsverfahren (vgl. Art. 84 I S. 2 GG) bei der Ausführung dieses Gesetzes. Bundesland L ist mit den Bestimmungen über die Einrichtung der Landesbehörden und des Verwaltungsverfahrens nicht einverstanden und beschließt daher ein Landesgesetz, in dem es abweichende Regelungen begründet.
>
> An sich ist ein solches Landesgesetz nicht erforderlich, sofern die Länder die Bundesgesetze als eigene Angelegenheiten ausführen (Art. 83 GG) und in diesem Fall auch über die Einrichtung der Behörden entscheiden. Vorliegend besteht aber die Besonderheit, dass der Bund von seiner Befugnis gem. Art. 84 I S. 2 GG Gebrauch gemacht hat. Will ein Bundesland hiervon abweichen und eigene Regelungen über die Behördeneinrichtung und das Verwaltungsverfahren in Bezug auf die Ausführung des konkreten Bun-

---

[1380] Für das Erfordernis eines formellen Gesetzes auch ausdrücklich die Gesetzesbegründung BT-Drs. 16/813, S. 15. Gleichwohl wird das Erfordernis eines formellen Gesetzes von einem Teil der Literatur in Frage gestellt. Mit Blick auf die nicht eindeutige Formulierung in Art. 84 I S. 2 GG, wo lediglich von „Regelungen", und nicht von „Gesetz" gesprochen werde, sowie die Organisationshoheit der Länder sei bspw. auch eine Landesrechtsverordnung ausreichend (vgl. etwa *Dittmann*, in: Sachs, GG, Art. 84 Rn 16; *Kahl*, NVwZ 2008, 712 f.). Dem steht aber nicht nur der Wille des Gesetzgebers, sondern auch das Prinzip der Rechtssicherheit und Rechtsklarheit entgegen (wie hier *Franzius*, NVwZ 2008, 492 ff.; *Mauer*, JuS 2010, 945, 949 f.).

desgesetzes erlassen, kann es dies nur über das Instrument eines Landesgesetzes (Art. 84 I S. 2 GG). Folge eines solchen Gesetzes ist, dass die ursprüngliche bundesgesetzliche Regelung in ihrer Anwendung gesperrt wird (wobei sich die Anwendungssperre freilich nur auf die Bestimmungen bzgl. der Behördeneinrichtung und des Verwaltungsverfahrens bezieht, keinesfalls auf den materiell-rechtlichen Gehalt).

Ist nunmehr der Bund mit der Abweichungsregel nicht einverstanden, kann er erneut von seiner Kompetenz nach Art. 84 I S. 1 GG Gebrauch machen und seinerseits wiederum von der Landesregelung abweichen (vgl. Art. 84 I S. 1 i.V.m. S. 4 GG i.V.m. Art. 72 III S. 3 GG).

Jedoch tritt ein solches Bundesgesetz frühestens sechs Monate nach seiner Verkündung in Kraft, soweit nicht mit Zustimmung des Bundesrats anderes bestimmt wird (Art. 84 I S. 3 und S. 4 GG). Sinn dieser Sechs-Monats-Frist ist, dass dem Land genügend Zeit verbleibt, um sich auf die neuen bundesgesetzlichen Regelungen einzustellen bzw. um seinerseits wiederum von der Bundesregelung abzuweichen.

Schließlich bestimmt Art. 84 I S. 5 GG, dass in Ausnahmefällen wegen eines **besonderen Bedürfnisses nach bundeseinheitlicher Regelung** der Bund die Abweichungsmöglichkeit der Bundesländer für das Verwaltungsverfahren – nicht aber für die Behördeneinrichtung! – ausschließen kann. Ein solches Gesetz bedarf der Zustimmung des Bundesrats (Art. 84 I S. 6 GG), sodass es wenigstens insoweit bei der bisherigen Verfassungslage geblieben ist. **880e**

Die Entstehungsgeschichte zeigt, dass das Umweltverfahrensrecht als ein Ausnahmefall i.S.v. Art. 84 I S. 5 GG vom Gesetzgeber vorgesehen wurde (BT-Drs. 16/813, S. 15 unter Bezugnahme auf die Koalitionsvereinbarung vom 18.11.2005, Anlage 2, Rn 31). Welche Fälle ansonsten als „Ausnahmefälle" angesehen werden, wird sich zeigen. Entscheidend wird v.a. aber sein, unter welchen Voraussetzungen ein besonderes Bedürfnisses nach bundeseinheitlicher Regelung vorliegt.

- Nimmt man eine Vergleichbarkeit mit der bisherigen Regelung des Art. 72 II GG (in der Fassung vom 15.11.1994 bis zum 31.8.2006) an, der die Erforderlichkeit einer bundesgesetzlichen Regelung verlangte, kann auf die diesbezügliche Rechtsprechung des BVerfG zurückgegriffen werden, bei der das Gericht bei der Frage nach der Erforderlichkeit eine äußerst restriktive Auslegung vorgenommen hat (vgl. dazu Rn 833 ff.). Demnach müsste der Bund also schon gewichtige Gründe vorbringen, warum er ein besonderes Bedürfnis nach bundeseinheitlicher Regelung i.S.v. Art. 84 I S. 5 GG annimmt.

- Es ist jedoch auch möglich, darauf abzustellen, dass der verfassungsändernde Gesetzgeber in Art. 84 I S. 5 GG nicht von „Erforderlichkeit", sondern von „Bedürfnis" nach bundeseinheitlicher Regelung spricht. So wird denn auch vertreten, dem Bund in dieser Frage einen „relativ weiten" Beurteilungsspielraum zuzubilligen, wie dies auch für die alte Bedürfnisklausel des Art. 72 II GG (Ergänze: in der bis zum 15.11.1994 geltenden Fassung) angenommen worden sei.[1381] Zwar kann dieser Standpunkt für sich in Anspruch nehmen, dass ein etwaiger Spielraum des Bundes durch das anschließende Zustimmungserfordernis in gewisser Weise kompensiert würde und zudem der verfassungsändernde Gesetzgeber wohl bewusst den Begriff der „Erforderlichkeit", der – wie in Art. 72 II GG – für eine volle Überprüfbarkeit durch das BVerfG gesprochen hätte, vermieden hat.[1382] Allerdings verkennt diese Auffassung, dass der verfassungsändernde Gesetzgeber nicht von einem Bedürfnis, sondern von einem „besonderen" Bedürfnis spricht, was eindeutig den Ausnahmecharakter eines Gesetzes i.S.v. Art. 84 I S. 5 GG

[1381] *Thiele*, JA 2006, 714, 718.
[1382] So die Argumentation von *Thiele* a.a.O.

hervorhebt.[1383] Die Annahme eines (nicht weiter nachprüfbaren) Beurteilungsspielraums liefe dieser Grundgesetzbestimmung zuwider.[1384] Vgl. dazu auch Rn 899.

880f **Fazit:** Die Änderung des Art. 84 I GG hat dazu geführt, dass die Zustimmungsbedürftigkeit von Bundesgesetzen erheblich an Bedeutung verloren hat, denn die meisten die Zustimmungspflicht auslösenden Vorschriften betrafen die Organisationshoheit der Länder. Nunmehr wird den Belangen der Länder dadurch Rechnung getragen, dass sie das Recht zur Abweichungsgesetzgebung haben. Nur noch im Fall des Art. 84 I S. 5 GG, wenn der Bund also das Abweichungsrecht der Länder ausschließen möchte, besteht weiterhin eine Zustimmungsbedürftigkeit für das Gesetz (als Ganzes).

881 Im Bereich der **Bundesauftragsverwaltung** (etwa nach Art. 87d GG oder allgemein nach Art. 85 GG) bleibt es dabei, dass bundesgesetzliche Regelungen über die „**Einrichtung der Behörden**" der Zustimmung des Bundesrats bedürfen (Art. 85 I S. 1 GG). „Einrichtung der Behörden" umfasst dabei die Errichtung (d.h. die Gründung) und Einrichtung (d.h. Ausgestaltung, innere Organisation) der Behörden, gemäß der Entscheidung des BVerfG zur Luftverkehrsverwaltung aber *nicht* die Übertragung von bestimmten Aufgaben und Befugnissen.[1385] Erst recht stelle es keine Regelung der Behördeneinrichtung dar, wenn das Bundesgesetz mittelbar auf die Tätigkeit von Landesbehörden einwirke, indem es die den Landesbehörden zufallenden (und bereits wahrgenommenen) Tätigkeiten lediglich quantitativ vermehre.[1386] Bundesgesetzliche **Regelungen des Verwaltungsverfahrens**, also Bestimmungen, „die die Tätigkeit der Verwaltungsbehörden im Blick auf die Art und Weise der Ausführung der Gesetze einschließlich ihrer Handlungsformen, die Form der behördlichen Willensbildung, die Art der Prüfung und Vorbereitung der Entscheidung, deren Zustandekommen und Durchsetzung sowie verwaltungsinterne Mitwirkungs- und Kontrollvorgänge in ihrem Ablauf regeln"[1387], bedürfen gemäß der Entscheidung des BVerfG zur Luftverkehrsverwaltung ebenfalls *nicht* (mehr) der Zustimmung des Bundesrats. Denn Art. 85 I GG n.F. sehe für die bundesgesetzliche Regelung des Verwaltungsverfahrens ein Erfordernis der Zustimmung des Bundesrats nicht vor. Auch aus systematischer Sicht ergebe sich nichts anderes: Die Bundesauftragsverwaltung zeichne sich dadurch aus, dass den Ländern schon nach der Ausgestaltung dieses Verwaltungstyps in Art. 85 GG nur die Wahrnehmungskompetenz uneingeschränkt zustehe, während die Sachkompetenz ihnen von vornherein nur unter dem Vorbehalt zugewiesen sei, dass der Bund die konkurrierende Sachkompetenz, die ihm nach Art. 85 III GG in Gestalt einer umfassenden Weisungsbefugnis zustehe, nicht in Anspruch nehme." Daher stelle es keine Systemwidrigkeit dar, die darauf hindeuten könnte, dass der Verfassungsgeber eine andere als die formulierte Regelung gewollt habe.[1388]

aa. Gesetzgebungsverfahren bei Einspruchsgesetzen

882 Beabsichtigt der Bundesrat, gegen ein Gesetz Einspruch einlegen, muss er zunächst den **Vermittlungsausschuss** (VermA) anrufen (Art. 77 III i.V.m. II GG). Dies muss innerhalb einer Frist von drei Wochen nach Eingang des Gesetzesbeschlusses geschehen (Art. 77 II S. 1 GG), anderenfalls kommt das Gesetz zustande. Die Anrufung des

---

[1383] Vgl. bereits die 7. Aufl.; wie hier nun auch *Dittmann*, in: Sachs, GG, Art. 84 Rn 21 a.E.
[1384] A.A. *Dittmann*, in: Sachs, GG, Art. 84 Rn 21, der der Auffassung ist, dass aus dem Umstand, dass ein „besonderes" Bedürfnis vorliegen müsse, der Ermessensspielraum des Gesetzgebers nicht eingeschränkt werde, sondern dass dem Gesetzgeber lediglich erhöhte Begründungslasten auferlegt würden.
[1385] BVerfG NVwZ 2010, 1146 ff.; (mit Bespr. v. *Sachs*, JuS 2010, 939).
[1386] BVerfG NVwZ 2010, 1146 ff.
[1387] BVerfGE 55, 274, 320 f.; *Schmidt*, JuS 1999, 861, 863.
[1388] BVerfG NVwZ 2010, 1146 ff.

Vermittlungsausschusses erfolgt durch Mehrheitsbeschluss, d.h. mit mindestens 35 Stimmen (vgl. Art. 52 III S. 1 GG).

Exkurs: Der **Vermittlungsausschuss** ist ein aus Bundestag und Bundesrat paritätisch zusammengesetztes Gremium. Ihm steht von Verfassungs wegen **kein eigenes Gesetzesinitiativrecht** zu (vgl. Art. 76 I GG)[1389]; er soll lediglich in Fällen unterschiedlicher Meinungen zwischen Bundestag und Bundesrat über eine Gesetzesvorlage eine Fassung finden, der beide Körperschaften zustimmen können. Ihm gehören **je 16** Mitglieder des Bundestags und des Bundesrats an (Art. 77 II GG, § 1 GO VermA[1390]).

883

- Der **Bundestag**, der seine Vertreter im Vermittlungsausschuss gem. Art. 42 II GG mit einfacher Mehrheit wählt, hat bei dieser Wahl den **Grundsatz der Spiegelbildlichkeit von Parlament und Ausschüssen** zu beachten.[1391] Der Ausschuss muss sozusagen „ein **verkleinertes Abbild** des Bundestags darstellen". Die Zusammensetzung der Bundestagsabgeordneten im Vermittlungsausschuss richtet sich demnach nach der Stärke der Fraktionen im Bundestag (vgl. auch § 12 GO BT). Welches Zählsystem dabei zur Anwendung kommt, fällt grundsätzlich in die Geschäftsordnungsautonomie des Bundestags. Dieser kann also frei wählen, ob er das Verfahren nach Hare/Niemeyer, d´Hondt oder nach Sainte-Laguë/Schepers anwendet, solange sich auf der Bundestagsbank im Vermittlungsausschuss im Ergebnis nur das Stärkeverhältnis der Fraktionen im Bundestag wiederspiegelt. Da aber nur „16 aus derzeit 630[1392]" gewählt werden, kann es bei knappen Mehrheitsverhältnissen im Bundestag zu dem misslichen Ergebnis kommen, dass es zu einer Pattsituation bei den 16 zu wählenden Abgeordneten kommt. Eine solche war Ende 2002 nach der Wahl der 16 Mitglieder des 15. Bundestags zu verzeichnen. Nach allen der genannten Zählverfahren kam es zu einer Verteilung von sieben Sitzen für die SPD-Fraktion, sieben Sitzen für die CDU-/CSU-Fraktion, einem Sitz für die FDP-Fraktion und einem Sitz für die Fraktion Bündnis 90/DIE GRÜNEN (7:7:1:1). Der Bundestag fasste daraufhin mit den Stimmen der Koalition den Beschluss, das Wahlverfahren zu korrigieren, um die Mehrheit von SPD und Bündnis 90/DIE GRÜNEN auch auf der Bundestagsbank des Vermittlungsausschusses wiederherzustellen. Danach sollte die zu verteilende Anzahl der Sitze um einen reduziert und der unberücksichtigte Platz der stärksten Fraktion (also der SPD-Fraktion) zugewiesen werden. Die Opposition beantragte daraufhin den Erlass einer einstweiligen Anordnung nach § 32 BVerfGG wegen Verletzung ihrer Rechte aus Art. 38 I S. 2 GG i.V.m. Art. 40 I S. 2, Art. 21 I, Art. 20 II und Art. 77 II GG, unterlag aber, weil das BVerfG keine offensichtliche Rechtsverletzung annahm. Das Gericht war der Auffassung, dass die Wiederherstellung der Mehrheitsverhältnisse des Plenums auf der Bundestagsbank des Vermittlungsausschusses **keine missbräuchliche Handhabung** der Geschäftsordnungsautonomie darstelle und daher verfassungsrechtlich unbedenklich sei.[1393] Nach der abw. Meinung des Richters *Broß*[1394] hat die Korrektur des Wahlverfahrens durchaus den **Grundsatz der Spiegelbildlichkeit**[1395] und die **Gleichheit der Wahl** (Art. 38 I S. 1 GG) **verletzt**. Zum einen werde die SPD-Fraktion im Vergleich zur CDU-/CSU-Fraktion überproportional (8:6) berücksichtigt und zum anderen werde der Stärke der CDU-/CSU-Fraktion bei der Zuteilung von Sitzen im Vermittlungsausschuss nicht derselbe Erfolgswert wie der SPD-Fraktion beigemessen.

[1389] Vgl. auch BVerfGE 120, 56 ff.; BVerfG NVwZ 2010, 634, 635 f.; *Sachs*, JuS 2010, 371, 372; *Ketteler/Sauer*, JuS 2012, 524, 529.
[1390] Die GO VermA (Sartorius Nr. 36) ist eine Satzung, die vom Bundestag erlassen wird und der Zustimmung des Bundesrats bedarf (Art. 77 II S. 2 GG).
[1391] BVerfG NVwZ 2015, 1751, 1752 ff.; BVerfGE 135, 317, 399 ff.; 131, 230, 235; 130, 318, 354; 112, 115, 133 ff.; 106, 253, 268; 96, 264, 282 f.; 84, 304, 323 f.; 80, 188, 221 f.
[1392] Vgl. Rn 136.
[1393] BVerfGE 106, 253, 262 unter Berufung auf BVerfGE 96, 264, 283.
[1394] BVerfGE 106, 253, 265 ff.; zustimmend *Stein*, NVwZ 2003, 557 ff.
[1395] BVerfGE 96, 264, 282; 84, 304, 323 f.

Nun hat der *2. Senat* des BVerfG im Hauptsacheverfahren mit einer Mehrheit von 5:3 Stimmen entschieden, dass die Entscheidung des Bundestags, in einer Pattsituation die zu verteilende Anzahl der Bundestagssitze im Vermittlungsausschuss um einen zu reduzieren und den unberücksichtigten Platz der stärksten Fraktion zuzuordnen, mit dem Grundsatz der Spiegelbildlichkeit nicht vereinbar sei. Denn dadurch, dass die stärkste Bundestagsfraktion (die SPD) gegenüber der zweitstärksten CDU-/CSU-Fraktion nur über einen sehr geringen Stimmenvorschuss verfüge (41,63% gegenüber 41,13%), im Vermittlungsausschuss jedoch durch die modifizierte Sitzverteilung ein ungleich höheres Gewicht erhalte (8:6), sei eine erhebliche Ungleichheit im Erfolgswert bei der Umrechnung von Mitgliederzahlen der Fraktionen bei der Besetzung des Vermittlungsausschusses gegeben.[1396]

Stellungnahme: Die Kritik des BVerfG an der Sitzverteilung des Vermittlungsausschusses ist zwar nicht ganz unberechtigt, allerdings ist das Bedürfnis der Bundestagsmehrheit an der Mehrheit auch in den Ausschüssen und damit auch auf der Bundestagsbank im Vermittlungsausschuss ebenfalls legitim. Nach der hier vertretenen Auffassung bietet sich für den Fall der Pattsituation auf der Bundestagsbank des Vermittlungsausschusses eine Verdoppelung der Mitgliederzahl des Vermittlungsausschusses (je 2 Mitglieder pro Bundesland auf der Bundesratsbank und ebenfalls 32 Mitglieder auf der Bundestagsbank) an. Dann wären die Mehrheitsverhältnisse des Bundestags auch auf der Bundestagsbank des Vermittlungsausschusses gewahrt. Dagegen wäre es nicht zulässig, das Prinzip der doppelten Mehrheit einzuführen. Denn könnte ein Beschluss des Vermittlungsausschusses nur dann ergehen, wenn sowohl auf der Bundesratsbank als auch auf der Bundestagsbank jeweils eine Stimmenmehrheit bestünde, würde sich bei unterschiedlichen Mehrheitsverhältnissen in Bundestag und Bundesrat erst recht nicht die Bundestagsmehrheit durchsetzen. Nach der Verfassung ist aber allein der Bundestag das von Verfassungs wegen berufene Gesetzgebungsorgan des Bundes. Der Bundesrat wirkt lediglich an der Gesetzgebung mit und vertritt die Länderinteressen.

Schließlich ist im Zusammenhang mit dem Vermittlungsausschuss zu beachten, dass der Grundsatz der Spiegelbildlichkeit von Parlament und Ausschüssen nach Auffassung des BVerfG nicht für die *Besetzung von Arbeitsgruppen innerhalb des Vermittlungsausschusses* gilt.[1397] Das BVerfG begründet seine Auffassung mit der „spezifischen Arbeitsweise" der Arbeitsgruppen, die nicht der des Vermittlungsausschusses selbst oder der des Bundestags entspreche. Das überzeugt nicht. Denn stehen Arbeitsgruppen nicht spiegelbildlich zum Vermittlungsausschuss, finden sich in ihm nicht die parlamentarischen Mehrheitsverhältnisse des Vermittlungsausschusses wieder. Beschlüsse der Arbeitsgruppen könnten somit nicht hinreichend Minderheitsauffassungen berücksichtigen. Entgegen der Auffassung des BVerfG sind daher auch die Arbeitsgruppen des Vermittlungsausschusses spiegelbildlich zu den Mehrheitsverhältnissen im Vermittlungsausschuss zu besetzen.[1398]

- Unabhängig von diesen Kontroversen entsendet jedes Bundesland einen Vertreter (§ 11 II GO BR). Dabei besteht – anders als im Bundesrat selbst – **kein imperatives Mandat** (Art. 77 II S. 3 GG – im Übrigen auch nicht für die Ausschussmitglieder, die vom Bundestag gewählt worden sind), weil anderenfalls die Ausarbeitung eines Kompromisses nicht möglich wäre. Wird ein Kompromiss ausgearbeitet, wird über diesen dann gem. §§ 90 GO BT und 10 II GO VermA im Bundestag beschlossen.

Die Beschlussfähigkeit des Vermittlungsausschusses bestimmt sich nach § 7 GO VermA. Beschlüsse ergehen mit **einfacher Mehrheit** (§ 8 GO VermA).

Neben dem Vorteil, dass im Vermittlungsausschuss das betreffende Gesetz so umgearbeitet wird, dass es von Bundestag und Bundesrat gleichermaßen akzeptiert werden

---

[1396] BVerfGE 112, 118 ff.
[1397] BVerfG NVwZ 2015, 1751, 1752 ff. (Zusammensetzung von Arbeitsgruppen des Vermittlungsausschusses).
[1398] Kritisch auch *Lenz*, NVwZ 2015, 1755 und *Hillgruber*, JA 2016, 156.

kann, birgt das Vermittlungsverfahren aber auch einige Gefahren in sich: So besteht zunächst **keine Pflicht** des Vermittlungsausschusses, seine Debatten öffentlich durchzuführen. Dies stellt eine **Gefahr für die Transparenz** parlamentarischer Entscheidung dar. Des Weiteren ist fraglich, in **welchem Umfang der Vermittlungsausschuss Ergänzungs- oder Änderungsvorschläge** machen darf. Das Grundgesetz enthält hierzu keine expliziten Aussagen. Offenkundig wird diese Frage zunächst dann, wenn der Vermittlungsausschuss Ergänzungen oder Änderungen vorschlägt, die inhaltlich und rechtlich über dasjenige hinausgehen, was zuvor im Bundestag beraten worden ist. Ließe man derartige Vorschläge zu, käme das Vorschlagsrecht des Vermittlungsausschusses einem Gesetzesinitiativrecht gleich. Ein solches steht dem Vermittlungsausschuss von Verfassungs wegen aber gerade nicht zu (s.o.). Aus diesen Gründen will ein Teil des Schrifttums das Ergänzungsrecht des Vermittlungsausschusses erheblich beschränken.[1399] Anderen geht dies jedoch zu weit. Sie wollen Ergänzungen zulassen, sofern sie nur in einem sachlichen Zusammenhang mit dem Gesetzesvorhaben stehen.[1400] Nur ein weiter Spielraum ermögliche es dem Vermittlungsausschuss, tragfähige Kompromisslösungen zu finden.

Das BVerfG steht in seiner Entscheidung zur begrenzten Absetzbarkeit des häuslichen Arbeitszimmers im Einkommensteuerrecht auf dem Standpunkt, dass der Vermittlungsausschuss Änderungen, Ergänzungen oder Streichungen aller vom Bundestag und Bundesrat förmlich beratenen Materien vorschlagen dürfe, solange sein Kompromissvorschlag sich nur **in den Grenzen des Anrufungsbegehrens** bewege.[1401] Allerdings fordert das Gericht bei weit gefassten Artikelgesetzen eine deutliche Begrenzung des Anrufungsbeschlusses. Schließlich ist zu beachten, dass das BVerfG der Meinung ist, dass Verfahrensfehler nur im Falle ihrer **Evidenz** verfassungswidrig seien, was etwa der Fall sei, wenn ein Gesetz durch den Vermittlungsausschuss initiiert worden sei.[1402]

Exkurs Ende.

Für die Fortsetzung des Gesetzgebungsverfahrens sind sodann zwei Konstellationen zu unterscheiden:

884

- Schlägt der Vermittlungsausschuss die Bestätigung des Gesetzentwurfs vor oder hat er das Vermittlungsverfahren ohne Vermittlungsvorschlag beendet, dann kann der Bundesrat innerhalb von zwei Wochen über den **Einspruch** entscheiden (vgl. Art. 77 III S. 1 GG). Zum Fristbeginn vgl. Art. 77 III S. 2 GG.

- Schlägt der Vermittlungsausschuss dagegen eine (zulässige, s.o.) Änderung des Gesetzesbeschlusses vor, hat der Bundestag erneut zu beschließen (Art. 77 II S. 5 GG); hierauf erfolgt eine erneute Behandlung im Bundesrat (gleichgültig, ob der Bundestag das Gesetz geändert hat oder nicht). Nun kann der Bundesrat innerhalb von zwei Wochen **Einspruch** einlegen (Art. 77 III S. 1 GG). Zum Fristbeginn vgl. Art. 77 III S. 2 GG.

In beiden Konstellationen gilt: Legt der Bundesrat innerhalb der Zwei-Wochen-Frist keinen Einspruch ein, ist das Gesetz zustande gekommen (Art. 78 Var. 3 GG). Das Gleiche gilt, wenn der Bundesrat seinen Einspruch zurücknimmt (Art. 78 Var. 4 GG).

885

Legt der Bundesrat dagegen fristgemäß Einspruch ein, kann dieser vom Bundestag überstimmt werden. Je nach der Mehrheit, mit der der Einspruch vom Bundesrat beschlossen wurde, ist für die Zurückweisung des Einspruchs durch den Bundestag eine unterschiedliche Mehrheit erforderlich:

[1399] So *Jekewitz*, in: Alternativkommentar, Art. 77 Rn 25 u. 23.
[1400] *Ossenbühl*, in: HdbStR III, § 63 Rn 56; *Mann*, in: Sachs, GG, Art. 77 Rn 29.
[1401] BVerfGE 101, 297, 307. Vgl. zu dieser Problematik ausführlich *Heselhaus*, JA 2001, 203 ff. sowie ferner *Kirchhof*, NJW 2001, 1332, 1333. Vgl. auch BVerfGE 120, 56 ff., wo das Gericht Änderungsvorschläge des VermA nur insoweit zulässt, wie sie sich im Rahmen der parlamentarischen Zielsetzung des Gesetzgebungsverfahrens bewegten.
[1402] BVerfG NVwZ 2010, 634, 635 f. (kein Initiativrecht des Vermittlungsausschusses).

- Hat der Bundesrat den Einspruch mit einfacher Mehrheit (d.h. mit der Mehrheit seiner Stimmen, Art. 52 III S. 1 GG) beschlossen, kann der Bundestag den Einspruch durch Beschluss der Mehrheit seiner Mitglieder (d.h. mit der absoluten Mehrheit)[1403] zurückweisen, Art. 77 IV S. 1 GG.

- Hat der Bundesrat dagegen den Einspruch mit einer Mehrheit von mindestens 2/3 seiner Stimmen beschlossen, bedarf die Zurückweisung durch den Bundestag einer 2/3-Mehrheit (der abgegebenen Stimmen), mindestens der Mehrheit der Mitglieder des Bundestags (d.h. der absoluten Mehrheit), Art. 77 IV S. 2 GG.[1404]

  Beispiel: Der Bundestag besteht aus derzeit 630 Abgeordneten (vgl. dazu Rn 136), der Bundesrat hat 69 Stimmen. Bei dem Beschluss über die Zurückweisung des Einspruchs sind im Bundestag 400 Abgeordnete anwesend.

  Hat der Bundesrat nun mit 35 Stimmen (einfache und zugleich absolute Mehrheit) Einspruch eingelegt, bedarf die Zurückweisung des Einspruchs 316 Stimmen (absolute Mehrheit) seitens des Bundestags.

  Hat der Bundesrat dagegen mit 46 Stimmen (2/3-Mehrheit) Einspruch eingelegt, bedarf die Zurückweisung an sich nur 267 Stimmen (2/3-Mehrheit von 400 abgegebenen Stimmen), aufgrund der Regelung des Art. 77 IV S. 2 GG aber mindestens der Mehrheit der gesetzlichen Mitgliederzahl. Das sind 316.

886 Weist der Bundestag den Einspruch mit der erforderlichen Mehrheit zurück, kommt das Gesetz zustande. Anderenfalls ist das Gesetzesvorhaben gescheitert.

bb. Gesetzgebungsverfahren bei Zustimmungsgesetzen

886a Trotz der infolge der Änderung des Art. 84 I GG stark verringerten Zahl an Bundesgesetzen, die der Zustimmung des Bundesrats bedürfen (vgl. dazu Rn 878 ff.), muss auf das Gesetzgebungsverfahren bei Zustimmungsgesetzen eingegangen werden.

887 Bedarf auch nur eine Norm innerhalb eines Gesetzes der Zustimmung des Bundesrats, ist das Gesetz insgesamt zustimmungspflichtig. Ohne die Zustimmung des Bundesrats (Art. 78 Var. 1 GG) kommt das Gesetz als Ganzes nicht zustande (sog. Einheitsthese). Die Anrufung des Vermittlungsausschusses ist, wie Art. 77 II a GG feststellt, nicht erforderlich. Der Bundesrat hat lediglich in angemessener Frist darüber Beschluss zu fassen, ob er dem Gesetz zustimmt oder nicht (Art. 77 II a GG). Verweigert der Bundesrat die Zustimmung, ist das Gesetzesvorhaben zunächst gescheitert. Das Gleiche gilt, wenn der Bundesrat untätig bleibt.

888 Verweigert der Bundesrat die Zustimmung, können (anders als bei Einspruchsgesetzen) auch der Bundestag und die Bundesregierung den Vermittlungsausschuss anrufen (Art. 77 II S. 4 i.V.m. S. 1 GG). Für die Anrufung des Vermittlungsausschusses durch diese beiden Staatsorgane gilt grundsätzlich keine Ausschlussfrist.[1405] Jedoch muss der Antrag auf Einberufung des Vermittlungsausschusses aus Gründen der Rechtsklarheit innerhalb einer angemessenen Frist nach Verweigerung der Zustimmung erfolgen. Ruft dagegen der *Bundesrat* den Vermittlungsausschuss an, ist fraglich, innerhalb welcher Frist dies geschehen muss. Legt man die Vorschrift des Art. 77 II S. 1 GG zugrunde, gilt die Ausschlussfrist von drei Wochen.[1406] Stellt man sich dagegen auf den Standpunkt, dass sich die Vorschrift

---

[1403] Zum Begriff der Mehrheit siehe Rn 441 ff.

[1404] Zu beachten ist, dass Stimmenthaltungen traditionell als nicht abgegebene Stimmen gelten.

[1405] Wie hier *Hömig*, in: Hömig/Wolff, GG, Art. 77 Rn 8, *Sannwald*, in: Schmidt-Bleibtreu/Hofmann/Henneke, GG, Art. 77 Rn 26 und die Staatspraxis (vgl. BR-Drs. 791/75 i.V.m. BR-Drs. 182/75); a.A. *Stern*, StaatsR II, § 37 III 7 b) α: 3-Wochen-Frist.

[1406] So *Sannwald*, in: Schmidt-Bleibtreu/Hofmann/Henneke, GG, Art. 77 Rn 25; *Jekewitz*, in: Alternativkommentar, Art. 77 Rn 19; *Mann*, in: Sachs, GG, Art. 77 Rn 9.

des Art. 77 II S. 1 GG lediglich auf Einspruchsgesetze, nicht auf Zustimmungsgesetze beziehe, gilt die Drei-Wochen-Frist nicht.[1407]

889

Wird der Vermittlungsausschuss angerufen (gleichgültig von welchem Organ), sind – wie bei Einspruchsgesetzen – auch hier für die Fortsetzung des Gesetzgebungsverfahrens sodann zwei Konstellationen zu unterscheiden:

- Schlägt der Vermittlungsausschuss die Bestätigung des Gesetzentwurfs vor oder hat er das Vermittlungsverfahren ohne Vermittlungsvorschlag beendet, dann hat der Bundesrat innerhalb einer angemessenen Frist über die Zustimmung zu entscheiden (vgl. Art. 77 II a GG).

- Schlägt der Vermittlungsausschuss dagegen eine Änderung des Gesetzesbeschlusses vor, hat der Bundestag erneut Beschluss zu fassen (Art. 77 II S. 5 GG); hierauf erfolgt eine erneute Behandlung im Bundesrat (gleichgültig, ob der Bundestag das Gesetz geändert hat oder nicht). Nun hat der Bundesrat innerhalb einer angemessenen Frist über die Zustimmung zu entscheiden (Art. 77 II a GG).

890

Verweigert der Bundesrat dann immer noch die Zustimmung, ist das Gesetzesvorhaben endgültig gescheitert. Stimmt er indes zu, ist das Gesetz zustande gekommen.

Beispiel: Das Steuerreformgesetz 2000 war aufgrund seines finanzverfassungsrechtlich relevanten Inhalts zustimmungspflichtig (vgl. nur Art. 104a III-V, 106 III-VI, 107 I GG). Da sich der Bundesrat ursprünglich weigerte, seine Zustimmung zu erteilen, konnte die Steuerreform zunächst nicht ergehen. Um dennoch die Steuerreform (in modifizierter Form) herbeizuführen, rief die Bundesregierung gem. Art. 77 II S. 4 GG den Vermittlungsausschuss an. In diesem Verfahren kam es zu keinem Kompromiss. Daraufhin hatte der Bundesrat innerhalb einer angemessenen Frist über die Zustimmung zu entscheiden (vgl. Art. 77 IIa GG). Als sich der Bundesrat am 14.7.2000 mit 41 zu 28 Stimmen entschloss, dieser Steuerreform zuzustimmen, konnte die Steuerreform ergehen.

cc. Umdeutung einer verweigerten Zustimmung als Einspruch

Ist die Zustimmungsbedürftigkeit eines Gesetzes unklar, wird der Bundesrat vorsorglich bzw. hilfsweise den Vermittlungsausschuss anrufen[1408], damit, falls es sich doch um ein Einspruchsgesetz handeln sollte, er die Frist des Art. 77 II S. 1 GG beachtet und somit das Zustandekommen des Gesetzes vorerst verhindert hat. Darüber hinaus erzwingt er dadurch eine erneute Beschlussfassung durch den Bundestag (Art. 77 IV GG).[1409] Fraglich ist, wie es sich verhält, wenn der Bundesrat von einem Zustimmungsgesetz ausgeht und durch Beschluss die Zustimmung verweigert, es sich tatsächlich aber um ein Einspruchsgesetz handelt und der Bundesrat nicht vorsorglich den Vermittlungsausschuss angerufen hat. Teilweise wird vertreten, der Beschluss des Bundesrats über die Zustimmungsverweigerung könne möglicherweise als Beschluss über die Einberufung des Vermittlungsausschusses zu deuten sein. Die h.M. hält diesen Ansatz für mit dem Grundsatz der Formstrenge, dem der Bundesrat gem. § 30 I GO BR unterliegt, unvereinbar und lehnt ihn folgerichtig ab.

891

Beispiel: Nachdem das Biotechnologiegesetz vom Bundestag beschlossen und dem Bundesrat zugeleitet wurde, ist dieser der Auffassung, es handele sich um ein Zustim-

---

[1407] So Bryde, in: v. Münch/Kunig, GG, Art. 77 Rn 10; *Pieroth*, in: J/P, GG, Art. 77 Rn 10.
[1408] Bei Einspruchsgesetzen kann der Bundesrat nicht einfach Einspruch einlegen. Aus Art. 77 II, III GG ergibt sich, dass er zunächst den Vermittlungsausschuss anrufen muss. Erst wenn das Vermittlungsverfahren beendet ist, kann er Einspruch gegen das vom Bundestag beschlossene Gesetz einlegen (Art. 77 III S. 1 GG). Anders verhält es sich bei Zustimmungsgesetzen. Bei diesen *kann* der Vermittlungsausschuss angerufen werden, *muss* aber nicht (das ergibt sich aus Art. 77 II a GG).
[1409] Vgl. dazu BVerfGE 37, 363, 396; *Stern*, StaatsR II, § 37 III 7 c, S. 630.

mungsgesetz. Da er mit dem Inhalt der Regelung nicht einverstanden ist, verweigert er (innerhalb der Frist des Art. 77 II GG) durch Beschluss die Zustimmung. Den Vermittlungsausschuss beruft er nicht ein.

Geht man davon aus, dass es sich bei dem Biotechnologiegesetz lediglich um ein Einspruchsgesetz handelt, hätte der Bundesrat den Vermittlungsausschuss anrufen müssen. Ausdrücklich hat der Bundesrat den Vermittlungsausschuss nicht angerufen, da er von einem Zustimmungserfordernis ausgegangen ist. Möglicherweise kann aber der Beschluss über die Zustimmungsverweigerung als Beschluss über die Einberufung des Vermittlungsausschusses umgedeutet werden. Teilweise wird eine Umdeutung zugelassen.[1410] Die h.M. folgt dem jedoch nicht. Aufgrund der Verpflichtung des Bundesrats zur Formstrenge nach § 30 I GO BR, wonach dieser nur eindeutig zu qualifizierende Beschlüsse fassen dürfe, sei es nicht zulässig, eine Zustimmungsverweigerung in einen Beschluss über die Einberufung des Vermittlungsausschusses umzudeuten. Bei Uneinigkeit über die (fehlende) Zustimmungsbedürftigkeit eines Gesetzes sei der Bundesrat nicht auf die Erteilung oder Verweigerung der Zustimmung beschränkt, sondern dürfe bzw. müsse ausnahmsweise eine vorsorgliche Einberufung des Vermittlungsausschusses beschließen.[1411]

Fraglich ist, welcher Auffassung zu folgen ist. Jedenfalls überzeugt das Argument der Formstrenge nicht, da sich dieses lediglich aus der GO BR ergibt und im Grundgesetz keine Stütze findet. Auch sonst ist in der Rechtsordnung eine Umdeutung allgemein anerkannt. Wenn man davon ausgeht, dass es sich bei einem Einberufungsbeschluss um ein „Minus" einer verweigerten Zustimmung handelt, sprechen keine verfassungsrechtlichen Gesichtspunkte dagegen, die Verweigerung der Zustimmung als Einberufungsbeschluss umzudeuten.[1412]

Im Ergebnis kann daher der Beschluss des Bundesrats über die Verweigerung der Zustimmung als Einberufungsbeschluss umgedeutet werden.

892 Bei Unklarheit über die Zustimmungsbedürftigkeit und verweigerter Zustimmung kann auch der Bundestag einen unkonventionellen Weg einschlagen. Er kann von einem Einspruchsgesetz ausgehen und nach verstrichener Einspruchsfrist das Gesetz (über die Bundesregierung) dem Bundespräsidenten zwecks Ausfertigung vorlegen. Dieser wird dann prüfen, ob es sich um ein Einspruchs- oder Zustimmungsgesetz handelt. Kommt der Bundespräsident zu dem Ergebnis, es handele sich um ein Einspruchsgesetz, wird er das Gesetz verkünden. Geht er indes von der Zustimmungsbedürftigkeit aus, wird er sich weigern, das Gesetz auszufertigen.

> **Hinweis für die Fallbearbeitung:** Die Entscheidung des Bundespräsidenten kann dann im Wege eines Organstreitverfahrens überprüft werden. In diesem Verfahren wird dann das BVerfG inzident die Frage klären, ob es sich um ein Einspruchs- oder Zustimmungsgesetz handelt.
> Aber auch nachdem das Gesetz zustande gekommen ist, kann es (nachträglich) im Wege einer abstrakten Normenkontrolle daraufhin überprüft werden, ob es sich um ein Einspruchs- oder Zustimmungsgesetz handelt. Dieses Verfahren wird insbesondere eine Landesregierung in Erwägung ziehen, die von der Zustimmungsbedürftigkeit eines als Einspruchsgesetz behandelten Gesetzes ausgeht.

[1410] So *Nolte/Tams*, Jura 2000, 158, 162.
[1411] *Sannwald*, in: Schmidt-Bleibtreu/Hofmann/Henneke, GG, Art. 77 Rn 38 u. 40; *Pieroth*, in: J/P, GG, Art. 77 Rn 10; *Bryde*, in: v. Münch/Kunig, GG, Art. 77 Rn 8; *Rubel*, in: Umbach/Clemens, GG, Art. 77 Rn 30, 37; *Tappe*, JuS 2003, 887, 890; BVerfGE 37, 363, 396.
[1412] Vgl. *Nolte/Tams*, Jura 2000, 158, 162 f.

dd. Nichtbefolgung von Weisungen der Landesregierung

Weisungen der Landesregierung gelten nur im Innenverhältnis, d.h. nur im Verhältnis **893** zwischen ihr und ihren Mitgliedern im Bundesrat. Hält sich das betreffende Mitglied nicht an die Weisungen seiner ihn entsendenden Landesregierung und stimmt gegen die Weisung, ist die **Abstimmung dennoch gültig**.[1413] Das betreffende Mitglied riskiert lediglich die Abberufung aus dem Bundesrat (Art. 51 I S. 1 GG).

ee. Uneinheitliche Stimmabgabe im Bundesrat

Dagegen müssen die Stimmen eines Landes stets **einheitlich** abgegeben werden **894** (Art. 51 III S. 2 GG). Wie allerdings im Fall einer uneinheitlichen Stimmabgabe zu verfahren ist, lässt das Grundgesetz offen. Daher verwundert es nicht, dass die Frage nach der Rechtsfolge eines Verstoßes gegen das Einstimmigkeitspostulat unterschiedlich beantwortet wird. Auch im Anschluss an die Abstimmung des Bundesrats vom 22.3.2002 über das **Zuwanderungsgesetz** wurde eine vehemente öffentliche Debatte entfacht. Das am 20.6.2002 vom Bundespräsidenten ausgefertigte und verkündete Zuwanderungsgesetz konnte – wegen Missbilligung durch das BVerfG (Urteil v. 18.12.2002 – BVerfGE 106, 310 ff.) nicht am 1.1.2003 in Kraft treten.

> **Beispiel**[1414]**:** Das neue Zuwanderungsgesetz bedarf zu seiner Verabschiedung der Zu- **895** stimmung des Bundesrats. Dazu sind – wie gesehen – 35 Stimmen erforderlich. Diese können jedoch nur durch eine positive Stimmabgabe des Landes Brandenburg mit seinen vier Stimmen erreicht werden. Geben die entsandten Vertreter des Landes Brandenburg ihre Stimmen uneinheitlich ab (indem etwa der Innenminister entgegen der Weisung des Ministerpräsidenten mit „Nein" stimmt und der Ministerpräsident aufgrund einer nochmaligen Aufforderung des Bundesratspräsidenten zur Stimmabgabe erklärt, als Ministerpräsident stimme er einheitlich mit „Ja") und wertet der Bundesratspräsident die vier Stimmen des Landes Brandenburgs einheitlich als Ja-Stimmen, stellt sich die Frage, ob das Zuwanderungsgesetz verfassungsmäßig zustande gekommen ist.

> ⇨ Teilweise wird mit Blick auf die Richtlinienkompetenz des Ministerpräsidenten vertreten, dass bei uneinheitlicher Stimmabgabe eines Landes die Stimme des „Stimmführers" (also die des Ministerpräsidenten) entscheide.[1415] Das hat zur Konsequenz, dass die anderen, abweichenden Stimmen zwar mitgezählt werden, aber im Sinne der Stimme des Stimmführers, sodass letztlich eine Einheitlichkeit der Stimmen fingiert wird.

> ⇨ Nach einer anderen Auffassung ist die Bundesratsabstimmung insgesamt unwirksam und muss wiederholt werden.[1416]

> ⇨ Nach der h.M. führt die unterschiedliche Stimmabgabe lediglich zur Ungültigkeit aller Stimmen des Landes.[1417]

Stellungnahme: Vorzugswürdig scheint die Auffassung der h.M., da die Vorrangigkeit der Stimme des „Stimmführers" keine Stütze im Grundgesetz findet. Dort ist nur von „Einheitlichkeit" der Stimmabgabe die Rede. Auch für die Annahme einer Unwirksamkeit der gesamten Abstimmung des Bundesrats finden sich im Grundgesetz keine Anhaltspunkte. Mit dem Wortlaut des Art. 51 III S. 2 GG vereinbar ist aber die h.M. Denn wenn die Stimmen nur einheitlich abgegeben werden können, bedeutet dies eben,

---

[1413] *Hofmann*, in: Schmidt-Bleibtreu/Hofmann/Henneke, GG, Art. 51 Rn 14; *Stern*, StaatsR II, § 31 IV 2a.
[1414] In Anlehnung an BVerfGE 106, 310 ff.
[1415] So *Stern*, StaatsR II, § 27 III 2a, b, S. 137; *Blumenwitz*, in: Bonner Kommentar, Art. 51 Rn 29.
[1416] *Klein*, in: v. Mangoldt/Klein/Starck, GG, Art. 51, Anm. III 4b.
[1417] Vgl. nur BVerfGE 106, 310, 329 ff.; *Pieroth*, in: J/P, GG, Art. 51 Rn 6; *Maunz*, in: Maunz/Dürig, GG, Art. 51 Rn 27; *Krebs*, in: v. Münch/Kunig, GG, Art. 51 Rn 13; *Kramer*, JuS 2003, 645, 647; *Ipsen*, DVBl 2002, 653, 655 f.; *Hoppe*, DVBl 2002, 725; *Schenke*, NJW 2002, 1318; *Becker*, NVwZ 2002, 569, 571; *Gröschner*, JZ 2002, 621, 623 ff.; *Dörr/Wilms*, ZRP 2002, 265, 268 (Plädoyer *Wilms*). Vgl. auch *Burkiczak*, JA 2003, 463 ff.

dass eine uneinheitliche Stimmabgabe unwirksam ist.[1418] Folgt man daher der h.M., führt die Ungültigkeit aller Stimmen des betreffenden Bundeslandes dazu, dass die Entscheidung des Bundesrats insgesamt wirksam ist, aber lediglich aus den Stimmen der übrigen Bundesländer hervorgeht. Problematisch wird dies aber dann, wenn dadurch bei der Abstimmung keine absolute Mehrheit erreicht wird. Denn gem. Art. 52 II S. 1 GG fasst der Bundesrat seine Beschlüsse mit mindestens der Mehrheit seiner Stimmen. Damit ist die absolute Mehrheit gemeint. Ungültige Stimmen wirken also genauso wie Stimmenthaltungen im Ergebnis wie Nein-Stimmen. Kommt es also vor, dass die Stimmen eines Bundeslandes ungültig sind, ändert das nichts an dem Erfordernis, dass mindestens 35 Ja-Stimmen vorhanden sein müssen, damit der Bundesrat einen bestimmten Beschluss fassen kann.

Nach zutreffender h.M. führt die uneinheitliche Stimmabgabe des Landes Brandenburg zur Ungültigkeit aller seiner Stimmen. Da der Bundesratspräsident die Stimmen des Landes Brandenburgs gleichwohl als gültige Ja-Stimmen gewertet hat, ist das Einwanderungsgesetz formell verfassungswidrig zustande gekommen. Allerdings gelangt man zu demselben Ergebnis, wenn man der zweiten Auffassung folgt.

896

Zusammenfassend lässt sich sagen, dass die Stimme eines Bundesratsmitglieds auch dann gültig ist, wenn sie nicht der Weisung der Landesregierung entspricht. Allerdings müssen alle Stimmen eines Landes einheitlich abgegeben werden. Die unterschiedliche Stimmabgabe führt nach h.M. zur Ungültigkeit aller Stimmen des Landes. Der Bundesrat muss dann ohne die Stimmen des betreffenden Landes abstimmen. Sofern gleichwohl die absolute Mehrheit erreicht wird (also 35 Ja-Stimmen abgegeben werden), kann ein Beschluss ergehen.

---

897 **Zur prozessualen Lage:** Wertet der Bundesratspräsident die uneinheitlichen Stimmen des fraglichen Landes gleichwohl einheitlich mit „Ja" und weigert sich der **Bundespräsident**, das Gesetz auszufertigen, können die Gesetzgebungsorgane (Bundestag und Bundesrat) ein **Organstreitverfahren** (Art. 93 I Nr. 1 GG, §§ 13 Nr. 5, 63 ff. BVerfGG) herbeiführen. Streitgegenstand ist dann die Verpflichtung des Bundespräsidenten zur Ausfertigung des fraglichen Gesetzes. Begründet wäre der Organstreit, wenn die Verfassung dem Bundespräsident im konkreten Fall die Verpflichtung auferlege, das in Rede stehende Gesetz auszufertigen, der Bundespräsident mit der Weigerung der Ausfertigung also gegen das Grundgesetz verstieße. Das BVerfG würde dann im Erfolgsfalle in seiner Entscheidung feststellen, dass die Unterlassung des Bundespräsidenten gegen das Grundgesetz verstoßen habe, § 67 BVerfGG. Würde sich der Bundespräsident dann immer noch weigern, das Gesetz auszufertigen, käme die **Präsidentenanklage** (Art. 61 GG, §§ 13 Nr. 4, 49 ff. BVerfGG) in Betracht. In diesem Verfahren kann das BVerfG auch durch eine **einstweilige Anordnung** (vgl. § 53 BVerfGG) bestimmen, dass der Bundespräsident an der Ausübung seines Amtes verhindert ist. In diesem Fall gelangt die Vertretungsregel des Art. 57 GG zur Anwendung mit der Folge, dass das Gesetz vom Bundesratspräsidenten ausgefertigt wird.

Fertigt der Bundespräsident das fragliche Gesetz aus, ist ebenfalls ein **Organstreitverfahren** statthaft. Daneben ist eine **abstrakte Normenkontrolle** gem. Art. 93 I Nr. 2 GG, §§ 13 Nr. 6, 76 ff. BVerfGG in Betracht zu ziehen.[1419] Antragsberechtigt wären hier gem. Art. 93 I Nr. 2 GG, § 76 I BVerfGG nur die Bundesregierung, eine Landesregierung oder ein Drittel der Mitglieder des Bundestags.

b. Zustimmungsbedürftigkeit von Änderungsgesetzen

898 Besonders problematisch ist die **Zustimmungsbedürftigkeit von Änderungsgesetzen zu Zustimmungsgesetzen**. Als Ausgangspunkt soll folgende Überlegung

---

[1418] So ausdrücklich BVerfGE 310, 330.
[1419] So lag auch der Entscheidung BVerfGE 106, 310 ff. eine abstrakte Normenkontrolle zugrunde.

gelten: Ein Zustimmungsgesetz liegt bereits dann vor, wenn auch nur einzelne Teile des Gesetzes die Zustimmungspflicht auslösen. Denn das Gesetz ist als gesetzgeberische Einheit zu betrachten (sog. Einheitstheorie - Rn 876). Wird dieses Zustimmungsgesetz nachträglich durch ein Änderungsgesetz geändert, stellt sich die Frage nach der Zustimmungsbedürftigkeit auch des Änderungsgesetzes. Es sind zwei Konstellationen zu unterscheiden:

■ In der ersten Konstellation werden Passagen des Gesetzes geändert, *die* die Zustimmungspflicht ausgelöst haben. Hier ist zwangsläufig auch das Änderungsgesetz (als Ganzes) zustimmungspflichtig.[1420]

■ In der zweiten Konstellation werden Passagen des Gesetzes geändert, die *nicht* die Zustimmungspflicht ausgelöst haben (etwa rein materiell-rechtliche Regelungen). Hier ist die Zustimmungsbedürftigkeit des Änderungsgesetzes fraglich.

⇨ *Für* die Zustimmungspflicht spricht, dass der Bundesrat mit der Zustimmung zum ursprünglichen Gesetz Verantwortung übernommen hat und nun auch über die Änderung, gleich welcher Art, mitbestimmen soll (sog. **Mitverantwortungstheorie**).[1421]

⇨ *Gegen* die Zustimmungspflicht spricht, dass jedes Gesetz, somit auch ein Änderungsgesetz, für sich betrachtet den verfahrensmäßigen Voraussetzungen entsprechen muss. Betrifft demnach ein Änderungsgesetz nur Passagen des zu ändernden Gesetzes, die ihrerseits zuvor die Zustimmungsbedürftigkeit *nicht* ausgelöst haben, ist es folgerichtig, zumindest im Grundsatz *keine* Zustimmung des Bundesrats zu fordern. Das dürfte etwa der Fall sein, wenn einzelne rein materiell-rechtliche Regelungen geändert werden.[1422] Etwas anderes gilt aber dann, wenn das Änderungsgesetz dazu führt, dass das ursprüngliche Gesetz gerade durch das Änderungsgesetz eine wesentlich andere Bedeutung und Tragweite erfährt, wenn also das Änderungsgesetz zu einer „**Systemverschiebung**" des ursprünglichen Gesetzes führt[1423], etwa wenn das ursprüngliche Gesetz in materiell-rechtlicher Hinsicht umfassend geändert wird.

Zusammenfassung: Ein Änderungsgesetz zu einem Zustimmungsgesetz ist nur dann zustimmungspflichtig ist, wenn es

(1) selbst neue Vorschriften enthält, die eine Zustimmungsbedürftigkeit auslösen,

(2) Passagen ändert, die die Zustimmungsbedürftigkeit des geänderten Gesetzes ausgelöst haben, *oder*

(3) dazu führt, dass das ursprüngliche Gesetz eine wesentlich andere Bedeutung und Tragweite erhält („Systemverschiebung" des ursprünglichen Gesetzes).

Hinweis für die Fallbearbeitung: Ist die Frage nach der Zustimmungsbedürftigkeit von Änderungsgesetzen zu Zustimmungsgesetzen zu beantworten, sollte im Rahmen der Falllösung wie folgt vorgegangen werden:

⇨ Zunächst ist zu prüfen, ob das Änderungsgesetz selbst zustimmungsbedürftige Vorschriften enthält. Ist dies der Fall, ergibt sich allein aus diesem Gesichts-

---

[1420] Ganz h.M., vgl. nur BVerfGE 37, 363, 382 f.; *Ipsen*, Rn 370; *Degenhart*, Rn 714 f.; *Sannwald*, in: Schmidt-Bleibtreu/Hofmann/Henneke, GG, Art. 78 Rn 12.

[1421] Vgl. *Degenhart*, Rn 715 f. Für eine generelle Zustimmungsbedürftigkeit die *abw.M.* BVerfGE 37, 401, 406; *Maunz*, in: Maunz/Dürig, GG, Art. 77 Rn 10 sowie *Mann*, in: Sachs, GG, Art. 77 Rn 16.

[1422] *Gegen* eine generelle Zustimmungsbedürftigkeit die h.M., vgl. nur BVerfGE 37, 363, 382 (zu Art. 84 GG a.F.); *Ipsen*, Rn 371 f.; *Degenhart*, Rn 715 f.; *Sannwald*, in: Schmidt-Bleibtreu/Hofmann/Henneke, GG, Art. 78 Rn 12; *Pieroth*, in: J/P, GG, Art. 77 Rn 5.

[1423] BVerfGE 37, 363, 382 f.; 48, 127, 180 f.; 126, 77, 100; *Ipsen*, Rn 371; *Degenhart*, Rn 716; *Sannwald*, in: Schmidt-Bleibtreu/Hofmann/Henneke, GG, Art. 78 Rn 12; *Tappe*, JuS 2003, 887, 889 f. Kritisch *Bryde*, in: v. Münch/Kunig, GG, Art. 77 Rn 22.

> punkt heraus die Zustimmungsbedürftigkeit; jede weitere Prüfung hinsichtlich der Zustimmungsbedürftigkeit ist entbehrlich. Enthält das Änderungsgesetz selbst jedoch keine zustimmungsbedürftigen Vorschriften, ist die Prüfung fortzusetzen:
>
> ⇨ Sodann ist danach zu fragen, ob das Änderungsgesetz, das selbst nicht die Zustimmungsbedürftigkeit auslöst, zumindest solche Vorschriften des zu ändernden Gesetzes betrifft, die bei diesem seinerzeit (d.h. bei Erlass) die Zustimmungspflichtigkeit ausgelöst haben. Ist dies der Fall, ist auch das Änderungsgesetz zustimmungspflichtig. Die Prüfung ist zu Ende. Ist die Frage dagegen zu verneinen, ist die Prüfung wiederum fortzusetzen:
>
> ⇨ Schließlich ist danach zu fragen, ob das Änderungsgesetz bei dem zu ändernden Gesetz eine „Systemverschiebung" bewirkt, diesem also materiell eine andere Bedeutung gibt, die von der ursprünglichen Zustimmung des Bundesrats als nicht gedeckt angesehen werden kann. Nur wenn diese Frage bejaht wird, ist das Änderungsgesetz zustimmungspflichtig.

c. „Aufspalten" von Gesetzen

899 Je höher der Anteil an zustimmungspflichtigen Gesetzen ist, desto häufiger kommt es vor, dass Gesetze im Bundesrat aufgrund unterschiedlicher Mehrheitsverhältnisse scheitern bzw. in das Vermittlungsverfahren eingebracht werden müssen. So war es denn auch nicht unüblich, dass der Bundestag (besonders im Fall des Art. 84 I GG a.F.) Gesetze in einen nicht zustimmungspflichtigen (materiell-rechtlichen) und einen zustimmungspflichtigen (verfahrensrechtlichen) Teil **„aufgespalten"** hat, um ein Scheitern im Bundesrat zu umgehen.[1424] Zwar ist diese Problematik aufgrund der Änderung des Art. 84 I GG[1425] und der damit verbundenen drastischen Reduzierung der Zahl zustimmungsbedürftiger Gesetze in der Praxis weitgehend entschärft, dennoch kann nicht ausgeschlossen werden, dass sie in juristischen Prüfungsarbeiten auch künftig aufgegriffen wird. Daher ist eine Auseinandersetzung mit ihr erforderlich.

> **Beispiel (fiktiv):** Der Bundestag beschließt ein Gesetz zur Förderung der Biotechnologie und des Klonens von Menschen. Da er zur Überprüfung der Förderungsvoraussetzungen die Landratsämter für zuständig erklären möchte, beschließt er – damit der materiell-rechtliche Teil des Gesetzesvorhabens nicht im Bundesrat blockiert werden kann – gleichzeitig ein Biotechnologie-Ergänzungsgesetz, in dem er die Landratsämter als zuständige Behörden bestimmt. Gleichzeitig trifft er in diesem Ergänzungsgesetz die Regelung, dass aufgrund eines besonderen Bedürfnisses das Abweichungsrecht der Länder ausgeschlossen sei.
>
> Bei dem eigentlichen Biotechnologiegesetz handelt es sich um ein Einspruchsgesetz, weil in ihm lediglich materiell-rechtliche Regelungen getroffen werden. Demgegenüber handelt es sich bei dem Ergänzungsgesetz um ein Zustimmungsgesetz, allerdings nicht weil der Bund in die Organisationshoheit der Länder eingreift, sondern weil der Bund das Abweichungsrecht ausgeschlossen hat (vgl. Art. 84 I S. 2, 5 und 6 GG).
>
> Grundsätzlich wird man eine solche Aufspaltung von Gesetzen verfassungsrechtlich nicht beanstanden können, weil es im Ermessen des Gesetzgebers steht, welche Regelungstechnik er wählt.[1426] Eine Teilung ist nur dann unzulässig, wenn sie willkürlich bzw. rechtsmissbräuchlich erfolgt oder wenn als deren Folge Gesetze entstehen, die sinnentstellt sind, die sozusagen nur noch einen „Torso" darstellen, oder wenn die Mitwirkung der Länder an der Gesetzgebung des Bundes in nicht vertretbarer Weise ein-

---

[1424] Vgl. dazu bereits Rn 875.
[1425] Zu Art. 84 I GG n.F. vgl. Rn 878 ff.
[1426] Vgl. BVerfGE 105, 313, 342 ff.; BVerfGE 37, 363, 382; *Beck*, NJW 2001, 1894, 1896; *Scholz/Uhle*, NJW 2001, 393, 394.

geschränkt wird. Das war nach Auffassung des BVerfG jedenfalls beim Lebenspartnerschaftsgesetz (LPartG) nicht der Fall.[1427]

Der vorliegende Fall kennzeichnet sich aber dadurch, dass er nach der neuen Rechtslage, die sich durch die Föderalismusreform 2006 ergeben hat, zu beurteilen ist. So ist nunmehr ein Abweichungsrecht der Länder vorgesehen, um „Übergriffe" des Bundes in die Organisationshoheit nicht zustimmungspflichtig werden zu lassen, sondern den Ländern die Möglichkeit einzuräumen, eigene, vom Bundesgesetz abweichende Regelungen hinsichtlich der Behördenzuständigkeit und des Verwaltungsverfahren zu treffen. Eine Zustimmungspflicht besteht gem. Art. 84 I S. 6 GG aber dann, wenn der Bund das Abweichungsrecht der Länder ausschließt. Materiell-rechtlich setzt das Ausschlussrecht aber ein besonderes Bedürfnis nach bundeseinheitlicher Regelung voraus. Ob im vorliegenden Fall ein solches angenommen werden kann, darf bezweifelt werden (vgl. zu den Voraussetzungen Rn 880e). Verneint man das besondere Bedürfnis nach bundeseinheitlicher Regelung, ist das Ergänzungsgesetz nicht nur materiell-rechtlich fehlerhaft, sondern es schränkt auch die Länder in unvertretbarer Weise in ihrem Mitwirkungsrecht an der Gesetzgebung des Bundes ein. Dann ist die vom Bundestag vorgenommene Aufspaltung verfassungswidrig.

3. Das Zustandekommen von Bundesgesetzen (Art. 78 GG)

Wegen der auf den ersten Blick als kompliziert empfundenen Regelung des Art. 77 GG stellt Art. 78 GG noch einmal die Fälle zusammen, unter denen ein Gesetz zustande kommt. **900**

a. Einspruchsgesetze kommen zustande, wenn **901**

- der Bundesrat nicht innerhalb einer Frist von drei Wochen den Vermittlungsausschuss anruft (Art. 78 Var. 2, Art. 77 II GG).
- der Bundesrat den Vermittlungsausschuss anruft, dieser das Vermittlungsverfahren abgeschlossen hat und der Bundesrat nicht innerhalb einer Frist von zwei Wochen Einspruch einlegt (Art. 78 Var. 3, Art. 77 III S. 1 GG).
- der Bundesrat seinen Einspruch zurücknimmt (Art. 78 Var. 4 GG).
- der Bundesrat nach Abschluss des Vermittlungsverfahrens zwar Einspruch einlegt, dieser aber vom Bundestag erfolgreich zurückgewiesen wird (Art. 78 Var. 5, Art. 77 IV GG).

b. Demgegenüber kommen **Zustimmungsgesetze** nur dann zustande, wenn der Bundesrat ausdrücklich zustimmt (Art. 78 Var. 1 GG). **902**

c. Endgültig **nicht zustande gekommen** sind Gesetzesvorlagen, bei denen **903**

- bei der Schlussabstimmung des Bundestags (Art. 77 I S. 1 GG) nicht die erforderliche Mehrheit erreicht wurde.
- der Vorschlag des Vermittlungsausschusses auf Aufhebung des Gesetzesbeschlusses durch den Bundestag von diesem angenommen wurde.
- bei Zustimmungsgesetzen die Zustimmung durch den Bundesrat (ggf. nach Abschluss des Vermittlungsverfahrens) nicht erteilt wurde.
- bei Einspruchsgesetzen die Zurückweisung durch den Bundestag (Art. 77 IV GG) gescheitert ist.

[1427] BVerfGE 105, 313, 342 ff. (Verfassungsmäßigkeit des LPartG). Vgl. dazu Rn 920.

III. Das Abschlussverfahren

905 Sofern ein Gesetz nach den Vorschriften des Grundgesetzes zustande gekommen ist, wird es vom Bundespräsidenten nach Gegenzeichnung (vgl. Art. 58 GG) ausgefertigt und im Bundesgesetzblatt verkündet (vgl. Art. 82 I S. 1 GG). Ausfertigen von Gesetzen bedeutet, dass der Bundespräsident die Urschrift des Gesetzes herstellt, indem er die Gesetzesurkunde mit seinem vollen Namen unterzeichnet.[1428] Dabei darf er keine inhaltlichen Änderungen vornehmen. Das ist selbstverständlich, immerhin ist es Aufgabe des Gesetzgebers, dem Gesetzeswortlaut eine bestimmte Fassung zu geben.
905 Lediglich Druckfehler oder offensichtliche Unrichtigkeiten dürfen berichtigt werden.[1429] Zum **Prüfungsrecht des Bundespräsidenten** vgl. Rn 591 ff.

906 Jedes Gesetz und jede Rechtsverordnung soll den Tag des Inkrafttretens bestimmen. Fehlt eine solche Bestimmung, treten sie mit dem 14. Tag nach Ablauf des Tages in Kraft, an dem das Bundesgesetzblatt ausgegeben ist (Art. 82 II GG).

[1428] *Pieroth*, in: J/P, GG, Art. 82 Rn 2; *Bryde*, in: v. Münch/Kunig, GG, Art. 82 Rn 9; *Maurer*, in: Bonner Kommentar, Art. 82 Rn 19; *Ramsauer*, in: Alternativkommentar, Art. 82 Rn 11.
[1429] BVerfGE 48, 1, 18; *Pieroth*, in: J/P, GG, Art. 82 Rn 2; *Maurer*, in: Bonner Kommentar, Art. 82 Rn 19.

Übersicht: Das Gesetzgebungsverfahren im Überblick

1. Initiative, Vorverfahren und Verfahren im Bundestag

Bundesregierung
Mitte des Bundestags
Bundesrat
Bundesrat Stellungnahme („kann")
Bundesregierung Stellungnahme („soll")
Bundesregierung ggf. Gegenäußerung
Bundestag grds. 3 Lesungen

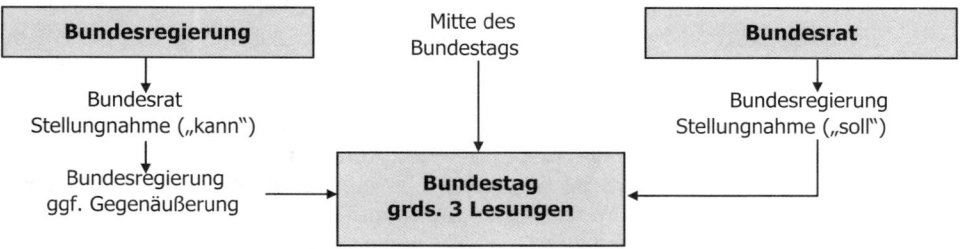

2. Mitwirkung des Bundesrats (Art. 77 II-IV GG)

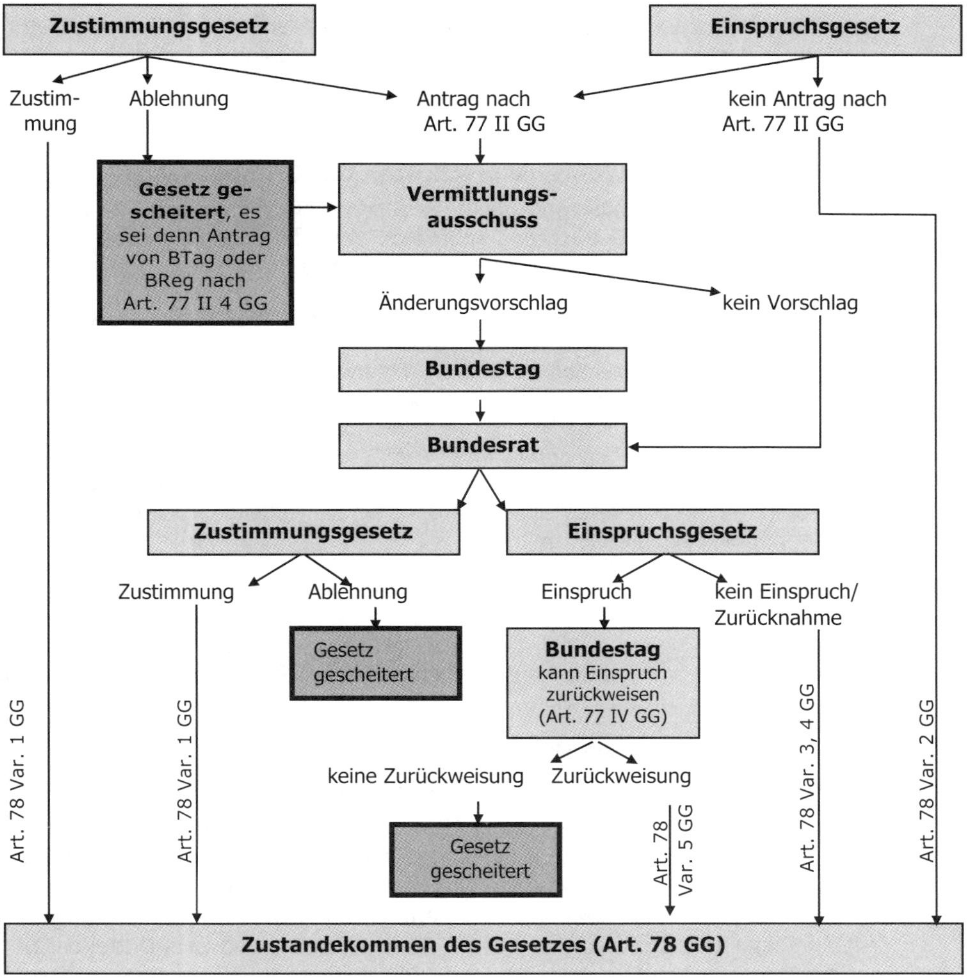

Zustimmungsgesetz
Einspruchsgesetz
Zustimmung
Ablehnung
Antrag nach Art. 77 II GG
kein Antrag nach Art. 77 II GG
Gesetz gescheitert, es sei denn Antrag von BTag oder BReg nach Art. 77 II 4 GG
Vermittlungsausschuss
Änderungsvorschlag
kein Vorschlag
Bundestag
Bundesrat
Zustimmungsgesetz
Einspruchsgesetz
Zustimmung
Ablehnung
Einspruch
kein Einspruch/ Zurücknahme
Gesetz gescheitert
Bundestag kann Einspruch zurückweisen (Art. 77 IV GG)
keine Zurückweisung
Zurückweisung
Gesetz gescheitert
Art. 78 Var. 1 GG
Art. 78 Var. 1 GG
Art. 78 Var. 5 GG
Art. 78 Var. 3, 4 GG
Art. 78 Var. 2 GG
Zustandekommen des Gesetzes (Art. 78 GG)

3. Abschlussverfahren (Art. 82 GG)

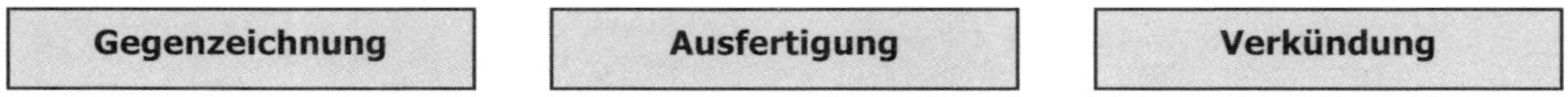

Gegenzeichnung
Ausfertigung
Verkündung

IV. Folgen eines Verstoßes gegen Verfahrensvorschriften

1. Verstöße gegen die Geschäftsordnung

907 Verstößt ein Gesetzgebungsorgan gegen seine Geschäftsordnung (Beispiel: Der Bundestag beschließt ein Gesetz im beschlussunfähigen Zustand, § 45 I GO BT, oder beschließt ein Gesetz, ohne zuvor drei Lesungen abgehalten zu haben, §§ 78 ff. GO BT), ist fraglich, ob das Gesetz gleichwohl wirksam zustande gekommen ist. Wie bereits mehrfach erläutert, führen **Verstöße gegen die Geschäftsordnung grundsätzlich nicht zur Verfassungswidrigkeit des Gesetzes**. Das folgt bereits aus dem Wortlaut des Art. 82 GG, wonach es nur auf die Kompetenz- und Verfahrensvorschriften *dieses* Grundgesetzes ankommt. Zu *diesem* Grundgesetz gehören eben nicht die Vorschriften der Geschäftsordnung. Allerdings ist unbestritten, dass bestimmte Verstöße gegen die Geschäftsordnung in Ausnahmefällen auch die Verfassungswidrigkeit des Gesetzes zur Folge haben können. Für einen Verfassungsverstoß wird aber vorausgesetzt, dass die verletzte Vorschrift der Geschäftsordnung einen „verfassungsrelevanten" Inhalt besitzt, indem sie etwa eine Bestimmung des Grundgesetzes wiederholt oder einen wesentlichen Verfassungsinhalt konkretisiert.[1430] Ob das der Fall ist, wurde im Rahmen der Darstellung der einzelnen Problemkreise ausführlich behandelt.

2. Verstöße gegen Verfahrensvorschriften des Grundgesetzes

908 Verstößt ein Gesetzgebungsorgan gegen Verfahrensvorschriften des Grundgesetzes, ist eine differenzierende Betrachtung angezeigt: Verstöße gegen wesentliche Verfahrensvorschriften führen zur Unwirksamkeit des Gesetzes.

> **Beispiel:** Wesentliche Verfahrensvorschrift ist die Regelung des Art. 76 II S. 1 GG, wonach eine Gesetzesvorlage der Bundesregierung zunächst dem Bundesrat zuzuleiten ist. Unterbleibt diese Zuleitung, ist ein gleichwohl vom Bundestag beschlossenes Gesetz nicht nach den Vorschriften dieses Grundgesetzes zustande gekommen (vgl. Art. 82 GG). Ist ein Gesetz nicht nach den Vorschriften des Grundgesetzes zustande gekommen, führt das zur Verfassungswidrigkeit des Gesetzes.[1431] Vgl. dazu und zu der Konstellation, dass die Bundesregierung ihre Gesetzesvorlage über die sie stützende(n) Fraktion(en) beim Bundestag einbringen lässt, um die vorherige Zuleitung an den Bundesrat zu umgehen, ausführlich Rn 861.

909 Demgegenüber führen Verstöße gegen bloße Ordnungsvorschriften nicht zur Verfassungswidrigkeit von Gesetzen.

> **Beispiel:** Bloße Ordnungsvorschrift ist etwa die Fristbestimmung des Art. 77 I S. 2 GG

C. Verfassungsändernde Gesetze

I. Verfassungsänderndes Gesetzgebungsverfahren

910 Art. 79 GG ermöglicht die Änderung des Grundgesetzes und zeigt zugleich die Schranken der Änderung auf. Erforderlich ist zunächst ein **förmliches Bundesgesetz**, für das das normale Gesetzgebungsverfahren nach den Art. 76 ff. GG gilt. Allerdings ist eine Zweidrittelmehrheit erforderlich: Dem verfassungsändernden Gesetz müssen zwei Drittel der Mitglieder des Bundestags und zwei Drittel der Stimmen des Bundesrats zustimmen (Art. 79 II GG). Weitere Voraussetzung ist, dass das

---

[1430] Vgl. *Nolte/Tams*, Jura 2000, 158, 159.
[1431] *Degenhart*, Rn 213; für Rechtswidrigkeit auch *Pieroth*, in: J/P, GG, Art. 76 Rn 5.

verfassungsändernde Gesetz den **Wortlaut des Grundgesetzes ausdrücklich ändert oder ergänzt**.

Mit dieser zuletzt genannten Vorgabe sollen **Verfassungsdurchbrechungen**, wie sie in der Weimarer Republik üblich waren, verhindert werden. Verfassungsdurchbrechungen sind Verfassungsänderungen, die zwar mit der erforderlichen Mehrheit beschlossen wurden, nicht aber den Verfassungstext ausdrücklich ändern oder ergänzen. Dadurch kann es vorkommen, dass mehrere Verfassungsurkunden nebeneinander bestehen, was nicht gerade zur Übersichtlichkeit und Rechtssicherheit beiträgt. Zur Ausnahme bei bestimmten völkerrechtlichen Verträgen vgl. Art. 79 I S. 2 GG.   911

II. Materielle Schranken für Verfassungsänderungen

Neben diesen genannten formalen Schranken sind einer Verfassungsänderung auch materielle Grenzen gesetzt. So ist eine Änderung des Grundgesetzes, durch welche die Gliederung des Bundes in Länder, die grundsätzliche Mitwirkung der Länder bei der Gesetzgebung oder die in den Artikeln 1 und 20 GG niedergelegten Grundsätze berührt werden, unzulässig (sog. „Ewigkeitsgarantie")[1432] Verfassungsändernde Gesetze, die gegen Art. 79 III GG verstoßen, sind nichtig.[1433]   912

1. Zunächst ist eine **Änderung des Grundgesetzes, durch welche die Gliederung des Bundes in Länder** berührt wird, unzulässig.   913

Gliederung des Bundes in Länder bedeutet nicht die Bestandsgarantie eines einzelnen Bundeslandes. Entscheidend ist nur, dass überhaupt Bundesländer bestehen. Wie viele Bundesländer bestehen müssen, wird unterschiedlich gesehen. Teilweise werden zwei für erforderlich gehalten[1434], teilweise mindestens drei[1435], teilweise aber noch mehr[1436]. Darüber hinaus muss den bestehenden Ländern ein Mindestmaß an Eigenständigkeit verbleiben. Dazu gehört ein „Kernbestand eigener Aufgaben und eigenständige Aufgabenerfüllung"[1437].

2. Des Weiteren ist die **grundsätzliche Mitwirkung der Länder bei der Gesetzgebung** von jeglicher Verfassungsänderung ausgenommen.   914

Grundsätzliche Mitwirkung der Länder bei der Gesetzgebung bedeutet, dass die Länder von der Bundesgesetzgebung, die die föderative Struktur der Bundesrepublik berührt, nicht ausgeschlossen werden dürfen. Eine Bestandsgarantie des Bundesrats ist aus dieser Vorschrift nicht abzuleiten. Allerdings bedarf es stets eines föderativen Organs und eines entsprechend ausgestalteten Verfahrens, das die Möglichkeit eröffnet, den Willen der Länder in die Bundesgesetzgebung effektiv einzubringen.[1438]

3. Schließlich sind Änderungen des Grundgesetzes unzulässig, die die **in den Artikeln 1 und 20 GG niedergelegten Grundsätze** berühren.   915

Ein in Art. 1 GG niedergelegter Grundsatz ist vor allem die Achtung der Menschenwürde. Diese ist oberstes Leitprinzip der Verfassung und jeglicher Disposition entzogen.[1439] Ebenso sind die grundlegenden Elemente des Rechts- und Sozialstaatsprinzips sowie der Grundsatz der Rechtsgleichheit und des Willkürverbots unantastbar.[1440]

[1432] Diese aufgezählten Einrichtungen und Normen sind abschließend (vgl. BVerfGE 94, 12, 34).
[1433] BVerfGE 30, 1, 24.
[1434] *Maunz*, in: Maunz/Dürig, GG, Art. 79 Rn 34.
[1435] *Evers*, in: Bonner Kommentar, Art. 79 Rn 212; *Bryde*, in: v. Münch/Kunig, GG, Art. 79 Rn 30.
[1436] *Isensee*, in: HdbStR IV 671; *Sannwald*, in: Schmidt-Bleibtreu/Hofmann/Henneke, GG, Art. 79 Rn 41.
[1437] BVerfGE 87, 181, 196 f.; *Sannwald*, in: Schmidt-Bleibtreu/Hofmann/Henneke, GG, Art. 79 Rn 42.
[1438] *Sannwald*, in: Schmidt-Bleibtreu/Hofmann/Henneke, GG, Art. 79 Rn 44.
[1439] Vgl. BVerfGE 32, 98, 108; 50, 166, 175; 54, 341, 357. Vgl. auch *Hintz/Winterberg*, ZRP 2001, 293.
[1440] BVerfGE 84, 90, 121; 94, 12, 34; 95, 48, 62.

Auch ist ein Mindestbestand an Grundrechten[1441] in den Bereichen personaler Autonomie, demokratischer Willensbildung und justizstaatlicher Garantien gewährleistet.[1442] Zwar wird durch die Formulierung „in den Artikeln 1 *und* 20" nicht generell Bezug auf die einzelnen Grundrechte genommen. Da aber Art. 1 III GG den Gesetzgeber an die Grundrechte bindet, sind die Grundrechte indirekt einbezogen. Unabänderlich ist aber nur der jeweilige Kernbereich, der den Menschenwürdegehalt widerspiegelt.[1443]

Die in Art. 20 GG niedergelegten Grundsätze betreffen die republikanische Staatsform, den Bundesstaat, das Demokratieprinzip, das Rechtsstaatsprinzip und das Sozialstaatsprinzip, vgl. dazu im Einzelnen das 3. Kapitel. Eine Verfassungsänderung, die diese Grundsätze berührt, ist unzulässig.

916   Diese Grundsätze dürfen nicht „berührt" werden. Grundsätze werden als „Grundsätze" von vornherein nicht „berührt", wenn ihnen im allgemeinen Rechnung getragen wird und sie nur für eine Sonderlage entsprechend deren Eigenart aus evident sachgerechten Gründen modifiziert werden.[1444] Damit nimmt das BVerfG ein „Berühren" lediglich bei prinzipieller Preisgabe an.[1445]

917   **4.** Selbstverständlich ist eine **Änderung des Art. 79 III GG ausgeschlossen**. Der Gesetzgeber darf nicht die Schranken, die er ja gerade zu wahren hat, aufheben.[1446] Würde man eine Abschaffung des Art. 79 III GG zulassen, bedürfte es wiederum einer anderen Vorschrift, die den Bestand des Art. 79 III GG garantiert. Die Bestandsgarantie des Art. 79 III GG umfasst daher nicht nur die Grundsätze der Art. 1 und 20 GG, sondern auch Art. 79 III GG selbst.

D. Der Erlass von Rechtsverordnungen

918-941   Auf das Institut der Rechtsverordnung wurde bereits bei Rn 206 eingegangen. Da Begriff, Rechtsnatur und Wesen der Rechtsverordnung sowie der dreistufige Prüfungsaufbau und die Fehlerfolgen zudem ausführlich bei *R. Schmidt*, AllgVerwR, Rn 831 ff. dargestellt sind, wird jeweils darauf verwiesen.

[1441] Zu Art. 14 GG vgl. BVerfGE 84, 90 ff.
[1442] *Pieroth*, in: J/P, GG, Art. 79 Rn 10.
[1443] Vgl. dazu etwa BVerfGE 109, 279, 311 ff.
[1444] BVerfGE 30, 1, 24; wiederholt in BVerfGE 84, 90, 121; 94, 12, 34.
[1445] *Pieroth*, in: J/P, GG, Art. 79 Rn 7; *Sannwald*, in: Schmidt-Bleibtreu/Hofmann/Henneke, GG, Art. 79 Rn 39.
[1446] Vgl. *Hesse*, Grundzüge des VerfR, Rn 707; *Stern*, StaatsR I, § 4 II 24; *Ipsen*, Rn 1037; *Ridder*, Alternativkommentar, Art. 79 Rn 29; *Pieroth*, in: J/P, GG, Art. 79 Rn 13.

8. Kapitel
Die Ausführung der Gesetze durch die Verwaltung

Wichtige Entscheidungen: BVerfGE 12, 205 (1. Rundfunkurteil; Deutschland-Fernsehen GmbH); 14, 197 (Bundesaufsichtsamt für das Kreditwesen); 21, 312 (Anwendung von Landesrecht durch Bundesbehörden); 31, 113 (Bundesprüfstelle für jugendgefährdende Schriften); 63, 1 (SchornsteinfegerG); 75, 108 (Errichtung der Behörde i.S.v. Art. 84 I GG); 81, 310 (Weisungsrecht bei Bundesauftragsverwaltung; atomrechtliches Genehmigungsverfahren „Schneller Brüter"; Kalkar II); 84, 25 (Weisungsrecht bei Bundesauftragsverwaltung; atomrechtliches Genehmigungsverfahren „Schacht Konrad"); BVerfG DVBl 1999, 976 (Allg. Verwaltungsvorschriften der Bundesregierung im Rahmen der Bundesauftragsverwaltung nach Art. 84 II GG); NVwZ 2002, 585 (Bundesauftragsverwaltung im Atomrecht und „Atomkonsens")

I. Dem Föderalismus, wie er in der Bundesrepublik Deutschland besteht, ist es **942** eigen, dass nicht nur die Gesetzgebungskompetenzen, sondern auch die Verwaltungskompetenzen einer Verbandszuständigkeitsregelung unterfallen müssen. Denn der Vollzug eines Gesetzes bringt einen großen Auslegungs- und Handhabungsspielraum mit sich, sodass dem Gesetzesanwender (der Verwaltung) eine erhebliche Machtposition zukommt. Würden also die Bundesgesetze ausschließlich und ohne Ausführungsbeschränkung durch die Landesbehörden ausgeführt, hätte dies eine Ausweitung der Machtposition der Länder zur Folge. Würden umgekehrt die Bundesgesetze in erster Linie durch Bundesbehörden ausgeführt, hätte dies eine Unitarisierung des Bundesstaates zur Folge. Aus Gründen der Machtbalance hat der Verfassungsgeber daher in den Art. 83 ff. GG ein ausgewogenes, dem Bundesstaat verpflichtetes System entwickelt. Zugrunde gelegt wird dabei, dass die Länder (und Gemeinden) bereits eigene Verwaltungsbehörden besitzen, die das Landesrecht (und das Gemeinderecht) ausführen. Der Bund kann sich diese Behörden also zunutze machen. Es wäre unökonomisch, wenn der Bund für alle Bereiche eigene Behörden schaffen würde. **Art. 83 GG** bestimmt daher, dass – soweit das Grundgesetz nichts anderes bestimmt oder zulässt – die Länder (neben ihren Gesetzen) die Bundesgesetze als **eigene Angelegenheiten** ausführen. Es besteht daher, wie in den Art. 30, 70 I GG bezüglich der Gesetzgebung, eine Zuständigkeitsvermutung zugunsten der Länder. Daher ist es selbstverständlich, dass die Länder die Einrichtung der Behörden und das Verwaltungsverfahren grundsätzlich selbst regeln. **Art. 84 I S. 1 GG** garantiert dies verfassungsrechtlich. Eine Abweichung von diesem Grundsatz ist nur unter den Voraussetzungen des Art. 84 I S. 1-6 GG zulässig (dazu Rn 878 ff.).

II. Eine Ausnahmebestimmung zu Art. 83 GG ist in **Art. 85 GG** zu finden. Dort wird **943** von **Bundesauftragsverwaltung** gesprochen. Gemeint ist, dass es sich um eine Angelegenheit des Bundes handelt, der Bund aber anstatt eigene Behörden zu errichten die Landesbehörden heranzieht. Die Länder führen die Bundesgesetze also nicht als eigene Angelegenheiten, sondern lediglich im Auftrage des Bundes aus. Die Gegenstände der Auftragsverwaltung sind im Grundgesetz erschöpfend aufgezählt (vgl. Art. 87 b II S. 2, Art. 87 c, Art. 87 d II, Art. 89 II sowie Art. 90 II GG; eine Erweiterungsmöglichkeit bietet Art. 104 a III S. 2 GG). Da es sich um eine Angelegenheit des Bundes handelt, übt der Bund hier nicht nur eine Rechtsaufsicht, sondern eine volle Zweckmäßigkeitskontrolle aus, d.h. er darf gegenüber den obersten Landesbehörden (Landesministerien) gem. Art. 85 III GG **Weisungen** erteilen. Man spricht von **Fachaufsicht**.[1447]

Im Bereich der Bundesauftragsverwaltung kann die Bundesregierung mit Zustimmung **944** des Bundesrats **allgemeine Verwaltungsvorschriften** erlassen (Art. 85 II S. 1 GG). Mit „Bundesregierung" ist die Bundesregierung als Kollegialorgan gemeint. Der

---

[1447] Vgl. dazu näher R. Schmidt, AllgVerwR, Rn 8.

Erlass von allgemeinen Verwaltungsvorschriften durch einen *einzelnen Bundesminister* kommt also – auch sofern dieser zuvor dazu ermächtigt wurde – nicht in Betracht.[1448]

944a   **III.** Im Zuge der Föderalismusreform 2006 wurde die Bestimmung ins Grundgesetz eingefügt, dass durch Bundesgesetz Aufgaben den Gemeinden und Gemeindeverbänden nicht übertragen werden dürfen (vgl. Art. 84 I S. 7 und Art. 85 I S. 2 GG). Damit hat der verfassungsändernde Gesetzgeber auf den Umstand reagiert, dass der Bund sehr häufig auf die kommunale Ebene durchgegriffen hat. Die vielfach erörterte und beklagte Fehlentwicklung lag darin, dass der Bund unmittelbar auf die kommunale Ebene durchgreifen und die Zuständigkeit für Aufgaben begründen konnte, ohne die zur Aufgabenerfüllung notwendigen Mittel erstatten oder hierüber eine Regelung treffen zu müssen. Denn die bundesgesetzlich begründeten Pflichtaufgaben der Gemeinden und Kreise fielen nicht unter die Erstattungsregelung nach Art. 104a II GG, weil es sich nicht um Gegenstände der Auftragsverwaltung handelte. Insofern wird in dem nunmehr in Art. 84 I S. 7 und Art. 85 I S. 2 GG niedergelegten Durchgriffsverbot ein wesentlicher Fortschritt in den föderalen Beziehungen gesehen.[1449] Zwar gelten die bisherigen Bundesgesetze, die diesen unerwünschten Durchgriff ermöglichen, gem. Art. 125a I S. 1 GG fort, allerdings kann das Art. 84 I S. 7 und Art. 85 I S. 2 GG entgegenstehende Recht jederzeit durch Landesrecht ersetzt werden (Art. 125a I S. 2 GG). Ob dies den Kommunen wirklich hilft, bleibt abzuwarten. Denn dürfen nunmehr die Bundesländer auf die kommunale Ebene durchgreifen, müssen sie ihrerseits die Kostenfolgen jedenfalls dann berücksichtigen, wenn in den entsprechenden Ländern das Konnexitätsprinzip auch für Pflichtaufgaben gilt.[1450] Daher kann davon ausgegangen werden, dass die Länder zunächst untätig bleiben.[1451]

945   **IV.** Von der Ausführung der Bundesgesetze durch die Länder ist die Ausführung der Bundesgesetze durch **bundeseigene Verwaltung** zu unterscheiden. Diese ist nach der Regelungstechnik der Art. 83 ff. GG nur zulässig, wenn das Grundgesetz sie ausdrücklich vorsieht oder zulässt, Art. 86 f. GG. Das hat das bereits erwähnte Erfordernis der Machtbalance zwischen Bund und Länder zum Hintergrund, sowie die Tatsache, dass die Länder neben ihren eigenen Gesetzen grundsätzlich auch die Bundesgesetze (als eigene Angelegenheiten oder im Auftrage) vollziehen (Art. 83-85 GG) und über entsprechend gegliederte Verwaltungsbehörden verfügen, die sich der Bund zunutze machen kann. Folgerichtig ist die Ausdehnung des zentralstaatlichen Verwaltungsapparats (Bundesverwaltung) besonders beschränkt worden (Art. 87 I bis 89 II GG). Daher existieren relativ wenige Bundesbehörden (s.u.).

946   **V.** Die Ausführung der Gesetze wird aber nicht nur von Bundes- und Landesbehörden, sondern auch von Kommunalbehörden vorgenommen. Das hat den Hintergrund, dass die Gemeinden und Landkreise nicht nur „ihre" Angelegenheiten zu verwalten haben, sondern darüber hinaus die ihnen durch Gesetz übertragenen *staatlichen* Aufgaben im Wege der mittelbaren Staatsverwaltung (**„Kommunalisierung der unteren Staatsverwaltung"**). Es wäre ineffizient, wenn sich der Staat nicht die vorhandenen Kommunalbehörden zunutze machen würde. Man spricht insoweit von Auftragsangelegenheiten.

947   Auftragsangelegenheiten sind also staatliche Aufgaben, die den Gemeinden zur Erledigung übertragen worden sind. Zu den Auftragsangelegenheiten gehören beispielsweise das

---

[1448] So ausdrücklich BVerfGE 100, 249, 259, 261 unter Aufgabe der bisherigen Rechtsprechung (vgl. BVerfGE 25, 338, 339).
[1449] *Ipsen*, NJW 2006, 2801, 2805.
[1450] Vgl. etwa Art. 57 IV NdsVerf.
[1451] Vgl. dazu näher *Burgi*, DVBl 2007, 70, 76 f.; *Schoch*, DVBl 2007, 261, 262 ff.

Pass- und Meldewesen, das Personenstandswesen, die Bauaufsicht und die Wehrerfassung. Generell lässt sich sagen, dass die obrigkeitlichen Aufgaben Staatsaufgaben sind, während die Daseinsvorsorge sowie die Wirtschaftsförderung in erster Linie Sache der kommunalen Selbstverwaltung sind. Es bleibt aber bei dem Grundsatz, dass Kommunalbehörden Behörden der kommunalen Selbstverwaltungsträger (Gemeinden, Landkreise) sind.

Soweit Kommunalbehörden aber als untere **Staatsbehörde** (untere Verwaltungsbehörde) **948** mit der Wahrnehmung unmittelbarer staatlicher Aufgaben betraut sind, sind sie *staatliche* Behörden (**Doppelfunktion in der Verwaltung**).[1452] Es findet eine **Organleihe** statt: Das Land „leiht" sich die Kommunalbehörde. Das sind je nach Bundesland das Landratsamt, der Landrat oder der Oberkreisdirektor.

Die Verknüpfung von Staatsverwaltung und Kommunalverwaltung (Kreisverwaltung) ge- **949** währleistet eine effektive Verwaltung, weil sie zugleich staatliche und kommunale Aufgaben und Interessen miteinander verbindet. Der Landrat ist kommunaler Wahlbeamter, d.h. Beamter, der von den Bürgern des Landkreises (oder vom Kreistag) gewählt wird. Will das Bundesland staatliche Verwaltungsaufgaben durch den Landrat wahrnehmen, „leiht" sie sich diesen von dem Landkreis. Er fungiert dann als untere Verwaltungsbehörde des Landes. Zur Rechtsfigur der Organleihe vgl. ausführlich *R. Schmidt*, AllgVerwR, Kap. 1.

VI. Auf den Vollzug des Rechts der **Europäischen Union** sind die Art. 83 ff. GG **950** nicht direkt anwendbar, da sich diese Vorschriften nur auf den Vollzug des nationalen Rechts und die Kompetenzverteilung zwischen Bund und Ländern beziehen. Gleichwohl bestehen keine Bedenken, die Art. 83 ff. GG analog anzuwenden. Es bleibt also auch in diesem Zusammenhang bei dem Grundsatz der Länderexekutive. Das Recht der Europäischen Union ist also grds. von den Ländern auszuführen. Der Bund hat aber im Bereich der Art. 84 f. GG Aufsichts- und Einwirkungsrechte. Des Weiteren kann und muss er im Rahmen seiner Zuständigkeit gem. Art. 87 ff., 108 I S. 1 GG selbst den Vollzug übernehmen.

Hiervon zu unterscheiden ist der Fall, in dem nationales Recht vollzogen wird, das aufgrund des EU-Rechts, insbesondere aufgrund von Richtlinien gem. Art. 288 III AEUV ergangen ist. Hier sind die Art. 83 ff. GG wiederum unmittelbar anwendbar.

VII. Aus diesen verfassungsrechtlichen Vorgaben erklären sich die bestehende **951** Verwaltungsorganisation und der Behördenaufbau in der Bundesrepublik Deutschland. Sofern der Behördenaufbau für die Fallbearbeitung eine Rolle spielt, wird dies im Bereich des Verwaltungsrechts der Fall sein. So sind Grundkenntnisse bspw. für die richtige Bestimmung der **nächsthöheren Behörde als Widerspruchsbehörde** (§ 73 I VwGO), der **Behördenzuständigkeit bei der formellen Rechtmäßigkeitsprüfung** (eines Verwaltungsakts) sowie bei der **Bestimmung des richtigen Klagegegners** nach § 78 VwGO unabdingbar. Einzelheiten würden den Rahmen dieser Darstellung sprengen. Sie sind *R. Schmidt*, AllgVerwR und VerwProzR zu entnehmen.

[1452] Vgl. ausführlich *R. Schmidt*, AllgVerwR, Kap. 1.

9. Kapitel
Die Finanzverfassung

Wichtige Entscheidungen: BVerfGE 20, 257 (Begriff der Gebühren); 38, 281 (Begriff der Beiträge); 49, 343 (Kommunalabgaben); 55, 274 (AusbildungsplatzförderungsG); 65, 325 (Zweitwohnungssteuern); 67, 256 (Investitionshilfegesetz); 72, 330 (ZerlegungsG und FinanzausgleichsG); 75, 108 (Künstlersozialabgabe); 78, 249 (Subventionen); 81, 156 (Erstattung von Arbeitslosengeld); 86, 148 (Finanzausgleich); 91, 186 (Kohlepfennig); 93, 319 (Wasserpfennig); 98, 106 (Kommunale Verpackungssteuer); 101, 158 (Finanzausgleich); 122, 316 (Sonderabgabe Absatzfonds); BVerfG NJW 1995, 1733, 1735 (Feuerwehrabgabe); BVerwGE 96, 45 (BAföG); 100, 56 (Erstattungsanspruch, Auftragsverwaltung); 104, 29 (Finanzwesen; Länder/Haftung); BVerfG NVwZ 2009, 641 (Agrarabgabe)

952   Die Verteilung des Steueraufkommens zwischen Bund, Ländern und Gemeinden stellt den „tragenden Pfeiler der bundesstaatlichen Ordnung"[1453] dar. Art. 104a bis 109 GG betreffen diese Verteilung. Sie enthalten einen Verteilermodus, bei dem der Gesamtstaat, die Gliedstaaten und die Kommunen am Ertrag der Volkswirtschaft sachgerecht beteiligt werden.[1454] Im Einzelnen gilt:

- Art. 104a GG regelt die Ausgabenlast (Ausgabentragung),
- Art. 105 GG regelt die Gesetzgebungskompetenzen,
- Art. 106-107 GG regeln die Steuerertragshoheit und den Finanzausgleich,
- Art. 108 GG regelt die Finanzverwaltung und die Finanzgerichtsbarkeit,
- Art. 109 GG regelt die Haushaltswirtschaft in Bund und Ländern.

A. Ausgabenlast (Ausgabentragung), Art. 104a GG

953   Gemäß **Art. 104a I GG** tragen der Bund und die Länder gesondert die Ausgaben, die sich aus der Wahrnehmung ihrer Aufgaben ergeben, soweit das Grundgesetz nichts anderes bestimmt (Grundsatz der **gesonderten Ausgabentragung** oder **Konnexitätsgrundsatz**). Das bedeutet, dass derjenige Verwaltungsträger, der eine Aufgabe gem. Art. 83 ff. GG wahrnimmt, grundsätzlich auch die damit verbundenen Kosten trägt („Die Ausgaben folgen den Aufgaben"). Das gilt sowohl im Verhältnis zwischen Bund und Ländern als auch im Verhältnis zwischen Bund und Gemeinden.[1455]

> **Beispiel:** Für die Ausführung des Passgesetzes (PassG) sind gem. § 19 I, III PassG die von den Ländern bestimmten örtlichen Behörden zuständig. Das sind i.d.R. die Gemeindebehörden, da die Unterstufe des Behördenaufbaus von diesen gebildet wird („Kommunalisierung der unteren Staatsverwaltung"). Die Kosten für die Erstellung von Personalausweisen und Reisepässen trägt daher grundsätzlich die Gemeinde, in der der Passinhaber seinen ersten Wohnsitz hat. Eine andere Sache ist es, dass sich die Behörde von dem Passinhaber die Kosten erstatten lässt. Denn gem. § 20 I PassG kann die Behörde Gebühren und Auslagen von demjenigen erheben, der die Amtshandlung veranlasst hat oder zu dessen Gunsten sie vorgenommen wurde.

954   Etwas anderes gilt gem. **Art. 104a II GG** für den Bereich der **Auftragsverwaltung** (Art. 85 GG). Gemäß Art. 85 III GG sind die Länder in den Bereichen der Auftragsverwaltung den Weisungen der zuständigen obersten Bundesbehörden unterworfen. Folglich können sie daher auch nicht ihr Ausgabenverhalten in Bezug auf die Gesetzesausführung eigenständig wahrnehmen. Daher ist es nur richtig, dass auch der Bund, der von seinem Weisungsrecht Gebrauch macht, die hierbei entstehenden Kosten tragen muss.

[1453] BVerfGE 55, 274, 300.
[1454] BVerfGE 55, 274, 300; 72, 330, 388; 86, 148, 264.
[1455] BVerfGE 86, 148, 215; BVerwGE 44, 351, 364; 98, 18, 21; 100, 56, 59.

Eine weitere Ausnahme zu Art. 104a I GG findet sich in **Art. 104a III GG**. Nach **S. 1** dieser Vorschrift können Bundesgesetze, die Geldleistungen gewähren und von den Ländern ausgeführt werden, bestimmen, dass die Geldleistungen ganz oder teilweise vom Bund getragen werden.

955

Geldleistungen sind geldliche, einmalige oder fortlaufende Zuwendungen aus öffentlichen Mitteln an Dritte, denen keine Gegenleistung korrespondiert.

Unter Bundesgesetzen, die Geldleistungen gewähren, dürften solche Gesetze zu verstehen sein, die einem fest umrissenen Kreis von Empfängern beim Vorliegen bestimmter, im Gesetz festgelegter Voraussetzungen öffentlich-rechtliche Geldleistungen gewähren (sog. **Geldleistungsgesetze**).[1456]

Gewähren bedeutet, dass die Geldleistung freiwillig und nicht aufgrund bestehender vertraglicher, deliktischer oder sonstiger (z.B. Erstattungsansprüche) Verpflichtungen erbracht wird.[1457]

Es kommt auch nicht darauf an, ob dem Empfangsberechtigten (etwa durch die gesetzliche Formulierung: „... *ist* zu gewähren") ein Anspruch eingeräumt ist; allerdings darf die Gewährung der Geldleistung nicht dem freien Ermessen der Verwaltungsbehörde überlassen bleiben.[1458]

956

> **Beispiele von öffentlich-rechtlichen Geldleistungen:** Wohngeld, Wohnungsbauprämien, Sparprämien, Berufsausbildungsförderung, Entschädigung für Opfer von Gewalttaten, Kindergeld, Subventionen[1459] etc.
>
> Reine Genehmigungen, Erlaubnisse oder sonstige Verwaltungsakte, die keine darüber hinausgehenden Leistungen bestimmen, sondern nur die Vereinbarkeit mit materiellen Vorschriften feststellen, fallen **nicht** unter den Begriff der Geldleistung. Daher sind auch Gesetze, die der Verwaltung die Befugnis zum Erlass solcher Verwaltungsakte verleihen, keine Geldleistungsgesetze, weil die Einzelakte, zu deren Erlass die Gesetze ermächtigen, keine geldwerten Leistungen gewähren.

Fehlt eine gesetzliche Bestimmung i.S.v. Art. 104a III S. 1 GG, bleibt es bei der Grundregel des Art. 104a I GG (Kostenlast der Länder).

957

Von den Kosten für den Gesetzesvollzug zu trennen sind die **Verwaltungsausgaben**. Diese gehen gem. **Art. 104a V GG** zulasten der Länder, da die Organisation und die Ausstattung der Behörden Sache der Länder ist.

958

Verwaltungsausgaben sind die Kosten für die Unterhaltung und den Betrieb des Verwaltungsapparats (hierzu gehören etwa die Personal- und Sachkosten).

Art. 104a V GG statuiert aber nicht nur die Pflicht, dass die Verwaltungsträger die Kosten ihres Betriebs und ihrer Unterhaltung selbst tragen müssen, sondern er schafft auch – da das in Art. 104a V S. 1 Halbs. 2 GG vorgesehene Verwaltungshaftungsgesetz bislang nicht erlassen wurde – eine **unmittelbare Anspruchsgrundlage** für Bund und Länder für jeweils vom anderen Verwaltungsträger verursachte Schäden.[1460]

[1456] *Henneke*, in: Schmidt-Bleibtreu/Hofmann/Henneke, GG, Art. 104a Rn 22 ff.
[1457] *Heintzen*, in: v. Münch/Kunig, GG, Art. 104a Rn 44; *Maunz*, in: Maunz/Dürig, GG, Art. 104a Rn 34.
[1458] *Pieroth*, in: J/P, GG, Art. 104a Rn 6; *Heun*, in: Dreier, GG, Art. 104a Rn 26.
[1459] Allerdings sind Subventionen durch Steuerermäßigung (sog. Verschonungssubventionen) nicht nach Art. 104a III GG, sondern nach Art. 105 GG zu beurteilen.
[1460] BVerwGE 96, 45, 50; 104, 29, 32; *Pieroth*, in: J/P, GG, Art. 104a Rn 13.

958a Im Zuge der Föderalismusreform 2006 neu eingefügt wurde die Bestimmung des Art. **104a VI GG**. Danach tragen Bund und Länder nach der innerstaatlichen Zuständigkeits- und Aufgabenverteilung (also nach den Art. 30, 70 ff., 83 ff. GG) die Lasten einer Verletzung von supranationalen oder völkerrechtlichen Verpflichtungen Deutschlands – etwa bei Vertragsverletzungen in Bezug auf den EU- und den AEU-Vertrag; bei der Verhängung von Zwangsgeldern oder Pauschalbeträgen durch die EU, bei Finanzkorrekturen durch die EU aufgrund fehlerhafter Ausgaben von EU-Mitteln oder bei Verurteilungen durch den EGMR.

Mit dieser Regelung sollen die Folgen einer Pflichtverletzung grundsätzlich die Körperschaft (Bund oder Länder) treffen, in deren Verantwortungsbereich sie sich ereignet hat. Das Prinzip der innerstaatlichen Zuständigkeits- und Aufgabenverteilung gilt dabei vertikal und horizontal für alle Fälle legislativen, judikativen und exekutiven Fehlverhaltens. Eine Ausnahme bilden die Fälle länderübergreifender Finanzkorrekturen durch die EU (vgl. Art. 126 AEUV). Eine länderübergreifende Finanzkorrektur liegt vor, wenn die Europäische Kommission eine Finanzkorrektur aufgrund eines Fehlers identischer Verwaltungs- und Kontrollsysteme aller durchführenden Länder verhängt. Der Fehler wird nach konkreter Feststellung der Kommission in einem Land oder mehreren Ländern ohne weitere Prüfung in anderen Ländern auf die Gesamtheit der die Regelung durchführenden Länder erstreckt. Für diese Fälle regelt Art. 104a VI S. 2 und 3 GG als Ausnahme vom Verursacherprinzip eine Solidarhaftung sowohl für den Bund i.H.v. 15% als auch für die Ländergesamtheit i.H.v. 35% der Gesamtlasten; eine weitergehende Haftung des Bundes ist ausgeschlossen.

Das Nähere wird gem. Art. 104a VI S. 4 GG durch Bundesgesetz mit Zustimmung des Bundesrats bestimmt. Dieses Gesetz ist im Rahmen des Föderalismusreform-Begleitgesetzes vom 5.9.2006 ergangen (vgl. BGBl I S. 2098).

959 Schließlich sind die **Finanzhilfen** nach **Art. 104b GG** zu nennen. Nach Art. 104b I GG kann der Bund den Ländern für besonders bedeutsame Investitionen der Länder und Gemeinden (Gemeindeverbänden) Finanzhilfen gewähren. Allerdings besteht eine strenge Zweckbestimmung. Erlaubt sind Finanzhilfen nur zu den in der Vorschrift genannten Zwecken, namentlich

- zur Abwehr einer Störung des gesamtwirtschaftlichen Gleichgewichts,
- zum Ausgleich unterschiedlicher Wirtschaftskraft im Bundesgebiet
- oder und zur Förderung des wirtschaftlichen Wachstums.

960 Die Finanzhilfe muss zudem zur Erreichung des in Betracht kommenden Ziels **erforderlich** sein. Eine pauschale Zuschussgewährung ist daher ausgeschlossen, denn die Finanzhilfen sind kein Instrument direkter oder indirekter Investitionssteuerung zur Durchsetzung allgemeiner währungs-, raumordnungs- oder strukturpolitischer Ziele des Bundes in den Ländern und dürfen den Finanzausgleich nicht ersetzen.[1461] Allerdings sind die in Art. 104b I GG genannten Förderungsziele als Rechtsbegriffe so unbestimmt, dass eine verfassungsgerichtliche Überprüfung nur zurückhaltend vorgenommen werden kann. In Anlehnung an die Rspr. des BVerfG zu Art. 72 II GG (in der bis zum 31.8.2006 geltenden Fassung) muss aber davon ausgegangen werden, dass das Gericht, sollte es über die Erforderlichkeitsklausel des Art. 104b I GG zu entscheiden haben, einen verfassungsgerichtlich voll überprüfbaren unbestimmten Rechtsbegriff annehmen wird.[1462]

[1461] BVerfGE 39, 96, 111.
[1462] Zur Kontrolldichte in Bezug auf Art. 72 II GG (a.F.) vgl. Rn 819 ff.

Oben genannte Finanzhilfen des Bundes werden aufgrund der Formulierung in Art. 104 b I GG „soweit dieses Grundgesetz ihm (dem Bund) Gesetzgebungsbefugnisse verleiht" jedoch ausgeschlossen bei Gegenständen der ausschließlichen Gesetzgebung der Länder. Danach ist z.B. ein neues Ganztagsschul-Investitionsprogramm nicht mehr zulässig, weil das Schulwesen Gegenstand ausschließlicher Gesetzgebung der Länder ist. Die bestehende Bund-Länder-Verwaltungsvereinbarung über ein Investitionsprogramm „Zukunft Bildung und Betreuung" vom 29.4.2003 gilt aber weiter aufgrund der Übergangsregelung des Art. 125c II S. 2 GG. Jedoch sind dort, wo der Bund im Bildungsbereich Kompetenzen hat (außerschulische berufliche Bildung und Weiterbildung, Hochschulzulassung und Hochschulabschlüsse), unter den Voraussetzungen des Art. 104b I S. 1 Finanzhilfen weiterhin zulässig, weil in diesen Bereichen keine ausschließliche Gesetzgebungskompetenz der Länder besteht. Die gemeinsame Kulturförderung von Bund und Ländern bleibt unberührt.

960a

Liegen die Voraussetzungen des Art. 104 b I GG nicht vor und sind Finanzhilfen auch nicht als Gemeinschaftsaufgabe gem. Art. 91a, b GG zulässig, verbleibt es beim Konnexitätsgrundsatz gem. Art. 104 a I GG, wonach die Länder die Ausgaben für ihre Aufgaben tragen.

961

B. Steuergesetzgebungskompetenzen (Art. 105 GG)

Die Gesetzgebungskompetenzen für die Steuergesetzgebung richten sich ausschließlich nach Art. 105 GG. Die Kompetenztitel der Art. 73 I und 74 I GG werden verdrängt. Bei der Lösung juristischer Fälle ist bei der Frage nach der Gesetzgebungskompetenz daher zunächst danach zu fragen, ob es sich bei dem Streitgegenstand um eine **Steuer** handelt. Liegt demnach eine Steuer vor, findet ausschließlich Art. 105 GG Anwendung. Bei allen anderen Abgaben (Gebühren, Beiträge, Sonderabgaben) gelten die allgemeinen Kompetenztitel der Art. 73 I und 74 I GG.[1463] Innerhalb des Art. 105 GG ist wiederum zu unterscheiden: Für **Zölle und Finanzmonopole** hat der Bund die **ausschließliche** Gesetzgebungskompetenz (Art. 105 I GG), für die **übrigen Steuern** gelten dagegen die **konkurrierende** Gesetzgebungskompetenz des Bundes (Art. 105 II, IIa S. 1 GG) bzw. die **ausschließliche Gesetzgebungskompetenz der Länder** (Art. 105 IIa S. 2 GG). Um daher die Art der Gesetzgebungskompetenz bestimmen zu können, bedarf es entsprechender Definitionen der einzelnen Abgabenarten.

962

I. Steuern, Zölle und Finanzmonopole

Steuern sind öffentlich-rechtliche (einmalige oder fortlaufende) Geldleistungen, die dem Bürger auferlegt werden, *ohne* dass sie eine Gegenleistung für eine bestimmte Leistung des öffentlichen Gemeinwesens darstellen.[1464]

963

Zweck der Steuererhebung ist vor allem die Erzielung von öffentlichen Einnahmen insbesondere zur Deckung der Betriebskosten der öffentlichen Hand.

964

> **Beispiele:** Einkommensteuer, Körperschaftsteuer, Umsatzsteuer, Grunderwerbsteuer, Getränkesteuer, Investitionsteuer, Jagdsteuer, Schankerlaubnissteuer, Solidaritätszuschlag[1465], Spielbankabgabe, Stabilitätszuschlag, Straßengüterverkehrssteuer, Vergnü-

---

[1463] Vgl. BVerfGE 81, 156, 187; OVG Schleswig NVwZ-RR 2001, 532 und *Kloepfer/Bröcker*, DÖV 2001, 1, 4.
[1464] BVerfGE 49, 343, 353; 67, 256, 282; BVerwGE 93, 319, 346; BFHE 141, 369, 372; *v. Danwitz*, NVwZ 2000, 615, 616. Vgl. auch die Legaldefinition in § 3 AO, die auch bei der Auslegung des verfassungsrechtlichen Begriffs herangezogen werden kann.
[1465] Vgl. dazu BVerfG NJW 2011, 441.

gungssteuer, Verpackungssteuer, Hundesteuer, Pferdesteuer[1466], Fischereisteuer, Zweitwohnungssteuer[1467]

Gerade die örtlichen Aufwandsteuern (insbesondere die Zweitwohnungssteuern in Feriengebieten) unterliegen allerdings regelmäßig einer engen Zweckbindung (z.B. Unterhaltung von öffentlichen Einrichtungen für Kurzwecke etc.), was in den einschlägigen Satzungen nicht immer detailliert bezeichnet ist. Diese Zweckbindung des Aufkommens der Abgabe steht dem Steuercharakter aber nicht entgegen. **Zwecksteuern** stehen zwar im Gegensatz zu den allgemeinen Steuern zu bestimmten Leistungen und Verwaltungszwecken des Abgabeberechtigten in Beziehung. Die Erfüllung der öffentlichen Aufgaben, zu deren Finanzierung Zwecksteuern dienen, hat aber nicht den Charakter einer Gegenleistung des Abgabeberechtigten zugunsten des Abgabepflichtigen. Der Kreis der Abgabepflichtigen ist darum bei den Zwecksteuern auch nicht auf solche Personen begrenzt, die einen wirtschaftlichen Vorteil aus dem öffentlichen Vorhaben ziehen.[1468] Daneben erstreckt sich die Abgabepflicht auch regelmäßig auf *alle* Zweitwohnungsinhaber, soweit die Tatbestandsvoraussetzungen für die Abgabenerhebung im Übrigen vorliegen.

965 **Zölle** sind „Abgaben, die nach Maßgabe des Zolltarifs von der Warenbewegung über die Zollgrenze erhoben werden".[1469] Sie sind gem. Art. 106 I GG ein Unterfall der Steuern.

966 Von **Finanzmonopolen** spricht man bei dem ausschließlichen Recht des Staates, aus dem Verkauf bestimmter Waren oder Dienstleistungen Einnahmen zu erzielen.[1470] Das Recht kann auch im Wege der Beleihung auf Private übertragen werden. In der Bundesrepublik gibt es nur noch ein Finanzmonopol, und zwar das für die Produktion und den Vertrieb von Branntwein.

II. Gebühren und Beiträge

967 Auch **Gebühren** und **Beiträge** sind öffentlich-rechtliche Geldleistungen. Sie sind allerdings bei entsprechender *Gegenleistung* des Staates oder einer anderen juristischen Person des öffentlichen Rechts (**Äquivalenzprinzip**) zu entrichten. Daher werden sie nicht von § 3 I AO erfasst. Hier richtet sich die Gesetzgebungskompetenz nach den allgemeinen Regeln der Art. 70 ff. GG.

968 **Gebühren** sind gesetzlich geregelte einseitig auferlegte Entgelte für eine **besondere Inanspruchnahme** der Verwaltung oder öffentlicher Einrichtungen [z.B. für eine Unterschriftsbeglaubigung, für die Ausstellung eines Personalausweises oder Reisepasses, für die Erteilung einer Baugenehmigung oder für einen Einsatz von Rettungskräften[1471] (Verwaltungsgebühren) oder für den Anschluss an den öffentlich-rechtlichen Rundfunk oder an ein gemeindliches Kanalisationsnetz (Benutzungsgebühren)].[1472] *Gemeindegebühren* (sog. Sporteln) sind Verwaltungsgebühren, z.B. für Lagepläne, oder Benutzungsgebühren, z.B. für Müllabfuhr, Gas, Wasser, Strom oder Verleihungen (Konzessionen).

[1466] Vgl. dazu BVerwG LKRZ 2015, 458.
[1467] Zur Zweitwohnungssteuer vgl. OVG Schleswig NVwZ-RR 2001, 532 f.
[1468] BVerfGE 49, 343, 353 f. Zu den vom BVerfG entwickelten Kriterien für die Zulässigkeit von Zweitwohnungssteuern als Zwecksteuern vgl. E 65, 325, 343 ff.
[1469] BVerfGE 8, 260, 269.
[1470] BVerwGE 114, 92, 99.
[1471] Vgl. OVG Münster NJW 2001, 1152 ff. bzgl. der Gebühr für einen Fehlalarm.
[1472] *v. Münch*, NJW 2000, 634, 635.

Beiträge unterscheiden sich von den Gebühren dadurch, dass der Bürger die Gegen-[969] leistung nicht wirklich in Anspruch genommen haben muss. Vielmehr genügt die bloße **Möglichkeit** (potentielle Inanspruchnahme).[1473] Beiträge sind insbesondere für die Möglichkeit der Benutzung besonderer öffentlicher Einrichtungen zu entrichten (sog. Vorzugslasten wie Sozialversicherungsbeiträge oder Versorgungsbeiträge öffentlich-rechtlicher Versorgungseinrichtungen). *Gemeindebeiträge* sind z.B. Kurtaxen, Kur-förderungsabgaben, Kindergartenbeiträge oder Erschließungsbeiträge nach §§ 127 ff. BauGB.[1474]

III. Sonderabgaben

Nach der Rechtsprechung des BVerfG zählen zu den öffentlichen Abgaben auch die **Sonderabgaben**, denen häufig eine **Ausgleichsfunktion** zukommt:

Sonderabgaben sind hoheitlich auferlegte Geldleistungspflichten meist wirtschafts-[970] politischer Natur, die dem Ausgleich von Vor- und Nachteilen zwischen den Bürgern dienen sollen und denen keine unmittelbare Gegenleistung gegenübersteht.[1475] Sie unterscheiden sich von der Steuer dadurch, dass sie nur von bestimmten Gruppen erhoben werden.[1476]

Das BVerfG hat die Zulässigkeit von Sonderabgaben eingeschränkt.[1477] Insbesondere [971] verlangt das Gericht bei den Sonderabgaben - aus kompetenzrechtlichen Gründen - eine materielle Begrenzung, um die detaillierten Regelungen des Grundgesetzes zur Besteuerungskompetenz und der bundesstaatlichen Finanzverfassung (Art. 104 a ff. GG) vor einer Aushöhlung zu bewahren. Die Gefahr einer Aushöhlung besteht insbesondere dann, wenn die Sonderabgaben unter Berufung auf Sachgesetzgebungskom-petenz von Bund und Ländern ausgedehnt und so ausgestaltet werden, dass sie an die Stelle von Steuern treten können. Deshalb ist es nach der Rechtsprechung des BVerfG dem Gesetzgeber untersagt, Sonderabgaben zur Erzielung von Einnahmen für den allgemeinen Finanzbedarf eines öffentlichen Gemeinwesens zu erheben und das Aufkommen derartiger Abgaben zur Finanzierung allgemeiner Staatsaufgaben zu ver-wenden. Sonderabgaben seien insbesondere nur dann zulässig, wenn

(1) die Pflichtigen eine **homogene Gruppe** darstellten,
(2) eine **Sachnähe** zwischen Abgabepflichten und Abgabezweck zu erkennen sei,
(3) eine **Gruppenverantwortung** für die Erfüllung der zu finanzierenden Aufgabe bestehe, und
(4) eine sachgerechte Verknüpfung durch „**gruppennützige" Verwendung** des Abga-benaufkommens gewährleistet sei.[1478]

Der Gesetzgeber habe die Überprüfung dieser Voraussetzungen ständig vorzuneh-men.

Beispiele[1479]: **Zulässige** Sonderabgaben sind der Lastenausgleich, d.h. der Ausgleich unterschiedlicher Kriegsfolgen, Fehlbelegungsabgaben[1480], Kostenerstattungs- und Aus-gleichsbeiträge nach § 135a III und § 154 BauGB, die Abwasserabgabe, die Berufs-

---

[1473] BVerfG NJW 1995, 1733, 1735 (Feuerwehrabgabe).
[1474] *Schmitt Glaeser/Horn*, VerwProzR, Rn 262. Zu den Gebühren vgl. BVerfGE 20, 257, 269 und zu den Beiträgen BVerfGE 38, 281, 311.
[1475] Vgl. BVerfGE 81, 156, 186 f.; 78, 249, 267; 75, 108, 147.
[1476] *v. Danwitz*, NVwZ 2000, 615, 616.
[1477] Vgl. dazu BVerfGE 55, 274 ff. zum AusbildungsplatzförderungsG; BVerfGE 67, 256 ff. zum InvestitionshilfeG; BVerfGE 91, 186 ff. zum Kohlepfennig; BVerfGE 98, 83 ff. zur Abfallabgabe; BVerfG NVwZ 2009, 641 zur Agrarabgabe.
[1478] Vgl. dazu auch BVerfG NVwZ 2014, 646, 647 ff.
[1479] So zu den Nachweisen *Pieroth*, in: J/P, GG, Art. 105 Rn 11.
[1480] So die überwiegende Mehrzahl der OVGe; durchgängig ablehnend die Lit., vgl. *J. Schmidt*, in: Eyermann, VwGO, § 80 Rn 22.

ausbildungsabgabe, die Filmförderungsabgabe[1481], die Hebammenabgabe, die Insolvenzsicherungsabgabe, die Ausgleichsabgabe nach dem Milch- und FettG, die Notarabgabe, die Sonderabfallabgabe, die Ausgleichsabgabe für die Stellplatzpflicht und die Weinwirtschaftsabgabe. **Unzulässige** Sonderabgaben waren der Kohlepfennig, die Feuerwehrabgabe, der Solidarfonds Abfallrückführung und die Agrarabgabe. Verfassungsrechtlich **problematisch** sind die Universaldienstfinanzierungsabgaben nach dem Telekommunikationsgesetz und dem Postgesetz.[1482]

IV. Verteilung der Steuergesetzgebungskompetenzen

972   Liegt demnach bei der fraglichen Abgabe eine **Steuer** vor, richtet sich die Gesetzgebungskompetenz nach Art. 105 GG. Bei der **ausschließlichen** Gesetzgebungskompetenz des Bundes für **Zölle und Finanzmonopole (Art. 105 I GG)** hat dieser die Befugnis, die Steuergesetzgebung abschließend zu regeln; jedoch ist es dem Bund nicht verwehrt, die Länder zur Gesetzgebung ausdrücklich zu ermächtigen (vgl. insoweit die Parallele zu Art. 71 GG). Die dem Bund ausschließlich zustehende Gesetzgebungskompetenz für Zölle ist wegen der umfassenden Kompetenzen der EU für Zölle jedoch kaum noch relevant. Hinsichtlich der Finanzmonopole existiert gegenwärtig nur noch das Branntweinmonopol (s.o.).

973   Für die **übrigen Steuern** (generell für das in der AO 1977 geregelte materielle Steuerrecht) sowie für die Subventionen durch Steuerermäßigungen („Verschonungssubventionen") hat der Bund die **konkurrierende** Gesetzgebungskompetenz gem. **Art. 105 II GG**. Freilich setzt dies voraus, dass eine bundesgesetzliche Regelung **erforderlich** ist (vgl. Art. 72 II GG).[1483] Soweit das Aufkommen der Steuern ganz oder zum Teil den Ländern oder den Gemeinden (Gemeindeverbänden) zufließt, sind die Bundesgesetze gem. **Art. 105 III GG** zustimmungsbedürftig. Die Sperrwirkung für die Landesgesetzgebung, die eintritt, wenn der Bund von seiner konkurrierenden Gesetzgebungskompetenz abschließend Gebrauch macht, tritt im Bereich der Steuergesetzgebung nur ein, wenn zwischen einer bundesrechtlich und einer landesrechtlich geregelten Steuer **Gleichartigkeit** besteht. Dafür müssen Steuern in ihren wesentlichen Merkmalen übereinstimmen. Dazu gehören Steuergegenstand, Steuermaßstab, Art der Steuererhebung und die wirtschaftlichen Auswirkungen. In erster Linie ist darauf abzustellen, ob die zu vergleichenden Steuern dieselbe Quelle wirtschaftlicher Leistungsfähigkeit beanspruchen.[1484] Keine Gleichartigkeit besteht z.B. bei der Abgabe zur Deckung kommunaler Wohnungsbaufolgekosten mit der Grundsteuer[1485] und bei der Schankerlaubnissteuer mit der Gewerbe- und der Umsatzsteuer[1486].

974   Für die **Sonderabgaben** steht dem Bund regelmäßig die Kompetenz nach Art. 74 I Nr. 11 oder 12 GG zu. Zusätzlich muss es sich aber um eine *zulässige* Sonderabgabe handeln, denn nur darauf kann sich wegen der restriktiven Zulässigkeit durch das BVerfG die Gesetzgebungskompetenz beziehen. Bei der Bearbeitung eines juristischen Falls muss also bei der Frage nach der Gesetzgebungskompetenz inzident die Rechtmäßigkeit der Sonderabgabe geprüft werden.[1487]

975   **Art. 105 IIa S. 1 GG** regelt die ausschließliche Gesetzgebungskompetenz der **Länder** für die örtlichen **Verbrauch- und Aufwandsteuern**, solange und soweit sie

---

[1481] BVerfG NVwZ 2014, 646, 647 ff.
[1482] Vgl. dazu *v. Danwitz*, NVwZ 2000, 615 ff.
[1483] Klarstellend BVerfG NJW 2015, 303, 305 mit Verweis auf BVerfGE 125, 141, 154.
[1484] BVerfGE 40, 56, 62 f.; 65, 325, 351; 98, 106, 125; BVerwGE 58, 230, 240; BVerwG NVwZ 1989, 566.
[1485] BVerfGE 49, 343, 355 ff.; BVerwGE 44, 202, 206 ff., a.A. BVerfGE abw.M. 49, 363, 370 f.
[1486] BVerfGE 13, 181, 192 f.
[1487] Vgl. dazu BVerfG NVwZ 2014, 646, 647 ff.

nicht mit bundesgesetzlich geregelten Steuern gleichartig sind. Verbrauchsteuern knüpfen die Belastung an den Verbrauch von konsumierbaren Gütern[1488]; sie werden regelmäßig nicht vom Steuerschuldner, sondern im Wege der Überwälzung vom Verbraucher getragen.[1489] Aufwandsteuern belasten die Aufwendungen für das Halten von Ge- und Verbrauchsgegenständen; sie können als direkte oder indirekte Steuern ausgestaltet sein.[1490] In beiden Fällen ist Anknüpfungspunkt die im Ge- und Verbrauch und Aufwand zum Ausdruck kommende Einkommensverwendung für den persönlichen Lebensbedarf und damit die besondere wirtschaftliche Leistungsfähigkeit.[1491] **Örtlich** sind Verbrauch- und Aufwandsteuern, „die an örtliche Gegebenheiten, v.a. an die Belegenheit einer Sache oder an einen Vorgang im Gebiet der steuererhebenden Gemeinde anknüpfen und wegen der Begrenzung ihrer unmittelbaren Wirkungen auf das Gemeindegebiet nicht zu einem die Wirtschaftseinheit berührenden Steuergefälle führen können"[1492]. Dies ist bei einer Steuer, die in einem ganzen Land erhoben wird, nicht der Fall. Die auch bei Art. 105 IIa S. 1 GG geforderte **Gleichartigkeit** ist enger als die bei Art. 105 II GG zu verstehen, um den Ländern einen substantiellen, über Art. 105 IIa GG hinausgehenden Kompetenzbereich zu erhalten.[1493] Die Länder dürfen die Erhebung einzelner örtlicher Verbrauch- und Aufwandsteuern verbieten oder zur Pflicht machen.

> **Beispiele von örtlichen Verbrauch- und Aufwandsteuern**[1494]: Einwohnersteuer, Fischereisteuer, Getränkesteuer, Hundesteuer, Pferdesteuer[1495], Jagdsteuer, Speiseeissteuer, Spielgerätesteuer, Vergnügungssteuer, Verpackungssteuer, soweit sie nur Waren zum Verzehr an Ort und Stelle erfasst, Wohnraumsteuer, Zweitwohnungsteuer[1496]

Gemäß Art. 105 IIa S. 2 GG haben die Länder jedoch die (ausschließliche) Befugnis, bei der Grunderwerbsteuer den Steuersatz festzulegen.

975a

> **Hinweis für die Fallbearbeitung:** Bei der Prüfung der Gesetzgebungszuständigkeit nach Art. 105 GG empfiehlt es sich, zunächst von der Regelung des **Art. 105 I GG** auszugehen. Danach hat der Bund die ausschließliche Gesetzgebung über **Zölle und Finanzmonopole**. Bei den Zöllen spiegelt sich der Gedanke aus Art. 73 GG wider, dass bestimmte Gegenstände nur vom Bund geregelt werden können. Da die Bundesrepublik gegenüber dem Ausland als Wirtschaftseinheit auftritt, wäre es widersinnig, das Zollwesen den Bundesländern zu überlassen. Bei den Finanzmonopolen ist nur noch das Branntweinmonopol zu nennen.
> Sodann ist bzgl. der **übrigen Steuern Art. 105 II GG** zu prüfen. Hinsichtlich ihrer ersten Variante verweist die Vorschrift auf Art. 106 GG. Kann die in einer Klausur zu untersuchende Steuer unter eine dortige Regelung (in Abs. 1 oder Abs. 3) subsumiert werden, liegt eine konkurrierende Steuergesetzgebungskompetenz des Bundes vor. Der Bund hat aber auch eine konkurrierende Steuergesetzgebungskompetenz für die sog. Ländersteuern (Abs. 2), wenn die Erforderlichkeit nach bundesgesetzlicher Regelung vorliegt (Art. 105 II i.V.m. Art. 72 II GG). Liegt dagegen ein Fall des **Art. 105 IIa GG** ohne konkurrierende Gesetzgebungskompetenz des Bundes

976

[1488] BVerfGE 98, 106, 123 f.; BFHE 57, 473, 489; *Schneider*, in: AK, Art. 105 Rn 34; *Heintzen*, in: v. Münch/Kunig, GG, Art. 105 Rn 56 f; a.A BFHE 141, 369, 373; vgl. dazu und zu den folgenden Nachweisen *Pieroth*, in: J/P, GG, Art. 105 Rn 27 ff.

[1489] BVerfGE 14, 76, 96; 27, 375, 384; 98, 106, 124; BVerwGE 96, 272, 281.

[1490] BVerwG NVwZ 2001, 440. Vgl. auch BVerwG NVwZ 2013, 1426 (Hundesteuer als örtliche Aufwandsteuer); BVerwG LKRZ 2015, 458 (Pferdesteuer als örtliche Aufwandsteuer).

[1491] BVerfGE 49, 343, 354; 65, 325, 346 ff.; BVerwGE 99, 303, 304 f.; 111, 122, 125; 115, 165, 168 f.

[1492] BVerfGE 65, 325, 349; vgl. auch BVerfGE 16, 306, 327; 40, 56, 61; 98, 106, 124; BVerwGE 45, 264, 274; 58, 230, 237.

[1493] BVerfGE 40, 56, 63; 65, 325, 350 f.

[1494] Vgl. die Nachweise bei *Pieroth*, in: J/P, GG, Art. 105 Rn 30.

[1495] Vgl. dazu BVerwG LKRZ 2015, 458.

[1496] Vgl. zur Zweitwohnungsteuer BVerfGE 65, 325, 352; 114, 316, 333 ff.

vor, steht den **Ländern** die ausschließliche Gesetzgebung zu. Für die Bestimmung des Steuersatzes bzgl. der Grunderwerbsteuer gewährt ihnen Art. 105 IIa S. 2 GG sogar ausdrücklich diese Befugnis.

Für Abgaben, die **keine Steuern** sind, richtet sich die Gesetzgebungskompetenz nach den allgemeinen Regeln der **Art. 70 ff. GG**.

C. Verteilung des Steueraufkommens (Art. 106 und 107 GG)

I. Überblick

977 Kennzeichen der verfassungsrechtlichen Eigenständigkeit von Bund und Ländern ist auch das Bestehen eines realen wirtschaftlichen Fundaments.[1497] Der Verteilung des Steueraufkommens kommt daher eine staatstragende Bedeutung zu. Art. 106 und 107 GG, die im engen Zusammenhang mit Art. 105 GG stehen, regeln die Verteilung des Steueraufkommens und damit die Finanzausstattung von Bund, Ländern und Gemeinden. Während Art. 106 GG die vertikale (auf Bund, Länder und Gemeinden verteilende) Steuerertragsaufteilung betrifft, regelt Art. 107 I GG die horizontale (im Verhältnis der Länder untereinander verteilende) Steuerertragsaufteilung und Art. 107 II GG vor allem den horizontalen Finanzausgleich, also den Finanzausgleich zwischen den Ländern. Im Einzelnen nehmen Art. 106 und 107 GG folgende Verteilung vor:

- Art. 106 I GG beschreibt die vollständige Ertragshoheit des Bundes (**Bundessteuern**),
- Art. 106 II GG regelt die Gebiete der vollständigen Ertragshoheit der Länder (**Landessteuern**),
- Art. 106 III S. 1 GG erfasst die gemeinsame Ertragshoheit von Bund und Ländern (**Gemeinschaftssteuern** – Einkommensteuer, Körperschaftsteuer, Umsatzsteuer),
- Am Aufkommen der Einkommensteuer und der Körperschaftsteuer sind der Bund und die Länder je zur Hälfte beteiligt, Art. 116 II S. 2 GG,
- Art. 106 III S. 3 und 4, IV S. 1, V, Va GG regelt die Verteilung der **Umsatzsteuer** zwischen Bund, Ländern und Gemeinden,
- Art. 106 V-VII GG regelt die Ertragshoheit der Gemeinden (**Gemeindesteuern**),
- Art. 107 GG regelt die horizontale **Steuerertragsaufteilung** (Abs. 1) und den **Finanzausgleich** (Abs. 2) **unter den Ländern**.

II. Bundessteuern (Art. 106 I GG)

978 Der Ertrag der in Art. 106 I Nr. 1-7 GG abschließend aufgezählten Steuern steht allein dem Bund zu (sog. Bundessteuern). Das gilt auch bei der Ermächtigung der Länder zur Gesetzgebung, da die in diesem Zusammmenhang erhobenen Steuern auf bundesrechtlicher Regelung beruhen. Zu den Finanzmonopolen und Zöllen (Nr. 1) vgl. Rn 963, zu den Verbrauchsteuern (Nr. 2) Rn 975. Zu ihnen gehören die *Branntwein-, Kaffee-, Mineralöl-, Schaumwein-, Strom- und Tabaksteuer* sowie die *Aufwandsteuern*. Ausgenommen sind die *Biersteuer*, die *Einfuhrumsatzsteuer* und die *örtlichen Verbrauch- und Aufwandsteuern*, die allesamt entweder Art. 106 II oder III GG zugeordnet sind. Die in Art. 106 I Nr. 3 und 4 GG genannten *Verkehrsteuern* knüpfen an Akte oder Vorgänge des Rechtsverkehrs, an einen rechtlichen oder wirtschaftlichen Akt, an die Vornahme eines Rechtsgeschäfts, einen wirtschaftlichen oder Verkehrsvorgang an. Auch die *Kraftfahrzeugsteuer* ist von Nr. 3 erfasst. Die *Kapitalverkehrsteuer*, die *Wechselsteuer*, die *Börsenumsatzsteuer* und die *Gesellschaftsteuer* wurden 1990 abgeschafft. Heute fällt hierunter die *Versicherungsteuer*. Nr. 5 enthält die einmaligen *Vermögensabgaben* und die zur Durchführung des Lastenausgleichs (vgl. Art. 120 GG) erhobenen *Ausgleichsabgaben*. Die Ergänzungsabgabe zur Einkommensteuer und zur Körperschaftsteuer (Nr. 6), wie der *Solidaritätszuschlag* zur Finanzierung der

---

[1497] BVerfGE 32, 333, 338; 39, 96, 108.

deutschen Einheit seit dem 1.1.1995, darf die Einkommen- und Körperschaftsteuer, die Art. 106 II, III GG unterfällt, nicht aushöhlen; sie ist in der Höhe begrenzt, wobei die Grenze mit den gegenwärtig festgesetzten 5,5 % von der Einkommen- bzw. Körperschaftsteuer nicht überschritten ist; unschädlich ist, dass sie nicht von vornherein befristet wurde.[1498]

III. Landessteuern (Art. 106 II GG)

Der Ertrag der in Art. 106 II GG abschließend aufgezählten Steuern steht vollständig den Ländern zu (sog. Landessteuern); sie können auf bundes- oder landesrechtlicher Regelung beruhen (vgl. dazu bereits Rn 972). Die *Vermögensteuer* (Nr. 1) ist eine Personalsteuer, die das Vermögen zum Gegenstand hat.[1499] Die *Erbschaftsteuer* (Nr. 2) erfasst den Erwerb auf Erbschaft, Vermächtnis und Schenkung. Die Verkehrsteuer ist eine Steuer, die auf die Teilnahme am Rechts- und Wirtschaftsverkehr erhoben wird und Nr. 3 erfasst, soweit sie nicht nach Abs. I dem Bund oder nach Abs. III Bund und Ländern gemeinsam zustehen. Die Ertragshoheit der Länder an den *sonstigen Verkehrsteuern* ist also beschränkt durch die speziellen Zuweisungen an den Bund (Rn 972/978) sowie bzgl. der *Umsatzsteuer*, die mit Ausnahme der *Einfuhrumsatzsteuer* (Rn 978) verfassungsrechtlich als Verkehrsteuer gilt, an den Bund und die Länder gemeinsam (Rn 980 ff.). Danach stehen den Ländern die Erträge der *Feuerschutz-, Grunderwerb-, Lotterie- und Rennwettsteuer* zu. Die *Biersteuer* (Nr. 4) ist die einzige den Ländern aus Tradition zustehende Verbrauchsteuer. Schließlich ist die *Spielbankenabgabe* (Nr. 5) eine Steuer.[1500]

979

IV. Gemeinschaftsteuern (Art. 106 III, IV GG)

Während für die bisher genannten Steuern ein Trennsystem gilt, das Aufkommen also jeweils entweder dem Bund (Art. 106 I GG) *oder* den Ländern (Art. 106 II GG) zusteht, gilt für die wichtigsten Steuern das **Verbundsystem** des Art. 106 III GG.

980

Die Gemeinschaftsteuern umfassen die *Einkommen-, Körperschaft- und Umsatzsteuer*. Zur *Einkommensteuer* zählen auch die Besteuerung von Veräußerungsgewinnen[1501] und der Stabilitätszuschlag[1502], nicht aber die Ergänzungsabgabe (Rn 978). Die *Körperschaftsteuer* ist die Einkommensteuer juristischer Personen. Die *Umsatzsteuer* (landläufig auch als *Mehrwertsteuer* bezeichnet) ist teilweise Verbrauch- und teilweise Verkehrsteuer. Die Gemeinschaftsteuern machen ca. 71 % des gesamten Steueraufkommens aus. Nichtsteuerliche Einnahmen wie die aus der Versteigerung von UMTS-Lizenzen fallen nicht hierunter.[1503]

981

V. Verteilung der Einkommen- und Körperschaftsteuer (Art. 106 III S. 1 und 2 GG)

Das Aufkommen der *Körperschaftsteuer* und der *Einkommensteuer* steht dem Bund und der Ländergemeinschaft je zur Hälfte zu (Art. 106 III S. 2 GG). Gemäß Art. 106 V S. 1 GG erhalten die Gemeinden einen Anteil an dem Aufkommen der Einkommensteuer, der von den Ländern an ihre Gemeinden auf der Grundlage der Einkommensteuerleistungen ihrer Einwohner weiterzuleiten ist. Das Nähere bestimmt ein Bundesgesetz, das der Zustimmung des Bundesrats bedarf (Art. 106 V S. 2 GG). Es kann

982

[1498] Vgl. *Pieroth*, in: J/P, GG, Art. 106 Rn 4 m.w.Nachw.
[1499] Zur Verfassungsmäßigkeit, wenn sie als Sollertragsteuer ausgeformt ist, vgl. BVerfGE 93, 121, 137.
[1500] Vgl. dazu insgesamt *Pieroth*, in: J/P, GG, Art. 106 Rn 5 m.w.Nachw.
[1501] BVerfGE 26, 302, 309; 27, 111, 126.
[1502] BVerfGE 36, 66, 70.
[1503] BVerfGE 105, 185, 194 (UMTS-Lizenzen).

bestimmen, dass die Gemeinden Hebesätze für den Gemeindeanteil festsetzen (Art. 106 V S. 3 GG).

VI. Verteilung der Umsatzsteuer (Art. 106 III S. 1, S. 3 und IV S. 1, Va GG)

983 Nicht nur das Aufkommen der Einkommensteuer und der Körperschaftsteuer, sondern auch das Aufkommen der Umsatzsteuer steht dem Bund und den Ländern gemeinsam zu (Gemeinschaftsteuern), soweit das Aufkommen der Umsatzsteuer nicht nach Art. 106 Va GG den Gemeinden zugewiesen wird (Art. 106 III S. 1 GG). Die Anteile von Bund und Ländern an der Umsatzsteuer werden durch Bundesgesetz, das der Zustimmung des Bundesrats bedarf, festgesetzt (Art. 106 III S. 3 GG).

Gesetz i.S.d. Art. 106 III S. 3 GG ist das **Finanzausgleichsgesetz** (vgl. dazu zuletzt BGBl I 2013, S. 250). Die konkreten Quoten ergeben sich gem. § 1 FAG. Für die Festsetzung sind in Art. 106 III S. 4 GG bestimmte Grundsätze normiert, die aber wegen ihrer Unbestimmtheit dem Gesetzgeber einen weiten Entscheidungsspielraum lassen.[1504]

VII. Finanzzuweisung des Bundes an die Länder (Art. 106 IV S. 2, 3 GG)

984 Werden den Ländern durch Bundesgesetz zusätzliche Aufgaben auferlegt oder Einnahmen entzogen, können gem. Art. 106 IV S. 2 und 3 GG durch Zustimmungsgesetz die Mehrbelastungen durch Finanzzuweisungen des Bundes an die Länder ausgeglichen werden, wenn sie auf einen kurzen Zeitraum[1505] begrenzt werden (sog. **Mehrbelastungsausgleich**). Das Ermessen des Gesetzgebers kann sich in Fällen unzumutbarer Belastung der Länder unter Berücksichtigung des Grundsatzes des bundesfreundlichen Verhaltens zu einer gesetzlichen Ausgleichspflicht verdichten.

VIII. Ertragshoheit der Gemeinden (Art. 106 V-VII GG)

985 Da die Gemeinden nicht nur ihre eigenen Aufgaben wahrnehmen, sondern auch Bundes- und Landesgesetze durch ihre Behörden ausführen müssen[1506], ist eine angemessene Finanzausstattung unabdingbar. Allerdings garantiert Art. 106 V-VII GG weder, dass der gemeindliche Finanzbedarf durch kommunale Steuern und Finanzausgleichsleistungen vollständig abgedeckt wird, noch dass alle derzeitigen Steuern erhalten bleiben. Soweit in einem Land keine Gemeinden bestehen (Berlin und Hamburg), steht die Ertragshoheit den Ländern zu. Die Verwaltung der Steuern in der Ertragshoheit der Gemeinden erfolgt regelmäßig durch die Länder; für diese handelt es sich um „durchlaufende Posten".[1507]

986 Zunächst steht den Gemeinden ein Anteil an der *Einkommensteuer* zu (Art. 106 V, III S. 1 GG, vgl. Rn 977). Die Länder sind verpflichtet, den Anteil an die Gemeinden auf der Grundlage der Einkommensteuerleistungen ihrer Einwohner weiterzuleiten (Art. 106 V S. 1 GG). Für die Festlegung der Höhe des Gemeindeanteils und die Einzelheiten der Verteilung besteht eine ausschließliche Bundesgesetzgebungskompetenz mit Zustimmungspflichtigkeit des Bundesrats (Art. 106 V S. 2 GG). Der Bund hat hiervon mit Erlass des Gemeindefinanzreformgesetzes Gebrauch gemacht. Von der Möglichkeit, den Gemeinden ein Hebesatzrecht (ähnlich wie bei der Gewerbesteuer, siehe Rn

---

[1504] *Pieroth*, in: J/P, GG, Art. 106 Rn 8 f.
[1505] Bis zu zwei Haushaltsjahren (*Heintzen*, in: v. Münch/Kunig, GG, Art. 106 Rn 41).
[1506] Zur „Kommunalisierung" der unteren Staatsverwaltung vgl. Rn 946.
[1507] BGHZ 106, 134, 140.

989) für ihren Anteil auch an der Einkommensteuer einzuräumen (Art. 106 V S. 3 GG), ist bisher nicht Gebrauch gemacht worden.

Gemäß Art. 106 V a GG steht den Gemeinden auch ein Ertragsanteil an der *Umsatzsteuer* zu. Die Länder sind verpflichtet[1508], den Anteil an die Gemeinden auf der Grundlage eines orts- und wirtschaftsbezogenen Schlüssels weiterzuleiten (Art. 106 V a S. 2 GG). Die Höhe des Gemeindeanteils und die Einzelheiten der Verteilung sind zustimmungsbedürftigen Bundesgesetzen, d.h. dem FAG und dem GemeindefinanzreformG (s.o.), überlassen (Art. 106 V a S. 3 GG).   **987**

Über die *Grundsteuer*, die *Gewerbesteuer* und die *örtlichen Verbrauch- und Aufwandsteuern* haben die Gemeinden die vollständige Ertragshoheit (Art. 106 VI GG). Grundsteuer und Gewerbesteuer sind „Realsteuern" (vgl. auch § 3 II AO). Diese stellen im Gegensatz zu Personalsteuern nicht auf die persönlichen Verhältnisse des Steuersubjekts ab, sondern erfassen das Objekt.[1509] Zu den örtlichen Verbrauch- und Aufwandsteuern vgl. bereits Rn 975. Sie können, anders als die Grundsteuer und Gewerbesteuer, durch Landesgesetze auch den Gemeindeverbänden zugewiesen werden (Art. 106 VI S. 1 GG).   **988**

Für die *Grundsteuer* und *Gewerbesteuer* ist den Gemeinden das Recht gewährleistet, im Rahmen der Gesetze **Hebesätze** festzulegen (Art. 106 VI S. 2 GG).   **989**

> Zur Verdeutlichung: Zur Ermittlung des (an die Gemeinde abzuführenden) Gewerbesteuerbetrags setzt das Finanzamt den sog. Messbetrag in EUR fest, der sich aus dem Gewerbeertrag ergibt. Dieser Messbetrag wird mit dem sog. Gewerbesteuerhebesatz, den die Gemeinde festlegt (Art. 106 VI S. 2 GG, § 16 I GewStG), multipliziert.
>
> **Beispiel:** Betragen der Messbetrag 1.000,- € und der Hebesatz 320%, ergibt sich eine Gewerbesteuer von 3.200,- €.
>
> Weil sich einige Gemeinden im Wettbewerb um Gewerbeansiedlungen zu „Gewerbesteueroasen" entwickelt hatten, hat der (Bundes-)Gesetzgeber von seiner Befugnis, einen gesetzlichen Rahmen zu bestimmen[1510], Gebrauch gemacht und ab 2004 einen Mindesthebesatz von 200% bestimmt (§ 16 IV S. 2 GewStG). Wegen der fraglichen Gesetzgebungskompetenz des Bundes für die Anordnung gemeindlicher Mindesthebesätze war eine Verfassungsbeschwerde einer betroffenen Gemeinde erhoben worden, die jedoch erfolglos blieb.

Zu beachten ist jedoch, dass Bund und Länder von den Gemeinden eine **Umlage** der Gewerbesteuer verlangen können (Art. 106 VI S. 4 GG). Umlage ist ein Beitrag von Gebietskörperschaften zur Finanzausstattung von Gebietskörperschaften höherer Ordnung. Die Umlage der Gewerbesteuer ändert nichts an der Ertragshoheit der Gemeinden, sondern gibt Bund und Ländern nur einen Anspruch gegen die Gemeinden. Die Gewerbesteuerumlage ist durch zustimmungsbedürftiges Bundesgesetz eingeführt und näher geregelt worden (Art. 106 VI S. 4 und 5 GG i.V.m. dem GemeindefinanzreformG). Die Gewerbesteuerumlage beträgt derzeit 14,5% und fließt Bund und Ländern je zur Hälfte zu.[1511] Auf Art. 106 VI S. 6 GG stützt sich z.B. die Kreisumlage.   **990**

[1508] Vgl. BT-Drs. 13/8348, S. 15: „obligatorisch".

[1509] BVerfGE 13, 331, 345; 25, 28, 38; 46, 224, 237.

[1510] Vgl. Art. 106 VI S. 2 GG, wonach den Gemeinden die Hebesatzrechtsetzung nur „im Rahmen der Gesetze" zusteht; als ein solches Gesetz kann das GewStG angesehen werden. Allerdings ist die Gesetzgebungskompetenz des Bundes fraglich, weil nicht ohne weiteres ein Kompetenztitel gem. Art. 73 I oder 74 I GG ersichtlich ist.

[1511] *Wendt*, HdbStR IV S. 1063; *Pieroth*, in: J/P, GG, Art. 106 Rn 17.

990a Seit dem 1.9.2006 haben die Länder auch die (ausschließliche) Befugnis, bei der *Grunderwerbsteuer* den Steuersatz festzulegen, Art. 105 IIa S. 2 GG.

991 Gemäß Art. 106 VII S. 1 GG steht den Gemeinden schließlich ein Anteil an dem Ertrag der *Gemeinschaftsteuern* (vgl. dazu bereits Rn 980) zu. Die Höhe des Anteils ist von der Landesgesetzgebung als bestimmter Prozentsatz vom Länderanteil am Gesamtaufkommen der Gemeinschaftsteuern festzusetzen. Dieser Betrag darf nicht um die nach Art. 107 II GG zu leistenden Ausgleichsbeträge gekürzt werden. Ob und inwieweit das Aufkommen der Landessteuern (Art. 106 II GG – oben Rn 979) den Gemeinden und Gemeindeverbänden zufließt, steht im Ermessen der Landesgesetzgebung (Art. 106 VII S. 2 GG).[1512]

IX. Sonderlastenausgleich (Art. 106 VIII GG)

992 Weiteres wichtiges Kennzeichen des Bundesstaatsprinzips ist der Sonderlastenausgleich nach Art. 106 VIII GG. Diese Verfassungsbestimmung gewährt einzelnen Ländern, Gemeinden oder Gemeindeverbänden einen Anspruch gegen den Bund auf Ausgleich von Sonderbelastungen, die typischerweise von der Steuerertragsaufteilung gem. Art. 106 I-VII GG nicht erfasst und wegen ihrer Höhe unzumutbar sind (Art. 106 VIII S. 1 GG). Dabei verringert sich der Anspruch um Entschädigungsleistungen Dritter und sonstige finanzielle Vorteile (Art. 106 VIII S. 2 GG). Als Voraussetzung für den Sonderlastenausgleich fordert Art. 106 VIII GG, dass Einrichtungen in einzelnen Ländern oder Gemeinden (Gemeindeverbänden) vom Bund veranlasst worden sein müssen. Es muss sich um besondere Einrichtungen handeln. Es kommen Einrichtungen des Bundes, aber auch Einrichtungen der Länder und Gemeinden in Betracht, z.B. Kasernen, Behörden und Forschungseinrichtungen. Soweit im Fall des Art. 104a IV GG überhaupt eine Veranlassung gegeben ist, ist die dortige Ausgleichsregelungen lex specialis.[1513] Mehrausgaben oder Mindereinnahmen (Sonderbelastungen) sind im Wesentlichen einmalig auftretende Investitionslasten sowie Einbußen künftiger Erträge, mit denen ohne die Einrichtung hinreichend gewiss gerechnet werden konnte.

X. Horizontale Steuerertragsaufteilung (Art. 107 I GG)

993 Auch der horizontale Finanzausgleich gem. Art. 107 I GG kennzeichnet das Bundesstaatsprinzip. Dessen Zweck es ist, in der Spannungslage, die zwischen den einzelnen Verbänden besteht, einen adäquaten Ausgleich zu finden zwischen der Selbstständigkeit, Eigenverantwortlichkeit und Bewahrung der Individualität der Länder auf der einen und der solidargemeinschaftlichen Mitverantwortung für die Existenz und Eigenständigkeit der Bundesgenossen auf der anderen Seite.[1514]

994 Als maßgebliches Kriterium für die Aufteilung des Ertrags an *Einkommen- und Körperschaftsteuer* formuliert Art. 107 I S. 1 GG das Prinzip des **örtlichen Aufkommens**: Der Länderanteil an der Einkommen- und Körperschaftsteuer steht dem Land zu, in dem die Steuern vereinnahmt werden. Da dies jedoch Unbilligkeiten verursachen kann (nicht alle Regionen verfügen über eine vergleichbare Industrieansiedelung), sind gemäß dem nach Art. 107 I S. 2 GG geforderten „Zerlegungsgesetz", das der Zustimmung des Bundesrats bedarf, Korrekturen vorgenommen worden. „Zerlegung" bedeutet, dass Steuern unter verschiedenen Ländern verteilt werden.

[1512] *Pieroth*, in: J/P, GG, Art. 106 Rn 17.
[1513] *Maunz*, in: Maunz/Dürig, GG, Art. 106 Rn 103; *Heun*, in: Dreier, GG, Art. 106 Rn 43; *Pieroth*, in: J/P, GG, Art. 106 Rn 20.
[1514] BVerfGE 72, 330, 398.

Die Verteilung des *Umsatzsteueraufkommens* regelt Art. 107 I S. 4 GG. Dabei ermächtigt die Bestimmung den Bund, den „ärmeren" Bundesländern, deren Steuereinnahmen unter dem Durchschnitt aller Länder liegen, durch Bundesgesetz, das der Zustimmung des Bundesrats bedarf, einen Länderanteil zuzuweisen. Der Bund hat von dieser Befugnis mit § 2 FAG Gebrauch gemacht. **995**

XI. Horizontaler Finanzausgleich (Art. 107 II GG)

Die gem. Art. 107 I GG im Grundsatz garantierte eigene Finanzausstattung der Länder **996** kann zu höchst unterschiedlicher Finanzkraft der einzelnen Länder führen. Der in Art. 107 II S. 1 und 2 GG vorgesehene horizontale Finanzausgleich dient daher der Korrektur derartiger Ungleichheit, indem die Ergebnisse der primären, auf der Grundlage der Art. 106, 107 I GG erfolgten Steuerzuteilung unter den Ländern korrigiert werden. Länder mit geringer Finanzkraft erhalten Ausgleichsansprüche, die von den finanzkräftigeren Ländern zu tragen sind. Leitgedanke ist dabei die Wahrung gleichwertiger Lebensverhältnisse in den Ländern als Ausdruck des Bundesstaatsprinzips, ohne jedoch den Gedanken des Wettbewerbs zwischen den Ländern zu vernachlässigen. Die Länder sollen in ihrer Leistungsfähigkeit einander angenähert, jedoch nicht nivellierend gleichgestellt werden. Die Reihenfolge der Länder in ihrer Finanzkraft darf nicht antiproportional zu ihrer Schaffenskraft bestehen.[1515]

Die Kriterien eines angemessenen Ausgleichs sind gem. Art. 107 II S. 1 GG durch ein **997** Bundesgesetz, das der Zustimmung des Bundesrats bedarf, festzulegen. In diesem Gesetz **-998** sind gemäß dem Urteil des BVerfG zum Finanzausgleich[1516] Maßstäbe aufzustellen für die Ausgleichsansprüche und Ausgleichsverbindlichkeiten. Mit Gesetz v. 9.9.2001 – sog. **Maßstäbegesetz** (MaßStG, vgl. BGBl I 2001 S. 2302, aber auch BGBl I 2009, S. 1170) – ist der Bund den Vorgaben des BVerfG nachgekommen.

D. Finanzverwaltung und Finanzgerichtsbarkeit (Art. 108 GG)

Die Zuständigkeit der Finanzbehörden ist ausführlich in Art. 108 GG beschrieben. **999** Gemäß Art. 108 I GG werden **Zölle**, **Finanzmonopole**, die **bundesgesetzlich geregelten Verbrauchsteuern** einschließlich der **Einfuhrumsatzsteuer** und die Abgaben im Rahmen der **EU** durch **Bundesfinanzbehörden** verwaltet. Der Aufbau dieser Behörden wird durch Bundesgesetz geregelt. Es handelt sich um **unmittelbare Bundesverwaltung**; an der Spitze der Behörden steht der Bundesfinanzminister.

Die **übrigen Steuern** werden durch **Landesfinanzbehörden** verwaltet. Der Aufbau **1000** dieser Behörden und die einheitliche Ausbildung der Beamten werden durch Bundesgesetz mit Zustimmung des Bundesrats geregelt (Art. 108 II GG). Es besteht also eine Ermächtigung für den Bundesgesetzgeber, Organisations- und Verfahrensregelungen zu treffen. Ferner besteht eine Ermächtigung für die Bundesregierung, mit Zustimmung des Bundesrats allgemeine Verwaltungsvorschriften zu erlassen (Art. 108 VII GG); soweit hiervon kein Gebrauch gemacht wird, sind die Länder zuständig. Darüber hinaus ist wie folgt zu unterscheiden[1517]:

- Die Verwaltungsform der **Auftragsverwaltung** ist gem. Art. 108 III S. 1 GG vorgeschrieben für Steuern, die ganz oder zum Teil dem Bund zufließen (vgl. Rn 978 zu Art. 106 GG). Die damit in Bezug genommenen Regelungen des Art. 85 GG werden aber modifiziert: Art. 108 II S. 2, 3, V S. 2 VII GG verdrängen Art. 85 I und II GG; Art. 85

[1515] Vgl. hierzu ausführlich BVerfGE 101, 158, 214 ff.
[1516] BVerfGE 101, 158 ff.
[1517] Vgl. *Pieroth*, in: J/P, GG, Art. 108 Rn 6 f.

III und IV GG sind anwendbar, wobei aber an die Stelle der Bundesregierung der Bundesminister der Finanzen tritt (Art. 108 III S. 2 GG).

- Die Verwaltungsform der **Landeseigenverwaltung** ist gem. Art. 108 II S. 1 GG vorgeschrieben für Steuern, die ausschließlich den Ländern zufließen (vgl. Rn 979 zu Art. 106 GG). Die damit in Bezug genommenen Regelungen des Art. 84 GG werden jedoch modifiziert: Art. 108 II S. 2, 3, V S. 2 und VII GG verdrängen Art. 84 I und II GG; dagegen sind Art. 84 III-V GG anwendbar.

1001 Aufgrund der ausschließlichen Bundesgesetzgebungskompetenz gem. Art. 108 VI GG ist die **Finanzgerichtsordnung** (FGO) ergangen. Die Finanzgerichtsbarkeit wird in den Ländern durch die Finanzgerichte als obere Landesgerichte, im Bund durch den Bundesfinanzhof (BFH) ausgeübt (§ 2 FGO). Die Finanzgerichte sind zuständig für Abgabenangelegenheiten und für berufsrechtliche Streitigkeiten (§ 33 FGO). Wie bei den Verwaltungsgerichten können Anfechtungs-, Verpflichtungs-, allgemeine Leistungs- und Feststellungsklagen erhoben werden (§§ 40, 41 FGO). Regelmäßig muss aber ein Einspruchsverfahren (§§ 347 ff. AO) der Klage vorangehen (§ 44 FGO).

Sachverzeichnis

Sachverzeichnis

Sehr geehrte Leserinnen und Leser,

an dieser Stelle möchte ich hinweisen auf die auf meiner Internetseite verlag-rolf-schmidt.de präsentierten aktuellen Entwicklungen in Form von Urteilsanmerkungen. Mit Stand Juni 2016 werden für das Jahr 2016 folgende Themen behandelt:

1. Staatsorganisationsrecht: Verfassungsbeschwerden und Organstreitverfahren gegen das OMT-Programm der EZB erfolglos (21.6.2016)
2. Schuldrecht (Kaufrecht): Fehlende Herstellergarantie als Sachmangel (19.6.2016)
3. Familienrecht (nichteheliche Lebensgemeinschaft): Abzug von Betreuungsunterhalt bei Ermittlung der Leistungsfähigkeit bzgl. Elternunterhalt (30.5.2016)
4. Staatsorganisationsrecht: Neues zur Identitätskontrolle des BVerfG und zum "Machtverhältnis" zwischen BVerfG und EuGH (6.5.2016)
5. Staatsorganisationsrecht: Minderheitenrechte/Oppositionsrechte im Bundestag (4.5. 2016)
6. Schuldrecht (Kaufrecht): Gewährleistungsansprüche beim Pferdekauf (28.4.2016)
7. Grundrechte: Akkreditierung von Studiengängen (wesentliche Entscheidungen zur Akkreditierung von Studiengängen muss der Gesetzgeber selbst treffen) (20.3.2016)
8. Schuldrecht (Kaufrecht): Fehlende Orientierungslinien in Display von Rückfahrkamera als Sachmangel (15.2.2016)
9. Strafprozessrecht: Benutzung eines Handys/Smartphones während der Hauptverhandlung durch Richter(in) (8.2.2016)
10. Grundrechte/Strafprozessrecht: Rechtsstaatswidrige Tatprovokation als Verfahrenshindernis (4.2.2016)

Für den Bereich Staatsorganisationsrecht ist folgende Entscheidung aufbereitet:

4.5.2016: Minderheitenrechte/Oppositionsrechte im Bundestag

BVerfG, Urt. v. 3.5.2016 – 2 BvE 4/14

Relevante Bereiche: Rechtsstaatsprinzip, Demokratieprinzip, Minderheitenrechte, Opposition, Organstreitverfahren

Leitsätze/Kernaussagen des BVerfG:

1. *Das Grundgesetz enthält einen durch die Rechtsprechung des Bundesverfassungsgerichts konkretisierten allgemeinen verfassungsrechtlichen Grundsatz effektiver Opposition.*
2. *Das Grundgesetz begründet jedoch weder explizit spezifische Oppositions(fraktions) rechte, noch lässt sich ein Gebot der Schaffung solcher Rechte aus dem Grundgesetz ableiten.*
3. *Einer Einführung spezifischer Oppositions(fraktions)rechte steht zudem Art. 38 Abs. 1 Satz 2 GG entgegen.*
4. *Einer Absenkung der grundgesetzlich vorgegebenen Quoren eines Drittels (Art. 39 Abs. 3 Satz 3 GG) oder Viertels (Art. 23 Abs. 1a Satz 2, Art. 44 Abs. 1 Satz 1, Art. 45a Abs. 2 Satz 2 und Art. 93 Abs. 1 Nr. 2 GG) der Mitglieder des Bundestages für die Ausübung parlamentarischer Minderheitenrechte steht die bewusste Entscheidung des Verfassungsgebers für die bestehenden Quoren entgegen.*

Ausgangslage: Wie bei R. Schmidt, Staatsorganisationsrecht, 16. Auflage 2016, Rn. 77 ausgeführt, ist die Bundesrepublik Deutschland u.a. ein Rechtsstaat und demokratischer Bundesstaat (vgl. Art. 20 Abs. 1-3 GG, Art. 28 Abs. 1 S. 1 GG). Die Elemente der Demokratie sind vielfältig, treten bei ihrer Verwirklichung aber oft in Konkurrenz zueinander. Zunächst einmal ist in einer Demokratie das Volk der Souverän, d.h. der Inhaber der Staatsgewalt („Volkssouveränität"). Die Regierung wird nach dem Prinzip der freien, geheimen, allgemeinen und periodisch wiederkehrenden Wahl – direkt oder indirekt – vom Volk für eine bestimmte Zeit gewählt („Volkswahl"). Dabei wird die Regierung bei der Ausübung ihrer anvertrauten Macht durch das Volk oder von ihm befugte Organe kontrolliert. Alle Handlungen des Staates müssen mit der Mehrheit des Volkswillens („Mehrheitsprinzip") sowie mit der Verfassung und den Gesetzen („Rechtsstaatsprinzip") übereinstimmen. Der Staat hat die Grundrechte des Einzelnen zu achten und zu schützen („Menschen- und Bürgerrechte"). Des Weiteren ist für eine Demokratie kennzeichnend, dass eine (horizontale) Gewaltenteilung (Aufteilung der Staatsgewalt in Legislative, Exekutive und Judikative) besteht. Die Gewaltenteilung führt zu einer gegenseitigen Kontrolle und Hemmung der Staatsgewalt (checks and balances). Dadurch wird einer Machtkonzentration und einem Machtmissbrauch vorgebeugt.

Es ist ebenso unstreitig wie selbstverständlich, dass zu einer Demokratie nicht nur die Meinungs- und Organisationsvielfalt und vom Staat unabhängige Organe der öffentlichen Meinung (Presse und Rundfunk) gehören, sondern auch das Vorhandensein einer wirksamen parlamentarischen Opposition als Gegenpol der Regierung gehört (R. Schmidt, Staatsorganisationsrecht, 16. Auflage 2016, Rn. 78).

Wirksam ist eine parlamentarische Opposition nur dann, wenn ihr auch die parlamentarischen Rechte zustehen, die sie benötigt, um eine effektive Kontrolle der Regierung überhaupt ausüben zu können. Kann die Opposition also bestimmte Rechte nicht ausüben, weil ihr die für die Ausübung von Oppositionsrechten erforderliche Mehrheit fehlt, ist eine effektive Kontrolle nicht oder nur stark eingeschränkt möglich (R. Schmidt, Staatsorganisationsrecht, 16. Auflage 2016, Rn. 78).

Beispiele (R. Schmidt, Staatsorganisationsrecht, 16. Auflage 2016, Rn. 78): Die abstrakte Normenkontrolle eignet sich hervorragend, eine Rechtmäßigkeitskontrolle bzgl. von der Bundestagsmehrheit beschlossener Gesetze herbeizuführen. Um bei einer abstrakten Normenkontrolle aber antragsberechtigt zu sein, muss der Antragsteller ein Viertel der Mitglieder des Bundestags umfassen (Art. 93 Abs. 1 Nr. 2 GG; einfachgesetzlich wiederholt in § 76 Abs. 1 BVerfGG), was hinsichtlich der Opposition im gegenwärtigen 18. Deutschen Bundestag nicht der Fall ist (der gegenwärtige 18. Deutsche Bundestag besteht aus insgesamt 630 Abgeordneten. Darunter fallen 254 Sitze auf die CDU, 56 auf die CSU, 193 auf die SPD, 64 auf DIE LINKE und 63 auf Bündnis 90/DIE GRÜNEN. Infolge der Großen Koalition von CDU/CSU und SPD beträgt die Zahl der Sitze der beiden Oppositionsfraktionen lediglich 127. Das ist weniger als ein Viertel von 630). Ähnlich verhält es sich mit dem Recht der Einsetzung eines Untersuchungsausschusses. Gemäß Art. 44 Abs. 1 S. 1 GG (einfachgesetzlich wiederholt in § 1 Abs. 1 PUAG) ist auch hier ein Viertel der Mitglieder des Bundestags erforderlich, damit der Bundestag den Untersuchungsausschuss einsetzen muss (siehe dazu R. Schmidt, Staatsorganisationsrecht, 16. Aufl. 2016, Rn. 486). Weitere Beispiele von Quoren, die das Grundgesetz für die Ausübung von parlamentarischen Minderheitenrechten vorsieht, sind Art. 23 Abs. 1a S. 2 GG, Art. 39 Abs. 3 S. 3 GG und 45a Abs. 2 S. 2 GG.

Derartige Beschneidungen oppositioneller Rechte, die mit der Aufrechterhaltung der Funktionstüchtigkeit des Parlaments begründet werden (nicht jede Splitterpartei soll Anträge stellen und Verfahren einleiten können), sind verfassungsrechtlich problematisch, da eine wirksame Opposition ein konstitutives Merkmal einer Demokratie darstellt und die oppositionellen Rechte auch Oppositionen zustehen müssen, die weniger als ein Viertel der Mitglieder umfassen. Eine teleologische Auslegung der genannten Verfassungsbestimmungen entgegen dem jeweils klaren und damit nicht interpretationsfähigen Wortlaut ist nicht möglich. Damit bliebe also lediglich eine Änderung der genannten grundgesetzlichen Bestimmungen, die wegen Art. 79 Abs. 2 GG gerade wegen der Großen Koalition zwar beste Chancen hätte, aber eher nicht zu erwarten ist, da eine Mehrheit kaum ein Interesse daran haben dürfte, Minderheitenrechte auszuweiten. Eine bloße Erweiterung von Minderheitenrechten in der Geschäftsordnung, wonach sich der Bundestag auf Antrag von 120 Abgeordneten zur Ergreifung bestimmter Maßnahmen verpflichtet (vgl. § 126a GO BT, der für die 18. Legislaturperiode gilt, vgl. Geschäftsordnung v. 23.4.2014, BGBl I S. 534), kann allenfalls als „Schritt in die richtige Richtung" gewertet werden, aber weder eine formalgesetzlich noch eine verfassungsrechtlich gebotene Verankerung von Minderheitenrechten ersetzen (R. Schmidt, Staatsorganisationsrecht, 16. Auflage 2016, Rn. 78). Demgegenüber wären eine Änderung des § 76 Abs. 1 BVerfGG bzw. eine Erweiterung der Minderheitenrechte im PUAG ein wirklicher Anfang. Der hierzu von der Fraktion Bündnis 90/DIE GRÜNEN in den Bundestag eingebrachte Gesetzentwurf (BT-Drs. 18/184) wurde (in wenig überraschender Weise) abgelehnt, was zu einem Organstreitverfahren (2 BvE 4/14) vor dem BVerfG führte. Das BVerfG wies den Antrag als unbegründet ab. Zwar betont das BVerfG den im Demokratieprinzip nach Art. 20 Abs. 1 und 3 GG, Art. 28 Abs. 1 S. 1 GG wurzelnden verfassungsrechtlichen Schutz der Opposition (BVerfG 3.5.2016 – 2 BvE 4/14 Rn. 86 mit Verweis auf BVerfGE 2, 1, 13; 44, 308, 321; 70, 324, 363) sowie das im Rechtsstaatsprinzip aus Art. 20 Abs. 3 GG und Art. 28 Abs. 1 S. 1 GG verankerte Recht „auf organisierte politische Opposition" (BVerfG 3.5.2016 – 2 BvE 4/14 Rn. 87 mit Verweis auf BVerfGE 123, 267, 367), die jeweils wirksam ausgestaltet sein müssten (BVerfG 3.5.2016 – 2 BvE 4/14 Rn. 90), allerdings stellt sich das BVerfG – in seiner einstimmig ergangenen Entscheidung – auch auf den Standpunkt, dass weder das Grundgesetz explizit spezifische Oppositions(fraktions)rechte begründe, noch sich aus ihm ein Gebot der Schaffung solcher Rechte ableiten lasse (BVerfG 3.5.2016 – 2 BvE 4/14 Rn. 91 ff.). Im Gegenteil stehe Art. 38 Abs. 1 S. 2 GG einer Einführung spezifischer Oppositions(fraktions)rechte entgegen (BVerfG 3.5.2016 – 2 BvE 4/14 Rn 95 ff.). Der Möglichkeit einer Verfassungsänderung in Form einer Absenkung der grundgesetzlich vorgegebenen Quoren eines Drittels (Art. 39 Abs. 3 S. 3 GG) oder Viertels (Art. 23 Abs. 1a S. 2, Art. 44 Abs. 1 S. 1, Art. 45a Abs. 2 S. 2 und Art. 93 Abs. 1 Nr. 2 GG) der Mitglieder des Bundestags für die Ausübung parlamentarischer Minderheitenrechte begegnet das BVerfG mit dem Argument, dem stehe die bewusste Entscheidung des Verfassungsgebers für die bestehenden Quoren entgegen (BVerfG 3.5.2016 – 2 BvE 4/14 Rn 114 ff.).

Stellungnahme: Dass eine Entscheidung des Verfassungsgebers bewusst getroffen wurde, kann kein Argument gegen eine Verfassungsänderung sein. Denn daraus könnte man ja den Schluss ziehen, dass Verfassungsänderungen nur insoweit möglich wären, als der Verfassungsgeber die zu ändernde Verfassungsbestimmung unbewusst getroffen hätte. Es muss allein danach gefragt werden, ob eine Verfassungsänderung nach den gegenwärtigen politischen und gesellschaftlichen Verhältnissen notwendig erscheint. Im vorliegenden Zusammenhang geht es also darum, ob die im Grundgesetz genannten Quoren (noch) den Anforderungen genügen, die das Rechtsstaatsprinzip und das Demokratieprinzip an den Minderheitenschutz und an eine wirksame parlamentarische Opposition stellen. Mögen die im Grundgesetz genannten Quoren unter Berücksichtigung der früheren politischen Mehrheitsverhältnisse ausgereicht haben, um der Opposition wirksame Instrumente an die Hand zu geben, dürfte dies mit Blick auf die zugenommene (und möglicherweise weiter zunehmende) Diversität im politischen Meinungsspektrum und der damit einhergehenden Notwendigkeit der Bildung Großer Koalitionen einerseits, aber auch einer Stärkung von Minderheitenrechten (Oppositions(fraktion)rechten) andererseits zweifelhaft geworden sein. Da – wie aufzeigt – zur Verfassungsänderung eine Zweidrittelmehrheit erforderlich ist (dem verfassungsändernden Gesetz müssen gem. Art. 79 Abs. 2 GG zwei Drittel der Mitglieder des Bundestags und zwei Drittel der Stimmen des Bundesrats zustimmen) und von der Großen Koalition eine Ausweitung von Minderheitenrechten kaum zu erwarten sein dürfte, wäre es nach der hier vertretenen Meinung durchaus geboten (gewesen), die Absenkung der verfassungsrechtlichen Quoren zu fordern, um in einer politisch vielfältig gewordenen Gesellschaft Minderheitenrechte zu stärken und der Opposition eine wirksame Kontrollfunktion zu ermöglichen.

Rolf Schmidt (4.5.2016)